EL JUEZ LEGISLADOR Y LA PATOLOGÍA DE LA JUSTICIA CONSTITUCIONAL

TRATADO DE DERECHO CONSTITUCIONAL. TOMO XIV

Colección Tratado de Derecho Constitucional

I. *Historia constitucional de Venezuela*, Caracas 2013, 1096 páginas.
II. *Orígenes del constitucionalismo moderno en Hispanoamérica*, Caracas 2014, 980 páginas
III. *Cambio político y consolidación del Estado de derecho (1958-1998),* Caracas 2015, 1162 páginas
IV. *Instituciones del Estado democrático de derecho. Constitución de 1961*, Caracas 2015, 1180 páginas
V. *Derechos y garantías constitucionales en la Constitución de 1961 (La Justicia Constitucional),* Caracas 2015, 1022 páginas
VI. *Asamblea Constituyente y Proceso Constituyente (1999)*, Caracas 2013, 1198 páginas
VII. *La Constitución de 1999: El Estado Democrático y Social de Derecho*, Caracas 2014, 1190 páginas
VIII. *Golpe de Estado Constituyente, Estado Constitucional y Democracia,* Caracas 2015, 1018 páginas
IX. *Concentración y centralización del poder y régimen autoritario,* Caracas 2015, 1198 páginas
X. *Derechos y garantías constitucionales y la acción de amparo,* Caracas 2017, 1196 páginas.
XI. *El derecho y la acción de amparo en el derecho constitucional comparado,* Caracas 2017, 1150 páginas.
XII. *La justicia constitucional y Jurisdicción Constitucional,* Caracas 2017, 1198 páginas.
XIII. *Práctica y distorsión de la justicia constitucional,* Caracas 2017, 954 páginas.
XIV. *El juez legislador y la patología de la justicia constitucional,* Caracas 2017, 1060 páginas.
XV. *El desmantelamiento de la democracia y el Estado Totalitario,* Caracas 2017, 1050 páginas.
XVI. *La Destrucción del Estado de derecho, la ruina de la democracia y la dictadura judicial,* Caracas 2017, 1146 páginas

Allan R. Brewer-Carías

Profesor de la Universidad Central de Venezuela (desde 1963)
Simón Bolívar Professor, University of Cambridge (1985–1986)
Professeur Associé, Université de Paris II (1989–1990)
Adjunct Professor of Law, Columbia Law School, New York (2006–2008)

EL JUEZ LEGISLADOR Y LA PATOLOGÍA DE LA JUSTICIA CONSTITUCIONAL

COLECCIÓN

TRATADO DE DERECHO CONSTITUCIONAL

TOMO XIV

Fundación de Derecho Público
Editorial Jurídica Venezolana

Caracas, 2017

http://www.allanbrewercarias.com
Email: allan@brewercarias.com

Hecho el Depósito de Ley
ISBN: 978-980-365-294-4
Depósito Legal: lf5402015340899

Editado por: Editorial Jurídica Venezolana
Avda. Francisco Solano López, Torre Oasis, P.B., Local 4, Sabana Grande,
Apartado 17.598 – Caracas, 1015, Venezuela
Teléfono 762.25.53, 762.38.42. Fax. 763.5239
http://www.editorialjuridicavenezolana.com.ve
Email fejv@cantv.net

Impreso por: Lightning Source, an INGRAM Content company
para Editorial Jurídica Venezolana International Inc.
Panamá, República de Panamá.
Email: editorialjuridicainternational@gmail.com

Diagramación, composición y montaje
por: Francis Gil, en letra Times New Roman, 10,5
Interlineado 11, Mancha 19 x 12.5 cm

CONTENIDO

TERCERA PARTE

EL JUEZ CONSTITUCIONAL COMO LEGISLADOR POSITIVO Y LA USURPACIÓN DE LA FUNCIÓN LEGISLATIVA POR LA JURISDICCIÓN CONSTITUCIONAL

CUARTA PARTE

JUEZ CONSTITUCIONAL CONTRA LOS DERECHOS CIUDADANOS PARTICULARMENTE LOS DERECHOS POLÍTICOS

QUINTA PARTE
EL JUEZ CONSTITUCIONAL CONTRA EL ORDEN Y EL PRINCIPIO DEMOCRÁTICO

SEXTA PARTE
LA JURISDICCIÓN CONSTITUCIONAL CONTRA LA JURISDICCIÓN INTERNACIONAL EN MATERIA DE DERECHOS HUMANOS

SÉPTIMA PARTE
JUSTICIA CONSTITUCIONAL Y DESOBEDIENCIA CIVIL

PRESENTACIÓN

Este Tomo XIV de la Colección *Tratado de Derecho Constitucional Venezolano*, recoge en forma sistematizada, en siete partes, trabajos publicados en diversas ocasiones, lugares y medios, referidos todos al tema general del *Juez Legislador y la patología de la Justicia Constitucional.*

La Primera parte, sobre el tema general de la Justicia sometida al poder por obra de la Jurisdicción Constitucional, trata sobre el problema general de la ausencia de independencia y autonomía de los jueces en Venezuela por la interminable emergencia del Poder Judicial avalada por el Juez Constitucional.

La Segunda parte recoge el texto de los trabajos sobre el tema del Juez Constitucional como legislador positivo en el derecho comparado, que elaboré con ocasión de la Ponencia General que se me encomendó redactar para el Congreso Internacional de Derecho Comparado que se celebró en Washington en 2010.

En la Tercera parte se recogen los trabajos publicados sobre el mismo tema del Juez Constitucional como legislador positivo, especialmente en Venezuela, donde la Jurisdicción ha usurpado la función legislativa, lo que ocurrió en muchos casos, por ejemplo, en materia del régimen legal de cómputo de los lapsos procesales, en la inconstitucional reforma de la Ley Orgánica de Amparo mediante sentencias interpretativas; en materia tributaria, incluso modificando de oficio las reformas legales hechas por el mismo Juez Constitucional; en materia de reforma a la Ley de la Procuraduría General de la República; en materia de reforma de la Ley de defensa Pública; desnaturalizando y reformando la Ley de la Academia de Ciencias Políticas y Sociales; reformando el artículo 185-a del Código Civil en materia de divorcio; y alterando el orden jurídico, al ordenar la desaplicación general de normas aplicables y la aplicación, en su lugar, de normas derogadas.

La Cuarta parte, recoge varios estudios sobre el Juez Constitucional contra los derechos ciudadanos, particularmente los derechos políticos, en particular en relación con el derecho al sufragio y la representación proporcional; en relación al derecho a ser electo y las limitaciones derivadas de "inhabilitaciones políticas" inconstitucionalmente impuestas a funcionarios públicos como sanción administrativa; en relación a la garantía del debido proceso, su desconstitucionalización en el procedimiento administrativo y el tema de la legítima despersonalización de las sociedades y la ilegal distorsión del régimen de la responsabilidad societaria; en relación con el propiedad privada violado por el juez constitucional como instrumento para aniquilar la libertad de expresión plural (Caso *RCTV*); sobre el desconocimiento del derecho al acceso a la información administrativa, y la negativa a la divulgación de información económica; sobre la aniquilación de la autonomía de los partidos políticos; sobre la lesión a la autonomía universitaria; sobre la restricción al derecho de asociación de los abogados; sobre el fin de la "democracia participativa y protagónica" en materia de consulta popular de leyes; sobre el secuestro del derecho político a manifestar; sobre la admisión del delito de opinión en el caso de la condena a Leopoldo López, y sobre la criminalización del derecho a la manifestación pública.

La quinta parte recoge una serie de estudios sobre el Juez Constitucional como agente contra el orden y el principio democrático, donde se tratan temas relacionados con la Jurisdicción Constitucional y la consolidación de la democracia; el control de constitucionalidad sobre el régimen político y el sistema de gobierno democrático; la arbitraria imposición por el Juez Constitucional en Venezuela de un gobierno sin legitimidad democrática alguna al inicio del período constitucional 2013-2019; y su ilegítima abstención de juzgar sobre la nulidad de la elección presidencial de abril de 2013; la ilegítima e inconstitucional revocación del mandato popular de alcaldes por la Sala Constitucional del Tribunal Supremo, usurpando competencias de la jurisdicción penal, mediante un procedimiento "sumario" de condena y encarcelamiento (el caso de los alcaldes Vicencio Scarano Spisso y Daniel Ceballo); sobre la revocación popular del mandato de una diputada a la Asamblea Nacional por la Sala Constitucional Del Tribunal Supremo, de oficio, sin juicio ni proceso alguno (el caso de la diputada María Corina Machado).

En la Sexta parte se recogen diversos estudios sobre la jurisdicción constitucional contra la jurisdicción internacional en materia de derechos humanos, en los cuales he analizado: la ilegitima mutación de la Constitución por el Juez Constitucional mediante la eliminación del rango supra constitucional de los tratados internacionales sobre derechos humanos, el desconocimiento en Venezuela de las sentencias de la Corte Interamericana de Derechos Humanos, y la declaración de inejecutabilidad de las decisiones de la mismas mediante el ejercicio de un ilegítimo "control de constitucionalidad" de dichas sentencias por la Sala Constitucional, con particular referencia a los casos de *Leopoldo López* y *Marcel Granier (RCTV)*; las presiones políticas indebidas contra la Corte Interamericana de Derechos Humanos y la denegación de justicia, con particular referencia al caso *Allan Brewer-Carías vs. Venezuela*; y al caso del desconocimiento de las sentencias de la Corte Interamericana y para desligar al Estado de su jurisdicción: el caso de la República Dominicana.

Y en la Séptima parte, sobre la justicia constitucional y desobediencia civil, se recogen dos trabajos sobre Juez Constitucional al servicio del autoritarismo y el significado del derecho a la desobediencia civil y a la resistencia contra la opresión; y sobre el juez constitucional como guardián de la constitución, y el problema del control del guardián.

La mayoría de estos trabajos que conforman este volumen fueron publicados aisladamente en Revistas y Obras Colectivas en muchas partes, en distintas épocas, y buena parte de los mismos en su momento se recogieron en los siguientes libros: ***Crónica sobre la "In" Justicia Constitucional. La Sala Constitucional y el autoritarismo en Venezuela***, Colección Instituto de Derecho Público, Universidad Central de Venezuela, No. 2, Caracas 2007, 702 pp.; ***Práctica y distorsión de la justicia constitu-***

cional en Venezuela (2008-2012), Colección Justicia Nº 3, Acceso a la Justicia, Academia de Ciencias Políticas y Sociales, Universidad Metropolitana, Editorial Jurídica Venezolana, Caracas 2012; ***La patología de la justicia constitucional***, Tercera edición ampliada, Fundación de Derecho Público, Editorial Jurídica Venezolana, 2014; ***Golpe a la democracia dado por la Sala Constitucional.*** **(De cómo la Sala Constitucional del Tribunal Supremo de Justicia de Venezuela impuso un gobierno sin legitimidad democrática, revocó mandatos populares de diputada y alcaldes, impidió el derecho a ser electo, restringió el derecho a manifestar, y eliminó el derecho a la participación política, todo en contra de la Constitución)**, Colección Estudios Políticos Nº 8, segunda edición, (Con prólogo de Francisco Fernández Segado), Caracas 2015; y ***La ruina de la democracia. Algunas consecuencias. Venezuela 2015***, (Prólogo de Asdrúbal Aguiar), Colección Estudios Políticos, Nº 12, Editorial Jurídica Venezolana, Caracas 2015.

New York, noviembre 2016

PRIMERA PARTE

LA JUSTICIA SOMETIDA AL PODER POR OBRA DE LA JURISDICCIÓN CONSTITUCIONAL

SECCIÓN PRIMERA:

LA JUSTICIA SOMETIDA AL PODER: LA AUSENCIA DE INDEPENDENCIA Y AUTONOMÍA DE LOS JUECES POR LA INTERMINABLE EMERGENCIA DEL PODER JUDICIAL AVALADA POR EL JUEZ CONSTITUCIONAL (1999-2006)

Estudio redactado para la *Revista Derecho y Democracia*, Universidad Metropolitana, 2006. Publicado en *Crónica sobre la "in" justicia constitucional. La Sala Constitucional y el autoritarismo en Venezuela*, Colección Instituto de Derecho Público, Universidad Central de Venezuela, Nº 2. Editorial Jurídica Venezolana, Caracas 2007, pp. 163-193.

I. LA JUSTICIA ENTRE EL FLORIDO LENGUAJE DE LA CONSTITUCIÓN Y LA PRÁCTICA POLÍTICA DE LA CONCENTRACIÓN DEL PODER

La Constitución venezolana de 1999 es, sin duda, entre todas las constituciones latinoamericanas, una de las que mayor énfasis hace en forma expresa sobre los valores fundamentales y principios constitucionales que deben orientar la actuación de la sociedad, de los individuos y del Estado. Lo importante de su consagración en la Constitución, es que los mismos no derivan de la sola interpretación y aplicación de la Constitución por los tribunales, sino del expreso texto constitucional. Sobre ellos, así como sobre su sentido y rango constitucional, como "declaraciones de propósitos", la Sala Constitucional del Tribunal Supremo de Justicia, ha sido explícita en considerar que "esas declaratorias de propósitos tienen un indudable valor, tanto para los órganos del Estado, que deben orientarse por ellas, como para los jueces, en especial esta Sala como máxima tutora judicial de la constitucionalidad" de manera que ha considerado que "los diversos cometidos que el Estado asume son órdenes que deben ser ejecutadas" pues "de poco serviría un texto carente de vinculación para sus destinatarios: autoridades públicas y particulares" [1].

Entre estos valores expresados en la Constitución de 1999, dentro de la concepción del Estado como "Estado de Justicia" (artículo 1), se destaca por tanto el valor "justicia", muy analizado por la Sala Político Administrativa del Tribunal Supremo de Justicia, entre cuyas sentencias se destaca la nº 659 de 24 de marzo de 2000 (Caso: *Rosario Nouel vs. Consejo de la Judicatura y Comisión de Emergencia Judicial*) en la cual se señaló lo siguiente:

> "El Poder Judicial como sistema debe tener como valor fundamental a la Justicia y por ende la construcción de una sociedad justa y amante de la paz, que a su vez sea resultante del ejercicio democrático de la voluntad popular (Artículo 3 de la Constitución de la República Bolivariana de Venezuela). El Juez no puede ser un agente de factores de poder (económicos, partidistas, entre otros), que se organice en claves o carteles, y que decida en nombre propio o de estos grupos de poderes; el poder de administrar justicia se hace en nombre de la República y emana de los ciudadanos (Artículo 253 de la Constitución de la República Bolivariana de Venezuela); ese poder se debe ejercer con independencia e imparcialidad, por lo que el Juez debe tener una consistencia tal que lo haga ajeno a subordinaciones y a presiones indebidas (Artículos 254 y 256 de la Constitución de la República Bolivariana de Venezuela) ...
>
> Como se observa, existe un nuevo paradigma en cuanto los valores y principios constitucionales que se vinculan a la justicia como hecho social, político y democrático. Esta nueva concepción de Estado de Justicia trae consigo no tan solo una transformación orgánica del sistema judicial (Artículos 253 y 254 de la Constitución de la República Bolivariana de Venezuela), sino también un cambio en la razón intima que cada ciudadano, y especialmente el Juez, debe tener ...
>
> En este sentido el Juez, a quien se le reclama y exige justicia, debe ser igualmente producto de un hecho democrático que establezca un vínculo de afinidad entre la sociedad que exige y el poder que interpreta los valores y principios constitucionales para alcanzar los fines del Estado. Así, es el Juez quien debe amparar -en nombre de la República y como expresión soberana del pueblo- a quien pide restablecimiento de la situación jurídica, es él quien tutela y armoniza los derechos e intereses con los fines del Estado (Artículos 26 y 27 de la Constitución de la República Bolivariana de Venezuela), y esta obligación la identifica la Constitución con el Juez cuando lo obliga a asegurar la integridad de la Constitución, y por ende, le da la potestad de desaplicar las normas que colidan con el texto fundamental (artículo 334 de la Constitución de la República Bolivariana de Venezuela).

---

1 Sentencia Nº 1278 de 17 de Junio de 2005 (Aclaratoria de sentencia de interpretación de los artículos 156, 180 y 302 de la Constitución).

Entonces, el Poder Judicial en una distribución tripartita del Poder Público no es el tercer poder, así como en una distribución pentapartita el Poder Judicial no es el quinto poder; el Poder Judicial representa el poder integrado y estabilizador del Estado, ya que es el único que tiene competencia para controlar y aún disolver al resto de los Poderes Públicos. Eso nos hace un Estado Judicialista"[2].

Pero además, conforme a la misma Constitución, en cuanto a la justicia que el Estado debe garantizar, la misma está por encima de la legalidad formal, para lo cual no sólo se establece el valor justicia en el Preámbulo y en el artículo 1°, sino que se regula expresamente el derecho de acceso a la justicia y a la obtención de una tutela efectiva de los derechos e intereses de las personas, buscando organizar unos tribunales que deben garantizar una justicia gratuita, accesible, imparcial, idónea, transparente, autónoma, independiente, responsable, equitativa y expedita, sin dilaciones indebidas, sin formalismos o reposiciones inútiles (art. 26); a cuyo efecto las leyes procesales deben establecer la simplificación, uniformidad y eficacia de los trámites y adoptar un procedimiento breve, oral y público, sin sacrificarse la justicia por la omisión de formalidades no esenciales (Art. 257).

Todo ello conforme a la noción de Estado de Justicia, respecto del cual, entre los múltiples fallos dictados por el Tribunal Supremo de Justicia, se destaca la sentencia N° 949 de la Sala Político Administrativa de 26 de abril de 2000, en la cual se señaló:

> "Cuando el Estado se califica como de Derecho y de Justicia y establece como valor superior de su ordenamiento jurídico a la Justicia y la preeminencia de los derechos fundamentales, no está haciendo más que resaltar que los órganos del Poder Público -y en especial el sistema judicial- deben inexorablemente hacer prelar una noción de justicia material por sobre las formas y tecnicismos, propios de una legalidad formal que ciertamente ha tenido que ceder frente a la nueva concepción de Estado.
>
> Y esta noción de Justicia material adquiere especial significación en el fértil campo de los procesos judiciales en los que el derecho a la defensa y debido proceso (artículo 49 del texto fundamental), la búsqueda de la verdad como elemento consustancial a la Justicia, en los que no se sacrificará ésta por la omisión de formalidades no esenciales (artículo 257), y el entendimiento de que el acceso a la Justicia es para que el ciudadano haga valer sus derechos y pueda obtener una tutela efectiva de ellos de manera expedita, sin dilaciones indebidas y sin formalismos o reposiciones inútiles (artículo 26), conforman una cosmovisión de Estado justo, del justiciable como elemento protagónico de la democracia, y del deber ineludible que tienen los operadores u operarios del Poder Judicial de mantener el proceso y las decisiones dentro del marco de los valores y principios constitucionales".[3].

---

2 Véase en *Revista de Derecho Público*, N° 81 (enero-marzo), Editorial Jurídica Venezolana, Caracas, 2000, p. 103 y 104.

3 Véase en *Revista de Derecho Público*, N° 82, (abril-junio), Editorial Jurídica Venezolana, Caracas, 2000, pp. 163 y ss.

Esta concepción del Estado de Justicia también ha sido analizada por la Sala Constitucional del Tribunal Supremo de Justicia, particularmente en la sentencia nº 389 de 7 de marzo de 2002, en la cual reiteró el principio de la informalidad del proceso, afirmando como principio del Estado de justicia, el principio del *pro actione*[4].

Pero el lenguaje florido de la Constitución y el también lenguaje exuberante del Tribunal Supremo, lamentablemente no pasan de ser eso, lenguaje y sólo floridos y exuberantes, con poca aplicación y efectividad en la práctica, dado que durante todo el tiempo de vigencia de la Constitución de 1999, lo que ha caracterizado a la justicia ha sido una permanente y anormal situación de emergencia. Ello, en lugar de haber abonado el campo de la Judicatura para la aplicación de los principios constitucionales, lo que ha provocado es la progresiva y sistemática demolición de la autonomía e independencia del Poder Judicial por parte de los diversos órganos del Estado, incluido el propio Tribunal Supremo de Justicia[5], sin las cuales los valores de la Constitución en materia de justicia, no pasan de ser sólo simples enunciados.

Ese proceso de control político sobre el Poder Judicial, comenzó con las actuaciones de la Asamblea Nacional Constituyente en 1999 la cual declaró una "emergencia judicial" que no ha cesado hasta la fecha, siendo la última actuación en el tiempo, después de la sanción de la Ley Orgánica del Tribunal Supremo de Justicia en mayo de 2004, la decisión de la Sala Constitucional de dicho Tribunal de junio de 2005, en la cual designó a los miembros de la Comisión de Reestructuración y Funcionamiento del Poder Judicial, con la consecuente "regularización" o titulación de los jueces provisorios como definitivos, sin concurso alguno, en violación abierta de la Constitución.

II. EL INICIO DEL SOMETIMIENTO DE LOS JUECES AL PODER: LA INTERVENCIÓN CONSTITUYENTE DEL PODER JUDICIAL

La Asamblea Nacional Constituyente electa en julio de 1999, luego de intensos debates sobre la problemática del Poder Judicial y de su gobierno[6], al instalarse en agosto de ese mismo año, se auto atribuyó el carácter de "poder constituyente originario" y con ello asumió potestades públicas por encima de la Constitución de 1961,

---

4 Véase en *Revista de Derecho Público*, Nº 89-92, Editorial Jurídica Venezolana, Caracas, 2002.

5 Véase Allan R. Brewer-Carías, "La progresiva y sistemática demolición institucional de la autonomía e independencia del Poder Judicial en Venezuela 1999-2004, documento preparado para las XXX Jornadas J. M. Domínguez Escovar sobre "Administración de Justicia y Derechos Humanos", Instituto de Investigaciones Jurídicas, Colegio de Abogados del Estado Lara, Barquisimeto, enero 2005, publicado en el libro: *XXX Jornadas J. M. Domínguez Escovar, Estado de derecho, Administración de justicia y derechos humanos,* Instituto de Estudios Jurídicos del Estado Lara, Barquisimeto 2005, pp. 33-174.

6 Véase Allan R. Brewer-Carías, "La configuración judicial del proceso constituyente o de cómo el guardián de la Constitución abrió el camino para su violación y para su propia extinción", en *Revista de Derecho Público*, Nº 77-80, Editorial Jurídica Venezolana, Caracas, 1999, pp. 453 y ss.

de cuya interpretación había surgido[7], asumiendo la tarea de intervenir todos los Poderes Públicos constituidos[8].

Para ello, la Asamblea comenzó dictando un "Decreto mediante el cual se declaró la reorganización de todos los órganos del Poder Público" de fecha 12 de agosto de 1999[9], el cual fue seguido por el "Decreto mediante el cual se regulan las funciones del Poder Legislativo"[10]. Con ello se materializó jurídicamente el golpe de Estado que dio la Asamblea Nacional Constituyente, al violar la Constitución de 1961 y extinguir un órgano constitucional constituido y electo por votación popular como era el antiguo Congreso; intervenir sus funciones legislativas; limitar la autonomía de los Estados y Municipios, y lesionar la autonomía de las Contralorías.

Una semana después, la Asamblea resolvió declarar "al Poder Judicial en emergencia" (art. 1º), a cuyo efecto creó una "Comisión de Emergencia Judicial", la cual asumió el proceso de intervención del Poder Judicial[11]. Dicha Comisión y la "emergencia" le sirvió de excusa para su creación, no han cesado hasta el presente, y en su inicio asumió atribuciones como la de, en su momento, evaluar del desempeño de la propia antigua Corte Suprema de Justicia (arts. 3,3 y 4), decidir sobre la destitución y suspensión de jueces y funcionarios judiciales, y sobre y la designación de suplentes o conjueces para sustituir temporalmente a los jueces destituidos o suspendidos (art. 8).

Dicha declaratoria de Emergencia Judicial, conforme se aprobó en agosto de 1999, supuestamente debía tener vigencia hasta que se sancionara la nueva Constitución (art. 32), lo que ocurrió en diciembre de 1999. Sin embargo, en la práctica, la situación de emergencia ha sido *sine die*, fundamentalmente por la falta del Tribunal Supremo de Justicia en asumir el gobierno judicial conforme a las competencias que le asignó la nueva Constitución de 1999 (art. 267), así como por la prórroga de la transitoriedad constitucional por obra de la Asamblea Nacional, dada su propia omisión en dictar las leyes necesarias.

El Tribunal Supremo de Justicia, en efecto, a partir de enero de 2000, fue complaciente con la forma irregular e inconstitucional de la intervención del Poder Judicial, a cuyo efecto, como cómplice en el proceso de sometimiento político del mismo, se abstuvo deliberadamente de asumir sus propias funciones de gobierno judi-

---

7 Con ello se comenzó a ejecutar el golpe de estado constituyente. Véase Allan R. Brewer-Carías, *Golpe de Estado y Proceso Constituyente en Venezuela*, UNAM, México, 2002. Como ha señalado Lolymar Hernández Camargo, con la aprobación del Estatuto "quedó consumada la inobservancia a la voluntad popular que le había impuesto límites a la Asamblea Nacional Constituyente... Se auto proclamó como poder constituyente originario, absoluto e ilimitado, con lo cual el Estado perdió toda razón de ser, pues si se mancilló la voluntad popular y su manifestación normativa (la Constitución), no es posible calificar al Estado como de derecho ni menos aun democrático", en *La Teoría del Poder Constituyente. Un caso de estudio: el proceso constituyente venezolano de 1999*, UCAT, San Cristóbal 2000, p. 73.

8 Véase Allan R. Brewer-Carías, *La Constitución de 1999, Derecho Constitucional Venezolano*, Tomo I, Editorial Jurídica Venezolana, Caracas, 2004, pp. 99 y ss.

9 *Gaceta Oficial* Nº 36.764 de 13-08-99.

10 *Gaceta Oficial* Nº 36.772 de 25-08-99

11 *Gaceta Oficial* Nº 36.772 de 25-08-99 reimpreso en *Gaceta Oficial* Nº 36.782 de 08-09-99.

cial conforme a la Constitución. Esa transitoriedad de la inconstitucional emergencia, incluso, lejos de haberse eliminado, fue formalmente prorrogada en mayo de 2004, con la sanción de la nueva Ley Orgánica del Tribunal Supremo de Justicia[12].

En todo caso, con fundamento en aquél Decreto de la emergencia judicial, se produjo la inconstitucional intervención del Poder Judicial, se destituyeron y suspendieron centenares de jueces con precaria garantía al derecho a la defensa, se designaron jueces suplentes e interinos sin sistema alguno de selección que no fuera la sola voluntad del designante, y se ha procedido luego a transformarlos en jueces titulares, sin concurso alguno. Con ello, el Poder Judicial en Venezuela quedó signado por la provisionalidad[13] y la temporalidad convertida luego en titularidad, con su inevitable secuela de dependencia respecto del nuevo Poder, sin que se hubiera realizado concurso alguno para la selección de jueces.

Además, también en 1999, la Asamblea Nacional Constituyente dictó otro Decreto mediante el cual confirió una serie de facultades a la Comisión de Emergencia Judicial, completamente al margen de la Constitución, con supuesta duración "hasta el 16 de diciembre del presente año" (1999), para reglamentar el plan de evaluación de los jueces, determinar la permanencia o sustitución de los mismos y el régimen de selección y concursos (art. único)[14].

El resultado de toda esta intervención del Poder Judicial fue la "depuración" de la Justicia, y la designación indiscriminada de "nuevos" jueces, sin concursos, quedando dependientes del nuevo Poder que los había designado.

La Corte Suprema de Justicia, por su parte, en fecha 23 de agosto de 1999, y con motivo de la inconstitucional decisión de la Asamblea Constituyente de intervenir el Poder Judicial, adoptó un desafortunado Acuerdo[15] con el cual se hizo cómplice de la violación de la Constitución y de la propia autonomía del Supremo Tribunal, en el cual no sólo fijó posición ante el Decreto de Reorganización del Poder Judicial dictado por la Asamblea Nacional Constituyente, sin condenarlo; sino que aceptó la designación de uno de sus propios Magistrados como miembro integrante de la ilegítima Comisión de Emergencia Judicial. Con dicho Acuerdo, en definitiva, la Corte Suprema de Justicia había decretado su propia extinción, como de hecho ocurrió sólo tres meses después, el 20 de diciembre de 1999.

---

12 *Gaceta Oficial* N° 37.942 de 19-05-2004. Véase los comentarios en Allan R. Brewer-Carías, *Ley Orgánica del Tribunal Supremo de Justicia. Procesos y procedimientos constitucionales y contencioso administrativos*, Editorial Jurídica de Venezolana, Caracas 2004.

13 Por ello, sólo dos años después del inicio del proceso de intervención, en agosto de 2001, los Magistrados del Tribunal Supremo de Justicia ya admitían que más del 90% de los jueces de la República eran provisionales. Véase *El Universal*, Caracas 15-08-01, p. 1-4. En mayo de 2001 otros Magistrados del Tribunal Supremo reconocían el fracaso de la llamada "emergencia judicial". Véase *El Universal*, Caracas 30-05-01, p. 1-4.

14 *Gaceta Oficial* N° 36.832 de 18-11-99

15 Véase nuestros comentarios sobre el Acuerdo, en Allan R. Brewer-Carías, *Debate Constituyente (Aportes a la Asamblea nacional Constituyente)*, Tomo I, Fundación de Derecho, Caracas 1999, pp. 141 y ss. Véase además, los comentarios de Lolymar Hernández Camargo, *La Teoría del Poder Constituyente, cit.*, pp. 75 y ss.

Esta intervención constituyente del Poder Judicial en Venezuela, fue el inicio del proceso de demolición de la autonomía e independencia del mismo, y de su sometimiento a los designios de quienes controlan el poder político desde el Poder Ejecutivo y la Asamblea Nacional. La base para esta intervención del Poder judicial, por otra parte, quedó asegurada en la propia Constitución, al establecer un esquema de concentración del poder que contradice la penta división del poder Público, y que ha asegurado la sujeción de todos los poderes del Estado al Ejecutivo.

III. LA AUSENCIA DE AUTONOMÍA E INDEPENDENCIA DEL PODER JUDICIAL POR EL RÉGIMEN CONSTITUCIONAL DE CONCENTRACIÓN DEL PODER, EN CONTRADICCIÓN CON LA PENTA DIVISIÓN DEL PODER PÚBLICO

Como es sabido, Venezuela es el único país del mundo que ha establecido formalmente en su Constitución, no la clásica división tripartita del Poder Público entre el Poder Legislativo, el Poder Ejecutivo y el Poder Judicial a los efectos de asegurar la separación de poderes y el control del poder por el poder, tal y como fue definido en los orígenes del constitucionalismo moderno hace más de 200 años; sino una penta división del poder, además de entre los tres clásicos Legislativo, Ejecutivo y Judicial, entre dos más, el Poder Ciudadano y el Poder Electoral (artículo 136, Constitución). Se trata, por tanto, de una penta división del Poder Público, conforme a la cual, supuestamente todos son autónomos e independientes entre sí, entre los cuales se destaca el Poder Judicial, concebido como una de las ramas del Poder público nacional que actúa con independencia y autonomía respecto de los demás Poderes del Estado.

Pero lamentablemente, el balance y contrapeso que supuestamente debería existir entre las cinco ramas de los Poderes del Estado, en su división horizontal a nivel nacional, en la práctica no existe, ya que, lamentablemente, fue la propia Constitución la que estableció el germen del "desbalance" entre los Poderes del Estado, lo que ha conducido al centralismo y al autoritarismo, al asignar a la Asamblea Nacional la potestad de remover a los Magistrados del Tribunal Supremo de Justicia y a las autoridades de los Poderes Electoral y Ciudadano. Por ello, precisamente, al momento de ser sometido el texto constitucional a aprobación mediante referéndum, el 15 de diciembre de 1999, al oponernos a dicha aprobación refrendaria del texto constitucional, denunciamos que en el mismo se establecería

> "Un esquema institucional concebido para el autoritarismo derivado de la combinación del centralismo del Estado, el presidencialismo exacerbado, la democracia de partidos, la concentración de poder en la Asamblea y el militarismo, que constituye el elemento central diseñado para la organización del poder del Estado. En mi opinión -agregaba-, esto no era lo que se requería para el perfeccionamiento de la democracia; la cual al contrario, se debió basar en la descentralización del poder, en un presidencialismo controlado y moderado, en

la participación política para balancear el poder del Estado y en la sujeción de la autoridad militar a la autoridad civil"[16].

Y efecto, la Constitución de 1999, al establecer la penta división del Poder Público, en paralelo atribuyó a la Asamblea Nacional la potestad general de *remover* a los Magistrados del Tribunal Supremo de Justicia (art. 265), al Contralor General de la República, al Fiscal General de la República y al Defensor del Pueblo (art. 279); así como a los integrantes del Consejo Nacional Electoral (art. 296).

Con la previsión en la Constitución de estas solas atribuciones, en realidad, a pesar de la rimbombante penta división del Poder Público, lo que estableció fue la evidente primacía del Poder Legislativo (la Asamblea Nacional) sobre el Poder Judicial, el Poder Ciudadano y el Poder Electoral, ya que los titulares de cuyos órganos, en definitiva, en última instancia materialmente dependen de la voluntad política del Legislador, como en efecto ha ocurrido. El Poder Ejecutivo subsiste en el esquema constitucional vigente en Venezuela, siempre que controle, políticamente al Poder Legislativo, lo que ha ocurrido efectivamente en los últimos siete años, pues con ello controla todos los Poderes del Estado, como también ha ocurrido en la práctica. Al contrario, si en el esquema constitucional, el Poder Ejecutivo llegase a perder el control político del Poder Legislativo, la rimbombante penta división del Poder Público de la Constitución estallaría en mil pedazos eliminando toda forma de gobernabilidad.

En todo caso, conforme a este esquema constitucional, el sólo hecho de que los Magistrados del Tribunal Supremo, aún cuando sean elegidos por la Asamblea Nacional por un período de doce años (artículo 264), puedan ser removidos por la misma Asamblea en cualquier momento (artículo 265), implica que han quedado a la merced del poder político, como en efecto ha ocurrido. Es cierto que la Constitución exige para la remoción de los Magistrados del Tribunal Supremo una mayoría calificada de las dos terceras partes de de los integrantes de la Asamblea, previa audiencia concedida al interesado, en caso de faltas graves que sean previamente calificadas por el Poder Ciudadano, en los términos que la ley establezca. Sin embargo, ello no elimina el germen de dependencia que está previsto en la Constitución, y menos cuando la Ley Orgánica del Tribunal Supremo de Justicia ha establecido una nueva forma de remoción de los Magistrados, en evidente fraude a la Constitución, con el voto de la mayoría absoluta, cuando se trate de "revocación del acto administrativo de nombramiento de los Magistrados".

En efecto, la dependencia del Poder Judicial respecto del poder político se agravó en Venezuela, en mayo de 2004, con la sanción por la propia Asamblea Nacional de la muy esperada Ley Orgánica del Tribunal Supremo de Justicia[17], con la

---

16 Documento de 30 de noviembre de 1999. Véase en Allan R. Brewer-Carías, *Debate Constituyente (Aportes a la Asamblea Nacional Constituyente)*, Tomo III, Fundación de Derecho Público, Editorial Jurídica Venezolana, Caracas 1999, p. 339.

17 Véase en *Gaceta Oficial* N° 37942 de 20-05-2004. Véase sobre dicha Ley, Allan R. Brewer-Carías, *Ley Orgánica del Tribunal Supremo de Justicia. Procesos y procedimientos constitucionales y contencioso-administrativos,* Editorial Jurídica Venezolana, Caracas 2004.

cual no sólo se aumentó el número de Magistrados del Tribunal Supremo, consolidándose el control del mismo por el Poder Ejecutivo, sino que se aumentó la dependencia de los Magistrados al haberse regulado en forma inconstitucional la posibilidad de su remoción con el voto de los integrantes de la Asamblea Nacional por mayoría absoluta.

En efecto, el artículo 23 párrafo 3° de la Ley Orgánica, conforme lo dispone la Constitución, reiteró que los Magistrados del Tribunal Supremo de Justicia pueden ser removidos de sus cargos en casos de faltas graves, por la Asamblea Nacional, previa la solicitud y calificación de las faltas que realizare el Poder Ciudadano, en cuyo caso, la remoción debe ser acordada por una mayoría calificada de las 2/3 partes de los integrantes de la Asamblea Nacional, previa audiencia del Magistrado. Conforme a la Ley Orgánica, a partir del momento en que el Poder Ciudadano califique la falta como grave y solicite la remoción por unanimidad, el Magistrado queda suspendido del cargo, hasta la decisión definitiva de la Asamblea Nacional. Sin embargo, basta leer la enumeración de los supuestos de "falta grave", para constatar lo precaria que, en definitiva, resulta la estabilidad de los Magistrados, cuya permanencia en sus funciones queda a la merced de la mayoría calificada de la Asamblea Nacional.

Sin embargo, la exigencia constitucional de una mayoría parlamentaria de las 2/3 partes de los diputados integrantes de la Asamblea (Art. 265), por supuesto, en una situación de extrema polarización política, hace muy difícil a la Asamblea poder proceder a remover a los magistrados que pudieran ser incómodos al Poder político, por lo que la Asamblea, en un evidente fraude a la Constitución "inventó" otra causal de remoción de los Magistrados, que denominó como "anulación del nombramiento de los Magistrados", la cual se puede adoptar con mayoría absoluta, en lugar de la mayoría calificada que exige la Constitución.

Esta inconstitucional potestad, por supuesto, fue ejercida en forma inmediata por la Asamblea Nacional, el 15 de junio de 2004, al aprobar un informe de una Comisión que investigaba la crisis en el Poder Judicial, en el cual se recomendó a "anular" el acto el nombramiento de quien para el momento era el Magistrado Vicepresidente del Tribunal Supremo, en razón de haber supuestamente "suministrado falsa información para el momento de la aceptación de su postulación para ser ratificado en ese cargo"[18]. Debe precisarse que dicho Vicepresidente del Tribunal Supremo había sido precisamente el Magistrado Ponente en la sentencia de la Sala Plena Accidental de 14 de agosto de 2002, (Caso: *Antejuicio de mérito a oficiales de la Fuerza Armada Nacional*), que consideró que lo que había ocurrido en el país el 12 de abril de 2002 no había sido una crisis gubernamental debido al vacío de poder provocado por la renuncia del Presidente de la República, sentencia que había sido intensamente criticada por el Presiente de la República, y que dos años después, complacientemente sería anulada por la Sala Constitucional del Tribunal Supremo por

18 Según la investigación parlamentaria, el Magistrado no habría tenido 15 años como profesor universitario titular, ni tampoco estudios de postgrado. Véase la información en *El Nacional*, Caracas, 16-06-2004, p. A-5.

motivos formales. El mencionado magistrado, incluso había sido protegido en su titularidad por una decisión de amparo adoptada por la Sala Constitucional con ocasión de una decisión anterior de la Asamblea Nacional contra el mismo el 3 de diciembre de 2002[19]. La Sala, sin embargo, en vista de la efectiva "remoción" del magistrado, muy "convenientemente" no extendió la protección constitucional de amparo que se la había otorgado, lo que originó efectivamente su "remoción" o la "revocación de su nombramiento".

La mayor lesión a la autonomía en independencia del Poder Judicial en Venezuela, por tanto, es la sola posibilidad de que los magistrados del Tribunal Supremo, nombrados por la Asamblea Nacional, puedan ser removidos por la propia Asamblea, incluso con el voto de la mayoría absoluta de sus miembros. Esta es una regulación que, en esos términos, no existe en ningún país democrático.

IV. LA INCONSTITUCIONAL LESIÓN A LA INDEPENDENCIA DEL TRIBUNAL SUPREMO CON LA BURLA A LA EXIGENCIA DE PARTICIPACIÓN CIUDADANA EN LA DESIGNACIÓN DE SUS MAGISTRADOS

Por otra partes, y a pesar de la antes mencionada amenaza permanente de remoción que existe sobre todos los Magistrados del Tribunal Supremo si llegan a apartarse de la línea política del poder, en en texto de la Constitución se hizo un gran esfuerzo para al menos asegurar que la elección de los Magistrados del Tribunal Supremo, así como de los demás integrantes del Poder Ciudadano y del Poder Electoral, se hiciese de manera tal que desde un nombramiento transparente se pudiera garantizar su autonomía e independencia, sobre todo en relación con el poder político de los partidos. Para ello, la Constitución estableció directamente a nivel nacional algunos mecanismos para garantizar la participación directa de los representantes de los diversos sectores de la sociedad en la toma de decisiones para el nombramiento o elección de dichos altos funcionarios del Estado, al reservarles la potestad de postulación de los candidatos.

En concreto, la Constitución reguló extensivamente la integración de unos "Comités de Postulaciones" para la designación, por la Asamblea Nacional, de los titulares de los órganos no electos popularmente del Poder Público (Poder Judicial, Poder Ciudadano, Poder Electoral), sólo entre los candidatos postulados por dichos Comités; Comités que debían estar necesaria y solamente integrados por representantes de los diversos sectores de la sociedad.

Esta reforma constitucional se adoptó como consecuencia de crítica generalizada que se había formulado al sistema tradicional de designación de los dichos altos funcionarios públicos no electos popularmente, por parte del antiguo Congreso Nacional, es decir, del Fiscal General, del Contralor General y de los Magistrados de la Corte Suprema, tal como la establecía la Constitución de 1961, conforme a la cual el

---

19 Véase la información en *El Nacional*, Caracas, 18-06-2004, p. A-4.

órgano legislativo tenía todo el poder discrecional para, mediante solo acuerdos entre los partidos políticos, efectuar dichas designaciones[20].

Por ello, en la Asamblea Nacional Constituyente de 1999, en esta materia, en sentido contrario a la práctica política anterior, se impuso el principio de la participación popular sobre el principio de la representatividad, y si bien se le atribuyó a la Asamblea Nacional la competencia para designar a los titulares de los órganos no electos popularmente del Poder Público, la reforma constitucional más importante que se introdujo en la materia, consistió en *quitarle a la Asamblea la potestad discrecional para hacer tales nombramientos*. A tal efecto, la Constitución reguló en forma expresa y precisa, la necesaria e indispensable *participación activa de la sociedad* en dichos nombramientos, al atribuirle a unos Comités de Postulaciones integrados por "representantes de los diversos sectores de la sociedad", la *potestad exclusiva* de hacer las postulaciones ante la Asamblea Nacional, de los candidatos para ocupar dichos altos cargos de órganos constitucionales. El sistema constitucional adoptado, en consecuencia, por una parte, buscaba impedir que se pudieran formular postulaciones directamente para tales designaciones, ante la Asamblea Nacional; y por otra parte, buscaba asegurar que la Asamblea Nacional no pudiera designar para dichos cargos personas distintas a las postuladas por los Comités de Postulaciones.

Esos Comités de Postulaciones, integrados por *representantes de los diferentes sectores de la sociedad,* se concibieron como organizaciones no estatales, de la sociedad civil en las cuales, por tanto, no podían formar parte ni funcionarios estatales ni los representantes populares a la Asamblea nacional y a los otros cuerpos deliberantes de elección popular.

Pero a pesar de todas estar regulaciones constitucionales, que exigen la formación de Comités de Postulaciones integrados por representantes de los diversos sectores de la sociedad para la designación por la Asamblea Nacional, de los altos funcionarios del Estado no electos popularmente (Magistrados del Tribunal Supremo de Justicia, del Fiscal General de la República, del Contralor General de la República y del Defensor del Pueblo, así como de los miembros del Consejo Nacional Electoral), y de la insistencia en el texto de la Constitución del tema de la participación política de los administrados en las actividades estatales, en la practica política y legislativa, dicha participación no se ha asegurado, habiéndose conservado y aún más, asegurado, en cabeza de la Asamblea Nacional, materialmente del mismo poder discrecional que tenía el antiguo Congreso Nacional en la designación de dichos funcionarios.

En efecto, la violación a la Constitución comenzó con la sanción por la Asamblea Nacional de la llamada "Ley Especial para la Ratificación o Designación de los Funcionarios y Funcionarias del Poder Ciudadano y Magistrados y Magistradas del Tribunal Supremo de Justicia para el primer período constitucional" de noviembre de 2000, mediante la cual se creó una Comisión Parlamentaria integrada con mayoría de diputados para escoger a los referidos funcionarios, sustituyéndose a los Comités de Postulaciones regulados en la Constitución, que debían estar exclusivamen-

20 Véase por ejemplo, Allan R. Brewer-Carías, *Los problemas del Estado de Partidos*, Editorial Jurídica Venezolana, Caracas 1988.

te integrados "por representantes de los diversos sectores de la sociedad". La sociedad civil fue así marginada, y los titulares de los órganos de los Poderes Ciudadano y Judicial fueron nombrados con la más absoluta discrecionalidad (Fiscal General de la República, Defensor del Pueblo y Contralor General de la República) y los Magistrados del Tribunal Supremo se designaron, incluso y sin atender algunos de los criterios objetivos que la Constitución establece como condición para ocupar dichos cargos. A través de esta legislación, se consolidó el control político del Ejecutivo a través del dominio de la Asamblea Nacional en relación con todos los Poderes Públicos. Esta violación constitucional fue advertida desde el inicio[21], y la misma ha continuado en particular respecto del nombramiento de los Magistrados del Tribunal Supremo.

La Constitución, en efecto, concibe al Comité de Postulaciones Judiciales (art. 270), como un órgano asesor del Poder Judicial para la selección de los candidatos a Magistrados del Tribunal Supremo de Justicia (art. 264), el cual debe estar "integrado por representantes de los diferentes sectores de la sociedad, de conformidad con lo que establezca la ley". En esta forma, la Constitución estableció un *mecanismo directamente regulado en el texto fundamental* que asegura la participación de los "diversos sectores de la sociedad" en la gestión de asuntos públicos.

Pero estas disposiciones constitucionales, como se dijo, han continuado siendo violadas y burladas, habiendo sido el Legislador el que ha incurrido en fraude constitucional al establecer en definitiva, otro sistema de elección de Magistrados escapándose del control de los representantes de la sociedad civil. En efecto, en la Ley

---

21 Este problema constitucional, por ejemplo, fue destacado por el Secretario General de la OEA, en su Informe a la Asamblea General de fecha 18 de abril de 2002, y lo destacó con mayor fuerza la Comisión Interamericana de Derechos Humanos en el comunicado de prensa N° 23/02 que emitió el 10 de mayo de 2002, en el cual destacó los cuestionamientos que había recibido "relacionados con la legitimidad del proceso de elección de los máximos titulares del Poder Judicial..., procedimientos éstos no contemplados por la Constitución Venezolana. La información recibida indica que dichas autoridades no fueron postuladas por los comités establecidos por la Constitución sino sobre la base de una ley dictada por la Asamblea Nacional con posterioridad a la aprobación de la Constitución..." (N° 7). El tema lo desarrolló más detenidamente la propia Comisión Interamericana en la Observaciones Preliminares de fecha 10 de mayo de 2002, constatando que "Las reformas constitucionales introducidas en la forma de elección de estas autoridades no fueron utilizadas en este caso. Esas normas eran precisamente las que buscaban limitar injerencias indebidas, asegurar mayor independencia e imparcialidad y permitir que diversas voces de la sociedad sean escuchadas en la elección de tan altas autoridades" (N° 26); agregando: '27. La Comisión también pudo constatar diversos cuestionamientos al ejercicio de las facultades del poder judicial sin la debida independencia e imparcialidad. En diversas oportunidades, el Tribunal Supremo de Justicia habría adoptado decisiones exclusivamente fundadas en favorecer los intereses del Poder Ejecutivo. Entre otros, se mencionaron las decisiones sobre el cuestionamiento a la Ley Especial para la Ratificación o Designación de los Funcionarios y Funcionarias del Poder Ciudadano y Magistrados y Magistradas del Tribunal Supremo de Justicia, y la decisión sobre la duración del período presidencial. 28. La Comisión se encuentra preocupada por la posible falta de independencia y autonomía de los otros poderes respecto al Poder Ejecutivo, pues indicarían que el equilibrio de poderes y la posibilidad de controlar los abusos de poder que debe caracterizar un Estado de Derecho estaría seriamente debilitado. Al respecto, la CIDH debe señalar que la separación e independencia de los poderes es un elemento esencial de la democracia, de conformidad con el artículo 3 de la Carta Democrática Interamericana.

Orgánica del Tribunal Supremo de Justicia de 2004[22], el Comité de Postulaciones Judiciales, en lugar de estar integrado sólo y exclusivamente "por representantes de los diversos sectores de la sociedad" como lo exige la Constitución, se dispuso que estaría integrado por "once (11) miembros principales, con sus respectivos suplentes, cinco (5) de lo cuales deben ser elegidos del seno del órgano legislativo nacional, y los otros seis (6) miembros, de los demás sectores de la sociedad, los cuales se deben elegir en un procedimiento público (Art. 13, párrafo 2°).

Se trata, en este caso, entonces y en la práctica, de una "Comisión parlamentaria ampliada" establecida con sede en la propia Asamblea Nacional (Art. 13); cuando, por esencia, los diputados a la Asamblea Nacional, no pueden considerarse representantes de la sociedad civil, y menos en funcionarios autónomos e independientes.

En esta forma, luego de aumentarse el número de Magistrados del Tribunal Supremo con esa reforma a la ley a 35 Magistrados, a través de este comité de postulaciones se aseguró el control político de las designaciones, lo que incluso fue anunciado públicamente por su Presidente durante el proceso de selección, en el sentido de que no sería electa para magistrado persona alguna que no estuviera en la línea del proceso político conducido por el Ejecutivo.

V. LA INTERMINABLE INTERVENCIÓN POLÍTICA DEL PODER JUDICIAL CON LA COMPLICIDAD DEL TRIBUNAL SUPREMO DE JUSTICIA

La Constitución de 1999 eliminó la figura del Consejo de la Judicatura que había establecido la Constitución de 1961 para el gobierno y administración del Poder Judicial, y en su lugar, se asignó dichas funciones al Tribunal Supremo de Justicia, para lo cual dispuso que el mismo tendría una Dirección Ejecutiva de la Magistratura (art. 267). Además, en la *Disposición Transitoria Cuarta,* se hizo mención a una "Comisión de Funcionamiento y Reestructuración del Sistema Judicial", la cual, sin embargo, para el momento de la aprobación refrendaria de la Constitución el 15 de diciembre de 1999 no existía, pues la que existió durante el funcionamiento de la Asamblea Nacional Constituyente, como se dijo, había sido la "Comisión de Emergencia Judicial". Sin embargo, a pesar de esta incongruencia, la mención que hace dicha Disposición Transitoria sobre esa inexistente para ese momento "Comisión de Funcionamiento y Reestructuración del Sistema Judicial", fue sólo y únicamente a los efectos de que desarrollase transitoriamente, hasta que se dictase la ley respectiva, el "sistema de defensa pública".

Dicha Comisión de Funcionamiento y Reestructuración del Sistema Judicial, sin embargo, fue luego irregularmente creada mediante un decreto dictado por la Asamblea Nacional Constituyente, después de que la Constitución fuera aprobada por referéndum, denominado "Decreto del Régimen de Transición del Poder Público"

---

22 *Gaceta Oficial* N° 37.942 de 20-05-2004. Véase los comentarios a la Ley en Allan R. Brewer-Carías, *Ley Orgánica del Tribunal Supremo de Justicia. Procesos y procedimientos constitucionales y contencioso-administrativos*, Caracas, 2004.

(art. 27) de 22 de diciembre de 1999[23], en el cual se dispuso que mientras el Tribunal Supremo organizaba la referida Dirección Ejecutiva de la Magistratura, el gobierno y administración del Poder Judicial, la inspección y vigilancia de los Tribunales, y todas las competencias que la legislación para ese momento vigente, atribuían al antiguo Consejo de la Judicatura, serían ejercidas por la Comisión de Funcionamiento y Reestructuración del Sistema Judicial (art. 21).

En esta forma, la Asamblea Nacional Constituyente, en forma evidentemente contraria a la Constitución, le confiscó al Tribunal Supremo, cuyos miembros había designado cesando a los antiguos magistrados de la anterior Corte Suprema, una de sus nuevas funciones, incluso para que no la pudiera ejercer después de que la nueva Constitución entrara en vigencia, y se la atribuyó a una "Comisión" creada y designada por la propia Asamblea Constituyente, y no por el nuevo Tribunal Supremo; situación irregular que el propio Tribunal Supremo de Justicia luego aceptó resignadamente por más de un lustro, renunciando a ejercer sus competencias constitucionales.

Por otra parte, la disposición del artículo 23 del Decreto del 22 de diciembre de 1999 constituía una verdadera "Disposición Transitoria constitucional" que debió haber sido incorporada en las de la propia Constitución, la cual, sin embargo no estaba en el proyecto aprobado popularmente y que la Asamblea Constituyente dictó en evidente usurpación de la voluntad popular (la del pueblo), disponiendo que la competencia disciplinaria judicial que conforme a la Constitución debe corresponder a los tribunales disciplinarios de conformidad con lo que se regula en el artículo 267 de la Constitución recién aprobada, sería ejercida por la referida Comisión de Funcionamiento y Reestructuración del Sistema Judicial, y no por los jueces. Dicho artículo 23 del decreto, en efecto, dispuso esa inconstitucional transitoriedad:

> "De acuerdo con el presente régimen de *transición y hasta* que la Asamblea Nacional *apruebe la legislación* que determine los *procesos y tribunales* disciplinarios".

Pero contrariamente a ello, conforme a la nueva Constitución, sólo los jueces pueden ejercer la función disciplinaria judicial (art. 253), por lo que era totalmente ilegítimo y contrario a la garantía del debido proceso (art. 49), el atribuir funciones judiciales disciplinarias respecto de los jueces a una "Comisión" *ad hoc* como la mencionada, que no era ni es un Tribunal. Si se trataba de establecer, así fuera arbitrariamente, un régimen transitorio para la jurisdicción disciplinaria, las funciones judiciales que ello implica constitucionalmente, debieron atribuirse por ejemplo a tribunales o jueces preexistentes, y no a una "Comisión" *ad hoc*, pues ello, además, violaba la garantía del debido proceso y del juez natural que la nueva Constitución regulaba expresamente (art. 49).

Con posterioridad al Decreto sobre Régimen Transitorio de diciembre de 1999 que creó la mencionada Comisión, la Asamblea Nacional Constituyente dictó otros dos Decretos el 18 de enero de 2000 en relación con el Poder Judicial, también "en

---

23 Véase en *Gaceta Oficial* N° 36.859 de 29-12-99. Véase los comentarios en Allan R. Brewer-Carías, *La Constitución de 1999. Derecho Constitucional Venezolano, cit.*, pp. 1017 y ss.

ejercicio del poder soberano constituyente originario", que fueron el relativo a la designación del Inspector de Tribunales[24], y el relativo a la designación de los miembros de la Comisión de Funcionamiento y Reestructuración del Poder Judicial[25].

Esta situación de absoluta transitoriedad y de inaplicación del texto constitucional, se ha prolongado por la omisión del mismo Tribunal Supremo hasta el presente, a pesar de que el 2 de agosto de 2000, el Tribunal dictó la "Normativa Sobre la Dirección, Gobierno y Administración del Poder Judicial", con la cual supuestamente se daría satisfacción al expreso mandato constitucional del artículo 267, supuestamente para "poner fin a la vigencia del régimen transitorio dictado por el Constituyente", lo cual sin embargo, no ocurrió.

En efecto, el artículo 1° de la referida Normativa el Tribunal Supremo dispuso la creación de "la Dirección Ejecutiva de la Magistratura como órgano auxiliar del Tribunal Supremo de Justicia, con la finalidad de que ejerza por delegación las funciones de dirección, gobierno y administración del Poder Judicial". Esta Dirección Ejecutiva de la Magistratura se erigió entonces como un órgano del Tribunal Supremo en el ejercicio de sus atribuciones relativas a la dirección, gobierno y administración del Poder Judicial, es decir, se trató de un órgano que ejerce por delegación tales atribuciones que, se insiste, son propias de este Tribunal Supremo de Justicia.

Pero en materia de jurisdicción disciplinaria de los jueces, en el artículo 30 de la misma Normativa, el Tribunal Supremo, sin justificación ni competencia algunas, y en fraude a la Constitución, prorrogó la existencia y funcionamiento de la Comisión de Funcionamiento y Reestructuración, que debía ser organizada en la forma que determinase el Tribunal Supremo de Justicia, la cual sólo tendría a su cargo, luego de la vigencia de la referida Normativa, "funciones disciplinarias mientras se dicta la legislación y se crean los correspondientes Tribunales Disciplinarios". El Tribunal Supremo, así renunció a sus funciones incluso en materia normativa respecto del gobierno del Poder judicial, y tan fue así, que fue la propia "Comisión de Funcionamiento y Reestructuración del Sistema Judicial", la que, sin base constitucional o legal alguna, en noviembre de 2000 dictó la nueva "normativa" para la sanción y destitución de los jueces, contenida en el Reglamento de la Comisión y Funcionamiento y Reestructuración del Sistema Judicial[26]; "normativa", con el cual procedió definitivamente a "depurar" el Poder Judicial de jueces no afectos al régimen. Lo insólito, es que dicho "reglamento" ni siquiera fue dictado por el propio Tribunal Supremo que, conforme a la Constitución, es el que tiene a su cargo el gobierno y administración del Poder Judicial, y ésta lo haya aceptado sumisamente, avalando el funcionamiento de una inconstitucional Comisión, admitiendo no sólo que esta dictase sus propias normas de funcionamiento, sino el régimen disciplinario de los jueces, es decir, el régimen sancionatorio y de destitución de los mismos.

24 *Gaceta Oficial* N° 36.878 de 26-01-00.

25 *Gaceta Oficial* N° 36.878 de 26-01-00.

26 Véase en *Gaceta Oficial* N° 37.080, de 17-11-2000.

Continuó así dicha Comisión, esta vez por voluntad del mismo Tribunal Supremo, en el ejercicio de funciones transitorias en materia disciplinaria que son esencialmente judiciales; situación que fue nuevamente prorrogada por la Ley Orgánica del Tribunal Supremo de Justicia de mayo de 2004[27], en cuya Disposición Transitoria Única, párrafo 2, e) se dispuso que:

> "e) La Comisión de Funcionamiento y Reestructuración del Sistema Judicial sólo tendrá a su cargo funciones disciplinarias, mientras se dicte la legislación y se crea la jurisdicción disciplinaria y los correspondientes tribunales disciplinarios".

La norma constitucional que exige que "la jurisdicción disciplinaria judicial estará a cargo de los tribunales disciplinarios que determine la ley" (art. 267), por tanto, durante todos los años de vigencia de la Constitución, ha sido letra muerta; años durante los cuales los jueces no han tenido garantía alguna en cuanto a su estabilidad, y su permanencia en el Poder Judicial ha quedado a la merced de una Comisión "no judicial", la cual los ha suspendido a mansalva, particularmente cuando han dictado decisiones que no han complacido al Poder.

Lamentablemente en esta materia, sin embargo, el "activismo judicial" de la Sala Constitucional que la ha llevado, incluso, a juzgar de oficio la inconstitucionalidad de la omisión del Legislador, por ejemplo, al no haber sancionado en el tiempo requerido la Ley Orgánica del Poder Municipal[28], no ha sido aplicado para tratar de obligar al legislador a dictar las leyes básicas para garantizar, precisamente, la autonomía e independencia del Poder Judicial, que el Tribunal Supremo administra y gobierna, mediante la garantía de estabilidad de los jueces.

Dos piezas claves establecidas en la Constitución para garantizar la autonomía e independencia de los jueces, es precisamente, todo el régimen el régimen instituido, primero, para garantizar el nombramiento de jueces idóneos e independientes, sólo mediante concursos públicos; y segundo, para garantizar la remoción de los jueces sólo mediante juicios disciplinarios desarrollados con las garantías del debido proceso por ante jueces disciplinarios. Sin embargo, ninguna de estados dos garantías constitucionales de la autonomía en independencia de los jueces ha tenido aplicación durante los años de vigencia de la Constitución.

VI. LA INCONSTITUCIONAL CONVERSIÓN DE JUECES TEMPORALES EN JUECES TITULARES SIN CONCURSOS PÚBLICOS DE OPOSICIÓN PARA EL NOMBRAMIENTO DE LOS JUECES

De acuerdo con lo dispuesto en el artículo 255 de la Constitución, "el ingreso a la carrera judicial y el ascenso de los jueces" se debe hacer "por concursos de oposición públicos que aseguren la idoneidad y excelencia de los participantes y serán

27 Véase en *Gaceta Oficial* Nº 37942 de 20-05-2004.

28 Véase la sentencia Nº 3118 de 06-10-2003 en *Revista de Derecho Público*, Nº 93-96, EJV, Caracas 2003. Véanse los comentarios en Allan R. Brewer-Carías, *La Constitución de 1999. Derecho Constitucional Venezolano*, Tomo II, *cit.*, pp. 970 y ss.

seleccionados por los jurados de los circuitos judiciales, en la forma y condiciones que establezca la ley", correspondiendo dicho nombramiento y juramento de los jueces al Tribunal Supremo de Justicia. La norma agrega, además, que "La ley debe garantizar la participación ciudadana en el procedimiento de selección y designación de los jueces" y que "Los jueces sólo pueden ser removidos o suspendidos de sus cargos mediante los procedimientos expresamente previstos en la ley".

Esta norma, sin embargo, también ha sido letra muerta en el Poder Judicial en Venezuela desde que ocurrió la intervención del Poder Judicial por la Asamblea Nacional Constituyente en 1999, mediante la creación de la Comisión de Emergencia Judicial. Dicha Comisión y su sucesora, la Comisión de Funcionamiento y Reestructuración del Sistema Judicial creada en el mencionado Régimen de Transición del Poder Público el 22 de diciembre de 1999, en efecto, tuvieron a su cargo no sólo la destitución de cientos de jueces en el país, extinguiendo la garantía de la estabilidad de los jueces, sino el nombramiento de sus sustitutos sin concurso alguno.

Es decir, la Comisión Judicial del Tribunal Supremo de Justicia nombrada en agosto de 2000, que comenzó a funcionar en paralelo con la Comisión de Funcionamiento, además, continuó la política de estructurar un Poder Judicial integrado por jueces provisionales o temporales, los cuales llegaron a conformar más del 90% del universo de los jueces, quienes han quedado dependientes y vulnerables a las presiones del poder[29], habiendo materialmente desaparecido la autonomía e independencia del Poder Judicial.

Sobre este problema de la administración de justicia en Venezuela, la Comisión Interamericana de Derechos Humanos ya desde mayo de 2002[30], había señalado lo siguiente:

> "8. Otro aspecto vinculado a la autonomía e independencia del Poder Judicial es lo relativo al carácter provisorio de los jueces. La CIDH no desconoce que el problema de la provisionalidad de los jueces en Venezuela es de larga data. Según lo informado a la CIDH durante la visita, actualmente habría entre un 60% un 90% de jueces provisionales lo cual, a consideración de la CIDH, afecta la estabilidad, independencia y autonomía que debe regir a la judicatura. La Comisión expresa la importancia de que se inicie en Venezuela de manera inmediata y conforme a su legislación interna y las obligaciones internacionales derivadas de la Convención Americana, un proceso destinado a revertir la situación de provisionalidad de la mayoría de los jueces".

En el texto de las Observaciones Preliminares formuladas por la Comisión el día 10-05-2002, se ahondó en el tema de la provisionalidad de los jueces, indicando:

29 Véase lo indicado en el Informe de Human Rights Watch *Manipulando el Estado de Derecho: Independencia del Poder Judicial amenazada en Venezuela*, junio de 2004, Vol. 16, N° 3 (B), p. 11, donde se habla incluso de los "jueces desechables".

30 Véase "Comunicado de Prensa" de 10-05-2000, en *El Universal*, Caracas 11-5-2002.

"30. Otro aspecto vinculado a la autonomía e independencia del Poder Judicial es lo relativo al carácter provisorio de los jueces. Al respecto, luego de casi tres años de reorganización del Poder Judicial, un número significativo de los jueces tiene carácter provisorio, que oscila entre el 60 y el 90% según las distintas fuentes. Ello afecta la estabilidad, independencia y autonomía que debe regir a la judicatura.

31. La Comisión no desconoce que el problema de la provisionalidad de los jueces precede en muchos años a la presente administración. Sin embargo, la Comisión ha sido informada que el problema de la provisionalidad de los jueces se ha profundizado y aumentado desde que el presente Gobierno inició un proceso de reestructuración judicial. El Presidente del Tribunal Supremo de Justicia informó a la CIDH sobre la marcha del proceso destinado a corregir dicha situación.

32. El poder judicial ha sido establecido para asegurar el cumplimiento de las leyes y es indudablemente el órgano fundamental para la protección de los derechos humanos. En el sistema interamericano de derechos humanos, el funcionamiento adecuado del poder judicial es un elemento esencial para prevenir el abuso de poder por parte de otros órganos del Estado, y por ende, para la protección de los derechos humanos. Para que el poder judicial pueda servir de manera efectiva como órgano de control, garantía y protección de los derechos humanos, no sólo se requiere que éste exista de manera formal, sino que además el poder judicial debe ser independiente e imparcial.

33. La Comisión expresa la importancia de que, de manera inmediata y conforme a la legislación interna y las obligaciones internacionales derivadas de la Convención Americana, se acelere el proceso destinado a revertir la situación de provisionalidad en que se encuentra un número significativo de jueces venezolanos. La necesidad de que la designación de jueces se realice con todas las garantías, no puede justificar que la situación de provisionalidad se mantenga por largos períodos".

Los concursos públicos para la designación de los jueces se habían intentado reinstituir en marzo de 2000, de nuevo mediante una normativa que fue dictada, no por el Tribunal Supremo de Justicia, sino por la Comisión de Funcionamiento y Reestructuración del Sistema Judicial[31], pero los mismos fueron suspendidos definitivamente poco tiempo después; y tanto la destitución de los jueces sin fórmula de juicio ni derecho a ser oídos, como la designación a dedo de sus sustitutos temporales, siguió siendo la regla en el funcionamiento del Poder Judicial.

Lo absurdo del régimen transitorio que ha eliminado todo el sistema de concurso para el ingreso a la carrera judicial que exige la Constitución, llegó a su climax con la sentencia de la Sala Constitucional del Tribunal Supremo de Justicia nº 1424 de 3 de mayo de 2005, dictada con ocasión de decidir un recurso de nulidad por inconsti-

31 Véase Normas de Evaluación y Concursos de Oposición para ingresos y permanencia en el Poder Judicial de 13-03-2000.

tucionalidad del artículo 6,23 de la Ley Orgánica del Tribunal Supremo de Justicia que atribuía a la Sala Político Administrativa del mismo Tribunal la competencia para designar los jueces de la jurisdicción contencioso administrativa, a los efectos de que como lo solicitaron los recurrentes, "en consecuencia se designe a los jueces de la jurisdicción contencioso-administrativa, a través de los procedimientos de concurso de oposición aplicado a las demás jurisdicciones del país, tal como lo prevé el mandato constitucional plasmado en el artículo 255 de la Constitución".

En dicha sentencia, sin embargo, la Sala resolvió declarar *de oficio* una medida cautelar suspendiendo la aplicación de la norma impugnada, alegando como "peligro en la mora", "el riesgo de que la Sala Político-Administrativa, con apoyo en la Ley, haga designaciones durante la pendencia de este juicio las cuales, pese a que sean legales, podrían ser declaradas luego inconstitucionales, con nefastas consecuencias para todo el Sistema de Justicia"; por lo que entonces resolvió que durante "la tramitación de esta causa las designaciones a que se refiere la norma cuya suspensión provisional se acuerda se harán por la Comisión Judicial del Tribunal Supremo de Justicia, mediante el mismo procedimiento a través del cual se nombra el resto de los jueces de la República", es decir, a dedo, sin concurso. En consecuencia, de una designación de jueces de la Jurisdicción Contencioso-Administrativa por el máximo tribunal de dicha Jurisdicción (la Sala Político Administrativa) con posibilidad de velar más adecuadamente por el nivel de los mismos, se pasó a la designación a dedo, sin concurso de dichos jueces como se hace con "el resto de los jueces de la República"; y ello, por decisión de la Sala Constitucional.

Toda esta irregular conformación de la judicatura en Venezuela, por jueces provisorios y temporales, que han sido designados sin concurso, en sustitución de todos los que han sido destituidos o removidos sin garantía el debido proceso, el propio Tribunal Supremo ha pretendido convertirla en "regular", mediante la aprobación y entrada en vigencia desde septiembre de 2005, de una normativa que ha pretendido establecer ese proceso "reconversión" regulando una inconstitucional transformación de dichos jueces provisorios en "jueces titulares", sin el concurso público de oposición que exige la Constitución.

A los efectos de llevar a cabo este fraude a la Constitución, en efecto, el Tribunal Supremo de Justicia dictó unas "Normas de Evaluación y Concurso de oposición para el ingreso y ascenso de la carrera judicial" mediante Acuerdo de 6 de julio de 2005[32], en las cuales, luego de regular muy detalladamente los concursos públicos para el nombramiento de jueces, suspende su aplicación durante un año (2005-2006) en unas Disposiciones Finales y Transitorias, en cuyo artículo 46 estableció una llamada "Regularización de la Titularidad de los Jueces Provisorios", a los efectos "de regular la situación de los Jueces no titulares". Para ello, incluso antes de dictarse estas normas, la Sala Plena del Tribunal Supremo de Justicia en fecha 6 de abril de 2005, había aprobado "el proyecto de normas presentado por la Escuela Nacional

32 Véase en *Gaceta Oficial* Nº 38282 de 29-09-2005. Dicho Acuerdo, sin embargo, no derogó expresamente las Normas de Evaluación y Concursos de oposición para ingresos y permanencia en el Poder Judicial que había dictado la Comisión de Funcionamiento y reestructuración del Sistema Judicial en 2000.

de la Magistratura que incluye el Programa Especial para la Regularización de la Titularidad (PET), conformado por un Programa Académico de Capacitación, evaluación médica y psicológica, evaluación de desempeño, y el correspondiente examen de conocimiento, todo de acuerdo con lo previsto en la presente normativa". La norma del artículo 46 agregó que "El referido programa tendrá una vigencia de doce meses contados a partir de la aprobación por la Sala Plena del Tribunal Supremo de Justicia de las presentes normas". Con ello, se ha pretendido titularizar a todos los jueces provisionales y transitorios, que para el momento de entrada en vigencia de las normas tuvieran solo más de 3 meses en ejercicio de sus cargos[33], de manera que la misma norma agrega además que solo "aquellos jueces que, para la fecha en que cese la vigencia de dicho Programa, mantengan la condición de Provisorios, Temporales o Accidentales, y no tengan al menos tres (3) meses en el ejercicio de sus funciones judiciales", serán los que deben "participar y aprobar el Programa de Formación Inicial (PFI) para obtener la titularidad".

En esta forma, el propio Tribunal Supremo en evidente fraude a la Constitución, dispuso la conversión de los jueces temporales, provisorios y accidentales en jueces titulares, sin cumplir con los concursos públicos de oposición establecidos en la Constitución, mediante un procedimiento que se desarrolla en las referidas Normas, basadas en una supuesta evaluación que se le hace a cada juez provisorio, individualmente considerado, al cual se le da un curso de pocos días, y se le hace un examen, sin concurso público. Este proceso, que se ha realizado entre 2005 y 2006, es lo que ha permitido al Presidente del Tribunal Supremo de Justicia, poder anunciar públicamente en octubre de 2006, que "para diciembre de 2006, 90% de los jueces serán titulares"[34], hecho que ha sido denunciado ante la Comisión Interamericana de Derechos Humanos como un nuevo atentado a la autonomía del Poder Judicial hecho en fraude a la Constitución[35].

VII. LA INCONSTITUCIONAL REGULARIZACIÓN DE LA INEXISTENCIA DE LA JURISDICCIÓN DISCIPLINARIA JUDICIAL

Pero la intervención debido a la "emergencia" permanente a que se sometió al Poder Judicial, que ha conducido a que las normas constitucionales no lleguen a aplicarse, ha afectado particularmente la estabilidad de los jueces.

En efecto, como se ha dicho, conforme a la Constitución, la jurisdicción disciplinaria judicial debe estar a cargo de tribunales disciplinarios que deben ser determinados por la ley (art. 267); y el régimen disciplinario de los magistrados y jueces

---

33 El artículo 47 de dichas normas transitorias, establece sobre la convocatoria a concurso, que "La Escuela Nacional de la Magistratura convocará a concurso sólo a aquellos jueces no titulares, con al menos tres (3) meses en el ejercicio de la función judicial para la fecha de inicio del Programa Académico de Capacitación. Tal convocatoria deberá cumplir con los requisitos de publicidad y fases establecidas en las presentes normas'.

34 Véase en *El Universal*, Caracas 11-10-2006.

35 Véase la denuncia de Cofavic, Provea, Espacio Público, Centro de Derechos Humanos de la UCAB, Unión Afirmativa y otras organizaciones no gubernamentales ante la Comisión Interamericana de Derechos Humanos, en Washington. Véase en *El Universal*, Caracas, 20 de octubre de 2006.

debe estar además fundamentado en el *Código de Ética* del Juez Venezolano, que debe dictar la Asamblea Nacional.

En cuanto al procedimiento disciplinario, la Constitución exige que debe ser público, oral y breve, conforme al debido proceso, en los términos y condiciones que establezca la ley.

En esta materia, sin embargo, la ausencia de desarrollo legislativo de la Constitución ha hecho prolongar la transitoriedad constituyente, que origina la emergencia judicial, violándose abiertamente la Constitución, con lo cual la estabilidad e independencia de los jueces es inexistente; todo ello, con la anuencia del propio Tribunal Supremo de Justicia.

Incluso, como se detalla en la sentencia de la Sala Plena nº 40 de 15 de noviembre de 2001, el artículo 22 del Régimen de Transición del Poder Público de diciembre de 1999 había dispuesto que *mientras el Tribunal Supremo de Justicia no organizase a la Dirección Ejecutiva de la Magistratura* (prevista, en el artículo 267 constitucional), las competencias relativas a "inspección y vigilancia de los Tribunales" serían ejercidas por la "Comisión de Funcionamiento y Reestructuración del Sistema Judicial" que la Asamblea había establecido. Además, el artículo 29 del mismo Régimen estableció que la Inspectoría General de Tribunales -hasta ese entonces organizada y regida por las normas de la Ley Orgánica del Consejo de la Judicatura- sería un órgano auxiliar de la nombrada Comisión, en la inspección y vigilancia de los Tribunales de la República con facultades para la instrucción de los expedientes disciplinarios de los Jueces y demás funcionarios judiciales. Asimismo, dispuso dicha norma que el Inspector General de Tribunales y su suplente, serían designados por la Asamblea Nacional Constituyente, con carácter provisional hasta el funcionamiento efectivo de la Dirección Ejecutiva de la Magistratura.

Ahora bien, como se ha dicho, el 2 de agosto de 2000 el Tribunal Supremo de Justicia, actuando en acatamiento de lo ordenado en el artículo 267 de la Constitución, dictó la "Normativa Sobre la Dirección, Gobierno y Administración del Poder Judicial", con lo que se buscó, como lo afirmó el Supremo Tribunal en la sentencia Nº 40, la parcial satisfacción de un expreso mandato constitucional (artículo 267), ya que la "emergencia" continuó en cuanto al régimen disciplinario de los jueces. La propia Sala Plena resumió y argumentó sobre la continuación de la emergencia, así:

> "De otra parte, el artículo 30 de la misma Normativa establece que "la Comisión de Funcionamiento y Reestructuración organizada en la forma que lo determine el Tribunal Supremo de Justicia, sólo tendrá a su cargo [luego de la vigencia de esta Normativa] funciones disciplinarias mientras se dicta la legislación y se crean los correspondientes Tribunales Disciplinarios". Ha quedado así esta Comisión en el ejercicio de funciones transitorias en la materia antes indicada"[36].

36 Véase en *Revista de Derecho Público*, Nº 85-88, Editorial Jurídica Venezolana, Caracas, 2001, pp. 159 y ss.

Pero lamentablemente, como se ha dicho, al dictarse la Ley Orgánica del Tribunal Supremo de mayo de 2004, lejos de que el Legislador ordenara el cese de la emergencia, la prorrogó una vez más, al disponerse en la Disposición Transitoria Única, párrafo 2, e) que la Comisión de Funcionamiento y Reestructuración del Sistema Judicial seguiría ejerciendo las funciones disciplinarias, "mientras se dicte la legislación y se crea la jurisdicción disciplinaria y los correspondientes tribunales disciplinarios". Es decir, el Legislador, de nuevo, decidió no legislar, para prorrogar una inconstitucional emergencia, que durará *sine die*, mientras el propio legislador decida en el futuro, llegase a legislar!! Todo ello con la anuencia del propio Tribunal Supremo de Justicia, que ha sido cómplice en dicha prórroga y en la violación de la Constitución en materia del régimen disciplinario del Poder judicial.

En efecto, en esta materia, ha sido la propia Sala Constitucional del Tribunal Supremo, con ocasión de conocer sobre la inconstitucional omisión de la Asamblea Nacional de no haber enviado al Presidente de la República para su promulgación el Código de Ética del Juez, la que en lugar de corregir la omisión y exigirle a la Asamblea Nacional remitir para su promulgación tal documento, lo que hizo fue, contradictoriamente, prorrogar la existencia de la mencionada Comisión de Funcionamiento y Reestructuración del Sistema Judicial, llegando incluso a designar y remover sus integrantes, sustituyéndose la Sala Constitucional en el propio Tribunal Supremo de Justicia. En efecto, en la sentencia nº 1957 de mayo de 2005, dictada con el motivo indicado, la Sala resolvió:

> "Observa la Sala, tal y como se indicó anteriormente, que la presente demanda se intentó con fundamento en la supuesta omisión en que incurrió la Asamblea Nacional, "*por cuanto aún no han remitido la Ley sancionada el 16 de octubre de 2003 del Código de Ética del Juez o Jueza Venezolana' al Presidente de la República Bolivariana para que se proceda a su promulgación en la Gaceta Oficial*".
>
> Lo anterior ha traído entre sus consecuencias la continuidad en sus funciones de un órgano como la Comisión de Funcionamiento y Reestructuración del Sistema Judicial, el cual estaba destinado a regir durante un período de transición.
>
> En efecto, la Asamblea Nacional Constituyente elaboró el Régimen de Transición del Poder Público, publicado en Gaceta Oficial número 36.920 del 28 de marzo de 2000, en el cual se creó la Comisión de Funcionamiento y Reestructuración del Sistema Judicial en los siguientes términos:
>
> > "*Artículo 28.* Se crea la Comisión de Funcionamiento y Reestructuración del Sistema Judicial que será integrada por los ciudadanos que designe la asamblea nacional constituyente.
> >
> > Las Designaciones que realice la Asamblea Nacional Constituyente *lo serán hasta el funcionamiento efectivo de la Dirección Ejecutiva de la Magistratura, de los Tribunales Disciplinarios y del Sistema Autónomo de la Defensa Publica*".
>
> Por su parte, el artículo 24 *eiusdem,* destaca igualmente la transitoriedad de la referida Comisión, al disponer lo siguiente:

"La competencia disciplinaria judicial que corresponda a los Tribunales disciplinarios de conformidad con el artículo 267 de la Constitución aprobada, será ejercida por la Comisión de Funcionamiento y Reestructuración Sistema Judicial de acuerdo con el presente régimen de transición y hasta que la Asamblea Nacional apruebe la legislación determine los procesos y tribunales disciplinarios".

En justa correspondencia con lo anterior, este Tribunal Supremo de Justicia, procedió a dictar la Normativa sobre la Dirección, Gobierno y Administración del Poder Judicial, publicada en la Gaceta Oficial N° 37.014, de 15 de agosto de 2000, en cuyo capítulo correspondiente a las disposiciones finales y transitorias (artículo 30), dispuso que:

"La Dirección Ejecutiva de la Magistratura iniciará su funcionamiento efectivo el día primero de septiembre del año dos mil.

(Omissis)

*La Comisión de Funcionamiento y Reestructuración, **reorganizada en la forma que lo determine el Tribunal Supremo de Justicia**, sólo tendrá a su cargo funciones disciplinarias, mientras se dicta la legislación y se crean los correspondientes Tribunales Disciplinarios" (Resaltado de la Sala)"*

Pero después de de todo este razonamiento, de la manera más absurda, la Sala, en lugar de velar por la corrección de la omisión legislativa, constató que

> "Visto que conforme a la Normativa sobre la Dirección, Gobierno y Administración del Poder Judicial corresponde a este Tribunal Supremo de Justicia, la reorganización de la Comisión de Funcionamiento y Reestructuración y visto que conforme al Decreto del Régimen de Transición del Poder Público, las designaciones que realizó la Asamblea Nacional Constituyente de los integrantes de dicha Comisión fueron realizadas de manera temporal hasta el funcionamiento efectivo de la Dirección Ejecutiva de la Magistratura y la Comisión Judicial, lo que constituye un hecho notorio en la actualidad, y visto que hasta la presente fecha la Asamblea Nacional ha omitido culminar el proceso de formación del Código de Ética del Juez o Jueza Venezolana",

La Sala Constitucional, "a los fines de reorganizar el funcionamiento de la referida Comisión, según lo establecido en el artículo 267 de la Constitución de la República Bolivariana de Venezuela y artículo 30 de la Normativa sobre la Dirección, Gobierno y Administración del Poder Judicial", pura y simplemente procedió a ordenar la sustitución de los ciudadanos que se desempeñan como miembros integrantes de la citada Comisión por otros ciudadanos que procedió a designar. Es decir, formalizó, aún más, la transitoriedad judicial y la inexistencia del régimen disciplinario judicial de los jueces.

En esta materia, por tanto, la Sala Constitucional no ha demostrado activismo judicial alguno, y lejos de declarar la inconstitucionalidad de la omisión legislativa, lo que ha hecho es asumir la dirección de la inconstitucional emergencia al haber removido a los miembros de la Comisión de Funcionamiento y Reorganización del

Sistema Judicial y haber designado a los nuevos integrantes de dicho órgano interventor, para que continúe la emergencia.

En esta materia, por tanto, el contraste entre la normativa constitucional y la realidad política es patética: hay una serie de garantías constitucionales respecto de la autonomía e independencia del Poder Judicial que no existen en la práctica, por la implantación de una anormal situación de "emergencia judicial" construida y gerenciada por la Asamblea Nacional y por el propio Tribunal Supremo de Justicia, órganos que han suspendido fácticamente la aplicación de la Constitución en lo que se refiere al régimen disciplinario de los jueces y, por tanto, en cuanto a la estabilidad de los mismos, sin lo cual no puede hablarse ni de autonomía ni de independencia judicial.

SECCIÓN SEGUNDA

LA ACEPTACIÓN POR EL JUEZ CONSTITUCIONAL DE LA INTERMINABLE TRANSITORIEDAD CONSTITUCIONAL EN MATERIA DEL RÉGIMEN DISCIPLINARIO JUDICIAL

Estudio "Sobre la irregular Jurisdicción Disciplinaria Judicial en Venezuela: la Ley del Código de Ética del Juez Venezolano de 2010 y la interminable transitoriedad del régimen disciplinario judicial," elaborado como Ponencia para el *III Congreso Internacional de Derecho Disciplinario*, Caracas 26-28 Octubre 2011. Publicado en *Práctica y distorsión de la justicia constitucional en Venezuela (2008-2012)*, Colección Justicia Nº 3, Acceso a la Justicia, Academia de Ciencias Políticas y Sociales, Universidad Metropolitana, Editorial Jurídica Venezolana, Caracas 2012, pp. 51-62.

Aún cuando las Constituciones se dictan para cumplirse, y a pesar de que sus normas son obligatorias no sólo para los ciudadanos sino más importante aún, para todos los órganos del Estado que encuentran en ellas la fuente de sus atribuciones y los límites de su poder (Art. 7), en Venezuela, en particular respecto de las previsiones constitucionales establecidas para garantizar la independencia y autonomía de los jueces, puede decirse que la Constitución de 1999 se sancionó para no ser cumplida, para lo cual todos los órganos del Estado lo que han hecho es desarrollar sus actividades y sus mejores esfuerzos, para evitar que las normas pertinentes hayan podido haber llegado a tener en algún momento alguna vigencia.

Esto se ha materializado hasta 2010, en la deliberada abstención en la creación de la "Jurisdicción Disciplinaria Judicial" prevista en la Constitución, y en 2011, en su creación pero sometida al control político, con lo que entre la letra de la Constitución e, incluso, la letra de muchas leyes, y la realidad que ha resultado de la forma cómo se ha impedido su vigencia o se ha distorsionado su propósito, ha habido un abismo. El resultado es que en materia de la garantía de la estabilidad de los jueces, la Constitución no se ha llegado a aplicar y lo más grave de ello, es que ha sido como consecuencia de una política gubernamental deliberada que se definió desde 1999 y que ha sido invariablemente seguida y desarrollada por todos los órganos del Estado de impedir que las normas constitucionales sean efectivas.

En efecto, para garantizar la independencia y autonomía del Poder Judicial, aparte de atribuirle el gobierno y administración del Poder Judicial al Tribunal Supremo de Justicia (Art. 267), la Constitución asegura que el ingreso a la carrera judicial solo puede realizarse mediante un proceso de selección pública, con participación ciudadana, estableciendo además el principio de su estabilidad judicial, al consagrar la inamovilidad de los jueces salvo cuando sea como consecuencia de sanciones disciplinarias que sólo pueden ser impuestas por jueces disciplinarios integrados en una Jurisdicción Disciplinaria Judicial (Arts. 255, 267). Sin embargo, aparte de que en los últimos doce años nunca se han realizado los concursos públicos prescritos en la Constitución, la "Jurisdicción Disciplinaria Judicial" solo vino a conformarse en 2011, para asumir la función disciplinaria que durante doce largos años ejerció una Comisión ad hoc, la Comisión de Funcionamiento y Reestructuración del Sistema Judicial, que al margen de la Constitución funcionó desde 1999 con el aval del Tribunal Supremo, la cual, además de remover a los jueces en forma discrecional sin garantía alguna del debido proceso.[37]

En 2011, sin embargo, con la conformación de la "Jurisdicción Disciplinaria Judicial" que se ha creado en la Ley del Código de Ética del Juez Venezolano y la Jueza Venezolana,[38] integrada por una Corte Disciplinaria Judicial y un Tribunal Disciplinario Judicial, nada ha cambiado, pues conforme a una nueva Disposición Transitoria que se incorporó en la Ley del Código (Tercera), dicha Jurisdicción tampoco goza efectivamente de autonomía e independencia algunas, siendo más bien un apéndice de la mayoría que controla políticamente la Asamblea Nacional. En realidad, lo que ha ocurrido con esta nueva legislación y en virtud de la interminable transitoriedad, no ha sido otra cosa que lograr, primero, cambiarle el nombre a la antigua Comisión de Funcionamiento y Reorganización del Poder Judicial, y segundo, hacerla depender ya no del Tribunal Supremo, sino a la Asamblea Nacional, es decir, someterla a mayor control político.

Se trata, por tanto, de la continuidad de la permanente e interminable transitoriedad de la "emergencia judicial" que se declaró en 1999 por la Asamblea Nacional Constituyente,[39] creando una "Comisión de Emergencia Judicial," con la cual se inició en Venezuela el interminable proceso de intervención política del Poder Judicial.[40] Dicha Comisión asumió atribuciones incluso de evaluar hasta el desempeño de la propia antigua Corte Suprema de Justicia (arts. 3,3 y 4), decidir sobre la desti-

---

37 Véase Tribunal Supremo de Justicia, Decisión Nº 1.939 del 18 de diciembre de 2008 (Caso: *Gustavo Álvarez Arias et al.*), en *Revista de Derecho Público*, Nº 116, Editorial Jurídica Venezolana, Caracas, 2008, pp. 89-106. También en http://www.tsj.gov.ve/de-cisiones/scon/Diciembre/1939-181208-2008-08-1572.html.

38 *Gaceta Oficial* Nº 39.493 de 23-08-2010.

39 El 19 de agosto de 1999, la Asamblea Nacional Constituyente resolvió declarar "al Poder Judicial en emergencia," *Gaceta Oficial* Nº 36.772 de 25-08-1999 reimpreso en *Gaceta Oficial* Nº 36.782 de 08-09-1999. Véase nuestro Voto salvado en Allan R. Brewer–Carías, *Debate Constituyente*, tomo I, *op. cit.*, pp. 57 a 73; y en *Gaceta Constituyente (Diario de Debates), Agosto–Septiembre de 1999, cit.*, Sesión de 18-08-1999, Nº 10, pp. 17 a 22. Véase el texto del Decreto en *Gaceta Oficial* Nº 36.782 de 08–09–1999.

40 *Gaceta Oficial* Nº 36.772 de 25-08-1999 reimpreso en *Gaceta Oficial* Nº 36.782 de 08-09-1999.

tución y suspensión de jueces y funcionarios judiciales, y sobre la designación de suplentes o conjueces para sustituir temporalmente a los jueces destituidos o suspendidos (art. 8).

Esa Emergencia Judicial declarada en agosto de 1999, supuestamente debía haber tener vigencia hasta que se sancionara la nueva Constitución (art. 32), lo que efectivamente ocurrió en diciembre de 1999. Sin embargo, la situación de emergencia no cesó, y en la práctica continuó *sine die* a partir del mismo mes de diciembre de 1999, a cargo de una irregular "Comisión de Funcionamiento y Reestructuración del Poder Judicial" que sustituyó a la de "Emergencia" establecida, no en la Constitución de 1999, sino en el "Decreto de Régimen Transitorio del Poder Público"[41] el 22 de diciembre de 1999, cuya "constitucionalidad" fue avalada por el Tribunal Supremo de Justicia constituido y nombrado en el mismo, al considerad que no estaba sometido ni a la nueva (1999) ni a la vieja (1961) Constitución,[42] a pesar de que no había sido aprobado por el pueblo.[43]

En dicho Decreto, en efecto, se dispuso que mientras el Tribunal Supremo organizaba la Dirección Ejecutiva de la Magistratura, el gobierno y administración del Poder Judicial, la inspección y vigilancia de los Tribunales, y todas las competencias que la legislación para ese momento vigente atribuían al antiguo Consejo de la Judicatura, serían ejercidas por dicha Comisión de Funcionamiento y Reestructuración del Sistema Judicial (art. 21) que entonces sustituyó a la Comisión de Emergencia Judicial. El artículo 23 del Decreto, además, fue claro en disponer que esa inconstitucional transitoriedad, estaría "vigente *hasta* que la Asamblea Nacional *apruebe la legislación* que determine los *procesos y tribunales* disciplinarios," lo que sin embargo, sólo ocurrió doce años después, en 2011, con lo cual durante más de una década la Jurisdicción disciplinaria simplemente no existió; y si bien se creó en 2011, de nuevo transitoriamente se la hizo depender de la Asamblea Nacional en forma evidentemente inconstitucional

En esta forma, la Asamblea Nacional Constituyente, en una forma evidentemente contraria a la Constitución, desde el inicio le confiscó al Tribunal Supremo, cuyos miembros había designado en el mismo Decreto donde cesó a los antiguos magistrados de la anterior Corte Suprema, una de sus nuevas funciones, incluso para que no la pudiera ejercer después de que la nueva Constitución entrara en vigencia, atribuyéndosela a la "Comisión ad hoc" creada y designada por la propia Asamblea Nacional Constituyente, y no por el nuevo Tribunal Supremo; situación irregular que el propio Tribunal Supremo de Justicia luego aceptó resignadamente por más de un lustro, renunciando a ejercer sus competencias constitucionales.

---

41 Véase en *Gaceta Constituyente (Diario de Debates), Noviembre 1999–Enero 2000, cit.*, Sesión de 22-12-1999, Nº 51, pp. 2 y ss. Véase *Gaceta Oficial* Nº 36.859 de 29-12-1999; y *Gaceta Oficial* Nº 36.860 de 30–12–1999.

42 Véase sentencia Nº 6 de fecha 27-01-2000, en *Revista de Derecho Público*, Nº 81, Editorial Jurídica Venezolana, Caracas, 2000, pp. 81 y ss.

43 Véase sentencia de 28 de marzo de 2000, caso: *Allan R. Brewer-Carías y otros*, en *Revista de Derecho Público*, Nº 81, Editorial Jurídica Venezolana, Caracas, 2000, p. 86.

Con posterioridad al Decreto sobre Régimen Transitorio de diciembre de 1999 que creó la mencionada Comisión, la Asamblea Nacional Constituyente, como antes se indicó, incluso ya habiendo cesado sus funciones de redacción de la Constitución, dictó otros dos Decretos el 18 de enero de 2000 en relación con el Poder Judicial, también "en ejercicio del poder soberano constituyente originario", que fueron el relativo a la designación del "Inspector de Tribunales," y el relativo a la designación de los miembros de la Comisión de Funcionamiento y Reestructuración del Poder Judicial;[44] todo marginando al Tribunal Supremo de Justicia que supuestamente era quien tenía a su cargo el gobierno y administración del Poder Judicial. Como luego lo constataría la Sala Político Administrativa del Tribunal Supremo hizo en la sentencia N° 1173 de 23 de mayo de 2000, correspondiendo al Tribunal Supremo "conforme a lo previsto en la Constitución de la República Bolivariana de Venezuela, la función de dirección, gobierno y administración del Poder Judicial, que antes tenía atribuida el Consejo de la Judicatura," mientras se establecía la Dirección Ejecutiva de la Magistratura, "la Asamblea Nacional Constituyente creó la Comisión de Funcionamiento y Reestructuración del Sistema Judicial, como órgano encargado de garantizar el buen funcionamiento del Poder Judicial, a los fines de establecer un nuevo Poder."[45]

El Tribunal Supremo de Justicia, el 2 de agosto de 2000 dictó la "Normativa Sobre la Dirección, Gobierno y Administración del Poder Judicial," con la cual supuestamente se daría satisfacción al expreso mandato constitucional del artículo 267, supuestamente para "poner fin a la vigencia del régimen transitorio dictado por el Constituyente," lo cual sin embargo, no ocurrió. En efecto, a pesar de que en el artículo 1° de la referida Normativa el Tribunal Supremo dispuso la creación de "la Dirección Ejecutiva de la Magistratura como órgano auxiliar del Tribunal Supremo de Justicia, con la finalidad de que ejerza por delegación las funciones de dirección, gobierno y administración del Poder Judicial," el propio el Tribunal Supremo, sin justificación ni competencia algunas, y en fraude a la Constitución, prorrogó la existencia y funcionamiento de la Comisión de Funcionamiento y Reestructuración, renunciando expresamente a ejercer una de sus funciones incluso en materia de dictar la normativa respecto del gobierno del Poder judicial, y tan fue así, que fue la propia "Comisión de Funcionamiento y Reestructuración del Sistema Judicial," la que, sin base constitucional o legal alguna, en noviembre de 2000 dictó la nueva "normativa" para la sanción y destitución de los jueces, contenida en el Reglamento de la Comisión y Funcionamiento y Reestructuración del Sistema Judicial;[46] "normativa", con el cual procedió definitivamente a "depurar"[47] el Poder Judicial de

44 *Gaceta Oficial* N° 36.878 de 26-01-2000

45 Véase en *Revista de Derecho Público*, N° 82, Editorial Jurídica Venezolana, Caracas, 2000, p. 160.

46 Véase en *Gaceta Oficial* N° 37.080, de 17-11-2000

47 Véase la expresión en la Decisión N° 1.939 de 18-12-2008 (Caso: *Abogados Gustavo Álvarez Arias y otros*), en la cual la Sala Constitucional decidió que una decisión de 05-08-2008 de la Corte Interamericana de Derechos Humanos es inejecutables en Venezuela (Caso: *Apitz Barbera y otros ["Corte Primera de lo Contencioso Administrativo"] vs. Venezuela [Corte IDH],* Case: *Apitz Barbera y otros ["Corte Primera de lo Contencioso Administrativo"] vs. Venezuela*, Sentencia de 5 de agosto de 2008, Serie C, N° 182. Véase en en *Revista de Derecho Público*, N° 116, Editorial Jurídica Venezolana, Caracas,

jueces no afectos al régimen. Esto llevó a la misma Comisión Interamericana de Derechos Humanos a decir, en el *Informe Anual* de 2009, que "en Venezuela los jueces y fiscales no gozan de la garantía de permanencia en su cargo necesaria para asegurar su independencia en relación con los cambios de políticas gubernamentales."[48]

Posteriormente, en mayo de 2004 se sancionó la entonces muy esperada Ley Orgánica del Tribunal Supremo de Justicia,[49] la cual en la materia específica de la estabilidad de los jueces y del régimen disciplinario, en lugar de haber puesto fin a la transitoriedad constitucional que implicaba la ausencia de la Jurisdicción Disciplinaria, y el ejercicio de la misma por una Continuó ad hoc; al contrario, nuevamente prorrogó la transitoriedad al disponer en su *Disposición Transitoria Única*, párrafo 2, e) que:

> La Comisión de Funcionamiento y Reestructuración del Sistema Judicial sólo tendrá a su cargo funciones disciplinarias, *mientras se dicte la legislación y se crea la jurisdicción disciplinaria* y los correspondientes tribunales disciplinarios.

La vigencia efectiva de la norma constitucional que exigía que "la jurisdicción disciplinaria judicial estará a cargo de los tribunales disciplinarios que determine la ley" (art. 267) de nuevo fue pospuesta, quedando como letra muerta; y quedando los jueces sin garantía alguna de estabilidad, a la merced de una Comisión "no judicial," que continuó suspendiéndolos a mansalva, particularmente cuando han dictado decisiones que no han complacido al Poder. Lamentablemente en esta materia, el "activismo judicial" de la Sala Constitucional que la llevó, incluso, a juzgar de oficio la inconstitucionalidad de la omisión del Legislador, por ejemplo, al no haber sancionado en el tiempo requerido la Ley Orgánica del Poder Municipal,[50] nunca fue ejercida en su propia materia, la judicial, ni fue aplicada para tratar de obligar al legislador a dictar las leyes básicas para garantizar, precisamente, la autonomía e independencia del Poder Judicial, que el Tribunal Supremo administra y gobierna, mediante la garantía de estabilidad de los jueces.

Esta situación, por otra parte fue avalada por la Sala Constitucional del Tribunal Supremo en 2005, la cual al conocer de una acción contra la inconstitucional omisión de la Asamblea Nacional al no haber enviado al Presidente de la República para su promulgación una Ley del Código de Ética del Juez que se había sancionado, en

---

2008, pp. 89-106. También en http://www.tsj.gov.ve/decisiones/scon/Di-ciembre/1939-181208-2008-08-1572.html

48 Véase *Informe Anual de 2009*, parágrafo 480, en http://www.cidh.oas.org/annualrep/2009eng/-Chap.IV.f.eng.htm

49 Véase en *Gaceta Oficial* N° 37942 de 20-05-2004. Véase sobre dicha Ley, véase Allan R. Brewer-Carías, *Ley Orgánica del Tribunal Supremo de Justicia. Procesos y procedimientos constitucionales y contencioso-administrativos,* Editorial Jurídica Venezolana, Caracas 2004.

50 Véase la sentencia N° 3118 de 06-10-2003 en *Revista de Derecho Público*, N° 93-96, Editorial Jurídica Venezolana, Caracas 2003. Véanse los comentarios en Allan R. Brewer-Carías, *La Constitución de 1999. Derecho Constitucional Venezolano*, Editorial Jurídica Venezolana, Caracas 2004, Tomo II, pp. 970 y ss.

2005, en lugar de censurar la omisión legislativa y exigirle a la Asamblea Nacional que remitiera para su promulgación tal Ley, lo que hizo fue, contradictoriamente, prorrogar la existencia de la mencionada Comisión de Funcionamiento y Reestructuración del Sistema Judicial, llegando incluso a *designar y remover* sus integrantes, sustituyéndose, la Sala Constitucional, en el propio Tribunal Supremo de Justicia. En efecto, en la sentencia N° 1057 de 1 de junio de 2005, dictada con el motivo indicado, la Sala resolvió:

> Observa la Sala, tal y como se indicó anteriormente, que la presente demanda se intentó con fundamento en la supuesta omisión en que incurrió la Asamblea Nacional, "*por cuanto aún no han remitido la Ley sancionada el 16 de octubre de 2003 del Código de Ética del Juez o Jueza Venezolana' al Presidente de la República Bolivariana para que se proceda a su promulgación en la Gaceta Oficial*".
>
> Lo anterior ha traído entre sus consecuencias la continuidad en sus funciones de un órgano como la Comisión de Funcionamiento y Reestructuración del Sistema Judicial, el cual estaba destinado a regir durante un período de transición.
>
> En efecto, la Asamblea Nacional Constituyente elaboró el Régimen de Transición del Poder Público, publicado en Gaceta Oficial número 36.920 del 28 de marzo de 2000, en el cual se creó la Comisión de Funcionamiento y Reestructuración del Sistema Judicial en los siguientes términos:
>
> > *"Articulo 28. Se crea la Comisión de Funcionamiento y Reestructuración del Sistema Judicial que será integrada por los ciudadanos que designe la asamblea nacional constituyente.*
> >
> > *Las Designaciones que realice la Asamblea Nacional Constituyente lo serán hasta el funcionamiento efectivo de la Dirección Ejecutiva de la Magistratura, de los Tribunales Disciplinarios y del Sistema Autónomo de la Defensa Publica".*
>
> Por su parte, el artículo 24 *eiusdem,* destaca igualmente la transitoriedad de la referida Comisión, al disponer lo siguiente:
>
> > *"La competencia disciplinaria judicial que corresponda a los Tribunales disciplinarios de conformidad con el artículo 267 de la Constitución aprobada, será ejercida por la Comisión de Funcionamiento y Reestructuración Sistema Judicial de acuerdo con el presente régimen de transición y hasta que la Asamblea Nacional apruebe la legislación determine los procesos y tribunales disciplinarios".*
>
> En justa correspondencia con lo anterior, este Tribunal Supremo de Justicia, procedió a dictar la Normativa sobre la Dirección, Gobierno y Administración del Poder Judicial, publicada en la Gaceta Oficial N° 37.014, de 15 de agosto de 2000, en cuyo capítulo correspondiente a las disposiciones finales y transitorias (artículo 30), dispuso que:
>
> > *"La Dirección Ejecutiva de la Magistratura iniciará su funcionamiento efectivo el día primero de septiembre del año dos mil.*
> >
> > *(Omissis)*

> *La Comisión de Funcionamiento y Reestructuración,* ***reorganizada en la forma que lo determine el Tribunal Supremo de Justicia****, sólo tendrá a su cargo funciones disciplinarias, mientras se dicta la legislación y se crean los correspondientes Tribunales Disciplinarios" (Resaltado de la Sala)*

Pero después de todo este razonamiento, de la manera más absurda, la Sala, en lugar de velar por la corrección de la omisión legislativa, lo que hizo fue constatar que:

> "Visto que conforme a la Normativa sobre la Dirección, Gobierno y Administración del Poder Judicial corresponde a este Tribunal Supremo de Justicia, la reorganización de la Comisión de Funcionamiento y Reestructuración y visto que conforme al Decreto del Régimen de Transición del Poder Público, las designaciones que realizó la Asamblea Nacional Constituyente de los integrantes de dicha Comisión fueron realizadas de manera temporal hasta el funcionamiento efectivo de la Dirección Ejecutiva de la Magistratura y la Comisión Judicial, lo que constituye un hecho notorio en la actualidad, y visto que hasta la presente fecha la Asamblea Nacional ha omitido culminar el proceso de formación del Código de Ética del Juez o Jueza Venezolana."

Y con base en ello, "a los fines de reorganizar el funcionamiento de la referida Comisión, según lo establecido en el artículo 267 de la Constitución de la República Bolivariana de Venezuela y artículo 30 de la Normativa sobre la Dirección, Gobierno y Administración del Poder Judicial," pura y simplemente procedió a ordenar la sustitución de los ciudadanos que se desempeñan como miembros integrantes de la citada Comisión por otros ciudadanos que procedió a designar. Es decir, la Sala Constitucional procedió a formalizar, aún más, la transitoriedad judicial y la inexistencia del régimen disciplinario judicial de los jueces.[51]

Unas semanas después, la misma Sala Constitucional, dictó la sentencia N° 1793 de 19 de junio de 2005,[52] en la cual resolvió "suspender" la aplicación del Reglamento que contiene el procedimiento disciplinario aplicable a los jueces y juezas en sede administrativa, por ser contrario a los postulados constitucionales, y procedió a facultar a la Comisión de Funcionamiento y Reestructuración del Sistema Judicial para modificar su Reglamento y adecuarlo a las disposiciones constitucionales, hasta tanto entre en vigencia la legislación correspondiente. En efecto, luego de la anterior sentencia, y teniendo en cuenta su contenido, la Sala Constitucional consideró a la referida Comisión, según su propia jurisprudencia, como "un órgano de rango constitucional, (*V.*, sent. n° 731/2005 del 5 de marzo, recaída en el caso *Marcos Ronald Marcano Cedeño*) [...] sujeto a un régimen de transitoriedad, habida cuenta que el sistema jurídico que debe regir su funcionamiento aún no ha entrado en vigencia"

---

51 Véase las referencias a esta sentencia, en la sentencia N° 1793 de 19 de junio de 2005 de la misma Sala Constitucional, Caso: *Henrique Iribarren Monteverde, (acción de inconstitucionalidad por omisión contra la Asamblea Nacional*, en *Revista de Derecho Público,* N° 103, Editorial Jurídica venezolana, Caracas 2005, pp. 165 ss.

52 Véase Caso: *Henrique Iribarren Monteverde, (acción de inconstitucionalidad por omisión contra la Asamblea Nacional*), en *Revista de Derecho Público,* N° 103, Editorial Jurídica venezolana, Caracas 2005, pp. 165 ss.

pues como "lo ha reconocido esta Sala en sentencia del 28 de marzo de 2000 Caso *Gonzalo Pérez Hernández y Luis Morales Parada*), cuando dispuso que las normas supraconstitucionales "*mantienen su vigencia, mas allá del mandato cumplido de la Asamblea Nacional Constituyente, hasta que los poderes constituidos, entre ellos la Asamblea Nacional, sean electos y empiecen a ejercer su competencia normadora conforme a la Constitución vigente.*" Y con base en ello, así como en el "Reglamento de la Comisión de Funcionamiento y Reestructuración del Sistema Judicial" dictado por la propia Comisión[53] y el la Disposición Derogatoria, Transitoria y Final, literal e) de la Ley Orgánica del Tribunal Supremo de Justicia de 2004, estimó en definitiva:

> "que la Comisión de Funcionamiento y Reestructuración del Sistema Judicial está facultada para conocer y decidir los procedimientos disciplinarios -que han de ser públicos, orales y breves- en contra de los jueces, hasta tanto se dicte la legislación y se creen los correspondientes Tribunales Disciplinarios, conforme al artículo 267 de la Constitución de la República Bolivariana de Venezuela y, el Régimen Disciplinario de los Jueces que se regirá por el Código de Ética del Juez Venezolano o Jueza Venezolana, el cual originó la presente acción de inconstitucionalidad contra omisión legislativa. [54]

Sin embargo, la Sala Constitucional consideró que normas del referido Reglamento eran contrarias a los artículo 257 y 267 de la Constitución, por lo cual "dado el vacío normativo existente sobre la materia, producto de la falta de adecuación de la legislación existente a los postulados constitucionales antes transcritos," procedió "de oficio" a suspender su aplicación. Sin embargo, "a fin de evitar la paralización de los procedimientos disciplinarios pendientes y los que haya lugar," la Sala Constitucional, con base en al artículo 336.7 de la Constitución que la autoriza a establecer los lineamientos para corregir la omisión, procedió a facultar:

> "a la Comisión de Funcionamiento y Reestructuración del Sistema Judicial para modificar su Reglamento y adecuarlo a las disposiciones constitucionales referidas supra; hasta tanto entre en vigencia la legislación correspondiente, y para cumplir con su cometido, podrá reorganizar su personal interno, designar el personal auxiliar que requiera y dictar su propio reglamento de funcionamiento, sin que ello colida con el Decreto del Régimen de Transición del Poder Público." [55]

La Sala Constitucional, así, en definitiva avaló la transitoriedad del régimen de ausencia de garantías a la estabilidad de los jueces, y en esta materia, como antes se dijo, no demostró activismo judicial alguno, y lejos de declarar la inconstitucionalidad de la omisión legislativa, lo que hizo fue asumir la dirección de la inconstitucional emergencia judicial, al haber primero removido a los miembros de la Comisión de Funcionamiento y Reorganización del Sistema Judicial y haber designado a los

---

53 Véase acto administrativo N° 155, del 28 de marzo de 2000, publicado en *Gaceta Oficial de la República Bolivariana de Venezuela* N° 36.925, del 4 de abril de 2000.

54 *Id.*

55 *Id.*

nuevos integrantes de dicho órgano interventor, y disponer la forma para que continuase la emergencia.

En esta materia, por tanto, como dijimos al inicio, el contraste entre la normativa constitucional y la realidad política ha sido patética: hay una serie de garantías constitucionales respecto de la autonomía e independencia del Poder Judicial que no han existido en la práctica, por la implantación de una anormal situación de "emergencia judicial" construida y gerenciada por la Asamblea Nacional y por el propio Tribunal Supremo de Justicia, órganos que han suspendido fácticamente la aplicación de la Constitución en lo que se refiere al régimen disciplinario de los jueces y, por tanto, en cuanto a la estabilidad de los mismos, sin lo cual no puede hablarse ni de autonomía ni de independencia judicial.

Esta era la situación en 2010, cuando en la reforma de la Ley Orgánica del Tribunal Supremo de Justicia de 2010 se eliminó la Disposición Transitoria que disponía la sobrevivencia de la Comisión de Funcionamiento y Reestructuración del Sistema Judicial, para lo cual la propia Asamblea Nacional procedió a sancionar la Ley del Código de Ética del Juez Venezolano y la Jueza Venezolana,[56] derogando, al fin, la vieja Ley Orgánica del Consejo de la Judicatura de 1998,[57] órgano que había desaparecido con la sanción de la Constitución de 1999, y en especial, derogando, "*salvo lo dispuesto en la Disposición Transitoria Tercera,* el Reglamento de la Comisión de Funcionamiento y Reestructuración del Sistema Judicial, publicado en la *Gaceta Oficial* de la República Bolivariana de Venezuela N° 38.317, de fecha 18 de noviembre de 2005."

Parecía, con ello, que al fin se estaba creando la esperada Jurisdicción Disciplinaria Judicial integrada por tribunales judiciales en el sistema judicial bajo la conducción del Tribunal Supremo de Justicia, por lo que se derogaba el reglamento de la Comisión ad hoc que sin ser un órgano judicial, había ejercido dicha "Jurisdicción." Pero la verdad es que no fue así, precisamente por lo dispuesto en la mencionada "Disposición Transitoria Tercera" de la Ley del Código de Ética del juez, en la cual se dispuso que:

> *Tercera.* Hasta tanto se conformen los Colegios Electorales Judiciales para la elección de los jueces y juezas de la competencia disciplinaria judicial, la Asamblea Nacional procederá a designar los jueces y juezas y los respectivos suplentes del Tribunal Disciplinario Judicial y la Corte Disciplinaria Judicial, previa asesoría del Comité de Postulaciones Judiciales.

Con ello, en realidad, lo que hizo en la práctica fue cambiarle el nombre a la "Comisión de Funcionamiento y Reestructuración del Sistema Judicial," y desdoblándola en dos, procediéndose a crear un "Tribunal Disciplinario Judicial" y una "Corte Disciplinaria Judicial" pero no integrada por jueces que conforme a la Constitución sólo pueden ser designados por el Tribunal Supremo de Justicia, sino por unos llamados "jueces disciplinarios" nombrados directamente en forma totalmente inconstitucional por la Asamblea Nacional, sin concurso público alguno y sin parti-

56 *Gaceta Oficial* N° 39.493 de 23-08-2010.

57 *Gaceta Oficial* N° 36.534, de 08-09-1998.

cipación ciudadana alguna, violándose por tanto todas las disposiciones constitucionales relativas al Poder Judicial. Por tanto, de un órgano inconstitucional como la mencionada Comisión ad hoc se pasó a otro órgano inconstitucionalmente constituido, controlado directamente por el poder político representado por la Asamblea Nacional.

Al analizarse las normas del Código de Ética del Juez Venezolano de 2010, por tanto, en lo que respecta a la Jurisdicción Disciplinaria Judicial, tiene que tenerse en cuenta el abismo que de nuevo hay entre la letra de las normas y la práctica.

En cuanto a la letra de las normas, en efecto, se constata que la Ley crea los "Tribunales disciplinarios" como los "órganos que en el ejercicio de la jurisdicción tienen la competencia disciplinaria sobre los jueces o juezas de la República," y que son el Tribunal Disciplinario Judicial y la Corte Disciplinaria Judicial, con competencia para conocer y aplicar en primera y segunda instancia, respectivamente, los procedimientos disciplinarios por infracción a los principios y deberes contenidos en el mencionado Código de Ética (art. 39). Tanto el Tribunal Disciplinario Judicial como la Corte Disciplinaria Judicial deben estar integrados cada uno por tres jueces principales y sus respectivos suplentes (Arts. 41 y 43), que deben cumplir con las condiciones indicadas en la ley (art. 44); y a ambos órganos la Ley le encomendó la tarea de dictar "su reglamento orgánico, funcional e interno" (art. 45).[58]

La Ley del Código, por otra parte, estableció todo un complejo procedimiento para la selección y nombramiento de los "jueces disciplinarios" tanto de la Corte como del Tribunal Disciplinarios, en la mejor de las tradiciones de leguaje floridos de las previsiones constitucionales y legales, consistente en lo siguiente:

1. Los aspirantes a jueces deben ser elegidos por los Colegios Electorales Judiciales con el asesoramiento del Comité de Postulaciones Judiciales al cual se refiere el artículo 270 de la Constitución de la República (art. 46).

2. A tal efecto, los Colegios Electorales Judiciales deben estar constituidos en cada estado y por el Distrito Capital por un representante del Poder Judicial, un representante del Ministerio Público, un representante de la Defensa Pública, un representante por los abogados autorizados para el ejercicio, así como por diez delegados de los Consejos Comunales "legalmente organizados por cada una de las entidades federales en ejercicio de la soberanía popular y de la democracia participativa y protagónica." Los Consejos Comunales en asamblea de ciudadanos deben proceder a elegir de su seno a un vocero que los representará para elegir a los delegados que integrarán al respectivo Colegio de cada estado, conforme al procedimiento que establezca el reglamento de la ley que lo rija (art. 47). El Consejo Nacional Electoral es el órgano responsable de la organización, administración, dirección y vigilancia de todos los actos relativos a la elección de los delegados de los Consejos Comunales (art. 48).

3. El Comité de Postulaciones Judiciales es el órgano competente para recibir, seleccionar y postular los candidatos a jueces disciplinarios que deben ser elegidos por los Colegios Electorales Judiciales (Art. 48). A tal efecto, el Comité de Postula-

---

58 Dicho Reglamento se dictó en septiembre de 2011. Véase en *Gaceta Oficial* Nº 39.750 del 05-09-2011.

ciones Judiciales debe efectuar una preselección de los candidatos que cumplan con los requisitos exigidos para ser juez de la Jurisdicción Disciplinaria Judicial y debe proceder a elaborar la lista definitiva de los candidatos (art. 49). Los ciudadanos y las organizaciones comunitarias y sociales pueden ejercer fundadamente objeciones ante el Comité de Postulaciones Judiciales sobre cualquiera de los postulados a ejercer los cargos de jueces de la Corte Disciplinaria Judicial y el Tribunal Disciplinario Judicial (Art. 49).

4. Los candidatos a jueces seleccionados por el Comité de Postulaciones Judiciales deben someterse a los Colegios Electorales Judiciales, a los que corresponde realizar la elección, debiendo dichos Colegios Electorales Judiciales notificar de la elección definitiva a la Asamblea Nacional (art. 49).

Todo este procedimiento complejo, sin embargo –y esta es la otra cara de la moneda– fue barrido de un plumazo, al incorporarse la Disposición Transitoria Tercera de la ley conforme a la cual, "hasta tanto se conformen los Colegios Electorales Judiciales para la elección de los jueces de la competencia disciplinaria judicial," se atribuye a la Asamblea Nacional la inconstitucional atribución de proceder "a designar los jueces y juezas y los respectivos suplentes del Tribunal Disciplinario Judicial y la Corte Disciplinaria Judicial, previa asesoría del Comité de Postulaciones Judiciales."

Es decir, todo el detallado y complejo procedimiento es letra muerta, y tan muerta que publicado el Código de Ética del Juez venezolano en agosto de 2010, ocho meses después, mediante Acto Legislativo de 9 junio de 2011[59] la Asamblea Nacional designó a los referidos jueces de la Corte Disciplinaria Judicial y Tribunal Disciplinario Judicial, quienes habiéndose juramentado ante la propia Asamblea el 14 de junio de 2011, se constituyeron mediante Acta levantada el 28 de junio de 2011.[60]

La Disposición Transitoria Tercera antes mencionada de la Ley del Código de Ética del Juez venezolano, simplemente es inconstitucional, pues dispone el nombramiento de jueces por un órgano que conforme a la Constitución no puede tener esa competencia, violándose además el derecho constitucional a la participación ciudadana.[61] El artículo 255 de la Constitución, en efecto, dispone que "El nombramiento y juramento de los jueces o juezas corresponde al Tribunal Supremo de Justicia. La ley garantizará la participación ciudadana en el procedimiento de selección y designación de los jueces o juezas." Ni siquiera en forma transitoria esta disposición constitucional podría ser ignorada como ha ocurrido con la Ley del Código, razón por la cual los nombramientos de los llamados "jueces" de la Corte Disciplinaria Judicial y Tribunal Disciplinario Judicial por un órgano distinto al Tribunal

---

59 *Gaceta Oficial* N° 39.693 de 10-06-2011.

60 Véase el "Acta de Constitución del Tribunal Disciplinario Judicial," de 28-06-2011, en *Gaceta Oficial* N° 39.704 de 29-06-2011.

61 Debe mencionarse incluso que el nombramiento de jueces y suplentes hecho por la Asamblea nacional es tan "permanente" para la Corte Disciplinaria Judicial y Tribunal Disciplinario judicial, que en el Reglamento orgánico, funcional e interno de la Jurisdicción que dictaron en septiembre de 2011, se regula que "las faltas absolutas, temporales o accidentales de los jueces o juezas principales, serán cubiertas por el juez o jueza suplente, convocado según el *orden de designación de la Asamblea Nacional*" (art. 10) Véase en *Gaceta Oficial* N° 39.750 de 05-09-2011.

Supremo de Justicia, es decir por la Asamblea Nacional, son inconstitucionales, como también, por tanto, la auto "constitución" de dichos tribunales.

Por otra parte, siendo órganos dependientes de la Asamblea Nacional, que es el órgano político por excelencia del Estado, es difícil imaginar que esos "jueces disciplinarios" nombrados por ella, puedan ser realmente en sus funciones "independientes y autónomos, por lo que su actuación sólo debe estar sujeta a la Constitución de la República y al ordenamiento jurídico," y que además, puedan dar cumplimiento cabal a los "principios de la jurisdicción disciplinaria" a que se refiere el artículo 3 del Código, en el sentido de que deben garantizar "el debido proceso, así como los principios de legalidad, oralidad, publicidad, igualdad, imparcialidad, contradicción, economía procesal, eficacia, celeridad, proporcionalidad, adecuación, concentración, inmediación, idoneidad, excelencia e integridad."

La antigua Comisión de Funcionamiento y Reestructuración del Sistema Judicial, aún cuando no era un órgano o tribunal judicial, al menos tenía una adscripción al Tribunal Supremo de Justicia, y sus miembros habían incluso sido designados por la Sala Constitucional. Era sin duda un instrumento para asegurar el control político sobre los jueces, pero organizado en forma indirecta. En cambio, ahora, con la última reforma legal, al disponerse que los jueces de las Corte Disciplinaria Judicial y del Tribunal Disciplinaria Judicial sean designados por la Asamblea Nacional, lo que se ha asegurado es un mayor control político directo sobre los jueces en el país. Por otra parte, el Tribunal Supremo de Justicia, por lo demás, con la reforma, ha perdido en contra de la Constitución, el gobierno y administración de una de las Jurisdicciones de rango constitucional, como es la Jurisdicción Disciplinaria Judicial (Art. 267).

Nada por tanto ha variado desde 1999 en esta materia, de manera que la estabilidad de los jueces, como garantía de su independencia y autonomía, sigue sin tener aplicación en el país.

SECCIÓN TERCERA:

THE GOVERNMENT OF JUDGES AND DEMOCRACY. THE TRAGIC INSTITUTIONAL SITUATION OF THE VENEZUELAN JUDICIARY

Estudio elaborado como Ponencia Nacional para el Congreso Internacional de Derecho Comparado, celebrado en Vienna, de la Academia Internacional de Derecho Comparado, publicado en el libro: *Venezuela. Some Current Legal Issues 2014, Venezuelan National Reports to the 19th International Congress of Comparative Law, International Academy of Comparative Law, Vienna, 20-26 July 2014*, Academia de Ciencias Políticas y Sociales, Caracas 2014, pp. 13-42; y en Sophie Turenne (Editor.), *Fair Reflection of Society in Judicial Systems - A Comparative Study*, Ius Comparatum. Global Studies in Comparative Law, Vol. 7, Springer 2015, pp. 205-231.

1. *Democracy and Separation of Powers*

The essential components of democracy are much more than the sole popular or circumstantial election of government officials, as it has been formally declared in the Inter American Democratic Charter *(Carta Democrática Interamericana)* adopted by the Organization of American States in 2001, [62] after so many antidemocratic, militarist and authoritarian regimes disguised as democratic because of their electoral origin that Latin American countries have suffered.

The Charter, in effect, enumerates among the *essential elements of the representative democracy,* in addition to having periodical, fair and free elections based on the universal and secret vote as expression of the will of the people; the following: respect for human rights and fundamental liberties; access to power and its exercise with subjection to the Rule of law; plural regime of the political parties and organizations; and what is the most important of all, "*separation and independence of public powers*" (Article 3), that is, the possibility to control the different branches of government. The *Inter-American Charter* in addition, also defined the following *fundamental components of the democracy*: transparency of governmental activities; integrity, responsibility of governments in the public management; respect of social rights and freedom of speech and press; constitutional subordination of all institutions of the State to the legally constituted civil authority, and respect to the Rule of law of all the entities and sectors of society.

The principle of separation and independence of powers is so important, as one of the "essential elements of democracy", that it is the one that can allow all the other "fundamental components of democracy" to be politically possible. To be precise, democracy, as a political regime, can only function in a constitutional Rule of law system where the control of power exists; that is, check and balance based on the separation of powers with their independence and autonomy guaranteed, so that power can be stopped by power itself. Consequently, without separation of powers and the possibility of control of power, any of the other essential factors of democracy cannot be guaranteed, because only by controlling Power, can free and fair elections and political pluralism exist; only by controlling Power, can effective democratic participation be possible, and effective transparency in the exercise of government be assured; only by controlling Power can there be a government submitted to the Constitution and the laws, that is, the Rule of law; only by controlling Power can there be an effective access to justice functioning with autonomy and independence; and only by controlling Power can there be a true and effective guaranty for the respect of human rights.[63]

The consequence of the aforementioned, is that democratic regimes cannot exist without separation of powers, and in particular, without the possibility of an independent and autonomous Judicial Power with the capacity of controlling all the other powers of the State. That is why the most important principle governing the func-

---

62 See on the Inter-American Democratic Charter, in Allan R. Brewer-Carías, 2002. *La crisis de la democracia venezolana. La Carta Democrática Interamericana y los sucesos de abril de 2002*, Caracas: Ediciones El Nacional, pp. 137 ff.; Asdrúbal Aguiar, 2008. *El Derecho a la Democracia*, Caracas: Editorial Jurídica Venezolana.

63 See Allan R. Brewer-Carías, 2007. Democracia: sus elementos y componentes esenciales y el control del poder. Nuria González Martín (Comp.), 2007. *Grandes temas para un observatorio electoral ciudadano, Vol. I, Democracia: retos y fundamentos,* México. Instituto Electoral del Distrito Federal, pp. 171-220.

tioning of the Judiciary in democratic regimes, is the independence and autonomy of judges, so they can apply the rule of law without interference from other State's Powers, from institutions, corporation or even from citizens; and only subjected to the rule of the Constitution and of law.

2. *The Provisions of the Venezuelan Constitution regarding the Judicial System and its Governance*

For such purpose, in contemporary world, Constitutions have included express provisions in such respect, being no exception the Venezuelan Constitution of 1999.[64] In effect, according to article 253 of the Constitution, the power to render or administer justice emanates from the citizenry and is imparted "in the name of the Republic and by the authority of the law." For such purposes, Article 26 of the Constitution provides that the State must guaranty a "cost-free, accessible, impartial, adequate, transparent, autonomous, independent, accountable, equitable, and expeditious justice, without undue or dilatory delay, formalism, or unnecessary replication of procedures."[65] Consequently, the Constitution denies the Judiciary the power to establish court costs or fees, or to require payment for services (Article 254).

The system of justice, according to the same Article 253 of the Constitution, is composed not only by the organs of the Judicial Branch (Supreme Tribunal of Justice and all the other courts established by law), but by the offices of the Prosecutor General, the Peoples' Defender, the criminal investigatory organs, the penitentiary system, the alternative means of justice, the citizens who participate in the administration of justice as provided in the law, and the attorneys authorized to practice law.[66]

The principle of the independence of the Judicial Power is set forth expressly in Article 254 of the Constitution, which, in addition, establishes its financial autonomy,[67] and assigns "functional, financial, and administrative autonomy" to the Supreme Tribunal. Fos such purpose the Constitution provides that within the National general annual budget, an appropriation of at least two percent (2%) of the ordinary national budget is established for the judiciary, a percentage amount that cannot be changed without prior approval by the National Assembly.

---

64 See on the Venezuelan 1999 Constitucion, Allan R. Brewer-Carías, 2004. *La Constitución de 1999. Derecho Constitucional Venezulano*, 2 Vol. Caracas: Editorial Jurídica Venezolana.

65 See Gustavo Urdaneta Troconis, 2001. El Poder Judicial en la Constitución de 1999. *Estudios de Derecho Administrativo: Libro Homenaje a la Universidad Central de Venezuela,* Vol. I. Caracas: Imprenta Nacional, pp. 521-564.

66 See the Law on the Judicial System, (2009). *Gaceta Oficial* N° 39.276 of October 1, 2009, Caracas: Imprenta Nacional. See Román J. Duque Corredor 2008. El sistema de Justicia, in Jesús María Casal, Alfredo Arismendi y Carlos Luis Carrillo Artiles (Coord.), 2008, *Tendencias Actuales del Derecho Constitucional. Homenaje a Jesús María Casal Montbrun,* Vol. II, Caracas: Universidad Central de Venezuela/Universidad Católica Andrés Bello, pp. 87-112.

67 See Juan Rafael Perdomo, 2003. Independencia y competencia del Poder Judicial, *Revista de derecho del Tribunal Supremo de Justicia,* N° 8, Caracas, pp. 483 a 518.

With the purpose of guaranteeing the impartiality and independence of judges in the exercise of their duties, Article 256 of the Constitution requires that magistrates, judges and prosecutors of the Public Prosecutor and the Public Defenders' offices may not, from the time of entering their respective jobs until they step down, engage in partisan political activity other than voting. This includes political party activism, union, guild and similar activities. Magistrates, judges and prosecutors are also prohibited from engaging in private or business activities that are incompatible with their judicial functions, on their own behalf or on the behalf of others, and they may not undertake any other public functions other than educational activities. In addition, Judges are prohibited from associating with one another (Article 256), which is a limit regarding the constitutional right of association set forth in Article 52 of the Constitution.

According to Article 257 of the Constitution, the fundamental instrument for the realization of justice is the judicial process; regarding which the procedural laws must establish simplified, uniform and effective procedures, and adopt brief, public, and oral proceedings, through which in no case justice should be sacrificed based on the omission of non-essential formalities. These provisions are complemented by Article 26 of the Constitution that set forth that the State must guarantee expeditious justice without undue delay, formalisms, or useless procedural repositions. In addition, being the alternative means of justice part of the judicial system (Article 253), Article 258 of the Constitution imposes on the Legislator the duty to promote arbitration, conciliation, mediation, and other alternative means for conflicts resolution.

Finally Article 255 of the Constitution, judges are personally responsible for unjustified errors, delays, or omissions, for substantial failures to observe procedural requirements, for abuse of or refusal to apply the law (*denegación*), for bias, for the crime of graft (*cohecho*) and for criminally negligent or intentional injustice (*prevaricación*) effectuated in the course of performing their judicial functions.

One of the innovations of the 1999 Constitution was to confer to the Supreme Tribunal of Justice "the Governance and Administration of the Judicial Branch," while eliminating the former Council of the Judiciary (*Consejo de la Judicatura*) which exercised these functions under Article 217 of the Constitution of 1961, as one of the organ with functional autonomy separate and independent from all the branches of government, including the former Supreme Court of Justice.

Consequently, since 2000, as provided in Article 267 of the Constitution, the Supreme Tribunal of Justice is charged with the direction, governance and administration of the Judicial Branch, including inspection and oversight of the other courts of the Republic as well as the offices of the Public Defenders.[68] For such purposes the

68 See the Organic Law of the Supreme Tribunal of Justice 2010. *Gaceta Oficial* N° 39.522 of October 1, 2010. See Allan R. Brewer-Carías and Víctor Hernández Mendible, 2010. *Ley Orgánica del Tribunal Supremo de Justicia 2010, Caracas:* Editorial Jurídica Venezolana; Laura Louza, 2002. El Tribunal Supremo de Justicia en la Constitución de la República Bolivariana de Venezuela, *Revista del Tribunal Supremo de Justicia,* N° 4. Caracas, pp. 379-437; Nélida Peña Colmenares, 2002. El Tribunal Supremo de Justicia como órgano de dirección, gobierno, administración, inspección y vigilancia del Poder Judicial venezolano", *Revista de derecho del Tribunal Supremo de Justicia,* N° 8, Caracas, pp. 391 a

Supreme Tribunal is in charge of drafting and putting into effect its own budget and the budget of the Judicial Branch in general, according to principles set out in Article 254.

In order to perform these functions, the plenary Supreme Tribunal of Justice has created an Executive Directorate of the Judiciary (*Dirección Ejecutiva de la Magistratura*) with regional offices. Judicial Circuits are to be established and organized by statute, as are the creation of jurisdictions of tribunals and regional courts in order to promote administrative and jurisdictional decentralization of the Judicial Power (Article 269).

As mentioned, jurisdiction for judicial discipline is to be carried out by disciplinary tribunals as determined by law (Article 267), which nonetheless was only formally established in 2010-2011 after the sanctioning of the Code of Ethics of the Venezuelan Judge, providing that disciplinary proceedings must be public, oral, and brief, in conformity with due process of law.

3. *The Constitucional Regulations regarding the Stability and Independence of Judges*

The basic constitutional provision in order to guaranty the independence and autonomy of courts and judges is established in Article 255, which provides for a specific mechanism to assure the independent appointment of judges, and to guaranty their stability.

In this regard, the judicial tenure is considered as a judicial career, in which the admission as well as the promotion of judges within it must be the result of a public competition or examinations to assure the excellence and adequacy of qualifications of the participants, who are to be chosen by panels from the judicial circuits (Article 255). The naming and swearing-in of judges is to be done by the Supreme Tribunal of Justice, and the citizens' participation in the selection procedure and designation of judges are to be guarantied by law. Unfortunately, up to 2011, all these provisions have not been applicable because of a lack of legislation implementing them.

The Constitution also creates a Judicial Nominations Committee (Article 270) as an organ for the assistance of the Judicial Branch in selecting not only the Magistrates for the Supreme Tribunal of Justice (Article 264), but also to assist judicial colleges in selecting judges for the courts including those of the jurisdiction in Judicial Discipline. This Judicial Nominations Committee is to be composed of representatives from different sectors of society, as determined by law. The law is required to promote the professional development of judges, to which end universities are to collaborate with the judiciary by developing training in judicial specialization in law school curricula. Nonetheless, none of these provisions have been implemented, and on the contrary, since 1999, the Venezuelan Judiciary has been almost com-

---

434; and Olga Dos Santos, 2002. Comisión Judicial del Tribunal Supremo de Justicia, in *Revista de derecho del Tribunal Supremo de Justicia*, N° 6, Caracas, pp. 373 a 378.

pletely composed by temporal and provisional judges,[69] lacking stability and being subjected to political manipulation, altering the people's right to an adequate administration of justice.

On the other hand, in order to guaranty the stability of judges according to the express provision of the Constitution, they can only be removed or suspended from office through judicial procedures or trails expressly established by statutes, led by Judicial Disciplinary Judges (Article 255). Nonetheless, up to 2011, because of the lack of implementing the Disciplinary Jurisdiction, judges were removed without due process guaranties by a "transitory" Reorganization Commission of the Judicial Power in charge of the disciplinary procedures, only eliminated in June 2011, which has been substituted by courts but whose judges are appointed by the political organ of the State, the National Assembly, instead of by the Supreme Tribunal of Justice.

4. *The catastrophic dependence of the Judiciary in the Venezuelan Authoritarian Government*

Now, despite all the provisions included in the text of the 1999 Constitution, since 1999, Venezuela has experienced a process of progressive concentration of powers, implemented by controlling the nomination of the head of the State's organs. In effect, on of the mechanism established in the 1999 Constitution in order to assure their independence of powers was the provision of a system to assure that their appointment by the National Assembly was to be limited by the necessary participation of special collective bodies called Nominating Committees that must be integrated with representatives of the different sectors of society (arts. 264, 279, 295). Those Nominating Committees were to be in charge of selecting and nominating the candidates, guaranteeing the political participation of the Citizens in the process.

Consequently, the appointment of the Justices of the Supreme Tribunal, and of all other head of the other State's powers can only be made among the candidates proposed by the corresponding "Nominating Committees," which are the ones in charge of selecting and nominating the candidates before the Assembly. These constitutional previsions, were designed in order to limit the discretional power the political legislative organ traditionally had to appoint those high officials through political party agreements, by assuring political Citizenship participation. [70] Unfortunate-

---

69 The Inter-American Commission on Human Rights said: "The Commission has been informed that only 250 judges have been appointed by opposition concurrence according to the constitutional text. From a total of 1.772 positions of judges in Venezuela, the Supreme Court of Justice reports that only 183 are holders, 1331 are provisional and 258 are temporary", 2003. *Informe sobre la Situación de los Derechos Humanos en Venezuela*; OAS/Ser.L/V/II.118. d.C. 4rev. 2; December 29, 2003, paragraph 11. The same Commission also said that "an aspect linked to the autonomy and independence of the Judicial Power is that of the provisional character of the judges in the judicial system of Venezuela. Today, the information provided by the different sources indicates that more than 80% of Venezuelan judges are "provisional". *Idem*, Paragraph 161.

70 See Allan R. Brewer-Carías, 2005. La participación ciudadana en la designación de los titulares de los órganos no electos de los Poderes Públicos en Venezuela y sus vicisitudes políticas, *Revista*

ly, these exceptional constitutional provisions have not been applied, due to the fact that the National Assembly during the past years, defrauding the Constitution, has deliberately "transformed" the said Committees into simple "parliamentary Commissions" reducing the civil society's right to political participation. The Assembly in all the statutes sanctioned regarding such Committees and the appointment process, has established the composition of all the Nominating Committees with a majority of parliamentary representatives (whom by definition cannot be representatives of the "civil society"), although providing, in addition, for the incorporation of some other members chosen by the National Assembly itself from strategically selected "non-governmental Organizations."[71] The result has been the complete political control of the Nominating Committees, and the persistence of the discretional political and partisan way of appointing the official heads of the non elected branches of government, which the provisions of the 1999 Constitution intended to limit, by a National Assembly that since 2000 has been completely controlled by the Executive.

That is why, that in this context, it was hardly surprising to hear former President Chávez, when referring to the delegate legislation enacted by him, to say in August 2008, simply: "*I am the Law.... I am the State* !!;[72] repeating the same phrases he used in 2001, also referring to other series of decree-laws he enacted at that time as delegate legislation.[73] Such phrases, as we all know, were attributed in the seventeen century to Louis XIV, in France, as a sign of the meaning of an Absolute Monarchy –although in fact he never expressed them–;[74] but to hear in our times a Head of State saying them, is enough to understand the tragic institutional situation that Venezuela is currently facing, characterized by a complete absence of separation of powers and, consequently, of a democratic and rule of law government.[75] Conse-

---

Iberoamericana de Derecho Publico y Administrativo, Año 5, N° 5-2005, San Jose, Costa Rica, pp. 76-95.

71 See regarding the distortion of the "Judicial Nominating Committee" in Allan R. Brewer-Carías, 2004. *Ley Orgánica del Tribunal Supremo de Justicia*, Caracas: Editorial Jurídica Venezolana; the distortion on the "Citizen Power Nominating Committee" in Allan R. Brewer-Carías *et al.*, 2005. *Ley Orgánica del Poder Ciudadano*, Caracas: Editorial Jurídica Venezolana; and in Sobre el nombramiento irregular por la Asamblea Nacional de los titulares de los órganos del poder ciudadano en 2007, 2008. *Revista de Derecho Público*, N° 113, Caracas: Editorial Jurídica Venezolana, pp. 85-88; and the distortion on the Electoral Nominating Committee in Allan R. Brewer-Carías, 2007. *Crónica sobre la "in" justicia constitucional. La Sala Constitucional y el autoritarismo en Venezuela*, Colección Instituto de Derecho Público, Caracas: Universidad Central de Venezuela, N° 2, pp 197-230.

72 Hugo Chávez Frías, August 28, 2008. See in Gustavo Coronel, 2008. Las Armas de Coronel, October 15, 2008, available at http://lasarmasdecoronel.blogspot.com/2008/10/yo-soy-la-leyyo-soy-el-estado.html

73 See in *El Universal,* Caracas, December 4, 2001, pp. 1,1 and 2,1. This explains what was said by the Head of State in 2009 considering "representative democracy, separation of Powers and alternate government" as doctrines that "poisons the masses mind." See Hugo Chávez, 2009. Hugo Chávez seeks to catch them young, *The Economist*, August 22-28, 2009, p. 33.

74 See Yves Guchet, 1990. *Histoire Constitutionnelle Française (1789–1958)*, Paris : Ed. Erasme, p.8.

75 See the summary of this situation in Teodoro Petkoff, 2008. Election and Political Power. Challenges for the Opposition", *ReVista. Harvard Review of Latin America*, David Rockefeller Center for Latin American Studies, Harvard University, pp. 12. See also Allan R. Brewer-Carías, 2005. Los problemas

quently, since 1999, a tragic setback has occurred in Venezuela regarding democratic standards, by means of a continuous, persistent, and deliberate process of demolishing the rule of law institutions[76] and of destroying democracy in a way never before experienced in all the constitutional history of the country.[77]

This has lead to the complete control of the Judiciary, which after being initially intervened by the Constituent National Assembly in 1999, [78] with the consent and complicity of the former Supreme Court of Justice, which endorsed the creation of a Commission of Judicial Emergency[79] that continued to function, although with another name, in violation of the new Constitution, until 2011.[80] In this matter, in the

---

de la gobernabilidad democrática en Venezuela: el autoritarismo constitucional y la concentración y centralización del poder," in Diego Valadés (Coord.), 2005. *Gobernabilidad y constitucionalismo en América Latina*, Mexico: Universidad Nacional Autónoma de México, pp. 73-96.

76 See in *general*, Allan R. Brewer-Carías, 2005. La progresiva y sistemática demolición de la autonomía e independencia del Poder Judicial en Venezuela (1999-2004), *XXX Jornadas J.M Dominguez Escovar, Estado de Derecho, Administración de Justicia y Derechos Humanos*, Barquisimeto, Instituto de Estudios Jurídicos del Estado Lara, pp. 33-174; Allan R. Brewer-Carías, 2007. El constitucionalismo y la emergencia en Venezuela: entre la emergencia formal y la emergencia anormal del Poder Judicial, Allan R. Brewer-Carías, 2007. *Estudios Sobre el Estado Constitucional (2005-2006)*, Caracas: Editorial Jurídica Venezolana, pp. 245-269; and Allan R. Brewer-Carías 2007. La justicia sometida al poder. La ausencia de independencia y autonomía de los jueces en Venezuela por la interminable emergencia del Poder Judicial (1999-2006), *Cuestiones Internacionales. Anuario Jurídico Villanueva 2007,* Centro Universitario Villanueva, Madrid: Marcial Pons, pp. 25-57, available at www.allanbrewercarias.com, (Biblioteca Virtual, II.4. Artículos y Estudios N° 550, 2007) pp. 1-37. See also Allan R. Brewer-Carías, 2008. *Historia Constitucional de Venezuela*, Vol. II. Caracas, Editorial Alfa, pp. 402-454.

77 See, in general, Allan R. Brewer-Carías, 2007. El autoritarismo establecido en fraude a la Constitución y a la democracia y su formalización en "Venezuela mediante la reforma constitucional. (De cómo en un país democrático se ha utilizado el sistema eleccionario para minar la democracia y establecer un régimen autoritario de supuesta "dictadura de la democracia" que se pretende regularizar mediante la reforma constitucional), *Temas constitucionales. Planteamientos ante una Reforma,* Fundación de Estudios de Derecho Administrativo, Caracas FUNEDA, pp. 13-74; and Allan R. Brewer-Carías, 2009. La demolición del Estado de Derecho en Venezuela Reforma Constitucional y fraude a la Constitución (1999-2009), *El Cronista del Estado Social y Democrático de Derecho*, N° 6, Madrid, Editorial Iustel, pp. 52-61.

78 See on the national Constituent Assembly of 1999: Allan R. Brewer-Carías, 2008. Constitution Making in Defraudation of the Constitution and Authoritarian Government in Defraudation of Democracy. The Recent Venezuelan Experience", *Lateinamerika Analysen*, 19, 1/2008, GIGA, German Institute of Global and Area Studies, Hamburg: Institute of Latin American Studies, pp. 119-142. On August 19, 1999, the National Constituent Assembly decided to declare "the Judicial Power in emergency." *Gaceta Oficial* N° 36.772 of August 25, 1999 reprinted in *Gaceta Oficial* N° 36.782 of September 8, 1999. See in Allan R. Brewer–Carías, 1999. *Debate Constituyente,* vol. I, Fundación de Derecho Público, Caracas: Editorial Jurídica Venezolana, pp. 57-73; and in *Gaceta Constituyente (Diario de Debates), Agosto–Septiembre de 1999,* Session of August 18, 1999, N° 10, pp. 17-22. See the text of the decree in *Gaceta Oficial* N° 36.782 of September 08, 1999

79 "Resolution" of the Supreme Court of Justice of August 23, 1999. See the comments regarding this Resolution in Allan R. Brewer–Carías, 1999. *Debate Constituyente,* vol. I, Fundación de Derecho Público, Caracas: Editorial Jurídica Venezolana, pp. 141 ff. See also the comments of Lolymar Hernández Camargo, 2000. *La Teoría del Poder Constituyente,* San Cristóbal: Universidad Católica del Táchira, pp. 75 ff.

80 See Allan R. Brewer–Carías, 2002. *Golpe de Estado y proceso constituyente en Venezuela*, México: Universidad Nacional Autónoma de México, p. 160.

past fifteen years the country has witnessed a permanent and systematic demolition process of the autonomy and independence of the judicial power, aggravated by the fact that according to the 1999 Constitution, as aforementioned, the Supreme Tribunal that is completely controlled by the Executive is in charge of administering all the Venezuelan judicial system, particularly, by appointing and dismissing judges.[81]

The process began by the National Constituent Assembly, after eliminating the Supreme Court itself, and dismissing its Magistrates, with the appointment, in 1999, of new Magistrates of the new Supreme Tribunal of Justice, without complying with the constitutional conditions, by means of a Constitutional Transitory regime sanctioned after the Constitution was approved by referendum.[82]. That Supreme Tribunal, completely packed with the government supporters, has been precisely the one that during the past fifteen years has been the most ominous instrument for consolidating authoritarianism in the country. From there on, the intervention process of the Judiciary continued up to the point that the President of the Republic has politically controlled the Supreme Tribunal of Justice and, through it, the complete Venezuelan judicial system.

For that purpose, the constitutional conditions needed to be elected Magistrate of the Supreme Tribunal and the procedures for their nomination with the participation of representatives of the different sectors of civil society, were violated since the beginning. First, as aforementioned, in 1999 by the National Constituent Assembly itself once it dismissed the previous Justices, appointing new ones without receiving any nominations from any Nominating Committee, and many of them without compliance with the conditions set forth in the Constitution to be Magistrate. Second, in 2000, by the newly elected National Assembly, by sanctioning a Special Law in order to appoint the Magistrates in a transitory way without complying with the Constitution.[83] This reform, as the Inter-American Commission on Human Rights emphasized in its *2004 Annual Report*, "lack the safeguards necessary to prevent other branches of government from undermining the Supreme Tribunal's independ-

---

81 See Rafael J. Chavero Gazdik, 2011. *La Justicia Revolucionaria. Una década de reestructuración (o involución) Judicial en Venezuela*, Caracas: Editorial Aequitas; Laura Louza Scognamiglio, 2011. *La revolución judicial en Venezuela*, Caracas: FUNEDA; Allan R. Brewer-Carías, 2005. La progresiva y sistemática demolición de la autonomía e independencia del Poder Judicial en Venezuela (1999-2004), *XXX Jornadas J.M. Dominguez Escovar, Estado de derecho, Administración de justicia y derechos humanos*, Barquisimeto: Instituto de Estudios Jurídicos del Estado Lara, pgs. 33-174; and Allan R. Brewer-Carías, 2007. La justicia sometida al poder (La ausencia de independencia y autonomía de los jueces en Venezuela por la interminable emergencia del Poder Judicial (1999-2006), *Cuestiones Internacionales. Anuario Jurídico Villanueva 2007,* Centro Universitario Villanueva, Madrid: Marcial Pons, pp. 25-57.

82 See in *Gaceta Constituyente (Diario de Debates), Noviembre 1999–Enero 2000*, Session of December 22, 1999, N° 51, pp. 2 ff. See *Gaceta Oficial* N° 36.859 of December 29, 1999; and *Gaceta Oficial* N° 36.860 of December 30, 1999.

83 For this reason, in its 2003 *Report on Venezuela,* the Inter-American Commission on Human Rights, observed that the appointment of Judges of the Supreme Court of Justice did not apply to the Constitution, so that "the constitutional reforms introduced in the form of the election of these authorities established as guaranties of independence and impartiality were not used in this case. See Inter-American Commission of Human Rights, 2003 *Report on Venezuela*; paragraph 186.

ence and to keep narrow or temporary majorities from determining its composition."[84] Third, in 2004, again by the National Assembly by sanctioning the Organic Law of the Supreme Tribunal of Justice, increasing the number of Justices from 20 to 32, and distorting the constitutional conditions for their appointment and dismissal, allowing the government to assume an absolute control of the Supreme Tribunal, and in particular, of its Constitutional Chamber.[85] And fourth, in 2010, once more, the National Assembly reformed the Organic Law of the Supreme Tribunal of Justice, firs in a regular way,[86] and subsequently in an irregular manner,[87] in order to pack the Tribunal with new government controlled members.

After this 2004 reform, the process of selection of new Justices has been subjected to the President of the Republic will, as was publicly admitted by the President of the parliamentary Commission in charge of selecting the candidates for Magistrates of the Supreme Tribunal Court of Justice, who later was appointed Minister of the Interior and Justice. On December 2004, he said the following:

> "Although we, the representatives, have the authority for this selection, the President of the Republic was consulted and his opinion was very much taken into consideration." He added: "Let's be clear, we are not going to score auto-goals. In the list, there were people from the opposition who comply with all the requirements. The opposition could have used them in order to reach an agreement during the last sessions, but they did not want to. We are not going to do it for them. There is no one in the group of postulates that could act against us..."[88]

This configuration of the Supreme Tribunal, as highly politicized and subjected to the will of the President of the Republic has been reinforced in 2010,[89] eliminating all autonomy of the Judicial Power and even the basic principle of the separation

84 See IACHR, *2004 Annual Report* (Follow-Up Report on Compliance by the State of Venezuela with the Recommendations made by the IACHR in its Report on the Situation of Human Rights in Venezuela [2003]), para. 174. Available at http://www.cidh.oas.org/annualrep/2004eng/chap.5b.htm

85 *Gaceta Oficial* N° 37.942 of May 20, 2004. See the comments in Allan R. Brewer-Carías, 2004. *Ley Orgánica del Tribunal Supremo de Justicia*, Caracas: Editorial Jurídica Venezolana.

86 *Gaceta Oficial* N° 39.483 of August 9, 2010 and N° 39.522 of October 1, 2010. See the comments in Allan R. Brewer-Carías and Víctor Hernández Mendible, 2010. *Ley Orgánica del Tribunal Supremo de Justicia*, Caracas: Editorial Jurídica Venezolana.

87 See the comments Víctor Hernández Mendible, 2010.Sobre la nueva reimpresión por 'supuestos errores' materiales de la Ley Orgánica del Tribunal Supremo, octubre 2010, *Revista de Derecho Público*, N° 124, Caracas Editorial Jurídica Venezolana, pp-110-123; and Antonio Silva Aranguren, 2010. Tras el rastro del engaño, en la web de la Asamblea Nacional," *Revista de Derecho Público*, N° 124, Caracas: Editorial Jurídica Venezolana, pp. 112-113.

88 See in *El Nacional*, Caracas 12-13-2004. That is why the Inter-American Commission on Human Rights suggested in its Report to the General Assembly of the OAS corresponding to 2004 that "these regulations of the Organic Law of the Supreme Court of Justice would have made possible the manipulation, by the Executive Power, of the election process of judges that took place during 2004". See Inter-American Commission on Human Rights, 2004 *Report on Venezuela*; paragraph 180.

89 See Hildegard Rondón de Sansó, 2010. *Obiter Dicta*. En torno a una elección, *La Voce d'Italia*, Caracas December 14, 2010.

of power, as the corner stone of the Rule of Law and the base of all democratic institutions.

On the other hand, as aforementioned, according to Article 265 of the 1999 Constitution, the Magistrates can be dismissed by the vote of a qualified majority of the National Assembly, when grave faults are committed, following a prior qualification by the Citizen Power. This qualified two-thirds majority was established to avoid leaving the existence of the heads of the judiciary in the hands of a simple majority of legislators. Unfortunately, this provision was also distorted by the 2004 Organic Law of the Supreme Tribunal of Justice, in which it was established in an unconstitutional way that the Magistrates could be dismissed by simple majority when the "administrative act of their appointment" is revoked (Article 23,4). This distortion, contrary to the independence of the Judiciary, although eliminated in the reform of the Law in 2010, also pretended to be constitutionalized with the rejected 2007 Constitutional reform, which proposed to establish that the Magistrates of the Supreme Tribunal could be dismissed in case of grave faults, but just by the vote of the majority of the members of the National Assembly.

The consequence of this political subjection is that all the principles tending to assure the independence of judges at any level of the Judiciary have been postponed. In particular, the Constitution establishes that all judges must be selected by public competition for the tenure; and that the dismissal of judges can only be made through disciplinary trials carried out by disciplinary judges (Articles 254 and 267). Unfortunately, none of these provisions have been implemented, and on the contrary, since 1999, the Venezuelan Judiciary has been composed by temporal and provisional judges,[90] lacking stability and being subjected to the political manipulation, altering the people's right to an adequate administration of justice. And regarding the disciplinary jurisdiction of the judges, it was only in 2010[91] when it was established. Until then, with the authorization of the Supreme Tribunal, a "transitory" Reorganization Commission of the Judicial Power created since 1999, continued to function, removing judges without due process.[92]

---

90 The Inter-American Commission on Human Rights said: "The Commission has been informed that only 250 judges have been appointed by opposition concurrence according to the constitutional text. From a total of 1772 positions of judges in Venezuela, the Supreme Court of Justice reports that only 183 are holders, 1331 are provisional and 258 are temporary", *Informe sobre la Situación de los Derechos Humanos en Venezuela*; OAS/Ser.L/V/II.118. d.C. 4rev. 2; December 29, 2003; paragraph 11. The same Commission also said that "an aspect linked to the autonomy and independence of the Judicial Power is that of the provisional character of the judges in the judicial system of Venezuela. Today, the information provided by the different sources indicates that more than 80% of Venezuelan judges are "provisional". Idem, Paragraph 161.

91 The Law on the Etics Code of the venezuelan Judges *Gaceta Oficial* N° 39.494 of August, 24, 2010, created the expected Disciplinary Judicial Jurisdiction. In 2011 the corresponding tribunal was appointed.

92 See Allan R. Brewer-Carías, 2007. La justicia sometida al poder y la interminable emergencia del poder judicial (1999-2006)", *Derecho y democracia. Cuadernos Universitarios*, Órgano de Divulgación Académica, Vicerrectorado Académico, Año II, N° 11, Caracas: Universidad Metropolitana, pp. 122-138.

The worst of this irregular situation is that since 2006 the problem of the provisional status of judges has been "regularized" through a "Special Program for the Regularization of Tenures", addressed to accidental, temporary or provisional judges, bypassing the entrance system constitutionally established by means of public competitive exams (Article 255), by consolidating the effects of the provisional appointments and their consequent power dependency.

5. *The Judiciary packed by Temporal and Provisional Judges and the use of the Judiciary for Political Persecution*

Through the Supreme Tribunal, which is in charge of governing and administering the Judiciary, the political control over all judges has been also assured, reinforced by means of the survival until 2011, of the 1999 "provisional" Commission on the Functioning and Restructuring of the Judicial System, which was legitimized by the same Tribunal, making completely inapplicable the 1999 constitutional provisions seeking to guarantee the independence and autonomy of judges. [93]

In effect, as aforementioned, according to the text of the 1999 Constitution, judges can only enter the judicial career by means of public competition that must be organized with citizens' participation. Nonetheless, this provision has not yet been implemented, being the judiciary almost exclusively made up of temporary and provisional judges, without any stability. Regarding this situation, for instance, since 2003 the Inter-American Commission on Human Rights has repeatedly express concern about the fact that provisional judges are susceptible to political manipulation, which alters the people's right to access to justice, reporting cases of dismissals and substitutions of judges in retaliation for decisions contrary to the government's position.[94] In its *2008 Annual Report*, the Commission again verified the provisional character of the judiciary as an "endemic problem" because the appointment of judges was made without applying constitutional provisions on the matter –thus exposing judges to discretionary dismissal– which highlights the "permanent state of urgency" in which those appointments have been made. [95]

---

93 See in general, Allan R. Brewer-Carías, 2005. La progresiva y sistemática demolición de la autonomía e independencia del Poder Judicial en Venezuela (1999-2004)," *XXX Jornadas J.M Dominguez Escovar, Estado de Derecho, Administración de Justicia y Derechos Humanos*, Barquisimeto: Instituto de Estudios Jurídicos del Estado Lara, pp. 33-174; Allan R. Brewer-Carías, 2007. El constitucionalismo y la emergencia en Venezuela: entre la emergencia formal y la emergencia anormal del Poder Judicial, in Allan R. Brewer-Carías, *Estudios Sobre el Estado Constitucional (2005-2006)*, 2007. Caracas: Editorial Jurídica Venezolana, pp. 245-269; and Allan R. Brewer-Carías 2007. La justicia sometida al poder. La ausencia de independencia y autonomía de los jueces en Venezuela por la interminable emergencia del Poder Judicial (1999-2006),"*Cuestiones Internacionales. Anuario Jurídico Villanueva 2007,* Centro Universitario Villanueva, Madrid: Marcial Pons, pp. 25-57, available at www.allanbrewercarias.com, (Biblioteca Virtual, II.4. Artículos y Estudios Nº 550, 2007) pp. 1-37. See also Allan R. Brewer-Carías, 2008. *Historia Constitucional de Venezuela*, Vol. II. Caracas: Editorial Alfa, pp. 402-454.

94 See *Informe sobre la Situación de Derechos Humanos en Venezuela*; OAS/Ser.L/V/II.118. doc.4rev.2; December 29, 2003, Paragraphs 161, 174, available at http://www.cidh.oas.org/countryrep/Venezuela2003eng/toc.htm.

95 See *Annual Report 2008* (OEA/Ser.L/V/II.134. Doc. 5 rev. 1. 25 febrero 2009), paragraph 39.

Contrary to these facts, according to the words of the Constitution in order to guarantee the independence of the Judiciary, judges can be dismissed from their tenure only through disciplinary processes, conducted by disciplinary courts and judges of a Disciplinary Judicial Jurisdiction. Nonetheless, as aforementioned, that jurisdiction was only created in 2011, corresponding to that year the disciplinary judicial functions to the already mentioned transitory Commission, [96] which, as reported by the same Inter-American Commission in its *2009 Annual Report*, "in addition to being a special, temporary entity, does not afford due guarantees for ensuring the independence of its decisions,[97] since its members may also be appointed or removed at the sole discretion of the Constitutional Chamber of the Supreme Tribunal of Justice, without previously establishing either the grounds or the procedure for such formalities."[98]

The Commission had then "cleansed" the Judiciary of judges not in line with the authoritarian regime, removing judges in a discretionary way when they have issued decisions not within the complacency of the government.[99] This lead the Inter-American Commission on Human Rights, to observe in its *2009 Annual Report,* that "in Venezuela, judges and prosecutors do not enjoy the guaranteed tenure necessary to ensure their independence." [100]

One of the leading cases showing this situation took place in 2003, when a High Contentious Administrative Court ruled against the government in a politically charged case regarding the hiring of Cuban physicians for medical social programs. In response to a provisional judicial measure suspending the hiring procedures, due to discrimination allegations made by the Council of Physicians of Caracas, [101] the government after declaring that the decision was not going to be accepted [102] seized

---

96 The Politico Administrative Chamber of the Supreme Tribunal has decided that the dismiss of temporal judges is a discretionary power of the Commission on the Functioning and Reorganization of the Judiciary, which adopts its decision without following any administrative procedure rules or due process rules. See Decision N° 00463-2007 of March 20, 2007, Decision N° 00673-2008 of April 24, 2008 (cited in Decision N° 1.939 of December 18, 2008, p. 42). The Chamber has adopted the same position in Decision N° 2414 of December 20, 2007 and Decision N° 280 of February 23, 2007.

97 See Decisión N° 1.939 of December 18, 2008 (Caso: *Gustavo Álvarez Arias et al.*)

98 Véase *Annual Report 2009*, Par. 481, en http://www.cidh.org/annualrep/2009eng/Chap. IV.f.eng.htm.

99 Decision N° 1.939 (Dec. 18, 2008) (Case: *Abogados Gustavo Álvarez Arias y otros*), in which the Constitutonal Chamber declared the non-enforceability of the decision of the Inter American Court of Human Rights of August 5, 2008, Case: *Apitz Barbera y otros ("Corte Primera de lo Contencioso Administrativo") vs. Venezuela* Serie C, N° 182.

100 See *Informe Anual de 2009*, paragraph 480, available at http://www.cidh.oas.org/annualrep/2009eng/Chap.IV.f.eng.htm

101 See Decision of August, 21 2003, in *Revista de Derecho Público*, N° 93-96, Caracas: Editorial Jurídica Venezolana, pp. 445 ff. See the comments in Claudia Nikken, 2003. El caso "Barrio Adentro": La Corte Primera de lo Contencioso Administrativo ante la Sala Constitucional del Tribunal Supremo de Justicia o el avocamiento como medio de amparo de derechos e intereses colectivos y difusos," *Revista de Derecho Público*, N° 93-96, Caracas: Editorial Jurídica Venezolana, pp. 5 ff.

102 The President of the Republic said: "*Váyanse con su decisión no sé para donde, la cumplirán ustedes en su casa si quieren ...*" (You can go with your decision, I don't know where; you will enforce it in

the Court using secret police officers, and dismissed its judges after being offended by the President of the Republic.[103] The case was brought before the Inter-American Court of Human Rights and after it ruled in 2008 that the dismissal effectively violated the American Convention on Human Rights,[104] the Constitutional Chamber of the Supreme Tribunal response to the Inter-American Court ruling, at the request of the government, was that the decision of the Inter-American Court could not be enforced in Venezuela.[105] As simple as that, showing the subordination of the Venezuelan judiciary to the policies, wishes, and dictates of the President.

In December 2009, another astonishing case was the detention of a criminal judge (María Lourdes Afiuni Mora) for having ordered, based on a previous recommendation of the UN Working Group on Arbitrary Detention, the release of an individual in order for him to face criminal trial while in freedom, as guaranteed in the Constitution. The same day of the decision, the president publicly asked for the judge to be incarcerated asking to apply her a 30–year prison term, which is the maximum punishment in Venezuelan law for horrendous or grave crimes. The fact is that judge has remained to this day in detention without trial. The UN Working Group described these facts as "a blow by President Hugo Chávez to the independence of judges and lawyers in the country," demanding "the immediate release of the judge," concluding that "reprisals for exercising their constitutionally guaranteed functions and creating a climate of fear among the judiciary and lawyers' profession, serve no purpose except to undermine the rule of law and obstruct justice."[106]

The fact is that in Venezuela, no judge can adopt any decision that could affect the government policies, or the President's wishes, the state's interest, or public servants' will, without previous authorization from the same government.[107] That is why the Inter-American Commission on Human Rights, after describing in its *2009 Annual Report* "how large numbers of judges have been removed, or their appointments voided, without the applicable administrative proceedings," noted "with con-

---

your house if you want ..."). See *El Universal,* Caracas, August 25, 2003 and *El Universal*, Caracas, August 28, 2003.

103 See in *El Nacional*, Caracas November 5, 2004, p. A2.

104 *See* Inter-American Court of Human Rights, case: *Apitz Barbera et al. (Corte Primera de lo Contencioso Administrativo) v. Venezuela,* Decision of August 5, 2008, available at www.corteidh.or.cr. *See also, El Universal,* Caracas, October 16, 2003; and *El Universal*, Caracas, September 22, 2003.

105 Supreme Tribunal of Justice, Constitutional Chamber, Decision N° 1.939 of December 18, 2008 (Case: *Abogados Gustavo Álvarez Arias et al.*) (Exp. N° 08-1572), available at http://www.tsj.gov.ve/decisiones/scon/Diciembre/1939-181208-2008-08-1572.html

106 See the text of the UN Working Group in http://www.unog.ch/unog/website/ news_media.nsf/%28httpNewsByYear_en%29/93687E8429BD53A1C125768E00529DB6?OpenDocument&cntxt=B35C3&cookielang=fr . In October 14, 2010, the same Working Group asked the venezuelan Government to subject the Judge to a trail ruled by the due process guaranties and in freedom." See *in El Universal,* October 14, 2010, available at http://www.eluniversal.com/2010/10/14/pol_ava_instancia-de-la-onu_14A4608051.shtml

107 See Antonio Canova González, 2008. *La realidad del contencioso administrativo venezolano (Un llamado de atención frente a las desoladoras estadísticas de la Sala Político Administrativa en 2007 y primer semestre de 2008)*, Caracas: FUNEDA, p. 14.

cern that in some cases, judges were removed almost immediately after adopting judicial decisions in cases with a major political impact," concluding that "The lack of judicial independence and autonomy vis-à-vis political power is, in the Commission's opinion, one of the weakest points in Venezuelan democracy."[108]

In this context of political subjection, the Constitutional Chamber, since 2000, far from acting as the guardian of the Constitution, has been the main tool of the authoritarian government for the illegitimate mutation of the Constitution, by means of unconstitutional constitutional interpretations,[109] not only regarding its own powers of judicial review, which have been enlarged, but also regarding substantive matters. The Supreme Tribunal has distorted the Constitution through illegitimate and fraudulent "constitutional mutations" in the sense of changing the meaning of its provisions without changing its wording. And all this, of course, without any possibility of being controlled,[110] so the eternal question arising from the uncontrolled power, – *Quis custodiet ipsos custodes* –, in Venezuela also remains unanswered.

On the other hand, regarding some fundamental rights essentials for a democracy to function, like the freedom of expression, contrary to the principle of progressiveness established in the Constitution, it has been the Supreme Tribunal of Justice the State organ in charge of limiting its scope. First, in 2000, it was the Political-Administrative Chamber of the Supreme Tribunal that ordered the media not to transmit certain information, eventually admitting limits to be imposed to the media, regardless of the general prohibition of censorship established in the Constitution.

The following year, in 2001, it was the Constitutional Chamber of the Supreme Tribunal, the one that distorted the Constitution when dismissing an *amparo* action filed against the President of the Republic by a citizen and a nongovernmental organization asking for the exercise of their right to response against the attacks made by the President in his weekly TV program. The Constitutional Chamber reduced the scope of freedom of information, eliminating the right to response and rectification regarding opinions in the media when they are expressed by the president in a regular televised program. In addition, the tribunal excluded journalists and all those persons that have a regular program in the radio or a newspaper column, from the right to rectification and response.[111]

---

108 See in ICHR, *Annual Report 2009*, paragraph 483, available at http://www.cidh.oas.org/-annualrep/2009eng/Chap.IV.f.eng.htm .

109 See Allan R. Brewer-Carías, 2008. *Crónica sobre la "In" Justicia Constitucional. La Sala Constitucional y el autoritarismo en Venezuela*, Caracas: Editorial Jurídica Venezolana.

110 See Allan R. Brewer-Carías, 2005. *Quis Custodiet ipsos Custodes*: De la interpretación constitucional a la inconstitucionalidad de la interpretación, *VIII Congreso Nacional de Derecho Constitucional*, Arequipa: Fondo Editorial and Colegio de Abogados de Arequipa, 463-89; and Allan R. Brewer-Carías, 2007. *Crónica de la "In" Justicia constitucional: La Sala constitucional y el autoritarismo en Venezuela*, Caracas: Editorial Jurídica Venezolana, pp. 11-44 and 47-79.

111 See Allan R. Brewer-Carías, 2001. La libertad de expresión del pensamiento y el derecho a la información y su violación por la Sala Constitucional del Tribunal Supremo de Justicia, in Allan R. Brewer-Carías et al., 2001. *La libertad de expresión amenazada (Sentencia 1013),* Caracas/San José: Edición Conjunta Instituto Interamericano de Derechos Humanos y Editorial Jurídica Venezolana, pp. 17-57;

In addition, in 2003, the Constitutional Chamber dismissed an action of unconstitutionality filed against a few articles of the Criminal Code that limit the right to formulate criticism against public officials, considering that such provisions could not be deemed as limiting the freedom of expression, contradicting a well established doctrine in the contrary ruled by the Inter-American Courts on Human Rights. The Constitutional Chamber also decided in contradiction with the constitutional prohibition of censorship, that through a statute it was possible to prevent the diffusion of information when it could be considered contrary to other provisions of the Constitution. [112]

Regarding other cases in which the Judiciary has been used for political persecution, they are referred to the exercise of freedom of expression, concluding in the shutdown of TV stations that had a line of political opposition regarding the government and the persecution of their main shareholders. One leading case was the *Radio Caracas Televisión* case, referred to a TV station that, in 2007, was the most important television station of the country, critical of the administration of President Hugo Chavez. In that case, it was the Supreme Tribunal in 2007, the State organ that materialized the State intervention in order to terminate authorizations and licenses of the TV station, whose assets were confiscated and its equipment assigned to a state-owned enterprise through an illegitimate Supreme Tribunal decision. [113] The case is the most vivid example of the illegitimate collusion or confabulation between a politically controlled Judiciary and an authoritarian government in order to reduce freedom of expression, and to confiscate private property. For such purpose, it was the Constitutional Chamber of the Supreme Tribunal of Justice and the Political Administrative Chamber of the same Tribunal that in May 2007, instead of protecting the citizens' right of freedom of expression, conspired as docile instruments controlled by the Executive, in order to kidnap and violate them. In this case, it was the highest level of the Judiciary that covered the governmental arbitrariness with a judicial veil, executing the shout down of the TV Station, reducing the freedom of expression in the country, and with total impunity, proceeded to confiscate private property in a way that neither the Executive nor the Legislator, could have done, because being forbidden in the Constitution (art. 115). In the case, it was the Supreme Tribunal, which violated the Constitution, with the aggravating circumstance that the conspirators knew that their actions could not be controlled. This case has also been recently submitted before the Inter American Court of Human Rights.

---

and Jesús A. Davila Ortega, 2002. El derecho de la información y la libertad de expresión en Venezuela (Un estudio de la sentencia 1.013/2001 de la Sala Constitucional del Tribunal Supremo de Justicia), *Revista de Derecho Constitucional* 5, Caracas: Editorial Sherwood, pp. 305-25.

112 See *Revista de Derecho Público*, 93–94, 2003. Caracas: Editorial Jurídica Venezolana, 136 ff. and 164 ff. See comments in Alberto Arteaga Sánchez et al., 2004. *Sentencia 1942 vs. Libertad de expresión*, Caracas.

113 See the Constitutional Chamber Decision N° 957 (May 25, 2007), in *Revista de Derecho Público* 110, Editorial Jurídica Venezolana, Caracas 2007, 117ff. See the comments in Allan R. Brewer-Carías, 2007. El juez constitucional en Venezuela como instrumento para aniquilar la libertad de expresión plural y para confiscar la propiedad privada: El caso RCTV, *Revista de Derecho Público*", N° 110, (abril-junio 2007), Caracas: Editorial Jurídica Venezolana, pp. 7-32.

Other cases of political persecution, also related to freedom of expression are the cases against Guillermo Zuloaga and Nelson Mezerhane; two very distinguish businessman that were the principal shareholders of Globovisión, the other independent TV station that after the takeover of Radio Caracas Television, remained with a critic line of opinion regarding the government. They both were harassed by the Public Prosecutor Office and by the Judiciary; accused of different common crimes that they did not commit; they were detained without any serious base, their enterprises were occupied and their property confiscated. They both had to leave the country, without any possibility of obtaining Justice. Their cases have also been submitted before the Inter American Commission of Human Rights.

The Judiciary, particularly on criminal matters, has also been used as the government instrument to pervert Justice, distorting the facts in specific cases of political interest, converting innocent people into criminals, and liberating criminals of all suspicion. It was the unfortunate case of the mass killings committed by government agents and supporters as a consequence of the enforcement of the so-called Plan Avila, a military order that encouraged the shooting of peoples participating in the biggest mass demonstration in Venezuelan history which on April 11, 2002, was asking for the resignation of President Chávez. The soothing provoked a general military disobedience by the high commanders, in a way witnessed by all the country in TV, which ended with the military removal of the President, although just for a few hours, until the same military reinstated him in office. Nonetheless, in order to change history, the shooting and mass killing were re-written, and those responsible that everybody saw in live in TV, because being government supporters were gratified as heroes, and the Police Officials trying to assure order in the demonstration, like the Officers Simonovic and Forero, were blamed of crimes that they did not commit, and condemned of murder with the highest term of 30 years of prison. The former Chief Justice of the Criminal Chamber of the Supreme Tribunal of Justice, general Eladio Aponte Aponte, confessed last year 2012 in a TV Program (SolTV)in Miami, when answering about if there were "political persons in prison in Venezuela, saying "Yes, there are people regarding which there is an order not to let them free," referring particularly to "the Police Officers," mentioning Officer Simonovic. The same former Justice, answering a question about "*Who gives the order,*" simply said: "The order comes from the President's Office downwards," adding that "we must have no doubts, in Venezuela there are no sewing point if it is not approved by the President." He finally said, answering a question if he "*received the order not to let free Simonovis*" he explained that: "the position of the Criminal Chamber" was "To validate all that arrived already done; that is, in a few words, to accept that these gentlemen could not be freed." [114]

To hear this answers given by one who until recently was the highest Justice in the Venezuelan Criminal System, produce no other than indignation, because it was him, as Chief Criminal Justice, the one in charge of manipulating justice, in the way

114 See the text of the statement on, in *El Universal*, Caracas 18-4-2012, available at: http://www.eluniversal.com/nacional-y-politica/120418/historias-secretas-de-un-juez-en-venezuela

he confessed; condemning the Police Officers to 30 years in prison, just because obeying orders from the Executive.

6. *The use of the Judiciary to facilitate the Concentration of Power and the Dismantling of Democracy*

On different matters, regarding the organization of the State, the same illegitimate constitutional mutation has occurred regarding the federal system of distribution of competencies among territorial entities of the State, which in Venezuela is constitutionally organized as a "decentralized federal State;" a distribution that cannot be changed except by means of a constitutional reform. Specifically, for instance, the Constitution provides that the conservation, administration, and use of roads and national highways, as well as of national ports and airports of commercial use, are of the exclusive powers of the states, which they must exercise in "coordination" with the Federal government.

One of the purposes of the rejected 2007 constitutional reform was precisely to change this competency of the States. But in spite of the popular rejection of the reform, nonetheless, it was the Constitutional Chamber, through a decision adopted four month after the referendum (April 15, 2008), the State organ in charge of implementing the reform. The Chamber, in effect, when deciding an autonomous recourse for the abstract interpretation of the Constitution filed by the Attorney General, modified the content of that constitutional provision, considering that the exclusive attribution it contained, was not "exclusive," but a "concurrent" one, to be exercised together with the federal government, which even could reassume the attribution or decree its intervention.[115]

With this interpretation, again, the Chamber illegitimately modified the Constitution usurping popular sovereignty, compelling the National Assembly to enact legislation contrary to the Constitution, which it did in March 2009, by reforming of the Organic Law for Decentralization.[116]

In other cases, the Constitutional Chamber has been the instrument of the government in order to assume direct control of other branches of government, as happened in 2002 with the take-over of the Electoral Power, which since then has been completely controlled by the Executive. This began in 2002 after the Organic Law of the Electoral Power[117] was sanctioned and the National Assembly was due to

---

115 See Allan R. Brewer-Carías, 2008. La Sala Constitucional como poder constituyente: la modificación de la forma federal del estado y del sistema constitucional de división territorial del poder público, *Revista de Derecho Público*, N° 114, (abril-junio 2008), Caracas: Editorial Jurídica Venezolana, pp. 247-262; and Allan R. Brewer-Carías, 2009. La ilegitima mutación de la Constitución y la legitimidad de la jurisdicción constitucional: la "reforma" de la forma federal del Estado en Venezuela mediante interpretación constitucional," *Memoria del X Congreso Iberoamericano de Derecho Constitucional,* Lima: Instituto Iberoamericano de Derecho Constitucional, Asociación Peruana de Derecho Constitucional, Instituto de Investigaciones Jurídicas-UNAM y Maestría en Derecho Constitucional-PUCP, IDEMSA, tomo 1, pp. 29-51

116 See *Gaceta Oficial* N° 39 140 of March 17, 2009

117 See *Gaceta Oficial* N° 37.573 of November 19, 2002

appoint the new members of the National Electoral Council. Because the representatives supporting the government did not have the qualified majority to approve such appointments by themselves, and did not reached agreements on the matter with the opposition, when the National Assembly failed to appoint the members of the National Electoral Council, that task was assumed, without any constitutional power, by the Constitutional Chamber itself. Deciding an action that was filed against the unconstitutional legislative omission, the Chamber instead of urging the Assembly to comply with its constitutional duty, directly appointed the members of the Electoral Council, usurping the Legislator's functions, but without complying with the conditions established in the Constitution for such appointments. [118] With this decision, the Chamber assured the government's complete control of the Council, kidnapping the citizen's rights to political participation, and allowing the official governmental party to manipulate the electoral results.

Consequently, the elections held in Venezuela during the past decade have been organized by a politically dependent branch of government, without any guarantee of independence or impartiality. This is the only explanation, for instance, of the complete lack of official information on the final voting results of the December 2007 referendum rejecting the constitutional reform drafted and proposed by the President. The country, nowadays, still ignored the majority number of votes that effectively rejected the constitutional reform draft tending to consolidate in the Constitution the basis for a socialist, centralized, militaristic, and police state, as proposed by President Chávez.

The Constitutional Chamber of the Supreme Tribunal has also been the instrument in order to attack the democratic principle, limiting the right to be elected, imposing non elected officials as Head of State, or revoking the popular mandate of elected officials without having competency or jurisdiction.

Between January and March 2013, the Constitutional Chamber of the Supreme Tribunal, openly violated the democratic principle by imposing a non elected official as head of State, during the illness of former President Chávez and after his death, in two decisions adopted, in addition, without proving anything. The decisions were issued after deciding interpretations recourses of the Constitution: The first decision, N° 2 of January 9, 2013, was issued to resolve the legal situation of the non attendance by the President elected to his Inauguration for the presidential term 2013-2019, refusing the Constitutional Chamber to consider that the situation was one of absolute absence of the elected President, and instead constructing, without proving anything on the heath condition of the elected and ill President, a supposed "administrative continuity" of Chávez, affirming that even been absent of the country (he was said to be in an Hospital in La Habana), he was supposedly effectively in charge

118 See Decision N° 2073 of August 4, 2003, Case: *Hermánn Escarrá Malaver y oros*), and Decision N° 2341 of August 25, 2003, Case: *Hemann Escarrá y otros*. See in Allan R. Brewer-Carías, 2003/2004. El secuestro del poder electoral y la conficación del derecho a la participación política mediante el referendo revocatorio presidencial: Venezuela 2000-2004, *Stvdi Vrbinati, Rivista tgrimestrale di Scienze Giuridiche, Politiche ed Economiche*, Año LXXI – 2003/04 Nuova Serie A – N. 55,3, Urbino: Università degli Studi di Urbino, pp.379-436

of the Presidency, so his nonelected Vice President (N. Maduro) was to be in charge of the Presidency. [119] The second decision, N° 141, of March 8, 2013, was issued after the announcement of the death of President Chávez, but without proving such fact or when it did effectively occurred, in order to assure that the Vice President (N. Maduro), already imposed as President in charge by the same Supreme Tribunal, was to continue in charge of the Presidency; and additionally allowing him, contrary to the text of the Constitution, to be candidate to the same position in the subsequent election, without leaving the post.[120]

In other decisions, also contrary to the democratic principle, the Constitutional Chamber of the Supreme Tribunal revoked the popular mandate of two mayors, a decision that according to the Constitution only can be adopted by the people that elected the officials by means of a referendum (art. 74). The Supreme Tribunal, ignoring such principle and provision, without having constitutional competency and usurping the jurisdiction of the criminal courts that are the only competent to impose criminal sanctions to officials for not obeying judicial decisions, issued decision N° 138 of March 17, 2014,[121] condemning the Mayors by considering that they had committed a crime (not to obey a preliminary injunction), and imprisoning them, without guarantying a due process of law. The common trend in this case was that both Mayors were from the opposition to the government

In another case, the Constitutional Chamber of the Supreme Tribunal also revoked the popular mandate of a representative to the National Assembly, which also can only be revoked by the people through a referendum, issuing decision N° 207 of March 31, 2014, [122] in a case that the Tribunal had already concluded because the action was declared inadmissible, proceeding the Tribunal to act ex officio, and interpret an article of the Constitution (Article 93), that prevent representatives to accept another public positions without losing their elected one. The initial petition that was declared inadmissible was a requested for the Tribunal to condemn the *the facto* actions of the President of the National Assembly to strip out the elected condition of one representative; being the result of the case, once declared the petition inadmissible, for the Tribunal, to *ex officio* decide to revoke the popular mandate to the representative that was supposed to be protected by the Tribunal. The reason for such decision was that the representative (María Corina Machado), had talked as such representative, before the Permanent Council of the Organization of American States, in a session devoted to analyze the political situation of Venezuela, from the site of the representative of Panama that had invited her to do so.

---

119 See the text of the decision in http://www.tsj.gov.ve/decisiones/scon/Enero/02-9113-2013-12-1358.html

120 See the text of the decision in http://www.tsj.gov.ve.decisioes/scon/Marzo/141-9313-2013-13-0196.html

121 See the text of the decision in http://www.tsj.gov.ve/decisiones/scon/marzo/162025-138-17314-2014-14-0205.HTML

122 See the text of the decision in http://www.tsj.gov.ve/decisiones/scon/marzo/162546-207-31314-2014-14-0286.HTML. Also in *Gaceta Oficial* N° 40385 April 2, 2014

Finally, in another decision, the Supreme Tribunal, also in violation of the democratic principle, accepted that the right of a citizen to be elected, which is a constitutional right, could be limited by an administrative body as the General Audit Office, when issuing decisions imposing public officials the sanction of disqualifying them to run for elected positions. In decision N° 1265 of August 5, 2008, [123] the Supreme Tribunal refused to declare that such disqualification for the exercise of a political right was contrary to the American Convention of Human Rights, that in Venezuela had constitutional hierarchy (Article 23). The lack of justice in Venezuela, lead the interested person, a former Mayor, to filed a petition before the Inter American Court of Human Right, seeking the protection of his political right, the result being a decision of such Court of September 1st, 2011 (case *López Mendoza vs. Venezuela*), condemning the Venezuelan State for the violation of the Convention. Nonetheless, the response of the State was to file before the Supreme Tribunal of Justice, at the initiative of the Attorney General, an action for "judicial review" of the Inter American Court decision, which was astonishingly admitted by the Constitutional Chamber, which through decision No. 1547 of October 17, 2011, [124] declared the Inter American Court of Human Rights as "non enforceable" in Venezuela, recommending the Government to denounce the Convention,. This eventually happened in 2012.

SOME CONCLUSIONS

The result of all these facts is that at the beginning of the twenty-first century, Latin America has witnessed in Venezuela the birth of a new model of authoritarian government that did not immediately originate itself in a military coup, as had happened in many other occasions during the long decades of last century, but in a constituent coup d'état and as result of popular elections, which despite its final goal of destroying the rule of law and democracy, have provided it the convenient camouflage of "constitutional" and "elective" marks, although of course, lacking the essential components of democracy, which are much more than the sole popular or circumstantial election of governments.

In particular, among all the essential elements and components of democracy, the one regarding the separation and independence of public powers is maybe the most fundamental pillar of the rule of law, because it is the only one that can allow the other factors of democracy to become political reality. To be precise, democracy, as a rule of law political regime, can function only in a constitutional system where control of power exists, so without effective check and balance, no free and fair elections can take place; no plural political system can be developed; no effective democratic participation can be ensured; no effective transparency in the exercise of

123 See the text of the decision in http://www.tsj.gov.ve:80/decisiones/scon/Agosto/1265-050808-05-1853.htm

124 See the text of the decision in http://www.tsj.gov.ve/decisiones/scon/Octubre/1547-171011-2011-11-1130.htmll

government can be assured; no real government accountability can be secure; and no effective access to justice can be guaranteed in order to protect human rights.

All these factors are lacking at the present time in Venezuela, where a new form of constitutional authoritarianism has been developed, based on the concentration and centralization of state powers, which prevent any possibility of effective democratic participation, and any possible check and balance between the branches of government. Today, all the State organs are subjected to the National Assembly, and through it, to the President. That is why the legislative elections are so important, particularly bearing in mind that according to the Constitution, the presidential system of government was conceived to function only if the government has complete control over the Assembly. A government that does not have such control will find difficult to govern, being that the reason, for example, for the then President of the Republic, to declare just before the 2010 parliamentary election, that if the opposition was to win the control of the Assembly, "that would signify war."

The fact is that after a fifteen years of demolishing the rule of law and the democratic institutions, by controlling, at the government will, all the branches of government, it will be very difficult for the government and its official party to admit the democratic need they have to share power in the Assembly.[125] They are not used to democracy, that is to say, they are not used to any sort of compromise and consensus, but only to impose their decisions; and that is why they, when in 2010 they lost the 2/3 majority they used to have in the Assembly, they announced that they were not going to participate in any sort of dialogue. That is why, even before the new elected representative took their sits in the Assembly in January 2011, the old Assembly approved an unconstitutional legislation in order to enforce what the people had rejected in a referendum of December 2007, the so called "Communal State" which is based on the centralized framework of the so-called "Popular Power" to be exercised by "Communes" and by the government controlled "Communal Councils."[126]

One further example of the perversion of the Constitution and of the will of the people expressed in the September 2010 Legislative election, was the move made regarding the appointment of the new Magistrates of the Supreme Tribunal. What just a weeks before was only a treat of the government, once it lost the 2/3 control of the National Assembly which prevented the government representatives to appoint by themselves in 2011, such magistrates; they immediately proceed to appoint the new magistrates of the Supreme before the inauguration of the new elected members of the National Assembly in January 2011, avoiding the participation in the nominating process of the opposition members of the Assembly. Nonetheless, in order to make such appointments, which required a previous reform the Organic Law of the

125 See Allan R. Brewer-Carías, 2009. *Dismantling Democracy. The Chávez's Authoritarian Experiment*, New York: Cambridge University Press; Allan R. Brewer-Carías, 2014. *Authoritarian Government v. The Rule of Law*, Caracas: Editorial Jurídica Venezolana.

126 See the Organic Laws on the Popular Power, in *Gaceta Oficial* N° 6.011 Extra. December 21, 2010. See on these Laws, Allan R. Brewer-Carías *et al.*, 2011. *Leyes Orgánicas del Poder Popular*, Caracas: Editorial Jurídica Venezolana..

Supreme Tribunal, for which they had no time to approve it; they proceed to make such "reform," not through the ordinary procedure, but through a completely irregular mechanism of "reprinting" the text of the statute in the *Official Gazette* based in a supposed "material error" in the copying of the text of the statute.[127]

Article 70 of the Organic Law of the Supreme Tribunal, in effect, established that the term in order to propose candidates to be nominated Magistrate of the Supreme Tribunal before the Nominating Judicial Committee "must not be *less* that thirty continuous days;" wording that has been change through a "notice" published by the Secretary of the Assembly in the Official Gazette stating that establishing that instead of the word "*less*" the correct word to be used in the antonym word "*more*" in the sense of the term "must not be more that thirty continuous days." That means that the "reform" of the statute by changing a word (less to more), transformed a minimum term was transformed into a maximum term in order to reduce the term to nominate candidates and allow the current national Assembly to proceed to make the election before the new National Assembly initiates its activities in January 2010.[128] This is the "procedure" currently used in order to reform statutes, by means of the reprinting of the text in the *Official Gazette*, without any possible judicial review

With this legal "reform," the National Assembly, composed by representatives that by December 2010, after the Legislative elections, can be said that they did not represented the majority of the people, proceeded to fill the Supreme Tribunal of Magistrates members of the Official political party, and even with members of the same Assembly that were finishing their tenure and that did not comply with the constitutional conditions to be Magistrate. As the former magistrate of the Supreme Court of Justice, Hildegard Rondón de Sansó, wrote:

> "The biggest risk for the State of the improper actions of the Nation al Assembly in the recent nomination of the magistrates of the Supreme Tribunal of Justice, lies not only in the lacking, in the majority of the appointed of the constitutional conditions, but having taken into the apex of the Judicial Power the decisive influence of one sector of the legislative Power, due to the fact that for different Chambers, five legislators were elected."[129]

The same former Magistrate Sansó affirmed that "a whole fundamental sector of the power of the State is going to be in the hands of a small group of persons that are

---

127 See *Gaceta Oficial* Nº 39.522 of October 1, 2010.

128 See the comments in Víctor Hernández Mendible, 2010. Sobre la nueva reimpresión por "supuestos errores" materiales de la LOTSJ en la *Gaceta Oficial* Nº 39.522, de 1 de octubre de 2010, Addendum to Allan R. Brewer-Carías and Víctor Hernández Mendible, *2010. Ley Orgánica del Tribunal Supremo de Justicia de 2010, Caracas:* Editorial Jurídica Venezolana; and Antonio Silva Aranguren, 2010. Tras el rastro del engaño, en la web de la Asamblea Nacional, Addendum to Allan R. Brewer-Carías and Víctor Hernández Mendible, 2010. *Ley Orgánica del Tribunal Supremo de Justicia de 2010,* Caracas: Editorial Jurídica Venezolana.

129 See Hildegard Rondón de Sansó, 2010. *Obiter Dicta.* En torno a una elección, *La Voce d'Italia*, 14-12-2010.

not jurist, but politician by profession, to whom will correspond, among other functions, the control of normative acts," adding that "the most grave I that those appointing, even for a single moment realized that they were designating the highest judges of the Venezuelan legal system that, as such, had to be the most competent, and of recognized prestige as the Constitution imposes."[130] She concluded, as aforementioned, recognizing within the "grave errors" accompanying the nomination, the fact of:

> "The configuration of the Nominating Judicial Committee, that the Constitution created as a neutral organ, representing the 'different sectors of society' (Article 271), but the Organic Law of the Supreme Tribunal converted it in an unconstitutional way, into an appendix of the Legislative Power. The consequence of this grave error was unavoidable: those electing elected their own colleagues, considering that acting in such a way was the most natural thing in this world, and, as example of that, were the shameful applauses with which each appointment was greeted."[131]

Unfortunately, the political control over the Supreme Tribunal of Justice has permeated to all the judiciary, due mainly to the already mentioned fact that in Venezuela, it is the Supreme Tribunal the one in charge of the government and administration of the Judiciary. This has affected gravely the autonomy and independence of judges at all levels of the Judiciary, which has been aggravated by the fact that during the past fifteen years the Venezuelan Judiciary has been composed primarily of temporary and provisional judges, without career or stability, appointed without the public competition process of selection established in the Constitution, and dismissed without due process of law, for political reasons.[132] This reality amounts to political control of the Judiciary, as demonstrated by the dismissal of judges who have adopted decisions contrary to the policies of the governing political authorities.

New York, April 2014

---

130 *Id.*

131 *Id.*

132 See Inter-American Commission on Human Rights, *Report on the Situation of Human Rights in Venezuela*, OEA/Ser.L/V/II.118, doc. 4 rev. 2, December 29, 2003, par. 174, *available at* http://www.cidh.oas.org/countryrep/Venezuela2003eng/toc.htm.

SEGUNDA PARTE

LOS JUECES CONSTITUCIONALES COMO LEGISLADORES POSITIVOS ESTUDIOS DE DERECHO COMPARADO

SECCIÓN PRIMERA:

LOS JUECES CONSTITUCIONALES COMO LEGISLADORES POSITIVOS. UNA APROXIMACIÓN COMPARATIVA

Este trabajo tiene su origen en la exposición verbal que hice de la Ponencia general en el XVIII Congreso Internacional de Derecho Comparado, de la Academia Internacional de Derecho Comparado, celebrado en Washington, Julio 2010. El texto original se publicó como "Constitutional Courts as Positive Legislators," en Karen B. Brown y David V. Snyder (Editors), *General Reports of the XVIIIth Congress pf the International Academy of Comparative Law- Rapports Généraux du XVIIIème Congrès de l'Académie Internationale de Droit Comparé*, Springer, 2012, pp. 549-569. La versión en castellano, se publicó con el mismo título en: *Isotimia, Revista Internacional de Teoría Política y Jurídica, Nº 4 Monográfico. Estudios sobre metodología del derecho comparado, H*omenaje a Lucio Pegoraro, Universidad Autónoma de Nuevo León, Editorial Porrúa, México 2011, pp. 17-53; y como "Prólogo" al libro de Daniela Urosa Maggi, *La Sala Constitucional del Tribunal Supremo de Justicia como legislador Positivo*, Academia de Ciencias Políticas y Sociales, Serie Estudios No. 96, Caracas 2011, pp. 9-70. Publicado también con el título: "Los jueces constitucionales como legisladores positivos. Una aproximación comparativa," en el libro: *Derecho Procesal Constitucional. Instrumentos para la Justicia Constitucional*, Ediciones Doctrina y Ley Ltda., Bogotá 2013, pp. 446-480. La versión amplia de este tema se publicó en el libro: Constitucional *Courts ss Positive Legislators*, Cambridge University Press, New York 2011, 932 pp.

COMENTARIOS PRELIMINARES

1. *La subordinación de los jueces constitucionales a la constitución*

En todos los países democráticos del mundo contemporáneo, los jueces constitucionales[133] tienen como función primordial el interpretar y aplicar la Constitución con el fin de preservar y garantizar su supremacía, particularmente cuando ejercen el control de la constitucionalidad o de la convencionalidad de las leyes,[134] así como cuando garantizan la vigencia del principio democrático y la efectividad de los derechos fundamentales, rol en el cual, también asumen el papel de adaptar la Constitución cuando los cambios sociales y el tiempo así lo requieren.

Ese rol del Juez Constitucional puede decirse que es común en todos los sistemas de justicia constitucional, particularmente si se tiene en cuenta que en las últimas décadas, en el mundo contemporáneo, se ha venido consolidado un proceso de convergencia progresiva de principios y soluciones entre dichos sistemas,[135] que en muchos casos incluso dificultan que se pueda establecer aquella otrora clásica y clara distinción entre los clásicos sistemas concentrados y difusos de control de constitucionalidad,[136] que dominaron la materia por mucho tiempo.[137]

---

133 Para los efectos de este estudio, debido a la variedad de soluciones que existen en el mundo contemporáneo en materia de justicia constitucional, la expresión "juez constitucional" la hemos utilizado refiriéndonos, en general, tanto a los Tribunales y Cortes Constitucionales o a los Tribunales Supremos cuando ejercen la Jurisdicción Constitucional, como a los jueces ordinarios cuando ejercen la justicia constitucional.

134 Para los efectos de este estudio, dentro de la expresión "control de la constitucionalidad" hemos incluido no sólo el control de la constitucionalidad de las leyes en su conformidad con la Constitución, sino también el "control de la convencionalidad" de las mismas en el sentido de su conformidad con las Convenciones Internacionales, particularmente en materia de derechos humanos; así como de su conformidad con las "Convenciones Constitucionales," como es el caso, por ejemplo, en el Reino Unido. Véase en general, Ernesto Rey Cantor, *El control de convencionalidad de las leyes y derechos humanos*, Ed. Porrúa, México 2008; Juan Carlos Hitters, "Control de constitucionalidad y control de convencionalidad. Comparación (Criterios fijados por la Corte Interamericana de Derechos Humanos), en *Estudios Constitucionales*, Año 7, N° 2, Santiago de Chile 2009, pp. 109-128.

135 Véase Lucio Pegoraro, "Clasificaciones y modelos de justicia constitucional en la dinámica de los ordenamientos," en *Revista Iberoamericana de Derecho Procesal Constitucional*, N° 2, Instituto Iberoamericano de Derecho Procesal Constitucional, Editorial Porrúa, México 2004, pp. 131 ss.; Alfonse Celotto, "La justicia constitucional en el mundo: formas y modalidades," en *Revista Iberoamericana de Derecho Procesal Constitucional*, N° 1, Instituto Iberoamericano de Derecho Procesal Constitucional, Editorial Porrúa, México 2004, pp. 3 ss.

136 Véase por ejemplo, Francisco Fernández Segado, *La justicia constitucional ante el siglo XXI. La progresiva convergencia de los sistemas americano y europeo-kelseniano*, Librería Bonomo Editrice, Bologna 2003, pp. 40 ss.; Francisco Fernández Segado, "La obsolecencia de la bipolaridad 'modelo Americano-modelo europeo-kelseniano' como criterio analítico del control de constitucionalidad y la búsqueda de una nueva tipología explicativa," en su libro *La Justicia Constitucional: Una visión de derecho comparado*, Tomo I, Ed. Dykinson, Madrid 2009, pp. 129-220; Guillaume Tusseau, *Contre les "modèles" de justice constitutionnelle: essai de critique métodologique*, Bononia University Press, Edition bilingue: français-italien, 2009; Guillaume Tusseau, "Regard critique sur les outils méthodologique du comparatisme. L'example des modèles de justice constitutionnelle," en *IUSTEL, Revista General de Derecho Público Comparado,* N° 4, Madrid, enero 2009, pp. 1-34.

En todos los sistemas, en todo caso, el principio básico que se puede identificar es que los jueces constitucionales, al cumplir su papel, siempre tienen que estar subordinados a la Constitución, sin que puedan invadir el campo del Legislador o el del poder constituyente. Lo contrario equivaldría, como lo ha afirmado Sandra Morelli, a desarrollar un "totalitarismo judicial irresponsable"[138] el cual, por supuesto, forma parte del capítulo de la patología del control de constitucionalidad.

Es decir, los jueces constitucionales pueden ayudar al Legislador a llevar a cabo sus funciones; sin embargo, no pueden sustituirlo ni promulgar leyes, ni poseen base política discrecional alguna para crear normas legales o disposiciones que no puedan ser deducidas de la Constitución misma.

Es en este sentido, que es posible afirmar como principio general, que los jueces constitucionales aún siguen siendo considerados –como Hans Kelsen solía decir: "Legisladores Negativos;"[139] por oposición a ser "Legisladores Positivos" en el sentido de que, como lo afirman Richard Kay y Laurence Claus, los mismos no pueden elaborar ni crear leyes *ex novo* que sean producto "de su propia concepción," ni adoptar "reformas" respecto de leyes que han sido concebidas por otros actores legislativos.[140]

---

137 Véase Mauro Cappelletti, *Judicial Review in Contemporary World*, Indianapolis 1971, p.45; Mauro Cappellettiy y J.C. Adams, "Judicial Review of Legislation: European Antecedents and Adaptations", en *Harvard Law Review*, 79, 6, April 1966, p. 1207; Mauro Cappelletti, "El control judicial de la constitucionalidad de las leyes en el derecho comparado", en *Revista de la Facultad de Derecho de México*, 61, 1966, p. 28; Allan R. Brewer-Carías, *Judicial Review in Comparative Law*, Cambridge University Press, Cambridge 1989; Allan R. Brewer-Carías, *Étutes de droit pubic comparé,* Bruilant, Bruxelles 2000, pp. 653 ss. En relación con dicha diferencia, que hemos utilizado con gran frecuencia, se puede afirmar que el único aspecto de la misma que aún permanece constante, es el que se refiere al órgano jurisdiccional de control, en el sentido de que en el sistema difuso de control de constitucionalidad el mismo corresponde a todos los tribunales y jueces, siendo todos ellos "jueces constitucionales" sin la necesidad de que sus poderes estén establecidos expresamente en la Constitución; mientras que en el sistema concentrado de control de constitucionalidad, es la Constitución la que debe establecer la Jurisdicción Constitucional en forma expresa, asignando a una sola Corte, Tribunal o Consejo Constitucional, o al Tribunal o Corte Suprema existente, la facultad exclusiva de controlar la constitucionalidad de las leyes y de poder anularlas cuando sean inconstitucionales.

138 Véase Sandra Morelli, *La Corte Constitucional: un papel por definir*, Academia Colombiana de Jurisprudencia, 2002; y "*The Colombian Constitutional Court: from Institutional Leadership, to Conceptual Audacity,*" Colombian National Report, XVIII International Congress of Comparative Law, Washington, July, 2010, p. 3. Véase también, Allan R. Brewer-Carías, "*Quis Custodiet Ipsos Custodes*: De la interpretación constitucional a la inconstitucionalidad de la interpretación," en *VIII Congreso Nacional de derecho Constitucional, Perú*, Fondo Editorial 2005, Colegio de Abogados de Arequipa, Arequipa, Septiembre 2005, pp. 463-489, y en *Revista de Derecho Público*, N° 105, Editorial Jurídica Venezolana, Caracas 2006, pp. 7-27; *Crónica sobre la "In" Justicia Constitucional. La Sala Constitucional y el autoritarismo en Venezuela*, Editorial Jurídica Venezolana, Caracas 2007; y *Reforma Constitucional y Fraude a la Constitución*, Academia de Ciencias Políticas y Sociales, Caracas 2009.

139 Véase Hans. Kelsen, "La garantie juridictionnelle de la constitution (La Justice constitutionnelle)", en *Revue du droit public et de la science politique en France et a l'ètranger,* Librairie Général de Droit et the Jurisprudence, Paris 1928, pp. 197-257; Hans Kelsen, *La garantía jurisdiccional de la Constitución (La justicia constitucional)*, Universidad Nacional Autónoma de México, Mexico 2001.

140 Véase Laurence Claus y Richard S. Kay, "*Constitutional Courts as 'Positive Legislators' in the United States,*" U.S. National Report, XVIII International Congress of Comparative Law, Washington, July, 2010, pp. 3, 5.

2. *El nuevo papel de los jueces constitucionales y la cuestión de su rol como Legisladores Positivos*

Este sigue siendo, sin duda, el principio general sobre la justicia constitucional en el derecho comparado en su relación con el Legislador, aún cuando en las últimas décadas el papel de los jueces constitucionales haya cambiado considerablemente, en particular porque su rol no se limita a solo declarar la inconstitucionalidad o no de las leyes, o a anularlas o no por razones de inconstitucionalidad.

En efecto, en todos los sistemas de justicia constitucional se han venido desarrollado nuevos enfoques conforme a los cuales, por ejemplo, basados en el principio de conservación de las leyes, y debido a la presunción de constitucionalidad de la cual gozan, los jueces constitucionales tienden a evitar anularlas o a declararlas inconstitucionales (aún cuando sean contrarias a la Constitución), y proceden cada vez con más frecuencia a interpretarlas de acuerdo o en conformidad con la Constitución o en armonía con la misma. Ello ha permitido al juez constitucional evitar crear vacíos legislativos y, en algunos casos, incluso, llenarlos en forma temporal y hasta permanente cuando los mismos pudieran ser originados por una eventual declaración de nulidad o inconstitucionalidad de la ley.

Además, en la actualidad es aún más frecuente constatar cómo los jueces constitucionales, en lugar de estar controlando la constitucionalidad de leyes existentes, cada vez más controlan la ausencia de tales leyes o las omisiones o abstenciones absolutas o relativas en las que hubiese incurrido el Legislador. Al controlar estas omisiones legislativas, el juez constitucional, en muchos casos, asume el papel de ayudante o de auxiliar del Legislador, creando normas que normalmente derivan de la Constitución; y aún, en algunos casos, sustituyendo al propio Legislador, asumiendo un papel abierto de "Legislador Positivo," expidiendo reglas temporales y provisionales para ser aplicadas en asuntos específicos que aún no han sido objeto de regulación legislativa, pero que deducen de la propia Constitución.

Una de las principales herramientas que han acelerado este nuevo papel de los jueces constitucionales ha sido la aplicación de principios como el de la progresividad y de la prevalencia de los derechos humanos,[141] tal y como ha ocurrido, por ejemplo, con el "redescubrimiento" del derecho a la igualdad y a la no discriminación que han hecho los jueces constitucionales en todos los sistemas. En estos casos, en interés de la protección de los derechos y garantías de los ciudadanos, lo cierto es que no han existido dudas para aceptar la legitimidad del activismo de los jueces constitucionales, aun cuando interfieran con las funciones Legislativas, al aplicar principios y valores constitucionales.

En relación con esto, en realidad, la discusión principal actual no se enfoca ya en tratar de rechazar estas actividades "legislativas" por parte de los jueces constitucionales, sino en determinar el alcance y los límites de sus decisiones y el grado de

---

141 Véase Pedro Nikken, *La protección internacional de los derechos humanos: su desarrollo progresivo*, Instituto Interamericano de Derechos Humanos, Ed. Civitas, Madrid 1987; Mónica Pinto, "El principio *pro homine*. Criterio hermenéutico y pautas para la regulación de los derechos humanos," en *La aplicación de los tratados sobre derechos Humanos por los tribunales locales,* Centro de Estudios Legales y Sociales, Buenos Aires, 1997, p. 163.

interferencia permitido en relación con las funciones legislativas. Como lo ha expresado Francisco Fernández Segado, el objetivo en realidad es evitar "convertir al guardián de la Constitución en soberano."[142]

Del estudio de derecho comparado que he venido realizando sobre este tema de los jueces constitucionales actuando como "Legisladores Positivos,"[143] he podido identificar cuatro tendencias principales que identifican a los mismos interfiriendo no sólo con el Legislador, sino también con el Poder Constituyente, y que son las siguientes:

En primer lugar, el papel de los jueces constitucionales cuando interfieren en relación con el Poder Constituyente, promulgando reglas constitucionales y hasta mutando la Constitución;

En segundo lugar, el papel de los jueces constitucionales cuando interfieren con la legislación existente, asumiendo la tarea de auxiliares del Legislador, complementando disposiciones legales, agregando nuevas disposiciones a las existentes y también determinando los efectos temporales de la leyes;

En tercer lugar, el papel de los jueces constitucionales cuando interfieren con la ausencia de legislación, por las omisiones absolutas o relativas del legislador, actuando en algunos casos como "Legisladores Provisionales"; y

En cuarto lugar, el papel de los jueces constitucionales como Legisladores en materias relativas al propio control de constitucionalidad de las leyes, en decir, en materia de justicia constitucional.

I. LOS JUECES CONSTITUCIONALES INTERFIRIENDO CON EL PODER CONSTITUYENTE

La primera tendencia que nos muestra el derecho comparado en la materia, es el papel de los jueces constitucionales cuando interfieren con el "Legislador Constitucional," es decir, con el Poder Constituyente, promulgando, en algunos casos, reglas de orden constitucional, por ejemplo, cuando resuelven controversias o conflictos constitucionales entre órganos del Estado; cuando ejercen el control de constitucionalidad respecto de disposiciones constitucionales o sobre enmiendas constitucionales; y cuando realizan mutaciones legítimas a la Constitución mediante la adaptación de sus disposiciones a los tiempos modernos, dándoles significado concreto.

---

142 Véase Francisco Fernández Segado, "Algunas reflexiones generales en torno a los efectos de las sentencias de inconstitucionalidad y a la relatividad de ciertas fórmulas esterotipadas vinculadas a ellas," en *Anuario Iberoamericano de Justicia Constitucional*, Centro de Estudios Políticos y Constitucionales, Nº 12, 2008, Madrid 2008, p. 161.

143 Para la preparación de la *Ponencia General* para el Congreso de Washington de Julio de 2010, recibí un total de 36 Ponencias Nacionales de 31 países: 19 de Europa (incluyendo 6 de países de Europa Oriental), 10 del Continente Americano (3 de América del Norte, 5 de América del Sur y 2 de América Central); uno de Asia y uno de Australia.

1. *Los jueces constitucionales resolviendo controversias constitucionales en los Estados Federales, promulgando reglas constitucionales*

El primer caso se refiere a los jueces constitucionales cuando interfieren con el Poder Constituyente, resolviendo conflictos constitucionales o controversias entre órganos del Estado, papel que es común en los Estados Federales, tal como lo ha resaltado Konrad Lachmayer, refiriéndose a la Corte Constitucional Austríaca, la misma ha actuado como un "legislador positivo," "promulgando normas de rango constitucional" al ejercer poderes positivos en relación con la división de competencias entre la Federación y los "*Länder,*" (o Estados Federados) reservándose la última palabra en la materia.[144]

También ha sido el caso en los Estados Unidos, donde la Corte Suprema ha ido determinando de manera progresiva las facultades del gobierno federal en relación con los estados, basándose en la "*commerce clause*," siendo difícil hoy en día imaginar cualquier cosa que el Congreso no pueda regular.[145] A través de multitud de decisiones relativas a asuntos relacionados con la forma federal del Estado y la distribución vertical de competencias, la Corte Suprema, sin lugar a dudas, ha promulgado reglas constitucionales en la materia.

En otros países con forma federal del Estado, como Venezuela, sin embargo, el poder de control de constitucionalidad en materia de distribución de competencias entre el Poder Nacional y el de los Estados, ha servido para arrebatarle competencias a los Estados, centralizándolas, en una mutación ilegítima de la Constitución realizada por la Sala Constitucional del Tribunal Supremo de Justicia.[146] Tema que, por supuesto, forma parte del capítulo relativo a la patología de la justicia constitucional.

2. *Los jueces constitucionales ejerciendo el control de constitucionalidad en relación con disposiciones constitucionales*

La segunda forma en la cual los jueces constitucionales pueden participar en la conformación de normas constitucionales es cuando se les otorga la facultad para controlar la constitucionalidad de las normas de la Constitución misma, como también sucede en Austria, donde se ha facultado a la Corte Constitucional para confrontar la Constitución con sus propios principios básicos, como el principio de-

---

144 Véase Konrad Lachmayer, "*Constitutional Courts as 'Positive Legislators,'*" Austrian National Report, XVIII International Congress of Comparative Law, Washington, July, 2010, pp. 1-2.

145 Véase Erwin Chemerinsky, *Constitutional Law. Principles and Policies*, Aspen Publishers, New York 2006, pp. 259-260.

146 Sentencia de la Sala Constitucional N° 565 de 15 de abril de 2008, Caso: Procurador General de la República, *interpretación del artículo 164.10 de la Constitución de 1999*, en http://www.tsj.gov.ve/decisiones/scon/Abril/565-150408-07-1108.htm Véase los comentarios en Allan R. Brewer-Carías, "La ilegitima mutación de la Constitución y la legitimidad de la jurisdicción constitucional: la "reforma" de la forma federal del Estado en Venezuela mediante interpretación constitucional," en *Memoria del X Congreso Iberoamericano de Derecho Constitucional,* Instituto Iberoamericano de Derecho Constitucional, Asociación Peruana de Derecho Constitucional, Instituto de Investigaciones Jurídicas-UNAM y Maestría en Derecho Constitucional-PUCP, IDEMSA, Lima 2009, tomo 1, pp. 29-51.

mocrático, el de la forma federal del Estado, el principio del *Rechtsstaat*, la separación de poderes y el sistema general de derechos humanos.[147]

3. *Los jueces constitucionales ejerciendo el control de constitucionalidad respecto de las reformas y enmiendas constitucionales*

La tercera forma en la cual los jueces constitucionales interfieren con el Poder Constituyente, es cuando tienen el poder para revisar la constitucionalidad de las reformas y enmiendas constitucionales, como se prevé en Colombia, Ecuador y Bolivia, aún cuando dicho poder esté limitado a los aspectos procedimentales de las reformas.[148]

En todo caso, en esos y otros países ha habido discusiones en torno a las posibilidades de que los jueces constitucionales puedan también controlar la constitucionalidad del mérito o fondo de las reformas o enmiendas constitucionales, por ejemplo en relación con las cláusulas constitucionales inalterables (*cláusulas pétreas*) expresamente definidas como tales en las Constituciones.

El principio básico en estos casos, es que las facultades de los jueces constitucionales tienen como norte mantener y garantizar la supremacía constitucional y, en particular, la supremacía de las cláusulas constitucionales pétreas, pudiendo ejercer el control de constitucionalidad respecto de reformas o enmiendas que pretendan modificarlas en contra de lo previsto en la Constitución.[149] En tales casos, sin embargo, para no confrontar la voluntad del pueblo ni sustituir al poder constituyente originario mismo, dicho control de constitucionalidad debe ejercerse antes de que la propuesta de reforma o enmienda haya sido aprobada mediante voto popular, cuando éste sea el caso.

No obstante, aun en ausencia de una autorización constitucional expresa, existen casos en los cuales los jueces constitucionales han controlado la constitucionalidad de las reformas y enmiendas constitucionales en cuanto al fondo. Éste fue el caso, por ejemplo, en Colombia, cuando la Corte Constitucional en sentencia de 26 de Febrero de 2010 anuló la Ley N° 1,354 de 2009 que convocaba a un referendo con el propósito de aprobar una reforma a la Constitución encaminada a permitir la reelección por un tercer período del Presidente de la República, al considerar que tal reforma contenía "violaciones sustanciales del principio democrático," e introducía reformas que implicaban la "sustitución o subrogación de la Constitución."[150]

---

147 Sentencia de la Corte Constitucional VfSlg 16.327/2001. Véase en Konrad Lachmayer, "*Constitutional Courts as 'Positive Legislators,*" Austrian National Report, XVIII International Congress of Comparative Law, Washington, July, 2010, p. 6 (nota 20).

148 Véase las referencias en Allan R. Brewer-Carías, *Reforma Constitucional y Fraude a la Constitución. Venezuela 1999-2009*, Academia de Ciencias Políticas y Sociales, Caracas 2009, pp. 78 ss.

149 Véase Allan R. Brewer-Carías, *Reforma Constitucional y Fraude a la Constitución. Venezuela 1999-2009*, Academia de Ciencias Políticas y Sociales, Caracas 2009, pp. 78 ss.; y "La reforma constitucional en América Latina y el control de constitucionalidad", en *Reforma de la Constitución y control de constitucionalidad. Congreso Internacional, Pontificia Universidad Javeriana, Bogotá Colombia, junio 14 al 17 de 2005*, Bogotá, 2005, pp. 108-159.

150 La sentencia, en septiembre de 2010, aún no había sido publicada. Véase el Comunicado sobre su texto publicado por la Corte Constitucional, N° 9 de 26 de febrero de 2010, en www.corteconstitucional.com.

En otros casos, como en la India, la Corte Suprema ha sido la que ha impuesto límites "tácitos" a la facultad del Parlamento para enmendar la Constitución, excluyendo de su alcance las previsiones básicas referidas a la estructura de la misma, [151] como sería por ejemplo, la facultad para efectuar el control de constitucionalidad,[152] convirtiéndose así la Corte Suprema, como lo afirmó Surya Deva, "probablemente, en la corte más poderosa de cualquier democracia."[153]

4. *El rol de los jueces constitucionales adaptando la Constitución en materias relativas a los derechos fundamentales*

El cuarto caso en el cual los jueces constitucionales interfieren con el Poder Constituyente, se produce cuando asumen el rol de adaptar las disposiciones constitucionales a los tiempos presentes, mediante su interpretación, particularmente en materias relativas a la protección y vigencia de los derechos fundamentales. En estos casos, como lo afirman Laurence Claus y Richard S. Kay, los jueces constitucionales "realizan legislación constitucional positiva" particularmente cuando el fallo que "dictan, crea obligaciones públicas "afirmativas" a cargo de los entes públicos[154]

Este papel de los jueces constitucionales, sin duda, ha sido el resultado de un proceso de "redescubrimiento" de derechos fundamentales no expresamente establecidos en las Constituciones, con lo que se ha ampliado, así, el alcance de sus disposiciones, manteniéndose "viva" la Constitución.[155] El papel de la Corte Suprema de los Estados Unidos de Norteamérica en la elaboración de principios y valores constitucionales, tal como lo refieren Laurence Claus y Richard S. Kay, proporciona tal vez en esta materia "el ejemplo más destacado de legislación positiva en el transcurso de la jurisprudencia constitucional estadounidense."[156]

Así sucedió, en efecto, partiendo del caso *Brown v. Board of Education of Topeka*, 347 U.S. 483 (1954), cuando la Corte Suprema interpretó la cláusula de "igual-

---

Véanse los comentarios en Sandra Morelli, "*The Colombian Constitutional Court: from Institutional Leadership, to Conceptual Audacity*," Colombian National Report, XVIII International Congress of Comparative Law, Washington, July, 2010, pp. 13-16.

151 Caso *Kesvananda Bharti v State of Kerala*, Corte Suprema de la India, en Surya Deva, "*Constitutional Courts as 'Positive Legislators: The Indian Experience," Indian National Report, XVIII International Congress of Comparative Law, Washington, July, 2010*, pp. 5-6.

152 Casos *Waman Rao v Union of India* AIR 1981 SC 271; *S P Sampath Kumar v Union of India* AIR 1987 SC 386; y *L Chandra Kumar v Union of India* AIR 1997 SC 1125, en *Idem*, p. 6 (nota 41).

153 *Idem*, p. 6.

154 Véase Laurence Claus y Richard S. Kay, "*Constitutional Courts as 'Positive Legislators' in the United States,*" U.S. National Report, XVIII International Congress of Comparative Law, Washington, July 2010, p. 6.

155 Véase Mauro Cappelletti, "El formidable problema del control judicial y la contribución del análisis comparado," en *Revista de estudios políticos*, 13, Madrid 1980, p. 78; "The Mighty Problem" of Judicial Review and the Contribution of Comparative Analysis," en *Southern California Law Review*, 1980, p. 409.

156 Véase en Laurence Claus y Richard S. Kay, "*Constitutional Courts as 'Positive Legislators' in the United States,*" U.S. National Report, XVIII International Congress of Comparative Law, Washington, July, 2010, pp. 12-13.

dad de protección" de la Cuarta Enmienda con el fin de ampliar la naturaleza del principio de igualdad y no discriminación; o cuando decidió acerca de la garantía constitucional del "debido proceso" (Enmiendas V y XIV), o sobre la cláusula abierta de la Enmienda IX, con el propósito de desarrollar el sentido de la "libertad." Han dicho estos autores que este proceso transformó a la Corte Suprema en "el legislador [constitucional] actual más poderoso de la nación."[157]

Lo mismo ha ocurrido por ejemplo, en Francia, donde no conteniendo la Constitución una declaración de derechos fundamentales, el papel del Consejo Constitucional durante las últimas décadas ha sido precisamente la de transformar la Constitución, ampliando el *bloc de constitutionnalité*, otorgándole rango constitucional, mediante el Preámbulo de la Constitución de 1958, al Preámbulo de la Constitución de 1946, y finalmente, a la Declaración de los Derechos del Hombre y de los Ciudadanos de 1789. [158]

Este papel de los jueces constitucionales adaptando las Constituciones con el fin de garantizar los derechos fundamentales, descubriéndolos dentro de sus textos, o deduciéndolos de los previstos en los mismos, puede considerarse en la actualidad como una tendencia principal en el derecho comparado, la cual puede ser identificada en muchos países con diferentes sistemas de control de constitucionalidad, como es el caso de Suiza, Alemania, Portugal, Austria, Polonia, Croacia, Grecia y la India, donde los jueces constitucionales han efectuado cambios importantes a la Constitución, extendiendo el alcance de los derechos fundamentales.[159]

5. *Las mutaciones a la Constitución en materia institucional*

Por otra parte, en asuntos que no tienen relación con los derechos fundamentales, también es posible identificar casos de mutaciones constitucionales legítimas realizadas por los jueces constitucionales en asuntos constitucionales claves relacionados con la organización y el funcionamiento del Estado. El Tribunal Federal Constitucional Alemán, por ejemplo, en el caso *AWACS-Urteil* decidido en 12 de julio de

---

157 *Idem*, p. 20.

158 Véase Louis Favoreu, "Le principe de Constitutionalité. Essai de definition d'apres la jurisprudence du Conseil Constitutionnel", *Recueil d'étude en Hommage a Charles Eisenman*, Paris 1977, p. 34. Véase también, en el derecho comparado, Francisco Zúñiga Urbina, *Control de Constitucionalidad y sentencia*, Cuadernos del Tribunal Constitucional, N° 34, Santiago de Chile 2006, pp. 46-68.

159 Véase Tobias Jaag, "*Constitutional Courts as 'Positive Legislators:' Switzerland,*" Swiss National Report, XVIII International Congress of Comparative Law, Washington, July 2010, p 11; I. Härtel, "*Constitutional Courts as Positive Legislators,*" German National Report, XVIII International Congress of Comparative Law, Washington, July 2010, p. 12; Marek Safjan, "*The Constitutional Courts as a Positive Legislator,*" Polish National Report, XVIII International Congress of Comparative Law, Washington, July 2010, p. 9; Sanja Barić and Petar Bačić, "*Constitutional Courts as positive legislators. National Report: Croatia,*" Croatian National Report, XVIII International Congress of Comparative Law, Washington, July 2010, p. 23 ss.; Julia Iliopoulos-Strangas and Stylianos-Ioannis G. Koutna, "*Constitutional Courts as Positive Legislators. Greek National Report,*" XVIII International Congress of Comparative Law, Washington, July 2010, p. 14; Joaquim de Sousa Ribeiro and Esperança Mealha, "*The Constitutional Courts as a Positive Legislator,*" Portuguese National Report, XVIII International Congress of Comparative Law, Washington, July 2010, pp. 9-10; Surya Deva, "*Constitutional Courts as 'Positive Legislators: The Indian Experience,*" Indian National Report, XVIII International Congress of Comparative Law, Washington, July 2010, p. 1.

1994,[160] resolvió respecto del despliegue militar en tiempos de paz, de misiones de las Fuerzas Armadas Alemanas en otros países, que aún cuando la Constitución no lo establece, la decisión respectiva debe tener el consentimiento del Parlamento, entendiéndose que ello se derivaba del texto constitucional. En este caso, sin duda, el Tribunal mutó la Constitución, incluso dictando detalladas prescripciones legislativas sustitutivas ordenando al Legislador y al Ejecutivo proceder de acuerdo con ellas, hasta tanto se dictase la legislación correspondiente.

La Corte Constitucional de Austria, en esta materia de mutaciones constitucionales puede decirse que ha creado un nuevo marco constitucional que debe ser seguido por el Parlamento en áreas que no han sido reguladas de manera expresa en la Constitución, como sucedió, por ejemplo, en el caso de los procesos de privatización, imponiendo reglas obligatorias a todas las autoridades del Estado.[161]

El Consejo de Estado de Grecia también ha impuesto límites a los órganos del Estado en asuntos relacionados con las privatizaciones excluyendo de su ámbito, por ejemplo, los poderes de policía.[162]

La Corte Constitucional de la República de Eslovaquia, por ejemplo, ha reformulado las disposiciones constitucionales en relación con la posición y autoridad del Presidente de la República dentro de la organización general del Estado, convirtiéndose, como lo indican Ján Svák y Lucia Bertisová, en "la creadora directa del sistema constitucional de la República de Eslovaquia."[163]

Por último, la Corte Suprema de Canadá, a través del muy importante instrumento de las "decisiones referenciales" (*referal judgements*) ha creado y declarado las reglas constitucionales que, por ejemplo, rigen en procesos constitucionales importantes como el relativo a la "patriación" de la Constitución de Canadá que la separó del Reino Unido (*Patriation Reference,* 1981)[164]; y la posible secesión de Quebec del resto de Canadá, (*Quebec Secession Reference*, 1998)[165] determinando, como lo

---

160 Casos: BVferG, July 12, 1994, BVeffGE 90, 585-603, en Christian Behrendt, *Le judge constitutionnel, un législateur-cadre positif. Un analyse comparative en droit francais, belge et allemande*, Bruylant, Bruxelles 2006, pp. 352-356.

161 Casos: "Austro Control" VfSlg 14.473/1996; "Bundeswertpapieraufsicht" (Federal Bond Authority) VfSlg 16.400/2001; "E-Control" VfSlg 16.995/2003; "Zivildienst-GmbH" (Compulsory community service Ltd), VfSlg 17.341/2004, en Konrad Lachmayer, "*Constitutional Courts as 'Positive Legislators'*" Austrian National Report, XVIII International Congress of Comparative Law, Washington, July, 2010, p. 11 (nota 31).

162 Sentencia del Consejo de Estado N° 1934/1998, *ToS* 1998, 598 (602-603), en Julia Iliopoulos-StrangasyStylianos-Ioannis G. Koutna, "*Constitutional Courts as Positive Legislators.* Greek National Report, XVIII International Congress of Comparative Law, Washington, July, 2010, p. 16 (nota 125).

163 Sentencia N° I. ÚS 39/93, en Ján Svák y Lucia Berdisová, "*Constitutional Court of the Slovak Republic as Positive Legislator via Application and Interpretation of the Constitution,*" Slovak National Report, XVIII International Congress of Comparative Law, Washington, July, 2010, p. 4.

164 Sentencia [1981] 1 S.C.R. 753, en Kent Roach, "*Constitutional Courts as Positive Legislators:* Canada Country Report", XVIII International Congress of Comparative Law, Washington, July, 2010, p. 9.

165 Sentencia [1998] 2 S.C.R. 217, en Kent Roach, "*Constitutional Courts as Positive Legislators:* Canada Country Report", XVIII International Congress of Comparative Law, Washington, July, 2010, p. 9.

mencionó Kent Roach, reglas constitucionales básicas que sirven de guía a los cambios constitucionales, y destinadas además evitar crisis constitucionales potenciales.

Pero también en materia de mutaciones constitucionales, el derecho comparado muestra lamentables ejemplos de mutaciones ilegítimas, que en lugar de reforzar el constitucionalismo, lo que han hecho es romper el principio democrático y el Estado de derecho, como las que han ocurrido en Venezuela en la década 2000- 2010, durante la cual la Sala Constitucional del Tribunal Supremo, al servicio del autoritarismo, ha modificado la Constitución para incluso implementar mediante sus sentencias diversas reformas constitucionales que fueron rechazadas por el pueblo mediante referendo en diciembre de 2007.[166] De nuevo, sin duda, se trata de temas que forman parte del capítulo de la patología de la justicia constitucional.

II. LOS JUECES CONSTITUCIONALES INTERFIRIENDO CON LA LEGISLACIÓN EXISTENTE

El papel más importante y común de los jueces constitucionales, sin duda, se desarrolla en relación con la legislación existente, no sólo al declarar su inconstitucionalidad e incluso anular las leyes, sino al interpretarlas de conformidad o en armonía con la Constitución, proporcionando directrices o pautas al Legislador en su tarea de legislar.

1. *Los jueces constitucionales complementado funciones legislativas al interpretar las leyes en armonía con la Constitución*

Tradicionalmente, el papel de los jueces constitucionales controlando la constitucionalidad de las leyes había estado condicionada por la aplicación del clásico binomio: *inconstitucionalidad / invalidez-nulidad* que conformó la actividad inicial de los jueces constitucionales en su calidad de "Legisladores Negativos."[167] Ese rol, en la actualidad, puede decirse que ha sido superado, de manera que los jueces constitucionales progresivamente han venido asumido un papel más activo en la interpretación de la Constitución y de las leyes con el fin, no sólo de anularlas o de no apli-

166 Véanse los comentarios sobre algunos casos en Allan R. Brewer-Carías, "El juez constitucional al servicio del autoritarismo y la ilegítima mutación de la Constitución: el caso de la Sala Constitucional del Tribunal Supremo de Justicia de Venezuela (1999-2009)," en *Revista de Administración Pública*, N° 180, Madrid 2009, pp. 383-418; "El Juez Constitucional vs. La alternabilidad republicana (La reelección continua e indefinida), en *Revista de Derecho Público*, N° 117, (enero-marzo 209), Caracas 2009, pp. 205-211; "La ilegítima mutación de la constitución por el juez constitucional: la inconstitucional ampliación y modificación de su propia competencia en materia de control de constitucionalidad," en *Libro Homenaje a Josefina Calcaño de Temeltas,* Fundación de Estudios de Derecho Administrativo (FUNEDA), Caracas 2009, pp. 319-362; "La ilegitima mutación de la Constitución y la legitimidad de la jurisdicción constitucional: la "reforma" de la forma federal del Estado en Venezuela mediante interpretación constitucional," en *Memoria del X Congreso Iberoamericano de Derecho Constitucional,* Instituto Iberoamericano de Derecho Constitucional, Asociación Peruana de Derecho Constitucional, Instituto de Investigaciones Jurídicas-UNAM y Maestría en Derecho Constitucional-PUCP, IDEMSA, Lima 2009, tomo 1, pp. 29-51; *Dismantling Democracy in Venezuela. The Chávez Authoritarian Experiment*, Cambridge University Press, New York, 2010, 418 pp.

167 Véase F. Fernández Segado, "*El Tribunal Constitucional como Legislador Positivo,* Spanish National Report, XVIII International Congress of Comparative Law, Washington, July, 2010, pp. 8 ss.

carlas cuando fueren consideradas inconstitucionales, sino de interpretarlas en conformidad con la Constitución,[168] entre otros propósitos, para preservar la propia acción del Legislador y de las leyes que ha promulgado. En esta forma, los jueces constitucionales se han convertido en importantes instituciones de orden constitucional en la tarea de ayudar y cooperar con el Legislador en sus funciones legislativas.

En este carácter, los jueces constitucionales cada vez con más frecuencia han venido dictando decisiones interpretativas, tal como ha ocurrido en Italia, España, Francia y Hungría,[169] donde en muchos casos han decidido no anular la ley impugnada, resolviendo en cambio, modificar su significado al establecer un contenido nuevo, como resultado de la interpretación constitucional que han hecho de la ley acorde con la Constitución.[170]

En estos casos, la interferencia de los jueces constitucionales con la legislación existente ha seguido dos líneas de acción principales: primero, complementando las funciones legislativas como Legisladores provisionales o agregando reglas a la Legislación existente mediante decisiones interpretativas; y segundo, interfiriendo en relación con los efectos temporales de la legislación existente.

2. *Los jueces constitucionales complementando al Legislador al "agregar" nuevas normas a las disposiciones legislativa existentes, otorgándole un nuevo significado*

En relación con el proceso de interpretación de las leyes en armonía o en conformidad con la Constitución al momento de poner a prueba su inconstitucionalidad, los jueces constitucionales, con el fin de evitar la anulación o invalidación de la ley, con frecuencia han creado nuevas normas legislativas, en algunas ocasiones incluso alterando el significado de la disposición particular, agregando a su redacción lo que se ha considerado que le falta.

Este tipo de decisiones, llamadas "sentencias aditivas," han sido emitidas con frecuencia por la Corte Constitucional Italiana. Como lo ha explicado Gianpaolo Parodi, con estas decisiones, a pesar de que no alteran "el texto de la disposición

---

168 Caso *Ashwander v. TVA*, 297 U.S. 288, 346-48 (1936), Corte Suprema de los Estados Unidos (Juez Brandeis). El principio se formuló por primera vez en el caso *Crowell v. Benson*, 285 U.S. 22, 62 (1932). Véase "Notes. Supreme Court Interpretation of Statutes to avoid constitutional decision," *Columbia Law Review*, Vol. 53, Nº 5, New York, May 1953, pp. 633-651.

169 Véase Gianpaolo Parodi, "*The Italian Constitutional Court as 'Positive Legislator,'*" Italian National Report, XVIII International Congress of Comparative Law, Washington, July, 2010, p. 3; Francisco Fernández Segado, "*El Tribunal Constitucional como Legislador Positivo,* Spanish National Report, XVIII International Congress of Comparative Law, Washington, July, 2010, p. 34; Bertrand Mathieu, "*Le Conseil constitutionnel 'législateur positif. Ou la question des interventions du juge constitutionnel français dans l'exercise de la function legislative,*" French National Report, XVIII International Congress of Comparative Law, Washington, July, 2010, p. 13; Lóránt Csink, Józef Petrétei and Péter Tilk, "*Constitutional Court as Positive Legislator. Hungarian National Report,*" XVIII International Congress of Comparative Law, Washington, July, 2010, p. 4.

170 Véase Francisco Javier Díaz Revorio, *Las sentencias interpretativas del Tribunal Constitucional,* Lex Nova, Valladolid 2001, pp. 59 ss; y en José Julio Fernández Rodríguez, *La justicia constitucional europea ante el Siglo XXI*, Tecnos, Madrid 2007, pp. 129 ss.

que se declara como inconstitucional," la Corte ha "transformado su significado normativo, en ocasiones reduciendo y en otras ampliando su esfera de aplicación, pero no sin dejar de introducir una nueva norma al sistema legal," o "crear" nuevas normas.[171] Fue el caso, por ejemplo, de la decisión adoptada por la Corte Constitucional italiana en 1969 en relación con la constitucionalidad del artículo 313.3 del Código Penal donde la posibilidad de acusación por vilipendio contra la Corte Constitucional estaba sujeta a la previa autorización del Ministerio de Justicia y Gracia. La Corte consideró que tal autorización contrariaba su independencia y era inconstitucional, deduciendo subsecuentemente que la autorización debía ser dada por la propia Corte,[172] forzando la norma –como lo ha dicho Díaz Revorio–, a decir que no decía, incluso si se eliminaba la parte de la misma que se consideraba incompatible con la independencia de la Corte.[173] Estas decisiones aditivas también han sido aplicadas de manera regular, por ejemplo, en Alemania por parte de la Corte Constitucional Federal, y en Perú, por el Tribunal Constitucional.

Estas decisiones aditivas en la modalidad de "sentencias substitutivas" se han utilizado en forma regular, por ejemplo, de nuevo, en casos relacionados con la protección al derecho a la igualdad y a la no discriminación, buscando eliminar las diferencias establecidas en la ley. Es el caso en España, donde el Tribunal Constitucional, por ejemplo, ha extendido el beneficio de las pensiones de la Seguridad Social a "hijos y hermanos" cuando en la ley solo está concedido a "hijas y hermanas,"[174] o ha otorgado a quienes viven en unión marital de hecho y estable, los derechos otorgados a los casados en matrimonio;[175] casos en los cuales, como lo ha afirmado Francisco Fernández Segado, es posible considerar al Tribunal Constitucional Español como un "real legislador positivo."[176]

Una situación similar se puede encontrar en Portugal, donde el Tribunal Constitucional, por ejemplo, ha extendido al viudo los derechos de pensión asignadas a la viuda;[177] a las uniones *de hecho*, los derechos de las personas casadas; y a los hijos producto de las uniones *de hecho*, los derechos que se otorgan a los hijos legítimos.

---

171 Véase Gianpaolo Parodi, "*The Italian Constitutional Court as 'Positive Legislator,'*" Italian National Report, XVIII International Congress of Comparative Law, Washington, July, 2010, p. 6.

172 Sentencia N° 15, de 15 de febrero de 1969, en Francisco Javier Díaz Revorio, *Las sentencias interpretativas del Tribunal Constitucional,* Lex Nova, Valladolid 2001, pp. 151-152.

173 *Idem,* p. 152.

174 Sentencia STC 3/1993, January 14, 1993, en Francisco Javier Díaz Revorio, *Las sentencias interpretativas del Tribunal Constitucional,* Lex Nova, Valladolid 2001, pp. 177, 274; F. Fernández Segado, "*El Tribunal Constitucional como Legislador Positivo,*" Spanish National Report, XVIII International Congress of Comparative Law, Washington, July, 2010, p. 42.

175 Sentencia STC 222/1992, December 11, 1992, en Francisco Javier Díaz Revorio, *Las sentencias interpretativas del Tribunal Constitucional,* Lex Nova, Valladolid 2001, pp. 181, 182, 275; F. Fernández Segado, "*El Tribunal Constitucional como Legislador Positivo,*" Spanish National Report, XVIII International Congress of Comparative Law, Washington, July, 2010, p. 41.

176 Véase F. Fernández Segado, "*El Tribunal Constitucional como Legislador Positivo*", Spanish National Report, XVIII International Congress of Comparative Law, Washington, July, 2010, p. 48.

177 Sentencia N° 449/87 del Tribunal Constitucional, en Joaquim de Sousa Ribeiro y Esperança Mealha, "*Constitutional Courts as "Positive Legislators,"*" Portuguese National Report, International Congress of Comparative Law, Washington, July, 2010, p. 8.

De acuerdo con de Sousa Ribeiro, estas decisiones se pueden considerar como sentencias aditivas, pues su implementación cambia el ámbito de las normas legislativas, independientemente de cualquier reforma a la letra de las mismas.[178]

De manera similar, en Sudáfrica, la Corte Constitucional ha extendido algunos derechos típicos de parejas casadas, a las uniones del mismo sexo que se encuentren en situación estable.[179]

En Canadá, la Corte de Apelaciones de Ontario deshizo la definición de matrimonio como "la unión de un hombre y una mujer" y la sustituyó por concepto genérico neutral de una "unión entre personas," para permitir los matrimonios entre personas del mismo sexo. Estas decisiones, como lo afirmó Kent Roach, "equivalen a enmiendas o adiciones judiciales a la legislación."[180]

Una solución similar de decisiones aditivas para reforzar el derecho a la igualdad y a la no discriminación se puede encontrar en muchos casos similares en los Países Bajos, en Perú, Costa Rica, Argentina, Hungría, Polonia, la República Checa y Francia.[181] En este último, por ejemplo, el Consejo Constitucional en un caso relacionado con el derecho a obtener oportuna respuesta en asuntos relativos a las comunicaciones televisivas, como lo mencionó Bertrand Mathieu, simplemente, "sustituyó la voluntad del legislador,"[182] cambiando la letra de la ley.

3. *Los jueces constitucionales complementando las funciones legislativas al interferir con los efectos temporales de la legislación*

El segundo papel de los jueces constitucionales cuando interfieren con la legislación existente, se refiere a la facultad que tienen para determinar los efectos tempo-

---

178 *Idem*, p. 9.

179 Véase en Iván Escobar Fornos, "Las sentencias constitucionales y sus efectos en Nicaragua," en *Anuario Iberoamericano de Justicia Constitucional*, Centro de Estudios Políticos y Constitucionales, Nº 12, 2008, Madrid 2008, pp. 111-112.

180 Véase Kent Roach, "*Constitutional Courts as Positive Legislator,*" Canadian National Report, XVIII International Congress of Comparative Law, Washington Julio 2010, p. 7.

181 Véase por ejemplo, Marek Safjan, "*The Constitutional Courts as a Positive Legislator,*" Polish National Report, XVIII International Congress of Comparative Law, Washington, Julio 2010, pp. 13-14; Lóránt Csink, Józef Petrétei and Péter Tilk, "*Constitutional Court as Positive Legislator. Hungarian National Report,*" Hungarian National Report, XVIII International Congress of Comparative Law, Washington, Julio 2010, p. 5; Zdenek Kühn, "*Czech Constitutional Court as Positive Legislator,*" Czech National Report, XVIII International Congress of Comparative Law, Washington, Julio 2010, p. 9; J. Uzman T. Barkhuysen & M.L. van Emmerik, "*The Dutch Supreme Court: A Reluctant Positive Legislator?*", Dutch National Report, XVIII International Congress of Comparative Law, Washington, Julio 2010, p. 14; Fernán Altuve Febres, "*El Juez Constitucional como legislador positivo en el Perú,*" Peruvian National Report, XVIII International Congress of Comparative Law, Washington, Julio 2010, pp. 14-15; Rubén Hernández Valle, "*Las Cortes Constitucionales como Legisladores positivos,*" Costa Rican National Report, XVIII International Congress of Comparative Law, Washington, Julio 2010, p. 38; Alejandra Rodríguez Galán and Alfredo Mauricio Vítolo, "*Constitutional Courts as "Positive Legislators,"*" Argentinean National Report, XVIII International Congress of Comparative Law, Washington, Julio 2010, p. 17.

182 Véase en Bertrand Mathieu, "*Le Conseil constitutionnel 'législateur positif. Ou la question des interventions du juge constitutionnel français dans l'exercise de la function legislative,*" French National Report, XVIII International Congress of Comparative Law, Washington, Julio 2010, p. 16.

rales de las leyes. Hace algunas décadas, el asunto de los efectos temporales de las decisiones emitidas por los jueces constitucionales constituía uno de los aspectos principales de la distinción entre el sistema difuso y el sistema concentrado de control de constitucionalidad. Hoy en día, puede decirse que este elemento distintivo ha desaparecido por completo, y en su lugar lo que se encuentra es un proceso de convergencia entre todos los sistemas de justicia constitucional, siendo común el rol de los jueces constitucionales interfiriendo con los efectos temporales de la legislación.

Este rol se identifica en el derecho comparado, en tres situaciones diferentes: cuando el juez constitucional pospone el inicio de los efectos de sus decisiones de inconstitucionalidad; cuando el juez constitucional aplica en forma retroactiva o prospectiva los efectos de sus decisiones; y cuando el juez constitucional, como consecuencia del ejercicio del control de constitucionalidad, revive una legislación ya derogada.

A. *La facultad de los jueces constitucionales para determinar en el futuro cuándo una ley anulada por inconstitucional deja de tener efecto: el aplazamiento de los efectos de las sentencias anulatorias*

El primero de los casos en los cuales los jueces constitucionales interfieren con la vigencia de las leyes se da cuando modulan los efectos temporales de sus decisiones declaratorias de inconstitucionalidad o nulidad de una ley, estableciendo una *vacatio sentenciae*. En estos casos, el juez constitucional determina cuándo una ley anulada dejará de tener efecto en el futuro, posponiendo el inicio de los efectos de su propia decisión y, por tanto, extendiendo la aplicación de la ley declarada inconstitucional. Ésta interferencia, por ejemplo, se ha producido en Austria, Grecia, Bélgica, la República Checa, Francia, Croacia, Brasil, Polonia y Perú.[183] En México, igualmente, si bien es cierto que, en principio, las decisiones de la Suprema Corte tienen efectos generales desde su fecha de publicación, la Corte puede establecer otra fecha futura distinta con el fin de evitar vacíos legislativos, proporcionando al

---

183 Véase Konrad Lachmayer, "*Constitutional Courts as 'Positive Legislators,'*" Austrian National Report, XVIII International Congress of Comparative Law, Washington, Julio 2010, p. 7; Julia Iliopoulos-Strangas and Stylianos-Ioannis G. Koutna, "*Constitutional Courts as Positive Legislators. Greek National Report,*" XVIII International Congress of Comparative Law, Washington, Julio 2010, p. 20; Christian Behrendt, *Le judge constitutionnel, un législateur cadre positif. Un analyse comparative en droit francais, belge et allemande*, Bruylant, Bruxelles 2006, p. 87, 230, 235, 286, 309; P. Popelier, "*L'activité du judge constitutional belge comme législateur,*" Belgium National Report, XVIII International Congress of Comparative Law, Washington, Julio 2010, pp. 4-7; Zdenek Kühn, "*Czech Constitutional Court as Positive Legislator,*" Czech National Report, XVIII International Congress of Comparative Law, Washington, Julio 2010, p. 12; Sanja Barić and Petar Bačić, "*Constitutional Courts as positive legislators. National Report: Croatia,*" XVIII International Congress of Comparative Law, Washington, Julio 2010, p. 17; Jairo Gilberto Schäfer and Vânia Hack de Almeida, "O controle de constitutionalidade no dereitto brasileiro e a possibilidade de modular os efeitos da decisão de inconstitutionalidade," en *Anuario Iberoamericano de Justicia Constitucional*, Nº 12, 2008, Centro de Estudios Políticos y Constitucionales, Madrid 2008, p. 384; Domingo García Belaúnde y Gerardo Eto Cruz, "Efectos de las sentencias constitucionales en el Perú," en *Anuario Iberoamericano de Justicia Constitucional*, Nº 12, 2008, Centro de Estudios Políticos y Constitucionales, Madrid 2008, pp. 283-284.

mismo tiempo al Legislador la oportunidad de promulgar la nueva legislación en sustitución de la anulada.[184]

La misma solución se da en Alemania, aunque sin una disposición clara como la que existe en Bélgica, Francia o Croacia, sólo basada en una norma de la Ley del Tribunal Constitucional Federal que le otorga la facultad para disponer la forma de ejecutar sus decisiones.[185]

También en Italia, donde, aun cuando la Constitución establece de manera clara que cuando la Corte Constitucional declara la inconstitucionalidad de una disposición legal, ésta deja de tener efecto al día siguiente posterior a su publicación (Artículo 136),[186] existen fallos importantes de la Corte Constitucional aplazando los efectos en el tiempo de la decisión declarando la inconstitucionalidad de una norma.[187] Lo mismo ha ocurrido en España, y en Canadá, donde, en ausencia de una norma legal que regule la materia, los jueces constitucionales han asumido la facultad de posponer el inicio de los efectos de sus decisiones de nulidad;[188] situación que también se da en Argentina, que cuenta con un sistema difuso de control de constitucionalidad.[189]

B. *La facultad de los jueces constitucionales para determinar desde cuándo una ley anulada habrá dejado de tener efectos: los efectos retroactivos o prospectivos de sus propias decisiones*

Otro aspecto relacionado con los efectos temporales de las decisiones de los jueces constitucionales y su incidencia respecto de la legislación, se refiere a los efectos retroactivos o prospectivos de las mismas, materia en la cual también ha ocurrido un

---

184 Véase "Tesis jurisprudencial" P./J 11/2001, en SJFG, Tomo XIV, Sept. 2001, p. 1008, en Héctor Fix Zamudio y Eduardo Ferrer Mac Gregor, *Las sentencias de los Tribunales Constitucionales*, Ed. Porrúa, México, pp. 69; y en "Las sentencias de los tribunales constitucionales en el ordenamiento mexicano," en *Anuario Iberoamericano de Justicia Constitucional*, N° 12, 2008, Centro de Estudios Políticos y Constitucionales, Madrid 2008, pp. 247-248.

185 Caso *BVferG*, May 22, 1963 (Circuitos Electorales), en Christian Behrendt, *Le judge constitutionnel, un législateur-cadre positif. Un analyse comparative en droit francais, belge et allemande*, Bruylant, Bruxelles 2006, pp. 299-300. Caso *BVferG*, November 7, 2006 (Impuesto sucesoral), en I. Härtel, "*Constitutional Courts as Positive Legislators,*" German National Report, International Congress of Comparative Law, Washington, July, 2010, p. 7.

186 En un proyecto de reforma constitucional de 1997, que no fue aprobado, se buscaba autorizar a l Tribunal Constitucional para poder posponer por un año los efectos de las decisiones de nulidad. Véase Francisco Javier Díaz Revorio, *Las sentencias interpretativas del Tribunal Constitucional,* Lex Nova, Valladolid 2001, p. 125 (nota 166).

187 Sentencia Nos. 370/2003; 13 y 423/2004 (en material de educación), en Gianpaolo Parodi, "*The Italian Constitutional Court as 'Positive Legislator,*" Italian National Report, XVIII International Congress of Comparative Law, Washington, Julio 2010, p. 13.

188 Caso *Manitoba Language Reference* [1985] 1 S.C.R. 721, en Kent Roach, "*Constitutional Courts as Positive Legislator,*" Canadian National Report, XVIII International Congress of Comparative Law, Washington Julio 2010, p. 7 (nota 8).

189 Caso *Rosza, Jurisprudencia Argentina*, 2007-III-414, en Néstor P. Sagües, "Los efectos de las sentencias constitucionales en el derecho argentino," en *Anuario Iberoamericano de Justicia Constitucional*, Centro de Estudios Políticos y Constitucionales, N° 12, 2008, Madrid 2008, p. 352.

proceso de convergencia entre todos los sistemas de justicia constitucional, y donde ahora ya no es posible encontrar soluciones rígidas.

a. *La posibilidad de limitar los efectos retroactivos, ex tunc en relación con las sentencias declarativas*

El principio clásico en esta materia, ha sido que en el sistema difuso de control de constitucionalidad de las leyes, las sentencias declarativas de inconstitucionalidad eran consideradas efectivamente como "declarativas," con efectos *ex tunc*, *ab initio* y retroactivos. Éste fue, por ejemplo, el principio tradicional en los Estados Unidos, donde se asignaba efectos retroactivos a las decisiones de la Corte Suprema, de manera particular en asuntos penales.[190] La realidad actual, sin embargo, es otra, habiendo sido el principio progresivamente flexiblilizado en la práctica judicial debido a sus posibles consecuencias negativas o injustas en relación con los efectos ya producidos por la ley declarada inconstitucional. De ello ha resultado que la antigua "regla absoluta" ha sido abandonada, reconociendo la Corte Suprema su autoridad para otorgar o rechazar efectos retroactivos a sus decisiones. La misma solución, en definitiva se ha seguido en Argentina;[191] y en los Países Bajos, en relación con el control de la "convencionalidad" de las leyes.[192]

La misma flexibilización del principio ha ocurrido en países con un sistema concentrado de control de constitucionalidad donde el mismo principio de la retroactividad de las decisiones del juez constitucional fue adoptado para decisiones de anulación. Éste ha sido el caso de Alemania donde a pesar de que los efectos declarativos constituían el principio aplicable por parte del Tribunal Constitucional Federal, en la práctica puede decirse que no es común encontrar decisiones que anulen leyes sólo con efectos *ex tunc*. [193] En Polonia, Portugal y Brazil, por otra parte, los jueces constitucionales están autorizadas para restringir los efectos retroactivos de sus decisiones y asignarle a las decisiones efectos *ex nunc, pro futuro*." [194]

---

190 Caso *Norton v. Selby County*, 118 US 425 (1886), p. 442. Sobre la crítica a este fallo véase J.A.C. Grant, "The Legal Effect of a Ruling that a Statute is Unconstitutional," en *Detroit College of Law Review*, 1978, (2), p. 207.

191 Caso *Itzcovich, Jurispudencia Argentina* 2005-II-723, en Néstor P. Sagües, "Los efectos de las sentencias constitucionales en el derecho argentino," en *Anuario Iberoamericano de Justicia Constitucional*, Centro de Estudios Políticos y Constitucionales, N° 12, 2008, Madrid 2008, p. 351.

192 Caso *Boon v. Van Loon* de 27 de noviembre de 1981, *NJ* 1982/503, en J. Uzman T. Barkhuysen & M.L. van Emmerik, *The Dutch Supreme Court: A Reluctant Positive Legislator?" Dutch National Report*, XVIII International Congress of Comparative Law, Washington Julio 2010, p. 42 (nota 138).

193 Véase Francisco Fernández Segado, "*El Tribunal Constitucional como Legislador Positivo*, Spanish National Report, XVIII International Congress of Comparative Law, Washington, July, 2010, pp. 8, 14.

194 Véase por ejemplo, Marek Safjan, "*The Constitutional Courts as a Positive Legislator,*" Polish National Report, XVIII International Congress of Comparative Law, Washington, July, 2010, p. 5; Maria Fernanda Palma, "O Legislador negativo e o interprete da Constitucão," en *Anuario Iberoamericano de Justicia Constitucional*, Centro de Estudios Políticos y Constitucionales, N° 12, 2008, Madrid 2008, p. 174; 329; Francisco Fernández Segado, "Algunas reflexiones generales en torno a los efectos de las sentencias de inconstitucionalidad y a la relatividad de ciertas fórmulas esterotipadas vinculadas a ellas," en *Anuario Iberoamericano de Justicia Constitucional*, Centro de Estudios Políticos y Constitucionales, N° 12, 2008, Madrid 2008, p. 174; Iván Escovar Fornos, *Estudios Jurídicos*, Tomo I, Ed. Hispamer,

b. *La posibilidad de asignar efectos retroactivos, a las decisiones constitutivas, ex nunc*

Por otra parte, en países con sistemas concentrados de control de constitucionalidad, aún cuando el principio inicial conforme a la concepción de Kelsen, adoptado en la Constitución Austriaca de 1920, fue el de otorgar efectos constitutivos a las sentencias de los jueces constitucionales que anulaban una ley, teniendo en principio efectos *ex-nunc, pro futuro* o prospectivos, [195]dicho principio ha sido mitigado, de manera particular en casos penales, aceptando los efectos retroactivos de la decisión de anulación. Esta es hoy la tendencia general aplicable por ejemplo, en España, Perú, Francia, Croacia, Serbia, la República Eslovaca, México y Bolivia. [196] En otros países como Venezuela, Brasil, Colombia y Costa Rica, el principio es que la Corte Constitucional está autorizada para determinar los efectos temporales de sus decisiones en el tiempo, lo que puede o no implicar asignarle efectos retroactivos según el caso.[197]

4. *El poder de los jueces constitucionales para revivir la legislación derogada*

Finalmente, aún cuando como principio fundamental, también de acuerdo con las propuestas de Hans Kelsen de 1928, [198] las decisiones de los jueces constitucionales declarando la nulidad de una disposición legal no implicaba que la legislación anterior que la ley anulada había derogado reviviera, el principio contrario fue el adop-

---

Managua 2007, p. 493; Joaquim de Sousa Ribeiro y Esperança Mealha, "*Constitutional Courts as "Positive Legislators*," Portuguese National Report, XVIII International Congress of Comparative Law, Washington, July, 2010,pp. 6; Thomas Bustamante y Evanlida de Godoi Bustamante, "*Constitutional Courts as "Negative Legislators:" The Brazilian Case,*" Brazil National Report, XVIII International Congress of Comparative Law, Washington, July, 2010, p. 26.

195 Véase Konrad Lachemayer, "*Constitutional Courts as 'Positive Legislators,'" Austrian National Report*, XVIII International Congress of Comparative Law, Washington, July, 2010, pp. 7-8.

196 Véase por ejemplo, Francisco Javier Díaz Revorio, Las *sentencias interpretativas del Tribunal Constitucional,* Ed. Lex Nova, Valladolid, 2001, pp. 104-105; 126-127; Francisco Fernández Segado, "Algunas reflexiones generales en torno a los efectos de las sentencias de inconstitucionalidad y a la relatividad de ciertas fórmulas esterotipadas vinculadas a ellas," en *Anuario Iberoamericano de Justicia Constitucional,* Centro de Estudios Políticos y Constitucionales, N° 12, 2008, Madrid 2008, p. 192-194; Domingo García Belaúnde y Gerardo Eto Cruz, "Efectos de las sentencias constitucionales en el Perú," en *Anuario Iberoamericano de Justicia Constitucional*, Centro de Estudios Políticos y Constitucionales, N° 12, 2008, Madrid 2008, p. 281-282.

197 Véase por ejemplo, Allan R. Brewer-Carías, "Algunas consideraciones sobre el control jurisdiccional de la constitucionalidad de los actos estatales en el derecho venezolano," en *Revista de Administración Pública*, N° 76, Madrid 1975, pp. 419-446; y en *Justicia Constitucional. Procesos y Procedimientos Constitucionales*, Universidad Nacional Autónoma de México, Mexico 2007, pp. 343 ss.; Jairo Gilberto Schäfer y Vânia Hack de Almeida, "O controle de constitucionalidade no dereito brasileiro e a possibilitade de modular os effeitos de decisão de inconstitucionalidade," en *Anuario Iberoamericano de Justicia Constitucional*, Centro de Estudios Políticos y Constitucionales, N° 12, 2008, Madrid 2008, pp. 383-384; Héctor Fix Zamudio y Eduardo Ferrer Mac Gregor, *Las sentencias de los Tribunales Constitucionales*, Ed. Porrúa, México, pp. 69; y "Las sentencias de los Tribunales Constitucionales en el ordenamiento mexicano," en *Anuario Iberoamericano de Justicia Constitucional*, Centro de Estudios Políticos y Constitucionales, N° 12, 2008, Madrid 2008, p. 248.

198 Véase Hans Kelsen, *La garantía jurisdiccional de la Constitución (La justicia constitucional)*, Universidad Nacional Autónoma de México, Mexico 2001, p. 84.

tado en Austria, y es el que se aplica en Portugal y Bélgica.[199] En otros países como Polonia, México y Costa Rica, corresponde a los propios jueces constitucionales decidir sobre el tema.[200]

III. LOS JUECES CONSTITUCIONALES INTERFIRIENDO CON LA AUSENCIA DE LEGISLACIÓN O CON LAS OMISIONES LEGISLATIVAS

Pero en el mundo contemporáneo, uno de los roles de mayor importancia de los jueces constitucionales no es ya el control de la constitucionalidad de las leyes existentes, sino el control de constitucionalidad de la ausencia de dichas leyes o de las omisiones que contengan las leyes sancionadas, cuando el Legislador no cumple su obligación constitucional de legislar en asuntos específicos o cuando la legislación ha sido sancionada de manera incompleta o discriminatoria.

Este control de la constitucionalidad de las omisiones legislativas varía según se trate de omisiones absolutas y relativas, estando ambas sujetas a control de constitucionalidad.[201]

1. *Los jueces constitucionales controlando las omisiones legislativas absolutas*

En relación con el control de constitucionalidad de las omisiones legislativas absolutas, este se desarrolla por los jueces constitucionales a través de dos medios judiciales distintos: *primero*, al decidir acciones directas ejercidas contra las omisiones absolutas e inconstitucionales del Legislador; y *segundo*, cuando deciden acciones de amparo o de protección de derechos fundamentales presentadas contra la omisión del Legislador que en el caso particular, impide al accionante la posibilidad de efectivamente gozar de su derecho.

A. *La acción directa contra las omisiones legislativas absolutas*

La acción directa de inconstitucionalidad contra las omisiones legislativas absolutas se estableció por primera vez en el mundo contemporáneo en la Constitución de la antigua Yugoslavia de 1974 (artículo 377), habiendo influido, dos años después, en su incorporación en la Constitución de Portugal de 1976, donde se le asignó la legitimación activa para accionar a determinados altos funcionarios públi-

199 Véase por ejemplo, Christian Behrendt, *Le judge constitutionnel, un législateur-cadre positif. Un analyse comparative en droit francais, belge et allemande*, Bruylant, Bruxelles 2006, pp. 280, 281; 436-437.

200 Véase por ejemplo Héctor Fix Zamudio y Eduardo Ferrer Mac Gregor, *Las sentencias de los Tribunales Constitucionales*, Ed. Porrúa, México, pp. 63-64, 74; y "Las sentencias de los Tribunales Constitucionales en el ordenamiento mexicano," en *Anuario Iberoamericano de Justicia Constitucional*, Centro de Estudios Políticos y Constitucionales, N° 12, 2008, Madrid 2008, p. 252.

200 Véase Iván Escovar Fornos, *Estudios Jurídicos*, Tomo I, Ed. Hispamer, Managua 2007, p. 513; y en "Las sentencias constitucionales y sus efectos en Nicaragua," en *Anuario Iberoamericano de Justicia Constitucional*, Centro de Estudios Políticos y Constitucionales, N° 12, 2008, Madrid 2008, p. 114.

201 Véase José Julio Fernández Rodríguez, *La inconstitucionalidad por omisión. Teoría general. Derecho comparado. El caso español, Civitas*, Madrid 1998, pp. 33, 114 ss.

cos.[202] La acción se conservó en la Constitución de 1982, teniendo las decisiones (*Parecer*) del Tribunal Constitucional, en estos casos, el sólo efecto de informar al órgano legislativo competente sobre la decisión de inconstitucionalidad de la omisión, en las cuales se puede recomendar la adopción de la legislación correspondiente.[203]

Algunos años después, la acción directa de inconstitucionalidad contra las omisiones legislativas absolutas se adoptó en algunos países latinoamericanos, en particular en Brasil (1988),[204] y luego en Costa Rica, Ecuador y Venezuela, donde se ha usado extensivamente. Una importante diferencia debe sin embargo destacarse, y es que en estos últimos países, la legitimación se ha ampliado, y en el caso de Venezuela, incluso, la acción contra las omisiones legislativas absolutas ha sido concebida como una acción popular.[205] Además, en el caso de Venezuela, la Sala Constitucional del Tribunal Supremo ha sido dotada de facultades expresas en la Constitución (artículo 336.7) para establecer no solo la inconstitucionalidad de la omisión, sino también los términos y, de ser necesario, los lineamientos para la corrección de la omisión legislativa. En esta materia, además, la propia Sala Constitucional ha ampliado sus propias facultades en los casos de control de la omisión legislativa absoluta en relación con actos legislativos no normativos, y en 2004, por ejemplo, después de que la Asamblea Nacional no cumplió su función de designar a los miembros del Consejo Nacional Electoral, la Sala no solo declaró la inconstitucionalidad de la omisión, sino que procedió a designar directamente a dichos altos funcionarios, usurpando sin duda las facultades exclusivas de la Asamblea Nacional, lamentablemente asegurando de esta manera el control total por parte del Poder Ejecutivo del Poder Electoral.[206] Otro caso, sin duda, del capítulo de la patología de la justicia constitucional.

También en Hungría, la Constitución permite a la Corte Constitucional decidir *ex officio* o mediante petición de cualquier solicitante, en relación con la inconstitucionalidad de las omisiones legislativas, pudiendo instruir al Legislador sobre el sentido en el cual debe llevar a cabo su tarea en un lapso de tiempo específico, y hasta defi-

---

202 Véase Jorge Campinos, "Brevísimas notas sobre a fiscalizacão da constitucionalidade des leis em Portugal," en Giorgo Lombardi (Coord.), *Constituzione e giustizia constitutionale nel diritto comparato*, Maggioli, Rímini, 1985; y *La Constitution portugaise de 1976 et sa garantie*, UNAM, Congreso sobre La Constitución y su Defensa, (mimeo), México, Agosto 1982, p. 42.

203 Véase en José Julio Fernández Rodríguez, *La inconstitucionalidad por omisión. Teoría general. Derecho comparado. El caso español, Civitas*, Madrid 1998, pp. 265-266.

204 Véase por ejemplo, Marcia Rodrigues Machado, "Inconstitutionalidade por omissão," en *Revista da Procuradoria Greal de São Paulo*, N° 30, 1988, pp. 41 ss.;

205 Véase Allan R. Brewer-Carías y Víctor Hernández Mendible, *Ley Orgánica del Tribunal Supremo de Justicia*, Caracas 2010.

206 Véase los comentarios a las decisiones N° 2073 de 4 de agosto de 2003 (Caso: *Hermánn Escarrá Malaver y otros*) y N° 2341 de 25 de agosto de 2003 (Caso: *Hermánn Escarrá M. y otros*), en Allan R. Brewer-Carías, "El secuestro del Poder Electoral y la confiscación del derecho a la participación política mediante el referendo revocatorio presidencial: Venezuela 2000-2004," en *Boletín Mexicano de Derecho Comparado*, Instituto de Investigaciones Jurídicas, Universidad Nacional Autónoma de México, N° 112. México, enero-abril 2005 pp. 11-73.

niendo el contenido de las reglas que deben ser sancionadas.[207] Esta facultad también ha sido atribuida en Croacia a la Corte Constitucional, la cual también puede proceder *ex officio.*[208]

B. *La protección de los derechos fundamentales contra las omisiones legislativas absolutas por medio de acciones de amparo o protección*

El otro medio comúnmente utilizado por los jueces constitucionales para ejercer el control de constitucionalidad en relación con las omisiones legislativas inconstitucionales son las acciones de amparo,[209] o las acciones judiciales específicas de protección de los derechos fundamentales que pueden intentarse contra los daños o amenazas que tales omisiones puedan provocar sobre dichos derechos.

En este sentido, en Alemania, la acción de amparo o de protección constitucional de los derechos fundamentales (*Verfassungsbeschwerde*),[210] ha sido utilizada por el Tribunal Constitucional Federal como un medio para ejercer el control de constitucionalidad de las omisiones legislativas, lo que se ha aplicado, por ejemplo, en casos relacionados con los derechos de los hijos ilegítimos, imponiendo la aplicación de las mismas condiciones de los legítimos, exhortando al Legislador a reformar el Código Civil en un período específico de tiempo.[211]

En la India, también, la Corte Suprema ha controlado las omisiones legislativas, al decidir acciones de protección de derechos fundamentales, como en fue el importante caso relacionado con el "acoso escolar" (*ragging / bullying*) en las Universidades, en el cual la Corte no solo exigió que el Legislador promulgara la legislación omitida, sino que prescribió los pasos detallados que debían adoptarse a los efectos de frenar la nociva práctica, delineando los diferentes modos de castigo que las autoridades educativas podían utilizar. La Corte Suprema de la India incluso designó, en el 2006, a un Comité de seguimiento de las medidas judiciales adoptadas, ordenando, en el 2007, la implementación de sus recomendaciones.[212]

---

207 Véase en Lóránt Csink, József Petrétei y Péter Tilk, "*Constitutional Court as Positive Legislator,*" Hungarian National Report, XVIII International Congress of Comparative Law, Washington, July, 2010, pp. 5-6.

208 Véase Sanja Barić y Petar Bačić, "*Constitutional Courts as positive legislators,*" Croatian National Report, XVIII International Congress of Comparative Law, Washington, July, 2010, pp. 12-13.

209 Véase en general en el derecho comparado: Allan R. Brewer-Carías, *Constitutional Protection of Human Rights in Latin America. A Comparative Study of Amparo Proceeding*, Cambridge University Press, New York 2009, pp. 324 ss.

210 Véase en general, Francisco Fernández Segado, "El control de las omisiones legislativas por el Bundesverfassungsgericht," en *Revista de Derecho*, Nº 4, Universidad Católica del Uruguay, Konrad Adenauer Stiftung, Montevideo 2009, pp. 137-186.

211 Sentencia del Tribunal Constitucional Federal Nº 26/1969 of January 29, 1969, en I. Härtel, "*Constitutional Courts as Positive Legislators,*" German National Report, XVIII International Congress of Comparative Law, Washington, July, 2010, p. 19.

212 Casos *Vishwa Jagriti Mission v Central Government* AIR 2001 SC 2793, y *University of Kerala v Council of Principals of Colleges of Kerala,* en Surya Deva, "*Constitutional Courts as 'Positive Legislators: The Indian Experience,*" Indian National Report, XVIII International Congress of Comparative Law, Washington, July, 2010p. 9 (footnote 58).

En una orientación similar, mediante los *equitable remedies*, como las *injunctions*, la Corte Suprema de los Estados Unidos ha desarrollado en forma progresiva el sistema de protección judicial de los derechos fundamentales (*civil right injunctions*), llenando el vacío originado por las omisiones legislativas, en particular, dictando medidas coercitivas y prohibitivas, así como de carácter estructural (*structural injunctions*).[213]

Esto tuvo un desarrollo muy importante, particularmente después de la decisión de la Corte Suprema adoptada en el caso de *Brown v. Board of Education,* 347 U.S. 483 (1954); 349 U.S. 294 (1955) en el cual se declaró discriminatorio el sistema escolar dual que existía, permitiendo que los tribunales asumieran la supervisión de las políticas y prácticas institucionales del Estado con el fin de evitar la discriminación racial.[214] Este activismo judicial mediante las *injunctions* fue aplicado, después, en otros importantes casos litigiosos sobre derechos individuales relacionados con el tema de las reasignaciones de circunscripciones electorales, los hospitales psiquiátricos, las cárceles, las prácticas comerciales y el medio ambiente. También, al adoptar estas soluciones equitativas para la protección de los derechos fundamentales, la Corte Suprema de los Estados Unidos ha terminado creando una "legislación judicial complementaria," por ejemplo, en relación con las condiciones para las detenciones y allanamientos policiales, cuando están relacionadas con la investigación y persecución de delitos.

En América Latina, las acciones de amparo constitucional también han sido el instrumento que ha utilizado el juez constitucional para la protección de los derechos fundamentales contra las omisiones legislativas.[215] Este es especialmente el caso del *mandado de injunção* brasileño, el cual funciona precisamente como una orden judicial concedida precisamente en los casos en los cuales la ausencia de disposiciones legislativas que hacen imposible o dificultoso el ejercicio de los derechos y libertades constitucionales. Con las decisiones judiciales resultantes declarando la inconstitucionalidad de la omisión, los tribunales no sólo han otorgado al Congreso un plazo para corregir su omisión, sino que han establecido las reglas, algunas veces por analogía, que deben aplicarse en caso de que la omisión persista, lo que ha ocurrido por ejemplo en materia del régimen de la seguridad social y del derecho de huelga de los trabajadores del sector público.[216]

---

213 Véase William Tabb y Elaine W. Shoben, *Remedies,* Thomson West, 2005, p. 13; Owen M. Fiss, *The Civil Rights Injunctions*, Indiana University Press, 1978, pp. 4–5; Owen M. Fiss y Doug Rendelman, *Injunctions*, The Foundation Press, 1984, pp. 33–34; y Allan R. Brewer-Carías, *Constitutional Protection of Human Rights in Latin America*, Cambridge University Press, New York 2009, pp. 69 ss.

214 Caso *Missouri v. Jenkins*, 515 U.S. 70 (1995), en Laurence Claus y Richard S. Kay, "*Constitutional Courts as 'Positive Legislators' in the United States,*" US National Report, XVIII, International Congress of Comparative Law, Washington, July, 2010, p. 31 (footnote 104).

215 Véase Allan R. Brewer-Carías, *Constitutional Protection of Human Rights in Latin America*, Cambridge University Press, New York 2009.

216 Véase Thomas Bustamante y Evanlida de Godoi Bustamante, "*Constitutional Courts as "Negative Legislators:" The Brazilian Case,*" Brazil National Report, XVIII, International Congress of Comparative Law, Washington, July 2010, p. 19.

En Argentina, también es posible encontrar la misma tendencia general en los casos en los cuales la Corte Suprema ha terminado actuando como órgano complementario del Legislador en asuntos relacionados con la protección de derechos fundamentales, al decidir recursos de amparo.[217] También en Colombia, al decidir recursos de *tutela*, incluso referidos a violaciones masivas de derechos humanos como las ocurridas con las personas desplazadas, la Corte Constitucional ha creado, *ex officio*, lo que se conoce con el nombre de "*estado de cosas inconstitucionales,*" configurándose una situación jurídica que ha desembocado en la sustitución de los jueces ordinarios, del Legislador y de la Administración en la definición y coordinación de las políticas públicas.[218]

En Canadá, de manera muy similar a la acción de amparo latinoamericano, conforme a la Constitución, los tribunales tienen la potestad de adoptar una amplia variedad de decisiones de protección de los derechos fundamentales, incluso exigiendo al gobierno la realización de acciones positivas con el propósito de cumplir con la Constitución y de solucionar los efectos de violaciones constitucionales. Estos poderes judiciales han sido usados ampliamente, por ejemplo, para hacer cumplir la protección de las idiomas minoritarios, y garantizar las obligaciones que en materia de bilingüismo que tienen las Provincias; en asuntos de justicia penal, debido a la ausencia de disposiciones legislativas para asegurar juicios expeditos y la presentación de evidencias al acusado por parte del fiscal acusador; y en asuntos de extradición de las personas que podrían enfrentar la pena de muerte en el Estado solicitante.[219]

En cierta forma, en el Reino Unido, a pesar de que el principio constitucional básico continúa siendo que los tribunales no pueden sustituir ni interferir en las tareas del Parlamento, también es posible identificar importantes decisiones de los mismos en materia constitucional de protección de derechos humanos, estableciendo lineamientos que suplementan las atribuciones del Parlamento o del Gobierno. Esto ha ocurrido, por ejemplo, en materia de esterilización de adultos intelectualmente discapacitados y de personas en estado vegetativo permanente, casos en los cuales los tribunales han establecidos reglas para su aplicación en ausencia de la legislación pertinente.[220]

---

217 Véase en Alejandra Rodríguez Galán y Alfredo Mauricio Vítolo, "*Constitutional Courts as "Positive Legislators,"* Argentinean National Report, XVIII, International Congress of Comparative Law, Washington, July, 2010, p. 17.

218 Véase en Sandra Morelli, "*The Colombian Constitutional Court: from Institutional Leadership, to Conceptual Audacity,"* Colombian National Report, XVIII, International Congress of Comparative Law, Washington, July, 2010, p. 5.

219 Casos: *Reference re Manitoba Language Rights* [1985] 1 S.C.R. 721; [1985] 2 S.C.R. 347; [1990] 3 S.C.R. 1417n; [1992] 1 S.C.R. 212; *R. v. Stinchcombe* [1991] 3 S.C.R. 326, en Kent Roach, "*Constitutional Courts as Positive Legislators: Canada Country Report*", XVIII, International Congress of Comparative Law, Washington, July, 2010, pp. 11-12.

220 Casos *Re F (Mental Patient: Sterilisation)* [1990] 2 *AC 173; y Airedale NHS Trust v Bland,* en John Bell, "*Constitutional Courts as 'Positive Legislators': United Kingdom,*" British National Report, XVIII, International Congress of Comparative Law, Washington, July, 2010, p. 7

También en la República Checa, la Corte Constitucional ha llenado el vacío derivado de la omisión legislativa en asuntos como el relacionado con el aumento de alquileres en apartamentos, en los que la Corte consideró que "su rol de protectora de la constitucionalidad no puede quedar limitada a una mera posición de legislador "negativo."[221]

2. *El juez constitucional llenando el vacío creado por las omisiones legislativas relativas*

Durante las últimas décadas, en particular, en los sistemas de control concentrado de constitucionalidad, en los casos del control de las omisiones legislativas cuando se trata de previsiones legales deficientes o inadecuadas que afectan específicamente el goce o ejercicio de los derechos fundamentales, los jueces constitucionales han venido desarrollado la técnica de declarar la inconstitucionalidad de dichas disposiciones insuficientes, pero sin anularlas, enviando en cambio directrices, lineamientos y recomendaciones y hasta mandatos al Legislador, con el fin de lograr que se corrijan las omisiones legislativas inconstitucionales.

En todos estos casos, puede decirse que los jueces constitucionales han actuado como ayudantes y colaboradores del Legislador, especialmente también con el fin de proteger el derecho a la igualdad y a la no discriminación. Estas instrucciones o directrices que emanan de los jueces constitucionales dirigidas al Legislador en algunos casos son meras recomendaciones no vinculantes; en otros casos tienen carácter obligatorio; y en otros, son concebidas como "leyes" provisionales.

A. *Los jueces constitucionales emitiendo directrices no vinculantes dirigidas al Legislador*

En términos generales, en relación con las recomendaciones judiciales no obligatorias emanadas de los jueces constitucionales, la Corte Constitucional italiana ha dictado las llamadas sentencias exhortativas o delegadas o *sentenze indiritzzo,*[222] mediante las cuales declara la inconstitucionalidad de una disposición legislativa, pero sin introducir la norma que debería aplicarse mediante la interpretación, dejando esta tarea al Legislador. En otros casos, la instrucción dirigida al legislador puede tener carácter condicional en relación con la potestad de la Corte Constitucional en materia de control de constitucionalidad, en el sentido de que si el Legislador no legisla y llena el vacío legislativo, la Corte procedería a anular la ley. En Italia también se ha desarrollado la fórmula llamada de la *doppia pronuncia,*[223] que opera

---

221 Sentencia Pl. ÚS 8/02, *Rent Control II*, N° 528/2002 Sb. de 20 de noviembre de 2002; y Pl. ÚS 2/03, *Rent Control III*, no. 84/2003 Sb, de 19 de marzo de 2003, en Zdenek Kühn, "*Czech Constitutional Court as Positive Legislator,*" Czech National Report, XVIII, International Congress of Comparative Law, Washington, July, 2010, p. 14 (nota 58).

222 Véase L. Pegoraro, *La Corte e il Parlamento. Sentenze-indirizzo e attivitá legislativa*, Cedam, Padova 1987, pp. 3 ss.; Francisco Javier Díaz Revorio, Las *sentencias interpretativas del Tribunal Constitucional,* Ed. Lex Nova, Valladolid, 2001, p. 268.

223 Véase Iván Escovar Fornos, *Estudios Jurídicos*, Tomo I, Ed. Hispamer, Managua 2007, p. 504.

cuando el Legislador no ejecuta las recomendaciones de la Corte, en cuyo caso esta declararía la inconstitucionalidad de la ley impugnada en una segunda decisión.

Este tipo de decisiones judiciales de tipo exhortativo también se han aceptado en Alemania donde se denominan "decisiones de apelación," mediante las cuales el Tribunal Constitucional Federal puede emitir "advertencias al Legislador," contentivas de directrices legislativas y estableciendo un plazo para que se promulgue la disposición omitida.[224]

Esta misma técnica ha sido aplicada en Francia y en Bélgica, donde el Consejo Constitucional y la Corte Constitucional, respectivamente, también han dictado este tipo de directrices dirigidas al Legislador, las cuales, aún sin tener efectos directos sobre la normativa a dictar, pueden establecer un marco para la futura acción legislativa.[225] Una técnica similar se ha aplicado en Polonia, llamada de las "señalizaciones," por medio de la cual el Tribunal Constitucional llama la atención del legislador sobre problemas de naturaleza general.[226] También se ha aplicado en Serbia, la República Checa y México.[227]

En países con sistemas de control difuso de constitucionalidad, como en Argentina, estas decisiones judiciales tipo exhorto también han sido dictadas por la Corte Suprema, en casos relacionados con acciones colectivas de amparo, exhortando a las autoridades involucradas a sancionar nuevas disposiciones legales con el fin de atender, por ejemplo, la situación de sobrepoblación y degradación del sistema penitenciario.[228] Estas facultades también han sido utilizadas en casos de control judicial de "convencionalidad" en relación con la Convención Americana de los Derechos Humanos. Una situación similar se ha producido con decisiones de la Corte Suprema de los Países Bajos, enviando al Legislador "consejos exhortativos."[229]

---

224 Véase Francisco Javier Díaz Revorio, *Las sentencias interpretativas del Tribunal Constitucional,* Ed. Lex Nova, Valladolid, 2001, pp.264; y Iván Escovar Fornos, *Estudios Jurídicos*, Tomo I, Ed. Hispamer, Managua 2007, p. 505.

225 Sentencia BVerfG, de 19 de Julio de 1966, BVerfGE 20, 56 (114-115), en Christian Behrendt, *Le judge constitutionnel, un législateur-cadre positif. Un analyse comparative en droit francais, belge et allemande*, Bruylant, Bruxelles 2006, pp. 176-179, 185 ss.

226 Véase por ejemplo la "señalización" en relación con la protección de inquilinos de 29 de junio de 2005, OTK ZU 2005/6A/77, en Marek Safjan, "*The Constitutional Courts as a Positive Legislator,*" *Polish National Report*, International Congress of Comparative Law, Washington, July, 2010, p. 16 (nota 45).

227 Véase por ejemplo, Héctor Fix Zamudio y Eduardo Ferrer Mac Gregor, "Las sentencias de los tribunales constitucionales en el ordenamiento mexicano," en *Anuario Iberoamericano de Justicia Constitucional*, Nº 12, 2008, Centro de Estudios Políticos y Constitucionales, Madrid 2008, p. 252.

228 Caso *Verbitsky*, CSIJ, Fallos. 328:1146, en Néstor P. Sagües, "Los efectos de las sentencias constitucionales en el derecho argentino," en *Anuario Iberoamericano de Justicia Constitucional*, Centro de Estudios Políticos y Constitucionales, Nº 12, 2008, Madrid 2008, p. 340.

229 Caso *Harmonisation Act* de 1989, en *J.* Uzman T. Barkhuysen & M.L. van Emmerik, "*The Dutch Supreme Court: A Reluctant Positive Legislator?*", Dutch National Report, XVIII, International Congress of Comparative Law, Washington, July, 2010, p. 6.

B. *Los jueces constitucionales emitiendo órdenes y directrices vinculantes para el Legislador*

En muchos casos de control de la constitucionalidad de las omisiones legislativas relativas, generalmente basadas también en la violación del derecho a la no discriminación y a la igualdad, los jueces constitucionales han declarado la inconstitucionalidad de la omisión relativa, pero sin anular la disposición, asumiendo, en cambio, de manera progresiva un papel más positivo, emitiendo en relación con el Legislador, no sólo directrices sino también mandatos o instrucciones con el fin de que aquél reforme o corrija las leyes de la manera indicada por el juez. Esto ha transformado a los jueces constitucionales en un tipo de auxiliar legislativo, imponiéndole al Legislador ciertas tareas, estableciendo un plazo preciso para el desarrollo de las mismas.

Esta técnica de control de constitucionalidad ha sido utilizada en Alemania, donde el Tribunal Constitucional Federal, por medio de decisiones mandatorias ha emitido órdenes al Legislador, por ejemplo, en asuntos relacionados con el régimen de pensión alimenticia, con las incompatibilidades profesionales, con el reembolso de gastos en las campañas electorales, con las condiciones de los profesores, con el aborto y el servicio civil alternativo, incluso indicando al Legislador lo que no debe hacer a los efectos de evitar agravar las desigualdades consideradas inconstitucionales.[230]

Similares decisiones emitidas por Cortes Constitucionales puede encontrarse en Bélgica, Austria, Croacia y Colombia.[231] En el caso de Francia, debido al tradicional sistema de control de constitucionalidad *a priori* de las leyes ejercido por el Consejo Constitucional, uno de los medios más importantes para asegurar el cumplimiento de sus decisiones han sido las directrices, llamadas "*réserves d'interprétation*" o "*réserves d'applicatio*n", aunque no dirigidas al legislador sino a las autoridades administrativas que deben emitir los reglamentos de la ley y a los jueces que deben aplicar la ley.[232]

---

230 Sentencias BVerfG, de 14 de Julio de 1981, BVerfGE 57, 381; BVerfG, de 15 de febrero de 1967, BVerfGE 21, 183; BVerfG, de 9 de marzo de 1976, BVerfGE 41, 414, en I. Härtel, "*Constitutional Courts as Positive Legislators,*" German National Report, XVIII, International Congress of Comparative Law, Washington, July, 2010, p. 9.; y Christian Behrendt, *Le judge constitutionnel, un législateur-cadre positif. Un analyse comparative en droit francais, belge et allemande*, Bruylant, Bruxelles 2006, pp. 259-288

231 Véase por ejemplo, Mónica Liliana Ibagón, "Control jurisdiccional de las omisiones legislativas en Colombia," en Juan Vega Gómez y Edgar Corzo Sosa, *Instrumentos de tutela y justicia constitucional. Memoria del VII Congreso Iberoamericano de Derecho Constitucional*, Universidad Nacional Autónoma de México, México 2002, pp. 322-323.

232 Véase Bertrand Mathieu, "*Le Conseil constitutionnel 'législateur positif. Ou la question des interventions du juge constitutionnel français dans l'exercise de la function legislative,*" French National Report, XVIII International Congress of Comparative Law, Washington, July, 2010, p. 10.

3. *Los jueces constitucionales como Legisladores provisionales*

Finalmente, en muchos otros casos de control de la constitucionalidad de las omisiones legislativas, los jueces constitucionales no se han limitado sólo a emitir mandatos al Legislador buscando que sancione disposiciones legislativas a los efectos de llenar los vacíos producidos por sus omisiones, sino que han asumido directamente el papel de "legisladores provisionales" al incluir en sus decisiones, cuando declaran la inconstitucionalidad de previsiones legales, medidas o normas que han de aplicarse a los asuntos específicos considerados como inconstitucionales, hasta que el Legislador sancione la ley que está obligado a producir.

En estos casos, el juez constitucional declara la anulación o invalidez de la disposición inconstitucional, pero además para evitar que se materialice el vacío legislativo que la nulidad origina, establece en forma temporal ciertas normas en la materia para ser aplicadas hasta la promulgación de nueva legislación que debe emitirse.[233] Los jueces constitucionales, en estos casos, en la práctica, puede decirse que actúan como "legisladores sustitutivos" aunque no para usurpar las funciones del Legislador sino para preservar su propia libertad legislativa. [234]

Esta técnica también ha sido aplicada en Alemania por el Tribunal Constitucional Federal, el cual ha asumido "un poder legislativo auxiliar" y ha actuado como una especie de "organización de reparación parlamentaria" [235] como sucedió en 1975, cuando decidió sobre la impugnación de las normas legales relativas a la despenalización parcial del aborto. En dicho proceso, después de declarar como inconstitucionales las disposiciones respectivas del Código Penal, el Tribunal consideró que "en el interés de la transparencia de la ley" era apropiado establecer una "regulación provisional" en la materia a ser aplicable hasta que las nuevas disposiciones fuesen sancionadas por el Legislador,"[236] procediendo entonces a dictar una "legislación provisional" muy detallada sobre el asunto la cual se aplicó durante casi 15 años, hasta 1992, cuando el parlamento sancionó la esperada reforma del Código. Pero la misma fue nuevamente impugnada por inconstitucional ante el Tribunal Constitucional Federal, el cual, en 1993, en una nueva decisión, después de declarar de nuevo, la reforma, como contraria a la Constitución,[237] estableció una vez más en

---

233 Véase Christian Behrendt, *Le judge constitutionnel, un législateur-cadre positif. Un analyse comparative en droit francais, belge et allemande*, Bruylant, Bruxelles 2006, pp. 333 ss.

234 Véase Otto Bachof, "Nuevas reflexiones sobre la jurisdicción constitucional entre derecho y política," en *Boletín Mexicano de Derecho Comparado*, XIX, Nº 57, México 1986, pp. 848-849.

235 Véase Christian Behrendt, *Le judge constitutionnel, un législateur-cadre positif. Un analyse comparative en droit francais, belge et allemande*, Bruylant, Bruxelles 2006, p. 341, notas 309 y 310.

236 Sentencia BVerfG, de 25 de febrero de 1975, BVerfGE 39, 1, (68), en Christian Behrendt, *Le judge constitutionnel, un législateur-cadre positif. Un analyse comparative en droit francais, belge et allemande*, Bruylant, Bruxelles 2006, pp. 342 ff; y I. Härtel, "*Constitutional Courts as Positive Legislators,*" German National Report, XVIII International Congress of Comparative Law, Washington, July, 2010, p. 14.

237 Sentencias BVerfG, de 25 de mayo de 1993 (*Schwangerrschaftsabbruch II*), y BVerfGE 88, 203, de 25 de febrero de 1975, en Christian Behrendt, *Le judge constitutionnel, un législateur-cadre positif. Un analyse comparative en droit francais, belge et allemande*, Bruylant, Bruxelles 2006, pp. 346-351.

forma por lo demás muy detallada, como "legislador real", todas las normas reguladoras sobre el aborto en el país.

En Suiza, la Corte Suprema en diferentes casos ha dictado normas con el fin de llenar el vacío creado por omisiones legislativas en materias relativas a la aplicación de derechos constitucionales, como ha ocurrido, por ejemplo, en relación con los procesos relacionados con la detención de extranjeros; el derecho de asilo; y las reglas sobre expropiaciones.[238]

También en la India, la Corte Suprema ha asumido el papel de legislador provisional en asuntos relativos a la protección de derechos fundamentales, en casos relacionados con las capturas y arrestos realizados por la policía, emitiendo avisos destinados a todos los entes gubernamentales estableciendo en detalle los requerimientos que debían seguirse en todos los casos de arresto y captura hasta que se dictasen las respectivas disposiciones legales. En este caso, aún cuando la normativa judicial era de carácter provisional y temporal, en la práctica han seguido conformando la "legislación" aplicables en la materia.[239] La Corte Suprema también ha ejercido los mismos poderes protegiendo los derechos de las mujeres trabajadoras contra el acoso sexual en los lugares de trabajo, emitiendo órdenes "para la protección de estos derechos con el fin de llenar el vacío legislativo."[240]

Dentro de este tipo de decisiones de control de constitucionalidad que incluyen normas provisionales establecidas mediante la interpretación de la Constitución, es posible incluir a las llamadas "*súmula vinculante*" emitidas por el Tribunal Supremo Federal de Brasil, como por ejemplo, las relativas a la prohibición del nepotismo en el Poder Judicial, y a la delimitación de las tierras de los pueblos indígenas.[241]

También en Venezuela es posible hallar casos en los que la Sala Constitucional del Tribunal Supremo, en ausencia de leyes reguladoras correspondientes, ha emitido decisiones que contienen disposiciones normativas, resultado del ejercicio por la Sala Constitucional de la llamada "jurisdicción normativa," mediante la cual ha establecido normas completas reguladoras de ciertas situaciones que no han sido objeto de regulación legislativa, como por ejemplo, en relación con las relaciones esta-

---

238 Sentencias BGE 91 I 329 ss. (expropiación sustantiva); BGE 94 I 286 ss. (apropiación de derechos de vecinos). Véase en Tobias Jaag, "*Constitutional Courts as 'Positive Legislators:' Switzerland,*" Swiss National Report, XVIII International Congress of Comparative Law, Washington, July, 2010, p. 16 (nota 89).

239 Caso *D K Basu v State of West Bengal,* (1997) 1 SCC 416, en Surya Deva, *Constitutional Courts as 'Positive Legislators: The Indian Experience,*" Indian National Report, XVIII International Congress of Comparative Law, Washington, July, 2010, pp. 6-7.

240 Caso *Vishaka v State of Rajasthan,* 1997 SC 3011, en Surya Deva, *Constitutional Courts as 'Positive Legislators: The Indian Experience,*" *Indian National Report,* XVIII International Congress of Comparative Law, Washington, July, 2010, p. 8 (nota 49).

241 *Súmula vinculante* Nº 13, STF, *DJ* 1º.set.2006, ADC 12 MC/DF, Rel. Min. Carlos Britto, y STF, *DJ* 25.set.2009, Pet 3388/RR, Rel. Min. Carlos Britto, en Luis Roberto Barroso et al, "Notas sobre a questão do Legislador Positivo" (*Brazil),* XVIII International Congress of Comparative Law, Washington, July, 2010, pp. 33-37; 43-46

bles *de facto* entre hombres y mujeres, y en asuntos relativos a la fertilización in vitro.[242]

IV. LOS JUECES CONSTITUCIONALES COMO LEGISLADORES EN MATERIA DE JUSTICIA CONSTITUCIONAL

Por último, la cuarta tendencia que puede identificarse en el derecho comparado en relación con los jueces constitucionales actuando como "legisladores positivos," se relaciona con la actividad normativa que tradicionalmente han desplegado en relación con la legislación en materia de control de constitucionalidad o de justicia constitucional. En este sentido, los jueces constitucionales no sólo han dictado normas en relación con sus propios poderes de revisión o control cuando ejercen la justicia constitucional y con las acciones que pueden ser interpuestas ante ellos, sino en relación con el procedimiento aplicable en los procesos constitucionales. Esta situación varía, por supuesto según el sistema de control de constitucionalidad que se haya adoptado.

1. *Los jueces constitucionales creando sus propias facultades de control de constitucionalidad*

A. *La creación por el juez constitucional de sus propios poderes de control en el sistema difuso de control de constitucionalidad*

En el sistema difuso o descentralizado de control de constitucionalidad, el poder-deber de todos los tribunales y jueces de desechar la aplicación de leyes que estimen contrarias a la Constitución, aplicando ésta preferentemente al decidir casos concretos, no necesita estar expresamente establecido en la Constitución. Estos poderes derivan del principio de supremacía de la Constitución tal como lo delineó el Juez John Marshall, en la conocida decisión de la Corte Suprema de Estados Unidos en el caso *Marbury* vs. *Madison* 1 Cranch 137 (1803). En consecuencia, en los Estados Unidos, debido a este vínculo esencial entre la supremacía de la Constitución y la *judicial review*, el poder de los jueces de controlar la constitucionalidad de las leyes fue una creación de la Suprema Corte, como también lo fue unas décadas después en Noruega, en Grecia, y en Argentina,[243] donde el control de constitucionalidad también fue producto de la creación jurisprudencial de sus respectivas Cortes Supremas de Justicia.

---

242 Sentencia N° 1682 de 15 de Julio de 2005, caso *Carmela Manpieri, Interpretación del artículo 77 de la Constitución*, en http://www.tsj.gov.ve/decisiones/scon/Julio/1682-150705-04-3301.htm; y sentencia N° 1456 de 27 de julio de 2006, caso *Yamilex Núñez de Godoy*, en http://www.tsj.gov.ve/decisiones/scon/Julio/1456-270706-05-1471.htm Véase Daniela Urosa Maggi, "*Cortes Constitucionales como 'Legisladores Positivos:' La experiencia venezolana,*" Venezuelan Nacional Report, XVIII International Congress of Comparative Law, Washington, July, 2010, p. 19-20.

243 Véase Allan R. Brewer-Carías, *Judicial Review in Comparative Law*, Cambridge University Press, Cambridge 1989.

B. *La extensión de las facultades de control de constitucionalidad para asegurar la protección de los derechos fundamentales*

Por otra parte, y en particular en relación con la protección de los derechos y libertades fundamentales, dado los principios de progresividad y prevalencia arraigados ya en el constitucionalismo contemporáneo, los jueces constitucionales en su carácter de intérpretes supremos de la Constitución, en ausencia de la legislación pertinente, han creado incluso la misma acción de amparo como un medio judicial para la protección de aquellos. Este fue el caso, también de Argentina en 1957, de la República Dominicana en 1999,[244] y en la República de Eslovaquia, donde la Corte Constitucional "creó" un medio específico de protección de los derechos fundamentales.[245]

En materia específica de la protección de los derechos e intereses difusos y colectivos establecidos en la Constitución, en Venezuela, la Sala Constitucional ha admitido la acción directa del amparo en la materia, fijando su regulación;[246] y en la India, la Corte Suprema ha expandido la acción para la protección de los derechos fundamentales, para abarcar la protección de dichos derechos colectivos y difusos, conformando los llamados "litigios de interés público."[247]

2. *La necesidad de contar con una disposición expresa en la Constitución estableciendo la Jurisdicción Constitucional en los sistemas de control concentrado, y sus desviaciones*

En contraste con lo que ocurre en los sistemas de control difuso de control de constitucionalidad, en los sistemas de control concentrado, la facultad exclusiva de los Tribunales o Cortes Constitucionales o de las Cortes Supremas de controlar la constitucionalidad de los actos legislativos, como Jurisdicción Constitucional, tiene

---

244 Véase Allan R. Brewer-Carías, *Constitutional Protection of Human Rights in Latin America,* Cambridge University Press, New York, 2010.

245 Sentencia de la Corte Constitucional N° III. ÚS 117/01, en Ján SvákyLucia Berdisová, "*Constitutional Court of the Slovak Republic as Positive Legislator via Application and Interpretation of the Constitution,*" *Slovak National Report*, XVIII International Congress of Comparative Law, Washington, July, 2010, p. 9.

246 Sentencias N° 656 de 30 de junio de 2000, caso *Dilia Parra Guillen (Peoples' Defender),* en http://www.tsj.gov.ve/decisiones/scon/Junio/656-300600-00-1728%20.htm; N° 1395 de 21 de noviembre de 2000, caso *William Dávila* Case, en *Revista de Derecho Público*, N° 84, Editorial Jurídica Venezolana, Caracas, 2000, pp. 330; N° 1571 de 22 de agosto de 2001, caso *Asodeviprilara,* en http://www.tsj.gov.ve/decisiones/scon/Agosto/1571-220801-01-1274%20.htm. Véase Daniela Urosa Maggi, "*Cortes Constitucionales como 'Legisladores Positivos:' La experiencia venezolana,*" Venezuelan National Report, XVIII International Congress of Comparative Law, Washington, July, 2010, p. 11-12.

247 Casos *S P Gupta v Union of India* AIR 1982 SC 149; *PUDR v Union of India* AIR 1982 SC 1473; *Bandhua Mukti Morcha v Union of India* (1984) 3 SCC 161, en Surya Deva, "*Constitutional Courts as 'Positive Legislators: The Indian Experience*," Indian National Report, XVIII International Congress of Comparative Law, Washington, July, 2010, p. 2, 4-5.

que estar siempre establecida en forma expresa en la Constitución, no pudiendo ser establecida por deducción a través de decisiones judiciales. [248]

Sin embargo, si bien este principio general se ha mantenido incólume, en algunos casos, los jueces constitucionales lo que han hecho es ampliar o adaptar sus competencias de control de constitucionalidad, como ocurrió, por ejemplo, en los casos en los cuales los Tribunales o Cortes Constitucionales han aplicado la técnica de declarar la inconstitucionalidad de las leyes, pero sin anularlas, o cuando han asumido la facultad de extender la aplicación de la ley declarada inconstitucional durante un tiempo, o cuando han emitido directrices destinadas al legislador a los efectos de que legisle en armonía con la Constitución. Esta ha sido, como se ha visto, por ejemplo, la técnica desarrollada en Alemania, incluso como lo indicó Inés Härtel, "sin autorización legal, de hecho, *contra legem.*"[249] En España, el Tribunal Constitucional ha aplicado la misma técnica también a pesar de la disposición contraria contenida en la Ley Orgánica del Tribunal Constitucional.[250]

Pero en otros casos, los jueces constitucionales han creado sus propias facultades de revisión judicial no establecidas en la Constitución, como ha sucedido en Venezuela, donde la Sala Constitucional del Tribunal Supremo ha creado un nuevo medio de control de constitucionalidad no previsto en la Constitución, como el llamado "recurso abstracto para la interpretación constitucional,"[251] que puede ser intentado por cualquier persona interesada en resolver las dudas que resulten de disposiciones constitucionales ambiguas u oscuras. Este recurso ha permitido a la Sala Constitucional emitir muchos importantes y con frecuencia controversiales fallos, y más grave aún, a través de su ejercicio por el Procurador General, la Sala Constitucional ha mutado ilegítimamente, importantes disposiciones constitucionales. Fue el caso, por ejemplo, de las decisiones adoptadas en relación con los referendos consultivo y revocatorio entre 2002 y 2004, mediante los cuales la Sala transformó el referendo revocatorio en un referendo ratificatorio no establecido en la Constitución.[252] Estas

---

248 Véase Allan R. Brewer-Carías, *Judicial Review in Comparative Law*, Cambridge University Press, Cambridge 1989, pp. 185 ss.; y Jorge Carpizo, *El Tribunal Consitucional y sus límites*, Grijley Ed, Lima 2009, p. 41.

249 Véase I. Härtel, "*Constitutional Courts as Positive Legislators,*" German National Report, XVIII International Congress of Comparative Law, Washington, July, 2010, p. 8; Francisco Fernández Segado, "Algunas reflexiones generales en torno a los efectos de las sentencias de inconstitucionalidad y a la relatividad de ciertas fórmulas esterotipadas vinculadas a ellas," en *Anuario Iberoamericano de Justicia Constitucional*, Centro de Estudios Políticos y Constitucionales, N° 12, 2008, Madrid 2008, p. 162.

250 Véase F. Fernández Segado, *El Tribunal Constitucional como Legislador Positivo," Spanish National Report*, XVIII International Congress of Comparative Law, Washington, July, 2010, p. 6, 11.

251 Sentencia N° 1077 de 22 de septiembre de 2000, caso *Servio Tulio León*, en *Revista de Derecho Público*, N° 83, Editorial Jurídica Venezolana, Caracas 2000, pp. 247 ss. Véase Allan R. Brewer-Carías, "Le Recours d'Interprétation Abstrait de la Constitution au Vénézuéla," en *Renouvau du droit constitutionnel. Mélanges en l'honneur de Louis Favoreu*, Paris 2007, pp. 61-70; y "La ilegítima mutación de la constitución por el juez constitucional: la inconstitucional ampliación y modificación de su propia competencia en materia de control de constitucionalidad," en *Libro Homenaje a Josefina Calcaño de Temeltas*, Fundación de Estudios de Derecho Administrativo (FUNEDA), Caracas 2009, pp. 319-362.

252 La mutación constitucional tuvo precisamente por objeto evitar en 2004 la revocación del mandato del Presidente de la República, Hugo Chávez. Este había sido electo en agosto de 2000 con 3,757,744 vo-

decisiones, sin duda, también pertenecen al capítulo de la patología de la justicia constitucional.

3. *Los jueces constitucionales creando normas procesales para los procesos constitucionales*

Finalmente, en relación con la interferencia judicial en las funciones legislativas, también puede mencionarse el proceso de creación de normas procesales por los jueces constitucionales para el ejercicio de sus funciones de control de constitucionalidad, cuando las mismas no se han establecido en la legislación respectiva.

Con tal fin, como ha sucedido en el Perú, el Tribunal Constitucional ha afirmado poseer "autonomía procesal," habiendo ejercido facultades ampliadas en el desarrollo y complementación de las reglas procesales aplicables a los procesos constitucionales, en aspectos no regulados en forma expresa en la ley.[253]

En Alemania, igualmente se ha utilizado el mismo principio de la autonomía procesal (*Verfahrensautonomie*) para explicar las facultades desarrolladas por el Tribunal Constitucional Federal para complementar las normas procesales en el trámite del control de constitucionalidad basándose en la interpretación del artículo 35 de la Ley del Tribunal Constitucional Federal relacionado con la ejecución de sus decisiones.

En otros casos, la interferencia judicial en asuntos legislativos en relación con las normas procesales en materia de control de constitucionalidad ha sido más intensa, como ha sucedido en Colombia, donde la Corte Constitucional ha asumido incluso la competencia exclusiva para establecer los efectos de sus propias decisiones, sustrayendo la materia del ámbito de las competencias del legislador.[254]

---

tes; siendo suficiente para revocarle el mandato de acuerdo con la Constitución, que los votos por su revocatoria fuesen superiores a esa cifra. El número de votos a favor de la revocatoria del mandato del Presidente expresados en el referendo que tuvo lugar el 15 de agosto de 2004 fue de 3,989,008, por lo que su mandato fue constitucionalmente revocado. Sin embargo, el Consejo nacional Electoral el 27 de agosto de 2004), en virtud de que en el mismo referendo la opción por la no revocación del mandato obtuvo 5.800.629 votos, decidió "ratificar" al Presidente en su cargo hasta la terminación de su mandato en enero de 2007. Véase *El Nacional*, Caracas, 28 de agosto de 2004, pp. A-1 y A-2. Véase los comentarios al caso en Allan R. Brewer-Carías, "La Sala Constitucional vs. El derecho ciudadano a la revocatoria de mandatos populares o de cómo un referendo revocatorio fue inconstitucionalmente convertido en un "refrendo ratificatorio," en *Crónica sobre la "in" justicia constitucional. La Sala Constitucional y el autoritarismo en Venezuela*, Colección Instituto de Derecho Público, Universidad Central de Venezuela, N° 2, Editorial Jurídica Venezolana, Caracas 2007, pp. 350 ss.

253 Decisión del Tribunal Constitucional, Exp. N° 0020-2005-AI/TC, FJ 2, en Francisco Eguiguren y Liliana Salomé, "*Función contra-mayoritaria de la Jurisdicción Constitucional, su legitimidad democrática y los conflictos entre el Tribunal Constitucional y el Legislador,*" Peruvian National Report, XVIII International Congress of Comparative Law, Washington, July, 2010, p. 14; y Fernán Altuve-Febres, "*El Juez Constitucional como legislador positivo en el Perú,*" *Peruvian National Report II*, XVIII International Congress of Comparative Law, Washington, July, 2010, pp. 22-23.

254 Véase Decisión C-113/93. Véase en Germán Alfonso López Daza, "*Le juge constitutionnel colombien, législateur-cadre positif: un gouvernement des juges Colombian National Report I,* XVIII International Congress of Comparative Law, Washington, July, 2010, p. 9.

En Venezuela, la Sala Constitucional del Tribunal Supremo de Justicia, también ha invocado su "jurisdicción normativa"[255] para establecer normas procesales aplicables en los procesos constitucionales cuando la materia no se ha regulado en las leyes, como ha sucedido, en particular, en los procesos destinados a controlar la omisión legislativa absoluta,[256] y de habeas data, estableciendo en detalle las normas procesales "con el fin de llenar el vacío existente."[257] El vacío legislativo, en todo caso, fue luego llenado con las previsiones de la Ley Orgánica del Tribunal Supremo de Justicia de 2010.[258]

COMENTARIOS FINALES

La conclusión principal que resulta del estudio comparado del rol de los jueces constitucionales actuando como "Legisladores Positivos" en el mundo contemporáneo, es que, sin duda, los mismos han venido asumiendo de manera progresiva una ingerencia activa en áreas que hace sólo unas décadas pertenecían exclusivamente al Poder Constituyente o al Legislador, en algunos casos descubriendo y deduciendo normas constitucionales, en particular en asuntos relacionados con los derechos humanos no expresamente consagrados en la Constitución y que incluso, en muchos casos no podían siquiera ser considerados como derivados de la intención de un Constituyente antiguo y original, al sancionar una Constitución concebida para una sociedad diferente.

En otros casos, los jueces constitucionales han asumido de manera progresiva funciones legislativas, complementando al Legislador en su papel de creador de leyes, en muchos casos llenando los vacíos resultantes de las omisiones legislativas, en otros, mandando lineamientos y ordenes al Legislador, y además, adoptando legislación provisional resultante del ejercicio de sus funciones de control de constitucionalidad.

---

255 Véase Mario Pesci Feltri Martínez, "La jurisdicción normativa y los artículos 335 y 336 de la Constitución", en *El Derecho Público a comienzos del siglo XXI. Estudios homenaje al Profesor Allan R. Brewer–Carías,* Tomo I, Instituto de Derecho Público, UCV, Civitas Ediciones, Madrid, 2003, pp. 1029–1054.

256 Sentencia Nº 1556 of July 9, 2002, caso *Alfonzo Albornoz y Gloria de Vicentini*, en http://www.tsj.gov.ve/decisiones/scon/Julio/1556-090702-01-2337%20.htm. Véase Daniela Urosa Maggi, "*Cortes Constitucionales como 'Legisladores Positivos:' La experiencia venezolana,*" Venezuelan National Report, XVIII International Congress of Comparative Law, Washington, July, 2010, pp. 10-11.

257 Sentencia Nº 1511 of November 9, 2009, caso *Mercedes Josefina Ramírez, Acción de Habeas Dat,* en http://www.tsj.gov.ve/decisiones/scon/Noviembre/1511-91109-2009-09-0369.html. Véase Allan R. Brewer-Carías, "El proceso constitucional de las acciones de habeas data en Venezuela: las sentencias de la Sala Constitucional como fuente del Derecho Procesal Constitucional" en Eduardo Andrés Velandia Canosa (Coordinador), *Homenaje al Maestro Héctor Fix Zamudio. Derecho Procesal Constitucional. Memorias del Primer Congreso Colombiano de Derecho Procesal Constitucional* Mayo 26, 27 y 28 de 2010, Bogotá 2010, pp. 289-295; y Daniela Urosa Maggi, "*Cortes Constitucionales como 'Legisladores Positivos:' La experiencia venezolana,*" Venezuelan National Report, XVIII International Congress of Comparative Law, Washington, July, 2010, p. 13.

258 Véase Allan R. Brewer-Carías y Víctor Hernández Mendible, *Ley Orgánica del Tribunal Supremo de Justicia*, Editorial Jurídica Venezolana, Caracas 2010.

Estas tendencias comunes, que pueden identificarse en diferentes países y en todos los sistemas legales, son, por supuesto, más numerosas e importantes que las posibles diferencias esenciales y excepcionales que pudieren existir entre los diversos sistemas. Por ello, en materia de control de constitucionalidad, los jueces constitucionales, con el fin de desarrollar sus propias competencias y ejercer sus facultades de control para proteger los derechos fundamentales y para asegurar la supremacía de la Constitución, han comenzado de manera progresiva a estudiar y analizar el trabajo similar desarrollado por jueces constitucionales de otros países, enriqueciendo así sus decisiones. En esa tarea, sin duda, el derecho comparado ha ejercido un rol determinante.

En consecuencia, es posible decir que hoy en día, tal vez con la excepción de la Corte Suprema de los Estados Unidos, es común encontrar en las decisiones de los Tribunales o Cortes Constitucionales, o de las Cortes Supremas ejerciendo facultades de justicia constitucional, referencias constantes a decisiones emitidas en asuntos o casos similares por otros jueces constitucionales. Por ello se puede decir que en general, en esta materia, en el mundo actual, no existe animadversión alguna en utilizar elementos de derecho extranjero para interpretar la Constitución, cuando el mismo sea aplicable.

Ese, sin embargo, no es el caso en los Estados Unidos donde aún es posible oír expresiones como las emitidas por la Juez Sonia Sotomayor quien, en la audiencia en el Senado para su confirmación como para integrar la Corte Suprema, afirmó por ejemplo, que la "Ley norteamericana no permite el uso del derecho extranjero o internacional para interpretar la Constitución" siendo esto una cuestión "dada" en relación con la cual "no hay debate."[259] Al contrario, sin embargo, la Juez Ruth Bader Ginsburg de la misma Corte Suprema, ha dicho que: "francamente no comprendo todo el reciente alboroto del Congreso y de algunos de mis colegas acerca de las referencias al derecho extranjero," explicando que la controversia estaba basada en el malentendido de que si se cita un precedente extranjero ello podría significar que la Corte se podría encontrar limitada por el derecho extranjero." En realidad, argumentó la propia Juez Ginsburg que la cita de precedentes de Cortes o Tribunales Constitucionales extranjeros, no se diferencia de la cita que pueda hacerse de de un artículo de un profesor extranjero, preguntándose: ¿Por qué no debemos voltear nuestra mirada hacia la sabiduría de un juez del extranjero con al menos la misma facilidad con la que leeríamos un artículo redactado por un profesor?"[260]

Y esto es precisamente lo que actualmente ocurre en todas las Cortes Supremas y Jurisdicciones Constitucionales, donde los jueces constitucionales comúnmente toman en consideración el derecho extranjero cuando tienen que decidir acerca del mismo asunto basándose en los mismos principios. En tales casos, de la misma manera en que se estudia el asunto de acuerdo con la opinión y el análisis de distintos

259 Expresiones de la juez Sonia Sotomayor, en las audiencias de confirmación ante el Senado de los Estados Unidos, el 15 de julio de 2009, en "Sotomayor on the Issues," *The New York Times,* 16 de Julio de 2009, p. A-18.

260 Véase Adam Liptak, "Ginsburg Shares Views on Influence of Foreign Law on Her Court, and Vice Versa," en *The New York Times*, 12 de abril de 2009, p. 14.

autores de libros y artículos, también ellos han confiado en las soluciones y decisiones de los tribunales de otros países. Ello, sin duda, ha sido muy útil pues el ejercicio no se ha reducido al sólo análisis de soluciones teóricas, sino de las soluciones prácticas en casos específicos que han sido aplicadas por otros jueces. Y es ahí, precisamente, donde el derecho comparado es una herramienta por lo demás útil e importante.

SECCIÓN SEGUNDA:

LAS CORTES CONSTITUCIONALES COMO LEGISLADORES POSITIVOS. CONSTITUTIONAL COURTS AS POSITIVE LEGISLATORS:

El texto de esta sección es el de la Ponencia general que sobre el tema de **Constitutional Courts as Positive Legislators**, preparé para el Congreso Internacional de Derecho Comparado organizado por la Academia Internacional de Derecho Comparado y que se realizó en Washington en 2010. El texto de la Ponencia General fue publicado en mi libro: ***Constitucional Courts As Positive Legislators***, Cambridge University Press, New York 2011, 923 páginas

El texto estuvo precedido Nota del autor:

This book is the result of the legal research programs conceived by the International Academy of Comparative Law on the occasion of preparing for its quadrennial International Congress of Comparative Law.

For the congresses, every four years, the board of the academy selects nearly fifty important and current law topics or subjects to be studied comparatively. The board requests that the academic community of each country write national reports on each subject, and it assigns the task of producing a comparative law study to a general reporter, who stresses the most important current global trends of the particular subject.

In this case, and for the purpose of the eighteenth International Congress of Comparative Law held in Washington, D.C., in July 2010, organized by the International Academy of Comparative Law with the support of the American Association of Comparative Law, the academy chose within the topic of constitutional law the subject of *Constitutional Courts as Positive Legislators* as one of the current subjects in constitutional law. The academy assigned me the task of preparing the general report on this subject for the congress, and this book is the result of the two years of research and work that I devoted to it. Following the general guidelines that I sent out, the national reporters wrote their national reports, which were the main source of information I had for writing the general report, which of course was complemented by my own research. I received thirty-six national reports from thirty-one countries: nineteen from Europe, including six from Eastern Europe; ten from the American continent (three from North America, five from South America, and two from Central America); one from Asia, and one from Australia. I thank all the national reporters for their cooperation in providing me with precious and current information on the subject.

The general report and the national reports were discussed at the congress. This book integrates those reports in the following parts: Part 1 includes my general report; Part 2 includes the national reports I received on the subject, in English and French, which are the official languages of the academy; and Part 3 includes the synthesis report I prepared for my oral presentation at the eighteenth congress, at the George Washington Law School, in Washington, D.C., on July 27, 2010.

This was not the first time I have had the privilege of being a general reporter for the International Academy's congresses. I was first appointed general reporter by the academy forty-five years ago, on the subject of *Le régime des activités industrielles et commerciales des pouvoirs publiques*, for the seventh International Congress of Comparative Law, held in Uppsala, Sweden, in August 1966. On that occasion, Professor Robert Goldschmidt proposed my name for that task. He was a very well-recognized commercial law professor, who at the time was head of the Private Law Institute of the Central University of Venezuela and head of the Comparative Law Center of the Ministry of Justice. On that occasion he had been appointed general reporter on the subject by the academy, but because it was a public law subject (not a commercial law one), he asked me to allow him to propose my name to the academy, instead of his own, to write the general report. It was thanks to Robert Goldschmidt that I got in touch with the academy, at a time when I was a very young professor, with some books and articles already published but not at all known in the comparative law world. In any case, the appointment from the academy allowed me not only to write an extensive general report on public enterprise in comparative law[261] but also to begin close relations with the academy and all the very distinguished comparatist lawyers with whom I developed close friendships and long-standing academic relations. This was the time of professors Gabriel Marty, C.J. Hamson, John Hazard, Anthony Jolowicz, and Roland Drago, among others, who privileged me with their friendship. The Uppsala general report was published as the book *Les enterprises publiques en droit comparé* by the Faculté international pour l'ensignement du droit comparé, Paris 1968, with a foreword by Professor Roland Drago, who was later secretary-general of the academy.

In subsequent congresses, I was also appointed general reporter for different subjects: *Les limites a la liberté d'information (presse, radio, cinema et télévisión)*, at the eighth International Congress of Comparative Law, in Pescara, Italy, August–September 1970;[262] *Regionalization in Economic Matters*, at the ninth International Congress of Comparative Law, in Tehran, August–

---

261 See Allan R. Brewer-Carías, "Le régime des activités industrielles et commerciales des pouvoirs publics en droit comparé," in *Rapports Généraux au VIIe Congrès International de Droit Comparé, Acta Instituti Upsaliensis Jurisprudentiae Comparativae*, Stockholm 1966, pp. 484–565.

262 See Allan R. Brewer-Carías, "Las limitaciones a la libertad de información en el derecho comparado (prensa, radio, cine y televisión)," *Revista Orbita*, nos. 5–6, Caracas 1973, pp. 55–88.

September 1974;[263] *La décentralization territoriale, autonomie territoriale et régionalization politique*, at the eleventh International Congress of Comparative Law, in Caracas, August–September 1982;[264] *Les limitations constitutionnelles et légales contre les impositions confiscatoires*, at the thirteenth International Congress of Comparative Law, in Montreal, August 1990;[265] and *Constitutional Implications of Regional Economic Integration*, at the fifteenth International Congress of Comparative Law, in Bristol, United Kingdom, July–August 1998.[266] All these general reports were published in my book *Études de droit public comparé* (published in 2000 by Bruylant in Brussels).

This book, with the general report for the eighteenth International Congress, as mentioned, also includes the national reports as a thematic book, which the academy has encouraged.

I was formally elected an associate member of the academy many years ago, and in 1982, on the occasion of the eleventh International Congress of Comparative Law held in Caracas, which I helped organize, I was elected titular member and vice president, a position that I held for almost thirty years. On the occasion of the 2010 congress in Washington, I decided to step down, giving way to other comparatists from Latin America to join the board.

This work, once more, as general reporter is a good occasion to thank again all the members of the board of the academy for all their support of my academic activities during the almost the half century that has passed since I first delivered a general report at the University of Uppsala. In particular, I express my thanks to Professor Roland Drago, for many decades the secretary-general of the academy, who through his persistent work positioned the academy among the most recognized institutions in current comparative law.

Beatriz, my wife, went with me to the Uppsala congress in 1966, and she has accompanied me during the past decades in all my academic ventures and relations with the academy. She has been the permanent witness to the hours, days, weeks, and years that the academic life requires; and in the particular case of the work published in this book, she has been even a closer witness in these years of exile in New York – a result of the authoritarian government in Vene-

263 See Allan R. Brewer-Carías, "Regionalization in Economic Matters in Comparative Law," in *Rapports Generaux au IX Congrés International de Droit Comparé, Teherán 1974*, Brussels 1977, pp. 669–696.

264 See Allan R. Brewer-Carías, "La descentralización territorial: Autonomía territorial y regionalización política," en *Revista de Estudios de la Vida Local*, nº 218, Instituto de Estudios de Administración Local, Madrid, April–June 1983, pp. 209–232.

265 See Allan R. Brewer-Carías, "Les protections constitutionnelles et légales contre les impositions confiscatories," *Rapports Généraux XIIIe Congres International*, Académie Internationale de Droit Comparé, Montreal 1990, pp. 795–824.

266 See Allan R. Brewer-Carías, *Las implicaciones constitucionales de la integración económica regional*, Cuadernos de la Cátedra Allan R. Brewer-Carías de Derecho Público, Universidad Católica del Táchira, Editorial Jurídica Venezolana, Caracas 1998.

zuela that since 1999 has seized all branches of government, demolishing with absolute impunity democratic institutions and the rule of law.[267]

It was thanks to her fortitude, support, love, and understanding, that during the difficult months of 2011, I was able to finish this work on time. That is why I dedicate this book to her, with all my love.

New York, July 2011

INTRODUCTION

HANS KELSEN, JUDICIAL REVIEW, AND THE NEGATIVE LEGISLATOR

At the beginning of the twentiest century, Hans Kelsen, in his very well-known article "La garantie juridictionnelle de la constitution (La justice constitutionnelle)," published in 1928, in the *Revue du droit public et de la science politique en France et a l'étranger*, began to write for non-German-speaking readers about constitutional courts as "negative legislators."[268] As Kelsen was one of the most important constructors of modern public law of the twentieth century, it is indeed impossible to write about the opposite assertion – on constitutional courts as positive legislators – without referring to his thoughts on the matter.[269]

In his article, while sharing his experience on the establishment and functioning of the Constitutional Court of Austria in 1920, conceived of as an important part of the concentrated system of judicial review that he had introduced for the first time in Europe,[270] Kelsen began to explain the role of such constitutional organs established outside of the judicial branch of government, but with jurisdictional powers to annul statutes they deemed unconstitutional.

The Austrian system, which was established the same year as that in Czechoslovakia,[271] according to Kelsen's own ideas,[272] sharply contrasted with, at that time,

267 See Allan R. Brewer-Carías, *Dismantling Democrary. The Chávez Authoritarian Experiment*, Cambridge University Press, New York, 2010.

268 See Hans Kelsen, "La garantie juridictionnelle de la constitution (La justice constitutionnelle)," *Revue du droit public et de la science politique en France et a l'ètranger*, Librairie Général de Droit et de Jurisprudence, Paris 1928, pp. 197–257. See also the Spanish text in Hans Kelsen, *La garantía jurisdiccional de la Constitución (La justicia constitucional)*, Universidad Nacional Autónoma de México, Mexico City 2001.

269 As all the national reporters, in one way or another, have done in their national reports for subject IV.B.2 of the eighteenth International Congress of Comparative Law, Washington, D.C., July 2010. See the text of all national reports in Part 2 of this book.

270 See generally Charles Eisenmann, *La justice constitutionelle et la Haute Cour Constitutionelle d'Autriche* (reprint of the 1928 edition, with H. Kelsen's preface), Economica, Paris 1986; Konrad Lachmayer, *Austrian National Report*, p. 1.

271 See Zdenek Kühn, *Czech National Report*, p. 1.

272 Kelsen called constitutional justice his "most personal work." See Theo Öhlinger, "Hans Kelsen y el derecho constitucional federal austriaco: Una retrospectiva crítica," *Revista Iberoamericana de Derecho*

the already well-established and well-developed diffuse system of judicial review adopted in the United States, where for more than a century, courts and the Supreme Court had already developed a very active role as constitutional judges.[273]

It is true that the classic distinction of the judicial review systems in the contemporary world, between the concentrated systems of judicial review and the diffuse systems of judicial review,[274] has developed and has changed, and is difficult to apply in many cases clearly and sharply.[275] Consequently, in almost all democratic countries, a convergence of principles and solutions on matters of judicial review has progressively occurred,[276] to the point that nowadays it is possible to say that there are no means or solutions that apply exclusively in one or another system.[277] Nonetheless, this fact, in my opinion, does not deprive the distinction of its basic sense.

In effect, and in spite of criticisms of the concentrated-diffuse distinction,[278] the distinction remains very useful, particularly for comparative law analysis, and it is

---

Procesal Constitucional, nº 5, Instituto Iberoamericano de Derecho Procesal Constitucional, Editorial Porrúa, Mexico City 2006, p. 219.

273 For the purpose of this general report, the expression "constitutional courts" refers generally to constitutional tribunals or courts – specifically established in many countries as constitutional jurisdictions, with powers to annul with *erga omnes* effects unconstitutional statutes, as well as to supreme courts or tribunals also acting as constitutional jurisdictions, or any court or tribunal when acting as constitutional judges.

274 See generally Mauro Cappelletti, *Judicial Review in Contemporary World*, Bobbs-Merrill, Indianapolis 1971, p. 45; Mauro Cappelletti and J. C. Adams, "Judicial Review of Legislation: European Antecedents and Adaptations," *Harvard Law Review* 79, Nº 6, April 1966, p. 1207; Mauro Cappelletti, "El control judicial de la constitucionalidad de las leyes en el derecho comparado," *Revista de la Facultad de Derecho de México* 61, 1966, p. 28; Allan R. Brewer-Carías, *Judicial Review in Comparative Law*, Cambridge University Press, Cambridge 1989; Allan R. Brewer-Carías, *Étutes de droit pubic comparé*, Bruylant, Brussels 2000, pp. 653 ff.

275 See, e.g., Lucio Pegoraro, "Clasificaciones y modelos de justicia constitucional en la dinámica de los ordenamientos," *Revista Iberoamericana de Derecho Procesal Constitucional*, Nº 2, Instituto Iberoamericano de Derecho Procesal Constitucional, Editorial Porrúa, Mexico City 2004, pp. 131 ff.; Alfonse Celotto, "La justicia constitucional en el mundo: Formas y modalidades," *Revista Iberoamericana de Derecho Procesal Constitucional*, Nº 1, Instituto Iberoamericano de Derecho Procesal Constitucional, Editorial Porrúa, Mexico City 2004, pp. 3 ff.

276 See, e.g., Francisco Fernández Segado, *La justicia constitucional ante el siglo XXI. La progresiva convergencia de los sistemas americano y europeo-kelseniano*, Librería Bonomo Editrice, Bologna 2003, pp. 40 ff.

277 On the effort to establish a new basis for new distinctions, see Louis Favoreu, *Les cours constitutionnelles*, Presses Universitaires de France, 1986; Michel Fromont, *La justice constitutionnelle dans le monde*, Dalloz, Paris 1996; D. Rousseau, *La justice constitutionnelle en Europe*, Montchrestien, Paris 1998.

278 See Francisco Fernández Segado, "La obsolecencia de la bipolaridad 'modelo Americano-modelo europeo-kelseniano' como criterio analítico del control de constitucionalidad y la búsqueda de una nueva tipología explicativa," in *La justicia constitucional: Una visión de derecho comparado*, Ed. Dykinson, Madrid 2009, vol. 1, pp. 129–220; Guillaume Tusseau, *Contre les "modèles" de justice constitutionnelle: Essai de critique métodologique*, Bononia University Press, Universitá di Bologna, Bologna 2009 (bilingual French-Italian edition); Guillaume Tusseau, "Regard critique sur les outils méthodologique du comparatisme. L'example des modèles de justice constitutionnelle," *IUSTEL: Revista General de Derecho Público Comparado*, nº 4, Madrid, January 2009, pp. 1–34.

not possible to consider it obsolete.[279] The basis of the distinction, which can always be considered valid, is established between, on the one hand, constitutional systems in which all courts are constitutional judges and have the power to review the constitutionality of legislation in decisions on particular cases and controversies, without such power necessarily being expressly established in the Constitution, and on the other hand, constitutional systems in which a constitutional jurisdiction is established assigning its exercise to a constitutional court, tribunal or council or to the supreme or high court or tribunal of the country, as the only court with jurisdictional power to annul statutes contrary to the Constitution – such courts or the assignment of power to them must be expressly provided for in the Constitution. This is the basic ground for the distinction that still exists in comparative law, even in countries where both systems function in parallel, as it happens in many Latin American countries.[280] It is in this sense that this book refers to the concentrated system and the diffuse system of judicial review.[281]

In this sense, the concentrated system of judicial review, after being adopted since the nineteenth century in many Latin American countries, was adopted in Europe following Kelsen's ideas set forth in the 1920 constitutions of Czechoslovakia and Austria based on the principle of constitutional supremacy and its main guarantee, that is, the nullity and the annulability of statutes and other State acts with similar rank, when they are contrary to the Constitution. Given the general fear regarding the Judiciary and the prevailing principle of the sovereignty of parliaments, the system materialized through the creation of a special constitutional court established outside of the judicial branch of government with the power not only to declare the unconstitutionality of statutes that violate the Constitution but also to annul them with *erga omnes* effects, that is, to expel them from the legal order.

---

279 In fact, what can be considered obsolete is the distinction that derives from an erroneous denomination that has been given to the two systems, particularly by many in Europe, contrasting the so-called American and European systems. This ignores that the "European system," which cannot be reduced to the existence of a specialized Constitutional Court, was present in Latin America a few decades before its introduction in the Czechoslovak Constitution and that the "American system" is not at all endemic to countries with common law systems, having been spread since the nineteenth century into countries with Roman law traditions. See Allan R. Brewer-Carías, *Judicial Review in Comparative Law*, Cambridge University Press, Cambridge 1989; Vicki C. Jackson and Mark Tushent, *Comparative Constitutional Law*, 2nd ed., Foundation Press/Thomson West, New York 2006, pp. 465 ff., 485 ff. Also, as has been pointed out by Francisco Rubio Llorente, it is impossible to talk about a European system, when within Europe there are more differences between the existing systems of judicial review than between any of them and the American system. See Francisco Rubio Llorente, "Tendencias actuales de la jurisdicción constitucional en Europa," in *Manuel Fraga: Homenaje académico*, Fundación Canovas del Castillo, Madrid 1997, vol. 2, p. 1416.

280 As is, for instance, the case of Brazil, Colombia, Dominican Republic, Ecuador, Guatemala, Mexico, Nicaragua, Peru, and Venezuela, as well as Portugal, and in a certain way Greece, and Canada. See Allan R. Brewer-Carías, "La jurisdicción constitucional en América Latina," in Domingo García Belaúnde and Francisco Fernández Segado (coords.), *La jurisdicción constitucional en Iberoamérica*, Dykinson S.L. (Madrid), Editorial Jurídica Venezolana (Caracas), Ediciones Jurídicas (Lima), Editorial Jurídica E. Esteva (Uruguay), Madrid 1997, pp. 117–161.

281 See Allan R. Brewer-Carías, *Constitutional Protection of Human Rights in Latin America: A Comparative Study of Amparo Proceeding*, Cambridge University Press, New York 2009, pp. 81 ff.

Kelsen's initial arguments were developed to confront the problems that such powers of judicial review in the hand of a new constitutional organ different from the Legislator could arise in Europe regarding the principle of separation of powers and, in particular, its incidence in legislative functions. But the fact was that the system, by that time and without the need to create a separate constitutional court, was already in existence, with similar substantive trends in some Latin American countries such as Colombia and Venezuela, where the annulment powers regarding unconstitutional statutes had been granted since 1858 to supreme courts of justice.[282]

On the other hand, at the time when the concentrated system of judicial review was formulated in Europe, it contrasted sharply with the diffuse or decentralized system of judicial review that had developed in the United States since the 1808 Supreme Court case *Marbury v. Madison*, 1 Cranch 137 (1803), which beginning in the nineteenth century also spread to many Latin American countries, including Argentina, Brazil, Colombia, and Venezuela,[283] and was adopted in some European countries, including Norway,[284] Denmark, Sweden, and Greece.[285]

Summarizing, when Kelsen formulated his arguments in support of the concentrated system of judicial review in Europe, the same system had already existed for more than six decades in Latin America, and the diffuse system had existed for almost a century in North America and later also in Latin America and in some European countries.

But the fact is that it was through Kelsen's proposals and writings that judicial review developed in Europe, eventually contributing to end the principle of parliamentary sovereignty. Kelsen himself not only drafted the proposal to incorporate the new Constitutional Court in the 1920 Austrian Constitution but also was a distinguished member of that tribunal for many years, where he acted as its judge rapporteur. He was then key in implementing the concentrated system of judicial review that over the following decades, and particularly after World War II, developed throughout Europe. Even in France, with its traditional and initial a priori concentrated system of judicial review, the result of the jurisprudence of the Constitutional Council has been considered the "symbolic end of the sovereignty of the law," given the current consideration of the law as "the expression of the general will *within the respect of the Constitution.*"[286]

282 On the origins of the Colombian and Venezuelan systems, see Allan R. Brewer-Carías, *El sistema mixto o integral de control de la constitucionalidad en Colombia y Venezuela*, Universidad Externado de Colombia, Pontificia Universidad Javeriana, Bogotá 1995. See Sandra Morelli, *Colombian National Report II*, p. 2.

283 See Allan R. Brewer-Carías, "La jurisdicción constitucional en América Latina," in Domingo García Belaúnde-Francisco Fernández Segado (coords.), *La jurisdicción constitucional en Iberoamérica*, Dykinson S.L. (Madrid), Editorial Jurídica Venezolana (Caracas), Ediciones Jurídicas (Lima), Editorial Jurídica E. Esteva (Uruguay), Madrid 1997, pp. 117–161.

284 See Eivind Amith, *Norway National Report*, p. 1.

285 See Julia Iliopoulos-Strangas and Stylianos-Ioannis G. Koutnatzis, *Greek National Report*, pp. 2–3.

286 See Bertrand Mathieu, *French National Report*, p. 5.

The basic thoughts of Kelsen on the matter, as already mentioned, directed at non-German-speaking readers, were expressed in his 1928 article "The Jurisdictional Guarantee of the Constitution (Constitutional Justice),"[287] in which he considered the general problem of the legitimacy of the concentrated system of judicial review. In particular, he analyzed the compatibility of the system with the principle of separation of powers, based on the fact that an organ of the State other than the Legislator could annul statutes without the decision to do so being considered an invasion of the Legislator's domain.

In this regard, after arguing that "to annul a statute[] is to establish a general norm, because the annulment of a statute has the same general character of its adoption," and after considering that to annul a statute is "the same as to adopt it but with a negative sign, and consequently in itself, a legislative function," Kelsen considered that the court that has the power to annul statutes is, consequently, "an organ of the Legislative branch."[288] Nonetheless, Kelsen finished by affirming that, although the "activity of the constitutional jurisdiction" is an "activity of the Negative Legislator," this does not mean that the constitutional court exercises a "legislative function," because that would be characterized by the "free creation" of norms. The free creation of norms, however, does not exist in the case of the annulment of statutes, which is a "jurisdictional function" that can only be "essentially accomplished in application of the norms of the Constitution," that is, "absolutely determined in the Constitution."[289] His conclusion was that the constitutional jurisdiction accomplishes a "purely juridical mission, that of interpreting the Constitution," with the power to annul unconstitutional statutes the principal guarantee of the supremacy of the Constitution.[290]

As I argued a few years ago, in reality, constitutional courts do not "repeal" a statute in annulling it, and the annulment they can pronounce is not based on discretionary powers but on constitutional and legal criteria, on the application of a superior rule, embodied in the Constitution. Thus, in no way do they exercise a legislative function. The function of a constitutional court, as argued by Kelsen, is thus jurisdictional; the same that is assigned to an ordinary court but characterized as a

---

287 See Hans Kelsen, "La garantie juridictionnelle de la constitution (La justice constitutionnelle)," *Revue du droit public et de la science politique en France et a l'ètranger*, Librairie Général de Droit et de Jurisprudence, Paris 1928, pp. 197–257. See also Hans Kelsen, "Judicial Review of Legislation: A Comparative Study of the Austrian and the American Constitutions," *Journal of Politics* 4, nº 2, Southern Political Science Association, May 1942, pp 183-200; "El control de la constitucionalidad de las leyes: Estudio comparado de las Constituciones Austríacas y Norteamericana," *Revista Iberoamericana de Derecho Procesal Constitucional*, No 12, Editorial Porrúa, Mexico 2009, pp. 3-17; "Le contrôle de constitutionnalité des lois. Une étude comparative des Constitutions autrichienne et américaine," *Revue française de droit constitutionnel*, nº 1, Presses Universitaires de France, Paris 1999, pp. 17–30.

288 See Hans Kelsen, *La garantía jurisdiccional de la Constitución (La justicia constitucional)*, Universidad Nacional Autónoma de México, Mexico City 2001, p. 54.

289 *Id.*, pp. 56–57. See Allan R. Brewer-Carías, *Études de droit public comparé*, Bruylant, Brussels 2003, p. 682.

290 See Hans Kelsen, *La garantía jurisdiccional de la Constitución (La justicia constitucional)*, Universidad Nacional Autónoma de México, Mexico City 2001, p. 57.

guarantee of the Constitution. And, if it is true that constitutional judges in many cases decide political issues when considering the constitutionality of legislative acts, they do so by legal methods and criteria, in a process initiated by a party with the required standing.[291] Only exceptional constitutional courts are authorized to initiate *ex officio* constitutional proceedings.

Eventually, Kelsen, in the same article, summarized the "result" of judicial review in the concentrated system, highlighting that, to guarantee the Constitution, it is indispensable for the unconstitutional statute to be annulled by a constitutional court ruling, that has as a matter of principle and in the interest of legal security, *ex nunc, pro futuro* effects (i.e., nonretroactive effects), a rule that nonetheless could be mitigated. Kelsen also considered that the annulment of a statute did not produce the rebirth of old statutes abrogated by the annulled one, a decision that nonetheless he considered could be assigned to the constitutional court, evidencing in such case the "legislative character" of its function.[292]

My purpose in this study is to analyze in comparative law all those situations in which constitutional courts interfere not only with the Legislator and its legislative functions but also with the "constitutional legislator," that is, with the Constituent Power,[293] by assuming, in one way or another, the role of positive legislators. For such purpose, I divide this general report into five chapters. The first analyzes the general aspects of judicial review of the constitutionality of legislation exercised by constitutional courts, as well as the courts' relation with the Legislator. The second chapter examines cases in which the constitutional courts interfere with the Constituent Power, by enacting constitutional rules and even mutating[294] the Constitution. The third chapter explores the role of constitutional courts that interfere with the Legislator regarding existing legislation, assist the Legislator, complement statutes

291 See Allan R. Brewer-Carías, *Études de droit public comparé*, Bruylant, Brussels 2003, p. 685. See also A. Pérez Gordro, *El Tribunal Constitucional y sus funciones*, Barcelona 1982, p. 41. See the comment of Laurence Claus and Richard S. Kay, *U.S. National Report*, pp. 4, 6.

292 See Hans Kelsen, *La garantía jurisdiccional de la Constitución (La justicia constitucional)*, Universidad Nacional Autónoma de México, Mexico City 2001, pp. 82–86.

293 I will use the expression "Constituent Power" in order to refer to the will of the people (original constituent power) when approving a Constitution (for instance through a referendum), or to a Constituent Assembly when sanctioning a Constitution, or to any organs of the state with constitutional power to review or change the Constitution. See generally, Pedro de Vega, *La Reforma Constitucional y la Problemática del Poder Constituyente*, Ed. Tecnos, Madrid 2000; Allan R. Brewer-Carías, *Poder Constituyente Originario y Asamblea Nacional Constituyente*, Editorial Jurídica Venezolana, Caracas 1998.

294 The expresión "constitutional mutation" is used in order to refer to the changes made to the content of a constitutional provision when without formally "reforming" its text, by means of a judicial interpretation it result with a different meaning. See Salvador O. Nava Gomar, "Interpretación, mutación y reforma de la Constitución. Tres extractos," in Eduardo Ferrer Mac-Gregor (coord.), *Interpretación Constitucional*, vol. II, Editorial Porrúa, Universidad Nacional Autónoma de México, México 2005, pp. 804 ss. See also generally on the subject, Konrad Hesse, "Límites a la mutación constitucional," in *Escritos de derecho constitucional*, Centro de Estudios Constitucionales, Madrid 1992, pp. 79–104; and Rogelia Calzada Conde, "Poder Constituyente y mutación constitucional: especial referencia a la interpretación judicial," in *Jornadas de Estudio sobre el Título Preliminar de la Constitución*, Ministerio de Justicia/Secretaría General Técnica/Centro de Publicaciones, Madrid 1988, Vol. 11., pp. 1.097–1.111.

and add provisions to them through constitutional interpretation, and determine the temporal effects of legislation. The fourth chapter analyzes the role of constitutional courts that interfere with the Legislator regarding absolute and relative legislative omissions and, in some cases, act as provisional legislators. The fifth chapter discusses the role of constitutional courts as legislators on matters of judicial review.

CHAPTER 1

JUDICIAL REVIEW OF LEGISLATION AND THE LEGISLATOR

I. THE SYSTEMS OF JUDICIAL REVIEW AND THE ROLE OF CONSTITUTIONAL COURTS

The result of Kelsen's proposals and their applications in Europe was the development of the concentrated system of judicial review, which attributed specially created constitutional bodies (constitutional courts, tribunals or councils) generally conceived of outside the Judiciary with the power to annul, with *erga omnes* effects, unconstitutional statutes –this was the initial pattern followed after World War II in Germany, Italy, France, Spain, and Portugal. The system developed as the result of a compromise between the need for a judicial review system derived from the notion of constitutional supremacy and the traditional European idea of the separation of powers, which had denied the courts any power to invalidate statutes.

But in spite of the importance of Kelsen's contributions, it is improper to identify the concentrated system of judicial review as a whole with a so-called "European model," because there are also concentrated systems of judicial review in which the exclusive and original jurisdiction to annul statutes, without the creation of a special court or tribunal, has fallen to the existing supreme courts of justice, located at the apex of the Judicial Power, as has been the case, since the nineteenth century, in many Latin American countries.[295] In addition, in many Latin American countries, the judicial review system has developed as a mixed system, combining the diffuse

---

295 The "European model" is referred to the concentrated system of judicial review when the constitutional jurisdiction is assigned to a special constitutional court. Other countries without special constitutional courts also follow the concentrated system of judicial review by assigning the constitutional jurisdiction to existing supreme courts. In this sense, the concentrated system of judicial review has been adopted in Brazil, Bolivia, Colombia, Costa Rica, Chile, Dominican Republic, Ecuador, El Salvador, Guatemala, Honduras, Mexico, Nicaragua, Panama, Paraguay, Peru, Uruguay, and Venezuela. But only in Bolivia, Colombia, Chile, Guatemala, Peru, and Ecuador is the constitutional jurisdiction assigned to special constitutional courts or tribunals. In the other countries, it is exercised by the existing supreme courts. Only in Bolivia, Costa Rica, Chile, Ecuador, El Salvador, Honduras, Panama, Paraguay, and Uruguay does the system remain exclusively concentrated. In the other countries it has been mixed with the diffuse system, functioning in parallel. See Allan R. Brewer-Carías, *Judicial Review in Comparative Law*, Cambridge University Press, Cambridge 1989; and Allan R. Brewer-Carías, *Constitutional Protection of Human Rights in Latin America: A Comparative Study of Amparo Proceeding*, Cambridge University Press, New York 2009.

and the concentrated methods that function in parallel,[296] as is also the case in Portugal,[297] Greece,[298] and Canada.[299]

In addition, we must remind that before Kelsen's ideas took root in Europe, also since the nineteenth century, the other main system of judicial review, the diffuse or decentralized one, was developed in the United States as a consequence of the same principle of the supremacy of the Constitution. According to this diffuse system, all judges and courts are empowered to act as constitutional judges, in the sense that when applying the law, they are allowed to decide the law's constitutionality; therefore, they are empowered to decide not to apply a statute that they consider unconstitutional when deciding a particular judicial case or controversy, giving priority to the Constitution. In this system, the courts are empowered not to formally annul statutes with *erga omnes* effects but to only declare their unconstitutionality with *inter partes* effects.

Although the system was first implemented in the United States, and was followed in many common law countries, it cannot be considered a system peculiar to the common law system, and thus incompatible with the civil or Roman law tradition.[300] As mentioned already, it had existed and developed since the nineteenth century in parallel with the concentrated system in many Latin American countries,[301] all of them being part of the Roman law family of legal systems, as well as in some European countries.

In any case, an important aspect to bear in mind is that in diffuse systems of judicial review, when the final decision in a case reaches the supreme court or tribunal, according to the principle of *stare decisis*, the practical effects of the non–application of a statute declared unconstitutional are similar to the practical effects of its annulment, in the sense that even if the statute continues to appear in the books, in practice it is considered null and void.

In addition, even in countries with the diffuse system of judicial review that have not developed the *stare decisis* doctrine, the effects of the supreme court decisions on matters of judicial review are similar, because of the authority that the legal and

---

296 As in Brazil, Colombia, Dominican Republic, Guatemala, Mexico, Nicaragua, Peru, and Venezuela. See *Id.*

297 See Allan R. Brewer-Carías, *Judicial Review in Comparative Law*, Cambridge University Press, Cambridge 1989; Joaquim de Sousa Ribeiro and Esperança Mealha, *Portuguese National Report*, p. 1.

298 See Julia Iliopoulos-Strangas and Stylianos-Ioannis G. Koutnatzis, *Greek National Report*, pp. 6–7.

299 See Kent Roach, *Canadian National Report*, p. 1.

300 See Allan R. Brewer-Carías, *Judicial Review in Comparative Law*, Cambridge University Press, Cambridge 1989; Vicki C. Jackson and Mark Tushent, *Comparative Constitutional Law*, 2nd ed., Foundation Press and Thomson West 2006, pp. 465 ff., 485 ff.

301 The diffuse system of judicial review has been adopted in Argentina, Brazil, Colombia, Dominican Republic, Guatemala, Mexico, Nicaragua, Peru, and Venezuela. Only in Argentina does it remain exclusively diffuse. In the other countries, the diffuse system is combined with the concentrated one. See Allan R. Brewer-Carías, *Judicial Review in Comparative Law*, Cambridge University Press, Cambridge 1989; and *Constitutional Protection of Human Rights in Latin America: A Comparative Study of Amparo Proceeding*, Cambridge University Press, New York 2009.

judicial communities give to supreme court decisions. This is the case in the Netherlands,[302] and also the case in Argentina, where the Supreme Court, since its early decisions, has progressively imposed the doctrine of *stare decisis.*[303] It has been considered as a *de facto stare decisis* doctrine[304] regarding the interpretation of the Constitution and of federal laws, which aims to provide litigants with some degree of certainty as to how the law must be interpreted, a requirement the court finds embedded in the due process clause of the Constitution. In the Argentine *García Aguilera* case decided in 1870, barely eight years after the court's establishment, the Supreme Court held, in a since then oft-repeated statement, that "lower courts are required to adjust their proceedings and decisions to those of the Supreme Court in similar cases,"[305] from which they can depart only if they give "valid motives."[306]

In all the systems of judicial review – whether concentrated or diffuse, hybrid or mixed – what is clear is that the main role of constitutional courts is to interpret and apply the Constitution to test the constitutionality of statutes and thus preserve the Constitution's supremacy. Thus, constitutional courts are always subordinate to a constitution, not having in principle any power to modify or mutate it or to usurp powers assigned to other State organs. Their essential function is to guarantee the supremacy and integrity of the Constitution by declaring unconstitutional or annulling State acts that violate it, all while being obliged to obey the Constitution by exercising the powers expressly attributed to them in it. Constitutional courts, therefore, are not allowed to assume constituent powers (e.g., issuing decisions that illegitimately modify or mutate the Constitution) or to usurp powers attributed to other constituted powers or organs of the State, like the Executive or the Legislative branches. The contrary is to be considered as a case of the pathology of judicial review.

Regarding other key principles, in general terms, in the exercise of their functions, constitutional courts do so in the course of judicial processes normally initiated by an interested party with due standing in cases or controversies. In the diffuse system it must be a party to the particular case or process, and in the the concentrated system it must be a petitioner with a specific interest to file direct actions on the unconstitutionality of statutes before constitutional courts.[307] As mentioned by Zdenek Kühn, in reference to the Constitutional Court of the Czech Republic, "un-

302 See J. Uzman, T. Barkhuysen, and M. L. van Emmerik, *Dutch National Report*, p. 18.

303 Néstor P. Sagües has called this "Argentinean *stare decisis*." See Néstor P. Sagües, "Los efectos de las sentencias constitucionales en el derecho argentino," in *Anuario Iberoamericano de Justicia Constitucional*, Centro de Estudios Políticos y Constitucionales, N° 12, 2008, Madrid 2008, pp. 345–347; *Argentinean National Report II*, p. 3.

304 See Alejandra Rodríguez Galán and Alfredo Mauricio Vítolo, *Argentinean National Report I*, p. 3.

305 Fallos 9:53 (1870), in Alejandra Rodríguez Galán and Alfredo Mauricio Vítolo, *Argentinean National Report I*, p. 4 (footnote 11).

306 See Néstor P. Sagües, *Argentinean National Report II*, p. 3.

307 See generally Richard S. Kay (ed.), *Standing to Raise Constitutional Issues: Comparative Perspectives, XVIth Congress of the International Academy of Comparative Law, Académie Internationale de Droit Comparé, Brisbane 2002*, Bruylant, Brussels 2005.

like its short-lived federal predecessor (the Constitutional Court of Czechoslovakia) the Czech Constitutional Court does not have the power to provide generally binding interpretation of the Constitution which would have no connection to either abstract constitutional review or constitutional complaint."[308]

So even in cases of constitutional courts with express constitutional powers to interpret in an abstract way the Constitution, that is, without any reference to a particular action, omission, or decision of a State body, a factual dispute must always exist, for example between two constitutional bodies regarding the interpretation of the Constitution. This is, for instance, the case of Slovakia, where article 128 of the Constitution expressly states that "the Constitutional Court shall give an interpretation of the Constitution or constitutional law if the matter is disputable." The same Constitutional Court of Slovakia has stated that the "Constitutional Court does not decide if the state bodies did break the Constitution by the wrong interpretation" or decide on the constitutionality "of the action, omission or decision of state body, which led to origination of the dispute. The court only provides the interpretation of the disputed part of a constitutional statute."[309]

In Slovakia, petitions for the abstract interpretation of the Constitution can be filed only by some public officials or State bodies[310] and, as mentioned, when a dispute occurs between two State bodies standing against each other with different opinions on the interpretation of a constitutional provision.[311] As a result of the exercise of this competency, the decisions of the Constitutional Court of Slovakia directly complement the normative text of the Constitution, its wording having identical legal power and binding effect as the text of the Constitution itself.[312] This power of judicial review has been used especially since 1993, after the establishment of the Slovak Republic, having an important influence on the shaping of constitutional order of the new State, for instance in matters related to the position and authority of the President of the Slovak Republic.

In Canada, the Constitution can also be interpreted by constitutional courts in an abstract way, without the need for any live cases and controversies. An important feature of the Canadian system of judicial review, is the statutory powers of the federal government to refer abstract legal and constitutional questions to the Supreme

---

308 See Zdenek Kühn, *Czech National Report*, p. 2.

309 The Court has also said: "It follows that the decisions on interpretation of the Constitutional Court of the Slovak Republic does not have and can not have any legal effects in connection with actions, omissions or decisions of state bodies that led to origination of the dispute alike in the cases of proceeding according to art. 125a and art. 152 of the Constitution." See Decision N° II. ÚS 69/99. See Ján Svák and Lucia Berdisová, *Slovakian National Report*, p. 3 (footnote 2).

310 By at least one-fifth of the Members of the National Council of the Slovak Republic, the President of the Slovak Republic, the Government of the Slovak Republic, a court, the Attorney General, or the Public Defender of Rights.

311 "Constitutionally relevant dispute on interpretation of the constitution is a dispute on rights or duties between bodies of the state which have such rights and duties prescribed in the constitution." See Decision N° I. ÚS 30/97. See Ján Svák and Lucía Berdisová, *Slovakian National Report*, p. 3 (footnote 3)

312 See Ján Svák and Lucia Berdisová, *Slovakian National Report*, p. 3.

Court on a "reference procedure" including those involving the constitutionality of legislation. It has been through this reference procedure that the courts have developed the most important roles as positive legislators, in some cases mutating the Constitution.[313]

A deformation of this possibility of a constitutional court to interpret with binding effects a constitution in an abstract way, that is, without any particular case or dispute involved, at the request of the government or at the request of any individual, has been developed by the Constitutional Chamber of the Supreme Tribunal of Venezuela, without any constitutional or legal support. The Chamber, in effect, has "created" a "recourse for the abstract interpretation of the Constitution," whose indiscriminate use has had catastrophic consequences for democracy, given way to an institutional path contrary to democracy and the rule of law.[314] The result has been the reinforcement of an authoritarian government that has developed over the past decade despite its initial electoral origin (1998).[315] This deformation of judicial review powers is also a case of the pathology of judicial review.

In other cases, as an exception to the rule of standing, in some cases constitutional courts can issue rulings also for the abstract interpretation of the Constitution by acting *motu proprio*, that is, without the request of any specific party, whether an individual or a State entity. This is the case, for instance, of the Constitutional Courts in Croatia and in Serbia. In Croatia, the Constitutional Court has cautiously avoided using this power, showing a considerable measure of deference, except in cases where an obviously unconstitutional act has unconstitutionally regulated the Constitutional Court itself.[316] In the case of Serbia, in contrast, the Constitutional Court has often initiated proceedings *ex officio* to assess the constitutionality of statutes, which in practice blurs the difference between requests for judicial review filed by authorities (initiatives) having the needed standing. In addition, when the Court declines to start a procedure on an initiative, it usually states its opinion on the constitutionality of the challenged act. Only when it rejects an initiative for formal reasons does the court not assess the constitutionality of the act in the reasoning of the decision. However, the court can, in any case, put the proceeding in motion independently, even when the initiative has been filed having formal inaccuracies.[317]

---

313 See Kent Roach, *Canadian National Report*, pp. 1, 9.

314 See generally Allan R. Brewer-Carías, "Le recours d'interprétation abstrait de la Constitution au Vénézuéla," in *Renouveau du droit constitutionnel. Mélanges en l'honneur de Louis Favoreu*, Paris 2007, pp. 61–70; Brewer-Carías, *Crónica de la "in"justicia constitucional: La Sala Constitucional y el autoritarismo en Venezuela*, Editorial Jurídica Venezolana, Caracas 2007.

315 See generally Allan R. Brewer-Carías, *Dismantling Democracy. The Chávez Authoritarian Experiment*, Cambridge University Press, New York 2010; Brewer-Carías, "El juez constitucional al servicio del autoritarismo y la ilegítima mutación de la Constitución: el caso de la Sala Constitucional del Tribunal Supremo de Justicia de Venezuela (1999–2009)," in *Revista de Administración Pública*, N° 180, Centro de Estudios Constitucionales, Madrid 2009, pp. 383–418.

316 See Decision N° U-I-39/2002, Official Gazette *Narodne novine*, N° 10/2002; Sanja Barić and Petar Bačić, *Croatian National Report*, p. 7.

317 See Boško Tripković, *Serbian National Report*, p. 6.

In other cases, as in Venezuela, the Constitutional Chamber of the Supreme Tribunal has also assumed *ex officio* judicial review powers but in this case without any constitutional or legal authorization, in what can also be considered a case of the pathology of judicial review.[318]

The general principle in any case is that, in general terms, in exercising judicial review, constitutional courts do not act as advisory institutions, without the request of a particular party based on a particular interest, even if the action of unconstitutionality is conceived as an *actio popularis*, that is, a popular action that can be filed by any citizen. In Australia, for example, the High Court held in 1921:

> The Parliament could not confer on a court jurisdiction to give advisory opinions even when such opinions were confined to the validity of enacted legislation and when the determination of the court was "final and conclusive." Under such an arrangement there was no "matter" within the meaning of the Constitution, because there was no "immediate right, duty or liability to be established by the determination of the Court," which would be obliged to make a "declaration of the law, divorced from any attempt to administer that law.[319]

Also in Hungary, in the early phase of court operations, the Constitutional Court declared that it did not undertake answering hypothetical constitutional questions, and in several decisions, it entered to consider how abstract the question raised was. On the one hand, the Court, interpreting its competence narrowly, requires necessary closeness between the statement of facts and the related provision of the Constitution, and it provides interpretation of the Constitution only to resolve a "particular constitutional problem."[320] On the other hand, the Court demands certain distance; it requires that the issue not be closely related to the case and that the decision not become factual,[321] because the Court is not a counsel but the judge of Parliament.[322]

---

318 See Allan R. Brewer-Carías, "Régimen y alcance de la actuación judicial de oficio en materia de justicia constitucional en Venezuela," *Estudios Constitucionales: Revista Semestral del Centro de Estudios Constitucionales* 4, N° 2, Universidad de Talca, Santiago, Chile 2006, pp. 221–250.

319 See *In re Judiciary and Navigation Acts (Advisory Opinions* case) (1921) 29 CLR 257; Cheryl Saunders, *Australian National Report*, p. 4.

320 The Court refused to make a statement about the possibility of raising interest rates on housing loans, because it would have meant interpreting the "constitutional provision in some abstract way unrelated to any individual problem, or . . . a possibility for unbound interpretation." See Decision N° 31/1990, in Lóránt Csink, Józef Petrétei, and Péter Tilk, *Hungarian National Report*, p. 7 (footnote 24).

321 Upon this, the Court did not interpret whether the petition for the dismissal of the director of public radio can be considered to violate freedom of the press; it could have given, therefore, a statement-of-fact answer for the dispute of the Prime Minister and the President of the Republic. See Decision n° 36/1992, in Lóránt Csink, Józef Petrétei and Péter Tilk, *Hungarian National Report*, p. 7 (footnote 26).

322 See Decision N° 16/1991, in Lóránt Csink, Józef Petrétei, and Péter Tilk, *Hungarian National Report*, p. 7.

II. CONTROL OF CONSTITUTIONALITY AND CONTROL OF CONVENTIONALITY

In democratic regimes, all judicial review methods have as their main purpose the guarantee of the supremacy of the Constitution. Consequently, when constitutional courts exercise judicial review, they have the task of comparing statutes or primary legislation with the provisions of the Constitution. That is why judicial review is, fundamentally, a constitutional control of legislation or the exercise of judicial control over the constitutionality of legislation.

Nonetheless, the constitutions of many countries, by giving constitutional or supralegal rank to international treaties, also allow the courts, within their constitutional functions of judicial review, the possibility of exercising what can be called "control of conventionality" of statutes, in the sense of guaranteeing the subjection of primary legislation to international conventions, particularly on matters of human rights.[323] This is the case, for instance, in Argentina and Venezuela, where international treaties on human rights have been given constitutional hierarchy, that is, the same rank as constitutional provisions.[324]

In Argentina, even before the 1994 constitutional reform that formally gave "constitutional hierarchy" to a series of enumerated international documents, particularly on matters of human rights (article 75.22), the Supreme Court in *Ekmekdjián v. Sofovich* (1992),[325] on the right to correction (rectification) and response regarding published informations, recognized that international treaties have precedence over internal legislation. Decisions in this vein multiplied after the 1994 constitutional reform in which the Court held that constitutional review includes, as well, comparing internal laws and regulations with international conventions, with the power to declare such laws "unconventional,"[326] that is, contrary to an international convention. In this regard, for instance, the Court compared the provision of the American Convention on Human Rights that guarantees the right to appeal before a superior court as one of the due process rules (article 8.2.h), with provisions of the

---

323 See, e.g., Ernesto Rey Cantor, *El control de convencionalidad de las leyes y derechos humanos*, Editorial Porrúa, Mexico City 2008; Juan Carlos Hitters, "Control de constitucionalidad y control de convencionalidad. Comparación (Criterios fijados por la Corte Interamericana de Derechos Humanos), in *Estudios Constitucionales* 7, N° 2, Santiago de Chile 2009, pp. 109–128; Fernando Silva García, "El control judicial de las leyes con base en tratados internacionales sobre derechos humanos," in *Revista Iberoamericana de Derecho Procesal Constitucional*, N° 5, Instituto Iberoamericano de Derecho Procesal Constitucional, Editorial Porrúa, Mexico City 2006, pp. 231 ff; Víctor Bazán, "Corte Interamericana de derechos humanos y Cortes Supremas o Tribunales Constitucionales latinoamericanos: el control de convencionalidad y la necesidad de un diálogo interjurisdiccional crítico," in *Revista Europea de Derechos Fundamentales*, N° 16/2, 2010, pp. 15–44.

324 See Allan R. Brewer-Carías, "La aplicación de los tratados internacionales sobre derechos humanos en el orden interno," *Revista Instituto Interamericano de Derechos Humanos*, N° 46, San José, Costa Rica, 2007, pp. 219–271.

325 See Fallos 315:1492 (1992). See Alejandra Rodríguez Galán and Alfredo Mauricio Vítolo, *Argentinean National Report I*, p. 14 (footnote 55). See Néstor Pedro Sagües, *Argentinean National Report II*, p. 19.

326 See *Mazzeo*, Fallos 330 (2007). See Alejandra Rodríguez Galán and Alfredo Mauricio Vítolo, *Argentinean National Report I*, p. 14 (footnote 57).

Argentine criminal legal system that, in some cases, establish a single-instance trial by limiting review of the judgment before the Penal Cassation Court. Consequently, the Supreme Court in the *Casal* case (2005) held that the only way to square the requirement established in the American Convention with the Argentine criminal legal system was to interpret article 456 of the Criminal Procedural Code as allowing an ample review of the prior ruling.[327]

In Venezuela, all international treaties on human rights have the same constitutional hierarchy as the Constitution (article 23) and even prevail in application over the same Constitution if those treaties establish more favorable provisions for the exercise of particular rights. Thus, the Constitutional Chamber of the Supreme Tribunal, during the first years of enforcement of the 1999 Constitution, on many occasions annulled statutes because they were contrary to the American Convention on Human Rights, for instance on matters of the right to political participation and the right to appeal before a superior court in all judicial processes.[328] Unfortunately, this constitutional provision of article 23 of the Constitution, in more recent years, has been illegitimately mutated by the same Constitutional Chamber, adopting at the request of the Attorney General, denying the general power of all court to give preference to international treaties on human rights over internal law, and even deciding in 2008 that the rulings of the Inter-American Court on Human Rigths are non-executable in the country.[329]

In effect, in Decision N° 1.939 of December 18, 2008, the Constitutional Chamber of the Supreme Tribunal, in deciding a recourse of interpretation of a decision adopted by the Inter-American Court on Human Rights filed by the Attorney General, rejected the general prevalence of international treaties on human rights regarding internal law, except only when the matter is decided by the Chamber itself.[330] On the other hand, the constitutional rank of international treaties on human rights was proposed to be eliminated in a draft constitutional reform proposal made by a Presidential Council desgned by the President in 2007.[331] Eventually, the proposal was

---

327 Fallos, 328:3399 (2005). See Alejandra Rodríguez Galán and Alfredo Mauricio Vítolo, *Argentinean National Report I*, p. 14 (footnote 59).

328 See Decision N° 87 of March 13, 2000. "*C. A. Electricidad del Centro (Elecentro) v. Superintendencia para la Promoción y Protección de la Libre Competencia (Procompetencia)*," *Revista de Derecho Público*, n° 81, Editorial Jurídica Venezolana, Caracas 2000, pp. 157 ff. See Carlos Ayala Corao, "Las consecuencias de la jerarquía constitucional de los tratados relativos a derechos humanos," in *Rumbos del Derecho Internacional de los Derechos Humanos, Estudios en Homenaje al Profesor Antonio Augusto Cancado Trindade*, Vol. 5, Sergio Antonio Fabris Editor, Porto Alegre, Brazil, 2005.

329 See Decision N° 1.939 of December 18, 2008, Attorney General Office case, http://www.tsj.gov.ve/decisiones/scon/Diciembre/1939-181208-2008-08-1572.html. See comments in Allan R. Brewer-Carías, "La interrelación entre los Tribunales Constitucionales de América Latina y la Corte Interamericana de Derechos Humanos, y la cuestión de la inejecutabilidad de sus decisiones en Venezuela," in Armin von Bogdandy, Flavia Piovesan, and Mariela Morales Antonorzi (coords.), *Direitos humanos, democracia e integração jurídica na América do Sul*, Juris Editora, Rio de Janeiro 2010, pp. 661–701.

330 See the case *Gustavo Alvarez Arias*, http://www.tsj.gov.ve/decisiones/scon/ Diciembre/1939-181208-2008-08-1572.html.

331 See *Consejo Presidencial para la Reforma de la Constitución de la República Bolivariana de Venezuela, "Modificaciones propuestas."* The complete text was published as *Proyecto de Reforma Constitu-*

not included in the constitutional reform submitted to popular vote, which that year was rejected by the people. However, what the authoritarian regime was not able to attain thorugh a constitutional reform, in a certain way was carried out by the Constitutional Chamber of the Supreme Court.[332]

As mentioned before, in the same decision, and contrary to the express provision of the same article 23 of the Constitution that established the "direct and immediate application by the courts and other bodies of the State" of human rights treaties, the Constitutional Chamber decided to reserve to itself the power to determine which provisions of treaties would prevail in the internal legal order.[333] With this unconstitutional decision, the Constitutional Chamber illegitimately mutated the Constitution: according to article 23, the authority to apply international treaties on human rights corresponds not only to the Constitutional Chamber but also to all the courts of the Republic when acting as constitutional judges, for instance, when exercising the diffused control of the constitutionality of statutes or when deciding cases of amparo. The intention of the Constitutional Chamber to resereve for itself this aspect of judicial review is not in accordance to the Constitution and to the judicial review system it establishes.

In any case, and referring to the same sort of control of "conventionality" of statutes in democratic countries, this control has developed in all European countries where European Union law, and particularly the European Convention of Human Rights, have prevalence over national law.[334] In particular, the case of the Netherlands must be highlighted. There, as no judicial review of the constitutionality of statutes is allowed in the Constitution, judicial review has developed only as a control of the "conventionality" of such statutes to ensure their subjection to international conventions, specifically on matters of human rights.

In effect, according to article 120 of the Dutch Constitution, "The constitutionality of Acts of Parliament and treaties shall not be reviewed by the courts," which means that judicial review of primary legislation is prohibited, the courts being banned not only from determining the unconstitutionality of statutes but also from declaring them incompatible with the Kingdom Charter.[335] Nonetheless, article 94 of

---

cional. Versión atribuida al Consejo Presidencial para la reforma de la Constitución de la república Bolivariana de Venezuela, Editorial Atenea, Caracas, July 1, 2007.

332 See Allan R. Brewer-Carías, *Reforma constitucional y fraude a la Constitución. Venezuela 1999–2009*, Academia de Ciencias Políticas y Sociales, Caracas 2009, pp 249–261.

333 See *Revista de Derecho Público*, N° 93–96, Editorial Jurídica Venezolana, Caracas 2003, pp. 135 ff.

334 In the case of Poland, as mentioned by Marek Safjan, "The national court, denying application of a national norm which is contradictory to the European law or interpreting creatively a national norm in the spirit of a European norm *de facto* applies in the legal system a new, earlier non-existent, norm, thus becoming in a way a positive legislator on the level of a specific case." See Marek Safjan, *Polish National Report*, p. 16. Also in Slovakia, according to article 154c of the Constitution, having international treaties, particularly the European Convention of Human Rights, precedence over laws, the courts (including the Constitutional Court) exercise control of conventionality, by giving preference to convention. See Ján Svák and Lucia Berdisová, *Slovak National Report*, pp. 11, 12.

335 See J. Uzman, T. Barkhuysen, and M. L. van Emmerik, *Dutch National Report*, pp. 2, 5.

the same Constitution establishes that "Statutory regulations in force within the Kingdom shall not be applicable if such application is in conflict with provisions of treaties that are binding on all persons or of resolutions by international institutions," thus leading to the very important development of the system of judicial review of "conventionality" of statutes, particularly on matters of human rights.

Thus, the Dutch system is referred to as a system of "constitutional fundamental rights review by the judiciary" or as "fundamental rights review of parliamentary legislation," that is, regarding the powers of the courts and particularly of the Hoge Raad (High Court) to review acts of Parliament for their compliance with convention rights if the treaty is ratified and insofar as the individual provisions are self-executing.[336] This means that, in the Netherlands, statutes can be reviewed by the courts for their consistency with the written provisions of international law, particularly the UN International Covenant on Civil and Political Rights and the European Convention for the Protection of Human Rights and Fundamental Freedoms (European Convention on Human Rights), which has become the most important civil rights charter for the Netherlands.[337]

Such judicial review has also developed regarding European Union law, which also contains provisions on fundamental rights, in the sense that, because international treaties have precedence over national law, the courts must examine whether national law is compatible with the law of the European Union and, if necessary, either construe national law consistently with European Union law or set it aside if such an interpretation proves impossible under national constitutional law.[338]

In Greece, although the Constitution has no explicit provision for the control of the conventionality of statutes, the courts have held that international treaties have supralegislative status (article 28.1 of the Constitution), which is sufficient basis to exercise control of conventionality if the treaty in question is self-executing, such as the European Convention on Human Rights. In the same sense of the control of constitutionality, if Greek courts find that a statutory provision is inconsistent with international law, that provision cannot be applied in the pending case. However, unconventional legislation remains in effect and thus can be applied in a future occasion.[339]

The situation in the United Kingdom must also be mentioned. The British Constitution is not a single and overarching written document like the constitutions of other contemporary democratic states. In addition, it is not possible in principle to formally distinguish a constitutional statute from an ordinary statute. Nonetheless, the British Constitution undoubtedly exists, and it is possible to attach the label

336 *Id.*, pp. 1, 2, 9, 12, 22.

337 *Id.*, p. 7.

338 *Id.*, pp. 2, 31, 32.

339 See Julia Iliopoulos-Strangas and Stylianos-Ioannis G. Koutnatzis, *Greek National Report*, p. 10.

"constitutional" to some legal[340] and nonlegal rules,[341] called "conventions of the Constitution," which are considered binding rules of political morality and called the "common law constitution," as a set of legal principles and rules that have been laid down over time, typically by judges.[342] It is possible, therefore, to identify a judicial process of controlling the subjection of statutes to these conventions, which can be called "constitutional review."[343] As it has been summarized by John Bell:

> Britain has neither "specific constitutional or statutory provisions that empower constitutional judges, by means of interpreting the Constitution, to adopt obligatory decisions on constitutional matters" nor specific decisions on constitutional matters. But this would be too simplistic an approach. The nature of a common law constitution is that the basic "rules of recognition" (H. L. A. Hart) are not contained in statute, but are in the common law. The principles are rather like the "fundamental principles recognized by the laws of the Republic" in French law, which are not laid down by statute, but which are judicially identified, even if formally not created by judges. There do arise a number of issues on which ordinary judges have to take decisions which are binding and which could be characterized as constitutional.[344]

In this respect, regarding the conventions to the British Constitution, it is also possible to call this process of constitutional review – of course, in its own historical context – a judicial control of conventionality.

But in other constitutional matters, given the recent evolution of the British Constitution by the creation of a Supreme Court in 2009, it is also possible to distinguish constitutional review powers exercised by the courts. This is the case on matters of devolution, regarding the control of the validity of the legislation of the three devolved assemblies (Wales, Scotland, and Northern Ireland) that can be referred to the Supreme Court by the British Secretary of State, the British Attorney General, or the national Attorneys General (or equivalent), or by the national courts before which the issue is raised.[345]

But the most important recent developments in the United Kingdom on matters of constitutional review have been regarding the compatibility of British statutes with European Union law, that is, on matters of control of conventionality. An example is the matter decided on the compatibility of a British statute concerning the limits for fishing with European Union law, which was raised and decided by the

---

340 An example is the agreement reached by the Prime Ministers of the British Empire in 1931 for the U.K. Parliament to not legislate for Dominions without consent of their parliaments. See John Bell, *British National Report*, p. 1.

341 One example is the Nolan principles (1995), which govern standards in public life and introduce a set of values governing the holders of a range of public offices. See John Bell, *British National Report*, p. 2.

342 See John Bell, *British National Report*, p. 1.

343 *Id.*, p. 2.

344 *Id.*, p .3.

345 *Id.*, p. 2.

lowest tier of criminal law courts, the Magistrates' Court.[346] But most important in this process of developing constitutional review in the United Kingdom is the example of the protection and interpretation of human rights, particularly after the Human Rights Act was passed in 1998 to implement the European Convention on Human Rights. The Act is considered by John Bell as a major "constitutional statute on fundamental rights" and can lead "to either the narrowing of the scope of legislation by means of an interpretation, which makes the statute compatible with the Convention, or a declaration of incompatibility, which empowers a minister to amend or repeal an incompatible statutory provision."[347] In addition, the question concerning the compatibility of British law with EU law can be raised before the British courts, and if the matter does not give rise to a serious difficulty in interpretation, the courts can apply European law directly and refuse to apply a British statute.[348] Compatibility with EU law is the only area in which British judges have the power to strike down legislation of Parliament, an approach that was definitively adopted after the European Court of Justice specifically stated that the British courts ought not to apply a British act of Parliament that was incompatible with European legislation.[349]

In any case, the court's decision in these cases does not annul an act of Parliament. As expressed by John Bell:

> The Government has to decide whether to propose an amendment of the law to bring it into line with the Convention or to take other action to maintain the incompatibility, e.g. by registering a formal derogation from the Convention. This is the nearest that English judges come to a constitutional review.[350]

As Lord Bingham highlighted in the case *A (FC) v. Secretary of State for the Home Department*:

> The effect is not, of course, to override the sovereign legislative authority of the Queen in Parliament, since if primary legislation is declared to be incompatible the validity of the legislation is unaffected (section 4(6)) and the remedy lies with the appropriate minister (section 10), who is answerable to Parliament.[351]

This case of the House of Lords was issued to decide the challenge filed by a number of individuals regarding their detention without trial on the basis of them

346 *Id.*, p. 3.

347 See N. Bamforth, "Parliamentary Sovereignty and the Human Rights Act 1998," [1998] Public Law 572. See John Bell, *British National Report*, p. 3.

348 Case 283/81, *Srl CILFIT v. Minister of Health*, [1982] ECR 3415. See John Bell, *British National Report*, p. 3 (footnote 14).

349 See *R v. Secretary of State for Transport, ex parte Factortame Ltd.*, [1990] 2 AC 85; *R v. Secretary of State for Transport, ex parte Factortame Ltd (N° 2)*, [1991] 1 AC 603; *R v. Secretary of State for Employment, ex parte Equal Opportunities Commission*, [1995] 1 AC 1. See John Bell, *British National Report*, p. 3 (footnotes 15–16).

350 See John Bell, *British National Report*, p. 3.

351 See [2004] HL 56. See John Bell, *British National Report*, p. 5 (footnote 25).

being a danger to national security, according to the Anti-Terrorism, Crime, and Security Act of 2001. The House of Lords declared the corresponding provision incompatible with articles 5 and 14 of the European Convention.

This control of "conventionality" of statutes, therefore, as is the case in the Netherlands, is the most common constitutional review procedure in the United Kingdom; it has been applied in numerous cases and is considered the most significant constitutional function that the new Supreme Court will have in the future.[352]

In Sweden, there is a very weak diffuse method of judicial review that has developed after the constitutional reform of 1979, which established the power of judicial review only when Parliament has issued an unconstitutional statute due to a "manifest error."[353] It has only been after the beginning of the Europeanization of Swedish law in the late 1990s that some sort of judicial review has been developed, mainly as a result of the progressive subordination of Swedish law to European law and particularly to the European Convention on Human Rights. Consequently, the most important cases of judicial review have been cases of control of conventionality decided by the courts, which have compared national legislation with the provisions of the European Convention on Human Rights.[354]

Finally, also regarding the control of conventionality of statutes, the situation of France must be highlighted. In France, the Cour de Cassation and the Conseil d'État have developed control of conventionality of statutes besides and in parallel to the traditional *a priori* judicial review power of legislation exercised by the Constitutional Council. As it has been summarized by Bertrand Mathieu, it has been due to the requirements imposed by international law, particularly by European Union law and the law of the European Convention on Human Rights that, first, the Cour de Cassation and, later, the Conseil d'État, have proceeded to reject the application of laws deemed *inconventionnelles*, that is, contrary to the conventions. The jurisprudence in such cases have been constructed not only on the basis of article 55 of the Constitution, which assigns the treaties or international agreements regularly ratified or approved superior authority regarding the laws, but also because of the refusal of the Conseil Constitutionnel to examine the *conventionalité de la loi* in accordance with its attributions on matters of control of the constitutionality of statutes.

The consequence of this situation on matters of judicial review has been a clear division of tasks: the control of the constitutionality of laws in an abstract and *a priori* way is exercised by the Conseil Constitutionnel when requested by political authorities,and the control of conventionality of laws is exercised by the ordinary

---

352 See John Bell, *British National Report*, p. 6.

353 Chapter 11, article 14 of the Instrument of Government. See Joakim Nergelius, *Swedish National Report*, pp. 17–18.

354 See *Lassagard* case, Administrative Court of Appeal of Jönköping, 1996, which declared that the absence of judicial review in the particular case (agricultural subsidy) was contrary to article 6 of the ECHR; see also *Lundgren* case, Supreme Court, 2005, in which the extension of a criminal judicial procedure was also considered contrary to article 6 of the ECHR. See Joakim Nergelius, *Swedish National Report*, pp. 21–29.

judicial or administrative judges, in specific cases and controversies, particularly regarding fundamental rights and freedoms, which the Conseil Constitutionnel has refused to examine. On this situation, Bertrand Mathieu has referred to the paradox that exists in France between the traditional theory and platonic assertion of constitutional preeminence, and the jurisdictional impotence regarding constitutional provisions.[355]

III. THE INTERPRETATION OF THE CONSTITUTION AND THE INFLUENCE OF THE CONSTITUTIONAL COURTS ON CONSTITUTIONAL AND LEGAL REFORMS

The main tool of constitutional courts is the power to interpret the Constitution to ensure its application, enforceability, and supremacy by adapting the Constitution when changes and time require such task but without assuming the role of a constituent power or of the Legislator – they cannot on a discretionary political basis create legal norms or provisions that cannot be deducted from the Constitution itself.[356]

That is why, as a matter of principle, constitutional courts are considered "negative legislators" particularly when deciding to annul statutes,[357] and they cannot act as "positive legislators" in the sense of creating *ex novo* pieces of legislation or introducing "reforms" to statutes. In the words of Laurence Claus and Richard S. Kay, "We will treat judges as engaged in positive lawmaking when they originate a scheme of law as opposed to merely considering, revising or rejecting schemes conceived by other legislative actors" or "for a constitutional court to be positive lawmaker under this terminology would involve the court in considering, propounding, and creating a scheme of regulation of its own conception."[358]

That is, constitutional courts cannot innovate in the legal order in a discretionary way, as they do not have the authority to create new law.[359] As the Federal Supreme Tribunal of Brazil has explained with respect to its decisions that annul statutes:

> The Federal Supreme Tribunal, when exercising the abstract judicial review of objective law positivized in the Constitution of the Republic, act as a virtual Negative Legislator, so its declaration of unconstitutionality comprise an exclusion judgment of control that, based on the attributions assigned to the Tribunal,

---

355 See Bertrand Mathieu, *French National Report*, p. 3.

356 See Jorge Carpizo, *El Tribunal Constitucional y sus límites*, Grijley, Lima 2009, pp. 56, 68.

357 In this sense, in some countries, as in Chile, it has been said that the Constitutional Tribunal can act only as negative legislator. See Francisco Zúñiga Urbina, "Control de constitucionalidad y sentencia," *Cuadernos del Tribunal Constitucional*, N° 34, Santiago de Chile 2006, pp. 107, 109.

358 See Laurence Claus and Richard S. Kay, *U.S. National Report*, pp. 3, 5.

359 See Luis Roberto Barroso et al., "Notas sobre a questão do legislador positivo," *Brazilian National Report III*, pp. 19–20; Néstor Pedro Sagües has mentioned that constitutional jurisdiction transforms itself into positive legislation, when it generates infraconstitutional provisions compatible with the Constitution, with the excuse of controlling the constitutionality of the legal order, in *Argentina National Report II*, p. 3.

> consists in removing from the positive legal order, the State invalid expression non conformed with the model included in the Constitution of the Republic.[360]

In another case, the same Brazilian Federal Supreme Tribunal, in reviewing Law N° 9.504/97 on the free use of television and radio programs by political parties challenged because considered contrary to the principle of equality, argued:

> The declaration of unconstitutionality in the way it was requested, would modify the system of the law, altering it sense, which is a legal impossibility, because the Judicial Power, when controlling the constitutionality of normative acts, only acts as negative legislator and not as positive legislator.[361]

The consequence of this classical approach is that, constitutional courts being negative legislators, the direct effect of the constitutional courts' decisions excluding from the legal order pieces of legislation, is that the Legislator, in response, very frequently decides to reform the legislation or to enact a new piece of legislation, to comply with the constitutional court criteria.[362] Also, constitutional reforms have occurred after decisions adopted by constitutional courts to follow the doctrine they established.

For instance, in Argentina, Law N°. 26,025 was passed to modify the rules applicable to the Supreme Court's appellate jurisdiction (article 117 of Constitution), after the Supreme Court ruled on the unconstitutionality of previous legislation that provided that all cases ordering the government to pay social security benefits were to be appealed before the Supreme Court. Because the rule actually delayed the payment of pensions to elderly people, in *Itzcovich* case (Fallos 2005), the Court declared that the appeal procedure had become unconstitutional in that it affected petitioner's right to a speedy trial.[363]

Something similar happened on matters of marriage law. Although the Argentinean Constitution recognizes the right to marriage, the Civil Code established that divorce did not entail the right to a new marriage, a clause whose constitutionality the courts upheld several times. However, in 1986, the Supreme Court applied what was called a "dynamic," or living constitution, approach considering in *Sejean* case[364] that changes to society's perception of a topic require giving new scope to the right to human dignity, and thus it declared unconstitutional the statute that had been in force for almost a century. This decision was the prelude to reforming the

---

360 STF, *DJ*, June 18, 1993, Rcl 385 QO/MA, Rel. Min. Celso de Mello, in Luis Roberto Barroso et al., "Notas sobre a questão do legislador positivo," *Brazilian National Report III*, p. 9.

361 See STF, *DJ*, December 10, 1999, ADI 1.822/DF, Rel. Min. Moreira Alves, in Luis Roberto Barroso et al., "Notas sobre a questão do legislador positivo," *Brazilian National Report III*, p. 15.

362 For instance, in the Netherlands, legislation was issued after the *Dutch Citizenship* case (Supreme Court judgment of October 12, 1984, NJ 1985/230). See J. Uzman, T. Barkhuysen, and M. L. van Emmerik, *Dutch National Report*, p. 21.

363 See Fallos: 328:566 (2005). See Alejandra Rodríguez Galán and Alfredo Mauricio Vítolo, *Argentinean National Report I*, pp. 13–14 (footnote 54).

364 See Fallos 308:2268 (1986). See Alejandra Rodríguez Galán and Alfredo Mauricio Vítolo, *Argentinean National Report I*, p. 15 (footnote 61).

law of civil marriage, which, following the Supreme Court decision, allowed for the possibility of a subsequent marriage.[365]

With respect to Portugal, as mentioned by Joaquim de Sousa Ribeiro, it is a fact that, "even though the Constitutional Court does not play a part in the law making process, many amendments made to existing legislation are the result of its ruling, either to incorporate or to set aside the Court's ruling on the subject."[366]

IV. THE QUESTION OF CONSTITUTIONAL COURTS AS POSITIVE LEGISLATORS

In any case, in the contemporary world, the truth is that judicial review has progressively evolved, surpassing the former rigid character of courts only being negative legislators,[367] as a result of the development of new principles that, at the time of Kelsen's proposals, were not on the agenda of constitutional courts and judges.[368]

That is why, for instance, in Brazil, the Federal Supreme Tribunal in some cases has considered the same notion of negative legislator that it defended in many previous decisions an "ancient dogma" and a "myth."[369]

Consequently, new principles have developed; for example, the principle of preservation of statutes, derived from the presumption of constitutionality they have, has empowered constitutional courts to interpret statutes according to or in harmony with the constitution,[370] in order to avoid any legislative vacuum, bypassing the need to declare statutes unconstitutional. This is today one of the main tools of constitutional courts when interpreting the constitution, which they have used in some cases, to fill permanently or temporarily the vacuums that annulling the statute could originate.

Another important role that has progressively developed during the past decades, far from the role of declaring null unconstitutional statutes, is the power of constitutional courts on matters of judicial review, not regarding existing legislation, but

---

365 See Alejandra Rodríguez Galán and Alfredo Mauricio Vítolo, *Argentinean National Report I*, p. 5.

366 See Joaquim de Sousa Ribeiro and Esperança Mealha, *Portuguese National Report*, p. 9.

367 See Francisco Fernández Segado, "Algunas reflexiones generales en torno a los efectos de las sentencias de inconstitucionalidad y a la relatividad de ciertas fórmulas estereotipadas vinculadas a ellas," *Anuario Iberoamericano de Justicia Constitucional*, Centro de Estudios Políticos y Constitucionales, N° 12, 2008, Madrid 2008, p. 195.

368 That is why Francisco Javier Díaz Revorio, referring to the European system of judicial review has said, "We are debtors of Kelsen, but not 'slaves' of his ideas," in *Las sentencias interpretativas del Tribunal Constitucional*, Lex Nova, Valladolid 2001, p. 305.

369 See Luis Roberto Barroso et al., "Notas sobre a questão do legislador positivo," *Brazilian National Report III*, p. 22.

370 See Francisco Javier Díaz Revorio, *Las sentencias interpretativas del Tribunal Constitucional*, Lex Nova, Valladolid 2001, p. 288; See Joaquim de Sousa Ribeiro and Esperança Mealha, *Portuguese National Report*, p. 7.

regarding the absence of statutes or the omissions or abstention incurred by the Legislator when sanctioning statutes.[371]

That is, constitutional courts also control the omissions of the Legislators to produce the legislation that they have the constitutional obligation to sanction. These omissions can be absolute or relative, and judicial review, in both cases, has contributed to the development of new trends in the control of constitutionality of statutes, which converts constitutional courts into a sort of legislative assistant. Nonetheless, in some cases, where judicial review of legislative omissions is not effectively developed, control of those omissions is only possible in an indirect way, by claiming State liability for the absence of a legislative act.[372]

In contrast, the same change of the scope of judicial review has occurred in diffuse or decentralized systems of judicial review, where, in practice, as was stated by Christopher Wolfe, supreme courts, "once a distinctively judicial power, essentially different from legislative power, [have] become merely another variant of legislative power"; considering that, although the Court had never proclaimed it, for the legal profession, "judicial review is an essentially legislative activity"; as such, the controversy is "generally restricted to how this power should be employed, actively or with restraint."[373]

That is why it is sometimes difficult to understand, particularly for non-American lawyers, the exact extent of the expression that any nominee to the U.S. Supreme Court must repeat again and again before the Senate in confirmation hearings: "the task of a judge is not to make law; it is to apply the law."[374] This approach has been considered a "myth" that, as it has been said by Geoffrey R. Stone, must be exposed before there can be a serious discussion about the proper role of U.S. judges:

> Faithfully applying our Constitution's 18th- and 19th-century text to 21st-century problems requires not only careful attention to the text, fidelity to the framers' goals and respect for precedents, but also awareness of the practical realities of the present. Only with such awareness can judges, in a constantly changing society, hope to keep faith with our highest law.

---

371 These judicial review powers do not correspond with Kelsen's pattern of judicial review as negative legislation. See Francisco Javier Díaz Revorio, *Las sentencias interpretativas del Tribunal Constitucional*, Lex Nova, Valladolid 2001, p. 278.

372 This is what has been envisaged in Greece. See Julia Iliopoulos-Strangas and Stylianos-Ioannis G. Koutnatzis, *Greek National Report*, p. 5.

373 See Christopher Wolfe, *The Rise of Modern Judicial Review: From Constitutional Interpretation to Judge-Made Law*, Basic Books, New York 1986, p. 3; Wolfe, *La transformación de la interpretación constitucional*, Civitas, Madrid 1991, p. 15.

374 This was what Judge Sonia Sotomayor said in the confirmation hearing before the Senate on July 13, 2009. See Peter Baker and Neil A. Lewis, "Sotomayor Vows 'Fidelity to the Law' as Hearings Start," *New York Times*, July 14, 2009, p. A15.

> This does not mean judges are free to make up the law as they go along. But it does mean that constitutional law is not a mechanical exercise of just "applying the law."[375]

In any case, it is a fact in the contemporary world that constitutional courts have progressively assumed a more important role assisting the Legislator in its functions and even creating norms that they can deduct from the constitution.[376] In some cases, they are more than auxiliaries to the Legislator; they substitute for it, assuming the role of positive legislators by issuing temporary or provisional rules to be applied on specific matters.

This has occurred, for instance, in many cases by means of the application of the principle of progressiveness and the prevalence of fundamental rights, like the right to equality and nondiscrimination, in the interest of the protection of citizens' rights and guarantees, in which cases the interference of the courts in the legislative function has been considered legitimate and according to the constitutional principles and values.

Nonetheless, the legislative agenda of constitutional courts has also included other areas of activism, sometimes with political purposes. For example, in many cases, as has been the case in the former Socialist countries of Eastern Europe, constitutional courts have had an important role implementing, developing, and strengthening the Constitution, and particularly the newly established democratic regime and the rule of law principles.[377]

But in other countries, quite far from the protection of fundamental rights and the consolidation of democratic principles, the danger of constitutional courts encroaching on the legislative power to contribute to the dismantling of the principle of separation of powers is not just a "phantom," as Hamilton pointed out in another context two centuries ago.[378] On the contrary, it has been a tragic reality, particularly in countries ruled by authoritarian governments. In some countries, constitutional courts have assumed with absolute impunity the task of supporting and legitimizing unconstitutional statutes and government acts, in many cases usurping the constituent and legislative powers, of course without any sort of argument to support the

---

375 See Geoffrey R. Stone, "Our Fill-in-the-Blank Constitution," Op-Ed, *New York Times*, April 14, 2010, p. A27.

376 See Iván Escobar Fornos, "Las sentencias constitucionales" in *Estudios Jurídicos*, vol. 1, Ed. Hispamer, Managua 2007, p. 489.

377 For instance, in the process of transformation of the former Socialist States into contemporary democratic States subjected to the rule of law. See, for instance, Marek Safjan, *Polish National Report*, pp. 7, 10; Sanja Barić and Petar Bačić, *Croatian National Report*, pp. 18, 21, 28; Boško Tripković, *Serbian National Report*, pp. 1, 14.

378 He said in Paper Nº 81 of *The Federalist*, "The Judiciary Continued, and the Distribution of the Judiciary Authority," that "It may in the last place be observed that the supposed danger of judiciary encroachments on the legislative authority, which has been upon many occasions reiterated, is in reality a phantom." See Clinton Rossiter (ed.), *The Federalist Papers*, Penguin Books, New York 2003, pp. 483–484.

partisan judicial decisions taken supposedly in the best interest of the country or for the good of the nation.[379]

Worse, in those cases, it is not a matter of considering "the Judge as Legislator for Social Welfare,"[380] as was the case in the United States at the beginning of the twentieth century, which Benjamin Cardozo considered a necessity,[381] but a matter of the court being an instrument to support an authoritarian government,[382] and even to restrict constitutional freedoms, which cannot be accepted. This happened, for instance, regarding freedom of expression in Venezuela, in 2001, when the constitutional court *ex officio* restricted the citizens' right to response and to rectification regarding the President of the Republic's media statements;[383] and in 2008, when the same constitutional court decided to confiscate the assets of a private TV station.[384]

In any case, in all the countries that have developed systems to control the constitutionality of statutes, discussions have developed regarding the limits of judicial review, the extent of the effects of the constitutional courts, decisions, and the degree of interference allowed in constitutional states by constitutional courts regarding legislative functions. These discussions have always existed and will continue to exist. They began in all countries with the adoption of judicial review of legislation, and they will continue to exist with constitutional courts, which are the supreme interpreters of the Constitution and have the power to guarantee its supremacy, to interpret statutes according to the Constitution's provisions, to guarantee the en-

---

379 See Christopher Wolfe, *The Rise of Modern Judicial Review: From Constitutional Interpretation to Judge-Made Law*, Basic Books, New York 1986, p. 101; *La transformación de la interpretación constitucional*, Civitas, Madrid 1991, p. 144.

380 *Id.* pp. 223 ff. and 305 ff.

381 Benjamin Cardozo recognized "without hesitation that judges must and do legislate," though "only between gaps" of the law. See Benjamin Cardozo, *The Nature of the Judicial Process*, Yale University Press, 1921, pp. 10, 113, 165. See the references in Christopher Wolfe, *The Rise of Modern Judicial Review: From Constitutional Interpretation to Judge-Made Law*, Basic Books, New York 1986, pp. 230, 231, 315, 316.

382 As it has been the case in Venezuela during the past years. See the comments on the most relevant Constitutional Chamber of the Supreme Tribunal decision in Allan R. Brewer-Carías, *Crónica de la "in"justicia constitucional: La Sala Constitucional y el autoritarismo en Venezuela*, Edigtorial Jurídica Venezulana, Caracas 2007; Brewer-Carías, *Reforma constitucional y fraude a la Constitución (1999-2009)*, Academia de Ciencias Políticas y Sociales, Caracas 2009.

383 See Decision N° 1013 of June 12, 2001, *Elías Santana* case. See http://www.tsj.gov.ve/ decisiones/scon/Junio/1013-120601-00-2760%20.htm. See the comments in Allan R. Brewer-Carías et al., *La libertad de expresión amenazada (Sentencia 1013)*, Instituto Interamericano de Derechos Humanos, Editorial Jurídica Venezolana, Caracas and San José 2001; "El juez constitucional vs. la libertad de expresión: La libertad de expresión del pensamiento y el derecho a la información y su violación por la Sala Constitucional," in Allan R. Brewer-Carías, *Crónica de la "in"justicia constitucional. La Sala Constitucional y el autoritarismo en Venezuela*, Caracas 2007, pp. 419–468. See also Daniela Urosa Maggi, *Venezuelan National Report*, pp. 16–17.

384 See decision of the Constitutional Chamber N° 956 of May 25, 2007 in Allan R. Brewer-Carías, "El juez constitucional en Venezuela como instrumento para aniquilar la libertad de expresión plural y para confiscar la propiedad privada: El caso RCTV," *Revista de Derecho Público*," N° 110, Editorial Jurídica Venezolana, Caracas 2007, pp. 7–32.

forcement of fundamental constitutional rights, and to resolve conflicts between the different constitutional organs of the State.

The fact is, at the beginning of the twenty-first century, that there is no doubt that constitutional courts are no longer confined to be negative legislators in the traditional way, because their role is no longer reduced when controlling the constitutionality of statutes, to declare their unconstitutionality, or to annul them when contrary to the Constitution. Constitutional courts have progressively assumed a more active role when reviewing legislative acts vis-à-vis the Constitution.

Nonetheless, what is essential to bear in mind even in cases of new roles and powers is that constitutional courts are, above all, subjected to the Constitution, and as such, they are constituted organs of the State.[385] Thus, they are also subjected to the principle of separation of powers and consequently they are not legislators, as the legislative function is assigned in the Constitution to the legislative body. They can assist the legislators in accomplishing their functions, but they cannot substitute for the legislators and enact legislation.[386] The legislative organs of the States that are contemporary democracies, integrated by representatives elected by universal suffrage, are called to enact legislation through a constitutionally prescribed procedure and are subject to political accountability before the electors. This legislative framework of State action cannot be substituted for by constitutional courts' attempts to legislate in place of the legislators.[387] On the contrary, they risk being considered "illegitimate oligarchies."[388]

That is why, for instance, one can find declarations from constitutional courts themselves explaining their limits, as the Federal Supreme Tribunal of Brazil did in deciding a direct action of unconstitutionality involving article 45.1 of the Constitution, which established the integration of the House of Representatives. The Court said that the only organ that could establish the number of Federal Representatives for each of the Member States was the National Congress, through the corresponding legislation:

---

385 As stated by the Constitutional Tribunal of Peru: "the fact of the Constitutional Tribunal being the supreme interpreter of the Constitution, does not change its character of constituted power, and as all of them, subjected to the limits established in the Constitution." Decision of February 2, 2006, STC 0030-2005. See Fernán Altuve Febres, *Peruvian National Report II*, pp. 27–28. See also Rubén Hernández Valle, *Costa Rican National Report*, p. 43.

386 See Humberto Nogueira Alcalá, "La sentencia constitucional en Chile: Aspectos fundamentales sobre su fuerza vinculante," *Anuario Iberoamericano de Justicia Constitucional*, Centro de Estudios Políticos y Constitucionales, N° 12, 2008, Madrid 2008, p. 315.

387 As mentioned by Rubén Hernández Valle, "the activity of the courts is not to create law, but to interpret law. Consequently, Constitutional Courts cannot substitute the Legislator will, because constitutional interpretation, in spite of being conditioned by evident political components, is always juridical interpretation." See Rubén Hernández Valle, *Costa Rican National Report*, p. 42.

388 See P. Martens, "Les cours constitutionelles: des oligarchies illegitimes?" in *La Republic des judges*, Actes du Colloque Organize par le Jeune Barreau de Liège le 7 Février 1997, pp. 53–72, quoted by Christian Behrendt, "L'activité du judge constitutionnel comme législateur-cadre positif," summary of the thesis published in *Revue Européenne de Droit Public*, 2010, p. 16.

> The absence of a complementary law (*vacum juris*) that constitutes the necessary normative instrument cannot be filled by any other State act, specially one with jurisdictional character like this Court. The admission of such possibility would imply to transform the Federal Supreme Tribunal, when exercising the concentrated control of constitutionality, into a positive legislator, a role that the Court refuses itself to assume.[389]

But in spite of this self-restraint approach, it is possible to find examples of such illegitimate oligarchies in other countries, like Venezuela, where the Constitutional Chamber of the Supreme Tribunal has attributed to itself a general power called normative jurisdiction, according to which:

> in specific cases where a constitutional infraction arises, the Chamber has exercised jurisdiction in a normative way, giving immediate enforcement to constitutional provisions, establishing its scope or ways of exercise, even in the absence of statutes directly developing them.[390]

It is true that this normative jurisdiction has been mainly used regarding programmatic constitutional provisions referring to fundamental rights, to allow their immediate enforcement, but unfortunately, it has also been used for other purposes by the authoritarian government that has existed in the country since 1999.[391] In any case, the Venezuelan Constitutional Chamber has based its normative jurisdiction on article 335 of the Constitution, which confers to it the role of guaranteeing the supremacy and effectiveness of constitutional provisions and principles and of issuing binding interpretations of the same, arguing that this provision of the Constitution:

> allows the normative jurisdiction particularly regarding programmatic provisions that exists in the Constitution, which would by timely suspended up to when the Legislator could be so kind to develop them, remaining in the meantime without effects.[392]

For such purpose of exercising its normative jurisdiction, which in its broader sense is an example of a case of the pathology of judicial review, the constitutional court in Venezuela has even rejected the general procedural law principle that requires the courts to act only at the request of a party with standing, assuming it *ex*

---

389 See STF, *DJ*, May 19, 1995, ADI 267 MC/DF, Rel. Min. Celso de Mello. See Luis Roberto Barroso et al., "Notas sobre a questão do legislador positivo," *Brazilian National Report III*, pp. 14. In another case, the Federal Supreme Tribunal reviewed the electoral law (Lei nº 9.504/97).

390 See Decision Nº 1571 of August 22, 2001, case *Asodeviprilara*; http://www.tsj.gov.ve/decisiones/scon/Agosto/1571-220801-01-1274%20.htm; Daniela Urosa Maggi, *Venezuelan National Report*, p. 3.

391 See generally Allan R. Brewer-Carías, *Dismantling Democracy: The Chávez Authoritarian Experiment*, Cambridge University Press, New York 2010.

392 See Decision Nº 1571 of August 22, 2001, case *Asodeviprilara*; http://www.tsj.gov.ve/decisiones/scon/Agosto/1571-220801-01-1274%20.htm; Daniela Urosa Maggi, *Venezuelan National Report*, pp. 3–4.

officio, without any specific party request or judicial controversy developed on the deciding matter.[393]

That is why, as with any power attributed to a State organ with no possibility of itself being controlled, judicial review can also be distorted and abused without any possibility for the citizens or other constitutional organs of the State to control their actions.

The main question that remains to be anwered on this matter of abuse of constitutional jurisdiction remains, *Quis custodies ipso custodiem*?[394] There is no answer, because there are no State organs that can control constitutional jurisdictions, nor can citizens by means of electoral processes.

Constitutional jurisdiction, therefore, is the only State organ not subjected to checks and balance or control, so the abuse of its functions are out of the reach of the enforcement of constitutional provisions. That is why George Jellinek said that the only guarantee regarding the guardian of the Constitution eventually lies in its "moral conscience";[395] and Alexis de Tocqueville was accurate in his observations of the U.S. Federal Constitution:

> The peace, the prosperity, and the very existence of the Union are vested in the hands of the seven Federal judges. Without them the Constitution would be a dead letter. . . .
>
> Not only must the Federal judges be good citizens, and men of that information and integrity which are indispensable to all magistrates, but they must be statesmen, wise to discern the signs of the times, not afraid to brave the obstacles that can be subdued, nor slow to turn away from the current when it threatens to sweep them off, and the supremacy of the Union and the obedience due to the laws along with them.
>
> The President, who exercises a limited power, may err without causing great mischief in the state. Congress may decide amiss without destroying the Union, because the electoral body in which the Congress originates may cause it to retract its decision by changing its members. But if the Supreme Court is ever

---

393 See Allan R. Brewer-Carías, "Régimen y alcance de la actuación judicial de oficio en materia de justicia constitucional en Venezuela," *Estudios Constitucionales: Revista Semestral del Centro de Estudios Constitucionales* 4, N° 2, Universidad de Talca, Santiago, Chile 2006, pp. 221–250; Daniela Urosa Maggi, *Venezuelan National Report*, pp. 4, 5, 22.

394 See Jorge Carpizo, *El Tribunal Constitucional y sus límites*, Grijley, Lima 2009, pp. 44, 47, 51; Allan R. Brewer-Carías, "*Quis Custodiet Ipsos Custodes*: De la interpretación constitucional a la inconstitucionalidad de la interpretación," *Revista de Derecho Público*, n° 105, Editorial Jurídica Venezolana, Caracas 2006, pp. 7–27; *VIII Congreso Nacional de Derecho Constitucional, Perú*, Fondo Editorial 2005, Colegio de Abogados de Arequipa, Arequipa, September 2005, pp. 463–489.

395 See George Jellinek, *Ein Verfassungsgerichtshof fur Österreich*, Alfred Holder, Vienna 1885, quoted by Francisco Fernández Segado, "Algunas reflexiones generales en torno a los efectos de las sentencias de inconstitucionalidad y a la relatividad de ciertas fórmulas estereotipadas vinculadas a ellas," *Anuario Iberoamericano de Justicia Constitucional*, Centro de Estudios Políticos y Constitucionales, N° 12, 2008, Madrid 2008, p. 196.

composed of imprudent or bad men, the Union may be plunged into anarchy or civil war.[396]

In the same sense, Alexander Hamilton, warned about the "authority of the proposed Supreme Court of the United States," and particularly the following:

> [Its] power of construing the laws according to the *spirit* of the Constitution, will enable that court to mould them into whatever shape it may think proper; especially as its decisions will not be in any manner subject to the revision or correction of the legislative body.

He concluded:

> [T]he legislatures of the several States, can at any time rectify, by law, the exceptionable decisions of their respective courts. But the errors and usurpations of the Supreme Court of the United States will be uncontrollable and remediless.[397]

This is important to bear in mind, particularly in democratic regimes, where the conversion of constitutional courts into legislators violates the principle of separation of powers and transforms them into State organs not subject to political liability. In other words, the blurring of the limits between interpretation and normative jurisdiction "could transform the guardian of the Constitution into sovereign."[398]

The truth is that, in many countries, given the political regime or the condition of the members of constitutional courts, the important instruments designed to guarantee the supremacy of the Constitution, the enforcement of fundamental rights, and the functioning of the democratic regime have been the most diabolical instruments of authoritarianism, legitimizing the actions contrary to the Constitution taken by the other branches of government,[399] and sometimes on their own initiative by the obsequious servants of those in power. These cases, of course, make a mockery of judicial review, because as Mauro Cappelletti affirmed a few decades ago, judicial review is incompatible with authoritarianism and not tolerated by authoritarian regimes that are enemies of freedom.[400] This illness of judicial review, that is also a

---

396 See Alexis de Tocqueville, *Democracy in America*, ch. 8, "The Federal Constitution," trans. Henry Reeve, revised and corrected, 1899, http://xroads.virginia.edu/ ~HYPER/DETOC/1_ch08.htm See also Jorge Carpizo, *El Tribunal Constitucional y sus límites*, Grijley, Lima 2009, pp. 46–48.

397 See Alexander Hamilton, N° 81 of *The Federalist*, "The Judiciary Continued, and the Distribution of the Judiciary Authority"; Clinton Rossiter (Ed.), *The Federalist Papers*, Penguin Books, New York 2003, pp. 480. See also Laurence Claus and Richard S. Kay, *U.S. National Report*, p. 10.

398 See Francisco Fernández Segado, "Algunas reflexiones generales en torno a los efectos de las sentencias de inconstitucionalidad y a la relatividad de ciertas fórmulas estereotipadas vinculadas a ellas," *Anuario Iberoamericano de Justicia Constitucional*, Centro de Estudios Políticos y Constitucionales, N° 12, 2008, Madrid 2008, p. 161.

399 See Néstor Pedro Sagües, *La interpretación judicial de la Constitución*, LexisNexis, Buenos Aires 2006, p. 31.

400 See Mauro Capelletti, "¿Renegar de Montesquieu? La expansión y legitimidad de la justicia constitucional," *Revista Española de Derecho Constitucional* 6, N° 17, Madrid 1986, p. 17; Francisco Eguiguren and Liliana Salomé, *Peruvian National Report I*, p. 7.

case of the pathology of judicial review, occurs when constitutional courts, as docile instruments of governments, openly assume the role of the legislator, usurping its powers and functions or, even worse, assuming the role of the constituent power by mutating the Constitution in an illegitimate way.[401] Unfortunately, this has been the case of constitutional courts acting at the service of authoritarian governments, and the Constitutional Chamber of the Supreme Tribunal of Justice in Venezuela is an example. In many aspects, that example shows how serious the illness is that is affecting constitutional jurisdiction and turning constitutional justice into unconstitutional justice.[402]

CHAPTER 2

CONSTITUTIONAL COURTS' INTERFERENCE WITH THE CONSTITUENT POWER

Constitutional courts, being constitutional organs leading with constitutional questions, in many cases interfere not with the ordinary Legislator, but with the constitutional legislator, that is with the constituent power, by enacting constitutional rules when resolving constitutional disputes between state organs or even by legitimately making changes to a constitution by means of adapting its provisions and giving them concrete meaning.

I. CONSTITUTIONAL COURTS' RESOLUTION OF DISPUTES OF CONSTITUTIONAL RANK AND ENACTMENT OF CONSTITUTIONAL RULES

The principle of the supremacy of the Constitution, particularly regarding rigid Constitutions, implies that the Constitution and all constitutional rules can be enacted only by the constituent powers established and regulated in the same constitution. This constituent power can be the people, directly expressing their will (e.g., by means of a referendum) or an organ of the State acting as a derived constituent power. The consequence is that no constituted power of the State by itself can enact constitutional rules, except when expressly authorized by a constitution to participate in a constitution-making process.

Nonetheless, in contemporary constitutional law, there are cases in which constitutions authorize, exceptionally and indirectly, organs of the State to enact constitu-

401 See regarding the case of the Constitutional Chamber in Venezuela, Allan R. Brewer-Carías "El juez constitucional al servicio del autoritarismo y la ilegítima mutación de la Constitución: el caso de la Sala Constitucional del Tribunal Supremo de Justicia de Venezuela (1999–2009)," in *Revista de Administración Pública*, N° 180, Madrid 2009, pp. 383–418; "La ilegítima mutación de la Constitución por el juez constitucional y la demolición del Estado de derecho en Venezuela," in *Revista de Derecho Político*, N° 75–76, Homenaje a Manuel García Pelayo, Universidad Nacional de Educación a Distancia, Madrid, 2009, pp. 289–325.

402 See generally Allan R. Brewer-Carías, *Crónica de la "in"justicia constitucional. La Sala Constitucional y el autoritarismo en Venezuela*, Editorial Jurídica Venezolana, Caracas 2007.

tional rules. For instance, this is the case of parliaments when the constitution has authorized them to enact laws with constitutional rank (i.e., constitutional laws). In other cases, constitutions expressly authorize constitutional courts to enact constitutional rules when deciding conflicts regarding attributions of State organs, for instance on matters of political decentralization. This is particularly true in federal States, which are always constructed on a constitutional system of territorial distribution of powers between the federal (national) and state level, and even in some cases, a municipal level.

When resolving conflicts of competencies between constitutional organs, constitutional courts without a doubt enact constitutional rules. It is in this sense that Konrad Lachmayer, with respect to Austria, says that, since 1925, article 138.2 of the Constitution has enabled the Constitutional Court to act as a positive legislator, giving positive powers to the court in the sensitive area of the division of competences between the Federation and the states (*Länder*). The provision reads as follows: "The Constitutional Court furthermore determines at the request of the Federal Government or a state Government whether a legislative or executive act is part of the competence of the Federation or the States." This means that the Constitutional Court has the final say on the question of whether ultimate authority belongs to the Federation or to the states (*Länder*).

Because in the Austrian concept of a federal state, concurring competences between the federal level of government and the states do not exist, but only exclusive competencies according to a strict separation of powers, the decisions of the Constitutional Court, established in article 138.2 of the Constitution, is understood to be an authentic interpretation of the Constitution, meaning that the Constitutional Court, when deciding conflicts between constitutional entities, "enacts constitutional law."[403]

In other federal states with the same concentrated system of judicial review as Austria, constitutional courts are also empowered to decide on constitutional conflicts between the Federation and the states, and consequently to determine the territorial level of government to which correspond the competence in conflict. This is the case, for instance, of Venezuela, where the Constitutional Chamber of the Supreme Tribunal is empowered to arbitrate constitutional controversies raised between national, state, and municipal bodies (article 336.9 of the Constitution)[404] in a system in which, in addition to exclusive competencies of the three levels of government, there are also concurrent competencies. The decision of the Constitutional Chamber, when determining the level of government that possesses the competency, undoubtedly has constitutional value.

Nonetheless, this judicial review power can become an instrument for illegitimately mutating the Constitution in a way contrary to its provisions. This happened

403 See Konrad Lachmayer, *Austrian National Report*, pp. 1–2.

404 See, e.g., Decision nº 2401 of October 8, 2004, "*Gobernador del Estado Carabobo v. Poder Ejecutivo Nacional*," *Revista de Derecho Público*, Nº 99–100, Editorial Jurídica Venezolana, Caracas 2004, p. 317.

precisely in Venezuela, in particular, regarding the distribution of competencies between the various territorial levels of government (municipalities, states, and national government), which can be changed only by means of a constitutional reform.[405] Specifically, it happened regarding the competency referred to the conservation, administration and use of roads and national highways, and administration and use of national ports and airports of commercial use, which the Constitution assigns in an "exclusive" way to the states (article 164.10). In 2007, by proposing a constitutional reform, the National Executive intended to centralize this competence of the states,[406] but it was rejected by the people in referendum. Nonetheless, what could not be achieved through popular vote was achieved by the Constitutional Chamber of the Supreme Tribunal in Decision No. 565 of April 15, 2008,[407] issued deciding an autonomous recourse for constitutional interpretation filed by the attorney general. In such ruling, the "exclusive attribution" of the states was converted into a "concurrent" competency that the National Government can revert it in its favor. With this interpretation, the Constitutional Chamber illegitimately mutated the Constitution; usurped popular sovereignty; and changed the federal form of government by mutating the territorial distribution system of powers between the National Power and the states.

The U.S. Supreme Court can also be mentioned regarding the delimitation of the powers of the federal government in relation to the states. In this regard, since 1937, the Supreme Court has developed an expansive constitutional interpretation of congressional authority, according Congress broad authority to regulate under constitutional provisions like the commerce clause of the U.S. Constitution. Article 1, section 8, of the Constitution states, "The Congress shall have the power . . . to regulate Commerce with foreign Nations, and among the several States, and with the Indian Tribes," This provision was initially interpreted in *Gibbon v. Ogden*, 22 U.S. (9 Wheat) I (1824), in which Chief Justice John Marshall, writing for the Court, de-

---

405 See Allan R. Brewer-Carías, "Consideraciones sobre el régimen de distribución de competencias del poder público en la Constitución de 1999," in Fernando Parra Aranguren and Armando Rodríguez García (eds.), *Estudios de Derecho Administrativo: Libro Homenaje a la Universidad Central de Venezuela, Facultad de Ciencias Jurídicas y Políticas, con ocasión del Vigésimo Aniversario del Curso de Especialización en Derecho Administrativo*, vol. I, Tribunal Supremo de Justicia, Caracas 2001, pp. 107–136.

406 See Allan R. Brewer-Carías, *Hacia la consolidación de un estado socialista, centralizado, policial y militarista: Comentarios sobre el sentido y alcance de las propuestas de reforma constitucional 2007*, Editorial Jurídica Venezolana, Caracas 2007, pp. 41 ff.; Brewer Carías, *La reforma constitucional de 2007 (Comentarios al proyecto inconstitucionalmente sancionado por la Asamblea Nacional el 2 de Noviembre de 2007)*, Editorial Jurídica Venezolana, Caracas 2007, pp. 72 ff.

407 See Constitutional Chamber, Decision N° 565 of April 15, 2008, case: *Attorney General of the Republic, interpretation recourse of article 164,10 of the 1999 Constitution of 1999*, http://www.tsj.gov.ve/deci-siones/scon/Abril/565-150408-07-1108.htm. See also Daniela Urosa Maggi, *Venezuelan National Report*, pp. 15–16. See the comments in Allan R. Brewer-Carías, "La ilegítima mutación de la Constitución y la legitimidad de la jurisdicción constitucional: la 'reforma' de la forma federal del Estado en Venezuela mediante interpretación constitucional," in *Memoria del X Congreso Iberoamericano de Derecho Constitucional*, Instituto Iberoamericano de Derecho Constitucional, Asociación Peruana de Derecho Constitucional, Instituto de Investigaciones Jurídicas–UNAM y Maestría en Derecho Constitucional–PUCP, IDEMSA, Lima 2009, vol. 1, pp. 29–51.

fined *commerce* to include "all phases of business" and "among the several States" to refer to interstate effects, even if commerce occurs within a state. This clause, "the focus of most of the Supreme Court decisions that have considered the scope of congressional power and federalism,"[408] led to the adoption of very important Supreme Court decisions that were issued after the invalidation of various important pieces of New Deal legislation, like *National Labor Relations Board v. Jones & Laughlin Steel Corp.*, 301 U.S. 1 (1937), *United States v. Darby* 312 U.S. 199 (1941), and *Wickard v. Filburn*, 317 U.S. 111 (1942).

In these decisions, the Supreme Court ceased to distinguish between commerce and other kind of business, such as mining, manufacturing, and production, allowing Congress to exercise control over all business; ceased to distinguish between direct and indirect effects of interstate commerce, allowing Congress to regulate any activity that cumulatively had an effect on interstate commerce; and ceased to consider the Tenth Amendment as a limit on congressional power. Under the test developed, during the following decades, according to Erwin Chemerinsky, it has been difficult to imagine anything that Congress cannot regulate under the commerce clause, so long as it does not violate another constitutional provision.[409] By means of the case law on matters related to the federal State, the Supreme Court's decisions, without doubt, eventually have enacted constitutional rules.

However, in enacting rules about constitutional disputes regarding constitutional distribution of powers in federal States, constitutional courts are not authorized to enact constitutional rules or to give constitutional rank to provisions adopted by constitutional organs of the State not authorized to enact constitutional rules. The contrary would be a violation of a constitution, as occurred also in Venezuela, where the Constitutional Court gave constitutional rank and even supraconstitutional rank to provisions that the people had not approved. In effect, after the popular approval of the 1999 Constitution, the National Constituent Assembly adopted a set of "constitutional transition" provisions, not approved by the people, by means of a decree of the "Regime of Transition of the Public Power."[410] In the decree, the Constituent Assembly dismissed all heads of the branches of government, including members of the Supreme Tribunal, and appointed new ones, changing the content of the transition provisions contained in the text of the Constitution. The decree was challenged before the Constitutional Chamber of the Supreme Tribunal of Justice, which issued Decision N°. 6, of January 27, 2000,[411] ruling that the National Constituent Assembly had "supraconstitutional" power to create constitutional provisions without popular approval, admitting the existence in the country of two parallel transitional constitutional regimes: the one contained in the transition provisions of the Constitution

408 See Erwin Chemerinsky, *Constitutional Law: Principles and Policies*, Aspen Publishers, New York, 2006, pp. 243 ff.

409 *Id.*, pp. 259–260.

410 *Gaceta Oficial* N° 36.859, December 29, 1999.

411 See *Milagros Gómez et al.* case, in *Revista de Derecho Público*, N° 81, Editorial Jurídica Venezolana, Caracas, 2000, pp. 81 ff., http://www.tsj.gov.ve/decisiones/scon/Enero/06-270100-00011.htm. See also Daniela Urosa Maggi, *Venezuelan National Report*, p. 14.

approved by the people and those approved by the National Constituent Assembly without popular approval. In this way, the Chamber illegitimately changed the Constitution, thus violating popular sovereignty and giving birth to a long period of constitutional instability that still has not ended. This constitutional mutation was ratified by the same Constitutional Chamber in Decision N° 180 of March 18, 2000.[412]

II. CONSTITUTIONAL COURTS AND JUDICIAL REVIEW OF PROVISIONS OF THE CONSTITUTION AND OF CONSTITUTIONAL REFORMS AND AMENDMENTS

Constitutional courts can also enact constitutional rules when they are empowered to review the Constitution itself, as is the case in Austria, where the Constitutional Court is empowered to confront the Constitution with its own basic principles, like the principle of democracy, the federal state, the rule of law, separation of powers, and the general system of human rights. Exercising this power, the Austrian Constitutional Court declared in 2001 a constitutional provision itself as unconstitutional, annulling it.[413] The reason for this decision was the ongoing policy of the Austrian legislator to (indirectly) legitimize unconstitutional provisions, which the Constitutional Court had annulled, by creating new constitutional provisions mirroring the former unconstitutional ones. In this case, the Constitutional Court declared void a constitutional provision excluding parts of the Public Procurement Act from its compliance with the Constitution. The scope of review by the Court was limited to the basic principles of the Constitution, holding that the democracy principle and the *Rechtsstaat* principle were violated by exempting constitutional compliance with a significant aspect of legislation (public procurement) in a general manner.[414]

In the same sense, constitutional courts can enact constitutional rules when exercising judicial review over constitutional amendments. For instance, in Colombia, according to article 379 of the Constitution, all constitutional review procedures, including the convening of popular referendum or constituent assemblies are subject to judicial review by the Constitutional Court, which can declare them unconstitutional if they violate rules of procedure.[415] In Ecuador, article 433 of the Constitution assigns the Constitutional Court the power to determine which constitutional review procedure (reform or amendment) must be applied. The Constitution of Bolivia al-

---

412 See *Allan Brewer-Carías et al.* case, in http://www.tsj.gov.ve/decisiones/scon/Marzo/180-280300-00-0737%20.htm. See the comments in Allan R. Brewer-Carías, *Golpe de estado y proceso constituyente en Venezuela*, Universidad Nacional Autónoma de México, Mexico City 2002, pp. 367 ff.; Brewer-Carías, "El juez constitucional al servicio del autoritarismo y la ilegítima mutación de la Constitución: El caso de la Sala Constitucional del Tribunal Supremo de Justicia de Venezuela (1999-2009)," *Revista de Administración Pública*, N° 180, Madrid 2009, pp. 383–418. See also Daniela Urosa Maggi, *Venezuelan National Report*, p. 14.

413 See, e.g., Constitutional Court, Decision VfSlg 16.327/2001; Konrad Lachmayer, *Austrian National Report*, p. 6 (footnote 20).

414 *Id.*, p. 9.

415 See Mario Alberto Cajas Sarria, "Acerca del control judicial de la reforma constitucional en Colombia," *Revista Iberoamericana de Derecho Procesal Constitucional*, N° 7, Instituto Iberoamericano de Derecho Procesal Constitucional, Editorial Porrúa, Mexico 2007, pp. 19 ff.

lows the Constitutional Tribunal to decide on actions of unconstitutionality filed against the procedures of partial reform of the Constitution.[416]

Greek courts also have affirmed their power to engage in judicial review of constitutional amendments, although without specifying the exact constitutional basis or engaging in any meaningful scrutiny of constitutional amendments.[417]

The situation is completely different in cases where constitutional courts exercise judicial review powers regarding reforms or amendments of the Constitution on their merits, not only on matters of procedure. This happens for instance, when the constituent powers try to change constitutional clauses that, according to the express terms of the Constitution, are declared as principles or provisions that cannot be modified or changed. For instance, the Constitution of Brazil establishes: "No proposal of amendment shall be considered which is aimed at abolishing: I. The federative form of State; II. The direct, secret, universal and periodic vote; III. The separation of the Government Powers; IV. Individual rights and guarantees" (article 64, para. 4).

Nonetheless, the powers of a constitutional court to exercise judicial review of the merits of constitutional reforms or amendments, even in cases of clauses that the Constitution stipulates as not modifiable, must be expressly established as one of its competency, as has been established in many countries regarding review on procedural matters concerning constitutional reforms or amendments. On the contrary, the exercise by the constitutional court of judicial review powers not authorized in the Constitution as to the merits of constitutional reforms or amendments would eventually lead the Court to substitute itself for the constituent power. This is what happened, for instance, in Colombia in a decision N° C-141 issued by the Constitutional Court on February 26, 2010, in which the Court annulled Law No. 1,354 of 2009, which convened a referendum to approve reforms to article 197 of the Constitution to allow the reelection for a third period of the President of the Republic.[418] In this case, the Court, in addition to considering various procedural vices affecting the popular initiative of the legislation, and the legislative process followed in the approval of the challenged law, also considered the existence of "vices or excesses in the exercise of the power of constitutional reform." Referring to jurisprudence established since 2003 "under the name of the theory of substitution, the Court confirmed

---

416 See Allan R. Brewer-Carías, *Reforma constitucional y fraude a la Constitución. Venezuela 1999-2009*, Academia de Ciencias Políticas y Sociales, Caracas 2009, pp. 78 ff.; Brewer-Carías, "La reforma constitucional en América Latina y el control de constitucionalidad," in *Reforma de la Constitución y control de constitucionalidad. Congreso Internacional, Pontificia Universidad Javeriana, Bogotá Colombia, junio 14 al 17 de 2005*, Pontificia Universidad Javeriana, Bogotá, 2005, pp. 108–159.

417 See Supreme Special Court Judgment n° 11/2003, *DtA* 2009, 553 (555–556); Julia Iliopoulos-Strangas and Stylianos-Ioannis G. Koutnatzis, *Greek National Report*, p. 11 (footnote 85).

418 Initially the Court published Communiqué N° 9, on February 26, 2010, containing the basic ruling. See http://www.corteconstitucional.gov.co/comunicados/No.%2009%20Comunicado %2026%20de%20febrero%20de%202010.php. See also Sandra Morelli, *Colombian National Report*, pp. 13–16; Germán Alfonso López Daza, *Colombian National Report I*, p. 6. The full text of the decision was later published in 2011. See in http://www.corteconstitucional.gov.co/ relatoria/2010/c-141-10.htm.

that "it is not feasible any constitutional reform ignoring structural principles or defining elements of the Constitution of 1991," and it affirmed its power to exercise judicial review even regarding the law convening a constitutional reform referendum. As to Law 1,354 of 2009, the Court "found that it ignores some structural axes of the Political Constitution like the principle of separation of powers and the system of checks and balances, the rule of alternation and presidential terms, the right to equality and the general and abstract nature of the laws."[419] The general conclusion of the Constitutional Court's Decision of 2010 to declare the unconstitutionality and to annul Law No. 1,354 was that it was not just "a matter of mere procedural irregularities but of substantial violations of the democratic principle, one of whose essential components is the respect of the forms provided so that the people can express itself."[420]

Regarding this decision of the Constitutional Court, Sandra Morelli has considered it "nothing less than surprising that to find the national body responsible for guarantying the supremacy of the Constitution and its preservation, in sharp contrast with the content of Article 247 of the Constitution that limit[s] its competence to consider vices of procedure when exercising control of constitutionality on the laws convening a constitutional referendum, and that it does it raising the issue that the proposed constitutional reform would constitute a substitution of the constitutional system, in a way that only the primary constituent would be legitimized for such purpose." According to Morelli, "the Colombian constitutional court, on the one hand, is curtailing the powers to reform of the constituted bodies, and on the other, referring to powers, the mutations of the constitution."[421]

In India, the Supreme Court has changed the Constitution on matters of constitutional amendments by establishing substantive limitations on the power of the parliament to amend the Constitution, not provided for in article 368 of the Constitution. In this respect, the Indian Supreme Court, in *Kesvananda Bharti v. State of Kerala*, interpreted an "implied" limitation on the power of Parliament to amend the Constitution, in the sense that it cannot amend the basic features or basic structure of the Constitution.[422] Consequently, judicial review is interpreted as a basic feature of the Constitution,[423] which means that even a constitutional amendment cannot remove the power of judicial review, thus converting the Supreme Court, according to Surya Deva, to "probably the most powerful court in any democracy."[424]

Finally, a case in Venezuela must be mentioned in which the Constitutional Chamber of the Supreme Tribunal of Justice refused to control the constitutionality

419 *Id.*, p. 19.

420 *Id.*, p. 20.

421 *Id.*, p. 22.

422 See Surya Deva, *Indian National Report*, pp. 5–6.

423 See *Waman Rao v. Union of India*, AIR 1981 SC 271; *S P Sampath Kumar v. Union of India*, AIR 1987 SC 386; *L Chandra Kumar v. Union of India*, AIR 1997 SC 1125. See Surya Deva, *Indian National Report*, p. 6 (footnote 41).

424 See Surya Deva, *Indian National Report*, p. 6.

of a constitutional review procedure that was challenged on grounds of its unconstitutionality. The 1999 Venezuelan Constitution establishes three different and precise procedures for constitutional reforms: the "Constitutional Amendment," the "Constitutional Reform," and the "National Constituent Assembly," depending on the degree and importance of the proposed reforms, the latter being needed for major reforms aiming to transform the State. In 2007, at the initiative of the President of the Republic, the National Assembly sanctioned a "Constitutional Reform" directed to transform the Democratic Decentralized Social State established in the 1999 Constitution into a Socialist, Centralized and Militaristic State.[425] The reform procedure that was followed was challenged before the Constitutional Chamber, but it refused to hear the popular actions filled against it on the grounds that they were "not allowed to be proposed" (*improponibles*) pending the definitive approval of the reform, renouncing to be the guardian of the Constitution 'supremacy.[426] Nonetheless, it was the people in the December 7, 2007 referendum who rejected the unconstitutional reform.[427]

III. CONSTITUTIONAL COURTS' ADAPTATION OF THE CONSTITUTION AND THE QUESTION OF LEGITIMATE CHANGES TO THE CONSTITUTION

The situation is different when constitutional courts adapt constitutional provisions through interpretation. Undoubtedly, one of the main roles of constitutional courts during judicial review of statutes is to interpret the Constitution and to adapt its provisions according to constitutional principles and values, particularly on matters of protecting fundamental rights. In such cases, according to Laurence Claus and Richard S. Kay, constitutional courts "engage in positive constitutional lawmaking," particularly when the rule they "formulate, creates 'affirmative' public duties."[428] Consequently, it is possible to accept judge-made constitutional "mutations," this expression understood to mean "change[s] in the interpretation of a con-

---

425 See on the reform proposal Allan R. Brewer-Carías, *Hacia la consolidación de un Estado Socialista, Centralizado, Policial y Militarista. Comentarios sobre el sentido y alcance de las propuestas de reforma constitucional 2007,* Colección Textos Legislativos, nº 42, Editorial Jurídica Venezolana, Caracas 2007; Brewer-Carías, *La reforma constitucional de 2007 (Comentarios al Proyecto inconstitucionalmente sancionado por la Asamblea Nacional el 2 de noviembre de 2007)*, Colección Textos Legislativos, No.43, Editorial Jurídica Venezolana, Caracas 2007; Brewer-Carías, *Reforma constitucional y fraude a la Constitución (1999–2009)*, Academia de Ciencias Políticas y Sociales, Caracas 2009.

426 See Allan R. Brewer-Carías, "El juez constitucional vs. la supremacía constitucional o de cómo la jurisdicción constitucional en Venezuela renunció a controlar la constitucionalidad del procedimiento seguido para la 'reforma constitucional' sancionada por la Asamblea Nacional el 2 de noviembre de 2007, antes de que fuera rechazada por el pueblo en el referendo del 2 de diciembre de 2007," in Eduardo Ferrer Mac-Gregor y César de Jesús Molina Suárez (Coordinarores), *El juez constitucional en el Siglo XXI,* Universidad nacional Autónoma de México, Suprema Corte de Justicia de la Nación, México 2009, Tomo I, pp. 385–435.

427 See the comments in Allan R. Brewer-Carías, "La reforma constitucional en Venezuela de 2007 y su rechazo por el poder constituyente originario," in José Ma. Serna de la Garza (coord.), *Procesos Constituyentes contemporáneos en América latina. Tendencias y perspectivas*, Universidad Nacional Autónoma de México, México 2009, pp. 407–449.

428 See Laurence Claus and Richard S. Kay, *U.S. National Report*, p. 6.

stitutional provision, the meaning of which is altered in spite of the maintenance of the same wording of the Constitution."[429] But in this there are some risks. As I wrote a few years ago, if it is true that "constitutional courts, certainly, can be considered as a phenomenal instrument for the adaptation of the Constitution, and the reinforcement of the rule of law," then it is also true that "they can also be a diabolic instrument of constitutional dictatorship, not subjected to control, when they validate constitutional violations made by authoritarian regimes or when separation of powers is not assured."[430]

These constitutional mutations, when reinforcing the rule of law, generally take place as a consequence of enforcing the fundamental values and principles of the Constitution, particularly the protection of fundamental rights and the strengthening of democratic rule. Nonetheless, they have also occurred in other constitutional matters related to the general organization of the State.

1. *Adapting the Constitution on Matters of Fundamental Rights Guarantees*

Regarding the protection of fundamental rights, the mutation of the Constitution in many countries has resulted from constitutional courts "discovering" fundamental rights that were not expressly listed in a constitution, and consequently enlarging the scope of the constitutional provisions. In this regard, constitutional courts always have had an additional duty over that of the ordinary judge, in that they must defend the Constitution and its foundational values at a given time.[431]

This is why it is considered legitimate for constitutional courts, in their interpretative process, to adapt a constitution to the current values of society and the political system, precisely "to keep the constitution alive."[432] To that end, because a constitution is not a static document, constitutional courts must be creative in effectively applying constitutions that may have been written, for instance, in the nineteenth century, particularly when controlling the constitutionality of legislation according to the evolving social needs and institutions of the country.

---

429 See Salvador O. Nava Gomar, "Interpretación, mutación y reforma de la Constitución: Tres extractos," in Eduardo Ferrer Mac-Gregor (coord.), *Interpretación constitucional*, vol. 2, Editorial Porrúa, Universidad Nacional Autónoma de México, Mexico City 2005, pp. 804 ff. See also Thomas Bustamante and Evanlida de Godoi Bustamante, *Brazilian National Report*, p. 28. See generally Konrad Hesse, "Límites a la mutación constitucional," in *Escritos de derecho constitucional*, Centro de Estudios Constitucionales, Madrid 1992, pp. 79–104.

430 See Allan R. Brewer-Carías, "La reforma constitucional en América Latina y el control de constitucionalidad," in *Reforma de la Constitución y control de constitucionalidad. Congreso Internacional junio 14 al 17 de 2005*), Pontificia Universidad Javeriana, Bogotá, 2005, pp. 108–159.

431 This has been particularly true, for instance, in the process of the transformation in the former socialist States of Eastern Europe to contemporary democratic States subject to the rule of law. See, e.g., Marek Safjan, *Polish National Report*, pp. 7, 10; Sanja Barić and Petar Bačić, *Croatian National Report*, pp. 18, 21, 28; Boško Tripković, *Serbian National Report*, pp. 1, 14.

432 See Mauro Cappelletti, "El formidable problema del control judicial y la contribución del análisis comparado," *Revista de Estudios Políticos* 13, Madrid 1980, p. 78; "The Mighty Problem of Judicial Review and the Contribution of Comparative Analysis," *Southern California Law Review*, 53, 1980, p. 409 ff.

This also occurs in the case of more recent constitutions, where fundamental rights sometimes are expressed in a vague, and elusive way, with provisions expressed in ambiguous, but worthy, terms, such as *liberty*, *democracy*, *justice*, *dignity*, *equality*, *social function*, and *public interests*.[433] This leads to the need for judges to have an active role when interpreting what have been called a constitution's "precious ambiguities"[434] and "majestic generalities."[435]

It is precisely in these matters, as mentioned by Laurence Claus and Richard S. Kay, that the U.S. Supreme Court's elaboration of constitutional principles and values "provides perhaps the most salient example of positive lawmaking in the course of American constitutional adjudication." For instance, the Court interpreted the equal protection clause of the Fourteenth Amendment to expound the nature of equality; it argued about the constitutional guarantee of due process (Amendments V and XIV), and the open clause of Amendment IX, to construct a sense of liberty.[436] As Geoffrey R. Stone has pointed out regarding the text of the U.S Constitution:

> It defines our most fundamental rights and protections in an open-ended terms: "freedom of speech," for example, and "equal protection of laws," "due process of law," "unreasonable searches and seizures," "free exercise" of religion and "cruel and unusual punishment." These terms are not self-defining; they did not have clear meaning even to the people who drafted them. The framers fully understood that they were leaving it to future generations to use their intelligence, judgment and experience to give concrete meaning to the expressed aspirations.[437]

In particular, for instance, it was in *Brown v. Board of Education of Topeka*, 347 U.S. 483 (1954), that this process of mutating the U.S. Constitution began for matters of fundamental rights. It is important to bear in mind that the 1789 U.S. Constitution and the 1791 amendments did not establish the principle of equality and that the Fourteenth Amendment (1868) included only the equal protection clause, which until the 1950s had been interpreted differently.

---

433 See Mauro Cappelletti, "Nécessité et légitimité de la justice constitutionnelle," in Louis Favoreu (ed.), *Cours constitutionnelles européenes et droit fundamentaux*, Economica, Presses Universitaires d'Aix-Marseille, 1982, p. 474.

434 "If it is true that precision has a place of honor in the writing of a governmental decision, it is mortal when it refers to a constitution which wants to be a lively body." S. M. Hufstedles, "In the Name of Justice," *Stanford Lawyers* 14, nº 1 (1979), pp. 3–4, quoted by Mauro Cappelletti, "Nécessité et légitimité de la justice constitutionnelle," in Louis Favoreu (ed.), *Cours constitutionnelles européennes et droit fondamentaux*, Economica, Presses Universitaires d'Aix-Marseille, 1982, p. 474; L. Favoreu, *Le contrôle juridictionnel des lois et sa légitimité. Développements récents en Europe Occidentale*, Association Internationale des Sciences Juridiques, Colloque d'Uppsala 1984, (mimeo), p. 32.

435 See *W. Va. State Bd. of Educ. v. Barnette*, 319 U.S. 624, 639 (1943). See Laurence Claus and Richard S. Kay, *U.S. National Report*, p. 12 (footnote 33).

436 See Laurence Claus and Richard S. Kay, *U.S. National Report*, pp. 12–13.

437 See Geoffrey R. Stone, "Our Fill-in-the-Blank Constitution," op-ed, *New York Times*, April 14, 2010, p. A27.

This process converted the Court, according to Claus and Kay, into "the most powerful sitting lawmaker in the nation,"[438] by having used old but renewed means of relief, particularly equitable remedies, to move beyond prohibitory to mandatory relief. This is one of the most striking developments in modern constitutional law, and it produced changes impossible to imagine a few years earlier. As aforementioned, these means were broadly applied in *Brown v. Board of Education of Topeka*, 347 U.S. 483 (1954), where the Supreme Court held that racial segregation in public education was a denial of the "equal protection of the laws," which, under the Fourteenth Amendment, no state was to deny to any person within the state's jurisdiction. The Court needed to answer various questions to find segregation unconstitutional, such as whether the ruling should order that African American children "forthwith be admitted to schools of their choice" or whether the court should "permit an effective gradual adjustment" to systems.[439] Eventually, these inquiries led the Supreme Court, in May 1954, to declare racial segregation incompatible with the Fourteenth Amendment. It issued the final ruling in the case in May 1955, two and a half years after the initial argument.[440]

In effect, in *Brown*, the Supreme Court changed the meaning of the Fourteenth Amendment. Chief Justice Warren said:

> In approaching this problem we cannot turn the clock back to 1868 when the Amendment was adopted, or even to 1896 when *Plessy v. Ferguson* was written. We must consider public education in the light of its full development and its present place in American life throughout the Nation. Only in this way can it be determined if segregation in public schools deprives these plaintiffs of the equal protection of the laws.

This assertion led Chief Justice Warren to conclude:

> [I]n the field of public education the doctrine of "separate but equal" has no place. Separate educational facilities are inherently unequal. Therefore, we hold that the plaintiffs, and others similarly situated from whom the actions have been brought are by reason of the segregation complained of, deprived of the equal protection of the laws guaranteed by the Fourteenth Amendment.

In other contexts, particularly in France, where the Constitution does not make a declaration of fundamental rights, the role of the Constitutional Council during the past decades must be highlighted, beginning with the important decision adopted on

---

438 See Laurence Claus and Richard S. Kay, *U.S. National Report*, p. 20. On the different stages in the process of law regarding those clauses, see *id.*, pp. 13–14. The authors argue that "the law of liberty and equality in America is now, in large measure, ultimately created and shaped by the Supreme Court," p. 14.

439 *Brown v. Bd. of Educ.*, 345 U.S. 972, 972 (1953). See Laurence Claus and Richard S. Kay, *U.S. National Report*, p. 26 (footnote 89).

440 *Brown v. Bd. of Educ.*, 345 U.S. 972, 972 (1953). See Laurence Claus and Richard S. Kay, *U.S. National Report*, p. 27 (footnote 91).

July 16, 1971, concerning freedom of association.[441] In that case, the Constitutional Council accepted the positive legal value of the Preamble to the 1958 Constitution with all its consequences,[442] which conformed with what Louis Favoreu called the *bloc de constitutionnalité.*[443]

Consequently, regarding the particular law establishing a procedure to control the acquisition of legal capacity by association, the Constitutional Council considered it against the Constitution,[444] arguing that the Preamble to the 1946 Constitution referred to the "fundamental principles recognized by the laws of the Republic," among which the principle of liberty of association was to be included. The Council, in accordance with such principle, considered that associations were to be constituted freely and able to develop their activities with the only condition of filing a declaration before the Administration, that was not submitted to a previous authorization by either administrative or judicial authorities. Thus, the Constitutional Council decided that fundamental constitutional principles were included not only in the Preamble of the 1958 Constitution but also in the Preamble of the 1946 Constitution, and through it in the Declaration of Rights of Man and Citizens of 1789. Thus, the limits imposed on associations by the proposed bill establishing prior judicial control of the Declaration were considered unconstitutional. In this way, according to Jean Rivero:

> The liberty of association, which is not expressly established either in the Declaration or by the particularly needed principles of our times, but which is only recognized by a Statute of 1 July 1901, has been recognized by the Constitutional Council decision, as having a constitutional character, not only as a principle, but in relation to the modalities of its exercise.[445]

This sort of adaptation of the French Constitution was also developed by the Constitutional Council in the well-known *Nationalization* case in 1982, which applied the article concerning the right of property in the Declaration of the Rights of Man and Citizen of 1789 and declared the right to property as having constitutional

---

441 See L. Favoreu and L. Philip, *Les grandes décisions du Conseil Constitutionnel*, Dalloz, Paris 1984, p. 222–237; Bertrand Mathieu, *French National Report*, p. 2.

442 See L. Favoreu, "Rapport général introductif," in *Cours constitutionnelles européenes et droit fondamentaux*, Economica, Presses Universitaires d'Aix-Marseille, 1982, pp. 45–46.

443 See L. Favoreu, "Le principe de Constitutionalité. Essai de definition d'apres la jurisprudence du Conseil Constitutionnel," *Recueil d'Étude en Hommage a Charles Eisenman*, Paris 1977, p. 34. On comparative law, see also Francisco Zúñiga Urbina, "Control de constitucionalidad y sentencia," *Cuadernos del Tribunal Constitucional*, nº 34, Santiago de Chile 2006, pp. 46–68.

444 See the Constitutional Council decision in L. Favoreu and J. Philip, *Les grandes décisions du Conseil Constitutionnel*, Dalloz, Paris 1984, p. 222. See the comments of the July 16, 1971, decisions in J. Rivero, "Note," *L'Actualité Juridique. Droit Administratif*, Paris, 1971, p. 537; J. Rivero, "Principles fondamentaux reconnus par les lois de la République; une nouvelle catégorie constitutionnelle?" *Dalloz 1974*, Chroniques, Paris 1974, p. 265; J. E. Bradsley, "The Constitutional Council and Constitutional Liberties in France," *American Journal of Comparative Law* 20, Nº 3 (1972), p. 43; B. Nicholas, "Fundamental Rights and Judicial Review in France," *Public Law*, 1978, p. 83.

445 See J. Rivero, "Les garanties constitutionnelles des droits de l'homme en droit français," in *IX Journées Juridiques Franco-Latino Américaines*, Bayonne, May 21–23, 1976 (mimeo), p. 11.

force. In its decision of January 16, 1982,[446] even though the article of the 1789 Declaration concerning property rights was considered obsolete, and so its interpretation could not result in a completely different sense from the one defined in 1789,[447] the Constitutional Council stated:

> Taking into account that if it is true that after 1789 and up to the present, the aims and conditions of the exercise of the right to property have undergone an evolution characterized both, by a notable extension of its application to new individual fields and by limits imposed by general interests, the principles themselves expressed in the Declaration of Rights of Man have complete constitutional value, particularly regarding the fundamental character of the right to property, the conservation of which constitutes one of the aims of political society, and located on the same rank as liberty, security and resistance to oppression, and also regarding the guarantees given to the holders of that right and the prerogatives of public power.[448]

In this way, the Constitutional Council not only created a constitutional right by giving the 1789 Declaration constitutional rank and value but also adapted the "sacred" right to property established two hundred years earlier to the limitable right of our times, thus allowing the Council to declare unconstitutional certain articles in the Nationalization statute regarding the banking sector and industries of strategic importance (especially in electronics and communications).

The role of constitutional courts in adapting the Constitution to guarantee fundamental rights not expressly established in the Constitution, even in the absence of open constitutional clauses like the Ninth Amendment to the U.S. Constitution, has been commonly accepted, mainly because of the principle of progressiveness in the protection of fundamental rights.[449]

In Switzerland, for instance, before the 1999 constitutional reform was sanctioned, which included an extended declaration of fundamental rights, the Federal Supreme Court interpreted the previous 1874 Constitution, which included only a few fundamental rights, as allowing for very important unwritten fundamental rights, including the guarantee of property (1960);[450] freedom of expression

---

446 See L. Favoreu and L. Philip, *Les grandes décisions du Conseil Constitutionnel*, Dalloz, Paris 1984, pp. 525–562.

447 See L. Favoreu, *Le contrôle juridictionnel des lois et sa légitimité. Développements récents en Europe Occidentale*, Association Internationale des Sciences Juridiques, Colloque d'Uppsala 1984 (mimeo), p. 32.

448 See L. Favoreu and L. Philip, *Les grandes décisions du Conseil Constitutionnel*, Dalloz, Paris 1984, p. 526; L. Favoreu, "Les décisions du Conseil Constitutionnel dans l'affaire des nationalisations," *Revue du Droit Public et de la Science Politique en France et à l'Étranger* 98, N° 2, Paris 1982, p. 406.

449 See Pedro Nikken, *La protección internacional de los derechos humanos: Su desarrollo progresivo*, Instituto Interamericano de Derechos Humanos, Ed. Civitas, Madrid 1987; Mónica Pinto, "El principio *pro homine*: Criterio hermenéutico y pautas para la regulación de los derechos humanos," in *La aplicación de los tratados sobre derechos Humanos por los tribunales locales*, Centro de Estudios Legales y Sociales, Buenos Aires 1997, p. 163.

450 See Supreme Court, in ZBl 62/1961, 69, 72; Tobias Jaag, *Swiss National Report*, p. 11 (footnote 49).

(1961);[451] the right to personal freedom within the meaning of a right to physical and mental integrity (1963);[452] freedom of language (1965);[453] the right to existence and care, including a minimum of governmental assistance in case of need (1995);[454] freedom of assembly and freedom of expression, which encompass the right to hold public demonstrations (1970);[455] and the freedom to demonstrate.[456] Also, before the 1999 constitutional reform, the Federal Supreme Court recognized the freedom to elect and vote as a constitutional right;[457] most important, it enforced the right of women to participate in the Landsgemeinde (assembly of the citizens as the highest legislative body) of the Canton Appenzell-Innerrhoden,[458] where the Cantonal Constitution provided that only men could participate in such an assembly. All these rights were later included in the 1999 Constitution.

In Germany, the Federal Constitutional Tribunal has also developed an important process of interpreting the constitution to protect fundamental rights. Ines Härtel refers to a 2008 decision adopted by the Federal Constitutional Tribunal regarding the searches of computers. in which the Tribunal created a "new" basic right on the "warranty of confidentiality and integrity in information technology systems." In this case, in the course of the judicial review process of a provision of a North Rhine–Westphalia law regarding the change of the statute by the Federal Office for the Protection of the Constitution, the Tribunal ruled on the protection of general personal rights provided in article 2, section 1, in conjunction with article 1, section 1, of the Constitution,[459] in particular within the tension between liberty and security that affects the handling of personal data and information.

In Poland, the Constitutional Tribunal has developed judicial activism regarding the expansion of human rights, particularly after 1989, with the fall of the country's totalitarian system and the need to build the structures of a democratic state of law. The Constitutional Tribunal was pushed to interpret the standards of rights and freedoms not directly expressed in the Constitution, and to complement existing constitutional provisions, according to the new democratic values and system. Consequently, the Tribunal derived such fundamental rights as the right to the protection of human life before birth,[460] the right to trial,[461] the right to privacy,[462] ban on retro-

451 See BGE 87 I 114, 117; Tobias Jaag, *Swiss National Report*, p. 11 (footnote 51).

452 See BGE 89 I 92, 97 ff.; Tobias Jaag, *Swiss National Report*, p. 11 (footnote 56).

453 See BGE 91 I 480, 485 ff. This includes the right to use one's native language. See Tobias Jaag, *Swiss National Report*, p. 12 (footnote 59).

454 See BGE 121 I 367, 370 ff.; Tobias Jaag, *Swiss National Report*, p. 12 (footnote 61).

455 See BGE 96 I 219, 223 ff.; Tobias Jaag, *Swiss National Report*, p. 11 (footnote 52).

456 See BGE 100 Ia 392, 400 ff.; Tobias Jaag, *Swiss National Report*, p. 11 (footnote 53).

457 *Cf.* BGE 121 I 138, 141 ff.; Tobias Jaag, *Swiss National Report*, p. 12 (footnote 64).

458 See BGE 116 Ia 359 ff.; Tobias Jaag, *Swiss National Report*, p. 13 (footnote 66).

459 See BVerfG, Reference N° 1 BvR 370/07 from February 27, 2008, available at http://www.bverfg.de/entscheidungen/rs20080227_1bvr037007.html; I. Härtel, *German National Report*, p. 12.

460 See Decision of May 28, 1997, K 26/96, OTK ZU 1997/2/19; Marek Safjan, *Polish National Report*, p. 9 (footnote 22).

activity,[463] the rule of protection of duly acquired rights,[464] the protection of business and legal security,[465] and the principle of proportionality, for instance in the imposition of sanctions.[466]

Also in Poland, the Court has been charged with giving specific content to programmatic clauses established in the Constitution, particularly during the transformation from an authoritarian socialist State to one of democratic rule of law. In this process, the broad catalog of general rules established in the Constitution related to social and economic rights, and the definition of the economic system as a "social market economy" (article 20 of the Constitution) were developed by the Constitutional Court. That is why, regarding these rules, Judge Marek Safjan said, that "if these rules are not to remain a pure ideology and constitutional decorum, expressing the 'wishful thinking' attitude of the authors of the Constitution, the Constitutional Court by turning rules into norms, and seeking at least a minimal normative content in the so-called program norms," has exercised "an increasingly stronger influence on the directions of state policy in these dimensions."[467] For such purpose, the Court following the superior values in the Constitution, has filled in these concepts, pinpointing and determining their boundaries. As Judge Safjan explains:

> It is characteristic for each Constitution to employ a large number of "open" norms having undefined (fuzzy) normative scope, expressing fundamental legal values and creating "axiology of the Constitution." This search for a normative content hidden in the general, undefined constitutional expressions, as well as decoding other – more precise and concrete – norms out of them, setting limits to the application of rules and establishing a special "hierarchy" between the colliding rules and values – is inscribed into the nature of interpretation of the Constitution and is closely connected with the essence of the function of each constitutional court.[468]

---

461 See Decision of January 7, 1992, K 8/91, OTK ZU 1992, part 1, pp. 76–84; of June 27, 1995, K4/94, OTK 1993, part 2, pp. 297–310; Marek Safjan, *Polish National Report*, p. 9 (footnote 23).

462 See Decision of June 24, 1997, K21797, OTK ZU 1997/12/23; Marek Safjan, *Polish National Report*, p. 9 (footnote 24).

463 See Decision of August 22, 1990, K7/90, OTK 1990, pp. 42–58; Marek Safjan, *Polish National Report*, p. 9 (footnote 25).

464 See Decision of February 25, 1992 K3/9, OTK 1992, part 1, item 1; Marek Safjan, *Polish National Report*, p. 9 (footnote 26).

465 See Decision of July 15, 1996, K5/96, OTK ZU 1996, part 2, pp. 16–28; Marek Safjan, *Polish National Report*, p. 9 (footnote 28).

466 See Decision of April 26, 1995, K11/94, OTK 1995, part 1, item 12; Marek Safjan, *Polish National Report*, p. 9 (footnote 29).

467 See Marek Safjan, *Polish National Report*, p. 12. On decisions establishing positive normative content from the so-called program norms, see, e.g., National Health Fund of January 7, 2004, K14703, OTK ZU 2004/1A/1; the protection of consumer (biofuels) of April 21, 2004, K33/03, OTK ZU 2004/4A/31; the protection of tenants judgments of January 12, 2001, P11/98, OTK ZU2000/1/3; and April 19, 2005, K 4/05, OTK ZU 2005/4A/37; and the social market economy of January 29, 2007, P5/05,2007/1A/1. See Marek Safjan, *Polish National Report*, p. 12 (footnote 37).

468 See Marek Safjan, *Polish National Report*, p. 7.

With respect to the principle of proportionality, the Constitutional Court of Croatia also has developed this principle, determining that the State must draft legislation related to individual rights and liberties, including in their regulation, appropriate and proportional solutions in the scope of their limitations. The 1990 Constitution refers only to the proportionality principle in article 17 on the restriction of rights and freedoms during a state of emergency, without establishing it as a clear general principle of Croatian Constitutional Law. Consequently, during regular or normal circumstances, article 16 applies, which states only that rights and freedoms can be restricted by law only "to protect freedoms and rights of others, public order, public morality and health."[469] Because the legislators had displayed what was considered political immoderateness by disproportionately restricting rights and freedoms, the Constitutional Court gradually started to apply the proportionality principle in all matters, clearly indicating to legislators the limitations that they could impose on rights and freedoms to protect the general well-being of individuals and their communities.[470]

In Greece, the Council of State, which rules on matters of judicial review, has explicitly recognized the constitutional rank of the proportionality principle as a corollary of rule of law.[471] In contrast, since 1998, the Council of State has construed the constitutional principle of gender equality to allow positive measures that aim to establish true equality between men and women.[472] After a long debate between constitutional scholars and the courts, the Council of State ultimately followed the *Areios Pagos* court by extending the scope of a statutory provision to groups of persons who had been unconstitutionally excluded. In addition, especially since 1993, the Council of State has derived the principle of sustainable development from the Greek Constitution's environmental clauses (article 24) and in connection with European Union law. On this basis, the Council of State has emphasized that the sole constitutionally permissible form of economic development is sustainable development that incorporates the needs of future generations. With the 2001 constitutional amendments, the Greek Constitution explicitly established the principle of sustainable development (article 24.1.1)[473]

Regarding the same matter of constitutional courts mutating constitution provisions on fundamental rights, in Portugal, the Constitutional Tribunal, in Decision N° 474/95, established that, although the wording of article 33 of the Constitution prohibited, at that time, only extradition for crimes for which the death penalty was

---

469 In the 2000 constitutional amendment, the principle was also incorporated in article 17: "Every restriction of freedoms or rights shall be proportional to the nature of the necessity for restriction in each individual case."

470 See Sanja Barić and Petar Bačić, *Croatian National Report*, pp. 23 ff.

471 See Council of State Judgment n° 2112/1984, *ToS* 1985, 63 (64); Julia Iliopoulos-Strangas and Stylianos-Ioannis G. Koutnatzis, *Greek National Report*, p. 14.

472 See Council of State (Full Bench) Judgment n° 1933/1998, *ToS* 1998, 792 (793). After the 2001 amendments, the Constitution explicitly allows the "adoption of positive measures for promoting equality between men and women" (art. 116, sec. 2). See Julia Iliopoulos-Strangas and Stylianos-Ioannis G. Koutnatzis, *Greek National Report*, p. 16 (footnote 123).

473 See Julia Iliopoulos-Strangas and Stylianos-Ioannis G. Koutnatzis, *Greek National Report*, p. 22.

legally possible, the principles of the Constitution also prohibited extradition for crimes punishable by life imprisonment. Furthermore, the Court's ruling provides the keystone for the interpretation of the conditions that must be fulfilled to allow for extradition of persons charged with crimes for which a sentence of death or life imprisonment is possible.[474] The consequence of this mutation was an amendment to the Constitution introduced in 1997 on the wording of article 33.4 of the Constitution, concerning extradition for crimes punishable under the applicant state's law by a sentence or security measure which deprives or restricts freedom in perpetuity or for an undefined duration.

In India, the Supreme Court has introduced important changes in the Constitution, particularly by expanding the scope of fundamental rights. For instance, article 21 of the Constitution establishes, "No person shall be deprived of his life or personal liberty except according to procedure established by law." The Supreme Court ruled in 1970, reversing a previous position, that the expression "procedure established by law" in the article refers to a procedure that must be "right, just and fair." Thus, the Court gave itself the authority to judge whether a procedure laid down by the Legislator conformed to the principles of natural justice,[475] which is especially remarkable because the constituent assembly, after a long debate, had expressly rejected the due process clause.[476]

In contrast, regarding the right to life under article 21 of the Indian Constitution, the Supreme Court has interpreted it to include the right to health,[477] the right to livelihood,[478] the right to free and compulsory education up to fourteen years of age,[479] the right to an unpolluted environment[480] and to clean drinking water,[481] the right to shelter,[482] the right to privacy,[483] the right to legal aid,[484] the right to a speedy

---

474 See Ruling nº 384/05, summary of which can be found in *Bulletin on Constitutional Case-Law*, Venice Commission, Edition 2005, vol. 2, pp. 269–271, in Joaquim de Sousa Ribeiro and Esperança Mealha, *Portuguese National Report*, pp. 9–10.

475 *Maneka Gandhi v. Union of India*, AIR 1879 SC 597. See Surya Deva, *Indian National Report*, p. 4 (footnote 24).

476 See Surya Deva, *Indian National Report*, p. 4.

477 See *Parmanand Kataria v. Union of India*, AIR 1989 SC 2039; *Paschim Banga Khet Mazdoor Samity v. State of West Bengal*, (1996) 4 SCC 37; Surya Deva, *Indian National Report*, p. 5 (footnote 28).

478 See *Olga Tellis v. Bombay Municipal Corporation*, AIR 1986 SC 180; *DTC Corporation v. DTC Mazdoor Congress*, AIR 1991 SC 101. In *id.*, p. 5 (footnote 29).

479 See *Unni Krishnan v. State of AP*, (1993) 1 SCC 645. In *id.*, *p.* 5 (footnote 30).

480 See, e.g., *Indian Council for Enviro Legal Action v. Union of India*, (1996) 3 SCC 212; *M C Mehta v. Union of India*, (1996) 6 SCC 750; *Vellore Citizens Welfare Forum v. Union of India*, (1996) 5 SCC 647; *Narmada Bachao Andolan v. Union of India* (2000) 10 SCC 664. In *id.*, p. 5 (footnote 31).

481 See *A P Pollution Control Board II v. M V Nayudu*, (2001) 2 SCC 62. In *id.*, p. 5 (footnote 33).

482 See *Gauri Shankar v. Union of India*, (1994) 6 SCC 349. In *id.*, p. 5 (footnote 32).

483 See *Kharak Singh v. State of UP*, AIR 1963 SC 1295; *Govind v. State of MP*, AIR 1975 SC 1378; *R Raj Gopal v. State of Tamil Nadu*, (1994) 6 SCC 632; *PUCL v. Union of India*, AIR 1997 SC 568; *'X' v. Hospital Z*, (1998) 8 SCC 296. In *id.*, p. 5 (footnote 34).

484 See *M H Hoskot v. State of Maharashtra* AIR 1978 SC 1548; *Hussainara Khatoon v. State of Bihar* AIR 1979 SC 1369; *Khatri v. State of Bihar* AIR 1981 SC 928; *Suk Das v. Union Territory of Arunachal Pradesh* AIR 1986 SC 991. In *id.*, p. 5 (footnote 35).

trial,[485] and various rights of persons under trial (convicts and prisoners).[486] The Court extended the meaning of *life* by, among other things, reading nonjusticiable directive principles of State policy into fundamental rights. As Surya Deva affirmed, the effect of this judicial extension of fundamental rights had a direct bearing on the power of judicial review: the more fundamental rights are recognized, the broader would be the scope for judicial review.[487]

In the Slovak Republic, the Constitutional Court has played an important role in mutating and complementing the Constitution to guarantee the protection of fundamental rights. This has happened, for instance, on matters of the right to personal freedom and physical integrity, particularly regarding the extension of the duration of pretrial detentions without the basis of a decision of the court,[488] and on matters of the right to enter and leave the territory of the Slovak Republic freely, which is guaranteed in the Constitution. In the latter case, the Court interpreted this right in such a way that it deduced an obligation of State bodies to actively participate in its protection. According to the Court, the constitutional provision means not only that State bodies are not allowed to create obstacles to the free return of a citizen to the territory of the Slovak Republic but also that State bodies are obliged to actively help citizens to return to the territory. Consequently, the bodies of the Slovak Republic (e.g., the Ministry of Foreign Affairs) have an obligation to help citizens to return to Slovak Republic when they have been kept abroad against their will, even if that obligation is not enumerated in the law and State bodies did not have the explicit requirement to do so.[489]

Of course, all these constitutional mutations are considered legitimate because they follow the basic principle of the progressive protection of human rights. On the contrary, they represent also a case of the pathology of judicial review when courts make such mutations to reduce the scope of protection of fundamental rights, as in Venezuela, where the Constitutional Chamber of the Supreme Tribunal of Justice, in Decision No. 1.939 of December 18, 2008,[490] ignored the decisions of the Inter-American Court on Human Rights by declaring that its rulings condemning the Venezuelan State for violations of human rights are unenforceable in Venezuela.

---

485 See *Hussainara Khatoon (I) to (VI) v. Home Secretary, Bihar* (1980) 1 SCC 81; *Kadra Pahadiya v. State of Bihar* AIR 1982 SC 1167; *Common Cause v. Union of India* (1996) 4 SCC 33 and (1996) 6 SCC 775; *Rajdeo Sharma v. State of Bihar* (1998) 7 SCC 507 and (1999) 7 SCC 604. In *id.*, p. 5 (footnote 36).

486 See *Sunil Batra v. Delhi Administration* AIR 1978 SC 1675; *Prem Shankar v. Delhi Administration* AIR 1980 SC 1535; *Munna v. State of UP* AIR 1982 SC 806; *Sheela Barse v. Union of India* AIR 1986 SC 1773. In *id.*, p. 5 (footnote 37).

487 See Surya Deva, *Indian National Report*, p. 5.

488 See decisions I. ÚS 6/02, I. ÚS 100/04, II. ÚS 111/08, II. ÚS 8/96; Ján Svák and Lucia Berdisová, *Slovak National Report*, pp. 12–13.

489 See Decision nº II. ÚS 8/96; Ján Svák and Lucia Berdisová, *Slovak National Report*, pp. 12.

490 See *Gustavo Álvarez Arias et al.* In fact, the case can be identified as "*Venezuelan Government vs. Inter-American Court on Human Rights.*" See http://www.tsj.gov.ve/ decisiones/scon/Diciembre/1939-181208-2008-08-1572.html. See the comments in Allan R. Brewer-Carías, *Reforma constitucional y fraude a la Constitución (1999–2009)*, Academia de Ciencias Políticas y Sociales, Caracas 2009, pp. 253 ff.

This also occurred with the decision of the Chamber issued on August 5, 2008, in the case of the former judges of the First Court on Contentious Administrative Jurisdiction who were illegitimately dismissed without any sort of judicial guarantees (*Apitz Barbera et al. [First Court on Contentious Administrative Matters] v. Venezuela*[491]). In its decision, the Constitutional Chamber accused the Inter-American Court on Human Rights of usurping the power of the Supreme Tribunal.[492] This decision contradicted article 31 of the Constitution, which established the right of access to international protection in matters of human rights, with the State being obligated to carry out the decisions of such international bodies. But the Constitutional Chamber did not stop there. In an evident usurpation of powers, it requested that "the National Executive . . . proceed to denounce the Convention, in view of the evident usurpation of functions in which the Inter American Court on Human Rights has incurred into with the ruling object of this decision." With this, the Venezuelan State continued in its process of separating from the American Convention on Human Rights and avoiding the jurisdiction of the Inter-American Court on Human Rights, using the Supreme Tribunal for this purpose.

Another case in which the Constitutional Chamber of the Supreme Tribunal of Venezuela changed constitutional provisions affecting fundamental rights is refer to the political right to participation by means of referendum, established in article 72 of the 1999 Constitution as a political right of the people to revoke or repeal the mandates of all popular elected offices. The petition for such a referendum must derive from popular initiative, and the mandate is considered revoked when "a number of electors equal or higher than those who elected the official, vote in favour of the revocation."[493] Nevertheless, in a clearly unconstitutional way, the Constitutional Chamber, in Decision N° 2750 of October 21, 2003,[494] abstractly interpreting article 72 of the Constitution, endorsed a resolution of the National Electoral Council (Resolution N°. 030925-465 of September 25, 2003) and decided against the Constitution by adding to the provision that the revocation of the mandate can proceed only if votes to revoke, even if greater than those cast for the election, "do not result to be

491 See.http://www.adc-sidh.org/images/files/apitzbarberaingles.pdf. Judgment of August 5, 2008 (*(Preliminary Objection, Merits, Reparations and Costs)*

492 The issue had been affirmed by the Constitutional Chamber in its known Decision N° 1.942 of July 15, 2003, in which, when referring to the International Courts, the Chamber stated that, in Venezuela, "above the Supreme Court of Justice and according to article 7 of the Constitution, there is no jurisdictional body, unless stated otherwise by the Constitution or the law, and even in this last possible case, any decision contradicting the Venezuelan constitutional order, lacks of application in the country." See "Impugnación de artículos del Código Penal, Leyes de desacato," *Revista de Derecho Público*, N° 93–96, Editorial Jurídica Venezolana, Caracas 2003, pp. 136 ff.

493 This was ratified by the Constitutional Chamber in several decisions: Decision N° 2750 of October 21, 2003, case: *Carlos Enrique Herrera Mendoza (Interpretación del artículo 72 de la Constitución* (Exp. 03-1989), *Revista de Derecho Público*, N° 93–96, Editorial Jurídica Venezolana, Caracas 2003; and Decision N° 1139 of June 5, 2002, case: *Sergio Omar Calderón Duque and William Dávila Barrios*, *Revista de Derecho Público*, N° 89–92, Editorial Jurídica Venezolana, Caracas 2002, p. 171. The same criterion was followed in Decision n° 137 of February 13, 2003, case: *Freddy Lepage Scribani et al.* (Exp. 03-0287).

494 See Carlos E. Herrera Mendoza, *Interpretación del artículo 72 de la Constitución, Revista de Derecho Público*, N° 93–96, Editorial Jurídica Venezolana, Caracas 2003.

lower than the number of electors that voted against the revocation." As to the revoked public official, the Chamber considered that, "if the option of his permanence obtains more votes in the referendum, he should remain in office." In this way, the Chamber illegitimately changed the nature of the revocation referendum, turning it into a "ratifying" referendum of mandates.[495]

The position of the Venezuelan Supreme Tribunal on the Constitution contradicts the general one of constitutional courts: they cannot substitute for the constituent power by deducing concepts in a way that goes against what is written in the Constitution, nor can they interpret the Constitution in a way so as to arrive at concepts that could be contrary to the constitutional text and its fundamental values. As Jorge Carpizo has pointed out:

> [C]onstitutional courts cannot usurp the functions of the Constituent Power, and consequently, they cannot create provisions or principles that could not be referred to the Constitution; they can deduct implicit principles from those expressly included, like human dignity, liberty, equality, juridical security, social justice, Welfare State.[496]

In the same sense, as Sandra Morelli has pointed out, constitutional courts cannot be "above the Constitution," and they cannot "appropriate the Constitution for themselves, in an abusive way," such as by invading the field of the Legislator or of the Constituent Power. The contrary would open the door to "irresponsible judicial totalitarianism."[497]

2. *The Mutation of the Constitution on Institutional Matters*

But constitutional mutations by constitutional courts have not occurred only in the field of fundamental rights; they have also occurred with respect to other key constitutional matters, including the organization and functioning of the State.

---

495 This mutation had a precise purpose in 2004: to avoid revocation of the mandate of the President of the Republic (Hugo Chávez). He had been elected in August 2000 with 3,757,744 votes, so a greater number of votes in a revocation referendum twould have been enough to revoke his mandate. The number of votes in favor of the revocation of the mandate of the President of the Republic, cast in the August 15, 2004 revocation referendum, was 3,989,008, reason for which his mandate could be considered constitutionally revoked. Nonetheless, the National Electoral Council, because more votes were cast against his revocation of the President mandate, on August 27, 2004 decided instead to "ratify" the President of the Republic in his position until the culmination of the constitutional term in January 2007. See *El Nacional*, Caracas, 08-28-2004, pp. A-1 and A-2. See the comments in Allan R. Brewer-Carías, "La Sala Constitucional vs. El derecho ciudadano a la revocatoria de mandatos populares o de cómo un referendo revocatorio fue inconstitucionalmente convertido en un 'referendo ratificatorio,'" in *Crónica sobre la "in"justicia constitucional: La Sala Constitucional y el autoritarismo en Venezuela*, Colección Instituto de Derecho Público, Universidad Central de Venezuela, nº 2, Editorial Jurídica Venezolana, Caracas 2007, pp. 350 ff.

496 See Jorge Carpizo, *El Tribunal Constitucional y sus límites*, Grijesly Ed., Lima 2009, pp. 56, 68.

497 See Sandra Morelli, *La Corte Constitucional: Un papel por definir*, Academia Colombiana de Jurisprudencia, 2002; *Colombian National Report II*, p. 3.

For instance, the German Federal Constitutional Tribunal also issued a decision mutating the Constitution, in the case *AWACS-Urteil* on July 12, 1994.[498] The Tribunal reviewed the constitutionality of the deployment, in peacetime, of missions of German Armed Forces to foreign countries. The decision referred to the modalities surrounding the deployment, and the Tribunal concluded that the deployment of troops to foreign countries required the consent of the legislative branch. Although this assertion is reasonable – the Tribunal considered it "a requirement that derives directly from the Constitution" – the truth is that it was not expressly established in the Constitution, and the Legislator had sanctioned no legislative development on the matter. In this case, the Tribunal not only mutated the Constitution but even issued a detailed substitute legislation (provisional measures) contained in the decision, ordering the Legislator and the Executive to proceed according to it until a statute was adopted to establish in a more detailed way "the formal participation of the Legislator in the adoption of decisions related with the use of German troops in military missions."[499]

In Austria, the Constitutional Court has also filled in the fundamental principles of the Constitution, which has had substantial influence on the interpretation of Austrian constitutional law.[500] The most important example is the principle of *Rechtsstaat* (rule of law), from which various concepts have been derived, including the principle of legality and, from it, the principle of clarity, which obliges the legislator to provide clear and detailed provisions, the principle of comprehensibility of legislative acts,[501] and the principle of effective legal protection,[502] which obliges Parliament to provide sufficient and adequate legal protection to individuals. Through these interpretations, the Court created new constitutional limitations on Parliament, which had to adapt its legislation to the Court's new standards.

In the same line, the Austrian Court has sometimes even created a new constitutional framework for Parliament to follow when enacting legislation in areas not expressly provided for in the Constitution, such as the privatization process. In four main judgments,[503] the Court established an obligatory framework for privatizing state functions exercised by specific organizations, thus intervening in the legislative function and governmental policy and defining the functions and tasks of the State

498 See BVferG, July 12, 1994, BVeffGE 90, 585–603; Christian Behrendt, *Le judge constitutionnel, un législateur-cadre positif. Un analyse comparative en droit francais, belge et allemande*, Bruylant, Brussels 2006, pp. 352 356; I. Härtel, *German National Report*, p. 20.

499 See BVferG, July 12, 1994, BVeffGE 90, 286 (390), in Christian Behrendt, *Le judge constitutionnel, un législateur-cadre positif. Un analyse comparative en droit francais, belge et allemande*, Bruylant, Brussels 2006, p. 354.

500 See Konrad Lachmayer, *Austrian National Report*, p. 8.

501 See VfSlg 12.420/1990, in Konrad Lachmayer, *Austrian National Report*, p. 8 (footnote 24).

502 See VfSlg 11.196/1986; Konrad Lachmayer, *Austrian National Report*, p. 8 (footnote 25).

503 See "Austro Control" decision VfSlg 14.473/1996, "Bundeswertpapieraufsicht" (Federal Bond Authority) decision VfSlg 16.400/2001, "E-Control" decision VfSlg 16.995/2003, "Zivildienst-GmbH" (Compulsory Community Service Ltd) decision VfSlg 17.341/2004; Konrad Lachmayer, *Austrian National Report*, p. 11 (footnote 31).

itself. The Court derived the rules from different provisions of the Constitution, requiring, for instance, the application in all privatization processes of the principles of rationality, efficiency, and legality, as well as the principle of the hierarchical structure of Public Administration. In contrast, according to these rules, the State is only authorized to privatize singular tasks, not an entire area of State functions; and in any case, the State has to provide effective control mechanisms with regard to private organizations performing the tasks of State authorities. Finally, the Court defined core areas of State functions that cannot be privatized at all, including foreign affairs, internal affairs, jurisdiction (judicial system), and criminal law. In this way, the Court created a new understanding of the Constitution and imposed it on all State authorities.[504]

Also regarding the limits of privatization, the Greek Council of State has held that the principles of popular sovereignty and separation of powers do not allow conferring police powers to privatize legal entities.[505]

In the Slovak Republic, where the Constitutional Court has the exceptional attribution of rendering abstract interpretations of the Constitution in cases of disputes between two State bodies with different interpretations of a constitutional provision, the Court has issued important decisions that have mutated and complemented the Constitution. This has happened, for instance, regarding the position and authority of the President of the Republic within the general organization of the State. In the original text of the Constitution of the Slovak Republic, inspired by the classical parliamentary form of the government, the President had the relatively weak position of a *porvoir neuter*. It was the Constitutional Court that directly strengthened the President's position through interpretation of the Constitution, affirming in 1993 that, "even if the Government of the Slovak Republic ("government") is the highest executive body (art. 108), the constitutional position of the President of Slovak Republic is in fact dominant towards the constitutional position of the government."[506] The question debated was whether the President had the right or the constitutional obligation to appoint members of the government on the basis of a motion by the Prime Minister. The Court added that, "to create inner balance within the executive power, the Constitution of the Slovak Republic assigns the President of the Slovak Republic only the obligation to deal with the motion of the Prime Minister, it is not his obligation to comply with it.[507] This decision of the Court had serious consequences for the constitutional system of the Slovak Republic, as it strengthened the position of the President, and made the Court, as mentioned by Ján Svák and Lucia

504 See Konrad Lachmayer, *Austrian National Report*, p. 11.

505 See Council of State (Full Bench) Judgment nº 1934/1998, *ToS* 1998, 598 (602–603) (concerning enforcement of no-parking zones); Julia Iliopoulos-Strangas and Stylianos-Ioannis G. Koutnatzis, *Greek National Report*, p. 16 (footnote 125).

506 See Decision nº I. ÚS 39/93; Ján Svák and Lucia Berdisová, *Slovak National Report*, p. 4.

507 *Id.*

Berdisová, "the direct creator of the constitutional system of the Slovak Republic."[508]

This constitutional mutation was latter reaffirmed in the matter of the competence to appoint the Chief of the General Staff of the Army, which a law had vested in the government. Nonetheless, with article 102 of the Constitution establishing the competence of the President to appoint and recall "higher state officials," the Court interpreted "higher state official" in deciding that there is no "obstacle that could keep the President from the execution of his competence towards Chief of the General Staff of the army as a higher state official."[509]This decision, issued in connection with the direct interpretation of the Constitution by the Court, is considered to have "de facto transformed classical parliamentary form of government into some kind of semi-presidential form, and yet without the change of the normative text of the Constitution."[510]

In Canada, where the Supreme Court also has the exceptional power to issue reference judgments at the request of public officials and entities of the State, among the most important Supreme Court decisions on constitutional matters are those in which the Court has created and declared constitutional rules. In particular, in the 1981 *Patriation Reference*,[511] the Court laid down the basic rules governing the patriation of Canada's Constitution from the United Kingdom; and in the 1998 *Quebec Secession Reference*,[512] the Supreme Court dealt with the possible secession of Quebec from Canada. These two cases were decided at the request of the federal government, which has statutory powers to refer questions of law, including those involving the constitutionality of legislation, directly to the Supreme Court of Canada.[513] In the decisions, the Supreme Court laid down some basic rules for guiding constitutional change and warned of potential constitutional crises that could arise from arguably unconstitutional acts, such as an attempt by the federal government to change the powers of the provincial legislatures without their consent or a similarly unilateral decision by the Quebec legislature to declare its sovereignty and secession from Canada.

IV. THE PROBLEM OF ILLEGITIMATE MUTATIONS OF THE CONSTITUTION

If constitutions are superior laws that support the validity of all the legal order, one of the institutional solutions to ensure their enforcement is the existence of a constitutional court, that must act as its guardian, with powers to annul unconstitutional State acts or to declare their unconstitutionality.

508 *Id.*

509 See Decision nº PL. ÚS 32/95; Ján Svák and Lucia Berdisová, *Slovak National Report*, p. 5.

510 *Id.*

511 [1981] 1 S.C.R. 753, in Kent Roach, *Canadian National Report*, p. 9.

512 [1998] 2 S.C.R. 217, in Kent Roach, *Canadian National Report*, p. 9.

513 See Kent Roach, *Canadian National Report*, p. 9.

In democracies, these courts have always been the main institutional guarantee of freedom and of the rule of law. As such guardian, and as it in any rule-of-law system, the submission of the constitutional court to a constitution is absolute, not subject to discussion,[514] because it would be inconceivable that the constitutional judge can violate the Constitution that he or she is called on to apply. As a matter of principle, it is possible to imagine that other bodies of the State could violate the Constitution (e.g., Parliament), but not its guardian. For such purpose and to ensure that this does not occur, a constitutional court must have absolute independence and autonomy, because on the contrary, a constitutional court subject to the will of the political power, becomes the most atrocious instrument of authoritarianism instead of the guardian of the Constitution. Thus, in the hands of judges subject to political power, the best constitutional justice system is a dead letter for individuals and an instrument for defrauding the Constitution.

Unfortunately, the latter is what has been occurring in Venezuela since 2000. The Constitutional Chamber of the Supreme Tribunal, far from acting within the expressed constitutional attributions, has been adopting decisions that in some cases contain unconstitutional interpretations of the constitution,[515] not only about its own powers of judicial review but also about substantive matters. It has changed or modified constitutional provisions, in many cases to legitimize and support the progressive building of the authoritarian State. That is to say, it has distorted the content of the Constitution, through illegitimate and fraudulent "mutation," which in some cases the people have rejected through referendum.[516]

One of the most important instruments for accomplishing these mutations of the Constitution is the already-mentioned creation of a recourse for abstract interpretation of the Constitution, in which case constitutional interpretations is not made deciding a particular case or controversy or deciding other means of judicial review, but abstractly.

This has happened in many cases of autonomous requests for interpretation filed at the request of the same national executive through the attorney general for the

---

514 See Néstor Pedro Sagües, *La interpretación judicial de la Constitución*, LexisNexis, Buenos Aires 2006, p. 32. In article 204 of the Portuguese Constitution, it is expressly set forth that "in matters brought before them for decision, the courts shall not apply any rules that contravene the provisions of this Constitution or the principles contained there."

515 See Allan R. Brewer-Carías, "*Quis Custodiet Ipsos Custodes*: De la interpretación constitucional a la inconstitucionalidad de la interpretación," in *VIII Congreso Nacional de derecho Constitucional, Perú*, Fondo Editorial 2005, Colegio de Abogados de Arequipa, Arequipa, September 2005, pp. 463–489; and Brewer-Carías, *Revista de Derecho Público*, N° 105, Editorial Jurídica Venezolana, Caracas 2006, pp. 7–27. See also Allan R. Brewer-Carías, *Crónica sobre la "in"justicia constitucional: La Sala Constitucional y el autoritarismo en Venezuela*, Editorial Jurídica Venezolana, Caracas 2007; Brewer-Carías, *Reforma constitucional y fraude a la Constitución*, Academia de Ciencias Políticas y Sociales, Caracas 2009.

516 As mentioned, constitutional mutation occurs when the content of a constitutional standard is modified in such a way that, even when the standard maintains its content, it receives a different meaning. See Néstor Pedro Sagües, *La interpretación judicial de la Constitución*, LexisNexis, Buenos Aires 2006, pp. 56–59, 80–81, 165 ff.

purpose of strengthening authoritarianism, the most notorious of which have being the following:

First, regarding article 6 of the Constitution that establishes the fundamental principles of republican government, in an immutable way, expressly including the democratic, elective, and alternate character of the government; principles that have been incorporated in Venezuelan constitutions since 1830. In particular, the principle of alternation in government, as pointed out by the Electoral Chamber of the Supreme Tribunal of Justice in Decision N° 51 of March 18, 2002,[517] implies "the successive exercise of a position by different persons, belonging or not to the same party," conceived to face the desire to remain in power. Nevertheless, in Decision N° 53 of February 3, 2009, the Constitutional Chamber confused "alternate government" with "elective government" to conclude that the principle of alternation implies only "the periodic possibility to choose government officials or representatives." The result was not only to mutate the Constitution, eliminating the principle of alternating government, but to allow a referendum that took place on February 15, 2009, for the people to vote for a "constitutional amendment" to allow for continuous reelection for elective positions. The 2009 amendment was approved in the referendum, and the Constitution was then formally changed to eliminate the principle of alternate government, which by the way was conceived as unmodifiabale in article 6 of the Constitution.[518]

Second, article 67 of the 1999 Constitution expressly establishes that "the financing of political associations with Government funds will not be allowed," a provision that in 1999 radically changed the previous regime of public financing of political parties.[519] This express constitutional prohibition regarding public financing of political parties was also one of the matters referred to in the 2007 proposed constitutional reform,[520] which sought to modify article 67 to provide that "the State will be able to finance electoral activities." As already mentioned, the 2007 constitutional reform proposal was rejected by popular vote in a referendum of December 2,

517 See Allan R. Brewer-Carías, "El juez constitucional vs. la alternabilidad republicana (La reelección continua e indefinida)," *Revista de Derecho Público*, N° 117, Editorial Jurídica Venezolana, Caracas 2009, pp. 205–211.

518 *Id.*

519 As was established in article 230 of the Organic Law of Suffrage and Political Participation of 1998. See Allan R. Brewer-Carías, "Consideraciones sobre el financiamiento de los partidos políticos en Venezuela," in *Financiamiento y democratización interna de partidos políticos: Memoria del IV Curso Anual Interamericano de Elecciones*, San José, Costa Rica, 1991, pp. 121–139; Brewer-Carías, "Regulación jurídica de los partidos políticos en Venezuela," in *Estudios sobre el Estado constitucional (2005–2006)*, Cuadernos de la Cátedra Fundacional Allan R. Brewer Carías de Derecho Público, Universidad Católica del Táchira, N° 9, Editorial Jurídica Venezolana. Caracas, 2007, pp. 655–686.

520 See *Proyecto de exposición de motivos para la reforma constitucional, Presidencia de la República, Proyecto Reforma Constitucional: Propuesta del presidente Hugo Chávez Agosto 2007; Proyecto de Reforma Constitucional, Prepared by the President of the Bolivarian Republic of Venezuela, Hugo Chávez Frías*, Editorial Atenea, Caracas, August 2007, p. 19.

2007;[521] but the Constitutional Chamber of the Supreme Court of Justice, in Decision N° 780 of May 8, 2008, also illegitimately mutated the Constitution, contrary to the popular will. The Chamber ruled that the constitutional prohibition only "limit[ed] the possibility to provide resources for the internal expenses of the different forms of political associations, but...said limitation is not extensive to the electoral campaign, as a fundamental stage of the electoral process." That is, the Constitutional Chamber, again, usurped the constituent power, substituted itself for the people, and reformed the provision, thus expressly allowing for government financing of the electoral activities of the political parties and associations, contrary to what the Constitution provides for.

Finally, the decision of the Constitutional Chamber to modify article 203 of the Constitution must be mentioned, as here the Chamber mutated an important constitutional rule of procedure for the approval of organic laws. Article 203 of the Constitution, in effect, defines the various types of organic law[522] and establishes in general terms that, to reform an organic law, a special quorum of two-thirds of the votes of members of the National Assembly is required. The Constitutional Chamber, in Decision N° 34 of January 26, 2004,[523] ruled that such a special quorum was not necessary to initiate the discussion of organic law drafts to reform existing organic laws that have such denomination in the Constitution, thus illegitimately changing a constitutional procedural condition regarding the approval of statutes.

Constitutional mutations have also occurred in other countries through judicial decisions, particularly on matters of presidential reelections, which in Latin American constitutional history has always provoked political conflicts because of the traditional general prohibition on reelection. Sometimes, the prohibition has been embodied in provisions considered immutable, as was the case in Honduras, where attempts by former President Manuel Zelaya in 2009 to change the constitutional prohibition on reelection by means of a constitutional assembly provoked one of the most bitter political conflicts in the region in the past decades.[524]

A similar constitutional provision prohibiting the continuous reelection of the President of the Republic is also established in article 147 of the Constitution of Nicaragua, which nonetheless was "reformed" by the Supreme Court of the country

---

521 See Allan R. Brewer-Carías, "La proyectada reforma constitucional de 2007, rechazada por el poder constituyente originario," in *Anuario de Derecho Público 2007*, Universidad Monteavila, Caracas 2008, pp. 17-65.

522 According to article 203, "organic laws" are those qualitied as such in the text of the Constitution itself, as well as those enacted for the purpose of organizing the branches of government, or for the regulation of constitutioonal rights, or which serve as normative framework of other statutes.

523 See *Vestalia Araujo* case, interpretation of article 203 of the Constitution, at http://www.tsj.gov.ve/decisiones/scon/Enero/34-260104-03-2109%20.htm. See also Daniela Urosa Maggi, *Venezuelan National Report*, p. 14.

524 See Allan R. Brewer-Carías, "Reforma constitucional, asamblea nacional constituyente y control judicial contencioso administrativo: El caso de Honduras (2009) y el precedente venezolano (1999)," *Revista Aragonesa de Administración Pública*, nº 34 (June 2009), Gobierno de Aragón, Zaragoza 2009, pp. 481–529. In 2010, the Constitution of Honduras was changed in order to establish the possibility of the reelection of the President of the Republic.

in Decision N° 504 of October 19, 2009, when ruling on an amparo action filed against a decision of the Supreme Electoral Council, in which the Council rejected a request to apply the principle to equality to all public officials on matters of election. In the case, no specific candidacy was involved, and the decision consisted in a rejection of the petition due to the lack of attributions of the Supreme Electoral Council to decide on such matter. In the decision, nonetheless, the Supreme Court, incomprehensibly declared article 147 of the Constitution "inapplicable," mutating in an illegitimate way the Constitution, by eliminating from its text the entrenched prohibition on reelection.[525]

CHAPTER 3

CONSTITUTIONAL COURTS' INTERFERENCE WITH THE LEGISLATOR ON EXISTING LEGISLATION

Leaving aside the relation between constitutional courts and the constituent power, the most important and common role of constitutional courts has been developed with respect to legislation, controlling its submission to the Constitution. This role is performed by the courts, not only acting as the traditional "negative" Legislator but also as a jurisdictional organ of the State designed to complement or assist legislative organs in their main function of establishing legal rules.

This role has been assumed by the courts since the initial conception of the diffuse system of judicial review in the United States, deciding not to apply statutes when considered contrary to the Constitution, thus giving preference to the latter; or in the concentrated system of judicial review, which has extended throughout the world during the last century, in which constitutional courts have the power to annul unconstitutional statutes. In all systems, in accomplishing their functions, constitutional courts have always, in some way, assisted the Legislator. At the beginning, in a limited manner, they provided only for the nullity or inapplicability of statutes declared contrary to a Constitution; subsequently, they broadly interpreted the Constitution, and the statutes in conformity with it, giving directives or guidelines to the Legislator to correct the legislative defects.

I. CONSTITUTIONAL COURTS' INTERPRETATION OF STATUTES IN HARMONY WITH THE CONSTITUTION

During the past decades, given the increasing role of constitutional courts not only as the guarantors of the supremacy of a constitution but also as its supreme interpreter through decisions with binding effects on courts, public officials, and citizens, courts have move beyond their initial role as negative legislators, ruled by the traditional unconstitutionality and invalidity-nullity dichotomy.[526] In that trend, their powers have progressively extended, and courts have assumed a more active role

525 See Sergio J. Cuarezma Terán and Francisco Enríquez Cabistán, *Nicaragua National Report*, p. 43.

526 See F. Fernández Segado, *Spanish National Report*, pp. 8 ff.

interpreting constitutions and statutes, in order not only to annul or not to apply them when unconstitutional but also to preserve the Legislator's actions and the statutes it has enacted, thus interpreting them in harmony with the Constitution.

Thus, when a statute can be interpreted accordingly or contrary to the constitution, courts often make efforts to preserve its validity by choosing to interpret it in harmony with the Constitution and by rejecting interpretations that could result in the statute being declared unconstitutional. This is a general principle currently applied in comparative law.

This role of courts has been a classical principle in the U.S. Supreme Court judicial review doctrine, formulated by Justice Brandeis:

> When the validity of an act of Congress is drawn in question, and even, if a serious doubt of constitutionality is raised, it is a cardinal principle that this Court will first ascertain whether a construction of the statute is fairly possible by which the question may be avoided.[527]

This approach to judicial review, followed in all countries, responds to the principle of conservation or preservation of legislation (norm preservation) when issued by the democratically elected representative body of the State, whose legislative acts are covered by their presumption of constitutionality.[528] This principle has led to two lines of action: (1) by overestimating the presumption, in which the validity of the legislation is assumed until a decision is adopted, and (2) by preserving the piece of legislation by interpreting it according to the Constitution.

In the first case, in Greece, for example, courts traditionally have failed to meaningfully and consistently scrutinize the constitutionality of legislation, instead emphasizing the need to respect legislative prerogatives and considering the mere existence of legislation that restricts constitutional rights a sufficient basis to uphold its constitutionality.[529]

In the second case, it has been the practice of constitutional courts in all judicial review systems to issue so-called interpretative decisions, which the Constitutional Tribunal of Spain has defined as those

> that reject an unconstitutionality action, that is to say, that declare the constitutionality of the challenged statutory provision, provided that it be interpreted

527 See *Ashwander v. TVA*, 297 U.S. 288, 346–48 (1936). The principle was first formulated in *Crowell v. Benson*, 285 U.S. 22, 62 (1932). See "Notes. Supreme Court Interpretation of Statutes to avoid constitutional decision," *Columbia Law Review*, Vol. 53, nº 5, New York, May 1953, pp. 633–651.

528 This presumption implies the following (1) the protection of the statutes, as well as of the functions of the Legislator and its independence; (2) in case of doubt, the unconstitutionality must be rejected; (3) if two criteria exist regarding the interpretation of a statute, the one in harmony with the Constitution must be chosen; (4) when two interpretations, one contrary to the Constitution and the other according to it, the latter must be chosen. See Iván Escobar Forns, "Las sentencias constitucionales y sus efectos en Nicaragua," in *Anuario Iberoamericano de Justicia Constitucional*, Centro de Estudios Políticos y Constitucionales, nº 12, 2008, Madrid 2008, pp. 105–106. See also I. Härtel, *German National Report*, p. 6.

529 See Julia Iliopoulos-Strangas and Stylianos-Ioannis G. Koutnatzis, *Greek National Report*, p. 12.

in the sense that the Constitutional Tribunal considered according to the Constitution, or not to be interpreted in the sense that it is considered not according.[530]

Of course, in this regard, interpretative decisions are those that interpret statutes in harmony with the Constitution to preserve their enforcement and to avoid declaring them contrary to the Constitution, a notion that cannot be applied when the courts interpret the Constitution according to a statute to also avoid the declaration of the statute's unconstitutionality. As has been indicated for Greece, if it is true that to avoid reaching a holding of unconstitutionality, Greek courts have regularly interpreted statutory law as conforming to the Constitution, in so doing, "they have occasionally interpreted the Constitution to be in accordance with statutory law rather than conversely or they have exceeded the permissible limits of interpretation to avoid reaching a judgment of unconstitutionality." This refers to the case in which the Council of State construed the statutorily required "permission" of the Orthodox Church for the construction of religious sites of other denominations – against the wording of the statutory law in force at the time – to be a mere nonbinding opinion for the executive branch.[531] On the basis of this interpretation, Julia Iliopoulos-Strangas and Stylianos-Ioannis G. Koutnatzis state that the Council of State found no violation of religious freedom according to the Greek Constitution and the European Convention on Human Rights. In construing statutory legislation contrary to its wording, however, the Council of State substituted its own formulation for that of Parliament, arguably engaging in positive legislation.[532]

In any case, the technique to interpret statutes in harmony or in conformity with the Constitution to preserve their validity has been also applied in cases of the control of "conventionality" of statutes, regarding their conformity with international treaties. With respect to the Netherlands, J. Uzman, T. Barkhuysen, and M. L. van Emmerik stated:

> [T]he courts generally assume that unless Parliament expressly deviates from its international obligations, it must clearly have intended any provision in its Act to be consistent with a given treaty. This assumption is the basis for the courts' usual practice to interpret national law as far as possible in a way consistent with the rights laid down in conventions such as the ECtHR. And it is this practice that has given rise to a few of the most celebrated but also deeply notorious (some might even say activist) Supreme Court judgments.[533]

The technique, in principle, cannot be considered invasive regarding the attributions of the Legislator, and on the contrary, being conceived to help the Legislator, its purpose is to preserve its normative products and, in a certain way, from a practi-

---

530 See Decision STC 5/1981, February 13, 1981, FJ 6 in Francisco Javier Díaz Revorio, *Las sentencias interpretativas del Tribunal Constitucional*, Lex Nova, Valladolid 2001, p. 67; José Julio Fernández Rodríguez, *La justicia constitucional europea ante el Siglo XXI*, Tecnos, Madrid 2007, p. 129.

531 See Council of State (Full Bench) Judgment N° 1444/1991, N° V 1991, 626 (627); Julia Iliopoulos-Strangas and Stylianos-Ioannis G. Koutnatzis, *Greek National Report*, p. 13 (footnote 94).

532 See Julia Iliopoulos-Strangas and Stylianos-Ioannis G. Koutnatzis, *Greek National Report*, p. 13.

533 See J. Uzman, T. Barkhuysen, and M. L. van Emmerik, *Dutch National Report*, pp. 8, 24, 32, 37.

cal point of view, to avoid unnecessary legislative vacuums that result from the declaration of a statute as invalid or null.[534] In any case, this judicial review technique of interpretative decisions in which the unconstitutionality of a statute is rejected has helped mold constitutional courts into important constitutional institutions that assist and cooperate with the legislator in its legislative functions.

Constitutional courts have widely used these sorts of interpretative decisions.[535] In Italy, for instance, the Constitutional Court has disregarded the interpretation proposed by the *a quo* judge in the remittal ordinance regarding the unconstitutionality of a legal provision and instead has recommended a different interpretation of the same provision, one that is compatible with the Constitution. In other words, "with the interpretative decision of rejection, the question raised is declared groundless, on condition that one interprets the provision challenged in the sense indicated in it."[536] The Court's decision imposes on the *a quo* judge a negative obligation in that he or she is obliged to not insist on attributing to the provision the meaning disregarded by the Court.

Nonetheless, as interpretation is a delicate function, many times accomplished on the border between constitutionality and unconstitutionality, constitutional courts have also established limits or self-restraint regarding interpretative decisions with respect to the wording of the text to be interpreted and the intention of the Legislator when sanctioning the law.[537] In this regard, for instance, the Spanish Constitutional Tribunal has summarized the scope of interpretative decisions in decision STC 235/2007 of November 7, 2007, as follows:

> a) The effectiveness of the norms preservation principle must not ignore or configure the clear text of legal provisions, due to the fact that the Tribunal cannot reconstruct provisions against their evident sense in order to conclude that such reconstruction is the constitutional norm;
>
> b) The interpretation accordingly cannot be a contra legem interpretation, the contrary would imply to disfigure and manipulate the legal provisions; and
>
> c) It is not the attribution of the Tribunal to reconstruct a norm that is explicit in the legal provision, and, consequently, to create a new norm and the assumption by the Constitutional Tribunal of a function of Positive Legislator that institutionally it does not have.[538]

It must also be mentioned that the technique of interpreting the law in harmony with the Constitution to avoid a declaration of unconstitutionality has also been ap-

---

534 See this assertion regarding the Italian and Spanish judicial review practice in Francisco Javier Díaz Revorio, *Las sentencias interpretativas del Tribunal Constitucional*, Lex Nova, Valladolid 2001, p. 92; F. Fernández Segado, *Spanish National Report*, p. 5.

535 See Francisco Javier Díaz Revorio, *Las sentencias interpretativas del Tribunal Constitucional*, Lex Nova, Valladolid 2001, pp. 59 ff.; F. Fernández Segado, *Spanish National Report*, p. 25 ff.; I. Härtel, *German National Report*, pp. 6–7.

536 See Gianpaolo Parodi, *Italian National Report*, p. 3.

537 See BVerfGE, 69,1 (55); 49, 148 (157), in I. Härtel, *German National Report*, p. 6 (footnote 33).

538 See Francisco Fernández Segado, *Spanish National Report*, p. 34.

plied in France, by means of *a priori* judicial review, which has been traditionally exercised by the Constitutional Council. The technique is used to consider whether the Legislator has respected the Constitution in interpreting the law according to it.[539] In these cases, the Constitutional Council has a double task: on the one hand, it interprets the statute according to the Constitution; on the other hand, it addresses a directive to the Legislator on the conditions of the exercise of its attributions and, eventually, a directive to the authorities who must apply the law on how they must perform their duties.[540]

As Lóránt Csink, Józef Petrétei, and Péter Tilk highlighted in referring to Hungary, by setting constitutional requirements regarding the law, the Constitutional Court necessarily gives a narrow interpretation of the norm, thus reducing the possible constitutional meanings. In these cases, the Court does not annul the challenged law but modifies its meaning, and in some cases, it creates a new norm – one that may result in a Court order "to neglect significant parts of the norm," even contradicting "the will of the legislator."[541] In these cases, the Court chooses one possible interpretation from the alternatives, not necessarily the same one the Legislator thought of; that is, the Court interprets the law extensively by determining a requirement that totally alters the effect of the law or gives a new statement that was not originally in the norm, thus creating a new norm.[542] The Constitutional Court's decision establishing new content for a provision is the result of a constitutional interpretation in order to make the law constitutional.[543]

Regarding all these functions of constitutional courts in interpreting statutes in harmony with the Constitution, their interference with the Legislator, and their legislative functions regarding existing and in-force legislation, they can be studied through two courses of action: by complementing legislative functions as provisional Legislators or adding rules to existing Legislation through interpretative decisions and by interfering with the temporal effects of existing legislation.

II. CONSTITUTIONAL COURTS COMPLEMENTING THE LEGISLATOR BY ADDING NEW RULES (AND NEW MEANING) TO THE EXISTING LEGISLATIVE PROVISION

Through interpretation, constitutional courts frequently create new legislative rules by altering meaning or adding what is considered lacking in the provision so that it is in harmony with the Constitution.

These additive decisions have been extensively studied particularly in Italy, where it is possible to find the widest variety of decisions issued by the Constitu-

539 E.g., Decisions 2000-435 DC, 2001-454 DC, 2007-547 DC, in Bertrand Mathieu, *French National Report*, p. 13.

540 See Bertrand Mathieu, *French National Report*, p. 13.

541 See Decision 48/1993 (VII.2) and Decision 52/1995 (IX.15), in Lóránt Csink, Józef Petrétei, and Péter Tilk, *Hungarian National Report*, p. 4 (footnote 10).

542 See Decision 41/1998 (X.2), Decision 60/1994 (XII.24), and Decision 22/1997 (IV.25), in Lóránt Csink, Józef Petrétei, and Péter Tilk, *Hungarian National Report*, p. 4 (footnote 12).

543 See Lóránt Csink, Józef Petrétei, and Péter Tilk, *Hungarian National Report*, p. 4.

tional Court in declaring unconstitutional a statutory provision. They have been widely studied, analyzed, and classified under the general category of "manipulative" decisions. As Gianpaolo Parodi has explained in the Italian National Report, these decisions of acceptance of unconstitutionality, despite leaving the text of the provision unaltered, transform its normative meaning, at times reducing and at other times extending its sphere of application, not without, especially in the second case, introducing a new norm into the legal system or creating new norms. In this regard, one speaks of manipulative (or manipulating) decisions, and among them, the typically additive and substitutive decisions.[544]

The difference between interpretative decisions and manipulative decisions has also been established by Parodi as follows:

> The first of the two, indeed, preferably makes reference to the subject of the ruling: a norm obtainable in an interpretative way from a legislative statement, rather than a provision, or one of its segments (in this sense, the notion fits both the interpretative decisions of acceptance in a strict sense, and the "non textual" decisions of partial acceptance); the notion of manipulative decision usually throws light on a peculiar effect of the ruling: of alteration and, precisely, manipulation of the meaning *prima facie* of the provision contested, which, on the textual plane remains unaltered.[545]

Within the additive decisions (*sentenze additive*), it is possible to distinguish additive decisions of principle, because the principles formulated in the Court's decision are established to guide "both the legislator, in the necessary normative activity subsequent to the ruling, aimed at remedying the unconstitutional omission; and ordinary judges, so that, while waiting for the legislative intervention, they find, with integration of law, a solution for the controversies submitted to them."[546]

In these cases, as pointed out by the Italian Constitutional Court in 1991, although a declaration of constitutional illegitimacy of a legislative omission leaves to the Legislator its undeniable competence to discipline the matter, even retroactively, through general legislation, "it gives a principle to which the ordinary judge is able to make reference to place a remedy in the meantime to the omission at the time of identification of the rule for the concrete case."[547]

In many cases, through additive decisions, constitutional courts establish that the challenged provision is lacking something for it to be in accordance with the Constitution; deciding that, from that moment on, the provision must be applied as if that something is not missing. As the Constitutional Tribunal of Peru has said, by means of additive decisions:

> [T]he unconstitutionality of a provision or of part of it is declared, in which the needed part for it to result in harmony with the Constitution has been omit-

544 See Gianpaolo Parodi, *Italian National Report*, p. 6.

545 See Gianpaolo Parodi, *Italian National Report*, pp. 6–7.

546 See Gianpaolo Parodi, *Italian National Report*, p. 10.

547 See Decision N° 295/1991, in Gianpaolo Parodi, *Italian National Report*, p. 10.

ted (in the part in which the provision does not establish that). In such cases, the whole provision is declared unconstitutional, but only its omission, so after the declaration of its unconstitutionality it will be obligatory to include within it the omitted aspect.[548]

These decisions, frequently issued to guarantee the right to equality and to non-discrimination,[549] eventually transform an unconstitutional provision into a constitutional one by adding to the norm what is lacking, or even by substituting something into the provision. In other words, without affecting the challenged provision, they extend or expand its normative content by establishing that such content must include something that is not expressly established in its text.[550] Although these decisions, in a certain way, change the scope of legislative rules regardless of any amended wording, as mentioned by Joaquim de Sousa Ribeiro, "the Court's ruling does not put up a norm *ex nihilo*. Those decisions only put forward a solution imposed by the Constitution provisions and principles by extending a rule already chosen by the legislator."[551]

Of course, the additive rulings as expressed by the Italian Constitutional Court cannot imply a discretional appraisal regarding the challenged provision, in that the Constitutional Court cannot intervene when it is a matter of choosing between a plurality of solutions, all of which are admissible – in that case, the discretion corresponds only to the Legislator.[552] However, they cannot refer to matters that must exclusively be regulated by the Legislator, such as criminal matters.[553]

One example of these additive decisions is one issued by the Constitutional Court of Italy in 1969 regarding the constitutionality of article 313.3 of the Criminal Code, in which the prosecution for insults against the Constitutional Court itself was

---

548 See Decision of January 3, 2003 (Exp. N° 0010-2002A1-TC), in Fernán Altuve Febres, *Peruvian National Report II*, p. 13.

549 See Francisco Javier Díaz Revorio, *Las sentencias interpretativas del Tribunal Constitucional*, Lex Nova, Valladolid 2001, pp. 183, 186, 203, 204, 274, 299, 300; José Julio Fernández Rodriguez, *La inconstitucionalidad por omisión: Teoría general. Derecho comparado. El caso español*, Civitas, Madrid 1998, pp. 232 ff.; Joaquin Brage Camazano, "Interpretación constitucional, declaraciones de inconstitutionalidad y arsenal sentenciador (Un suscinto inventario de algunas sentencias 'atípicas')," in Eduardo Ferrer Mac-Gregor (coord.), Interpreación Constitucional, Ed. Porrúa, Vol. I, México 2005, pp. 192 ff.; Joaquim de Sousa Ribeiro and Esperança Mealha, *Portuguese National Report*, p. 8.

550 See Francisco Javier Díaz Revorio, *Las sentencias interpretativas del Tribunal Constitucional*, Lex Nova, Valladolid 2001, pp. 28, 32, 33, 45, 97,146, 165, 167, 292.

551 See Joaquim de Sousa Ribeiro and Esperança Mealha, *Portuguese National Report*, p. 9.

552 See Decision Nos. 109 of April 22, 1986, and125 of January 27, 1988, in Francisco Javier Díaz Revorio, *Las sentencias interpretativas del Tribunal Constitucional*, Lex Nova, Valladolid 2001, p. 273 (footnote 142); Francisco Fernández Segado, "Algunas reflexiones generales en torno a los efectos de las sentencias de inconstitucionalidad y a la relatividad de ciertas fórmulas estereotipadas vinculadas a ellas," in *Anuario Iberoamericano de Justicia Constitucional*, Centro de Estudios Políticos y Constitucionales, N° 12, 2008, Madrid 2008, p. 164–165.

553 See Patricia Popelier, *Belgian National Report*, pp. 13–14; Iván Escobar Forns, "Las sentencias constitucionales y sus efectos en Nicaragua," in *Anuario Iberoamericano de Justicia Constitucional*, Centro de Estudios Políticos y Constitucionales, N° 12, 2008, Madrid 2008, pp. 110.

subjected to previous authorization from the Ministry of Justice and Grace. The Court considered that such authorization contradicted the independence of the Court, arguing that the provision was unconstitutional, deducting that the authorization was to be given by the same Court,[554] and forcing the provision – according to Díaz Revorio – to say something that it was not capable of saying and even eliminating the part of it considered incompatible with the independence of the Court.[555] Another decision of this sort of the Italian Constitutional Court was issued in 1989 regarding a provision of the Criminal Code that sanctioned those refusing to serve in the military because of conscience with prison terms of two to four years. The Constitutional Court, asked to review the provision, ruled that the sanction was contrary to the constitutional right to equality because the same Criminal Code established a sanction of only six months to two years in a similar situation for those who were called to serve in the military but refused to serve without motives or because of nonserious motives. The consequence was a declaration of unconstitutionality of the provision "in the part in which the minimal sanction is established in two years instead of six months, and in the part in which the maximal sanction is established in four years instead of two years."[556] The result was that the Constitutional Court substituted the sanction of two to four years with another one of six months to two years.

In Germany, one of the typical additive decisions adopted by the Federal Constitutional Court is one regarding the Political Parties Law, which lowered the parties' required threshold of votes with regard to the reimbursement of election campaign costs from 2.5 percent to 0.5 percent.[557]

In Spain, an example of additive or substitutive decision is the one issued by the Constitutional Tribunal in 1988 when deciding on the constitutionality of article 7.4 of the Inter-Territorial Compensation Fund established for financing projects of the Autonomous Communities of the State, which established that, in some cases, the decision regarding the project proposals needed approval "of the Government Council of the Autonomous Communities." The Tribunal considered that this was unconstitutional, because to determine which organ of the Autonomous Communities was to intervene in the approval was a matter corresponding to their own autonomy, and the Court ruled that the reference to the Government Councils must be understood as a reference to the Autonomous Communities, without specific reference to any of their organs.[558]

---

554 See Decision N° 15, February 12, 1969, in Francisco Javier Díaz Revorio, *Las sentencias interpretativas del Tribunal Constitucional*, Lex Nova, Valladolid 2001, pp. 151–152.

555 See Francisco Javier Díaz Revorio, *Las sentencias interpretativas del Tribunal Constitucional*, Lex Nova, Valladolid 2001, p. 152.

556 See Decision N° 409 of July 6, 1989, in Francisco Javier Díaz Revorio, *Las sentencias interpretativas del Tribunal Constitucional*, Lex Nova, Valladolid 2001, p. 153.

557 See BVerfGE 24, 300 (342 f.), in I. Härtel, *German National Report*, p. 19.

558 See decision STC 183/1988, October 13, 1988, in Francisco Javier Díaz Revorio, *Las sentencias interpretativas del Tribunal Constitucional*, Lex Nova, Valladolid 2001, pp. 154–155.

Another example from the Spanish Constitutional Tribunal is the decision issued in 1993 regarding the benefit of Social Security pensions to the "daughters and sisters" of a holder of a retirement pension, which the Tribunal considered unconstitutional because, contrary to the constitutional guarantee of equality, it excluded "sons and brothers" from the benefit, extending the benefits to the latter.[559] In the same sense is a 1992 decision of the Constitutional Tribunal regarding the Urban Tenants Law, whose article 58.1 established that upon the death of a tenant, his spouse could subrogate in his rights and duties. The Court considered that the absence in the provision of any reference to those living *more uxorio* in a marital-like relationship with the deceased tenant was contrary to the right to equality and thus unconstitutional; the result was that the provision was also to be applied to them.[560] Regarding all these cases, as mentioned by F. Fernández Segado, it is possible to consider the Spanish Constitutional Tribunal as a "real positive legislator."[561]

In Portugal, additive decisions have been issued by the Constitutional Tribunal in applying the principle of equality in the sense that, if a norm grants favors to certain groups of persons while excluding or omitting others in violation of an equal protection clause, the exclusion or omission is considered unconstitutional. If the Court has no power to bring about an equal solution for the excluded group, in what has been considered rare cases, the Court's ruling, by itself, has made possible the inclusion of certain groups under the scope of rules that omitted or excluded them. For instance, as pointed out by Sousa Ribeiro, in Ruling N° 449/87, the Court held unconstitutional a norm that established different allowances for a widower and widow in case of death caused by work accident. Furthermore, it stated that the only solution that would comply with the Constitution would be one that granted equal treatment to both, meaning that the favor granted to the widow should be extended to the widower. In addition, in Ruling N° 359/91, the Court considered and ruled on a request from the Ombudsman for not only a successive abstract review of the rules laid down by the Civil Code concerning the transmission of the position of the tenant in the event of divorce when interpreted as not applicable to *de facto* unions, even if the couple in question had underage children, but also a review of the "unconstitutionality by omission of a legislative measure which expressly states that those rules are applicable, with the necessary adaptations, to *de facto* unions of couples with underage children." In this decision, the Court issued a declaration with generally binding force of the unconstitutionality of that interpretation for breaching the principle of nondiscrimination against children born outside wedlock, but it did not find unconstitutionality by omission. As a result of the Court's decision, the rules of the Civil Code were thereafter understood as including such *de facto* un-

559 See Decision STC 3/1993, January 14, 1993, in Francisco Javier Díaz Revorio, *Las sentencias interpretativas del Tribunal Constitucional*, Lex Nova, Valladolid 2001, pp. 177, 274; F. Fernández Segado, *Spanish National Report*, p. 42.

560 See Decision STC 222/1992, December 11, 1992, in Francisco Javier Díaz Revorio, *Las sentencias interpretativas del Tribunal Constitucional*, Lex Nova, Valladolid 2001, pp. 181, 182, 275; F. Fernández Segado, *Spanish National Report*, p. 41.

561 See F. Fernández Segado, *Spanish National Report*, p. 48.

ions.[562] According to Sousa Ribeiro, such decisions can be considered additive decisions, as their implementation changes the scope of legislative rules regardless of any amendment to the wording of such rules.[563]

Also in Greece, regarding violations of the constitutional equality principle due to the unconstitutional exclusion of persons or groups from a State benefit or the preferential treatment of one person or group at the expense of another, in exercising the diffuse method of judicial review, civil courts have regularly extended preferential treatment to remedy a violation of the equality principle – regardless of whether the discriminatory legislation accords preferential treatment as a general rule or exceptionally.[564] The extension to judges, of legislation concerning remuneration of higher public servants[565] is usually considered a common manifestation of this jurisprudence. Ordinary administrative courts have generally followed the same approach, invoking in their reasoning the European Court of Justice's case law on the principle of equal pay for male and female workers for equal work or work of equal value.[566] More recently, the Council of State has aligned its jurisprudence with that of the Areios Pagos Court, also extending preferential treatment in cases of violation of the constitutional equality principle, as in cases of gender discrimination in social security legislation.[567] Accordingly, as affirmed by Julia Iliopoulos-Strangas and Stylianos-Ioannis G. Koutnatzis, "in extending the applicability of discriminatory, and thus unconstitutional, legislation, Greek courts exercise legislative power in a positive sense."[568]

In a similar way, in South Africa, the Constitutional Court, referring to a 1991 statute (reformed in 1996) that assigned the spouse of a permanent resident in the country the right to automatically obtain a residence permit, considered it discriminatory and unconstitutional because it did not include foreigners in homosexual rela-

562 See Joaquim de Sousa Ribeiro and Esperança Mealha, *Portuguese National Report*, p. 8.

563 See Joaquim de Sousa Ribeiro and Esperança Mealha, *Portuguese National Report*, p. 9.

564 See, e.g., Areios Pagos Judgment Nos. 3/1990, *NoV* 1990, 1313 (1314); 7/1995 (Full Bench), *EErgD* 1996, 494 (495); 1578/2008, *EErgD* 2009, 180 ff.; Julia Iliopoulos-Strangas and Stylianos-Ioannis G. Koutnatzis, *Greek National Report*, p. 18 (footnote 140).

565 See, e.g., Areios Pagos Judgment n° 40/1990, *EEN* 1990, 579 ff. (579); Julia Iliopoulos-Strangas and Stylianos-Ioannis G. Koutnatzis, *Greek National Report*, p. 18 (footnote 144).

566 See, e.g., Athens Administrative Court of First Instance Judgment Nos. 10391/1990, *DiDik* 1991, 1309 (1309–1310); 3151/1992, *DiDik* 1993, 350 (351). See also Athens Administrative Court of Appeals Judgment n° 3717/1992, *DiDik* 1993, 138 (138–139); Julia Iliopoulos-Strangas and Stylianos-Ioannis G. Koutnatzis, *Greek National Report*, p. 19 (footnote 146).

567 See, e.g., Council of State Judgment Nos. 1467/2004 (Full Bench), *Arm* 2004, 1049 (1050); 3088/2007 (Full Bench), *DtA* 2009, 540 (541); see also Council of State Judgment N° 2180/2004 (Full Bench), *NoV* 2005, 173 (174–175) (extending to pilots remuneration provisions for the cabin crew). See Julia Iliopoulos-Strangas and Stylianos-Ioannis G. Koutnatzis, *Greek National Report*, p. 19 (footnote 148).

568 See Julia Iliopoulos-Strangas and Stylianos-Ioannis G. Koutnatzis, *Greek National Report*, p. 19.

tionships. The Court complemented the text to include after the word *spouse* the phrase "or the same sex partner in a stable condition."[569]

In Canada, it is also possible to find similar additive judicial review decisions, also on matters of family law and regarding the right to equality, thus supported by constitutional values, in which the Court may read in or add words to legislation to cure a constitutional defect. A famous example is the decision issued by the Supreme Court in *Vriend v. Alberta*, where the Court, though considering Alberta's human rights code unconstitutional because it violated equality rights by failing to protect gays and lesbians from discrimination, decided to add or read into the provision the inclusion of sexual orientation as a prohibited grounds of discrimination rather than striking down the legislation.[570] A similar use of the power was the decision of the Ontario Court of Appeal to strike down the definition of marriage as a union of a man and a woman and to substitute the gender-neutral concept of a union between persons to allow for same-sex marriages, considering that religious views about marriage could not justify excluding same-sex couples from the civil institution of marriage.[571] Although such remedies are not used in a routine fashion to cure all constitutional defects, they, according to Kent Roach, "amount to judicial amendments or additions to legislation."[572]

In Poland, the Constitutional Tribunal has developed these kinds of judgments, which are not directly established in the Constitution or in the governing statute. As mentioned by Marek Safjan, "the Tribunal adopts one of the following formulas: 'provision X complies with the Constitution under the condition that it will be understood in the following way . . . ', or 'provision X understood as follows . . . complies with the Constitution' or 'provision X understood in the following way . . . does not comply with the Constitution. . . '. The so called partial judgments usually go further because they directly determine the normative elements included in the provision, which do not comply with a hierarchically higher act (e.g. 'provision X up to an extent in which it envisages that . . . does not comply with the Constitution')."[573] As an example of these decisions,[574] which have been compared with laparoscopic surgery versus an invasive operation, is the case on interpreting the Civil Code to regulate the liability of the State for damage inflicted to an individual by

569 See Iván Escobar Fornos, "Las sentencias constitucionales y sus efectos en Nicaragua," in *Anuario Iberoamericano de Justicia Constitucional*, Centro de Estudios Políticos y Constitucionales, Nº 12, 2008, Madrid 2008, pp. 111 112.

570 See *Vriend v. Alberta* [1998] 1 S.C.R. 493; Kent Roach, *Canadian National Report*, pp. 6, 14 (footnotes 5 and 27).

571 See *Halpern v. Ontario* (2003) 65 O.R. (3d) 161 (C.A.); Kent Roach, *Canadian National Report*, pp. 7, 14 (footnotes 6 and 29).

572 See Kent Roach, *Canadian National Report*, p. 7.

573 See Marek Safjan, *Polish National Report*, pp. 13–14.

574 The Polish Supreme Court has opposed this practice of the Constitutional Tribunal, arguing that the process of interpretation is strictly connected with the process of application of a given norm, not with the procedure of its evaluation from the point of view of its conformity with a hierarchically higher act. See Marek Safjan, *Polish National Report*, p. 14.

public functionaries.[575] Issuing an interpretative judgment, and therefore avoiding derogation of a Civil Code provision, the Tribunal established a totally new regime of *ex delicto* liability for damages of the State, on the basis of an objective premise of illegality and eliminating the fault of the functionary as a premise of public authority liability.[576]

In Hungary, additive decisions can also be found as a consequence of the Constitutional Court's decisions declaring partial nullity of laws, called mosaic annulment. In this regard, Lóránt Csink, Józef Petrétei, and Péter Tilk point out that the Court has always tried to annul the least possible from the law, that is, only to annul what is necessary to restore constitutionality. For this purpose, as they argued, partial annulment pushed the Court far from negative legislation, as the text that remained in force after the annulment often had a different and sometimes contradictory meaning from the one before constitutional review. This has been the case, for instance, when some words have been annulled, with the result of expanding the scope of grantees of a tax law, either in the field of substantive law[577] or in the field of procedure law;[578] when certain texts of a law restrain a fundamental right concerning the publicity of declarations of properties of local government deputies;[579] and when the competence to determine compensation in matters of criminal law was removed from the minister of justice to the courts, just annulling some words of the Criminal Procedure Code.[580] Another case refers to a decision declaring unconstitutional a comma in a sentence containing an enumeration because it resulted in a different meaning of the sentence, a meaning that was not in conformity with the Constitution.[581]

In the Czech Republic, the Constitutional Court has issued interpretative decisions that read text differently or add sense to constitutional provisions. A typical example, mentioned by Zdenek Kühn, is the judgment in the *Clearance of Defense Counsel* case of January 28, 2004, regarding a law mandating that, in criminal cases

---

575 See decision of the Constitutional Tribunal of December 4, 2001, in the case SK18/00, OTK ZU 2001/8/256, in Marek Safjan, *Polish National Report*, p. 14 (footnote 43).

576 See Marek Safjan, *Polish National Report*, pp. 14, 15.

577 See Decision 87/2008 (VI.18). The decision found it discriminatory that only one group of contributors enjoyed tax preferences. The Court annulled the regulation in a way that the preference would also pertain to the members of the other group; Lóránt Csink, Józef Petrétei and Péter Tilk, *Hungarian National Report*, p. 5 (footnote 18).

578 See Decision 73/2009 (VII.10). The Court found it unconstitutional that the law did not grant the possibility of reducing or releasing tax liabilities of individuals. Such a possibility is the result of mosaic annulment. See Lóránt Csink, Józef Petrétei, and Péter Tilk, *Hungarian National Report*, p. 5 (footnote 19).

579 See Decision 83/2008 (VI.13). The decree of the local government allowed only Hungarian citizens to check the declarations and only after certifying their identity. These texts have been annulled. See Lóránt Csink, Józef Petrétei, and Péter Tilk, *Hungarian National Report*, p. 5 (footnote 20).

580 See Decision 66/1991 (XII.21) See in Lóránt Csink, Józef Petrétei, and Péter Tilk, *Hungarian National Report*, p. 5.

581 See Decision 16/1999. (VI.11), in Lóránt Csink, Józef Petrétei, and Péter Tilk, *Hungarian National Report*, p. 5.

in which classified information might be discussed, the defense attorneys are subject to a security clearance. As a result, no defense attorney was available for the defendant in the criminal case before the district court, and the defendant was effectively denied of his or her right to legal aid. Therefore, the district court petitioned the Constitutional Court to annul the law if it included also the "defense attorneys" among those who were subject to a security clearance. The Court rejected this reading of the law and found, against its clear wording, that defense attorneys in criminal proceedings are not subject to this type of clearance. Aware of the controversial nature of its reasoning, the Court added the second part to its verdict, creating a new exception to the clear wording of the law. Hence, the verdict of the judgment includes two parts:

I. The petition is rejected.
II. Clearance of defense attorney in criminal proceedings for purposes of access to classified information through a security clearance by the National Security Office is inconsistent with Art. 37 par. 3, Art. 38 par. 2, and Art. 40 par. 3 of the Charter of Fundamental Rights and Freedoms and with Art. 6 par. 3 let. c) of the Convention on Protection of Human Rights and Fundamental Freedoms.[582]

In this case, the Constitutional Court explained why it included the second part based on the principle of the primacy of constitutionally consistent interpretation over unconstitutional interpretations, adding that "for these reasons, in these proceedings on review of norms, given a negative verdict with interpretative arguments, the Constitutional Court placed the fundamental constitutional principle, arising from a number of significant grounds, in the verdict section of the judgment."[583]

In another case, the *Permanent Residence Case* of 1994, the Constitutional Court annulled the requirement that the Czech citizens who were allowed to claim restitution of their property have permanent residence in the Czech Republic. The Court found the requirement discriminatory and annulled the rule that set the deadline for claiming restitution. The law thus lost much of its clarity because the effect of annulling the deadline was doubtful. The problem was explained in the Court's reasoning:

> However, if the consequences of legalizing this unconstitutional condition are to be repaired, it is not only necessary to cancel the condition itself, but ...it is also necessary to ensure that the new wording of . . . the Act [after annulment] can realistically be brought to life. This can be achieved only by opening the period . . . for exercising a claim before the court *for those citizens for*

582 See Decision Pl. ÚS 41/02 of January 28, 2004, published as N. 98/2004 Sb. See http://angl.concourt.cz/angl_verze/doc/p-41-02.php; Zdenek Kühn, *Czech National Report*, p. 9 (footnote 41).

583 See Zdenek Kühn, *Czech National Report*. p. 9.

> *whom the condition of permanent residence in the country* has heretofore made impossible the exercise of their right to issuance of a thing.[584]

However, in that case, as explained by in Zdenek Kühn, it was far from clear what the annulment of the deadline effectively meant. In any case, the answer to the law's interpretation could have been found not in the law's text but in the Court's justification of its judgment. Only in referring to the Court's judgment did it become clear that the deadline was newly opened only for those who were prohibited to do so under the earlier version of the law (those citizens who had no permanent residence in the Czech Republic) and when the period of time commenced.[585]

The Constitutional Court of Croatia has also developed additive decisions, creating policies by way of strengthening the rule of law and protection of human rights. An important case highlighted by Sanja Barić and Petar Bačić is the one referred to the annulment in 1998 of some provisions of the Pension Adjustment Act, in which the Court considered unconstitutional the fact that, since 1993, the Government ceased to adjust pensions according to increased inflation and cost of living, even though it continued to do so with wages. The result was that during four years (1993–1997) wages increased twice as much as pensions (the average pension was half the average wage), which meant that the standard of living for retired persons was half the one corresponding to the average working population. Therefore, the Constitutional Court ruled that "this legal arrangement…changed the social status of retired persons to such an extent that it created social inequality of citizens" and that the contested provisions "contravene[d] with basic constitutional provisions of article 3 of the Constitution of the Republic of Croatia, which guarantee equality, social justice, and the rule of law; and with article 5 of the Constitution, which states that laws are to be in conformity with the Constitution."[586] As a consequence of the Court decision, retired persons were to receive the unpaid pensions for the period 1993–1997, and six years later, the Croatian Parliament sanctioned the Law on the Enforcement of the Constitutional Court's Ruling, dated May 12, 1998.[587]

In many countries, these decisions have been considered invasive regarding legislative attributions because, through them, the Constitutional Court, by interpretation, proceeds to supplant the Legislator, affecting at length the system of separation of powers. They have also been considered judicial decisions adding a *quid novi* that transforms the negative into positive, so that a Tribunal converts itself from a judge of the constitutionality of statutes into a constitutional "cleaner" of the same, thus

584 See Decision Pl. ÚS 3/94 of July 12, 1994, published in Czech as 164/1994 Sb. See http://angl.concourt.cz/angl_verze/doc/p-3-94.php; Zdenek Kühn, *Czech National Report*, p. 10 (footnote 47).

585 See Zdenek Kühn, *Czech National Report*, pp. 8–9.

586 See Decision N° U-I-283/1997 of May 12, 1998; Sanja Barić and Petar Bačić, *Croatian National Report*, p. 15.

587 See Decision on the Promulgation of the Law on the Enforcement of the Constitutional Court's Ruling, dated May 12, 1998, Official Gazette "*Narodne novine*," n° 105/2004; Sanja Barić and Petar Bačić, *Croatian National Report*, p. 15 (footnote 30).

invading the sphere of other branches and adding legislative norms, or positive legislation.[588]

In some way, a similar position is found in the Netherlands regarding the control of conventionality of statutes. The Supreme Court ruled in 1980, in the *Illegitimate Child Case*, that Article 959 of the Civil Procedure Code was to be interpreted in the light of Articles 8 and 14 of the European Convention, to ignore the difference established regarding the procedural treatment between cases concerning the custody of legitimate and illegitimate children, thus allowing the relatives of an orphan born out of wedlock to appeal a decision of the local magistrate withholding custody, which the Civil Procedure Code granted only to legally recognized kin.[589] On the basis of the interpretation already adopted by the European Court of Human Rights regarding the Convention, the Supreme Court accepted the right to appeal for relatives of children born outside of marriage. The same approach was followed in the 1982 *Parental Veto on Underage Marriage Case*, where the Supreme Court spontaneously introduced the duty for parents to justify their decision not to let their underage children enter marriage.[590] Where refusing their consent would be evidently unreasonable, the courts were allowed to substitute the parents' withheld permission, ignoring Article 1:36 (2) of the Civil Code, which prohibited the courts from allowing a marriage where one of the parents objected to it. Again, this judgment was backed up by several decisions of the European Commission on Human Rights,[591] which eventually led to the adoption of more self-restraint on matters of control of conventionality, in the sense that the Court more recently recognized that it was not empowered to set aside national provisions for their inconsistency with Convention law, purely on the basis of its own interpretation of the Convention but only on the prevailing interpretation offered by the European Court.[592]

Also in the area of family law, in the Netherlands, the Supreme Court has developed its own ability to regulate certain areas of the law by means of the exercise of its power of judicial review of "conventionality" of statutes. In effect, in the *Spring Cases*,[593] the Court considered the provisions of Dutch law that stated that when a child was born to unmarried parents or parents who had never been married before or did not have any intention of doing so in the near future, such parents could exer-

---

588 See the opinions of M. A. García Martínez, F. Rubio Llorente, G. Silvestri, T. Ancora, and G. Zagrebelsky, in Francisco Javier Díaz Revorio, *Las sentencias interpretativas del Tribunal Constitucional*, Lex Nova, Valladolid 2001, p. 254 (footnotes 70–76).

589 See Supreme Court judgment of 18 January 1980, *NJ* 1980/463 (*Illegitimate Child*); Jerfi Uzman; Tom Barkhuysen and Michiel L. van Emmerik, *Dutch National Report*, p. 14 (footnote 37).

590 See Supreme Court judgment of 4 June 1982, *NJ* 1983/32 (*Parental Veto on Underage Marriage*); Jerfi Uzman, Tom Barkhuysen, & Michiel L. van Emmerik, *Dutch National Report*, p. 14 (footnote 39).

591 See Jerfi Uzman, Tom Barkhuysen and Michiel L. van Emmerik, *Dutch National Report*, p. 14.

592 See Supreme Court judgment of 19 October 1990, *NJ* 1992/129 (*Gay Marriage*); Supreme Court judgment of 10 August 2001, *NJ* 2002/278 (*Duty of Support*); Jerfi Uzman; Tom Barkhuysen and Michiel L. van Emmerik, *Dutch National Report*, p. 16 (footnote 46).

593 See Joint Supreme Court decisions of 21 March 1986, *NJ* 1986/585–588 (*Spring Decisions*); Jerfi Uzman; Tom Barkhuysen and Michiel L. van Emmerik, *Dutch National Report*, p. 15 (footnote 43) and p. 24.

cise no parental authority at all, being able to only obtain shared guardianship; the Court found that this violated Articles 8 and 14 of the European Convention. From that decision, the Court set aside certain provisions of the Civil Code and interpreted others so that they might be read consistently with the Convention, and it eventually elaborately tried to regulate the conditions under which a request for joint parental authority was to be granted by the courts; it devoted an entire page in the case reports to describe the conditions and provide lower courts with a "manual" for how to work through such difficult cases.[594]

In Latin America, a typical additive and substitutive decision can be found in Peru, in the decision adopted by the Constitutional Tribunal in 1997 regarding article 337 of the Civil Code, where, for purposes of a spouse seeking divorce, it "understood that the term '*sevicia*' [extreme cruelty] must be substituted by the phrase 'physical and physiological violence, that is, not only referred to physical cruelty.'"[595] In Costa Rica, the Constitutional Chamber of the Supreme Court has issued additive decisions on matters of citizenship, as when interpreting that, when article 14.4 of the Constitution establishes that when foreign women marry Costa Ricans, they are Costa Ricans by naturalization if they lost their nationality, the word *woman* must be read as *person* to include men, thus overcoming the discrimination that results from the word "woman" regarding foreign men married to a Costa Rican females. The Court said:

> In order to avoid inequalities and future discriminations that could come from the application of the Constitution, exercising the attributions the Constitution assigns the Chamber, it is resolved that when statutes uses the terms "men" or "women," they must be understood as synonymous to the word "person," eliminating all possible "legal" discrimination because of gender; a correction that must be applied by all public officials when requested to take any decision that would require to apply provisions in which such terms are used.[596]

In another case, the Constitutional Chamber of the Supreme Court of Costa Rica, interpreting the Currency Law, considered the matter of the essential contents of contracting freedom and concluded in relation to contractual obligations established in foreign currencies that the exchange rate to be applicable in case of payment in national currency, to avoid the violation of property rights, must be the market rate, that is, the effective commercial value of the foreign currency at the moment of payment, and not the official rate, as indicated in article 6 of the Currency Law. Consequently, the Court established how the provision of the Currency Law was to be read.[597]

In Venezuela, a few examples of additive decisions issued by the Constitutional Chamber can be identified. One of them pertains to a provision of the Organic Law

594 See Jerfi Uzman; Tom Barkhuysen and Michiel L. van Emmerik, *Dutch National Report*, p. 24.

595 See Decision of April 29, 1997 (Exp. nº 0018-1996-1-TC), in Fernán Altuve Febres, *Peruvian National Report II*, pp. 14–15.

596 See Decision Voto 3435-92, in Rubén Hernández Valle, *Costa Rican National Report*, p. 38.

597 See Decision Voto 3495-92, in Rubén Hernández Valle, *Costa Rican National Report*, p. 39.

of the Attorney General of the Republic (article 90), in which it is established, in judicial process in which the Republic is a party, the need for consent from the Attorney General regarding the bail to be requested to lift some precautionary measures. In Decision N° 1104 of May 23, 2006, the Chamber declared the partial nullity of this provision because it violated the right to defense and due process, and it established a new wording for the challenged provision, in the sense that the bail must be approved by the corresponding judge and not the Attorney General.[598] Another example is the Organic Law of Public Defense, an institution established in the Constitution as part of the judicial system. Nonetheless, article 3 of the Law specified that the Public Defense Service was to depend on the Public Defender's office, which was considered unconstitutional and annulled by the Chamber, which established in Decision No. 163 of February 28, 2008, that the provision was to be read in the sense of attaching the Service to the Supreme Tribunal of Justice, not to the Peoples' Defender Office.[599] In addition, in the same decision, the Chamber annulled *ex officio* the provisions establishing the attribution of the Peoples' Defender to appoint the Head of the Public Defense Service, providing for another regime of appointment by the Supreme Tribunal; and it annulled the provision establishing the approval by the People's Defender of the Budget of the Public Defense Service, changing the wording of the Law to attribute that function to the Supreme Tribunal.[600]

This technique of additive rulings on matters of judicial review can also be identified in countries with a diffuse system of judicial review, like Argentina, where the Supreme Court has issued additive decisions on monetary matters. In the *Massa* case,[601] regarding the compulsory conversion of foreign currency into pesos through various emergency legal provisions, the Court ruled that the regime did not violate property rights recognized in the Constitution providing that a conversion of 1.40 pesos to one U.S. dollar be ensured, with a stabilization coefficient and an annual interest rate of 4 percent. This was a judicial addition to the legal emergency regime to avoid it being declared unconstitutional.[602] In human rights cases, the Supreme Court has also issued additive rulings, like in the *Portillo* Case (1989), where the Court was required to rule on the constitutionality of mandatory military service. The petitioner claimed that, to the extent that military service might require the killing of another individual, it affected the petitioner's deep religious beliefs in viola-

---

598 See Decision N° 1104 of May 23, 2006, *Carlos Brender* case; http://www.tsj.gov.ve/decisiones/scon/Mayo/1104-230506-02-1688.htm. See also Daniela Urosa Maggi, *Venezuelan National Report*, p. 27.

599 See Decision N° 163 of February 28, 2008, *Ciro Ramón Araujo* case. See http://www.tsj.gov.ve/decisiones/scon/Febrero/163-280208-07-0124.htm. See also Daniela Urosa Maggi, *Venezuelan National Report*, pp. 27–28.

600 *Id.*, p. 28.

601 See Fallos 329:5913 (2006); Alejandra Rodríguez Galán and Alfredo Mauricio Vítolo, *Argentinean National Report I*, p. 17 (footnote 71). See also the *Bustos* case, Fallos 327:4495 (2004). *Id.*, p. 17 (footnote 70).

602 See Néstor P. Sagüés, "Los efectos de las sentencias constitucionales en el derecho argentino," in *Anuario Iberoamericano de Justicia Constitucional*, Centro de Estudios Políticos y Constitucionales, N° 12, 2008, Madrid 2008, p. 339; Néstor Pedro Sagüés, *Argentinean National Report II*, p. 19.

tion of the free exercise of religion clause of the Constitution. The Court held that, in peacetime, compliance with military service as established by Congress violated such a clause, but it still required the petitioner to serve time in alternative civil service, thus redefining the concept of "national defense" despite the fact that Congress did not provide for such an alternative.[603]

Even in France, where the judicial review system until 2009 was reduced to the *a priori* review of legislation not yet in force, the Constitutional Council has exercise its attributions, adding provisions to the reviewed statute and modifying the scope of application of the law. For example, in Decision 82-141 DC of July 27, 1982 regarding the control of constitutionality of the draft statute on TV communications (*communications audiovisielle*), the Council extended the scope of the right to response, interpreting the phrase "without lucrative purpose" to establish the titleholder of the right. As mentioned by Bertrand Mathieu, in this case, the Council has said what the law is, instead of the Legislator, which established the right to response in television communications only to a category of persons. By eliminating those restrictions, the Council extended the scope of the right, substituting itself for the will of the Legislator. The Constitutional Council considered that the Constitution established such right of response without it being reserved to some persons.[604]

III. CONSTITUTIONAL COURTS COMPLEMENTING LEGISLATIVE FUNCTIONS BY INTERFERING WITH THE TEMPORAL EFFECTS OF LEGISLATION

One of the most common interferences of the Constitutional Courts regarding legislative functions is the power of the Courts to determine the temporal effects of legislation enacted by the Legislator. In general terms, in comparative law, three different situations can be distinguished: first are cases in which the Constitutional Court determines when an annulled legislation will cease to have effects at some point in the future; second are cases in which the Constitutional Court, by assigning retroactive or nonretroactive effects to its decisions, determines the date on which legislation ceases to have effects; third are cases in which the Constitutional Court, when declaring null an unconstitutional statute, decides to bring back previously repealed legislation.

The matter, for instance, has been expressly regulated in the Constitution of the Republic of South Africa of 1996, which provides the following:

> Article 172. Powers of courts in constitutional matters.
>
> 1. When deciding a constitutional matter within its power, a court:
>
>   a) must declare that any law or conduct that is inconsistent with the Constitution is invalid to the extent of its inconsistency; and

---

603 See Fallos 312:496 (1989); Alejandra Rodríguez Galán and Alfredo Mauricio Vítolo, *Argentinean National Report I*, p. 15 (footnote 63).

604 See Bertrand Mathieu, *French National Report*, p. 16. See the decision in http://www.conseil-constitutionnel.fr/conseil-constitutionnel/francais/les-decisions/depuis-1958/decisions-par-date/1982/82-141-dc/decision-n-82-141-dc-du-27-juillet-1982.7998.html.

b) may make any order that is just and equitable, including
   i. an order limiting the retrospective effect of the declaration of invalidity; and
   ii. an order suspending the declaration of invalidity for any period and on any conditions, to allow the competent authority to correct the defect.

1. *The Power of the Constitutional Court to Determine When Annulled Legislation Will Cease to Have Effects: Postponing the Effect of the Court's Ruling*

The first of the cases in which constitutional courts interfere with the legislative function, by modulating the temporal effects of its decision declaring unconstitutional or null a statute, is when the Court establishes *vacatio sentenciae*, determining when annulled legislation will cease to have effects by postponing the beginning of the effects of its own decision and thus extending the application of the invalidated statute.

In principle, it is a general rule in systems of judicial review in which the constitutional courts have power to annul unconstitutional statutes,[605] as was, for instance, established since the beginning in the 1920 Austrian Constitution (article 140.3), that the Constitutional Court's decisions must be published in an Official Journal. This means, that in principle, as the Court's decisions have *erga omnes* effects as products of the negative legislator, the judicial review decision annulling a statute begins to have effects since the date of its publication, unless the Court establishes another date to avoid legislative vacuums, giving time to the Legislator to enact a new legislation to replace the annulled one. In the Austrian Constitution, the Court can postpone the effects of its decision for a term of up to six months, and in the constitutional reform of 1992 this was extended to eighteen months (art. 140.5).[606] In these cases of extending the beginning of the effects of the Court's decisions, the annulled statute remains in force until the extinction of the term or the intervention of the Legislator by enacting a statute to replace the annulled one. Consequently, as the Court has the power to extend the effects of an annulled statute, it can be said that, since the beginning of the concentrated system of judicial review in Europe, the Austrian Constitutional Court was "a corrective jurisdictional legislator and not only a simple negative jurisdictional legislator."[607]

---

605 Although in some countries like Portugal, "The Court has never postponed the effects of its ruling by safeguarding effects produced after the declaration of unconstitutionality (and according to the prevailing opinion on this subject the effects of annulment could not be postponed)." See Joaquim de Sousa Ribeiro and Esperança Mealha, *Portuguese National Report*, p. 6.

606 See Francisco Javier Díaz Revorio, *Las sentencias interpretativas del Tribunal Constitucional*, Lex Nova, Valladolid 2001, p. 266; Francisco Fernández Segado, "Algunas reflexiones generales en torno a los efectos de las sentencias de inconstitutionalidad y a la relatividad de ciertas fórmulas estereotipadas vinculadas a ellas," in *Anuario Iberoamericano de Justicia Constitucional*, N° 12, 2008, Centro de Estudios Políticos y Constitucionales, Madrid 2008, pp. 174, 188.

607 See Otto Pfersmann, "Preface," in Christian Behrendt, *Le judge constitutionnel, un législateur-cadre positif. Un analyse comparative en droit francais, belge et allemande*, Bruylant, Brussels 2006, p. xxxiii; Konrad Lachmayer, *Austrian National Report*, p. 7.

In Greece, article 100.4, para. 2, of the Constitution, provides that the Supreme Special Court invalidates unconstitutional statutory provisions "as of the date of publication of the respective judgment, or as of the date specified in the ruling," thus implicitly recognizing that the Supreme Special Court can establish a different date for the beginning of the effects of the invalidation of the unconstitutional statute.[608]

This also occurs in Belgium, where the Constitutional Court (formerly the Arbitration Court), according to its Organic Law (article 8.2), has the power to provisionally maintain the effects of an invalidated statutory provision – in this case, not for a specific period of time but for the time the Court determines.[609] This term has been established in different ways according to the Court appreciation of facts, for instance, as referred to by Christian Behrendt, to the publication of the Court decision in the *Moniteur*, to the end of the academic year, to the end of the fiscal year, and to the nomination of the Officials of an organ of the State.[610] In such cases, the effects of the annulled provision cease automatically, thus creating a legislative vacuum, which the Legislator is compelled to fill. This was the case of a 2002 statute modifying the rules for the publication of the *Moniteur* and establishing its exclusive electronic publication, reducing the physical (paper) publication for public consultation to only three copies. Because of the discriminatory character of the reform, impeding the access of some citizens to the Official Journal, the Court in 2004 declared invalid the statute but provided that it was to continue to have effects (*delai d'abrogation*) until July 31, 2005, imposing on the Legislator the obligation to determine alternative rules to overcome the inequalities.[611] That is why, in some cases, the Constitutional Court has determined that the term during which the unconstitutional statute must remain in force extends up to the moment in which the corresponding Legislator issues a new legislation on the matter.[612]

In the Czech Republic, the Constitutional Court has postponed the effects of a decision issued in 2000 to offer the legislature time to enact a new law that would enact a mechanism for just terms in rent.[613] Nonetheless, the most celebrated example is the case of the annulment of the law on judicial review of administrative acts, which did not fit the requirements of the Czech Constitution and, above all, the European Convention of Human Rights. The Constitutional Court repeatedly urged the

608 See Julia Iliopoulos-Strangas and Stylianos-Ioannis G. Koutnatzis, *Greek National Report*, p. 20 (footnote 152).

609 See Christian Behrendt, *Le judge constitutionnel, un législateur-cadre positif. Un analyse comparative en droit francais, belge et allemande*, Bruylant, Brussels 2006, p. 87, 230, 235, 286, 309; P. Popelier, *Belgian National Report*, pp. 4–7.

610 See Christian Behrendt, *Le judge constitutionnel, un législateur-cadre positif. Un analyse comparative en droit francais, belge et allemande*, Bruylant, Brussels 2006, p. 236.

611 See CA arrêt 106/2004, June 16, 2004. See also the references in Christian Behrendt, *Le judge constitutionnel, un législateur-cadre positif. Un analyse comparative en droit francais, belge et allemande*, Bruylant, Brussels 2006, pp. 313–320.

612 Arrêt 45/2004; Christian Behrendt, *Le judge constitutionnel, un législateur-cadre positif. Un analyse comparative en droit francais, belge et allemande*, Bruylant, Brussels 2006, p. 87, 235, 309–321.

613 See judgment of June 21, 2000, Pl. ÚS 3/2000, *Rent Control I*, published as nº 231/2000 Sb.; Zdenek Kühn, *Czech National Report*, p. 12 (footnote 57).

legislature to enact a new and constitutionally consistent law. Finally, as mentioned by Zdenek Kühn, the Court lost its patience and annulled all of part 5 of the Code of Civil Procedure related to administrative judiciary. It noted that the law as a whole suffered serious constitutional deficits, even though there were many provisions that would be included in a new law, stating:

> After taking into account all calls made by the Court to both the legislature and the executive branch, and after considering the current state of work on the reform of administrative judiciary, the Court decided to delay the effects of its judgment until December 31, 2002. As it would take some time before enacting the law and its entering into force, it is clear that it is the task for this legislature to enact a new law.[614]

Eventually, the legislature, which delayed the enactment of the new law on administrative judiciary for almost ten years, enacted a new law.

In France, the constitutional law N° 2008-724 of July 23, 2008 reforming article 62 of the Constitution on the judicial review system established that in the case of statutory provisions declared unconstitutional according to article 61-1 (exception of unconstitutionality), the decision has effect since its publication, as the Constitutional Council is authorized to fix another ulterior date. In Croatia, to avoid legal uncertainties occurring in the period between the adoption and publication of a repeal decision by the Constitutional Court, article 55.2 of the 2002 Constitutional Act on the Constitutional Court states:

> The repealed law or other regulation, or their repealed separate provisions, shall lose legal force on the day of publication of the Constitutional Court decision in the Official Gazette Narodne novine, unless the Constitutional Court sets another term.[615]

The same general principle has been applied in Germany, although without such a clear provision as those in Belgium, France, or Croatia. Article 35 of the Federal Constitutional Court of Germany only establishes regarding the execution of its decision that, in individual cases, the Court can establish how such execution will take place. Given this provision, it can be considered usual practice for the Federal Constitutional Court to establish a term for its decision to by applied, which is fixed according to different rules, for instance, a precise date or a particular fact like the end of the legislative term.[616] One recent case, highlighted by I. Härtel, concerns the

---

614 See the judgment of June 27, 2001, Pl. ÚS 16/99, *Part Five of the Code of Civil Procedure – Administrative Judiciary*, published as n° 276/2001 Sb.; Zdenek Kühn, *Czech National Report*, p. 14 (footnote 63) (the Court was referring to the fact of parliamentary elections, which were due in June 2002).

615 See Sanja Barić and Petar Bačić, *Croatian National Report*, p. 17.

616 See BVferG, May 22, 1963 (Electoral Circuits), in Christian Behrendt, *Le judge constitutionnel, un législateur-cadre positif. Un analyse comparative en droit francais, belge et allemande*, Bruylant, Brussels 2006, pp. 299–300. See BVferG, November 7, 2006 (Inheritance Tax); I. Härtel, *German National Report*, p. 7.

inheritance tax statutory provision.[617] In some aspects the provision was unconstitutional, but the Tribunal did not annul it but referred it to the Legislator to reform it in conformity with the Constitution, thus maintaining the applicability of the unconstitutional statute until a new legislative regulation could be established. As I. Härtel said: "The continuing implementation was seen as necessary to prevent a situation of legal uncertainty during the interim period, especially affecting, and potentially complicating, the regulations regarding succession of property during a transferor's lifetime. The *BVerfG* has therefore, as a kind of 'emergency legislator,' created a law-like condition (*Steiner*, ZEV 2007, 120 (121)); it has 'invented' a new decision type (*Schlaich/Korioth*, Das Bundesverfassungsgericht, 7th ed. 2007, margin number 395)."[618]

In Italy, the Constitution clearly establishes that when the Constitutional Court declares unconstitutional a statutory provision, it ceases in its effects the day after its publication (article 136, Constitution), which implies that the Constitutional Court cannot postpone the annulment effects or extend the application of the annulled provision.[619] Nonetheless, it is possible to identify in the jurisprudence important cases of deferring the effects in time of a declaration of unconstitutionality. As mentioned by Gianpaolo Parodi, "in these cases, the Court declared the unconstitutional character of legislative provisions by the state successive to the constitutional law no. 3/2001 and detrimental to the new regional attributions, explaining that the state discipline censured would not have ceased to find application until the arrangement and the coming into force of the new regional regulations and setting aside the administrative procedures in progress and founded on the first, even if not yet exhausted, to avoid that, due to the situation of normative void determined by the ruling of acceptance, the guarantee of constitutional rights might result compromised."[620]

In Canada, the Supreme Court has also developed innovative remedies of delaying or suspending the declaration of invalidity for periods of six to eighteen months to provide legislatures an opportunity to enact new constitutional legislation so that there are no lacunae in the legal regime. It was first used in the case *Manitoba Language Reference*, where in the Province of Manitoba all laws were unconstitutional because they had not been translated into French. The Court delayed the declaration of invalidity under s. 52(1) of the Constitution Act (which says that laws inconsistent with the Constitution are of no force and effect) and justified the use of a suspended declaration of invalidity on the basis that the immediate striking down of all of Manitoba's laws would offend the rule of law. The practical effect of this decision, however, was that Manitoba translated all of its laws over a period of time

617 See BVerfG, court order from 2006-11-7, reference number: 1 BvL 10/02; I. Härtel, *German Report*, pp. 7–8.

618 See I. Härtel, *German National Report*, p. 8.

619 In the 1997 proposed reform of the Constitution, which was not approved, one of the reforms aimed to allow the Constitutional Court to postpone the effects of annulment for up to one year. See Francisco Javier Díaz Revorio, *Las sentencias interpretativas del Tribunal Constitucional*, Lex Nova, Valladolid 2001, p. 125 (footnote 166).

620 On the subject of education, see Const. C., Judgment Nos. 370/2003; 13 and 423/2004. See also Gianpaolo Parodi, *Italian National Report*, p. 13.

supervised by the court.[621] Since that time, as mentioned by Kent Roach, "the use of suspended declarations of invalidity has increased, though the Court formally maintains that the remedy should only be used in cases where an immediate declaration of invalidity will threaten the rule of law or public safety or deprive people of benefits simply because the benefit has been extended in an unconstitutionally under inclusive manner."[622] Kent Roach also mentions that the South African Constitution follows the Canadian example and specifically provides for suspended declarations of invalidity (article 172). It must be noted, that, although it may have that practical effect, the suspended declaration of invalidity is not a mandatory order that the legislature enact new legislation. The legislature is legally free to do nothing. In such an event, the court's declaration of invalidity takes effect once the period of delay has expired.[623]

In Brazil, in contrast, in the 2006 Law No. 11.417 developing the provision of article 103-B of the Constitution, when regulating the institution known as *súmula vinculante* and establishing the general principle of the immediate effects of the decisions of the Federal Supreme Tribunal, it authorizes the Tribunal to decide for the effects to start in another moment, taking into account legal security reasons or exceptional public interest.[624] The same sort of regulation is found in article 190.3 of the Polish Constitution, where regarding the decisions of the Constitutional Tribunal, after establishing that they shall take effect from the day of its publication, it authorizes the Constitutional Tribunal to specify another date for the end of the binding force of a normative act, a period that may not exceed eighteen months for a statute or twelve months for any other normative act.[625] As has been said by Marek Safjan, "no other organ, except for the constitutional court, may order application of norms declared unconstitutional, which is paradoxical considering that the fundamental role of any constitutional court is to eliminate unconstitutional statutes and not to let them remain in force."[626]

In Spain, the Organic Law on the Constitutional Tribunal has no express provision on this matter, as the Tribunal ruled in Decision 45/1989 that it could not postpone the beginning of the effects of its nullity decision "due to the fact that the Organic Law does not empower the Tribunal, in a different way to what occurs in another system, to postpone or put off the moment of the effectiveness of the nullity."[627] Nonetheless, in subsequent decisions, the Constitutional Tribunal, without

---

621 See *Manitoba Language Reference* [1985] 1 S.C.R. 721; Kent Roach, *Canadian National Report*, p. 7 (footnote 8).

622 See *Schachter v. Canada* [1992] 2 S.C.R. 679; Kent Roach, *Canadian National Report*, p. 8 (footnote 9).

623 See Kent Roach, *Canadian National Report*, p. 8.

624 See Jairo Gilberto Schäfer and Vânia Hack de Almeida, "O controle de constitutionalidade no dereitto brasileiro e a possibilidade de modular os efeitos da decisão de inconstitutionalidade," in *Anuario Iberoamericano de Justicia Constitucional*, nº 12, 2008, Centro de Estudios Políticos y Constitucionales, Madrid 2008, p. 384.

625 See Marek Safjan, *Polish National Report*, p. 4 (footnote 13).

626 *Id.*, p. 6.

627 See STC 45/1989, February 20, 1989, in F. Fernández Segado, *Spanish National Report*, pp. 16–17.

legal support, has assumed the power to postpone the beginning of the effects of its nullity decisions, as was the case of the Law 6/1992 establishing the territorial area of the Santoja y Noja Marsh, considered unconstitutional because it interfered with the competencies of the Autonomous Communities. To avoid any lack of protection regarding the environment, the Tribunal postponed the effects of its annulment up to the moment that the corresponding Autonomous Community exercised its legislative attributions.[628] Although the power the Tribunal assumed was proposed to be incorporated in the 2007 reform of the Organic Law, it was not passed, evidence of the role of the Tribunal as positive legislator on matters of judicial review.[629]

Something similar is accepted in Mexico, where the Supreme Court is empowered to postpone the effects of a decision annulling a statute according to its evaluation of the effects of the legislative vacuum produced by the annulment. No maximum term is established in these cases.[630] In Peru, the Constitutional Tribunal applied *vacatio sentenciae* when annulling in 2002 the Fujimori Government's antiterrorist laws, "to allow the democratic legislator in a short and reasonable delay," to issue legislation on procedural matters that could rationally allow for retrials in cases of those already condemned for treason.[631] In Colombia, the Constitutional Court has often postponed the effects of its decisions annulling statutes.[632]

Finally, it must be mentioned that this possibility of postponing the date on which the effects of a decision begin has also been applied in countries with a diffuse system of judicial review, as in Argentina, where the Supreme Court, to avoid chaotic consequences from the immediate application of its declaration of unconstitutionality of a statutory provision, postponed the beginning of the effects for one year after the decision was published.[633] In other cases, the Supreme Court has clearly ruled for future cases, expanding the scope of protection of the declaratory judgments (*acción declarativa de certeza*), regulated by Article 322 of the National Code of Federal Civil and Commercial Procedure. For instance, in the *Rios* case, decided in 1987, a statute provision providing that only political parties could present candidates to federal elections was challenged because it violated the right to elect and be elected for public office. Even though at the time of the decision the

---

628 See STC 195/1998, October 1, 1998, in F. Fernández Segado, *Spanish National Report*, p. 18.

629 See the critic of F. Fernández Segado, *Spanish National Report*, pp. 13, 17.

630 See Tesis Jurisprudencial P./J 11/2001, in SJFG, Vol. XIV, Sept. 2001, p. 1008. See the reference in Héctor Fix Zamudio and Eduardo Ferrer Mac-Gregor, *Las sentencias de los Tribunales Constitucionales*, Ed. Porrúa, Mexico City 2009, p. 69; and "Las sentencias de los tribunales constitucionales en el ordenamiento mexicano," in *Anuario Iberoamericano de Justicia Constitucional*, N° 12, 2008, Centro de Estudios Políticos y Constitucionales, Madrid 2008, pp. 247–248.

631 See Domingo García Belaúnde and Gerardo Eto Cruz, "Efectos de las sentencias constitucionales en el Perú," in *Anuario Iberoamericano de Justicia Constitucional*, N° 12, 2008, Centro de Estudios Políticos y Constitucionales, Madrid 2008, pp. 283–284; Francisco Eguiguren and Liliana Salomé, *Peruvian National Report I*, p. 10.

632 See, e.g., Decision C-221 of 1997; C-700 of 1999; C-442/01; C-500/01; C-737/01; Germán Alfonso López Daza, *Colombian National Report I*, p. 11 (footnote 26).

633 See *Rosza* case, *Jurisprudencia Argentina*, 2007-III-414, in Néstor P. Sagües, "Los efectos de las sentencias constitucionales en el derecho argentino," in *Anuario Iberoamericano de Justicia Constitucional*, Centro de Estudios Políticos y Constitucionales, N° 12, 2008, Madrid 2008, p. 352.

election had passed, the Supreme Court accepted the case, to establish precedent that settles the matter for future cases, thus reaffirming its role as final interpreter of the Constitution and its pretense to expand the effect of its rulings beyond the case being heard.[634]

In the same trend, in the Netherlands, regarding the control of conventionality of statutes, the Supreme Court has postponed the effects of some of its decisions, "true prospective" ones, when the Court does not apply its new interpretation in the case at hand but postpones it.[635]

2. *The Power of the Constitutional Court to Determine When Annulled Legislation Will Cease to Have Effects: Retroactive or Nonretroactive Effects of Its Own Decisions*

But regarding the effects of the judicial decisions declaring a statute unconstitutional, another aspect of the temporal effects of the annulment is the retroactive or nonretroactive effects given to the Constitutional Court's decisions. The Court can determine the point in the past at which an annulled legislation ceased to have effects.

This Constitutional Court ruling depends on the nature of the judicial review decision, and it varies according to the system adopted in the given country. If the Court decisions are considered declarative by nature, with *ex tunc* or *ab initio* effects, the judicial review decisions declaring the unconstitutionality of statutes have retroactive effects, and the result is that the statute is considered as if it never had produced effects. If the decisions of the Court declaring a statute unconstitutional are considered constitutive, with *ex nunc* or *pro futuro* effects, the judicial review decisions declaring the statute unconstitutional have nonretroactive effects, not affecting the effects produced by the statute up to its annulment. In some countries, a rule has been established in the statute regulating the Constitutional Court, and in others, the decision to opt for a solution corresponds to the Constitutional Court itself when having the power to determine when the effects of the annulled legislation ceased. In any case, any rigidity on the matter has passed.

A. *The Possibility of Limiting the Retroactive Ex Tunc Effects Regarding Declarative Decisions*

In the case of a classical diffuse system of judicial review, as in the United States, the Supreme Court decisions declaring the unconstitutionality of statutes have in principle declarative effects, in the sense of considering the statute null and void, as if "it had never been passed"[636] or had never "been made";[637] that is, they

---

634 See Fallos 310:819 (1987); Alejandra Rodríguez Galán and Alfredo Mauricio Vítolo, *Argentinean National Report I*, p. 10.

635 See Supreme Court judgment of 12 May 1999, *NJ* 2000/170 (*Labour Expenses Deduction*); J. Uzman, T. Barkhuysen, and M.L. van Emmerik, *Dutch National Report*, p. 26 (footnote 79).

636 See *Norton v. Selby County*, 118 U.S. 425 (1886), p. 442. See the critics to this ruling in J. A. C. Grant, "The Legal Effect of a Ruling That a Statute Is Unconstitutional," *Detroit College of Law Review*, 1978, nº 2, p. 207, in which he said: "An unconstitutional act may give rise to rights. It may impose duties. It

are generally considered to have *ex tunc* or retroactive effects. Nonetheless, this initial doctrine has been progressively relaxed, given the possible negative or unjust effects that could be produced by the Court's decisions regarding the effects that the unconstitutional statute has already produced. This was, for instance, specifically highlighted by Justice Clark in *Linkletter v. Walker* (1965), in applying a new constitutional rule to cases previously finalized. The Court said:

> Petitioner contends that our method of resolving those prior cases demonstrates that an absolute rule of retroaction prevails in the area of constitutional adjudication. However, we believe that the constitution neither prohibits nor requires retrospective effect. As Justice Cardozo said, we think the federal constitution has no voice upon the subject. Once the premise is accepted that we are neither required to apply, nor prohibited from applying a decision retrospectively, we must then weigh the merits and demerits in each case by looking to the prior history of the rule in question, its purpose and effect, and whether retrospective operation will further or retard its operation.[638]

Therefore, considering that "the past cannot always be erased by a new judicial decision,"[639] the principle of the retroactive effects of the Supreme Court decisions in constitutional matters has been applied in a relative way. "The questions –said the Supreme Court in *Chicot County Drainage District v. Baxter State Bank* (1940)– are among the most difficult of those that have engaged the attention of courts, state and federal, and it is manifest from numerous decisions that an all-inclusive statement of a principle of absolute retroactive invalidity cannot be justified."[640] The Supreme Court in any case has abandoned the absolute rule[641] and has recognized its authority to give or to deny retroactive effects to its ruling on constitutional issues; the Supreme Courts of the states have done the same during recent decades.

For instance, in criminal matters, the Courts have given full retroactive effects to their rules when they benefit the prosecuted. In particular, they have given retroactive effects to decisions in the field of criminal liability, for example, allowing prisoners on application for *habeas corpus* to secure their release on the grounds that they are held under authority of a statute that, subsequent to their conviction, was held unconstitutional.[642] The Court has also given retroactive effects to its decisions on constitutional matters, when it considers the rules essential to safeguard against the conviction of innocent persons, such as the requirement that counsel be furnished at the trial (*Gideon v. Wainwright*, 327 U.S. 335, 1963), or when the accused

---

may afford protection. It may even create an office. In short, it may not be as inoperative as though it had never been passed." See also Laurence Claus and Richard S. Kay, *U.S. National Report*, p. 21 (footnote 21).

637 See *Vanhorne's Lessee* v. *Dorrance* case (1795), 2 Dallas 304.

638 See *Linkletter v. Walker*, 381 U.S. 618 (1965).

639 See *Chicot County Drainage District v. Baxter State Bank*, 308 U.S. 371 (1940), p. 374.

640 *Id.*

641 See Laurence Claus and Richard S. Kay, *U.S. National Report*, p. 21.

642 See *Ex parte Siebold*, 100 U.S. 371 (1880).

is asked to plead (*Arsenault* v. *Massachusetts*, 393 U.S. 5, 1968), or when it is sought to revoke the probation status of a convicted criminal because of his or her subsequent conduct (*McConnell v. Rhay*, 393 U.S. 2, 1968), as well as the rule requiring proof beyond a reasonable doubt (*Ivan v. City of New York*, 407 U.S. 203, 1972). Its ruling concerning the death penalty has also been made fully retroactive (*Witherspoon v. Illinois*, 391 U.S. 510, 1968).[643]

In other criminal cases, the position of the Court has been to give no retroactive effects to its rulings on constitutional issues when it also benefits the prosecuted. As J. A. C. Grant said, in 1977, the Supreme Court held that any change in the interpretation of the Constitution that has the effect of punishing acts that were not penalized under the earlier interpretation cannot be applied retroactively; as it is stated in *Marks v. United States* (1977), "the notion that persons have a right to fair warning of that conduct which will give rise to criminal penalties, is fundamental to our concept of constitutional liberty."[644]

Therefore, the rule of retroactiveness of the effects of the Court's decisions in criminal cases is not absolute and has been applied by the Court in considering the justice of its application in each case. Consequently, when the decision has not, for instance, affected the "fairness of a trial" but only the rights to privacy of a person, the Court has denied the retroactive effects of its ruling.

It must also be mentioned that, even in cases of rules related to the idea of the type of trial necessary to protect against convicting the innocent, the rules established by the Supreme Court have been made wholly prospective when to give them retroactive effect would impose what the Court considers unreasonable burdens on the government brought about at least in part by its reliance on previous rulings of the Supreme Court. This happened in *De Stefano v. Woods* (392 U.S. 631 (1968)), which established that state criminal trials must be by jury, and in *Adam v. Illinois* (405 U.S. 278 (1972)), which established the right to counsel at the preliminary hearing whose retroactivity the Court said "could seriously disrupt the administration of our criminal laws." In contrast, in civil cases, it has been considered that the new rule established in a court decision on constitutional matters cannot disturb property rights or contracts previously made. In this respect, the Supreme Court in *Gelpcke v. Dubuque* (68 U.S. (1 Wall) 175 (1864)) considered that a decision of the Supreme Court of Iowa was to be given prospective effect only:

> The sound and true rule is, that if the contract, when made, was valid by the laws of the state as then expounded . . . and administered in its courts of justice, its validity and. obligation cannot be impaired by any subsequent action of legislation, or decision of its courts altering the construction of the law.

In other countries that have adopted the diffuse system of judicial review, following the U.S. model, as is the case of Argentina, the same modality of mitigating the

643 See J. A. C. Grant, *loc. cit.*, p. 237.

644 See *Marks v. United States*, 430 U.S. 188 (1977), p. 191; J. A. C. Grant, *loc. cit.*, 238.

retroactive effects of the decisions declaring the unconstitutionality of statutes has been adopted.[645]

The same mitigating process regarding the general rule of the retroactive effects of the judicial review decisions has also been developed in countries, like the Netherlands, regarding the control of conventionality of statutes. Departing from the initial general rule of the retroactive effect of the Supreme Court rulings on the matter, since the 1970s, as referred to by J. Uzman, T. Barkhuysen, and M. L. van Emmerik. These have embraced a lawmaking duty, openly discussing the consequences of judicial review decisions and giving in some cases prospective effects –called qualified prospective decisions– when the Court immediately applies its new interpretation or rule but limits the possibilities for other parties than those in the case at hand to appeal to the new rule. An example is the 1981 *Boon v. Van Loon* case, where the Court changed its case law on the ownership of pensions in divorce law[646] but explicitly limited the temporal effect of its new course to the case at hand and future cases. Where the divorce had already been pronounced, no appeal to the new rule would be possible.[647]

However, it must be mentioned that not all countries following the concentrated system of judicial review have adopted the constitutive effects of the decision annulling the unconstitutional statute. In Germany, for instance, the proclaimed principle is the contrary one. As a matter of principle, the decisions of the Federal Constitutional Tribunal when annulling a statute have *ex tunc* and *eo ipse* effects, considering that the annulled statute should never have produced legal effects.[648] Nonetheless, in practice the reality is another, and it is not common to find decisions annulling statutes with purely *ex tunc* effects, except if with the *ex tunc* annulment of the statute the situation of conformity with the Constitution is immediately reestablished.[649] In contrast, the Law regulating the functions of the Federal Constitutional Tribunal establishes in article 95.1 the possible *ex tunc* effects on criminal matters, prescribing that "new proceedings may be instituted in accordance with the provisions of the Code of Criminal Procedure against a final conviction based on a rule which has been declared incompatible with the Basic Law or null and void in accordance with Article 78 above or on the interpretation of a rule which the Federal Constitutional Court has declared incompatible with the Basic Law." In article 95.2, it adds that, "in all other respects, subject to the provisions of Article 95 (2) below or

645 See *Itzcovich* case, *Jurispudencia Argentina* 2005-II-723, in Néstor P. Sagües, "Los efectos de las sentencias constitucionales en el derecho argentino," in *Anuario Iberoamericano de Justicia Constitucional*, Centro de Estudios Políticos y Constitucionales, N° 12, 2008, Madrid 2008, p. 351.

646 See Supreme Court judgment of 27 November 1981, *NJ* 1982/503 (*Boon v. Van Loon*); J. Uzman, T. Barkhuysen, and M. L. van Emmerik, *Dutch National Report*, p. 42 (footnote 138).

647 See J. Uzman, T. Barkhuysen, and M. L. van Emmerik, *Dutch National Report*, pp. 41–42.

648 See I. Härtel, *German National Report*, p. 10.

649 See Francisco Fernández Segado, *Spanish National Report*, pp. 8, 14.

a specific statutory provision, final decisions based on a rule declared null and void pursuant to Article 78 above shall remain unaffected."[650]

In Poland, the decisions of the Constitutional Tribunal annulling statutes according to article 190.4 of the Constitution imply, in addition to the ban on application of the unconstitutional norm in the future, an opportunity to modify past decisions issued, for instance, by courts and administrative organs on the basis of the provisions found unconstitutional, before the judgment was passed. Such provision states that the Constitutional Tribunal's decision "shall be a basis for re-opening proceedings, or for quashing the decision or other settlement in a manner and on principles specified in provisions applicable to the given proceedings."[651]

In Portugal, the effects given to the annulment decisions of the Constitutional Tribunal are also retroactive, although article 282.4 of the Constitution limits the retroactivity of the decision when motives of juridical security, equity, or public interests prevent application of the retroactive principle.[652] Also in Brazil, decisions delivered by the Supreme Federal Tribunal applying the concentrated method of judicial review of the constitutionality of laws normally have *ex tunc* or retroactive effects. Nevertheless, as pointed out by Thomas Bustamante, "the Supreme Court may restrict the effects of the pronouncement of unconstitutionality of a law to deliver *ex nunc* or *pro futuro* decisions or even to determine that the pronouncement of unconstitutionality will produce effects only after a deadline to be set by the Court. There are, however, some requirements for delivering such manipulative decisions: (i) there must be reasons of legal certainty or of (ii) exceptional social interest and, apart from that, (iii) the restriction or the exception to the retroactive efficacy of the decision must be established by a vote of at least two thirds of the members of the Court (in its plenary sitting)."[653]

B. *The Possibility of Retroactive Effects for Ex Nunc Constitutive Decisions*

In the concentrated system of judicial review, the initial principle adopted according to Kelsen's thoughts in the Austrian 1920 Constitution was the one of the constitutive effects of the constitutional courts decision annulling a statute, in the

---

650 Cf. Francisco Fernández Segado, "Algunas reflexiones generales en torno a los efectos de las sentencias de inconstitucionalidad y a la relatividad de ciertas fórmulas estereotipadas vinculadas a ellas," in *Anuario Iberoamericano de Justicia Constitucional*, Centro de Estudios Políticos y Constitucionales, N° 12, 2008, Madrid 2008, pp. 190–191.

651 See Marek Safjan, *Polish National Report*, p. 5.

652 See María Fernanda Palma, "O legislador negativo e o interprete da Constitucão," in *Anuario Iberoamericano de Justicia Constitucional*, Centro de Estudios Políticos y Constitucionales, N° 12, 2008, Madrid 2008, pp. 174, 329; Francisco Fernández Segado, "Algunas reflexiones generales en torno a los efectos de las sentencias de inconstitucionalidad y a la relatividad de ciertas fórmulas esterotipadas vinculadas a ellas," in *Anuario Iberoamericano de Justicia Constitucional*, Centro de Estudios Políticos y Constitucionales, N° 12, 2008, Madrid 2008, p. 174; Iván Escobar Fornos, *Estudios Jurídicos*, Vol. I, Ed. Hispamer, Managua 2007, p. 493; Joaquim de Sousa Ribeiro and Esperança Mealha, *Portuguese National Report*, pp. 6.

653 See Law N° 9.882 of December 3, 1999: art. 11; and Law n° 9.868 of November 10, 1999: art. 27; in Thomas Bustamante and Evanlida de Godoi Bustamante, *Brazilian National Report*, p. 26.

sense that its annulment, similar to the effects of the repeal, implied that the statute produced effects up to the moment in which its annulment was established.[654] According to this rule, the statute whose nullity is declared and established is considered, in principle, by the Court as having been valid up to that moment. That is why in these cases the decision of the Court has *ex nunc* and *pro futuro* or prospective effects, in the sense that, in principle, they do not go back to the moment of the enactment of the statute considered unconstitutional, and the effects produced by the annulled statute until annulment are considered valid. The legislative act declared unconstitutional by the Constitutional Court in concentrated systems of judicial review, therefore, are considered a valid act until its annulment by the court, having produced complete effects until the moment when the court annuls it. Only the interested party that initiated a concrete case of judicial review of a legislative act (*Anlassfall*) can benefit from an exemption to the *ex nunc* rule.[655] Nevertheless, only in Austria does the Court have powers to annul statutes or decrees already repealed, that consequently are without formal validity (Art. 139, 4; Art. 140, 4), which, in principle, supposes some retroactive effects of the judicial review and is an exception to the *ex nunc* effects.

Other countries that, though they follow the general principle of nonretroactive effects of annulments, have reached the same practical effects,[656] even when the contrary (nonretroactive effect) is expressly established in the Constitution, as is the case in Italy with article 136 of the Constitution. The Constitutional Court has interpreted this provision in the sense that the declaration of unconstitutionality of a statute makes it inapplicable to all trials pending decision with *res judicata* force, in the same sense as if it were a *ius superveniens*.[657] Nonetheless, regarding cases already decided, particularly in criminal cases, the retroactive effects of the annulment are accepted when a judicial condemnation has been pronounced on the basis of a statute declared unconstitutional, in which case its execution and its criminal effects must cease (Art. 30, Statute N° 87, 1953). Another indirect exception of the *ex nunc* effects of the decision results from the possibility of annulment of statutes already repealed.

In Spain, according to the provisions of the Constitution, the Constitutional Tribunal's declaration of unconstitutionality or declaration of nullity of a statute means its annulment, and the declaration has *ex nunc*, *pro futuro* effects.[658] That is why the Constitution expressly establishes that "the decisions already adopted in judicial proceedings will not lose their *res judicata* value" (article 161.1.a). The Organic Law of the Tribunal also establishes, "The decisions which declare the unconstitu-

---

654 See Hans Kelsen, "El control de la constitucionalidad de las leyes. Estudio comparado de las constituciones austriaca y americana," in Revista Iberoamericana de Derecho procesal Constitucional, N° 12, Editorisl Porrúa, Mexico 2009, pp.7-8.

655 See Konrad Lachmayer, *Austrian National Report*, pp. 7–8.

656 See Gianpaolo Parodi, *Italian National Report*, p. 13.

657 See Decision n° 3491, 1957. See the reference in F. Rubio Llorente, *La Corte Constitucional italiana*, Universidad Central de Venezuela, Caracas 1966, p. 30.

658 See J. Arosemena Sierra, "El recurso de inconstitucionalidad," in *El Tribunal Constitucional*, Instituto de Estudios Fiscales, Madrid 1981, Vol. I, p. 171.

tionality of statutes, dispositions or acts with force of law[,] will not allow the review of judicial proceedings ended by decisions with *res judicata* force in which the unconstitutional act would have been applied" (article 40.1). However, as is the general trend in the concentrated system in granting nonretroactive effects to judicial review decisions, the exception to the *ex nunc* effects is established regarding criminal cases, where a limited retroactive effect is allowed and is extended to administrative justice decisions in cases of administrative sanction cases.[659]

A similar situation can be found in Peru, where the general principle established in article 204 of the Constitution and article 89 of the Constitutional Procedural Code is that the decisions annulling statutes have *pro futuro* effects and are not retroactive. Nonetheless, the same provisions of the Code as applied by the Constitutional Tribunal establish that, in taxation cases, the nullity can produce retroactive effects, which can also be determined by the Constitutional Tribunal.[660] Regarding annulment of statutes in criminal matters, the same principle is also applied by interpretation of article 103 of the Constitution (principle of retroactivity of the law), which allows for the exceptional retroactive effects of the laws in criminal matters.[661]

In France, in the constitutional reform sanctioned on matters of judicial review in 2008 (Constitutional Law 2008-724, of July 23, 2008), it was established that the Constitutional Council's decisions declaring unconstitutional a provision according to article 61-1 of the Constitution are considered repealed since the publication of the decision, as the Constitutional Council is authorized to determine when and how the effects that the annulled provision has produced in the past can be affected.[662]

In the case of Croatia, where decisions of the Constitutional Court have *ex nunc* effect, the final judicial decisions for a criminal offense grounded on the legal provision that has been repealed due to its unconstitutionality do not produce legal effects from the day the Constitutional Court's decision takes effect, and the criminal judicial ruling may be changed by the appropriate application of the provisions in renewed criminal proceedings. Regarding noncriminal offence cases, since 2002, the right to demand the issuing of a new individual act or decision is conferred only to those individuals and legal persons who submitted to the Constitutional Court a pro-

---

659 See Francisco Javier Díaz Revorio, *Las sentencias interpretativas del Tribunal Constitucional*, Ed. Lex Nova, Valladolid 2001, pp. 104–105, 126–127; Francisco Fernández Segado, "Algunas reflexiones generales en torno a los efectos de las sentencias de inconstitucionalidad y a la relatividad de ciertas fórmulas esterotipadas vinculadas a ellas," in *Anuario Iberoamericano de Justicia Constitucional*, Centro de Estudios Políticos y Constitucionales, nº 12, 2008, Madrid 2008, pp. 192–194.

660 See Decision STC 0041-2004-AI/TC, FJ 70, in Domingo García Belaúnde and Gerardo Eto Cruz, "Efectos de las sentencias constitucionales en el Perú," in *Anuario Iberoamericano de Justicia Constitucional*, Centro de Estudios Políticos y Constitucionales, Nº 12, 2008, Madrid 2008, pp. 281–282.

661 See Decision STC 0019-2005-AI/TC, FJ 52, in Domingo García Belaúnde and Gerardo Eto Cruz, "Efectos de las sentencias constitucionales en el Perú," in *Anuario Iberoamericano de Justicia Constitucional*, Centro de Estudios Políticos y Constitucionales, Nº 12, 2008, Madrid 2008, pp. 281–283.

662 See Francisco Fernández Segado, "Algunas reflexiones generales en torno a los efectos de las sentencias de inconstitucionalidad y a la relatividad de ciertas fórmulas esterotipadas vinculadas a ellas," in *Anuario Iberoamericano de Justicia Constitucional*, Centro de Estudios Políticos y Constitucionales, Nº 12, 2008, Madrid 2008, p. 175.

posal to review the constitutionality of the provision of a law. In such cases, the request for changing the individual act should be submitted within a term of six months from the publication of the Court's decision.[663] In Serbia, the general principle of the effects of the Constitutional Court decisions when annulling a law are *ex nunc*. Nonetheless, there are some exceptions to the *pro futuro* effects, as decisions can affect individual legal relationships retroactively. As referred to by Boško Tripković, the Court's decision can have retroactive consequences, although not *ex tunc*, in the sense that everyone whose right has been violated by a final or legally binding individual act adopted on the basis of a law determined unconstitutional by a decision of the Constitutional Court is entitled to demand from the competent authority a revision of that individual act. Nevertheless, this right to revision has certain restrictions: first, proposals for revision may be submitted within six months from the day of the publication of the Constitutional Court's decision in the Official Gazette; second, the revision is restricted to acts delivered within two years before the submission of the proposal or initiative for judicial review (Article 60 of the Law on Constitutional Court).[664]

In the Slovak Republic, article 41b of Act No. 38/1993 regulating the Proceedings before the Court states, as mentioned by Ján Svák and Lucia Berdisová, "if a judgment issued in a criminal proceeding based on the regulation that is in inconformity with the Constitution has not been executed, then the ruling of the Constitutional Court on inconformity is a reason for a retrial." The valid decisions issued in civil and administrative proceedings remains unaffected, but obligations imposed by such a decision cannot be subject to enforcement.[665]

The legislative provision does not clearly establish the *ex nunc* effects of the Constitutional Court's decision, as this is a matter in which the case law of the Constitutional Court has settled the rules to be applicable. In effect, in one case, the Constitutional Court had to decide whether it would protect legal certainty and thus not allow the retroactive effect of the ruling (decision on *ex nunc* effect) or would protect the principle of constitutionality and so not allow any application of the regulation that is known to be unconstitutional (decision on *ex tunc* effect); being both, the principle of legal certainty and the principle of constitutionality, fundamental principles of rule of law. Finally, the Constitutional Court decided that it would protect the principle of constitutionality because it was inadmissible to apply the principle of legal certainty absolutely, and it decided that the ruling had ex *tunc* substantive effect. This means that a judge of the ordinary court cannot apply a regulation that is in inconformity with the Constitution. The Constitutional Court thus *de facto* set up a doctrine on the substantial effects of the rulings on inconformity between legal regulation, which is not yet deeply developed.[666]

663 See Sanja Barić and Petar Bačić, *Croatian National Report*, p. 8.

664 See Boško Tripković, *Serbian National Report*, p. 17.

665 See Ján Svák and Lucia Berdisová, *Slovak National Report*, p. 6. See also Decision III. ÚS 164/07. *Id.*, p. 8.

666 In the opinion of Ján Svák and Lucia Berdisová, the Constitutional Court of the Czech Republic advocates a bit more "sophisticated" doctrine. That is, the court prefers *ex tunc* substantive effects of the rul-

In other countries, the nonretroactive effects of annulment have been expressly established in the Constitutions, without the aforementioned exception, as in the case of Ecuador[667] and Chile.[668]

In Bolivia, the same principle of the *ex nunc* effects of the Constitutional Tribunal decisions annulling a statute applies but with the exception regarding cases of formal *res judicata* and on criminal matters if the retroactivity affects harms the legal situation of the condemned.[669] In Nicaragua, article 182 of the Constitution assigns retroactive effects to the annulment decisions of statutes by the Supreme Court, although on matters of amparo, the same Constitution produces only *pro futuro* effects.[670]

In many other cases, like in Venezuela, although the general rule in principle has been *ex nunc*, nonretroactive effects of the Constitutional Chamber's decisions annulling statutes, the Law on the Supreme Tribunal expressly leaves to the Constitutional Chamber the power to determine the temporal effects of its judicial review decisions, which depending on the case, can have retroactive effects or not.[671] The same occurs in Brazil, where the Constitution empowers the Federal Constitutional Tribunal to always decide the temporal effects of its decisions and to determine when they begin,[672] and in Costa Rica, where, to sustain legal security, the Law on the Constitutional Jurisdiction empowered the Constitutional Chamber of the Supreme Court to determine the temporal effects of the judicial review decision. In

---

ings on inconformity of legal regulation on the proceedings that are not validly decided only if the *ex nunc* effect would infringe the fundamental rights and freedoms of aggrieved persons. And so a judge of an ordinary court can apply unconstitutional regulation if the fundamental rights and freedoms will not be infringed. See, e.g., decision of the Constitutional Court of the Czech Republic Nº IV.ÚS 1777/07 and other decisions mentioned there. See Ján Svák and Lucia Berdisová, *Slovak National Report*, p. 8 (footnote 11).

667 See Hernán Salgado Pesantes, "Los efectos de las sentencias del Tribunal Constitucional del Ecuador," in *Anuario Iberoamericano de Justicia Constitucional*, Centro de Estudios Políticos y Constitucionales, Nº 12, 2008, Madrid 2008, p. 362.

668 Art. 94.3. See Humberto Nogueira Alcalá, "La sentencia constitucional en Chile: Aspectos fundamentales sobre su fuerza vinculante," in *Anuario Iberoamericano de Justicia Constitucional*, Centro de Estudios Políticos y Constitucionales, Nº 12, 2008, Madrid 2008, p. 297.

669 See Decision S.C 1426/2005-R of November 8, 2005, in Pablo Dermisaky Peredo, "Efectos de las sentencias constitucionales en Bolivia," in *Anuario Iberoamericano de Justicia Constitucional*, Centro de Estudios Políticos y Constitucionales, Nº 12, 2008, Madrid 2008, p. 86.

670 See Iván Escobar Fornos, "Las sentencias constitucionales y sus efectos en Nicaragua," in *Anuario Iberoamericano de Justicia Constitucional*, Centro de Estudios Políticos y Constitucionales, Nº 12, 2008, Madrid 2008, p. 101.

671 See Allan R. Brewer-Carías, "Algunas consideraciones sobre el control jurisdiccional de la constitucionalidad de los actos estatales en el derecho venezolano," *Revista de Administración Pública*, Nº 76, Madrid 1975, pp. 419–446; Brewer-Carías, *Justicia constitucional: Procesos y procedimientos constitucionales*, Universidad Nacional Autónoma de México, Mexico City 2007, pp. 343 ff.

672 See Jairo Gilberto Schäfer and Vânia Hack de Almeida, "O controle de constitucionalidade no dereito brasileiro e a possibilitade de modular os effeitos de decisão de inconstitucionalidade," in *Anuario Iberoamericano de Justicia Constitucional*, Centro de Estudios Políticos y Constitucionales, Nº 12, 2008, Madrid 2008, pp. 383–384.

Mexico, the exception to the nonretroactive effects of Supreme Court decisions annulling statutes refers to criminal matters when it benefits the prosecuted.[673]

In Colombia, the Law regulating the Judicial Power (article 45) provided that the Constitutional Court decisions have *pro futuro* effects, except if the Court decided the contrary. In addition, article 51 of Law N° 1836 of the Constitutional Court prevented the Court from giving retroactive effects to its decisions, if they were to affect formal *res judicata*,[674] a provision that the Court declared unconstitutional because it limited its functions. The Court argued that, according to the Constitution, the Court is the sole arbiter to determine the effects of its own decisions.[675] Consequently, the Constitutional Court has the powers to determine the temporal effects of its own decisions and, for instance, to give retroactive effects to them, a matter that it has found that not even the Legislator can regulate.

3. *The Power of Constitutional Courts to Revive Repealed Legislation*

As a matter of principle, as Hans Kelsen wrote in 1928, judicial review decisions declaring null a statutory provision adopted by a Constitutional Court do not imply the revival of the former legislation that the annulled statute repeals; that is, they do not reestablish the legislation already repealed.[676] Nonetheless, the contrary principle is the one applied in Portugal, where the declaration of unconstitutionality with general binding force has negative force of law, as it directly annuls the unconstitutional rule, thus producing as a consequence that "the legal provisions which had been amended or repealed by the norm declared unconstitutional are revived from the date on which the decision of the Constitutional Court becomes effective, unless the Constitutional Court determines otherwise (article 282 (1 and 4) of the Constitution."[677] In Belgium, the revival of the repealed legal provisions as a consequence of the annulment of a statute is the general rule.[678] In Austria, the annulment of statutes

---

673 See Tesis Jurisprudencial P/J. 74/79, in Héctor Fix Zamudio and Eduardo Ferrer Mac-Gregor, *Las sentencias de los Tribunales Constitucionales*, Ed. Porrúa, Mexico City 2009, p. 69; and "Las sentencias de los Tribunales Constitucionales en el ordenamiento mexicano," in *Anuario Iberoamericano de Justicia Constitucional*, Centro de Estudios Políticos y Constitucionales, N° 12, 2008, Madrid 2008, p. 248.

674 See Humberto Nogueira Alcalá, "La sentencia constitucional en Chile: Aspectos fundamentales sobre su fuerza vinculante," in *Anuario Iberoamericano de Justicia Constitucional*, Centro de Estudios Políticos y Constitucionales, n° 12, 2008, Madrid 2008, p. 297.

675 See Decision C-113 of 1993, in Iván Escobar Fornos, "Las sentencias constitucionales y sus efectos en Nicaragua," in *Anuario Iberoamericano de Justicia Constitucional*, Centro de Estudios Políticos y Constitucionales, N° 12, 2008, Madrid 2008, p. 112; and in *Estudios Jurídicos*, Vol. I, Ed. Hispamer, Managua 2007, p. 511.

676 See Hans Kelsen, *La garantía jurisdiccional de la Constitución (La justicia constitucional)*, Universidad Nacional Autónoma de México, Mexico City 2001, p. 84.

677 See Joaquim de Sousa Ribeiro and Esperança Mealha, *Portuguese National Report*, pp. 6–7; and Jairo Gilberto Schäfer and Vânia Hack de Almeida, "O controle de constitucionalidade no dereito brasileiro e a possibilitade de modular os effeitos de decisão de inconstitucionalidade," in *Anuario Iberoamericano de Justicia Constitucional*, Centro de Estudios Políticos y Constitucionales, N° 12, 2008, Madrid 2008, p. 377.

678 See Christian Behrendt, *Le judge constitutionnel, un législateur-cadre positif. Un analyse comparative en droit francais, belge et allemande*, Bruylant, Brussels 2006, pp. 280, 281, 436–437.

by the Constitutional Court can have the consequence that other statutes previously repealed by the annulled one will restart their validity beginning on the day in which the annulment is effective, unless the Tribunal decides otherwise (Article 140.6).

This is a matter that in other countries has been decided by the Constitutional Tribunal. For instance, in Poland, in a decision concerning pension regulation, the Constitutional Tribunal directly ordered the restoration of the provision that had earlier been in force and did not contain elements considered unconstitutional.[679] In Mexico, the Supreme Tribunal has decided, particularly in electoral matters, that the nullity of a statute implies the revival of the legislation that was in force before the annulled statute was sanctioned. The decision was adopted to avoid a legislative vacuum, which could affect the legal security on the matter.[680] In Costa Rica, the Constitutional Chamber, when annulling statutes on forestry, tenancy, and monetary matters, decided to revive the legislation that the annulled statute had repealed.[681]

IV. THE DEFORMATION OF THE INTERPRETATIVE PRINCIPLE: CONSTITUTIONAL COURTS' REFORMING OF STATUTES AND INTERPRETING THEM WITHOUT INTERPRETING THE CONSTITUTION

Constitutional courts are interpreters of the Constitution, not interpreters of statutes, except when they do so in connection or in contrast with the Constitution. That is, constitutional courts can only interpret statutes when interpreting the Constitution, to declare a statute unconstitutional, to reject its alleged unconstitutionality, or to establish an interpretation of the statute according to or in harmony with the Constitution. That is, when interpreting statutes, the Constitutional Court is always obliged to do so by interpreting the Constitution, as their function is not to interpret statutes in isolation, without any interpretation of the Constitution, as this last task generally corresponds to ordinary courts.

As Iván Escobar Fornos has pointed out, "a constitutional judge cannot interpret or correct a statute unless it is done regarding its constitutionality; corresponding the task of interpreting the law to ordinary courts."[682] In such cases, constitutional ccourts interpret the Constitution and the law, but the sole interpretation of a statute when no interpretation of the Constitution is made is no more that a legislative re-

---

679 Decision of 20 December 1999, K 4/99; Marck Safjan, *Polish National Report*, p. 5 (footnote 12).

680 See Tesis Jurisprudencial P./J. 86/2007, SJFG, Vol. 26, December 2007, p. 778. See the reference in Héctor Fix Zamudio and Eduardo Ferrer Mac-Gregor, *Las sentencias de los Tribunales Constitucionales*, Ed. Porrúa, Mexico City 2009, pp. 63–64, 74; and "Las sentencias de los Tribunales Constituticonales en el ordenamiento mexicano," in *Anuario Iberoamericano de Justicia Constitucional*, Centro de Estudios Políticos y Constitucionales, N° 12, 2008, Madrid 2008, p. 252.

681 See Iván Escobar Fornos, *Estudios Jurídicos*, Vol. I, Ed. Hispamer, Managua 2007, p. 513; and in "Las sentencias constitucionales y sus efectos en Nicaragua," in *Anuario Iberoamericano de Justicia Constitucional*, Centro de Estudios Políticos y Constitucionales, N° 12, 2008, Madrid 2008, p. 114.

682 See Iván Escobar Fornos, *Estudios Jurídicos*, Vol. I, Ed. Hispamer, Managua 2007, p. 497; and "Las sentencias constitucionales y sus efectos en Nicaragua," in *Anuario Iberoamericano de Justicia Constitucional*, Centro de Estudios Políticos y Constitucionales, N° 12, 2008, Madrid 2008, pp. 104.

form of a statute by the Constitutional Court. As explained by Francisco Díaz Revorio:

> In order for an interpretative decision to be within the functions of the constitutional court, it is necessary that the interpretation, or the normative content that the constitutional court establishes in harmony with the Constitution, be really the consequence of the constitutional requirement, and the result of a "new" provision without constitutional foundation.[683]

In the same sense, it must be emphasized that constitutional courts are not allowed to create law *ex novo* or to reform statutes, even in matters of judicial review. As the Constitutional Tribunal of Bolivia said in 2005, constitutional courts

> only establish the sense and scope of legal provisions, without creating of modifying a new legal text. In this sense, the provision interpreted by the Courts does not constitute itself in a new legal provision, due to the fact that the judicial authority by mean of interpretation does not create different provisions.[684]

In the same sense, the Constitutional Tribunal of Peru has said:

> [I]n a different way as the Congress that can ex novo create law within the constitutional framework, the interpretative decisions [of the Constitutional Tribunal] can only determine a provision of law from a direct derivation of constitutional provisions as a *secundum constitutionem* interpretation.[685]

Nonetheless, despite these self-imposed limits, in many cases, a clear interference of the constitutional courts regarding legislative functions, surpassing the assistance or cooperative framework, has ended in extending the text of the interpreted statutes far beyond its literal meaning, modifying the intention or purpose of the original legislator, which are the two main limits of interpretative decisions.[686] Consequently, in many cases, interpretative decisions adopted by constitutional courts have hidden decisions of clear normative content;[687] in them, the Constitutional Court assumes a clear role as positive legislator and even denaturalizes the will of the Legislator. This has been noticed, for instance, in Germany[688] and in Spain.

Referring to the Spanish Constitutional Tribunal's practice of interpreting statutes according to the Constitution, Francisco Fernández Segado has highlighted its

---

683 See Francisco Javier Díaz Revorio, *Las sentencias interpretativas del Tribunal Constitucional*, Lex Nova, Valladolid 2001, pp. 296–297.

684 See Decision S.C 1426/2005-R. of November 8, 2005, in Pablo Dermizaky Peredo, "Efectos de las sentencias constitucionales en Bolivia," in *Anuario Iberoamericano de Justicia Constitucional*, Centro de Estudios Políticos y Constitucionales, N° 12, 2008, Madrid 2008, p. 86.

685 See Decision of February 2, 2006. STC 0030-2005; Fernán Altuve Febres, *Peruvian National Report II*, pp. 27–28.

686 See Francisco Fernández Segado, *Spanish National Report*, p. 20.

687 See Francisco Javier Díaz Revorio, *Las sentencias interpretativas del Tribunal Constitucional*, Lex Nova, Valladolid 2001, p. 97.

688 See, e.g., Helmut Simón, "La jurisdicción constitucional," in Benda et al., *Manual de derecho constitucional*, Instituto Vasco de Administración Pública, Marcial Pons, Madrid 1996, pp. 853–854.

"abusive and perverted use," as in decision STC101/2008 of July 24, 2008,[689] where the Tribunal decided an action of unconstitutionality of an article of the Regulation of the Senate, reformed in 2007, after the reform of the Organic Law 6/2007 of the Tribunal. In the latter, a new procedure was established for the appointment by the King of the Members of the Constitutional Tribunal (article 16.1), which stated: "The Magistrates proposed by the Senate will be selected among the candidates nominated by the Legislative Assemblies of the Autonomous Communities in the terms provided by the Regulation of the Chamber [Senate]." The statute's provision was binding in that the Senate, in such case, has no discretion in the selection of the four candidates it must select, which ought to be selected among those nominated by the Autonomous Communities. Nonetheless, an exception was introduced in the Senate's Regulation (article 184.b) allowing the Senate to choose the candidate only when the said Legislative Assemblies would not propose "enough candidates" (*candidatos suficientes*) in the prescribed term, a condition hardly to be applied because in Spain there are exist seventeen Legislative Assemblies, each of which can propose up to two candidates each (a total of thirty-four candidates).[690] Eventually, when deciding the action of unconstitutionality, the Tribunal dismissed it, changing the unequivocal will expressed by the Legislator, and established that the expression "enough candidates" referred not only to a numerical matter but also to a subjective matter regarding the suitability (*idoneidad*) of the candidates according to their evaluation by the Senate. This allowed the parliamentary groups of the Senate to propose candidates in a way contradicting the provision of article 26.1 of the Organic Law of the Tribunal. That is, through an interpretative decision, the Constitutional Court produced a new norm *contra legem*.[691]

A case of this sort – also a case of the pathology of judicial review – can also be identified in Venezuela. In effect, according to Articles 335 and 336 of the Constitution, the Supreme Tribunal is the "highest and final interpreter" of the Constitution, as its role is to ensure a "uniform interpretation and application" of the Constitution and "the supremacy and effectiveness of constitutional norms and principles." For such purpose, the 1999 Constitution created the Constitutional Chamber within the Supreme Tribunal, as constitutional jurisdiction (Articles 266,1 and 262), with the exclusive powers to annul statutes (Article 334). To implement the concentrated method of judicial review, the Constitution provides for different means or recourse to the courts, including the popular action for unconstitutionality of statutes, which any citizen can file directly before the Constitutional Division.

---

689 See Francisco Fernández Segado, "Algunas reflexiones generales en torno a los efectos de las sentencias de inconstitucionalidad y a la relatividad de ciertas fórmulas esterotipadas vinculadas a ellas," in *Anuario Iberoamericano de Justicia Constitucional*, Centro de Estudios Políticos y Constitucionales, N° 12, 2008, Madrid 2008, p. 167.

690 That is why Francisco Fernández Segado considers it a case of "science fiction," in Francisco Fernández Segado, *Spanish National Report*, p. 35.

691 See the comments in Francisco Fernández Segado, *La justicia constitucional: Una visión de derecho comparado*, Ed. Dykingson, Madrid 2009, Vol. III, pp. 1031 ff.; F. Fernández Segado, *Spanish National Report*, pp. 35–38.

In addition, as argued herein, the Constitutional Chamber, without any constitutional or legal support, created in Decision 1077 of September 22, 2000,[692] a recourse for the abstract interpretation of the Constitution, through which any citizen, including public Officers and the Attorney General, can fill a petition to obtain from the Supreme Tribunal a declarative ruling to clarify the content of legal or constitutional provisions. In these cases, the Constitutional Chamber can establish binding interpretations of the Constitution and of a provision of a statute related to the interpretation of the Constitution, but it is not empowered to establish in isolation binding interpretations of statutory provisions without any parallel interpretation of a constitutional provision. That is, a petition of interpretation regarding a particular statute must be filed only before the Politico-Administrative Chamber of the Supreme Tribunal or the other Chambers; it cannot be filed before the Constitutional Chamber. Consequently, the latter cannot issue interpretations of a statute without interpreting the Constitution; if it does, it is illegitimately interpreting the Constitution.

Nonetheless, the latter occurred in Venezuela, with Decision N° 1541 of June 14, 2008 of the Constitutional Chamber.[693] In that case, a petition to interpret article 258 of the Constitution, filed by the Attorney General of the Republic, the Constitutional Chamber without interpreting such provision –which needed no interpretation at all– decided to interpret article 22 of the 1999 Protection and Promotion of the Investment Law, according to the sense that the Attorney General proposed and asked, that is, to deny that such article contained a general open offer of consent given by the Venezuelan State to submit disputes regarding investment to international arbitration. Article 258 of the Constitution, whose "interpretation" was requested, in fact and legally, required no interpretation at all. It states: "The law shall promote arbitration, conciliation, mediation and any other alternative means of dispute resolution." As there is nothing obscure, ambiguous, or inoperative in this provision, it is obvious that the real purpose of the official petition of constitutional interpretation filed by the representative of the Executive was not to obtain a clarifying interpretation of Article 258 of the Constitution, but to obtain an interpretation of Article 22 of the Investment Law so that it would not contain the State's unilateral consent for international arbitration. In particular, the Attorney General requested from the Constitutional Chamber a declaration that "Article 22 of the 'Investment Law' may not be interpreted in the sense that it constitutes the consent of the State to be subjected to international arbitration" and "that Article 22 of the Investment Law does not contain a unilateral arbitration offer, in other words, it does not overrule the absence of an express declaration made in writing by the Venezuelan authorities to submit to international arbitration, nor has this declaration been made in any bilateral agreement expressly containing such a provision."[694] As was said in the Dissent Vote in the decision, the

---

692 See Decision N° 1,077 of September 22, 2000, *Servio Tulio León Briceño* case, *Revista de Derecho Público*, N° 83, Editorial Jurídica Venezolana, Caracas 2000, pp. 247 ff.

693 See Decision 1541 of June 14, 2008, in *Official Gazette* n° 39055 of October 17, 2008.

694 *Id.*

petition of interpretation eventually had the purpose of obtaining from the Constitutional Chamber a "legal opinion" by means of *a priori* judicial review, which does not exist in Venezuela, thus implying the exercise of a "legislative function" by the Constitutional Chamber.[695]

In another case decided by the same Constitutional Chamber, by means of Decision N° 511 of April 5, 2004,[696] the Court established *ex officio*, that is, without any relation with the particular case at hand, the rules of procedure applicable in the proceedings to be followed by any of the other Chambers of the Supreme Tribunal of Justice when they decide to assume or take over any judicial cause and process from lower courts for their decision (*avocamiento*) at the Supreme Tribunal. In this case, the Chamber did not interpret any constitutional provision, because this exceptional takeover proceeding (*avocamiento*) regarding cases from lower courts is not a constitutional institution and is regulated only in the Organic Law of the Supreme Tribunal. Thus, usurping legislative functions in this case, the Constitutional Court acted as a direct and *ex officio* positive legislator and created rules of procedure without interpreting the Constitution.

Nonetheless, the extreme case of the pathology of judicial review regarding the relation of constitutional courts with the Legislator and its existing legislation occurs when the former proceeds to "reform" pieces of legislation, openly acting as positive legislator. In effect, one of the most elemental principles in constitutional law is that statutes can be reformed only by other statutes, and consequently, only the Legislator's action can reform statutes. The contrary would be an action contrary to the Constitution, whether it is the Executive that pretends to reform acts of Parliament or any other organ of the State different from the Legislator itself.

In this regard, one of the most astonishing decisions issued by the Constitutional Chamber of the Venezuelan Supreme Tribunal of Justice to "reform" statutes was issued in 2007. Here, the Chamber, *ex officio* and in *obiter dictum*, regarding a provision of the Income Tax Law that in the particular case it was resolving and was not even challenged on unconstitutional grounds, decided to reform that law. In effect, in Decision N° 301 of February 27, 2007,[697] after rejecting a popular action of unconstitutionality filed in 2001 against articles 67, 68, 69, 72, 74, and 79 of the 1999 Income Tax Law,[698] because of the petitioners' lack of standing, instead of sending the file to the general court's Archives, the Chamber proceeded, after deciding the inadmissibility of the action, and without any judicial debate or discussion on the issue, to reform *ex officio* another article of the Law (article 31), which had not even been challenged by petitioners.

---

695 *Id.*

696 See Decision N° 511 of April 5, 2004, *Maira Rincón Lugo* case; http://www.tsj.gov.ve/decisiones/scon/Abril/511-050404-04-0418..%20.htm. See also Daniela Urosa Maggi, *Venezuelan National Report*, pp. 18–19.

697 See *Adriana Vigilanza y Carlos A. Vecchio* case, Exp. N° 01-2862; *Gaceta Oficial* N° 38.635 of March 1, 2007, at http://www.tsj.gov.ve/decisiones/scon/Febrero/301-270207-01-2862.htm. See also Daniela Urosa Maggi, *Venezuelan National Report*, pp. 22–23.

698 See Decree Law n° 307, *Gaceta Oficial* N° 5.390 Extra. of October 22, 1999.

The decision provoked bitter protests in public opinion and in the National Assembly, which, in a unanimous resolution, "categorically rejected" the Constitutional Chamber's decision, considering it "unconstitutional, contrary to the social and collective fundamental rights and social ethics," and declared it "without any legal effects." In addition, the National Assembly publicly praised for the disobedience of the Chamber decision, and "exhorted the Venezuelan people and specifically, the tax payers, as well as the National Tax Service (*Seniat*) to continue with the process of tax returns as it is established in the statute."[699] The Vice President of the National Assembly qualified the Chamber decision reforming an article of the Income Tax Law as one in which the Constitutional Jurisdiction "usurped legislative powers."[700] In fact, in this case, the Constitutional Chamber usurped the legislative function by reforming an article of the Tax Law in an *obiter dictum* of a decision in which the Chamber declared inadmissible an action of unconstitutionality filed against other articles of the same Taxation Law.[701]

Many other decisions of the Constitutional Chamber reforming provisions of legislation have been issued during the past decade, for instance on matters of procedural terms applicable in civil procedure trials: the Chamber partially annulled a provision of the Civil Procedural Law and created new wording that establishes a different way of counting procedural terms.[702] On the same matters of procedural terms applicable in criminal procedure trials, the Court modified the Criminal Procedure Code to establish a new way of counting the terms but without annulling the provision.[703] On matters of judicial holidays established in the same Civil Procedural Code, the Court partially annulled the specific provision of the Code eliminating one of the two holiday terms established in it, thus usurping the discretional options to be established on the matter in legislation that is attributed to the National Assembly.[704] In other cases, also regarding procedural rules, when deciding a nullity action against provisions of the Rural Land Law, in which the notice to the interested par-

---

699 See in *Gaceta Oficial* N° 38.651 March 26, 2007.

700 Resolution of March 22, 2007; *El Universal*, Caracas March 23, 2007, p. 1–1; *El Nacional*, Caracas, March 23, 2007, p. 4.

701 See the general comment on this decision in Allan R. Brewer-Carías, "El juez constitucional en Venezuela como legislador positivo de oficio en materia tributaria," *Revista de Derecho Público*, N° 109, Editorial Jurídica Venezolana, Caracas 2007, pp. 193–212.

702 See Decision N° 80 of February 1, 2001, case *Article 197 of the Civil Procedural Code*; *Revista de Derecho Público*, N° 85–89, Editorial Jurídica Venezolana, Caracas 2001, pp. 90 ff., at http://www.tsj.gov.ve/decisiones/scon/Febrero/80-010201-00-1435%20.htm. See the comments in Allan R. Brewer-Carías, "Los primeros pasos de la Jurisdicción Constitucional como 'legislador positivo' violando la Constitución, y el régimen legal de cómputo de los lapsos procesales," in *Crónica sobre la "in"justicia constitucional: La Sala Constitucional y el autoritarismo en Venezuela*, Colección Instituto de Derecho Público, Universidad Central de Venezuela, n° 2, Editorial Jurídica Venezolana, Caracas 2007, pp. 511 ff. See also Daniela Urosa Maggi, *Venezuelan National Report*, p. 24.

703 See Decision N° 2560 of August 5, 2005, *Article 172 of the Organic Civil Criminal Code* case; http://www.tsj.gov.ve/decisiones/scon/Agosto/2560-050805-03-1309.htm. See also Daniela Urosa Maggi, *Venezuelan National Report*, pp. 21–22.

704 See Decision N° 1264 of June 11, 2002, *Article 201 of the Civil Procedure Code* case; http://www.tsj.gov.ve/decisiones/scon/Junio/1264-110602-00-1281.htm. See also Daniela Urosa Maggi, *Venezuelan National Report*, pp. 24–25.

ties to participate in the respective trial was established by a publication in newspapers, the Court reformed the provisions by adding that the notice was also to be delivered personally to interested parties.[705]

In other cases, the Constitutional Chamber of the Supreme Tribunal has "reformed" the Amparo Law, establishing a new procedure to be applied in the amparo proceedings, and the same Organic Law of the Supreme Tribunal establishes a new set of procedural rules to be applied in judicial review, assuming an active role as positive legislator. In effect, in the first two decisions the Constitutional Chamber adopted after its installment in 2000, the Chamber modified, *ex officio*, articles 7 and 8 of the Organic Law on Amparo, redistributing the competencies of the courts, including its own competencies on matter of amparo,[706] that is, to decide the specific action or complaint for the protection of fundamental rights. Since then, such competencies have been ruled by the Chamber's decision, not by what is provided for in the Organic Law. Another notorious case was Decision N° 7 of February 1, 2000,[707] where the Chamber, on the occasion of ruling in a particular case of amparo, also in an *obiter dictum* and *ex officio*, by means of interpreting articles 27 and 49 of the Constitution that establish the oral trial in the amparo proceeding for the protection of fundamental rights and the basic rules of due process, decided to "adapt" the 1988 Amparo Law to the new 1999 Constitution, completely "reforming" the law by establishing a completely new set of rules of procedure that since have been applied in all amparo cases. The ones established in the Amparo Law have not been applied, though that law remains "in effect" without having been annulled or repealed.[708] Without doubt, in this case, the Chamber exceeded its functions as the highest interpreter of the Constitution and openly proceeded as a positive legislator, "reforming" the text of a statute.[709] Consequently, since 2000, on matters of amparo procedure and of distribution of jurisdiction between the different courts, the applicable "law"

705 See Decision N° 2855 of November 20, 2002, *Articles 40 and 42 of the Rural Land Law* case; http://www.tsj.gov.ve/decisiones/scon/Noviembre/2855-201102-02-0311..htm. See also Daniela Urosa Maggi, *Venezuelan National Report*, p. 21.

706 See Decision N° 1, *Emery Mata Millán* case, at http://www.tsj.gov.ve/ decisiones/scon/Enero/01-200100-00-002.htm; and Decision N° 2, of January 20, 2000, *Domingo Ramírez Monja* case, at http://www.tsj.gov.ve/decisiones/scon/Enero/02-200100-00-001.htm; *Revista de Derecho Público*, N° 84, Editorial Jurídica Venezolana, Caracas, 2000, pp. 225 ff. and 235 ff. See Daniela Urosa Maggi, *Venezuelan National Report*, p. 12.

707 Case: *José A. Mejía y otros, Revista de Derecho Público*, N° 81, Editorial Jurídica Venezolana, Caracas 2000, pp. 349 ff. See also http://www.tsj.gov.ve/ decisiones/scon/Febrero/07-010200-00-0010.htm; Daniela Urosa Maggi, *Venezuelan National Report*, pp. 4–5.

708 See Daniela Urosa Maggi, *Venezuelan National Report*, p. 5.

709 See the general comment on this decision in Allan R. Brewer-Carías, "El juez constitucional como legislador positivo y la inconstitucional reforma de la Ley Orgánica de Amparo mediante sentencias interpretativas," in Eduardo Ferrer Mac-Gregor y Arturo Zaldívar Lelo de Larrea (coords.), *La ciencia del derecho procesal constitucional: Estudios en homenaje a Héctor Fix-Zamudio en sus cincuenta años como investigador del derecho*, Instituto de Investigaciones Jurídicas, Universidad Nacional Autónoma de México, Mexico City 2008, Vol. V, pp. 63–80.

in Venezuela is decision N° 7 of 2000 of the Constitutional Chamber of the Supreme Tribunal that "reformed" the 1988 Amparo Law.[710]

Another decision of the Constitutional Chamber reforming statutes has been issued regarding the rules of procedure concerning actions for judicial review of the constitutionality of statutes. The Organic Law on the Supreme Tribunal of Justice was sanctioned by the National Assembly in 2004, establishing the rules of procedure regarding actions filed before the Court claiming for the nullity of statutes (article 21.9 ff.). In Decision N° 1645 of August 19, 2004, a few months after the publication of the Organic Law, the Constitutional Chamber, without declaring any statutory provision unconstitutional, in exercising its normative jurisdiction, proceeded to reform the new law and to establish a completely new judicial procedure.[711]

CHAPTER 4

CONSTITUTIONAL COURTS' INTERFERENCE WITH THE LEGISLATOR REGARDING LEGISLATIVE OMISSIONS

As aforementioned, one of the most important contemporary trends in the transformation of judicial review of legislation, particularly in concentrated systems, has been the development of the possibility for constitutional courts to exercise their power to control the constitutionality of statutes, interpreting them according to the Constitution without being obliged to decide on the nullity of the unconstitutional provisions.

The same sort of control is also exercised regarding the constitutionality of the conduct of the Legislator, not related to statutes duly enacted, but regarding the absence of such statutes or the omissions the statutes contain when the Legislator does not comply with its constitutional obligation to legislate on specific matters or when the Legislator has passed legislation it in an incomplete or discriminatory way. It is important to highlight in all these cases that judicial review decisions adopted by constitutional courts are issued completely separate from the need to annul existing statues, as it is impossible in these cases to characterize the constitutional courts as negative legislators. On the contrary, in many of these cases, constitutional courts act openly as positive legislators, often with the possibility to issue declarations of

---

710 See Humberto Enrique Tercero Bello Tabares, "El procedimiento de Amparo Constitucional, según la sentencia N° 7 dictada por la Sala Constitucional del Tribunal Supremo de Justicia, de fecha 01 de febrero de 2000. Caso *José Amando Mejía Betancourt y José Sánchez Villavicencio*," *Revista de Derecho del Tribunal Supremo de Justicia*, N° 8, Caracas 2003, pp. 139–176; María Elena Toro Dupuy, "El procedimiento de amparo en la jurisprudencia de la Sala Constitucional del Tribunal Supremo de Justicia (Años 2000–2002)," *Revista de Derecho Constitucional*, N° 6, Editorial Sherwood, Caracas 2003, pp. 241–256.

711 See Decision 1645 of August 19, 2004, *Gregorio Pérez Vargas* case; http://www.tsj.gov.ve/decisiones/scon/Agosto/1645-190804-04-0824.htm. This decision was ratified and complemented with new procedural rules in Decision 1795 of July 19, 2005. *Promotora San Gabriel* case, http://www.tsj.gov.ve/decisiones/scon/Julio/1795-190705-05-0159.htm; Daniela Urosa Maggi, *Venezuelan National Report*, p. 10. See the comments in Allan R. Brewer-Carías, *Ley Orgánica del Tribunal Supremo de Justicia*, Editorial Jurídica Venezolana, Caracas 2004.

unconstitutionality of certain legal provisions without annulling them. In some ways, this is similar to what occurs in diffuse systems of judicial review, where the courts have no power at all to annul statutes.

Two sorts of legislative omissions can generally be distinguished: absolute and relative omissions.[712] Absolute omissions exist in cases of the absence of any legislative provision adopted with the purpose of applying the Constitution or executing a constitutional provision, in which case a situation contrary to the Constitution is created. Relative omissions exist when legislation has been enacted but in a partial, incomplete, or defective way from the constitutional point of view. As pointed out by Luís Fernández Revorio, absolute omissions are related to the "silences of the legislator" that create situations contrary to the Constitution; relative omissions are related to the "silences of the statutes," which also create the same unconstitutional situation.[713]

Both sorts of legislative omissions have been subjected to judicial review by constitutional courts, though not uniformly.

I. CONSTITUTIONAL COURTS' FILLING THE GAP OF ABSOLUTE LEGISLATIVE OMISSIONS

Regarding judicial review of absolute legislative omissions, the matter can be decided by the constitutional courts through two judicial means: when deciding a direct action for the unconstitutionality of an omission by the Legislator and when deciding a particular action or complaint for the protection of fundamental rights filed against an omission of the Legislator that prevents the possibility of enforcing such right.

1. *Direct Action against Absolute Legislative Omissions*

The origin of the direct action seeking judicial review of unconstitutional absolute legislative omissions is found in the 1974 Constitution of the former Yugoslavia, which assigned the Constitutional Guaranties Tribunal the power to decide on cases of lack of legislative development of constitutional provisions that impeded the complete execution of the Constitution (article 377).[714]

---

712 See José Julio Fernández Rodríguez, *La inconstitucionalidad por omisión: Teoría general. Derecho comparado. El caso español*, Civitas, Madrid 1998, pp. 33, 114 ff. According to Thomas Bustamante, "While a complete omission takes place when the legislator does not produce any law although there is a genuine constitutional obligation of regulating some constitutional issue, a partial omission occurs when the legislative authority regulates a situation in an unconstitutional way because it does not cover situations that should have been included in the statute." See Thomas Bustamante and Evanlida de Godoi Bustamante, *Brazilian National Report*, p. 11.

713 See Francisco Javier Díaz Revorio, *Las sentencias interpretativas del Tribunal Constitucional*, Ed. Lex Nova, Valladolid 2001, p. 171.

714 See José Julio Fernández Rodríguez, *La inconstitucionalidad por omisión: Teoría general. Derecho comparado. El caso español*, Civitas, Madrid 1998, pp. 244–246.

Two years later, and influenced by the former Yugoslavian institution,[715] the direct action against absolute legislative omissions was incorporated in the 1976 Constitution of Portugal. It assigned the Council of the Revolution, as a political organ assisting the President of the Republic, the necessary powers to verify failures of the Legislator to comply with the Constitution by enacting the necessary statutes to implement the provisions of the new Constitution (article 279, Constitution),[716] and particularly in view of changing prerevolutionary legislation and implementing legislative provisions of the Constitution than banned organizations with fascist ideology.[717]

Up to the sanctioning of the 1982 First Revision of the Constitution, which definitively established this "constitutional control of omission," control of absolute omissions was exercised by the then Council of the Revolution in two occasions and basically as a political means of control.[718] In 1977, through *Parecer* 8/1977 of March 3, 1977, the Council "recommended" that the Assembly of the Republic adopt legislative measures to enforce Article 46.4 of the 1976 Constitution regarding organizations with fascist ideology, establishing as the main condition for the exercise of such control, first, that the constitutional norm could not be self-executing (i.e., it could not require implementation to be applied), and second, that the competent body to adopt the legislative measures must have violated its obligation of issuing legislative provisions to a degree that it obstructed the observance of the Constitution by the very party for whom the constitutional obligation was intended.[719]

In a second case, in *Parecer* 11/1977, April 14, 1978, the Council of the Revolution recommended that the competent legislative bodies adopt legislative measures to guarantee the applicability of Article 53 of the Constitution to domestic servants, conferring to those workers the right to rest and to recreation by limiting the length of the workday and establishing the weekly rest period as well as periodic paid holidays. On this second occasion, the essential contribution of the decision was the

---

715 See Jorge Campinos, "Brevísimas notas sobre a fiscalizacão da constitucionalidade des leis em Portugal," in Giorgo Lombardi (coord.), *Constituzione e giustizia constitutionale nel diritto comparato*, Maggioli, Rimini 1985; and *La Constitution portugaise de 1976 et sa garantie*, Universidad Nacional Autónoma de México, Congreso sobre La Constitución y su Defensa (mimeo), Mexico City, August 1982, p. 42.

716 See generally Jorge Miranda, "L'inconstitutionalité par omisión dans le droit portugais," in *Revue Européene de Droit Public*, Vol. 4, Nº 1, 1992, pp. 39 ff.; José Julio Fernández Rodríguez, *La inconstitucionalidad por omisión: Teoría general. Derecho comparado. El caso español*, Civitas, Madrid 1998, pp. 249 ff.

717 See Francisco Javier Díaz Revorio, *Las sentencias interpretativas del Tribunal Constitucional*, Ed. Lex Nova, Valladolid 2001, pp. 257–260.

718 See M. Gonzalo, "Portugal; El Consejo de la Revolución, su Comisión Constitucional y los Tribunales ordinarios como órganos de control de la constitucionalidad," in *Boletín de Jurisprudencia Constitucional*, Cortes Generales, 8, Madrid 1981, pp. 630, 640.

719 See José Julio Fernández Rodríguez, *La inconstitucionalidad por omisión: Teoría general. Derecho comparado. El caso español*, Civitas, Madrid 1998, pp. 265–266.

extensive interpretation of the Constitutional Commission regarding the initiative to request control of the omission.[720]

Following these previous experiences on judicial review, the 1982 Constitution created the Constitutional Tribunal and established its power to exercise judicial review of legislative omissions regarding the enactment of provisions necessary to make enforceable constitutional mandates (article 283). The standing to sue in these cases was given to the President of the Republic or the Ombudsman at the national level, and to the Presidents of the Regional Assemblies in cases of violation of the rights of the autonomous regions. The decisions of the Tribunal in these cases are only of declarative character and with nonbinding effects, so the Court "cannot substitute itself for the legislator by creating the missing rules nor can it urge them to act by indicating the timing for or the content of such action."[721] In these cases of judicial decisions on legislative omissions, the Tribunal can only inform the competent legislative organ of its findings.

The Portuguese Constitutional Tribunal issued only seven important decisions exercising this judicial review mean of control of legislative omissions.[722] Its first decision was Decision N° 182/1989 of February 1, 1989, on the noncompliance of article 35.4 of the Constitution on the use of computers and the prohibition of third-party access to files containing personal data, given the lack of a legislative measure defining personal data.[723] Another case was Decision N° 474/2002, on the noncompliance of article 59.1-e of the Constitution, given the omission of legislative measures needed to provide social benefits for Public Administration workers who involuntarily found themselves unemployed.[724] In both cases, although the Legislator is not constitutionally obliged to initiate any legislative procedure, the result of the Tribunal's decision was the sanctioning of the needed legislation (Law 10/91 and Law 11/2008).[725]

After the Portuguese constitutional experience, the direct action for judicial review of absolute unconstitutional legislative omissions has been established in only some other countries, mainly in Latin America, including Brazil, Ecuador, and Venezuela.

The first country to follow the Portuguese trends on the matter was Brazil, where judicial review of absolute legislative omissions through a direct action was incorporated in the 1988 Constitution (Articles 102.I.a and 103), which gave power to the Federal Supreme Tribunal to decide the actions filed against the unconstitutionality of legislative omissions, thus impeding the enforcement of a constitutional provi-

---

720 See José Julio Fernández Rodríguez, *La inconstitucionalidad por omisión: Teoría general. Derecho comparado. El caso español*, Civitas, Madrid 1998, pp. 265–266.

721 See Joaquim de Sousa Ribeiro and Esperança Mealha, *Portuguese National Report*, pp. 10–11.

722 See Joaquim de Sousa Ribeiro and Esperança Mealha, *Portuguese National Report*, p. 10.

723 See José Julio Fernández Rodríguez, *La inconstitucionalidad por omisión: Teoría general. Derecho comparado. El caso español*, Civitas, Madrid 1998, pp. 268–269; Joaquim de Sousa Ribeiro and Esperança Mealha, *Portuguese National Report*, p. 10.

724 See Joaquim de Sousa Ribeiro and Esperança Mealha, *Portuguese National Report*, p. 10.

725 See Joaquim de Sousa Ribeiro and Esperança Mealha, *Portuguese National Report*, pp. 10–11.

sion. In this case, also, the action can be filed only by a limited number of State officials or organs, namely the President of the Republic, the Board of the Federal Senate, and the Board of the House of Representatives, and the Board of a Legislative Assembly of a State.

The ruling of the Tribunal declaring unconstitutional a legislative omission to enforce a provision of the Constitution does so without annulling any act and without issuing a direct order to Congress. The Tribunal only must inform the competent organ for it to adopt the necessary measures. In this sense, in a case of an action intended to establish that the value of the minimum wage was unconstitutional because it could not meet the basic needs of a person, the Supreme Federal Tribunal held that, while deciding on these omissive actions, "the Supreme Court can do no more than notify the competent legislative body which should have enacted a normative act, in order to make this body of the Republic aware of the unconstitutionality and to enable it to regulate the matter required by the Constitution, without the interference of the Judiciary."[726] Consequently, the judicial decision in these cases is also declarative, without *erga omnes* and binding effects.[727]

In contrast, in many cases, the Federal Supreme Court has stipulated a deadline for the omission to be filled and has established the self-applicability of the constitutional rule in the event the deadline expired.[728] For instance, in the action filed by the Mato Grosso State Legislature against the unconstitutionality of the omission by the National Congress in drafting the federal supplementary law referred to by Section 4 of Article 18 of the Constitution –related to the creation, merger, consolidation, and subdivision of Municipalities– the Tribunal stipulated a deadline of eighteen months for it to take all the legislative steps necessary to comply with the constitutional provision.[729]

Another Latin American country that has adopted the system of judicial review of absolute legislative omissions is Venezuela, which, in article 336.7 of the 1999 Constitution has empowered the Constitutional Chamber of the Supreme Tribunal of Justice to declare the unconstitutionality of municipal, state, or national legislative organ omissions, when they failed to issue indispensable rules or measures to guarantee the enforcement of the Constitution, or when they issued them in an incomplete way; and to establish the terms, and if necessary, the guidelines for their correction.

---

726 See STF, ADI 1439-MC, Rel. Min. Celso de Mello, DJ de 30-5-2003, in Thomas Bustamante and Evanlida de Godoi Bustamante, *Brazilian National Report*, p. 12.

727 See Marcia Rodrígues Machado, "Inconstitutionalidade por omissão," *Revista da Procuradoria Greal de São Paulo*, Nº 30, 1988, pp. 41 ff.; Héctor Fix Zamudio and Eduardo Ferrer Mac-Gregor, *Las sentencias de los Tribunales Constitucionales*, Ed. Porrúa, Mexico City 2009, pp. 38–39; José Julio Fernández Rodríguez, *La inconstitucionalidad por omisión: Teoría general. Derecho comparado. El caso español*, Civitas, Madrid 1998, pp. 285; Marcelo Figuereido, *Brazilian National Report II*, p. 3.

728 See Marcelo Figuereido, *Brazilian National Report II*, p. 4.

729 See ADI 3682/MT, May 9, 2007, in Thomas Bustamante and Evanlida de Godoi Bustamante, *Brazilian National Report*, p. 12; Marcelo Figuereido, *Brazilian National Report II*, p. 7.

This provision gave extended judicial power to the Constitutional Chamber of the Supreme Tribunal, as Constitutional Jurisdiction, to control "legislative silence and legislative abnormal functioning,"[730] surpassing the trends of the Portuguese and Brazilian antecedents, first, by not limiting the standing to file the action to high public officials but configuring it as an *actio popularis*, and second, by granting express powers to the Court to establish the terms and, if necessary, the guidelines for the correction of the omission.

In many cases, the Constitutional Chamber has been asked to rule on omissions of the National Assembly in sanctioning statutes that it is obliged to enact within a fixed term established in the 1999 Constitution – for instance, the Organic Law on Municipal Power was due to be sanctioned within two years following the approval of the Constitution. Even though the Chamber issued two decisions in the case,[731] the National Assembly failed to adjust the statute until 2005.[732] In these cases, as it is the general situation regarding constitutional control of legislative omissions, the Constitutional Chamber had not itself became a positive legislator and abstained from deciding in place of the legislative body, that is, it had not legislated itself. Nonetheless, according to the Constitution, the Constitutional Chamber always has the power when declaring the unconstitutionality of a legislative omission "to establish the terms" of the statute to be sanctioned "and [,] if necessary, the guidelines" for the correction of the legislative omissions. That is why, in other cases, the Constitutional Chamber has issued provisional legislation filling the existing vacuum on, for instance, tax matters related to the distribution of competencies between the National and the State level of governments. It occurred when deciding a conflict between the national Law on Tax Stamps and the Ordinance on Tax Stamps of the Metropolitan District of Caracas, by resolving in Decision No. 978 of April 2003[733] to establish the legal regime as strictly applicable on the matter pending the issue of the national legislation on the coordination of tax competencies (article 164.4 of the Constitution).

In addition, in Venezuela, the Constitutional Chamber has been asked to decide not only cases of absolute omissions of the National Assembly to enact statutes that it had the constitutional obligation to sanction, but also other nonnormative acts that the National Assembly must adopt. This was the case, for instance, of the appointment of the members of the National Electoral Council, which the National Assem-

---

730 See decision of the Political-Administrative Chamber N° 1819 of August 8, 2000, case: *Rene Molina v. Comisión Legislativa Nacional*.

731 See decisions of the Constitutional Chamber N° 1347 of May 27, 2003; N° 3118 of October 6, 2003 *Revista de Derecho Público*, N° 93–96, Editorial Jurídica Venezolana, Caracas 2003, pp. 108 ff. and 527 ff.; and N° 1043 of May 31, 2004, *Revista de Derecho Público*, N° 97–98, Editorial Jurídica Venezolana, Caracas 2004, pp. 270 ff. and 409 ff.

732 The Organic Law was published in *Official Gazette* N° 38327 of December 2, 2005. See the reference in Allan R. Brewer-Carías et al., *Ley Orgánica del Poder Público Municipal*, Editorial Jurídica Venezolana, Caracas 2005, p. 17.

733 Decision N° 978 of April 30, 2003, *Banco Bolívar* case; http://www.tsj.gov.ve/decisiones/scon/Abril/978-300403-01-1535%20.htm. See also Daniela Urosa Maggi, *Venezuelan National Report*, pp. 17–18.

bly must do by a majority of two-thirds of the representatives following a complex procedure involving civil society and citizen participation.[734] In 2004, the National Assembly, after completing almost all the steps of the procedure, failed to appoint the Members of the National Electoral Council, because the official party did not have the necessary votes to appoint its candidates (two-thirds) without any compromise with the opposition parties. In the face of the omission of the National Assembly, a citizen requested that the Constitutional Chamber control the unconstitutionality of the omission and sought a decision of the Constitutional Chamber compelling the National Assembly to accomplish its constitutional duty, which no other organ of the State could assume. Instead, what the petitioner obtained from a Constitutional Chamber of the Supreme Tribunal, packed with Magistrates completely controlled by the Executive, was the direct appointment of the members of the National Electoral Council by the Constitutional Court itself, without complying with the requirements and conditions established in the Constitution. Without doubt, in this case, the Constitutional Court usurped the National Assembly's exclusive powers; acted as positive Legislator and in violation of the Constitution; and through its decision, guaranteed the complete control of the Electoral branch of government by the National Executive.[735]

In other countries, like Costa Rica, the Law on Constitutional Jurisdiction assigns the Constitutional Chamber of the Supreme Court the power to decide actions of unconstitutionality "against the inertia, the omissions and the abstentions of public authorities" (article 73.f).[736]

More recently, in the 2008 Constitution of Ecuador, the direct action for judicial review of legislative omissions was expressly established (article 436.10), assigning the Constitutional Court the power to "declare the unconstitutionality in which the institutions of the State or public authorities incurred because of omissions in complying total or partially the mandates contained in constitutional provisions, within the terms established in the Constitution or in the term considered reasonable by the Constitutional Court." The same provision empowers the Constitutional Court provisionally to "issue the omitted provision or to execute the omitted act according to the law," once the term has elapsed and the omission persists. It is unique in comparative law that constitutional power, even provisional, is given to the Constitutional Court to substitute for the Legislator.

---

734 See Allan R. Brewer-Carías, "La participación ciudadana en la designación de los titulares de los órganos no electos de los Poderes Públicos en Venezuela y sus vicisitudes políticas," *Revista Iberoamericana de Derecho Público y Administrativo*, Vol. 5, N° 5,2005, San José, Costa Rica 2005, pp. 76–95.

735 See Decisions Nos. 2073 of August 4, 2003 (case: *Hermánn Escarrá Malaver y oros*) and 2341 of August 25, 2003 (case: *Hermánn Escarrá M. y otros*), in Allan R. Brewer-Carías, "El secuestro del Poder Electoral y la confiscación del derecho a la participación política mediante el referendo revocatorio presidencial: Venezuela 2000–2004," in *Boletín Mexicano de Derecho Comparado*, Instituto de Investigaciones Jurídicas, Universidad Nacional Autónoma de México, N° 112. Mexico City, January–April 2005, pp. 11–73.

736 See José Julio Fernández Rodríguez, *La inconstitucionalidad por omisión: Teoría general. Derecho comparado. El caso español*, Civitas, Madrid 1998, pp. 300–302.

In Hungary, article 49 of the 1989 Amendment of the Constitution establishes that the Constitutional Court *ex officio* or on anyone's petition can decide on the unconstitutionality of legislative omissions when a legislative organ has failed to fulfill its legislative tasks, instructing the organ that committed the omission to set a deadline to fulfill its task. The Hungarian Constitutional Court has interpreted this competence expansively and has practiced it not only in the cases of unconstitutional failures of fulfillment of legislative obligations resulting from particular legal authorization, but also when the Legislator failed to establish a statute necessary for the emergence of a fundamental right, designated in the Constitution.[737] As mentioned by Lóránt Csink, Józef Petrétei, and Péter Tilk, in exercising this attribution, the Constitutional Court establishes not only the unconstitutionality of the omission of legislation – for instance, by making it impossible for the exercise of a fundamental right – but also the contents of the rules to be sanctioned, which the Legislator must respect.[738]

Regarding Croatia, where the Constitutional Court has powers to proceed *ex officio* on matters of control of constitutionality, the 2002 constitutional reform empowered the Court to adopt reports about any kind of unconstitutionality (and illegality) it has observed and to send them to the Croatian Parliament. Until November 2009, it had adopted six reports addressing important issues that emerged in practice, such as the right to reasonable duration of a trial and the unconstitutionality of regulations on parking fees.[739]

In Bolivia, even in the absence of constitutional or legal provisions, the Constitutional Tribunal created its own power to exercise judicial review control on Legislative omissions. In Decision S.C. 0066/2005 of September 22, 2005, the Court, after verifying its own powers of judicial review, argued that, "when the Legislator does not develop a constitutional provision in a particular and precise way, or it develops the provision in a deficient or incomplete way turning the constitutional mandate inefficient, or impossible to be applied because of such omission or deficiency, the Constitutional Tribunal has the attribution to judge the constitutionality of such acts, providing for the Legislator to develop the constitutional provision as imposed by

737 An example of such a case is Decision 37/1992 (VI.10). Under Article 61, section (4), of the Constitution, a majority of two-thirds of the votes by the members of Parliament present is required to pass an Act on the supervision of public radio, television, and the public news agency, as well as on the appointment of the directors thereof, on the licensing of commercial radio and television, and on the prevention of monopolies in the media sector. However, until 1996, Parliament failed to adopt a comprehensive Act on radio and television. Likewise, under Article 68, section (5), of the Constitution, a majority of two-thirds of the votes by members of Parliament present is required to pass an Act on the rights of national and ethnic minorities. Decision 35/1992 (VI.10) established an unconstitutional omission as the representation of national and ethnic minorities had not been regulated to the extent and in the manner required by the Constitution; Lóránt Csink, Józef Petrétei, and Péter Tilk, *Hungarian National Report*, p. 5 (footnote 18).

738 See Lóránt Csink, Józef Petrétei, and Péter Tilk, *Hungarian National Report*, pp. 5–6.

739 See Sanja Barić and Petar Bačić, *Croatian National Report*, pp. 12–13.

the Constitution."[740] In the case of the National Congress's failure to appoint the members of the Supreme Court of Justice, the Constitutional Tribunal of Bolivia issued a decision in 2004 ruling on the unconstitutionality of the Executive's provisional appointment of the magistrates. To avoid creating a more severe situation of unconstitutionality, the Tribunal postponed the effects of its decision for a term of sixty days, exhorting the Legislator to perform its duties but without usurping its functions.[741]

In other cases, also without a specific means of judicial review to control absolute legislative omissions, the constitutional courts have developed judicial control through other general means of judicial review, as in the case of Mexico, but only by means of the recourse for the solution of constitutional controversies between constitutional organs of the State. Nonetheless, this thesis was abandoned in 2006, in a decision resolving a constitutional controversy in which the Court considered inappropriate such judicial review to control legislative omissions.[742]

2. *The Protection of Fundamental Rights against Absolute Legislative Omissions by Means of Actions or Complaints for Their Protection*

The other means for controlling unconstitutional legislative omissions are specific actions or complaints for the protection of fundamental rights that can be filed against the harms or threats that such omissions can cause. This is the case, for example, in many Latin American countries, where amparo actions are filed against omissions of the Legislator or for specific actions for the protection of fundamental rights that have been established.[743] Therefore, in some countries, at least theoretically, it is possible to file amparo actions to protect fundamental rights against legislative omission when such omissions prevent the effective enforcement of a fundamental right.[744]

In particular, mention must be made of the important writ of injunction (*mandado de injunção*) in Brazil, established in Article 5.LXXI, of the Constitution,

---

740 See Pablo Dermizaky Peredo, "Efectos de las sentencias constitucionales en Bolivia," in *Anuario Iberoamericano de Justicia Constitucional*, Centro de Estudios Políticos y Constitucionales, N° 12, 2008, Madrid 2008, p. 79.

741 See Decision S.C. 0129/2004-R, of November 10, 2004, in Pablo Dermizary Peredo, "Efectos de las sentencias constitucionales en Bolivia," in *Anuario Iberoamericano de Justicia Constitucional*, N° 12, 2008, Centro de Estudios Políticos y Constitucionales, Madrid 2008, p. 78.

742 See Decision 56/2006, in Héctor Fix Zamudio and Eduardo Ferrer Mac-Gregor, *Las sentencias de los Tribunales Constitucionales*, Ed. Porrúa, Mexico City 2009, pp. 71, 72; and "Las sentencias de los tribunales constitucionales en el ordenamiento mexicano," in *Anuario Iberoamericano de Justicia Constitucional*, N° 12, 2008, Centro de Estudios Políticos y Constitucionales, Madrid 2008, pp. 252. See also Eduardo Ferrer Mac-Gregor, "La Corte Suprema di Giustizia del Messico quale Tribunale constituzionale," in Luca Mezetti (coord.), *Sistemi e modelli di giustizia costitutionale*, Cedam, Padua 2009, p. 618.

743 On the amparo proceedings against authorities' omissions in Latin American countries, see particularly Allan R. Brewer-Carías, *Constitutional Protection of Human Rights in Latin America: A Comparative Study of Amparo Proceeding*, Cambridge University Press, New York 2009, pp. 324 ff.

744 In Venezuela, amparo actions have been filed against omissions of the Legislator regarding certain administrative acts. See Allan R. Brewer-Carías, *La justicia constitucional: Procesos y procedimientos constitucionales*, Universidad Nacional Autónoma de México, Mexico City 2007, pp. 153 ff.

which is to be "granted whenever the lack of regulatory provision makes the exercise of constitutional rights and liberties, as well as rights inherent in nationality, sovereign status and citizenship, unfeasible." According to the Federal Supreme Tribunal, the writ of injunction does not authorize the Tribunal to fill the gap left by the legislative omission, so the Tribunal cannot enact a normative rule;[745] its function is limited to declaring the delay to develop the normative rule and to notify the Legislator, and the decision has only *inter partes* effects.

In the first writ of injunction decided in 1989, the Tribunal considered that the action attempts to obtain from the Judiciary a declaration of unconstitutionality of an omission in regulating a right, with a view to notify the entity responsible for that regulation to take action.[746] However, there are cases in which the Tribunal has given a broader scope to this procedural remedy. In Case 283 of 1991, the Tribunal recognized a state of negligence of Congress in regulating provisions established by the Temporary Provisions of the Constitution related to compensation for the victims of abuses committed by the military dictatorship via Secret Acts of the Ministry of Defense, which banned a large number of people from exercising certain economic activities. Because the Temporary Provisions required the passing of a federal statute to regulate such compensation, the victims could not exert their constitutional rights. In the face of this specific situation, the Supreme Federal Tribunal not only ruled that there was an unconstitutional omission but also established a deadline of forty-five days for Congress to pass the statute. The Tribunal determined, moreover, that if parliamentary negligence remained after that deadline, the applicant would be automatically entitled to claim compensation according to the general rules of the Civil Code.[747]

In another relevant case, the Constitution guaranteed a tax privilege to certain social institutions, excluding them from taxation by contributions to the social security, "as long as these entities complied with the conditions established in law" (article 197.5). The Constitution left to the ordinary legislator the task to establish the conditions to be complied to claim immunity from the contributions. Accordingly, the Federal Government understood that such entities could claim no fiscal immunity until Congress passed a law listing such conditions. The Supreme Federal Tribunal, after holding that there was an unjustifiable legislative omission, fixed a deadline of six months for Congress to pass a law eliminating that omission. Furthermore, it determined that, if no law was passed before that deadline, the claimant would be automatically entitled to claim the fiscal benefit.[748]

---

745 See Decision STF 168/RS, Reporting Justice J. Ministro Pertence, DJU, on April 20 1990, in Marcelo Figuereido, *Brazilian National Report II*, p. 4.

746 STF, MI 107-QO, Rel. Min. Moreira Alves, DJ de 21-09-1990; Thomas Bustamante and Evanlida de Godoi Bustamante, *Brazilian National Report*, p. 17.

747 STF, MI 283, Rel. Min. Sepúlveda Pertence, DJ de 14-11-1991; Thomas Bustamante and Evanlida de Godoi Bustamante, *Brazilian National Report*, p. 17.

748 STF, MI 232, Rel. Min. Moreira Alves, DJ de 27-03-1992; Thomas Bustamante and Evanlida de Godoi Bustamante, *Brazilian National Report*, pp. 17–18.

It must also be mentioned that, in some cases, the Brazilian Federal Supfreme Tribunal has supplied the missing rule through analogy until the Legislator can enact legislation. This was the case in the application of social security rules regarding special pension in the private sector to civil servants working at the Health Department of the public sector (MI 721/DF, March 8, 2007) and in the application to the provisions of a statute (Law 7.783/1989) that governs the right to strike in the private sector (MI 670/ES, October 25, 2007) to civil servants of a State.[749]

The same general approach of the constitutional court complementing the Legislator, particularly on matters of protecting fundamental rights, can be found in other countries. For example, in Argentina, the Supreme Court's ruling in the *Badaro* cases concerned automatic adjustment of pensions. In effect, because the Constitution provides for "mobile" pensions (article 14 *bis*), in *Badaro I*,[750] the Supreme Court considered that Congress's inaction with respect to the increase of pensions, which had been seriously reduced as a result of high inflation, violated the constitutional mandate. Therefore, the Court urged Congress to pass legislation within a reasonable time to solve that problem. The Court emphasized that it is not only a power but also a duty of Congress to give effect to the constitutional guarantee of pension mobility, for which it must legislate and adopt measures to guarantee the full enjoyment of the right. Eventually, in view of the lack of action by Congress, in *Badaro II*,[751] the Court, in reurging Congress to enact legislation, resolved to grant the petitioner's request and adopted criteria for readjusting pensions until Congress decided to act.[752]

In another important case, regarding the environment, the Supreme Court in *Mendoza*,[753] decided a complaint filed by a group of neighbors of a settlement known as Villa Inflamable – located on the outskirts of Buenos Aires – against the National Government, the province of Buenos Aires, the government of the City of Buenos Aires, and forty-four private companies, alleging damages caused by multiple diseases that their children and themselves had suffered as a result of the pollution of the water basin Matanza-Riachuelo." In two landmark rulings, the first in 2006 and the other in 2008, the Court ordered the defendants to present an environmental recovery program, entrusted the Matanza-Riachuelo Basin Authority in its implementation, and established detailed court-monitored guidelines on compliance to avoid interprovincial conflicts, all of them matters traditionally within the realm of legislatures and the executive of both federal and provincial levels.[754]

---

749 See Marcelo Figuereido, *Brazilian National Report II*, p. 6–7; Thomas Bustamante and Evanlida de Godoi Bustamante, *Brazilian National Report*, p. 19; Luis Roberto Barroso et al., "Notas sobre a questão do legislador positivo," *Brazilian National Report III*, pp. 28 ff., 32.

750 Fallos 329:3089 (2006); Alejandra Rodríguez Galán and Alfredo Mauricio Vítolo, *Argentinean National Report I*, p. 16 (footnote 68).

751 Fallos 330:4866 (2007); Alejandra Rodríguez Galán and Alfredo Mauricio Vítolo, *Argentinean National Report I*, p. 17 (footnote 69).

752 See also Néstor Pedro Sagües, *Argentinean National Report II*, pp. 12–13.

753 Fallos 329:2316 (2006) and Fallos 331:1622 (2008); Alejandra Rodríguez Galán and Alfredo Mauricio Vítolo, *Argentinean National Report I*, p. 17 (footnote 72).

754 See Alejandra Rodríguez Galán and Alfredo Mauricio Vítolo, *Argentinean National Report I*, p. 17.

In Germany, with respect to a complaint for constitutional protection of fundamental rights (*Verfassungsbeschwerde*),[755] the decision of the Constitutional Federal Tribunal N° 26/1969 of January 29, 1969, regarding article 6.5 of the Constitution, which establishes that the law must ensure for children born outside of marriage the same conditions of children born to married parents, in their physical, spiritual, and social development. The Federal Constitutional Tribunal considered that article 1712 of the Civil Code was insufficient regarding the constitutional provision and exhorted the Legislator to reform it according to the conditions set forth in article 6.5 of the Constitution before the end of the legislative term (Autumn 1969), which in fact occurred on August 19, 1969, with the promulgation of the reform.[756] Regarding this decision, Ines Härtel has reported the following:

> The BVerfG has already admonished the Legislator several times to fulfill explicit constitutional obligations through law. The constitutional obligations mentioned are oftentimes those which can only rely on weak forces in society in their realization; an example would be the task of the Legislator to create equal conditions between illegitimate and legitimate children in their physical and emotional development and consequently in their social standing (BVerfGE 8, 210 (216); 17, 148 (155); 25, 167 (173-188)) The respective decision states: "If the Legislator does not accomplish the order assigned to him by Constitution in Art. 6 Sec. 5 GG to reform Illegitimacy Law . . . until the ending of the current (fifth) legislative period of the Bundestag, it is the will of the Constitution to realize as much as possible of the Legislation.[757]

In India, an important case regarding ragging (bullying) at universities must be mentioned. In the exercise of its power under Articles 32 and 142 of the Constitution, in 2001, the Supreme Court decided on public interest litigation initiated in 1998 by Vishwa Jagriti Mission, a spiritual organization, seeking to curb the menace of ragging in educational institutions.[758] The Court, deciding in favor of the protection of fundamental rights, issued several guidelines, not only defining ragging but also contemplating possible causes of ragging, prescribing detailed steps to curb this practice, and outlining diverse modes of punishment that educational authorities could take. The Court also ruled that "failure to prevent ragging shall be construed as an act of negligence in maintaining discipline in the institution," and said, if "an institution fails to curb ragging, the UGC/Funding Agency may consider stoppage of financial assistance to such an institution till such time as it achieves the same." Because ragging continued to be reported in the media, the Indian Supreme Court engaged in its fight to curb ragging, directly appointing, in November 2006, a

755 See generally Francisco Fernández Segado, "El control de las omisiones legislativas por el Bundesverfassungsgericht," *Revista de Derecho*, N° 4, Universidad Católica del Uruguay, Konrad Adenauer Stiftung, Montevideo 2009, pp. 137–186.

756 See José Julio Fernández Rodríguez, *La inconstitucionalidad por omisión: Teoría general. Derecho comparado. El caso español*, Civitas, Madrid 1998, pp. 313–315.

757 See I. Härtel, *German National Report*, p. 19.

758 *Vishwa Jagriti Mission v. Central Government* AIR 2001 SC 2793; Surya Deva, *Indian National Report*, p. 9 (footnote 58).

Committee to suggest remedial measures to tackle the problem of ragging in educational institutions. In May 2007, the Supreme Court ordered that several recommendations of the Committee be implemented without any further lapse of time, establishing, among other things, that "punishment to be meted out has to be exemplary and justifiably harsh to act as a deterrent against recurrence of such incidents."[759] The Court did not leave the task of monitoring the guidelines to the executive branch of the government, ruling that the "Committee constituted pursuant to the order of this Court shall continue to monitor the functioning of the anti-ragging committees and the squads to be formed. They shall also monitor the implementation of the recommendations to which reference has been made above." In 2007, the Supreme Court gave further directions while dealing with specific instances of ragging in two colleges that were investigated by the Raghavan Committee;[760] and in 2009, in *University of Kerala v. Council of Principals of Colleges of Kerala*,[761] it directed all state governments as well as universities to act in accordance with the guidelines formulated by the Committee, considering ragging as a human rights abuse and thus expressly justifying the Court's exercise of power under Article 32 of the Constitution.[762]

In a similar trend, and through judicial means progressively developed for the protection of fundamental rights, the U.S. Supreme Court has filled the gap of legislative omissions, particularly in issuing equitable remedies, like injunctions,[763] through which a court of equity can adjudicate extraordinary relief to an aggrieved party, consisting of an order by the court commanding the defendant or injuring party to do something or to refrain from doing something.[764] These are called coercive remedies because they are backed by the contempt power, or the power of the court to directly sanction a disobedient defendant. Although they are not conceived of as only for the protection of constitutional rights, but for the protection of any right, they have been specifically effective for the protection constitutional rights, particularly preventive injunctions, which are designed to avoid future harm to a party by prohibiting or mandating certain behavior by another party (mandatory injunctions or prohibitory injunctions), and structural injunctions. The latter were developed by the courts after *Brown v. Board of Education* (347 U.S. 483 (1954); 349 U.S. 294 (1955)), in which the Supreme Court declared the dual school system discriminatory, using injunction as an instrument of reform, by means of which the

759 See *University of Kerala v. Council of Principals of Colleges of Kerala*, order dated 16 May 2007; Surya Deva, *Indian National Report*, p. 10 (footnote 61).

760 See J. Venkatesan, "SC Issues Guidelines to Check Ragging," *The Hindu*, May 9, 2009, http://www.thehindu.com/2009/05/09/stories/2009050957401 00.htm; Surya Deva, *Indian National Report*, p. 10 (footnote 62).

761 See *University of Kerala v. Council of Principals of Colleges of Kerala*, order dated 11 February 2009, para. 2; Surya Deva, *Indian National Report*, p. 10 (footnote 63).

762 See Surya Deva, *Indian National Report*, p. 10.

763 See Allan R. Brewer-Carías, *Constitutional Protection of Human Rights in Latin America*, Cambridge University Press, New York 2009, pp. 69 ff.

764 See William Tabb and Elaine W. Shoben, *Remedies*, Thomson West, St. Paul MN 2005, p. 13.

courts in certain cases undertake the supervision over institutional State policies and practices to prevent discrimination. As described by Owen S. Fiss:

> Brown gave the injunction a special prominence. School desegregation became one of the prime litigative chores of courts in the period of 1954–1955, and in these cases the typical remedy was the injunction. School desegregation not only gave the injunction a greater currency, it also presented the injunction with new challenges, in terms of both the enormity and the kinds of tasks it was assigned. The injunction was to be used to restructure the educational systems throughout the nation. The impact of Brown on our remedial jurisprudence – giving primacy to the injunction – was not confined to schools desegregation. It also extended to civil rights cases in general, and beyond civil rights to litigation involving electoral reappointments, mental hospitals, prisons, trade practices, and the environment. Having desegregated the schools of Alabama, it was only natural for Judge Johnson to try to reform the mental hospitals and then the prisons of the state in the name of human rights – the right to treatment or to be free from cruel and unusual punishment – and to attempt this Herculean feat through injunction. And he was not alone. The same logic was manifest in actions of other judges, North and South.[765]

In effect, deciding these equitable remedies for the protection of fundamental rights, the Supreme Court in the United States has also created complementary judicial legislation, for instance invoking the Fourth, Fifth, and Sixth Amendments to the Constitution, regarding the conditions for lawful search and arrest in connection with investigation and prosecution of crime. The Court's decisions have resulted in a substantial and relatively complex body of law controlling police behavior, which allows courts to reverse the convictions of defendants who have not been treated in accordance with the judicially produced rules. In contrast, law enforcement agencies interested in securing convictions have an interest in compliance, so police departments have adopted procedures and trained their personnel to follow the rules.[766]

On matters of racial segregation in public education, declared contrary to the equal protection clause set forth in the Fourteenth Amendment, the Supreme Court rulings in *Brown v. Board of Education* required the courts to be involved in the process of administering desegregation plans, which became clear three years later in *Swann v. Charlotte-Mecklenburg Board of Education*,[767] where the Supreme Court approved a detailed decree issued by a district court, based on the recommen-

765 See Owen M. Fiss, *The Civil Rights Injunctions*, Indiana University Press, Bloomington 1978, pp. 4–5; Owen M. Fiss and Doug Rendelman, *Injunctions*, Foundation Press, Mineola – New York 1984, pp. 33–34. Thus, structural injunctions can be considered a modern constitutional law instrument specifically developed for the protection of human rights, particularly in state institutions; an instrument that has been considered "an implicit part of the Constitutional guarantee of protecting individual rights from inappropriate government action." See William M. Tabb and Elaine W. Shoben, *Remedies*, Thomson West, St. Paul MN 2005, pp. 87–88.

766 See also Laurence Claus and Richard S. Kay, *U.S. National Report*, p. 23.

767 See *Swann v. Charlotte-Mecklenburg Bd. of Educ.*, 402 U.S. 1 (1971); Laurence Claus and Richard S. Kay, *U.S. National Report*, p. 30 (footnote 101).

dation of an expert in educational administration, containing measures like "the design of oddly shaped attendance zones, the pairing or clustering of black and white schools to permit a more reasonable racial balance, compulsory transportation of students to schools outside their neighborhoods, reassignment of teachers and other personnel to reduce the racial character of individual schools and requiring that new schools be constructed in locations that would not contribute to the persistence of segregation."[768] As mentioned by Laurence Claus and Richard S. Kay, the following twenty years witnessed numerous instances of federal judges attempting to reconcile the constitutional imperative with the practical realities of operating a school system, a task often made more difficult by passive or active resistance from local authorities. The practical and political questions associated with managing a desegregation regime returned regularly to the Supreme Court, whose judgments, from that point on, were largely concerned with defining limits to the broad judicial mandate sketched out in *Brown* and other decisions. The kinds of issues involved were illustrated by the Supreme Court's 1995 judgment in *Missouri v. Jenkins*,[769] one of its last significant statements on the remedial authority of federal courts in desegregation cases. The district court, in that case, had found that unconstitutional segregation had reduced the quality of the education offered in the affected schools. Over a ten-year period, the district court judge had, consequently, ordered that class size be reduced, that full-time kindergarten be instituted, that summer programs be expanded, that before- and after-school tutoring be provided, and that an early childhood development program be established. The district court also ordered a major capital improvement program and salary increases for teachers and other school employees.[770]

A similar situation occurred in the United States on matters related to the operation of prisons, based on the provision of the Eighth Amendment's prohibition of cruel and unusual punishment, and resulted in long-term supervision of numerous institutions. In litigation challenging the constitutionality of aspects of the Arkansas correctional institutions, federal judges ordered through structural injunctions, among other things, the closing of institutions, the maximum number of inmates in a particular facility and in individual cells, detailed procedures for determining disciplinary violations, and limits on the punishments administered. They required the employment of full-time psychiatrists or psychologists, affirmative action to recruit more minority personnel, and mandatory training of employees to improve race relations in the prisons. The practice of using armed inmates as "trusty" guards was prohibited. Inmates were to be provided with educational opportunities and a fair procedure for filing grievances. The courts retained jurisdiction for more than ten years.[771] Mental hospitals have been the subject of similar decrees,[772] and in some-

---

768 *Id.* at 19–25. See Laurence Claus and Richard S. Kay, *U.S. National Report*, p. 30 (footnote 102).

769 See *Missouri v. Jenkins*, 515 U.S. 70 (1995). See Laurence Claus and Richard S. Kay, *U.S. National Report*, p. 31 (footnote 104).

770 *Id.* at 74–80. Laurence Claus and Richard S. Kay, *U.S. National Report*, p. 31.

771 See *Hutto v. Finney*, 437 U.S. 678 (1978); Laurence Claus and Richard S. Kay, *U.S. National Report*, p. 32 (footnote 107).

what more contained proceedings, so has the process of apportioning legislative representation.[773]

In Canada, similar to the Latin American amparo proceeding for the protection of constitutional rights, article 24.1 of the Charter establishes the right of anyone, when the rights or freedoms guaranteed by the Charter have been infringed or denied, "to apply to a court of competent jurisdiction to obtain such remedy as the court considers appropriate and just." According to that provision, the courts have the power to issue a wide variety of remedies where they find that the rights of individuals have been violated, including declarations and injunctions requiring the government to take positive actions to comply with the Constitution and to remedy the effects of past constitutional violations. In a leading case related to minority language, the court also issued structural injunctions or interdicts requiring the government, in particular, to provide instruction and facilities. In Canada, the Constitution Act of 1867 provided that both French and English be used in the legislatures and courts of Canada and Quebec, and the provincial constitutions, such as the Manitoba Act of 1870, provided similar rights. In 1985, the Supreme Court confronted a law that purported to abolish the bilingualism obligations of Manitoba, where the French-speaking population had become a minority. Nonetheless, the Court decided that the unilingual laws were unconstitutional but held that immediate invalidation of most of Manitoba's laws was not appropriate because it would produce a legal vacuum that would threaten the rule of law. The Court then decided that it would give the unilingual laws temporary validity for the period of time that was necessary to translate them into French; it retained jurisdiction over the case for a number of years and, during that time, heard various motions concerning the extent of the constitutional obligations for bilingualism.[774] The Court's actions in this regard have been considered a form of remedial activism, somewhat similar to the American and Indian experience of courts maintaining jurisdiction over public institutions such as schools and prisons in the 1970s and 1980s to ensure that they satisfied constitutional standards.[775]

However, legislative omissions have also given rise in Canada to important acts of judicial activism on matters of criminal justice, given the absence of legislative response to enact statutory standards for speedy trials and the prosecutor's disclosure of evidence to the accused. In 1993, however, the Court acted decisively by holding that the Charter requires pretrial disclosure to the accused of all relevant evidence held by the prosecutor,[776] and it held that the right to a trial in a reasonable

---

772 See *Wyatt v. Stickney*, 344 F. Supp. 373 (1972). See Laurence Claus and Richard S. Kay, *U.S. National Report*, p. 32 (footnote 108).

773 See *Branch v. Smith*, 538 U.S. 254 (2003); Laurence Claus and Richard S. Kay, *U.S. National Report*, p. 32 (footnote 109).

774 *Reference re Manitoba Language Rights* [1985] 1 S.C.R. 721; [1985] 2 S.C.R. 347; [1990] 3 S.C.R. 1417n; [1992] 1 S.C.R. 212. See Kent Roach, *Canadian National Report*, p. 18 (footnote 48).

775 See Kent Roach, *Canadian National Report*, p. 18.

776 See *R. v. Stinchcombe* [1991] 3 S.C.R. 326; Kent Roach, *Canadian National Report*, p. 11 (footnote 18).

time would be violated by pretrial delays of more than a year.[777] Another example would be the Supreme Court's decision that holds that it will generally violate the Charter to extradite a person to face the death penalty.[778] Although framed in negative terms that would potentially prevent extradition, the practical effect of the decision is to require the government to take positive steps to seek assurances from states that they will not seek or impose the death penalty on a person extradited from Canada.[779]

In a certain way, in the United Kingdom, where the basic principle is that the court does not substitute itself for the legislature, it is also possible to identify important activities developed by the courts on matters of constitutional review regarding the protection of human rights, by issuing decisions with guidelines that supplement the jurisdiction of the Legislator or the administration. For example, referring to cases of the judges making the law in areas where there was inadequate previous precedent or statute, John Bell mentioned the case regarding the sterilization of intellectually handicapped adults, in which the House of Lords laid down principles that would govern the approval of such cases;[780] and the case decided in *Airedale NHS Trust v. Bland*[781] regarding the situation of a man who was in a permanent vegetative state and being fed through a tube. In the latter case, the House of Lords decided the circumstances, establishing policies on medical treatment for doctors could lawfully accede to the wishes of the man's parents that the feeding stop and that he be allowed to die. That is, in such cases, judicial decisions have provided rules for future application in the absence of any authoritative pronouncement by government.

In the Czech Republic, the Constitutional Court has filled the gap resulting from the Legislator's omission. The best and most controversial example mentioned by Zdenek Kühn is the one provided by the rent-control saga. In effect, in 2000, the Constitutional Court found unconstitutional rent control as practiced by Czech law, and it annulled the decree of the Ministry of Finance that regulated rent increases in apartment houses. The Court delayed the annulment to offer the legislature time to enact a new law with a mechanism to put rents to just terms, but the legislature declined to deal with the issue. The Court continued to annul decrees that dealt with the issue, and it used more and more compelling arguments to urge the legislature to enact a proper law.[782] In 2006, finally, the Court again criticized the legislative "activity, or rather, inactivity," which resulted in "freezing of controlled rent, which

---

777 See *R. v. Askov* [1990] 2 S.C.R. 1199; Kent Roach, *Canadian National Report*, p. 12 (footnote 19).

778 See *United States v. Burns and Rafay* [2001] 1 S.C.R; Kent Roach, *Canadian National Report*, p. 12 (footnote 21).

779 See Kent Roach, *Canadian National Report*, p. 12.

780 See *Re F (Mental Patient: Sterilisation)* [1990] 2 AC 173; John Bell, *British National Report*, p. 7 (footnote 33).

781 See [1993] 1 All ER 821; John Bell, *British National Report*, p. 7.

782 See decision of November 20, 2002, Pl. ÚS 8/02, *Rent Control II*, published as nº 528/2002 Sb.; and see decision of March 19, 2003, Pl. ÚS 2/03, *Rent Control III*, published as nº 84/2003 Sb; Zdenek Kühn, *Czech National Report*, p. 14 (footnote 58).

further deepens the violation of property rights of the owners of those apartments to which rent control applied. . . . By not passing them, the legislative assembly evoked an unconstitutional situation."[783] That is why the Constitutional Court rejected the petition but at the same time gave a rather unique verdict No. 1, according to which "[t]he long-term inactivity of the Parliament of the Czech Republic, consisting of failure to pass a special legal regulation defining cases in which a landlord is entitled to unilaterally increase rent, payment for services relating to use of an apartment, and to change other conditions of a lease agreement, is unconstitutional and violates" a number of constitutional rights.[784] The unique verdict was accompanied by a similarly unique reasoning in which the Court directed general courts to increase rents themselves, instead of entirely passive legislature; that is, the Court ordered general courts to make the law instead of the legislature. In this regard, the Court openly held that it must deviate from its role of negative legislator, expressing the following:

> Based on these facts [legislative inactivity], the Constitutional Court, in its role of protector of constitutionality, cannot limit its function to the mere position of a "negative" legislator, and must, in the framework of a balance of the individual branches of power characteristic of a law-based state founded on respect for the rights and freedoms of man and of citizens . . . , create space for the preservation of the fundamental rights and freedoms. Therefore, the general courts, even despite the absence of the envisaged specific regulations, must decide to increase rent, depending on local conditions, so as to prevent the abovementioned discrimination. In view of the fact that such cases will involve the finding and application of simple law, which is not a matter for the Constitutional Court, . . . the Constitutional Court refrains from offering a specific decision-making procedure and thereby replacing the mission of the general courts. It merely states that it is necessary to refrain from arbitrariness; a decision must be based on rational arguments and thorough weighing of all the circumstances of a case, the application of natural principles and the customs of civic life, the conclusions of legal learning and settled, constitutionally consistent court practice.[785]

The Constitutional Court, in addition, clearly explained in its decision its role in cases of absolute omissions by the Legislator, expressing the following:

> As a consequence of the inactivity of the legislative assembly it can evoke an unconstitutional situation, if the legislature is required to pass certain regulations, does not do so, and thereby interferes in a right protected by the law and by the constitution. . . . [W]e can conclude that under certain conditions the consequences of a gap (a missing legal regulation) are unconstitutional, in particular when the legislature decides that it will regulate a particular area, states

---

783 See decision of February 28, 2006, Pl. ÚS 20/05, *Rent Control IV*, at http://angl.concourt.cz/angl_verze/doc/p-20-05.php; Zdenek Kühn, *Czech National Report*, p. 13 (footnote 59).

784 *Id.*

785 *Id.*

> that intention in law, but does not pass the envisaged regulations. The same conclusion applies to the case where Parliament passed the declared regulations, but they were annulled because they did not meet constitutional criteria, and the legislature did not pass a constitutional replacement, although the Constitutional Court gave it a sufficient period of time to do so.
>
> The relationship between the legislative and judicial branches arises from the separation of powers in the state, as established in the Constitution. A material analysis necessarily leads us to conclude that this separation is not a purpose in and of itself, but pursues a higher purpose. From its very beginnings it was subjected by the constitutional framers to an idea based above all on service to the citizen and to society. Every power has a tendency to concentration, growth and corruption; absolute power to an uncontrollable corruption. If one of the branches of power exceeds its constitutional framework, its authority, or, on the contrary, does not fulfill its tasks and thus prevents the proper functioning of another branch (in the adjudicated case, of the judicial branch), the control mechanism of checks and balances, which is built into the system of separation of powers, must come into play. . . . [G]eneral courts err if they refuse to provide protection to the rights of those who have turned to them with a demand for justice, if they deny their complaints merely with a formalistic reasoning and reference to the inactivity of the legislature (the non-existence of the relevant legal regulations), after the Constitutional Court, as protector of constitutionality and review thereof, opened the way for them through its decisions. The Constitutional Court has repeatedly declared the unequal position of one group of owners of rental apartments and buildings to be discriminatory and unconstitutional, and the long-term inactivity of the Parliament of the CR to be incompatible with the requirements of a law-based state. The Constitutional Court, by the will of the constitutional framers, is responsible for the maintenance of the constitutional order in the Czech Republic, and therefore it does not intend to abandon this obligation, it calls on the general courts to fulfill their obligations.[786]

Finally, the case of the Constitutional Court of Colombia must be mentioned, particularly regarding a new constitutional situation that the Court has created to decide specific actions of *tutela* (*amparo*) for the protection of fundamental rights filed by displaced persons within Colombia due to the situation of violence suffered for years, particularly in rural areas and specifically on the occasion of deciding on the factual lack of enforcement of the *tutela* rulings. In such cases of massive violations of human rights, the Court has created what it has called an *estado de cosas inconstitucionales* (factual state of unconstitutionality), which it has used to substitute itself for the ordinary judges, the Legislator, and the Administration in the definition and coordination of public policies, a power that the Constitutional Court has exercised *ex officio*. This was referred to, among other decisions, in Decision N° 007 of January 26, 2009, where the Court ruled on the "[c]oordination with the territorial entities of public policies of attention to the displaced population" and ordered a

786 See Zdenek Kühn, *Czech National Report*, p. 14.

series of public actions to be executed by a variety of public administration entities.[787] In Decision N° T-025/04, the Court specified the conditions required to declared a factual state of unconstitutionality, such as "(i) the massive and widespread infringement of various constitutional rights affecting a significant number of people; (ii) the prolonged omission of the authorities in the fulfillment of its obligation to guarantee the rights; the adoption of unconstitutional practices, such as incorporating the action of *tutela* as part of the procedure to ensure the violated right; ... (iv) the failure to issue legislative, administrative, or budgetary measures to avoid infringement of Rights; (v) the existence of a social problem whose solution compromises the involvement of several entities, requires the adoption of complex and coordinated actions[,] and demands level of resources requiring important additional budgetary effort; (vi) if all people affected by the same problem would resort to the *tutela* for the protection of their rights, there would be greater judicial congestion."[788]

With these sorts of decisions, as mentioned by Sandra Morelli, the Constitutional Court has "abandoned its role as guarantor of fundamental constitutional rights of an individual in a particular case, to assume another role, that of formulating or contributing to formulate public policies, adding its implementation, and monitoring its implementation to guarantee the satisfaction of needs of displaced populations according to available resources and subject to compliance of procedural requirements that the same Court assumed the role to regulate."[789] This, of course, has nothing to do with the role of the constitutional judge in taking over responsibilities of the legislature and the public administration and in ordering specific actions to public entities and public officials. Sandra Morelli has considered this a "historical betrayal that the Colombian Constitutional Court undertakes, when instead of protecting each displaced individual that had filed action of *tutela* regarding their fundamental rights, even by way of guarantee of the right to equality, ventures into the strange category of the factual state of unconstitutionality and via the general way, without any need to bring an action of *tutela*, assumes the role of supreme administrative authority."[790]

II. CONSTITUTIONAL COURTS' FILLING THE GAP OF RELATIVE LEGISLATIVE OMISSIONS

Apart from the aforementioned cases of specific judicial review to ensure judicial review of *absolute* legislative omissions, judicial review of relative legislative omissions has been extensively developed in the past decades in all democratic countries, particularly in cases in which the matter is not the absence of legislation but the existence of poor, deficient, or inadequate regulation according to the constitutional

787 See Sandra Morelli, *Colombian National Report II*, p. 5.

788 *Id.*, p. 8.

789 *Id.*, p. 10.

790 *Id.*, p. 11.

provisions.[791] This can lead to the evaluation of the omission and the declaration of the unconstitutionality of the provision containing the omission, as commonly happens in countries with a diffuse system of judicial review.

But in countries with a concentrated system of judicial review, although constitutional courts have the power to annul statutes considered unconstitutional, including those that omit fundamental aspects imposed by the Constitution, in cases of relative legislative omissions being considered unconstitutional, the constitutional courts have also developed the practice of declaring the omission unconstitutional without annulling the provision. In the decisions, the courts send to the Legislator guidelines or instructions to correct the unconstitutionality, thus orienting the Legislator's future activities.[792]

Of course, in all these cases, the purpose of the constitutional courts' controlling the unconstitutionality of relative legislative omissions is not to allow the courts to create new legislative provision; that is, the purpose is not to usurp the Legislator's functions.[793] Nonetheless, in many cases, the result of these judicial decisions has been the encroachment of legislative attributions when orienting or instructing the Legislative body as to how it must fill the omission to make it conform with the Constitution.[794]

1. *Constitutional Courts and Equality Rights: Deciding on the Unconstitutionality of Statutes without Declaring Their Nullity*

As in countries with a diffuse system of judicial review, in countries with a concentrated system of judicial review, constitutional courts have also declared statutory provisions unconstitutional but without annulling them. Instead, in these cases, constitutional courts have limited their activity to declaring unconstitutional the challenged provision only regarding the part that is not in accord with the Constitution. Instead of annulling the provision, in some cases, the courts referred to the Legislator for it to produce the needed legislation,[795] and in others cases, the constitutional court issued directives, guidelines, recommendations, and even orders to the Legislator to correct the unconstitutional legislative omissions. In all these cases, the constitutional court assists and collaborates with the Legislator.

---

791 See Francisco Javier Díaz Revorio, *Las sentencias interpretativas del Tribunal Constitucional*, Ed. Lex Nova, Valladolid 2001, pp. 293, 294; Héctor Fix Zamudio and Eduardo Ferrer Mac-Gregor, *Las sentencias de los Tribunales Constitucionales*, Ed. Porrúa, Mexico City 2009, pp. 34, 37, 71; Víctor Bazan, "Jurisdicción constitucional local y corrección de las omisiones inconstitucionales relativas," *Revista Iberoamericana de Derecho Procesal Constitucional*, nº 2, Instituto Iberoamericano de Derecho Procesal Constitucional, Editorial Porrúa, Mexico City 2004, pp. 189 ff.

792 See José Julio Fernández Rodríguez, *La inconstitucionalidad por omisión: Teoría general. Derecho comparado. El caso español*, Civitas, Madrid 1998, pp. 227 ff.

793 See Héctor Fix Zamudio and Eduardo Ferrer Mac-Gregor, *Las sentencias de los Tribunales Constitucionales*, Ed. Porrúa, Mexico City 2009, p. 34.

794 *Id.*, pp. 36–37; 75, 88.

795 See Christian Behrendt, *Le judge constitutionnel, un législateur-cadre positif. Un analyse comparative en droit francais, belge et allemande*, Bruylant, Brussels 2006, p. 124.

An important note is that, in almost all the cases of relative legislative omissions that are declared unconstitutional but not annulled, the protection of fundamental constitutional rights have always been involved, particularly the right to equality and nondiscrimination.[796]

In concentrated systems of judicial review, the ability of constitutional courts to declare a legal provision unconstitutional without annulling it has been expressly established in the legislation governing the constitutional court's functions, as in Germany, where in 1970 the reform of the Law related to the Federal Constitutional Tribunal (BVerfG) established a specific function of the Tribunal in specific cases: to give preference to the constitutional interpretation of a statute and to "declare a law to be compatible or *incompatible* with the Basic Law," without the need to declare the provision "to be null and void" (article 31.2).[797] A similar reform was proposed in 2005 in Spain in relation to the Organic Law of the Constitutional Tribunal that established the contrary principle: "when a [Constitutional Tribunal's] decision declares the unconstitutionality of a provision, it must in addition declare the nullity of the challenged provisions."[798] The reform of the Law was not approved in Spain,[799] which did not prevent the Constitutional Tribunal from overcoming the rigidity of the dichotomy and issuing decisions of unconstitutionality without nullity.

An important case resolved by the Spanish Constitutional Tribunal was Decision N° 116/1987, regarding Law 37/1984 of October 22, 1984, which established social rights and benefits to military and police officers for services accomplished during the Civil War, excluding professional military who enrolled in the Armed Forces after 1936. Because of that exclusion, the Constitutional Tribunal considered the Law contrary to the principle of equality, annulled the exclusion, and extended the application of the provision to those who had been excluded.[800] Another important decision was Decision N° 45/1989, where the Constitutional Tribunal found unconstitutional a provision of Law 48/1985 on Income Tax that made the joint tax return for family members compulsory, which implied heavier tax obligations for a person integrated in a family group than for a person with the same income but not part of a family group.[801] The Constitutional Tribunal in this case considered the issue of the dichotomy unconstitutionality-nullity, arguing that, although the text of article 40.1

---

796 See F. Fernández Segado, *Spanish National Report*, pp. 9, 25, 39–42. P. Popelier has pointed out that, in Belgium, "the principle of equality and non discrimination constitutes the reference norm in more than 85% of the decisions adopted by the Constitutional Courts." See P. Popelier, *Belgian National Report*, p. 3.

797 See Christian Behrendt, *Le judge constitutionnel, un législateur-cadre positif. Un analyse comparative en droit francais, belge et allemande*, Bruylant, Brussels 2006, p. 93; See I. Härtel, *German National Report*, pp. 7–9; Francisco Javier Díaz Revorio, *Las sentencias interpretativas del Tribunal Constitucional*, Ed. Lex Nova, Valladolid 2001, p. 260; F. Fernandez Segado, *Spanish National Report*, p. 6.

798 See Francisco Javier Díaz Revorio, *Las sentencias interpretativas del Tribunal Constitucional*, Ed. Lex Nova, Valladolid 2001, p. 301.

799 See F. Fernández Segado, *Spanish National Report*, p. 6.

800 See F. Fernández Segado, *Spanish National Report*, p. 10.

801 See STC 45/1989, of February 20, 1989, para. 11.; F. Fernández Segado, *Spanish National Report*, p. 12.

of the Tribunal's Law was contradictory, it was not necessary for that dichotomy to be applied, particularly in cases of judicial review of an omission, in which case "the nullity as an strictly negative measure [] is manifestly incapable of reordering the Income Tax regime in a way compatible with the Constitution." The Tribunal concluded that it was for the Legislator, "according to the decision, to make the needed modifications or adaptations of the legal regime, according to its normative powers."[802] As Francisco Fernández Segado has pointed out:

> with the decision 45/1989, the Tribunal not only moved away from the legal text, giving birth to decisions of unconstitutionality without nullity, situating itself in the wake of the BVerfG [German Federal Constitutional Tribunal], but in addition categorically breached the binomial unconstitutionality/ nullity characteristic of the vision of the constitutional judge as "negative legislator."[803]

The same technique has been applied in Nicaragua, where the Supreme Court, in a decision recognizing the unconstitutionality of articles 225 and 228 of the Civil Code prohibiting and restricting cases of paternity inquiry, decided not to annul the articles and maintained them with effects pending new legislation to be approved by Congress, in order to avoid graver problems that a legal vacuum could produce.[804]

In Switzerland, where judicial review of cantonal laws is allowed, the Federal Court has also decided cases in relative legislative omissions but has refused to assume the role of legislator. In the *Hegetschweiler* case,[805] on the appeal of a married couple, the Supreme Court concluded that a cantonal regulation related to income and property taxes for married couples was unconstitutional because married couples owed higher taxes than unmarried couples who lived together in the same household and had similar financial means; this was considered a breach of the equal treatment precept (Article 8.1, Constitution). The subject matter of the appeal for an abstract control of norms was a new rule that represented an improvement over the previous legal situation. As mentioned by Tobias Jaag, if the Supreme Court had annulled the contested rule, the former rule would have again entered into effect, unless the Court had established a substitute rule. The Supreme Court rejected the appeal and limited itself to stating that the contested rule was not in full conformity with the Constitution; in this manner, the cantonal legislator was asked to remedy the unconstitutional situation. For the couple who appealed, the outcome was most dissatisfactory.[806]

---

802 *Id.* See also STC 13/1992, February 6, 1992, fund. jur. 17; STC 16/1996, February 1, 1996 fund. jur. 8; and STC 68/1996, April 18, 1996, fund. jur. 14, in F. Fernandez Segado, *Spanish National Report*, pp. 12–13.

803 See F. Fernández Segado, *Spanish National Report*, p. 12.

804 See decisions of November 22, 1957, B.J. p. 18730 (1873?), and of June 16, 1986, B.J. p. 105; Iván Escobar Fornos, "Las sentencias constitucionales y sus efectos en Nicaragua," in *Anuario Iberoamericano de Justicia Constitucional*, Centro de Estudios Políticos y Constitucionales, N° 12, 2008, Madrid 2008, p. 102.

805 See BGE 110 Ia 7; Tobias Jaag, *Swiss National Report*, p. 8 (footnote 37).

806 See Tobias Jaag, *Swiss National Report*, p. 8.

In another case issued in 1986, the Supreme Court found that a cantonal regulation imposing a lower retirement age for women than for men was in breach of the constitutional right to equal treatment of women and men. The Supreme Court, however, left it at that, reasoning that the cantonal legislator needed time to establish the constitutional status.[807] In the same sense, the Supreme Court protected the complaint of a federal official that a rule permitting only women, not men, to take early retirement after thirty-five years of service violated the right to equal treatment of women and men. The Court did not view itself as having competence, however, to issue a correct rule; the petition of the federal official for permission to take early retirement was therefore rejected.[808] In a similar case relating to the equal treatment of boys and girls during school lessons, the Court explicitly held: "it would, however, be out of the question for the Supreme Court, on its own initiative, to create a rule in lieu of the cantonal legislator."[809]

In general terms, the main result of constitutional courts exercising judicial review powers regarding statutes with unconstitutional provisions has been the assumption by constitutional courts of a new role as aides to the Legislator; they direct requests, recommendations, and instructions for the legislative organ to issue additional legislation to surpass the constitutional doubts that result from the relative legislative omission.[810]

Even in countries like Switzerland, where there is no judicial review of federal legislation but only regarding cantonal legislation, this does not preclude the Federal Supreme Court from criticizing a federal legislative rule, thereby signaling to the legislators that an amendment of the law is required.[811] For instance, during the past years, several cantonal voting systems have been held unconstitutional because they did not guarantee equal treatment of the voters (equal right to vote). In these cases, the Supreme Court contented itself with declaring that the voting systems were unconstitutional and asking the cantonal legislators to amend the rule that was objected to.[812]

These instruction or directives sent by constitutional courts to the Legislator are in some cases nonbinding recommendations and in other cases obligatory.[813]

---

807 See Supreme Court in ZBl 87/1986, 482 ff.; Tobias Jaag, *Swiss National Report*, p. 9 (footnote 40).

808 See BGE 109 Ib 86, 88 ff.; Tobias Jaag, *Swiss National Report*, p. 9 (footnote 41).

809 See Supreme Court, in ZBl 86/1985, 492, 495; Tobias Jaag, *Swiss National Report*, p. 9 (footnote 42).

810 See Héctor Fix Zamudio and Eduardo Ferrer Mac-Gregor, *Las sentencias de los Tribunales Constitucionales*, Ed. Porrúa, Mexico City 2009, pp. 39, 89.

811 See BGE 103 Ia 53, 55; Tobias Jaag, *Swiss National Report*, p. 7 (footnote 29).

812 See BGE 131 I 74, p. 84 ff.; 129 I p. 185, 205 ff.; Tobias Jaag, *Swiss National Report*, p. 7 (footnote 44, 45).

813 In this sense, Christian Behrendt, in analyzing the situation in Germany, Belgium, and France, distinguishes between what he calls permissive, not binding interferences or *lignes directives*, and the enabling obligatory interferences, or injunctions. See Christian Behrendt, *Le judge constitutionnel, un législateur-cadre positif. Un analyse comparative en droit francais, belge et allemande*, Bruylant, Brussels 2006, pp. 253 ff.

2. *Constitutional Courts' Issuing Nonbinding Directives to the Legislator*

In general terms, regarding noncompulsory judicial recommendations – known as exhortative decisions, delegate decisions, or *sentenze indiritzzo* in Italy[814]– the Constitutional Court declares the unconstitutionality of a provision but does not introduce the norm to be applied through interpretation, leaving this task to the Legislator. In Italy, these decisions are also called "principles' additive decisions,"[815] such as Decision N° 171 of 1996, issued by the Constitutional Court to declare unconstitutional a provision of the Law regulating the right to strike in public services. The provision did not provide for previous notice and a reasonable term in strikes of lawyers and advocates.[816]

In other cases, the instruction directed to the Legislator can be conditional with respect to the constitutional court. In Italy, for instance, when dealing with an unconstitutional statute, the Constitutional Court can recommend that the Legislator introduce legislation to eliminate the constitutional doubts. Through the *doppia pronuncia* formula, if the Legislator fails to execute the recommendations of the Court, in a second decision, the Court can declare unconstitutional the impugned statute.[817]

This sort of exhortative judicial review is also accepted in Germany, where it is called "appellate decisions."[818] Here, the Federal Constitutional Tribunal in cases of unconstitutional statutes can issue "an admonition to the Legislator," which contains legislative directives "addressed to the Legislator which can be of norm-requesting as well as norm-demanding nature still considered constitutional, in its impacts and effects, to improve or alternatively replace it,"[819] for which purpose it must give the Legislator a term to do so. Once the term is exhausted, the provision becomes unconstitutional, and the Tribunal must rule on the matter. An example of this type of decision is one issued by the Federal Constitutional Tribunal regarding a survivor's pension. A statute provided that a widow would always obtain the pension of her late husband, but the widower would obtain his wife's pension in case of her death only if she had primarily provided for the family and earned the family income before or if she had been a public official. The Federal Constitutional Court found that

---

814 See L. Pegoraro, *La Corte e il Parlamento. Sentenze-indirizzo e attivitá legislativa*, Cedam, Padua 1987, pp. 3 ff.; Francisco Javier Díaz Revorio, *Las sentencias interpretativas del Tribunal Constitucional*, Ed. Lex Nova, Valladolid 2001, p. 268; Néstor Pedro Sagües, *Argentinean National Report II*, pp. 4–7.

815 Francisco Javier Díaz Revorio, *Las sentencias interpretativas del Tribunal Constitucional*, Ed. Lex Nova, Valladolid 2001, pp. 279–284, 305.

816 See A. Vespaziani, "Una sentenza additiva di principio reguardo allo 'sciopero' degli avvocati," in *Giurisprudenza costitutionalle*, 1996, Vol. IV, pp. 2718 ff. Francisco Javier Díaz Revorio, *Las sentencias interpretativas del Tribunal Constitucional*, Ed. Lex Nova, Valladolid 2001, pp. 281–282 (footnote 164).

817 See Iván Escobar Fornos, *Estudios Jurídicos*, Vol. I, Ed. Hispamer, Managua 2007, p. 504.

818 See Francisco Javier Díaz Revorio, *Las sentencias interpretativas del Tribunal Constitucional*, Ed. Lex Nova, Valladolid 2001, pp. 264; Iván Escobar Fornos, *Estudios Jurídicos*, Vol. I, Ed. Hispamer, Managua 2007, p. 505.

819 See I. Härtel, *German National Report*, pp. 17–18.

the provision was in process of becoming unconstitutional because of social changes that have taken place particularly on the role of women in the family, asking the Legislator to issue according to its powers to legislate the necessary provisions to prevent the unconstitutionality.[820]

In other cases, the Federal Constitutional Tribunal has limited itself to issue directives to the Legislator but leaving the Legislator to make the political decision. This was the case of the decision issued regarding a statute of March 18, 1965, on the reimbursement of electoral expenses of political parties. The Tribunal also developed some conditions to be followed only if the Legislator decided to implement the reimbursement system.[821]

In France, the Constitutional Council has also issued directives to the Legislator, which even without normative direct effects can establish a framework for future legislative action.[822] They have persuasive effect only because the Constitutional Council always is able to exercise review of the constitutionality of a subsequent law.

A similar technique, called signalizations, has been applied in Poland, through which the Constitutional Tribunal directs the Legislator's attention to problems of general nature.[823]

In Belgium,[824] the Constitutional Court has also applied this technique. In particular, in a 1982 case referring to regional taxation legislation on environmental matters, as to the definition of *pollutant payer*, the former Court of Arbitration issued directives to the regional Legislators establishing the conditions under which *pollutant payer* was not in conformity with the Constitution's principle of equality.[825] Also in an interesting decision issued by the same former Court of Arbitration in 2004, on the taxation regime for donations to nonprofit associations established in a federal law, the Court sent directives to a regional Legislator that was different from the one that had incurred in an unconstitutionality, that is, to the regional legislator that the Court considered competent to issue legislation on the matter.[826]

---

820 See BVerfGE 39, 169 ff.; I. Härtel, *German National Report*, pp. 18; Francisco Javier Díaz Revorio, *Las sentencias interpretativas del Tribunal Constitucional*, Ed. Lex Nova, Valladolid 2001, pp. 265 (footnote 115).

821 See BVerfG, decision of July 19, 1966, BVerfGE 20, 56 (114–115), in Christian Behrendt, *Le judge constitutionnel, un législateur-cadre positif. Un analyse comparative en droit francais, belge et allemande*, Bruylant, Brussels 2006, pp. 176–179, 185 ff.

822 See Decision 83-164 DC; Bertrand Mathieu, *French National Report*, p. 10.

823 See, e.g., signalization concerning protection of tenants of June 29, 2005, OTK ZU 2005/6A/77; Marek Safjan, *Polish National Report*, p. 16 (footnote 45).

824 See P. Popelier, *Belgian National Report*, p. 8.

825 See CA arrêt 79/93 of November 9, 1993, in Christian Behrendt, *Le judge constitutionnel, un législateur-cadre positif. Un analyse comparative en droit francais, belge et allemande*, Bruylant, Brussels 2006, pp. 175–176, 191 ff.

826 See CA arrêt 45/2004 of March 17, 2004, in Christian Behrendt, *Le judge constitutionnel, un législateur-cadre positif. Un analyse comparative en droit francais, belge et allemande*, Bruylant, Brussels 2006, pp. 175–176, 230–237.

In Serbia, Article 105 of the Law on the Constitutional Court empowers the Constitutional Court to give its opinion or to point out the need to adopt or revise laws, or to implement other measures relevant for the protection of constitutionality and legality, which are used to put some pressure on the National Assembly to bring laws for implementation of constitutional provisions or to correct existing unconstitutional rules. In these cases, the court can act *ex officio*, but the opinions do not have binding force. The most important notifications and opinions issued by the Court were connected to noncompliance with deadlines stipulated in constitutional laws for the enforcement of the Constitution.[827]

In the Czech Republic, the Constitutional Court in some cases has also provided a detailed analysis of the law that will fit the constitutional test of the Court after the original law has been annulled.[828] Nonetheless, those guidelines are not binding, and practice shows that the Legislator frequently does not follow the Court's reasoning.[829]

In France, the Constitutional Council – which until 2009 could only review statutes' constitutionality before they were promulgated by the National Assembly – has necessarily issued decisions that have interfered with the legislative function.[830] Consequently, on many occasions, the Council has issued decisions containing non-obligatory directives to the Legislator to sufficiently correct the draft legislation submitted. One example of such a decision on economic matters is the one adopted in 1982 on the occasion of the control exercised by the Constitutional Council regarding the Nationalization Law, particularly referring to the provisions on compensation regarding the nationalized enterprise stocks. The Council argued that it was necessary for the Legislation to be approved to take into account the corresponding compensation and the phenomenon of monetary depreciation.[831]

On institutional matters, in another decision in 2000, the Constitutional Council issued directives to the Legislator when reviewing a statute on election age. The statute lowered the age to be elected in European elections for non-French candidates to eighteen years but kept the age of twenty-three years for French citizens. The Council expressed that if the Legislator was to reduce the age to be elected, it must do so for all candidates.[832]

In Mexico, in the first decision the Supreme Court adopted to resolve a direct action of a statute's unconstitutionality (37/2001), in addition to declaring the provi-

827 See Boško Tripković, *Serbian National Report*, pp. 9–10.

828 See Decision *Anonymous Witness* of October 12, 1994, Pl. ÚS 4/94, at http://angl.concourt.cz/angl_verze/doc/p-4-94.php; Zdenek Kühn, *Czech National Report*, p. 12 (footnote 53).

829 See Zdenek Kühn, *Czech National Report*, p. 12.

830 See Bertrand Mathieu, *French National Report*, p. 6.

831 See Decision 132 DC of January 16, 1982 (*GD*. nº 31. Loi de nationalization), in Christian Behrendt, *Le judge constitutionnel, un législateur-cadre positif. Un analyse comparative en droit francais, belge et allemande*, Bruylant, Brussels 2006, pp. 173–175.

832 See CC, Decision 426 DC of March 30, 2000, in Christian Behrendt, *Le judge constitutionnel, un législateur-cadre positif. Un analyse comparative en droit francais, belge et allemande*, Bruylant, Brussels 2006, pp. 176.

sion unconstitutional, the Court exhorted the Legislator to legislate on the matter, fixing a term of ninety days to do so.[833]

In countries with diffuse systems of judicial review, exhortative rulings have also been issued by Supreme Courts. This is the case in Argentina, in the *Verbitsky* case, where the Supreme Court decided a collective *habeas corpus* petition, without declaring unconstitutional any legal provision of the Province of Buenos Aires. It then exhorted authorities to sanction new legal provisions to take care of the overcrowding and dreadful situation in the penitentiary system.[834] Another important case was *Rosza*, where the Supreme Court, after declaring unconstitutional a decision of the Judiciary Council of the Nation regarding the provisional appointment of judges, exhorted the Congress and the executive to enact a new "constitutionally valid" regime, provided guidelines for the new regime to follow, and granted Congress one year to implement the new system.[835]

In other cases, the Argentinean Supreme Tribunal, after declaring the unconstitutionality of some statutory provisions, has issued guidelines to Congress for future legislation that indicate the constitutional path that Congress should take on certain affairs. Moreover, in some decisions, it has changed the clear legislative intent – through judicial interpretation – to make the law adequate with the Court's interpretation of the Constitution. These actions show the Court's increasing involvement in realms previously left to the political branches of government. For instance, in the cases *Castillo*[836] and *Aquino* (2004),[837] the Supreme Court declared unconstitutional the Labor Risks Law (Law 24.557), particularly its procedural contents (a matter constitutionally reserved to provincial legislation) and the limits of compensation for labor injuries. The Court found that its provisions denied workers their right to complete restitution. In addition, the Court's rulings demanded congressional action to modify the system in accordance with Court-established guidelines.

In *Vizzoti*, the Supreme Court ruled that the limits to the base salary used to calculate termination compensation provided for in the Employment Law were unreasonable, in light of the constitutional obligation to protect workers against unjustified firings. The Court then provided Congress with guidelines for valid limits, indi-

---

833 See Héctor Fix Zamudio and Eduardo Ferrer Mac-Gregor, "Las sentencias de los tribunales constitucionales en el ordenamiento mexicano," in *Anuario Iberoamericano de Justicia Constitucional*, N° 12, 2008, Centro de Estudios Políticos y Constitucionales, Madrid 2008, p. 252.

834 See CSIJ, Fallos 328:1146, in Néstor P. Sagües, "Los efectos de las sentencias constitucionales en el derecho argentino," in *Anuario Iberoamericano de Justicia Constitucional*, Centro de Estudios Políticos y Constitucionales, N° 12, 2008, Madrid 2008, p. 340; Néstor Pedro Sagües, *Argentinean National Report II*, pp. 7–11.

835 Decision of May 23, 2007, *Jurisprudencia Argentina*, 2007-III-414, in Néstor P. Sagües, "Los efectos de las sentencias constitucionales en el derecho argentino," in *Anuario Iberoamericano de Justicia Constitucional*, Centro de Estudios Políticos y Constitucionales, N° 12, 2008, Madrid 2008, p. 341. See also Néstor Pedro Sagües, *Argentinean National Report II*, pp. 11–12. See also Fallos 330:2361 (2007), in Alejandra Rodríguez Galán and Alfredo Mauricio Vítolo, *Argentinean National Report I*, p. 13.

836 See Fallos 327:3610 (2004); Alejandra Rodríguez Galán and Alfredo Mauricio Vítolo, *Argentinean National Report I*, p. 13.

837 See Fallos 327:3753 (2004); Alejandra Rodríguez Galán and Alfredo Mauricio Vítolo, *Argentinean National Report I*, p. 13.

cating that "the Court's decision does not entail undue interference with congressional powers, nor a violation of the separation of powers, being only the duly exercise of the constitutionally-mandated judicial review over laws and governmental action."[838] In other cases of judicial review of conventionality, regarding the American Convention of Human Rights, as in the *Cantos* case (2003),[839] the Argentinean Supreme Court demanded that Congress pass legislation to comply with the binding rulings of the Inter-American Court of Human Rights.

In Colombia, the Constitutional Court has also assumed similar exhortative powers with respect to Congress. After declaring unconstitutional a few articles of Law 600 of 2000 (Articles 382–389) on habeas corpus, the Court exhorted Congress to legislate on the matter according to the criteria established in the ruling, and it gave Congress a term in which it needed to legislate.[840]

A similar position has been adopted by the Supreme Court of the Netherlands, despite the ban on judicial review of statutes' constitutionality established in Article 120 of the Constitution. In the 1989 *Harmonization Act* case, the Supreme Court, though maintaining that it was clearly not entitled to review whether an Act of Parliament was compatible with legal principles, made it clear that – had it been allowed to do so – it would have ruled that the 1988 Harmonization Act violated the principle of legal certainty. The Court thus gave the legislature some "expert advice," and the latter, taking the hint, eventually changed the law. As mentioned by J. Uzman, T. Barkhuysen, and M. L. van Emmerik, "the ban on judicial review of legislation then does not prevent the judiciary to engage in a dialogue with the legislature, be it that such occasions remain rare."[841]

In some cases, this dialogue has led the Supreme Court, as in the *Labour Expenses Deduction* case,[842] to rule that it would not – for the time being – intervene because doing so would entail choosing from different policy options. The Court made clear that it might think otherwise if the legislature knowingly persisted in its unlawful course.[843] But in no case can these judicial decisions consist of the Supreme Court giving orders to Parliament to produce legislation by means of injunctions, even if the legislative omission renders the legislation incompatible with the European Union law.[844]

---

838 See Fallos 327:3677 (2004); Alejandra Rodríguez Galán and Alfredo Mauricio Vítolo, *Argentinean National Report I*, p. 13; Néstor Pedro Sagüés, *Argentinean National Report II*, p. 20.

839 See Fallos 326:2968 (2003); Alejandra Rodríguez Galán and Alfredo Mauricio Vítolo, *Argentinean National Report I*, p. 15 (footnote 60).

840 See Germán Alfonso López Daza, *Colombian National Report I*, p. 11.

841 See J. Uzman, T. Barkhuysen, and M. L. van Emmerik, *Dutch National Report*, p. 6.

842 See Supreme Court judgment of 12 May 1999, *NJ* 2000/170 (*Labour Expenses Deduction)*. See J. Uzman, T. Barkhuysen, and M. L. van Emmerik, *Dutch National Report*, p. 26 (footnote 79).

843 See J. Uzman, T. Barkhuysen, and M. L. van Emmerik, *Dutch National Report*, p. 42.

844 See Supreme Court judgment of 21 March 2003, *NJ* 2003/691 (*State v. Waterpakt*); J. Uzman, T. Barkhuysen, and M. L. van Emmerik, *Dutch National Report*, p. 38.

3. *Constitutional Courts' Issuing Binding Orders and Directives to the Legislator*

In contrast, in many other cases of judicial review, particularly those referring to relative legislative omissions, constitutional courts have progressively assumed a more positive role regarding the Legislator, issuing not only directives, but also orders or instructions, for the Legislator to reform or correct pieces of legislation in the sense indicated by the Court. This has transformed constitutional courts into a sort of auxiliary Legislator, imposing on the Legislator certain tasks and establishing a precise term for their performance.

This judicial review technique has been used in Germany, where the Federal Constitutional Tribunal, in many cases, after having determined the incompatibility of a legal provision with the Constitution, without declaring its nullity, declares the obligation of the Legislator to resolve the unconstitutional condition and to improve or abolish the law.[845] An early example of this sort of injunctive decision regarding the Legislator was adopted in 1981 with respect to a provision of the Civil Code (Article 1579) that established the regime of alimony, specifically the possibility of it reduction or suppression for equitable reasons and in particular, the exceptions to the reduction based on the impossibility for the holder of the pension to carry on remunerative work due to the attention to be given to the child the former spouse had. This exception was challenged in a particular judicial case that reached the Tribunal, which found that, though motivated by educational and family reasons, the rigidity of the provision prevented the courts from adjusting it to individual circumstances, violating article 2.1 of the Constitution (individual freedom). Consequently, the Tribunal decided that "the Legislator must establish a new regime taking into account the principle of proportionality. The Legislator is free to decide whether to adopt an additional provision or to modify the second part of article 1579."[846]

In another case, on professional conflicts of interest as contrary to the fundamental right of everyone to choose his or her profession, the Tribunal also issued orders to the Legislator but without leaving it any alternative. The Tribunal found a specific legal conflict of interest (preventing tax counsels from exercising commercial activities) unconstitutional in certain situations, concluding that, "[f]ollowing the principle of proportionality, the Legislator must establish transitory dispositions for the cases in which to immediately end commercial activities could signify a heavy burden. It is for the Legislator to fix the content of these transitory provisions."[847] Another classic example is the Federal Constitutional Tribunal decision in a case of reimbursement for electoral expenses in the electoral campaign of 1969, in which article 18 of the Political Parties Law was considered contrary to article 38 of the Constitution, which guaranteed the equality of candidates in elections. The Constitutional

---

845 See I. Härtel, *German National Report*, p. 9.

846 See BVerfG, decision of July 14, 1981, BVerfGE 57, 381, in Christian Behrendt, *Le judge constitutionnel, un législateur-cadre positif. Un analyse comparative en droit francais, belge et allemande*, Bruylant, Brussels 2006, pp. 263–268.

847 See BVerfG, decision of February 15, 1967, BVerfGE 21, 183, in Christian Behrendt, *Le judge constitutionnel, un législateur-cadre positif. Un analyse comparative en droit francais, belge et allemande*, Bruylant, Brussels 2006, pp. 259–262.

Tribunal ordered the Legislator to substitute the provision declared unconstitutional by issuing another according to the Constitution; it even indicated to the Legislator what not to do to avoid aggravating the unconstitutional inequalities.[848]

Other important cases in which the Federal Constitutional Tribunal has established "legislative programmes" in certain decisions include the *Numerus-Clausus* decision,[849] the decision concerning professors,[850] the decision on abortion, and the decision on alternative civilian service.[851] For instance, in the *Numerus-Clausus* decision and the decision concerning professors, the Tribunal structured the basic rights as participation rights, which guarantee state services, and deducted from this a limitation of university places, and instruction to the Legislator on how to arrange the *Numerus-Clausus*.[852]

A similar sort of decision of the Constitutional Court can be found in Belgium, one of the most illustrative cases being the one related to the electoral constituency of Bruxelles-Hal-Vilvorde Province, in which in a decision issued in 2003, after finding that the enlargement of the constituency coincided with the one of the Province, the Constitutional Court urged the Legislator to put an end to the unconstitutionality found, establishing in the case a term for the Legislature to do so.[853]

This last technique of issuing orders to the Legislator that impose a term or deadline for it to take the necessary legislative action has been developed in many countries, reinforcing the character of constitutional courts as direct collaborators of the Legislators. In Germany, this technique is considered the general rule in the Federal Constitutional Tribunal's decisions containing injunctions to the Legislator, whether those injunctions establish a fixed date, or the occurrence of a fact not yet determined, a reasonable term, or in the near future.[854] The power of the Tribunal has been deducted from article 35 of the Law regulating its functions (BVerfG),[855] which states that "in its decision the Federal Constitutional Tribunal may state by whom it is to be executed; in individual instances it may also specify the method of execution." According to I. Härtel, "the setting of a deadline is meant to provide a form of pressure against the Legislator and thereby serve the enactment of justice found by the BVerfG."[856] In a recent case on inheritance tax, the Federal Constitutional Court declared unconstitutional the current capital-transfer tax and fixed a

848 See BVerfG, decision of March 9, 1976, BVerfGE 41, 414, in Christian Behrendt, *Le judge constitutionnel, un législateur-cadre positif. Un analyse comparative en droit francais, belge et allemande*, Bruylant, Brussels 2006, pp. 275–278.

849 See BVerfGE 33, 303; I. Härtel, *German National Report*, p. 14 (footnote 89).

850 See BVerfGE 35, 79; I. Härtel, *German National Report*, p. 14 (footnote 90).

851 See BVerfGE 48, 127; I. Härtel, *German National Report*, p. 14 (footnote 91).

852 See I. Härtel, *German National Report*, p. 15.

853 See CA N° 73/2003 du 26 mai 2003, in P. Popelier, *Belgian National Report*, p. 4.

854 See I. Härtel, *German National Report*, pp. 7–8; Christian Behrendt, *Le judge constitutionnel, un législateur-cadre positif. Un analyse comparative en droit francais, belge et allemande*, Bruylant, Brussels 2006, pp. 288 ff.

855 See I. Härtel, *German National Report*, p. 9.

856 *Id.*, p. 9.

deadline of December 31, 2008, for the Legislator to restore a legal condition in conformity with the Constitution.[857] The unconstitutional statute, which had been considered valid until said resolution, therefore maintained validity for more than another year, which was justified by the Tribunal, which pointed out that, in the case of a violation of the principle of equity (Art. 3.1 Constitution) several possibilities for correcting the unconstitutional condition are available to the Legislator, so that the regulation under review is not annulled but simply declared incompatible with the Constitution.[858] Another classical example of these decisions is one issued by the Federal Constitutional Tribunal in 1998 on an individual's freedom to exercise a particular profession, where it considered a provision of a statute contrary to article 12.1 of the Constitution. The Tribunal argued, "Nonetheless, the violation of the Constitution does not lead to the annulment of the provision due to the fact that the Legislator has various possibilities to put an end to the declared unconstitutionality," thus limiting the Tribunal "only to verify[ing] the incompatibility of the unconstitutional provision with article 12,1 of the Constitution." The Tribunal also indicated, "The Legislator is oblige[d] to replace the questioned provision with a regulation in harmony with the Constitution before January 1, 2001."[859]

In a similar sense, in Austria, the Constitutional Court has the power to issue such guidelines for the Legislator that establish the rules to be applied in future legislation. One of the most important decisions of the Constitutional Court, as summarized by Ulrich Zellenberg[860] and referred to by Konrad Lachmayer, relates to the creation of self-governing corporations that exist besides local, municipal self-government, playing an important role in Austrian administration. In a series of decisions, the Constitutional Court established the conditions that the Legislator must meet to create such self-governing bodies, particularly in the field of social insurance. In decision VfSlg 8215/1977, the *Salzburger Jägerschaft* (Salzburg Hunting Association) case, the Court ruled on the requirements with which the Legislator must comply to establish self-governing corporations; it provided rules ensuring state-supervision over administrative affairs and within the autonomous sphere of competencies. In decision VfSlg 8644/1979, the Constitutional Court added the need to provide for a democratic way of nominating the officials of the self-governing corporation. In VfSlg 17.023/2003, the Constitutional Court subjected the action of the self-governing corporation to the principle of efficiency. In decision VfSlg 17.869/2006, the Austrian Constitutional Court restricted the self-governing bodies to enact regulations only with regard to persons within their sphere of competence; that is, they must not address persons who are not its members.[861]

---

857 BVerfG, court order from 2006-11-7, reference number: 1 BvL 10/02. I. Härtel, *German National Report*, p. 7.

858 I. Härtel, *German National Report*, p. 8.

859 BVerfG, decision of November 10, 1998, BVerfGE 99, 202, in Christian Behrendt, *Le judge constitutionnel, un législateur-cadre positif. Un analyse comparative en droit francais, belge et allemande*, Bruylant, Brussels 2006, p. 295.

860 Ulrich Zellenberg, "Self-Government and Democratic Legitimacy," Vol. 3, *ICL-Journal* 2/2009, 123 (http://www.icl-journal.com); Konrad Lachmayer, *Austrian National Report*, p. 10 (footnote 28).

861 See Konrad Lachmayer, *Austrian National Report*, p. 10.

In Croatia, the Constitutional Court also instructed the Legislator in general terms as to how to enact legislation, particularly on matters of the restriction of human rights. This was the case in Decision No. U-I-673/1996, of April 21, 1999, which repealed several provisions of the Law on Compensation for Property Expropriated during the Yugoslav Communist Rule.[862] In that case, as mentioned by Sanja Barić and Petar Bačić, the Court found that some restrictions to the right to dispose of property were disproportionate to the goal the Law attempted to achieve and contradicted the constitutional provisions on the restriction of human rights and freedoms. The Court seized the opportunity to instruct the legislators on future practice by emphasizing that any limitation of human rights and freedoms, be it necessary and Constitution based, represented "an exceptional state, because it does not abide by the general rules regarding constitutional rights and freedoms." The Constitutional Court decided: "Because of this, not only must these restrictions be based on the Constitution, but they also have to be proportional to the target goal and purpose of the law. In other words, this goal and purpose must be achieved with as little interference in the constitutional rights of citizens as possible (if the restrictions can be gradated, of course)."[863]

In France, given the traditional *a priori* judicial review of legislation exercised by the Constitutional Council, one of the most important means to ensure the enforcement of the Council's decisions are the directives called *réserves d'interprétation* or *réserves d'application*. By means of these directives, the Council establishes the conditions for the law to be enforced and applied, and the directives are aimed at the administrative authorities who must issue the regulations of the law and to the judges who must apply the law.[864]

Finally, in Colombia, the Constitutional Court has also ruled on the unconstitutionality of relative omissions by the Legislator and has exhorted Congress to sanction the corresponding statute. This was, for example, the case of the decision of the Constitutional Court issued when reviewing article 430 of the Labor Code, which prohibits strikes in public services. The Court in Decision No. C-473/94 reviewed the omission of the Legislator regarding the sanctioning of the legislation concerning the right to strike in essential public services, and "exhort[ed] Congress to legislate in a reasonable term" the corresponding legislation on the matter in accordance with the Constitution.[865]

---

862 See Decision and Resolution of the Constitutional Court, nº U-I-673/1996, dated April 21, 1999, Official Gazette "*Narodne novine*," 39/1999; Decision U-I-902/1999, of January 25, 2000, Official Gazette "*Narodne novine*," 14/2000; Sanja Barić and Petar Bačić, *Croatian National Report*, p. 24 (footnote 65).

863 See Sanja Barić and Petar Bačić, *Croatian National Report*, p. 25.

864 See Bertrand Mathieu, *French National Report*, p. 10.

865 See Germán Alfonso López Daza, *Colombian National Report I*, p. 10; Mónica Liliana Ibagón, "Control jurisdiccional de las omisiones legislativas en Colombia," in Juan Vega Gómez and Edgar Corzo Sosa, *Instrumentos de tutela y justicia constitucional: Memoria del VII Congreso Iberoamericano de Derecho Constitucional*, Universidad Nacional Autónoma de México, Mexico City 2002, pp. 322–323.

III. CONSTITUTIONAL COURTS AS PROVISIONAL LEGISLATORS

In many other cases, in addition to constitutional courts issuing orders for the Legislator to enact legislation in a specific way and on a fixed or determined date, which occurs particularly on matters of legislative omissions, constitutional courts have also assumed the role of being provisional Legislators by including in their decisions provisional measures or regulations to be applied in the specific matter considered unconstitutional, until the Legislator sanctions the statute it is obliged to produce. In these cases, the court immediately stops the application of the unconstitutional provision, but to avoid the vacuum that annulment can create, the court temporarily establishes certain rules to be applied until new legislation is enacted.[866] Constitutional courts, in these cases, in some way act as "substitute legislators," not to usurp their functions but to preserve their legislative freedom.[867]

This technique has also been applied in Germany, on the basis of an extensive interpretation of the same article 35 of the Federal Constitutional Tribunal's Law, from which the Tribunal deducted that it has the power to enact general rules to be applied pending the sanctioning by the Legislator of the legislation on the matter in harmony with the Constitution. In these cases, the Tribunal has assumed an "auxiliary" legislative power, acting as a "parliamentary reparation enterprise" and "eroding the separation of powers."[868]

The most important and interesting case ruled by the Federal Constitutional Tribunal in this regard has been the one rendered in 1975, referring to the reform of the Criminal Code regarding the partial decriminalization of abortion.[869] The Tribunal found unconstitutional the provision (Article 218a of the Criminal Code) requiring the Legislator to establish more precise rules; it further found that, "[i]n the interest of the clarity of law (*Rechtsklareit*), it seems suitable, according to article 35 of the Federal Constitutional Tribunal Law, to establish a provisory regulation that must be applicable until the new provisions would be enacted by the Legislator." The result was the inclusion in the Tribunal's decision of a detailed "provisional legislation" on the matter, which was immediately applicable and did not fix any precise date for the Legislator to act.[870] Fifteen years later, in 1992, a new statute was approved regarding help to pregnant women and to families, which was challenged because it was contrary to article 1 of the Constitution, which guarantees human dignity. In 1993, the Federal Constitutional Tribunal issued a new decision on the matter of

---

866 See Christian Behrendt, *Le judge constitutionnel, un législateur-cadre positif. Un analyse comparative en droit francais, belge et allemande*, Bruylant, Brussels 2006, pp. 333 ff.

867 See Otto Bachof, "Nuevas reflexiones sobre la jurisdicción constitucional entre derecho y política," in *Boletín Mexicano de Derecho Comparado*, XIX, N° 57, Mexico City 1986, pp. 848–849.

868 See the references to the opinions of W. Abendroth, H.-P. Scheider, and R. Lamprech works in Christian Behrendt, *Le judge constitutionnel, un législateur-cadre positif. Un analyse comparative en droit francais, belge et allemande*, Bruylant, Brussels 2006, p. 341 (footnotes 309 and 310).

869 BVerfG, decision of February 25, 1975, BVerfGE 39, 1, (68), in Christian Behrendt, *Le judge constitutionnel, un législateur-cadre positif. Un analyse comparative en droit francais, belge et allemande*, Bruylant, Brussels 2006, pp. 342 ff.; I. Härtel, *German National Report*, p. 14.

870 *Id.*

abortion,[871] finding much of the reform contrary to the Constitution and establishing itself, in an extremely detailed way, as "real legislator" on all the rules applicable to abortion in the country.[872] Of course, the Tribunal based its decision on article 35 of the Law, which has been considered insufficient to support this sort of detailed substitutive legislation.[873]

In Switzerland, the Supreme Court has also provided for rules to fill the gap due to legislative omissions concerning enforcement of constitutional rights. For instance, regarding the proceedings on the detention of foreigners, the Supreme Court concluded that the Swiss legal system did not sufficiently protect the right of asylum seekers to protection of their freedom. After mentioning that the Legislator must act immediately, it ruled that it was "not prevented from establishing principles, for a transitional period until the effective date of a new rule of law, such that at least . . . the right to freedom pursuant to Article 5 clause 1 of the EHRC will be guaranteed to a sufficient extent."[874] On matters of expropriation, because the respective Law was tailored to the classic case of the compulsory deprivation of property, it does not establish the rules regarding limitations on property that are tantamount to an expropriation (quasi expropriation), and it has developed the conditions and modalities of these forms of expropriation.[875] Even today, the Supreme Court case law in these areas continues to play the role of legislative rules.[876]

In other cases, also mentioned by Tobias Jaag, the Supreme Court has also filled the gap produced by other relative legislative omissions. For instance, in deviation from the Planning and Construction Law of the Canton of Zurich, the Federal Supreme Court approved a zone for public buildings outside of the construction zone to enable sports facilities to be erected. The Court held the legislative rule to be manifestly incomplete to the extent that, contrary to its meaning, it failed to make distinctions that "according to all reason . . . were to be drawn."[877] For the introduction of the *numerus clausus* at universities, the Supreme Court, in the absence of a legislative rule, formulated strict requirements.[878] For telephone monitoring within the scope of criminal investigations, the Supreme Court likewise developed rules by

---

871 BVerfG, decision of May 28, 1993 (*Schwangerrschaftsabbruch II*), February 25, 1975, BVerfGE 88, 203, in Christian Behrendt, *Le judge constitutionnel, un législateur-cadre positif. Un analyse comparative en droit francais, belge et allemande*, Bruylant, Brussels 2006, pp. 346 ff.

872 See the whole text of the regulation in Christian Behrendt, *Le judge constitutionnel, un législateur-cadre positif. Un analyse comparative en droit francais, belge et allemande*, Bruylant, Brussels 2006, pp. 348–351 ff.

873 See the references in Christian Behrendt, *Le judge constitutionnel, un législateur-cadre positif. Un analyse comparative en droit francais, belge et allemande*, Bruylant, Brussels 2006, p. 352.

874 See BGE 123 II 193, 201 ff.; Tobias Jaag, *Swiss National Report*, p. 1 (footnote 57).

875 See BGE 91 I 329 ff. (substantive expropriation); BGE 94 I 286 ff. (appropriation of rights of neighbors); Tobias Jaag, *Swiss National Report*, p. 16 (footnote 89).

876 For instance, a decision issued in 2008, on compensation based on aircraft noise: BGE 134 II 49 ff. and 145 ff.; Tobias Jaag, *Swiss National Report*, p. 16 (footnote 90).

877 See BGE 108 Ia 295, 297; Tobias Jaag, *Swiss National Report*, p. 17 (footnote 91).

878 See BGE 121 I 22 ff.; Tobias Jaag, *Swiss National Report*, p. 17 (footnote 92).

requiring that affected persons be notified and providing for exceptions from this requirement.[879]

In India, and as a consequence of deciding direct actions for the protection of fundamental rights established in article 32 of the Constitution, the Supreme Court has assumed the role of provisional legislator on matters related to police arrest and detention. Surya Deva summarized the case as follows. In August 1986, a nongovernmental organization (NGO) addressed a letter to the Chief Justice of India drawing his attention to certain deaths reported in police lockups and custody. The letter, along with some other similar letters, was treated as a writ petition under Article 32 of the Constitution, for which purpose the Supreme Court issued notices to all state governments and to the Law Commission, with a request to make suitable suggestions. After making reference to constitutional and statutory provisions and international conventions, the Supreme Court, in *D K Basu v. State of West Bengal*,[880] issued eleven requirements, as follows:

> We, therefore, consider it appropriate to issue the following requirements to be followed in all cases of arrest or detention till legal provisions are made in that behalf as preventive measures:
>
> 1. The police personnel carrying out the arrest and handling the interrogation of the arrestee should bear accurate, visible and clear identification and name tags with their designations. The particulars of all such personnel who handle interrogation of the arrestee must be recorded in a register.
> 2. That the police officer carrying out the arrest of the arrestee shall prepare a memo of arrest at the time of arrest and such memo shall be attested by one witness, who may either be a member of the family of the arrestee or a respectable person of the locality from where the arrest is made. It shall be countersigned by the arrestee and shall contain the time and date of arrest.
> 3. A person who has been arrested or detained . . . shall be entitled to have one friend or relative or other person known to him or having an interest in his welfare being informed, as soon as practicable, that he has been arrested and is being detained at the particular place. . . .
> 4. The time, place of arrest, and venue of custody of an arrestee must be notified by the police where the next friend or relative of the arrestee lives outside the district or town through the Legal Aid Organization in the district, and the police station of the area concerned, telegraphically, within a period of 8 to 12 hours after arrest.
> 5. The person arrested must be made of aware of this right to have someone informed of his arrest or detention as soon as he is put under arrest or is detained. . . .

879 See BGE 109 Ia 273, 298 ff.; Tobias Jaag, *Swiss National Report*, p. 17 (footnote 92).

880 See (1997) 1 SCC 416; Surya Deva, *Indian National Report*, pp. 6–7.

8. The arrestee should be subject to medical examination by a trained doctor every 48 hours during his detention in custody. . . .
9. Copies of all the documents . . . should be sent to the Magistrate for his record.
10. The arrestee must be permitted to meet his lawyer during interrogation, though not throughout the interrogation.[881]

The Court observed that these requirements, which flow from Articles 21 and 22 of the Constitution, must be complied with by all government agencies and that any breach will render the concerned official liable for departmental action, as well as for contempt of court. Even though the requirements were seemingly intended to be a temporary stop-gap arrangement, they continue to be the main rules applicable to dealing with details of arrest and detention.

Another important decision in this same line regarding the protection of human rights was the one adopted in the *Vishaka v. State of Rajasthan* case,[882] on matters of sexual harassment of women at the workplace. The Supreme Court decided on petitions filed before it by social activists and nongovernmental organizations for the enforcement of the rights of working women under Articles 14, 19, and 21 of the Constitution (the right to equality, the right to carry on any profession or trade, and the right to life and liberty, respectively). The Supreme Court, though acknowledging that the primary responsibility for protecting these rights of working women lies with the legislature and executive, in cases of sexual harassment that resulted in the violation of fundamental rights of women workers, found that "an effective redressal requires that some guidelines should be laid down for the protection of these rights *to fill the legislative vacuum*" and consequently, it not only laid down a detailed definition of sexual harassment but also imposed a duty on the employer or other responsible persons in workplaces or other institutions "to prevent or deter the commission of acts of sexual harassment and to provide the procedures for the resolution, settlement or prosecution of acts of sexual harassment by taking all steps required." The Court also issued guidelines covering several different aspects, including taking preventive steps, initiating criminal proceedings under the criminal law, taking disciplinary action, establishing a complaint mechanism, and spreading awareness of the guidelines. The Supreme Court concluded by directing that "the above guidelines and norms would be strictly observed in all work places for the preservation and enforcement of the right to gender equality of the working women. These directions would be binding and enforceable in law until suitable legislation is enacted to occupy the field," having been extended to be applied in nonstate entities such as private companies.[883]

In these sorts of judicial review decisions, where the constitutional courts issue provisional regulations by interpreting the Constitution, it is possible to mention one decision issued by the Federal Supreme Tribunal of Brazil, through a *súmula*

---

881 *Id.*

882 See AIR 1997 SC 3011; Surya Deva, *Indian National Report*, p. 8 (footnote 49).

883 *Id.*, p. 9.

vinculante in which the Tribunal, after adopting a few decisions regarding the prohibition of nepotism in the Judiciary, concluded that, for the implementation of such practice, no formal law needed to be sanctioned because it can be deducted from the principles contained in article 37 of the Constitution. The Tribunal declared that the practice of nepotism (i.e., the appointment of a spouse, partner, or parent of the director or chief executive) in any of the branches of government of the Union, the States, the federal District, and the Municipalities violates the Constitution.[884] Another important case for the Brazilian Federal Supreme Tribunal was the decision adopted when analyzing the constitutionality of the demarcation of indigenous people's land in the area of Raposa Serra do Sol, in Roraima State. After many discussions and political conflicts, the Tribunal decided to sustain the constitutionality of the demarcation made by the Federal Union, but it determined for the demarcation of indigenous peoples' land a detailed set of rules establishing the conditions to always be met in all future demarcation process; this resulted in a decision with *erga omnes* effects.[885]

In Venezuela, it is possible to find cases where the Constitutional Chamber of the Supreme Tribunal of Justice, in the absence of corresponding statutes, has issued decisions containing legislation. In Decision N° 1682 of August 15, 2005, answering a recourse of interpretation of article 77 of the Constitution, the Constitutional Chamber, in exercising its normative jurisdiction, established that the *de facto* stable relations between men and women have the same effects as marriage. The Constitutional Chambers established that the decision applied to all of the legal regime regarding such *de facto* stable relations and determined the civil effects of marriage applicable to them, including matters of pensions, use of partner's name, economic regime, and succession rights, thereby completely substituting itself for the Legislator.[886]

In another case, the Constitutional Chamber has also legislated, this time *ex officio*, and in a decision issued in an amparo proceeding regarding the process of in vitro fertilization. In Decision N° 1456 of July 27, 2006, in effect, the Chamber also exercised its normative jurisdiction to determine *ex officio* the legislative provisions on the matter, including rules on parenthood, assisted reproduction, nonconsensual fertilization, retributive donation, surrogate mothers, and rules on succession.[887] In this case, the Chamber not only acted as positive legislator in establishing all the provisions applicable in case of in vitro fertilization or assisted reproduction, but

---

884 See *Súmula Vinculante* nº 13, STF, *DJ* 1º.set.2006, ADC 12 MC/DF, Rel. Min. Carlos Britto; Luis Roberto Barroso et al., "Notas sobre a questão do legislador positivo," *Brazilian National Report III*, pp. 33–37.

885 See STF, *DJ* 25.set.2009, Pet 3388/RR, Rel. Min. Carlos Britto; Luis Roberto Barroso et al., "Notas sobre a questão do Legislador Positivo," *Brazilian National Report III*, pp. 43–46.

886 See Decision 1682 of July 15, 2005, *Carmela Manpieri, Interpretation of article 77 of the Constitution* case; http://www.tsj.gov.ve/decisiones/scon/Julio/1682-150705-04-3301.htm. See also Daniela Urosa Maggi, *Venezuelan National Report*, p. 19.

887 See Decision Nº 1456 of July 27, 2006, *Yamilex Núñez de Godoy* case; http://www.tsj.gov.ve/decisiones/scon/Julio/1456-270706-05-1471.htm. See also Daniela Urosa Maggi, *Venezuelan National Report*, pp. 19–20.

also ordered the application of the new rules to the particular case involved in the decision, thus giving retroactive effects to the legislative provisions it created, in violation of article 24 of the Constitution, which prohibits the retroactivity of laws.

In all these cases of judicial means established or developed for controlling legislative omissions, it is always important to have in mind the warning given by Justice Cardozo about this problem: "[L]egislative inaction – or the inability of groups to win the necessary votes to pass desired legislation – may lead to attempts to have the judiciary accomplish by judicial review what the legislature has refused to do."[888]

CHAPTER 5

CONSTITUTIONAL COURTS AS LEGISLATORS ON MATTERS OF JUDICIAL REVIEW

One particular aspect in which it is possible to identify interferences of constitutional courts in the legislative function is precisely in matters of legislation on judicial review, particularly in countries with concentrated systems of judicial review, in which not only constitutional courts have created rules of procedure in spite of the existence of a special statute establishing them, but also they have assumed new powers of judicial review and created new actions that can be filed before the courts.

I. CONSTITUTIONAL COURTS CREATING THEIR OWN JUDICIAL REVIEW POWERS

1. *The Judge-Made Law Regarding the Diffuse System of Judicial Review*

In the diffuse, or decentralized, system of judicial review, being a power attributed to all courts, judicial review has always been deduced from the principle of the supremacy of the Constitution and of the duty of the courts to discard statutes contrary to the Constitution, always preferring the latter. Such power of the courts, consequently, does not need an express provision in the Constitution that instructs courts to give preference to the Constitution. As Chief Justice Marshall definitively stated in *Marbury v. Madison* (1 Cranch 137 (1803)):

> Those who apply the rule to particular cases, must of necessity expound and interpret that rule . . . so, if a law be in opposition to the constitution . . . the court must determine which of these conflicting rules governs the case: This is the very essence of judicial duty. If then, the courts are to regard the constitution, and the constitution is superior to any ordinary act of the legislature, the constitution, and not such ordinary act, must govern the case to which they both apply.

---

888 See Christopher Wolfe, *The Rise of Modern Judicial Review. From Constitutional Interpretation to Judge-Made Law*, Basic Books, New York 1986, p. 238; *La transformación de la interpretación constitucional*, Civitas, Madrid 1991, p. 325.

Consequently, because of this essential link between supremacy of the Constitution and judicial review, in the United States, judicial review was a creation of the courts – this was also the case in Norway (1820);[889] in Greece (1897);[890] and in Argentina, a few decades later, where judicial review was also a creation of the respective Supreme of High Court, based on the principles of supremacy of the Constitution and judicial duty in applying the law.

In Argentina, the first case in which judicial review was exercised for a federal statute was the *Sojo* case (1887), concerning the unconstitutionality of a law that tried to extend the original jurisdiction of the Supreme Court,[891] similar to *Marbury v. Madison.* In Argentina, the Supreme Court has also developed in case law the contours of its judicial review powers, including binding effects –what has been called an "Argentinean *stare decisis*" effect[892] – and in some cases of protection of collective rights, *erga omnes* effects.[893]

2. *The Extension of Judicial Review Powers to Ensure the Protection of Fundamental Rights*

But most important, particularly regarding the protection of fundamental rights and liberties, constitutional courts in many Latin American countries, in their character of supreme interpreter of the Constitution, in the absence of legislation, have created the action of amparo as a special judicial means for the protection of fundamental rights. This was the case also in Argentina, where, in the 1950s, when constitutional rights, other than physical and personal freedom protected by the *habeas corpus* action, were protected only through ordinary judicial means, the courts found that *habeas corpus* could not be used for such purpose. That is why, for instance, in 1933, the Supreme Court of the Nation in the *Bertotto* case[894] rejected the application of the *habeas corpus* proceeding to obtain judicial protection of other constitutional rights. This situation radically changed in 1957 as a result of the decision of the *Angel Siri* case, where the petitioner requested amparo for the protection of his freedom of press and his right to work (because of the closing of the newspaper, *Mercedes*, which he directed in the province of Buenos Aires). This case eventually led the Supreme Court, in a decision of December 27, 1957, to admit the action of amparo, because it found that the courts needed to protect all constitutional rights,

889 See Eivind Smith, *Norway National Report*, p. 1.

890 See Julia Iliopoulos-Strangas and Stylianos-Ioannis G. Koutnatzis, *Greek National Report*, p. 2.

891 See H. Quiroga Lavié, *Derecho constitucional*, Buenos Aires 1978, p. 481. Before 1863, the first Supreme Court decisions were adopted in constitutional matters but referred to provincial and executive acts.

892 See Néstor P. Sagües, "Los efectos de las sentencias constitucionales en el derecho argentino," in *Anuario Iberoamericano de Justicia Constitucional*, Centro de Estudios Políticos y Constitucionales, N° 12, 2008, Madrid 2008, p. 347.

893 See *Halabi* case, Fallos 332: (2009); Alejandra Rodríguez Galán and Alfredo Mauricio Vítolo, *Argentinean National Report I*, p. 12.

894 See the references to the *Bertotto* case in Joaquín Brage Camazano, *La jurisdicción constitucional de la libertad (Teoría general, Argentina, México, Corte Interamericana de Derechos Humanos)*, Editorial Porrúa, Instituto Mexicano de Derecho Procesal Constitucional, Mexico City 2005, p. 66.

even in the absence of a statutory regulation on such action.[895] This important decision was followed by another, the *Samuel Kot* case, of October 5, 1958, where the Supreme Court extended the scope of the amparo proceeding to include the protection of constitutional rights against individuals, not only against authorities.[896] In 1958, the amparo action was regulated in a federal statute, and in the 1994 constitutional reform, it was incorporated in the Constitution (article 43). Nonetheless, before the constitutional reform took place recognizing collective rights like the right to a clean environment and consumers' rights, the Supreme Courts in *Verbitsky* (2005) and *Halabi* (2009) introduced another important reform to the *habeas corpus* and amparo proceeding by recognizing collective protection and class actions.[897] In particular, for class actions, the Supreme Court developed the main rules concerning new class actions, explaining how the courts must act in face of legislative silence on the matter and defining their character, standing conditions, and requirements for representation.[898]

In India, the most important remedy used for judicial review is that established in articles 32 and 226 of the Constitution to enforce fundamental rights, which provides that the Supreme Court shall have the power for such purpose to issue directions or orders or writs, including writs in the nature of *habeas corpus*, mandamus, prohibition, *quo warranto*, and certiorari, whichever may be appropriate. The Court has interpreted this remedial provision widely so as to liberalize the standing requirements,[899] thus enabling the courts to entertain voices (including in the form of judicial review petitions) from a larger populace, and on occasion even from civil society organizations, which has approached the Court for the enforcement of collective or diffused rights. This has given rise to what is called public interest litigation (PIL) in India, which has led to the Court's expansive interpretation of funda-

---

895 See the reference to the *Siri* case in José Luis Lazzarini, *El juicio de amparo*, La Ley, Buenos Aires, 1987, pp. 26 ff., 373 ff.; Alí Joaquín Salgado, *Juicio de amparo y acción de inconstitucionalidad*, Ed. Astrea, Buenos Aires, 1987, p. 5; Néstor Pedro Sagües, *Derecho procesal constitucional: Acción de amparo*, Vol. 3, 2nd ed., Editorial Astrea, Buenos Aires, 1988, pp. 9 ff. See also Alejandra Rodríguez Galán and Alfredo Mauricio Vítolo, *Argentinean National Report I*, p. 7; Néstor Pedro Sagües, *Argentinean National Report II*, pp. 13–14.

896 See the references to the *Samuel Kot Ltd.* case of September 5, 1958, in S. V. Linares Quintana, *Acción de amparo*, Buenos Aires, 1960, p. 25; José Luis Lazzarini, *El juicio de amparo*, La Ley, Buenos Aires, 1987, pp. 243 ff.; Alí Joaquín Salgado, *Juicio de amparo y acción de inconstitucionalidad*, Ed. Astrea, Buenos Aires, 1987, p. 6.; Susana Albanese, *Garantías judiciales: Algunos requisitos del debido proceso legal en el derecho internacional de los derechos humanos*, Ediar S. A. Editora, Comercial, Industrial y Financiera, Buenos Aires, 2000; Augusto M. Morillo et al., *El amparo: Régimen procesal*, 3rd ed., Librería Editora Platense SRL, La Plata 1998, 430 pp.; Néstor Pedro Sagües, *Derecho procesal constitucional*, Vol. 3, *Acción de amparo*, 2nd ed., Editorial Astrea, Buenos Aires, 1988.

897 See *Verbitsky* case, Fallos 328:1146 (2005); and *Halabi* case, Fallos 332:(2009); Alejandra Rodríguez Galán and Alfredo Mauricio Vítolo, *Argentinean National Report I*, p. 9.

898 See Néstor Pedro Sagües, *Argentinean National Report II*, pp. 14–19.

899 See *S P Gupta v. Union of India* AIR 1982 SC 149; *PUDR v. Union of India* AIR 1982 SC 1473; *Bandhua Mukti Morcha v. Union of India* (1984) 3 SCC 161; Surya Deva, *Indian National Report*, p. 2.

mental rights and matters related to them; thus, it has led to the courts acting as legislators.[900]

In 1999, the Dominican Republic was still the only Latin American country without a constitutional provision establishing the amparo, a situation that did not impede the Supreme Court of Justice from allowing it, applying for that purpose the American Convention on Human Rights. That occurred in a decision of February 24, 1999, in the *Productos Avon S.A.* case, when the Supreme Court, on the basis of the American Convention on Human Rights, admitted the amparo recourse for the protection of constitutional rights, assigned the power to decide on amparo matters to the courts of first instance,[901] and established the general procedural rules for the proceeding. Later, the amparo action was regulated in a statute (2006), and in the constitutional reform of 2009, it was incorporated in the Constitution (article 72). In these cases, the principle of prevalence of human rights declared in the Constitution led the Supreme Courts to create this specific judicial mean of protection, so it was extended in all Latin America.[902]

The Courts, nonetheless, can interpret the judicial review powers attributed to them in the Constitution and adapt their implementation or expand their scope, as has occurred in Brazil with the *mandado de injunçào*, to effectively control the relative omissions of the Legislator. In Brazil this can be found in a leading case deciding on the application to civil servants of the rules of strike in the private sector.[903] This has led Luís Roberto Barroso to say that, because of this change in its jurisprudence, the Federal Supreme Tribunal, with constitutional authorization, "has given a step, a long step, in the sense of acting as positive legislator."[904]

In the Slovak Republic, the constitutional complaint for the protection for fundamental rights, given the delay established for the entry in force of the constitutional amendment of article 127 establishing the complaint (December 31, 201), was "created" by the Court despite the previous means of protection repealed as of July 1, 2001. As it has been summarized by Ján Svák and Lucia Berdisová, from July 1, 2001, until December 31, 2001, there did not exist a national means by which natural or legal persons could have pleaded the infringement of their fundamental rights and freedoms before the Constitutional Court. The Constitutional Court filled this vacuum of protection with extensive interpretation of article 124 of the Constitution, which states that "the Constitutional Court shall be an independent judicial authority vested with the mandate to protect constitutionality." The Court deduced from this article that it does have the competence to deal with individual motions by natural

900 See Surya Deva, *Indian National Report*, pp. 2, 4–5.

901 See Samuel Arias Arzeno, "El amparo en la República Dominicana: Su evolución jurisprudencial," *Revista Estudios Jurídicos*, Vol. XI, nº 3, Ediciones Capeldom, 2002.

902 See Allan R. Brewer-Carías, *Constitutional Protection of Human Rights in Latin America: A Comparative Study on Amparo Proceeding*, Cambridge University Press, New York 2009, p. 68.

903 See STF, DJ 31.out.2008, MI 708/DF, Rel. Min. Gilmar Mendes; Luis Roberto Barroso et al., "Notas sobre a questão do legislador positivo," *Brazilian National Report III*, pp. 28–33.

904 See Luis Roberto Barroso et al., "Notas sobre a questão do Legislador Positivo," *Brazilian National Report III*, p. 33.

persons and legal persons that are pleading infringement of their constitutional rights (no matter how they were called – petition or complaint) even in the period of time from July 1, 2001, until December 31, 2001.[905] The Constitutional Court argued:

> The Constitutional Court is according to art. 124 of the Constitution the judicial authority for protection of constitutionality. This article constitutes the competence of the Constitutional Court to protect mainly fundamental rights and freedoms guaranteed by the Constitution. The Constitutional Court is led by this imperative even after the nullification of the paragraphs about petition (from July 1, 2001) until the entry into force of art. 127 of the Constitution (January 1, 2002) and so it is entitled and obliged to provide individual protection of fundamental rights and freedoms while the court also relies on art. 1 of the Constitution, which states that Slovak Republic is the state governed by the rule of law. That is why fundamental rights and freedoms cannot be even temporarily deprived of judicial protection as to art. 124 of the Constitution in connection with other articles that guarantee fundamental rights and freedoms.[906]

The Constitutional Court thus acted as if the institute of petition had been repealed not from July 1, 2001, but from January 1, 2002.

In Venezuela, the Constitutional Chamber, in Decision N° 656 of June 30, 2000, admitted the direct amparo action for the protection of diffuse and collective rights and interests established in the Constitution[907] and established the standing conditions for the filing of the action in Decision N° 1395 of November 21, 2000.[908] It ruled a year later on the rules of procedure to be applicable in such cases in Decision N° 1571 of August 22, 2001.[909]

3. *The Need for the Express Provision in the Constitution of Judicial Review Powers of the Constitutional Jurisdiction and Its Deviation*

Particularly in concentrated systems of judicial review, the idea of the supremacy of the constitution and the duty of the courts to say which law is applicable in a par-

---

905 See Ján Svák and Lucia Berdisová, *Slovak National Report*, p. 9.

906 Decision of the Constitutional Court N° III. ÚS 117/01. The Court similarly justifies its decision in III. ÚS 124/01: In the period of time from July 1, 2001, to December 31, 2001, the competence of the Constitutional Court was founded on the art. 124 in connection with art. 1 of the Constitution and it was so "in order to provide protection of constitutionality including protection of guaranteed fundamental rights and freedoms of natural persons and legal persons." See also II. ÚS 80/01, III. ÚS 100/01, III. ÚS 116/01; Ján Svák and Lucia Berdisová, *Slovak National Report*, p. 9 (footnote 14).

907 See Decision N° 656 of June 30, 2000, *Dilia Parra Guillen (Peoples' Defender)* case, at http://www.tsj.gov.ve/decisiones/scon/Junio/656-300600-00-1728%20.htm. See also Daniela Urosa Maggi, *Venezuelan National Report*, p. 11.

908 See Decision N° 1395 of November 21, 2000, *William Dávila* case, *Revista de Derecho Público*, N° 84, Editorial Jurídica Venezolana, Caracas, 2000, pp. 330 ff.; Daniela Urosa Maggi, *Venezuelan National Report*, p. 12.

909 See Decision N° 1571 of August 22, 2001, *Asodeviprilara* case; http://www.tsj.gov.ve/decisiones/scon/Agosto/1571-220801-01-1274%20.htm; Daniela Urosa Maggi, *Venezuelan National Report*, p. 12.

ticular case[910] has a limitation: the power to judge the unconstitutionality of legislative acts and other state acts of similar rank or value is reserved to a supreme court of justice or to a constitutional court or tribunal. Thus, in the concentrated system of judicial review, all courts have the power only to act as a constitutional judge and to decide on the constitutionality of other norms applicable to the case, regarding acts other than statutes or acts adopted in direct execution of the Constitution.[911] Consequently, the concentrated system of judicial review, based also on the supremacy of the Constitution, when reserving constitutional justice functions regarding certain state acts to a constitutional jurisdiction, cannot be developed by deduction through the work of the supreme court decisions, as happened in many countries with the diffuse system of judicial review.

On the contrary, of course, because of the limits that the system imposes on the duty and power of all judges to say which law is applicable in the cases they are to decide, only when prescribed *expressis verbis* through constitutional regulations is it possible to establish the concentrated system of judicial review. The Constitution, as the supreme law of the land, is the only text that can establish limits on the general power and duty of all courts to say which is the law applicable in a particular case and to assign that power and duty in certain cases regarding certain state acts to a specific constitutional body, whether the supreme court of justice or a constitutional court or tribunal.

Therefore, the concentrated system of judicial review must be established and regulated expressly in the Constitution,[912] as constitutional courts are always constitutional bodies, that is, state organs expressly created and regulated in the Constitution, whether they be the supreme court of justice of a given country or a specially created constitutional court, tribunal, or council.

The consequence of the express character of the system of judicial review is that, in principle, on the one hand, only the Constitution can determine the judicial review powers of constitutional courts not being allowed to create without constitutional support different means of judicial review; and on the other hand, only the legislation issued by the Legislator can develop the rules of procedure and the way constitutional courts can exercise their powers of judicial review.

The practice in many countries, nonetheless, has been different – sometimes they adapt their own judicial review powers, and other times they create them.

---

910 See W. K. Geck, "Judicial Review of Statutes: A Comparative Survey of Present Institutions and Practices," *Cornell Law Quarterly*, 51, 1966, p. 278.

911 See Manuel García Pelayo, "El 'Status' del Tribunal Constitucional," *Revista Española de Derecho Constitucional*, 1, Madrid 1981, p. 19; Eduardo García de Enterría, *La Constitución como norma y el Tribunal Constitucional*, Madrid 1981, p. 65. In particular, in concentrated systems, the tribunals or courts empowered with administrative justice functions can always act as constitutional judge regarding administrative acts. See C. Frank, *Les fonctions juridictionnelles du Conseil d'Etat dans l'ordre constitutionnel*, Paris 1974.

912 See Allan R. Brewer-Carías, *Judicial Review in Comparative Law*, Cambridge University Press, Cambridge 1989, pp. 185 ff.; Jorge Carpizo, *El Tribunal Constitucional y sus límites*, Grijley Ed., Lima 2009, p. 41.

As aforementioned, one of the main characteristics of the concentrated judicial review system is that the constitutional court exclusively can make constitutional attributions on matters of judicial review of legislation. Such power can only be given to specific constitutional organs by means of a constitutional provision. Consequently, contrary to the diffuse method of judicial review, the concentrated judicial review powers of the constitutional courts cannot be created by the courts themselves, that is, they cannot be the product of judge-made law. That is why in all constitutional systems where a concentrated system of judicial review has been established, it is the Constitution that creates or regulates the constitutional jurisdiction attributing to a specific constitutional court the power of judicial review regarding legislation; the courts are not allowed themselves to create new judicial review powers not attributed to them in the Constitution.

But constitutional courts, in some cases, have extended or adapted their constitutional powers. For instance, they created the technique of exercising judicial review in declaring statutes unconstitutional but without annulling them, as well as the technique of extending the application of the unconstitutional statute for a term and issuing directives to the Legislator for it to legislate in harmony with the Constitution. This technique was developed in Germany, as mentioned by I. Härtel, "without statutory authorization, in fact *contra legem*, as the BVerfG assumed until 1970 the compelling connection between the unconstitutionality and the invalidity of a norm."[913] In the reform of the Federal Constitutional Tribunal Law sanctioned in 1970, the Legislator officially recognized the judge-made law (Articles 31, 79), thereby allowing the Tribunal to declare a provision unconstitutional without annulling it, a matter that still is discussed.[914] That is why – referring to the decision of the Federal Constitutional Tribunal on the inheritance tax case,[915] where the Tribunal declared unconstitutional the current capital-transfer tax and fixed a deadline of December 31, 2008, for the Legislator to restore a legal condition in conformity with the Constitution – Härtel also pointed out, "The BVerfG has therefore as a kind of 'emergency Legislator' created a law-like condition; it has 'invented' a new decision type."[916] The same can be said regarding the powers that the Federal Constitutional Tribunal has assumed, for example, issuing provisional legislative rules and measures with substitute legislation as a consequence of the declaration of unconsti-

913 See I. Härtel, *German National Report*, p. 8; Francisco Fernández Segado, "Algunas reflexiones generales en torno a los efectos de las sentencias de inconstitucionalidad y a la relatividad de ciertas fórmulas esterotipadas vinculadas a ellas," in *Anuario Iberoamericano de Justicia Constitucional*, Centro de Estudios Políticos y Constitucionales, Nº 12, 2008, Madrid 2008, p. 162.

914 See Christian Behrendt, *Le judge constitutionnel, un législateur-cadre positif. Un analyse comparative en droit francais, belge et allemande*, Bruylant, Brussels 2006, pp. 93, 94; F. Fernández Segado, *Spanish National Report*, p. 6.

915 BVerfG, court order from 2006-11-7, reference number: 1 BvL 10/02. See I. Härtel, *German National Report*, p. 8.

916 See I. Härtel, quoting Steiner, *ZEV* 2007, 120 (121) and Schlaich/Korioth, *Das Bundesverfassungsgericht*, 7th ed. 2007, margin number 395, *German National Report*, p. 9.

tutionality of certain provisions. The Constitutional Court in these cases, through judge-made law, has assumed a role that principally corresponds to the Legislator.[917]

In Spain, the same process of judge-made law has been developed by the Constitutional Tribunal, which can declare provisions unconstitutional without annulling them, despite a provision to the contrary in the Organic Law of the Constitutional Tribunal, which states: "[W]hen the decision declares the unconstitutionality, it will also declare the nullity of the challenged provisions" (article 39.1). Spain's Constitutional Tribunal also tried to legitimate this *contra legem* procedural technique in the draft reform of its Organic Law in 2005, which was not sanctioned as drafted.[918]

But in other cases, constitutional courts have created their own judicial review powers not established in the Constitution. As aforementioned, in concentrated systems of judicial review, constitutional courts as Constitutional Jurisdiction cannot exist and cannot exercise their functions of judicial review of legislation without an express constitutional provision that establishes them. That is, as a matter of principle, in democratic regimes governed by the rule of law and the principle of separation of powers, all the powers of constitutional courts must be expressly provided for in the Constitution or in the law as prescribed in the Constitution. Therefore, within the concentrated system of judicial review, it is not possible for the constitutional court to create its own judicial review powers or to expand those established in the Constitution.[919] Constitutional courts are an exception regarding the general power of the courts to apply and guarantee the supremacy of the Constitution, being the Constituent Power the one that in order to preserve the Constitution, can exclude or restrict ordinary courts from that task. Being then an exception, and because of the assignment to a constitutional court of the monopoly of Constitutional Jurisdiction, it must be expressly created in the Constitution with expressly established powers.

Nonetheless, in some countries, it is possible to find a deformation of this principle, as in Venezuela,[920] where the Constitutional Chamber of the Supreme Tribunal of Justice, despite the powers established in article 336 of the Constitution, has created new powers of judicial review not envisaged in the Constitution. In particular, without any constitutional or legal support, the Constitutional Chamber of the Supreme Tribunal created in 2000 a recourse for the abstract interpretation of the Constitution, based on the interpretation of its Article 335, which grants the Supreme Tribunal the character of "superior and final interpreter of the Constitution."[921] Alt-

917 See Christian Behrendt, *Le judge constitutionnel, un législateur-cadre positif. Un analyse comparative en droit francais, belge et allemande*, Bruylant, Brussels 2006, p. 354.

918 See F. Fernández Segado, *Spanish National Report*, p. 6, 11.

919 See, e.g., Francisco Eguiguren and Liliana Salomé, *Peruvian National Report I*, p. 17; Sanja Barić and Petar Bačić, *Croatian National Report*, p. 3.

920 See Allan R. Brewer-Carías, "La ilegítima mutación de la constitución por el juez constitucional: La inconstitucional ampliación y modificación de su propia competencia en materia de control de constitucionalidad," in *Libro Homenaje a Josefina Calcaño de Temeltas*, Fundación de Estudios de Derecho Administrativo (FUNEDA), Caracas 2009, pp. 319–362.

921 The recourse was created by Decision N° 1077 of September 22, 2000, *Servio Tulio León* case; *Revista de Derecho Público*, N° 83, Editorial Jurídica Venezolana, Caracas 2000, pp. 247 ff. The procedural rules regarding the recourse were established in decision of the same Constitutional Chamber, N° 1415

hough in the Constitution the only recourse of interpretation established is the recourse of interpretation of statutes that can be filed before the various Chambers of the Supreme Tribunal, and only in cases expressly provided for in each statute (Article 266.6), the Constitutional Chamber created this recourse, providing as the only condition for standing that the petitioner must invoke an actual, legitimate, and juridical interest in the interpretation that is needed regarding his or her particular and specific situation. For such purpose, the Constitutional Chamber has held that the petition must always point to "the obscurity, the ambiguity or contradiction between constitutional provisions," and the decisions of the Chamber have *erga omnes* and *ex nunc* effects.[922] This sort of recourse seeking the abstract interpretation of statutes gives the Constitutional Court powers to issue bindings "opinions," which generally are not related to a specific case or controversy, which in general terms is considered a function outside the scope of constitutional courts.

To create this recourse, the Chamber based its decision on Article 26 of the Constitution, which establishes the people's right to have access to justice, considering therefore that "citizens do not require a statutory provision establishing the recourse for constitutional interpretation, to file it." On the basis of that argument, the Chamber found that no constitutional or legal provision was necessary to allow the development of such recourse.[923] Three years later, the National Assembly sanctioned the Organic Law of the Supreme Tribunal, which regulated the general means for judicial review, as it was the will of the Legislator to exclude from the powers of the Constitutional Chamber the ability to decide on recourses of abstract interpretation of the Constitution. Nonetheless, the Constitutional Chamber has continued to develop the regulation of the recourse in subsequent decisions, for the purpose of issuing declarative ruling of mere certainty on the scope and content of a constitutional provision.[924]

This extraordinary interpretive power, though theoretically an excellent judicial means for the interpretation of the Constitution, unfortunately has been extensively

---

of November 22, 2000, *Freddy Rangel Rojas* case. See the comments to these decisions in Allan R. Brewer-Carías, "*Quis Custodiet Ipsos Custodes*: De la interpretación constitucional a la inconstitucionalidad de la interpretación," in *VIII Congreso Nacional de derecho Constitucional, Perú*, Fondo Editorial 2005, Colegio de Abogados de Arequipa, Arequipa, September 2005, pp. 463–489; *Revista de Derecho Público*, N° 105, Editorial Jurídica Venezolana, Caracas 2006, pp. 7–27; Allan R. Brewer-Carías, "Le recours d'interprétation abstrait de la Constitution au Vénézuéla," in *Renouvau du droit constitutionnel: Mélanges en l'honneur de Louis Favoreu*, Dalloz, Paris 2007, pp. 61–70.

922 Of the Constitutional Chamber, see Decision N° 1309 of June 19, 2001, case: *Hermann Escarráa*, and Decision N° 1684 November 4, 2008, case: *Carlos Eduardo Giménez Colmenárez*, *Revista de Derecho Público*, N° 116, Editorial Jurídica Venezolana, Caracas 2008, pp. 66 ff

923 See Decision N° 1077 of the Constitutional Chamber of September 22, 2000, case: *Servio Tulio León Briceño*, *Revista de Derecho Público*, N° 83, Caracas, 2000, pp. 247 ff. This criterion was ratified later in decision N° 1347, dated September 11, 2000, *Revista de Derecho Público*, N° 84, Editorial Jurídica Venezolana, Caracas 2000, pp. 264 ff.

924 See, e.g., Decision N° 1347 of the Constitutional Chamber, dated November 9, 2000, *Revista de Derecho Público*, N° 84, Editorial Jurídica Venezolana, Caracas 2000, pp. 264 ff.; Decision N° 2651 of October 2003 (case: *Ricardo Delgado (Interpretación artículo 174 de la Constitución)*), *Revista de Derecho Público*, N° 93-96, Editorial Jurídica Venezolana, Caracas 2003, pp. 327 ff.

abused by the Constitutional Chamber to distort important constitutional provisions, to interpret them in a way contrary to the text, or to justify constitutional solutions according to the will of the Executive, because the initiative to file many recourses has been in the hands of the Attorney General. This was the case, for instance, with the various Constitutional Chamber's decisions regarding the consultative and repeal referenda between 2002 and 2004, where the Chamber confiscated and distorted the people's constitutional right to political participation.[925] One of the last notoriously politically motivated decisions of the Constitutional Chamber that has been issued using these powers was in answering a petition filed by the Attorney General, not for the purpose of interpreting the Constitution but for the purpose of interpreting a decision of the Inter-American Court of Human Rights that condemned the Venezuelan State for violations of due process rights and judicial guarantees of various superior judges who were illegally dismissed.[926] The result of this process before the Supreme Court was that by means of Decision No. 1.939 of December 18, 2008, the Constitutional Chamber did not "interpret" anything, particularly because judicial decisions are not to be interpreted but to be applied, but just considered the international Court decision was unenforceable in Venezuela, recommending the Executive to denounce the American Convention on Human Rights.[927]

In another case, the Constitutional Chamber created a judicial review power expanding the scope of an existing provision of the Constitution, as it has happened regarding the general power of review the Constitution grants the Constitutional Chamber regarding final decisions adopted by the courts on matters of amparo proceedings and in cases when the diffuse method of judicial review is applied (article 336.10). Even though the express scope of this discretional power of review regarding judicial decisions issued by inferior courts granted to the Constitutional Chamber is precise, the Chamber has modified the Constitution and has assumed, first, powers of review regarding any judicial decision in which a court departs from the interpretation given to a constitutional provision by the same Constitutional Chamber or regarding which the Chamber considers that constitutional principles have

---

925 See Decision Nos. 1139 of June 5, 2002, *Sergio Omar Calderón Duque y William Dávila Barrios* case; N° 137 of February 13, 2003, *Freddy Lepage y otros* case; N° 2750 of October 21, 2003, *Carlos E. Herrera Mendoza* case; N° 2432 of August 29, 2003, *Luis Franceschi y otros* case; and N° 2404 of August 28, 2003, *Exssel Alí Betancourt Orozco, Interpretación del artículo 72 de la Constitución* case. See the comments on these decisions in Allan R. Brewer-Carías, *La Sala Constitucional versus el estado democrático de derecho: El secuestro del poder electoral y de la Sala Electoral del Tribunal Supremo y la confiscación del derecho a la participación política*, Los Libros de El Nacional, Colección Ares, Caracas 2004.

926 See decision of the Inter-American Court of Human Rights of August 5, 2008, *Apitz Barbera y otros ("Corte Primera de lo Contencioso Administrativo") vs. Venezuela* case, at http://www.corteidh.or.cr. Excepción Preliminar, Fondo, Reparaciones y Costas, Serie C N° 182.

927 Decision N° 1.939 of December 18, 2008, *Attorney General Office* case, at http://www.tsj.gov.ve/decisiones/scon/Diciembre/1939-181208-2008-08-1572.html. See the comment on this decision in Allan R. Brewer-Carías, "La interrelación entre los Tribunales Constitucionales de América Latina y la Corte Interamericana de Derechos Humanos, y la cuestión de la inejecutabilidad de sus decisiones en Venezuela," in *Anuario Iberoamericano de Justicia Constitucional*, Centro de Estudios Políticos y Constitucionales, N° 13, Madrid 2009, pp. 99–136. See also Daniela Urosa Maggi, *Venezuelan National Report*, pp. 7–8.

been violated by the judicial decision; and second, powers of review on the same grounds of decisions issued by other Chambers of the Supreme Tribunal, consequently assuming a *de facto* superior hierarchy in the Judiciary that the Constitution has not conferred on it.[928] Three years later, the Organic Law of the Supreme Tribunal was sanctioned (2004), and this modification of the Constitution was not included by the National Assembly, a fact that did not prevent the Constitutional Chamber, through a new decision issued the same year, 2004,[929] to insist that the rule it established in 2001, despite the provisions of the Organic Law, was to continue to apply.

Another judicial review power that the Constitutional Chamber has assumed without any constitutional support is the incidental concentrated means of judicial review, which is found in countries where a concentrated system of judicial review is established exclusively – this is nonexistent in countries adopting a mixed system of judicial review where the concentrated method is combined with the diffuse method, as happens in many Latin American countries. Nonetheless, despite Venezuela having a mixed system of judicial review, the Constitutional Chamber in a clearly contradictory way has created the possibility of this incidental means of judicial review for the Constitutional Chamber to decide on the annulment of an unconstitutional statute, which is completely contradictory with the diffuse judicial review powers of all courts.[930]

II. CONSTITUTIONAL COURTS CREATING PROCEDURAL RULES ON JUDICIAL REVIEW PROCESSES

One of the specific matters in which judicial review of legislative omissions has taken place has been in the cases where constitutional courts have created rules of procedures for the exercise of their constitutional attributions when those have not been established in the legislation regulating their functions. For such purpose, constitutional courts, such as the Constitutional Tribunal of Peru, have claimed to have procedural autonomy in exercising their extended powers to develop and complement their decisions, but the procedural rules applicable in the judicial review process are not expressly regulated in statutes.[931] Nonetheless, the Constitutional Tribunal of Peru has established some limits to its procedural autonomy; its exercise can-

928 See Decision N° 93 of February 6, 2001, *Corpoturismo* case, *Revista de Derecho Público*, N° 85–88, Editorial Jurídica Venezolana, Caracas 2001, pp. 406 ff., at http://www.tsj.gov.ve/decisiones/scon/Febrero/93-060201-00-1529%20.htm. See also Daniela Urosa Maggi, *Venezuelan National Report*, p. 6.

929 See Decision N° 1992 of September 8, 2004, *Peter Hofle* case; http://www.tsj.gov.ve/decisiones/scon/Septiembre/1992-080904-03-2332%20.htm. See also Daniela Urosa Maggi, *Venezuelan National Report*, p. 7.

930 See Decision 2588 of December 11, 2001, *Yrene Martínez* case, in http://www.tsj.gov.ve/decisiones/scon/Diciembre/2588-111201-01-1096.htm; Decision 806 of April 24, 2002, *Sintracemento* case (annulment of article 43 of the Organic Law of the Supreme Tribunal), at http://www.tsj.gov.ve/decisiones/scon/Abril/806-240402-00-3049.htm; Daniela Urosa Maggi, *Venezuelan National Report*, p. 9.

931 See Resolution of the Constitutional Tribunal, Exp. N° 0020-2005-AI/TC, FJ 2; Francisco Eguiguren and Liliana Salomé, *Peruvian National Report I*, p. 14; Fernán Altuve-Febres, *Peruvian National Report II*, pp. 22–23.

not expand judicial review powers of the Tribunal that are not expressly established in the Constitution.[932]

In Germany, the same principle of procedural autonomy (*Verfahrensautonomie*) has been used to explain the powers developed by the Federal Constitutional Tribunal to complement procedural rules of judicial review. This was the case, for instance, with the application of article 35 of the Law of the Federal Constitutional Tribunal, which establishes that the Court can establish how such execution will take place. On the basis of this provision, for instance, the Federal Constitutional Court established a term for its decision to be applied, which is fixed according to different rules, for instance, a precise date like the end of the legislative term.

In other cases, judicial interference on legislative matters related to rules of procedures on matters of judicial review has been more intense. For instance, in Colombia, the Constitutional Court has assumed the exclusive competency to establish the effects of its own decisions, considering unconstitutional and annulling the provisions of the Law (Decree 2,067 of 1991) regulating its organization an functions in which the Legislator established rules regarding such effects (Articles 21 and 22).[933]

In Venezuela, the Constitutional Chamber of the Supreme Tribunal of Justice, in the absence of legislative rules, has established procedural rules, according to the authorization provided in article 19 of its Organic Law to establish a more convenient procedure for accomplishing its constitutional justice functions, "provided that they have legal basis." Consequently, in these cases, it has invoked its normative jurisdiction to establish the procedural rules for judicial review when not regulated in statutes. This has happened, precisely, on matters of judicial review regarding absolute legislative omission and the *habeas data* proceeding.

Regarding judicial review of absolute omissions, though established in the Constitution (article 336.7), its procedure was not regulated in the 2004 Organic Law of the Supreme Tribunal; consequently, the Constitutional Chamber in Decision No. 1556 of July 9, 2002, established the regulation on the matter to be applied until the National Assembly approved the statute establishing the procedural rules.[934]

Regarding the procedural rules on matters of *habeas data* – through which any person can have access to information about him- or herself gathered in official or private registries; has the right to know the use and purpose of such information; and has the right to ask for its updating, rectification, or destruction when erroneous or in cases where it illegitimately affects those rights[935] – in 2001, the Constitutional Chamber assumed exclusive jurisdiction to decide direct *habeas data* actions.[936] The

---

932 See Francisco Eguiguren and Liliana Salomé, *Peruvian National Report I*, p. 17.

933 See Decision C-113/93; Germán Alfonso López Daza, *Colombian National Report I*, p. 9.

934 See Decision nº 1556 of July 9, 2002, *Alfonzo Albornoz and Gloria de Vicentini* case, at http://www.tsj.gov.ve/decisiones/scon/Julio/1556-090702-01-2337%20.htm. See also Daniela Urosa Maggi, *Venezuelan National Report*, pp. 10–11.

935 See Allan R. Brewer-Carías, *La Constitutición de 1999: Derecho constitucional venezolano*, Editorial Jurídica Venezolana, Caracas 2004, Vol. II, pp. 759 ff.

936 See Decision nº 332 of March 14, 2001, *Insaca* case; http://www.tsj.gov.ve/decisiones/scon/Marzo/332-140301-00-1797%20.htm. See also Daniela Urosa Maggi, *Venezuelan National Report*, p. 12.

Chamber ruled that it would establish the corresponding procedure for the exercise of its functions: in 2003, in Decision N° 2551 of November 24, 2003,[937] the Chamber based its ruling on the provision of Article 102 of the Law of the Supreme Court of Justice of 1976, which authorized the Supreme Court to establish the rules of procedure in all those cases not expressly regulated by the Legislator. In 2004, the new Organic Law of the Supreme Tribunal was sanctioned, repealing the former 1976 Organic Law of the Supreme Court without providing specific rules of procedure for the *habeas data* action. Thus, the Constitutional Chamber proceeded to modify its previous ruling and reformed the rules of procedure applicable to the *habeas data* actions in Decision N° 1511 of November 9, 2009.[938] The foundation for this decision was the immediate applicability of article 27 of the Constitution establishing the amparo proceeding and the attribution to the Chamber of guaranteeing and interpreting the Constitution. The Court reasoned that it had acted "in order to fill the existing vacuum existing in relation to this highly innovative constitutional action of habeas data."[939]

FINAL REMARKS

From all of what I have said, and after analyzing the role of constitutional courts as positive legislators in comparative law – leaving aside the cases for the pathology of judicial review that are directed not to reinforcing democratic principles and evolution but to dismantling democracy using in an illegitimate way a democratic tool[940] – it is possible to deduce the following two conclusions.

First, as noted at the beginning of this study, there is no longer a sharp distinction between two models of judicial review. In the contemporary world there is the experience of judicial review systems in a transformation, convergence, and mixture that was not possible to envision one hundred years ago, when the confrontation between the diffuse and concentrated methods of judicial review began to be imagined.

Second, the clear and simple system of the concentrated judicial review model, based on the binomial unconstitutionality-invalidity, or unconstitutionality-nullity, exercised by a Constitutional Court as a negative legislator, is nowadays difficult to defend.[941]

---

937 Case: *Jaime Ojeda Ortiz*; http://www.tsj.gov.ve/decisiones/scon/Septiembre/2551-240903-03-0980.htm. See also Daniela Urosa Maggi, *Venezuelan National Report*, p. 13.

938 See *Mercedes Josefina Ramírez, Acción de Habeas Data* case; http://www.tsj.gov.ve/decisiones/scon/Noviembre/1511-91109-2009-09-0369.html See in Daniela Urosa Maggi, *Venezuelan National Report*, p. 13.

939 See Allan R. Brewer-Carías, El proceso constitucional de las acciones de habeas data en Venezuela: las sentencias de la Sala Constitucional como fuente del Derecho Procesal Constitucional," in Eduardo Andrés Velandia Canosa (coord.), *Homenaje al Maestro Héctor Fix Zamudio. Derecho Procesal Constitucional. Memorias del Primer Congreso Colombiano de Derecho Procesal Constitucional* Mayo 26, 27 y 28 de 2010, Bogotá 2010, pp. 289–295.

940 On Venezuela, see Allan R. Brewer-Carías, *Dismantling Democracy in Venezuela: The Chávez Authoritarian Experiment*, Cambridge University Press, New York, 2010.

941 The model, as defined by Judge Marek Safjan, in the *Polish National Report*, was characterized as follows: "It is not the competence of the constitutional court to make laws or to bring into the legal order

In fact, contemporary constitutional comparative law shows the existence of constitutional courts that have progressively assumed roles that decades ago corresponded only to the Constituent Power or to the Legislator; in some cases, they have discovered and deduced constitutional rules, particularly on matters of human rights not expressively enshrined in the Constitution and that could not be considered to have been the intention of an ancient and original Constituent Power. In other cases, constitutional courts have progressively been performing legislative functions, complementing the Legislator in its role of lawmaker and, in many cases, filling the gaps resulting from legislative omissions, sending guidelines and orders to the Legislator, and even issuing provisional legislation.

Nonetheless, the important results of a comparative law approach to the subject of constitutional courts as positive legislators are the common trends that can be found in all countries and in all legal systems; trends that are more numerous and important than the possible essential and exceptional differences, which confirms the importance of comparative law. That is why, in matters of judicial review, constitutional courts in many countries – to develop their own competencies and exercise their powers to control the constitutionality of statutes, to protect fundamental rights, and to ensure the supremacy of the Constitution – have progressively begun to study and analyze similar work developed in other Courts and in other countries, thus enriching their rulings.

Today, it is common to find in constitutional courts' decisions constant references to decisions issued on similar matters or cases by other constitutional courts. So it can be said that, in general, there is no aversion to using foreign law to interpret, when applicable, the Constitution. On matters of fundamental rights, for instance, the process of the internationalization of the constitutionalization of such rights in the way it has occurred during the past sixty years has resulted in a globalization process regarding the general applicable regime, which is indistinctively used to control the constitutionality or the conventionality of statutes, producing uniform principles of constitutional law never seen before.

Consequently, on the matter of judicial review, it is simply incomprehensible to pretend that the judicial solutions in a given country – on matters of the right to equality and nondiscrimination, or the right to privacy or due process, or the right not to be subject to torture – could be considered an endemic matter exclusively to a particular country, and that in the interpretation of the Constitution of the country, it is impossible to rely on judicial solutions to the same problems in other countries. This is at least a general trend that, with the exception of some judges and scholars in the United States, is possible to identify in comparative law, as a subject like the

---

any normative elements, which have not been established before under an appropriate legislative procedure; therefore, the constitutional court may not replace the legislator in this process. The constitutional review is based on a coherent structure of a hierarchical legal system and the constitutional court has to operate within this order, drawing its own competence from the constitutional legislator. Judgments passed by the constitutional court cannot contain anything that has not been already proclaimed by the supreme norm laid down in the Constitution whereas the role of the constitutional review will always be limited to the application of law – although placed at the highest level of the normative hierarchy – and cannot involve creation of norms." See Marek Safjan, *Polish National Report*, p. 1.

one studied in this General Report demonstrates. Consequently, in general terms, for a public comparative law scholar, it is incomprehensible that nominees to the U.S. Supreme Court have the almost-inevitable duty to express in their confirmation hearings before the Senate, for example, that "American Law does not permit the use of foreign law or international law to interpret the Constitution," and this a "given" question regarding which "[t]here is no debate."[942] A different matter is the possible use of foreign law in the U.S. universities for academic purposes. Regarding this assertion, Justice Ruth Bader Ginsburg has said that she "frankly [doesn't] understand all the brouhaha lately from Congress and even from some of my colleagues about referring to foreign law," explaining that the controversy was based in the misunderstanding that citing a foreign precedent means the court considers itself bound by foreign law as opposed to merely being influenced by such power as its reasoning holds. That is why she formulated the following question: "Why shouldn't we look to the wisdom of a judge from abroad with at least as much ease as we would read a law review article written by a professor?"[943]

And this is precisely what is now common in all constitutional jurisdictions all over the world: constitutional courts commonly consider that, with respect to foreign law, when they have to decide on the same matter and on the basis of the same principles, in the same way that they would study the matter through others authors' opinions and analysis from books and articles, they can also rely on courts' decisions from other countries, which can be useful because those courts dealt not only with a theoretical proposition, but also with a specific solution already applied to resolve a particular case.

942 Judge Sonia Sotomayor, at the confirmation hearing before the Senate, on July 15, 2009. See "Sotomayor on the Issues," *New York Times*, July 16, 2009, p. A18.

943 See Adam Liptak, "Ginsburg Shares Views on Influence of Foreign Law on Her Court, and Vice Versa," in *New York Times*, April 12, 2009, p. 14.

TERCERA PARTE

EL JUEZ CONSTITUCIONAL COMO LEGISLADOR POSITIVO Y LA USURPACIÓN DE LA FUNCIÓN LEGISLATIVA POR LA JURISDICCIÓN CONSTITUCIONAL

SECCIÓN PRIMERA:

LOS PRIMEROS PASOS DE LA JURISDICCIÓN CONSTITUCIONAL COMO "LEGISLADOR POSITIVO" VIOLANDO LA CONSTITUCIÓN, Y EL RÉGIMEN LEGAL DE CÓMPUTO DE LOS LAPSOS PROCESALES

Texto publicado en el libro: *Crónica sobre la "in" justicia constitucional. La Sala Constitucional y el autoritarismo en Venezuela*, Colección Instituto de Derecho Público, Universidad Central de Venezuela, Nº 2. Editorial Jurídica Venezolana, Caracas 2007, pp. 511-543. Algunas partes de este estudio fueron publicadas en el libro: ***La Patología de la Justicia Constitucional*, Segunda edición ampliada, European Research Center of Comparative Law, 2013, pp. 291-323.**

La Jurisdicción Constitucional en Venezuela, como es sabido, siguiendo una tradición que se remonta al siglo XIX, es un poderoso instrumento judicial de control concentrado de la constitucionalidad de leyes y demás actos estatales con rango o fuerza de ley o que sean dictados por los diversos órganos estatales en ejecución directa e inmediata de la Constitución, con poderes anulatorios, *erga omnes* (artículo 334 a 336).

Esta Jurisdicción Constitucional tradicionalmente había sido atribuida a la antigua Corte Suprema de Justicia; sin embargo, a partir de la entrada en vigencia de la Constitución de 1999, se atribuyó a una de sus Salas, específicamente a la Sala Constitucional (artículos 334 y 336). Ello, sin embargo, no le quita al Tribunal Supremo de Justicia en cualquiera de sus Salas, la potestad de interpretar la Constitución como "máximo y último interprete" de la misma (artículo 335). Lo que en materia de interpretación constitucional corresponde exclusivamente a la Sala Constitucional, como Jurisdicción Constitucional, cuando ejerce sus funciones de control de la constitucionalidad, es la potestad de interpretar el contenido o alcance de las normas y principios constitucionales, con efectos vinculantes tanto para las otras Salas como para los demás tribunales (artículo 335).

La Constitución, en todo caso, al establecer y regular esta Jurisdicción Constitucional lo hizo dentro de un sistema constitucional de separación de poderes, en el cual la función de administrar justicia, incluida la justicia constitucional, se reserva a los órganos del Poder judicial donde está ubicada la Jurisdicción Constitucional; y la función de legislar se reserva a los órganos legislativos, por ejemplo, en el ámbito nacional a la Asamblea Nacional, con la única posibilidad excepcional de que puede ser delegada única y exclusivamente en el Presidente de la República, mediante la sanción de leyes habilitantes (artículo 203). De ello resulta que la potestad de dictar y reformar leyes, que son los actos que dicta la Asamblea Nacional como cuerpo legislador (artículo 202), sólo puede ejercerse por dicho órgano representativo popular, aún cuando éste pueda delegar dicha función en el Presidente de la República. Ningún otro órgano estatal puede dictar leyes o reformar leyes, y en ello se incluye al Tribunal Supremo y a la Jurisdicción Constitucional, las cuales están autorizadas sólo para efectuar dicha interpretarlas y anularlas, pero sin poder sancionarlas ni modificarlas o reformarlas.

Ello, sin embargo, no ha impedido que la Jurisdicción Constitucional en Venezuela, en más de una ocasión haya usurpado las función de legislad de la Asamblea Nacional y haya actuado como "legislador positivo", reformando y re redactando leyes sin tener para ello autorización constitucional alguna, y dada su naturaleza, sin posibilidad de que se pueda ejercerse control alguno sobre sus ilegítimas e inconstitucionales incursiones en materia legislativa.

Los primeros pasos de esta tarea de legislador positivo con posterioridad a la entrada en vigencia de la Constitución de 1999, comenzaron a darse con la sentencia de la Sala Constitucional, nº 80 de 1° de febrero de 2001[944], mediante la cual decidió una acción popular de nulidad por inconstitucionalidad que se había intentado contra del artículo 197 del Código de Procedimiento Civil que regula, en general, el régimen de los lapsos procesales, considerando que dicha norma violaba la garantía del debido proceso establecida en el artículo 49 de la Constitución. Dicha norma del Código de Procedimiento Civil, en efecto, establece lo siguiente:

> "Artículo 197. Los términos o lapsos procesales *se computarán por días calendarios consecutivos* **excepto los lapsos de pruebas**, en los cuales no se computarán los sábados, los domingos, el Jueves y el Viernes Santo, los declarados días de Fiestas Nacionales, los declarados no laborables por otras leyes, ni aquellos en los cuales el Tribunal disponga no despachar".

La Sala anuló parcialmente este artículo, particularmente en cuanto a la excepción única que establece (**excepto los lapsos de pruebas**) por considerarla contraria al derecho a la defensa, y de ella resultó que más allá de la anulación de la norma, la Sala la "reformó" estableciendo *una nueva redacción*, incluso mediante una aclaratoria posterior a la sentencia, en la cual estableció otra serie de normas procesales

944 Véase en *Revista de Derecho Público*, Nº 85-89, Editorial Jurídica Venezolana, Caracas 2001, pp. 90 y ss.

que no estaban en el Código. De acuerdo con el texto de la sentencia, el artículo quedó redactado como sigue, sin excepción:

> "*Artículo 197*. Los términos o lapsos procesales se computarán por días calendarios consecutivos excepto los sábados, los domingos, el Jueves y el Viernes Santo, los declarados días de fiesta por la Ley de Fiestas Nacionales, los declarados no laborables por otras leyes, ni aquellos en los cuales el Tribunal disponga no despachar".

Con estas últimas sentencias, la Sala Constitucional inició ilegítimamente su rol de legislador positivo, que se auto-atribuyó, al disponer la reforma de un artículo del Código de Procedimiento Civil y establecer un conjunto de normas procesales casuísticas como consecuencia de la reforma efectuada; rol que ha seguido ejerciendo con posterioridad, en otros casos, por ejemplo, al reformar las normas de competencia y de procedimiento establecidas en la Ley Orgánica de Amparo sobre derechos y garantías constitucionales en 2000[945], y al reformar, esta vez de oficio, un artículo de la Ley de Impuesto sobre la Renta en 2007[946].

Sin embargo, en cuanto al fondo de la cuestión, debe destacarse que la sentencia de 2001 de la Sala Constitucional sobre el tema de los lapsos procesales, no había sido la primera dictada por el máximo tribunal del país en la cual se cuestionaba por razones de inconstitucionalidad la norma del artículo 197 del Código de Procedimiento Civil. Ya en 1989, la Sala de Casación Civil de la antigua Corte Suprema de Justicia, en sentencia 4 de octubre de 1989[947], se había pronunciado sobre la inconstitucionalidad de la misma norma, resolviendo su desaplicación, conforme a los poderes de control difuso de la constitucionalidad de las leyes que tienen todos los jueces en Venezuela, también desde el siglo XIX (artículo 20 CPC; artículo 334 C. 1999), incluyendo las Salas del Supremo Tribunal.

En ese caso, sin embargo, la Sala de Casación Civil no sólo decidió la inaplicación de la norma al resolver el caso concreto, como corresponde conforme al control difuso de la constitucionalidad de las leyes, con efectos *inter partes*, sino que también, fungiendo de "legislador positivo", pero igualmente sin posibilidad de ser controlado, estableció una nueva redacción a la norma, de supuesta aplicación general.

Antes de analizar la sentencia de la Sala Constitucional de 2001, estimamos por tanto necesario referirnos a este antecedente de la sentencia de la Sala de Casación Civil de 1989, que al desaplicar la misma norma por considerarla inconstitucional, también había establecido una nueva redacción. Al final, nos referiremos al mismo tema de la constitucionalidad pero de otros lapsos también se planteó ante la Sala Constitucional, en materia procesal penal, y en la cual en un juicio de amparo, la

945 Véase el estudio publicado en las páginas 545 y ss. de este libro.

946 Véase el estudio publicado en las páginas 565 de este libro.

947 Véase los comentarios en Allan R. Brewer-Carías, "La sentencia de los lapsos procesales (1989) y el control difuso de la constitucionalidad de las leyes», en *Revista de Derecho Público*, N° 40, Editorial Jurídica Venezolana, Caracas, octubre-diciembre 1989, pp. 157-175.

Sala, mediante sentencia de 5 de agosto de 2005[948], decidió que el lapso de cinco días para interponer el recurso de apelación en la fase preparatoria del proceso penal, debe ser computado por días hábiles, esto es, aquellos en los cuales el tribunal disponga despachar, y por ende, la partes tengan acceso al tribunal, al expediente y al proceso, y no por días continuos como lo exige el artículo 172 del Código Orgánico Procesal Penal.

El juez constitucional es, precisamente, el guardián de la Constitución, pero al ejercer esa función no puede hacerlo violando la propia Constitución y usurpando la función legislativa. Sus sentencias de inaplicación de normas al caso concreto cuando aplica el método difuso de control de constitucionalidad, o de anulación de leyes, cuando ejerce el método concentrado de control de constitucionalidad de las leyes, sin duda, son el mejor aviso al Legislador para que revise y reforme las leyes, pero no pueden significar pretender sustituirse en la función legislativa, por más plausibles sean sus motivaciones e intenciones de garantizar derechos constitucionales. El juez constitucional, en definitiva, no es legislador, y la ley tiene que ser producto de la representación popular y no de un "legislador" no electo democráticamente.

I. LA SENTENCIA DE LA SALA DE CASACIÓN CIVIL DE 1989 RELATIVA A LOS LAPSOS PROCESALES

Como se ha dicho, la Sala de Casación Civil de la antigua Corte Suprema de Justicia, en ejercicio del poder de control difuso de la constitucionalidad de las leyes, mediante sentencia de 4 de octubre de 1989, decidió no sólo la inaplicabilidad al caso concreto resuelto del artículo 197 del Código de Procedimiento Civil, que establece la forma de computar los lapsos y términos procesales, por considerarlo que colidía con el artículo 68 de la Constitución de 1961 que establecía el derecho a la defensa, sino que pretendió sustituir la norma que contenía dicho artículo por una nueva, excediéndose, sin duda, en sus poderes de control difuso.

La sentencia de la Sala de Casación Civil fue dictada al decidir un recurso de casación, declarándolo con lugar, que se había intentado contra una sentencia de un Tribunal Superior que había declarado sin lugar un recurso de hecho. Los antecedentes del caso fueron en síntesis los siguientes:

Con motivo de una demanda de ejecución de hipoteca que había sido intentada por ante un Juzgado de Primera Instancia en lo Civil, el tribunal, en el curso del procedimiento y víspera de los días de Semana Santa de 1987, declaró la inadmisibilidad la oposición a la ejecución de la hipoteca que se había alegado.

Contra dicha decisión, la parte ejecutada interpuso recurso de apelación, el cual fue negado por extemporáneo. En el caso concreto, la situación de los lapsos procesales fue la siguiente: la sentencia se había dictado un día martes, y el día siguiente, miércoles, fue Miércoles Santo; el jueves, fue Jueves Santo; el viernes, Viernes Santo; el sábado, Sábado de gloria, y el domingo, Domingo de resurrección. Durante esos días, precisamente habían transcurrido los cinco días calendarios consecutivos

948 *Revista de Derecho Público* Nº 103, 2005, pp. 119 ss.

establecidos para apelar conforme al artículo 298 del Código de Procedimiento Civil. El tribunal consideró computables dichos días en el lapso, conforme lo establece el artículo 197 del mismo Código, de lo que resultó que la apelación sólo podía haberse interpuesto el día lunes siguiente a los días de Semana Santa de 1987. Al no haberse hecho en esa oportunidad, el juez de la causa negó la apelación que fue interpuesta con posterioridad, por extemporánea.

Contra el auto de negativa de la apelación, la parte ejecutada interpuso recurso de hecho y el Juzgado Superior correspondiente declaró sin lugar dicho recurso de hecho, con aclaratoria posterior. Contra dicho auto del Juzgado Superior y su aclaratoria, la parte ejecutada anunció recurso de casación, cuya decisión fue la sentencia de 4 de octubre de 1989 que comentamos, y que desaplicando por inconstitucional la norma del artículo 197 del Código de Procedimiento Civil, declaró con lugar el recurso interpuesto contra el auto y su aclaratoria que habían sido recurridos, ordenando al tribunal competente decidir nuevamente con arreglo a la doctrina establecida.

1. *Los argumentos sobre la inconstitucionalidad*

La parte ejecutada en el proceso argumentó que el criterio del juez que había dictado el auto recurrido, considerando que el lapso de apelación establecido en el artículo 298 CPC se debía computar por días calendarios consecutivos, que en el caso concreto comprendía los días de Semana Santa de 1987, la había colocado en indefensión "debido a una interpretación demasiado literal" de los artículos 197 y 298 CPC. Agregó la parte ejecutada que el artículo 298 CPC, en ninguna parte decía que los cinco días consagrados para apelar debían ser días calendarios, por lo que a su juicio "no puede el intérprete o el sentenciador dar esa interpretación", pues aunque la norma del artículo 197 CPC "no excluye el lapso para apelar quizás por un *desliz* legislativo", tampoco está excluido a la luz del artículo 297 CPC, correspondiendo a la Sala mitigar "la drástica injusticia de tan inequitativa norma". Agregó la parte recurrente que el lapso de cinco días para apelar "tienen que ser días efectivos para poder apelar, días de despacho", pues de lo contrario la norma del artículo 197 sería inconstitucional "porque consagraría la indefensión de las partes en los procesos".

La Sala de casación, al decidir, partió de la premisa de que las reglas legales para computar lapsos y términos procesales no deben estar sujetas a dudas, ni a interpretaciones ni a ambigüedades, por estar envuelta la garantía de derecho a la defensa, lo que en definitiva, podía considerarse como un consejo o requerimiento al legislador para su labor normativa. Apreció la Sala, sin embargo, que en esa materia "históricamente no ha sido del todo afortunado el legislador patrio", pasando luego revista al régimen previsto en el Código de 1916, y a los criterios de aplicación que se habían desarrollado en el foro, destacando la "prudente práctica forense" de identificar los "días hábiles" con los "días de audiencia", y de dar "secretaría" sólo cuando había "día de audiencia", con lo cual se lograba "evitar malos entendimientos, sorpresas, dudas y estados de indefensión". La sala analizó, además, los diversos proyectos del Código de Procedimiento Civil donde se buscaba regular la materia, "sin dejar lugar a dudas", entre ellos, el de 1975, que establecía que "los términos o plazos procesales se computarán por días calendarios consecutivos, *excluyendo solamente aquellos en que no se oiga ni despache en el Tribunal"* (art. 197) (subrayado de la Corte), identificándose entonces los días consecutivos con aquellos "en que el

Tribunal tenga dispuesto despachar, quedando excluidos, en consecuencia, aquellos que resulten feriados y de las vacaciones judiciales".

Constató la Sala de Casación, sin embargo, que en el texto definitivo del artículo 197 del Código, el Legislador, guiado "por el principio de la celeridad procesal, de alta pero no exclusiva consideración", estableció terminantemente que "los términos o lapsos procesales se computarán por días calendarios consecutivos, excepto los lapsos de pruebas en los cuales no se computarán los sábados, los domingos, el jueves y el viernes santos, los declarados días de fiesta por la Ley de Fiestas Nacionales, los declarados no laborables por otras leyes, ni aquellos en los cuales el Tribunal disponga no despachar".

Es decir, conforme a esa norma, se estableció que todos los lapsos o términos procesales se deben contar por días calendarios consecutivos, *excepto única u exclusivamente los lapsos de pruebas* en los cuales no se computan los días en que no haya despacho. Es decir, conforme a "la interpretación estrictamente literal" de esta norma, es evidente que a los efectos de los términos o lapsos procesales, todos los días del año son computables, siempre que no se trate de los lapsos de pruebas en los cuales sólo son computables los días de despacho.

Ahora bien, esta "interpretación literal" clara y terminante de la norma, a juicio de la Sala de Casación, estaba "en contradicción con el principio de la legalidad de los lapsos procesales" establecido en el artículo 196 CPC, en el sentido de que por cuanto los lapsos y términos procesales son los expresamente establecidos por la Ley, si se aplica el principio del artículo 197 siempre resultará un lapso menor, pues siempre habrá días en que no se dé despacho (sábado o domingo, al menos). Esta abreviación de lapsos, en la práctica, y a juicio de la Sala de Casación, podría incluso hacer "desaparecer íntegramente" el lapso o término mismo, con un "real y efectivo menoscabo del derecho de defensa de las partes". De allí que la sala concluyera con su apreciación de que "tal interpretación literal" sólo implicaría celeridad procesal sin menoscabo de los derechos de las partes, cuando se trate de lapsos o términos de mayor duración, aun cuando incluso en esos casos, en supuestos de catástrofes, huelgas o casos semejantes cuando el órgano jurisdiccional deje de despachar por períodos prolongados, podría existir indefensión.

Advirtió la Sala que la "interpretación meramente literal" del artículo 197 CPC ha sido sin embargo "atemperada" por la práctica forense, al extenderse analógicamente la disposición del artículo 200 CPC a los supuestos de abreviación de lapsos que implica el artículo 197 CPC en el sentido de prorrogar en un día más el lapso de que se trate, cuando concluya en día en que no haya despacho, considerando la Sala que tal "aplicación analógica extensiva... no resulta conforme a la Ley".

De su análisis hermenéutico de la norma general del artículo 197 del CPC, y tomando en cuenta la absoluta prohibición de actuación de los tribunales fuera de los días y horas hábiles de despacho, concluyó la Sala de Casación en su sentencia indicando que a su juicio, dicha norma

> [...] "debe interpretarse en el sentido de que por regla general y salvo casos excepcionales más abajo enumerados, los términos y lapsos a los cuales se refiere dicho artículo, deben computarse efectivamente por días consecutivos en los cuales el Tribunal acuerda dar despacho, no siendo computable a esos fines

> aquellos en los cuales el juez decide no despachar, ni los sábados, ni los domingos, ni el Jueves y Viernes santos, ni los declarados días de fiesta por la Ley de Fiestas Nacionales, ni los declarados no laborables por otras leyes".

Para la Sala de Casación, tal interpretación armonizaba con el principio de la legalidad de los lapsos procesales. Además, señaló la Sala que desaparecida del Código la distinción entre días de audiencia y días hábiles, y sustituida por la noción de día de despacho,

> [...] "no hay necesidad de distinguir los días de despacho solamente para pruebas, porque para toda otra actuación procesal que debe realizarse en día de despacho siempre deberán estar presentes el juez y el secretario, y lo natural es que estos días sean los computables para las actuaciones de las partes y las que competan propiamente al Tribunal".

En definitiva, la Sala llegó a una interpretación de la norma radicalmente distinta a la interpretación literal, pretendiendo normar no sólo lo que no estaba normado, sino en una forma distinta a como estaba, aduciendo además el argumento de que en nuestro país "las mismas razones valederas para el cómputo de los lapsos de pruebas por días de despacho, lo son para la interposición de todos los recursos, así como la solicitud de revocatoria y la de la aclaratoria de la sentencia". De allí que la propia Sala confesara que

> "La previsión legislativa óptima habría sido el contenido literal del artículo 197, pero con ampliación de cada uno, lapsos y términos de poca duración, para evitar su abreviación o su desaparición, que es lo que corrige esta interpretación jurisdiccional".

En definitiva, la Sala de Casación Civil, al dictar su sentencia estableciendo una interpretación del artículo 197 CPC apartándose del método exegético gramatical exigido en el artículo 4 del Código Civil, y a pesar de encontrarse con una Ley clara y precisa, fue contra la letra de la Ley, al darle a la norma una interpretación distinta a la que aparece evidente del significado propio de las palabras, según la conexión de ellas entre sí y la intención del Legislador, estimando que el texto del artículo colidía con el derecho a la defensa previsto en el artículo 68 de la Constitución de 1961.

En definitiva, la sentencia de la Sala de Casación Civil estimó que con la adopción de la regla general para el cómputo de las diligencias judiciales por días consecutivos establecida en el artículo 197 CPC, el Legislador colidió el derecho a la defensa consagrado en el artículo 68 de la Constitución, por lo que:

> [...] "de conformidad con el artículo 20 del propio Código de Procedimiento Civil, este Alto Tribunal *se aparta de la interpretación meramente literal* del artículo 197 del Código de Procedimiento Civil, y a tal efecto respecto del cómputo para los lapsos y términos del proceso civil en Venezuela, *establece las siguientes normas aplicables a los procesos a partir de la fecha de la publicación de esta sentencia. . .*".

A continuación, en su sentencia, la Sala *"estableció"* la *"norma"* de que "solamente son computables por días calendarios consecutivos", los lapsos o términos "de mayor duración" en los que se impone el principio de la celeridad procesal, y que se consideran "supuestos excepcionales", siendo éstos los previstos en los artículos 199, 231, 251, 267, 317, 318, 319, 335, 374, 386, 515, 521, 614, 756 y 757.

Además, estableció que debían ser computables por días calendarios consecutivos los lapsos que se cumplen ante la propia Sala con motivo del recurso de casación, como la propia Sala lo estableció. Agregó además la sentencia que "en todos estos casos de los lapsos por días consecutivos" es aplicable la regla del artículo 200 del Código de Procedimiento Civil.

En definitiva, la Sala de Casación, en el caso concreto sometido a su consideración, estimó que el Juez del auto recurrido había interpretado el artículo 197 "en su forma más literal", forma que a juicio de la Sala no se compaginaba con los principios establecidos en la sentencia, conforme a la cual la "regla general" en el cómputo de los términos y lapsos procesales, conforme al artículo 197 CPC, es por días consecutivos en los cuales el Tribunal haya acordado oír y despachar, de manera que el cómputo del lapso de apelación establecido en el artículo 298 del Código de Procedimiento Civil debía efectuarse "por días calendarios consecutivos en los cuales se haya acordado oír y despachar y no por días consecutivos". Por ello la Sala de Casación concluyó su fallo declarando en el caso concreto, procedentes las denuncias de infracción de los artículos 289 y 197 CPC, declarando con lugar el recurso de casación interpuesto.

2. *Los argumentos de los votos salvados a la decisión*

El recurso de casación en el caso concreto, se había interpuesto conforme a lo establecido en los artículos 313,2 y 317,3 CPC, denunciándose infracción de los artículos 289 y 197 del mismo Código. El artículo 317,3 señala que el recurso de casación debe declararse con lugar, "cuando se haya incurrido en un *error de interpretación* acerca del contenido y alcance de una disposición expresa de la Ley", en este caso, los artículos 289 y 197 del CPC. El artículo 298 establece el lapso de cinco días para apelar, y el artículo 197 determina que el cómputo de dicho lapso es por días calendarios consecutivos. Esta disposición expresa fue la que aplicaron los Tribunales de instancia, sin que hubiese habido interpretación alguna, mucho menos "error de interpretación" acerca del contenido o alcance de las normas. Como lo afirmaron los Magistrados que salvaron el voto en la decisión.

> [...] "de tan cristalina redacción (del art. 197) la única interpretación posible es la literal, esto es, que los términos o lapsos procesales se computarán por días calendarios consecutivos, salvo la excepción del lapso probatorio en el mismo establecido".

Por tanto, el recurso de casación debió haber sido declarado sin lugar, ya que no hubo infracción de ley, sino simple y elemental aplicación de la misma. En realidad, por más plausible que haya sido la intención de la mayoría decisora, la errada interpretación del artículo 197 CPC fue la que ellos hicieron, al punto "de cambiar radicalmente el dispositivo legal" como lo afirmaron los Magistrados disidentes, violentando "el principio de interpretación lógico e histórico de la aparición de la norma". Así se expresaron:

"Con el fundamento de mantener a salvo el derecho constitucional a la defensa, inviolable en todo estado y grado del proceso, la Sala deroga la norma legislativa, sustituyéndola por una nueva, violentándose así los principios de hermenéutica jurídica, pues desde el punto de vista histórico, es un regreso al pasado, a la confusión y anarquía que ya se creían superadas en esta materia".

Agregaron los Magistrados disidentes, que la Sala:

[...] "en una clara usurpación de funciones, bajo el pretexto de una nueva interpretación, está cambiando total y absolutamente el contenido, el sentido y el propósito de la Ley. La está sustituyendo por una norma nueva en su contenido literal y jurídico, lo cual no está dentro de las funciones de esta Sala".

Pero la Sala de Casación no se contestó con sentar una interpretación errada del artículo 197 CPC, sino que pretendió hacerlo con carácter y efectos generales, estableciendo "normas aplicables a los procesos a partir de la fecha de la publicación de esta sentencia", en sustitución de una norma legal que virtualmente "derogaba", lo cual es absolutamente inconstitucional, pues esa función estatal corresponde al Legislador.

No puede la Corte Suprema de Justicia, en ninguna de sus Salas, actuar como Legislador creando normas de validez general. A lo sumo, en entonces Corte Plena podría actuar como "legislador negativo" como el propio Kelsen lo había concebido hace décadas, al declarar la nulidad por inconstitucionalidad de las leyes, pero ello entonces estaba reservado a la competencia de la Corte en Pleno conforme al artículo 215 de la Constitución de 1961. Podría incluso admitirse que la Corte Suprema, en Pleno, como juez constitucional, al declarar sin lugar un recurso de inconstitucionalidad, sin anular la norma impugnada pudiera fijar la interpretación de la misma acorde con la Constitución, para sostener su constitucionalidad. Por ello, la Sala de Casación incurrió además en una extralimitación de atribuciones usurpando en esa oportunidad competencias de la Corte Plena, al haber pretendido, en la práctica, "anular" con carácter general una norma y, en sustitución, establecer otras normas de aplicación general o, como lo afirmaron los Magistrados disidentes, sustituir un dispositivo legal "por uno nuevo".

Por ello, con razón, los Magistrados disidentes señalaron que la Sala, en la sentencia, en realidad derogó el artículo 197 CPC,

[...] "atribuyéndose funciones legislativas que sólo le están conferidas en Venezuela, en lo que respecta a leyes nacionales, al soberano Congreso Nacional".

La Sala de Casación, además, ejerció esta función legislativa que no tenía atribuida constitucionalmente, supuestamente para salvaguardar el derecho a la defensa. Pero en realidad, el artículo 197 CPC, como lo observaron los Magistrados disidentes, "no vulnera el derecho ciudadano a la defensa" el cual sólo estaría lesionado "cuando se priva a las partes del uso de los medios que les proporciona la Ley para hacer valer sus derechos". Por ello, afirmaron que era evidente que la interpretación literal del artículo 197,

> [...] "no colide con el artículo 68 de la Constitución, sino por el contrario, organiza el ejercicio de ese derecho constitucional para hacerlo efectivo, rápido y seguro en el proceso".

Sin embargo, fue precisamente con base en considerar que el artículo 197 del CPC colidía con el artículo 68 de la Constitución de 1961, que la Sala de Casación invocó el artículo 20 CPC que consagra el control difuso de la constitucionalidad, para afirmar que se "apartaba" de la interpretación meramente literal del artículo 197 y procedía a establecer normas de aplicación general a todos los procesos a partir de la fecha de la publicación de la sentencia.

Por supuesto, no es posible ejercer el control difuso de la constitucionalidad de las leyes para establecer interpretaciones distintas a las literales de una norma, y crear normas nuevas de aplicación general sustituyendo las que están en la letra de la ley. Hacerlo, como lo ha hizo en aquél momento la Sala de Casación Civil, no fue más que desconocer de la manera más absoluta el sentido de los métodos de control de la constitucionalidad en el país.

Pero aun en forma equivocada, si la sentencia pretendía, como lo afirmó la Sala, "apartarse de la interpretación meramente literal" y "establecer normas aplicables a los procesos a partir de la fecha de la publicación de la sentencia", es evidente que ello sólo podía hacerlo sin violar la garantía constitucional establecida en el artículo 44 de la Constitución de 1961, es decir, no podía la Sala crear la norma con efectos retroactivos. Sin embargo, y a pesar de establecer las normas de aplicación general a los procesos "a partir de la fecha de la publicación de la sentencia", en forma totalmente contradictoria y retroactiva, la Sala casó un auto de un Tribunal de la República que había aplicado el artículo 197 del CPC en su forma literal, dictado dos años antes, al declarar con lugar el recurso de casación. Si la nueva interpretación y norma creada sólo se debía aplicar a los procesos a partir de la fecha de publicación de la sentencia, es evidente que no podía servir para casar un auto judicial dictado dos años antes.

En todo caso, y para el supuesto de que la Sala de Casación Civil, al decidir el caso concreto sometido a su consideración, en virtud de que el lapso de apelación discutido había transcurrido en los días de Semana Santa de 1987, hubiera considerado que en ese caso se violaba el derecho a la defensa del recurrente, con base en artículo 20 CPC que prevé el método difuso de control de la constitucionalidad, sólo podía, y nada más, *desaplicar la norma del artículo 197 del CPC al caso concreto aplicando preferentemente el artículo 68 de la Constitución, garantizándole al recurrente su derecho de apelar.*

Pero en definitiva, lo que no podía la Sala de Casación al amparo del método difuso de control de la constitucionalidad de las leyes, era *derogar* una norma y *dictar* otra en su sustitución, pretendiendo que ésta debía aplicarse *con carácter general* a todos los procesos. La Sala, sin duda, aplicó erradamente el artículo 20 CPC desconociendo los principios del control difuso de la constitucionalidad de las leyes, que no le permitían "establecer" normas de aplicación general distintas a las del derecho escrito; ni dar a su sentencia efectos derogatorios respecto de normas de derecho escrito, y menos en forma retroactiva.

Después de comentar dicha sentencia, en 1998, concluíamos señalando que "en materia de control de constitucionalidad, es evidente que el tema del control de la constitucionalidad de las leyes no sólo continúa siendo uno de los más importantes para el adecuado funcionamiento del Estado sometido a una Constitución, sino que todavía es un tema no totalmente dominado por los propios jueces llamados a ejercer el control. De lo contrario, una sentencia como la comentada, no se habría dictado".[949]

Y así continúa siendo, lo que resulta de la sentencia de la Sala Constitucional de 2001, también en relación con el artículo 197 CPC y los lapsos procesales.

II. LA SENTENCIA DE REFORMA DEL ARTÍCULO 197 DEL CÓDIGO DE PROCEDIMIENTO CIVIL POR LA SALA CONSTITUCIONAL DE 2001

En efecto, luego de la sentencia de la Sala de Casación, la norma del artículo 197 CPC fue impugnada por la vía de acción popular de inconstitucionalidad por ante la antigua Cote Suprema, habiendo sido resuelto el procedimiento por la Sala Constitucional del Tribunal Supremo, precisamente mediante la citada sentencia nº 80 de 1 de febrero de 2-2001[950]. Dicha sentencia anuló parcialmente el artículo considerando que establecer que los términos o lapsos procesales establecidos en el Código se deben computar "por días calendarios consecutivos excepto los lapsos de pruebas, en los cuales no se computarán los sábados, los domingos, el Jueves y el Viernes santo, los declarados días de Fiestas Nacionales, los declarados no laborables por otras leyes, ni aquellos en los cuales el Tribunal disponga no despachar", era contrario a la garantía del debido proceso y derecho a la defensa establecidos en el artículo 49 de la Constitución de 1999, al convertir lo que debió ser una regla del cómputo, en la excepción.

1. *Los argumentos de los impugnantes*

Los impugnantes que intentaron la acción de inconstitucionalidad argumentaron que dicha norma era violatoria del derecho a la defensa consagrado en el artículo 68 de la Constitución de 1961, basándose en que la misma establecía una diferencia en el cómputo de los lapsos procesales según se tratara del lapso probatorio o de los demás lapsos. Estos últimos se computaban por días calendarios consecutivos, y los primeros (probatorio) por días calendarios consecutivos con excepción de los sábados, domingos, Jueves y Viernes Santos, los declarados días de fiestas por la Ley de Fiestas Nacionales, los declarados no laborables por otras leyes, así como aquellos en los cuales el tribunal dispusiera no despachar.

Al establecer esta diferencia, estimaron los impugnantes que se violaba el derecho a la defensa (artículo 68 C. 1961), pues las mismas razones que tuvo el legislador

---

949 Véase en Allan R. Brewer-Carías, "La sentencia de los lapsos procesales (1989) y el control difuso de la constitucionalidad de las leyes», en *Revista de Derecho Público*, N° 40, Editorial Jurídica Venezolana, Caracas, octubre-diciembre 1989, pp. 157-175.

950 *Revista de Derecho Público* N° 85-89, 2001, pp. 90 y ss.

para contemplar que los lapsos de pruebas debían ser computados por días en que el Tribunal resolviera no despachar, justifican que los restantes lapsos procesales debían ser computados de igual forma. A tal efecto, argumentaron cómo en determinados casos se evidencia que la aplicación de dicha distinción (entre lapsos de pruebas y otros lapsos) conculcaba los derechos de los justiciables, concretamente el derecho a la defensa. En particular hicieron referencia a los lapsos establecidos en el artículo 1.114 del Código de Comercio, sobre el término de tres días para apelar de las sentencias interlocutorias, lo que podía implicar en la práctica la reducción del lapso a un día, si coincidían algunos de los días no laborables, argumentando que lo dispuesto en el citado artículo 197 CPC, trastocaba el principio de legalidad de los lapsos procesales previstos en el artículo 196 del mismo Código.

2. *La violación al debido proceso y el tiempo útil para las actuaciones procesales*

La Sala Constitucional fundamentó su decisión en el artículo 49 de la Constitución de 1999, que establece el derecho al debido proceso y a la defensa, considerando que dicho derecho

> [...] "constituye un conjunto de garantías, que amparan al ciudadano, y entre las cuales se mencionan las del ser oído, la presunción de inocencia, el acceso a la justicia y a los recursos legalmente establecidos, la articulación de un proceso debido, la de obtener una resolución de fondo con fundamento en derecho, la de ser juzgado por un tribunal competente, imparcial e independiente, la de un proceso sin dilaciones indebidas y por supuesto, la de ejecución de las sentencias que se dicten en tales procesos".

Dicho derecho al debido proceso se consideró por la Sala como parte del principio de igualdad frente a la ley, "y que en materia procedimental representa igualdad de oportunidades para las partes intervinientes en el proceso de que se trate, a objeto de realizar -en igualdad de condiciones y dentro de los lapsos legalmente establecidos- todas aquellas actuaciones tendientes a la defensa de sus derechos e intereses".

Consideró además, la Sala, que:

> [...] "el derecho al debido proceso -y dentro de éste el derecho a la defensa-, tiene un carácter operativo e instrumental que nos permite poner en práctica los denominados derechos de goce (p.ej. derecho a la vida, a la libertad, al trabajo), es decir, su función última es garantizar el ejercicio de otros derechos materiales mediante la tutela judicial efectiva, por ello, su ejercicio implica la concesión para ambas partes en conflicto, de la misma oportunidad de formular pedimentos ante el órgano jurisdiccional. De manera que la violación del debido proceso podrá manifestarse: 1) cuando se prive o coarte alguna de las partes la facultad procesal para efectuar un acto de petición que a ella privativamente le corresponda por su posición en el proceso; 2) cuando esa facultad resulte afectada de forma tal que se vea reducida, teniendo por resultado la indebida restricción a las partes de participar efectivamente en plano de igualdad, en cualquier juicio en el que se ventilen cuestiones que les afecte".

La Sala siguió su línea de argumentación indicando que el proceso es un conjunto sucesivo de actos procesales tendientes a la declaratoria final del juez para dilucidar una controversia, lo que amerita de ámbito espacial y temporal para su funcionamiento, "que asegure la participación de los sujetos procesales, a objeto de preservar la certeza jurídica, la igualdad de tratamiento y la lealtad del contradictorio". Para tal efecto, argumentó la Sala, las leyes procesales distinguen el tiempo útil para la realización de los actos procesales en general, del tiempo hábil para ello", conforme a la distinción expresada en el mismo Código de Procedimiento Civil, en su artículo 193 que señala que "Ningún acto procesal puede practicarse en día feriado, ni antes de la seis de la mañana ni después de las seis de la tarde, a menos que por causa urgente se habiliten el día feriado o la noche".

De lo anterior, la Sala dedujo "que no todas las horas del tiempo útil son hábiles para la realización de los actos procesales, debiéndose computar dichos lapsos conforme a una unidad de medida, previamente establecida por la norma adjetiva, y que dentro del marco legal se encuentra diferenciada en atención a las distintas unidades de tiempo que se emplee". Por tanto, consideró la Sala, que los lapsos establecidos por años o meses se debían computar desde el día siguiente al de la fecha del acto que da lugar al lapso, y concluían el día de la fecha igual al acto del año o mes que corresponda para completar el lapso (artículo 199 del Código). Asimismo consideró la Sala, que los lapsos procesales por días, de conformidad con lo dispuesto en el artículo 197 del Código, se debían computar por días calendarios consecutivos, a excepción del lapso de pruebas.

3. *Argumentos sobre el objeto último del proceso*

En la fundamentación del fallo, la Sala además, puntualizó que el fin último del proceso es "la decisión del conflicto mediante un fallo que adquiere autoridad de cosa juzgada, sin el cual el proceso por sí mismo carecería de sentido", es decir, la tutela de los derechos, por lo que no podría permitirse "el sacrificio de la tutela jurisdiccional ante el proceso, bien porque la práctica desnaturalice los principios que lo constituyen o porque sea la propia ley procesal la que, por su imperfección, impida tal función tutelar". De lo contrario, consideró la Sala, "el proceso fallaría en su cometido, toda vez que, las formalidades procesales han de entenderse siempre para servir a la justicia, garantizando el acierto de la decisión judicial, y jamás como obstáculos encaminados a dificultar el pronunciamiento de la sentencia".

Con base en lo anterior, la Sala consideró que la rigidez del formalismo procesal no debe arrollar la esencia del derecho, exigiendo la aplicación del principio de supremacía constitucional, de manera que la tutela del proceso se realice bajo el imperio de los principios constitucionales, para garantizar que pueda tutelar los intereses jurídicos de los particulares. A tal efecto, la Constitución consagra "la existencia de un debido proceso como garantía de la persona humana, de modo que, los preceptos que instituyen al proceso se crean en atención a los lineamientos constitucionales, a objeto de hacer efectivo el control constitucional de las leyes."

Con base en lo anterior, la Sala consideró que

> [...] "si una ley procesal instituye una forma del proceso que prive al individuo de una razonable oportunidad para hacer valer su derecho, tal instrumento normativo se encontraría viciado de inconstitucionalidad, ya que, con el mero otorgamiento de la oportunidad de la defensa no se cumple a cabalidad con el

precepto constitucional analizado, puesto que amerita ser interpretada y aplicada en concatenación con el principio de la preclusión procesal, que obliga a que la oportunidad sea contemplada de forma racional, pues siendo el proceso una sucesión de actos procesales el hecho de que las diversas etapas del proceso se desarrollen mediante la clausura definitiva de cada una de ellas, impide el regreso a etapas y momentos procesales ya extinguidos y consumados.

De allí que, cuando se le otorga una oportunidad a las partes de un proceso para realizar cualquier acto procesal, no basta -se insiste- con el otorgamiento de tal oportunidad, sino que debe haber un plazo racional para ejercer a cabalidad la defensa, por tal motivo, el cómputo debe ser preciso, efectivo y cónsono con el fin para el cual ha sido creado, esto es, garantizar el debido proceso."

4. *La inconstitucionalidad de la norma sobre los lapsos procesales y su nueva redacción*

En particular, respecto de la garantía del derecho a ser oído establecido en el artículo 49,3 de la Constitución, la Sala consideró que para que pudiera ser garantizado "no basta con la sola posibilidad de actuar ante el tribunal competente, sino que tal actuación debe ser ejercida con las debidas garantías (otorgadas por la Constitución y las leyes), dentro de un *plazo razonable* determinado legalmente, establecido con anterioridad a la fecha de su actuación y, ante un tribunal competente, independiente e imparcial." Dicho plazo, en todo caso, es el que el legislador, en su momento, consideró necesario para la ejecución del acto, el cual sin embargo, consideró la Sala que no podía "ser disminuido por el método ejercido para su cómputo, pues dejaría entonces de ser razonable y en consecuencia se haría inconstitucional"

De ello dedujo la sala su concusión de que la disposición impugnada prevista en el artículo 197 del Código de Procedimiento Civil, resultaba "en franca contradicción con el derecho al debido proceso, el cual como se ha dicho comporta a su vez, el derecho a la defensa", a cuyo efecto se refirió a varios casos, así:

> Por ejemplo, para la interposición del anuncio de casación, está estipulado un lapso de diez (10) días, según lo preceptuado en el artículo 314 eiusdem, pero de conformidad con lo previsto en el artículo 197, dicho lapso virtualmente nunca es el de los diez (10) días fijados por el artículo 314, sino siempre un lapso menor, donde habrá al menos, y en el mejor de los casos, un sábado y un domingo, o cuando la abreviación pudiera ser mayor por coincidir con cualquiera de los días Jueves y Viernes Santos, o en días de Fiesta Nacional, o uno declarado no laborable por ley distinta a la de Fiestas Nacionales, o alguno o algunos en que el Tribunal no haya dispuesto oír ni despachar; o en forma acumulativa unos u otros días de los señalados en los cuales ni el Tribunal, ni por ende, las partes pueden actuar. En cuanto se refiere a lapsos y términos cortos, como por ejemplo, el de los tres (3) días establecidos en el artículo 10; o el de los dos (2) días del artículo 84 del Código de Procedimiento Civil; o los términos de la formalización y del término de la contestación, respectivamente, de la tacha incidental de documentos de cinco (5) días cada uno, previstos en el artículo 440 eiusdem; o aquellos establecidos para el "Procedimiento Breve del Título XII", Parte Primera, Libro Cuarto del Código, conlleva a que tales lapsos y términos podrían quedar abreviados (por virtud de coincidir con alguno o al-

gunos de los días señalados en el artículo 197, como días no hábiles para el cómputo de pruebas, por no haber tampoco en ellos despacho en el Tribunal), y en casos extremos, a un solo día, a horas, a minutos, o bien desaparecer íntegramente el lapso o término mismo, con un real y efectivo menoscabo del derecho a la defensa de las partes en el proceso y en detrimento al decoro de la propia función jurisdiccional, al igual que atenta contra el principio de legalidad de los lapsos procesales, previstos en el artículo 196 del Código de Procedimiento Civil.

La Sala consideró en definitiva que si la finalidad de método de cómputo de lapsos establecido en la norma impugnada

> [...] "era alcanzar la uniformidad y la certeza en el cómputo de los lapsos, no se entiende la razón jurídica de la distinción entre lapsos de pruebas y los demás lapsos procesales para aplicarle, según sea el caso, dos formas de cómputo distintas, pues si bien es cierto que la promoción y evacuación de pruebas son actos procesales de gran transcendencia en el proceso, no menos importantes son los actos que les preceden y que le siguen, sobre todo al tratarse el proceso de una secuencia lógica de actos. Además, tal como está redactada la norma, se pierde la finalidad del método al desaparecer la razonabilidad del plazo otorgado por el legislador para la ejecución del acto, porque se disminuye materialmente el plazo previsto en la norma para efectuarlo, en atención a que los Tribunales -salvo alguna excepción- no despachan los sábados, domingos, días feriados establecidos por la ley de Fiestas Nacionales, ni tampoco cualquier otro día que decida no despachar, debido a elementos exógenos al proceso y que inciden en tal disminución, contrariando así -como bien lo apuntan los accionantes- el principio de legalidad de los lapsos procesales, establecido en el artículo 196 del Código de Procedimiento Civil, pero primordialmente la garantía constitucional del debido proceso, y por tanto el derecho a la defensa, consagrados en el artículo 49 numerales 1 y 3 de la Constitución de 1999".

De ello concluyó la Sala que el contenido del artículo 197 del Código de Procedimiento Civil al establecer el método de cómputo de los lapsos procesales

> [...] "por días calendarios consecutivos excepto los lapsos de pruebas, en los cuales no se computarán los sábados, los domingos, el Jueves y el Viernes santo, los declarado días de Fiestas Nacionales, los declarados no laborables por otras leyes, ni aquellos en los cuales el Tribunal disponga no despachar" , se enfrenta a los postulados que respecto al debido proceso y al derecho a la defensa se establecen en la vigente Constitución, al convertir lo que debió ser una regla del cómputo, en la excepción, ya que al computarse los demás lapsos procesales por días calendarios continuos, sin atender a las causas que llevó al mismo legislador a establecer tales excepciones en el cómputo de los lapsos probatorios, se viola el contenido normativo del artículo 49 de la Constitución de 1999, por disminuir, para el resto de los actos procesales, el lapso que el legislador consideró -en su momento- razonable para que las partes cumplieran a cabalidad con los actos procesales que las diferentes normativas adjetivas prevén."

La conclusión de todo lo anterior fue que según la Sala Constitucional, el debido proceso exige un plazo razonable para todos los actos sin excepción, y por ello, visto que tal como estaba redactada la norma impugnada del artículo 197 del Código de Procedimiento Civil, consideró que "ésta resulta inconstitucional por ser contraria al debido proceso y al derecho a la defensa" procediendo la Sala en consecuencia a **declarar su nulidad parcial** en lo que respecta a la frase: "(...) *los lapsos de pruebas, en los cuales no se computarán...*"; agregando que:

> "Así, ante la prohibición absoluta de actuación del Tribunal fuera de días y horas de despachos, conforme lo dispone el Código de Procedimiento Civil, debe entenderse, que por regla general los términos y lapsos a los cuales se refiere dicho artículo, tienen que computarse efectivamente por días consecutivos, en los cuales el Tribunal acuerde dar despacho, no siendo computables a esos fines aquellos en los cuales el Juez decida no despachar, ni los sábados, ni los domingos, ni el Jueves y Viernes Santos, ni los días declarados de fiesta o no laborables por ley, criterio que debe ser aplicado en concatenación con lo dispuesto en los artículos 199 y 200 del Código de Procedimiento Civil..."

Pero no le bastó a la Sala anular parcialmente la norma y fijar su interpretación, sino que concluyó reformándola, ordenando como antes se dijo, que "se tenga la redacción de la misma de la siguiente manera":

> "*Artículo 197*. Los términos o lapsos procesales se computarán por días calendarios consecutivos excepto los sábados, los domingos, el Jueves y el Viernes Santo, los declarados días de fiesta por la Ley de Fiestas Nacionales, los declarados no laborables por otras leyes, ni aquellos en los cuales el Tribunal disponga no despachar".

Como se aprecia, si se confronta esta norma con la anterior, la Sala modificó la redacción de la norma de manera que después de la palabra "excepto", eliminó la frase "los lapsos de pruebas, en los cuales no se computarán" que estaba en el artículo del Código, y cambió la frase "los declarados días de fiesta por la Ley de Fiestas Nacionales", por "los declarados días de Fiestas Nacionales".

III. LA ACLARATORIA DE LA SENTENCIA Y LAS NUEVAS REFORMAS LEGISLATIVAS EFECTUADAS POR LA SALA CONSTITUCIONAL

1. *La aclaratoria y el debido proceso*

La sentencia reformatoria del artículo 197 del Código de Procedimiento Civil antes comentada, originó múltiples problemas de aplicación, dada la variedad de lapsos procesales que establece el Código, lo que motivó que se le solicitara a la Sala una aclaratoria a la sentencia, lo que en efecto la Sala realizó en sentencia nº 319 de

9 de marzo de 2001[951], en la cual la Sala comenzó por aclarar que a pesar de haber ejercido la función legislativa, su rol

> [...] "bajo ningún supuesto puede ser visto como una ingerencia o usurpación en las atribuciones del órgano legislativo -Asamblea Nacional- que tiene por función propia normar las materias que resultan de orden nacional."

En la aclaratoria, la Sala recordó que la sentencia anterior que había declarado la inconstitucionalidad parcial del artículo 197 CPC se había basado en lo dispuesto en el artículo 46, ordinales 1 y 2 de la Constitución,

> [...] "en atención a la circunstancia fáctica que se verificaba con los cómputos de los términos y lapsos establecidos para la realización de determinadas actuaciones procesales de los justiciables, a consecuencia de la disminución de los mismos en un número ciertamente menor a aquellos dispuestos en la norma, como producto del no despachar continuo de los tribunales, lo cual tendía a crear un estado de indefensión y a transgredir el debido proceso."

Por tanto, lo que motivó la sentencia inicial, como lo indicó la Sala, fue la consideración de que la actividad jurisdiccional va dirigida a resolver una controversia y siendo que las partes son quienes en definitiva sufren los efectos de la sentencia, "debe garantizársele a cada una de ellas la posibilidad de adversar o contradecir *oportunamente* lo sostenido por su contraparte, es decir, garantizarle su derecho a la defensa."

2. *El fondo y las formas procesales*

La Sala aclaró que al decidir tuvo en cuenta el derecho constitucional a la tutela judicial efectiva establecido en el artículo 26 de la Constitución, y que jamás pretendió "sacrificar las formas sobre el fondo", sino más bien adaptar la norma impugnada a la actividad procesal respetando el derecho a la defensa y al debido proceso; al considerar que "el fin institucional e inmediato del proceso es la justicia, la cual debe ser alcanzada sin sacrificar el fondo por la forma, teniendo claro, la existencia de dos actos fundamentales dentro del esquema procesal; a saber, la demanda y la sentencia, siendo todos los actos intermedios el mecanismo por el cual se preparara la providencia judicial."

Ello, a juicio de la Sala, no quiere decir "que todas las formas son innecesarias, pues, la instrumentalidad de las formas si bien no tienen un valor intrínseco propio, su observancia permite medir concretamente la realización en el tiempo y en el espacio de las actuaciones procesales"; por lo que la decisión se adoptó

> [...] "sin desconocer la existencia del derecho a la celeridad procesal consagrado en el citado artículo 26 de la Constitución, motivo por el cual, entendiendo al Código de Procedimiento Civil como un conjunto sistemático de normas, donde los términos o lapsos pautados para realizar las actuaciones procesales se

951 *V.* en *Revista de Derecho Público*, N° 85-89, Editorial Jurídica Venezolana, Caracas, 2001.

crearon en principio para ser computados por días calendarios continuos, la formalidad de que el término o lapso procesal para la realización de un determinado acto sea computado atendiendo a que el tribunal despache, debe ser entendido para aquellos casos en que efectivamente se vea inmiscuido de forma directa el derecho a la defensa de las partes."

3. *El cómputo de los lapsos según la naturaleza del proceso y las nuevas normas "procesales*

En conclusión, la Sala aclaró que es "la naturaleza de las actuaciones procesales las que distinguirán si el cómputo del término o lapso se realizará por días calendarios continuos sin atender a las excepciones previstas [en la norma] o, si por el contrario, deberán hacerse únicamente en función de que el tribunal despache"; en otras palabras, concluyó señalando que

> [...]"si la naturaleza del acto procesal implica, que para que se cumpla cabalmente el derecho a la defensa y al debido proceso, éste deba ser realizado exclusivamente cuando el tribunal despache, en virtud de que sólo así las partes pueden tener acceso al expediente o al juez para ejercer oportunamente -entiéndase de forma eficaz- su derecho a la defensa, indudablemente que los términos o lapsos procesales para la realización de tales actos se computarán en función de aquellos días en que el tribunal acuerde despachar."

En consecuencia, estimó esta Sala que la aplicación del artículo 197, y el considerar para el cómputo de los términos o lapsos los días en que efectivamente despache el tribunal, debe obedecer a la consideración de si "el acto procesal de que se trate involucre o de alguna manera afecte el derecho a la defensa de las partes; en contraposición a aquellos que con su transcurrir no lo involucren"; a cuyo efecto, como ejemplo 'sentó el criterio de que "el lapso procesal establecido para contestar la demanda o los términos o lapsos procesales establecidos para ejercer oposición a cualquier providencia judicial, deben ser computados por días en que efectivamente el tribunal despache, en virtud de que la naturaleza de tales actos se encuentran vinculadas directamente con el derecho a la defensa y al debido proceso". Igualmente decidió la Sala, que "los términos o lapsos procesales establecidos para ejercer cualquier acto de impugnación ante el tribunal de instancia; tales como, recurso de hecho, recurso de queja, recurso de regulación de competencia o apelación, también deben ser computados por días en que efectivamente el tribunal despache".

De allí, a los fines de garantizar la tutela judicial efectiva, la Sala pasó a "establecer" las siguientes "normas":

1. Los lapsos para sentenciar así como el de prórroga contemplado en los artículos 515, 521 y 251 del Código de Procedimiento Civil, deben ser computados por días calendarios consecutivos sin atender a las excepciones establecidas en el artículo 197 *eiusdem.*
2. El lapso para la formalización, contestación, réplica y contrarréplica del recurso de casación establecidos en los artículos 317 y 318 del mismo texto legal, deben ser computados por días calendarios consecutivos sin atender a las excepciones establecidas en el artículo 197 *eiusdem.*

3. Los lapsos para los actos conciliatorios consagrados en los artículos 756 y 757 *eiusdem*, así como el lapso para la comparecencia a través de edictos previsto en el artículo 231 de dicho texto legal, y los lapsos de carteles, tales como, los previstos en los artículos 223, 550 y siguientes del Código de Procedimiento Civil, serán computados por días calendarios consecutivos, sin atender a las excepciones establecidas en el artículo 197 *eiusdem*.
4. El lapso para proponer la demanda después que haya operado la perención previsto en el artículo 271 del Código de Procedimiento Civil, igualmente serán computado por días calendarios consecutivos sin atender a las excepciones establecidas en el artículo 197 *eiusdem*.
5. El lapso que tiene la Sala de Casación Civil de este Alto Tribunal para sentenciar, así como el que tiene el Juez de Reenvío, establecido en los artículos 319 y 522 del texto que rige la materia serán computados por días calendarios consecutivos, sin atender a las excepciones establecidas en el artículo 197 del Código de Procedimiento Civil.
6. El lapso para intentar la invalidación contemplado en el artículo 335 del Código de Procedimiento Civil, será computado conforme a la regla prevista en el artículo 199 *eiusdem*, por tratarse de un lapso cuya unidad de tiempo es mensual.
7. Los lapsos para la suspensión de la causa principal, según lo pautado en los artículos 374 y 386 del Código de Procedimiento Civil, serán computados por días calendarios continuos, sin atender a las excepciones establecidas en el artículo 197 *eiusdem*.
8. El lapso de treinta días para la evacuación de las pruebas contemplado en el artículo 392 *íbidem*, así como el lapso para su promoción, admisión y oposición será computado por días en que efectivamente el tribunal despache, en atención a lo dispuesto en el artículo 197 del Código de Procedimiento Civil, por encontrarse vinculada directamente la naturaleza de dicho acto al derecho a la defensa y al debido proceso de cada una de las partes.
9. El lapso para que los árbitros dicten sentencia según lo dispuesto en el artículo 614, parágrafo cuarto, del Código de Procedimiento Civil, se computará por días calendarios consecutivos sin atender a las excepciones previstas en el artículo 197 *eiusdem*
10. El término de la distancia debe ser computado por días calendarios consecutivos, sin atender a las excepciones establecidas en el artículo 197 del Código de Procedimiento Civil.

IV. UNA NUEVA REFORMA DEL PROCEDIMIENTO PENAL EN MATERIA DE LAPSOS PROCESALES MEDIANTE UNA "DEROGACIÓN" PUNTUAL E IMPROPIA DE UNA NORMA PROCESAL

A pesar de haber "legislado" extensivamente sobre el tema de los lapsos procesales, en virtud de que las "reformas" dictadas se refirieron al procedimiento civil, el tema de la constitucionalidad de otros lapsos también se planté ante la Sala Constitucional, con motivo de resolver un recurso de amparo contra una decisión de una corte de apelaciones en el ámbito penal.

Efectivamente, mediante sentencia nº 2560 de 5 de agosto de 2005 (Caso: *Rómulo Jesús Pacheco Ferrer y otro vs. Decisión Corte de Apelaciones del Circuito Judicial Penal de la Circunscripción Judicial del Estado Anzoátegui*)[952], la Sala decidió que el lapso de cinco días para interponer el recurso de apelación en la fase preparatoria del proceso penal, debe ser computado por días hábiles, esto es, aquellos en los cuales el tribunal disponga despachar, y por ende, la partes tengan acceso al tribunal, al expediente y al proceso, y no por días continuos. En esta forma, en dicha sentencia la Sala en virtud de que el asunto relativo a los lapsos para interponer el recurso de apelación en la fase preparatoria del proceso penal, no existía en los Tribunales uniformidad de criterio, decidió sentar doctrina al respecto para garantizar a los recurrentes el derecho de defensa (apelación), sin cortapisa alguna, enunciándola como "vinculante para la Sala Penal de este Tribunal Supremo y para todos los Tribunales Penales de la República".

1. *La doctrina vinculante de la Sala Constitucional reformatoria del artículo 172 del Código Orgánico Procesal Penal*

Para ello, la Sala comenzó su argumentación recordando que las discusiones respecto al cumplimiento de los lapsos procesales tenían que ver con el derecho a la defensa, siendo el ejercicio de los recursos una de las manifestaciones de este derecho, de manera que una de las formas de producirse su violación es no permitir su ejercicio, bien por acción o por omisión; agregando que :

> Estas infracciones, obviamente, la mayoría de las veces corren por cuenta del órgano jurisdiccional cuando asume decisiones que las partes consideran no ajustadas a la ley, como cuando el Tribunal remite los autos a otro Tribunal antes de que comience a transcurrir el lapso para el ejercicio de un recurso, o antes de que el mismo concluya. También cuando una de las partes realiza un acto fuera del lapso y el Tribunal lo admite. O, en fin, cuando a las partes y, en general, al público, se le impide el acceso a la sede del tribunal o a la sede donde funcionan los Tribunales; o cuando se permite el acceso parcialmente, impidiendo a una parte utilizar el derecho que le da el artículo 8, numeral 2, literal c, de la Ley Aprobatoria de la Convención Aprobatoria de Derechos Humanos (Pacto de San José) de preparar una defensa cabal".

Partiendo de estas premisas, la Sala consideró que la noción de "días hábiles" y "días inhábiles" en el proceso penal "es de vital importancia debido a la *pretendida aplicación literal* del artículo 172 del Código Orgánico Procesal Penal", que textualmente señala:

> "Para el conocimiento de los asuntos penales en la fase preparatoria **todos los días serán hábiles**. En las fases intermedia y de juicio oral no se computarán los sábados, domingos y días que sean feriados conforme a la ley, y aquellos en los que el tribunal resuelva no despacha".

---

952 *V.* en *Revista de Derecho Público*, Nº 103, Editorial Jurídica Venezolana, Caracas 2005, pp. 119 ss.

Frente a esta norma expresa, la Sala argumentó, sin embargo, que:

> "Permitir que el lapso de apelación de las decisiones judiciales en la fase preparatoria del proceso penal debe computarse por días continuos, incluyendo sábados, domingos y feriados, por cuanto "para el conocimiento de los asuntos penales en la fase preparatoria todos los días serán hábiles", sería atentatorio del derecho a la defensa, principio fundamental del sistema procesal."

La Sala consideró que el hecho de que en el señalado artículo 172 se establezca que "en la fase preparatoria todos los días serán hábiles", no puede conllevar a que las partes tengan que computar como días para actuar aquellos en los cuales no tienen acceso al tribunal, y por ende, al expediente y al proceso; concluyendo que la "interpretación literal del citado artículo conduce cuando menos a una privación del derecho de defensa de la parte que pretende apelar, cuando los días para incoar el recurso coinciden con días, por cualquier razón, inhábiles".

Al analizar la naturaleza de la primera etapa o fase del proceso penal, de investigación y preparación del juicio oral y público, es decir, exclusivamente pesquisidora encaminada a la investigación de la verdad y que compete al Fiscal del Ministerio Público, la sala concluyó que era a ella, obviamente, a la que "se refiere el señalado artículo 172 cuando establece como regla general que, en la fase preparatoria, para los asuntos penales, "todos los días serán hábiles". Ello es así, -agregó la Sala-, "por cuanto en el esclarecimiento de los hechos punibles, no debe limitarse tiempo alguno, por resultar urgente examinar la escena del crimen, y recabar las informaciones necesarias y los medios de prueba, antes que desaparezcan, y por esto no puede estarse habilitando el tiempo necesario para realizar un acto de investigación."

Sin embargo, argumentó la Sala, que en virtud de que los Jueces de Control y las Cortes de Apelaciones no son Tribunales investigadores y no realizan actos de investigación, "sus actos no pueden ser concebidos bajo una permanente habilitación". La sala constató que en el anterior proceso penal regido por el derogado Código de Enjuiciamiento Criminal, en el cual el instructor nato era el juez, también había una norma similar (artículo 13) a la del artículo 172 mencionado que disponía que para la formación del sumario eran hábiles todos los días y horas; sin embargo, había sido la Sala de Casación Penal de la antigua Corte Suprema de Justicia la que había interpretado el referido artículo 13 en cuando al modo de contar el lapso para anunciar el recurso de casación ante el Juez Superior durante el sumario, y había establecido que dicho lapso era de cinco audiencias, considerando que no procedía la aplicación del artículo 13 del Código de Enjuiciamiento Criminal porque este artículo disponía que eran hábiles todos los días y horas sólo para el fin determinado por la misma norma que era la formación del sumario (sentencia del 10 de octubre de 1975). Luego, a pesar que el investigador era el Juez, se le respetó a las partes la posibilidad de una apelación efectiva.

De lo anterior concluyó la Sala que "la habilitación legal permanente a fin de la realización de los actos de investigación está destinada a los que ejecuta el Ministerio Público, no a los cumplidos por el Juez de Control", siendo por tanto, "inaplicable en sede judicial en lo atinente al ejercicio de los recursos, al resultar contradictoria con la función que según el Código Orgánico Procesal Penal cumple el Juez de Control en esta fase del proceso", ya que "la impugnación por la inconformidad de una de las partes respecto de una decisión del Tribunal de Control no es un acto de investigación, ni una diligencia destinada a recolectar elementos de convicción".

De ello concluyó la Sala, con carácter general que

> "Si la actuación judicial no se inserta en los propósitos investigativos que caracteriza a la fase preparatoria, los lapsos que transcurren no sólo ante el Tribunal de Control, sino también ante la Corte de Apelaciones cuando esta conoce de un recurso en dicha fase preparatoria, no pueden contarse por días continuos o calendarios, ya que, en esencia, la actuación del Tribunal de Control está destinada a establecer la juridicidad de la actuación del Fiscal del Ministerio Público.
>
> Bajo este orden de ideas, considera esta Sala que el lapso de cinco días para interponer el recurso de apelación, en la fase preparatoria del proceso penal, debe ser computado por días hábiles, esto es, aquellos en los cuales el tribunal disponga despachar, y por ende, la partes tengan acceso al tribunal, al expediente y al proceso, y así se declara.

2. *Los cuestionamientos dentro de la propia Sala*

En relación con esta nueva decisión de la Sala Constitucional, en el seno de la Sala se produjo un *Voto Salvado del Magistrado Pedro Rafael Rondón Haaz,* en el cual se dejó sentado que si bien la mayoría sentenciadora había decidido, como doctrina vinculante, que el cómputo del lapso para la apelación, dentro de la fase preparatoria del proceso penal, debía ser por días hábiles; ello era contrario al artículo 172 del Código Orgánico Procesal Penal que establece que "para el conocimiento de los asuntos penales en la fase preparatoria todos los días serán hábiles".

El magistrado disidente consideró que contrariamente a lo decidido, el artículo 172 del Código Orgánico Procesal Penal "no ha restringido la habilitación de todos los días de la semana a la actividad de investigación que realice el Fiscal, sino que la misma la extendió a toda la fase de preparación del proceso, la cual, si bien comienza con la orden, que imparte el Fiscal, de apertura de la investigación (de conformidad con el artículo 283 del Código Orgánico Procesal Penal), no se agota en la misma sino que se extiende hasta la presentación del correspondiente acto conclusivo, el cual, si es de acusación o de solicitud de sobreseimiento, da lugar a la siguiente fase: la intermedia (Código Orgánico Procesal Penal: artículo 327)".

El magistrado disidente consideró que según el artículo 172 del Código Orgánico Procesal Penal, "todos los días son hábiles para el conocimiento de los asuntos que correspondan a la fase preparatoria; esto es, claramente, no sólo para el momento inicial de la misma: la apertura y desarrollo de la investigación bajo control exclusivo del Fiscal", sin que ello pueda significar "menoscabo alguno para los derechos de las partes, pues éstas, en la fase preparatoria del procedimiento penal, tienen acceso todos los días, a las actas procesales". El Magistrado disidente continuó se argumentación señalando que:

> [...] "por el contrario, el cómputo, por días hábiles, de los lapsos procesales, dentro de la fase preparatoria, acarreará graves desventajas para el imputado; ello, porque si la apelación, por ejemplo, fuere interpuesta, por el procesado,

contra una decisión por la cual se le prive de su libertad personal, el trámite de dicho recurso: formalización, contestación, remisión a la alzada, pronunciamiento sobre admisibilidad y decisión de fondo, si fuere el caso, será ejecutado dentro un término manifiestamente mayor que el que debió observarse, si se acatara el citado artículo 172 del Código Orgánico Procesal Penal; ello, con el consiguiente perjuicio para la rapidez de respuesta que, en tal situación espera, de la administración de justicia, el imputado.

En definitiva, consideró el magistrado disidente que la doctrina vinculante, "lejos de tutelar, como lo pretende, derechos fundamentales de las partes -en este caso particular, del Ministerio Público- menoscabará, como se observó en el antes descrito ejemplo, la situación de las mismas; en especial, del imputado".

Según el Magistrado disidente, la doctrina sentada por la Sala:

> [...] "constituye una derogación tácita del artículo 172 del Código Orgánico Procesal Penal, lo cual es manifiestamente contrario a derecho, por cuanto constituye una decisión que excede de la competencia que la Constitución asignó a esta Sala, la cual sólo podría actuar en tal sentido, bajo fundamento de inconstitucionalidad de dicha disposición legal, mediante el control concentrado que establecen los artículos 336.1 de la Ley Máxima y 5.6 de la Ley Orgánica del Tribunal Supremo de Justicia. Salvo el caso de inconstitucionalidad de la norma legal y previa la declaración de nulidad que, por dicho motivo, decrete la Sala Constitucional, se advierte que, de conformidad con el artículo 218 de la Constitución, desarrollado por el artículo 7 del Código Civil, que las leyes sólo "se derogan por otras leyes y se abrogan por referendo, salvo las excepciones establecidas en esta Constitución".

APRECIACIÓN FINAL

La justicia constitucional, sobre todo cuando se imparte por un tribunal supremo o por un tribunal constitucional, sin duda, pone en funcionamiento el más excelso instrumento del Estado de derecho para garantizar la supremacía de la Constitución. Por ello, esa función esencial del Estado tiene que cumplirse apegada a la propia Constitución, y a la razón, particularmente porque los actos que resultan de su ejercicio no son controlables en forma alguna.

Para actuar ceñido a la Constitución, un juez constitucional cuando aplica el método difuso de control de constitucionalidad de las leyes, debe limitar su decisión a **desaplicar en el caso concreto y con efectos *inter partes*,** la norma legal en la cual se debía basar para resolverlo, dando preferencia a la norma constitucional. En tal función, el juez constitucional, así sea una de las Salas del Tribunal Supremo, ni puede anular una norma, ni darla por derogada, ni puede re redactar o reformar normas legales, y menos aún con efectos generales usando para ello el establecer doctrinas "vinculantes". Lo que puede es resolver el caso concreto, desaplicando la norma legal que estime inconstitucional, aplicando directamente la Constitución. En tal sentido, la Sala de Casación Civil de la antigua Corte Suprema de Justicia, se extralimitó en su función de juez constitucional, en la sentencia comentada de 1980 al "reformar" el artículo 197 del Código de Procedimiento Civil relativa a los lapsos procesales; y la Sala Constitucional del Tribunal Supremo también se extralimitó en sus funciones al "derogar" en su sentencia comentada de 2005 lo dispuesto en el artículo 172 del Código Orgánico procesal Penal.

Por su parte, para que la Jurisdicción Constitucional, en este caso, la Sala Constitucional del Tribunal Supremo actúe ceñida a la Constitución, cuando aplica el método concentrado de control de constitucionalidad de las leyes, debe limitar su decisión sea a interpretar la norma legal impugnada *secundum constitucione*, sin anularla, al declarar sin lugar la acción intentada; sea a anular la norma legal con efectos *erga omnes* al declarar con lugar la acción intentada, eliminándola del ordenamiento. En tal función, la Jurisdicción Constitucional no puede sustituirse al legislador y sancionar una nueva norma, o reformar la impugnada con efectos generales. En tal sentido, la Sala Constitucional del Tribunal Supremo de Justicia, se extralimitó en su función de juez constitucional, en la sentencia comentada de 2001 sobre el artículo 197 del Código de Procedimiento Civil relativa a los lapsos procesales, al reformar el texto del dicho artículo.

En todos estos casos, las decisiones adoptadas por las Salas del Tribunal Supremo actuando como jueces constitucionales, en aplicación tanto del método difuso como del método concentrado de control de constitucionalidad, las mismas se extralimitaron en sus funciones, vulnerando en esa forma la propia Constitución, con decisiones que por lo demás no pueden ser controladas. Por más plausibles que puedan haber sido las intenciones de las Salas en buscar preservar las garantías constitucionales del debido proceso y del derecho a la defensa, debieron hacerlo sin violar a su vez la Constitución, y menos usurpando la función legislativa que corresponde en exclusividad, cuando se trata de dictar o reformar leyes, a la Asamblea Nacional.

Un juez constitucional debe garantizar la supremacía de la Constitución, pero ello no lo puede hacer violando la propia Constitución, y menos aún cuando sabe que esas violaciones permanecen impunes, con lo que puede decirse que actúa sobre seguro, con alevosía, porque el guardián de la Constitución en el Estado Constitucional no tiene quien lo controle.

SECCIÓN SEGUNDA:

EL JUEZ CONSTITUCIONAL COMO LEGISLADOR POSITIVO Y LA INCONSTITUCIONAL REFORMA DE LA LEY ORGÁNICA DE AMPARO MEDIANTE SENTENCIAS INTERPRETATIVAS

Estudio elaborado para el *Libro Homenaje al Profesor Héctor Fix-Zamudio*: Eduardo Ferrer Mac-Gregor, Arturo Zaldívar Lelo de Larrea (Coordinadores), *La Ciencia del Derecho Procesal Constitucional (Estudios en homenaje a Héctor Fix-Zamudio en sus 50 años como investigador del Derecho, (Homenaje Venezolano,). La ciencia del derecho procesal constitucional. Estudios en homenaje a Héctor Fix-Zamudio en sus cincuenta años como investigador del derecho*, Instituto de Investigaciones Jurídicas, Universidad Nacional Autónoma de México, México 2008, Tomo V, pp. 63-80; en el volumen con el mismo título editado en Venezuela por Universidad Nacional Autónoma de México (UNAM), Fundación de Estudios de Derecho Administrativo (FUNEDA), Edi-

torial Jurídica Venezolana (EJV), Caracas 2012, pp. 261-279. El trabajo fue publicado, además, en el libro: *Crónica sobre la "in" justicia constitucional. La Sala Constitucional y el autoritarismo en Venezuela*, Colección Instituto de Derecho Público, Universidad Central de Venezuela, Nº 2. Editorial Jurídica Venezolana, Caracas 2007, pp. 545-563. Partes de este estudios se publicaron en el libro: *La Patología de la Justicia Constitucional*, Segunda edición ampliada, European Research Center of Comparative Law, 2013, pp. 323-335.

I. LA SUPREMACÍA DE LA CONSTITUCIÓN Y LA JUSTICIA CONSTITUCIONAL

El artículo 7 de la Constitución venezolana de 1999[953] declara expresamente que su texto es "la norma suprema y el fundamento de todo el ordenamiento jurídico"; por lo que a los efectos de garantizar esa supremacía y lograr que la Constitución tenga plena efectividad, en ella se regula todo un sistema de justicia constitucional[954], mediante la asignación a todos los jueces de la República, en el ámbito de sus respectivas competencias y conforme a lo previsto en la Constitución y en la ley, de la obligación "de asegurar la integridad de la Constitución" (art. 334)[955].

En esta forma, la justicia constitucional, como competencia judicial para velar por la integridad y supremacía de la Constitución, en Venezuela se ejerce por *todos los jueces* de la República y no sólo por el Tribunal Supremo de Justicia ni por su Sala Constitucional, en cualquier causa o proceso que conozcan y, además, en particular, cuando conozcan de acciones de amparo o de las acciones contencioso administrativas al tener la potestad para anular actos administrativos por contrariedad a la Constitución (como forma de contrariedad al derecho) (art. 259)[956].

En cuanto al Tribunal Supremo de Justicia, en materia de justicia constitucional, todas sus Salas también tienen expresamente como competencia general, la de garantizar "la supremacía y efectividad de las normas y principios constitucionales", correspondiéndoles a todas ser "el máximo y último intérprete de la Constitución" y velar "por su uniforme interpretación y aplicación" (art. 335).

No es cierto, por tanto, como se ha afirmado, que la Sala Constitucional sea "el máximo y último intérprete de la Constitución"[957], o como lo ha señalado la propia

---

953 Véase en general sobre la Constitución de 1999, Allan R. Brewer-Carías, *La Constitución de 1999. Derecho Constitucional Venezolano*, Caracas 2004, 2 vols.

954 Véase Alejandra León Parada y Guido Garbati Garbati, "Jurisdicción y Supremacía Constitucional", en *Nuevos estudios de derecho procesal, Libro Homenaje a José Andrés Fuenmayor,* Vol. I, Tribunal Supremo de Justicia, Colección Libros Homenaje, Nº 8, Caracas, 2002, pp. 745 a 784.

955 Véase nuestra propuesta en relación con este artículo en Allan R. Brewer-Carías, *Debate Constituyente (Aportes a la Asamblea Nacional Constituyente),* Tomo II, (9 Septiembre-17 Octubre 1999), Fundación de Derecho Público-Editorial Jurídica Venezolana, Caracas, 1999, pp. 24 y 34.

956 Véase Allan R. Brewer-Carías, *La Justicia Contencioso-Administrativa*, Tomo VII, *Instituciones Políticas y Constitucionales*, Universidad Católica del Táchira-Editorial Jurídica Venezolana, Caracas, 1997, pp. 26 y ss.

957 Véase en José Vicente Haro G., "La justicia constitucional en Venezuela y la Constitución de 1999" en *Revista de Derecho Constitucional*, Editorial Sherwood, Nº 1, Caracas, sep-dic. 1999, pp. 137 y 146.

Sala Constitucional el que tenga "el monopolio interpretativo último de la Constitución"[958].

Esta es sin duda alguna, una apreciación completamente errada, que no deriva del texto de la Constitución, de cuyo artículo 335, al contrario, se deriva que *todas las Salas* ejercen la justicia constitucional conforme a sus respectivas competencias y son el máximo y último intérprete de la Constitución. También lo es, por supuesto, la Sala Constitucional, en la cual el Tribunal Supremo de Justicia concentra la Jurisdicción Constitucional (arts. 266, ord. 1° y 336).

En consecuencia la expresión "*justicia constitucional*" en Venezuela es un concepto material que equivale a *control judicial de la constitucionalidad de las leyes y demás actos estatales,* el cual ha sido ejercido, siempre, por todos los tribunales pertenecientes a todas las Jurisdicciones, es decir, por todos los órganos que ejercen el Poder Judicial.

En cambio, la expresión *Jurisdicción Constitucional* es una noción orgánica, que tiende a identificar a un órgano específico del Poder Judicial que tiene, en forma exclusiva, la potestad de anular *ciertos actos estatales* por razones de inconstitucionalidad, en particular, las leyes y demás actos con rango de ley o de ejecución directa e inmediata de la Constitución. En los países europeos, dicha Jurisdicción Constitucional corresponde a los Tribunales o Cortes Constitucionales (muchas, incluso, ubicadas fuera del Poder Judicial), al igual que en algunos países latinoamericanos. En cambio, en Venezuela, siempre ha correspondido al Supremo Tribunal de Justicia[959], ahora a través de su Sala Constitucional.

La noción de justicia constitucional, por tanto, es distinta a la de Jurisdicción Constitucional. En consecuencia, es errada la apreciación que hizo la Sala Constitucional en su sentencia N° 129 de 17-03-2000, cuando señaló que: "La Sala Constitucional tiene atribuida competencia *para ejercer la jurisdicción constitucional, es decir, la potestad de juzgar y de hacer ejecutar lo juzgado en materia constitucional*"[960].

En Venezuela, no es posible identificar la Jurisdicción Constitucional con "la potestad de juzgar en materia constitucional", es decir, con la justicia constitucional. La garantía de la supremacía y efectividad de la Constitución y el carácter de máximo y último interprete de la misma, se insiste, corresponde a todas las Salas del Tribunal Supremo, por igual, por lo que tampoco es correcto señalar como lo hizo la citada sentencia de 17-03-2000, ni siquiera que "en particular" dicha función corresponda a la Sala Constitucional. Esa "particularidad" no deriva de norma alguna de la Constitución, y lo único "particular" que resulta de las competencias judiciales en materia de justicia constitucional, es el monopolio atribuido a la Sala Constitucional en

---

958 Véase sentencia N° 1374 de 09-11-2000, en *Revista de Derecho Público*, N° 84, (octubre-diciembre), Editorial Jurídica Venezolana, Caracas, 2000, p. 267.

959 Véase Allan R. Brewer-Carías, *La Justicia Constitucional,* Tomo VI, *Instituciones Políticas y Constitucionales,* Universidad Católica del Táchira-Editorial Jurídica Venezolana, Caracas, 1996; Allan R. Brewer-Carías, *Judicial Review in Comparative Law,* Cambridge, 1989.

960 Expediente 00-0005 (Caso: *Vicente Bautista García Fermín).*

los artículos 266, 334 y 336 *para anular* ciertos y determinados actos estatales lo que por lo demás caracteriza la *Jurisdicción Constitucional* en el derecho comparado[961].

Estos actos son, en el nivel nacional, las leyes, los actos parlamentarios sin forma de ley y los actos de gobierno; en el nivel estadal, a las Constituciones estadales, las leyes emanadas de los Consejos Legislativas y demás actos estadales de ejecución directa de la Constitución; y en el nivel municipal, a las Ordenanzas Municipales, consideradas invariablemente como leyes locales, y demás actos municipales de ejecución directa de la Constitución. Por tanto, ni siquiera la Sala Constitucional en Venezuela tiene el monopolio para ejercer el control concentrado de la constitucionalidad de los actos estatales.

Pero además, tanto el artículo 20 del Código de Procedimiento Civil, el artículo 19 del Código Orgánico Procesal Civil, como la propia Constitución (art. 334) permiten a todos los tribunales de la República, cuando decidan un caso concreto, el poder declarar la inaplicabilidad de las leyes y demás actos estatales normativos cuando estimen que son inconstitucionales, dándole por tanto preferencia a las normas constitucionales. Se trata, sin duda, de la base constitucional y legal del método difuso de control de la constitucionalidad.

Por tanto, el sistema venezolano de control de la constitucionalidad de las leyes y otros actos estatales, puede decirse que es uno de los más amplios conocidos en el mundo actual si se lo compara con los que muestra el derecho comparado, pues mezcla el llamado control difuso de la constitucionalidad de las leyes con el control concentrado de la constitucionalidad de las mismas[962].

Ahora bien, en la interpretación vinculante que estableció la Sala Constitucional sobre el artículo 334 de la Constitución, en relación con la Jurisdicción Constitucional y el control concentrado de la constitucionalidad, en la sentencia nº 833 de 25 de mayo de 2001 (Caso: *Instituto Autónomo Policía Municipal de Chacao vs. Corte Primera de lo Contencioso Administrativo*), expuso lo siguiente:

> La declaratoria general de inconstitucionalidad de una o un conjunto de normas jurídicas (leyes), corresponde con exclusividad a la Sala Constitucional del Tribunal Supremo de Justicia, quien, ante la colisión, declara, con carácter *erga omnes*, la nulidad de la ley o de la norma inconstitucional. Dicha declaratoria es diferente a la desaplicación de la norma, tratándose de una decisión de nulidad que surte efectos generales (no para un proceso determinado) y contra todo el mundo. Mientras que los Tribunales de la República, incluyendo las Sa-

---

961 Véase en general, Allan R. Brewer-Carías, *Judicial Review in Comparative Law, op. cit.* p. 190; y Allan R. Brewer-Carías, *El control concentrado de la constitucionalidad de las leyes (Estudio de Derecho Comparado),* Caracas, 1994, p. 19.

962 De acuerdo a la terminología acuñada por Piero Calamandrei, *La illegittimitá Costituzionale delle Leggi,* Padova, 1950, p. 5; y difundida por Mario Capelletti, *Judicial Review in the contemporary World, Indianápolis, 1971.* Véase Allan R. Brewer-Carías, *Judicial Review in Comparative Law,* Cambridge University Press, 1989. Véase además, Allan R. Brewer-Carías, *El sistema mixto o integral de control de constitucionalidad en Colombia y Venezuela,* Bogotá, 1995.

las del Tribunal Supremo de Justicia diferentes a la Constitucional, pueden ejercer sólo el control difuso. Las Salas Constitucional y Político Administrativa pueden ejercer el control difuso en una causa concreta que ante ella se ventile, y el control concentrado mediante el juicio de nulidad por inconstitucionalidad, cuyo conocimiento a ellas corresponde. La máxima jurisdicción constitucional se refiere al control concentrado, el cual es un control por vía de acción, que lo ejerce la Sala Constitucional, conforme al artículo 336 constitucional y, en ciertos casos, la Sala Político Administrativa [...]

A diferencia de otros países (donde existen tribunales constitucionales) en Venezuela, -siendo parte del Poder Judicial- se encuentra la Sala Constitucional del Tribunal Supremo de Justicia, a la cual corresponde la jurisdicción constitucional, pero tal jurisdicción no tiene una cobertura total en el control concentrado.

El artículo 334 de la Constitución, crea la jurisdicción constitucional, la cual corresponde a la Sala Constitucional.[963].

Como también lo ha resumido la Sala Constitucional del Tribunal Supremo de Justicia en sentencia nº 194 de 15 de febrero de 2001, respecto a lo que constituye la Jurisdicción Constitucional atribuida a la misma:

Dentro de las competencias atribuidas por el Texto Fundamental a la Sala Constitucional, enmarcadas dentro del ejercicio de la Jurisdicción Constitucional, se encuentran las enumeradas en su artículo 336, relativas al control *a posteriori* de la constitucionalidad de las leyes nacionales y demás actos con rango de ley de la Asamblea Nacional, leyes estatales, ordenanzas, actos de rango de ley dictados por el Ejecutivo Nacional, los dictados por cualquier otro órgano estatal en ejercicio del Poder Público, los decretos que declaren estados de excepción y sentencias definitivamente firme dictadas por cualquier órgano jurisdiccional que colidan con algún precepto constitucional o doctrina sentada por la Sala Constitucional o que hayan ejercido el control difuso de la constitucionalidad de determinados actos.

Pero el constituyente no se limitó a un control *a posteriori* de la constitucionalidad de los actos antes mencionados, sino que consagró un sistema amplio de protección de los derechos constitucionales, a la par de las más modernas tendencias de la Jurisdicción Constitucional a nivel mundial, dentro de los cuales se encuentra el control de omisiones legislativas, la posibilidad de resolver colisiones de leyes con preceptos constitucionales y de resolver conflictos de autoridades.

Adicionalmente, la Sala Constitucional tiene dentro de sus competencias el control preventivo de la constitucionalidad de los tratados internacionales, la cual es ejercida a instancia del Presidente de la República o de la Asamblea Nacional; las de control preventivo de la constitucionalidad de los proyectos de leyes nacionales, también a instancia del Presidente de la República; y el con-

---

963 Véase en *Revista de Derecho Público*, Nº 85-88, Editorial Jurídica Venezolana, Caracas, 2001, pp. 370.

trol preventivo en cuanto al pronunciamiento de la constitucionalidad del carácter orgánico de las leyes calificadas como tales por la Asamblea Nacional[964].

De todo lo anterior resulta, por tanto, que la Jurisdicción Constitucional atribuida a la Sala Constitucional del Tribunal Supremo de Justicia, en un sistema constitucional caracterizado por una penta división del Poder Público entre los Poderes Legislativo, Ejecutivo, Judicial, Ciudadano y Electoral (artículo 136 de la Constitución), conforme a la cual, la potestad de legislar sobre las materias de competencia nacional está atribuida en forma exclusiva a la Asamblea Nacional (artículo 187,1), de manera que las leyes sólo se pueden derogar y reformar por otras leyes de acuerdo al procedimiento constitucionalmente establecido (artículo 218).

La Sala Constitucional del Tribunal Supremo, por tanto, no puede legislar ni puede, con ocasión de interpretar la Constitución, reformar las leyes. Puede interpretar la Constitución y las leyes, pero no puede reformarlas ni derogarlas. Sin embargo, lo contrario ha ocurrido de manera que la Sala, con motivo de interpretar el artículo 27 constitucional que regula el derecho y la acción de amparo, ha reformado el procedimiento establecido en la Ley Orgánica de Amparo sobre Derechos y Garantías Constitucionales de 1988[965], la cual sin embargo, continúa en vigencia.

II. EL RÉGIMEN LEGAL DEL PROCEDIMIENTO EN MATERIA DE AMPARO CONFORME A LA CONSTITUCIÓN DE 1961, LA LEY ORGÁNICA DE AMPARO SOBRE DERECHOS Y GARANTÍAS CONSTITUCIONALES DE 1988, Y LA REFORMA CONSTITUCIONAL DE 1999

1. *El régimen del amparo en la Constitución de 1961*

En efecto, en la Constitución venezolana de 1961 se incorporó la institución del amparo a los derechos y garantías constitucionales como un derecho constitucional de las personas a ser protegidas, en una escueta norma con el siguiente texto:

> *Artículo 49.* Los Tribunales ampararán a todo habitante de la República en el goce y ejercicio de los derechos y garantías que la Constitución establece, en conformidad con la Ley.
>
> El procedimiento será breve y sumario, y el juez competente tendrá potestad para restablecer inmediatamente la situación jurídica infringida.

A los efectos de desarrollar la institución del amparo, como se dijo, en 1988 se promulgó la Ley Orgánica de Amparo sobre Derechos y Garantías Constitucionales,

---

964 Véase sentencia N° 194 de la Sala Constitucional de 15-02-2001, caso: *Gobernación del Estado Trujillo vs. Comisión Legislativa del Estado Yaracuy*.

965 Véase en *Gaceta Oficial* N° 33.891 de 22 de enero de 1988. La Ley Orgánica fue reformada en 27-9-88, publicada en *Gaceta Oficial* N° 34.060 de 27-9-88. Véase Allan R. Brewer-Carías, "Introducción general al régimen del derecho de amparo a los derechos y garantías constitucionales" en Allan R. Brewer-Carías y Carlos Ayala Corao, *Ley Orgánica de Amparo sobre Derechos V Garantías Constitucionales*, Caracas, 1988.

en cuyos artículos 19, 23, 24, 26, 29, 30, 31, 32 y 35 se reguló el procedimiento general del proceso de amparo. Dicha Ley Orgánica, sin duda, fue una de las leyes más importantes que se dictaron en el país después de la propia Constitución de 1961, y en la misma se establecieron las siguientes normas procesales, en buena parte explicadas por la antigua Corte Suprema de Justicia, en Corte Plena, en sentencia de del 18 de octubre de 1994[966].

A. *Introducción de la solicitud*

El escrito de la acción de amparo debe llenar los requisitos del artículo 18, los cuales deben ser examinados por el juez a los fines de verificar si la misma es suficientemente clara y llena tales requisitos.

De faltar algunos de los elementos señalados en dicha norma, el juez deberá notificar al solicitante para que corrija el defecto u omisión dentro del lapso de cuarenta y ocho (48) horas siguientes a la notificación. La falta de oportuna corrección implica la declaratoria de su inadmisibilidad.

B. *Admisión de la acción*

La primera actuación procesal del juez, una vez presentado correctamente el libelo de la acción, es juzgar sobre la admisibilidad o inadmisibilidad de la misma, conforme al artículo 6 de la Ley Orgánica de Amparo y a las otras normas que se refieren a la admisión. Es decir, el juez necesariamente debe examinar los presupuestos de admisibilidad previstos en el artículo 6 de la Ley Orgánica de Amparo sobre Derechos y Garantías Constitucionales, que están redactados en forma tal que al juez le corresponde verificar la inexistencia de los supuestos enunciados en dicho artículo, a los fines de declarar admisible o no la acción. Este examen da lugar a un auto de admisión o inadmisión, según el caso, con lo cual el tribunal afirma los elementos básicos para el conocimiento de la causa.

C. *Solicitud de informe al presunto agraviante o imputado*

En el auto de admisión, el Juez debe ordenar a la autoridad, entidad, organización social o a los particulares imputados de violar o amenazar el derecho o la garantía constitucionales, su comparecencia para que en el termino de cuarenta y ocho (48) horas contadas a partir de la respectiva notificación, informen sobre la pretendida violación o amenaza que hubiere motivado la solicitud de amparo, (art. 23).

De acuerdo al artículo 25 de la Ley, este informe debe contener una relación sucinta y breve de las pruebas en las cuales el presunto agraviante pretenda fundamentar su defensa, sin perjuicio de la potestad evaluativa que la Ley confiere al Juez competente (art. 17).

La Ley Orgánica establece (art. 14) que "la falta de informe correspondiente se entenderá como aceptación de los hechos incriminados", razón por la cual ello debe

966 Ponencia: Rafael Alfonso Guzmán, Consultada en original.

dar origen a la decisión de amparo con el consiguiente restablecimiento inmediato de la situación jurídica infringida. Sin embargo, aun en estos casos, la decisión debe adoptarse luego de realizada la audiencia oral de las partes.

D. *Medidas cautelares*

La Ley Orgánica no preveía expresamente, la potestad del Juez de amparo de adoptar medidas cautelares o preventivas en caso de solicitudes de amparo, lo que sin embargo, podía interpretarse del artículo 22 de la Ley Orgánica. En todo caso, por la aplicación supletoria del Código de Procedimiento Civil (Art. 48), conforme al artículo 588 los jueces adoptaban las medidas cautelares adecuadas para la protección constitucional, cuando hubiere "fundado temor" de que una de las partes, particularmente el presunto agraviante, pueda causar "lesiones graves o de difícil reparación al derecho de la otra, en concreto, el agraviado. En estos casos, para evitar el daño, el Juez de amparo puede "autorizar o prohibir la ejecución de determinados actos y adoptar las providencias que tengan por objeto hacer cesar la continuidad de la lesión".

E. *La audiencia pública y oral*

En todo caso, al vencerse al termino de cuarenta y ocho (48) horas para la remisión del informe solicitado, sin que ello haya ocurrido, o al presentarse el informe por el presunto agraviado, el Juez de amparo debía fijar la oportunidad para que las partes o sus representantes legales expresasen, en forma oral y pública, los argumentos respectivos (art. 26), en una audiencia que debía realizarse dentro del lapso de noventa y seis (96) horas siguientes a la presentación del mencionado informe o al vencimiento del lapso de 48 horas que tenía el agraviante para presentarlo.

F. *Oportunidad de la decisión*

Efectuado dicho acto de audiencia oral, el Juez disponía de un término improrrogable de veinticuatro (24) horas para decidir la solicitud de amparo constitucional (Art. 26).

2. *La reforma constitucional de 1999 en materia de amparo*

El artículo 27 de la Constitución de 1999 puede decirse que siguió la orientación del artículo 49 de la constitución de 1961, al regular la institución del amparo, definitivamente como un derecho constitucional, el cual se puede ejercer a través de múltiples medios o recursos judiciales de protección, incluyendo la acción de amparo[967], así:

---

967 Véase Allan R. Brewer-Carías, *El Derecho y la Acción de Amparo,* Tomo V *Instituciones Políticas y Constitucionales, op. cit.,* pp. 163 y ss. Véase en general, Hildegard Rondón de Sansó, "La acción de amparo constitucional a raíz de la vigencia de la Constitución de 1999", en *Revista de la Facultad de Ciencias Jurídicas y Políticas de la UCV,* N° 119, Caracas, 2000, pp. 147-172; Richard D. Henríquez Larrazábal, "El problema de la procedencia del amparo constitucional en el Derecho venezolano", en *Bases y principios del sistema constitucional venezolano (Ponencias del VII Congreso Venezolano de*

Artículo 27: Toda persona tiene derecho a ser amparada por los tribunales en el goce y ejercicio de los derechos y garantías constitucionales, aun de aquellos inherentes a la persona que no figuren expresamente en esta Constitución o en los instrumentos internacionales sobre derechos humanos.

El procedimiento de la acción de amparo constitucional será oral, público, breve, gratuito y no sujeto a formalidad, y la autoridad judicial competente tendrá potestad para restablecer inmediatamente la situación jurídica infringida o la situación que más se asemeje a ella. Todo tiempo será hábil y el tribunal lo tramitará con preferencia a cualquier otro asunto.

La acción de amparo a la libertad o seguridad podrá ser interpuesta por cualquier persona, y el detenido o detenida será puesto bajo la custodia del tribunal de manera inmediata, sin dilación alguna.

El ejercicio de este derecho no puede ser afectado, en modo alguno, por la declaración del estado de excepción o de la restricción de garantías constitucionales.

Las reformas más importantes que introdujo esta norma respecto de lo que se establecía en el artículo 49 de la Constitución de 1961, son las siguientes:

En *primer lugar*, en forma expresa se estableció el amparo como un "derecho" constitucional de toda persona, "a ser amparada por los tribunales en el goce y ejercicio de los derechos y garantías constitucionales".

En *segundo lugar*, en cuanto a los derechos amparables, se estableció que no sólo son los que la Constitución establece, sino aquellos inherentes a la persona que no figuren expresamente no sólo en la Constitución sino en los instrumentos internacionales sobre derechos humanos.

En *tercer lugar*, en cuanto al procedimiento, en lugar de establecer sólo que debía ser "breve y sumario" como lo hacía la Constitución de 1961, se indica que debe ser "oral, público, breve, gratuito y no sujeto a formalidad", y que además "todo tiempo será hábil y el tribunal lo tramitará con preferencia a cualquier otro asunto".

En *cuarto lugar*, no sólo se reiteró la competencia del juez para restablecer inmediatamente la situación jurídica infringida, sino alternativamente, "o la situación que más se asemeje a ella".

Y en *quinto lugar* se precisó expresamente que "el ejercicio de este derecho no puede ser afectado, en modo alguno, por la declaración del estado de excepción o de la restricción de garantías constitucionales".

Como puede observarse de dicha norma, en ella no sólo se recogieron todos los principios fundamentales en materia de amparo que la Constitución de 1961 había

---

Derecho Constitucional realizado en San Cristóbal del 21 al 23 de Noviembre de 2001), Volumen II, pp. 403-475; Víctor R. Hernández-Mendible, "El amparo constitucional desde la perspectiva cautelar", en *El Derecho Público a comienzos del siglo XXI. Estudios homenaje al Profesor Allan R. Brewer-Carías,* Tomo I, *op. cit.*, pp. 1219-1301.

establecido, sino los que se habían desarrollado en aplicación de la Ley Orgánica de Amparo sobre Derechos y Garantías Constitucionales de 1988.

III. EL NUEVO RÉGIMEN PROCESAL DEL AMPARO ESTABLECIDO POR EL JUEZ CONSTITUCIONAL, REFORMANDO IMPROPIAMENTE LA LEY ORGÁNICA DE AMPARO

La norma de la Constitución de 1999 relativa al amparo, fue interpretada por la Sala Constitucional del Tribunal Supremo de Justicia, de manera tal que mediante sentencias dictadas en casos concretos, procedió a modificar la Ley Orgánica de Amparo, no sólo en cuanto a la determinación de la competencia judicial en la materia, sino en especial, en materia de procedimiento judicial en los juicios de amparo, asumiendo en forma irregular, una función de legislador positivo, supuestamente procediendo a "adaptar" el procedimiento regulado en la Ley Orgánica de Amparo al texto de la nueva Constitución, con lo cual estableció, en realidad, un *nuevo procedimiento* modificando y reformando, impropiamente, el regulado en la Ley Orgánica de Amparo de 1988[968].

En efecto, en la sentencia N° 7 de 01-02-2000 (Caso: *José A. Mejía y otros*)[969], la Sala, teniendo en cuenta que por mandato del artículo 27 de la Constitución, el procedimiento de la acción de amparo constitucional "será oral, público, breve, gratuito y no sujeto a formalidades"; siendo las características de oralidad y ausencia de formalidades que rigen estos procedimientos las que permiten que la autoridad judicial restablezca inmediatamente, a la mayor brevedad, la situación jurídica infringida o la situación que más se asemeje a ella; y considerando que el artículo 27 de la Constitución es de aplicación inmediata; estimó que debía "adaptar" el procedimiento de amparo establecido en la Ley Orgánica de Amparo sobre Derechos y Garantías Constitucionales a las prescripciones del artículo 27 de la Constitución, aplicando además, el 49 de la Constitución que impone el debido proceso, cuyos elementos deben estar presentes en el procedimiento de amparo cuyas normas procesales también deben adecuarse a dicha norma, prescribiendo que el procedimiento de las acciones de amparo debe contener los elementos que conforman el debido proceso.

Como consecuencia de esta orientación,

La Sala Constitucional, obrando dentro de la facultad que le otorga el artículo 335 *ejusdem*, de establecer interpretaciones sobre el contenido y alcance de las nor-

968 Véase en general, Véase Humberto Enrique Tercero Bello Tabares, "El procedimiento de Amparo Constitucional, según la sentencia N° 7 dictada por la Sala Constitucional del Tribunal Supremo de Justicia, de fecha 01 de febrero de 2000. Caso *José Amando Mejía Betancourt y José Sánchez Villavicencio*, en *Revista de derecho del Tribunal Supremo de Justicia,* N° 8, Caracas, 2003, pp. 139 a 176; María Elena Toro Dupouy, "El procedimiento de amparo en la jurisprudencia de la Sala Constitucional del Tribunal Supremo de Justicia (Años 2000-2002)", en *Revista de Derecho Constitucional,* N° 6, enero-diciembre-2002, Editorial Sherwood, Caracas, 2003, pp. 241 a 256; María Elena Toro Dupouy, "El amparo contra decisiones judiciales en la jurisprudencia de la Sala Constitucional del Tribunal Supremo de Justicia. El Amparo sobrevenido", en *Revista de Derecho Constitucional,* N° 7, enero-junio 2003, Editorial Sherwood, Caracas, 2003, pp. 207 a 222.

969 Véase en *Revista de Derecho Público*, N° 81, Editorial Jurídica Venezolana, Caracas, 2000, pp. 349 ss.

mas y principios constitucionales, las cuales serán en materia de amparo vinculantes para los tribunales de la República, interpreta los citados artículos 27 y 49 de la Constitución de la República Bolivariana de Venezuela, en relación con el procedimiento de amparo previsto en la Ley Orgánica de Amparo sobre Derechos y Garantías Constitucionales, distinguiendo si se trata de amparos contra sentencias o de los otros amparos, excepto el cautelar, estableció un conjunto de normas procesales que estimó las adecuadas para desarrollar los principios constitucionales, reformando la Ley Orgánica de Amparo de 1988, con lo cual, sin duda, usurpó la potestad del legislador y atentó contra la seguridad jurídica. En particular en los casos de ejercicio de la acción autónoma de amparo, siempre que no sea contra sentencias, la Sala dictó las siguientes normas modificatorias del régimen legal:

1. *Principios generales del procedimiento no sujeto a formalidades*

En cuanto a los principios generales del procedimiento, la Sala señaló que:

> Debido al mandato constitucional de que el procedimiento de amparo no estará sujeto a formalidades, los trámites como se desarrollarán las audiencias y la evacuación de las pruebas, si fueran necesarias, las dictará en las audiencias el tribunal que conozca del amparo, siempre manteniendo la igualdad entre las partes y el derecho de defensa.
>
> Todas las actuaciones serán públicas, a menos que por protección a derechos civiles de rango constitucional, como el comprendido en el artículo 60 de la Constitución de la República Bolivariana de Venezuela, se decida que los actos orales sean a puerta cerrada, pero siempre con inmediación del tribunal.

2. *La obligación de indicar las pruebas al inicio del procedimiento*

La Sala Constitucional, añadió a las prescripciones de la Ley, en cuanto al inicio del procedimiento, que en la solicitud, que se puede presentar por escrito o en forma oral, el accionante debe señalar, además de los elementos prescritos en el citado artículo 18:

> [...] las pruebas que desea promover, siendo esta una carga cuya omisión produce la preclusión de la oportunidad, no solo la de la oferta de las pruebas omitidas, sino la de la producción de todos los instrumentos escritos, audiovisuales o gráficos, con que cuenta para el momento de incoar la acción y que no promoviere y presentare con su escrito o interposición oral; prefiriéndose entre los instrumentos a producir los auténticos".

La Sala Constitucional, en esta forma, reformó la ley Orgánica, estableciendo una figura procesal incluso con efectos preclusivos.

3 *La derogación de la exigencia legal del informe del agraciado, la citación del agraviante y la creación de la audiencia constitucional*

La Sala Constitucional estableció en su sentencia que una vez admitida la acción, el juez debe ordenar:

> La citación del presunto agraviante y la notificación del Ministerio Público, para que concurran al tribunal a conocer el día en que tendrá lugar la audiencia oral, la cual tendrá lugar, tanto en su fijación como para su práctica, dentro de las noventa y seis (96) horas a partir de la última notificación efectuada.

La Sala, en cuanto a la citación, pero refiriéndola como "notificación", reguló nuevas formas de hacerla ni siquiera establecidas en el Código de Procedimiento Civil, así:

> Para dar cumplimiento a la brevedad y falta de formalidad, la notificación podrá ser practicada mediante boleta, o comunicación telefónica, fax, telegrama, correo electrónico, o cualquier medio de comunicación interpersonal, bien por el órgano jurisdiccional o bien por el Alguacil del mismo, indicándose en la notificación la fecha de comparecencia del presunto agraviante y dejando el Secretario del órgano jurisdiccional, en autos, constancia detallada de haberse efectuado la citación o notificación y de sus consecuencias.

4. *La reforma del régimen de la audiencia constitucional pública y oral*

La Sala Constitucional, en su sentencia también reformó el régimen de la audiencia pública y oral en el proceso del juicio de amparo. Al eliminar la exigencia legal del informe escrito que debe requerir y presentar el agraviante, dispuso la realización de la audiencia oral y pública, con el siguiente régimen:

A. *Propósito de la audiencia*

En cuanto al propósito de su realización, la Sala dispuso que:

> [...] las partes, oralmente, propondrán sus alegatos y defensas ante la Sala Constitucional o el tribunal que conozca de la causa en primera instancia, y esta o este decidirá, si hay lugar a pruebas, caso en que el presunto agraviante podrá ofrecer las que considere legales y pertinentes, ya que este es el criterio que rige la admisibilidad de las pruebas. Los hechos esenciales para la defensa del agraviante, así como los medios ofrecidos por él se recogerán en un acta, al igual que las circunstancias del proceso.

En cambio, en el régimen establecido en la Ley Orgánica, que derogó la Sala Constitucional, la audiencia se realizaba en una oportunidad posterior a la presentación del informe por parte del agraviante, eliminándosele al agraviado la posibilidad de analizar su texto escrito con anterioridad, a los efectos de poder contestarlo efectivamente para reforzar su denuncia inicial en la audiencia oral,

Es decir, la Sala Constitucional le cercenó el derecho que tenía el agraviado tal como se lo garantizaba la Ley Orgánica de 1988, en un procedimiento dispuesto para proteger sus derechos, que le permitía conocer por escrito los alegatos que formulara el agraviante, sin lesionar el derecho a la defensa del agraviante. En el procedimiento que estableció la Sala Constitucional, en cambio, se obliga al agraviado a conocer de los alegatos que exprese sólo oralmente el agraviante en la audiencia oral, en la cual el juez además, siempre puede interrogar a las partes y a los comparecientes, y al final de la cual, la Sala Constitucional dispuso que se dictaría la sentencia.

B. *Régimen de las pruebas*

En relación con las pruebas, la Sala señaló el siguiente régimen:

a. *En cuanto a su admisión y evacuación:*

El órgano jurisdiccional, en la misma audiencia, decretará cuáles son las pruebas admisibles y necesarias, y ordenará, de ser admisibles, también en la misma audiencia, su evacuación, que se realizará en ese mismo día, con inmediación del órgano en cumplimiento del requisito de la oralidad o podrá diferir para el día inmediato posterior la evacuación de las pruebas.

b. *En cuanto el desarrollo de la actividad probatoria en la audiencia, y la grabación y registro de las actuaciones procesales*

La Sala dispuso el siguiente régimen procesal:

> Cuando se trate de causas que cursen ante tribunales cuyas decisiones serán conocidas por otros jueces o por esta Sala, por la vía de la apelación o consulta, en cuanto a las pruebas que se evacuen en las audiencias orales, se grabarán o registrarán las actuaciones, las cuales se verterán en actas que permitan al juez de la Alzada conocer el devenir probatorio. Además, en la audiencia ante el Tribunal que conozca en primera instancia en que se evacuen estas pruebas de lo actuado, se levantará un acta que firmarán los intervinientes. El artículo 189 del Código Procedimiento Civil regirá la confección de las actas, a menos que las partes soliciten que los soportes de las actas se envíen al Tribunal Superior.

5. *Régimen de la oportunidad de la sentencia de amparo*

El régimen de la sentencia de amparo también se reformó con sentencia de la Sala Constitucional, modificándose el establecido en la Ley Orgánica, el cual se sustituyó por el siguiente:

> Una vez concluido el debate oral o las pruebas, el juez o el Tribunal en el mismo día estudiará individualmente el expediente o deliberará (en los caso de los Tribunales colegiados) y podrá:
>
> a) Decidir inmediatamente; en cuyo caso expondrá de forma oral los términos del dispositivo del fallo; el cual deberá ser publicado íntegramente dentro de los cinco (5) días siguientes a la audiencia en la cual se dictó la decisión correspondiente. El fallo lo comunicará el juez o el presidente del Tribunal Colegiado, pero la sentencia escrita la redactará el ponente o quien el Presidente del Tribunal Colegiado decida.
>
> El dispositivo del fallo surtirá los efectos previstos en el artículo 29 de la Ley Orgánica de Amparo Sobre Derechos y Garantías Constitucionales, mientras que la sentencia se adaptará a lo previsto en el artículo 32 ejusdem.
>
> b) Diferir la audiencia por un lapso que en ningún momento será mayor de cuarenta y ocho (48) horas, por estimar que es necesaria la presentación o evacuación de alguna prueba que sea fundamental para decidir el caso o a petición de alguna de las partes o del Ministerio Público.

IV. APRECIACIÓN GENERAL

Tal como lo observó en su momento el Magistrado Héctor Peña Torrelles, quien Salvó su Voto (Voto negativo) en relación con la comentada sentencia Nº 7 de 01-02-2000, "reformatoria de la Ley Orgánica":

> Por lo que respecta al procedimiento para tramitar el amparo que se establece en el fallo que antecede, observa quien disiente que en el mismo se han consagrado aspectos no previstos en la Ley Orgánica de Amparo sobre Derechos y Garantías Constitucionales, lo cual, lejos de ser una adaptación al artículo 27 de la Constitución vigente *se convierte en un procedimiento nuevo y distintos conservando algunos de las fases que establece la Ley, violando de esta forma el principio de reserva legal en materia de procedimientos.*

El Magistrado disidente, además, fue de la opinión de que las nuevas normas procesales establecidas con exceso rigorismo en la sentencia:

> [...] atenta justamente contra la brevedad e informalidad del amparo, asimilándolo a un juicio ordinario civil. En este aspecto, ha debido dejarse al juez que conozca del caso concreto la determinación de la necesidad y forma de tramitación de la fase probatoria.
>
> En todo caso, considero que el presunto agraviado deberá siempre probar sus alegatos, sin necesidad de que tenga que obligatoriamente indicar en la interposición de la acción cuáles medios utilizará a tales fines*; por lo que, se atenta contra sus derechos constitucionales al fijarse la preclusión de la oportunidad para promover pruebas prevista en el fallo, por cuanto se están limitando su derechos a la defensa y a la tutela judicial efectiva mediante un mecanismo distinto al previsto en la Constitución.*

En cuanto a las nuevas normas procesales establecidas para las notificaciones, el mismo Magistrado observó:

> Con preocupación que en el procedimiento establecido se haya consagrado una amplia gama de formas de notificación a los presuntos agraviantes, *que además de no estar previstas en el ordenamiento procesal vigente, atenta contraría el principio de seguridad jurídica* por cuanto en los casos de notificaciones vía teléfono, fax, correo electrónico "o cualquier medio de notificación interpersonal, no se ha establecido la forma en que se dejará constancia en el expediente de que la notificación ha cumplido su finalidad, esto es, poner en conocimiento del interesado de la admisión de un amparo interpuesto en su contra.

Por último, el mismo Magistrado disidente, en general sobre los poderes otorgados al juez de amparo en la sentencia, estimó que:

> Permitir a discreción del juez la alteración de los principios constitucionales en materia procesal desarrollados por la Ley, lejos de proteger a la Constitución, la convierte en un texto manejable con base en criterios de oportunidad o conveniencia del aplicador judicial, que en definitiva causa inseguridad jurídica en un Estado de Derecho, lo que se traduce en su desaparición.

Muy poco hay que agregar, en definitiva, a lo que en su momento advirtió el Magistrado disidente de la sentencia de la Sala Constitucional, Héctor Peña Torrelles, pues de la sentencia de la misma lo que resulta es que a partir de la misma, el procedimiento en la acción de amparo dejó de estar solamente regulado en la Ley Orgánica de Amparo, la cual no ha sido derogada ni reformada por la Asamblea Nacional, y pasó a estar regulado además por el texto de una sentencia de la Sala Constitucional, la cual ha reformado la Ley Orgánica sin tener autoridad alguna para ello. La seguridad jurídica, en consecuencia, no fue un valor fundamental para la Sala Constitucional, pues de lo contrario, lo que hubieran hecho es una recomendación a la Asamblea Nacional para la reforma de la Ley Orgánica de Amparo[970].

La pregunta obligada, en todo caso, en relación con esta sentencia y con tantas otras dictadas por la Sala Constitucional, es ¿quién controla al contralor?[971] Un juez constitucional en un sistema democrático, en realidad, no necesita que lo controle nadie, pues es la garantía del Estado de derecho; pero un juez constitucional en un sistema político autoritario de concentración del poder, sin independencia ni autonomía alguna, es un peligro para el Estado democrático de derecho, pues sin control, se convierte en el instrumento de su destrucción. Y lamentablemente eso es lo que ha venido ocurriendo en los últimos años en Venezuela.[972]

SECCIÓN TERCERA

EL JUEZ CONSTITUCIONAL COMO LEGISLADOR POSITIVO DE OFICIO EN MATERIA TRIBUTARIA. LA LEGITIMACIÓN ACTIVA EN LA ACCIÓN POPULAR Y LA IMPUGNACIÓN DE LEYES DEROGADAS

Esta Sección es el texto de la Ponencia elaborada para el *II Congreso Nacional de Derecho Procesal Constitucional*, Huancayo, Perú, 24 al 26 de mayo de 2007. Con el título: "El juez constitucional en Venezuela como legislador positivo de oficio en materia tributaria", se publicó en *Revista de Derecho Público*, Nº 109 (enero –marzo 2007), Editorial Jurídica Venezolana, Caracas 2007, pp. 193-212; y en el libro *Homenaje a Tomás Enrique Carrillo Batalla,* (Coordinador Asdrúbal Grillet Correa), Tomo I, Universidad Central de Venezuela, Caracas 2009, pp. 163-189. El texto del estudio se recogió en el libro: *Crónica so-*

970 Véase nuestros comentarios iniciales sobre esta sentencia en Allan R. Brewer-Carías, *El sistema de justicia constitucional en la Constitución de 1999 (Comentarios sobre su desarrollo jurisprudencial y su explicación, a veces errada, en la Exposición de Motivos),* Editorial Jurídica Venezolana, Caracas 2000.

971 Véase Allan R. Brewer-Carías, "Quis Custodiet Ipsos Custodes: De la interpretación constitucional a la inconstitucionalidad de la interpretación", en *Revista de Derecho Público*, Nº 105, Editorial Jurídica Venezolana, Caracas 2006, pp. 7-27. Véase el texto en las páginas 47 y ss. de este libro.

972 Véase Allan R. Brewer-Carías, "La progresiva y sistemática demolición institucional de la autonomía e independencia del Poder Judicial en Venezuela 1999-2004", en el libro: *XXX Jornadas J.M Domínguez Escovar, Estado de derecho, Administración de justicia y derechos humanos*, Instituto de Estudios Jurídicos del Estado Lara, Barquisimeto, 2005, pp. 33-174. Véase además, el estudio publicado en las páginas 163 y ss. de este libro.

***bre la "in" justicia constitucional. La Sala Constitucional y el autoritarismo en Venezuela*, Colección Instituto de Derecho Público, Universidad Central de Venezuela, Nº 2. Editorial Jurídica Venezolana, Caracas 2007, pp. 565-592; y parte del mismo se publicó en el libro: *La Patología de la Justicia Constitucional*, Segunda edición ampliada, European Research Center of Comparative Law, 2013, pp. 335-355.**

La Jurisdicción Constitucional en Venezuela, impunemente, ya ha asumido la función de "legislador positivo", es decir, de legislador por iniciativa propia, o sea, dicta leyes de oficio, así se trate de leyes de reforma de otras leyes.

Hans Kelsen, creador de la concepción contemporánea de la Jurisdicción Constitucional, cuando en 1928 hablaba algo tímidamente del juez constitucional como "legislador negativo", es decir, de su poder de eliminar leyes del ordenamiento jurídico cuando las anulaba con los mismos efectos derogatorios como si se tratase de una ley sancionada por el Parlamento[973]; sin duda, ante el espectáculo que está dando la Sala Constitucional del Tribunal Supremo de Justicia de Venezuela, podría haber estado a punto de retractarse de su invento, al menos como fórmula jurídica a ser aplicada por jueces como los que lamentablemente integran la Sala Constitucional venezolana.

Esta Sala Constitucional, en efecto, mediante sentencia nº 301 de 27 de febrero de 2007[974], (Caso: *Adriana Vigilanza y Carlos A. Vecchio*), luego de *declarar inadmisible* una acción popular de inconstitucionalidad que había sido intentada seis años antes, en 2001, por dos destacados abogados tributaristas, Adriana Vigilanza García y Carlos A. Vecchio, contra los artículos 67, 68, 69, 72, 74 y 79 de la Ley de Impuesto sobre la Renta de 1999[975]; en lugar de archivar el expediente, pasó seguidamente en el mismo texto de la sentencia de inadmisibilidad, ***de oficio*** y sin debate procesal alguno, **a reformar** un artículo de la mencionada Ley, el artículo 31, que ni siquiera había sido de los impugnados.

La sentencia no sólo provocó la airada reacción de la Asamblea Nacional que acusó a la Sala de usurpación de la función legislativa, sino que puso en evidencia una vez más las inconstitucionales interpretaciones que en los últimos años ha venido haciendo impunemente la Sala Constitucional en Venezuela. El problema, por supuesto, es que el órgano llamado a garantizar la supremacía constitucional y a controlar las usurpaciones de funciones entre los órganos del Estado, es la propia Sala Constitucional, y a ella nadie la controla. Por eso la pregunta *Quis custodiet ipsos custodes?* sigue sin respuesta en Venezuela[976].

---

973 Véase Hans Kelsen, "La garantie juridictionnelle de la Constitution (La justice constitutionnelle)", *Revue de Droit Public et de la Science Politique en France et l'étranger*, París, 1928, p. 250.

974 Expediente Nº 01-2862. Véase *en Gaceta Oficial* Nº 38.635 de fecha 01-03-2007

975 Decreto Ley Nº 307, publicado en la *Gaceta Oficial* Nº 5.390 Extraordinario, de 22-10-1999.

976 Véase Allan R. Brewer-Carías, "*Quis Custodiet ipsos Custodes*: De la interpretación constitucional a la inconstitucionalidad de la interpretación", en *VIII Congreso Nacional de derecho Constitucional, Perú*, Fondo Editorial 2005, Colegio de Abogados de Arequipa, Arequipa, septiembre 2005, pp. 463-489; y en

I. EL RECHAZO DE LA ASAMBLEA NACIONAL A LA USURPACIÓN DE FUNCIONES LEGISLATIVAS POR PARTE DEL JUEZ CONSTITUCIONAL

La Asamblea Nacional de Venezuela, en efecto, en fecha 22 de marzo de 2007, adoptó un Acuerdo, en el cual dispuso:

> PRIMERO: Rechazar de la manera más categórica, por considerarlo inconstitucional, violatorio de derechos sociales y colectivos, y de la ética social, el numeral 2 del dispositivo de la sentencia de la Sala Constitucional del Tribunal Supremo de Justicia Nº 01-2862, de fecha 27 de febrero de 2007 y publicada en la Gaceta Oficial de la República Bolivariana de Venezuela número 38.635 de fecha 01 de marzo de 2007, así como la motivación con que sustentó y, en consecuencia, sin ningún efecto jurídico.
>
> SEGUNDO: Exhortar al pueblo venezolano y en especial a los contribuyentes, así como al Servicio Nacional Integrado de Administración Aduanera y Tributaria (Seniat) a continuar el proceso de declaración y recaudación del impuesto sobre la renta tal como lo establece nuestra legislación.
>
> TERCERO: conformar una comisión a los efectos de investigar y determinar las responsabilidades a que hubiere lugar.[977]

Tal como lo reseñó la prensa de Caracas del 23 de marzo de 2007[978], dicho Acuerdo había sido adoptado, por unanimidad, a propuesta del segundo vicepresidente del Parlamento, diputado Roberto Hernández, rechazando la "usurpación de poderes" por parte de la Sala Constitucional del Tribunal Supremo de Justicia, "a raíz de la modificación del artículo 31 de la Ley de Impuesto sobre la Renta" que habría sido realizada por la Sala Constitucional en la sentencia citada en el mismo, considerando que dicha decisión había lesionado la función del Poder Legislativo.

El debate ante la Asamblea Nacional debió haber sido muy vehemente, pues conforme lo informaron los medios de comunicación, el Acuerdo aprobado habría sido precedido de otro que se habría aprobado previamente con un texto más fuerte y directo, en el cual no sólo se denunciaba la inconstitucionalidad en que había incurrido la sentencia de la sala Constitucional, sino que se la declaraba nula, y se incitaba a la desobediencia de la ley tributaria[979]. Esa primera versión del Acuerdo según informaron los medios de comunicación, tenía el siguiente texto:

Revista de Derecho Público Nº 105, Editorial Jurídica Venezolana, Caracas 2006, pp. 7-27. Véase el texto en las páginas 47 y ss. de este libro.

977 Véase en *Gaceta Oficial* Nº 38.651 de 26-03-2007.

978 Véase *El Universal*, Caracas 23-03-2007, p. 1-1; *El Nacio*nal, 23-03-2007, p. 4, Sección política.

979 Así lo ratificó posteriormente el mismo diputado Roberto Hernández, Presidente de la Comisión parlamentaria designada para investigar las implicaciones de la usurpación de funciones por parte del Tribunal Supremo: "lo que ha acordado la AN es pedirle a los organismos oficiales, en primer lugar ***al Seniat y, a todos los ciudadanos que no acate*** *la parte de la sentencia que es inconstitucional por usurpación de funciones*. Independientemente de que el TSJ rectifique decimos ***que no se acate la decisión***, porque cuando uno se encuentra frente a un acto que viola la Constitución uno aplica la Constitución y no apli-

PRIMERO: Considerar nulo el numeral 2, del dispositivo de la sentencia de la Sala Constitucional del Tribunal Supremo de Justicia nº 01-2862, de fecha 27 de febrero de 2007 y publicada en la Gaceta Oficial de la República Bolivariana de Venezuela número 38.635 de fecha 01 de marzo de 2007, así como la motivación con que sustentó y, en consecuencia, sin ningún efecto jurídico.

SEGUNDO: Exhortar al pueblo venezolano y en especial a los contribuyentes, así como al Servicio Nacional Integrado de Administración Aduanera y Tributaria (Seniat) a no aplicar el numeral 2 de la parte dispositiva del referido fallo. Por considerarlo acto violatorio de la Constitución de la República Bolivariana de Venezuela.

TERCERO: conformar una comisión a los efectos de investigar y determinar las responsabilidades a que hubiere lugar[980].

El Acuerdo de la Asamblea Nacional, además de declarar inconstitucional a la sentencia de la Sala Constitucional, dispuso la conformación de una Comisión parlamentaria que se debía encargar de investigar una serie de denuncias que presentaron los diputados de la Asamblea sobre presuntas irregularidades en dicha Sala Constitucional. En el debate de la Asamblea, además, según informó en la prensa, se exhortaba al Poder Moral para que realizara las averiguaciones correspondientes, a fin de "determinar las responsabilidades de los magistrados y estudiar la destitución de éstos"[981].

Entre las motivaciones del Acuerdo, estuvo la consideración de la competencia de la Asamblea para legislar, así como para supuestamente "ejercer la contraloría política y ética" sobre el Tribunal Supremo de Justicia; afirmando sobre la sentencia dictada por la Sala Constitucional que la misma:

> [...] "excede las funciones de la Sala Constitucional del Tribunal Supremo de Justicia e invade competencias privativas de la Asamblea Nacional, cuando al interpretar el artículo 31 de la Ley de Impuesto sobre la Renta, modifica sustancialmente el contenido del mismo, sus alcances y consecuencias jurídicas, aun cuando la nulidad del referido artículo no había sido denunciada y, declarándolo así expresamente en el numeral 2 de la decisión".

En cuanto al debate en la Asamblea, tal como se reseñó en la prensa, se destacaron los planteamientos del diputado Hernández, segundo vicepresidente de la

---

ca el acto. Incluso la Constitución expresamente se lo ordena a los jueces, que cuando hay incompatibilidad entre la Constitución y una Ley ellos aplican la Constitución y no la Ley. Si eso ocurre con una Ley uno se puede imaginar lo que ocurre con una sentencia, porque al fin y al cabo la Ley está por encima de la sentencia." Véase en *El Universal*, Caracas 24-03-2007, p. 1-1.

980 Véase en *Globovisión*, 22-03-2006.

981 Posteriormente, el mismo diputado Roberto Hernández, Presidente de la Comisión parlamentaria designada para investigar las implicaciones de la usurpación de funciones por parte del Tribunal Supremo afirmó que dicha Comisión tenía por objeto: "Determinar las responsabilidades de todo tipo que pueda haber. El informe se pasa al Poder Moral que es el que califica el hecho, de grave o no. Si lo califica como grave lo regresa a la AN y la AN decide la destitución o no (de magistrados). El martes nos instalaremos para la primera sesión". Véase en *El Universal*, Caracas 24-03-2007, p. 1-1.

Asamblea, en el sentido de que "la modificación de leyes es facultad exclusiva del Parlamento, y no de ningún tribunal de la República, ni de la Sala Constitucional del Tribunal Supremo". Destacó que conforme a la Constitución "es la Asamblea Nacional la facultada para elaborar y sancionar leyes", por lo que "no puede la Sala Constitucional modificar todo un artículo de nuestra legislación ordinaria", denunciando que el Tribunal Supremo había sustituido "completamente el artículo 31 de la referida Ley por otro distinto". Agregó además, el diputado, que la referida modificación conllevaba "perjuicios económicos para el Fisco Nacional", pues implicaba que dejaría de percibir tributos importantes.

Otro diputado, quien era a la sazón profesor de derecho administrativo de una de las Universidades de Caracas, (Carlos Escarrá), rechazó la sentencia y la calificó como "profundamente injusta e inconstitucional", mediante la cual la Sala Constitucional abusó de su poder como juez constitucional, diciendo:

> "El problema no es la potestad normativa ni si decidió más allá. El problema es qué decidió. Es el abuso de todo esto (...) Ellos han cambiando todo un conjunto de leyes, no de ahora, tienen 7 años en eso. Esos han sido los mismos magistrados que han creado un conjunto de tribus en el ámbito laboral, en el de menores y adolescentes y en el ámbito penal para favorecer determinados intereses".

El diputado-profesor anunció en el debate que exhortarían a la Sala Constitucional "a revocar esa sentencia por contrario imperio", pues de lo contrario el Poder Legislativo volvería a insertar el artículo 31 en la Ley de Impuesto sobre la Renta.

Sin embargo, no es la primera vez que la Sala Constitucional del Tribunal Supremo ha reformado leyes[982]. Lo ha hecho en años recientes cuando reformó globalmente la Ley Orgánica de Amparo sobre Derechos y Garantías Constitucionales de 1988 para regular un nuevo procedimiento judicial[983] y establecer nuevas normas

982 Contrariamente a lo afirmado por el Diputado Roberto Hernández, Presidente de la Comisión parlamentaria designada para investigar las implicaciones de la usurpación de funciones por parte del Tribunal Supremo, cuando afirmó que la Sala Constitucional "es la única vez que se ha hecho una modificación en los últimos 8 años. La facultad de legislar es privativa del Poder Legislativo y en este caso concreto la Sala Constitucional ha reformado un artículo de la Ley de ISLR. Ellos no están facultados para eso. ... Cuando el TSJ anula el artículo de una Ley por considerarlo inconstitucional está dentro de sus facultades, lo nuevo aquí es que hicieron algo que no estaba dentro de sus facultades que fue reformar un artículo. ... El cuestionamiento es que el TSJ está usurpando facultades que no le corresponden. ... Aquí decimos que la sentencia no es facultad de la Sala Constitucional, es facultad exclusiva nuestra. Los tribunales no pueden reformar artículos en la Ley y lo han hecho, cambiaron los términos esenciales." Véase en *El Universal*, Caracas 24-03-2007, p. 1-1.

983 Véase sentencia Nº 7 de 1º de febrero de 2000 (Caso: *José A. Mejía y otros*), en *Revista de Derecho Público*, Nº 81, Editorial Jurídica Venezolana, Caracas, 2000, pp. 349 ss. Sobre esto Véase, Humberto Enrique Tercero Bello Tabares, "El procedimiento de Amparo Constitucional, según la sentencia Nº 7 dictada por la Sala Constitucional del Tribunal Supremo de Justicia, de fecha 01 de febrero de 2000. Caso *José Amando Mejía Betancourt y José Sánchez Villavicencio*, en *Revista de derecho del Tribunal Supremo de Justicia*, Nº 8, Caracas, 2003, pp. 139 a 176; María Elena Toro Dupouy, "El procedimiento de amparo en la jurisprudencia de la Sala Constitucional del Tribunal Supremo de Justicia (Años 2000–2002)", en *Revista de Derecho Constitucional*, Nº 6, enero–diciembre–2002, Editorial Sherwood, Caracas, 2003, pp. 241 a 256; María Elena Toro Dupouy, "El amparo contra decisiones judiciales en la ju-

en materia de competencias de los tribunales en la materia[984]; y lo hizo cuando reformó las disposiciones de la Ley Orgánica del Tribunal Supremo de Justicia de 2004 para establecer nuevas normas en materia de procedimiento en los juicios de nulidad por inconstitucionalidad de las leyes y en los juicios contencioso administrativo de anulación de los actos administrativos[985]; sin embargo, es la primera vez que el legislador de verdad, la Asamblea Nacional, reacciona, y de qué manera, denunciando la usurpación de la función legislativa por parte de la Sala Constitucional, pues ahora se trata de una sentencia mediante la cual la Sala Constitucional "reformó" el texto de un artículo de la Ley de Impuesto sobre la Renta de 1999, es decir, asumió *de oficio* la función legislativa positiva, sin ningún pudor.

En la sentencia, además, a los efectos de decidir, la Sala trató como puntos previos a su decisión de legislar, otros dos aspectos relativos al control de la constitucionalidad de las leyes que deben destacarse previamente, por el interés que tienen en materia de justicia constitucional, sobre la legitimación activa en la acción popular de inconstitucionalidad y sobre la posibilidad de impugnación por inconstitucionalidad y de la declaratoria de nulidad de leyes ya derogadas.

---

risprudencia de la Sala Constitucional del Tribunal Supremo de Justicia. El Amparo sobrevenido", en *Revista de Derecho Constitucional,* N° 7, enero–junio 2003, Editorial Sherwood, Caracas, 2003, pp. 207 a 222. Véase sobre ello, Allan R. Brewer-Carías, "El juez constitucional como legislador positivo y la inconstitucional reforma de la Ley Orgánica de Amparo en Venezuela mediante sentencias interpretativas", trabajo elaborado para el *Libro Homenaje al Profesor Héctor Fix- Zamudio*, UNAM México, 2007.

984 Véase sentencia N° 1 de 20 de enero de 2000 dictada con motivo de decidir la admisibilidad de una acción de amparo (Caso: *Emery Mata Millán vs. Ministro del Interior y Justicia y otros*), en *Revista de Derecho Público*, N° 81, Editorial Jurídica Venezolana, Caracas 2000. Posteriormente, la misma Sala Constitucional fue dictando nuevas "normas" reguladoras de la competencia judicial en materia de amparo, en la N° 1555 de 8 de diciembre de 2000 (Caso: *Yoslena Chamchamire B. vs. Instituto Universitario Politécnico Santiago Mariño*), en *Revista de Derecho Público*, N° 84, Editorial Jurídica Venezolana, Caracas 2000, pp. 304 y ss.; y en la sentencia N° 26 de de 25 de enero de 2001 (Caso: *José C.C. y otros vs. Comisión Legislativa Transitoria, Estado Portuguesa*), en *Revista de Derecho Público*, N° 85–88, Editorial Jurídica Venezolana, Caracas 2001. Sobre esto véase en general, Antonio Canova González, "La Sala Constitucional y su competencia en los procesos de amparo", en *Estudios de Derecho Administrativo: Libro Homenaje a la Universidad Central de Venezuela,* Volumen I, Imprenta Nacional, Caracas, 2001, pp. 157–176; Luis Martínez Hernández, "Nuevo régimen de acción de amparo con motivo de sentencias dictadas por la Sala Constitucional del Tribunal Supremo de Justicia", en *Estudios de Derecho Público: Libro Homenaje a Humberto J. La Roche Rincón,* Volumen I. Tribunal Supremo de Justicia, Caracas, 2001, pp. 209–265; Rafael Badell Madrid, "El amparo constitucional en la jurisprudencia del Tribunal Supremo de Justicia, *Revista de derecho del Tribunal Supremo de Justicia,* N° 4, Caracas, 2002, pp. 87 a 129.

985 Véase por ejemplo, la sentencia N° 1645 del 19 de agosto de 2004 (Caso: *Gregorio Pérez Vargas, Impugnación de la Constitución Federal del Estado Falcón*), en *Revista de Derecho Público*, N° 99-100, Editorial Jurídica Venezolana, caracas 2004, pp. 254 y ss. Véase Alejandra Figueiras Robisco, "La nueva jurisprudencia sobre las competencias judiciales y el procedimiento en el orden contencioso administrativo. Estado (provisionalísimo) de la cuestión", en *Revista de Derecho Público*, N° 99-100, Editorial Jurídica Venezolana, Caracas 2004, pp. 11-24.

II. LA LEGITIMACIÓN ACTIVA EN LA ACCIÓN POPULAR DE INCONSTITUCIONALIDAD.

Durante el juicio de nulidad que se siguió ante la sala Constitucional con motivo de la acción popular ejercida, los representantes de la Asamblea Nacional opusieron la falta de legitimación de los recurrentes para intentar la demanda de nulidad por inconstitucionalidad de la Ley de impuesto sobre la Renta, argumento que desechó la Sala al considerar que conforme "al noveno aparte del artículo 21 de la Ley Orgánica del Tribunal Supremo de Justicia" de 2004, la acción popular puede interponerse en Venezuela por "toda persona natural o jurídica, que sea afectada en sus derechos o intereses"; norma que recoge lo que disponía el artículo 112 de la derogada la Ley Orgánica de la Corte Suprema de Justicia de 1976.

Conforme a estas normas, la Sala consideró el tema de la legitimación activa en materia de control de constitucionalidad de las leyes[986] como uno de "los criterios jurisprudenciales más consolidados en el marco del derecho procesal constitucional", en el sentido de que el interés para ejercer la acción popular en Venezuela no es un interés calificado, sino que, conforme lo decidió la Sala en sentencia n° 497/2003 (Caso *Ramón Alfredo Aguilar y otros*):

> Para el ejercicio de dicha vía de impugnación, no obstante que el referido artículo 112 exige que el o los recurrentes hayan sido afectados en sus derechos o intereses por el acto impugnado, la jurisprudencia constitucional de la antigua Corte Suprema de Justicia, al igual que la de este Tribunal Supremo de Justicia, ha indicado que basta ostentar un interés simple, que es el que tiene toda persona, natural o jurídica, que habite o resida en el territorio de la República en "la defensa objetiva de la majestad de la Constitución y su supremacía" (ver sentencia de la Corte Suprema de Justicia en Pleno, del 30 de junio de 1982, Gaceta Forense, n° 116, Vol. I, pp. 5 a 7); de allí que cualquier persona del pueblo (*actio popularis*), estando debidamente asistida para ello, está legitimada para interponer el recurso de nulidad contra cualquier acto de ejecución directa e inmediata de la Constitución que, a su juicio, sea contraria al sentido, propósito y razón de una o varias disposiciones del Texto Fundamental.

---

986 Véase sobre el tema Allan R. Brewer-Carías, "La legitimación activa ante la Justicia Constitucional en Venezuela» en *Boletín de la Academia de Ciencias Políticas y Sociales, Ponencias venezolanas para el XVI Congreso Internacional de Derecho Comparado, (Brisbane-Australia)*, N° 139, Año LXVIV, Enero-Junio 2002, Caracas 2002, pp.229-276; "Standing to raise constitutional issues in Venezuela" en Richard S. Kay (Ed), *Standing to raise constitutional issues: comparative perspectives, XVIth Congress of the International Academy of Comparative Law, Académie Internationale de Droit Comparé, Brisbane 2002*, Bruylant, Bruxelles 2005, pp. 67-92; "La qualité pour agir devant la juridiction constitutionnelle du Venezuela", en *Mouvement du droit* public. *Mélanges en l'honneur de Franck Moderne*, Dalloz, París 2004, pp. 763-780; «Principios sobre la legitimación requerida para activar la justicia constitucional en Venezuela", en *Memorias del Seminario de Justicia Constitucional y Derechos Humanos. Homenaje al Dr. Rodolfo Piza E.* (diciembre 2002), Corte Interamericana de Derechos Humanos, Sala Constitucional República de Costa Rica, Instituto de Derecho Constitucional Costarricense, San José, Costa Rica, s/f., pp. 67-137.

No obstante la amplitud de la doctrina de la popularidad de la acción, debe advertirse que la Sala ha venido estableciendo "que no se trata de que en estas demandas no se exija siquiera un mínimo interés", tal y como lo sostuvo en sentencia nº 2167/2004 (Caso *Cámara Venezolana de Laboratorios y otros*), en la cual "con ánimo de dar una mayor precisión al alcance de tales exigencias de interés procesal", señaló que:

> "En lo referido a la legitimación, esta Sala ha declarado en otras ocasiones (por ejemplo, fallo núm. 37 del 27 de enero de 2004; caso '*Flora Higuera*' y núm. 1448 del 3 de junio de 2003) que en realidad nuestra legislación procesal no prevé una acción popular, en el sentido de estar reconocida a todos, pero sí una muy similar, debido a que difícilmente faltará entre la población el simple interés que la ley exige para demandar. Por ello, la Sala ha preferido llamarla acción cuasi popular.
>
> En una acción de esa naturaleza cuasi popular prácticamente pierde sentido la referencia al interés propio del accionante. Bastará exponer la razón para impugnar la norma para que el tribunal -esta Sala, de ser un acto de rango legal- entre a analizar la procedencia del recurso. La inadmisión, de darse, se producirá normalmente a causa de la evidencia de que el demandante carece del más mínimo interés, toda vez que las acciones judiciales deben tener una justificación que no sea la meramente teórica. Por tanto, no es al actor a quien en realidad toca demostrar su interés, el cual puede fácilmente presumirse; corresponde desvirtuarlo a quien se opone a la demanda, o al juez, si es que lo verificase de oficio.
>
> De esta manera, la amplitud de la legitimación reconocida en la legislación venezolana -para el caso de la impugnación de actos normativos- hace que se presuma el interés del actor, a menos que de los autos se desprenda su carencia, caso en que el juez debe rechazarla.
>
> Esa amplísima legitimación obedece a la necesidad -no aceptada por otros sistemas jurídicos- de que toda persona que pudiera ser sujeto de la aplicación -incluso indirecta- de una norma, tenga capacidad para debatir en juicio su validez. La acción de nulidad, por ello, tiene entre nosotros un carácter de abstracción: no se requiere un caso concreto, sino apenas la posibilidad -ni siquiera probabilidad- de su existencia".

En todo caso, a pesar de esta doctrina –de la cual rechazamos la utilización simplista del calificativo *quasi*, generalmente utilizado cuando no se sabe que es lo que se está diciendo-, la representación de la Asamblea Nacional la cuestionó, sugiriendo que la anotada posición jurisprudencial "ha alterado el contenido de la norma, fijando una interpretación *contra legem*", pero sin mayores argumentos. Frente a ello, la Sala Constitucional se limitó a señalar que la demanda de nulidad dirigida contra una Ley "requiere de una manifestación de interés, pero que -dada la naturaleza general de tales actos- éste no amerita ser calificado, al punto que puede presumirse auténticamente su existencia", afirmación con la cual según la Sala, se completa el contenido de la norma "desde una perspectiva cónsona con un Estado de Derecho y de Justicia" que "apuntala el derecho de acción como mecanismo de control ciudadano de las potestades normativas de los Poderes Públicos". Con base en estos argumentos, la Sala consideró que los recurrentes tenían la legitimación activa requerida para accionar.

III. LA CUESTIÓN DE LA IMPUGNACIÓN DE LAS LEYES DEROGADAS Y LA DECISIÓN SOBRE LA INADMISIBILIDAD DE LA ACCIÓN

La segunda cuestión procesal que se planteó en el juicio fue sobre la carencia de objeto y la consecuente pérdida de interés procesal de los recurrentes, derivadas de la derogación de las normas impugnadas. En efecto, el Decreto Ley de Impuesto sobre la Renta de 1999 cuyas normas habían sido impugnadas con la acción popular intentada había sido reformado por otro Decreto ley nº 1.544 de 2001[987]. Luego, algo más de un mes después, la Asamblea Nacional dictó la Ley nº 70, de reforma parcial de la Ley de Impuesto sobre la Renta.[988] Posteriormente otra reforma fue sancionada por la Asamblea Nacional[989] y fue ese último texto normativo el que se encontraba en vigencia al dictarse la sentencia-reforma de la Sala.

El tema de la impugnación de leyes derogadas mediante el recurso de inconstitucionalidad tiene gran importancia, particularmente en relación con el tema de los efectos de las sentencias anulatorias de la Jurisdicción Constitucional, de manera que si estas solo tienen efectos *ex nunc, pro futuro*, como es la regla, la tesis tradicional es que las leyes ya derogadas, que cesaron de producir efectos, no pueden ser objeto de impugnación.[990] En estos casos, en principio el juez constitucional no tendría que pronunciarse sobre un texto legal derogado, porque habiendo desaparecido del ordenamiento jurídico, la decisión judicial carecería de objeto y sería innecesaria. Sin embargo, este incuestionable principio puede tener excepciones, precisamente en los casos en los cuales las leyes derogadas en alguna forma continúan produciendo algún efecto.

En esta materia, la Sala Constitucional, ha establecido en sentencia nº 1982/2003 (Caso *Daniel Buvat*), que el interés en declarar la inconstitucionalidad de un texto derogado persiste en dos casos excepcionales, y por tanto, de interpretación restrictiva: primero, cuando la norma impugnada se la ha trasladado a un nuevo texto, que sí esta vigente; y segundo, aun sin ese traslado, cuando la disposición recurrida mantiene sus efectos en el tiempo. Particularmente en relación con este segundo supuesto, la Sala en la misma sentencia señaló que por supuesto, "no es cualquier efecto jurídico el que justifica la resolución de las demandas dirigidas contra leyes que perdieron su vigencia durante el juicio", sino que dichos "efectos deben tener relación con el propio demandante, que es quien debe tener interés en la declaratoria",

---

987 Publicado en *Gaceta Oficial* Nº 5.557 Extraordinario, de 13-11-2001.

988 *Gaceta Oficial* Nº 5.566 Extraordinario, de 28-12-2001.

989 *Gaceta Oficial* Nº 38.529 de 25-09-2006.

990 Véase sobre el tema Allan R. Brewer-Carías, "La decisión en materia de control de constitucionalidad en el derecho venezolano", en *Revista de la Facultad de Ciencias Jurídicas y Políticas*, Nº 66 (Ponencias Venezolanas al XII Congreso Internacional de Derecho Comparado), Universidad Central de Venezuela, Caracas 1987, pp. 135-170.

por lo que en este caso, el simple interés de la acción popular "no es suficiente para obtener sentencia de fondo en los casos en que el objeto del recurso ha fenecido".

Este criterio fue sostenido por la Sala Constitucional en casos análogos que también se citan en la sentencia N° 301 que comentamos, en los que la Ley impugnada había desaparecido del ordenamiento jurídico, desde su sentencia del 8 de junio de 2000, posteriormente ratificado en sentencias nº 1.396/2000 del 21 de noviembre y 2.256/2001 del 11 de noviembre, entre otras, fijando el criterio de que si bien "la abstracción en el control concentrado de constitucionalidad es una característica del sistema [que se] corresponde a la concepción venezolana del recurso por inconstitucionalidad de leyes", ello, sin embargo:

> [...] "sólo es predicable respecto de los casos en que la norma esté vigente, toda vez que la generalidad y abstracción de las normas hacen que cualquier otra persona pueda en un futuro estar sometida a ella. En cambio, si la disposición ya no existe, de nada valen pronunciamientos que no guarden relación directa con el demandante, lo cual es un aspecto que debe analizar la Sala en cada caso concreto".

En el caso concreto, y en contra de los argumentos de los representantes de la Asamblea Nacional y del Procurador General de la República, los recurrentes sostuvieron que su interés en el juicio persistía a pesar de las reformas sucesivas de las normas de la Ley de Impuesto sobre la Renta, puesto que las normas impugnadas no habían sido modificadas en tales reformas y, por tanto, las denuncias de inconstitucionalidad efectuadas contra el primer Decreto ley persistían.

La Sala Constitucional, para resolver la controversia, precisó que la demanda de inconstitucionalidad de los artículos 67, 68, 69, 72, 74 y 79 del Decreto ley nº 307 de Reforma de la Ley de Impuesto sobre la Renta, se basó en la denuncia de que el Ejecutivo Nacional no habría acatado, al dictar el decreto ley, los límites que le había impuesto el Congreso al dictar la Ley habilitante o de delegación legislativa (artículo 203 de la Constitución) "para legislar en materia de impuesto sobre la renta; usurpando las atribuciones propias del Poder Legislativo y, con ello, violando el principio de legalidad tributaria". Es decir, precisó la Sala que el juicio de nulidad no tenía:

> [...] "por finalidad determinar la correspondencia constitucional de un gravamen a los dividendos (Impuesto a las Ganancias de Capital), sino -ateniéndose estrictamente a lo alegado por la actora- a la forma en que éstos fueron regulados por el Presidente de la República, presuntamente, excediendo los límites derivados de la correspondiente ley autorizatoria".

De ello, concluyó la Sala Constitucional, que:

> "Con tal premisa como base, y en contra de lo señalado por la actora, la circunstancia de que las normas impugnadas hayan permanecido en el decreto-legislativo que le sucedió, resta relevancia a un pronunciamiento de fondo en este juicio, atendiendo a las denuncias acá formuladas, puesto que ese nuevo acto normativo dictado por el Ejecutivo, tuvo como *causa* una habilitación del Legislativo distinta de la que sirvió de base al primero y cuyos términos no son objeto del presente debate. Por tanto, al último de tales decretos no pueden tras-

ladársele las denuncias efectuadas en contra del primero, menos aún después de que la Asamblea Nacional como cuerpo legislador dictó diversas reformas a ese texto normativo. Así las cosas, para los efectos de este proceso, ni siquiera si las normas impugnadas hubiesen sido reproducidas en las leyes que le siguieron, podría esta Sala entrar a analizar el contenido de las mismas (*vid.*, en este sentido, SC N° 2495/2006, Caso: *Estado Carabobo*), a menos que le fueran aplicables a las normas reproducidas los argumentos que fundaban originalmente la demanda de nulidad, lo que no es el caso de autos".

Con base en lo anterior, era evidente que, como lo dijo la Sala, "la afirmación de la parte accionante según la cual, como las normas acá impugnadas no sufrieron modificación alguna (al menos en el Decreto-Ley de 2001) tuvieron su origen en el Decreto de 1999, lo que justificaría su análisis en esta oportunidad, *debe ser desechada*".

Pero sin embargo, ello no ocurrió así, y la Sala *de oficio*, consideró que era necesario verificar "si las normas impugnadas preservan sus efectos de modo que amerite un pronunciamiento de fondo de la Sala". Recuérdese, sin embargo, que la propia Sala reconoció que no se le había requerido en el libelo de la acción popular pronunciamiento alguno de fondo sobre el tema tributario, pues las denuncias de inconstitucionalidad formuladas se referían a vicios de forma en la emisión del decreto ley sin sujetarse a los límites de la ley habilitante. Y fue por ello por lo que la Sala concluyó señalando que:

> [...] "más allá de las denuncias abstractas planteadas por la parte actora, no surge de sus afirmaciones que de preservar sus efectos, los fundamentos de la nulidad pudieran ser aplicables en la actualidad, por lo que si bien -como antes se analizó- ella detentó inicialmente suficiente legitimación para intentar la demanda de autos, de forma sobrevenida perdió interés en el presente proceso, por las razones que se han expuesto y, en tal virtud, debe declararse inadmisible la acción que dio lugar a esta causa. Así se decide".

Es decir, la Sala **declaró inadmisible la acción popular**, diciendo además que nada tenía que "decir respecto del resto de las denuncias planteadas". Con la inadmisibilidad de la acción, concluía el juicio, sin embargo, ello tampoco fue así, y la Sala entonces pasó a legislar, de oficio, sobre materias que ni siquiera habían sido objeto de debate procesal, cuidándose de que los propios órganos del Estado con interés en el tema, como el SENIAT y la Asamblea Nacional conocieran de sus intenciones legislativas.

IV. LA SALA CONSTITUCIONAL COMO LEGISLADOR POSITIVO DE OFICIO EN MATERIA TRIBUTARIA

En efecto, no obstante el pronunciamiento de declarar inadmisible la acción intentada, la Sala Constitucional invocó el texto del artículo 5, segundo aparte, **in fine** de la Ley Orgánica del Tribunal Supremo de Justicia, argumentando que "en las causas relativas al control concentrado de la constitucionalidad no priva el principio dispositivo, por tratarse de un asunto de orden público, dada la enorme relevancia y el intenso grado de afectación colectiva que caracteriza a los actos normativos", concluyendo que:

"Conforme a ello, este máximo exponente de la Jurisdicción Constitucional está autorizado para apreciar, de oficio, la violación de la Norma Fundamental, no obstante que la parte impugnante no haya advertido tales infracciones, o su técnica recursiva haya sido deficiente".

El artículo de la Ley Orgánica del Tribunal Supremo citado por la Sala, en realidad, dispone que:

"**5. P3.** De conformidad con la Constitución de la República Bolivariana de Venezuela, el control concentrado de la constitucionalidad sólo corresponderá a la Sala Constitucional en los términos previstos en esta Ley, **la cual no podrá conocerlo incidentalmente en otras causas, sino únicamente cuando medie un recurso popular de inconstitucionalidad, en cuyo caso no privará el principio dispositivo, pudiendo la Sala suplir, de oficio, las deficiencias o técnicas del recurrente sobre las disposiciones expresamente denunciadas por éste, por tratarse de un asunto de orden público.** Los efectos de dicha sentencia serán de aplicación general, y se publicará en la Gaceta Oficial de la República Bolivariana de Venezuela, y en la Gaceta Oficial del Estado o Municipio según corresponda".

De esta norma resulta indubitable que lo que se permite a la Sala es poder ***suplir de oficio las deficiencias del recurrente sobre las disposiciones denunciadas***, pero de ello la Sala dedujo impropiamente sus supuestos poderes, no sólo *para conocer de oficio* de un juicio de interpretación abstracta de la Ley sin que mediara un juicio de nulidad[991], ya que el juicio de inconstitucionalidad que se había intentado había sido declarado inadmisible; sino, además, para *establecer de oficio nuevos argumentos respecto de normas distintas* a las que habían sido originalmente impugnadas, interpretarlas y modificarla como si fuera el Legislador. Y todo ello **de oficio**, es decir, a iniciativa propia. Como se ha dicho, los artículos que fueron denunciados como inconstitucionales en la acción popular fueron los artículos 67, 68, 69, 72, 74 y 79 de la ley, y el artículo que la Sala reformó en su sentencia fue el artículo 31 de la misma Ley, que ni siquiera se había mencionado en el debate procesal.

Para justificar este desprecio absoluto al principio dispositivo, a la separación de poderes y a las previsiones constitucionales sobre ejercicio de la función de legislar, la Sala se basó en las siguientes consideraciones:

"Por otra parte, siendo la Sala Constitucional el garante de la supremacía y efectividad de las normas y principios constitucionales, y máximo y último intérprete de la Constitución, correspondiéndole velar por su uniforme interpretación y aplicación, tal como lo dispone el artículo 335 constitucional, la Sala tiene el deber de interpretar el contenido y alcance de las normas y principios constitucionales, y por ello, *si bien puede declarar inadmisible una demanda de*

---

991 Véase el cuestionamiento sobre esos poderes de oficio Véase, Allan R. Brewer-Carías, "Régimen y alcance de la actuación de oficio en materia de Justicia Constitucional en Venezuela", en la Revista *Iurídica*. Universidad Arturo Michelena, Centro de Investigaciones Jurídicas Dr. Aníbal Rueda, N° 4, San Diego, 2006, pp. 13-39.

> *nulidad, como en el caso de autos, la Sala puede, para cumplir su función tuitiva y garantista de la Constitución, y con miras a evitar interpretaciones erradas, analizar de oficio la norma legal cuya nulidad ha sido solicitada, a fin de señalarle una lectura que la haga congruente con los principios constitucionales*, evitando así una errada interpretación por las otras Salas o los otros Tribunales de la República.
>
> Se trata de una facultad de la Sala, derivada de la función que le asigna el artículo 335 constitucional, y del segundo aparte del artículo 5 de la Ley Orgánica del Tribunal Supremo de Justicia, que le permite a la Sala no sólo suplir de oficio deficiencias o técnicas del recurrente, sino que al considerar que la nulidad de normas es de orden público, autoriza al Juez -como principio general del derecho- a proceder de oficio en resguardo del orden público (artículo 11 del Código de Procedimiento Civil) y dictar cualquier providencia legal.
>
> De allí, que a juicio de la Sala, cuando no procede la nulidad de una norma por inconstitucional, la Sala puede no limitarse a declarar sin lugar la demanda, sino que al declarar la validez de la norma, puede señalar la interpretación obligatoria que la adapta a la Constitución, tal como lo ha señalado entre otros, en sentencia N° 2573 del 16 de octubre de 2002.
>
> Esta potestad de la Sala, que emerge de su función constitucional, y que en otras oportunidades ha efectuado no decae porque se declare inadmisible la acción del particular y no sin lugar la solicitud, ya que por protección al orden público, la acción queda viva, impulsada de oficio, máxime cuando lo que la Sala va a efectuar es una interpretación en beneficio de la constitucionalidad de una norma, y por ello la Sala deja viva a la acción y entra a analizar las normas cuestionadas".

Y con fundamento en estas potestades que la Sala se auto atribuyó, pasó entonces a revisar las bases constitucionales que regulan el sistema tributario venezolano, "con el fin de que -sobre ese marco- sea revisada la ley objeto del presente examen", por supuesto, en su conjunto y en los artículos que quiso la Sala o alguno de sus magistrados, sin relación alguna con los artículos de la Ley que habían sido denunciados como inconstitucionales, e independientemente del debate procesal realizado en el juicio que concluía por inadmisibilidad de la acción.

Revisó así la Sala, en su sentencia, conforme a su propio criterio y sin que nadie se lo hubiera requerido, las escuetas normas de los artículos 133, 316 y 317 de la Constitución que regulan el sistema tributario[992], y de las cuales la Sala extrajo:

> [...] "los caracteres esenciales de los tributos que, íntimamente vinculados entre sí, sirven de base para materializar la exigencia axiológica de la justicia tributaria: <u>generalidad</u> (todos deben soportar las cargas tributarias), <u>igualdad</u> (al momento de contribuir, se proscribe la discriminación) y <u>capacidad contri-</u>

992 Sobre esas normas véase Allan R. Brewer-Carías, *Debate Constituyente (Aportes a la Asamblea Nacional Constituyente), Tomo III (18 octubre-30 noviembre 1999),* Fundación de Derecho Público-Editorial Jurídica Venezolana, Caracas 1999, pp.52 y ss.

> butiva (que actúa como gozne entre la generalidad y la igualdad, como herramienta de medición concreta de la aptitud económica -absoluta o relativa- del contribuyente). En síntesis, todos deben pagar tributos, conforme su capacidad".

Pasó luego la Sala a analizar la "compleja noción de capacidad contributiva", que encuentra su límite en la prohibición de la confiscación, enlazada directamente con la exigencia de progresividad del sistema tributario, considerando que "el conjunto de instrumentos de política tributaria debe gravar en menor proporción a los contribuyentes de menores recursos. El sistema será regresivo si, por el contrario, los ciudadanos con menor dotación soportan el mayor peso de las cargas que el Estado impone por la vía impositiva".

La Sala pasó de seguidas a referirse, en particular, a la importancia del Impuesto sobre la Renta, para lo cual consideró "basta anunciar la progresividad que informa este gravamen a la renta, como más acabada expresión de la capacidad contributiva y, por ello, al menos en teoría, eficiente instrumento de política tributaria y de redistribución de la riqueza", deduciendo las siguientes notas características de este impuesto:"

> "[...] *(i) Es impuesto directo*: ya que grava una manifestación inmediata de capacidad contributiva, como es la renta.
>
> *(ii) Es un impuesto de carácter personal*: está referido a la situación de un sujeto concreto y determinado.
>
> *(iii) Es un impuesto subjetivo*: pues atiende las circunstancias personales del obligado. De tal carácter, se siguen, aunque a ellas no están limitadas, un conjunto de aminoraciones de la base imponible y de la cuota tributaria.
>
> *(iv) Es un impuesto de carácter progresivo*: grava escalonadamente los distintos niveles de renta, sin perjuicio de que a determinadas rentas les resulte aplicable una tarifa proporcional.
>
> *(v) Es un impuesto periódico*: se calcula sobre una base temporal concreta o ejercicio económico señalado por la ley que, generalmente, coincide con el año civil".

Partiendo de estos principios pasó entonces la Sala en su sentencia a "estudiar la presencia de los señalados caracteres, particularmente, en el gravamen que se efectúa a las personas naturales, con ocasión de los enriquecimientos obtenidos por la prestación de servicios personales bajo relación de dependencia". Destacó cómo conforme el artículo 7, literal a) de la Ley de Impuesto sobre la Renta, las personas naturales son sujetos de aplicación de la misma, para lo cual deben pagar impuestos sobre sus enriquecimientos netos (artículo 8). A los efectos de determinarlos, el artículo 16 se refiere a los ingresos brutos constituidos, entre otros, por "los proventos producidos por el trabajo bajo relación de dependencia"; y sobre este tema en particular, es decir, "el caso de los ingresos percibidos con ocasión de la relación de trabajo", la Sala Constitucional entonces, por primera vez en su sentencia, hizo referencia al artículo 31 de la Ley que define como enriquecimiento neto "los sueldos, salarios, emolumentos, dietas, pensiones, obvenciones y demás remuneraciones similares, distintas de los viáticos, obtenida por la prestación de servicios personales bajo relación de dependencia". A juicio de la Sala, "la consideración de tales ingresos como enriquecimiento neto, impide entonces que sobre ese monto se sustraiga costo o deducción alguna".

Luego analizó la Sala el tema de las sustracciones de desgravámenes autorizados por el artículo 59 y en el artículo 60 (sobre desgravamen único) de la Ley para la determinación del ingreso gravable, indicando que "La operación matemática derivada de tales parámetros, ya sea sustrayendo de los enriquecimientos netos así estimados los desgravámenes particulares, o en su lugar, el denominado *desgravamen único*; da lugar a la determinación de la base imponible de este tributo".

De acuerdo con el hilo de la sentencia, la Sala, en este punto, destacó la noción de base imponible que reviste una naturaleza trascendental para constatar la adecuación del tributo a los principios constitucionales que gobiernan la institución, indicando que "en el caso de las personas naturales cuya fuente de ingresos proviene de una relación laboral, la legislación impositiva tomó una amplísima base: "los sueldos, salarios, emolumentos, dietas, pensiones, obvenciones y demás remuneraciones similares, distintas de los viáticos, obtenida por la prestación de servicios personales bajo relación de dependencia", noción que la Sala consideró "que guarda correspondencia con lo que la doctrina del derecho laboral define como *salario integral*, a partir de lo dispuesto en el artículo 133 de la Ley Orgánica del Trabajo, según el cual se "entiende por salario la remuneración, provecho o ventaja, cualquiera fuere su denominación o método de cálculo, siempre que pueda evaluarse en efectivo, que corresponda al trabajador por la prestación de su servicio y, entre otros, comprende las comisiones, primas, gratificaciones, participación en los beneficios o utilidades, sobresueldos, bono vacacional, así como recargos por días feriados, horas extras o trabajo nocturno, alimentación y vivienda".

El tema central de este análisis fue la consideración que hizo la Sala en el sentido de que "frente a la extensa estimación de los enriquecimientos netos de los trabajadores, contrasta la mínima posibilidad a ellos dada para disminuir razonablemente la base sobre la cual habrán de tributar", considerando respecto de los desgrávameles, que contienen "escasos conceptos que les resultan aplicables para lograr tal reducción; lo que prácticamente conduce a la utilización de la figura del desgravamen único, no como una opción, sino como la única alternativa legítima."

Y así concluyó la Sala su tesis, encontrando, sin que nadie se lo hubiera pedido, que "la instrumentación del impuesto sobre la renta que pecha a los asalariados, *desdibuja los principales rasgos de este instrumento impositivo, gravando tan extensa base imponible que, en vez de consultar la razonable manifestación de riqueza derivada de la renta, pesa en mayor medida sobre sus ingresos*"; concluyendo con que:

> "El impuesto sobre la renta a los asalariados, entonces, se aleja en demasía de la progresividad propia de esta clase de tributos, sobre todo si se toma en cuenta que aquella fuente de enriquecimiento se encuentra también incidida por una serie de contribuciones parafiscales (Seguro Social, Política Habitacional, INCE). Además, quizás con un impacto mayor, en cuanto consumidor final, el trabajador se ve obligado a soportar el traslado del gravamen al consumo (IVA), que acaso consulta su capacidad contributiva en forma mediata. Estas

afirmaciones, ponen en evidencia una elevada presión fiscal claramente regresiva sobre las fuentes de enriquecimiento de los trabajadores asalariados.

Ello no sólo se aparta de la potestad tributaria que acuerda al Poder Nacional el artículo 156.13 de la Constitución, sino que lesiona la protección especial que a este estrato social confiere el artículo 83 del Texto Fundamental, en la medida produce una merma en el valor del salario como instrumento de dignificación de la calidad de vida de la clase trabajadora".

Pero, la Sala Constitucional, después del anterior análisis y conclusión, reconoció que "La contrariedad absoluta al texto fundamental, sin embargo, no resulta apreciable de manera franca en las normas objeto del presente estudio", por lo que entonces decidió referirse a su propia doctrina "en relación con el rol atribuido al Juez Constitucional" que estableció en la sentencia nº 952/2003 (Caso: *Margarita Farías*), para pretender fundamentar sus poderes de legislador positivo de oficio y pasar a reformar una ley. En dicha sentencia, la Sala, en efecto, había sentado el siguiente criterio:

"En tal sentido, resulta necesario destacar que en los sistemas Kelsenianos de Justicia Constitucional, del cual esta Sala forma parte, siempre han partido de la premisa de que su ejercicio se asemeja a lo que la doctrina ha denominado "legislador negativo" (KELSEN), debido a que ejerce la función de eliminar del ordenamiento jurídico, normas que sean claramente contrarias al dispositivo constitucional. Sin embargo, y así ha sido su desarrollo en el derecho comparado, esta actividad no se agota con su exclusión, sino que se han suscitado situaciones en que el texto del articulado genere confusiones que si bien pueden tener un halo de inconstitucionalidad, no llega a ser de una evidencia tal, que pueda afirmar la necesidad de su anulación. Esto ha conllevado a que la jurisdicción constitucional vaya más allá de ejercer sus funciones como "legislador negativo", teniendo que dar una interpretación normativa a los fines de esclarecer, delimitar o delinear el sentido de un determinado artículo con respecto a la Constitución [...].

Estas posiciones han conllevado a que Tribunales Constitucionales tales como el alemán, primeramente, y luego el italiano y el español, tuvieran que desarrollar una modalidad de análisis de leyes para aquellos casos en que se evidencien normas cuya inconstitucionalidad no sea evidente, pero que requieren adaptaciones con el objeto de adecuarlas al orden constitucional vigente. Esto dio por origen la elaboración de sentencias que han recibido el calificativo de interpretativas, por cuanto mediante las mismas lo que se busca lograr es una correcta adecuación del ordenamiento jurídico dictado con anterioridad a la promulgación de una nueva constitución, teoría que se derivó de la circunstancia fáctica de preservar ciertas disposiciones que fueron dictadas con anterioridad a la transición política de regímenes de facto a gobiernos democráticos acaecidos en esos países. Ello conllevó a que en esos casos dichos Tribunales detenten la potestad para revisar si la norma discutida en una solicitud de impugnación se adecua correctamente con los principios de supremacía jerárquica, formal, material, teleológica y axiológica de la Constitución. Si de dicho estudio se observa que la norma cuestionada origina una duda razonable respecto a su constitucionalidad, entonces en esos casos resultaba permisible que la Instancia Constitucional proceda a revisar los términos bajo los cuales fue consagrada dicha normativa, permitiéndose realizar modificatorias en torno a la proposición, bajo la cual esta se formuló, a los fines de aclarar que los elementos que la conforman se presten a plantear posibles inconstitucionales, para así acomodarla al marco de la Constitución.

Esta modalidad de sentencias constituye un instrumento importante en la preservación del ordenamiento jurídico, toda vez que conlleva a que los jueces constitucionales no sólo eliminen normas contrarias a la Constitución que podrían originar lagunas que necesitan de otra regulación que si sea acorde a la norma primaria, sino que les permite en tanto y en cuanto la norma sea subsanable, interpretarla correctamente o reestructurarla (siendo en este caso una decisión cuyos efectos serán ex nunc), siendo en caso de imposible reparación de la norma su consecuente eliminación, toda vez que la interpretación no constituye una suerte de legislación para el juez constitucional [...].

Respecto al ejercicio de la labor interpretativa ejercida por los Tribunales Constitucionales, la doctrina las ha clasificado como "sentencias interpretativas de rechazo" y "sentencias interpretativas de acogida" (BISCARETTI DI RUFFIA), ó "sentencias interpretativas desestimatorias" y "sentencias interpretativas estimatorias" (PEÑA SOLÍS). En primer orden, se ha entendido como decisiones "de rechazo" o "desestimatorias", cuando el tribunal extrae del análisis de la norma o de la interpretación de la proposición normativa que la misma no es contradictoria a la Constitución, siempre y cuando el precepto normativo sea interpretado conforme al análisis que haya asentado el Juez Constitucional en su motivación. Por su parte, en lo relativo a los fallos interpretativos "estimatorios" o "de acogida", se ha expuesto que dichos fallos versan sobre aquellas situaciones en las cuales una disposición normativa se presta a múltiples acepciones o análisis que pudiesen ser considerados válidos. Tales supuestos originan que la labor del sentenciador se preste a verificar si cada una de las interpretaciones que conlleva la norma resulta viable respecto al postulado constitucional ante el cual se le cuestiona. Bajo esos supuestos, de verificarse que una o varias de las acepciones derivadas de esa norma resultan inconstituciones, el juez debe entonces suprimir la interpretación que sea errónea y señalar cuál es el verdadero sentido de la misma. Ello conduce a que esta modalidad de decisiones tengan distintas clasificaciones, toda vez que la sentencia puede conllevar a una supresión de la norma (entendida en sentido intrínseco), o en una adición e inclusive, en una sustitución. En el primer supuesto, la decisión debe acordar que la norma es inconstitucional en aquello "que no dice", por lo que debe establecer en su motivación el análisis sobre el cual existe el vacío legal. Contrariamente, en aquellas decisiones en que el fallo tenga un carácter supresivo o reductivo, la decisión acuerda la inconstitucionalidad en "aquello que dice la norma", por lo que restringe el sentido de la misma. Finalmente, en lo concerniente a las sentencias sustitutivas, o las llamadas por un sector de la doctrina como "manipulativas", el tribunal sustituye una parte del texto, tal como lo indica DI RUFFIA, implica en términos literales la ilegitimidad constitucional y la cambia por otra que esté formulada al mismo nivel de interpretación".

Esta doctrina, sin embargo, a lo que podría conducir es a la interpretación de una norma tachada de inconstitucionalidad *secundum constitucione*, a los efectos de no eliminarla del ordenamiento jurídico mediante su anulación, y dejarla vigente pero para ser aplicada conforme a una interpretación acorde con el texto fundamental. Pero derivar de esta doctrina la pretendida potestad legislativa genérica de la Sala Constitucional, para modificar incluso *de oficio* normas legales que no han sido impugnadas de inconstitucionalidad, no tiene asidero alguno ni en Venezuela ni en el derecho comparado.

Sin embargo, supuestamente tomando en consideración el criterio jurisprudencial antes esbozado, la Sala consideró que en **su "opinión"** la norma del artículo 31 de la Ley de Impuesto sobre la Renta que estipula los conceptos que conforman el enriquecimiento neto de los trabajadores,

> [...] "puede ser interpretada conforme a los postulados constitucionales, estimando que éste sólo abarca las remuneraciones otorgadas en forma regular (*salario normal*) a que se refiere el parágrafo segundo del artículo 133 de la Ley Orgánica del Trabajo, con ocasión de la prestación de servicios personales bajo relación de dependencia, excluyendo entonces de tal base los beneficios remunerativos marginales otorgados en forma accidental, pues de lo contrario el trabajador contribuyente perdería estas percepciones –si no en su totalidad, en buena parte- sólo en el pago de impuestos".

El mencionado artículo 31 de la Ley de Impuesto sobre la Renta tal como había sido sancionado por la Asamblea Nacional, tenía el siguiente texto:

> "*Artículo 31.* Se consideran como enriquecimientos netos los sueldos, salarios, emolumentos, dietas, pensiones, obvenciones y demás remuneraciones similares, distintas de los viáticos, obtenidos por la prestación de servicios personales bajo relación de dependencia. También se consideran como enriquecimientos netos los intereses provenientes de préstamos y otros créditos concedidos por las instituciones financieras constituidas en el exterior y no domiciliadas en el país, así como las participaciones gravables con impuestos proporcionales conforme a los términos de esta ley.

Fue precisamente en relación con esta norma que la Sala formuló su "opinión" sobre el tema de las remuneraciones que deberían ser gravables respecto de quienes prestan servicios personales bajo relación de dependencia, y esa "opinión" la convirtió en ley, "con el objeto de adecuar el régimen impositivo a la renta aplicable a las personas naturales con ocasión de los ingresos devengados a título salarial, con los presupuestos constitucionales sobre los que se funda el sistema tributario"; supuestamente "ponderando, por una parte, el apego al principio de justicia tributaria y, por la otra, la preservación del principio de eficiencia presente en tales normas, en los términos bajo los cuales han sido definidos a lo largo de este fallo", a cuyo efecto y con carácter vinculante de acuerdo con el artículo 335 constitucional, la "Sala Constitucional ***modifica la preposición del artículo 31 de la Ley** de Impuesto sobre la Renta*", la cual entonces quedó con el siguiente nuevo texto o texto reformado:

> "***Artículo 31**. Se consideran como enriquecimientos netos los salarios devengados en forma regular y permanente por la prestación de servicios personales bajo relación de dependencia. También se consideran como enriquecimientos netos los intereses provenientes de préstamos y otros créditos concedi-*

dos por las instituciones financieras constituidas en el exterior y no domiciliadas en el país, así como las participaciones gravables con impuestos proporcionales conforme a los términos de esta Ley.

A los efectos previstos en este artículo, quedan excluidos del salario las percepciones de carácter accidental, las derivadas de la prestación de antigüedad y las que la Ley considere que no tienen carácter salarial" (Subrayados de la nueva redacción)."

En esta forma, la Sala, supuestamente "ejerciendo su labor de máxima intérprete de la Constitución" *ajustó*, o más bien **reformó** una disposición de la Ley de Impuesto sobre la Renta para supuestamente ajustarla "a los postulados constitucionales", considerando además que se adecuaba al texto del artículo 133 de la Ley Orgánica del Trabajo, reformando así, la norma, como si fuera el mismo Legislador. Es decir, asumió pura y simplemente la labor de legislador positivo, y de oficio, lo cual es absolutamente inconstitucional.

V. LA ACLARATORIA SOBRE LOS EFECTOS EN EL TIEMPO DE LA SENTENCIA-REFORMA DE LA LEY DE IMPUESTO SOBRE LA RENTA

Dictada la sentencia que reformó, con efectos vinculantes y *erga omnes*, el artículo 31 de la Ley de Impuesto sobre la Renta, los recurrentes originales en el recurso que fue declarado inadmisible y además, los representantes del Procurador General de la República y los representantes del Servicio Nacional Integrado de Administración Aduanera y Tributaria (SENIAT), solicitaron diversas aclaratorias a la Sala, particularmente en relación con los efectos temporales de la sentencia reformatoria, dado sus efectos *erga omnes*, lo que era importante precisar dado que no se trataba de una sentencia anulatoria de una norma legal, sino de una sentencia "reformatoria" de una Ley.

En atención a las solicitudes de aclaratoria, la Sala Constitucional, en sentencia n° 390 de 9 de marzo de 2007[993], estableció la aclaratoria solicitada exclusivamente sobre los efectos del fallo en el tiempo. A tal efecto, reconoció que si bien en el caso concreto se había interpuesto una acción de nulidad por inconstitucionalidad contra varios artículos de la Ley de Impuesto sobre la Renta, la Sala la declaró inamisible y por tanto, no declaró la nulidad de los artículos impugnados, pasando en cambio, de oficio, a interpretar constitucionalmente el sentido y alcance de la proposición contenida en el artículo 31 de la Ley de Impuesto sobre la Renta, disponiendo entonces la reforma a la Ley, en forma vinculante.

Tratándose de una reforma de Ley, la Sala estimó que "lógicamente ella no puede ser mas que aplicada una vez que la sentencia que la contiene sea publicada en la *Gaceta Oficial* de la República", por lo que concluyó señalando que "la interpretación que ha hecho la Sala, en forma vinculante, del artículo 31 de la Ley de Impuesto sobre la Renta, tiene efectos *ex nunc,* esto es, a partir de la publicación del fallo

993 Expediente N° 01-2862.

que la contiene en la *Gaceta Oficial* de la República, lo cual se hizo en la nº 38.635 del 1 de marzo de 2007".

Ahora bien, tratándose la materia de una reforma de una ley tributaria como la de impuesto sobre la renta que se rige por períodos fiscales anuales, la Sala "en aras de la certeza jurídica que debe a los justiciables y a la administración fiscal" *aclaró* en su sentencia que la reforma legal efectuada en el fallo Nº 301 del 27 de febrero de 2007, "no es aplicable al período fiscal correspondiente al año 2006 pues el mismo se inició antes de que se hiciera tal interpretación", siendo sólo aplicable, "a partir del ejercicio fiscal siguiente, de acuerdo a lo establecido en la normativa del Código Orgánico Tributario vigente y la legislación sobre impuesto sobre la renta, la cual no ha sido modificada".

Los solicitantes también requirieron de la Sala aclaratorias a la sentencia inicial referidas a "percepciones accidentales excluidas de la base imponible", sobre lo cual el representante del SENIAT alegó que la sentencia de la Sala (es decir, la reforma a la Ley), "podría estimular la elusión fiscal en pro del aumento de beneficios que no poseen carácter salarial, tales como: bonos, dietas, pensiones, obvenciones y demás privilegios afectando directamente los objetivos sociales de la Revolución Bolivariana".

Este requerimiento fue desechado por la Sala, argumentando que en la motiva de la sentencia-reforma se había dicho con precisión que a los efectos de calcular el "*enriquecimiento neto de los trabajadores, éste sólo abarca las remuneraciones otorgadas en forma regular (salario normal)"*... "***excluyendo entonces de tal base los beneficios remunerativos marginales otorgados en forma accidental"***, por lo que "independientemente del nombre que pueda dársele a una determinada remuneración, no puede afirmarse, como lo sostiene los representantes judiciales del SENIAT, que dicha interpretación "*podría estimular la elusión (sic) fiscal*", aclarando que debería ser "evasión al pago de los tributos", "pues el **quid** para su inclusión o exclusión a los efectos del cálculo de la base imponible obedece a su forma de ocurrir, o de percibirse, sin que pueda existir elusión alguna proveniente del fallo ya que los pagos salariales regulares, no pueden sustituirse con bonos u otro tipo de remuneración". Concluyó la Sala en este aspecto resaltando:

> [...] "1) que esta decisión se refiere al régimen impositivo de los asalariados, esto es, de quienes perciben un salario por la prestación de un servicio; y 2) que los bonos y otras remuneraciones no regulares ni permanentes, no son pechables al no estar incluidas en el salario normal".

Finalmente la Sala defendió su fallo, indicando que el mismo:

> [...] "i) no se aleja de los principios constitucionales, menos aun del referido a la igualdad social; ii) no apunta hacia un retroceso en la concepción de salario ni propende a la evasión fiscal; y iii) no lesiona la política económica y tributaria del Estado, pues si se hace una lectura detenida de su motiva, se constata que los principios que inspiran a tal decisión, son eminentemente constitucionales (justa distribución de las cargas públicas, capacidad contributiva, entre otros)."

VI. APRECIACIÓN FINAL

La sentencia nº 301 de 27 de febrero de 2007, (Caso: *Adriana Vigilanza y Carlos A. Vecchio*) que bien podría identificarse como Caso: *Sentencia-reforma de la Ley de Impuesto sobre la Renta,* es una sentencia más, de carácter inconstitucional emanada de la Sala Constitucional del Tribunal Supremo, viciada de usurpación de funciones, por la asunción de la función legislativa que corresponde a la Asamblea Nacional conforme al procedimiento constitucionalmente prescrito para la formación de las leyes; y, además, viciada de inconstitucionalidad por violación de la garantía del debido proceso que es inviolable en toda actuación judicial.

En efecto, como es bien sabido, corresponde en forma exclusiva a la Asamblea Nacional, legislar en las materias de la competencia nacional (artículo 187,1, Constitución), entre las que está la materia de impuesto sobre la renta (artículo 156,12, Constitución); competencia que, además, sólo puede ejercerse conforme a un procedimiento de formación de las leyes precisamente establecido en los artículos 204 y siguientes de la misma Constitución. Las leyes, entonces, son los actos sancionados por la Asamblea Nacional como cuerpo legislativo (artículo 202, Constitución) y las mismas sólo pueden ser reformadas o derogadas por otras leyes (artículo 218, Constitución). Todas esas normas de la Constitución fueron violadas por la Sala Constitucional al "sancionar" una reforma de la Ley de Impuesto sobre la Renta, como la contenida en la sentencia Nº 301 de 27 de febrero de 2007, antes comentada; y además, al "sancionar" dicha reforma de una ley impositiva, sin que se hubieran cumplido con la obligación constitucional que se le impone al legislador ordinario, la Asamblea Nacional, de realizar siempre una consulta popular y en esta materia impositiva, en especial al SENIAT como órgano del Estado especializado, tal como lo impone el artículo 211 de la Constitución. La asunción de la competencia de legislar por la Sala Constitucional sin cumplir con esta obligación, pone en evidencia un fraude a la Constitución, pues se ha pretendido legislar por otro órgano distinto a la Asamblea Nacional para evadir la obligación constitucional de consulta.

Y es que la sentencia-reforma de la Sala Constitucional es un ejemplo de reforma legislativa secreta, sancionada con sigilo, sin que nadie distinto a los magistrados-legisladores se enterarán del procedimiento y de su intención. Por ello, la sentencia de la Sala Constitucional, además, es violatoria de la garantía constitucional del debido proceso legal establecida en el artículo 49 de la Constitución, y que la propia Sala en múltiples sentencias ha considerado como absoluto e inviolable.

La Sala, en un proceso judicial de un juicio de nulidad de unos artículos de la Ley de Impuesto sobre la Renta, que conforme a la Ley Orgánica del Tribunal Supremo de Justicia exige un debate contradictorio entre partes, como las que participaron en el proceso, es decir, por una parte los accionantes denunciando la inconstitucionalidad de unas normas de la Ley, y por la otra, los representantes de la Asamblea Nacional, de la Procuraduría General de la República y del propio SENIAT; resolvió declarar inadmisible la acción, y entonces proceder a legislar en la oscuridad del Palacio de Justicia, sólo tenuemente iluminado por el bello vitral que en él se exhibe, sin que nadie se enterara, en sigilo, a espaldas de las partes del proceso, de la colectividad de contribuyentes en general, y de toda otra persona que hubiera podido tener interés y que la Sala estaba obligada a convocar.

Los vicios en los que ha incurrido la Sala Constitucional del Tribunal Supremo de Justicia en esta sentencia-reforma de la Ley de Impuesto sobre la Renta, constituyen la negación de las bases del Estado democrático de derecho, atentando en forma inexcusable contra la majestad y prestigio de dicho Tribunal y de la Jurisdicción Constitucional que, al contrario, debería ser la garantía última de aquél.

SECCIÓN CUARTA: LA JURISDICCIÓN CONSTITUCIONAL REFORMANDO LA LEY TRIBUTARIA Y MODIFICANDO DE OFICIO LAS REFORMAS LEGALES QUE HA HECHO, A ESPALDAS DE LAS PARTES

Texto del estudio sobre "De cómo la jurisdicción constitucional en Venezuela, no sólo legisla de oficio, sino subrepticiamente modifica las reformas legales que "sanciona", a espaldas de las partes en el proceso: el caso de la aclaratoria de la sentencia de reforma de la ley de impuesto sobre la renta de 2007," publicado en *Revista de Derecho Público*, N° 114, Editorial Jurídica Venezolana, Caracas 2008, pp. 267-276. Publicado igualmente en el libro: *Práctica y distorsión de la justicia constitucional en Venezuela (2008-2012)*, Colección Justicia N° 3, Acceso a la Justicia, Academia de Ciencias Políticas y Sociales, Universidad Metropolitana, Editorial Jurídica Venezolana, Caracas 2012, pp. 353-360.

I. LA "REFORMA" DE LA LEY DE IMPUESTO SOBRE LA RENTA POR LA SALA CONSTITUCIONAL, SUS VICIOS Y CARENCIAS, Y LA ACLARATORIA SOBRE EL EJERCICIO FISCAL A PARTIR DEL CUAL DEBÍA APLICARSE (2007)

El 27 de febrero de 2007, la Sala Constitucional del Tribunal Supremo dictó sentencia N° 301[994] (Caso: *Adriana Vigilanza y Carlos A. Vecchio*), y luego de *declarar inadmisible* una acción popular de inconstitucionalidad que había sido intentada seis años antes, en 2001, por dos destacados abogados tributaristas, Adriana Vigilanza García y Carlos A. Vecchio, de oficio pasó a "reformar" el artículo 31 de dicha Ley, que no había sido impugnado, y ni siquiera había sido mencionado en el juicio.[995]

El artículo 31 de la Ley de Impuesto sobre la Renta sancionada por la Asamblea Nacional, tenía el siguiente texto:

> "*Artículo 31.* Se consideran como enriquecimientos netos los sueldos, salarios, emolumentos, dietas, pensiones, obvenciones y demás remuneraciones similares, distintas de los viáticos, obtenidos por la prestación de servicios perso-

---

994 Expediente N° 01-2862. Véase *en Gaceta Oficial* N° 38.635 de fecha 01-03-2007.

995 Véase los comentarios a dicha sentencia en Allan R. Brewer-Carías, "El juez constitucional como legislador positivo de oficio en materia tributaria. La legitimación activa en la acción popular y la impugnación de leyes derogadas", en *Crónica sobre la "In" Justicia Constitucional y el autoritarismo en Venezuela,* Editorial Jurídica Venezolana, Caracas 2007, pp. 565 ss.

nales bajo relación de dependencia. También se consideran como enriquecimientos netos los intereses provenientes de préstamos y otros créditos concedidos por las instituciones financieras constituidas en el exterior y no domiciliadas en el país, así como las participaciones gravables con impuestos proporcionales conforme a los términos de esta ley".

En su sentencia, la Sala Constitucional modificó la preposición de dicha norma, disponiendo que en consecuencia la misma quedaba con el siguiente nuevo texto o texto reformado:

> "*Artículo 31. Se consideran como enriquecimientos netos los salarios devengados en forma regular y permanente por la prestación de servicios personales bajo relación de dependencia.* También se consideran como enriquecimientos netos los intereses provenientes de préstamos y otros créditos concedidos por las instituciones financieras constituidas en el exterior y no domiciliadas en el país, así como las participaciones gravables con impuestos proporcionales conforme a los términos de esta Ley.
>
> *A los efectos previstos en este artículo, quedan excluidos del salario las percepciones de carácter accidental, las derivadas de la prestación de antigüedad y las que la Ley considere que no tienen carácter salarial."* (Subrayados de la nueva redacción)".

Sobre esta sentencia dijimos, al comentarla en 2007, que con la misma la Sala había procedido

> "a legislar en la oscuridad del Palacio de Justicia, sólo tenuemente iluminado por el bello vitral que en él se exhibe, sin que nadie se enterara, en sigilo, a espaldas de las partes del proceso, de la colectividad de contribuyentes en general, y de toda otra persona que hubiera podido tener interés y que la Sala estaba obligada a convocar.
>
> Los vicios en los que ha incurrido la Sala Constitucional del Tribunal Supremo de Justicia en esta sentencia-reforma de la Ley de Impuesto sobre la Renta, constituyen la negación de las bases del Estado democrático de derecho, atentando en forma inexcusable contra la majestad y prestigio de dicho Tribunal y de la Jurisdicción Constitucional que, al contrario, debería ser la garantía última de aquél."[996]

Dentro del cúmulo de vicios y errores que contenía la sentencia, uno que resultaba de bulto era que al tratarse de una inconstitucional "reforma" de la Ley que en usurpación de funciones hacía el juez constitucional, nada sin embargo indicaba en la misma sobre la entrada en vigencia de la reforma, es decir, si se aplicaba al ejercicio fiscal de 2006 o de 2007.

Esta carencia de la irregular "reforma" legal, motivó que los representantes tanto de la Procuraduría General de la República como del servicio Nacional Integrado de

---

996 *Idem*, pp. 591-592.

Administración Aduanera y Tributaria SENIAT), solicitaran aclaratoria de la sentencia en relación a sus efectos en el tiempo, y como resultado, la Sala Constitucional mediante sentencia N° 390 de 9 de marzo de 2007, aclaró "en aras de la certeza jurídica que debe a los justiciables y a la administración tributaria", que la reforma legal efectuada en el fallo N° 301 del 27 de febrero de 2007, "no es aplicable al período fiscal correspondiente al año 2006 pues el mismo se inició antes de que se hiciera tal interpretación", siendo sólo aplicable, "a partir del ejercicio fiscal siguiente, de acuerdo a lo establecido en la normativa del Código Orgánico Tributario vigente y la legislación sobre impuesto sobre la renta, la cual no ha sido modificada." Dejó claramente sentado la Sala, entonces, que los efectos de la reforma legal que había "sancionado" no se aplicaban al ejercicio fiscal de 2006, sino al ejercicio fiscal siguientes, es decir, el de 2007.

Las dudas originadas por tan irregular reforma legal, tanto en los contribuyentes y en la propia Administración tributaria, motivó que con posterioridad a la sentencia y su aclaratoria persistieron, otros contribuyentes distintos a quienes habían sido parte en el proceso judicial, en los primeros meses de 2008 procedieran a solicitar nuevas aclaratorias, precisamente "respecto del ejercicio fiscal a partir del cual debe aplicarse el contenido de la referida sentencia", informándose que el "SENIAT en su portal fiscal había informado durante el año 2007 y comienzos del 2008 que debería incluirse todo lo devengado por el contribuyente (ingresos fijos + ingresos accidentales o eventuales), para la declaración del Ejercicio Fiscal año 2007, y todos los contribuyentes declararon y pagaron como estipulo el SENIAT". En definitiva, se solicitó a la Sala que aclarase "cuándo, en realidad, se aplica dicha reforma, 2007 o 2008."

La Sala Constitucional dictó sentencia N° 980-08 en fecha 17 de junio de 2008[997], "aclarando" nuevamente la sentencia de 27 de febrero de 2007, para ello, sin embargo, tuvo que previamente dilucidar el tema de la legitimación activa para la formulación de solicitudes de aclaratoria de sentencias, ya que las mismas de acuerdo con lo establecido en el artículo 252 del Código de procedimiento Civil, sólo pueden formularla las partes en el juicio respectivo.

II. LA LEGITIMACIÓN ACTIVA PARA LAS SOLICITUDES DE ACLARATORIAS DE SENTENCIAS CON EFECTOS *ERGA OMNES.*

En efecto, habiéndose solicitado diversas aclaratorias por contribuyentes que no fueron parte en el juicio en el cual se dictó la sentencia "reformatoria", la Sala, en su sentencia N° 980-08 de 17 de junio de 2008, se refirió a este tema, recordando que en muchos fallos precedentes, había resuelto que dicha norma se debía aplicar en sentido estricto sólo en aquellos juicios "en los que no existe una simple controversia entre partes perfectamente identificadas." En consecuencia, en los juicios en los cuales las sentencias dictadas tienen efectos *erga omnes*, la Sala consideró que la norma no tenia aplicación.

---

997 Exp. N° 01-2862.

En primer lugar, se refirió la Sala a los juicios por derechos e intereses colectivos y difusos, en los cuales a pesar de que en ellos sí existe controversia, la Sala ha considerado que los alcances generales del fallo dictado en esos procesos inciden sobre situaciones jurídicas de sujetos que no participaron en modo alguno en el trámite que le dio origen. Citó así, la Sala, su sentencia n° 961 del 24 de mayo de 2002 (caso: *Créditos Mejicanos*) en la cual consideró que por cuanto en ese tipo de procesos surgidos de acciones por derechos o intereses difusos o colectivos, "las sentencias que se dicten surten efectos a favor o en contra de todo el mundo y no sólo a favor o en contra de los que efectivamente se constituyen en partes dentro del proceso", el artículo 252 del Código no se aplica "ni para solicitar la aclaración o ampliación, ni para que el Tribunal la provea," agregando que :

> "Se trata de una peculiaridad de esta clase de procesos que incluye ampliaciones dirigidas a partes o a terceros que no asistieron al juicio, pero cuya colaboración puede, incluso, ser necesaria para que la sentencia dictada sea idónea y equitativa, y la tutela efectiva de los derechos e intereses difusos o colectivos se adapte al Estado Social de Derecho y de Justicia que impera en la República (artículo 2 constitucional)."

En segundo lugar, la sala también se refirió a las sentencias logradas con ocasión de acciones de interpretación constitucional, respecto de las cuales citando su sentencia N° 1278/2005 (caso: *Municipio Maracaibo del Estado Zulia*), consideró que en esos procesos no puede "limitarse las peticiones de aclaratoria y ampliación de fallos interpretativos al breve lapso previsto en el artículo 252 del Código de Procedimiento Civil," considerando que dicho artículo "no aplica al recurso de interpretación."

En tercer lugar, la sala se refirió también al caso de las acciones de anulación de normas, al estimar que en estos supuestos "la controversia tiene alcance general y, en consecuencia, la decisión (sea de desestimación de la demanda, de anulación del dispositivo o, como en el caso de autos, de interpretación constitucionalizante de la norma) tiene alcance *erga omnes*" (*Cfr.* Sc N° 1984/2007, caso: *FOGADE*).

III. LA RATIFICACIÓN POR LA SALA CONSTITUCIONAL DE LA APLICACIÓN DE LOS EFECTOS DE LA "REFORMA" LEGAL QUE "SANCIONÓ" EN 2007, PARA EL EJERCICIO FISCAL 2007

Resuelto el tema de la legitimación activa para admitir una de las aclaratorias solicitadas, la formulada por una persona natural que se declaró "contribuyente", la Sala Constitucional hizo mención expresa en la sentencia N° 980-08 de 17 de junio de 2008, a su sentencia aclaratoria anterior n° 390 del 9 de marzo de 2007, en la cual dispuso que en la sentencia inicial de n° 301 de 27 de Febrero de 2007, se señaló expresamente que la misma:

> "no es aplicable al período fiscal correspondiente al año 2006 pues el mismo se inició antes de que se hiciera tal interpretación, de modo que la interpretación efectuada del artículo 31 de la Ley de Impuesto sobre la Renta se aplicará, a partir del ejercicio fiscal siguiente".

El ejercicio fiscal siguiente al de 2006, sin duda era el de 2007. No hay forma temporal para que pueda pensarse que el ejercicio fiscal siguiente al de 2006 es el de 2008 u otro distinto al de 2007. Sin embargo, a pesar de esta precisión, la Sala Constitucional en su sentencia N° 980-08 del 17 de junio de 2008, reconoció que "aún existen dudas respecto al período fiscal al cual se debía aplicar dicha decisión si al 2007 o al 2008, ello dada la fecha en la cual se publicó el citado fallo, y a las informaciones aportadas por el Servicio de Administración Tributaria y Aduanera (SENIAT)", concluyendo con el siguiente dispositivo:

> "Pues bien, la aclaratoria dictada el 9 de marzo de 2007, dispuso que tal decisión "no es aplicable al período fiscal correspondiente al año 2006 pues el mismo se inició antes de que se hiciera tal interpretación, de modo que la interpretación efectuada del artículo 31 de la Ley de Impuesto sobre la Renta se aplicará, **a partir del ejercicio fiscal siguiente**", es decir, al año 2007, ello en virtud de que para la fecha en que se dictó la sentencia y su aclaratoria -año 2007-, ya se había iniciado el proceso de declaración definitiva del impuesto sobre la renta correspondiente al año 2006, el cual culminó el 31 de enero de 2007. *Por tanto, la declaración del impuesto sobre la renta se efectuaría conforme lo estipula la sentencia n° 301, a partir del ejercicio fiscal correspondiente al año 2007, cuya declaración anual definitiva se efectuó hasta el 31 de marzo de 2008."* (negritas en el original) (cursivas añadido)

Por ello, en la parte dispositiva del fallo, se resolvió expresamente:

> "SEGUNDO: **ADMITE** la solicitud de aclaratoria presentada por el abogado Obdulio J. Camacho y **ACLARA** que la interpretación constitucional efectuada en la sentencia n° 301 del 27 de febrero de 2007, se aplica a partir del ejercicio fiscal correspondiente al año 2007, cuya declaración definitiva se efectuó hasta el 31 de marzo de 2008."

La Sala, por otra parte, procedió a considerar que "visto el efecto general ocasionado por la interpretación formulada por esta Sala Constitucional, así como las confusiones generadas incluso en el órgano encargado de la recaudación (SENIAT) se estima necesario aclarar también lo siguiente, partiendo de que en las consideraciones efectuadas en la sentencia n° 301 del 27 de febrero de 2007, la Sala expuso lo que sigue:

> "En consideración al criterio esbozado, la Sala es de la opinión que la norma que estipula los conceptos que conforman el enriquecimiento neto de los trabajadores, puede ser interpretada conforme a los postulados constitucionales, estimando que éste sólo abarca las remuneraciones otorgadas en forma regular (salario normal) a que se refiere el parágrafo segundo del artículo 133 de la Ley Orgánica del Trabajo, con ocasión de la prestación de servicios personales bajo relación de dependencia, excluyendo entonces de tal base los beneficios remunerativos marginales otorgados en forma accidental, pues de lo contrario el trabajador contribuyente perdería estas percepciones –si no en su totalidad, en buena parte- sólo en el pago de impuestos".

En vista de ese contenido del fallo del 27 febrero de 2007, la Sala entonces en su sentencia aclaratoria Nº 980-08 de 17 de junio de 2008 decidió en cuanto a las remuneraciones que deben considerarse regulares y permanentes, lo siguiente:

> "Estas remuneraciones que deben considerarse regulares y permanentes están claramente dispuestas en el párrafo cuarto del artículo 133 de la Ley Orgánica del Trabajo, en el cual se señala que "*cuando el patrono o el trabajador estén obligados a cancelar una contribución, tasa o impuesto, se calculará considerando el salario normal correspondiente al mes inmediatamente anterior a aquél en que se causó*". Esa norma precisa que la regularidad y permanencia debe evaluarse en un período específico de tiempo: MENSUAL. Así pues, son regulares y permanentes las remuneraciones que recibe el trabajador con regularidad mensual."

IV. LA MODIFICACIÓN SUBREPTICIA DE LA SENTENCIA ACLARATORIA Nº 980-08 DE 17 DE JUNIO DE 2008, DISPONIÉNDOSE, SIN QUE SE SEPA POR QUIEN, QUE LOS EFECTOS DE LA SENTENCIA DE "REFORMA" LEGAL DE 2007, EN LUGAR COMENZAR A APLICARSE A PARTIR DEL EJERCICIO FISCAL 2007, SE APLICARÁN A PARTIR DEL EJERCICIO FISCAL 2008

La sentencia Nº 980-08 antes mencionada de la Sala Constitucional de fecha 17 de junio de 2008, de nueva aclaratoria a la sentencia Nº 301 de 27 de febrero de 2007, fue publicada en el portal http://www.tsj.gov.ve/decisiones/scon/Junio/980-170608-01-2862.htm del Tribunal Supremo de Justicia.

Una semana después, el 25 de junio de 2008, el diario *El Universal* de Caracas, publicó una reseña con el título "SENIAT objeta sentencia divulgada por el TSJ"[998], en la cual se dio cuenta que el Director de esa Superintendencia había indicado a través de un "Comunicado", que eran "falsas las informaciones que señalan que, según reciente decisión del Tribunal Supremo de Justicia, la declaración del Impuesto sobre la Renta correspondiente al ejercicio fiscal 2007 debió calcularse sobre el salario normal y no a partir de todos los ingresos percibidos en ese lapso," precisando que "la decisión del Tribunal Supremo de Justicia que modifica los ingresos a ser considerados en la declaración y pago del ISLR fue emitida en febrero de 2007, por lo cual la normativa vigente establece que comienza a regir el primer día del año fiscal 2008."

Para fundamentar la "falsedad" alegada, el Comunicado del SENIAT indicó que "la supuesta ponencia del magistrado Francisco Carrasquero del pasado 17 de junio no ha sido publicada por el TSJ, por cuanto carece de toda veracidad lo difundido a través de un diario de circulación nacional," agregando lo siguiente:

> "Esta decisión no ha sido publicada en Gaceta Oficial, por cuanto no puede hacerse de conocimiento público ni considerarse sentencia firme. El proyecto

998 http://www.eluniversal.com/2008/06/25/eco_ava_seniat-objetasenten_25A1723679.shtml.

no ha sido publicado por el TSJ, por lo que no es veraz la información publicada por el diario *El Universal* sobre la declaración estimada de los ingresos para el pago del Impuesto sobre la Renta (ISLR) del ejercicio fiscal del año 2007", recalcó.

"Esta información se coló de manera malintencionada, lo que podría generar una matriz de opinión contraria y confusa entre los contribuyentes", advirtió."

El resultado de este Comunicado del SENIAT, como lo informó el mismo diario *El Universal*, en la reseña del de 25 de junio de 2008, fue que a pesar de que la decisión mencionada de la Sala Constitucional del 17 de junio de 2008, sí había sido publicada en la página web del propio TSJ, el día de "ayer [24-06-08], tras la aclaratoria del SENIAT, ya no se encontraba en el sitio en Internet del máximo tribunal. No obstante, en la tarde de ayer sí seguía disponible en el site del TSJ, específicamente en el aparte sobre la cuenta de la Sala Constitucional, la referencia a la sentencia." Se decía, además, que el SENIAT hacía "esfuerzos con el máximo tribunal del país para expresar lo más claramente posible los ingresos que serán calculados para la declaración de rentas correspondiente al ejercicio fiscal 2008, a ser cancelado hasta el 31 de marzo de 2009".

El lamentable resultado de ese "esfuerzo" del Poder Ejecutivo fue que el texto de la sentencia N° 980-08 del 17 de junio de 2008, después publicado y luego retirado del portal del Tribunal Supremo, fue alterado, cambiándoselo por otro texto y, además, cambiándose incluso el sentido de la anterior sentencia de 27 de febrero de 2007, a la cual se refirió la aclaratoria de 9 de marzo de 2007, que se cita en la nueva sentencia.

En efecto, el párrafo antes trascrito de la sentencia N° 980-08 de 17 de junio de 2008 en el cual se precisa que **"el ejercicio fiscal siguiente"** a partir del cual se aplica la sentencia de 27 de febrero de 2007, **es el año 2007,** fue cambiado en el nuevo texto de la sentencia que aparece en el mismo portal del Tribunal Supremo, indicándose ahora que "**el ejercicio fiscal siguiente**" a partir del cual se aplica la sentencia de 27 de febrero de 2007, es **"el año 2008"**. El párrafo reza ahora así:

> "Pues bien, la aclaratoria dictada el 9 de marzo de 2007, dispuso que tal decisión "no es aplicable al período fiscal correspondiente al año 2006 pues el mismo se inició antes de que se hiciera tal interpretación, de modo que la interpretación efectuada del artículo 31 de la Ley de Impuesto sobre la Renta se aplicará, **a partir del ejercicio fiscal siguiente**", *es decir, al año 2008*, ello en virtud de que para la fecha en que se dictó la sentencia y su aclaratoria *ya se había iniciado el periodo fiscal correspondiente al año 2007. Por tanto, la declaración del impuesto sobre la renta se efectuaría conforme lo estipula la sentencia n° 301, a partir del ejercicio fiscal correspondiente al año 2008, cuya declaración anual definitiva deberá efectuarse antes del 31 de marzo de 2009. Por otra parte, habiéndose ya realizado la declaración del impuesto correspondiente al año 2007, los efectos del fallo 301/2007 y de la presente aclaratoria tienen que ser, necesariamente, "ex nunc*" (es decir, hacia el futuro)." (negrita en el original) (en cursiva lo que fue alterado en la nueva publicación de la sentencia)

La consecuencia de esta alteración fue, también, la alteración efectuada en la sentencia, en la parte dispositiva, así:

> "SEGUNDO: **ADMITE** la solicitud de aclaratoria presentada por el abogado Obdulio J. Camacho y **ACLARA** que la interpretación constitucional efectuada en la sentencia N° 301 del 27 de febrero de 2007, se aplica a partir del ejercicio fiscal correspondiente al año 2008, cuya declaración definitiva se efectuará hasta el 31 de marzo de 2009."

Con esta insólita "alteración" de la sentencia aclaratoria N° 980-08 del 17 de junio de 2008, la Sala Constitucional no sólo modificó de nuevo, de oficio, subrepticia e impunemente su sentencia original de esa misma fecha, sino que por esa vía, incluso, modificó lo que decidió en la sentencia aclaratoria del 9 de marzo de 2007, respecto de lo resuelto en la sentencia N° 301 de 27 de febrero de 2007.

Pero las alteraciones a la sentencia no se quedaron allí, sino que se refirieron al tema decidido en el fallo del 27 febrero de 2007, de manera que la Sala también cambió el párrafo de la sentencia sobre la materia de remuneraciones que deben considerarse regulares y permanentes, por el siguiente:

> "Estas remuneraciones que deben considerarse regulares y permanentes están claramente dispuestas en el parágrafo segundo del artículo 133 de la Ley Orgánica del Trabajo, en el cual se señala que *"A los fines de esta Ley se entiende por salario normal, la remuneración devengada por el trabajador en forma regular y permanente por la prestación de su servicio. Quedan por tanto excluidos del mismo las percepciones de carácter accidental, las derivadas de la prestación de antigüedad y las que esta Ley considere que no tienen carácter salarial. Para la estimación del salario normal ninguno de los conceptos que lo integran producirá efectos sobre sí mismo"*. (en cursiva los cambios efectuados).

La consecuencia de esta nueva decisión fue la "eliminación" del texto de la sentencia original, del dispositivo TERCERO que decía:

> "TERCERO: Se **ACLARA** que a los efectos del artículo 31 de la Ley de Impuestos sobre la Renta, "son regulares y permanentes las remuneraciones por la prestación de servicios personales bajo relación de dependencia, <u>las que se ocasionan con regularidad mensual</u>" (subrayado en el original).

Uno de los principios más fundamentales del procedimiento judicial es el establecido en el mismo artículo 252 del Código de Procedimiento Civil que regula las aclaratorias de sentencias, en el cual se expresa terminantemente que "después de pronunciada la sentencia definitiva no podrá revocarla ni reformarla el Tribunal que la haya pronunciado."

Lamentablemente, en este caso, no sólo el Tribunal Supremo de Justicia, una semana después de dictada, reformó el texto de la sentencia N° 980-08 del 17 de junio de 2008, sino que ello lo hizo subrepticiamente, sin dictar nueva sentencia, mediante una simple "corrección" del texto que fue publicado en la página web del Tribunal.

Además, en esta reforma de la sentencia se modificó lo establecido en otra sentencia anterior de 2007 en la cual el propio Tribunal Supremo de Justicia había "reformado" la Ley de Impuesto sobre la Renta. Por ello, en definitiva, la subrepticia reforma de la sentencia en junio de 2008, también violó el artículo 218 de la Constitución que exige expresamente que "las leyes se derogan por otras leyes," que en este irregular caso, sólo podría ser por otra sentencia del juez constitucional, lo que por supuesto era imposible por prohibirlo el artículo 252 del Código de Procedimiento Civil. Era más fácil proceder a modificar el texto de la sentencia en la página web, y en lugar del original poner otro !.

SECCIÓN QUINTA:

EL JUEZ CONSTITUCIONAL SANCIONANDO LA REFORMA A LA LEY DE LA PROCURADURÍA GENERAL DE LA REPÚBLICA Y LA CUESTIÓN DE LOS EFECTOS EX NUNC DE LAS SENTENCIAS ANULATORIAS ("REFORMATORIAS") DE LEYES

Texto de la Ponencia para el IX Congreso Nacional de Derecho Constitucional, organizado por el Departamento de Ciencias Jurídicas de la Universidad Católica Santo Toribio de Mogrovejo y la Asociación Peruana de Derecho Constitucional, Chiclayo, Perú, 27-29 de septiembre de 2007. Publicado en el libro: *Crónica sobre la "in" justicia constitucional. La Sala Constitucional y el autoritarismo en Venezuela*, Colección Instituto de Derecho Público, Universidad Central de Venezuela, Nº 2, Editorial Jurídica Venezolana, Caracas 2007, pp. 593-607. parte de este estudio se recogió en el libro: *La Patología de la Justicia Constitucional*, Segunda edición ampliada, European Research Center of Comparative Law, 2013, pp. 335-355.

La Sala Constitucional del Tribunal Supremo, desde 2000 ha venido progresivamente usurpando la función legislativa que la Constitución atribuye a la Asamblea Nacional, y con motivo de ejercer sus poderes de control concentrado de la constitucionalidad de las leyes, no se ha limitado a anular un artículo o la ley en su conjunto, sino que ha procedido a reformar artículos, estableciéndole una nueva redacción. Se trata, por tanto, de una legislación sancionada por el Tribunal Supremo, en evidente usurpación de funciones, que hace la reforma legal ineficaz y nula, de nulidad absoluta, conforme se establece en el Artículo 138 de la Constitución.

I. EL JUEZ CONSTITUCIONAL REFORMANDO LA LEY ORGÁNICA DE LA PROCURADURÍA GENERAL DE LA REPÚBLICA

La última de estas reformas, ha ocurrido en relación con la Ley Orgánica de la Procuraduría General de la República, cuyo artículo 90 fue re redactado por la Sala Constitucional mediante sentencia Nº 1104 de 23 de mayo de 2006[999] dictada con motivo de decidir la impugnación de su último aparte. Dicha norma disponía que a

999 *V.* en *Revista de Derecho Público* Nº 106, Editorial Jurídica Venezolana, Caracas 2006, pp. 116 y ss.

los efectos de que se pudiera suspender alguna medida cautelar decretada en un juicio a solicitud de la república, en los casos en los que se hubiere presentado caución o garantía suficiente para responder a la República de los daños y perjuicios que se pudieran causar por la suspensión, tal caución debía ser aprobada por la representación de la República. Conforme a lo alegado por los impugnantes, la Sala consideró que dicha exigencia era inconstitucional, porque violaba las garantías del debido proceso, y entre ellas, el derecho a ser juzgado por un tribunal que sea competente y además sea imparcial, establecidas en el artículo 49 de la Constitución.

La Sala, al decidir, recordó que había sido jurisprudencia reiterada y pacífica del Tribunal Supremo que el derecho a ser juzgado por el juez natural es una garantía constitucional y un elemento para que pueda existir el debido proceso, previsto en el artículo 49 de la Constitución; lo que había quedado expresado, por ejemplo, en sentencia n° 144 del 20 de marzo de 2000, en la cual se había considerado que los tribunales ordinarios o especiales son los llamados en el ordenamiento venezolano, a ejercer la jurisdicción, es decir, "la potestad atribuida por la ley a un órgano del Estado para dirimir conflictos de relevancia jurídica, con un procedimiento predeterminado, siendo el órgano capaz de producir cosa juzgada susceptible de ejecución". En dicha sentencia, la Sala concluyó señalando que:

> "Los jueces a quienes la ley ha facultado para juzgar a las personas en los asuntos correspondientes a las actividades que legalmente pueden conocer, son los jueces naturales, de quienes se supone conocimientos particulares sobre las materias que juzgan, siendo esta característica, la de la idoneidad del juez, la que exige el artículo 255 de la Constitución de la República Bolivariana de Venezuela [...]

Esta garantía judicial es una de las claves de la convivencia social y por ello confluyen en ella la condición de derecho humano de jerarquía constitucional y de disposición de orden público, entendido el orden público como un valor destinado a mantener la armonía necesaria y básica para el desarrollo e integración de la sociedad. Dada su importancia, no es concebible que sobre ella existan pactos válidos de las partes, ni que los Tribunales al resolver conflictos atribuyan a jueces diversos al natural, el conocimiento de una causa. El convenio expreso o tácito de las partes en ese sentido, al igual que la decisión judicial que trastoque al juez natural, constituyen infracciones constitucionales de orden público".

Sentado este principio, la Sala pasó a analizar la naturaleza de las medidas cautelares, las cuales se caracterizan por su provisionalidad, esto es, "porque las mismas se adoptan con el objeto de asegurar temporalmente la situación jurídica de quien la solicita", de manera que para que sean acordadas "debe acompañarse prueba de la apariencia de buen derecho (***fumus boni iuris***), esto es, del derecho que se reclama, presupuesto éste fundamental que, conjuntamente con el peligro en la mora (***periculum in mora***), el juez debe valorar para la adopción de acuerdo con lo solicitado (artículo 585 del Código de Procedimiento Civil)".

Ahora bien, el último aparte del artículo 90 de la Ley Orgánica de la Procuraduría General de la República cuya nulidad por inconstitucionalidad se solicitó, disponía que para que pudieran suspenderse las medidas cautelares decretadas en un juicio a solicitud de la República, la caución o garantía suficiente que se constituyera para responder a la República de los daños y perjuicios que se le causaren por la suspensión, antes de que el juez pudiera decidir, debía ser aprobada por la representación de la República.

Esa provisión, que fue la impugnada, fue considerada por la Sala Constitucional como inconstitucional y violatoria del debido proceso,

> [...] "al prever un requisito adicional de aprobación para la caución que no se encuentra establecido en la Ley Adjetiva que regula la materia, y enervando además la facultad del juez que tiene la potestad atribuida por el artículo 253 constitucional para conocer de las causas y asuntos de su competencia conforme a los procedimientos que determine la Ley".

La Sala, consideró, en efecto, que los jueces son los que poseen el conocimiento particular sobre las materias que juzgan, siendo esa función judicial indelegable; correspondiendo en cambio a la Procuraduría General de la República, conforme al artículo 247 constitucional, asesorar, defender y representar judicial y extrajudicialmente los intereses patrimoniales de la República, y ser consultada para la aprobación de los contratos de interés público nacional. Conforme a ello, dedujo la Sala, fue la propia Constitución la que delimitó las facultades de la Procuraduría General, de cuya norma no se deriva facultad alguna para poder tomar decisiones a nivel judicial, que sólo las dictan los jueces sin que puedan delegar tal función.

La Sala, además, consideró que siendo la Procuraduría General de la República parte en un proceso judicial, "no podría obrar con imparcialidad y transparencia si debe aprobar las cauciones sustitutivas de las medidas cautelares decretadas", función ésta que es potestad del juez natural que debe decidir sobre ella. Conforme a este razonamiento, la Sala concluyó declarando con lugar el recurso de nulidad que se había intentado contra el último aparte del artículo 90 de la Ley Orgánica por considerar constituía una clara usurpación de funciones que son propias de la esfera judicial, lo cual:

> [...] "lejos de constituir un privilegio procesal a favor del Estado, es –sin lugar a dudas- el condicionamiento del derecho en manos de una de las partes del proceso, lo cual se traduce en un error que no tiene asidero jurídico, que viola además del artículo 49, los artículos 138 y 253 de la Constitución de la República Bolivariana de Venezuela".

La declaración de nulidad de la mencionada disposición, por supuesto, significó la eliminación de la exigencia legal de la aprobación previa por parte de la Procuraduría General de la República para que los jueces pudieran suspender las medidas cautelares que habían sido decretadas a su solicitud; y nada más. Sin embargo, la Sala, sustituyéndose a Legislador, pasó a "reformar el artículo, agregando en su sentencia lo siguiente:

> "Dada la anterior declaración, la norma impugnada que preveía en su único aparte: "***Esta caución deber ser aprobada por la representación de la República***", queda redactada en los siguientes términos:
>
> "***Artículo 90.*** *Cuando la Procuraduría General de la República solicite medidas preventivas o ejecutivas, el Juez para decretarlas, deberá examinar*

si existe un peligro grave de que quede ilusoria la ejecución del fallo, o si del examen del caso, emerge una presunción de buen derecho a favor de la pretensión, bastando para que sea procedente la medida, la existencia de cualquiera de los dos requisitos mencionados.

Podrán suspenderse las medidas decretadas cuando hubiere caución o garantía suficiente para responder a la República de los daños y perjuicios que se le causaren. ***Esta caución deber ser aprobada por el juez de la causa****"*. (Resaltado de este fallo).

La potestad judicial para resolver las peticiones de las partes está establecida en la Constitución y en las leyes adjetivas, particularmente el Código de Procedimiento Civil, por lo que la reforma legal introducida por la Sala, era innecesaria al sustituir la frase "***Esta caución deber ser aprobada por la representación de la República***", por la frase ***Esta caución deber ser aprobada por el juez de la causa***", lo que resulta del dispositivo del fallo.

Lo criticable de la sentencia, fue la usurpación de funciones legislativas que implicó, al pretender el juez constitucional asumir la facultad de "reformar" las leyes. En todo caso, consciente de esta usurpación de funciones, la Sala, conforme al artículo 21.17 de la Ley Orgánica del Tribunal Supremo de Justicia, tuvo que determinar los efectos de la decisión anulatoria en el tiempo, disponiendo los efectos *ex nunc*, es decir, hacia futuro, como sucede con cualquier reforma legislativa, que nunca puede tener efectos retroactivos.

II. LA CUESTIÓN DE LOS EFECTOS DE LAS SENTENCIAS ANULATORIAS ("REFORMATORIAS") DE LEYES

En este caso, en efecto, la Sala consideró que en aras de la seguridad jurídica, dado que en "el presente caso, dadas las múltiples actuaciones que eventualmente pudieron haber sido realizadas por los funcionarios adscritos a la Procuraduría General de la República en los diferentes juicios llevados en representación de la República y, los efectos jurídicos que ello pudiere implicar" lógicamente estableció los efectos "del presente fallo anulatorio *ex nunc* o hacia el futuro, esto es, a partir de la publicación en la *Gaceta Oficial de la República*, incluso para los casos en curso".

Debe señalarse, sin embargo, que para llegar a esta conclusión, que en nuestro criterio es la regla en los casos de sentencias anulatorias de leyes, y no la excepción, la Sala hizo referencia a una sentencia precedente N° 359 del 11 de mayo de 2000 (Caso: *Jesús María Cordero Giusti*), en relación a los efectos de las decisiones anulatorias de normas jurídicas, en la cual señaló lo siguiente:

> "[...] de acuerdo con lo previsto en el artículo 119 de la Ley Orgánica de la Corte Suprema de Justicia, se debe determinar los efectos en el tiempo de la decisiones anulatorias de normas. En este sentido, la jurisprudencia de la Corte Suprema de Justicia ha indicado que en tales casos, debe entenderse que produce sus efectos *ex tunc*, es decir, hacia el pasado. Así, en reciente sentencia con ocasión de decidir la solicitud de ejecución de un fallo que no había fijado los efectos en el tiempo de una sentencia anulatoria, se indicó:
>
> 'Ha sido señalado precedentemente que la sentencia anulatoria extinguió la norma por considerarla viciada, sin limitar, de conformidad con lo dispues-

to en el artículo 131 de la Ley Orgánica de la Corte Suprema de Justicia, los efectos de la anulación en el tiempo, en razón de lo cual, este efecto es *ex tunc*, es decir hacia el pasado; opera desde el momento mismo en que la norma fue dictada' (Sentencia de la Sala Político Administrativa del 11 de noviembre de 1999, caso *Policarpo Rodríguez*).

En el caso antes citado, si bien se dio efecto *ex tunc* al fallo anulatorio, la sentencia fijó los términos de la ejecución, es decir, los parámetros y el tiempo mediante los cuales los afectados por la norma anulada podían ejercer sus derechos.

En el caso de autos, esta Sala por razones de seguridad jurídica, para evitar un desequilibrio en la estructura de la administración pública estadal y la preservación de los intereses generales, así como en resguardo de los derechos de los beneficiados por la ley Estadal, fija los efectos *ex nunc*, es decir, a partir de la publicación de este fallo por la Secretaría de esta Sala Constitucional".

La doctrina establecida en estas sentencias de establecer, como principio del sistema venezolano, que los efectos de las sentencias anulatorias de leyes son *ex tunc*, es decir, hacia el pasado o con efectos retroactivos, y que como excepción, por razones de seguridad jurídica, la Sala puede darle efectos *ex nunc*, es decir, hacia el pasado, como sucedió en este caso, en nuestro criterio es totalmente errada. El principio, en realidad, es el contrario: los efectos de principio de las sentencias anulatorias de la Jurisdicción Constitucional, como ocurre con las leyes derogatorias dictadas por la Asamblea nacional, son en principio *ex nunc*, es decir, hacia el futuro, y la excepción, por razones de seguridad jurídica, es que puede darse a algunas sentencias efectos *ex tunc*, es decir, retroactivos o hacia el pasado, particularmente cuando se trata de situaciones más favorables a los derechos de los administrados.

En efecto, la sentencia declaratoria de nulidad de la ley o de uno de sus artículos produce la cesación de sus efectos con valor general, es decir, *erga omnes*, en el sentido de que, como lo señaló la antigua Corte Suprema de Justicia en Sala de Casación Civil, Mercantil y del Trabajo en sentencia de 21 de diciembre de 1963, "es definitiva y surte efectos contra todos, pues tal presunta Ley deja de serlo desde el momento de ser declarada inconstitucional".[1000]

Pero adicionalmente, el problema fundamental que se plantea sobre estos efectos generales, se refiere al momento en que comienzan a producirse, es decir, si el artículo de la ley declarado nulo se considera que surtió sus efectos hasta que la Sala lo anuló o, al contrario, se estima como si nunca hubiera surtido efectos. Bajo otro ángulo, la cuestión es determinar si la decisión de la Sala comienza a surtir efectos desde el momento que se publica o sus efectos se retrotraen al momento en que el acto anulado se dictó.

Como es sabido, ni Ley Orgánica de la Corte Suprema de Justicia de 1976 ni la Ley Orgánica del Tribunal Supremo de Justicia de 2004 resolvieron expresamente dichas cuestiones, sino que se limitaron a señalar que la Sala Constitucional debe

---

1000 Véase sentencia de la antigua Corte Suprema de Justicia, Sala de Casación Civil de 12-12-63 en *Gaceta Forense*, N° 42, pp. 667 a 672.

determinar "expresamente sus efectos en el tiempo"(artículo 5, párrafo 1°, numerales 6 y 7).

Ahora bien, existiendo en Venezuela un sistema mixto de justicia constitucional, que implica el funcionamiento en paralelo, de los dos métodos básicos de control de constitucionalidad que muestra el derecho comparado: por una parte el sistema difuso, que se ejerce por todos los jueces, y por la otra el sistema concentrado que se ejerce por la Sala Constitucional del Tribunal Supremo (y respecto de los actos administrativos por los órganos de la jurisdicción contencioso-administrativa); no ha sido infrecuente la confusión sobre los efectos de las decisiones en materia de control de la constitucionalidad, lo que ha llevado en muchos casos a la aplicación de la doctrina de la garantía de la nulidad del acto inconstitucional, propia del control difuso, al sistema de control concentrado, ignorando las diferencias fundamentales entre los dos sistemas de justicia constitucional. Eso es lo que ha ocurrido en la sentencia de nulidad del artículo 90 de la Ley Orgánica de la Procuraduría General de la República y en la sentencia que cita como precedente, de la misma Sala Constitucional N° 359 de 15 de mayo de 2000.[1001]

En realidad, como hemos dicho, el principio opera en sentido inverso: en principio, por razones de seguridad jurídica las sentencias anulatorias de leyes tienen efectos *ex nunc*, y excepcionalmente, cuando la protección constitucional de derechos así lo exija, pueden ser dotadas de efectos *ex tunc*.

En efecto, en la aplicación del método control concentrado de control de constitucionalidad, la Sala Constitucional asume su rol de supremo intérprete[1002] o defensor[1003] de la Constitución, a la cual corresponde ser el fiel de la balanza en la aplicación del principio de la separación de poderes[1004] teniendo que proclamar, al decidir la acción de inconstitucionalidad, la "extinción jurídica" del acto recurrido o el mantenimiento del mismo con la plenitud de sus efectos[1005]. En cambio, cuando se aplica el método de control difuso de la constitucionalidad de las leyes, el juez desaplica una ley que estima inconstitucional aplicando preferentemente la Constitución, sin afectar la validez de la ley, teniendo la decisión efectos declarativos, que se aplican *in casu et inter partes,* y se extienden *pro pretaerito*.[1006]

1001 Véase en *Revista de Derecho Público,* N° 82, Editorial Jurídica Venezolana, Caracas, 2000, p. 454. Véase además, sentencia N° 816 de 26-7-00, en *Revista de Derecho Público,* N° 83, Editorial Jurídica Venezolana, Caracas, 2000, p. 273.

1002 Lo que implica la irreversabilidad de sus decisiones. La doctrina ha sido establecida desde hace muchos años por la propia Corte. Véase por ejemplo, sentencia de la antigua Corte Federal y de Casación de 17-11-38 en *Memoria 1939,* pp. 330 y ss.

1003 Véase sentencia de la antigua Corte Suprema de Justicia, Sala Político Administrativa de 4-3-41 en *Memoria 1942,* pp. 128 a 130.

1004 Véase, por ejemplo, sentencia de la antigua Corte Federal y de Casación, Sala Político Administrativa de 3-5-39 en *Memoria, 1940,* p. 217; y de 17-4-41 en *Memoria, 1942,* pp. 182 y ss.

1005 Véase sentencia de la antigua Corte Suprema de Justicia, Sala Político Administrativa de 20-1-66 en *Gaceta Forense,* N° 51, 1968, p. 13.

1006 Véase A. y S. Tunc, *Le Système Constitutionnel des Etats Unis d'Amérique,* París, 1954, volumen II, pp. 294 y 295.

Por tanto, la "retroactividad" de la declaratoria de no aplicabilidad de la ley, tiene sólo sentido bajo el ángulo de que el juez estime que ella nunca ha surtido efectos, es decir, de que los efectos de la declaración de inconstitucionalidad operan *ex tunc,* al ser una decisión mero declarativa de una inconstitucionalidad o nulidad preexistente. En este sentido, por ejemplo, la apreciación de la inconstitucionalidad de la ley ya derogada, pero que se aplicó durante su vigencia al caso concreto que el juez está conociendo, tiene justificación, pues la declaratoria de inaplicabilidad de la ley, al ignorar su existencia, tiene sentido para el proceso, aun cuando la ley esté derogada en el momento de la decisión. Por ello, como la decisión judicial que se pronuncia en el control difuso de la constitucionalidad de las leyes tiene "efectos retroactivos", evidentemente que pueden referirse a las leyes derogadas, respecto de los efectos que pudo producir durante su vigencia[1007].

En esos casos, el juez no anula la ley al ejercer el control difuso, sino que sólo declara o constata una inconstitucionalidad preexistente, por lo que ignora la existencia de la ley (la considera inexistente) y no la aplica al caso concreto cuyo conocimiento jurisdiccional le corresponde.

Esos efectos, en todo caso, son completamente diferentes a los efectos que produce el ejercicio del control concentrado de la constitucionalidad cuando la Sala Constitucional como Jurisdicción Constitucional anula una ley por inconstitucionalidad. En estos casos, cuando la Sala ejerce sus atribuciones previstas en el artículo 336 de la Constitución, "declara la nulidad" de la ley, es decir, anula la ley, la cual hasta el momento en que se publique la sentencia de la Sala, es válida y eficaz, surtiendo todos los efectos no obstante su inconstitucionalidad. La decisión, por tanto, carece de eficacia retroactiva, la misma tiene efectos *ex nunc o pro futuros*[1008]; y esto en virtud de la presunción de constitucionalidad que las leyes tienen[1009], equivalente, *mutatis mutandis,* a la presunción de la legalidad que acompaña a los actos administrativos[1010].

Ninguno de los sistemas concentrados del control de la constitucionalidad de las leyes que se conocen en el derecho comparado, atribuye efectos hacia el pasado, es decir, *ex tunc, pro pretaerito* a todas las sentencias declaratorias de nulidad por inconstitucionalidad, las cuales no son mero declarativas, ni tienen efecto retroactivos, sino que son sólo constitutivas; y por ejemplo, en los sistemas italianos y alemán, éstos posibles efectos hacia el pasado son restringidos fundamentalmente al ámbito

1007 Véase J. G. Andueza, *La jurisdicción constitucional en el derecho venezolano,* Caracas, 1955, pp. 56-57.

1008 Véase por ejemplo, sentencia de la antigua Corte Federal y de Casación, Sala Político Administrativa 17-11-38 en *Memoria 1939,* pp. 330 a 334; sentencia de la CF de 19-6-53 en *Gaceta Forense,* Nº 1, 1953, pp. 77 y ss.; y sentencia de la antigua Corte Suprema de Justicia, Sala Plena de 29-4-65 publicada por la *Imprenta Nacional,* 1965, pp. 113 y 116. *Cfr. Doctrina Procuraduría General de la República, 1963,* Caracas, 1964, pp. 199 a 201.

1009 Véase J. G. Andueza, *La jurisdicción constitucional...op. cit.,* p. 90.

1010 Véase Allan R. Brewer-Carías, *Las Instituciones Fundamentales del Derecho Administrativo y Jurisprudencia Venezolana,* Caracas, 1964, p. 31.

penal[1011]. Y la solución de estas dos legislaciones -la italiana y la alemana- es lógica, pues si bien sería monstruoso, por las repercusiones que tendría sobre la seguridad jurídica, pretender que las sentencias declaratorias de la nulidad por inconstitucionalidad de una ley tengan efectos mero declarativos, y que, por tanto, se tuvieran como nunca dictados o cumplidos los actos realizados antes de que la ley fuera declarada nula, asimismo podría resultar injusto que en los casos penales, las sentencias dictadas conforme a una ley declarada posteriormente nula, no fueran afectados por la anulación por inconstitucionalidad. De ahí la excepción respecto de los casos penales que la legislación italiana y alemana establece para el principio de que los afectos de las sentencias declaratorias de nulidad por inconstitucionalidad sólo se producen hacia el futuro (en el mismo sentido que respecto del principio de la irretroactividad de las leyes).

Es más, la misma situación pragmática del conflicto que puede surgir entre la seguridad jurídica y las sentencias penales, ha llevado a la jurisprudencia norteamericana a establecer excepciones al principio contrario. En Estados Unidos, el método de control de constitucionalidad es de carácter difuso, siendo los efectos de las sentencias declaratorias de inconstitucionalidad de carácter retroactivo, por ser mero declarativas. En principio, el ámbito de dichas sentencias es *inter partes,* pero que en virtud de la técnica de los precedentes, y de la regla *stare decisis* las mismas adquieren carácter general obligatorio. Sin embargo, a pesar de ello, la jurisprudencia ha extendido el carácter retroactivo sólo a los casos penales, respetando, al contrario, los efectos cumplidos en materias civiles, y administrativas en base a una ley declarada inconstitucional[1012].

Ahora bien, siendo el control de la constitucionalidad de las leyes atribuido por la Constitución a la Sala Constitucional del Tribunal Supremo un control similar a los concentrados que muestra el derecho comparado, es evidente que los efectos de la declaratoria de nulidad por inconstitucionalidad de una ley, en ausencia de norma expresa constitucional o legal alguna, sólo pueden ser producidos *erga omnes* pero hacia el futuro; es decir, las sentencias son en principio constitutivas, *pro futuro y* sus efectos *ex nunc* no pueden extenderse hacia el pasado (no pueden ser retroacti-

---

1011 Tal es el supuesta por ejemplo, de la Ley Constitucional italiana de 11 de marzo de 1953, que establece las normas complementarias de la Constitución en lo concerniente a la Corte Constitucional, cuyo artículo 30 expresa: "Las normas declaradas inconstitucionales no pueden ser aplicadas a partir del día siguiente a la publicación de la decisión. Cuando- en aplicación de la norma declarada inconstitucional haya sido pronunciada una sentencia irrevocable, cesará su ejecución y todos los efectos penales". (Véase F. Rubio Llorente, *La Corte Constitucional Italiana,* Cuadernos del Instituto de Estudios Políticos, Nº 8, UCV, Caracas, 1966, p. 53). Asimismo la Ley del Tribunal Constitucional Federal Alemán de 12 de marzo de 1951, establece que "permanecen inmutables las resoluciones firmes, apoyadas en una norma declarada nula" por el Tribunal Constitucional Federal, aun cuando "es admisible la revisión del procedimiento según los preceptos de la Ley de Procedimiento Penal, contra una sentencia penal formal apoyada" sobre la misma norma declarada nula (Véase art. 79 en F. Rubio Llorente, "El Tribunal Constitucional Alemán", *Revista de la Facultad de Derecho,* UCV, Nº 18, Caracas, 1959, p. 154).

1012 Véase J.A. C. Grant, "The legal effect of a rulling that a statute is inconstitucional" *Detroit College of Law Review,* 1978, pp. 207-237, *Cfr.* M. Cappelletti, "El control jurisdiccional de la constitucionalidad de las leyes en el derecho comparado", *Revista de la Facultad de Derecho,* 65, México, 1966, pp. 63-64.

vas). Puede decirse que este ha sido el criterio no sólo seguido en el pasado por la doctrina venezolana[1013], sino por la jurisprudencia de la antigua Corte Suprema de Justicia, aun cuando en uno que en otro caso, la antigua Corte en Sala de Casación Civil[1014], como ahora la Sala Constitucional, no han sido consecuentes. Ello se constata de sentencias de las antiguas Cortes Supremas[1015] y de la antigua Corte Suprema en Sala Político Administrativa[1016], en las cuales se sostuvo el carácter constitutivo de los efectos de las sentencias en materia de control de la constitucionalidad.

En todo caso, este carácter constitutivo de los efectos de las decisiones de la Sala Constitucional declaratorias de nulidad por inconstitucionalidad de las leyes, es por ejemplo congruente con las decisiones respecto de las solicitudes de nulidad por inconstitucionalidad de leyes ya derogadas, lo que en general se ha rechazado[1017], precisamente por considerarse que dichas sentencias no tiene efectos retroactivos[1018].

En todo caso, en el centro de la cuestión a partir de 1976 estaba el artículo 131 de la Ley Orgánica de la Corte Suprema de Justicia, que era igual al actual artículo 5, párrafo 1°, numerales 6 y 7 de la Ley Orgánica del Tribunal Supremo de Justicia, el cual atribuye, a la Sala Constitucional la obligación de establecer los efectos de sus decisiones en el tiempo, con lo que a pesar de que en principio, los efectos de sus decisiones declaratorias de nulidad por inconstitucionalidad deben seguir siendo, como en todos los sistemas concentrados de justicia constitucional, de carácter constitutivo, y de efectos *pro futuro, ex nunc*[1019], la Sala puede corregir los efectos desfavorables que la rigidez de este principio pueda provocar, particularmente en el campo de los derechos y garantías constitucionales, y atribuirle a sus sentencias efectos retroactivos, *pro pretaerito, ex tunc.*

1013 Véase José G. Andueza, *La Jurisdicción Constitucional en el Derecho Venezolano op. cit*. En contra Humberto J. la Roche, *El control Jurisdiccional en Venezuela y Estados Unidos,* Maracaibo, 1972, p. 153.

1014 Véase en *Gaceta Forense,* N° 101, año 1978, pp. 591-592.

1015 Véase sentencia de la antigua Corte Federal y de Casación de 20-12-40, *cit.* por J. G. Andueza, *La jurisdicción constitucional...op. cit.,* p. 90; de 17-11-38, *Memoria 1939,* p. 330; de 21-3-39, en *Memoria 1940,* p. 176; y de 16-12-40 en *Memoria 1941,* p. 311; y de la antigua Corte Federal de 19-6-53, en *Gaceta Forense,* N° 1, 1953, pp. 77 y 78. Véase además, la sentencia de la antigua Corte Federal y de Casación, Sala Político Administrativa 27-2-40 en *Memoria 1941,* p. 20.

1016 Véase sentencias de la antigua Corte Suprema de Justicia, Sala Político Administrativa de 20-1-66 en *Gaceta Forense,* N° 51, 1966, p. 13; de 15-2-67 en *Gaceta Forense,* N° 55, 1967, p. 70; y de 18-11-65 en *Gaceta Forense,* N° 50, 1967, p. 111.

1017 Véase sentencias de la antigua Corte Federal y de Casación, Sala Plena 21-12-49, en *Gaceta Forense,* N° 1, 1949, p. 15; y de la antigua Corte Suprema de Justicia, Sala Político Administrativa de 20-1-66, en *Gaceta Forense,* N° 51, 1968, pp. 13 y 14.

1018 Véase J. G. Andueza, *La jurisdicción constitucional...op. cit.,* pp. 56 y 57.

1019 Por ejemplo en sentencia de antigua Corte Suprema de Justicia, Sala Político-Administrativa de 23-2-84, al declarar la nulidad por inconstitucional del acto de instalación de una Asamblea Legislativa, la Corte dispuso expresamente que "la presente decisión no tendrá efecto retroactivo alguno en relación con las actuaciones cumplidas por la Asamblea Legislativa" (Consultada en original).

Por supuesto, incluso en estos casos relativos a los derechos y garantías constitucionales en nuestro criterio el problema de la rigidez del principio de los efectos *ex nunc, pro futuro* de la sentencia anulatoria de una ley, y que podría significar que la Ley violatoria de una garantía constitucional, a pesar de su declaratoria de nulidad, pudo producir efectos hasta que se produjo esa declaratoria, queda resuelto, pues es la propia Constitución la que establece una garantía contra esa situación, al declarar la nulidad absoluta de los "actos del Poder Público" -incluso las leyes- que lesionen los derechos y garantías constitucionales (artículo 25).

Por tanto, la nulidad absoluta de ciertos actos expresamente establecidos en la Constitución, es lo que permite que ciertas sentencias de la Corte declaratorias de nulidad de una ley, tengan efecto retroactivo, hacia el pasado, y se las considere como de carácter declarativo, *ex tunc*. Es decir, y a pesar del poder que tiene la propia Sala Constitucional para determinar los efectos de sus decisiones en el tiempo, en el ordenamiento constitucional venezolano sólo puede llegarse a admitir que las sentencias de la misma, declaratorias de nulidad de una ley, tienen siempre la categoría de sentencias declarativas, produciendo efectos hacia el pasado, en los casos en que la propia Constitución califica a una ley o acto estatal como nulo o ineficaz, supuesto que sólo se regula en los artículos 25 y 138 de la Constitución. En efecto, el artículo 25 de la Constitución contiene la primera de las normas que declara *per se,* la nulidad absoluta de "todo acto dictado en ejercicio del Poder Público", en los cuales se incluyen las leyes, cuando "viole o menoscabe los derechos garantizados por esta Constitución y la ley".

Conforme a esta primera excepción expresa, una ley que, por ejemplo, establezca una discriminación fundada en "la raza, el sexo, el credo o la condición social", viola expresamente el derecho a la igualdad garantizado en el artículo 21 de la Constitución, o una ley que por ejemplo, regule "penas infamantes o perpetuas" viola abiertamente el artículo 44,3° de la Constitución. Ahora bien, conforme al texto constitucional del artículo 25, esas leyes serían "nulas", con vicio de nulidad absoluta, no pudiendo producir ningún efecto jurídico e inclusive no debiendo ser aplicadas por autoridad alguna, so pena de incurrir en responsabilidad. En estos casos, la decisión de la Sala Constitucional al declarar la nulidad por inconstitucionalidad de la ley no podría tener otro carácter que el mero declarativo, en virtud del texto expreso de la Constitución. Se trata, en efecto, de la constatación de una nulidad ya establecida en la Constitución, extinguiéndose la ley hacia el futuro y hacia el pasado, en el sentido que en virtud de la propia declaratoria de la ley como "nula" por la Constitución, se considera que ella nunca pudo surtir efectos. Por tanto, en los supuestos en que están en juego los derechos garantizados por la Constitución y que son los que regula el artículo 25 de dicho texto, la sentencia declaratoria de nulidad de la ley inconstitucional, no podría tener efectos constitutivos, ni en consecuencia, podría dejar incólumes los efectos producidos por una ley inconstitucional con anterioridad a la declaratoria de nulidad por la Sala.

El segundo caso de regulación expresa de la excepción al principio del efecto constitutivo de las sentencias de la Corte Suprema declaratoria de nulidad por inconstitucionalidad de las leyes, está contenido en el artículo 138 de la Constitución que establece, que "toda autoridad usurpada es ineficaz, y sus actos son nulos"; y por usurpación de autoridad hay que entender "el vicio que acompaña a todo acto dictado por una persona desprovista totalmente de autoridad"[1020], es decir, "el usurpador es aquel que la ejerce y realiza sin ningún tipo de investidura, ni regular ni prescrita". El concepto de usurpación, en este caso, emerge cuando una persona que no tiene *auctoritas* actúa como autoridad"[1021], en el sentido del término "autoridad", que emplea la Constitución (Artículos 138 y 350). De allí que, como dice la Constitución, la autoridad usurpada sea ineficaz y sus actos sean nulos. Este segundo caso de texto expreso de la Constitución que declara como "nulo", con vicio de nulidad absoluta e "ineficaz", un acto estatal, implica que la sentencia que declare la nulidad por inconstitucionalidad, por ejemplo, de una "ley dictada por un gobierno que se organice por la fuerza, sólo puede tener efectos declarativos de una nulidad ya establecida expresamente en la propia Constitución.

Pero, insistimos, aparte de estas dos previsiones expresas de la Constitución mediante las cuales el mismo texto constitucional declara la nulidad absoluta de una ley, lo cual produce, como consecuencia, que la sentencia de la Sala Constitucional declaratoria de la nulidad por inconstitucionalidad tenga meros efectos declarativos; sólo podrían admitirse como excepción al principio adoptado por nuestro sistema constitucional, de los efectos constitutivos de las sentencias de la Sala declaratorias de la nulidad por inconstitucionalidad de las leyes que se estiman, como principio general, viciadas de nulidad relativa (anulabilidad), en aquellos casos en los cuales la misma Sala, en forma expresa en su sentencia, establezca la nulidad absoluta, lo cual podría producirse conforme al artículo 5, párrafo 1°, numerales 6 y 7 de la Ley Orgánica del Tribunal Supremo de Justicia, por ejemplo, en algunos supuestos de usurpación de funciones, concepto constitucional enteramente distinto al señalado de usurpación de autoridad[1022] o en otros que determine expresamente[1023]. Sin embargo, si la Sala no califica expresamente en su decisión a una *ley* que declara nula como viciada de nulidad absoluta, retrotrayendo los efectos de la nulidad hacia el pasado, se tiene como vigente el principio general señalado de la nulidad relativa.

De acuerdo con lo anteriormente señalado, por tanto, puede concluirse contrariamente a lo establecido por la Sala Constitucional en la sentencia que comentamos, que como principio general, toda sentencia declaratoria de nulidad por inconstitucionalidad de una ley dictada por la Sala Constitucional conforme al artículo 336 de

---

1020 Véase Allan R. Brewer-Carías, *Las Instituciones Fundamentales del Derecho Administrativo y la Jurisprudencia Venezolana,* Caracas, 1964, p. 62.

1021 *Idem,* p. 59.

1022 Véase Allan R. Brewer-Carías, *Las Instituciones Fundamentales... cit.,* p. 60.

1023 Véase sentencias de la antigua Corte Federal y de Casación, Sala Político Administrativa 28-3-41 en *Memoria 1942,* p. 158; y de la antigua Corte Suprema de Justicia en la Sala Político-Administrativa de 5-12-85, al declarar la nulidad, por ilegalidad (violación de la Ley Orgánica de Régimen Municipal) de una Ordenanza de zonificación municipal, aun cuando no estaban en juego la violación de derechos fundamentales, la Sala dejó "expresa constancia de que los efectos de la anulación de derechos fundamentales, de carácter absoluto, se retrotraen, por tanto, al 12 de mayo de 1983, fecha de la entrada en vigencia de la Ordenanza impugnada" (Consultada en original, p. 15).

la Constitución, tiene efectos *erga omnes,* y el carácter de una sentencia constitutiva, de nulidad relativa, con efectos *ex-nunc, pro futuro* salvo que el propio texto de la sentencia declare la nulidad absoluta de la ley o ésta se pronuncie en virtud de lo previsto en los artículos 25 y 138 de la Constitución, en cuyo caso, tendría carácter declarativo.

Sin embargo, inclusive en estos casos, esta retroactividad de la sentencia no sería absoluta, sino que en realidad implicaría que todas las situaciones particulares nacidas de la aplicación de la ley declarada nula serían susceptibles de impugnación, por lo que en muchos supuestos podría sostenerse que permanecían incólumes las situaciones jurídicas respecto de cuya impugnación se hayan consumado los lapsos de caducidad o prescripción de las acciones correspondientes.

SECCIÓN SEXTA:

LA JURISDICCIÓN CONSTITUCIONAL COMO LEGISLADOR POSITIVO, SIN LÍMITES, REFORMANDO LA LEY DE LA DEFENSA PÚBLICA

Este estudio se publicó inicialmente como: "La Sala Constitucional del Tribunal Supremo reformando leyes, y como jurisdicción constitucional, autoproclamándose sin límites, como legislador positivo," en *Revista de Derecho Público*, Nº 128 (octubre-diciembre 2011), Editorial Jurídica Venezolana, Caracas 2011, pp. 197-204. El texto se publicó, además, en el libro: *Práctica y distorsión de la justicia constitucional en Venezuela (2008-2012),* Colección Justicia Nº 3, Acceso a la Justicia, Academia de Ciencias Políticas y Sociales, Universidad Metropolitana, Editorial Jurídica Venezolana, Caracas 2012, pp. 3245-352; y parte del mismo se recogió en el libro: *La Patología de la Justicia Constitucional*, Segunda edición ampliada, European Research Center of Comparative Law, 2013, pp. 355-367.

La Sala Constitucional del Tribunal Supremo de Justicia, mediante sentencia N° 1683 de 4 de noviembre de 2008 (Caso: *Defensoría del Pueblo*),[1024] con motivo de decidir una aclaratoria solicitada por la Defensora del Pueblo respecto del contenido de la sentencia N° 163 del 28 de febrero de 2008,[1025] en la cual había declarado parcialmente con lugar la acción de nulidad por inconstitucionalidad que se había interpuesto contra el artículo 3 de la Ley Orgánica de la Defensa Pública; para declarar sin lugar la mencionada solicitud de aclaratoria, procedió a establecer las bases de lo que consideró, primero, el supuesto carácter de "conservador" del principio de la separación de poderes; y segundo, el rol de la sala, abiertamente como Legislador positivo no previsto en la Constitución.

I. En efecto, en la sentencia N° 163 del 28 de febrero de 2008, la Sala Constitucional anuló parcialmente los ordinales 3 y 7 del artículo 3 de la Ley Orgánica de la

---

1024 Véase en Revista de derecho Público, N° 116, Editorial Jurídica Venezolana, Caracas 2008, pp. 222 ss.

1025 Véase en http://www.tsj.gov.ve/decisiones/scon/Febrero/163-280208-07-0124.htm.

Defensa Pública, declarando que la Defensoría Pública estaría adscrita al Tribunal Supremo de Justicia, a cuyo efecto la Sala procedió a establecer la forma como entonces quedaban redactados dichos artículos.

La Constitución de 1999 de 1999 hace referencia a la Defensa Pública en tres normas: *Primero*, en el artículo 253 donde se la enumera dentro de los órganos e instituciones integrantes del "sistema de justicia;" *segundo*, en el artículo 267 en el cual se indica que corresponde al Tribunal Supremo de Justicia "la dirección, el gobierno y la administración del Poder Judicial, la inspección y vigilancia de los tribunales de la República y de las Defensorías Públicas;" y *tercero*, en el artículo 268, en el cual se indica que "la ley establecerá la autonomía y organización, funcionamiento, disciplina e idoneidad del servicio de defensa pública, con el objeto de asegurar la eficacia del servicio y de garantizar los beneficios de la carrera del defensor o defensora."

Supuestamente conforme a estas normas, el Sistema Autónomo de la Defensa Pública fue creado transitoriamente en 2000[1026] por la ahora (desde 2010) extinta Comisión de Funcionamiento y Reestructuración del Sistema Judicial, como servicio adscrito a la misma, y solo fue regulado por la Asamblea Nacional en 2007, mediante la Ley Orgánica de la Defensa Pública.[1027]

La Ley Orgánica reconoce la autonomía del Servicio, pero en su artículo 3, sin embargo, lo adscribió a la Defensoría del Pueblo, que es un órgano perteneciente al Poder Ciudadano. Esta circunstancia originó que dicha norma fuese impugnada por ante la Sala Constitucional, por un grupo de funcionarios de la Defensoría Pública, por considerarse que violaba los mencionados artículos 253 y 267 constitucionales, resultando la mencionada sentencia N° 163 del 28 de febrero de 2008 de la Sala Constitucional en la cual se consideró, que como la Defensoría del Pueblo no era parte del sistema judicial pues no esta enumerada en el artículo 253, la adscripción de la Defensoría Pública, que si es parte integrante del sistema de justicia, a la misma, era inconstitucional. La Sala Constitucional, en definitiva, dado que la Defensa Pública está en la Constitución dentro del Poder Judicial, y sometida a la inspección y vigilancia del Tribunal Supremo de Justicia, consideró que "no puede estar adscrita a ningún Poder o ente que no pertenezca a dicho sistema de justicia."

De ello resultó la declaratoria de nulidad parcial del artículo 3 de la Ley Orgánica de la Defensa Pública, "pues al establecer la adscripción orgánica de la Defensa Pública a la Defensoría de Pueblo, órgano del Poder Ciudadano, desconoció la preeminencia -constitucionalmente conferida- al Tribunal Supremo de Justicia," procediendo la Sala a indicar pura y simplemente, como "efecto de la nulidad parcial decretada," que el artículo 3 de la Ley Orgánica de la Defensa Pública, a reformar la Ley indicando que la norma "queda redactado" en otra forma, indicando que la Defensoría Pública está "*adscrita al Tribunal Supremo de Justicia, al cual le corresponde su inspección y vigilancia*".

1026 Véase Resolución N° 1.191 del 16 de junio de 2000, publicada en *Gaceta Oficial* N° 37.024 del 29 de agosto de 2000.

1027 Véase *Gaceta Oficial* N° 38.595 del 2 de enero de 2007.

En esta forma, la Sala Constitucional al anular la norma procedió a reformar el texto del artículo, dándole una nueva redacción, considerando igualmente inconstitucionales otras previsiones de la Ley "en virtud de la adscripción orgánica de la Defensa Pública al Tribunal Supremo de Justicia" que la propia Sala del Tribunal había "decretado," procediendo entonces a declarar "la nulidad parcial" de los artículos 11, 12, 13 y 15, numerales 5 y 7 de la Ley.

En cuanto a los artículos 11, 12 y 13 de la Ley, en ellos la Asamblea Nacional había establecido que la designación y remoción del Director de la Defensoría Pública se debía "efectuar por la mayoría absoluta de los integrantes de la Asamblea Nacional;" el procedimiento para la designación y, además, que el mismo podía ser removido "por la Asamblea Nacional, con el voto favorable de la mayoría absoluta de sus integrantes, por iniciativa propia de ésta o a instancia del Defensor del Pueblo." El texto de estas normas era el siguiente:

> ***"Artículo 11. Autoridad que la dirige y duración en el cargo.*** *El Director Ejecutivo o Directora Ejecutiva ejercerá sus funciones por un período de cuatro años. Su designación y remoción se efectuará por la mayoría absoluta de los integrantes de la Asamblea Nacional.*
>
> *El Despacho del Director Ejecutivo o Directora Ejecutiva tendrá su sede en la Capital de la República.*
>
> ***Artículo 12. Designación por elección.*** *La Asamblea Nacional, sesenta días antes del vencimiento del período para el cual fue designado el Director Ejecutivo o Directora Ejecutiva de la Defensoría Pública y sus dos suplentes, convocará un Comité de Evaluación de Postulaciones, el cual estará presidido por el Defensor del Pueblo e integrado además, por representantes de diversos sectores de la sociedad. El mecanismo de selección de estos últimos estará a cargo de la Asamblea Nacional.*
>
> *Este Comité adelantará un proceso público de cuyo resultado se obtendrá el listado de aspirantes que cumplan con los requisitos para el cargo de Director Ejecutivo o Directora Ejecutiva de la Defensoría Pública, para ser presentado a la Asamblea Nacional, dentro de los treinta días hábiles siguientes al inicio del respectivo proceso. La Asamblea Nacional, a partir de la fecha de recepción del listado de aspirantes, escogerá en un lapso no mayor de treinta días continuos, al o a la titular de la Defensoría Pública y sus dos suplentes, mediante el voto favorable de la mayoría absoluta de sus integrantes".*
>
> ***"Artículo 13. Remoción.*** *El Director Ejecutivo o Directora Ejecutiva de la Defensoría Pública podrá ser removido o removida por la Asamblea Nacional, con el voto favorable de la mayoría absoluta de sus integrantes, por iniciativa propia de ésta o a instancia del Defensor del Pueblo".*

La Sala Constitucional del Tribunal Supremo entonces argumentó que:

> "como quiera que el Servicio de la Defensa Pública depende orgánicamente del Tribunal Supremo de Justicia, le corresponde a éste, como máximo órgano rector del Poder Judicial, en Sala Plena, por ser su órgano directivo, la designación por elección y remoción del Director Ejecutivo o Directora Ejecutiva de la Defensa Pública."

Y en consecuencia procedió a "modificar el procedimiento establecido en los ya referidos artículos 11, 12 y 13 de la Ley Orgánica de la Defensa Pública," copiándolos íntegramente, cual Legislador, establecido que la designación y remoción del Director de la Defensoría Pública se debía "efectuar por la mayoría absoluta de los integrantes de la *Sala Plena del tribunal Supremo de Justicia;*" el procedimiento para la elección del Director, y además, que el mismo podía ser removido "*por la Sala Plena del Tribunal Supremo de Justicia, con el voto favorable de la mayoría absoluta de sus integrantes,*" Como lo dijo el Magistrado que emitió el Voto disidente en el fallo, la sentencia "no se limitó a la modificación de la referencia al órgano con competencia para la designación y remoción del Director Ejecutivo de la Defensa Pública, sino que, además, modificó, sin mayor justificación, el modo en que ha de hacerse esa designación." El Magistrado disidente destacó que con la sentencia se:

> "modificó el mecanismo que preceptuaba el artículo 12 de la Ley Orgánica de la Defensa Pública para la selección de quien deba ser designado Director Ejecutivo de ese Servicio, mecanismo que tenía, como fundamento, el ejercicio del derecho a la participación política de los ciudadanos que recogió el artículo 62 de la Constitución."

Con esta violación al derecho a la participación política de los ciudadanos, el nuevo texto de las normas decretado por la Sala es el siguiente:

> *"**Artículo 11. Autoridad que la dirige y duración en el cargo.** El Director Ejecutivo o Directora Ejecutiva ejercerá sus funciones por un período de cuatro años. Su designación y remoción se efectuará por la mayoría absoluta de los integrantes de la Sala Plena del tribunal Supremo de Justicia*
>
> *El Despacho del Director Ejecutivo o Directora Ejecutiva tendrá su sede en la Capital de la República.*
>
> ***Artículo 12. Designación por elección.** El Tribunal Supremo de Justicia, en Sala Plena, previo listado de aspirantes que cumplan con los requisitos para el cargo de Director Ejecutivo o Directora Ejecutiva de la Defensoría Pública, escogerá al o a la titular de la Defensoría Pública y sus dos suplentes, mediante el voto favorable de la mayoría absoluta de sus integrantes.*
>
> ***Artículo 13. Remoción.** El Director Ejecutivo o Directora Ejecutiva de la Defensoría Pública podrá ser removido o removida por la Sala Plena del Tribunal Supremo de Justicia, con el voto favorable de la mayoría absoluta de sus integrantes".*

La Sala Constitucional, además, procedió a modificar -reformar- los numerales 5 y 7 del artículo 15 de la Ley en lo relativo a la obligación por parte del Director Ejecutivo de la Defensoría Pública, de consignar el proyecto de presupuesto de la Defensa Pública y presentar el informe anual de su gestión ante la Defensoría del Pueblo; lo cual fue cambiado y en lugar de ante la Defensoría del Pueblo, la Sala dispuso que dicha presentación debe hacerse ante la Sala Plena del Tribunal Supremo de Justicia, copiando el texto íntegro del nuevo artículo 15 de la Ley.

Sin duda, la Sala Constitucional se excedió en su control de constitucionalidad, procediendo abiertamente a actuar como legislador, reformando varios artículos de la ley, dándoles una nueva redacción introduciendo modificaciones sustantivas sobre aspectos respecto de los cuales no había siquiera ningún cuestionamiento de constitucionalidad, y cercenando más bien un derecho ciudadano. La Sala Constitucional, por lo demás, no reformó la ley ni dictó las nuevas normas para garantizar derecho constitucional alguno.

II. Fue precisamente respecto de esta sentencia que sin duda también entra en los anales de la patología de la justicia constitucional, que la Defensora del Pueblo solicitó de la Sala Constitucional la aclaratoria de la misma, argumentando extensamente para fundamentar su solicitud de aclaratoria, sobre "*un pretendido y excesivo ejercicio de potestad normativa asumida por la Sala Constitucional, contraviniendo el Texto Constitucional, y su propia directriz de actuación, procedió a modificar el contenido original de la norma,*" denunciando que la Sala había extendido su pronunciamiento "*a la modificación de otros dispositivos de ley que estimó estrechamente vinculados a la nulidad*" y en un consecuente "*ejercicio legislativo*" modificó las normas relativas a "*la designación y remoción del Director Ejecutivo o Directora Ejecutiva de la Defensa Pública, contenidas en los artículos 11, 12 y 13 que establecen, conforme a la decisión de la Asamblea Nacional en el ejercicio de la potestad delegada por el Pueblo.*"

Después de proceder a realizar una interpretación amplia del artículo 252 del Código de Procedimiento Civil que se refiere al lapso para solicitar aclaratorias de sentencias, la Sala se refirió a la aclaratoria en relación con las sentencias de efectos *erga omnes* como las relativas a las causas donde se ventilan derechos e intereses difusos o colectivos o las dictadas en juicios de nulidad de las leyes por inconstitucionalidad, y a las decisiones dictadas con ocasión de una interpretación de una norma constitucional. En cuanto a las sentencias anulatorias, la Sala consideró que por sus efectos *erga omnes*, "no recaen únicamente a favor o en contra de los que realmente se constituyeron en partes en el proceso sino que pueden verse afectados ciudadanos que no actuaron en juicio y respecto de los cuales pudieran haber imprecisiones en el fallo objeto de aclaratoria en relación con su situación particular, debido a que sus argumentos no fueron debatidos en el proceso, justamente, por no ser partes."

La Sala, sin embargo, frente a la solicitud de la Defensora del Pueblo, indicó que la aclaratoria de sentencias debe circunscribirse únicamente a la rectificación de los posibles errores materiales en que puede incurrir el juez previstos en el artículo 252 del Código de Procedimiento Civil (error o cálculo numérico, errores de copia o referencias, omisión o puntos obscuros), y en modo alguno "puede afectar la seguridad jurídica ni constituirse en un medio de impugnación tendente a efectuar un nuevo análisis de los argumentos expuestos por las partes en el juicio," considerando que en el caso concreto, la Defensora del Pueblo lo que pretendía era "obtener un nuevo pronunciamiento por no compartir los argumentos expuestos por esta Sala en el fallo objeto de aclaratoria;" particularmente por el alegato de que la sentencia había sido producto de un "*pretendido y excesivo ejercicio de potestad normativa asumida por la Sala Constitucional, contraviniendo el Texto Constitucional, y su propia directriz de actuación.*"

Como consecuencia, la Sala declaró improcedente la aclaratoria solicitada, para lo cual, dado que la Defensora del Pueblo había "osado" cuestionar "la extralimitación -a su decir- en el ejercicio de la potestad normativa de esta Sala, '*contraviniendo el Texto Constitucional,*'" procedió a construir una doctrina sobre sus poderes "legislativos," o de la legitimidad de su actuación en general, como "legislador positivo."

Para ello, la Sala Constitucional comenzó rememorando el origen del sistema de control concentrado de constitucionalidad de las leyes, afirmando que en Venezuela, la jurisdicción constitucional resultante, conforme al artículo 215 de la Constitución de 1961, era ejercida:

> "por la otrora Corte Suprema de Justicia en pleno, la cual se limitaba al ejercicio del control concentrado de la constitucionalidad siguiendo el modelo de Kelsen, contenido por primera vez en la Constitución austríaca de 1920. Dicho modelo de control concentrado se caracterizaba principalmente, por constituir un sistema especializado, cuyas decisiones son de efectos ***erga omnes***, ***ex nunc*** y tienen el valor de cosa juzgada."
>
> En efecto, el modelo de justicia constitucional austríaco se caracteriza por ser un sistema abstracto y principal, pues se realiza un examen genérico de compatibilidad lógica entre la Constitución y la ley en cuestión, sin detenerse en el conflicto material concreto subyacente. Otro rasgo característico de dicho sistema es la especialización respecto del órgano jurisdiccional -tribunal constitucional- que monopoliza el rechazo de la ley y su anulación por contravenir postulados constitucionales. Siendo ello así, no cabe duda de que el órgano jurisdiccional llamado a ejercer el control de la constitucionalidad de la ley en estos términos se convierte en un legislador negativo."

III. En contraste con ese rol, la Sala Constitucional pasó a argumentar que en la Constitución de 1999, en cambio, dado lo "novedoso" del "órgano al cual corresponde el ejercicio de la jurisdicción constitucional, la competencia en materia de control concentrado de la constitucionalidad "se ve en gran modo ampliada" colocando a la Sala Constitucional del Tribunal Supremo de Justicia "con las atribuciones que anteriormente poseía la Corte en Pleno para el ejercicio del control concentrado de la constitucionalidad," y además, otorgándole "novedosas competencias enmarcadas bajo el principio de supremacía y fuerza normativa de la Constitución" contenidas en los artículos 334 y 336 de la Constitución, que "ejerce de manera exclusiva como máxima y última intérprete del Texto Fundamental." Ello, por supuesto, no es cierto, ya que en sustancia, las potestades de control en la Constitución de 1999 son similares a las que existían en la Constitución de 1961.

En todo caso, a juicio de la Sala Constitucional, con la "ampliación" de sus competencias en la Constitución de 1999,

> "la situación de ésta cambió radicalmente en lo que respecta a su competencia anulatoria como un simple legislador negativo, habida cuenta que no podría dicha Sala ejercer su rol como máxima garante del Texto Constitucional si se limita o circunscribe dicha labor únicamente a actuar como un legislador negativo; tampoco podría cumplir con el mandato constitucional de última intérprete de las normas fundamentales, bajo un esquema clásico de la absoluta separación de poderes, que no engrana, en modo alguno, con los valores superiores que propugna la Carta Magna de 1999."

De esta afirmación, la Sala Constitucional pasó a constatar que el clásico principio de la separación de poderes ya aparecía matizado en la Constitución de 1961, resultando "más que una separación absoluta de poderes" una "colaboración" entre las distintas ramas del Poder Público, resultando ahora que dada la:

> "existencia de una novedosa jurisdicción constitucional, la conservadora separación absoluta de poderes se plantea de una manera distinta, pues ante un Estado democrático, de Justicia y de Derecho, que propugna como valores superiores, entre otros, la libertad, la democracia, la responsabilidad social y la preeminencia de los derechos humanos, no resulta acorde ni conveniente una concepción rígida y aislada respecto de la actividad ejercida por cada uno de los poderes públicos; antes por el contrario, no sólo se justifica sino que se hace necesaria la colaboración de los poderes entre sí, propugnando más bien una invasión de un poder sobre el otro, en aras de lograr la tutela efectiva y el pleno ejercicio de los derechos fundamentales de los justiciables."

De lo anterior concluyó la Sala Constitucional afirmando que "con ocasión de las nuevas competencias" que le son atribuidas:

> "en ejercicio de la jurisdicción constitucional, resulta evidente que la misma, más que un legislador negativo en los términos en que se concebía conforme al modelo clásico del control concentrado austríaco que tradicionalmente han ejercido los tribunales o cortes constitucionales, se erige como un legislador positivo, pues la declaratoria de nulidad de una norma por contravenir con la Constitución, ineluctablemente produce un vacío que lejos de garantizar la efectividad de las normas y principios constitucionales más bien haría nugatorio su ejercicio, habida cuenta que si bien se cumpliría con la obligación de los jueces de emitir respuesta a las pretensiones de los justiciables, sólo se aludiría a la eficacia de los órganos jurisdiccionales pero no a su efectividad, pues se consumaría una justicia formal mas no material."

Es evidente que los Tribunales Constitucionales en el mundo contemporáneo, en muchas ocasiones, han actuado como legisladores positivos, particularmente en materia control de constitucionalidad para suplir temporalmente las omisiones del legislador cuando afectan derechos fundamentales, y en particular en materia de protección del derecho a la igualdad y a la no discriminación;[1028] pero de allí a afirmar que en general, los Tribunales Constitucionales se erigen en legisladores positivos, porque supuestamente el principio de la separación de poderes haya que desconocerlo por sea ahora algo "conservador," hay una distancia muy grande en medio de la cual está la Constitución.

Incluso, la "ilustración" que la Sala aporta para argumentar sobre la necesidad de su labor en ejercicio de la jurisdicción constitucional "no solo como un legislador negativo sino también positivo," se refiere exclusivamente a su competencia

---

1028 Véase en general Allan R. Brewer-Carías, *Constitucional Courts as Positive Legislators*, Cambridge University Press, 2011.

"para conocer de la inconstitucionalidad por omisión del poder legislativo municipal, estadal o nacional, cuando haya dejado de dictar las normas o medidas indispensables para garantizar el cumplimiento de la Constitución o las haya dictado en forma incompleta, para "*establecer el plazo y, de ser necesario, los lineamientos de su corrección*" (cardinal 7 del citado artículo 336).

Competencia que a decir de la Sala, la autoriza para, en caso de que en el plazo fijado el órgano legislativo no cumpla con sus obligaciones, poder "ejercer competencias políticas o legislativas," las cuales sin embargo considera de carácter temporal, "hasta tanto el órgano legislativo cumpla con el mandato constitucional" como la Sala dijo haberlo resuelto en la sentencia N° 1043 del 31 de mayo de 2004 (caso: "*Freddy Alberto Pérez, en su condición de legislador del Consejo Legislativo del Estado Lara*").

La Sala Constitucional luego pasó a razonar que los vacíos legislativos no sólo se derivaban de la declaración de inconstitucionalidad de la omisión legislativa, sino también como consecuencia de la declaratoria de nulidad de una norma por inconstitucional, lo que igualmente resulta en "una ausencia de regulación de un postulado fundamental," de lo que emana la necesidad de realizar una "labor integradora" para no dejar a la deriva "la efectividad de un derecho constitucional," cubriendo entonces "la ausencia normativa cuando ésta sea imprescindible para dotar un derecho fundamental de eficacia y hacer posible su ejercicio;" "labor productora e integradora de Derecho" que la Sala misma calificó como "legitima," derivada de su obligación de "hacer efectivo el goce y ejercicio de los derechos constitucionales."

Todas esas competencias, a juicio de la Sala Constitucional, "la alejan de un simple legislador negativo bajo el sistema clásico austríaco del control concentrado de la constitucionalidad, al anular, luego de un examen abstracto, la compatibilidad de una disposición con el Texto Constitucional," estimando en cambio "que su labor como legislador positivo", queda "evidenciada en el ejercicio de sus competencias al declarar una inconstitucionalidad por omisión o en un recurso de interpretación," lo cual a juicio de la Sala "también se extiende a la declaratoria de nulidad por inconstitucionalidad."

Todo lo anterior le sirvió a la Sala Constitucional para afirmar, pura y simplemente que:

> "resulta innegable el replanteamiento del rol de la jurisdicción constitucional en el proceso de producción del derecho, habida cuenta de la legitimidad de la Sala Constitucional en los términos antes referidos, no sólo para anular o rechazar una disposición por colidir con la Constitución sino también para determinar su interpretación vinculante y establecer los lineamientos para el funcionamiento del órgano al que se refiere la norma fundamental o para su aplicación inmediata."

En esta forma, la Sala Constitucional del Tribunal Supremo de Justicia desconoció el principio de la separación de poderes garantizado en el artículo 136 de la Constitución; violó el artículo 187.1 de la Constitución que asigna a la Asamblea Nacional la potestad de "legislar en las materias de la competencia nacional," y el artículo 218 que reserva a la Asamblea la potestad de reformar las leyes, usurpando en esa forma dichas competencias. De ello resultó, sin duda, que su sentencia quedó como ineficaz y nula conforme al artículo 138 de la Constitución. Con esta sentencia, por otra parte, al autoproclamarse la Sala como legislador positivo, reformó (mutó) ilegítimamente la Constitución, y todo ello, sin que pueda ejercerse un control sobre la misma.

Con sentencias como esta, por supuesto, como sucede en cualquier régimen autoritario, la pregunta de siempre frente al poder incontrolado: *Quis Custodiet Ipsos Custodes?,*[1029] queda sin respuesta.

SECCIÓN SÉPTIMA:

LA DESNATURALIZACIÓN DE LA ACADEMIA DE CIENCIAS POLÍTICAS Y SOCIALES Y LA REFORMA DE SU LEY POR LA JURISDICCIÓN CONSTITUCIONAL

Publicado en *Práctica y distorsión de la justicia constitucional en Venezuela (2008-2012),* Colección Justicia Nº 3, Acceso a la Justicia, Academia de Ciencias Políticas y Sociales, Universidad Metropolitana, Editorial Jurídica Venezolana, Caracas 2012, pp. 361-372.

En fecha 23 de octubre de 2007, la Sala Constitucional del Tribunal Supremo de Justicia mediante sentencia Nº 1986, de nuevo legisló de oficio, incurriendo en una usurpación de funciones, reformando la Ley de la Academia de Ciencias Políticas y Sociales,[1030] lo cual en el ordenamiento constitucional venezolano sólo corresponde a la Asamblea Nacional.

En dicha sentencia, en efecto, se ha reformado la naturaleza jurídica de la Academia, convirtiéndola en una corporación estatal; se ha eliminado la distinción entre Individuos de Números y Miembros Correspondientes nacionales; se ha eliminado esta última categoría de Miembros; se ha aumentado el *numerus clausus* de Individuos de Número de 35 a 41; y se ha modificado el sistema de postulación de los candidatos a ocupar algún sillón vacante de la Academia.

A los efectos de estudiar la magnitud del fraude constitucional cometido por la Sala Constitucional, en primer lugar analizaremos los aspectos generales del régimen legal de la Academia de Ciencias Políticas y Sociales en el ordenamiento jurídico venezolano; en segundo lugar, los alegatos de la acción de nulidad; la nueva naturaleza jurídica de las Academias definida en la sentencia; la supuesta discriminación originada en la distinción entre los Académicos y la forma de su postulación; y el contenido y efectos de la reforma legal efectuada por la sentencia.

1029 Véase Allan R. Brewer-Carías, "Quis Custodiet Ipsos Custodes: De la interpretación constitucional a la inconstitucionalidad de la interpretación", en *Revista de Derecho Público*, N° 105, Editorial Jurídica Venezolana, Caracas 2006, pp. 7-27. Publicado en Crónica sobre la "In" Justicia Constitucional. La Sala Constitucional y el autoritarismo en Venezuela, Colección Instituto de Derecho Público. Universidad Central de Venezuela, N° 2, Editorial Jurídica Venezolana, Caracas 2007, pp. 47-79.

1030 Regulada por Ley de 1924, *Gaceta Oficial* Nº 15361 de 13-08-24.

I. LAS ACADEMIAS COMO CORPORACIONES DE DERECHO PÚBLICO NO ESTATALES

1. *Las personas jurídicas de derecho público*

En el ordenamiento jurídico venezolano y conforme tradicionalmente se ha establecido en el Código Civil, las personas jurídicas se clasifican en dos grandes categorías conforme a la forma jurídica adoptada en el acto de creación de la misma como sujeto de derecho: las personas jurídicas de derecho público (o de carácter público como las califica el Código Civil) y las personas jurídicas de derecho privado (o de carácter privado, también conforme al Código Civil).[1031] Dicha creación en el primer caso, puede derivar de la Constitución o de una ley formal (nacional, estadal o municipal); o en ambos casos, se puede producir en virtud de una manifestación de voluntad asociativa de varios sujetos de derecho, conforme a las regulaciones que rigen las relaciones entre particulares en el Código Civil o el Código de Comercio.

En cuanto a las personas jurídicas de derecho público, en general, por derivar su creación de un acto normativo estatal, las mismas ejercen alguna cuota parte del Poder Público consecuencia de la descentralización del poder o de funciones administrativas, que se puede traducir en algunos casos en la atribución al ente de prerrogativas y privilegios del Poder Público y que sólo la Constitución o una ley formal les podría asignar. Por eso, por ejemplo, la Constitución, en el caso de los institutos autónomos, exige que sólo pueden crearse por ley (Art. 142) y la Ley Orgánica de la Administración Pública,[1032] además de repetir esta exigencia (Art. 96), precisa que en el caso de las personas jurídicas estatales o entes descentralizados funcionalmente "con forma de derecho público", deben ser "creadas... por normas de derecho público" (Art. 29,2) y esas no son otras que la ley formal, pues sólo la Ley puede atribuir a las mismas "el ejercicio de potestades públicas" (Art. 29,2).

En cambio, en general, las personas jurídicas de derecho privado, al ser creadas en virtud de la manifestación de voluntad de sujetos de derecho formulada conforme a las normas que regulan las relaciones entre particulares, no son titulares de dichas prerrogativas o privilegios, ni podrían serlo por el solo hecho de su creación.

Por otra parte, en el ordenamiento constitucional y legal, al regularse a las personas jurídicas de derecho público, se ha distinguido las mismas según el sustrato personal o real que tengan y que justifica su creación, distinguiéndose entre corporaciones y asociaciones de derecho público que siempre existen en virtud de su sustra-

---

1031. Véase, en general, sobre la distinción: Enrique Sánchez Falcón, "La distinción entre personas jurídicas de derecho público y personas jurídicas de derecho privado. Verdades y confusiones de una problemática", *Revista de Derecho Público*, N° 15, Editorial Jurídico Venezolana, Caracas, 1983, pp. 78 y ss.

1032 Decreto N° 6.217 15-07-2008, *Gaceta Oficial* N° 5890 Extraordinario de 31-07-2008.

to personal, por una parte, y por la otra, las instituciones de derecho público, que existen en virtud de su carácter fundacional o de su sustrato real.[1033]

Entre las primeras, que tienen base corporativa (sustrato personal), como se ha dicho, están las corporaciones y las asociaciones de derecho público. En cuanto a las corporaciones de derecho público estas a la vez se clasifican en dos grupos: primero, las comunidades públicas, entre las que están, las comunidades políticas que son las personas político-territoriales (entidades políticas del Estado consecuencia de la distribución del Poder Público), las comunidades indígenas, las Iglesias (comunidades religiosas) y las comunidades universitarias; y segundo, las corporaciones públicas como las profesionales (Colegios Profesionales) y académicas (Academias Nacionales); y luego, las asociaciones de derecho público, es decir, las personas jurídicas creadas por asociaciones entre personas de derecho público (Mancomunidades).

Entre las segundas, las que tienen base patrimonial (sustrato real), están las instituciones de derecho público, como los institutos autónomos.

2. *Las Corporaciones públicas y las Academias*

Las corporaciones públicas son todas aquellas personas jurídicas de derecho público creadas por ley o en virtud de una disposición expresa del legislador para hacer posible el funcionamiento autónomo y proteger a determinados grupos o corporaciones profesionales, gremiales o académicas (estas incluso con funciones consultivas), a las cuales, en general, mediante la Ley de creación o regulación se les transfieren algunas prerrogativas y privilegios del Poder Público y que no tienen, sin embargo, un ámbito político de acción territorial.

Estas corporaciones públicas se caracterizan por la presencia de un sustrato personal, de una corporación que da a estos entes un carácter diferente al del resto de los entes descentralizados. La naturaleza de los fines que persiguen, además, exige que los mismos no sólo estén dotados de autonomía administrativa y de gestión patrimonial, sino además, de la posibilidad de elegir los titulares de sus órganos administrativos.

Estas personas jurídicas de derecho público son los Colegios Profesionales y las Academias Nacionales, las cuales tienen en común que a pesar de su carácter de corporaciones públicas[1034], no están integradas a la organización general del Estado,

---

1033 Véase Allan R. Brewer-Carías, *Derecho Administrativo*, Universidad Externado de Colombia, Bogotá 2008, Tomo I, pp. 373 ss.

1034 Esta calificación la establecimos por primera vez en la comunicación N° 1165 de 19-11-71 dirigida al Presidente del Banco Central de Venezuela, en la cual tratamos sobre la naturaleza jurídica de dicha entidad. Véase en *Informe sobre la reforma de la Administración Pública Nacional*, Comisión de Administración Pública, Tomo I, Caracas, 1972, pp. 611 y ss. La calificación ha sido acogida, en forma pacífica, por la doctrina. Véase, en general, la opinión de los académicos Jesús Leopoldo Sánchez, Tito Gutiérrez Alfaro, Eloy Lares Martínez, Luis Felipe Urbaneja y René de Sola, publicada en *Boletín de la Academia de Ciencias Políticas y Sociales*, N° 72-73, Caracas, 1978, pp. 19 y ss.; y Eugenio Hernández Bretón, "La personalidad jurídica de las Academias", en *Boletín de la Academia de Ciencias Políticas y Sociales*, N° 97-98, Caracas, 1989, pp. 125 y ss.

siendo entonces personas jurídicas de derecho público no estatales. Estas Academias Nacionales son siete: la Academia Venezolana correspondiente de la Real Academia Española de la Lengua creada por Decreto de 1883[1035]; la Academia Nacional de la Historia creada por decreto 1888[1036]; la Academia Nacional de Medicina creada por Ley de 1904[1037]; la Academia de Ciencias Políticas y Sociales, creada por Ley de 1915[1038]; la Academia de Ciencias Físicas, Matemáticas y Naturales, creada por Ley de 1917[1039]; la Academia Nacional de Ciencias Económicas, creada por Ley de 1983[1040]; y la Academia Nacional de la Ingeniería y el Hábitat creada por Ley de 1998[1041].

Todas, excepto las dos últimas, fueron creadas durante el siglo XIX y las dos primeras décadas del siglo XX, por lo que en sus leyes de creación no se especificó el tipo jurídico del ente respectivo. Sólo fue en las leyes de creación de las dos últimas, de 1983 y 1998, donde se especificó que se trataba de "corporaciones de carácter público, con personalidad jurídica, patrimonio distinto del Fisco Nacional, autonomía académica, organizativa y económica." Sin embargo, la ausencia de indicación expresa de tal circunstancia en relación con las academias creadas, no puede conducir a negarle la personalidad jurídica de derecho público a las mismas, y menos aun cuando el Código Civil desde el siglo XIX entre las personas jurídicas se refiere a "los demás cuerpos morales de carácter público" (Art. 19,2).

Por otra parte, todas las Academias se establecieron expresa y deliberadamente, siguiendo el modelo de las mismas establecido desde la creación de la Academia Francesa, como corporaciones públicas no estatales, integradas por individuos designados por sus méritos, por los miembros de la propia Corporación mediante un proceso de cooptación y de acuerdo con sus propias reglas. Como tales corporaciones públicas, siempre ha sido dotadas de personalidad jurídica y autonomía, no integradas en la Administración General del Estado aún cuando apoyadas por este. Ello conduce a que no están sometidas a control alguno de tutela por parte de los órganos de la Administración Pública Central. El hecho de que siempre hayan cumplido funciones consultivas en relación con la Administración Pública, sin que las consultas hayan tenido ni carácter obligatorio ni vinculante, nunca ha conducido a considerarlas como dependencias jerárquicas de la Administración Pública Nacional.[1042]

1035 *Compilación Legislativa*, Editorial Andrés Bello, Tomo II, Caracas, 1952, Sección VII-6.

1036 *Compilación Legislativa*, Editorial Andrés Bello, Tomo II, Caracas, 1952, Sección VII-5.

1037 Regulada por Ley de 1941, *Gaceta Oficial* Nº 20.557 de 05-08-41.

1038 Regulada por Ley de 1924, *Gaceta Oficial* Nº 15361 de 13-08-24.

1039 *Gaceta Oficial* Nº 13181 de 27-06-17.

1040 *Gaceta Oficial* Nº 32798 de 24-08-83.

1041 *Gaceta Oficial* Nº 5263 Extraordinario de 17-09-98.

1042 Según la opinión de Gonzalo Pérez Luciani, la cual no compartimos, las Academias Nacionales no serían personas jurídicas, sino sólo "órganos de la Administración Pública venezolana" u "órganos administrativos del Estado", en particular, de la "administración consultiva"; en definitiva, "órganos colegiados" que se integran en "la organización administrativa central". Véase "Las Academias venezolanas. Su naturaleza jurídica" en *Estudios de Derecho Civil. Libro Homenaje a José Luis Aguilar Gorrondona*, Caracas, 2002, pp. 102-103.

3. *La Academia de Ciencias Políticas y Sociales*

En cuanto a la Academia de Ciencias Políticas y Sociales, la misma fue creada por Ley de 16 de junio de 1915, reformada en 1924, en la cual se dispuso que está integrada por 35 Individuos de Número (art. 1) como *numerus clausus*, que se eligen por cooptación por los propios Individuos de Número, cuando se produzca una vacante.

La elección debe hacerse "entre Abogados o Doctores de Ciencias Políticas o sabios venezolanos que reúnan las condiciones siguientes: Haber escrito alguna obra, bien reputada generalmente, sobre Ciencias Políticas y Sociales, o haber desempeñado por más de cuatro años en alguna de las Universidades de la República o en cualquier plantel autorizado para ello, alguna cátedra sobre tales materias, o haber sido codificador o miembro revisor de las Comisiones de Códigos creados por el Gobierno Nacional, y poseer reconocida e incontestable competencia en el dominio de las Ciencias Políticas" (art. 1).

Además de estas condiciones, para ser admitido como miembro activo de la Academia, el artículo 5 dispone que se requiere: 1. Ser venezolano; 2. Estar domiciliado en la capital de la República; 3. Ser propuesto por tres miembros activos y aceptado por la Academia en sesión ordinaria; y 4. Presentar un trabajo sobre Ciencias Políticas y Sociales, sobre un tema de libre elección y una relación de los trabajos practicados sobre tales materias o indicación de los servicios prestados en obsequio de la legislación patria o de las Ciencias Políticas y Sociales en general."

Además de los Individuos de Número, el artículo 4 de la Ley establece que la Academia, es decir, los Individuos de Número, deben nombrar miembros Correspondientes nacionales y extranjeros a individuos que juzgue acreedores a dicho honor, también en un número determinado así: dos por cada uno de los actuales Estados de la República y treinta de fuera del país.

Para ser miembro Correspondiente nacional se requiere llenar las mismas condiciones que es establecen para ser electo Individuo de Número, residir en algunos de los Estados de la República; y ser propuesto por tres miembros activos y aceptado por la Academia en sesión ordinaria (art. 6). Para ser miembro Correspondiente extranjero, es preciso: Residir en territorio extranjero, ser profesor o haberlo sido en una Universidad de su país por más de seis años en cualquiera de las ramas de las Ciencias Políticas y Sociales, o ser autor de obras sobre tales de incontestable mérito; ser propuesto por cinco miembros activos y aceptado por la Academia en sesión especial (art. 7).

La anterior es la composición y estructura básica de la Academia, conforme a las disposiciones expresas de la Ley, de la cual se destacan dos aspectos fundamentales: el número fijo de miembros, la elección de los mismos por la Corporación, y la necesidad de que la postulación de los candidatos la haga necesariamente miembros la propia Corporación, en un número de tres o cinco según se trate de Individuos de Número y Correspondientes nacionales, o de Correspondientes Extranjeros.

II. LA ACCIÓN DE NULIDAD INTENTADA

Mediante el ejercicio de una acción popular, unos ciudadanos interpusieron una acción de anulación de nulidad por inconstitucionalidad contra los artículos 5, ordinal 3°, 6 y 7 de la Ley de la Academia así como de los artículos 3, parágrafo primero y 5 del Reglamento de la Academia de Ciencias Políticas Y Sociales, por considerar que dichas normas establecían para la Academia un *"derecho absolutista"*, que permitía elegir a *"su membresía, de manera autócrata, como si de un club privado se tratara"*.

La acción se fundamentó, en primer lugar, en el alegato de violación al derecho a la igualdad y al principio de no discriminación, al considerar los accionantes que ciertos ciudadanos "no podrán ingresar y garantizar el cumplimiento de la noble misión de la referida Academia, a pesar de tratarse de los mejores profesionales," pues "al no tener la postulación requerida, no podrán servirle al país desde esa institución;" ya que la Ley habría privilegiado a ciertas personas para ocupar las vacantes. Los Miembros de la Academia, adujeron los recurrentes, se abrían apropiado "del derecho absolutista de participar en la postulación y subsiguientemente (sic) designación de los individuos de número, miembros correspondientes nacionales o extranjeros", con lo que se negaría el ingreso "a cualquiera de los sujetos autorizados en el parágrafo único del artículo 1° de la ley". Todo ello significaba, al decir de los recurrentes, el "secuestro por una minoría calificada, del derecho que corresponde a los ciudadanos (...) a ocupar, sea por iniciativa propia o mediante su postulación por personas de derecho público o privado, algunas de las curules de esa prestigiosa institución".

La consecuencia de ello, al decir de los accionantes, era que la Academia de Ciencias Políticas y Sociales, amparada por su ley y se reglamento, se había convertido, en un "Club de Amigos, que hacen de esa institución un coto cerrado a las diversas corrientes del pensamiento jurídico y político," lo que implicaba que "aquella persona adornada" con "especiales dotes académicos" no podía acceder a la Academia, "porque sencillamente no tiene personas afectas a él que lo postulen".

En segundo lugar, los recurrentes denunciaron que la Ley contrariaba el derecho a la participación política, al considerar que "a pesar de que la Academia es una organización de participación científica y académica, su mecanismo de postulación impide la existencia en su seno de diversas corrientes del pensamiento político y social, desvirtuándose sus fines y los del Estado;" de manera que los que quieren colaborar "en el desarrollo de las ciencias sociales y políticas" ven "estropeados sus derechos por el sólo (sic) hecho de no encontrar que algún miembro lo postule."

En tercer lugar, denunciaron los recurrentes la violación del principio de razonabilidad, alegando que "no existe fin legítimo del Estado que justifique que sólo ingresen a la Academia aquellas personas que, además de reunir ciertas condiciones especiales, sólo sean propuestas por sus miembros, en detrimento del derecho a la igualdad y del principio a la participación política;" y que "es ilógico y contrario a la garantía constitucional a la justicia y a la razonabilidad del poder público, prevista en el artículo 2 de la Constitución de 1999, que se pretenda dejar sólo a la discrecionalidad de los miembros de la Academia las postulaciones del candidato a llenar la vacante de los miembros de esa corporación".

Los demandantes, finalmente, solicitaron a la Sala que una vez anuladas las normas impugnadas, la misma Sala interpretara "los textos legales impugnados a la luz de la Constitución de 1999", y fijara "las pautas que han de seguirse para la selección de los nuevos miembros de número (sic) y los miembros correspondientes nacionales y extranjeros de la Academia de Ciencias Sociales y Políticas (sic)". Es decir, en definitiva, que la Sala Constitucional legislara en la materia.

En el proceso constitucional respectivo, intervinieron los representantes de la Asamblea Nacional, de la Procuraduría General de la Republica, y de las Academias de Ciencias Políticas y Sociales, de la Historia y de Ciencias Físicas, Matemáticas y Naturales, los cuales en general rechazaron la argumentación de los impugnantes, considerando que la naturaleza de Academia como Corporación de carácter científico, permitía la selección de sus integrantes mediante propuesta formulada por los propios Individuos de Número, sin previsión alguna de participación ciudadana directa pues no ostentando Poder Público, los ciudadanos no tenían un derecho de acceso, ni le serían aplicables las normas que garantizan la participación ciudadana. Sólo el Ministerio Público compartió las razones alegadas por los recurrentes.

III. LA NUEVA NATURALEZA DE LAS ACADEMIAS EN RELACIÓN CON LA ORGANIZACIÓN DEL ESTADO

La Sala Constitucional, a los efectos de decidir, sostuvo que la controversia derivada de la acción de nulidad intentada, se centraba en la determinación "de la naturaleza jurídica de las llamadas Academias," particularmente respecto a si se trataba de instituciones estatales o no estatales, ya que en uno u otro caso su régimen sería diverso. En tal sentido, destacó la Sala que los recurrentes hicieron énfasis en el carácter público de la Academia de Ciencias Políticas y Sociales, mientras que el resto de los intervinientes destacaron a las Academias como organización carente de poder público.

Después de constatar que la doctrina nacional en forma casi unánime afirmaba que si bien las Academias eran "*personas de Derecho Público*, es decir, sometidas a un régimen especial, distinto al de los particulares," sin que ello implicar que fueran "parte de los Poderes Públicos, es decir, que se les pueda concebir dentro del organigrama funcional del Estado" ("similar a los colegios profesionales"); la Sala Constitucional de entrada afirmó lo contrario, que se trataba de:

> "personas jurídicas de Derecho Público, sometidas, por tanto, no sólo a un régimen preponderantemente *iuspublicista*, sino que están encuadradas en la estructura del Estado, razón que las hace sujetarse a los límites que se exigen para todos los entes por los cuales el Estado actúa. Por su función, se trata –dentro del Estado– de entes administrativos. Así, las Academias son parte de la *Administración Pública*, tanto orgánica como funcionalmente. Tal condición deriva de estar inserta en el aparato público y desarrollar actividades públicas."

A esta afirmación, agregó la Sala que si bien las Academias "efectivamente no *ejercen* poder público, en el sentido de *auctoritas,* pero sí son parte de la Administración Pública;" por ello la Ley de la Academia de Ciencias Políticas y Sociales la califica de *"institución oficial" (*artículo 12). Además, destacó la Sala que "basta observar el origen de las Academias para descubrir su integración en el aparato estatal: las crea el Estado para atender algunos de sus cometidos y designa para ello a personas de reconocido prestigio que le permitan alcanzar sus objetivos;" que la ley les confiere una serie de competencias, siendo "suficiente leer el artículo 3 de la Ley sobre la Academia de Ciencias Políticas y Sociales para comprobar que se trata de una organización de marcado carácter estatal;" y que la "condición no sólo pública sino estatal de las Academias la recoge la propia Ley impugnada, en su artículo 12," que se refiere al aporte que debe incorporarse en la Ley de Presupuesto para financiar sus actividades. La Sala, al respecto agregó que "El aporte estatal a las Academias se observa claramente en la Ley de Presupuesto de cada año, en la que las siete Academias venezolanas aparecen como organizaciones que reciben sus asignaciones a través del Ministerio del Poder Popular para la Educación, al igual que el conjunto de los entes que tiene adscritos." Concluyó la Sala afirmando, además, que "aunque las Academias no puedan englobarse en la llamada *administración activa,* sí son calificables en la *administración consultiva.*" En otras partes de la sentencia concluyó "que las Academias en Venezuela son, por tres razones, entes públicos: por su creación legal, por sus funciones y por su financiamiento," y que "En fin, se trata de entes estatales. Así se declara."

IV. SOBRE LA SUPUESTA DISCRIMINACIÓN QUE ORIGINA LA DISTINCIÓN ENTRE LOS ACADÉMICOS Y LA FORMA DE SU POSTULACIÓN

En relación con el alegato de discriminación para fundamentar la acción de nulidad, la Sala Constitucional, consideró de entrada que lo que se discutía en el caso, era el interés de "terceras personas" en poder "en ser también postulable a la Academia, sin necesidad de contar con el aval previo de tres o cinco, según el caso, Individuos de Número," de lo que concluyó afirmando que:

> "Para la Sala, sí existe desigualdad entre las personas cuando se permite que sólo puedan postularse a quienes cuenten con aval previo de una parte de quienes harán la elección final. Escoger internamente a los integrantes de la Academia de Ciencias Políticas y Sociales no es inconstitucional, como no lo es en el caso de las Universidades, cuyos profesores escogen por concurso a los nuevos profesores. Sí lo es, en cambio, cuando esa escogencia interna se hace sin control alguno (como es el caso, donde no existe la más mínima medición de credenciales, quedando sólo al buen juicio de los Individuos de Número) y donde no se permite que tengan posibilidades de ingreso quienes no cuentan con relaciones previas suficientes entre los Individuos de Número de la Academia. Un proceso de selección de servidores públicos, incluso en corporaciones científicas, no puede desconocer la apertura democrática a la sociedad. Es obvio que un ente financiado por el Estado no puede actuar de manera excluyente."
>
> *(omissis)*
>
> Aplicando lo anterior al caso de autos, considera la Sala que en el presente caso efectivamente se genera desigualdad cuando la Ley sobre la Academia de Ciencias Políticas y Sociales exige, como requisito de acceso a la condición de candidato para ingresar como Individuo de Número o Miembro Correspondiente, que una cantidad mínima de Individuos de Número haga la postulación, derivándose de ello un círculo cerrado para la inclusión de nuevos miembros.

El acceso a la Academia no puede, entonces, partir sólo de la voluntad de quienes la integran, sino que debe tomar en cuenta la voluntad de quienes pretendan ingresar a ella, si estiman tener méritos suficientes. Un régimen de postulaciones interno tiene como consecuencia necesaria dejar sin posibilidades ciertas a las personas que, *ab initio*, no cuenten con ese aval, convirtiéndose en la práctica en un mecanismo de exclusión.

Con base en las anteriores premisas, la Sala estimó, que dicho "mecanismo previsto en la Ley, tal como lo ha denunciado la parte accionante, es violatorio de la Carta Magna," considerando que "si una Academia es una corporación para reunir, en beneficio público –y nunca en provecho privado– a los más destacados representantes de una determinada disciplina científica, artística o técnica, se hace inconcebible que quienes puedan exhibir credenciales de relevancia queden excluidos de su seno porque el acceso a la Academia dependa de la postulación de tres (o cinco) Individuos de Número." De ello dedujo la Sala que "El ingreso, en todo caso, no puede quedar sometido a los estrechos vínculos entre quienes sean Individuos de Número y quienes pretendan serlo, relaciones que pueden desembocar, aun sin que sea esa la intención de los Académicos;" de manera que "Una Academia no puede regirse como un *club* privado, que con libertad escoge a sus miembros (y aun así, en todo grupo social deben respetarse los derechos de índole constitucional)."

En fin, la sala fue enfática en señalar que "siendo las Academias parte de la Administración del Estado, es a todas luces inconstitucional, por infracción al principio de igualdad en la ley, que no exista verdadera posibilidad de ingresar en ellas para el conjunto de los ciudadanos."

En virtud de lo expuesto, esta Sala declaró la inconstitucionalidad de la totalidad del numeral 3 del artículo 5 de la Ley sobre la Academia de Ciencias Políticas y Sociales y parte del artículo 6 *eiusdem*, en los que se disponía que: Articulo 5: "*Para ser admitido como miembro activo de la Academia, se requiere: 3. Ser propuesto por tres miembros activos y aceptado por la Academia en sesión ordinaria."; y Artículo 6: Para ser miembro Correspondiente nacional se requiere: Llenar las condiciones establecidas en el Parágrafo Único del artículo 1º; residir en algunos de los Estados de la Unión; y ser propuesto por tres miembros activos y aceptado por la Academia en sesión ordinaria."* (cursivas de la Sala). En cambio, la Sala rechazó la impugnación del artículo 7 de la Ley, considerando que "para el caso de los *Miembros Correspondientes Extranjeros*, la situación era necesariamente distinta," pues "la igualdad que garantiza la Constitución de la República" sólo se aplicaba "para quienes se someten a ella."

Pero en el caso, la Sala no limitó su pronunciamiento sobre las denuncias de inconstitucionalidad formuladas por los accionantes, sino que consideró que "la selección de los miembros de la Academia de Ciencias Políticas no sólo es inconstitucional por la manera en que se ha previsto el mecanismo de cooptación, sino porque además contiene otras normas que causan desigualdad," las cuales entró a examinar de oficio, conforme a su "poder para trascender la demanda del caso concreto, siempre que sea necesario para dar efectividad plena a la sentencia."

En tal sentido, la Sala consideró que además de haber declarado "que la postulación de candidatos para nuevos Individuos de Número o Miembros Correspondientes Nacionales (no así los Miembros Correspondientes Extranjeros) *impide la participación* y, por tanto, *genera desigualdad,"* era necesario observar que "la propia distinción entre Individuos de Número y Miembros Correspondientes Nacionales carece de sentido constitucional, pues marca *otra desigualdad* basada en un criterio irrelevante, a los fines de determinar los méritos científicos de los venezolanos o los extranjeros que desarrollan su actividad en el país, cual es la residencia en la capital de la República." La Sala consideró que era "imposible comprender la razón por la que sólo están en capacidad para ser Individuos de Número quienes viven en la ciudad de Caracas, mientras que las personas que vivan en el interior de la República únicamente alcanzarían la condición de Miembro Correspondiente Nacional."

Sobre la distinción entre los académicos, la sala argumentó lo siguiente:

> Tanto los Individuos de Número como los Miembros Correspondientes (Nacionales y Extranjeros) integran las Academias, pero legalmente existen diferencias de trato entre unos y otros, de modo que, por ejemplo, la Ley sobre la Academia de Ciencias Políticas y Sociales, sólo confiere a los Individuos de Número la condición de *"miembros activos"*, encargados de cumplir la misión de la Corporación, al tiempo que los Miembros Correspondientes son una suerte de auxiliares, a los que se les asignan otras tareas.
>
> No se niega que quizás esa exigencia pudo tener en su momento total justificación, dada la dificultad de los desplazamientos por el territorio nacional y la inexistencia de los diversos medios de comunicación de los que hoy disfrutamos. Hoy día, no obstante, se erige como una norma anacrónica.

Pero no sólo consideró la Sala que la distinción era anacrónica, sino "también inconstitucional," y además, carente "de justificación en el estado actual de la sociedad, que un órgano consultivo de la Administración, que debe reunir a las personas de mejores credenciales académicas, sólo pueda estar integrado por quienes residan en la ciudad capital de la República, relegando al resto de la población a la condición de Miembro Correspondiente Nacional, los cuales están en plano de total desigualdad respecto de los Individuos de Número, que son quienes realmente representan a la Corporación."

De allí la Sala consideró entonces necesario, "por razones de orden público constitucional, a fin de dar efectividad al principio de igualdad en el resto de la normativa legal impugnada, anular también la distinción entre Individuos de Número y Miembros Correspondientes Nacionales."

En definitiva, en la sentencia:

> "Se **ANULAN**, en los términos del fallo, sólo en lo relacionado con: a) el aval previo de postulación de candidatos al ingreso en las Academias; b) el requisito de residencia en la capital de la República para la condición de Individuo de Número; y c) la distinción entre Individuos de Número y Miembros Correspondientes Nacionales, los artículos 5 (numerales 2 y 3), 6 y 8 de la Ley sobre la Academia de Ciencias Políticas y Sociales, publicada en la Gaceta Oficial N° 15.361 del 13 de agosto de 1924.

Asimismo, se anulan en su totalidad los artículos 2 (párrafos segundo y tercero), 3 (Parágrafo primero y Parágrafo segundo), 5 y 9 del Reglamento de la Academia de Ciencias Políticas y Sociales. Se anulan parcialmente, sólo en la mención a los Miembros Correspondientes Nacionales, los artículos 1 (aparte único), 3 (primer párrafo, 10, 11 (parágrafo único), 13, 14, 17, 18, 27, 29 y 69 del mismo Reglamento.

Por último, se observa que en el propio texto de la sentencia se dispuso que se fijaban "los efectos del presente fallo *ex nunc*, es decir, a partir de su publicación por parte de la Secretaría de esta Sala."

V. LA REFORMA DE LA LEY DE LA ACADEMIA DISPUESTA POR EL JUEZ CONSTITUCIONAL

Como consecuencia de las decisiones anteriores, la sentencia no se limitó a anular las normas que consideró inconstitucionales, sino que pasó a reformar el régimen legal de la Academia así:

En primer lugar, la sentencia reformó la naturaleza jurídica de la Academia, al eliminar el carácter de "corporación de derecho público no estatal" que siempre ha tenido, y convertirla en un ente estatal, es decir, en este caso, en cuerpo más de la Administración Pública, y a sus miembros, incluso, considerarlos como "servidores públicos."

En segundo lugar, la Sala Constitucional cambió el número de los Individuos de Número de la Academia al disponer que: "A partir de la publicación de este fallo, los actuales Individuos de Número y Miembros Correspondientes Nacionales de la Academia de Ciencias Políticas y Sociales deben ser tratados como Individuos de Número, sin distingos. Todos los miembros conformarán el colegio denominado *Academia*, con idénticas atribuciones y obligaciones, por lo que deberán dictarse las normas internas en la referida Academia de Ciencias Políticas y Sociales, a fin de que se garantice su efectiva participación en la atención de las competencias que la Ley asignan a esa Corporación."

Es decir, con esta decisión, se dispuso que todos los Individuos de Número y los Miembros Correspondientes nacionales que tenía la Academia "deben ser tratados como Individuos de Número, sin distingos", lo que no tiene otro efecto que la reforma del artículo 1 de la Ley de la Academia, la cual pasó entonces de tener 35 Individuos de Número, a tener ahora 46 Individuos de Número, al sumarse a los 35 que establece la Ley, los 11 que para el momento en que se dictó la sentencia habían sido electos. Es decir, con la reforma, la Academia pasó a tener 41 Sillones.

En segundo lugar, con la sentencia también se reformó la Ley de la Academia, en el sentido de que se eliminó la figura de los Miembros Correspondientes nacionales, a cuyo efecto la Sala declaró "inválidas las normas que exigen la residencia en la capital de la República para ser Individuo de Número, así como todas las referencias a los Miembros Correspondientes Nacionales, por lo que se anulan los artículos 5 (numeral 2), 6 y 8 de la Ley sobre la Academia de Ciencias Políticas y Sociales. La anulación sólo se extiende a la distinción entre Individuos de Número y Miembros Correspondientes Nacionales, subsistiendo cualquier otra disposición que contengan esos mismos artículos que no guarden relación con ese aspecto. Así se declara."

En tercer lugar, la Sala pasó a reformar la forma de postulación de los Individuos de Número de la Academia, para cuando se produzca alguna vacante en los 41 Individuos de Número que ahora tiene, por lo que resolvió que "a causa de este fallo, a partir de su publicación, cualquier persona puede postularse o ser postulada para formar parte del conjunto de candidatos a ocupar algún sillón en la Academia como Individuo de Número, siempre que se mantenga el criterio de la excelencia, constatable por los méritos que exhiban en sus currícula profesionales."

La reforma de la Ley, además de haber sido hecha de oficio por un órgano totalmente incompetente para ello, es también inconstitucional por violación de la garantía constitucional de la irretroactividad de la ley (artículo 24 de la Constitución) al resolver la sentencia, hacia el pasado, eliminando una distinción legal con efectos retroactivos, que incluso la misma admite que pudo haber tenido "total justificación" en el pasado. Una reforma legal como la indicada, con efectos retroactivos, ni siquiera hubiera podido haber sido sancionada por la Asamblea Nacional, a la cual le está proscrito crear nuevas situaciones jurídicas con efectos retroactivos, lo que pone en evidencia un nuevo fraude a la Constitución cometido por el Juez Constitucional.

Pero por otra parte, la sentencia dispuso expresamente que sus efectos son *ex nunc*, es decir, hacia el futuro, lo que la hace contradictoria con la reforma legal con efectos retroactivos que contiene y, por tanto, totalmente inejecutable. Si sus efectos son *ex nunc*, hacia el futuro, la reforma legal que contiene eliminando la distinción entre Individuos de Número y Miembros Correspondientes no podría tener efectos hacia el pasado, y solo se podría aplicar hacia el futuro (*ex nunc*) para cuando se eligieran nuevos Miembros Correspondientes.

Ahora bien, sin perjuicio de estas ilegitimas e inconstitucionales reformas a la Ley, debe destacarse que la Sala exhortó a la Asamblea Nacional para que dicte nuevas leyes que adapten las Academias –y no sólo la Academia de Ciencias Políticas y Sociales– a los criterios contenidos en el fallo; presumiendo que las Academias, por la falta de controles en la elección de sus Miembros, podían incurrir en "arbitrariedad," considerando que "no sería aceptable constitucionalmente que la Sala anule las restricciones de postulación para que resurjan mecanismos de elusión que puedan hacer nugatoria la nulidad declarada."

Sobre esta última afirmación, con razón, la Academia de Ciencias Políticas y Sociales, en la declaración pública que hizo, expresó:

> La Academia de Ciencias Políticas y Sociales rechaza la presunción maliciosa de los magistrados que hacen tal afirmación, desacatando el principio de la buena fe que están obligados a suponer en todas las personas. La corrección, la pulcritud y el acatamiento al ordenamiento jurídico, incluyendo en éste las decisiones judiciales, caracterizan a la institución académica desde su fundación. Pensar que la institución más representativa del pensamiento jurídico nacional, obligada como está a predicar con el ejemplo, sea capaz de realizar un *consilium fraudis* o de que sus integrantes puedan tener una conducta de delincuentes, es ofensivo. Imaginar que un grupo de profesores universitarios, entre los cuales figuran ex Presidentes de la República, Embajadores, ex Ministros, ex Magistrados, ex Presidentes de la antigua Corte Suprema de Justicia, ex Jefes de Cátedra, ex Directores de Centros e Institutos de Investigación, ex Deca-

nos de Facultad, Rectores, autores de algunas de las obras jurídicas de enseñanza más importantes del país, personas que han ascendido a la jerarquía académica por méritos escrupulosamente comprobados y por la honorabilidad de su conducta profesional y personal, van un día a concertarse para acordar "mecanismos de elusión que puedan hacer nugatoria la nulidad declarada" por una sentencia, es simplemente injurioso. Los académicos no tienen ni reclaman privilegio alguno por la cualidad que ostentan y por los méritos que le han sido reconocidos, pero sí tienen el mismo derecho de todo ciudadano a que se les presuma personas de buena fe. Ese derecho les ha sido desconocido por la sentencia comentada.

Sobre el resto de la decisión, la Academia en su comunicado afirmó, como lo hacen las instituciones que creen en el Estado de Derecho, que sin embargo:

> La Academia dará cumplimiento a la sentencia dictada. En un estado de derecho los jueces resuelven los conflictos de interpretación de las leyes y los ciudadanos tienen el deber de acatar las decisiones que ellos adopten, pero como el estado de derecho es también un estado democrático –no hay estado de derecho sin democracia– también tienen los ciudadanos el derecho de efectuar la crítica de las decisiones de los jueces.

En tal sentido, la Academia rechazó vigorosamente la aseveración hecha en la sentencia de que: "Una Academia no puede regirse como un *club* privado, que con libertad escoge a sus miembros (y aun así, en todo grupo social deben respetarse los derechos de índole constitucional)", señalando que:

> No dicen directamente los magistrados que conforman la mayoría que la Academia de Ciencias Políticas y Sociales funciona como un club privado, sino que lo sugieren a través de un argumento indigno de ser utilizado por los jueces, una argumentación estimada doctrinalmente como inmoral, como son las argumentaciones contractuales, aquellas por medio de las cuales se condena a alguien porque "el acusado no podía ignorar", "el acusado tenía que saber" o "el acusado tenía que estar en cuenta", formas seudo lógicas proscritas por la teoría de la argumentación y por los principios de interpretación jurídica.

SECCIÓN OCTAVA

LA SALA CONSTITUCIONAL COMO LEGISLADOR POSITIVO "REFORMANDO" EL CÓDIGO CIVIL EN MATERIA DE DIVORCIO

La Sala Constitucional del Tribunal Supremo de Justicia, de nuevo, en una forma completamente ilegítima e inconstitucional, ha usurpado las funciones normativas de la Asamblea Nacional, que tiene el monopolio de la derogación y reforma de las leyes exclusivamente mediante otras leyes (art. 218); y ha procedido a "reformar" el Código Civil en materia del régimen procesal de pospro-

cedimientos de divorcio, mediante una sentencia Nº 446 de 15 de mayo de 2014.[1043]

En dicha sentencia, dictada con ocasión de la revisión constitucional de una sentencia Nº AVC.000752 del 9 de diciembre de 2013 dictada por la Sala de Casación Civil del mismo Tribunal Supremo, la Sala Constitucional al fijar "con carácter vinculante la interpretación constitucional del artículo 185-A del Código Civil," no hizo otra cosa, en realidad que reformar pura y simplemente la última frase del artículo "interpretado," disponiendo que en lugar de su redacción actual conforme aparece en *Gaceta Oficial*, que dispone en el procedimiento no contencioso de divorcio conocido como el régimen del "divorcio express" que dice que:

> "Si el otro cónyuge no compareciere personalmente o si al comparecer negare el hecho, o si el Fiscal del Ministerio Público lo objetare, se declarará terminado el procedimiento y se ordenará el archivo del expediente";

Ahora, a partir de la publicación de la sentencia en la *Gaceta Oficial*,[1044] lo que dicha norma dice es lo siguiente:

> "Si el otro cónyuge no compareciere o si al comparecer negare el hecho, o si el Fiscal del Ministerio Público lo objetare, el juez abrirá una articulación probatoria, de conformidad con lo establecido en el artículo 607 del Código de Procedimiento Civil, y si de la misma no resultare negado el hecho de la separación se decretará el divorcio; en caso contrario, se declarará terminado el procedimiento y se ordenará el archivo del expediente."

Si esto no es una "reforma" del texto del artículo 185-A del Código Civil, quién sabe que será, que será.

El tema tiene que ver con las causales de divorcio reguladas en los artículos 185 y 185-A del Código Civil y su régimen procesal, lo que exige precisar qué es lo que estas normas disponen para comprender el alcance de la reforma legal efectuada mediante sentencia.

I. LAS NORMAS PROCESALES APLICABLES A LOS JUICIOS DE DIVORCIO DESARROLLADOS CONFORME A LAS CAUSALES DEL ARTÍCULO 185 DEL CÓDIGO CIVIL

El Código Civil establece, en efecto, que el matrimonio se disuelve por muerte de uno de los cónyuges y por divorcio (artículo 184), previendo al efecto diversas causales para ello.

En el artículo 185 establece las siguientes causales que califica como "únicas" de divorcio: 1° El adulterio; 2° El abandono voluntario; 3° Los excesos, se vicia e injurias graves que hagan imposible la vida en común; 4° El conato de uno de los

---

1043 Véase en http://www.tsj.gov.ve/decisiones/scon/mayo/164289-446-15514-2014-14-0094.HTML. Véase además en *Gaceta Oficial* Nº 40414 de 19 de mayo de 2014.

1044 Véase *Gaceta Oficial* No. 40414 de 19 de mayo de 2014.

cónyuges para corromper o prostituir al otro cónyuge, o a sus hijos, así como la connivencia en su corrupción o prostitución; 5° La condenación a presidio; 6° La adicción alcohólica u otras formas graves de fármaco-dependencia que hagan imposible la vida en común; y 7° La interdicción por causa de perturbaciones psiquiátricas graves que imposibiliten la vida en común.

A los efectos de obtener el divorcio por alguna de estas causales, que sólo un juez puede decretar, el Código remite a las normas que regulan el juicio de divorcio establecidas en los artículos 754 a 761 y 765 del Código de Procedimiento Civil, y que están ubicadas en el Título "De los procedimientos relativos a los derechos de familia y al estado de las personas." En ellas se regula un proceso judicial que se inicia por demanda, ante un juzgado con competencia en primera instancia en lo civil, con todas las garantías del debido proceso judicial, incluyendo la doble instancias, y el control de casación.

En breve, de acuerdo con dichas normas del Código de Procedimiento Civil, el iter procesal del "juicio de divorcio" regulado es el siguiente, que como se dijo se desarrolla ante el Juez de que ejerza la jurisdicción ordinaria en primera instancia, en el lugar del domicilio conyugal, que es "donde los cónyuges ejercen sus derechos y cumplen con los deberes de su estado" (artículo 754):

1. El juicio de divorcio se inicia mediante demanda de divorcio que debe ser intentada por uno de los cónyuges, y que para poder ser admitida debe estar "fundada en alguna de las causales establecidas en el Código Civil" (artículo 755).

2. Admitida la demanda de divorcio, el Juez debe emplazar "a ambas partes para un acto conciliatorio" en el cual las debe excitar "a reconciliarse, haciéndoles al efecto las reflexiones conducentes" (artículo 756).

3. El acto conciliatorio debe tener "lugar pasados que sean cuarenta y cinco días después de la citación del demandado, a la hora que fije el Tribunal." A dicho acto debe comparecer "las partes personalmente" y pueden "hacerse acompañar de parientes o amigos, en número no mayor de dos por cada parte."

4. "La falta de comparecencia del demandante a este acto será causa de extinción del proceso" (artículo 756).

5. "Si no se lograre la reconciliación en dicho acto,' se debe emplazar "a las partes para un segundo acto conciliatorio, pasados que sean cuarenta y cinco días del anterior, a la hora que fije el Tribunal." Para este acto se deben observar los mismos requisitos establecidos anteriormente para el acto conciliatorio (Artículo 757).

6. Si tampoco se lograre la reconciliación en este acto, el demandante debe "manifestar si insiste en continuar con su demanda." Si no insiste en continuar con la demanda, la misma debe tenerse "por desistida." En cambio, "si el demandante insiste en continuar con la demanda, las partes quedarán emplazadas para el acto de la contestación en el quinto día siguiente" (artículo 757).

7. "La falta de comparecencia del demandante al acto de contestación de la demanda causará la extinción del proceso" y la falta de comparecencia "del demandado se estimará como contradicción de la demanda en todas sus partes" (artículo 758).

8. Una vez contestada la demanda, o dada la misma por contradicha por falta de comparecencia del demandado, "la causa continuará por todos los trámites del procedimiento ordinario" (artículo 759). Sin embargo, cuando se trate de una demanda fundada la causal quinta del artículo 185 del Código Civil (La condenación a presidio), si "se presentare copia auténtica de la sentencia firme de condenación a presidio, el Juez declarará que no hay lugar a pruebas por ser el punto de mero derecho, y procederá a sentenciar la causa en el lapso legal" (artículo 760).

9. Si hubiere reconvención, el Juez debe emplazar "a las partes para su contestación en el término legal, y una vez contestada, la causa quedará abierta a pruebas, sin que haya lugar a nuevos actos conciliatorios" (artículo 759). Si al contrario se produjere falta de comparecencia de las partes a la contestación a la reconvención, si es de la parte demandante, ello causará la extinción del proceso, y si es del demandado, se estimará como contradicción de la demanda en todas sus partes (Artículo 759).

Adicionalmente, el mismo artículo 185 del Código Civil establece que el juez de primera instancia en lo civil también puede "declarar el divorcio por el transcurso de más de un año, después de declarada la separación de cuerpos, sin haber ocurrido en dicho lapso la reconciliación de los cónyuges", en cuyo caso, el tribunal, "procediendo sumariamente y a petición de cualquiera de ellos, declarará la conversión de separación de cuerpos en divorcio, previa notificación del otro cónyuge" y con vista del procedimiento regulado en el Código de Procedimiento Civil.

En este supuesto, en todo caso, "la sentencia de conversión de la separación de cuerpos en divorcio, respetará los acuerdos de los cónyuges relativos a los hijos, sin perjuicio de poder resolver otra cosa cuando de los autos aparezcan elementos de prueba que aconsejen tomar las medidas y resoluciones a que se refiere el artículo 192 del Código Civil. Si se alegare la reconciliación por alguno de los cónyuges, la incidencia se resolverá conforme a lo establecido en el artículo 607 de este Código."

II. LAS NORMAS PROCESALES APLICABLES A LOS CASOS DE SOLICITUD DE DIVORCIO POR SEPARACIÓN FÁCTICA DE CINCO AÑOS CONFORME AL ARTÍCULO 185-A DEL CÓDIGO CIVIL

Aparte del régimen general del divorcio anteriormente señalado, en la reforma del Código Civil de 1982, se incorporó un artículo 185-A con una modalidad de divorcio por "mutuo consentimiento" sujeto a reglas procesales propias y distintas a las establecidas en los artículos 754 a 761 y 765 del Código de Procedimiento Civil, que no son propias de un juicio de divorcio sino de un procedimiento sumario no contencioso, y que opera exclusivamente cuando "los cónyuges han permanecido separados de hecho por más de cinco (5) años," en cuyo caso, como se dijo, no hay demanda ni juicio de divorcio, sino una simple "solicitud de divorcio," que debe tramitarse conforme al siguiente iter procesal:

1. Cualquiera de los cónyuges puede formular la solicitud ante el juez de municipio, "alegando ruptura prolongada de la vida en común," a cuyo efecto solo debe "acompañar copia certificada de la partida de matrimonio."

2. El Juez, una vez admitida la solicitud, debe librar "sendas boletas de citación al otro cónyuge y al Fiscal del Ministerio Público, enviándoles además, copia de la solicitud."

3. El otro cónyuge debe "comparecer personalmente ante el Juez en la tercera audiencia después de citado."

4. Si el otro cónyuge "reconociere el hecho y si el Fiscal del Ministerio Público no hiciere oposición dentro de las diez audiencias siguientes," el Juez debe declarar "el divorcio en la duodécima audiencia siguiente a la comparecencia de los interesados."

5. Si el otro cónyuge no compareciere personalmente o si al comparecer negare el hecho, o si el Fiscal del Ministerio Público lo objetare," se debe declarar "terminado el procedimiento" y se debe ordenar "el archivo del expediente.

Esta parte final de la norma es la que permite calificar el tipo de procedimiento como "no contencioso" en el sentido de que el legislador lo concibió para que operara solo y exclusivamente si no había contención entre las artes, es decir, solo si ambas partes estaban de acuerdo y reconocían en hecho de haber estado separados fácticamente por cinco años.

Por eso es que se ha calificado este supuesto legal como un procedimiento de divorcio por "mutuo consentimiento," en forma tal que la norma sólo se puede aplicar si existe acuerdo o reconocimiento mutuo entre los cónyuges sobre el hecho de la existencia de una separación de hecho entre ellos por más de cinco años.

Si ese "mutuo consentimiento," no existe, es decir, si un cónyuge solicita la aplicación de la norma alegando la separación de hecho por más de cinco años, y el otro cónyuge negare el hecho o si el Ministerio Público que vela por el orden público al tener conocimiento de que dicha separación de hecho no ha ocurrido realmente y lo objetare, entonces la ley dispone que como no habría acuerdo o reconocimiento mutuo o en fin "mutuo consentimiento" sobre la separación fáctica, el juez no puede hacer otra cosa que no sea archivar el expediente, y las partes, si así lo estiman en defensa de sus derechos o posiciones deben entonces proceder a demandar el divorcio conforme al artículo 185 del Código Civil, en cuyo caso seguirse el proceso regulado en el Código de procedimiento Civil para los juicios de divorcio.

Eso es lo que establece la ley; y para cambiar ese régimen es necesario que el legislador reforme la Ley. Así como la ley es emanación del órgano de representación popular que es la Asamblea Nacional, sólo dicho órgano puede reformar la ley, con la sola excepción constitucional de que mediando una delegación legislativa, el Poder Ejecutivo pueda reformar la ley mediante decreto ley. Cualquier otra reforma de ley, por cualquier otro órgano del Estado n sólo es contraria a la Constitución sino al principio democrático, lo que la hace ilegítima.

III. DE CÓMO EL ASUNTO DEL DEBIDO PROCESO VINCULADO A LOS JUICIOS DE DIVORCIO LLEGÓ AL CONOCIMIENTO DE LA SALA CONSTITUCIONAL

Sin embargo, impunemente pues el "guardián" de la Constitución no tiene quien lo controle,[1045] dicho régimen legal en materia de divorcio anteriormente expuesto, ha sido reformado, no por el Legislador (la Asamblea Nacional), sino por la Sala Constitucional del Tribunal Supremo de Justicia, el cual una vez más ha asumido inconstitucional e ilegítimamente el rol de "legislador positivo,"[1046] en la mencionada reciente N° 446 de 15 de mayo de 2014[1047] dictada con ocasión de la revisión constitucional de la sentencia N° AVC.000752 del 9 de diciembre de 2013 dictada por la Sala de Casación Civil, en la cual, al avocarse al conocimiento de una causa desarrollada ante un Juzgado de Municipio de Caracas en aplicación del artículo 185-A del Código Civil, había decretado la nulidad de la sentencia dictada por dicho Juzgado de Municipio en fecha 13 de mayo de 2013.

La Sala Constitucional consideró, al contrario, que el Juzgado de Municipio había realizado "una interpretación constitucionalizante del artículo 185-A del Código Civil," y "bajo el fundamento de protección de los derechos y garantías constitucionales, ordenó la apertura de una incidencia probatoria" en el procedimiento no contencioso regulado en la norma, trastocando su contenido. La Sala Constitucional, sin embargo, consideró que el Juzgado de Municipio había actuado correctamente, ignorando que había ejercido incorrectamente el control difuso de constitucionalidad en el caso,[1048] por lo que anuló la sentencia de la Sala de Casación Civil, restableciendo los efectos de la sentencia del juzgado municipal; y de paso, al declararla firme, privó a las partes en el procedimiento del derecho constitucional a una segunda instancia ya que el avocamiento de parte de la Sala de Casación ocurrió sin que se hubiese resuelto la apelación contra la decisión del juzgado municipal.

Para ello, la Sala Constitucional consideró que, supuestamente, la "sentencia del Juzgado de Municipio bajo una interpretación de la Constitución de 1999, se abstu-

---

1045 Véase Allan R. Brewer-Carías, "*Quis Custodiet ipsos Custodes*: De la interpretación constitucional a la inconstitucionalidad de la interpretación", en *VIII Congreso Nacional de derecho Constitucional, Perú*, Fondo Editorial 2005, Colegio de Abogados de Arequipa, Arequipa, septiembre 2005, pp. 463-489; en *Revista de Derecho Público*, N° 105, Editorial Jurídica Venezolana, Caracas 2006, pp. 7-27; y en el libro: *Crónica sobre la "In" Justicia Constitucional. La Sala Constitucional y el autoritarismo en Venezuela*, Colección Instituto de Derecho Público. Universidad Central de Venezuela, N° 2, Editorial Jurídica Venezolana, Caracas 2007, pp. 47-79.

1046 Véase Daniela Urosa Maggi, *La Sala Constitucional del Tribunal Supremo de Justicia como legislador Positivo,* Academia de Ciencias Políticas y Sociales, Serie Estudios N° 96, Caracas 2011. Véase nuestro "Prólogo" a dicho libro sobre "Los tribunales constitucionales como legisladores positivos. Una aproximación comparativa," pp. 9-70.

1047 Véase en http://www.tsj.gov.ve/decisiones/scon/mayo/164289-446-15514-2014-14-0094.HTML. Véase además en *Gaceta Oficial* N° 40414 de 19 de mayo de 2014.

1048 Véase Allan R. Brewer-Carías, "Sobre cómo no debe ejercerse el control difuso de constitucionalidad de las leyes por un juez ordinario. El caso de una sentencia de un juez de Municipio de Caracas, que para "garantizar la tutela judicial efectiva," con la excusa de ejercer el control difuso, violó la Constitución y la Ley, distorsionando el contenido del artículo 185-A del Código Civil," en *Revista de Derecho Público*, N° 134 (abril-junio 2013), Editorial Jurídica Venezolana, Caracas 2013, pp. 189-198.

vo de aplicar la parte in fine del artículo 185-A del Código Civil, es decir, la consecuencia jurídica prevista en el dispositivo y dar por terminado el proceso." La verdad es que nada de eso se dice en la sentencia del juez municipal, en la cual, en realidad, el Juez de Municipio lo que hizo fue supuestamente "desaplicar" *in toto* por control difuso de constitucionalidad el artículo 185-A, pero no para desaplicarlo, aplicando preferentemente la Constitución, como se lo hubiese impuesto el ejercicio del control difuso, sino para aplicarlo pero a su manera, "interpretándolo" y eliminando, precisamente, lo que es la esencia de su regulación, y es l carácter no contencioso del procedimiento en el sentido de que cuando no hay "mutuo consentimiento" porque los cónyuges no están de acuerdo en que han estado separados de hecho por cinco años, el procedimiento debe terminar y el juez debe archivar el expediente.

Esto es lo que le impone la ley, no estando autorizado ni legal ni constitucionalmente un juez de municipio a proceder a "inventar" un "proceso de divorcio" donde no lo hay, y proceder a aplicar el artículo 607 del Código de Procedimiento Civil y "permitir la promoción y evacuación de pruebas por vía de articulación, a fin de clarificar y resolver la situación que se presenta cuando el cónyuge citado niega la separación de hecho o la ruptura fáctica respecto al otro cónyuge por más de cinco (5) años." Eso no es ejercicio de control difuso de constitucionalidad alguno por un juez ordinario, sino mera arbitrariedad judicial.

Se insiste, conforme al artículo 185-A del Código Civil, si el cónyuge citado niega la separación de hecho alegada por el cónyuge solicitante, simplemente no hay "mutuo consentimiento" respecto del divorcio, y el artículo 185-A resulta inaplicable, y si lo que el juez municipal pensaba es que se debía garantizar que cualquier cuestionamiento se desarrollara con garantía del debido proceso, al desaplicar dicha norma lo que debió haber hecho era aplicar las reglas del proceso de divorcio establecidas en el Código de Procedimiento Civil dispuestas para las otras causales de divorcio, en lugar de "desaplicar" supuestamente una frase del artículo - lo que basta leer la sentencia para percatarse que no hizo -, y aplicar sólo la precaria norma del artículo 607 de dicho Código sobre una articulación probatoria..

La Sala Constitucional, sin embargo, no lo estimó así, y procedió entonces ella misma no sólo a avalar la inconstitucional decisión del juzgado municipal, sino a realizar la misma Sala, "una interpretación "conforme a la Constitución" del mencionado artículo 185-A," haciendo supuestamente una "ponderación de derechos y garantías constitucionales, como los contenidos en los artículos 75 y 77 constitucionales, los relacionados con las libertades del ser humano y el acceso a la justicia y la tutela judicial efectiva," incluyendo además, en la "ponderación", "el derecho a la tutela judicial efectiva (artículo 26); los derechos al debido proceso y a la prueba (artículo 49); así como el derecho a la protección de la familia (artículo 77)."

IV. EL PRINCIPIO DEL "LIBRE CONSENTIMIENTO" ENTRE LOS CÓNYUGES COMO SUSTENTO DEL MATRIMONIO, Y EL CESE DE LA VIDA EN COMÚN COMO FUNDAMENTO DEL DIVORCIO

Para realizar la "interpretación" del artículo 185-A del Código Civil, la Sala Constitucional partió de su interpretación del artículo 77 de la Constitución en relación con la institución del matrimonio, indicando que aquella norma "incluye una causal de divorcio adicional que no está contenida en las enumeradas en el artículo

185" y que es precisamente el que en la norma se regula basado en una "modificación del libre consentimiento." La Sala entonces procedió en relación con el artículo 77 de la Constitución, a indicar que el mismo "protege el matrimonio entre un hombre y una mujer, *fundado en el libre consentimiento*," expresión esta última que indicó, no existía en la Constitución de 1961. De esa expresión la Sala Constitucional dedujo que:

> "el matrimonio solo puede ser entendido como institución que existe por el libre consentimiento de los cónyuges, como una *expresión de su libre voluntad* y, en consecuencia, nadie puede ser obligado a contraerlo, pero igualmente – por interpretación lógica – *nadie puede estar obligado a permanecer casado*, derecho que tienen por igual ambos cónyuges."

De esta premisa, de la necesidad del "libre consentimiento" como sustento del matrimonio, derivó la Sala la consagración de un supuesto "derecho" constitucional de poner fin al matrimonio que tienen los cónyuges, y que "surge cuando cesa por parte de ambos cónyuges o al menos de uno de ellos – como consecuencia de su libre consentimiento – la vida en común, entendida ésta como la obligación de los cónyuges de vivir juntos, guardarse fidelidad y socorrerse mutuamente (artículo 137 del Código Civil) y, de mutuo acuerdo, tomar las decisiones relativas a la vida familiar y la fijación del domicilio conyugal (artículo 140 *eiusdem*)."

Es decir, la Sala concluyó que si "el consentimiento libre para mantenerlo es el fundamento del matrimonio," entonces "la suspensión de la vida en común significa que el consentimiento para mantener el vínculo ha terminado," de lo que deriva, por las diferentes situaciones jurídicas que se originan durante el matrimonio, la necesidad de "que la ruptura del vínculo matrimonial requiera una sentencia emanada de un tribunal competente para dictarla, mediante los artículos 185 y 185-A del Código Civil."

Para obtener esta sentencia, la Sala consideró que "entre las causales de divorcio hay dos que se fundan en la modificación del libre consentimiento de uno de los cónyuges de mantener la vida en común, las cuales son: el abandono voluntario (ordinal 2° del artículo 185 del Código Civil) y la separación de hecho por más de cinco años (artículo 185-A *eiusdem*)," considerando que:

> "para el derecho venezolano, el cese de la vida en común por voluntad de ambos o de uno de los cónyuges es una causal de divorcio, de igual entidad en todos los anteriores supuestos, ya que en la actualidad se adapta a la previsión del artículo 77 constitucional, según el cual el matrimonio se fundamenta en el libre consentimiento."

Después de los razonamientos anteriores, la Sala insistió en que "si el libre consentimiento de los contrayentes es necesario para celebrar el matrimonio, es este consentimiento el que priva durante su existencia y, por tanto, su expresión destinada a la ruptura del vínculo matrimonial, conduce al divorcio" considerando además, que "mantener un matrimonio desavenido" es "contrario al libre desenvolvimiento de la personalidad individual (artículo 20 constitucional), así como para el desarrollo integral de las personas (artículo 75 *eiusdem*)."

Todo este razonamiento derivado de la interpretación del artículo 77 de la Constitución basado en el "libre consentimiento," de considerar que existiría un derecho constitucional de los cónyuges a terminar con el matrimonio cuando alguno considere que ha cesado la vida común, a lo que lógicamente debió haber conducido – en la lógica de la sentencia – era a considerar inconstitucional la exigencia de cinco años de separación fáctica, pues la misma sería una limitante al derecho mencionado, pues si la vida en común habría cesado entre los cónyuges no habría que "esperar" el transcurso de cinco años en una situación de "matrimonio desavenido" para poder ejercer un derecho que se considera en la sentencia como constitucional, que surgiría del artículo 77 de la Constitución. Esa lógica a lo que debió conducir a la Sala era a considerar inconstitucional la exigencia del plazo de cinco años establecido en el artículo 185-A del Código Civil, y ordenar para los casos de separación fáctica entre las partes, proceder conforme a las reglas procesales de los juicios de divorcio, en cuyo caso, de estar de acuerdo los cónyuges en la cesación del vínculo matrimonial, lo que correspondería al conyugue demandado es convenir en la demanda; pero siempre dejando abierta la posibilidad de contención para ser ventilada en juicio de divorcio con las garantías del proceso.

V. LA ERRADA CONSECUENCIA SACADA POR LA SALA CONSTITUCIONAL, QUE PARA PROTEGER EL DEBIDO PROCESO, VIOLÓ EL DEBIDO PROCESO, REFORMANDO EL CÓDIGO CIVIL

Del razonamiento de la Sala Constitucional antes comentado, resulta claro que el "cese de la vida en común" como base del "derecho" al divorcio, no sólo se produce en los casos de las "causales" del divorcio a que se refirió la Sala en su razonamiento, que son el "abandono voluntario" o la separación fáctica de los cónyuges por cinco anos, sino que también se da en todas las otras causales, en el sentido de que todas, siempre, implican "cese de la vida en común", como es el caso del adulterio, los excesos, sevicia e injurias graves "que hagan imposible la vida en común,"; el conato de uno de los cónyuges para corromper o prostituir al otro cónyuge, o a sus hijos, así como la connivencia en su corrupción o prostitución; la condenación a presidio; la adicción alcohólica u otras formas graves de fármaco-dependencia "que hagan imposible la vida en común," y "la interdicción por causa de perturbaciones psiquiátricas graves "que imposibiliten la vida en común." En todos esos casos, hay de hecho o de derecho "cesación de la vida en común," y como siempre se trata de situaciones fácticas, las mismas requieren pruebas, por lo que precisamente se ha regulado tanto en el Código Civil como en el Código de Procedimiento Civil, un proceso judicial de divorcio con las garantías del debido proceso para dilucidarlas.

De todo ello, por tanto, lo que debió haber hecho la Sala para ser coherente en su razonamiento, no era sólo decir que "el procedimiento judicial que se ha previsto en el artículo 185-A del Código Civil debe adaptarse a las garantías procedimentales consagradas en el constitucionalismo moderno –recogidas en la Constitución de 1999– que exigen la existencia de un debate probatorio en donde las partes puedan, no solo comprobar los hechos que le asisten, sino también controlar las pruebas evacuadas en oposición a sus posturas"; sino haber efectivamente interpretado el artículo 185-A del Código "de conformidad con la Constitución" y considerar que para asegurar el derecho al debido proceso en los casos de "cese de la vida en común" por separación fáctica durante cinco años, lo que debía era realizarse un juicio de divorcio, donde se permitiera una actividad probatoria conforme al proceso judicial regulado en el Código de Procedimiento Civil, ordenando aplicar dichas normas (artículos 754 a 761 y 765) al igual se aplican en todos los otros casos de causales de divorcio (cese de la vida en común).

Pero no. La Sala prefirió violar precisamente los requerimientos del derecho a la tutela judicial efectiva y al debido proceso, al proceder en su sentencia a "regular" un "procedimiento de divorcio" sui géneris - por ende discriminatorio - por "mutuo consentimiento" desarrollado ante un juez incompetente para llevar adelante tal proceso judicial civil de primera instancia, como es un juez municipal, agregándole a un procedimiento no contencioso como el regulado en la norma, una simple articulación probatoria.

Es decir, en lugar de haber efectuado efectivamente una "interpretación progresiva" de la norma imponiendo por ejemplo, si así lo estimaba para la defensa del debido proceso, que en el caso regulado en el artículo 185-A del Código Civil (causal de divorcio por separación fáctica por cinco años) se aplicaran todas las normas del proceso judicial de divorcio regulado en el Código de Procedimiento Civil con todas sus garantías judiciales, que se aplican a las otras causales de divorcio, concluyó argumentando solo sobre la necesidad de abrir una simple y precaria incidencia probatoria, en un procedimiento no contencioso como el previsto en el artículo 185-A, o "potencialmente contencioso" como la misma Sala lo calificó.

Conforme a esta distorsión, la Sala sacó entonces la conclusión, modificando el texto del artículo 185-A del Código Civil, de que una vez "manifestada formalmente ante los tribunales en base a hechos que constituyen una reiterada y seria manifestación en el tiempo de disolver la unión matrimonial, como es la separación de hecho," contemplada en dicha norma "como causal de divorcio", ante los hechos alegados, "el juez que conoce de la solicitud, debe otorgar oportunidad para probarlos, ya que un cambio del consentimiento para que se mantenga el matrimonio, expresado libremente mediante hechos, debe tener como efecto la disolución del vínculo, si éste se pide mediante un procedimiento de divorcio," considerando que "no hay razón alguna, salvo una estrictamente formal," para sostener que en esos casos "no se ventile judicialmente la existencia real de tal situación por el solo hecho de que uno de los cónyuges (el citado) no concurriere a la citación, o no reconociere el hecho, o el Ministerio Público simplemente se opusiere."

Si ello era discriminatorio, a juicio de la Sala, lo que la Constitución le imponía era exigir que en esos casos, en lugar de aplicarse el procedimiento no contencioso regulado en el artículo 185-A del Código Civil, lo que debía aplicarse era el proceso del juicio de divorcio establecido para todas las otras causales de divorcio. Pero no, la Sala confirmó a "discriminación" que encontró, dejando un precario procedimiento "potencialmente contencioso" con una articulación probatoria aplicable a una sola de las causales de divorcio, y un proceso judicial con todas las garantías aplicable a todas las otras causales de divorcio.

En realidad, la Sala se olvidó de su propia recomendación en la misma sentencia sobre que el "examen de constitucionalidad del artículo 185-A del Código Civil, implicaba el deber para el juez de buscar todas las interpretaciones posibles de una norma legal y, proceder a contrastarlas con la norma constitucional" de manera que "el juez debe realizar todo esfuerzo interpretativo que haga compatible la norma legal con la norma constitucional."

Si eso lo hubiese hecho la propia Sala, ella misma hubiera llegado a la conclusión de que lo que debía aplicarse a la causal de divorcio por "mutuo consentimiento" por separación fáctica, era el mismo proceso judicial de divorcio aplicable a todas las otras sentencias, y desaplicar el artículo 185-A del Código Civil, que fue lo que el Juez de Municipio entonces debió haber hecho en el caso, y remitir el expediente al juez de primera instancia para que conociera del proceso.

Pero no. La Sala, obviando su propia recomendación, concluyó afirmando que "la interpretación efectuada por el ya mencionado Juzgado de Municipio sobre el elemento de la articulación probatoria adelantada en el comentado proceso de divorcio, resultó conforme al Texto Fundamental puesto que su oportunidad y pertinencia estuvo motivada por la necesidad de comprobar la situación de la ruptura *fáctica* del deber de vida en común de los cónyuges por un lapso mayor a cinco (5) años," todo atendiendo "a los principios que integran la garantía del debido proceso como lo son la libertad y control de la prueba y la inmediación del juez, mediante la comprobación de los hechos y alegaciones de ambas partes." Al decidir en esta forma, afirmó la Sala con carácter general que:

> "cuando el cónyuge citado o emplazado niegue, rechace o contradiga (en un juicio de divorcio conforme al artículo 185-A), que no ha habido la ruptura en forma libre, espontánea y bilateral, ese mismo carácter consensual se controvierte e impone un deber al juez de buscar la verdad sobre las afirmaciones efectuadas, tanto por quien ha iniciado el proceso en condición de accionante, como también de aquel que ha comparecido en calidad de emplazado o citado."

De todo lo cual resultó su afirmación de que "una interpretación del artículo 185-A del Código Civil conforme con la Constitución de la República Bolivariana de Venezuela, debe ser aquella que admita la apertura de una articulación probatoria para el supuesto que cualquiera de los cónyuges cuestione la verificación de la ruptura de la vida en común por un tiempo superior a cinco (5) años," para lo cual fue que procedió a adoptar su decisión fijando, "con carácter vinculante la interpretación constitucional del artículo 185-A del Código Civil" efectuada en la sentencia, que no es otra cosa que una reforma de dicho artículo, ordenando incluir en el sumario de la *Gaceta Oficial*,[1049] el texto de la misma que consiste en sustituir el último párrafo del artículo 185-A del Código Civil del Código Civil, que dice:

> *"Si el otro cónyuge no compareciere personalmente o si al comparecer negare el hecho, o si el Fiscal del Ministerio Público lo objetare, se declarará terminado el procedimiento y se ordenará el archivo del expediente*";

1049 Véase *Gaceta Oficial* N° 40414 de 19 de mayo de 2014.

por el siguiente texto:

> *"Si el otro cónyuge no compareciere o si al comparecer negare el hecho, o si el Fiscal del Ministerio Público lo objetare, el juez abrirá una articulación probatoria, de conformidad con lo establecido en el artículo 607 del Código de Procedimiento Civil, y si de la misma no resultare negado el hecho de la separación se decretará el divorcio; en caso contrario, se declarará terminado el procedimiento y se ordenará el archivo del expediente."*

Una vez más, la Sala Constitucional, so excusa de interpretar conforme a la Constitución una norma legal, no sólo no la interpretó conforme al texto fundamental, sino que inconstitucional e ilegítimamente efectuó una "reforma" de la Ley, en este caso, del propio Código Civil.

New York, 20 de mayo de 2014.

SECCIÓN NOVENA:

EL JUEZ CONSTITUCIONAL VS. EL ORDEN JURÍDICO, AL ORDENAR LA DESAPLICACIÓN GENERAL DE NORMAS APLICABLES, Y LA APLICACIÓN, EN SU LUGAR, DE NORMAS DEROGADAS

Este trabajo, con el título: "El Juez Constitucional vs. el orden jurídico, al ordenar la desaplicación general de normas aplicables y la aplicación, en su lugar, de normas derogadas (O cómo el Juez Constitucional, ante la imposibilidad de ordenar la aplicación retroactiva de una ley penal más gravosa a la libertad, logró ilegítimamente el mismo resultado, ordenando aplicar una ley derogada que también era mas gravosa a la libertad, mediante la desaplicación por vía de control difuso pero con efectos *erga omnes*, de la ley más favorables aplicable al caso), se publicó en *Revista de Derecho Público* Nº 127, julio-septiembre 2011, Editorial Jurídica Venezolana, Caracas 2011," pp. 183-200.

Pero la Sala Constitucional, entre sus actuaciones recientes, no sólo ha enmendado supuestos errores de la Constitución, distorsionando el sentido de sus normas, sino que subvirtiendo el orden jurídico, al no poder ordenar la aplicación retroactiva de una nueva ley más gravosa respecto de hechos pasados, mediante una sentencia también de carácter vinculante, dictada ejerciendo el control difuso de la constitucionalidad de las leyes, ordenó desaplicar en términos generales la ley que era aplicable a un caso y que era más favorable pues despenalizaba los hechos, ordenando en su lugar la aplicación de una ley dicha ley había derogado, "reviviéndola," y que era más gravosa pues penalizaba los hechos.

Efectivamente, eso fue lo que ocurrió con la sentencia No. 794 de la Sala Constitucional de 27 de mayo de 2011,[1050] en la cual la Sala Constitucional resolvió con

---

1050 Caso: Avocamiento procesos penales sobre delitos bancarios. Véase en http://www.tsj.gov.ve:80/decisiones/scon/mayo/11-0439-27511-2011-794.html.

"carácter vinculante para todos los tribunales de la República, incluso para las demás Salas del Tribunal Supremo de Justicia:"

> PRIMERO: "desaplicar por control difuso de la constitucionalidad el artículo 213 de la Ley de Instituciones del Sector Bancario, publicada en la Gaceta Oficial N° 6.015 extraordinario, del 28 de diciembre de 2010;" y
>
> SEGUNDO, "la aplicación de la norma contenida en el artículo 432 de la Ley General de Bancos y otras Instituciones Financieras publicado en la Gaceta Oficial N° 5.892, del 31 de julio de 2008 [que estaba derogada], y en el resto de los supuestos -actuaciones-, la aplicable al momento de la comisión del delito, atendiendo a los principios de temporalidad de la ley penal."

En ese caso, la Ley de Instituciones del Sector Bancario de diciembre de 2010 había despenalizado unos hechos en relación con la apropiación y distracción de recursos en materia bancaria, reformando la previsión de la Ley General de Bancos y otras Instituciones Financieras de julio de 2008 que, en cambio, los penalizaba. Con esta sentencia, como se comenta al final, la Sala Constitucional del Tribunal Supremo (i) utilizó en forma ilegítima la figura del avocamiento para fines distintos a los que fundamentan esa excepcional figura procesal, con el objeto de (ii) distorsionar y utilizar en forma ilegítima tanto el método de control difuso de la constitucionalidad de las leyes, para fines distintos al establecido en la Constitución y en el Código Orgánico Procesal Penal, como (iii) el control de constitucionalidad de las leyes, para usurpar la función legislativa, e impedirle al legislador realizar con libertad constitucional su política legislativa; y finalmente (iv) resolvió en abierta violación del principio constitucional del "*in dubio pro reo*" que establece el artículo 24 del Texto Fundamental, disponer la inaplicabilidad general de una ley aplicable que beneficiaba a los procesados, y al mismo tiempo ordenar que fuese aplicada una ley ya derogada que los perjudicaba, y que fue ilegítimamente revivida.

I. LA SOLICITUD DE AVOCAMIENTO EN EL CASO CONCRETO, SIN RESPETAR EL MARCO LEGAL PARA LA PROCEDENCIA DE TAL INSTITUCIÓN PROCESAL

La sentencia tuvo su origen en una solicitud formulada el día 29 de marzo de 2011, tres semanas después de que se publicara una nueva reforma parcial de la Ley de Instituciones del Sector Bancario,[1051] por unos Fiscales del Ministerio Público en la cual requirieron de la Sala Constitucional del Tribunal Supremo de Justicia, que se avocara al conocimiento de unas causas que la Sala de Casación Penal del mismo Tribunal, a su vez, de oficio, había solicitado en avocamiento de las que cursaban ante tribunales del Circuito Judicial Penal del Área Metropolitana de Caracas, y que se seguían a unos ciudadanos por delitos bancarios conforme a las previsiones del artículo 432 de Ley General de Bancos y Otras Instituciones Financiera de 2008,[1052]

1051 *Gaceta Oficial* N° 39.527 del 02 de marzo de 2011.

1052 *Gaceta Oficial* Extra. N° 5892 del 31 de julio de 2008.

que había sido la Ley conforme a la cual los Fiscales habían presentado la acusación.

Dicho artículo 432 de la Ley General de 2008 disponía lo siguiente:

> "Apropiación o Distracción de Recursos
>
> Artículo 432. Los miembros de la junta administradora, directores, administradores, funcionarios o empleados de un banco, entidad de ahorro y préstamo, institución financiera o casa de cambio que se apropien o distraigan en provecho propio o de un tercero, los recursos del banco, entidad de ahorro y préstamo, institución financiera o casa de cambio, cuyo depósito, recaudación, administración o custodia tengan por razón de su cargo o funciones, serán penados con prisión de ocho (8) a diez (10) años".

Posteriormente, en 2010, la Ley General de Bancos fue reformada, sustituyéndose por la Ley de Instituciones del Sector Bancario[1053] que incidió en el texto del antes mencionado artículo 432, que pasó a ser el artículo 213, con el siguiente texto:

> "Apropiación o distracción de recursos.
>
> Artículo 213. Quienes con la intención de defraudar a una institución del sector bancario y a los efectos de celebrar operaciones bancarias, financieras, crediticias o cambiarías, presenten, entreguen o suscriban, balances, estados financieros, y en general, documentos o recaudos de cualquier clase que resulten ser falsos, adulterados o forjados, o que contengan información o datos que no reflejen razonablemente su verdadera situación financiera, serán penados con prisión de diez a quince años y con multa igual al cien por ciento (100%) del monto total distraído.
>
> Con la misma pena serán castigadas, las personas naturales que señala el artículo 186 de la presente Ley, de las instituciones sometidas al control de la Superintendencia de las Instituciones del Sector Bancario, que conociendo la falsedad de los documentos o recaudos antes mencionados aprueben las referidas operaciones".

Posteriormente, como lo indicaron los Fiscales solicitantes del avocamiento, la Ley de Instituciones del Sector Bancario fue reformada de nuevo en marzo de 2011, publicada solo unos días antes de la solicitud, y con la misma - dijeron los Fiscales - "se retorna a la descripción históricamente consagrada en el ordenamiento jurídico venezolano, tal y como se evidencia del contenido del artículo 216, quedando en dicho dispositivo claramente descrita la conducta punible," en los términos siguientes:

> "Apropiación o distracción de recursos. Información falsa para realizar operaciones bancarias.

1053 *Gaceta Oficial* Extra. N° 6.015 de 28 de diciembre de 2010.

> Artículo 216. Las personas naturales señaladas en el artículo 186 de la presente Ley, que se apropien o distraigan en provecho propio o de un tercero los recursos de las Instituciones del Sector Bancario regulado por la presente Ley, cuyo depósito, recaudación, administración o custodia tengan por razón de su cargo o funciones, serán penados con prisión de diez (10) a quince (15) años, y con multa igual al cien (sic) por ciento (100%) del monto total de lo apropiado o distraído. Con la misma pena será sancionado el tercero que haya obtenido el provecho con ocasión de la acción ilícita descrita en la presente norma. Quienes con la intención de defraudar a una institución del sector bancario y a los efectos de celebrar operaciones bancarias, financieras, crediticias o cambiarias, presenten, entreguen o suscriban, balances, estados financieros, y en general, documentos o recaudos de cualquier clase que resulten ser falsos, adulterados o forjados, o que contengan información o datos que no reflejen razonablemente su verdadera situación financiera, serán penados con prisión de diez a quince años y multa igual al cien (sic) por ciento (100%) del monto total distraído. Con la misma pena serán castigadas, las personas naturales que señala el artículo 186 de la presente Ley, de las instituciones del Sector Bancario, que conociendo la falsedad de los documentos o recaudos antes mencionados aprueben las referidas operaciones."

De esta secuela de textos legales, lo que es claro es que en el artículo 432 de la Ley General de Bancos de 2008 vigente al momento de la acusación penal en los casos concretos procesados en las causas, contenía unos determinados hechos como punibles de delitos bancarios; que en cambio el artículo 213 de la reforma de la Ley General de Bancos de 2010, aún cuando conservando el mismo acápite del artículo, despenalizó varios de dichos mismos hechos; y que con la nueva reforma de la Ley de Instituciones del Sector Bancario de 2011, se volvieron a penalizar los hechos, volviéndose a lo que los Fiscales solicitantes llamaron la descripción "histórica" que tenía del artículo 432 de la Ley de 2008.

De lo anterior se deduce entonces que durante un período preciso de tiempo de algo más de dos meses, entre el 20 de diciembre de 2010 y el 2 de marzo de 2011, determinados hechos relativos a actividades bancarias quedaron completamente despenalizados. Ello implicaba que en ese período de tiempo, por voluntad del legislador, no podían iniciarse nuevas causas penales por "delitos bancarios" que pudieran tener su origen en los hechos despenalizados.

Y ello, precisamente, es lo que explica la extraña solicitud de avocamiento formulada ante la Sala Constitucional respecto de causas penales que a la vez habían sido solicitadas en avocamiento de oficio por la Sala de Casación Penal del Tribunal Supremo.

La solicitud de avocamiento planteada ante la Sala Constitucional no estaba basada en ninguna situación grave subversión del orden procesal o de violación del debido proceso, sino simplemente en que los Fiscales del Ministerio Público consideraron que "en virtud de la vigencia sucesiva de Leyes Penales," y si bien los artículos de la Ley de 2008 y la de la reforma de 2010 se referían "al delito *de* 'apropiación o distracción de recursos de instituciones financieras, cuyo *nomen iuris* conserva intacto el de la ley precedente," sin embargo, - dijeron - la última norma "incurre en una confusa descripción de dicho tipo penal." Según los Fiscales, del contenido de la norma del artículo 213 de la Ley de 2010 se derivaría que

> "la descripción de las acciones que se reputan como típicamente perseguibles a título de apropiación o distracción, no parecieran guardar estrecha relación con la voluntad legislativa que quedó expresada en el *referido nomen iuris*. Es decir, no contemplan de forma adecuada y univoca tales conductas (distraer o apropiarse), situación que ha generado una evidente confusión respecto a la adecuación de tales hechos, los cuales son a todas luces lesivos del orden socioeconómico y de significativa relevancia en el derecho penal económico."

Consideraron entonces los Fiscales que la Sala Constitucional era "la única cuyas competencias pudieran abarcar integralmente tal asunto, y darle una solución cónsona con el marco constitucional vigente."

Cual era la relación de tales argumentos y de la solicitud de avocamiento, con los casos concretos que cursaban en sendas causas penales por delitos cometidos bajo la vigencia de la Ley de 2008, que se despenalizaron por algo más de dos meses, entre el 28 de diciembre de 2010 y el 2 de marzo de 2011 cuando se volvieron a penalizar, sin embargo, es un misterio, salvo que con ello lo que se pretendiera fuera convertir en hechos punibles hechos cometidos durante el breve período señalado, cuando no eran punibles porque habían sido legalmente despenalizados.

Ello lo hizo la Sala Constitucional al avocarse al conocimiento del asunto, decidir la desaplicación del artículo 213 de la de Instituciones del Sector Bancario de 2010, con carácter *erga omnes*, y ordenar la aplicación del artículo 432 de la derogada Ley General de Bancos de 2008 para, a renglón seguido, ordenar devolver los autos a la Sala de Casación Penal para que continuara conociendo de los asuntos de los cuales a su vez se había avocado, y no había llegado a conocer.

II. EL "MARCO TEÓRICO" PARA LA DECISIÓN DE AVOCAMIENTO RELATIVO AL RÉGIMEN DE LA ACTIVIDAD BANCARIA Y LA DESPENALIZACIÓN DE LA APROPIACIÓN O DISTRACCIÓN DE RECURSOS EN MATERIA BANCARIA DISPUESTA POR EL LEGISLADOR

Para el logro de este despropósito, en una extensa sentencia de 155 páginas la Sala Constitucional se dispuso a

> "determinar si del contenido del artículo 213 de la Ley de Instituciones del Sector Bancario (G.O. N° 6.015 extraordinario, del 28 de diciembre de 2010), puede derivarse una despenalización de la conducta delictiva calificada como apropiación o distracción de recursos, lo que afectaría no sólo el curso del presente proceso, sino además incidiría en el desarrollo de la actividad bancaria y, en la eficacia y vigencia de las normas constitucionales que informan ese sector de la economía."

Para ello, la Sala entró a fijar "el marco teórico para poder juzgar el caso concreto," para lo cual entró a precisar "el régimen jurídico estatutario de derecho público aplicable al sector bancario, desde el ángulo del Estado Social de Derecho que determina la interpretación del sistema económico consagrado en la Constitución de la República Bolivariana de Venezuela y, de los cimientos históricos y económicos que dieron origen a la actual regulación penal vinculada con la normativa que rige la denominada actividad bancaria o financiera, que se sistematiza en términos generales en la creación, funcionamiento y liquidación de las instituciones que son autorizadas para la captación, manejo, aprovechamiento y la inversión del ahorro."

La Sala Constitucional entonces pasó a analizar el sistema de la Constitución económica, y en particular, la relación entre los valores esenciales de la libertad de empresa y de la regulación económica, y del derecho de propiedad y de su limitación legal, considerando que ninguno de ellos se puede erigir "como un valor absoluto, propenso a avasallar a cualquier otro que se le interponga," debiendo al contrario convivir armoniosamente, de manera que "las exigencias de cada uno de ellos, no sean asumidas con carácter rígido o dogmático, sino con la suficiente flexibilidad para posibilitar su concordancia." En definitiva, concluyó la Sala constatando que ni la libertad económica ni el derecho de propiedad eran derechos absolutos, y que "como casi todo derecho - a excepción de los derechos a la vida y a la integridad - conocen excepciones o limitaciones" que el legislador puede establecer siempre actuando "bajo el principio de racionalidad o de no arbitrariedad."

En este contexto normativo la Sala pasó a abordar el desarrollo de las normas que regulan la actividad bancaria, considerando al sistema financiero como una actividad que en relación con sus usuarios es de eminente interés público, sometida al principio de justicia social, de manera que al regulársela "no sólo se garantiza la tutela de los derechos de los titulares de la actividad económica sino de los usuarios del mismo." Consideró, además, como una manifestación propia de la actividad normativa del Estado, la relativa al ámbito penal, de manera que la pena tenga la función de prevención de los hechos (delitos) que atenten contra los bienes protegidos," siendo "la tipificación del delito y la fijación de la pena, parte de la política o discrecionalidad legislativa." Por ello, consideró la Sala, que:

"en principio el legislador puede establecer o eliminar figuras delictivas, graduar las penas aplicables, determinar el género o la extensión de éstas, bajo criterios de atenuación o agravación de las conductas penalizadas, todo de conformidad con la valoración, examen y ponderación que se efectúe en torno de los fenómenos sociales y del grado de daño que ciertos comportamiento puedan a causar o llegar a causar en la sociedad.

El siguiente paso que tomó la Sala, en su análisis, se refirió al artículo 114 de la Constitución que dispone que "El ilícito económico, la especulación, el acaparamiento, la usura, la cartelización y otros delitos conexos, serán penados severamente de acuerdo con la ley," deduciendo de su texto que el mismo impone al Legislador:

"un conjunto de limitaciones para el ejercicio de la función legislativa, pero a la vez, comporta un parámetro interpretativo, para el juez en el análisis de la legislación penal en la materia, que debe ponderarse con otros principios aplicables a la legislación penal como los derechos fundamentales referidos a la irretroactividad de la ley, debido proceso, el principio de tipicidad entre otros."

En particular, en cuanto a la penalización de actividades desarrolladas en el marco del sector bancario, consideró la Sala que las mismas responden a:

> "la necesidad el Estado de reaccionar ante hechos punibles cometidos por personas en una especial circunstancia de poder o estatus económico, en un ámbito en el cual las partes que integran el sistema actúan de buena fe, abusan de su posición, en detrimento de los débiles jurídicos tutelados por el ordenamiento jurídico bien sea en provecho propio o de terceros."

De allí dedujo la Sala que la primera aproximación al cumplimiento del contenido del artículo 114 de la Constitución

> "es la obligación del legislador de evitar groseras o escandalosas lagunas de punibilidad, que deberá llenar con la creación de delitos nuevos, perfeccionando los existentes mediante la delimitación de conductas que difícilmente puedan ser sancionadas con los delitos ya existentes, pero que afectan un bien jurídico determinado que requiere de una tipificación de los comportamientos que puedan ponerlo en peligro o lesionarlo."

En este marco, fue precisamente que la Sala pasó a efectuar la interpretación del contenido y alcance de la norma contenida en el artículo 213 de la Ley de Instituciones del Sector Bancario de diciembre de 2010, teniendo presente la necesidad de provocar una reacción total de los valores, principios y derechos constitucionales, que permee o alcance todos los ámbitos del ordenamiento jurídico y, permita forjar una resolución de fondo acorde con los principios de la Constitución de la República Bolivariana de Venezuela, para el caso en el cual se avoca." Para ello, la Sala Constitucional pasó revista histórica, en Venezuela y en el derecho comparado, al régimen y evolución de la legislación en materia de bancos, desde el derecho romano y los tiempos medievales, hasta los tiempos modernos, con particular referencia a los casos de Estados Unidos, México y Venezuela, constatando el carácter expansivo de la intervención estatal en sector bancario y financiero, con especial énfasis (i) en la regulación de la idoneidad de los sujetos a cargo de las actividades en el sector (los banqueros); (ii) en la regulación sobre el desarrollo la actividad bancaria para entre otros aspectos, defender los intereses de la sociedad en general y, de los usuarios de la banca en particular; (iii) en la regulación sobre el control de la actividad bancaria y las sanciones como consecuencia del incumplimiento de la normativa estatutaria correspondiente; y (iv) en la regulación de las sanciones y los delitos bancarios, para lo cual la Sala destacó que "la mayor injerencia en la regulación, control, supervisión y medidas de saneamiento del sistema bancario, se ha manifestado proporcionalmente en materia sanciones administrativas y delitos" extendiendo la responsabilidad de las personas naturales o jurídicas involucradas.

Con base en lo anteriormente analizado, pasó entonces la Sala Constitucional a determinar si del contenido del artículo 213 de la Ley de Instituciones del Sector

Bancario de diciembre de 2010,[1054] podía derivarse una despenalización de la conducta delictiva calificada como apropiación o distracción de recursos, que pudiera afectar el curso del proceso penal a cuyo conocimiento se había avocado la Sala.

Para ello, la Sala advirtió de entrada que "la apropiación o distracción como *nomen iuris* en el derecho penal económico, se inscribe en el marco de lo que en el derecho penal general se ha regulado bajo la calificación de apropiación indebida calificada" regulado en Venezuela desde 1873, en los artículo 466 y 468 del Código Penal. En este tipo delictivo, dijo la Sala, el bien jurídico tutelado es la propiedad, agravándose el delito por ejemplo, cuando la persona que recibe la cosa para restituirla o para hacer de ella un uso determinado, como un banquero, corredor, cajero o cobrador de una empresa.

Dicho delito especial vinculado a la actividad bancaria, se estableció por primera vez en la Ley General de Bancos y Otras Instituciones Financieras de 1993, en una norma que se mantuvo en la legislación bancaria en la reforma de la Ley General de Bancos y Otras Instituciones Financieras publicada de 2001,[1055] en cuyo artículo 432, conforme lo apreció la Sala, se "delimitó de forma más precisa, a los sujetos activos en la comisión del delito de apropiación o distracción de recursos, incluyéndose a los funcionarios de un banco, entidad de ahorro y préstamo, institución financiera o casa de cambio." La norma se conservó en la reforma de la Ley General de Bancos y otras Instituciones Financieras, de julio de 2008, en el texto que se transcribió anteriormente, así como en las reformas de la misma Ley General de diciembre de 2009;[1056] y de 19 de agosto de 2010 (art. 396).[1057]

De todas esas normas, la Sala dedujo que resultaba "claro un desarrollo histórico normativo que, a la par de las crisis financieras," habían quedado sometidas bajo su ámbito de vigencia temporal, potenciando el incremento de las penas aplicables y el mantenimiento del *nomen iuris.*" La Sala constató, incluso, que en la entonces vigente (para el momento de la sentencia) Ley de Instituciones del Sector Bancario de marzo de 2011,[1058] la norma establecía una regulación similar (art. 216).

Fue entonces en este contexto normativo, que la Sala pasó a abordar el tema del contenido y alcance del artículo 213 de la Ley de Instituciones del Sector Bancario de diciembre de 2010 que, como se dijo, establece igualmente el delito de "Apropiación o distracción de recursos," pero con otra redacción, como antes se transcribió. Para ello, la Sala Constitucional pasó a destacar la importancia del principio de la legalidad en materia sancionatoria, así como la garantía *nullum crimen nulla poena sine lege*, citando una importante sentencia de la propia Sala N° 490 de 12 de abril de 2011, en la cual concluyó con carácter vinculante que:

1054 *Gaceta Oficial* N° 6.015 extraordinario, del 28 de diciembre de 2010.

1055 *Gaceta Oficial* N° 5.555 del 13 de noviembre de 2001.

1056 *Gaceta Oficial* N° 5.947 extraordinario del 23 de diciembre de 2009.

1057 *Gaceta Oficial* N° 39.491 del 19 de agosto de 2010.

1058 *Gaceta Oficial* N° 39.627 del 02 de marzo de 2011.

"El principio de legalidad, en su formulación más general se traduce en la sujeción a la Ley, ante todo de la sujeción del Poder Público al Derecho, razón la que, p. ej., ese Poder no está legitimado para perseguir y sancionar a una persona por un comportamiento que la Ley no asocia a una sanción para el momento del hecho, y, por argumento en contrario, tampoco puede desconocer y no aplicar (a menos que la estime inconstitucional y la desaplique en ejercicio del control difuso de la constitucionalidad) una norma jurídica que sí está prevista en el ordenamiento jurídico.

Sólo el o los órganos a los cuales el Texto Constitucional le otorga la potestad de crear leyes están legitimados para crear otras que las deroguen y tal atribución no radica en la Sala de Casación Penal ni en ningún otro ente del Poder Judicial, si no, ante todo, en la Asamblea Nacional, tal como se indicó en el criterio plasmado anteriormente.

Así como 'Ningún magistrado (...) puede con justicia decretar a su voluntad penas contra otro individuo', ese funcionario tampoco puede descocer delitos y penas que sí dispone la Ley.

En tal sentido, de lo precedentemente expuesto se desprende que no sólo viola el principio de legalidad y, por ende, el debido proceso (artículo 49.6 constitucional) y la tutela judicial efectiva (artículo 26 eiusdem) reconocer la existencia de una norma que realmente no está prevista en el ordenamiento jurídico, sino también desconocer una norma jurídica que sí forma parte de él ...".[1059]

III LA DECISIÓN DE LA SALA CONSTITUCIONAL DE DESCONOCER LA OPCIÓN DEL LEGISLADOR EN MATERIA DE PENALIZACIÓN DE CONDUCTAS, PASANDO A USURPAR LA FUNCIÓN LEGISLATIVA

Pero a pesar de tan clara doctrina vinculante, en los párrafos siguientes de la sentencia, la Sala Constitucional pasó a desconocerla, y mediante la construcción de una teoría de la interpretación jurídica a la medida, pasó a "desconocer delitos y penas" que sí disponía la ley," y por vía de control difuso, pasó a "decretar a su voluntad penas contra otro individuo" ignorando lo que recién había afirmado de que sólo la Asamblea Nacional tiene la "potestad de crear leyes" siendo la única " legitimada para crear otras que las deroguen," no estando dicha atribución en órgano alguno del "Poder Judicial."

Partiendo del fin que debe tener toda ley, conforme al artículo 4 del Código Civil en relación con la intención del legislador, consideró la Sala que para la interpretación de la norma resultaba siempre aplicable el elemento teleológico o finalista, vinculado a los principios y valores constitucionales, fijando el criterio de que "en materia de delitos económicos la discrecionalidad del legislador penal, no es tan amplia como en otros ámbitos" de manera que dado el contenido del artículo 114 de

1059 Dictada en una revisión de sentencia. Véase en http://www.tsj.gov.ve/decisiones/scon/Abril/490-12411-2011-10-0681.html.

la Constitución antes señalado donde se hace referencia a los ilícitos económicos, en concordancia con los artículos 2, 112, 299 y 308 del Texto Fundamental, ello según la Sala "permite afirmar con mayor claridad que el control de la actividad legislativa por esta Sala, pueda y deba corregir la protección deficiente de los derechos y, en general de los imperativos Constitucionales."

Es decir, ni más ni menos, la Sala se erigió en órgano corrector o reformador de leyes cuando estime que han establecido una "protección deficiente" a los "imperativos constitucionales" que ella misma deduce. Por ello, la Sala pasó de inmediato a declarar o a aclarar que:

> "Ello no comporta que esta Sala, en base a tales postulados, pueda afirmarse como un legislador en materia penal y crear tipos penales, no establecidos en el ordenamiento jurídico, siendo evidente en tales casos, un vicio de inconstitucionalidad, causado por una obvia usurpación de funciones de acuerdo con el artículo 138 de la Constitución, pero sí permite que la Sala en su labor interpretativa del ordenamiento jurídico, en el marco del principio de conservación de los actos, deba con los elementos contenidos en la propia norma penal, aclarar el contenido y alcance de la misma en orden a garantizar que el Derecho esté al servicio de la convivencia, del desarrollo y del progreso humano; vale insistir, que la técnica jurídica sea instrumento útil para alcanzar estos propósitos, pero que, en caso de insuficiencia, se imponga la búsqueda de medios adecuados a la satisfacción de la necesidad de hacer justicia."

Pero lo que resultó de su sentencia fue precisamente lo que se pretendió negar, procediendo la Sala a convertirse en "un legislador en materia penal y crear tipos penales, no establecidos en el ordenamiento jurídico," mediante el subterfugio de desaplicar el artículo 213 de la Ley de Instituciones del Sector Bancario de diciembre de 2010, que había despenalizado ciertas conductas bancarias, desconociendo la voluntad del legislador, reviviendo para ello una previsión de una Ley que había sido derogada.

La Sala lo que alegó, usurpando la función del legislador, es que debía "evitar una interpretación que fomente la impunidad y desconozca el contenido mismo de los valores, principios y derechos que informan el ordenamiento jurídico," y que entonces, "la denominada apropiación o distracción de recursos, [...] no puede concebirse bajo planos de razonabilidad y justicia como una conducta lícita o permitida por el ordenamiento jurídico." Agregó además, la Sala que siendo la conducta de apropiación o distracción de recursos conductas de naturaleza delictual,

> "cualquier norma que desnaturalice su antijuricidad y el alcance de la tipicidad de las mismas, "legalizaría formalmente" un caos el sistema financiero; una anarquía que imposibilitaría lograr los fines del Estado Social de Derecho y de Justicia, y que vulneraría, en definitiva la dignidad humana individual y colectiva, al afectarse el nivel de vida de la colectividad en los términos antes señalados, en tanto la impunidad de la misma, generaría una crisis sistémica en el sector."

De todo ello, concluyó la Sala deduciendo que el ordenamiento constitucional le imponían como "al juez constitucional, que en ejercicio de su competencia de control de la actividad legislativa, garantice que "El ilícito económico, (...) y otros delitos conexos, serán penados severamente" (artículo 114 *eiusdem*)," lo que implica "no sólo que deban ser tipificadas las conductas delictivas, sino que además sean penadas con mayor severidad;" concluyendo con la afirmación de que:

> "Asumir otra posición interpretativa, resultaría contraria a la naturaleza de los valores, principios y derechos que informan la Constitución, por cuanto en el presente caso se procedería a despenalizar una conducta lesiva per se -derivada de la naturaleza de la actividad de intermediación bancaria-, reconocida como tal en el propio texto de la ley, y cuya legalización o deficiente penalización, desconocería el derecho de la sociedad, y de los afectados directa e indirectamente por la presunta apropiación o distracción indebida de recursos imputada, lo que inexorablemente incidiría, como se ha señalado, en el normal desarrollo de la sociedad."

Es decir, a pesar de que la norma del artículo 213 de la Ley de Instituciones del Sector Bancario de diciembre de 2010, efectivamente había despenalizado determinadas conductas bancaria, la Sala, simplemente desconoció dicha decisión del legislador, considerando en definitiva, que aceptarla sería generar "la destrucción o desintegración de la sociedad y, del sistema económico." La Sala Constitucional señaló entonces, en una admonición dirigida al Legislador, que "ningún órgano u ente puede en ejercicio de las competencias que le son atribuidas, afirmar un grado tal de discrecionalidad que le permita aseverar que tiene la opción de actuar en contra de la Constitución, los derechos y las garantías que en ella se consagran," concluyendo entonces que la:

> "norma contenida en el mencionado artículo 213 de la Ley de Instituciones del Sector Bancario, deba ser objeto de una interpretación como parte del régimen normativo de responsabilidad penal en el ordenamiento sectorial bancario, que impide que el sistema legal haga vacuo el contenido el artículo 144 de la Constitución de la República Bolivariana de Venezuela y, por el contrario se dé plena eficacia los principios y derechos contenidos en los artículos 2, 112, 299 y 308 eiusdem."

Con base en todo lo anterior, la Sala apuntó sobre el mencionado artículo 213 de la Ley de Instituciones del Sector Bancario de diciembre de 2010, señalando que en el mismo,

> "a pesar de que el legislador reconoció la antijuricidad de la conducta referida a la apropiación o distracción de recursos en materia bancaria, existe una inconsistencia en los elementos que integran la norma penal, que no permite a la aplicación de la misma, (Cfr. Sentencia de la Sala N° 1.466/04), ya que aunado a la calificación propia del tipo penal de apropiación o distracción de recursos enunciados en el *nomen iuris* de la misma, el legislador realiza la descripción normativa de un conjunto de acciones, que en el contexto de una interpretación literal o sistemática de la norma, generan un desorden que la erigen como contradictoria y de imposible entendimiento, que la constituye en una norma contraria al contenido del artículo 114 de la Constitución, en tanto no permite calificar claramente el hecho punible que se corresponde con la pena en ella establecida."

De ello concluyó la Sala afirmando que "el artículo 213 *eiusdem*, es una norma ininteligible y, por lo tanto, contraria al deber de tipificación suficiente contenido en artículo 114 de la Constitución y los principios de racionalidad y no arbitrariedad que deben regir la función legislativa (Cfr. Sentencia de esta Sala Nros. 2/09, 1.178/09 y 490/11)," por lo que conforme al artículo 334 de la Constitución, resolvió que:

> "desaplica por control difuso de la constitucionalidad el artículo 213 de la Ley de Instituciones del Sector Bancario, publicada en la Gaceta Oficial N° 6.015 extraordinario, del 28 de diciembre de 2010, teniendo el presente fallo carácter vinculante para todos los tribunales de la República, incluso para las demás Salas de este Tribunal Supremo de Justicia (Cfr. Sentencia de esta Sala N° 1.380/09)."

Se observa, en este caso, que en forma contraria a los principios que informan el control difuso de la constitucionalidad de las leyes que fijan los efectos de la sentencia con efectos entre las partes del proceso, la Sala Constitucional procedió a darle efectos *erga omnes*, lo que resulta de declarar vinculante la inaplicabilidad de la norma para todos los tribunales.

IV. LA DECISIÓN DE LA SALA CONSTITUCIONAL, AL DESAPLICAR CON CARÁCTER GENERAL UNA NORMA, DE ORDENAR APLICAR TAMBIÉN CON CARÁCTER GENERAL, UNA LEY DEROGADA

Sin embargo, era evidente que con la sola desaplicación general de la norma del artículo 213 de la Ley que despenalizaba conductas bancarias, no quedaba resuelta la voluntad de la Sala de, al contrario y en contra de la voluntad del Legislador, llegar a imponer la penalización de la apropiación o distracción de recursos, para lo cual tuvo entonces que pasar a resolver el interrogante de que "frente a la desaplicación se plantea igualmente si la misma debe considerarse como una despenalización del delito de apropiación o distracción de recursos, como tipo penal especial aplicable en el sector bancario," y abordar para ello, el tema de "la sucesión temporal de leyes que regulan la materia."

Con tal propósito, la Sala Constitucional partió del principio constitucional establecido en el artículo 24 del Texto fundamental que garantiza que "ninguna disposición legislativa tendrá efecto retroactivo, excepto cuando imponga menor pena" y que "cuando haya dudas se aplicará la norma que beneficie al reo," principio que se regula también en la Convención Americana sobre Derechos Humanos (Pacto de San José de Costa Rica), la cual en su artículo 9, dispone la aplicación de la ley más benigna, al señalar que: "nadie puede ser condenado por acciones u omisiones que en el momento de cometerse no fueran delictivos según el derecho aplicable. Tampoco se puede imponer pena más grave que la aplicable en el momento de la comisión del delito. Si con posterioridad a la comisión del delito la ley dispone la imposición de una pena más leve, el delincuente se beneficiará de ello."

De estas normas la Sala concluyó señalando:

> "como regla general interpretativa en el caso de sucesión de leyes, que la aplicación retroactiva de la ley penal más benigna, ya que con posterioridad a la

comisión del delito, la ley disponga la imposición de una pena más leve o de cualquier otro elemento que favorezca al procesado debe prevalecer."

Luego pasó la Sala a mencionar el artículo 15 del Pacto Internacional de Derechos Civiles y Políticos, donde dijo se:

> "expresa con toda precisión el alcance de la irretroactividad de la ley penal y de la retroactividad de la ley penal más benigna, al establecer que "1. Nadie será condenado por actos u omisiones que en el momento de cometerse no fueran delictivos según el Derecho nacional o internacional. Tampoco se impondrá pena más grave que la aplicable en el momento de la comisión del delito. Si con posterioridad a la comisión del delito la ley dispone la imposición de una pena más leve, el delincuente se beneficiará de ello".

Pero, lo insólito de todo esto es que fue en las previsiones del artículo 15.2 del Pacto Internacional de Derechos Civiles y Políticos, que la Sala pretendió "descubrir" que los anteriores principios "encuentran su límite" al disponer que:

> "Nada de lo dispuesto en este artículo, se opondrá al juicio ni a la condena de una persona por actos u omisiones, que en el momento de cometerse, fueran delictivos, según los principios generales del derecho reconocidos por la comunidad internacional".

En esta norma la Sala encontró que se imponía una interpretación que permitía "la desaplicación de la retroactividad de la norma penal más favorable y, a su vez, la aplicación de la denominada 'ultractividad' de las normas penales en casos *excepcionales.*"

Lo importante, sin embargo, es que no se trata de un límite a la irretroactividad de la ley ni al principio de la aplicación al reo de la ley más favorable, sino de una previsión excepcional, dispuesta cuando el Pacto se adoptó en el seno de las Naciones Unidas, para dar respuesta a la necesidad de castigar crímenes contra la humanidad que se produjeron durante la segunda guerra mundial, como los de "genocidio," lo que por supuesto nada tiene que ver con delitos bancarios.

De la norma del Pacto Internacional, la Sala Constitucional dedujo, sin embargo, que lo que había era una "obligación de hacer" impuesta a los Estados de "sancionar efectivamente los hechos contrarios a los derechos fundamentales," y de "perseguir y sancionar a los responsables de crímenes contra la humanidad," así como de "prevenir, investigar y sancionar toda violación de derechos reconocidos por la Constitución e instrumentos internacionales de derechos humanos." Y a renglón seguido pasó a argumentar respecto al tema de la despenalización de delitos bancarios en Venezuela, en relación con el "alcance y contenido de derecho a la libertad económica y a la estabilidad y sustentabilidad del sistema económico como derechos humanos fundamentales," concluyendo entonces que debía

> "necesariamente aplicarse el principio "tempus regit actum" a los delitos de índole económico bancario, como el de apropiación o distracción de bienes, con base a las imposiciones que la propia Constitución (artículo 114) establece en la materia, que se materializan y ratifican en relación a la prohibición de impuni-

dad ya señalada en la materia de derechos humanos fundamentales (artículo 15.2 del Pacto Internacional de Derechos Civiles y Políticos)."

En consonancia, la Sala consideró que como en los supuestos de leyes excepcionales y temporales, que en el caso sometido a su consideración, "dada la desaplicación por control difuso de la constitucionalidad del artículo 213 de la Ley de Instituciones del Sector Bancario de diciembre de 2010," también resultaba aplicable "el principio de ultractividad" en la medida:

> "que el artículo 432 de la Ley General de Bancos y otras Instituciones Financieras (Gaceta Oficial N° 5.892, del 31 de julio de 2008) contempla la norma más favorable -y por lo demás vigente para el momento de la comisión del hecho ilícito penal-, en relación con el tipo penal de apropiación o distracción contenido en el artículo 216 del vigente Decreto con Rango, Valor y Fuerza de Ley de Reforma Parcial de la Ley de Instituciones del Sector Bancario (Cfr. Gaceta Oficial N° 39.627 del 02 de marzo de 2011, que establece una pena de 10 a 15 años de prisión).

La Sala en definitiva, contrariando la voluntad del Legislador, o corrigiéndola o enmendándola, resolvió que si no hubiera tomado su decisión, de desaplicar una norma aplicable al caso, y de aplicar una norma ya derogada al mismo caso "se despenalizaría una conducta que como ya se señaló, es antijurídica por sí misma, en el marco del ejercicio de la actividad financiera" y como si se tratase de delitos de genocidio o lesa humanidad, conforme al artículo 15.2 del Pacto Internacional de derechos Civiles y Políticos, podía resultar "contraria no sólo a los intereses generales del Estados, sino que además a su estabilidad económica en los términos antes expuestos."

V. DE CÓMO LA SALA CONSTITUCIONAL, EN UNA SOLA SENTENCIA, SUBVIERTE TODO EL ORDEN JURÍDICO

Con esta sentencia N° 794 de la Sala Constitucional de 27 de mayo de 2011, la Sala Constitucional subvirtió el orden jurídico, distorsionando instrumentos procesales de orden constitucional que usó para fines distintos a los autorizados en la ley, en la siguiente forma:

1. *Sobre la ilegítima utilización de la figura del avocamiento*

En primer lugar, con la sentencia, la Sala procedió a la ilegítima utilización de la figura del avocamiento, que uso para fines distintos a los que fundamentan esa excepcional figura procesal.

En efecto, si bien el artículo 31.1 de la Ley Orgánica del Tribunal Supremo de Justicia de 2010, reguló en general la posibilidad del avocamiento por parte de las Salas del Tribunal Supremo de Justicia, siguiendo la orientación de la jurisprudencia y de las normas de la Ley Orgánica de 2004, lo que implica la potestad de solicitar de oficio, o a petición de parte, "algún expediente que curse ante otro tribunal, y avocarse al conocimiento del asunto cuando lo estime conveniente;" la misma fue sometida a normas precisas.

Conforme al artículo 106 de la Ley Orgánica del Tribunal Supremo, la solicitud de avocamiento ante y por parte del Tribunal Supremo, no sólo debe necesariamente plantearse en cualquiera de las Salas del Tribunal Supremo de Justicia "*en las materias de su respectiva competencia*," sino que en principio debe referirse a causas que cursen ante "*cualquier tribunal*" inferior o como lo dice el artículo 108 de la ley Orgánica, "ante algún tribunal de la República." No está previsto en principio, por tanto, el avocamiento entre Salas del Tribunal Supremo, salvo por parte de la Sala Constitucional, respecto de causas "en las que se presuma violación al orden público constitucional" (art. 25.16) o respecto de procesos de amparo constitucional.

En el presente caso, la competencia en materia penal y de interpretación de la ley penal e incluso, sobre su aplicación temporal y sobre su control de constitucionalidad mediante el control difuso de constitucionalidad previsto en el artículo 334 de la Constitución y en el artículo 19 del Código Orgánico Procesal Penal, corresponde *exclusivamente* a la Sala de Casación Penal.

Por otra parte, en los procesos penales donde ocurrió el avocamiento por parte de la Sala Constitucional no estaba planteado ningún asunto de naturaleza constitucional ni se denunció violación alguna del orden público constitucional, por lo que la Sala Constitucional simplemente usurpó las funciones de la Sala de Casación Penal..

El avocamiento tiene un objeto procesal preciso conforme al artículo 106 de la ley Orgánica, y es que la Sala que se avoca resuelva sólo y exclusivamente si "asume el conocimiento del asunto o, en su defecto, lo asigna a otro tribunal." Lo que no puede ocurrir es que una Sala se avoque para no avocarse a conocer del asunto, o se avoque para no asignar el asunto a otro tribunal, y más bien, simplemente, tome una decisión que correspondía al tribunal que conocía del asunto para luego devolvérselo. Y esto es lo que ha ocurrido en este caso, en el cual la Sala Constitucional se avocó para ejercer una competencia que correspondía exclusivamente a la Sala de Casación Penal, como era aplicar el artículo 334 de la Constitución ejerciendo el control difuso de la constitucionalidad de las leyes, si era el caso, para luego devolverle la causa a la propia Sala de Casacón Penal.

Pero además, como lo indica expresamente el artículo 107 de la Ley Orgánica del Tribunal Supremo, el avocamiento es una atribución que debe "ser ejercida con suma prudencia y sólo en caso de graves desórdenes procesales o de escandalosas violaciones al ordenamiento jurídico que perjudiquen ostensiblemente la imagen del Poder Judicial, la paz pública o la institucionalidad democrática."[1060] Nada de ello ocurría en los procesos penales que la Sala Constitucional decidió conocer por vía del avocamiento; en ellos no se denunció, por ejemplo, que existieran "graves desórdenes procesales" ni se alegó que existieran "escandalosas violaciones al ordenamiento jurídico," ni se argumentó en forma alguna que las mismas perjudicaban "ostensiblemente la imagen del Poder Judicial, la paz pública o la institucionalidad democrática" de manera que se exigiese la intervención de la Sala.

1060 A ello, la Ley de 2004 agregaba, el perjuicio a la decencia" y que se hubiesen "desatendido o mal tramitado los recursos ordinarios o extraordinarios que los interesados hubieren ejercido."

Por otra parte, la Sala que se avoque al conocimiento de un asunto, tiene determinado en forma precisa el contenido posible de la sentencia a dictar, lo que se deriva de los motivos que pueden y deben originar este procedimiento excepcional. Ese contenido, de acuerdo con el artículo 109 de la Ley Orgánica, puede ser: (i) "decretar la nulidad y subsiguiente reposición del juicio al estado que tenga pertinencia;" (ii) "decretar la nulidad de alguno o algunos de los actos de los procesos;" (iii) "ordenar la remisión del expediente para la continuación del proceso o de los procesos en otro Tribunal competente en la materia;" y (iv) "adoptar cualquier medida legal que estime idónea para el restablecimiento del orden jurídico infringido." No puede la Sala que se aboca al conocimiento de un asunto adoptar cualquier medida judicial, sino las anteriores precisamente establecidas en la Ley, de manera que incluso la última aparentemente general de adoptar "cualquier medida judicial que estime idónea" es sólo posible si se ha comprobado que hay una infracción al "orden jurídico" que deba ser restablecido. Lo que nunca puede ocurrir, en cambio, es que la Sala se avoque al conocimiento de un asunto y luego lo devuelva al mismo Tribunal.

Con la decisión comentada, en realidad, fue la Sala Constitucional la que, en realidad, al haber usurpado funciones de la Sala de Casación Penal, provocó un grave desorden procesal, violando escandalosamente el ordenamiento jurídico con lo que ha perjudicado ostensiblemente la imagen del Poder Judicial, y la institucionalidad democrática; máxime si con su decisión, la Sala en definitiva, desaplicó una ley más favorable a los encausados que era aplicable, para ordenar aplicar al caso una ley derogada que además era menos favorable a los procesados.

2. *Sobre la ilegítima utilización del método difuso de control de constitucionalidad de las leyes*

En segundo lugar, con la sentencia, la Sala Constitucional produjo una **distorsión e ilegítima utilización del control difuso de la constitucionalidad de las leyes**, igualmente para fines distintos al establecido en la Constitución.

En efecto, como es sabido, en el sistema venezolano de justicia constitucional o de control de la constitucionalidad de las leyes, como sistema mixto o integral que es, se distingue, por una parte, el método de control concentrado de la constitucionalidad que corresponde a la Sala Constitucional como Jurisdicción Constitucional, cuando conoce en general de las acciones populares de nulidad, teniendo la sentencia en los casos de decisiones anulatorias, efectos generales con validez *erga omnes.* La decisión, en estos casos, en principio, es de carácter prospectiva ya que tiene consecuencias *ex nunc y pro futuro;* es decir, la ley anulada por inconstitucional, en principio es considerada en general como habiendo surtido efectos hasta su anulación por el Tribunal o hasta el momento que éste determine como consecuencia de la decisión. En estos casos, por consiguiente, en general, la decisión tiene efectos "constitutivos" ya que la ley se vuelve inconstitucional solamente después de la decisión,[1061] aún cuando la Ley Orgánica del Tribunal Supremo, como es sabido, le

1061 Allan R. Brewer-Carías, *El control concentrado de la constitucionalidad de las leyes,* Editorial Jurídica Venezolana, Caracas 1994, pp. 32 ss.

otorga competencia a la Sala Constitucional para determinar los efectos de su decisión en el tiempo.

Por otra parte, está el método de control difuso de la constitucionalidad previsto en el artículo 334 de la Constitución, conforme al cual cualquier juez puede tomar una decisión sobre la inconstitucionalidad de una ley aplicable al caso concreto que esta conociendo, resolviendo para decidirlo, aplicar preferentemente la Constitución y desaplicar la ley. Esta decisión solo tiene efectos *ínter partes*, de manera que la ley declarada inconstitucional, en principio, es nula y no surte ningún tipo de efectos para el caso concreto y para las partes en el mismo. Por ello, en este caso, la decisión es, en principio, retroactiva en el sentido de que tiene consecuencias *ex tunc* o *pro pretaerito,* es decir, la ley declarada inconstitucional se considera como si nunca hubiera existido o nunca hubiera sido válida para el caso concreto exclusivamente. En estos casos, esta decisión tiene efectos declarativos, en el sentido de que declara la nulidad preexistente de la ley inconstitucional para el caso concreto.[1062] Lo importante ha tener en cuenta respecto del método de control difuso es que el mismo sólo está previsto para ser ejercido *incidenter tantum,* es decir, en un proceso concreto que el juez esté conociendo conforme a su competencia y en la decisión del mismo, en el cual, por tanto, la inconstitucionalidad de la ley o norma no es ni el objeto de dicho proceso ni el asunto principal del mismo. Como lo dice el artículo 334: "En caso de incompatibilidad entre esta Constitución y una ley u otra norma jurídica, se aplicarán las disposiciones constitucionales, correspondiendo a los tribunales en cualquier causa, aun de oficio, decidir lo conducente." En consecuencia, en este caso, siempre debe iniciarse y estar en curso un proceso ante un tribunal competente en cualquier materia, por lo que el método difuso de control de la constitucionalidad siempre es de carácter incidental, en el sentido de que la cuestión de inconstitucionalidad de una ley y su inaplicabilidad, se plantea al decidir un caso o proceso concreto (*cases and controversies*), cualquiera sea su naturaleza, en el cual la aplicación o no de una norma concreta es considerada por el juez como relevante para la decisión del caso. En consecuencia, en el método difuso de control de constitucionalidad, el *thema decidendum,* es decir, el objeto principal del proceso y de la decisión judicial no es la consideración abstracta de la constitucionalidad o inconstitucionalidad de la ley o su aplicabilidad o inaplicabilidad, sino más bien, la decisión de un caso concreto, por ejemplo, en materia civil, penal, administrativa, mercantil o laboral, etc., en el cual la cuestión de constitucionalidad sólo es un aspecto incidental en el proceso que sólo debe ser considerada por el juez para resolver la aplicabilidad o no de una ley en la decisión del caso concreto, cuando surgen cuestiones relativas a su inconstitucionalidad.[1063]

1062 Véase Allan R. Brewer-Carías,"El método difuso de control de constitucionalidad de las leyes en el derecho venezolano," en Victor Bazán (coord.), *Derecho Procesal Constitucional Americano y Europeo,* Edit. Abeledo-Perrot, dos tomos, Buenos Aires, Rep. Argentina, 2010, Tomo I, pp. 671-690.

1063 Véase Allan R. Brewer–Carías, *Judicial Review in Comparative Law,* Cambridge University Press, Cambridge 1989, pp. 131 ss.; "El método difuso de control de constitucionalidad de las leyes en el derecho venezolano," en Víctor Bazán (coord.), *Derecho Procesal Constitucional Americano y Europeo,* Edit. Abeledo-Perrot, dos tomos, Buenos Aires, Rep. Argentina, 2010, Tomo I, pp. 671-690.

En el caso de la decisión de la Sala Constitucional N° 794 del 27 de mayo de 2011, la Sala se avocó al conocimiento de la causa, como se ha dicho, para no avocarse, de manera que la decisión que tomó no fue para decidir una causa penal para cuya resolución debía aplicar preferentemente la Constitución y desaplicar una ley, sino que fue una decisión independiente totalmente de la causa penal que resolvió debía continuar su curso en la Sala de Casación Penal. La decisión de la Sala Constitucional, fue entonces, una decisión cuyo único propósito fue "juzgar" la "constitucionalidad" del artículo 213 de la Ley de Instituciones del Sector Bancario con entera independencia respecto de decisión alguna de un caso concreto relativo a las causas penales de las cuales se avocó, para no avocarse. Por ello, en este caso, no puede decirse que la Sala Constitucional haya aplicado con preferencia la Constitución y desaplicado una ley para decidir ningún caso concreto penal, que al contrario resolvió no decidir.

Con ello, la Sala Constitucional, además, ilegítimamente usurpó lo que era competencia exclusiva de la propia Sala de Casación Penal, es decir, al decidir las causas, resolver sobre la constitucionalidad mediante el ejercicio del control difuso de la constitucionalidad de las leyes conforme al artículo 334 de la Constitución y al artículo 19 del Código Orgánico Procesal Penal, para lo cual esta tenía competencia exclusiva. La Sala Constitucional, en este caso, en un "proceso" cuyo objeto "principal" no era conocer y resolver sobre unas causas penales, se avocó a las mismas pero para ejercer el control de constitucionalidad del artículo 231 de la Ley de Instituciones del sector Bancario, usurpando a priori, lo que era competencia exclusiva de la Sala de Casación Penal, máxime si en la misma decisión resolvió devolverle a la misma las causas para su decisión.

Pero además, debe observarse que otra de las características del control difuso de la constitucionalidad de las leyes se refiere a los efectos de la decisión que adopten los tribunales en relación con la constitucionalidad o aplicabilidad de una ley en un caso concreto. El régimen general en relación a determina a quienes afecta la decisión, es que la decisión adoptada por el juez sólo tiene efectos en relación con las partes en el proceso concreto en la cual aquella se adopta. En otras palabras, en el método difuso de control de constitucionalidad, la decisión adoptada sobre la inconstitucionalidad e inaplicabilidad de la ley en un caso concreto, sólo tiene efectos *in casu et inter partes,* es decir, en relación con el caso y exclusivamente, en relación con las partes que han participado en el mismo, por lo que no puede ser aplicada a otras personas extrañas a la relación procesal. Esta es la consecuencia directa del antes mencionado aspecto relativo al carácter incidental del método difuso de control de constitucionalidad, que exige que sólo se pueda ejercer en un proceso particular desarrollado entre partes específicas, por lo que la decisión sólo se puede aplicar a este proceso en particular y a las partes del mismo y, en consecuencia, no puede ni beneficiar ni perjudicar a ningún otro individuo ni a otros procesos. En consecuencia, conforme al método difuso, si en una decisión judicial una ley es considerada inconstitucional, esto no significa que dicha ley haya sido invalidada y que no sea efectiva y aplicable en otros casos. Sólo significa que en cuanto concierne a ese proceso particular y a las partes que en el mismo intervinieron, en el cual el Juez decidió la inaplicabilidad de la Ley, es que ésta debe considerarse inconstitucional, nula y sin valor, sin que ello tenga ningún efecto con relación a otros procesos, otros jueces y otros particulares.

Sin embargo, en los procesos desarrollados ante la Sala Constitucional, en materias de su competencia, por ejemplo, en un proceso de amparo o con motivo de la revisión constitucional de sentencias (art. 336.10), la Sala Constitucional, al decidirlos podría ejercer el control difuso de la constitucionalidad de la ley aplicable al caso concreto, y como Jurisdicción Constitucional en esas materias de su competencia, podría resolver darle carácter vinculante a su interpretación constitucional, en particular cuando están involucrados derechos colectivos y difusos, en cuyo caso los efectos de la decisión podrían ser de carácter *erga omnes*.[1064] Sin embargo, ello sólo podría ocurrir cuando la Sala Constitucional adopte una decisión definitiva de un proceso constitucional que sea de su competencia y concierna a derechos colectivos o difusos.

Lo que no puede hacer la Sala Constitucional, es pretender ejercer el control difuso de la constitucionalidad de una ley con efectos vinculantes *erga omnes,* sin decidir una causa concreta en materias de su competencia, como ha ocurrido en este caso, en el cual la Sala se avocó para no avocarse ni para conocer de una causa penal, sino sólo para resolver declarar una ley inaplicable con efectos generales, es decir, no para decidir algún caso concreto, y luego devolver las actas y la causa al tribunal competente.

3. *Sobre la ilegítima utilización del control de constitucionalidad de las leyes para usurar la función legislativa*

En tercer lugar, con la sentencia dictada, la Sala Constitucional también produjo una distorsión e ilegítima utilización del control de constitucionalidad de las leyes para usurpar la función legislativa.

En efecto, la Constitución de 1999 otorgó a la Sala Constitucional amplios poderes en materia de control de la constitucionalidad de las leyes, consolidando la Jurisdicción Constitucional en el país. En su ejercicio, sin embargo, como lo indicó la Sala Constitucional, precisamente en esta sentencia de marzo de 2011, la Sala Constitucional declaró que no se puede sustituir al Legislador particularmente en la definición de la política legislativa sancionatoria penal. Es el Legislador el competente de acuerdo con la Constitución, para establecer los tipos penales y las sanciones, conforme al principio de la legalidad; y no pueden los otros órganos del Poder

1064 Así lo decidió, por ejemplo, la Sala Constitucional del Tribunal Supremo de Justicia de Venezuela al resolver un proceso de amparo intentado en defensa de intereses colectivos o difusos, en sentencia N° 85 de 24 de enero de 2002, (Caso: *Asociación Civil Deudores Hipotecarios de Vivienda Principal (Asodeviprilara) vs. Superintendencia de Bancos y Otras Instituciones Financieras y otros*), al expresar que como resultado de ese control: "la ley sobre la que se ejerce el control no ha sido anulada por inconstitucional, y sólo deja de aplicarse en el caso concreto, que en materia de acciones por derechos e intereses difusos o colectivos, que es la que conduce a la doctrina planteada, tienen un rango de desaplicación de mayor amplitud, producto de lo "universal" de la pretensión y de la naturaleza *erga omnes* de los fallos que en ellos se dictan; y por ello la desaplicación de la ley al caso, no resulta tan puntual como cuando en un juicio concreto se declara inaplicable una ley por inconstitucional, o se declara inconstitucional a una norma ligada a la situación litigiosa". Véase en *Revista de Derecho Público*, N° 89–92, Editorial Jurídica Venezolana, Caracas, 2002.

Público, incluido el propio Tribunal Supremo, conforme a sus propias palabras, según se ha citado con anterioridad,

> "perseguir y sancionar a una persona por un comportamiento que la Ley no asocia a una sanción para el momento del hecho, y, por argumento en contrario, tampoco puede desconocer y no aplicar (a menos que la estime inconstitucional y la desaplique en ejercicio del control difuso de la constitucionalidad) una norma jurídica que sí está prevista en el ordenamiento jurídico."

Por ello, conforme lo ha dicho la Sala, sólo el Poder legislativo como órgano al cual el Texto Constitucional "le otorga la potestad de crear leyes está legitimados para crear otras que las deroguen y tal atribución no radica en [...] ningún [...] ente del Poder Judicial, si no, ante todo, en la Asamblea Nacional." Ello implica, como la propia Sala lo dijo, que "Ningún magistrado (...) puede con justicia decretar a su voluntad penas contra otro individuo', ese funcionario tampoco puede desconocer delitos y penas que sí dispone la Ley." Por ello, la conclusión de la propia Sala Constitucional, en el sentido de que "no sólo viola el principio de legalidad y, por ende, el debido proceso (artículo 49.6 constitucional) y la tutela judicial efectiva (artículo 26 eiusdem) reconocer la existencia de una norma que realmente no está prevista en el ordenamiento jurídico, sino también desconocer una norma jurídica que sí forma parte de él ...".[1065]

Sin embargo, como se ha visto, en la sentencia comentada, al contrario de estas afirmaciones, la Sala Constitucional, mediante la construcción de una teoría de la interpretación jurídica hecha a la medida, pasó a "desconocer delitos y penas que sí dispone la ley," y por vía de control difuso, pasó a "decretar a su voluntad penas contra otro individuo" ignorando que sólo la Asamblea Nacional tiene la "potestad de crear leyes" siendo la única " legitimada para crear otras que las deroguen," no estando dicha atribución en órgano alguno del "Poder Judicial," incluido la propia Sala Constitucional.

Con la decisión, comentada, en realidad, lo que efectivamente ocurrió - parafraseando el texto mismo de la decisión - fue que la Sala Constitucional asumió el rol de "legislador en materia penal" creando, al "revivir" normas derogadas, "tipos penales, no establecidos en el ordenamiento jurídico," lo que pone en evidencia "un vicio de inconstitucionalidad, causado por una obvia usurpación de funciones de acuerdo con el artículo 138 de la Constitución." Ello fue lo que hizo la Sala Constitucional ordenando inaplicar en forma general una norma aplicable y ordenando aplicar también en forma general una norma derogada.

La Sala, al tomar su decisión – y parafraseando de nuevo su decisión – en forma alguna puede decirse que haya desarrollado una "labor interpretativa del ordenamiento jurídico, en el marco del principio de conservación de los actos," de manera que "con los elementos contenidos en la propia norma penal," hubiera aclarado "el contenido y alcance de la misma en orden a garantizar que el Derecho esté al servicio de la convivencia, del desarrollo y del progreso humano." Nada de eso ocurrió.

1065 Sentencia de Nº 490/11 citada en esta sentencia comentada.

La Sala no elaboró nada en relación con "el principio de conservación de los actos," que no aplicó; ni "con los elementos contenidos en la propia norma penal," realizó actividad alguna para aclarar "el contenido y alcance de la misma." Pura y simplemente resolvió su inaplicación a pesar de que era más favorable, pero para ordenar aplicar una norma inexistente por derogada, es decir, creando una norma nueva más gravosa para los encausados, pues la derogada, como tal, había dejado de existir, y no podía ser "revivida."

En todo caso, con una usurpación de funciones legislativas como la producida por la sentencia comentada, la Sala Constitucional del Tribunal Supremo simplemente le niega la potestad que tiene en legislador de penalizar conductas y a la vez de despenalizarlas. Parecería, de acuerdo con la sentencia, que una vez penalizada una conducta, el legislador en el futuro no tiene otro camino que no sea asegurar su perpetuidad, y si algún cambio normativo puede producir solo puede ser para agravar la penalización, pero nunca para despenalizar, olvidándose, por lo demás, del principio de la primacía de la libertad y de los derechos individuales sobre las actuaciones del Estado en nuestro sistema constitucional.

En otras palabras, la Constitución al otorgar al Legislador la potestad para determinar delitos y penas, no erige el *jus puniendi* como teniendo primacía sobre la libertad; sino al contrario, condiciona su ejercicio al principio de la libertad y primacía de los derechos humanos. La sala Constitucional, sin embargo, en su sentencia invirtió estos principios.

4. *Sobre la violación por la Sala Constitucional del principio constitucional in dubio pro reo*

En cuarto lugar, con la sentencia de la Sala Constitucional además, la misma produjo una **abierta violación del principio constitucional del "*in dubio pro reo*"** que establece el artículo 24 del Texto Fundamental, y en el cual se impone al operador judicial el principio de que "cuando haya dudas se aplicará la norma que beneficie al reo."

En la sentencia comentada, al contrario, la Sala Constitucional, ante la duda que podía derivarse del cambio de redacción del artículo sobre apropiación y disposición de recursos en la Ley sobre actividades bancarias, no sólo ignoró el principio, sino que deliberadamente decidió en contra el mismo, al resolver, en el caso de duda, suspender la aplicación de la norma que beneficiaba al reo y poner en vigencia una norma derogada que lo perjudicaba más.

Y para ello, violando fragrante una garantía constitucional del debido proceso penal, la Sala Constitucional insólitamente invocó la protección de derechos fundamentales universales, apelando nada menos que al artículo 15.2 del Pacto Internacional de Derechos Civiles y Políticos que buscaba asegurar la no impunidad en materia de genocidio o delitos de lesa humanidad, como si un delito en materia bancaria en un país determinado pudiese ser equiparado con esos delitos hacia los cuales, sin duda, fue que apuntó, apenas concluida la segunda guerra mundial, el referido Pacto Internacional; lo que hace aún más absurda la sentencia.

Nueva York, agosto de 2011

CUARTA PARTE

JUEZ CONSTITUCIONAL CONTRA LOS DERECHOS CIUDADANOS PARTICULARMENTE LOS DERECHOS POLÍTICOS

Esta Cuarta parte de este Tomo XIV de la Colección *Tratado de Derecho Constitucional,* al igual que la Quinta Parte, recogen diversos estudios sobre sentencias de la Sala Constitucional en las cuales se han restringido inconstitucionalmente diversos derechos ciudadanos y particularmente los derechos políticos, afectándose el principio democrático, muchos de los cuales fueron publicados en el libro *Golpe a la democracia dado por la Sala Constitucional.* (De cómo la Sala Constitucional del Tribunal Supremo de Justicia de Venezuela impuso un gobierno sin legitimidad democrática, revocó mandatos populares de diputada y alcaldes, impidió el derecho a ser electo, restringió el derecho a manifestar, y eliminó el derecho a la participación política, todo en contra de la Constitución), Colección Estudios Políticos N° 8, Editorial Jurídica venezolana, Caracas 2014, 354 pp.; segunda edición, (Con prólogo de Francisco Fernández Segado), Caracas 2015, 426-pp.

Dicho libro estuvo precedido de las siguientes Notas del autor, de los prólogos de los profesores Asdrúbal Aguiar y Francisco Fernández segado y de la Introducción que a continuación incluyo:

NOTA DEL AUTOR

A la primera edición 2014

Si algo caracteriza al sistema político instaurado desde la sanción de la Constitución de 1999, en contra de sus propias previsiones, es que se trata de un sistema autoritario, centralista y militarista, donde el pluralismo ha sido ahogado por un estatismo manejado por un partido oficial imbricado en el aparato del Estado; la libertad de expresión ha sido liquidada, y los medios existentes están controlados por el Estado y a su servicio; los derechos humanos han sido violados por los cuerpos represivos del Estado y sus bandas armadas de exterminio; el derecho a la vida no ha sido garantizado y está a la merced de delincuentes tolerados por el Estado, bajo el más ignominioso clima de impunidad; y todo ello, porque los órganos del Estado no están controlados ni hay balance ni contrapeso de los poderes, por la ausencia de separación entre los mismos; y lo más grave, cuando por ello, el Poder Judicial está al servicio del autoritarismo, habiéndose convertido el Tribunal Supremo de Justicia, y en particular, su Sala Constitucional, en el instrumento más atroz de aniquilación de la democracia y de lo que había de Estado de derecho.

Con tal carácter, una de las tareas que en ese régimen autoritario o totalitario -porque todos los poderes responden a una misma orden-, le ha sido asignada al Tribunal Supremo de Justicia, ha sido, entre otras, la de liquidar el principio democrático que establece la Constitución, mediante decisiones, muchas de las cuales han sido adoptadas de oficio y en contra de todos los principios más elementales del debido proceso.

Entre esas están, en primer lugar, la sentencias de comienzos de 2013 mediante las cuales la Sala Constitucional impuso inconstitucionalmente a los venezolanos un gobierno sin legitimidad democrática al inicio del período constitucional 2013-2019, y luego se abstuvo, deliberadamente, de conocer siquiera las demandas de nulidad de la elección presidencial de 2013; en segundo lugar, las sentencias dictadas en marzo de 2014 revocándole el mandato popular a dos alcaldes (Vicencio Scarano Spisso y Daniel Ceballo) con la excusa de que habrían desacatado una medida cautelar de amparo, mediante su condena penal y encarcelamiento, usurpando las competencias de la jurisdicción penal; en tercer lugar, la sentencia también de marzo de 2014, de revocación del mandato popular de una diputada (María Corina Machado), dictada de oficio, sin juicio ni proceso, con violación de todas las garantías del debido proceso; en cuarto lugar, las sentencias dictadas en 2011, mediante las cuales avaló la restricción al derecho a ser electo de un ex alcalde (Leopoldo López), impuesta inconstitucionalmente como sanción administrativa, y luego declaró inejecutable una sentencia de la Corte Interamericana de Derechos Humanos que había expresamente protegido tal derecho; en quinto lugar, la sentencia de abril de 2014 mediante la cual secuestro el derecho ciudadano a manifestar y a la protesta; y en sexto lugar, la sentencia de marzo de 2012 mediante la cual liquidó la llamada "democracia participativa y protagónica" al poner fin al derecho a la participación política en materia de consulta popular de leyes.

Este libro recoge los diversos estudios que he escrito sobre dichas sentencias, precedidas, a manera de *Introducción*, por unas reflexiones sobre la situación general de crisis política del país formuladas en las "Tertulias españolas de Manhattan" en marzo de 2014, y presentadas luego como ponencia para el Seminario *Venezuela Today* organizado en la Universidad de Princeton, abril 2014; y a manera de *Prólogo* con unas notas del profesor Asdrúbal Aguiar elaboradas sobre la base de su artículo: "Revolución electiva, purificadora de la violencia," publicado inicialmente en *El Universal* de Caracas, día 8 de abril de 2014.

A manera de *Conclusión*, además, reproduzco los Pronunciamiento de la Academia de Ciencias Políticas y Sociales y del Colegio de Abogados del Distrito Federal de abril de 2014, precisamente en torno al significado y a las consecuencias de algunas de estas sentencias.

Cuando comencé a escribir esta Nota, precisamente el 14 de abril de 2014, cuando el país acababa de ser testigo del inicio de un intento de diálogo entre el gobierno y la oposición, su realización me llevó a recordar lo que fueron mis comentarios finales en las "Reflexiones sobre la situación política de Venezuela" que formulé en Nueva York a finales de marzo de 2014, y que se publican a manera de *Introducción* en este libro, en el sentido de que lo importante de las protestas generalizadas que se habían venido dando desde febrero de 2014 en todo el país, con la participación del movimiento estudiantil, y que la Sala Constitucional, como brazo ejecutor del gobierno pretendió acallar, era el hecho de que ya no sólo habían sido protestas de la "oposición" contra el "gobierno," sino que era la "sociedad civil" la que estaba reaccionando contra el "Estado totalitario." Por ello, indiqué que el tiempo de la relación o confrontación nacional entre *Gobierno / Oposición* que permitía pensar que a este Estado forajido – mientras lo siga siendo – solo se le podía vencer electoralmente había comenzado a cambiar, surgiendo en su lugar otra relación de confrontación distinta, entre *Sociedad civil / Estado totalitario*.

Y en este estadio, a pesar de todas las falsas muestras, lo cierto es que ya no puede haber paz a fuerza de garrote; ni puede haber dialogo a fuerza de estar apuntado con un fusil. Fue tan burdo el intento en tal sentido del gobierno que a mitades de marzo de 2014, quien ejerce la presidencia, el Sr. Maduro, no tuvo mejor ocurrencia que afirmar públicamente que había que "obligar a la oposición a sentarse a hablar, a dialogar, a abandonar su posición violenta." "Los vamos a tener que obligar, en el mejor sentido de la palabra" – dijo- ; sí, en el mejor sentido del gobierno que no ha sido otro que persiguiendo, amenazando, amedrentando, restringiendo, atacando, encarcelando o matando.

En este estadio de la confrontación, en realidad, dije en dichas Reflexiones, que había sido al Estado, quién monopoliza las armas y desarrolla la política de violencia institucional, al cual se le estaba acabando el tiempo, lo que hizo expresar en el mismo mes de marzo de 2014 al ex rector de la Universidad Católica Andrés Bello de Caracas, padre Luis Ugalde, que al Estado solo le queda cambiar democráticamente, "estando en ello la vida o muerte para el gobierno y para el país."

Así de trágica, decía para concluir en dichas Reflexiones, era la situación, lo que ahora complemento diciendo que ella fue la que obligó al gobierno, con la ayuda y presión internacional, en particular de los países latinoamericanos (UNASUR) y la representación del Papa Francisco, a iniciar un Dialogo con los líderes de la oposición el 10 de abril de 2014. Ese fue un signo importante, particularmente porque habiendo sido televisado, en "cadena," el país entero fue testigo de algo diferente a los interminables monólogos televisados del gobierno, y oyó por primera vez un concentrado de todas las críticas a las políticas destructivas del gobierno.

Por otra parte, quizás lo más destacado de esa sesión de diálogo del 10 de abril de 2014, fue la clara percepción de que los oradores del gobierno parecía que no se habían dado cuenta de que habían estado gobernando al país, sin control ni límite alguno, durante quince largos años – el gobierno de más larga duración continua en toda la historia de Venezuela – , lo que significa que en la situación política actual del país, ellos ya definitivamente representan el pasado, y lo expresado por los oradores de la oposición, fueron claros signos de futuro. Sin duda, la Historia se repite, particularmente en la evolución política de los países.

Ese signo inicial del diálogo, al menos para la sociedad en general, entonces fue suficiente. Pero para que continuara y pudiera producir algún resultado, era al gobierno al que le correspondía cambiar, democratizándose. Es decir, es el gobierno el que tiene que cambiar y ceder; es el que tiene que aceptar las reglas democráticas del pluralismo; es el que tiene que aceptar la participación de los representantes de la oposición en la renovación de los poderes públicos; es el que tiene que permitir que éstos actúen en forma independiente y con autonomía; es el que tiene que desarmar a los grupos paramilitares o parapoliciales de exterminio que ha alentado y apoyado; es el que tiene que garantizar la libertad de expresión e información; es el que tiene que detener la brutal represión contra los disidentes; es el que tiene que liberar a los presos políticos y de conciencia; es el que tiene que reincorporar en sus cargos electivos a la diputada y a los alcaldes cuyo mandato popular les fue revocado inconstitucionalmente; es el que tiene que frenar el uso – abuso - del sistema judicial para perseguir a los disidentes; es el que tiene que cambiar la ineficiente política económica destructiva contraria a la libertad económica y a la propiedad privada; es el que tiene que dejar libre a la iniciativa privada para poder reconstruir el aparato productivo del país. Esto es, en definitiva, aceptar su propia democratización.

Esta era la única manera para poder considerar que el diálogo que había comenzado, al cual fue el gobierno el único que fue forzado a ceder y a iniciar (no fue la oposición), pudiera avanzar. Pero esto, luego de la segunda reunión del Diálogo a fines de abril de 2014, parecía que el gobierno no lo había entendido, o lo que realmente buscaba era convertir el Diálogo en una simple táctica de ganar tiempo, para pretender tomar más fuerza y continuar con las políticas de aplastamiento del país.

Lo cierto es que ya a comienzos de mayo de 2014, luego de que el gobierno rechazó las propuestas formuladas por la oposición, entre otras, sobre la pacificación del país, la amnistía, la comisión de la verdad y el cumplimiento de la Constitución en la designación de los altos funcionarios del Estado; el propio gobierno amenazaba con retirarse del proceso de diálogo, y comenzaba a formular acusaciones indiscriminadas contra la oposición de querer chantajearlo, o de querer derrocarlo, inventando conspiraciones y conspiradores.

En esas condiciones, con el garrote levantado, no es fácil desarrollar diálogo alguno, y es muy posible que ante la intolerancia del gobierno, lo que veamos en el futuro sean más y mayores reacciones populares, pues es difícil que el país vaya a aceptar pasivamente continuar siendo conducido por un gobierno que ha reducido su acción a tratar de aplastar por la fuerza, la persecución, la intimidación, la amenaza y la criminalización, a todos aquellos que piensan y actúan diferente a lo prescrito en el llamado "Socialismo del Siglo XXI"; que no es otra cosa que la vieja y abandonada doctrina comunista que ya el pueblo rechazó mediante voto popular en el referendo de 2007, y que sin embargo el gobierno, en fraude a la Constitución y a la propia voluntad popular, ha venido implementando de hecho y a la fuerza, destruyendo todo en el país, las instituciones, la economía, la justicia, el entramado y los valores sociales, y por supuesto la calidad de vida, con el consecuente deterioro de la educación, la salud, la seguridad social y a seguridad ciudadana.

Sobre la implementación de esa política el país ya expresó su opinión popular en la materia. La voluntad popular no puede ser ignorada para siempre, y los gobiernos que dan la espalda al pueblo y al país, tarde o temprano –o quizás más temprano que tarde–, inevitablemente desaparecen.

New York, 5 de mayo de 2014

NOTA DEL AUTOR

A la segunda edición 2015

En el marco del Estado Totalitario que se ha instalado en Venezuela en el transcurso de los últimos quince años,[1066] y en cuyo funcionamiento la regla fundamental de su actuación ha sido y es el desprecio total a la Constitución y a la ley, uno de los órganos que ha jugado un papel protagónico en su consolidación ha sido la Sala Constitucional del Tribunal Supremo de Justicia.

La primera edición de este libro, tuvo por objeto analizar las sentencias más recientes de la Sala Constitucional, particularmente dictadas entre 2013 y 2014, que más contribuyeron al secuestro del principio democrático, y entre ellas, aquella mediante las cuales el juez constitucional le impuso al país un gobierno sin legitimidad democrática; revocó mandatos populares de diputada y alcaldes; impidió el derecho a ser electo, restringió el derecho a manifestar; y eliminó el derecho a la participación política, todo en contra de la Constitución.

A dichas sentencias se añaden ahora otras más recientes, igualmente contrarias al principio democrático, dictadas por la misma Sala Constitucional en 2014 y 2015, mediante las cuales, por una parte, permitió y avaló el proselitismo político de los miembros de las Fuerzas Armadas violando la Constitución; y por la otra, eligió y permitió que se eligieran a los titulares de los órganos del Poder Judicial, del Poder Electoral y del Poder Ciudadano, también en violación a la Constitución, y lo más grave, en usurpación de la voluntad popular electiva en segundo grado que establece la Constitución para dicha elección, que sólo puede tener lugar mediante la mayoría calificada de los diputados electos como representantes del pueblo en la Asamblea Nacional, que en ese caso actúa como órgano elector, y no como órgano legislativo.

En esta segunda edición de la obra, por tanto, en relación con la primera edición, lo que hemos hecho es agregar los comentarios a estas últimas sentencias.

New York, marzo de 2015

PRÓLOGO A LA SEGUNDA EDICIÓN

Francisco Fernández Segado
Catedrático de Derecho Constitucional
Universidad Complutense de Madrid

I

El Profesor Brewer-Carías es uno de los más reconocidos iuspublicistas de toda América Latina, una autoridad científica no sólo en ese continente, sino también en Estados Unidos y en Europa. Catedrático de Derecho Público en la Universidad Central de Venezuela, el régimen dictatorial y represivo de su país le ha perseguido sin otra razón de ser que su crítica a las vulneraciones de derechos y libertades del chavismo. Exiliado en Estados Unidos, en la actualidad es Profesor de la *Columbia*

1066 Véase sentencia N° 138 de la Sala Constitucional del Tribunal Supremo de Justicia de 17 de marzo de 2014, en http://www.tsj.gov.ve/de-cisiones/scon/marzo/162025-138-17314-2014-14-0205.HTML

Law School en la ciudad de Nueva York, aunque ha sido Profesor asimismo, entre otras Universidades, en la *University of Cambridge,* en el Reino Unido. Su reconocimiento internacional se ha traducido en múltiples distinciones académicas, entre ellas un buen número de Doctorados *honoris causa;* sin ir más lejos, se pueden citar en nuestro país los que le concedió la Universidad de Granada y la Universidad Carlos III de Madrid. Autor de un número tan elevado de libros que es casi imposible de contabilizar. Antes de que eclipsara la democracia venezolana, una de las más estables del continente, dando paso a esta autocracia de opereta bufa que hoy existe, el Profesor Brewer-Carías, ejerciendo el cargo de Ministro de Planificación Administrativa, tuvo a su cargo la reforma en profundidad de la Administración venezolana.

El título del libro ya lo dice todo. Un órgano constitucional supuestamente encargado de salvaguardar los principios y valores constitucionales se ha convertido en el más encarnizado enemigo del sistema democrático. Como es obvio, las prebendas del poder y la subsiguiente corrupción de los magistrados que de ellas deriva, han de suponerse como la causa de este disparatado dislate. En un sistema autocrático tan histriónico todo es posible. Los líderes de la oposición, sin causa ni juicio previo, son encarcelados. Nada debe extrañar por tanto, que nos encontremos ante jueces complacientes ante el dictador de turno que, bien por sintonía ideológica con la autocracia, bien, lisa y llanamente, por las prebendas corruptas de que se benefician, se hayan convertido en la infame maquinaria de legitimación de la arbitrariedad y el abuso de poder, un poder que cuanto más histriónico y payaso es visto desde el exterior, más acentúa su opresión y terror hacia cualquier atisbo de crítica u oposición en el interior. Esta es la desgracia que aflige a una gran parte del pueblo venezolano desde hace tantos años y a la que no se le ve el final. Y lo que es peor aún, el chavismo ha sembrado semillas en América Latina, algunas de las cuales ya fructificaron tiempo atrás; hasta en nuestro propio país hay aspirantes a políticos que ensalzan el modelo chavista, y quién sabe si hasta pueden estar dispuestos a intentar tomarlo de referente en el caso de que los ciudadanos lleguen a tal nivel de indignación con los políticos "tradicionales" como para estar dispuestos a entregarles las riendas del poder.

La situación es aún más lamentable al afectar a un órgano de la justicia constitucional en un país que en ese ámbito ha tenido desde mucho tiempo atrás una trayectoria encomiable. Habría que recordar al respecto que la Constitución venezolana de 1858 fue en puridad la primera norma constitucional que consagró ese instituto modélico que fue la acción popular, pues aunque ciertamente ocho años antes el mismo había sido consagrado en Colombia, es lo cierto que no lo fue por la vía constitucional, sino tan sólo legislativa. La mencionada Constitución venezolana estableció pues, por primera vez en América Latina en el plano constitucional, el control judicial objetivo de la constitucionalidad a través del instrumento procesal de la acción popular, atribuyendo a la Corte Suprema competencia para declarar la nulidad de los actos legislativos sancionados por las Legislaturas provinciales, a petición de cualquier ciudadano, cuando fueren contrarios a la Constitución. Se instauraba de esta forma una acción judicial por vía principal, abierta a su presentación por cualquier ciudadano y de la que había de conocer en exclusiva la Corte Suprema, teniendo por objeto los actos legislativos provinciales. En el poco más de siglo y medio transcurrido desde entonces la justicia constitucional ha atravesado por vicisitudes diversas, siendo de destacar la Constitución de 1893, que puede considerarse como un hito importante en el sistema de control concentrado de la constitucionalidad de los actos estatales característico de Venezuela, hasta que la llegada del chavismo lo pervirtió. El sistema ha tenido, como toda obra humana, sus claroscuros, pero nunca había llegado a degradarse, a prostituirse en realidad, hasta el extremo que lo ha hecho con quien rige en la actualidad los destinos del país.

II

A manera de Prólogo, aparece en el libro un trabajo del Profesor Asdrúbal Aguiar, otro de los juristas más relevantes de Venezuela. Catedrático de Derecho Internacional de la Universidad Católica Andrés Bello de Caracas, ex Juez de la Corte Interamericana de Derechos Humanos y ex Presidente del Consejo Ejecutivo de la Unión Latina, cargo del que se vio forzado a dimitir por las presiones del Jefe de ese mismo Estado por el que había entrado a formar a parte del citado organismo internacional, Hugo Chávez, obviamente; de modo paradójico, Asdrúbal Aguiar, años antes, era un muy relevante miembro del Gobierno del Presidente Caldera que amnistió a un presidiario de nombre Hugo Chávez. En su trabajo, que titula de modo harto significativo "Revolución electiva, purificadora de la violencia", el Profesor Aguiar comienza con estas palabras: "El catedrático venezolano Allan Brewer Carías, uno de nuestros más prestigiosos cultores del Derecho público, con su exilio (...) es, como lo creo, el símbolo del mismo exilio que se le impuso en Venezuela al Estado de Derecho desde cuando la revolución chavista –mascarón de proa cubano– secuestra a la República en 1999". Es difícil establecer un símil más verídico y afortunado en su formulación, aunque desgraciadamente no en lo que se trasluce tras él.

Subraya el prologuista que "es un hecho notorio comunicacional el avance regional hacia la restauración del socialismo marxista fracasado del siglo XX, incluso en su versión gramsciana, incompatible con los predicados de la democracia", tras lo que cree que no es por azar que la cabeza del Tribunal Supremo de Justicia venezolano, ayer Luisa Estella Morales y ahora Gladys Gutiérrez, abogado del fallecido comandante Hugo Chávez y militante de su partido, administra la justicia revolucionaria como si fuese un poder constituyente. Y añade Aguiar: "Valida el uso popular de las armas para la defensa del proceso, criminaliza la contrarrevolución, revoca mandatos populares sin fórmula de juicio o actúa como única instancia, y a los contumaces los condena sustituyendo a la jurisdicción penal y al paso los recluye en prisiones militares". Como el propio prologuista añade, en su obra, Brewer-Carías comenta una serie de sentencias de la Sala Constitucional con las que se afirma, a contrapelo del mismo orden constitucional, la "justicia del horror".

III

A manera de introducción, el Profesor Brewer-Carías comienza recordando un hecho sintomático del perfil mental de los capitostes del régimen, con el que rememora que abrió una conferencia que pronunció poco tiempo antes en la Universidad de Princeton. La Defensora del Pueblo venezolana, cuya función es la promoción, defensa y vigilancia de los derechos humanos, pocas semanas antes, tratando de justificar una inconstitucional sentencia del Tribunal Supremo de Justicia (en adelante TSJ) de marzo de 2014, que condenó y encarceló a un Alcalde de la oposición, el Sr. Scarano, sin el debido proceso, usurpando la jurisdicción penal, por el supuesto delito de desacato a un mandamiento de amparo, revocándole de paso su mandato electivo, dijo: "Es imposible que con la presencia de todos los poderes públicos se cometa una ilegalidad". Algo parecido habrían podido decir en un caso similar los jerifaltes nazis. Algo similar le trae a la memoria a Brewer la memez de la Defensora del Pueblo: la conducta de los jueces alemanes durante el nazismo, tan bien descrita en el libro de Ingo Müller, *Los juristas del horror*. Este hecho, anecdótico si se quiere, ilustra muy bien, como apostilla el autor, la terrible conclusión que se puede sacar cuando uno se aproxima a lo que ocurre en Venezuela, que como todo régimen totalitario controla todos los poderes públicos, incluido además el denominado "cuarto poder", esto es, los medios de comunicación. Todo lo que hace es legal, por infamante que sea. Para Brewer-Carías, la terrible conclusión en Venezuela, en la situación actual, es entonces que toda la violencia o atropello institucional desarrollado por el Estado es "legal" y "democrático" "porque lo avalan todos los poderes públicos, así se abuse del poder; así se despilfarre el erario público; se cierren medios de comunicación; se discrimine políticamente a la mitad del país; se asesine indiscriminadamente, con total impunidad; se cometan fraudes electorales; se destruya la economía y el aparato productivo; se ahogue la iniciativa privada y se confisque; se prive de libertad a opositores, sin control; así se reprima, se veje, se torture a estudiantes y manifestantes indiscriminadamente; todo ello sin control; pero es legal porque todos los poderes públicos responden al unísono a una misma orden, como si se tratase de un cuartel".

IV

El libro, en esta segunda edición, se estructura en ocho partes diferentes, a las que, a manera de conclusión, siguen una serie de pronunciamientos de instituciones venezolanas tan prestigiosas como la Academia de Ciencias Políticas y Sociales y el Colegio de Abogados. En sus distintas partes, el autor va sistematizando y comentando algunas de las barbaridades jurídicas que han de atribuirse al STJ y a su Sala Constitucional de modo muy particular. Y así, de modo sucesivo, se analizan estos grandes (y graves) asuntos: 1) la arbitraria imposición por el juez constitucional de un gobierno sin legitimidad democrática alguna al inicio del período constitucional 2013-2019, y su ilegítima abstención de juzgar sobre la nulidad de la elección presidencial de abril de 2013; 2) el golpe de Estado dado en diciembre de 2014, con la inconstitucional designación de las altas autoridades del poder público; 3) la ilegítima e inconstitucional revocación del mandato popular de Alcaldes por la Sala Constitucional del Tribunal Supremo, usurpando competencias de la jurisdicción penal, mediante un procedimiento sumario de condena y encarcelamiento; 4) la revocación del mandato popular de una diputada a la Asamblea Nacional por la Sala Constitucional del Tribunal Supremo, de oficio, sin juicio ni proceso alguno; 5) la aceptación por la misma Sala Constitucional de limitaciones al derecho a ser electo derivadas de "inhabilitaciones políticas" inconstitucionalmente impuestas a funcionarios públicos como sanción administrativa; 6) el secuestro del derecho político a manifestarse mediante la ilegítima "reforma" legal efectuada por la Sala Constitucional del Tribunal Supremo; 7) el fin de la prohibición de la militancia política de la Fuerza Armada nacional, y el reconocimiento del derecho de los militares activos de participar en la actividad política, incluso en cumplimiento de las órdenes de la superioridad jerárquica, y 8) el fin de la llamada "democracia participativa y protagónica" a través de la violación del derecho a la participación política por la Sala Constitucional, al tratar de justificar, en fraude a la Constitución, la emisión de legislación inconsulta.

Excede de los límites razonables de este comentario detenernos en los más significativos casos que con todo detalle expone el autor, desentrañando su permanente violación del Derecho venezolano y de los Pactos internacionales en materia de derechos humanos. Con todo, recordaremos algunas de las más brutales decisiones del mencionado órgano.

El 9 de enero y el 8 de marzo de 2013 la Sala Constitucional, conociendo de sendos recursos de interpretación abstracta de la Constitución, dictó dos decisiones que supusieron una grave violación del principio democrático. Pese a la ausencia del país por parte del Presidente, al encontrarse en Cuba en tratamiento médico ante su grave estado de salud, la Sala no tuvo empacho en decir que el Presidente "seguirá ejerciendo cabalmente sus funciones", lo que, como señala Brewer, entrañaba en realidad poner el gobierno de Venezuela en manos de funcionarios no electos popularmente, contrariando así el mencionado principio.

En diciembre de 2014, con la inconstitucional designación de las altas autoridades del poder público, demuestra el Prof. Brewer que la Sala ha dado un verdadero golpe de Estado. Por duro que esto pueda parecer, no es algo extraño, pues ese órgano que tiene en su haber la prostitución de las reglas del Estado de Derecho más elementales, por las que paradójicamente estaba llamado a velar, no ha hecho otra cosa, como con entera razón dice el autor, que seguir la línea inconstitucional de golpe de Estado sistemático y continuo que se ha producido en Venezuela desde que el Presidente Chávez, tras tomar posesión del cargo por primera vez, en febrero de 1999, convocara una Asamblea Nacional Constituyente con flagrante violación de la Constitución entonces en vigor. Nada extraño por otro lado, porque ¿qué podía esperarse de un golpista de su calaña? En fin, en diciembre de 2014, la designación de los miembros de los órganos del llamado Poder Ciudadano por la Asamblea Nacional, vulnerando los requisitos constitucionalmente exigidos; la designación de los integrantes del Poder Electoral por la Sala Constitucional, un órgano distinto del que impone la Constitución, y la designación de los magistrado del Tribunal Supremo de Justicia por la Asamblea, ignorando asimismo las exigencias constitucionales, deja clara la burda naturaleza autocrática de este régimen incompetente, corrupto, chapucero y jurídicamente infame.

V

El caso de los Alcaldes Vicencio Scarano Spisso y Daniel Ceballo supuso la quiebra frontal por la Sala de las garantías del debido proceso, como son el derecho a la defensa, al juez natural y a la presunción de inocencia, por cuanto la Sala Constitucional, usurpando competencias que no le correspondían, pues eran propias de la jurisdicción penal, con base en el desacato de sentencias de amparo por esos dos Alcaldes, desacato que no es castigado por la ley venezolana mediante la imposición de sanciones penales, en sintonía con lo que sucede en otras países de América Latina, no sólo usurpó una competencia de la jurisdicción penal, actuando además como juez y parte, sino que sancionó al Alcalde Scarano a diez meses y quince días de prisión, pena que los miembros de la Sala se sacaron de sus infectos bolsillos, sucediendo otro tanto con la pena accesoria de cesarlo definitivamente en el ejercicio de sus funciones de Alcalde del municipio de San Diego, del Estado de Carabobo.

No menos sangrante es el caso de la diputada María Corina Machado. Digamos ante todo, que la Constitución venezolana, dado que los diputados son representantes del pueblo y de los Estados en su conjunto y no se hallan sujetos a instrucción o mandato alguno, es claro que sólo pueden ser revocados por el mismo que los eligió en la circunscripción respectiva, y ello a través de un referendo revocatorio de mandatos de elección popular. La Sala Constitucional iba a transgredir frontalmente esta previsión en una sentencia de marzo de 2014 al declarar inadmisible una demanda formalizada por dos concejales, como acción para la defensa de "intereses colectivos o difusos", y formulada contra otro de los jerifaltes del chavismo, que a veces, dicho sea al margen, nos traen la imagen del nazismo, sólo que a un nivel pedestre, el Presidente de la Asamblea Nacional, Sr. Diosdado Cabello, quien, por su cuenta y riesgo, y sin competencia alguna para ello, decidió el 24 de marzo de 2014 eliminar el carácter de diputado a la diputada María Corina Machado; la Señora Machado había cometido el grave "delito" de, en su carácter de diputada, acudir a la reunión del Consejo Permanente de la Organización de Estados Americanos (OEA) celebrada el 21 de marzo de 2014, para hablar sobre la situación política venezolana, habiendo sido acreditada para ello por Panamá.

También altamente censurable es el caso del ex Alcalde Leopoldo López. El conocido Alcalde de Chacao, uno de los municipios de la capital, fue objeto de varias sanciones administrativas por parte de la Contraloría General de la República, y entre ellas la de inhabilitación para el ejercicio de cargo público, que como es obvio afectaba a su derecho constitucional de sufragio pasivo. Tras declarar, la infecta Sala Constitucional, cómo no, sin lugar la denuncia de violación (del artículo de la Ley Orgánica de la Contraloría que posibilitaba una tal sanción) de la Constitución y de la Convención Americana de Derechos Humanos, el Sr. López recurrió ante la Corte Interamericana, que obviamente le dio la razón, esgrimiendo, entre otras consideraciones, que "el ejercicio efectivo de los derechos políticos constituye un fin en sí mismo y, a la vez, un medio fundamental que las sociedades democráticas tienen para garantizar los demás derechos humanos previstos en la Convención". La Corte falló pues que el Estado venezolano había violado varios artículos de la Convención. Ante esta sentencia de la Corte, la desvergonzada Sala Constitucional, sin el más mínimo rubor, verificó un control de constitucionalidad de la sentencia de la Corte Interamericana, y al hilo de ello la declaró inejecutable en Venezuela. Mayor desvergüenza es difícil de encontrar.

VI

Aunque parezca difícil de creer, no terminan aquí los dislates jurídicos de ese engendro que es la Sala Constitucional del Tribunal Supremo venezolano. En la 1ª edición del libro, éste se cerraba con lo que el Profesor Brewer-Carías consideraba como el último atentado contra la democracia venezolana (aunque desgraciadamente sean de esperar muchos más en el futuro mientras subsista este depravado y corrupto régimen), y efectivamente en esta 2ª edición ya se incluyen nuevas vulneraciones constitucionales siempre con el protagonismo de la mencionada Sala. El atentado al que anteriormente nos referíamos es el secuestro del derecho de manifestación, que, por supuesto, reconoce el art. 68 de la Constitución venezolana ("Los ciudadanos y ciudadanas tienen derecho a manifestar, pacíficamente y sin armas, sin otros requisitos que los que establezca la ley"). Pues bien, mediante una sentencia de 23 de abril de 2014, que, a instancia de un alcalde oficialista de un municipio del Estado de Carabobo, resolvió un supuesto "recurso de interpretación de naturaleza constitucional y legal", la Sala procedió a realizar una "interpretación abstracta" del mencionado artículo constitucional, de una claridad meridiana por lo demás. De acuerdo con su interpretación, "resulta obligatorio para las organizaciones políticas así como para todos los ciudadanos, agotar el procedimiento administrativo de autorización ante la primera autoridad civil de la jurisdicción correspondiente, para poder ejercer cabalmente su derecho constitucional a la manifestación pacífica". La Sala quiebra brutalmente la Constitución y retrotrae el derecho de manifestación al régimen preventivo de ejercicio de los derechos, anterior a la Revolución Francesa. Pero claro, para esos juristas tan "eximios" que integran la Sala Constitucional debe resultar en exceso difícil aprender que el régimen preventivo en el ejercicio de los derechos pasó a la historia hace más de dos siglos.

Una nueva mutación constitucional, como la denomina el Prof. Brewer-Carías, aunque por nuestra parte creemos que habría que considerarla más bien como una nueva quiebra de la Constitución, la encontramos en el fin de la prohibición de la militancia política de la Fuerza Armada Nacional, con el consiguiente reconocimiento del derecho de los militares venezolanos en activo a participar en la actividad política. Al hilo de su tarea como constituyente, ya Brewer, en un trabajo titulado "Reflexiones críticas sobre la Constitución venezolana de 1999", advertía acerca del "acentuado esquema militarista" que se había incorporado a la Constitución, algo preocupante de por sí, pero más aún en un sistema constitucional que incorporaba elevadas dosis de presidencialismo, en contraste, dicho sea de paso, con el constitucionalismo histórico venezolano, que ni siquiera en las Constituciones sacadas adelante por los regímenes militares alcanzó ese nivel. Ello no obstante, la Constitución de 1999 dejó claro que la Fuerza Armada Nacional constituía "una institución esencialmente profesional, sin militancia política" (art. 328). En coherencia con ello, a sus integrantes no les está permitido optar a cargo electivo popular alguno, ni participar en actos de propaganda, militancia o proselitismo político. Ya en 2007 se intentó frustradamente reformar la Constitución, sustituyendo, en la más pura línea de las "repúblicas bananeras", algo que creíamos que ya era un recuerdo histórico en América Latina (aunque hayamos de reconocer que pocos personajes encajarían mejor en ese tipo de sistemas que Maduro), la citada previsión del art. 328 por la consideración de la Fuerza Armada Nacional como "un cuerpo esencialmente patriótico, popular y antiimperialista". Pero para un régimen en el que el Derecho no importa en lo más mínimo, no hay ningún problema. La reforma que no pudo llevarse a cabo entonces la ha llevado a cabo por otras vías ese "siervo fiel del Presidente", al que poco importa el Derecho, que es la Sala Constitucional, que mediante una sentencia de 11 de junio de 2014, y a través de un *obiter dictum,* ha venido a reformular la relación constitucionalmente establecida de la función militar con la actividad política, lo que, como bien dice el autor del libro, ha de considerarse una mutación ilegítima de la Constitución.

En fin, a manera de conclusión, el autor recoge dos pronunciamientos de otras tantas instituciones de tan reconocido prestigio dentro y fuera de Venezuela como son la Academia de Ciencias Políticas y Sociales de Venezuela y el Colegio de Abogados del distrito federal. Innecesario es aludir al elevado tono crítico que muestran frente a esos serviles (utilizando el término en el sentido en que se acuñó en las Cortes de Cádiz en 1810) del poder que son los jueces constitucionales. En la conferencia dictada en Princeton, a la que aludíamos al inicio de este comentario, el Profesor Brewer-Carías calificaba al actual sistema político venezolano, con toda la razón por lo demás, de un "Estado forajido", con el agravante que conlleva el haber transmutado una de las democracias más estables de todo el continente latinoamericano en un Estado de esa ralea.

El libro de Brewer-Carías es de una enorme utilidad, por cuanto nos muestra sin disfraz la verdadera cara despótica, totalitaria y vulneradora de los más elementales derechos del ser humano que es el "sistema chavista", que incluso ha empeorado en una dirección aún más siniestra, zafia y pedestre con el "madurismo". Brewer habla con toda claridad, es implacable en la crítica, al margen ya de que la misma viene presidida por una impecable lógica jurídica, y hace muy bien en serlo, para mostrar la realidad del sistema y eclipsar los cantos de sirena que a veces corren por los mentideros de un cierto pensamiento de izquierdas.

Madrid, marzo 2015

PRÓLOGO A LA PRIMERA EDICIÓN: "REVOLUCIÓN ELECTIVA, PURIFICADORA DE LA VIOLENCIA"

"Dentro de la revolución todo, incluso el desconocimiento de la Constitución; fuera de ella nada."*

Asdrúbal Aguiar

Miembro de la Real Academia Hispanoamericana de Ciencias Artes y Letras

I

El catedrático venezolano Allan Brewer Carías, uno de nuestros más prestigiosos cultores del Derecho público, con su exilio y apartando mezquindades que se cuecen desde antaño en los predios de la medianería, es, como lo creo, el símbolo del mismo exilio que se le impuso en Venezuela al Estado de Derecho desde cuando la revolución chavista -mascarón de proa cubano- secuestra a la república, en 1999.

Lo cito a propósito de una referencia suya, reveladora y lapidaria en cuanto a la descripción de esa lastimosa realidad que a todos nos preocupa: la crisis institucional y de violencia que ha provocado el régimen de Nicolás Maduro, hecha la primera en la ciudad de Nueva York donde reside desde su ostracismo. ¡Y es que la defensora del pueblo, Gabriela Ramírez, a bocajarro nos sorprende con otra de sus "maduradas": "es imposible que con la presencia de todos los poderes públicos se cometa una ilegalidad" desde el Estado. Dado ello, Brewer Carías subraya lo así dicho con un *obiter dictum*: "Tan simple como eso. O sea, que si el Estado totalitario -que es el que controla la totalidad de los poderes y la vida de los ciudadanos- viola los DDHH, si ello lo hace con la participación de todos los poderes públicos, así sea contrario a la Constitución, entonces ello es legal" para la susodicha.

El comentario vale y es oportuno, pues desde el exterior, quienes nos observan de buena fe -no incluyo a la UNASUR o la ALBA y menos a sus plumíferos- creen, todavía así, que en Venezuela hay democracia pues se realizan elecciones; que al

---

* Publicado en *El Universal*, Caracas 8 de abril de 2014, disponible en: http://www.eluniversal.com/opinion/140408/revolucion-electiva-purificadora-de-la-violencia

caso también las hay en La Habana como las hubo durante el nacional socialismo en la Alemania del Führer.

No pocos dudan, por lo mismo, incluso ocurridas las violaciones generalizadas y sistemáticas de derechos humanos que hoy se muestran en su más cruenta y ominosa faceta y son la obra de una evidente política represora de Estado concertada entre los varios poderes venezolanos, sobre si las actuaciones desplegadas desde la Sala Constitucional del Tribunal Supremo de Justicia merecen respeto por venir de donde vienen y para contener la conmoción e ingobernabilidad reinante y asimismo deslindar responsabilidades, que, según ésta, pesan sobre los líderes de la oposición democrática.

Lo cierto y lo que atina a captar la opinión hemisférica -la de buena fe, reitero, y no los gobiernos- es que se ha establecido aquí, por la vía electoral, un modelo de Estado orientado al control totalitario del poder; donde los mismos titulares de las ramas del poder estatal han prosternado, por considerarlo inaceptable para su "cosmovisión", el principio de separación e independencia, mejor aún, del *check and balance* cuya falta ha sido puesta de manifiesto, como grave atentado contra la democracia, por la Comisión Interamericana de Derechos Humanos en 2009.

No se trata, cabe advertirlo, de la común filtración que ha lugar en otros países con democracias estables, de distintos militantes de un partido gobernante hacia otras reparticiones del Estado, abusando incluso de una mayoría circunstancial. Antes bien, ha lugar a la cooptación total de la totalidad de los hilos del poder en sus varias manifestaciones por parte del gobierno de Maduro; para con ellos, coludidos, empujar la instauración de una visión totalitaria de la vida ciudadana negada al pluralismo y opresora de la disidencia.

Es un hecho notorio comunicacional el avance regional hacia la restauración del socialismo marxista fracasado del siglo XX, incluso en su versión *gramsciana*, incompatible con los predicados de la democracia tal y como la conocemos en este lado del mundo. A la Constitución y las leyes, por ende, se las entiende como simples medios, mudables a conveniencia y acomodaticios por vía de interpretaciones, de acuerdo a las necesidades del despropósito.

No por azar, la cabeza del TSJ y su Sala Constitucional, ayer Luisa Estella Morales y ahora Gladys Gutiérrez, abogado del fallecido comandante Hugo Chávez y militante de su partido, administra la justicia revolucionaria como si fuese un Poder Constituyente. Valida el uso popular de las armas para la defensa del proceso, criminaliza la contrarrevolución, revoca mandatos populares sin fórmula de juicio o actúa como única instancia, y a los contumaces les condena sustituyendo a la jurisdicción penal y al paso los recluye en prisiones militares.

En suma, dentro de la revolución, todo, incluso el desconocimiento de la Constitución; fuera de ella nada. Pero tenemos elecciones, y eso les basta a los cancilleres quienes llegan a Caracas y no la padecen. Oyen atentos, eso sí, las recomendaciones que les aporta el ex ministro chavista Alí Rodríguez Araque, el célebre Comandante Fausto, albacea de los Castro y a la sazón secretario de la UNASUR. Esas tenemos.

II

El profesor Brewer Carías nos obsequia, en tal orden, otro testimonio como parte de su generosa obra intelectual y jurídica, acerca de lo anterior. Reúne en un solo volumen sus comentarios a las distintas sentencias de la citada Sala Constitucional con las que se afirma, a contrapelo del mismo orden constitucional, la "justicia del horror" en Venezuela, en los términos ya descritos.

Pero resulta relevante su bienvenido énfasis sobre un aspecto novedoso, que sólo en fecha muy reciente aborda como parte de sus debates la Corte Interamericana de Derechos Humanos, a saber el del "principio democrático" y su estrecha vinculación con la Administración de Justicia y la independencia institucional de la judicatura y personal de los jueces.

Ese es, justamente, el asunto que preocupa gravemente a Brewer Carías y busca poner de relieve, al desnudo, con sus análisis jurisprudenciales, situándolos más allá de la escena que ocupan legítimamente los expertos en Derecho y a fin de llamar la atención de quienes no lo son, pero son víctimas próximas o distantes de la grave pérdida que sufre la democracia en Venezuela.

A propósito de los casos de la Corte Suprema de Justicia y del Tribunal Constitucional del Ecuador, desmontados mediante la remoción de la totalidad de sus miembros por iniciativa del gobernante Rafael Correa y a fin de alcanzar una recomposición que le sirva a sus móviles políticos, tanto como la misma Sala Constitucional venezolana sirve al régimen de Maduro, en voto razonado y a profundidad el juez interamericano Eduardo Ferrer Mac-Gregor Poisot apunta lo siguiente: "El papel de los jueces en la gobernabilidad democrática de los Estados pasa por reconocerles una genuina separación e independencia del resto, esto es, en definitiva, del poder político, no sólo en el aspecto personal, que corresponde a cada uno de los miembros de la judicatura, sino en su aspecto institucional, en cuanto cuerpo de autoridad separado en el concierto de las que componen el Estado".

La cuestión no es baladí. La propia Corte Interamericana en pleno ha recordado que la independencia judicial "constituye una garantía institucional en un régimen democrático que va unido al principio de separación de poderes", y Ferrer Mc Gregor, a su vez, completa la reflexión y muestra su otra cara al afirmar que la misma independencia, fuera de ser garantía es a su vez una institución de la democracia, garantizada por el Estado de Derecho.

Tal reflexión, entonces, es oportuna y bienvenida. De allí la importancia del libro de Brewer Carías. Ante la abulia o la complicidad, o el temor paralizante que acusan los órganos políticos o los gobiernos de la región ante dicho fenómeno destructivo de la democracia como ejercicio cabal y que se acomete mediante la corrupción de jueces; ajenos a la hemiplejia democrática que significa la reducción de dicha experiencia al plano meramente electoral, ocurre ahora, en buena hora, la mirada escrutadora sobre los jueces por los mismos jueces y los juristas y no sólo sobre los actores políticos.

En la misma medida en que la omisión de la OEA se hace sentir, se aprecia en otra banda la reacción de los otros órganos del Sistema Interamericano preocupados por salvaguardar y relanzar el patrimonio intelectual de la democracia. E interesante viene a ser, en línea con una aspiración que esbozara en mi libro sobre *El Derecho a la democracia* (Editorial Jurídica Venezolana, Caracas, 2008), la demanda precisa que a manera de desafío le plantea Ferrer Mc Gregor a sus colegas de la Corte: "Cabría incluso considerar si es posible configurar una suerte de derecho de los justiciables a condiciones democráticas de las instituciones públicas, con sustento no sólo en el referido artículo 3 de la Carta Democrática, sino también en el 29 de la

Convención Americana; el cual se sostendría con las obligaciones internacionales de los Estados al ejercicio del poder de conformidad con el Estado de derecho, la separación de poderes y, por supuesto, la independencia de los jueces, tal como ha llegado a proponerse en otros casos en que se han dilucidado temas análogos por el Tribunal Interamericano".

A MANERA DE INTRODUCCIÓN: REFLEXIONES SOBRE LA SITUACIÓN POLÍTICA DE VENEZUELA

(marzo-abril 2014)

Estas reflexiones tienen su origen en la charla que di a finales de marzo de 2014, en las 'Tertulias españolas en Manhattan," cuando muy amablemente me invitaron para que les ayudara –ojala hubiera podido !!– "a encontrar las claves de lo que acontece y nos inquieta" en Venezuela; cuyo texto luego desarrollé, en abril de 2014, en el documento enviado al Seminario sobre *Venezuela Today* organizado el 18 de abril en la Universidad de Princeton, al cual también muy amablemente me invitaron a participar.

Mucho agradezco a los organizadores de ambos eventos el motivo y oportunidad que me brindaron para ello, habiendo comenzado en ambos casos mis reflexiones con una aproximación institucional –propia de mi formación académica– partiendo de lo que unos días antes había dicho en Caracas la Defensora del Pueblo –cuya función fundamental en la Constitución es la promoción, defensa y vigilancia de los derechos humanos– tratando de justificar una inconstitucional sentencia del Tribunal Supremo de Justicia, también de marzo de 2014, que condenó y encarceló a un Alcalde de la oposición, Sr. Scarano, sin debido proceso, usurpando la jurisdicción penal, por el supuesto delito de desacato a un mandamiento de amparo, revocándole de paso su mandato electivo.[1067] La funcionaria quiso justificar la inconstitucional decisión diciendo:

> "Es imposible que con la presencia de todos los poderes públicos se cometa una ilegalidad."[1068]

Tan simple como eso. Es decir, que si el Estado totalitario –que es el que controla la totalidad de los poderes y de la vida de los ciudadanos– viola los derechos humanos, si ello lo hace con la participación de todos los poderes públicos, así sea contrario a la Constitución, entonces ello es "legal."

Lo dicho por la Defensora del Pueblo me recordó la terrible conclusión a la cual llegó el senador español por Vizcaya, Iñaki Ianasagasti, nacido en Venezuela por el exilio vasco de sus padres, después de leer la traducción del profesor Carlos Arman-

---

1067 Véase sentencia Nº 138 de la Sala Constitucional del Tribunal Supremo de Justicia de 17 de marzo de 2014, en http://www.tsj.gov.ve/de-cisiones/scon/marzo/162025-138-17314-2014-14-0205.HTML

1068 Véase lo declarado por Gabriela Ramírez, Defensora del Pueblo, en Juan Francisco Alonso, "Con caso Scarano TSJ echó a la basura 12 años de jurisprudencia. Juristas alertan que Sala Constitucional no puede condenar a nadie", en *El Universal* viernes 21 de marzo de 2014, en http://www.eluniversal.com/nacional-y-politica/140321/con-caso-scarano-tsj-echo-a-la-basura-12-anos-de-jurisprudencia.

do Figueredo del libro de Ingo Müller, *Los Juristas del Horror*, sobre la conducta de los jueces durante el nazismo,[1069] y que fue que "los atropellos, las prisiones, las torturas y aún el exterminio en masa se hicieron de manera legal y apegado a la norma," pues –agrego yo– estaban apoyados por todos los poderes públicos que comandaba el Führer.

Y esa es la terrible conclusión que se puede sacar cuando uno se aproxima a lo que ocurre en Venezuela, que como todo régimen totalitario controla todos los poderes públicos, incluido además, el denominado "cuarto poder" que son los medios de comunicación; todo lo que hace es "legal," y además, como producto básico de exportación del régimen, es también supuestamente "democrático" porque los funcionarios del régimen fueron electos, así las elecciones hubiesen estado viciadas, sean fraudulentas, e incluso, quien fue electo Presidente el año pasado ni siquiera ha podido a esta fecha comprobar que era elegible, es decir, que es venezolano por nacimiento sin tener otra nacionalidad; como lo requiere una norma constitucional.

La terrible conclusión en Venezuela, en la situación actual, como se deduce de lo afirmado por la Defensora del Pueblo, es entonces que toda la violencia o atropello institucional desarrollado por el Estado, es "legal" y "democrático" porque lo avalan todos los poderes públicos, así se abuse del poder; así se despilfarre el erario público; se cierren medios de comunicación; se discrimine políticamente a la mitad del país; se asesine indiscriminadamente, con total impunidad; se cometan fraudes electorales; se destruya la economía y el aparato productivo; se ahogue la iniciativa privada y se confisque; se prive de libertad a opositores, sin control; así e reprima, se veje, se torture a estudiantes y manifestantes indiscriminadamente; todo ello sin control; pero es legal porque todos los poderes públicos responden al unísono a una misma orden, como si se tratase de un cuartel.

Y dicho sea de paso, no me refiero sólo a los tres clásicos poderes del Estado que conocimos desde la escuela, sino a cinco, pues además del legislativo, el ejecutivo y el judicial, nosotros tenemos - único caso en el derecho constitucional comparado – otros dos poderes: el poder electoral y el poder ciudadano, pero igual, todos debidamente sometidos a un solo poder que es el que controla el aparato del Estado.

Todo ello lo que evidencia es que el Estado venezolano, por más cinco poderes que tenga y por más que haya habido elecciones, no es un Estado de derecho, ni el régimen político que lo sustenta es una democracia. La democracia es bastante más que elecciones y basta recordar lo que indica la Carta Democrática Interamericana de 2001, que los países latinoamericanos que la adoptaron se niegan a leer siquiera y menos a implementar o exigir que se cumpla, en la cual se precisan cinco elementos esenciales de la democracia: el respeto a los derechos humanos y libertades públicas; el acceso al poder y su ejercicio con sujeción al Estado de derecho; el régimen plural de partidos y organizaciones políticas; la separación e independencia de poderes, y la realización de elecciones periódicas, libres y justas mediante sufragio universal. La elección es sólo uno de los cinco elementos, siendo el de la separación de

---

1069 Véase Ingo Müller, *Hitler's justice: The Courts of the Third Reich*, Cambridge University Press, 1991. Traducción al castellano por Carlos Armando Figueredo: Ingo Müller, *Los Juristas del Horror*, Caracas 2006.

poderes el elemento clave porque la efectividad de todos los otros cuatro depende de éste, en el sentido que sin separación de poderes no puede haber garantía de derechos, ni elecciones libres, no pluralismo, ni Estado de derecho.

Ya hace varios siglos el barón de Montesquieu, –de quien todos hemos oído hablar alguna vez– nos enseñó que:

> "todo hombre que tiene poder tiende a abusar de él, y lo hace hasta que encuentra límites, [agregando que] para que no se pueda abusar del poder es necesario que por la disposición de las cosas, el poder limite al poder."[1070]

Ahora, la pregunta clave es ¿Cómo llegamos los venezolanos a esta lamentable situación que nos resume la Defensora del Pueblo? Y ustedes se preguntarán: ¿Cómo llegó Venezuela a esto, sobre todo cuando durante toda la segunda mitad del siglo pasado tuvo la democracia más envidiada de Latinoamérica, por su continuidad y estabilidad; habiendo sido incluso refugio seguro de tantos perseguidos por tantas dictaduras? Un país que gozó de un régimen político que con todos sus defectos, se caracterizó por tener alternabilidad en el ejercicio del poder, separación de poderes, elecciones libres, partidos políticos fuertes, libertades públicas, libertad de expresión, discusión abierta de ideologías y organizaciones de la sociedad civil, empresariales y sindicales fuertes. ¿Qué pasó? ¿Cómo llegamos a esto?

Nada surge de la nada, y en nuestro caso, el autoritarismo –como en tantos otros casos en la historia– fue producto de la crisis del sistema de democracia de partidos, derivada del propio deterioro de los partidos políticos a quienes en ese devenir, simplemente se les olvidó el país, y se les olvidaron las exigencias que imponía la propia democracia que habían creado, siendo su debilidad final o terminal lo que permitió y facilitó el asalto al poder perpetrado en 1998 por un militar golpista que fue Hugo Chávez y sus seguidores, mediante un golpe constituyente; seis años después de haber fracasado en un primer intento de asalto mediante un cruento golpe militar.

Quienes asaltaron el poder fueron los mismos, pero lo único que varió fue el método y la forma. En 1992 fue un intento de clásico golpe militar pero para establecer un Estado comunista, militar y totalitario –lo que resultaba de los documentos que se proponían ejecutar–[1071]; en 1998, en cambio, el asalto fue mediante elecciones y sin proponer proyecto político alguno, sólo la idea del "cambio" –tan atrayente en momentos de crisis– atacando al establecimiento político, mediante la convocatoria de una Asamblea Nacional Constituyente. El proyecto de Estado Comunista aparecería después, a partir de 2007, cuando fue propuesto por Chávez para ser inserto en la Constitución y fue expresamente rechazado por el pueblo mediante referendo.[1072]

1070 Véase *De l'Espirit des Lois* (ed. G. Tunc), París, 1949, vol. I, libro XI, cáp. IV, pp. 162-163.

1071 Véase Alberto Garrido, *La historia secreta de la Revolución Bolivariana,* Caracas, 2000.

1072 Véase Allan R. Brewer-Carías, *La Reforma Constitucional de 2007 (Comentarios al proyecto inconstitucionalmente sancionado por la Asamblea Nacional el 2 De Noviembre de 2007)*, Colección Textos Legislativos, N° 43, Editorial Jurídica Venezolana, Caracas 2007; "La reforma constitucional en Venezuela de 2007 y su rechazo por el poder constituyente originario," en José Ma. Serna de la Garza (Coordinador), *Procesos Constituyentes contemporáneos en América latina. Tendencias y perspectivas*, Universidad Nacional Autónoma de México, México 2009, pp. 407-449.

En todo caso, en 1998, esa fue realmente la única propuesta de Hugo Chávez en unas elecciones donde sus principales contrincantes eran un anciano del aparato partidista del partido más importante –el socialdemócrata– y una ex reina de belleza y ex alcalde del segundo partido más importante –el demócrata cristiano–[1073]. Y ganó quien primero pasó por el pueblo ofreciendo el cambio –como el Melquíades en el país de Macondo de García Márquez, especie de mago y equilibrista que fascinaba a la audiencia, acaparando el descontento.

Pero la propuesta para ejecutar la magia ofrecida –la Asamblea Constituyente que todo lo arreglaría– tenía un inconveniente, y es que simplemente era inconstitucional. Para convocarla había que reformar la Constitución para regularla, a lo que férreamente se oponía Chávez. Él quería una Constituyente para él, no para el país.

En medio del desierto dejado por los confundidos partidos, resultó que fuimos individualidades quienes enfrentamos a Chávez en su propuesta, correspondiéndome a mi hacer un llamado a que se realizara dicha reforma, presentando ante el Congreso un proyecto para regular la Constituyente y poder elegirla.[1074] Pero nadie, ni los partidos ni el liderazgo político entendieron el planteamiento; simplemente no asumieron el proceso cuando podían, ni se enfrentaron a la vía rápida de Chávez. Yo asumí el enfrentamiento a título personal como académico, siendo como era en ese momento el Presidente de la Academia Nacional de Ciencias Políticas y Sociales.

Y fue en tal carácter que en plena campaña electoral de 1998 invité a todos los candidatos presidenciales a que expusieran ante la Academia sus propuestas sobre la reforma del Estado; todos acudieron y expusieron, en muchos casos lugares comunes del momento político, siendo Chávez el único que fue directo a lo que quería: la convocatoria de la Asamblea Constituyente para "refundar la República," a su manera. Al yo presentarlo en la Academia como el candidato golpista con menos tradición democrática, pues venía de intentar un golpe militar y militarista,[1075] nuestra relación personal quedó establecida. Allí mismo, de nuevo, fui el único que expresó argumentos rechazando su propuesta, lo que originó su presentación al Congreso del proyecto de reforma puntual de la Constitución para regular la Constituyente.

El Congreso, por supuesto, ignoró el proyecto al igual que los partidos con cuyas directivas me reuní. Me oyeron y mi conclusión fue que simplemente el liderazgo había perdido la brújula y nunca supo que era lo que estaba ocurriendo en el país.

Ello dejó al candidato Chávez la vía libre, sobre todo cuando el nuevo Congreso electo un mes antes que él, tampoco entendió la crisis terminal en la cual estábamos, y al mes siguiente, la Corte Suprema, cuando decidió en forma ambigua sobre el

---

1073 Véase Allan R. Brewer-Carías (Coord.), *Los Candidatos Presidenciales ante la Academia. Ciclo de Exposiciones 10-18 Agosto 1998,* Serie Eventos N° 12, Biblioteca de la Academia de Ciencias Políticas y Sociales, Caracas 1998.

1074 Véase la propuesta de reforma en in Allan R. Brewer-Carías, "Reflexiones sobre la crisis del sistema político, sus salidas democráticas y la convocatoria a una Constituyente", en Allan R. Brewer-Carías (Coord.), *Los Candidatos Presidenciales ante la Academia. Ciclo de Exposiciones 10-18 Agosto 1998,* Serie Eventos N° 12, Biblioteca de la Academia de Ciencias Políticas y Sociales, Caracas 1998, pp. 9-66.

1075 *Idem.*

tema, permitió que la prensa sentenciara que si se podía elegir una Constituyente sin reformar la Constitución,[1076] lo que la Corte no llegó a decir expresamente. Ambos poderes (legislativo y judicial) creo que en enero de 1999 pensaron que controlarían o amaestrarían al teniente coronel y sus secuaces. Vana ilusión ¡!

En realidad, lo que hicieron fue facilitarle a Chávez su tarea, de manera que su primer acto político, el día que tomó posesión de la Presidencia, fue cumplir su única promesa electoral, convocando un referendo consultivo sobre la Asamblea Constituyente. De nuevo, impugné el decreto por inconstitucional[1077] como también lo hicieron otros abogados, a título personal, pues de los partidos ya nada se sabía. Luego de batallas judiciales con las cuales al menos obligamos a Chávez a modificar su decreto,[1078] se efectuó el referendo y se eligieron los miembros de la Asamblea. Personalmente sentí que tenía la obligación de participar en ella y me lancé como candidato independiente, habiendo sido electo con un millón doscientos mil votos –lo que no estuvo mal–. Sin embargo, lo que sí estuvo mal fue que solo cuatro constituyentes salimos electos como independientes, en una Asamblea de 141 miembros en la cual todos los demás estuvieron controlados por Chávez. Esa fue la exigua oposición que Chávez encontró para su proyecto.

El primer acto de la Asamblea Constituyente al declararse poder originario, fue concretar el asalto al poder mediante la intervención de todos poderes constituidos, por lo que en seis escasos meses, el Congreso, la Corte Suprema, los poderes regionales y locales fueron literalmente barridos.[1079] Las primeras víctimas –como siempre sucede en estos casos– fueron quienes le facilitaron el asalto: los magistrados de la Corte Suprema y los miembros del Congreso.

Luego vino la elaboración del proyecto de Constitución en unas discusiones en las cuales, como comprenderán, participé en todas las sesiones y debates, salvando mi voto en innumerables normas.[1080] Al final, a pesar de que muchas de mis propuestas fueron incorporadas, me opuse a la aprobación del texto, liderando la campaña por el voto NO. En el Manifiesto que hice público en noviembre de 1999, como plataforma para explicar las razones de mi rechazo a la Constitución, destaqué que la misma respondía a:

1076 Véase Allan R. Brewer-Carías, "El desequilibrio entre soberanía popular y supremacía constitucional y la salida constituyente en Venezuela en 1999", en la *Revista Anuario Iberoamericano de Justicia Constitucional,* Nº 3, 1999, Centro de Estudios Políticos y Constitucionales, Madrid 2000, pp. 31-56.

1077 Véase Allan R. Brewer-Carías, *Asamblea Constituyente y Ordenamiento Constitucional*, Serie Estudios Nº 53, Biblioteca de la Academia de Ciencias Políticas y Sociales, Caracas 1999.

1078 Véase Allan R. Brewer-Carías, *Poder Constituyente Originario y Asamblea Nacional Constituyente* (Comentarios sobre la interpretación jurisprudencial relativa a la naturaleza, la misión y los límites de la Asamblea Nacional Constituyente), Colección Estudios Jurídicos Nº 72, Editorial Jurídica Venezolana, Caracas 1999.

1079 Véase Allan R. Brewer-Carías, *Debate Constituyente (Aportes a la Asamblea Nacional Constituyente), Tomo I (8 agosto-8 septiembre 1999),* Fundación de Derecho Público-Editorial Jurídica Venezolana, Caracas 1999.

1080 Véase Allan R. Brewer-Carías, *Debate Constituyente (Aportes a la Asamblea Nacional Constituyente), Tomo II (9 septiembre-17 octubre 1999),* Fundación de Derecho Público-Editorial Jurídica Venezolana, Caracas 1999.

"un esquema institucional concebido para el autoritarismo, que deriva de la combinación de centralismo de Estado, presidencialismo exacerbado, partidocracia y militarismo que constituyen los elementos centrales diseñados para la organización del poder del Estado."[1081]

Ciertamente al releer este texto, parecería escrito hoy; pero no, fue escrito hace quince años, aun cuando todavía hay muchos que sólo ahora comienzan a descubrir esa realidad.

En todo caso, con la nueva Constitución, la mitad de cuya normativa fue suspendida en su vigencia por disposiciones transitorias inconstitucionales,[1082] a partir de 2000 se inició una carrera desenfrenada por consolidar el apoderamiento del Estado asaltado, desmantelando la separación de poderes, y demoliendo, desde dentro, las instituciones democráticas, utilizando para ello los propios mecanismos de la democracia,[1083] logrando poner al servicio del autoritarismo todos los poderes del Estado,[1084] comenzando con el Tribunal Supremo de Justicia y su Sala Constitucional, que se convirtió en el más diabólico instrumento del Estado Totalitario, particularmente porque como guardián de la Constitución no tiene quien lo controle.[1085]

El resultado ha sido que en quince años todo el Poder Judicial está conformado por jueces temporales o provisorios, y por tanto, dependientes del poder central,[1086] y los otros poderes de control todos sometidos y neutralizados, de manera que tenemos una Contraloría que no controla, una Defensoría del Pueblo que no protege ni defiende, un Ministerio Público que lo que hace es perseguir a los opositores, dejan-

---

1081 Véase Allan R. Brewer-Carías, *Debate Constituyente (Aportes a la Asamblea Nacional Constituyente), Tomo III (18 octubre-30 noviembre 1999),* Fundación de Derecho Público-Editorial Jurídica Venezolana, Caracas 1999.

1082 Véanse los comentarios sobre el Decreto de Transición Constitucional en Allan R. Brewer-Carías, *Golpe de Estado y proceso constituyente en Venezuela*, Universidad Nacional Autónoma de México, México 2002.

1083 Véase Allan R. Brewer-Carías, *Dismantling Democracy. The Chávez Authoritarian Experiment*, Cambridge University Press, New York 2010; "La demolición del Estado de derecho y la destrucción de la democracia en Venezuela," en *Revista Trimestral de Direito Público (RTDP),* Nº 54, Instituto Paulista de Direito Administrativo (IDAP), Malheiros Editores, Sao Paulo, 2011, pp. 5-34.

1084 Véase Allan R. Brewer-Carías, *Authoritarian Government v. The Rule of Law. Lectures and Essays (1999-2014) on the Venezuelan Authoritarian Regime Established in Contempt of the Constitution*, Fundación de Derecho Público, Editorial Jurídica Venezolana, Caracas 2014.

1085 Véase Allan R. Brewer-Carías, "El juez constitucional al servicio del autoritarismo y la ilegítima mutación de la Constitución: el caso de la Sala Constitucional del Tribunal Supremo de Justicia de Venezuela (1999-2009)", en *Revista de Administración Pública*, Nº 180, Madrid 2009, pp. 383-418; *Reforma Constitucional y Fraude a la Constitución (1999-2009),* Academia de Ciencias Políticas y Sociales, Caracas 2009.

1086 Véase Allan R. Brewer-Carías, "Sobre la ausencia de independencia y autonomía judicial en Venezuela, a los doce años de vigencia de la constitución de 1999 (O sobre la interminable transitoriedad que en fraude continuado a la voluntad popular y a las normas de la Constitución, ha impedido la vigencia de la garantía de la estabilidad de los jueces y el funcionamiento efectivo de una "jurisdicción disciplinaria judicial"), en *Independencia Judicial*, Colección Estado de Derecho, Tomo I, Academia de Ciencias Políticas y Sociales, Acceso a la Justicia org., Fundación de Estudios de Derecho Administrativo (Funeda), Universidad Metropolitana (Unimet), Caracas 2012, pp. 9-103.

do impunes los cientos de asesinatos callejeros; y un Poder Electoral que parece ser el agente político de los candidatos del Estado.

Solo ello explica, por ejemplo, que en 2003, cuando la Corte Primera de lo Contencioso Administrativo dictó una medida cautelar protegiendo a los médicos venezolanos ante la contratación indiscriminada de médicos cubanos sin licencia, para programas médicos populares, el propio Presidente gritó que no acataría la sentencia, calificó de "bandidos" a los Magistrados, ordenó el allanamiento policial de la Corte y la cerró por 10 meses.[1087] El caso fue a dar a la Corte Interamericana de Derechos Humanos, y después de que la misma condenó a Venezuela,[1088] el Tribunal Supremo declaró "inejecutable" la sentencia en el país.[1089] Tan simple como eso. Todo hecho muy "legalmente."

Ello también es lo que explica que en 2009 se haya encarcelado a una juez penal, a petición directa pública del Presidente de la República,[1090] por habérsele ocurrido a la juez dictar una medida de excarcelación de un detenido, con medidas restrictivas sustitutivas, acogiendo una recomendación del Grupo de Trabajo sobre Detenciones Arbitrarias de la ONU.[1091] La Juez María Lourdes Afiuni, así se llama, estuvo presa hasta 2013, y ahora permanece sujeta a restricciones a su libertad como prohibición de salida del país, régimen de presentación y prohibición de expresarse en los medios. Así de simple.

Ello también es lo que explica que en febrero de 2014 el dirigente político y ex alcalde Leopoldo López, uno de los líderes del movimiento de calle que hoy engloba al país, haya sido encarcelado e imputado de los más graves delitos imaginables sólo por haber convocado manifestaciones pacíficas de protesta y rechazo al régimen.[1092] Se lo acusó de homicidio intencional calificado; terrorismo; lesiones graves; incendio de edificios públicos; instigación a delinquir, y asociación para delinquir, sin prueba alguna. Y no importa que dichos delitos efectivamente hayan sido cometidos por militares o grupos de exterminio paramilitares, como está evidenciado en cientos

---

1087 Véase Claudia Nikken, "El caso "Barrio Adentro": La Corte Primera de lo Contencioso Administrativo ante la Sala Constitucional del Tribunal Supremo de Justicia o el avocamiento como medio de amparo de derechos e intereses colectivos y difusos, " in *Revista de Derecho Público*, N° 93-96, Editorial Jurídica Venezolana, Caracas 2003, pp. 5 y ss.

1088 Véase la sentencia de la Corte Interamericana de Derechos Humanos de 8 de marzo de 2008, Caso *Apitz Barbera y otros ("Corte Primera de lo Contencioso Administrativo") vs. Venezuela,* en www.corteidh.or.cr. Excepción Preliminar, Fondo, Reparaciones y Costas, Serie C N° 182

1089 Véase la sentencia de la Sala Constitucional del Tribunal Supremo de Justicia, N° 1.939 de 18 de diciembre de 2008 (Caso *Abogados Gustavo Álvarez Arias y otros*), en *Revista de Derecho Público*, N° 116, Editorial Jurídica Venezolana, Caracas, 2008, pp. 89-106. Available http://www.tsj.gov.ve/decisiones/scon/Diciembre/1939-181208-2008-08-1572.html

1090 Véase Alicia de la Rosa, "El día que la justicia fue herida de muerte. Caso de la jueza María Lourdes Afiuni," Analitica.com., 19 de octubre de 2012, en http://www.analitica.com/bitblioteca/libros/4674757.asp

1091 Disponible en http://www.unog.ch/unog/website/newsme-dia.nsf/%28-httpNewsByYear n%29/9368-7E8429BD53A1C125768E00529DB6?OpenDocument&cntxt=B35C3&cookielang=fr

1092 Véase "Fiscalía presentó acusación contra Leopoldo López," *El Nacional*, Caracas 14 de abril de 2014, en http://www.el-nacio-nal.com/politica/Fis-calia-General-acusacion-Leopoldo-Lopez_0_385161-540.html de videos que circulan por las redes sociales, ya que no hay medios de comunicación que las trasmitan. Y la Fiscal General de la República, en lugar de aceptar esas pruebas, lo que ha hecho es calificar de "perversas" las redes sociales, precisamente porque son el único medio de información de las masacres.[1093]

Y ese asalto y control absoluto de los poderes del Estado, es también lo que explica, que la diputada María Corina Machado, una de las diputadas de la oposición electas a la Asamblea Nacional, después de ser amenazada de ser enjuiciada por los mismos delitos imputados a López, a los cuales el Presidente de la Asamblea Nacional, quien parece que es el acusador público, agregó el de traición a la patria,[1094] fue en efecto despojada de su mandato popular mediante una inconstitucional decisión del Tribunal Supremo de Justicia.[1095] El motivo para tal embestida contra el principio democrático fue el hecho de haber acudido ante la OEA por invitación del Embajador de Panamá, para hablar en la sesión del 24 de marzo de 2014, sobre la situación en Venezuela. Ello provocó que el mismo Presidente de la Asamblea Nacional. Sr. Cabello, militar de oficio, sin procedimiento parlamentario ni proceso judicial alguno, procediera a anunciar al país, él mismo, por su sola decisión, que ya la diputado Machado no era diputado, es decir, le revocó su mandato, por supuestamente había aceptado un "cargo" de un gobierno extranjero al haber sido simplemente acreditada por Panamá para hablar ante la OEA, lo que por supuesto no le confiere cargo o status diplomático alguno ni de otra naturaleza.[1096] Pero así es: basta lo que diga el militar presidente de la Asamblea, sin que nadie lo controle, para que ello sea "legal" y "democrático."

Y de nuevo, toda esta situación de control centralizado de los poderes es lo que explica el reciente proceso de judicialización criminal de la libertad de expresión, al haberse acusado penalmente a la directiva de un diario de oposición (*Tal Cual*) y a un articulista, el Sr. Carlos Genatios, ex Ministro del gobierno de Chávez por cierto, porque escribió que al mismo militar Presidente de la Asamblea Nacional se le atribuía el haber dicho la frase: "Si no les gusta la inseguridad, váyanse" Ello lo consideró ofensivo y logró que un juez dictara contra los acusados una restricción a su libertad con orden de comparecencia semanal ante un tribunal y prohibición de salida del país.[1097]

1093 Véase Luisa Ortega Díaz: Las redes sociales se han convertido en un mecanismo perverso", Noticiero Digital.com, 23 de marzo de 2014, en http://www.noticierodigital.com/2014/03/luisa-ortega-diaz-las-redes-sociales-se-han-convertido-en-un-mecanismo-perverso/

1094 Véase en "Cabello: Por el artículo 191 de la Constitución, María Corina machado "dejó de ser diputada", *Globovisión,* 24 de marzo de 2014, en http://globovision.com/articulo/junta-directiva-de-la-an-anuncia-rueda-de-prensa.

1095 Véase la sentencia de la Sala Constitucional del Tribunal Supremo de Justicia Nº 207 de 31 de marzo de 2014, en http://www.tsj.gov.ve/de-cisiones/scon/marzo/162546-207-31314-2014-14-0286.HTML Véase igualmente en *Gaceta Oficial* Nº 40385 de 2 de abril de 2014.

1096 Véase "Insulza: Machado habló en la OEA en su condición de diputada venezolana," en *El Universal*, 28 de marzo de 2014, en http://www.eluniversal.com/nacional-y-politica/protestas-en-venezuela/140328/insulza-machado-hablo-en-la-oea-en-su-condicion-de-diputada-venezolana.

1097 Véase Fernando M. Fernández, "Leyes de desacato vs. Tal Cual y Genatios," Caracas, 31 de marzo de 2014, en http://amnis-tia.me/profiles/blogs/leyes-de-desacato-tal-cual-y-genatios.

Y por último es lo que explica mi propio caso. Luego de toda mi oposición a Chávez en la Constituyente, seguí oponiéndome a sus políticas, particularmente en 2001 por la emisión de decretos leyes inconstitucionales, y escribiendo sobre las violaciones a los principios democráticos.[1098] La misma Fiscal, jefa hoy del Ministerio Público, fue la encargada de perseguirme, y el motivo para acusarme fue criminalizar el ejercicio de la profesión de abogado, de manera que por haber dado una opinión jurídica que se me requirió en un momento de crisis política luego de anunciada la renuncia del Presidente de la República en 2002, sin prueba alguna de nada, y sólo basándose en opiniones de periodistas que no fueron testigos de nada,[1099] fui acusado tres años después de aquellos hechos, nada menos que de "conspiración para cambiar violentamente la Constitución," es decir, rebelión, para lo cual, por supuesto, sólo pude haber usado la única arma que he tenido: mi verbo y mi pluma de escribir. Y así, estando en el exterior en un viaje académico, en 2006 se me acuso y varios meses después, estando ya dando clases en la Universidad de Columbia en Nueva York, se dictó orden de detención en mi contra, lo que de hecho se convirtió en una orden de prohibición de regreso al país, teniendo que haber resistido la persecución política internacional, para lo cual el Estado incluso pretendió usar ilegítimamente hasta los canales de Interpol, Organización que como es sabido, tiene prohibición de intervenir en materia política.[1100] Pero ello por lo visto no importaba, pues como a todo el Estado le interesaba, esa ilegalidad es "legal."

Y finalmente, para terminar con los ejemplos, el totalitarismo es lo que explica el inconstitucional encarcelamiento antes mencionado, por decisión del Tribunal Supremo, en marzo de 2014, de los alcaldes de la oposición de San Diego y de San Cristóbal, sin garantía alguna de debido proceso. La justificación de esa inconstitucional revocación del mandato popular del los alcaldes, fue lo que originó la frase de la Defensora del Pueblo de que "todo es legal porque en ello participaron todos los poderes públicos."

Frente a todo ello es que ahora el país todo se ha comenzado a rebelar, y se comienza a encontrar solidaridad en el mundo democrático.

¿Pero que han encontrado los venezolanos en general, en la comunidad internacional? Un silencio inmoral, pues con el argumento de que en el país hubo elecciones, el régimen totalitario, la dictadura militar que padecemos, pareciera entonces

---

1098 Véase Allan R. Brewer-Carías, "La democracia venezolana a la luz de la Carta Democrática Interamericana, Aide Memoire," Caracas, febrero 2002, en http://www.allanbrewercarias.com/Con-tent/449725d9-flcb-474b-8ab2-41efb849fea3/Content/I,%202,%2021.%20La%20democracia%20venezolana%20a%20la%20luz%20de%20la%20Carta%20Democratica%20Interamericana%20_02-02-_SIN%20PIE%20DE%20PAGINA.pdf

1099 Véase Allan R. Brewer-Carías, *En mi propia Defensa. Respuesta preparada con la asistencia de mis defensores Rafael Odreman y León Enrique Cottin contra la infundada acusación fiscal por el supuesto delito de conspiración,* Colección Opiniones y Alegatos Jurídicos N° 13, Editorial Jurídica venezolana, Caracas 2006.

1100 Véase Allan R. Brewer-Carías, "Global Administrative Law on International Police Cooperation: A Case of Global Administrative Law Procedure," en Javier Robalino-Orellana and Jaime Rodríguez-Arana Muñoz (Editors), *Global Administrative Law Towards* a Lex Administrativa, Cameron May International Law & Policy, London 2010, pp. 343-395.

que tiene carta blanca para perseguir, porque por haber sido electos los funcionarios, todo lo que haga es "legal."

En ese panorama, sin embargo, lo más grave y triste es que a veces el silencio tiene precio, que es propio del "comercio de caballos" que tanto caracteriza las relaciones internacionales, basado en muchos casos en la relación "Me apoyaste, te apoyo; me ayudaste, te ayudo, así seas un criminal." Lo hemos visto en la OEA con la reunión de la de marzo de 2014, donde se votó por tratar el tema de Venezuela a puerta cerrada, que luego se decidió ni siquiera tratar, y ¿Quienes votaron a favor de no ventilar las llagas de la dictadura? Pues los países que dependen del subsidio petrolero de Venezuela que son todos los de la cuenca del Caribe, y aquellos otros "agradecidos por tantos favores recibidos" como el haber participado en el saqueo a que se ha sometido al país durante tres lustros, desde el financiamiento de campañas electorales, el fácil comercio de armas de guerra, hasta la compra de deuda pública; y todo sin obligación alguna de devolución o pago.

El resultado es que hoy tenemos un país solo, abandonado a ser manejado por militares de la peor calaña, manejados desde un país extranjero, que han participado en el saqueo de un Estado manejado por la burocracia más incompetente y corrupta de nuestra historia, pero que en conjunto han provocado un verdadero milagro económico y social. Si un milagro, el de convertir al país más rico de América Latina en el país más miserable de todos, con un aumento generalizado de la pobreza y el deterioro de los servicios sociales incluyendo la salud y educación; al despojar de su grandeza a la que era la empresa petrolera más grande de América Latina, que ahora produce menos petróleo, y está endeudada por décadas; convirtiendo al país con las reservas petroleras más grandes del mundo, en el más endeudado de América Latina, que importa todo, incluso gasolina, precisamente desde el 'imperio", con el mayor índice de inflación del mundo y la mayor carestía de bienes en toda su historia. El milagro se ha hecho además, al arruinar al país con mayor ingreso de divisas, que ha sido sometido a un criminal despilfarro –en 15 años han desaparecido más de 800.000 millones de dólares–; a un impune saqueo, ya que ha sido literalmente vendido y expoliado por funcionarios corruptos. En fin el resultado del milagro es que una ciudad como Caracas que solíamos llamar la "capital del cielo," la han convertido en la ciudad más peligrosa y violenta del mundo, reino de la impunidad.

El milagro ha sido también de orden institucional: el país con la democracia más reconocida de América latina hasta la década de los noventa se ha convertido en el país con los menores índices de libertad del Continente, con las mayores violaciones a los derechos humanos; un país en el cual incluso, el binomio Chávez / Maduro se dio el lujo de denunciar la Convención Americana de Derechos Humanos, para que ni siquiera haya posibilidad de control supranacional alguno sobre las múltiples violaciones.[1101] El último caso sometido ante la Corte Interamericana de Derechos

1101 Véase la comunicación de Nicolás Maduro, Ministro de Relaciones Exteriores denunciando la Convención Americana sobre Derechos Humanos, de 10 de septiembre de 2012, en http://www.noticiasclic.com/carta-de-denuncia-de-convencion-de-ddhh

Humanos el año pasado (septiembre de 2013) fue precisamente mi caso *Allan Brewer Carías vs. Venezuela*, por violación de todas mis garantías judiciales.[1102]

Todo ello es lo que explica, por otra parte, porqué el país hoy esta rebelado, en la calle, con el movimiento estudiantil a la cabeza, que como todo movimiento estudiantil es de corte horizontal, que lucha contra los efectos degradantes y sin futuro del "milagro" económico y social mencionado, desconociendo además al régimen, a la legislación y a la autoridad ilegítimas existentes, que contraría cotidianamente los valores, principios y garantías democráticos y menoscaba los derechos humanos.

Y lo importante de las protestas ya generalizadas en todo el país, es que ya no sólo son protestas de la oposición contra el gobierno, sino que es la sociedad civil la que está reaccionando contra el Estado totalitario. Por ello, si me preguntan, creo que el tiempo de la relación o confrontación nacional, entre *gobierno / oposición* que permitía pensar que a este Estado forajido se le podía vencer electoralmente está terminando, y está surgiendo otra relación de confrontación distinta, entre *sociedad civil / Estado totalitario*.

Y en este estadio, a pesar de todas las falsas muestras, lo cierto es que ya no puede haber paz a fuerza de garrote; ni puede haber dialogo a fuerza de estar apuntado con un fusil. Es tan burdo el intento que recientemente en marzo de 2014, quien ejerce la presidencia, el Sr. Maduro, no tuvo mejor ocurrencia que afirmar públicamente que había que "obligar a la oposición a sentarse a hablar, a dialogar, a abandonar su posición violenta. Los vamos a tener que obligar, en el mejor sentido de la palabra";[1103] si, en el mejor sentido, persiguiendo, amenazando, amedrentando, atacando, encarcelando o matando.

En este estadio de la confrontación, en realidad es el Estado, que es el que monopoliza las armas y desarrolla la política de violencia institucional, el que ha comenzado a entender que se le está acabando el tiempo, lo que ha hecho expresar hace unos días al ex rector de la Universidad Católica Andrés Bello de Caracas, padre Luis Ugalde, que al Estado solo le queda cambiar democráticamente, "estando en ello la vida o muerte para el gobierno y para el país."[1104]

Tan trágica ha sido la situación, que ella ha obligado al Gobierno, con la presión de otros Estados Latinoamericanos (UNASUR) y del representante del Papa, en abril de 2014, a iniciar un Dialogo con líderes de la Oposición.[1105] Fue, sin duda, un signo importante; particularmente porque habiendo sido televisado "en cadena," todo el país fue testigo de algo diferente a los interminables monólogos gubernamentales; y por primera vez pudo oír un concentrado de las críticas contra las políti-

---

1102 Véase el Video oficial de la Audiencia Pública ante la Corte Interamericana de Derechos Humanos del 3 de septiembre de 2013 en http://vimeo.com/album/2518064

1103 Véase "Maduro dice que hay que obligar a la oposición a dialogar," en *La Prensa.com.ni*, 20 de marzo de 2014, en http://www.la-pren-sa.com.ni/2014/03/20/planeta/187661

1104 Véase Luis Ugalde, "Zanahoria y Garrote", en *El Nacional*, Caracas, 20 de marzo de 2014; en http://173.246.50.18/opinion/dia-logo-dignidad-fracaso-gobierno-libertad-luis_ugalde-radicales-represion-vida_0_375562488.html

1105 Véanse los videos sobre el Debate en http://prodavin-ci.com/2014/04/11/actualidad/videos-10a-todas-las-intervenciones-del-debate-en-miraflores-transmitido-en-cadena-nacional-de-radio-y-tv/

cas destructivas del gobierno. Por otra parte, quizás el más importante resultado de la primera sesión del Diálogo del 10 de abril de 2014, fue la clara percepción de que quienes intervinieron por el gobierno pareció que no entendieron o no se han dado cuenta que han estado gobernando el país por quince años – el más largo período de gobierno continuo en toda la historia política del país–, lo que significa que en la actual situación política del país, los mismos ya representan definitivamente el pasado, y algunos de los oradores por la oposición dieron signos claros de representar el futuro. No hay duda, la historia se repite, particularmente en la evolución política de los países.

Pero por supuesto, ese signo inicial de un Diálogo (habrá que esperar y ver su desarrollo y resultados), no es suficiente. A los efectos de continuar y producir algún resultado, ante todo es la responsabilidad del gobierno de cambiar democráticamente, es decir, de cambiar y conceder, de aceptar las reglas democráticas y el pluralismo; de aceptar la participación de los representantes de la oposición en el proceso de renovación de los miembros y altos funcionarios de los poderes públicos; de permitir que éstos actúen con independencia y autonomía; de desarmar los grupos paramilitares de exterminio que han sido apoyados y armados por el gobierno; de garantizar la libertad de expresión; de detener la brutal represión de disidentes; de liberar a los presos políticos; de reestablecer en sus posiciones a la diputado y alcaldes a los cuales se le revocó inconstitucionalmente su mandato; de frenar el uso del sistema judicial como instrumento de persecución de los disidentes; de cambiar las políticas económicas deficientes contrarias a la libertad económica y a la propiedad privada; de permitir la libre iniciativa privada a los efectos de reconstruir el aparato productivo del país; de terminar la violación masiva de los derechos humanos y el uso de la tortura contra perseguidos. Es decir, en definitiva, de aceptar la propia democratización del Gobierno.

Esa es la única manera de no considerar que el "Dialogo" al cual el gobierno fue forzado a conceder e iniciar (no fue la oposición), no es será más que otra "pausa" táctica del Gobierno para ganar fuerza con el fin de continuar con sus políticas destructivas basadas, entre otras, en la implementación del llamado "Plan de la Patria," que ha sido calificado con razón por la Conferencia Episcopal de Venezuela en marzo de 2014, como escondiendo "un sistema de gobierno autoritario."[1106]

De lo contrario, sin duda, continuaremos siendo testigos de una más acentuada rebelión popular, porque la Sociedad Civil, incluido el movimiento estudiantil y los partidos políticos de oposición, que representan bastante más de la mitad del país, no aceptarán seguir siendo gobernados por un Gobierno que ha reducido su acción a intentar pulverizar por la fuerza, la persecución, la intimidación, las amenazas y la criminalización, a todos aquellos que piensan y actúan diferente a lo que ha sido llamado el "Socialismo del Siglo XXI" que no es otra cosa que la vieja y abandonada doctrina comunista que, debe recordarse, el pueblo ya rechazó mediante referendo en diciembre de 2007.

1106 Véase "Comunicado de la CEV: Responsables de la paz y el destino democrático de Venezuela," Caracas, 2 de abril de 2014, en http://www.cev.org.ve/index.php/noticias-3/76-02-abril-2014

El país ya habló en esta material. La voluntad del pueblo no puede ser ignorada por siempre, y los gobiernos que le dan la espalda al pueblo, más temprano que tarde inevitablemente desaparecen.

Nueva York, mayo de 2014

SECCIÓN PRIMERA:

EL JUEZ CONSTITUCIONAL VS. EL DERECHO AL SUFRAGIO MEDIANTE LA REPRESENTACIÓN PROPORCIONAL

Texto publicado en el libro: *Crónica sobre la "in" justicia constitucional. La Sala Constitucional y el autoritarismo en Venezuela*, Colección Instituto de Derecho Público, Universidad Central de Venezuela, Nº 2. Editorial Jurídica Venezolana, Caracas 2007, pp. 337-348.

La Sala Constitucional del Tribunal Supremo de Justicia, en sentencia Nº 74 (Caso: *Acción Democrática vs. Consejo Nacional Electoral y demás autoridades electorales*) de 25 de enero de 2006[1107], ha dado un duro golpe al derecho al sufragio, permitiendo la burla del principio constitucional de la representación proporcional en la elección de los cuerpos representativos o deliberantes, violando en esa forma el texto Constitucional al abstenerse de impartir la justicia constitucional que le fue requerida y de controlar las actuaciones del Consejo Nacional Electoral.

La Constitución de 1999, en efecto, en materia electoral garantizó el derecho al sufragio de los cuerpos representativos, combinando el sistema de elección mayoritario con el sistema de representación proporcional, el cual ya había sido legalmente establecido desde la reforma de la Ley Orgánica del Sufragio y Participación Política de 1989[1108], y ratificado en el Estatuto Electoral del Poder Público dictado por la Asamblea Constituyente el 30 de enero de 2000[1109].

A tal efecto, la Constitución en el artículo 63 regula al sufragio como un derecho constitucional que debe ejercerse "mediante votaciones libres, universales, directas y secretas" exige que la ley garantice "el principio de la *personalización del sufragio y la representación proporcional*"; y en el artículo 293 destinado a regular las competencias de los órganos del Poder Electoral dispuso que 293 los mismos deben garantizar "la igualdad, confiabilidad, imparcialidad, transparencia y eficiencia de los procesos electorales, así como la aplicación de la *personalización del sufragio y la representación proporcional*". Por último, el artículo 186 que regula específicamente la integración de la Asamblea Nacional, exige que los diputados sean elegidos en cada entidad federal "por votación universal, directa, *personalizada* y secreta con *representación proporcional*, según una base poblacional del uno coma uno por ciento de la población total del país".

1107 Véase en *Revista de Derecho Público*, Nº 105, Editorial Jurídica Venezolana, Caracas 2006, pp. 122-144.

1108 *G.O.* Extra. Nº 5.233 de 28-05-1998.

1109 *G.O.* Nº 36.884 de 03-02-2000.

En esta forma, se dispuso constitucionalmente un sistema electoral mixto para la elección de los órganos representativos (Asamblea Nacional, Consejos legislativos estadales, Concejos Municipales, Juntas parroquiales) que combina la elección por mayoría y la elección por representación proporcional, lo que implica la necesidad de que un porcentaje de los representantes electos se elijan en circunscripciones uninominales y otro porcentaje en circunscripciones plurinominales, por listas cerradas y bloqueadas. En la Ley Orgánica se dispuso, para los disputados, unos porcentajes del 50 % en cada caso; y para la elección de los concejales, un porcentaje del 66% para los cargos nominales y del 34% para los cargos electos de acuerdo a la aplicación del principio de la representación proporcional (art. 12). En el Estatuto Electoral de 2000 se dispuso que el 60% de todos los representantes populares debían ser elegidos en circunscripciones uninominales, según el principio de la personalización; y el 40 % de debía elegir por lista, según el principio de la representación proporcional (art. 15).

Es decir, la personalización del sufragio, impone la necesidad de elección de una parte de los representantes mediante escrutinio mayoritario en circunscripciones uninominales en las cuales se vota por una persona; y la representación proporcional, impone la necesidad de elección de otra parte de los representantes mediante escrutinio proporcional en circunscripciones plurinominales en las cuales se vota por una lista errada y bloqueada de personas.

Este sistema electoral que se aplica para la elección de los cuerpos representativos o deliberantes, lo define el artículo 7 de la Ley Orgánica de Ley Orgánica del Sufragio y Participación Política como un "sistema nominal, con representación proporcional" (art. 7) o un sistema "proporcional personalizado" (art. 12), y el artículo 15 del Estatuto Electoral del Poder Público como "un sistema de personalización y de representación proporcional"; y que conforme a los artículos 12 y siguientes de la Ley y artículo 15 y siguientes del Estatuto, se aplica de manera tal que no prevalezca uno de los sistema electorales combinados (mayoritario o representación proporcional) sobre el otro, de manera que la adjudicación final de puestos se corresponda con la proporcionalidad de votos obtenidos. Toda distorsión en la aplicación del sistema que conduzca a la prevalencia de la uninominalidad sobre la proporcionalidad sería inconstitucional.

Para garantizar la combinación y aplicación de ambos sistemas, el procedimiento de adjudicación de puestos comienza mediante la adjudicación de los puestos electos por representación proporcional en las circunscripciones plurinominales, para posteriormente sustraer de los puestos adjudicados en esa forma a los partidos, los que obtengan por mayoría de votos en las circunscripciones uninominales y, en esa forma, poder mantener el grado requerido de proporcionalidad entre los votos obtenidos y los puestos adjudicados.

A tal efecto, por ejemplo, conforme a la Ley Orgánica (arts. 12 y ss.) y al Estatuto Electoral (arts. 15 y ss), para la elección de diputados se debe proceder de la siguiente forma:

"1. La elección de los cargos nominales se hace en circunscripciones uninominales, conformadas por un municipio o agrupación de municipios contiguos conforme a un índice poblacional. Los ciudadanos o asociaciones políticas deben postular tantos candidatos como cargos a elegir nominalmente en la circunscripción respectiva y un suplente por cada uno de ellos

3. La elección de los cargos por lista se hace en la circunscripción electoral según el principio de la representación proporcional, los ciudadanos o las asociaciones políticas pueden presentar una lista que contenga hasta el doble de los puestos a elegir por esta vía.
5. El elector tiene derecho a votar por tantos candidatos como cargos nominales corresponda elegir en la circunscripción uninominales y, además, por una de las listas postuladas; es decir, en el proceso de votación, cada elector tendrá un voto lista y el o los votos nominales que correspondan
6. Resultarán electos nominalmente los candidatos más votados en la circunscripción.
7. Con los votos lista se determina el número de puestos que corresponda a cada agrupación de ciudadanos o asociación política según el clásico procedimiento de la representación proporcional mediante la adjudicación por cociente que desarrolla el artículo 17 de la Ley Orgánica y en el artículo 19 del Estatuto Electoral, así:
   a. Se debe anotar el total de votos válidos obtenidos por cada lista y cada uno de los totales se debe dividir entre uno, dos, tres y así sucesivamente hasta obtener para cada uno de ellos tantos cocientes como cargos haya que elegir en la circunscripción electoral.
   b. Se deben anotar los cocientes así obtenidos para cada lista en columnas separadas y en orden decreciente, encabezadas por el total de votos de cada uno, o sea, el cociente de la división entre uno.
   c. Se debe formar luego una columna final, colocando en ella en primer término el más elevado entre todos los cocientes de las diversas listas y a continuación en orden decreciente los que le sigan en magnitud cualquiera que sea la lista a la que pertenezcan, hasta que hubieren en la columna tantos cocientes como cargos deban ser elegidos. Al lado de cada cociente se indicará la lista a que corresponde, quedando así determinado el número de puestos obtenidos por cada lista.
8. Para la adjudicación de los cargos se debe seguir el procedimiento siguiente:
   a. Una vez definido el número de representantes que corresponde a cada agrupación de ciudadanos o asociación política en la entidad respectiva, conforme al procedimiento antes indicado, los puestos de candidatos nominales se adjudicarán a quienes hayan obtenido la primera o primeras mayorías en la respectiva circunscripción electoral, de conformidad con los votos obtenidos por cada una de ellas.
   b. A continuación se debe sumar el número de diputados nominales obtenido por cada agrupación de ciudadanos o asociación política, si esta cifra es menor al número de diputados que le correspondan a esa agrupación de ciudadanos o asociación política, según el primer cálculo efectuado con base al sistema de representación proporcional en la adjudicación por cociente, se debe completar con la lista de ese agru-

pación de ciudadanos o asociación política en el orden de postulación hasta la respectiva concurrencia.

c. Si un candidato nominal es electo por esa vía y está simultáneamente ubicado en un puesto asignado a la lista de su agrupación de ciudadanos o asociación política, la misma se correrá hasta la posición inmediatamente siguiente.

d. Si una asociación política no tiene en su votación nominal ningún cargo y por la vía de la representación proporcional obtiene uno o más cargos, los cubrirá con los candidatos de su lista en orden de postulación.

e. Cuando una agrupación de ciudadanos o asociación política obtenga un número de candidatos electos nominalmente, mayor al que le corresponda según la representación proporcional, se deben considerar electos y a fin de mantener el número de representantes establecido en la Constitución o la ley, se debe eliminar el último o últimos cocientes antes señalados.

f. Cuando un candidato sea elegido nominalmente en una circunscripción electoral y la asociación con fines políticos que lo propone no haya obtenido ningún cargo por la vía de la proporcionalidad en la adjudicación por cociente, queda elegido".

Todo este complejo procedimiento electoral tiene por objeto preservar los dos elementos esenciales del sistema: la elección por mayoría de la mitad de los diputados a la Asamblea Nacional, electos en circunscripciones electorales uninominales; y la elección por representación proporcional de la otra mitad de los diputados electos en circunscripciones plurinominales por listas cerradas y bloqueadas; de manera tal que si se elimine la elección mayoritaria ni se elimine la proporcionalidad requerida constitucionalmente.

El sistema opera, por supuesto, en relación con los candidatos de un mismo partido postulados para la elección mayoritaria en los circuitos uninominales y para la elección por lista en las circunscripciones plurinominales. Por tanto, si un partido sólo postula para elecciones uninominales o solo postula para las elecciones en las circunscripciones por lista, no habría deducción alguna que hacer.

Una forma de burlar la Constitución y la Ley y eliminar la proporcionalidad es, por tanto, que unos partidos se pongan de acuerdo electoralmente, de manera que conforme al mismo objetivo electoral, unos presenten candidatos solo en las circunscripciones uninominales y otros solo en las circunscripciones plurinominales, de manera que no se tengan que producir las sustracciones mencionadas. Esa práctica política que se desarrolló en Venezuela en 2005, y que se denominó el método de "las morochas", consistió en un sistema de postulación de candidatos a cuerpos deliberantes, donde una pluralidad de partidos o grupos políticos actuaron postulando candidatos por lista y candidatos nominales; pero con la característica de que los partidos agrupados participaron postulando en sus listas, pero no lo hicieron en los circuitos uninominales, de manera que los candidatos electos en estos, no se le dedujeron a los electos en las listas, atribuyéndose al grupo o partido político más representantes que los que le debían corresponder mediante el método del cociente.

Dicho mecanismo, que distorsionó fraudulentamente el principio de la representación proporcional, sin embargo, consideró la Sala Constitucional, "luego de un profundo análisis", que no se encontraba prohibido ni por la Constitución ni por el resto del ordenamiento jurídico", considerando, por tanto, que no se trataba "de una materia regida por el principio de legalidad, bajo el cual tendría que exigirse a los ciudadanos y a los partidos políticos, una actuación expresamente autorizada por la ley". La conclusión de la Sala fue tan simple que dedujo que:

> [...] "al no estar prohibida la aplicación del sistema aludido, el mismo encuadra dentro del orden jurídico; y aun cuando pudiere afirmarse que no toda conducta permitida resulta *per se* ajustada a la Constitución, en el presente caso, tampoco encuentra la Sala afectación alguna al principio de representación proporcional, habida cuenta que el mecanismo de postulación adoptado y bajo el cual se inscribieron los candidatos a diputados para las elecciones del mes de diciembre de 2005 (incluso los del partido político accionante), no proscribe, rechaza, ni niega la representación proporcional".

La Sala Constitucional, además, para abstenerse de ejercer su jurisdicción constitucional al conocer de una acción de amparo como la que había sido ejercida contra el Consejo Nacional Electoral por violación del derecho constitucional al sufragio, además, argumentó que supuestamente "el desarrollo de las garantías de la personalización del sufragio y la representación proporcional", debía hacerse, "a través de la reserva legal" y que "la intangibilidad de la técnica de la reserva legal *limita la actuación del Poder Judicial en esta materia*, en acatamiento del principio de la división del poder y la distribución de funciones"; agregando, además, que teniendo el Poder Electoral a su cargo garantizar el derecho al sufragio en la forma prevista en la Constitución, la Sala declaró que no podía "inmiscuirse en el ámbito de competencias de los órganos del Poder Público Nacional, determinado mediante la reserva legal". Concluyó la Sala con la afirmación reiterativa de que:

> "La cuestión del método matemático para la adjudicación de escaños o curules corresponden fundamentalmente a la competencia exclusiva del Poder Electoral y la regulación de la garantía de la personalización del sufragio y el sistema proporcional corresponden a la Asamblea Nacional, en cuanto técnica de la reserva legal a que alude la propia Constitución en su artículo 63".

Es decir, pura y simplemente, por conveniencia política, la Sala Constitucional con graves errores jurídicos por ejemplo al referirse a la "reserva legal", incurrió en denegación de justicia supuestamente porque no tenía competencia para controlar la constitucionalidad de los actos de los otros poderes del Estado, particularmente los del Consejo Nacional Electoral, lo que no es otra cosa que la negación misma de la justicia constitucional y de los poderes de la Jurisdicción Constitucional.

Con esta sentencia, la Sala Constitucional, sin duda, violó el derecho constitucional a la representación proporcional en las elecciones de cuerpos representativos o deliberantes, pues como lo afirmó el Magistrado Pedro Rafael Rondón Haaz, quien salvó su voto respecto de esa decisión, al contrario de lo afirmado en la misma,

> [...] "el mecanismo electoral que se denunció en este proceso, y que coloquialmente se conoce como "las morochas", **sí es contrario al principio de representación proporcional, sí es contrario al derecho al sufragio y sí es contrario al derecho a la participación en los asuntos públicos** (énfasis añadido)".

La más contundente crítica a la sentencia de la Sala Constitucional está contenida en este Voto Salvado del magistrado Rondón Haaz, por lo que para entender el alcance y significado de la misma, basta con seguir el razonamiento de dicho Voto Salvado, lo que haremos a continuación para este comentario jurisprudencial.

Ante todo, observó el Magistrado Rondón ante la manifiesta voluntad de la Sala de abstenerse de juzgar en este caso, que precisamente, "el ejercicio mismo de la jurisdicción constitucional implica que la Sala controle el cumplimiento, por parte de los demás órganos del Poder Público, de sus competencias en ejecución directa e inmediata de la Constitución, sin que ello signifique -si se ejerce en sus justos términos- "inmiscuirse en el ámbito de sus competencias", destacando incluso los casos en los cuales la Sala ha actuado como "un verdadero legislador -en sentido material- en ejercicio de la que la propia Sala asumió como "jurisdicción normativa" y que consiste en que *mientras no se dictan las leyes que desarrollan un determinado precepto constitucional la Sala regulará normativa y provisionalmente la materia de que se trate, para dar vigencia inmediata a la norma fundamental*""[1110]. En el caso, concluyó el Magistrado Rondón, que aún si la pretensión procesal hubiera perseguido que la Sala subsanara la ausencia de regulación legal, como correctivo para el correcto y cabal ejercicio de derechos fundamentales,

> [...] "aquélla habría podido ejercer esa "jurisdicción normativa" sin que ello, según su propia jurisprudencia, implicara invasión al ámbito de competencias propias de otros Poderes Públicos, en violación a los principios de reserva legal o separación de poderes".

Llama por tanto la atención, la temerosa timidez de la Sala Constitucional cuando se trataba de enfrentar la inconstitucionalidad de la práctica política electoral en que habían incurrido los partidos de gobierno y el Consejo Nacional Electoral, si se la compara con el a veces excesivo y arbitrario "activismo" judicial desplegado en tantas otras ocasiones.

Ahora bien, en cuanto al tema central sometido a consideración de la Sala Constitucional, sobre el sistema electoral, que combina la personalización del voto y la

---

1110 El Magistrado disidente citó los múltiples fallos en los cuales la Sala "ha modificado el contenido de normas jurídicas –que evidentemente son de la reserva legal- a través de "sentencias interpretativas" o en ejercicio de esa "jurisdicción normativa", entre otras, sentencias Nº 2855/20-11-2002; Nº 806/24-4-00; Nº 1042/31-5-2004; Nº 511/5-4-2004; Nº 7/1-2-2000; Nº 1/20-1-2000; Nº 1077/22-9-2000; Nº 1571/22-8-2001; Nº 93/6-2-2001; Nº 656/30-6-2000; Nº 1395/21-11-00; Nº 1053/31-8-2000; Nº 1140/5-10-2000; Nº 1050/23-8-00; Nº 332/14-3-2001. Asimismo, la Sala ha dictado muchas decisiones en las cuales se anulan (total o parcialmente) normas legales *y se procede a establecer la nueva redacción de las mismas* (Sentencias Nº 80/1-2-2001; Nº 1264/11-6-2002; Nº 2241/24-9-2002; Nº 3241/12-12-2002; Nº 865/22-4-2003 y Nº 1507/5-6-2003)".

representación proporcional, el Magistrado disidente precisó, con razón, que "para que se equilibren ambas premisas, la Constitución optó por un sistema mixto de elección de órganos deliberantes, que incluye la elección uninominal o por circuitos, en aras de ese voto personalizado, y la elección por listas cerradas, en aras de la representación proporcional", advirtiendo que la coexistencia de candidatos uninominales y por lista no es "lo único que determina el carácter mixto del sistema venezolano, ya que ello, por sí solo, no garantiza la representación proporcional". Para esto último, es decir, para garantizar la proporcionalidad, la Ley establece precisamente que la "adjudicación última a los candidatos por lista que fueron postulados por determinada agrupación política, se realiza luego de la *deducción* o *resta* del número de candidatos que previamente se adjudicaron de manera uninominal a esa misma agrupación"

He allí, precisamente, denunció el Magistrado disidente,

> [...] "donde se manifiesta la violación al principio de representación proporcional en el marco del sistema de votación que se denunció en este caso como inconstitucional –las morochas- pues como sea que en este caso no es una sino –formalmente- dos agrupaciones políticas las que postulan candidatos –una nominalmente y otra por lista- de manera conjunta o "enmorochada", al momento de dicha adjudicación residual de escaños de la lista, luego de que se completa la adjudicación nominal, *no se verifica deducción alguna,* porque al tratarse de dos agrupaciones distintas, a la lista de la segunda agrupación se le adjudica la *totalidad* de escaños, se insiste, *sin deducción de los adjudicados nominalmente a la otra"*.

Con "este fenómeno indeseable en el marco de un sistema mixto como el venezolano", como lo afirmó el magistrado Rondón,

> [...] "se rompe, sin lugar a dudas, el equilibrio de la representación proporcional y se consigue *una* ***representación desproporcionada****, pues el o los partidos que obtuvieron la mayoría de los votos adquieren más escaños de los que* ***proporcionalmente*** *le corresponden en atención al número de votos que obtuvieron, y los partidos que obtuvieron un porcentaje minoritario en la votación, adquieren menos escaños de los que* ***proporcionalmente*** *le corresponden en atención a ese número de sufragios que recibieron* (énfasis en el original).

Por ello, consideró el Magistrado disidente que la Sala Constitucional "debió concluir que el Consejo Nacional Electoral violó el derecho al sufragio y a la participación en los asuntos públicos de todos los electores y elegibles en la medida en que admitió el mecanismo electoral que se identifica como 'las morochas'", como "violación continuada, cuyo inicio se remonta a la inscripción de organizaciones políticas "cascarón" cuya única finalidad es la presentación de postulaciones que desemboquen en el voto "enmorochado" con otro partido político y que continúa con la campaña electoral, que garantiza la eficacia del "método" o "estrategia electoral" hasta que se consiga esquivar la adjudicación proporcional de cargos, en inobservancia de la representación proporcional".

En definitiva, consideró el magistrado Rondón en su Voto Salvado que la tergiversación al sistema de adjudicación según la representación proporcional que la Sala se negó a juzgar constitucionalmente,

> [...] "se traduce en **un fraude a la Ley y más grave aún, en un fraude a la Constitución**, a través de un evidente **abuso de las formas jurídicas** en pro de conseguir una finalidad distinta a la que las normas constitucional y legal establecieron respecto del método de elecciones mixtas uninominal-lista y a través de un evidente **abuso de derecho** de las organizaciones con fines políticos a postular candidatos (énfasis añadido)".

Este fraude a la Ley y a la Constitución que denunció el Magistrado disidente, y que lamentablemente avaló la Sala Constitucional, se configuró por el hecho de que:

> [...] "bajo el argumento de que no está expresamente prohibido en la Ley, distintas organizaciones con fines políticos realizan postulaciones de candidatos, unas únicamente por lista y otras únicamente por circuitos nominales, que "formalmente" cumplen con los requisitos de Ley -pues "formalmente" son agrupaciones distintas- pero tras ese falso velo de legalidad se consigue la identidad absoluta de tendencias políticas que, gracias a la eficacia que aportan las campañas electorales, persiguen una votación conjunta de ambas postulaciones con la que se logra la burla de la finalidad de la Ley, que no es otra que la adjudicación **mixta** de cargos por cocientes como garantía de representación directamente proporcional".

La intención de fraude a la Constitución en estos casos, como lo afirmó el Magistrado disidente, es clara:

> "En primer lugar, cuando se crea una agrupación con fines políticos que sirve de "vehículo" con el único objeto de la postulación de algunos de los candidatos que de manera notoria **pertenecen o militan** en un partido político distinto y que, aun cuando éste también participa en el proceso electoral respectivo, no los postula...
>
> En segundo lugar, cuando las agrupaciones políticas postulan candidaturas únicamente uninominales o bien únicamente por lista pues, si se actuara de buena fe, cada agrupación buscaría abarcar todos los espacios posibles que la Ley le permite dentro de las postulaciones, ya que es más ventajosa la participación tanto a través de elección por circuitos como a través de elección por lista, que sólo con una de ambas...
>
> En tercer lugar, hay intención de fraude cuando ambas agrupaciones políticas realizan campaña electoral a favor del voto conjunto o "enmorochamiento"; si su actuación fuese de buena fe, aunque determinada agrupación política postulara únicamente candidatos por circuitos o bien sólo candidatos por lista, poco le importaría el voto alterno, esto es, el voto por lista o el voto por circuito respecto del cual no postuló.
>
> En cuarto lugar, hay intención de fraude cuando esos mismos candidatos declaran públicamente que, en caso de que esta Sala dejare sin efecto las postulaciones que se realizaron de manera "enmorochada", acudirían a la postulación

por iniciativa propia, y no mediante postulación del partido o agrupación política en la que militan".

La maniobra la advirtió, además, el profesor Dieter Nohlen, con todo el conocimiento y competencia mundialmente reconocida que tiene en la materia electoral comparada, quien señaló que:

> [...] "las fuerzas vivas del país empezaron a interpretar y usar el sistema como más les convenía en la lucha por el poder. La puerta de entrada para estas maniobras fue el voto doble. Se presentaron candidatos para los escaños uninominales, llamados "morochas", no vinculados con ninguna lista de partido, pero adictos a una misma corriente política, para doblar su fuerza parlamentaria, evitando el mecanismo de compensación proporcional. El conflicto ocurrió, cuando las fuerzas gobiernistas utilizaron el sistema de postulación "las morochas" de forma masiva en las elecciones de diciembre de 2005 con perspectivas de diezmar la oposición. Entonces, la oposición denunció la práctica como fraudulenta y su infructuoso intento de hacerla prohibir motivó su retirada de las elecciones (véase Molina 2005). Su posterior recurso de inconstitucionalidad ante el Tribunal Supremo de Justicia tampoco resultó. La Sala Constitucional del Tribunal no encontró, como se lee en la Sentencia Nº 74 del 25-1-2006, "pruebas, alegatos o argumentos que permitieran evidenciar la contradicción entre el mecanismo de postulación denominado "las morochas" y las normas superiores constitucionales"[1111].

Consideró además el profesor Nohlen, que "el efecto anticonstitucional del mecanismo de "las morochas" va mucho más lejos" pues "infringe el principio de la igualdad del sufragio, o sea, uno de los principios fundamentales de la democracia moderna"[1112].

En definitiva, coincidiendo con el Voto salvado del magistrado Rondón Haaz, puede decirse que es lamentable que en este caso, "la Sala Constitucional, órgano rector de la justicia constitucional en nuestro ordenamiento jurídico, no haya optado por la protección de los derechos fundamentales de toda la colectividad que fueron lesionados, no haya dado justa interpretación a los principios constitucionales que rigen nuestro sistema electoral ni haya encauzado debidamente la relación esencial y recíproca entre la democracia y la Ley".

1111 Véase Dieter Nohlen y Nicolas Nohlen, "El sistema electoral alemán y el Tribunal Constitucional Federal. La igualdad electoral en debate – con una mirada a Venezuela", en *Revista de Derecho Público*, Nº 109, Editorial Jurídica Venezolana, Caracas 2007.

1112 *Idem*.

SECCIÓN SEGUNDA:

LA ACEPTACIÓN POR LA SALA CONSTITUCIONAL DEL TRIBUNAL SUPREMO DE LIMITACIONES AL DERECHO A SER ELECTO DERIVADAS DE "INHABILITACIONES POLÍTICAS" INCONSTITUCIONALMENTE IMPUESTAS A FUNCIONARIOS PÚBLICOS COMO SANCIÓN ADMINISTRATIVA (EL CASO DE EX ALCALDE LEOPOLDO LÓPEZ) *

El texto de esta sección es el estudio que se publicó en el libro: Alejandro Canónico Sarabia (Coord.), *El control y la responsabilidad en la Administración Pública, IV Congreso Internacional de Derecho Administrativo, Margarita 2012,* Centro de Adiestramiento Jurídico, Editorial Jurídica Venezolana, Caracas 2012, pp. 293-371. También se publicó con el título: "La violación del derecho a ser electo por la Jurisdicción Constitucional en Venezuela, el control de constitucionalidad ejercido por la misma contra las sentencias de protección internacional de La Corte Interamericana de Derechos Humanos, y la declaratoria de inejecutabilidad de las sentencias," en el libro: *Práctica y distorsión de la justicia constitucional en Venezuela (2008-2012),* Colección Justicia Nº 3, Acceso a la Justicia, Academia de Ciencias Políticas y Sociales, Universidad Metropolitana, Editorial Jurídica Venezolana, Caracas 2012, pp. 429-485. Publicado igualmente en el libro: *El golpe a la Democracia dado por la Sala Constitucional,* Editorial Jurídica Venezolana, Caracas 2014, pp. 277-364.

El artículo 39 de la Constitución venezolana de 1999, en relación con el status de las personas, además de distinguir entre venezolanos y extranjeros, regula expresamente el status de "ciudadano,"[1113] que es el que corresponde a los venezolanos en virtud del vínculo político que se establece entre los mismos y el Estado,[1114] conforme al cual pueden participar en el sistema político como "titulares de derechos y deberes políticos." Estos derechos, por tanto, conforme a la Constitución están reservados a los venezolanos "salvo las excepciones establecidas en la Constitución," que se refieren sólo a la posibilidad, para los extranjeros, de poder ejercer el derecho de voto en las elecciones locales (art. 64).

Salvo esta excepción, los derechos políticos por tanto, son privativos de los ciudadanos, aún cuando sometidos a las "condiciones de edad" que establece la Consti-

---

* Publicado en Alejandro Canónico Sarabia (Coord.), *El control y la responsabilidad en la Administración Pública, IV Congreso Internacional de Derecho Administrativo, Margarita 2012,* Centro de Adiestramiento Jurídico, Editorial Jurídica Venezolana, Caracas 2012, pp. 293-371.

1113 El texto de la norma fue una innovación en relación a lo que establecía la Constitución de 1961. Véase nuestra propuesta en este sentido, en Allan R. Brewer-Carías, *Debate Constituyente,* Tomo II, *op. cit.,* pp. 64 y ss. Véase nuestro voto salvado en la primera discusión, en Allan R. Brewer-Carías, *Debate Constituyente,* Tomo III, *op. cit.,* p. 145.

1114 Véase en general, sobre la ciudadanía, Eugenio Hernández Bretón, "Nacionalidad, ciudadanía y extranjería en la Constitución de 1999", en *Revista de Derecho Público,* Nº 81 (enero-marzo). Editorial Jurídica Venezolana, Caracas, 2000, pp. 47-59; Enrique Argullol Murgadas, "El status constitucional del ciudadano y la relación jurídico-administrativa", en *El Derecho Público a comienzos del siglo XXI. Estudios homenaje al Profesor Allan R. Brewer-Carías,* Tomo II, Instituto de Derecho Público, UCV; Civitas Ediciones, Madrid, 2003, pp. 1384-1392.

tución para el ejercicio de cargos públicos, y a la exigencia de que se trate de personas hábiles en derecho, es decir, que "no estén sujetos a inhabilitación política ni a interdicción civil" (art. 39).

Ahora bien, entre esos derechos políticos privativos de los venezolanos se destaca el "derecho al sufragio" que es, por excelencia, como lo ratificó la Sala Electoral del Tribunal Supremo de Justicia en sentencia Nº 29 de 19 de febrero de 2002, (Caso: *Gustavo Pérez y otros vs. Consejo Nacional Electoral*), el "mecanismo de participación del pueblo en ejercicio de su soberanía (artículo 63 de la Constitución)," el mismo "alude a la libertad de participar en un proceso electoral, tanto en la condición de elector (sufragio activo) como en la de candidato (sufragio pasivo)."[1115].

En este contexto, por tanto, el derecho a ser electo para cargos representativos es uno de los más esenciales en una sociedad democrática, que tiene todo ciudadano hábil políticamente, es decir, no sujeto a interdicción civil o a inhabilitación política, pudiendo sólo ser excluidos de su ejercicio sólo aquellos que pierden su ciudadanía, lo que sólo puede ocurrir mediante decisión judicial, o quienes hayan sido objeto de una decisión adoptada por los tribunales de justicia en procesos generalmente penales, en los cuales esté garantizado el debido proceso, en los cuales su imponga la pena de inhabilitación política.

Son incompatibles con una sociedad democrática, por tanto, las inhabilitaciones políticas impuestas a los ciudadanos por autoridades administrativas, es decir, por órganos del Estado que no sean tribunales judiciales y menos aún cuando son impuestas en procedimientos administrativos en los que no se respeten las debidas garantías del debido proceso. Lo contrario significaría que estaría en manos del gobierno de turno excluir a ciudadanos de su derecho a ser electos para cargos representativos, lesionándose así el desarrollo de una democracia pluralista, pues se podría excluir de su derecho a la participación política, al antojo gubernamental, a los miembros de la oposición democrática.

Este derecho ha sido violado en Venezuela por la Contraloría General de la República, la cual al dictar autos de responsabilidad administrativa, aplicando el artículo 105 de la ley Orgánica de la Contraloría General de la República y del Sistema Nacional de Control Fiscal, imponiendo la "pena" de inhabilitación política a ex funcionarios que han sido sancionados, restringiéndoles su derecho político al sufragio pasivo que sólo puede ser restringido, acorde con la Constitución (art. 65) y la Convención Americana de Derechos Humanos (art. 32.2), mediante sentencia judicial que imponga una condena penal. Es decir, en estos primeros años del siglo XXI, una de las armas políticas más arteras contra la representatividad democrática que ha utilizado el régimen autoritario instalado en el país en fraude a la Constitución y a la democracia, ha sido recurrir al expediente de la inhabilitación política impuesta mediante decisiones administrativas dictadas por el Contralor General de la República, a determinados candidatos, generalmente de la oposición para excluirlos del ejercicio democrático, y por tanto, de la posibilidad de ser electos para cargos representativos.

1115 Véase en *Revista de Derecho Público*, Nº 89-92, Editorial Jurídica Venezolana, Caracas 2002.

Ello es completamente inconstitucional e inconvencional, pues el derecho a ser electo en Venezuela es un derecho político que sólo puede restringirse de acuerdo con la Constitución de 1999 y con la Convención Americana de Derechos Humanos, mediante sentencia judicial dictada en un proceso penal conforme a las normas del Código Orgánico Procesal Penal, cuando un juez impone a un condenado la pena de inhabilitación política, que es siempre una pena accesoria a la pena principal de prisión o presidio.

En esta materia, sin embargo, la Sala Constitucional, como juez constitucional, en franca violación de la Constitución, resolvió en sentencia N° 1265/2008 dictada el 5 de agosto de 2008,[1116] (caso *Ziomara Del Socorro Lucena Guédez vs. Contralor General de la República*) que el artículo 105 de la Ley Orgánica de la Contraloría no era violatorio de la Constitución ni de la Convención Americana de Derechos Humanos, admitiendo que mediante ley se podían establecer sanciones administrativas de inhabilitación política contra ex funcionarios impidiéndoles ejercer su derecho político a ser electos, como era el caso de las decisiones dictadas por la Contraloría General de la República.

El tema fue llevado por la Comisión Interamericana de Derechos Humanos ante la Corte Interamericana de Derechos Humanos, la cual mediante sentencia dictada en el 1° de septiembre de 2011 (caso *Leopoldo López vs. Estado de Venezuela)*, al contrario, consideró que conforme a la Convención Americana de Derechos Humanos (art. 32.2) la restricción al derecho pasivo al sufragio (derecho a ser elegido) sólo puede establecerse mediante imposición de condena dictada mediante sentencia judicial, con las debidas garantías del debido proceso, condenando en dicho caso al Estado venezolano por violación de dicho derecho en perjuicio del Sr. López, ordenando la revocatoria de las decisiones de la Contraloría General de la República y de otros órganos del Estado que le impedían ejercer su derecho político a ser electo por la inhabilitación política que le había sido impuesta administrativamente.

Ello, sin embargo fue truncado pues la Sala Constitucional del Tribunal Supremo de Justicia, al conocer de una "acción innominada de control de constitucionalidad" de la sentencia de la Corte Interamericana interpuesta por el Procurador General de la República, como abogado del Estado, en sentencia N° 1547 (Caso *Estado Venezolano vs. Corte Interamericana de Derechos Humanos*) de fecha 17 de octubre de 2011,[1117] decidió declarar la sentencia de la Corte Interamericana como "inejecutable" en Venezuela, ratificando la violación al derecho constitucional del Sr. López que le impide ejercer su derecho a ser electo y ejercer funciones públicas representativas.

Estos comentarios van destinados a analizar esta bizarra situación de violación de derechos políticos por parte de órganos administrativos y judiciales del Estado, incluyendo la Sala Constitucional del Tribunal Supremo, y de formal desconocimiento de las sentencias dictadas por la Corte Interamericana de Derechos Huma-

---

1116 Véase en http://www.tsj.gov.ve:80/decisiones/scon/Agosto/1265-050808-05-1853.htm.

1117 Véase en http://www.tsj.gov.ve/decisiones/scon/Octubre/1547-171011-2011-11-1130.htmll.

nos, al declararlas "inejecutables" en el país. Antes analizaremos el sistema de derechos políticos en el ordenamiento constitucional venezolano y en la Convención Americana de Derechos Humanos, y sus posibles restricciones.

I. LOS DERECHOS POLÍTICOS EN EL SISTEMA CONSTITUCIONAL VENEZOLANO

1. *El régimen de los derechos políticos en la Constitución y en la Convención Americana de Derechos Humanos*

En efecto, la Constitución venezolana de 1999, en el Capítulo sobre la "Ciudadanía" dispone expresamente que los derechos políticos corresponden a los ciudadanos, es decir, a los venezolanos que no estén sujetos a inhabilitación política ni a interdicción civil, y en las condiciones de edad previstas en Constitución (art. 39), agregando como principio general que su ejercicio "sólo puede ser suspendido por sentencia judicial firme en los casos que determine la ley" (art. 42).[1118]

Esos derechos políticos de los ciudadanos, todos vinculados al principio democrático, que están enumerados en la Constitución de 1999, son los siguientes: (i) el derecho a la participación política en los asuntos públicos, directamente o por medio de sus representantes elegidos (art. 62) por los medios establecidos en el artículo 70; (ii) el derecho de concurrir a los procesos electorales postulando candidatos o candidatas (art. 67); (iii) el derecho a votar en referendos consultivos, revocatorios, aprobatorios y abrogatorios (arts. 71 a 74); (iv) el derecho a votar para elegir representantes populares (art. 63, 64); (v) el derecho a ser electo, del cual se excluye en la Constitución a quienes hubiesen sido condenados judicialmente por delitos cometidos durante el ejercicio de sus funciones y otros que afecten el patrimonio público (art. 63, 65); (vi) el derecho de exigir que los representantes electos rindan cuentas públicas, transparentes y periódicas sobre su gestión, de acuerdo con el programa presentado (art. 66); (vii) el derecho de asociarse con fines políticos, mediante métodos democráticos (art; 67); (viii) el derecho a manifestar, pacíficamente y sin armas (art. 68); y (ix) el derecho a no ser extraditado (art. 69). También puede considerarse como derecho político, aún cuando no enumerado en forma expresa, (x) el derecho a ejercer funciones públicas no electivas en condiciones de igualdad, lo que deriva del derecho a la participación política (arts. 62, 70) y a la igualdad y no discriminación (art. 21).[1119]

Por su parte, la Convención Americana de Derechos Humanos, en su artículo 23.1 distingue y garantiza los siguientes derechos políticos a las personas, los cuales conforme al artículo 23 de la Constitución venezolana, tienen jerarquía constitucio-

---

1118 Véase en general sobre el régimen de los derechos políticos en el proyecto de Constitución, nuestra propuesta sobre "Principios generales sobre derechos políticos" y "Derecho a la participación política," en Allan R. Brewer-Carías, *Debate Constituyente (Aportes a la Asamblea Nacional Constituyente), Tomo II (9 septiembre-17 octubre 1999)*, Fundación de Derecho Público-Editorial Jurídica Venezolana, Caracas 1999, pp. 119-142.

1119 Véase el comentario sobre todos estos derechos políticos en Allan R. Brewer-Carías, *La Constitución de 1999. Derecho Constitucional Venezolano*, Editorial Jurídica Venezolana, Caracas 2004, Tomo I.

nal en el país: (i) el derecho de participar en la dirección de los asuntos públicos; (ii) el derecho de votar en las elecciones para elegir representantes; (iii) el derecho de votar en las votaciones dispuestas para expresar la voluntad de los ciudadanos; (iv) el derecho de ser elegidos en sufragio universal y secreto para desempeñar cargos de representación popular; y (v) el derecho de tener acceso en condiciones de igualdad a las funciones públicas para desempeñar cargos administrativos.

Entre todos estos derechos políticos se pueden establecerse muchas distinciones, pero una básica entre ellos, es la que deriva de su vinculación esencial o no al principio democrático representativo. Así, todos los que se enumeran expresamente en la Constitución de 1999 como propios de la ciudadanía y los cuatro primeros enumerados en la Convención Americana, están sin duda estrechamente vinculados al principio democrático, siendo manifestación concreta del ejercicio de los derechos de participación política por los ciudadanos vinculados con la democracia participativa y representativa, en particular, los derechos de votar, de elegir representantes y de ser electos como representante popular. En cambio, el último de los derechos enumerados en la Convención Americana (artículo 23.1.c), que también se puede considerar que deriva de las previsiones constitucionales, de tener acceso en condiciones de igualdad a las funciones públicas para desempeñar cargos administrativos, no necesariamente tiene vínculo esencial con el principio democrático, pues se trata del derecho a acceder a las funciones públicas y ejercer cargos públicos no electivos.

Esta distinción tiene particular importancia a la hora de determinar la posibilidad y el ámbito de las restricciones al ejercicio de los derechos pues en el caso de todos los derechos políticos enumerados en la Constitución de 1999 y los cuatro primeros derechos enumerados en la Convención Americana, las restricciones implican, en definitiva, una restricción al principio democrático; y, en cambio, en el último de los derechos enumerados en la Convención Americana, y que se deduce de las previsiones de la Constitución venezolana, las restricciones que puedan establecerse al ejercicio de cargos públicos no afectan en su esencia el principio democrático.

Esta distinción en importante, sobre todo cuando se enfoca específicamente el derecho político a ejercer cargos públicos *de elección popular* regulado en los artículos 63 y 65 de la Constitución y en el artículo 23.1.b de la Convención Americana, y el derecho político de tener *acceso en condiciones de igualdad para ejercer cargos públicos no electivos*, mediante nombramiento administrativo, regulado en el artículo 23.1.c de la misma Convención Americana, y que encuentra su fundamento en los artículos 61 y 21 de la Constitución.

2. *Las limitaciones y restricciones constitucionales al ejercicio de los derechos políticos*

Ahora bien, en general, en Venezuela, el ejercicio y oportunidades de los derechos políticos de los ciudadanos, conforme a los artículos 63 y siguientes de la Constitución, es una materia de reserva constitucional, en el sentido de que la Constitución es la que puede establecer las restricciones y limitaciones a los mismos, no pudiendo el legislador establecer limitaciones no autorizadas en la Constitución

Y es así cómo en primer lugar, es la propia Constitución la que establece que el ejercicio de los derechos políticos está sometido a ciertas "condiciones de edad" que ella misma dispone directamente, y que en materia del ejercicio del derecho al sufragio, en cuanto al derecho a votar y a elegir, corresponde a los mayores de 18 años (art. 64); y en cuanto al derecho a ser electo, corresponde así: para ser electo Gobernador de un Estado se requiere ser mayor de 25 años (art. 160); para ser electo diputado a la Asamblea Nacional y legislador estadal, se requiere ser mayor de 21 años (arts. 188 y 162); para ser electo Alcalde se requiere ser mayor de 25 años (art. 174) y para ser electo Presidente de la República se requiere ser mayor de 30 años (arts. 227 y 238).

En segundo lugar, es también la propia Constitución la que dispone determinadas restricciones en cuanto al derecho a ser electo, estableciendo condiciones relativas a la nacionalidad, al disponer en el artículo 41 que sólo los "venezolanos por nacimiento y sin otra nacionalidad," son los que pueden ser electos para los cargos de Presidente de la República, y de Gobernadores y Alcaldes de los Estados y Municipios fronterizos.

En tercer lugar, la Constitución también dispone como limitación al derecho de los venezolanos por naturalización a ser electos diputados a la Asamblea Nacional, Gobernador y Alcaldes de Estados y Municipios no fronterizos, que deben tener domicilio con residencia ininterrumpida en Venezuela por un tiempo no menor de quince años y cumplir los requisitos de aptitud que se prevean en la ley (art. 41).

En cuarto lugar, la Constitución también dispone en su artículo 198, específicamente respecto del derecho a ser electo diputado que los diputados a la Asamblea Nacional cuyo mandato fuere revocado, no pueden "optar a cargos de elección popular en el siguiente período."

En quinto lugar, y aparte de las condiciones de edad, nacionalidad, residencia y de revocación de mandato antes referidas, la propia Constitución establece que sólo pueden ser excluidos del ejercicio de los derechos políticos quienes hayan sido declarados entredichos lo que en Venezuela puede ocurrir, conforme a las previsiones de la legislación civil, solo mediante sentencia judicial dictada en un proceso de interdicción civil; así como quienes hayan sido declarados inhabilitados políticamente, lo que en Venezuela puede ocurrir, conforme a las previsiones de la legislación penal, mediante condena judicial penal que la establezca como pena accesoria a una pena principal, en un proceso penal (art. 64); y, en general, a quienes hubiesen sido condenados "por delitos cometidos durante el ejercicio de sus funciones y otros que afecten el patrimonio público" respecto de los cuales el artículo 65 de la Constitución dispone que "no podrán optar a cargo alguno de elección popular."

En este sentido, en cuanto a la interdicción civil, la misma está regulada en el artículo 393 del Código Civil al establecer que: "El mayor de edad y el menor emancipado que se encuentren en estado habitual de defecto intelectual que los haga incapaces de proveer a sus propios intereses, serán sometidos a interdicción, aunque tengan intervalos lúcidos."

En cuanto a la inhabilitación política, la regula el Código Penal como pena en su artículo 24, estableciendo que "no podrá imponerse como pena principal, sino como accesoria a las de presidio o prisión y produce como efecto la privación de los cargos o empleos públicos o políticos que tengan el penado y la incapacidad, durante la condena, para obtener otros y para el goce del derecho activo y pasivo del sufragio. También perderá toda dignidad o condecoración oficial que se le haya conferido, sin poder obtener las mismas ni ninguna otra durante el propio tiempo."

En cuanto a la inhabilitación política por condena por delitos cometidos durante el ejercicio de sus funciones, y otros que afecten el patrimonio público, dentro del tiempo que fije la ley, a partir del cumplimiento de la condena de acuerdo con la gravedad del delito que prevé la Constitución, la Ley contra la Corrupción de 2003[1120] ha dispuesto en su artículo 96, que el funcionario público "que haya sido condenado por cualesquiera de los delitos establecidos en la presente Ley, quedará inhabilitado para el ejercicio de la función pública y, por tanto, no podrá optar a cargo de elección popular o a cargo público alguno, a partir del cumplimiento de la condena y hasta por cinco (5) años," lo cual "será determinado por el juez, de acuerdo con la gravedad del delito, en la sentencia definitiva que se pronuncie sobre el mismo."

Y por último, en sexto lugar, el artículo 330 de la Constitución establece otra restricción al ejercicio del derecho pasivo al sufragio al disponer que "los integrantes de la Fuerza Armada Nacional en situación de actividad" no pueden "optar a cargos de elección popular."

Concentrándonos al derecho político al sufragio pasivo, las antes mencionadas restricciones son las únicos condicionantes establecidos en la Constitución para el ejercicio del mismo, las cuales tienen su fuente, en la previsión directa del supuesto en la norma constitucional, o en una decisión judicial en un proceso en el cual esté garantizado el debido proceso (que declare la interdicción civil o que imponga una pena que conduzca a la inhabilitación política), no pudiendo establecerse otras restricciones o condiciones de elegibilidad mediante ley. En ello consiste, precisamente, la garantía constitucional de este derecho a ser electo, que es de los más esenciales en una sociedad democrática, razón por la cual, el artículo 42 de la Constitución, al referirse a la ciudadanía dispone en general que el ejercicio de la misma la misma "sólo puede ser suspendido por sentencia judicial firme en los casos que determine la ley" (art. 42).[1121]

En consecuencia, siendo las anteriores, las únicas restricciones y exclusiones permitidas en la Constitución respecto del ejercicio de los derechos políticos en Venezuela, en particular, del derecho a ser electo, por lo cual es completamente inconstitucional la previsión contenida en el artículo 52 de la Ley de Nacionalidad y Ciudadanía de 2004,[1122] en el cual se estableció, como causales "de suspensión del ejercicio de la ciudadanía," que es la condición para el ejercicio de todos los derechos

---

1120 Véase en *Gaceta Oficial* N° 5.637 Extraordinario del 7 de abril de 2003.

1121 Véase en general sobre el régimen de los derechos políticos en el proyecto de Constitución, nuestra propuesta sobre "Principios generales sobre derechos políticos" y "Derecho a la participación política," en Allan R. Brewer-Carías, *Debate Constituyente (Aportes a la Asamblea Nacional Constituyente), Tomo II (9 septiembre-17 octubre 1999)*, Fundación de Derecho Público-Editorial Jurídica Venezolana, Caracas 1999, pp. 119-142.

1122 Véase en *Gaceta Oficial* N° 37.971 de 01-07-2004.

políticos, además de "la inhabilitación política y la interdicción civil" que son las únicas establecidas en la Constitución, las otras siguientes "causales:" "1. La aceptación de funciones políticas u honores de otro Estado; 2. La prestación de servicios militares a otro Estado, sin la previa autorización de la Asamblea Nacional; y 3. La ofensa a los símbolos patrios y las demás que establezcan la Constitución de la República Bolivariana de Venezuela y las leyes." Estas previsiones, se insiste, son completamente inconstitucionales, por más que el artículo 55 de la misma Ley garantice que la supuesta "decisión" que se adopte para suspender la ciudadanía corresponde ser dictada a la autoridad judicial, al disponer que el ejercicio de la ciudadanía o de alguno de los derechos políticos "sólo puede suspenderse por sentencia judicial firme". Ello es correcto, pero sólo en los casos de inhabilitación política o interdicción civil.[1123]

Como se dijo, la Constitución venezolana sólo enumera como derechos políticos, los antes indicados, todos vinculados esencialmente al principio democrático, no enumerándose entre ellos en forma expresa, el derecho a acceder y ejercer en condiciones de igualdad funciones públicas no electivas, es decir, mediante nombramiento o designación, el cual, sin embargo, es evidente que también corresponde a los ciudadanos por el derecho que tienen a la participación política y a la igualdad y no discriminación.

Sobre el ejercicio de este derecho, por otra parte, la propia Constitución establece restricciones y limitaciones basadas en la edad, al disponer que para ejercer los cargos de Magistrado del Tribunal Supremo de Justicia (art. 263), Procurador General de la República (art. 249) y al Fiscal General de la República (art. 284) se requiere ser mayor de 35 años; para ejercer los cargos de Vicepresidente de la República (arts. 227 y 238), de Defensor del Pueblo (art. 280) y Contralor General de la República (art. 288) se requiere ser mayor de 30 años; y para ejercer el cargo de Ministro se requiere ser mayor de 25 años (art. 244).

La Constitución también establece restricciones para el ejercicio de cargos públicos no electivos por razón de nacionalidad, al disponer en el artículo 41 que sólo los "venezolanos por nacimiento y sin otra nacionalidad," son los que pueden ejercer los cargos de Vicepresidente Ejecutivo, Presidente y Vicepresidentes de la Asamblea Nacional, Magistrados del Tribunal Supremo de Justicia, Presidente del Consejo Nacional Electoral, Procurador General de la República, Contralor General de la República, Fiscal General de la República, Defensor del Pueblo, Ministros de los despachos relacionados con la seguridad de la Nación, finanzas, energía y minas, educación; Gobernadores y Alcaldes de los Estados y Municipios fronterizos y aquellos contemplados en la Ley Orgánica de la Fuerza Armada Nacional.

En cuanto a las condiciones de residencia, el mismo artículo 41 de la Constitución dispone que para ejercer los cargos de Ministro, Gobernadores y Alcaldes de

1123 Sobre estas inconstitucionalidades en la Ley de Nacionalidad y Ciudadanía véase lo que hemos expuesto en Allan R. Brewer-Carías, *Régimen Legal de Nacionalidad, Ciudadanía Y Extranjería. Ley de Nacionalidad y Ciudadanía. Ley de Extranjería y Migración. Ley Orgánica sobre Refugiados y Asilados*, Editorial Jurídica Venezolana, Caracas 2005, pp. 46 ss.

Estados y Municipios no fronterizos, se exige respecto de los venezolanos por naturalización que deben tener domicilio con residencia ininterrumpida en Venezuela no menor de quince años y cumplir los requisitos de aptitud previstos en la ley.

Ahora bien, volviendo al derecho al sufragio pasivo, como cuestión de principio, debe indicarse que es incompatible con una sociedad democrática y con la garantía del mismo, el que puedan establecerse restricciones a su ejercicio que puedan tengan su fuente en una decisión administrativa, es decir, que no sea judicial, por lo que por ejemplo, las autoridades administrativas no podrían imponer a los ciudadanos inhabilitaciones políticas, y menos aún en procedimientos administrativos en los que no se respeten las debidas garantías del debido proceso. Lo contrario significaría que quedaría en manos del gobierno de turno excluir a los ciudadanos de su derecho a ser electos para cargos representativos, lesionándose así el desarrollo de una democracia pluralista, pues se podría excluir de su derecho a la participación política, al antojo gubernamental, a los miembros de la oposición democrática.

Y eso es precisamente lo que ha venido ocurriendo en Venezuela en esta primera década del siglo XXI, donde una de las armas políticas más arteras contra la oposición política democrática que ha utilizado el régimen autoritario instalado en el país en fraude a la Constitución y a la democracia, ha sido la de recurrir al expediente de la inhabilitación política impuesta mediante decisiones administrativas dictadas por el Contralor General de la República, a líderes de la oposición para excluirlos del ejercicio democrático, y por tanto, de la posibilidad de ser electos para cargos representativos,.

Ello es completamente inconstitucional e inconvencional, pues el derecho a ser electo en Venezuela como se dijo es un derecho político que sólo puede restringirse de acuerdo con la Constitución de 1999 y con la Convención Americana de Derechos Humanos, mediante sentencia judicial dictada en un proceso civil que declare la interdicción de la persona, o en un proceso penal conforme a las normas del Código Orgánico Procesal Penal, cuando un juez impone a un condenado la pena de inhabilitación política, que es siempre una pena accesoria a la pena principal de prisión o presidio.

3. *La reglamentación al ejercicio y oportunidades de ejercicio de los derechos políticos en la Convención Americana*

En cuanto a la Convención Americana de Derechos Humanos, los derechos políticos que en ella se enuncian, tal como lo precisa el artículo 23.2 de la misma, solo pueden ser reglamentados o restringidos mediante ley ("la ley puede reglamentar"), y "exclusivamente por razones de edad, nacionalidad, residencia, idioma, instrucción, capacidad civil o mental, o condena, por un juez competente, en proceso penal."

De esta norma resulta, en consecuencia, que las limitaciones (reglamentación) al ejercicio y oportunidades de ejercicio de los derechos políticos sólo pueden establecerse en un Estado en la siguiente forma:

Primero, mediante ley, es decir, mediante el acto normativo que emane del cuerpo representativo del pueblo, integrado por representantes electos mediante sufragio universal y secreto, y que se define en el artículo 202 de la Constitución venezolana como "el acto sancionado por la Asamblea Nacional como cuerpo legislador." Sin embargo, como hemos indicado, en Venezuela es sólo la Constitución la que puede establecer esas restricciones, al disponer que el ejercicio de los derechos políticos corresponde a los venezolanos, "salvo las excepciones establecidas en esta Constitución" (art. 40), y las basadas en "las condiciones de edad previstas en esta Constitución" (art. 39), excluyendo además expresamente del ejercicio de los derechos políticos a quienes hubiesen sido condenados "por delitos cometidos durante el ejercicio de sus funciones y otros que afecten el patrimonio público"(art. 65), y a quienes estuviesen sujetos a interdicción civil o inhabilitación política (art. 64).

Segundo, conforme a la Convención Americana, las restricciones a los derechos políticos sólo se pueden establecer basadas en los siguientes motivos indicados taxativamente en la Convención: 1) edad, 2) nacionalidad; 3) residencia; 4) idioma; 5) instrucción; 6) capacidad civil o mental; o 7) condena, por juez competente, en proceso penal. En relación con estos diferentes motivos de limitaciones que deben siempre ser establecidas por ley, debe señalarse que si bien los primeros seis enumerados en el artículo 23.2 de la Convención Americana no presentan mayor dificultad en la determinación de su alcance respecto de todos los derechos políticos enumerados en el artículo 23.1 de la misma Convención Americana, particularmente en cuanto a la distinción apuntada sobre su vinculación esencial o no del derecho político en concreto al principio democrático representativo, no sucede lo mismo respecto del último de los motivos mencionados ("condena, por juez competente, en proceso penal"), el cual puede tener un tratamiento distinto según se trate de la elección popular para ejercer un cargo público o del acceso a una función pública mediante nombramiento administrativo.

A tal efecto, y en particular, refiriéndonos exclusivamente a dos de los derechos políticos establecidos en el artículo 23.1 de la Convención, el derecho de los ciudadanos a ser elegidos mediante sufragio para desempeñar cargos de elección popular (establecido también en el artículo 63 de la Constitución) y el derecho de los ciudadanos de tener acceso a las funciones públicas para desempeñar cargos administrativos, la interpretación del alcance de los motivos para su restricción mediante ley consistentes en las razones de "edad, nacionalidad, residencia, idioma, instrucción, capacidad civil o mental" puede decirse que no presenta mayor dificultad, ni amerita hacer la distinción en cuanto al origen del cargo público de que se trate, si de carácter electivo o de nombramiento administrativo, pues en general tienen el mismo tratamiento respecto de los dos derechos.

La Constitución y la ley, en efecto, en los diferentes Estados establecen una determinada "edad" para ser electo como representante o para ser nombrado funcionario público, inclusive en forma variable según el cargo electivo o el cargo administrativo de que se trate. En diversos artículos de la Constitución venezolana, como se ha dicho, se establecen edades diferentes para ser electo y para ocupar cargos. En las leyes en otros países se prevé asimismo límites de edad para ocupar cargos públicos.

La "nacionalidad" del país en cuestión se requiere en la ley, en general, tanto para ser electo como para ser funcionario público, excluyéndose a los extranjeros del ejercicio de dichos derechos. En Venezuela es la Constitución la que exige tener la ciudadanía y por ende la nacionalidad venezolana, para ejercer los derechos políticos.

Ciertas condiciones de "residencia" son requeridas en general por la ley para la elección para cargos de representación popular, generalmente en las elecciones locales.

En algunos casos de países signados por el multiculturalismo se podría incluso exigir el hablar determinado "idioma" o lengua para ser electo o para ejercer un cargo público.

Particularmente para el ejercicio de funciones públicas en ciertos cargos administrativos o judiciales, la ley requiere de determinado grado de "instrucción" o de títulos profesionales.

Finalmente en cuanto a la "capacidad civil o mental," se trata, en general, de un asunto relativo a la capacidad regulada en la legislación civil, consistente por ejemplo en la figura de la interdicción civil que sólo puede ser declarada judicialmente para la realización de actos de la vida civil, lo cual se extiende en común a la inhabilitación para el desempeño de cargos de elección popular o cargos administrativos.

Sin embargo, en el caso del último de los motivos que conforme a la Convención la ley podría regular para restringir el derecho a ser electo para cargos de representación popular, consistente en "condena, por juez competente, en proceso penal," dada la precisión del lenguaje utilizado por la Convención Americana, sin duda resulta necesario distinguir el origen del cargo público respecto del cual se trate, en el sentido de si es electivo o de nombramiento o designación.

En efecto, en el caso de la restricción al ejercicio de los derechos políticos para ser electo representante popular o para el ejercicio de funciones públicas y que la misma consista en la inhabilitación para el ejercicio del derecho, la misma, conforme lo exige la Convención, sólo puede ser establecida mediante ley en relación con los ciudadanos como resultado de una "condena" impuesta a los mismos, la cual conforme a la previsión expresa de la Convención sólo puede consistir en una sanción pronunciada en un "proceso penal" mediante decisión que debe emanar de un "juez competente."

En consecuencia, conforme al texto de la Convención Americana, para que un Estado pueda llegar a imponerle a una persona una sanción que lo inhabilite para ser elegido o para tener acceso a las funciones públicas, la misma debe estar prevista en una ley y debe ser siempre adoptada como una decisión de condena, que sea decidida por un juez penal competente, y mediante un proceso penal. Esta es precisamente la situación en Venezuela, donde es la Constitución la que dispone que solo quedan excluidos del ejercicio del derecho a ser electo los venezolanos sujetos a interdicción civil o inhabilitación política, lo que en el ordenamiento solo puede disponerse mediante sentencia judicial, y en general, los condenados por delitos cometidos durante el ejercicio de sus funciones y otros que afecten el patrimonio público (arts. 64 y 65).

II. LAS RESTRICCIONES AL EJERCICIO DE LOS DERECHOS POLÍTICOS

1. *Las restricciones conforme al principio democrático*

En todo caso, en relación con este motivo de restricción de los derechos políticos, particularmente respecto del derecho a ser elegido para cargos de elección popular y del derecho de acceder a funciones públicas para ejercer cargos público mediante nombramiento o designación, el alance de la misma y de su implementación, puede variar según la distinción antes mencionada derivada de si el derecho se vincula esencialmente al principio democrático o no.

En el primer caso, en nuestro criterio, la interpretación de la Convención Americana tiene que ser restrictiva, siendo el principio democrático esencial a la misma, entre otras razones, por una parte, por haberse dictado la Convención para consolidar "*dentro del cuadro de las instituciones democráticas,*" como lo indica en el primero de los "Considerandos," "un régimen de libertad personal y de justicia social, fundado en el respeto de los derechos esenciales del hombre;" y por otra parte, dado la vigencia de la Carta Democrática Interamericana que considera como un elemento esencial a la democracia la garantía y respeto a los derechos humanos (art. 4).

Es decir, las restricciones que impliquen inhabilitación política y que puedan imponerse al ejercicio de derechos políticos, cuando impliquen restricciones al principio democrático y sean establecidas por ley respecto del derecho a ser electo para cargos representativos mediante sufragio (derecho a ser elegido), deben ser objeto de interpretación restrictiva; pudiendo en cambio, las restricciones al ejercicio de derechos políticos que no impliquen restricción al principio democrático, ser objeto de interpretación amplia.

Esto sucede precisamente cuando se interpreta la última parte del artículo 23.2 de la Convención en cuanto al motivo de restricción al ejercicio de derechos políticos basado en "condena, por juez competente, en proceso penal." Para eliminarle a un ciudadano sus derechos democráticos, consistentes por ejemplo, en el derecho a elegir representantes populares o a ser elegido representante del pueblo, que son de la esencia de la democracia representativa, sin duda, en nuestro criterio, la previsión del artículo 23.2 debe interpretarse restrictivamente en el estricto sentido de las palabras usadas en el mismo según la conexión de ellas entre sí, de manera que es necesario que se produzca una "condena" judicial que debe ser pronunciada por un "juez competente, en un proceso penal."

No es posible eliminarle a un ciudadano el ejercicio de los derechos políticos más esenciales a la democracia representativa como son el derecho ciudadano a elegir o a ser elegido para cargos representativos de la voluntad popular, mediante un acto que no sea una sentencia judicial penal, como podría ser, por ejemplo, un acto administrativo imponiendo una sanción administrativa, dictado por un funcionario que no es parte del Poder Judicial, es decir, que no es un "juez" y que para dictarlo no ha seguido un proceso penal que es el regulado en los Códigos reguladores del Proceso Penal.

Conforme a la Convención Americana, la restricción al principio democrático de elegir y ser electo es un asunto exclusivo del Poder Judicial, que sólo puede adoptarse por un "juez penal competente," mediante un "proceso penal," en el cual se "condene" a un ciudadano por delitos o faltas regulados y tipificados en el Código Penal o en leyes penales especiales, y que impliquen o conlleven la inhabilitación política del condenado.

Este es, por lo demás, el caso de la legislación venezolana, donde como se ha dicho, la inhabilitación política está efectivamente prevista en el Código Penal como una pena accesoria a una pena principal (presidio o prisión), que se impone como consecuencia de una condena penal (art. 13 y 16), que sólo se puede dictar e imponer por un juez penal, que además de tener que ser el juez competente tiene que ser un juez profesional que es el único que puede conocer de las fases del proceso penal conforme al artículo 104 del Código Orgánico Procesal Penal, en un proceso penal desarrollado conforme a las previsiones de dicho Código. Dicha pena accesoria de inhabilitación política, que "no podrá imponerse como pena principal sino como accesoria a las de presidio y prisión," produce "como efecto, la privación de los cargos o empleos públicos o políticos que tenga el penado y la incapacidad, durante la condena, para obtener otros y para el goce del derecho activo y pasivo del sufragio" (art. 24).

Es decir, conforme a dicho Código Orgánico Procesal Penal, en Venezuela, y conforme a las previsiones de la Convención Americana, nadie puede ser condenado penalmente y a nadie se le puede imponer una pena, "sin un juicio previo, oral y público, realizado, sin dilaciones indebidas, ante un juez imparcial," conforme a las disposiciones de dicho Código, "y con salvaguarda de todos los derechos y garantías del debido proceso, consagrados en la Constitución de la República, las leyes, los tratados, convenios y acuerdos internacionales suscritos por la República" (art. 1), correspondiendo en todo caso, a "los tribunales juzgar y hacer ejecutar lo juzgado" (art. 2), y en los términos del artículo 7 del mismo Código, y correspondiendo "exclusivamente" "a los jueces y tribunales ordinarios o especializados establecidos por las leyes, con anterioridad al hecho objeto del proceso," "la potestad de aplicar la ley en los procesos penales."

La consecuencia de todo ello, es que la inhabilitación política que puede afectar a un ciudadano para ejercer su derecho político a ser electo, en cualquier ordenamiento, es efectivamente una "inhabilitación política," que sólo puede pronunciarse conforme a las modalidades previstas en los diversos ordenamientos, mediante un juicio político como el que existe en muchos países o mediante una sentencia judicial penal como es el caso de Venezuela, de manera de asegurar la vigencia de los artículos 42 y 65 de la Constitución donde se garantiza que la perdida de la ciudadanía, que implica el ejercicio de los derechos políticos como los vinculados al principio democrático, solo puede ocurrir por "sentencia judicial firme," y que los únicos que no pueden optar a cargos de elección popular por un tiempo que debe fijar la ley, son quienes han sido condenados por delitos cometidos durante el ejercicio de funciones públicas que afecten el patrimonio público.

Es rigurosamente falso, por tanto, lo ha afirmado por la Sala Constitucional del Tribunal Supremo de Venezuela en sentencia N° 1265 de 5 de agosto de 2008, en el sentido de que el artículo 65 de la Constitución, al disponer que "no podrán optar a cargo alguno de elección popular quienes hayan sido condenados o condenadas por delitos cometidos durante el ejercicio de sus funciones," supuestamente

> "no excluye la posibilidad de que tal inhabilitación pueda ser establecida, bien por un órgano administrativo *stricto sensu* o por un órgano con autonomía funcional, como es, en este caso, la Contraloría General de la República;"

agregando además, erradamente, que:

> "la norma, si bien plantea que la prohibición de optar a un cargo público surge como consecuencia de una condena judicial por la comisión de un delito, tampoco impide que tal prohibición pueda tener un origen distinto; la norma sólo plantea una hipótesis, no niega otros supuestos análogos."[1124]

Al afirmar esto, la Sala Constitucional olvidó su propia afirmación expresada unos años antes en la sentencia N° 2444 de 20 de octubre de 2004 (caso: *Tulio Rafael Gudiño Chiraspo*) en el sentido de que:

> "en materia de ejercicio de derechos, en este caso políticos, muy vinculados al carácter participativo del gobierno del Estado venezolano, las excepciones y/o restricciones son de derecho constitucional estricto y nuestra Constitución sólo dispone de dos medios para terminar anticipadamente el mandato o representación (salvo, por supuesto, la muerte o la renuncia). Estos son: el enjuiciamiento por delitos comunes o políticos –artículo 266– y la revocatoria del mandato –artículo 72–, una de las innovaciones de la nueva Carta Magna que confiere, precisamente, el carácter participativo a nuestra democracia."[1125]

El mismo razonamiento de derecho constitucional estricto que se aplica a los casos de terminación de mandatos de elección popular, por supuesto se aplica a los casos de inhabilitación para el ejercicio del derecho político a ser electo, de la esencia del régimen democrático.

2. *Las restricciones al ejercicio del derecho político de acceder a cargos públicos no electivos o de nombramiento*

En el segundo caso de motivos de restricción de los derechos políticos, particularmente en relación con el derecho de acceder a funciones públicas para ejercer cargos públicos *no electivos*, mediante nombramiento o designación, el alcance de la norma de la Convención Americana y de su implementación ha sido interpretada en muchos países en una forma menos estricta que la antes mencionada, por no estar en juego el ejercicio de un derecho esencial a la democracia como sería el derecho activo y pasivo al sufragio, este último, ante órganos representativos del pueblo.

En efecto, en los casos del ejercicio del derecho político a ejercer cargo público en la Administración Pública en sentido global, mediante nombramiento o designación administrativos, sin vínculo con el principio democrático representativo e incluso independientemente del régimen democrático que pueda existir, se ha flexibilizado la aplicación del motivo de restricción a su ejercicio basado en la "condena,

---

1124 Véase en http://www.tsj.gov.ve:80/decisiones/scon/Agosto/1265-050808-05-1853.htm.

1125 Véase en http://www.tsj.gov.ve/decisiones/scon/Octubre/2444-201004-04-0425%20.htm.

por juez competente, en proceso penal," es decir, en cuanto a la necesaria exigencia en la Convención Americana de una decisión judicial de "condena," pronunciada por un "juez competente" en lo penal, en un "proceso penal," habiendo establecido las leyes, que determinados órganos administrativos como los órganos de control fiscal (Contralorías Generales), mediante un procedimiento administrativo en el cual se garantice plenamente el debido proceso, podrían dictar sanciones administrativas de inhabilitación política para hacer cesar a un funcionario en su cargo o para que un ex funcionario pudiera acceder a funciones públicas, las cuales, incluso, cuando el funcionario está ejerciendo su cargo, es una sanción administrativa accesoria a la principal de destitución.

En estos casos es que podría decirse que pudieran existir espacios no judiciales que permiten imponer medidas administrativas sancionatorias que incluyen la inhabilitación para ejercer cargos públicos, pero nunca podrían implicar (i) la destitución del representante electo por la naturaleza popular de la investidura pues de lo contrario, tal como lo ha dicho la Sala Constitucional del Tribunal Supremo de Justicia en la antes mencionada sentencia N° 2444 de 20 de octubre de 2004 (caso: *Tulio Rafael Gudiño Chiraspo*), colidiría "con la normativa constitucional que estatuye que tales cargos pueden ser objeto de referendo revocatorio";[1126] ni (ii) podría implicar la inhabilitación de un ciudadano para ser elegido mediante sufragio, pues lesionaría el principio democrático representativo.

Se trata, como lo dijo la Sala Constitucional del Tribunal Supremo de Justicia en sentencia N° 1266 de 6 de agosto de 2008 (caso: Acciones de nulidad contra el artículo 105 de la Ley Orgánica de la Contraloría General de la República), refiriéndose a Venezuela, del ejercicio de una potestad sancionadora atribuida al Contralor General de la República que está "referida al ámbito administrativo: es decir, que no es una sanción política" pues la misma "se ciñe a la función administrativa vista la naturaleza jurídica de la Contraloría General de la República."[1127]

Por ello es totalmente errada y contradictoria la afirmación de la misma Sala Constitucional, en la misma sentencia últimamente citada, de que la sanción de inhabilitación impuesta por la Contraloría "surte efectos para el desempeño de la función administrativa, indistintamente de cuál sea el origen; esto es por concurso, designación o elección popular," y de que "esta inhabilitación dictada por la Contraloría "se extiende a toda función administrativa, incluso las que derivan del cargo de elección popular."

Aparte de que la Sala Constitucional no definió qué entiende por "función administrativa" se olvidó mencionar que los funcionarios electros popularmente, ante todo, cumplen una "función política" como es representar al pueblo y conducir el gobierno de una entidad política en la organización territorial del Estado.

En todo caso, para ambas circunstancias, tanto para la elección de cargos de representación como para la remoción de los representantes electos de sus cargos, rige

1126 Véase en http://www.tsj.gov.ve/decisiones/scon/Octubre/2444-201004-04-0425%20.htm

1127 Véase en http://www.tsj.gov.ve/decisiones/scon/Agosto/1266-060808-06-0494.htm

la misma apreciación que la Sala Constitucional hizo en la citada sentencia N° 2444 de 20 de octubre de 2004 (caso: *Tulio Rafael Gudiño Chiraspo*), aún cuando solo se haya referido a la destitución del funcionario, al señalar que dado que la destitución y la suspensión de un funcionario de un cargo de elección popular coliden con la normativa constitucional refería al referendo revocatorio de mandatos:

> "siendo ello así, al igual que con los cargos que tienen un régimen especial para la destitución, es ese el mecanismo para cuestionar la legitimidad de la actuación del representante popular, y las sanciones que sin duda alguna se le pudieran imponer con ocasión a ilícitos administrativos, civiles o disciplinarios, según el caso, encuentran su límite en esa circunstancia, sólo desvirtuable con ocasión al establecimiento de una responsabilidad penal."[1128]

Y lo mismo sucede con el derecho a ser elegido, que es un derecho político que tiene todo ciudadano, solo desvirtuable con ocasión al establecimiento de una responsabilidad penal que implique la aplicación de la pena accesoria de inhabilitación política sólo con ocasión de penas principales de prisión o presidio.

3. *La importancia del respeto a la voluntad popular en una sociedad democrática respecto de cargos electivos*

El principio democrático representativo, por otra parte, impone la necesidad de respetar la voluntad popular, de manera que un funcionario electo no puede ser removido salvo por la voluntad popular expresada para revocarle el mandato, cuando ello esté previsto en las Constituciones, o salvo mediante un juicio político que esté igualmente regulado expresamente en las Constituciones con todas las garantías del debido proceso.

El mandato del pueblo al elegir un funcionario, en cambio, nunca puede ser revocado mediante un acto administrativo, así emane de un órgano de control fiscal. Y el mismo principio aplica a la elección del representante popular, en el sentido de que es el pueblo quién decide a quien elegir mediante su voto, lo que sólo puede ser impedido por el juez penal cuando mediante condena dictada en proceso penal inhabilita a un ciudadano para ser electo para ejercer cargos de representación popular, por lo que no puede corresponder a la decisión de un funcionario administrativo el determinar quién puede o no ser electo para cargos representativos.

Es decir, conforme a la Constitución de Venezuela, solo se puede excluir del ejercicio de los derechos políticos que corresponden a los ciudadanos (y el derecho a participar como candidato en las elecciones es uno de ellos -derecho pasivo al sufragio-), a quienes estén sujetos a inhabilitación política o a interdicción civil (art. 39 de la Constitución), y ello solo puede ocurrir mediante sentencia firme, es decir, decisión judicial dictada en un proceso penal en la que se imponga al condenado la pena de inhabilitación política (que sólo se concibe en Venezuela como una pena accesoria a la pena principal en materia penal) conforme al Código Penal, o (ii) de-

1128 Véase en http://www.tsj.gov.ve/decisiones/scon/Octubre/2444-201004-04-0425%20.htm

cisión judicial dictada en un proceso civil en el cual se declare entredicha a la persona (interdicción civil) conforme al Código Civil.

III. LAS LIMITACIONES ADMINISTRATIVAS RESPECTO DEL EJERCICIO DE CARGOS PÚBLICOS DE NOMBRA-MIENTO EN EL MARCO DEL RÉGIMEN DE LA ADMINISTRACIÓN PÚBLICA Y LA SANCIÓN ADMINISTRATIVA DE INHABILITACIÓN

La situación es distinta cuando se trata del derecho al ejercicio de cargos públicos mediante nombramiento. Todos los ciudadanos tienen derecho a acceder a los mismos en iguales condiciones, siendo el término de su ejercicio materia de orden administrativa, de manera que los funcionarios públicos pueden ser destituidos por las causales que establezca la Ley, mediante actos administrativos disciplinarios, incluso como consecuencia de medidas de control fiscal. Para ello se prevé en el artículo 144 de la Constitución que corresponde a la ley establecer el Estatuto de la función pública mediante normas sobre el ingreso, ascenso, traslado, suspensión y retiro de los funcionarios de la Administración Pública, y proveer su incorporación a la seguridad social.[1129]

1. *Las funciones de la Contraloría General de la República*

La tradición en Venezuela con motivo de las facultades de la Contraloría General de la República de declarar la responsabilidad o culpabilidad administrativa de un funcionario público, después de establecerse en la Ley de Carrera Administrativa de 1971 que ello era una causal de "destitución" del funcionario público afectado, que como sanción disciplinaria debía imponerse por el funcionario competente (generalmente el superior jerárquico del mismo),[1130] condujo a que en la reforma de la Ley Orgánica de la Contraloría General de la República de 1975 se previera que además de la destitución, el auto de responsabilidad administrativa, podía ser acompañado de una decisión imponiendo al funcionario destituido la "inhabilitación para el ejercicio de la función pública" durante un período determinado (art. 84), como sanción disciplinaria accesoria, nunca principal.

Es decir, a la decisión de la Contraloría General declarando la responsabilidad administrativa, le debían seguir unas sanciones administrativas destinadas a ser aplicadas única y exclusivamente a funcionarios públicos nombrados en el ámbito regu-

---

1129 Ley del Estatuto de la Función Pública, *Gaceta Oficial* N° 37.522 de 06-09-2002.

1130 La causal de destitución de funcionarios públicos como sanción disciplinaria, como consecuencia de los autos de culpabilidad administrativa dictado por la Contraloría General de la República, se propuso inicialmente en el *Proyecto de Ley sobre Funcionarios Públicos* que elaboramos en la Comisión de Administración Pública en 1970 (Véase en http://allanbrewer-carias.com/Content/449725d9-f1cb-474b-8ab2-41efb849fea3/Content/I,%202,%205.%20%20Proyecto%20de%20Ley%20sobre%20Funcionarios%20Públcios%20CAP%201970.doc).pdf), lo cual fue acogido en la Ley de Carrera Administrativa de 1971, artículo 62.5. Véase lo expuesto en Allan R. Brewer-Carías, *El Estatuto de los Funcionarios Públicos en la Ley de carrera Administrativa, Comisión de Administración Pública*, Caracas 1971, pp. 108 ss. y 117. Véase en http://allanbrewerca-rias.com/Content/449725d9-f1cb-474b-8ab2-41efb849fea5/Content/II.1.15.pdf lado por la Ley de Carrera Administrativa de 1971, que son los que se pueden "destituir," siendo la inhabilitación para el ejercicio de la función pública" originalmente concebida como una sanción accesoria a la "destitución."

La responsabilidad o culpabilidad administrativa se podía declarar respecto de personas que ejercieran cargos de elección popular, pero como los mismos no podían ser "destituidos" administrativamente, no se previó en la Ley en forma alguna que se pudiera dictar respecto de ellos medida alguna que pudiera implicar suspensión o remoción de su cargo electivo, por ser el mismo fruto de la voluntad popular, y menos que se pudiera decidir la inhabilitación para ejercer en el futuro, así fuera temporalmente, su derecho a ser electo representante mediante sufragio.

La reforma de la Ley Orgánica de la Contraloría General de la República de 1984 en lo que se refiere a su artículo 84, sin eliminar el carácter accesorio que tiene la sanción de inhabilitación para el ejercicio de funciones públicas respecto de la sanción de destitución, aplicable sólo a los funcionarios de nombramiento o designación (no electos), teniendo en cuenta que muchas veces la decisión de responsabilidad administrativa en realidad se dictaba mucho tiempo después de que el funcionario hubiese sido removido de su cargo o hubiese renunciado al mismo, lo que no extinguía su responsabilidad, tuvo por objeto única y exclusivamente agregar que dicha sanción de inhabilitación podía ser aplicada excepcionalmente "aún cuando el declarado responsable se haya separado de la función pública" correspondiendo siempre la aplicación de la sanción al máximo jerarca administrativo del organismo del Estado donde ocurrieron los hechos.

Es decir, se trata de sanciones administrativas, aplicadas en el campo de la función pública administrativa, integrada por funcionarios nombrados o designados (no electos), que correspondían ser dictadas por el superior jerárquico del órgano de la Administración Pública correspondiente, y que nunca podían implicar ni la "destitución" de funcionarios electos, ni su inhabilitación política.

El fundamento y sentido de dicha normativa puede decirse que se siguió en la Ley Orgánica de la Contraloría General de la República de 1995, en el sentido de referirse a las sanciones administrativas a funcionarios públicos designados o nombrados parte de la función pública administrativa (no electa), con solo dos variaciones:

La primera, incorporada al artículo 121 de la Ley Orgánica, que atribuyó al Contralor General de la República la potestad para imponer directamente, como consecuencia de su decisión de responsabilidad administrativa, sanciones pecuniarias de multa.

Y la segunda, incorporada en el artículo 122 de la Ley Orgánica, en la cual luego de ratificar que la sanción de "destitución" como consecuencia del auto de responsabilidad administrativa debe imponerse por la máxima autoridad jerárquica como lo preveía desde el inicio la Ley de Carrera Administrativa, agregó que dicha autoridad jerárquica "o la propia Contraloría" podían "imponer, además, la inhabilitación para el ejercicio de la función pública" por un período determinado.

De ello resultaba, que la sanción disciplinaria de inhabilitación para el ejercicio de cargos públicos, seguía siendo accesoria a la sanción disciplinaria destitución, previéndose sin embargo, como excepción, que también se podía imponer aún cuando el declarado responsable se hubiese separado del cargo.

Esta disposición fue nuevamente reformada en 2001, habiéndose seguido en la Ley Orgánica de la Contraloría General de la República (art. 105), la misma fundamentación de principio de considerar a la sanción disciplinaria de inhabilitación para el ejercicio de cargos como accesoria a la sanción disciplinaria de "destitución" y, por tanto, aplicable sólo a funcionarios administrativos (no electos) con dos nuevas variantes:

La primera, que al Contralor General de la República se le atribuyó directamente "de manera exclusiva y excluyente, la potestad de decidir la "destitución" del funcionario responsable (potestad que hasta esa reforma correspondía al superior jerárquico de la Administración correspondiente conforme a la ley de carrera Administrativa), dejándose en manos del superior jerárquico respectivo solo la "ejecución" de la decisión.

La segunda, además de imponer la sanción de destitución, se atribuye al Contralor General, en general y adicionalmente ("e imponer" dice la norma), la potestad de imponer al funcionario destituido "la inhabilitación para el ejercicio de sunciones públicas" por un tiempo determinado. Esta sanción sigue siendo concebida en la Ley Orgánica de 2001 como sanción disciplinaria accesoria a la sanción disciplinaria de destitución, y exclusivamente destinada a ser aplicada a funcionarios de nombramiento o designación, es decir, que ejerzan cargos públicos mediante designación o nombramiento por las autoridades administrativas (no electos por voto popular).

A tal efecto se especifica en la norma, siendo esta la tercera variante de la misma, que las máximas autoridades de los organismos sujetos a control, "antes de proceder a la designación de cualquier funcionario público, están obligados a consultar el registro de inhabilitados" que lleva la Contraloría; indicándose que "toda designación realizada al margen de esta norma será nula." Ello evidencia la intención de la norma al regular la inhabilitación para el ejercicio de cargos, de referirse exclusivamente a funcionarios de designación o nombramiento

De lo anterior resulta, que desde el origen del artículo 84 en la ley Orgánica de la Contraloría de 1975 hasta la norma del artículo 105 de la Ley Orgánica de la Contraloría de 2001, la intención del Legislador que se deriva del propio texto de las normas, ha sido siempre prever la sanción de inhabilitación para ejercer cargos públicos como una sanción administrativa disciplinaria aplicable sólo y exclusivamente *a funcionarios de nombramiento o designación* en la función pública (nunca de funcionarios electos), que son los que pueden ser "destituidos;" y además, siempre como una sanción administrativa disciplinaria accesoria a la sanción disciplinaria administrativa principal, que es precisamente la destitución, pudiendo sin embargo aplicarse excepcionalmente, sin implicar destitución en aquellos casos en los cuales, para el momento en que se dicta el auto de responsabilidad administrativa, ya el funcionario haya renunciado o haya sido removido.

Por tanto, no hay fundamento ni constitucional ni legal alguno en Venezuela para que se pueda considerar que el ejercicio de un derecho político esencial al principio democrático representativo como es el derecho a ser elegido para cargos de representación popular pueda ser suspendido por decisión administrativa de la Contraloría General de la República, que no tiene competencia para imponer la sanción de inhabilitación política que sólo pueden imponer los jueces penales competentes, mediante una condena penal resultado de un proceso penal, estando referida la potestad sancionatoria atribuida a la Contraloría General de la República conforme a la Ley Orgánica que rige sus funciones en materia de inhabilitación para ejercer cargos públicos, a aquellos funcionarios públicos de la Administración que pueden ser "destituidos," que son sólo los que pueden ser designados o nombrados por otras autoridades administrativas, lo que es completamente inaplicable a los funcionarios electos por sufragio universal y secreto como representantes populares.

2. *La ausencia de imparcialidad de la Contraloría General de la República en los procedimientos administrativos de imposición de sanciones de inhabilitación a los funcionarios públicos*

Pero en el supuesto negado de que se pudiera considerar que una instancia no judicial, es decir, de orden administrativo o de control fiscal, como podría ser la Contraloría General de la República de Venezuela (que no es un "juez competente"), pudiera ser competente para imponer la sanción administrativa (que no es una "condena") de inhabilitación política para impedirle a un ciudadano poder ejercer su derecho político a ser elegido, mediante un acto administrativo dictado como resultado de un procedimiento administrativo (que no es un "proceso penal") –supuesto que negamos jurídicamente en Venezuela–, la condición esencial para que ello pudiera llegarse a admitir –circunstancia que insistimos, negamos– sería que dicho procedimiento administrativo desarrollado ante la Contraloría General de la República se ajustara a las garantías judiciales del debido proceso que están establecidas en el artículo 8 de la Convención Americana, y ello, simplemente, es imposible.

En efecto, como se ha dicho, entre las garantías judiciales que establece la Convención Americana que configuran el derecho al debido proceso, están no solo la necesidad de un tribunal preexistente con autonomía e independencia, que decida con imparcialidad y con competencia para decidir, sino que el proceso que se desarrolle ante el mismo, se realice conforme a las normas de procedimiento establecidas en las leyes, respetándose el principio de la igualdad entre las partes, asegurándose la estabilidad de las actuaciones procesales, la cosa juzgada y la efectividad de lo decidido. Como lo ha detallado Héctor Faúndez Ledezma:

> "La garantía de este derecho, en cuanto eminentemente procesal, requiere de la satisfacción de ciertas condiciones previas al proceso mismo, especialmente en lo que se refiere a las características que debe presentar el tribunal; sin la satisfacción de esos requisitos mínimos, previos a la iniciación de cualquier proceso, éste nunca podría llegar a ser justo y equitativo. En segundo lugar, y en lo que se refiere al proceso como tal, este derecho debe estar basado en ciertos principios básicos, o en algunas normas generales que permitan determinar su contenido y alcance, junto con la naturaleza y características de las garantías específicas que van a derivar de los principios antes referidos, y que están diseñadas para asegurar la justicia y rectitud del proceso. En tercer término, hay que examinar las condiciones que debe tener el proceso mismo, y sin cuya concurrencia éste no podría ser justo. Por último —en lo concierne estrictamente a la determinación de acusaciones penales—, es necesario estudiar, con cierto dete-

nimiento, cada una de las garantías específicas que benefician al acusado, así como el alcance y las circunstancias en que ellas resultan aplicables.

Por otra parte, en cuanto instrumento para asegurar no sólo la justicia del proceso sino también la de su resultado, como ya se ha indicado precedentemente, este derecho está íntimamente relacionado con el cumplimiento de ciertas condiciones en cuanto se refiere a la naturaleza de la legislación substantiva que se va a aplicar, la cual también podría afectar la rectitud y equidad del resultado del proceso, aún antes de que éste se inicie; sin embargo, tales garantías, aunque estrechamente vinculadas al derecho a un juicio justo, son objeto de un derecho diferente (la prohibición de leyes penales ex post facto, o la garantía del principio de legalidad) y, en consecuencia, desde un punto de vista formal, estas condiciones no son consideradas como parte integrante del derecho a un juicio justo (en sentido estricto), en cuanto éste tiene un carácter eminentemente procesal."[1131]

Por todo ello, podemos decir que es imposible que el procedimiento administrativo desarrollado ante la Contraloría General de la República para imponer la sanción administrativa a una persona, de inhabilitación política para el ejercicio su derecho a ser elegido como representante popular mediante sufragio universal y secreto, no se ajusta a las garantías judiciales del debido proceso que están establecidas en el artículo 8 de la Convención Americana, al menos por las siguientes razones.

En primer lugar, es imposible porque ante un órgano administrativo que ejerce funciones administrativas de control en una relación directa que se establece entre la Administración controladora que investiga, y un funcionario investigado, donde la Administración es esencialmente "juez" y "parte" en el procedimiento; aún cuando se le garantizara al funcionario investigado, efectivamente, su derecho a la defensa, nunca podría haber algo equivalente un "juicio justo" o a un "proceso equitativo," también llamado derecho al "debido proceso," o derecho a un "proceso regular," o identificado en el artículo 8 de la Convención Americana como conjunto de "garantías judiciales," que apuntan a identificar el "conjunto de normas plasmadas en el derecho positivo y cuyo propósito es, precisamente, garantizar la justicia, equidad, y rectitud, de los procedimientos judiciales en que pueda verse involucrada una persona;"[1132] teniendo en cuenta además, su carácter instrumental para que, como lo ha señalado Héctor Faúndez, pueda servir de garantía para el ejercicio y disfrute de otros derechos, al afirmar que

"Efectivamente, una decisión judicial injusta o arbitraria —además de constituir en sí misma una violación de un derecho humano— puede constituir la herramienta adecuada para justificar, legitimar, o amparar, la privación previa de otros derechos humanos (tales como la vida, la libertad personal, la libertad de expresión, el derecho al trabajo, etc.), o la lesión de otros intereses jurídicamente protegidos, distintos de los derechos humanos (como, por ejemplo, la

---

1131 Véase Héctor Faúndez Ledezma, *Administración de Justicia y Derecho Internacional de los Derechos Humanos (El derecho a un juicio justo)*, Caracas 1992, pp. 222-223.

1132 *Idem*, pp. 211 y 212.

privación de la propiedad); además, aún cuando tales violaciones no hayan sido directamente cometidas por el poder judicial, éste se puede hacer cómplice de las mismas mediante la adopción de decisiones que —por apartarse de los principios y normas de un proceso regular— resultan injustas y constituyen el sello mediante el cual se procura lograr la impunidad de tales atropellos y abusos de poder."[1133]

Respecto de este derecho al debido proceso, como lo explicó la sentencia Nº 157 de 17 de febrero de 2000 de la Sala Político Administrativa del Tribunal Supremo de Justicia de Venezuela, (Caso: *Juan C. Pareja P. vs. MRI*):

> "Se trata de un derecho complejo que encierra dentro de sí, un conjunto de garantías que se traducen en una diversidad de derechos para el procesado, entre los que figuran, el derecho a acceder a la justicia, el derecho a ser oído, el derecho a la articulación de un proceso debido, derecho de acceso a los recursos legalmente establecidos, derecho a un tribunal competente, independiente e imparcial, derecho a obtener una resolución de fondo fundada en derecho, derecho a un proceso sin dilaciones indebidas, derecho a la ejecución de las sentencias, entre otros, que se vienen configurando a través de la jurisprudencia. Todos estos derechos se desprenden de la interpretación de los ocho ordinales que consagra el artículo 49 de la Carta Fundamental."
>
> Tanto la doctrina como la jurisprudencia comparada han precisado, que este derecho no debe configurarse aisladamente, sino vincularse a otros derechos fundamentales como lo son, el derecho a la tutela efectiva y el derecho al respeto de la dignidad de la persona humana...
>
> El artículo 49 del Texto Fundamental vigente consagra que el debido proceso es un derecho aplicable a todas las actuaciones judiciales y administrativas, disposición que tiene su fundamento en el principio de igualdad ante la ley, dado que el debido proceso significa que ambas partes en el procedimiento administrativo, como en el proceso judicial, deben tener igualdad de oportunidades, tanto en la defensa de sus respectivos derechos como en la producción de las pruebas destinadas a acreditarlos."[1134]

Por ello, en los procedimientos administrativos en los cuales por lo general no hay dos partes en contienda, es decir, en la terminología de la Sala Constitucional, donde no haya unas "ambas partes" con igualdad de oportunidades para su defensa y producción de pruebas, y donde, al contrario, lo que hay es por una parte, una "parte" administrativa que investiga y decide con todo el poder del Estado, y por la otra, un administrado sujeto a investigación, pero donde la primera parte es la que resuelve el asunto, es decir, es el "juez y parte", nunca podría estar garantizado plenamente el derecho al debido proceso o a las "garantías judiciales," razón por la cual, mediante esos procedimientos no se puede decidir respecto del funcionario o

---

1133 *Idem.*, pp. 212 y 213.

1134 Véase en *Revista de Derecho Público*, Nº 81, (enero-marzo), Editorial Jurídica Venezolana, Caracas 2000, p. 135.

parte investigado, la pérdida de un derecho constitucional como el derecho a ser electo, lo que sólo podría corresponder en exclusiva a los tribunales de justicia, los cuales deben ser conducidos pos jueces independientes e imparciales encargados de dirimir los conflictos entre partes en el proceso, en plano de igualdad. Ello incluso, se concibe así, al menos teóricamente, en el proceso penal acusatorio, donde una de las partes es siempre Fiscalía General de la República que investiga, imputa y acusa, y la otra parte es el acusado, correspondiendo a ambas partes dirimir el conflicto ante un juez penal competente, independiente e imparcial, que debe asegurar la igualdad de oportunidades de ambas partes. Por ello, sería imposible que se pudiera llegar a hablar de existencia de debido proceso o de garantías judiciales en el proceso penal acusatorio, si en el mismo, el Fiscal del Ministerio Público fuera quien además de tener a su cargo la realización de la investigación penal contra una persona, así como la tarea de formularle la imputación y acusación sobre la comisión de delitos, fuera luego el llamado a decidir el proceso penal. Ello sería, para decir lo menos, aberrante desde el punto de vista jurídico.

Pues lo mismo puede decirse del procedimiento administrativo de investigación o averiguación administrativa establecido en la Ley Orgánica de la Contraloría General de la República para determinar la responsabilidad administrativa de los investigados e inhabilitar políticamente a los funcionarios, donde la Administración contralora es quien investiga y formula cargos y además es quien decide, imponiendo sanciones al investigado declarado culpable administrativo. Si sólo se tratara de imposición de multas administrativas e, incluso, de decidir la destitución del cargo, que son competencias esenciales de la Administración respecto de sus funcionarios, podría admitirse que el sancionado tendría recursos judiciales para su defensa; sin embargo, cuando se trata de decisiones administrativas adoptadas sin la garantía esencial del tribunal independiente e imparcial, o su equivalente, mediante las cuales se prive a un ciudadano de un derecho político como el derecho a ser electo que la Constitución le garantiza, la violación a sus garantía judiciales es aberrante, como sucede precisamente cuando se aplica el artículo 105 de la Ley Orgánica de la Contraloría General de la república tendiente a privarle a un funcionario uno de sus derechos de la ciudadanía como es el derecho a ser electo en sufragio directo y secreto para ocupar cargos de representación de la voluntad popular.

No es posible que se pueda concebir que mediante un procedimiento administrativo conducido por una Administración de control fiscal pueda despojarse a un ciudadano de un derecho político, cuando quien decide el procedimiento es la misma entidad que investiga y declara la responsabilidad del funcionario. La autoridad decisora, en ese caso, nunca podría llegar a considerarse como equivalente a nada que se parezca a un juez independiente e imparcial; al contrario, es una autoridad decisora que es esencialmente parcializada en el sentido que resulta de su propia "investigación."

3. *Las sanciones administrativas de inhabilitación administrativa impuestas por la Contraloría General de la República no se dictan en ejercicio de funciones jurisdiccionales*

Pero en segundo lugar, también es imposible que el procedimiento administrativo desarrollado ante la Contraloría General de la República conforme al artículo 105 de la ley Orgánica tendiente a despojar a un funcionario de su derecho político a ser electo por el pueblo, se pueda llegar a considerar que se pueda ajustar a las garantías judiciales del debido proceso que están establecidas en el artículo 8 de la Convención Americana, pues la Contraloría, en esos casos, actúa como un órgano administrativo de control, ejerciendo una función netamente de control, y en ningún caso equiparable a la "función jurisdiccional," que siempre implica la existencia de al menos dos partes que son ajenas a la entidad decisora, y en relación con las cuales ésta decide el asunto asegurando la igualdad de las partes.

En efecto, en Venezuela, entre las funciones del Estado y de sus órganos, además de la función normativa y de la función política, se distinguen las funciones jurisdiccionales, de control y administrativa.[1135] Cuando los órganos del Estado ejercen la función jurisdiccional, conocen, deciden o resuelven controversias entre dos o más pretensiones, es decir, controversias en las cuales una parte esgrime pretensiones frente a otra. El ejercicio de la función jurisdiccional se ha atribuido como función propia a los tribunales de la República, pero sin ser ello una atribución exclusiva y excluyente, pues ciertamente otros órganos estatales pueden ejercer la función jurisdiccional.

En efecto, muchos órganos administrativos realizan funciones jurisdiccionales cuando sus autoridades deciden controversias entre partes declarando el derecho aplicable en un caso concreto dentro de los límites de su competencia,[1136] por lo que puede decirse que la función jurisdiccional, si bien es una "función propia" de los órganos judiciales, no es una función privativa y exclusiva de ellos, pues otros órganos estatales también la ejercen. Es decir, el "ejercicio de la jurisdicción [no está] supeditada a la jurisdicción ejercida por el poder judicial"[1137]. Sin embargo, lo que sí es una función privativa y exclusiva de los tribunales es el ejercicio de la función jurisdiccional a través de un proceso (Art. 257) en una forma determinada: con fuerza de verdad legal, mediante actos denominados sentencias, que es la única forma como se pueden afectar o eliminar o suspender derechos constitucionales de las personas. Sólo los tribunales pueden resolver controversias y declarar el derecho en un caso concreto, con fuerza de verdad legal, por lo que sólo los órganos del Poder judicial pueden desarrollar la "función judicial" (función jurisdiccional ejercida por los tribunales). Los demás órganos del Estado que realizan funciones jurisdiccionales lo hacen a través de actos administrativos condicionados por la legislación.

Los órganos de la Contraloría General de la República, en ese sentido, nunca –léase bien– nunca podrían ejercer una función jurisdiccional, pues nunca, en ninguno de los procedimientos que establece su Ley Orgánica conocen, deciden o resuel-

1135 Véase Allan R. Brewer-Carías, *Principios Generales del Derecho Público*, Editorial Jurídica Venezolana, Caracas 2005, pp. 73 ss.

1136 Véase, sentencias de la antigua Corte Suprema de Justicia en Sala Política Administrativa de 18-7-63, en *Gaceta Forense* N° 41, Caracas 1963, pp. 116 y 117; de 27-5-68, en *Gaceta Forense* N° 60, Caracas 1969, pp. 115 y 118; y de 9-7-69, en *Gaceta Forense* N° 65, Caracas 1969, pp. 70 y ss.

1137 Véase sentencia de 05-10-2000 (caso *Héctor Luis Quintero),* citada en sentencia N° 3098 de la Sala Constitucional (Caso: *nulidad artículos Ley Orgánica de la Justicia de Paz*) de 13-12-2004, en *Gaceta Oficial* N° 38.120 de 02-02-2005.

ven controversias entre dos o más pretensiones que corresponden a dos o más administrados o funcionarios, es decir, controversias en las cuales una parte esgrime pretensiones frente a otra, y la entidad decisora es en principio imparcial.

Al contrario, en los procedimientos que se desarrollan ante la Contraloría General de la República, esta lo que ejerce es una función de control al vigilar, supervisar y velar por la regularidad del ejercicio de las actividades realizadas por los funcionarios y administrados en relación con el manejo de fondos públicos.

En fin, reiterando, la Contraloría General de la República, nunca podría ser considerado como equivalente a un "juez imparcial e independiente" en el procedimiento desarrollado para determinar la responsabilidad administrativa de los funcionarios públicos (arts. 95 ss), pues en realidad, en el mismo, es un órgano de investigación administrativa (art. 77), actor y director del procedimiento, que lo inicia cuando considere que surgen elementos de convicción o prueba que pudieran dar lugar a la declaratoria de responsabilidad administrativa o a la imposición de multas (art. 96), lo que hace mediante auto motivado que se debe notificar a los interesados, según lo previsto en la Ley Orgánica de Procedimientos Administrativos (art. 96), es decir, como lo hace cualquier otro funcionario de la Administración Pública que el procedimiento administrativo siempre es juez y parte; procedimiento en el cual es la propia Contraloría quien imputa a un funcionario de determinados hechos que investiga (art. 79) que el propio órgano decide. Como órgano de investigación o averiguación administrativa, no tiene ni puede tener nada de imparcialidad en los procedimientos que inicia ni de independencia en el ejercicio de su función investigadora.

4. *La ausencia de efectiva autonomía de la Contraloría General de la República en el régimen autoritario venezolano, dada la ausencia de separación de poderes*

En tercer lugar, tampoco es posible que el procedimiento administrativo desarrollado ante la Contraloría General de la República conforme al artículo 105 de la ley Orgánica tendiente a despojar a un funcionario de su derecho político a ser electo por el pueblo, se pueda llegar a considerar que se pueda ajustar a las garantías judiciales del debido proceso, pues en ningún caso la Contraloría General de la República se puede considerar que sea un órgano efectivamente autónomo e independiente de los otros Poderes del Estado, en particular, del Poder Ejecutivo. Al contrario, en la práctica del sistema de separación orgánica de poderes en Venezuela, aún cuando se haya incluido a la Contraloría dentro del llamado Poder Ciudadano que forma parte de la penta división del Poder Público que regula la Constitución, el sistema de tal separación de poderes se ha desdibujado en Venezuela, estando todos los poderes del Estado al servicio del Poder Ejecutivo.[1138] Ello se confirma, por lo demás, con la

---

1138 Sólo así se entiende porqué el Presidente de la República en Venezuela puede llegar a decir, por ejemplo, al referirse a los decretos leyes que dictó en agosto de 2008 implementando la rechazada reforma constitucional de 2007, simplemente: "*Yo soy la Ley. Yo soy el Estado,*" repitiendo las mismas frases que ya había dicho en 2001, aun cuando con un pequeño giro (entonces dijo "*La Ley soy yo. El Estado soy yo*" (Véase en *El Universal,* Caracas 12 de abril de 2001, pp. 1,1 y 2,1). Es también lo único que puede explicar, que un Jefe de Estado en 2009 pueda calificar a "la democracia representativa, la división de poderes y el gobierno alternativo" como doctrinas que "envenenan la mente de las masas" (Véase la reseña sobre "Hugo Chávez Seeks To Cach Them Young," *The Economist*, 22-28 de Agosto de declaración de la Presidenta del Tribunal Supremo de Justicia dada en diciembre de 2009, proponiendo una reforma a la Constitución de 1999 para definitivamente eliminar el principio de la separación de poderes el cual que "debilitaba al Estado" siendo uno de los aspectos de la Constitución que contradecía la implementación del proyecto político del régimen.[1139]

El desprecio al principio, por lo demás, ya ha sido objeto de decisiones de la propia Sala Constitucional, como la adoptada mediante sentencia N° 1049 de 23 de julio de 2009 en la cual ha considerado que "la llamada división, distinción o separación de poderes fue, al igual que la teoría de los derechos fundamentales de libertad, un instrumento de la doctrina liberal del Estado mínimo" y "un modo mediante el cual se pretendía asegurar que el Estado se mantuviera limitado a la protección de los intereses individualistas de la clase dirigente."[1140]

En ese contexto de un régimen político autoritario, donde el principio de la separación de poderes no es más que un eufemismo, es imposible considerar que la Contraloría General de la República pueda llegar siquiera a actuar como órgano independiente y autónomo del Poder Ejecutivo, razón por la cual nunca el procedimiento administrativo que se desarrolla en dicho organismo para determinar la responsabilidad administrativa de los funcionarios e imponerle sanciones como la inhabilitación para ejercer su derecho político a ser electos mediante sufragio como representantes populares, pueda llegar a considerarse que se desarrolla en alguna forma "similar" a un proceso en el cual se aseguren las garantías judiciales del funcionario investigado.

5. *La ausencia de garantías del debido proceso en el procedimiento administrativo desarrollado ante la Contraloría General de la República para imponer sanciones administrativas de inhabilitación a los funcionarios públicos*

Por último, en cuarto lugar, tampoco es posible que el procedimiento administrativo desarrollado ante la Contraloría General de la República conforme al artículo

---

2009, p. 33). Las mencionadas expresiones las utilizó el Presidente al referirse también a la legislación delegada que había sancionado violando la Constitución y que la Sala Constitucional se ha abstenido de controlar. Esas frases, como sabemos, se atribuyeron en 1661 a Luis XIV para calificar el gobierno absoluto de la Monarquía, cuando a la muerte del cardenal Gulio Raimondo Mazarino, el Rey asumió el gobierno sin nombrar un sustituto como ministro de Estado; pero la verdad histórica es que incluso Luis XIV nunca llegó a expresar esas frases (Véase Yves Guchet, *Histoire Constitutionnelle Française (1789–1958)*, Ed. Erasme, Paris 1990, p.8). Por ello, oírlas de boca de Jefe de Estado de nuestros tiempos, es suficiente para entender la trágica situación institucional de Venezuela, precisamente caracterizada por la completa ausencia de separación de poderes, de independencia y autonomía del Poder Judicial y, en consecuencia, de gobierno democrático. Véase el resumen de esta situación en Teodoro Petkoff, "Election and Political Power. Challenges for the Opposition", en *ReVista. Harvard Review of Latin America*, David Rockefeller Center for Latin American Studies, Harvard University, Fall 2008, pp. 12. Véase además, Allan R. Brewer-Carías, Dismantling Democracy, Cambridge University Press, New York, 2010.

1139 Véase la reseña de Juan Francisco Alonso en relación con las declaraciones de Luisa Estela Morales, "Morales: 'La división de poderes debilita al estado.' La presidenta del TSJ afirma que la Constitución hay que reformarla," en *El Universal*, Caracas 5 de diciembre de 2009. Véase lo expuesto por dicha funcionaria en http://www.tsj.gov.ve/informacion/notasdepren-sa/notasdeprensa.asp?codigo=7342.

1140 Véase en http://www.tsj.gov.ve/decisiones/scon/Julio/1049-23709-2009-04-2233.html.

105 de la ley Orgánica tendiente a despojar a un funcionario de su derecho político a ser electo por el pueblo, se pueda llegar a considerar que se pueda ajustar a las garantías judiciales del debido proceso indicadas en el artículo 8 de la Convención Americana, porque en el mismo, tal como está regulado en los artículos 96 y siguientes de la ley Orgánica, no se respetan ni aseguran los múltiples derechos que derivan de dichas garantías judiciales.

En efecto, como lo ha indicado la Sala Constitucional del Tribunal Supremo en sentencia N° 80 de 1 de febrero de 2001 (Caso: *Impugnación de los artículos 197 del Código de Procedimiento Civil y 18 de la Ley Orgánica del Poder Judicial)* al referirse al artículo 49 que establece el derecho al debido proceso en Venezuela:

> "La referida norma constitucional, recoge a lo largo de su articulado, la concepción que respecto al contenido y alcance del derecho al debido proceso ha precisado la doctrina más calificada, y según la cual el derecho al debido proceso constituye un conjunto de garantías, que amparan al ciudadano, y entre las cuales se mencionan las del ser oído, la presunción de inocencia, el acceso a la justicia y a los recursos legalmente establecidos, la articulación de un proceso debido, la de obtener una resolución de fondo con fundamento en derecho, la de ser juzgado por un tribunal competente, imparcial e independiente, la de un proceso sin dilaciones indebidas y por supuesto, la de ejecución de las sentencias que se dicten en tales procesos. Ya la jurisprudencia y la doctrina habían entendido, que el derecho al debido proceso debe aplicarse y respetarse en cualquier estado y grado en que se encuentre la causa, sea ésta judicial o administrativa, pues dicha afirmación parte del principio de igualdad frente a la ley, y que en materia procedimental representa igualdad de oportunidades para las partes intervinientes en el proceso de que se trate, a objeto de realizar -en igualdad de condiciones y dentro de los lapsos legalmente establecidos- todas aquellas actuaciones tendientes a la defensa de sus derechos e intereses."

Por otra parte, en particular, en relación con el proceso penal o sancionatorio en general, la Sala Político Administrativa del mismo Tribunal Supremo de Justicia ha precisado las siguientes garantías derivadas del debido proceso: el derecho al Juez natural (numeral 4 del artículo 49); el derecho a la presunción de inocencia (numeral 2 del artículo 49); el derecho a la defensa y a ser informado de los cargos formulados (numeral 1 del artículo 49); el derecho a ser oído (numeral 3 del artículo 49); el derecho a un proceso sin dilaciones indebidas (numeral 8 del artículo 49); el derecho a utilizar los medios de prueba pertinentes para su defensa (numeral 1 del artículo 49); el derecho a no confesarse culpable y no declarar contra sí misma (numeral 5 del artículo 49); y el derecho a la tutela judicial efectiva de los derechos e intereses del procesado (artículo 26 de la Constitución).

En cuanto a las garantía judiciales establecidas en el artículo 8 de la Convención Americana, las mismas se refieren, además de la existencia de un juez competente, independiente e imparcial, las siguientes: derecho a ser oído, con las debidas garantías y dentro de un plazo razonable, (art. 8.1); derecho a la presunción de inocencia mientras no se establezca legalmente su culpabilidad (art. 8.2); derecho a ser asistido gratuitamente por el traductor o intérprete (art. 8.2.a); derecho a recibir comunicación previa y detallada de los cargos formulados (art. 8.2.b); derecho de disponer del tiempo y de los medios adecuados para la preparación de su defensa (art. 8.2.c);

derecho del inculpado de defenderse personalmente o de ser asistido por un defensor de su elección y de comunicarse libre y privadamente con su defensor (art. 8.2.d); derecho irrenunciable de ser asistido por un defensor proporcionado por el Estado, remunerado o no según la legislación interna, si el inculpado no se defendiere por sí mismo ni nombrare defensor dentro del plazo establecido por la ley (art. 8.2.e); derecho de la defensa de interrogar a los testigos presentes en el organismo y de obtener la comparecencia, como testigos o peritos, de otras personas que puedan arrojar luz sobre los hechos (art. 8.2.f); derecho a no ser obligado a declarar contra sí mismo ni a declararse culpable (art. 8.2.g); y derecho de recurrir de la decisión ante un órgano superior (art. 8.2.h); la garantía de que la confesión del inculpado no puede ser válida si es hecha bajo coacción (art. 8.3); la garantía del non bis in idem (art. 8.4); y el derecho a que el proceso penal sea público (art. 8.5).

Ahora bien si se confrontan estas garantías con las previsiones de los artículos 95 y siguientes de la Ley Orgánica de la Contraloría General de la República que establece el procedimiento para la formulación de reparos, la declaratoria de la responsabilidad administrativa y la imposición de multas (art. 95), se observa que en el mismo se prevé lo siguiente:

1) La iniciación del procedimiento de oficio, por denuncia o a solicitud de algún organismo si el organismo considera que hay elementos de convicción o prueba que pudiere dar lugar a para la formulación de reparos, la declaratoria de la responsabilidad administrativa y la imposición de multas (arts. 96 y 97);

2) La notificación a los interesados del auto de apertura del procedimiento en el cual deben describirse los hechos imputados, identificarse los sujetos presuntamente responsables e indicarse los correspondientes elementos probatorios y las razones que comprometen, presumiblemente, su responsabilidad (art. 98);

3) La disposición de un término de 15 días hábiles siguientes a la fecha de notificación del auto de apertura, para que los interesados puedan indicar la prueba (cualquier medio de prueba no prohibido legalmente)que a su juicio desvirtúen los elementos de prueba o convicción que motivaron el inicio del procedimiento (arts. 99 y 100);

4) La realización a los 15 días siguientes de vencido el plazo anterior, de una audiencia oral y pública ante la Contraloría para que los interesados presenten los argumentos que consideren les asisten para la mejor defensa de sus intereses (art. 101);

5) La decisión el mismo día, o a más tardar el día siguiente, en forma oral y pública, sobre si se formula el reparo, se declara la responsabilidad administrativa, se impone la multa, se absuelve de dichas responsabilidades, o se pronuncia el sobreseimiento (art. 103);

6) La atribución al Contralor General de la República para que con posterioridad "de manera exclusiva y excluyente, sin que medie ningún otro procedimiento," pueda acordar en atención a la entidad del ilícito cometido:

> "la suspensión del ejercicio del cargo sin goce de sueldo por un período no mayor de veinticuatro (24) meses o la destitución del declarado responsable, cuya ejecución quedará a cargo de la máxima autoridad; e imponer, atendiendo

la gravedad de la irregularidad cometida, su inhabilitación para el ejercicio de funciones públicas hasta por un máximo de quince (15) años, en cuyo caso deberá remitir la información pertinente a la dependencia responsable de la administración de los recursos humanos del ente u organismo en el que ocurrieron los hechos para que realice los trámites pertinentes"(art. 105).

7) La posibilidad de que el interesado pueda ejercer un recurso de reconsideración sin efectos suspensivos ante la misma autoridad que dictó el acto (arts. 107, 110);

8) la posibilidad de que el interesado pueda ejercer un recurso de nulidad contencioso administrativo (arts. 108, 110); y

9) La previsión final de que el procedimiento antes mencionado no impide el ejercicio inmediato de las acciones civiles y penales a que hubiere lugar ante los tribunales competentes "y los procesos seguirán su curso sin que pueda alegarse excepción alguna por la falta de cumplimiento de requisitos o formalidades exigidas por esta Ley" (art. 111).

Estas previsiones de procedimiento administrativo, por supuesto, examinadas en sí mismas y aún cuando no se realicen por un órgano que pueda considerarse equivalente a un juez competente imparcial e independiente, no responden a los estándares de las garantías judiciales establecidas en la Convención Americana. Entre otros aspectos, en el procedimiento previsto en la Ley Orgánica de la Contraloría General de la República:

1) No se garantiza el derecho a ser oído "dentro de un plazo razonable" en la sustanciación de la imputación en contra del funcionario (art. 8.1, Convención). La imputación se formula al notificársele un auto de apertura del procedimiento dándosele al funcionario sólo 15 días hábiles para aportar pruebas y defenderse (art. 99, Ley Orgánica), nada menos que frente a la perspectiva de poder perder su derecho político a ser elegido para cargos de representación popular por un período de hasta 15 años !!;

2) No se garantiza la presunción de inocencia del imputado hasta que se establezca legalmente su culpabilidad (art. 8.2, Convención), ya que iniciado el procedimiento y antes de que siquiera se notifique al imputado sobre el inicio del procedimiento, puede ser demandado por los mismos hechos no probados y los cuales no han podido haber sido desvirtuados, ante los tribunales civiles y penales (art. 111, Ley Orgánica);

3) No se garantiza al imputado del "tiempo y de los medios adecuados para la preparación de su defensa" (art. 8.2.c), ya que como se dijo, los 15 día hábiles para indicar la prueba que presentarán en el acto público (art. 99, Ley Orgánica) son totalmente insuficientes para poder preparar una adecuada defensa sobre todo ante la perspectiva de sanciones administrativa tan draconianas como las establecidas en la Ley;

4) No se garantiza al imputado su "derecho irrenunciable" de ser asistido por un defensor proporcionado por el Estado (art. 8.2.e, Convención);

5) No se garantiza el derecho del imputado de interrogar testigos (art. 8.2.f, Convención);

6) No se garantiza la segunda instancia administrativa, es decir el derecho de recurrir la decisión ante un superior jerárquico (art. 8.2.h); y si bien se prevé la posibilidad de intentar una acción de nulidad ante la jurisdicción contencioso administrativa, se niega el derecho del recurrente a solicitar la suspensión temporal de las sanciones mientras dure el juicio de nulidad (art. 110); y

7) Finalmente se niega el derecho de toda persona de reclamar contra las violaciones de la Ley, al indicarse que intentadas acciones civiles y penales contra el imputado aún antes de que se lo haya declarado culpable o responsable administrativamente, sin embargo, se le niega toda posibilidad de que "pueda alegarse excepción alguna por falta de cumplimiento de requisitos o formalidades exigidas por esta Ley" (art. 111), lo que es la negación de la garantía de la tutela judicial efectiva y del control de legalidad de las actuaciones administrativas.

6. *La ausencia de garantía del derecho a la defensa en el procedimiento administrativo que se desarrolla ante la Contraloría General de la República para inhabilitar administrativamente a los funcionarios públicos*

En particular en relación con las mencionadas garantías vinculadas al derecho a la defensa el artículo 8 de la Convención Americana y en particular el artículo 49.1 de la Constitución de Venezuela los establecen como derechos inviolables en todo estado y grado de la investigación y del proceso, en particular, el derecho de toda persona a ser notificada de los cargos por los cuales se la investiga, de acceder a las pruebas y de disponer del tiempo y de los medios adecuados para ejercer su defensa. El derecho a la defensa, como lo dijo hace varias décadas Michael Stassinopoulos, "es tan viejo como el mundo";[1141] y es quizás el derecho más esencial inherente a la persona humana. Por ello nunca está de más recordar su formulación jurisprudencial histórica en el famoso caso decidido en 1723 por una Corte inglesa (*Caso Dr. Bentley*), en el cual el juez Fortescue, al referirse al mismo como un principio de *natural justice,* señaló:

> "La objeción por falta de citación o notificación jamás puede ser superada. Las leyes de Dios y de los hombres, ambas, dan a las partes una oportunidad para ejercer su defensa. Recuerdo haber oído que se observó en un ocasión, que incluso Dios mismo no llegó a dictar sentencia respecto a Adam, sin antes haberlo llamado a defenderse: "Adam (dijo Dios) ¿dónde estás?. ¿Has comido del árbol respecto del cual te ordené que no debías comer? y la misma pregunta se la formuló a Eva."[1142]

1141 Véase *Le droit a la défense devant les autorités administratives,* París 1976, p. 50.

1142 Véase la cita en S.H. Bailey, C.A. Cross y JF. Garner, *Cases and materials in administrative Law,* London 1977, pp. 348 a 351.

Sobre el derecho a la defensa, de indudable rango constitucional, la antigua Corte Suprema de Justicia de Venezuela, en Sala Político Administrativa, ha señalado que el mismo:

> "debe ser considerado no sólo como la oportunidad para el ciudadano encausado o presunto infractor de hacer oír sus alegatos, sino como el derecho de exigir del Estado el cumplimiento previo a la imposición de toda sanción, de un conjunto de actos o procedimientos destinados a permitirle conocer con precisión los hechos que se le imputan y las disposiciones legales aplicables a los mismos, hacer oportunamente alegatos en su descargo y promover y evacuar pruebas que obren en su favor. Esta perspectiva del derecho a la defensa es equiparable a lo que en otros Estados ha sido llamado como el principio del "debido proceso."[1143]

Ha agregado la Corte Suprema, además que el derecho a la defensa:

> "constituye una garantía inherente a la persona humana, y es, en consecuencia, aplicable en cualquier clase de procedimientos que puedan derivar en una condena."[1144]

El derecho a la defensa, en todo caso, ha sido amplio y tradicionalmente analizado por la jurisprudencia del Tribunal Supremo así como por la de la antigua Corte Suprema de Justicia de Venezuela, considerándose como "garantía que exige el respeto al principio esencial de contradicción, conforme al cual, las partes enfrentadas, en condiciones de igualdad, deben disponer de mecanismos suficientes que les permitan alegar y probar las circunstancias tendientes al reconocimiento de sus intereses, necesariamente, una sola de ellas resulte ganànciosa". (Sentencia N° 1166 de 29 de junio de 2001, Ponente Magistrado Jesús Eduardo Cabrera Romero, Caso: *Alejandro Moreno vs. Sociedad Mercantil Auto Escape Los Arales, S.R.L.)*[1145]

El derecho a la defensa, como garantía del debido proceso, por tanto, no puede ser desconocido ni siquiera por el legislador,[1146] como lo ha hecho en la Ley Orgáni-

---

1143 Sentencia de 17-11-83, en *Revista de Derecho Público,* N° 16, Editorial Jurídica Venezolana, Caracas 1983, p. 151.

1144 Sentencia de la Sala Político Administrativa de 23-10-86, *Revista de Derecho Público,* N° 28, Editorial Jurídica Venezolana, Caracas 1986, pp. 88 y 89.

1145 Esto ya lo había sentado la sentencia N° 3682 de 19 de diciembre de 1999, la Sala Político Administrativa de la antigua Corte Suprema de Justicia al destacar que el reconocimiento constitucional del derecho a la defensa se extiende a todas las relaciones de naturaleza jurídica que ocurren en la vida cotidiana, y con especial relevancia, en aquellas situaciones en las cuales los derechos de los particulares son afectados por una autoridad pública o privada; de manera que el derecho constitucional impone que en todo procedimiento tanto administrativo como judicial, "se asegure un equilibrio y una igualdad entre las partes intervinientes, garantizándole el derecho a ser oída, a desvirtuar lo imputado o a probar lo contrario a lo sostenido por el funcionario en el curso del procedimiento". Véase en *Revista de Derecho Público,* N° 79-80, Editorial Jurídica Venezolana, Caracas 1999.

1146 Por ello, ha sido por la prevalencia del derecho a la defensa que la Sala Constitucional, siguiendo la doctrina constitucional establecida por la antigua Corte Suprema de Justicia, ha desaplicado por ejemplo normas que consagran el principio *solve et repete* como condición para acceder a la justicia contencioso-administrativa, por considerarlas inconstitucionales. Véase Sentencia N° 321 de 22 de febrero de ca de la Contraloría General de la República tal como antes se ha indicado. Así en efecto se ha expresado la misma Sala Constitucional en sentencia N° 321 de 22 de febrero de 2002, con Ponencia del Magistrado Jesús Eduardo Cabrera Romero (Caso: *Papeles Nacionales Flamingo, C.A. vs. Dirección de Hacienda del Municipio Guacara del Estado Carabobo)* en la que indicó que las limitaciones al derecho de defensa en cuanto derecho fundamental, derivan por sí mismas del texto constitucional, y si el Legislador amplía el espectro de tales limitaciones, las mismas devienen en ilegítimas, señalando lo siguiente:

> "Debe observarse que tanto el artículo 68 de la abrogada Constitución, como el 49.1 de la vigente, facultan a la ley para que regule el derecho a la defensa, regulación que se ve atendida por el ordenamiento adjetivo. Ello en modo alguno quiere significar que sea disponible para el legislador el contenido del mencionado derecho, pues éste se halla claramente delimitado en las mencionadas disposiciones; si no que por el contrario, implica un mandato al órgano legislativo de asegurar la consagración de mecanismos que aseguren el ejercicio del derecho de defensa de los justiciables, no sólo en sede jurisdiccional, incluso en la gubernativa, en los términos previstos por la Carta Magna. De esta forma, las limitaciones al derecho de defensa en cuanto derecho fundamental derivan por sí mismas del texto constitucional, y si el Legislador amplía el espectro de tales limitaciones, las mismas devienen en ilegítimas; esto es, la sola previsión legal de restricciones al ejercicio del derecho de defensa no justifica las mismas, sino en la medida que obedezcan al aludido mandato constitucional.
>
> El derecho a la defensa, por tanto, es un derecho constitucional absoluto, "inviolable" en todo estado y grado de la causa dice la Constitución, el cual corresponde a toda persona, sin distingo alguno si se trata de una persona natural o jurídica, por lo que no admite excepciones ni limitaciones[1147]. Dicho derecho "es un derecho, fundamental que nuestra Constitución protege y que es de tal naturaleza, que no puede ser suspendido en el ámbito de un estado de derecho, por cuanto configura una de las bases sobre las cuales tal concepto se erige"[1148].

Todas las Salas del Tribunal Supremo han reafirmado el derecho a la defensa como inviolable. Así, por ejemplo, la Sala de Casación Civil en sentencia N° 39 de 26 de abril de 1995 (Caso: *A.C. Expresos Nas vs. Otros),* ha señalado sobre "el sa-

---

2002 (Caso: *Papeles Nacionales Flamingo, C.A. vs. Dirección de Hacienda del Municipio Guacara del Estado Carabobo* Véase en *Revista de Derecho Público*, N° 89-92, Editorial Jurídica Venezolana, Caracas 2002.

1147 Por ello, por ejemplo, la Corte Primera de lo Contencioso Administrativo, en sentencia 15-8-97 (Caso: *Telecomunicaciones Movilnet, C.A. vs. Comisión Nacional de Telecomunicaciones (CONATEL*) señaló que. "resulta inconcebible en un Estado de Derecho, la imposición de sanciones, medidas prohibitivas o en el general, cualquier tipo de limitación o restricción a la esfera subjetiva de los administrados, sin que se de oportunidad alguna de ejercicio de la debida defensa". Véase en *Revista de Derecho Público,* N° 71-72, Editorial Jurídica Venezolana, Caracas 1997, pp. 154-163.

1148 Así lo estableció la Sala Político Administrativa de la antigua Corte Suprema de Justicia, en sentencia N° 572 de 18-8-97. (Caso: *Aerolíneas Venezolanas, S.A. (AVENSA) vs. República (Ministerio de Transporte y Comunicaciones*).

grado derecho a la defensa" es un "derecho fundamental cuyo ejercicio debe garantizar el Juez porque ello redunda en la seguridad jurídica que es el soporte de nuestro estado de derecho; más cuando la causa sometida a su conocimiento se dirige a obtener el reconocimiento y posterior protección de los derechos con rango constitucional." Este derecho, ha agregado la Sala, "es principio absoluto de nuestro sistema en cualquier procedimiento o proceso y en cualquier estado y grado de la causa." [1149] En otra sentencia N° 160 de 2 de junio de 1998, la Sala de casación Civil reiteró dicho derecho ha "entenderse como la posibilidad cierta de obtener justicia del tribunal competente en el menor tiempo posible, previa realización, en la forma y oportunidad prescrita por la ley, de aquellos actos procesales encaminados a hacer efectivos los derechos de la persona" agregando que, por tanto, no es admisible "que alguien sea condenado si antes no ha sido citado, oído y vencido en proceso judicial seguido ante un juez competente, pues en tal caso se estaría ante una violación del principio del debido proceso."[1150]

Por su parte la Sala de Casación Penal de la antigua Corte Suprema de Justicia en sentencia de 26 de junio de 1996, sostuvo que:

> "El derecho a la defensa debe ser considerado no sólo como la oportunidad para el ciudadano o presunto infractor de hacer oír sus alegatos, sino como el derecho de exigir del Estado e cumplimiento previo a la imposición de toda sanción de un conjunto de actos o procedimientos destinados o permitirle conocer con precisión los hechos que se le imputan, las disposiciones legales aplicables a los mismos, hacer oportunamente alegatos en su descargo y promover y evacuar pruebas que obren en su favor. Esta perspectiva del derecho de defensa es equiparable a lo que en otros estados de derecho ha sido llamado como principio del debido proceso."[1151]

La Corte Plena de la antigua Corte Suprema de Justicia, por su parte, en sentencia de 30 de julio de 1996, enmarcó el derecho a la defensa dentro del derecho de los derechos humanos, protegido además en el ámbito de los instrumentos internacionales sobre derechos humanos, conforme al principio de la progresividad, señalando lo siguiente:

> "Por ello, la Constitución de la República estatuye que la defensa pueda ser propuesta en todo momento, "en todo estado y grado del proceso", aún antes, entendiéndose por proceso, según Calamandrei, "el conjunto de operaciones metodológicas estampadas en la ley con el fin de llegar a la justicia". Y la justicia la imparte el Estado. En el caso concreto que se estudia, a través de este Alto Tribunal. El fin que se persigue es mantener el orden jurídico.
>
> Así mismo, debe anotar la Corte que en materia de Derechos Humanos, el principio jurídico de progresividad envuelve la necesidad de aplicar con preferencia la norma más favorable a los derechos humanos, sea de Derecho Consti-

1149 Véase en *Jurisprudencia Pierre Tapia*, N° 4, Caracas, abril 1995, pp. 9-12.

1150 Véase en *Jurisprudencia Pierre Tapia*, N° 6, junio 1998, pp. 34-37.

1151 Véase en *Jurisprudencia Pierre Tapia*, N° 6, Caracas, junio 1996.

tucional, de Derecho Internacional o de derecho ordinario. Esta doctrina de interpenetración jurídica fue acogida en sentencia de 3 de diciembre de 1990 por la Sala Político-Administrativa, en un caso sobre derechos laborales, conforme a estos términos:

> '...Igualmente debe señalarse que el derecho a la inamovilidad en el trabajo de la mujer embarazada y el derecho a disfrutar del descanso pre y postnatal constituyen derechos inherentes a la persona humana los cuales se constitucionalizan, de conformidad con el artículo 50 de nuestro Texto Fundamental. Según el cual "la enunciación de los derechos y garantías contenido en esta Constitución no debe entenderse como negación de otros que, siendo inherentes a la persona humana, no figuren expresamente en ella. La falta de ley reglamentaria de estos derechos no menoscaba el ejercicio de los mismos..."'
>
> Desde el punto de vista internacional, considera este Alto Tribunal que importa fortalecer la interpretación sobre esta materia, señalando la normativa existente.
>
> Así, entre otros, el artículo 8 letra b) de la Convención Americana de Derechos Humanos (Pacto de San José de Costa Rica), establece lo siguiente:
>
> "Toda persona tiene derecho a ser oída, con las debidas garantías y dentro de un plazo razonable por un Juez o Tribunal competentes, independiente e imparcial establecido con anterioridad por la ley, en la sustanciación de cualquier acusación penal formulada contra ella, o para la determinación de sus derechos y obligaciones de orden civil, laboral, fiscal o de cualquier carácter".
>
> De la misma manera, el Pacto Internacional de los Derechos Civiles y Políticos, garantiza a toda persona el derecho a ser juzgado por sus jueces naturales, mediante proceso legal y justo, en el cual se aseguren en forma transparente todos sus derechos.
>
> Esta normativa rige en plenitud dentro del país. Al efecto y tal como se indicó anteriormente, el artículo 50 de la Constitución de la República consagra la vigencia de los derechos implícitos conforme a la cual:
>
> "La enunciación de los derechos y garantías contenidas en esta Constitución no debe entenderse como negación de otros que, siendo inherentes a la persona humana no figuran expresamente en ella".
>
> A ello se agrega que las reproducidas disposiciones de tipo internacional se encuentran incorporadas al ordenamiento jurídico interno, conforme a lo previsto en el artículo 128 de la Constitución de la República.[1152]

Pero además, con ocasión de la entrada en vigencia de la Constitución de 1999, la nueva Sala Constitucional del Tribunal Supremo de Justicia, particularmente en

---

1152 Véase en *Revista de Derecho Público,* N° 67-68, Editorial Jurídica Venezolana, Caracas, 1996, pp. 169-171.

sentencias con Ponencias del Magistrado Jesús Eduardo Cabrera Romero, ha insistido en el carácter absoluto e inviolable del derecho a la defensa. Así, por ejemplo, en sentencia N° 97 de 15 de marzo de 2000 (Caso: *Agropecuaria Los Tres Rebeldes, C.A. vs. Juzgado de Primera Instancia en lo Civil, Mercantil, Tránsito, Trabajo, Agrario, Penal, de Salvaguarda del Patrimonio Público de la Circunscripción Judicial del Estado Barinas*), la Sala señaló:

> "Se denomina debido proceso a aquél proceso que reúna las garantías indispensables para que exista una tutela judicial efectiva. Es a esta noción a la que alude el artículo 49 de la Constitución de la República Bolivariana de Venezuela, cuando expresa que el debido proceso se aplicará a todas las actuaciones judiciales y administrativas.
>
> Pero la norma constitucional no establece una clase determinada de proceso, sino la necesidad de que cualquiera sea la vía procesal escogida para la defensa de los derechos o intereses legítimos, las leyes procesales deben garantizar la existencia de un procedimiento que asegure el derecho de defensa de la parte y la posibilidad de una tutela judicial efectiva.
>
> De la existencia de un proceso debido se desprende la posibilidad de que las partes puedan hacer uso de los medios o recursos previstos en el ordenamiento para la defensa de sus derechos e intereses. En consecuencia, siempre que de la inobservancia de las reglas procesales surja la imposibilidad para las partes de hacer uso de los mecanismos que garantizan el derecho a ser oído en el juicio, se producirá indefensión y la violación de la garantía de un debido proceso y el derecho de defensa de las partes."[1153]

Es decir, en definitiva, el procedimiento administrativo previsto en la Ley Orgánica de la Contraloría General de la República para la declaración de la responsabilidad administrativa de los funcionarios públicos, imponerles multas, destituirlos de sus cargos e imponerles la sanción administrativa de inhabilitación política para ejercer su derechos ciudadano a ser electo para cargos de elección popular por u n período hasta de 15 años, a pesar de la previsión de la notificación, de cargos, un breve lapso para presentar pruebas, de una audiencia pública y oral, y de recursos judiciales, no reúne la condición esencial del debido proceso pues no se adapta a los estándares establecidos en materia de garantía judiciales en el artículo 8 de la Convención Americana, aparte de que la Contraloría General de la República en si misma, no pueda ser considerada como equivalente a un juez "imparcial" (artículo 8.1 de la Convención), y menos aún, cuando en Venezuela existe un control político de todos los Poderes Públicos –incluido el "Poder Moral"- por parte del Poder Ejecutivo y del Poder Legislativo dada la inexistencia de separación de poderes, tampoco puede considerarse como equivalente a un juez "independiente" (artículo 8.1 de la Convención).

Ello es suficiente para considerar que en el procedimiento seguido ante la Contraloría, aparte de que no es ni siquiera sustancialmente jurisdiccional, sino adminis-

---

1153 Véase en *Revista de Derecho Público*, N° 82, Editorial Jurídica Venezolana, Caracas, 2000.

trativo, no se encuentra garantizado las bases esenciales de un debido proceso que pueda permitir que en un procedimiento administrativo se restringa el ejercicio de derechos políticos esenciales al régimen democrático.

IV. LA PROTECCIÓN DEL EJERCICIO DEL DERECHO POLÍTICO AL SUFRAGIO PASIVO POR PARTE DE LA CORTE INTERAMERICANA DE DERECHOS HUMANOS (CASO *LEOPOLDO LÓPEZ VS. ESTADO VENEZOLANO*, SEPTIEMBRE 2011) DESCONOCIDA POR EL ESTADO VENEZOLANO

La Contraloría General de la República, con ocasión de diversas averiguaciones administrativas abiertas contra el Sr. Leopoldo López Mendoza, quien había sido Alcalde de uno de los Municipios de la capital de la República (Chacao), de conformidad con el artículo 105 de la Ley Orgánica de la Contraloría, le impuso diversas sanciones administrativas, y entre ellas la de inhabilitación para el ejercicio de cargos públicos, afectándole su derecho constitucional a ser electo para cargos de elección popular.

Luego de que la Sala Constitucional del Tribunal Supremo declarara sin lugar la denuncia de colisión del artículo 105 de la Ley Orgánica de la Contraloría con la Constitución y la Convención Americana de Derechos Humanos, en la sentencia antes mencionada N° 1265/2008 dictada el 5 de agosto de 2008,[1154] (caso *Ziomara Del Socorro Lucena Guédez vs. Contralor General de la República*), el Sr. López presentó denuncia de violación de diversos de sus derechos fundamentales ante la Comisión Interamericana de Derechos Humanos, y esta posteriormente presentó formal demanda contra el Estado Venezolano, denunciando la violación, entre otros, del derecho de ser elegido del Sr. Leopoldo López, que estimó le había sido inflingido por la Contraloría General de la República al imponerle sanciones de inhabilitación en aplicación del artículo 105 de la Ley Orgánica de la Contraloría, y con ocasión de un procedimiento administrativo de averiguaciones administrativas, las cuales le habían impedido a dicho ciudadano registrar su candidatura para cargos de elección popular.

La Corte Interamericana de Derechos Humanos, con fecha 1 de septiembre de 2011 dictó sentencia (caso *López Mendoza vs. Venezuela*) (Fondo, Reparaciones y Costas), en la cual, entre las múltiples violaciones denunciadas, se refirió específicamente a la violación del derecho político a ser electo, para lo cual pasó a determinar "si las sanciones de inhabilitación impuestas al señor López Mendoza por decisión de un órgano administrativo y la consiguiente imposibilidad de que registrara su candidatura para cargos de elección popular" eran o no compatibles con la Convención Americana de derechos Humanos" (Párr. 104).

A tal efecto, la Corte Interamericana constató que el artículo 23.1 de la Convención establece que todos los ciudadanos deben gozar de los siguientes derechos y

1154 Véase en http://www.tsj.gov.ve:80/decisiones/scon/Agosto/1265-050808-05-1853.htm

oportunidades, los cuales deben ser garantizados por el Estado en condiciones de igualdad:

> "i) a la participación en la dirección de los asuntos públicos, directamente o por representantes libremente elegidos;
>
> ii) a votar y a ser elegido en elecciones periódicas auténticas, realizadas por sufragio universal e igual y por voto secreto que garantice la libre expresión de los electores, y
>
> iii) a acceder a las funciones públicas de su país"(Párr. 106).
>
> Estos derechos, como todos los que consagra la Convención, es bueno recordarlo, al decir de la Sala Constitucional del Tribunal Supremo de Venezuela, conforman:
>
> *"una declaración de principios, derechos y deberes de corte clásico que da preeminencia a los derechos individuales, civiles y políticos dentro de un régimen de democracia formal. Obviamente, como tal, es un texto que contiene una enumeración de libertades de corte liberal que son valiosas para garantizar un régimen que se oponga a las dictaduras que han azotado nuestros países iberoamericanos desde su independencia."*[1155]

Por otra parte, la Corte Interamericana precisó que en artículo 23.2 de la Convención es el que determina cuáles son las causales que permiten restringir los derechos antes indicados reconocidos en el artículo 23.1, así como, en su caso, los requisitos que deben cumplirse para que proceda tal restricción.

Ahora bien, en el caso sometido a su consideración, que se refería "a una restricción impuesta por vía de sanción," la CIDH consideró que debería tratarse de una "condena, por juez competente, en proceso penal," estimando que en el caso:

> "ninguno de esos requisitos se ha cumplido, pues el órgano que impuso dichas sanciones no era un "juez competente", no hubo "condena" y las sanciones no se aplicaron como resultado de un "proceso penal," en el que tendrían que haberse respetado las garantías judiciales consagradas en el artículo 8 de la Convención Americana" (Párr. 107).

La Corte Interamericana, en su decisión, reiteró su criterio de que "el ejercicio efectivo de los derechos políticos constituye un fin en sí mismo y, a la vez, un medio fundamental que las sociedades democráticas tienen para garantizar los demás derechos humanos previstos en la Convención (*Cfr. Caso Castañeda Gutman, supra* nota 209, párr. 143) y que sus titulares, es decir, los ciudadanos, no sólo deben gozar

---

1155 Véase sentencia N° 1265/2008 dictada el 5 de agosto de 2008, en http://www.tsj.gov.ve:80/decisiones/scon/Agosto/1265-050808-05-1853.htm. La Sala, sin embargo, en la misma sentencia se lamentaba que en la Convención no había "norma alguna sobre derechos sociales (solo hay una declaración de principios acerca de su desarrollo progresivo en el artículo 26), ni tampoco tiene previsión sobre un modelo distinto al demócrata liberal, como lo es la democracia participativa, ni contempla un tipo de Estado que en lugar de construir sus instituciones en torno al individuo, privilegie la sociedad en su conjunto, dando lugar a un Estado social de derecho y de justicia." *Idem.*

de derechos, sino también de "oportunidades;" término este último que implica, al decir de la Corte Interamericana, "la obligación de garantizar con medidas positivas que toda persona que formalmente sea titular de derechos políticos tenga la oportunidad real para ejercerlos" (*Cfr. Caso Yatama, supra* nota 209, párr. 195). En el caso decidido en la sentencia, la Corte Interamericana precisamente consideró que "si bien el señor López Mendoza ha podido ejercer otros derechos políticos, está plenamente probado que se le ha privado del sufragio pasivo, es decir, del derecho a ser elegido" (Párr. 108).

Fue en virtud e los anteriores argumentos que la Corte Interamericana determinó que el Estado venezolano violó los artículos 23.1.b y 23.2 en relación con el artículo 1.1 de la Convención Americana, en perjuicio de Leopoldo López Mendoza (Párr. 109), concluyendo que:

> "el Estado es responsable por la violación del derecho a ser elegido, establecido en los artículos 23.1.b y 23.2, en relación con la obligación de respetar y garantizar los derechos, establecida en el artículo 1.1 de la Convención Americana sobre Derechos Humanos, en perjuicio del señor López Mendoza, en los términos del párrafo 109 de la presente Sentencia" (Párr. 249).

Por otra parte, la Comisión Interamericana había solicitado la Corte Interamericana que se ordenase al Estado el adoptar las medidas necesarias para reestablecer los derechos políticos del señor Leopoldo López Mendoza (Párr. 214), sobre lo cual, sus representantes solicitaron la restitución plena en el ejercicio de su "derecho político a ser electo" según el artículo 23 de la Convención, a fin de poder presentarse "como candidato en las elecciones que se celebren en la República Bolivariana de Venezuela," solicitando además, que se dejasen sin efecto "las decisiones de inhabilitación dictadas por la Contraloría General de la República y por las distintas ramas del Poder Público Nacional "en el marco de las inhabilitaciones políticas administrativas;" y que se requiriera al Estado que el Consejo Nacional Electoral permitiera la su inscripción y postulación electoral para cualquier proceso de elecciones a celebrarse en Venezuela (Párr. 214).

Sobre esto, y en virtud de considerar que en el case se habían violado los artículos 23.1.b, 23.2 y 8.1, en relación con los artículos 1.1 y 2 de la Convención Americana (*supra* párrs. 109, 149, 205 y 206), la CIDH declaró que:

> "el Estado, a través de los órganos competentes, y particularmente del Consejo Nacional Electoral (CNE), debe asegurar que las sanciones de inhabilitación no constituyan impedimento para la postulación del señor López Mendoza en el evento de que desee inscribirse como candidato en procesos electorales a celebrarse con posterioridad a la emisión de la presente Sentencia (Párr. 217).

Consecuencialmente, la CIDH declaró que el Estado debía "dejar sin efecto las Resoluciones Nos. 01-00-000206 de 24 de agosto de 2005 y 01-00-000235 de 26 de septiembre de 2005 emitidas por el Contralor General de la República (*supra* párrs. 58 y 81), mediante las cuales se declaró la inhabilitación para el ejercicio de funciones públicas del señor López Mendoza por un período de 3 y 6 años, respectivamente" (Párr. 218), concluyendo en la parte final del fallo, con las siguientes dos disposiciones:

"2. El Estado, a través de los órganos competentes, y particularmente del Consejo Nacional Electoral (CNE), debe asegurar que las sanciones de inhabilitación no constituyan impedimento para la postulación del señor López Mendoza en el evento de que desee inscribirse como candidato en procesos electorales a celebrarse con posterioridad a la emisión de la presente Sentencia, en los términos del párrafo 217 del presente Fallo;"

"3. El Estado debe dejar sin efecto las Resoluciones Nos. 01-00-000206 de 24 de agosto de 2005 y 01-00-000235 de 26 de septiembre de 2005 emitidas por el Contralor General de la República, en los términos del párrafo 218 del presente Fallo."

Todo lo anterior, sin embargo, fue desconocido por el Estado Venezolano.

V. EL CONTROL DE CONSTITUCIONALIDAD EJERCIDO POR LA SALA CONSTITUCIONAL RESPECTO DE LA SENTENCIA DE LA CORTE INTERAMERICANA DE DERECHOS HUMANOS EN EL *CASO LEOPOLDO LÓPEZ VS. VENEZUELA,* Y SU DECLARACIÓN COMO "INEJECUTABLE" EN VENEZUELA

En efecto, contra la antes mencionada sentencia dictada por la Corte Interamericana de Derechos Humanos el 1 de septiembre de 2011, el día 26 de septiembre de 2011, el Procurador General de la República actuando en representación del Estado Venezolano, interpuso ante la Sala Constitucional del Tribunal Supremo de Justicia lo que denominó una "acción innominada de control de constitucionalidad," que la Sala sin competencia alguna para ello, y en franca violación de la Constitución, pasó a conocer de inmediato, decidiéndola en sólo veinte días, mediante sentencia N° 1547 (Caso *Estado Venezolano vs. Corte Interamericana de Derechos Humanos*) de fecha 17 de octubre de 2011.[1156]

1. *Las competencias de la Sala Constitucional del Tribunal Supremo*

Una de las características fundamentales de la Justicia Constitucional, o del derecho procesal constitucional contemporáneo, es que los Tribunales, como garantes de la Constitución, no sólo tienen que estar sometidos, como todos los órganos del Estado, a las propias previsiones de la Constitución, sino que deben ejercer sus competencias ceñidos a las competencias establecidas en la misma o en las leyes, cuando a ellas remita la Constitución para la determinación de la competencia.

En particular, la competencia de la Jurisdicción Constitucional en materia de control concentrado de la constitucionalidad siempre ha sido considerada como de derecho estricto que tiene que estar establecida expresamente en la Constitución, y no puede ser deducida por vía de interpretación. Es decir, la Jurisdicción Constitucional no puede ser creadora de su propia competencia, pues ello desquiciaría los

1156 Véase en http://www.tsj.gov.ve/decisiones/scon/Octubre/1547-171011-2011-11-1130.htmll

cimientos del Estado de derecho, convirtiendo al juez constitucional en poder constituyente.[1157]

En el caso de Venezuela, la Sala Constitucional del Tribunal Supremo, como Jurisdicción Constitucional, tiene asignadas las competencias que se enumeran en el artículo 336 de la Constitución y en el artículo 25 de la Ley Orgánica del Tribunal Supremo de Justicia de 2010, no estando prevista en ninguna de esas normas una supuesta competencia para someter a control de constitucionalidad, mediante el ejercicio ante ella de una acción e incluso de oficio, de las sentencias de la Corte Interamericana de Derechos Humanos. Aparte de que ello sería contrario a la Convención Americana de Derechos Humanos, que es de obligatorio cumplimiento mientras el Estado no la denuncie, es contrario al propio texto de la Constitución venezolana que en su artículo 31 prevé como obligación del propio Estado el adoptar, conforme a los procedimientos establecidos en la Constitución y en la ley, "las medidas que sean necesarias para dar cumplimiento a las decisiones emanadas de los órganos internacionales" de protección de derechos humanos.

Sin embargo, como se dijo, la Sala Constitucional del Tribunal Supremo de Justicia mediante sentencia N° 1547 de fecha 17 de octubre de 2011 (Caso *Estado Venezolano vs. Corte Interamericana de Derechos Humanos*),[1158] procedió al conocer de una "acción innominada de control de constitucionalidad" contra la mencionada sentencia de la Corte Interamericana de Derechos Humanos.

2. *Sobre la "acción innominada de control de constitucionalidad" de las sentencias de la Corte Interamericana de Derechos Humanos y su trámite*

Para ello, el Procurador General de la República, al intentar la acción, justificó la supuesta competencia de la Sala Constitucional en su carácter de "garante de la supremacía y efectividad de las normas y principios constitucionales" (Arts. 266.1, 334, 335 y 336 de la Constitución, el artículo 32 de la Ley Orgánica del Tribunal Supremo de Justicia), considerando básicamente que la República, ante una decisión de la Corte Interamericana de Derechos Humanos, no podía dejar de realizar "el examen de constitucionalidad en cuanto a la aplicación de los fallos dictados por esa Corte y sus efectos en el país," considerando en general que las decisiones de dicha Corte Interamericana sólo pueden tener "ejecutoriedad en Venezuela," en la medida "el contenido de las mismas cumplan el examen de constitucionalidad y no menoscaben en forma alguna directa o indirectamente el Texto Constitucional;" es decir, que dichas decisiones "para tener ejecución en Venezuela deben estar conformes con el Texto Fundamental."

Luego de analizar la sentencia de la Corte Interamericana, y referirse al carácter de los derechos políticos como limitables; y a la competencia de la Contraloría General de la República, conforme al artículo 105 de su Ley Orgánica para garantizar una "Administración recta, honesta, transparente en el manejo de los asuntos públi-

---

1157 Véase en general, Allan R. Brewer-Carías, *Constitutional Courts as Positive Legislators in Comparative Law*, Cambridge University Press, New York 2011.

1158 Véase en http://www.tsj.gov.ve/decisiones/scon/Octubre/1547-171011-2011-11-1130.htmll

cos, dotada de eficiencia y eficacia en la actividad administrativa en general, y especialmente en los servicios públicos" y para imponer "la sanción de suspensión, destitución e inhabilitación para el ejercicio de funciones públicas;" considerar que lo que le Contraloría le había impuesto al Sr. Leopoldo López había sido una "inhabilitación administrativa" y no una inhabilitación política que se "corresponde con las sanciones que pueden ser impuestas por un juez penal, como pena accesoria a la de presidio (artículo 13 del Código Penal;)" que las decisiones adoptadas por la Corte Interamericana con ordenes dirigidas a órganos del Estado "se traduce en una injerencia en las funciones propias de los poderes públicos," estimando que la Corte Interamericana no puede "valerse o considerarse instancias superiores ni magnánimas a las autoridades nacionales, con lo cual pretendan obviar y desconocer el ordenamiento jurídico interno, todo ello en razón de supuestamente ser los garantes plenos y omnipotentes de los derechos humanos en el hemisferio americano": y en fin, estimar que la sentencia de la Corte Interamericana de Derechos Humanos desconocía "la lucha del Estado venezolano contra la corrupción y la aplicación de la Convención Interamericana contra la Corrupción, ratificada por Venezuela el 2 de junio de 1997 y la Convención de las Naciones Unidas contra la Corrupción, ratificada el 2 de febrero de 2009;" el Procurador General de la República consideró que la mencionada sentencia de la Corte Interamericana transgredía el ordenamiento jurídico venezolano, pues desconocía

> "la supremacía de la Constitución y su obligatoria sujeción, violentando el principio de autonomía de los poderes públicos, dado que la misma desconoce abiertamente los procedimientos y actos legalmente dictados por órganos legítimamente constituidos, para el establecimiento de medidas y sanciones contra aquellas actuaciones desplegadas por la Contraloría General de la República que contraríen el principio y postulado esencial de su deber como órgano contralor, que tienen como fin último garantizar la ética como principio fundamental en el ejercicio de las funciones públicas".

Como consecuencia de ello, el Procurador General de la República solicitó de la Sala Constitucional que admitiera lo que llamó la "acción innominada de control de constitucionalidad", a los efectos de que la Sala declarase "inejecutable e inconstitucional la sentencia de la Corte Interamericana de Derechos Humanos del 1 de septiembre de 2011."

Sobre esta "nueva" acción propuesta por el Procurador para el control de constitucionalidad de sentencias dictadas en contra del Estado por la Corte Interamericana, la Sala Constitucional aclaró en su sentencia que el Procurador no pretendía que se declarase "la nulidad" ni de la Convención Americana de Derechos Humanos ni del fallo de la Corte Interamericana de Derechos Humanos, aclarando por ello, la propia Sala que, por tanto, la "acción innominada intentada" no era un "recurso de nulidad como mecanismo de control concentrado de la constitucionalidad" el cual consideró la Sala que no resultaba el idóneo.

La Sala, por otra parte, también descartó que se tratase de una acción de "colisión de leyes,"

> "pues de lo que se trata es de una presunta controversia entre la Constitución y la ejecución de una decisión dictada por un organismo internacional funda-

mentada en normas contenidas en una Convención de rango constitucional, lo que excede los límites de ese especial recurso, pues la presunta colisión estaría situada en el plano de dos normas de rango constitucional."

Luego de descartar esas hipótesis de acciones de nulidad o de colisión de leyes, y precisar que de lo que se trataba con la acción intentada era determinar la "controversia entre la Constitución y la ejecución de una decisión dictada por un organismo internacional," concluyó, en definitiva, que de lo que se trataba era de una acción mediante la cual se pretendía:

> "ejercer un "control innominado de constitucionalidad", por existir una aparente antinomia entre la Constitución de la República Bolivariana de Venezuela, la Convención Interamericana de Derechos Humanos, la Convención Americana contra la Corrupción y la Convención de las Naciones Unidas contra la Corrupción, producto de la pretendida ejecución del fallo dictado el 1 de septiembre de 2011, por la Corte Interamericana de Derechos Humanos (CIDH), que condenó a la República Bolivariana de Venezuela a la habilitación para ejercer cargos públicos al ciudadano Leopoldo López Mendoza."

Es bien sabido en el mundo de la justicia constitucional, que el juez constitucional como todo órgano del Estado está, ante todo, sometido a la Constitución, por lo que debe ceñirse a ella no sólo en la emisión de sus sentencias, sino en el ejercicio de sus propias competencias. Para que el juez constitucional sea garante de la Constitución tiene que ejercer las competencias que la Constitución le atribuye, pues de lo contrario si ejerciera competencias distintas estaría actuando como Poder Constituyente, modificando la propia Constitución, en violación a la misma. Eso es precisamente lo que ha ocurrido en este caso, al "inventar" la Sala Constitucional una nueva acción para el control de constitucionalidad, siguiendo la orientación que ya ha sentado en otros casos, como cuando "inventó" la acción autónoma y directa de interpretación abstracta de la Constitución mediante sentencia N° 1077 de 22 de septiembre de 2000 (Caso: *Servio Tulio León*)[1159] que por lo demás cita con frecuencia en su sentencia. En aquella ocasión y en esta la Sala Constitucional actuó como poder constituyente al margen de la Constitución.[1160]

Ahora bien, en el caso concreto, identificado el objeto de la acción "innominada" que intentó el Estado Venezolano ante la Sala Constitucional, la misma consideró que le correspondía en "su condición de último interprete de la Constitución," realizar "el debido control de esas normas de rango constitucional" y ponderar "si con la ejecución del fallo de la CIDH se verifica tal confrontación."

1159 Véase en *Revista de Derecho Público*, N° 83, Editorial Jurídica Venezolana, Caracas 2000, pp. 247 ss.

1160 Véase Daniela Urosa M, Maggi, *La Sala Constitucional del Tribunal Supremo de Justicia como Legislador Positivo,* Academia de Ciencias Políticas y Sociales, Serie Estudios N° 96, Caracas 2011. Véase nuestro "Prólogo" a dicho libro, "Los tribunales constitucionales como legisladores positivos. Una aproximación comparativa," pp. 9-70. Véase en general, Allan R. Brewer-Carías, *Constitutional Courts as Positive Legislators in Comparative Law*, Cambridge University Press, New York 2011.

Para determinar el "alcance" de esta "acción de control constitucional" la Sala Constitucional recordó, por otra parte, que ya lo había hecho en anterior oportunidad, al "conocer sobre la conformidad constitucional del fallo de la Corte Interamericana de Derechos Humanos (CIDH) –Caso: *Corte Primera de lo Contencioso Administrativo*–,"[1161] en la cual "asumió la competencia con base en la sentencia 1077/2000 y según lo dispuesto en el cardinal 23 del artículo 5 de la Ley Orgánica del Tribunal Supremo de Justicia de 2004."[1162]

Ahora bien, en virtud de que esta previsión legal atributiva de competencia desapareció de la nueva ley orgánica del Tribunal Supremo de Justicia de 2010, lo que significaba que "la argumentación de la Sala Constitucional para asumir la competencia para conocer de la conformidad constitucional de un fallo dictado por la Corte Interamericana de Derechos Humanos," había "sufrido un cambio" al no estar incluido en contenido de dicha previsión atributiva de competencia en el artículo 25 de la nueva Ley Orgánica, la Sala, en ausencia de una previsión legal expresa que contemplase "esta modalidad de control concentrado de la constitucionalidad," la Sala pasó a:

> "invocar la sentencia N° 1077/2000, la cual sí prevé esta razón de procedencia de interpretación constitucional, a los efectos de determinar el alcance e inteligencia de la ejecución de una decisión dictada por un organismo internacional con base en un tratado de jerarquía constitucional, ante la presunta antinomia entre la Convención Interamericana de Derechos Humanos y la Constitución Nacional."

Debe recordarse que la mencionada sentencia "invocada" N° 1077/2000, fue la dictada en 22 de septiembre de 2000 (Caso *Servio Tulio León Briceño*) en la cual, la Sala, sin competencia constitucional ni legal alguna, y sólo como resultado de la función interpretativa que el artículo 335 de la Constitución le atribuye, "inventó" la existencia de un recurso autónomo de interpretación abstracta de la Constitución.[1163]

1161 Véase en *Revista de Derecho Público,* N° 116, Editorial Jurídica venezolana, Caracas 2008, pp. 88 ss.

1162 En dicha norma de la Ley de 2004 se disponía como competencia de la Sala: "*Conocer de las controversias que pudieran suscitarse con motivo de la interpretación y ejecución de los Tratados, Convenios o Acuerdos Internacionales suscritos y ratificados por la República. La sentencia dictada deberá ajustarse a los principios de justicia internacionalmente reconocidos y será de obligatorio cumplimiento por parte del Estado venezolano*".

1163 Véase sobre esta sentencia los comentarios en Marianella Villegas Salazar, "*Comentarios sobre el recurso de interpretación constitucional en la jurisprudencia de la Sala Constitucional,*" en *Revista de Derecho Público*, N° 84, Editorial Jurídica Venezolana, Caracas 2000, pp. 417 ss.; y Allan R. Brewer-Carías, "Le recours d'interprétation abstrait de la Constitution au Vénézuéla", en *Le renouveau du droit constitutionnel, Mélanges en l'honneur de Louis Favoreu*, Dalloz, Paris, 2007, pp. 61-70, y "*Quis Custodiet Ipsos Custodes*: De la interpretación constitucional a la inconstitucionalidad de la interpretación," en *Revista de Derecho Público*, N° 105, Editorial Jurídica Venezolana, Caracas 2006, pp. 7-27, y en *VIII Congreso Nacional de derecho Constitucional, Perú*, Fondo Editorial 2005, Colegio de Abogados de Arequipa, Arequipa, septiembre 2005, pp. 463-489. Este último trabajo fue también recogido en el libro Allan R. Brewer-Carías, *Crónica sobre la "In" Justicia Constitucional. La Sala Constitucional y el autoritarismo en Venezuela*, Colección Instituto de Derecho Público. Universidad Central de Venezuela, N° 2, Editorial Jurídica Venezolana, Caracas 2007, pp. 47-79.

Por ello, la Sala ahora hace la "invocación" a dicha sentencia, pasando luego comentar la competencia establecida en el artículo 335 de la Constitución, la cual en realidad, es una competencia que se atribuye al todo el Tribunal Supremo de Justicia, en todas sus Salas –y no sólo a la Sala Constitucional– , que es la competencia general de garantizar "la supremacía y efectividad de las normas y principios constitucionales," para lo cual el Tribunal Supremo en su totalidad –y no sólo la Sala Constitucional– se lo define como "el máximo y último intérprete de la Constitución" correspondiéndole velar "por su uniforme interpretación y aplicación."

De manera que recordando la "invención" de ese recurso autónomo de interpretación abstracta de la Constitución, la Sala pasó a constatar, sin embargo, que el Legislador había eliminado la previsión antes indicada establecida en el artículo 5.23 de la Ley Orgánica del Tribunal Supremo de Justicia de 2004 que la Sala también había "invocado" para decidir el caso mencionado de la inejecución de la sentencia de la Corte Interamericana condenando al Estado por violación de los derechos de los magistrados de la Corte Primera de lo Contencioso Administrativo; y desconocido esa expresa voluntad del Legislador de eliminar dicha norma del ordenamiento jurídico, pasó a constatar que el propio Legislador no había "dictado las normas adjetivas que permitan la adecuada implementación de las "*decisiones emanadas de los órganos internacionales*" de conformidad con lo previsto en el artículo 31 constitucional (en su único aparte)," afirmando entonces *de oficio*, que:

> "el Estado (y, en concreto, la Asamblea Nacional) ha incurrido en una omisión "*de dictar las normas o medidas indispensables para garantizar el cumplimiento de esta Constitución…*", a tenor de lo previsto en el artículo 336.7 ***eiusdem*** en concordancia con lo pautado en la Disposición Transitoria Sexta del mismo texto fundamental."

Es decir, la Sala Constitucional, no sólo desconoció la voluntad del Legislador en eliminar una norma del ordenamiento jurídico, sino que calificó dicha decisión como una "omisión de la Asamblea Nacional de dictar las normas necesarias para dar cumplimiento a las decisiones de los organismos internacionales y/o para resolver las controversias que podrían presentarse en su ejecución," siendo la consecuencia de ello, la declaratoria de la Sala de asumir la competencia, que ni la Constitución ni la ley le atribuyen:

> "para verificar la conformidad constitucional del fallo emitido por la Corte Interamericana de Derechos Humanos, control constitucional que implica lógicamente un "control de convencionalidad" (o de confrontación entre normas internas y tratados integrantes del sistema constitucional venezolano), lo cual debe realizar en esta oportunidad esta Sala Constitucional, incluso de oficio; y así se decide."

En esta forma quedó formalizada por voluntad de la Sala, la "invención" de una modalidad de control de constitucionalidad, que puede tener su origen en una acción pero que la Sala declara que también puede ejercer *de oficio*. No es esta, sin embargo, la primera vez que la Sala Constitucional muta la Constitución específicamente en materia de justicia constitucional.[1164]

En cuanto a la "acción" intentada por el Procurador en este caso, la admitió pura y simplemente, pasando a establecer que como no se trataba de una "demanda" de interpretación de normas o principios del sistema constitucional (artículo 25.17 de la Ley Orgánica del Tribunal Supremo de Justicia), "sino de una modalidad innominada de control concentrado que requiere de la interpretación para determinar la conformidad constitucional de un fallo", la Sala, con fundamento en el artículo 98 de la Ley Orgánica del Tribunal Supremo de Justicia, en concordancia con el párrafo primero del artículo 145 *eiusdem*, determinó que "al tratarse de una cuestión de mero derecho," la causa no requería de sustanciación, ignorando incluso el escrito presentado por el Sr. López, entrando a decidir la causa "sin trámite y sin fijar audiencia oral para escuchar a los interesados ya que no requiere el examen de ningún hecho," incluso, "omitiéndose asimismo la notificación a la Fiscalía General de la República, la Defensoría del Pueblo y los terceros interesados," todo ello, a juicio de la sala, "en razón de la necesidad de impartir celeridad al pronunciamiento por la inminencia de procesos de naturaleza electoral, los cuales podrían ser afectados por la exigencia de ejecución de la sentencia objeto de análisis."

Quedó en esta forma "formalizada" en la jurisprudencia de la Sala Constitucional en Venezuela, actuando como Jurisdicción Constitucional, y sin tener competencia constitucional alguna para ello, la existencia de una "acción innominada de control de constitucionalidad" destinada a ejercerse contra las sentencias de la Corte Interamericana de Derechos Humanos. Es decir, el Estado venezolano, con esta sentencia, estableció un control de las sentencias que la Corte Interamericana pueda dictar contra el mismo, condenándolo por violación de derechos humanos, cuya ejecución en relación con el Estado condenado, queda a su sola voluntad, determinada por su Tribunal Supremo de Justicia a su propia solicitud a través del Procurador General de la Republica. Se trata, en definitiva, de un absurdo sistema de justicia en el cual el condenado en una decisión judicial es quien determina si la condena que se le ha impuesto es o no ejecutable. Eso es la antítesis de la justicia.

3. *El tema de la jerarquía constitucional de los tratados sobre derechos humanos, la negación del poder de los jueces a decidir su aplicación preferente, y el monopolio del control de constitucionalidad asumido por la Sala respecto de las decisiones de la Corte Interamericana.*

La Sala Constitucional pasó entonces, en las "motivaciones para decidir," a analizar la sentencia de la Corte Interamericana de Derechos Humanos de 1 de septiem-

1164 Véase Allan R. Brewer-Carías, "La ilegítima mutación de la constitución por el juez constitucional: la inconstitucional ampliación y modificación de su propia competencia en materia de control de constitucionalidad. Trabajo elaborado para el *Libro Homenaje a Josefina Calcaño de Temeltas*. Fundación de Estudios de Derecho Administrativo (FUNEDA), Caracas 2009, pp. 319-362; "La ilegítima mutación de la Constitución por el juez constitucional y la demolición del Estado de derecho en Venezuela.," en *Revista de Derecho Político*, N° 75-76, Homenaje a Manuel García Pelayo, Universidad Nacional de Educación a Distancia, Madrid, 2009, pp. 291-325.

bre de 2011, en la cual declaró responsable internacionalmente al Estado "por haber presuntamente vulnerado el derecho político a ser elegido (sufragio pasivo) del ciudadano Leopoldo López Mendoza con base en unas sanciones de inhabilitación de tres (3) y seis (6) años para el ejercicio de funciones públicas que le fueron impuestas por el Contralor General de la República;" y en la cual la Corte Interamericana resolvió el caso "mediante la aplicación de lo dispuesto por el artículo 23 de la Convención Americana, porque se trata de sanciones que impusieron una restricción al derecho a ser elegido, sin ajustarse a los requisitos aplicables de conformidad con el párrafo 2 del mismo, relacionado con "*una condena, por juez competente, en proceso penal*" (destacado de la Sala).

Ahora bien, entre los primeros párrafos de la sentencia de la Corte Interamericana, la Sala Constitucional destacó el siguiente sobre el rango constitucional y la fuerza obligatoria de los Convenios internacionales en materia de derechos humanos el derecho interno, como lo indica el artículo 23 de la Constitución,[1165] y la obligación de los jueces de ejercer el control de convencionalidad para asegurar su aplicación, en el cual la Corte Interamericana dijo:

> "Pero cuando un Estado es parte de un tratado internacional como la Convención Americana, todos sus órganos, incluidos sus jueces y demás órganos vinculados a la administración de justicia, también están sometidos a aquél, lo cual les obliga a velar para que los efectos de las disposiciones de la Convención no se vean mermadas por la aplicación de normas contrarias a su objeto y fin. Los jueces y órganos vinculados a la administración de justicia en todos sus niveles están en la obligación de ejercer *ex officio* un control de convencionalidad`, entre las normas internas y la Convención Americana, en el marco de sus respectivas competencias y de las regulaciones procesales correspondientes. En esta tarea, **los jueces y órganos vinculados a la administración de justicia deben tener en cuenta no solamente el tratado, sino también la interpretación que del mismo ha hecho la Corte Interamericana, intérprete última de la Convención Americana.**" (destacado nuestro)

Esta última afirmación de la Corte Interamericana, que copió la Sala Constitucional en su sentencia, sin embargo, en la misma fue abiertamente contradicha cuestionando la Sala cualquier valor o jerarquía constitucional que conforme al artículo 23 de la Constitución puedan tener las propias sentencias de la Corte Interamericana.

1165 ***Artículo 23.*** Los tratados, pactos y convenciones relativos a derechos humanos, suscritos y ratificados por Venezuela, tienen jerarquía constitucional y prevalecen en el orden interno, en la medida en que contengan normas sobre su goce y ejercicio más favorables a las establecidas en esta Constitución y en las leyes de la República, y son de aplicación inmediata y directa por los tribunales y demás órganos del Poder Público. Véase sobre esta norma Allan R. Brewer-Carías, "Nuevas reflexiones sobre el papel de los tribunales constitucionales en la consolidación del Estado democrático de derecho: defensa de la Constitución, control del poder y protección de los derechos humanos," en *Anuario de Derecho Constitucional Latinoamericano*, 13er año, Tomo I, Programa Estado de Derecho para Latinoamérica, Fundación Konrad Adenauer, Montevideo 2007, pp. 63 a 119.

En efecto, sobre el tema de la jerarquía constitucional de los tratados internacionales en materia de derechos humanos conforme a la mencionada norma del artículo 23 de la Constitución, la Sala Constitucional acudió a lo que ya había decidido anteriormente en su sentencia N° 1942 de 15 de julio de 2003 (Caso: *Impugnación artículos del Código Penal sobre leyes de desacato*),[1166] en la cual había precisado que el artículo 23 constitucional, "se refiere a normas que establezcan derechos, *no a fallos o dictámenes de instituciones, resoluciones de organismos, etc., prescritos en los Tratados*, (destacado de la Sala) sino sólo a normas creativas de derechos humanos," es decir,

> "que se trata de una prevalencia de las normas que conforman los Tratados, Pactos y Convenios (términos que son sinónimos) relativos a derechos humanos, pero no de los informes u opiniones de organismos internacionales, que pretendan interpretar el alcance de las normas de los instrumentos internacionales, ya que el artículo 23 constitucional es claro: la jerarquía constitucional de los Tratados, Pactos y Convenios se refiere a sus normas, las cuales, al integrarse a la Constitución vigente, el único capaz de interpretarlas, con miras al Derecho Venezolano, es el juez constitucional, conforme al artículo 335 de la vigente Constitución, en especial, al intérprete nato de la Constitución de 1999, y, que es la Sala Constitucional, y así se declara. (....)

De lo anterior resulta entonces la afirmación de la Sala de que es ella la que tiene el monopolio en la materia de aplicación en el derecho interno de los tratados internacionales mencionados, contradiciendo el texto del artículo 23 de la Constitución que dispone que dichos tratados "son de aplicación inmediata y directa por los tribunales y demás órganos del Poder Público," afirmando, al contrario, que ella es la única instancia judicial llamada a determinar "*cuáles normas sobre derechos humanos de esos tratados, pactos y convenios, prevalecen en el orden interno;" competencia esta última que supuestamente emanaría "de la Carta Fundamental"* –sin decir de cuál norma– afirmando que la misma *"no puede quedar disminuida por normas de carácter adjetivo contenidas en Tratados ni en otros textos Internacionales sobre Derechos Humanos* suscritos por el país" *(destacados de la Sala)*. De lo contrario, llegó a afirmar la Sala en dicha sentencia, "se estaría ante una forma de enmienda constitucional en esta materia, sin que se cumplan los trámites para ello, al disminuir la competencia de la Sala Constitucional y trasladarla a entes multinacionales o transnacionales (internacionales), quienes harían interpretaciones vinculantes."

En definitiva, la Sala Constitucional decidió que las sentencias de los tribunales internacionales sobre derechos humanos no eran de aplicación inmediata en Venezuela, sino que a sus decisiones sólo "*se les dará cumplimiento en el país, conforme a lo que establezcan la Constitución y las leyes, siempre que ellas no contraríen lo establecido en el artículo 7 de la vigente Constitución*," concluyendo que "a pesar del respeto del Poder Judicial hacia los fallos o dictámenes de esos organismos,

1166 Véase en *Revista de Derecho Público*, N° 93-96, Editorial Jurídica Venezolana, Caracas 2003, pp. 136 ss.

éstos no pueden violar la Constitución de la República Bolivariana de Venezuela, así como no pueden infringir la normativa de los Tratados y Convenios, que rigen esos amparos u otras decisiones"; es decir, que si la Corte Interamericana, por ejemplo, "*amparara a alguien violando derechos humanos de grupos o personas dentro del país, tal decisión tendría que ser rechazada aunque emane de organismos internacionales protectores de los derechos humanos*" (subrayados de la Sala).

Por tanto, no existe órgano jurisdiccional alguno por encima del Tribunal Supremo de Justicia, y si existiera, por ejemplo, en materia de integración económica regional o de derechos humanos, sus decisiones "*no pueden menoscabar la soberanía del país, ni los derechos fundamentales de la República*" (subrayados de la Sala), es decir, en forma alguna pueden contradecir las normas constitucionales venezolanas, pues de lo contrario "carecen de aplicación en el país" Así lo declaró la Sala.

4. *La reiteración de la negación del carácter supra-constitucional de los tratados sobre derechos humanos si contienen normas sobre su goce y ejercicio más favorables a las establecidas en la Constitución*

Ahora, sobre la prevalencia en el orden interno de la Convención Americana sobre Derechos Humanos como tratado multilateral que tiene jerarquía constitucional, afirmó la Sala que ello es solo, conforme al artículo 23 de nuestro texto fundamental, "*en la medida en que contengan normas sobre su goce y ejercicio más favorables*" a las establecidas en la Constitución; pasando entonces a juzgar sobre la constitucionalidad de la sentencia de la Corte Interamericana, comenzando por "determinar el alcance" del fallo "y su obligatoriedad."

Observó para ello la Sala que en dicho fallo se consideró como su "punto central":

> "la presunta violación del derecho a ser elegido del ciudadano Leopoldo López, infringiendo el artículo 23 de la Convención Americana, en vista de que esta disposición exige en su párrafo 2 que la sanción de inhabilitación solo puede fundarse en una condena dictada por un juez competente, en un proceso penal."

Para analizar esta decisión, la Sala Constitucional comenzó por reiterar lo que antes había decidido en la sentencia N° 1939/2008 (caso: Magistrados de la Corte Primera de lo Contencioso Administrativo)[1167] en el sentido de que la protección internacional que deriva de la Convención Americana es "coadyuvante o complementaria de la que ofrece el derecho interno de los Estados americanos," es decir, que la Corte Interamericana "no puede pretender excluir o desconocer el ordenamiento constitucional interno" que goza de supremacía.

1167 Véase en *Revista de Derecho Público,* N° 116, Editorial Jurídica venezolana, Caracas 2008, pp. 88 ss. Véase sobre esa sentencia Allan R. Brewer-Carías, "El juez constitucional vs. La justicia internacional en materia de derechos humanos," en *Revista de Derecho Público,* N° 116, (julio-septiembre 2008), Editorial Jurídica Venezolana, Caracas 2008, pp. 249-260; y "La interrelación entre los Tribunales Constitucionales de América Latina y la Corte Interamericana de Derechos Humanos, y la cuestión de la inejecutabilidad de sus decisiones en Venezuela," en Armin von Bogdandy, Flavia Piovesan y Mariela Morales Antonorzi (Coodinadores), *Direitos Humanos, Democracia e Integracao Jurídica na América do Sul,* umen Juris Editora, Rio de Janeiro 2010, pp. 661-701.

La Sala, además, indicó que el artículo 23 de la Constitución antes citado, contrariando su expreso contenido según el cual "prevalecen en el orden interno" –incluyendo la Constitución–, "en la medida en que contengan normas sobre su goce y ejercicio más favorables a las establecidas en esta Constitución," indicó que:

> "no otorga a los tratados internacionales sobre derechos humanos rango '*supraconstitucional,*' por lo que, en caso de antinomia o contradicción entre una disposición de la Carta Fundamental y una norma de un pacto internacional, correspondería al Poder Judicial determinar cuál sería la aplicable, tomando en consideración tanto lo dispuesto en la citada norma como en la jurisprudencia de esta Sala Constitucional del Tribunal Supremo de Justicia, atendiendo al contenido de los artículos 7, 266.6, 334, 335, 336.11 *eiusdem* y el fallo número 1077/2000 de esta Sala."[1168]

5. *La interpretación de la Constitución conforme al proyecto político del gobierno y el rechazo a los valores universales sobre derechos humanos*

Adicionalmente la Sala se refirió a otro fallo anterior, N° 1309/2001, en el cual había considerado que "el derecho es una teoría normativa puesta al servicio de la política que subyace tras el proyecto axiológico de la Constitución," de manera que la interpretación constitucional debe comprometerse "con la mejor teoría política que subyace tras el sistema que se interpreta o se integra y con la moralidad institucional que le sirve de base axiológica (*interpretatio favor Constitutione*)." Por supuesto, dicha "política que subyace tras el proyecto axiológico de la Constitución" o la "teoría política que subyace" tras el sistema que le sirve de "base axiológica," no es la que resulta de la Constitución propia del "Estado democrático social de derecho y de justicia," que está montado sobre un sistema político de separación de poderes, democracia representativa y libertad económica, sino el que ha venido definiendo el gobierno contra la Constitución y que ha encontrado eco en las decisiones de la propia Sala, como propia de un Estado centralizado, que niega la representatividad, montado sobre una supuesta democracia participativa controlada y de carácter socialista,[1169] declarando la Sala que los estándares que se adopten para tal interpretación constitucional "*deben ser compatibles con el proyecto político de la Consti-*

1168 Se refiere de nuevo la Sala a la sentencia de 22 de septiembre de 2000 (Caso *Servio Tulio León Briceño*), en *Revista de Derecho Público*, N° 83, Editorial Jurídica Venezolana, Caracas 2000, pp. 247 ss.

1169 En los últimos años puede decirse que es la doctrina política socialista, la cual, por supuesto, no está en ninguna parte de la Constitución, y cuya inclusión en la Constitución fue rechazada por el pueblo en 2007. (Véase Allan R. Brewer-Carías, "La reforma constitucional en Venezuela de 2007 y su rechazo por el poder constituyente originario," en José Ma. Serna de la Garza (Coordinador), *Procesos Constituyentes contemporáneos en América latina. Tendencias y perspectivas*, Universidad Nacional Autónoma de México, México 2009, pp. 407-449). La Sala Constitucional, incluso, ha construido la tesis de que la Constitución de 1999 ahora "privilegia los intereses colectivos sobre los particulares o individuales," habiendo supuestamente cambiado "el modelo de Estado liberal por un Estado social de derecho y de justicia" (sentencia de 5 de agosto de 2008, N° 1265/2008, http://www.tsj.gov.ve:80/decisiones/scon/Agosto/1265-050808-05-1853.htm) cuando ello no es cierto, pues el Estado social de derecho ya estaba en la Constitución de 1961.

tución"- que la Sala no deja de llamar como el del "Estado Democrático y Social de Derecho y de Justicia," precisando que:

> "no deben afectar la vigencia de dicho proyecto con elecciones interpretativas ideológicas que privilegien los derechos individuales a ultranza o que acojan la primacía del orden jurídico internacional sobre el derecho nacional en detrimento de la soberanía del Estado." (subrayados de la Sala)

Concluyó así, la sentencia, que "*no puede ponerse un sistema de principios supuestamente absoluto y suprahistórico por encima de la Constitución," siendo inaceptables las teorías que pretenden limitar "so pretexto de validez universales, la soberanía y la autodeterminación nacional*" (Subrayados de la Sala).

De allí concluyó la Sala reiterando lo que ya había ya decidido en la sentencia de 5 de agosto de 2008, N° 1265/2008,[1170] en el sentido de que en caso de evidenciarse una contradicción entre la Constitución y una convención o tratado internacional, "*deben prevalecer las normas constitucionales que privilegien el interés general y el bien común, debiendo aplicarse las disposiciones que privilegien los intereses colectivos... (...) sobre los intereses particulares...*"

En el fallo de la Sala Constitucional, la misma también hizo referencia a otro fallo anterior la sentencia N° 1309/2001, donde se había referido al mismo tema de la interpretación constitucional condicionada "ideológicamente" que debe realizarse conforme a "mejor teoría política que subyace tras el proyecto axiológico de la Constitución" ya que la misma, como derecho, está "puesta al servicio de una política," no debiendo la interpretación verse afectada por "*elecciones interpretativas ideológicas que privilegian los derechos individuales a ultranza o que acojan la primacía del orden jurídico internacional sobre el Derecho Nacional en detrimento de la soberanía del Estado*." De ello concluyó la Sala que " *la opción por la primacía del Derecho Internacional es un tributo a la interpretación globalizante y hegemónica del racionalismo individualista" siendo "la* nueva teoría" el "combate por la supremacía del orden social valorativo que sirve de fundamento a la Constitución;" afirmando que en todo caso, "el carácter dominante de la Constitución en el *proceso interpretativo no puede servir de pretexto para vulnerar los principios axiológicos en los cuales descansa el Estado Constitucional venezolano"* (Subrayados de la Sala).

En la sentencia N° 1309/2001 la Sala también había afirmado que "el ordenamiento jurídico conforme a la Constitución significa, en consecuencia, salvaguardar a la Constitución misma de toda desviación de principios y de todo apartamiento del proyecto que ella encarna por voluntad del pueblo," procediendo a rechazar todo "sistema de principios supuestamente absoluto y suprahistórico, por encima de la Constitución," y que la interpretación pueda llegar "a contrariar la teoría política propia que sustenta.". Por ello, la Sala negó la validez universal de los derechos humanos, es decir, negó "cualquier teoría propia que postule derechos o fines absolutos," o cualquier "*vinculación ideológica con teorías que puedan limitar, so pre-*

1170 Véase en http://www.tsj.gov.ve:80/decisiones/scon/Agosto/1265-050808-05-1853.htm.

texto de valideces universales, la soberanía y la autodeterminación nacional" (Subrayado de la Sala).

6. *El análisis del tema de fondo sobre el tema de las inhabilitaciones políticas impuestas por autoridades administrativas y rechazo al principio de que las mismas puedan ser sólo pueden ser impuestas por decisión judicial*

Con base en lo anterior, al entrar a considerar el "punto central" de la sentencia de la Corte Interamericana sobre la violación del derecho a ser elegido del ciudadano Leopoldo López, por la inhabilitación administrativa dictada en su contra conforme al artículo 105 de la Ley Orgánica de la Contraloría General de la República y del Sistema Nacional de Control Fiscal, la Sala pasó a referirse a su propia sentencia antes mencionada, la N° 1265/2008 dictada el 5 de agosto de 2008,[1171] cuando al decidir sobre una denuncia de inconstitucionalidad de dicha norma por violentar precisamente lo dispuesto en al artículo 23.2 de la Convención Americana, observó que conforme a dicha norma, se admite la "´reglamentación` de los derechos políticos mediante ley, incluso en atención a razones de "condena, por juez competente, en proceso penal," no aludiendo la misma "a restricción en el ejercicio de estos derechos, sino a su reglamentación," destacando, sin embargo, que de una manera general, el artículo 30 de la Convención Americana "admite la posibilidad de restricción, siempre que se haga conforme a leyes que se dictaren por razones de interés general y con el propósito para el cual han sido establecidas." Concluyó la Sala que es posible, de conformidad con la Convención Americana "restringir derechos y libertades, siempre que sea mediante ley, en atención a razones de interés general, seguridad de todos y a las justas exigencias del bien común."

Ahora, al resolver la posible antinomia entre el artículo 23.2 de la Convención Interamericana y la Constitución, la Sala señaló que "la prevalencia del tratado internacional no es absoluta ni automática" siendo sólo posible si el mismo cuando se refiere a derechos humanos, contenga "normas más favorables a las de la Constitución," pasando a preguntarse la propia Sala sobre cuál debían ser los valores que debían tener presente "para determinar cuándo debe considerarse que esa disposición convencional es más ´favorable` que la normativa constitucional interna," siendo su respuesta los supuestos valores derivados del proyecto político subyacente en la Constitución ates mencionado.

De ello concluyó sobre el fondo del tema resuelto por la Corte Interamericana que "la restricción de los derechos humanos puede hacerse conforme a las leyes que se dicten por razones de interés general, por la seguridad de los demás integrantes de la sociedad y por las justas exigencias del bien común," no pudiendo el artículo 23.2 de la Convención Americana "ser invocado aisladamente, con base en el artículo 23 de la Constitución Nacional, contra las competencias y atribuciones de un Poder Público Nacional, como lo es el Poder Ciudadano o Moral." En la citada sentencia N° 1265/2008 dictada el 5 de agosto de 2008, la Sala entonces concluyó que:

1171 Véase en http://www.tsj.gov.ve:80/decisiones/scon/Agosto/1265-050808-05-1853.htm

> "En concreto, es inadmisible la pretensión de aplicación absoluta y descontextualizada, con carácter suprahistórico, de una norma integrante de una Convención Internacional contra la prevención, investigación y sanción de hechos que atenten contra la ética pública y la moral administrativa (artículo 271 constitucional) y las atribuciones expresamente atribuidas por el Constituyente a la Contraloría General de la República de ejercer la vigilancia y fiscalización de los ingresos, gastos y bienes públicos (art. 289.1 *eiusdem*); y de fiscalizar órganos del sector público, practicar fiscalizaciones, disponer el inicio de investigaciones sobre irregularidades contra el patrimonio público, e 'imponer los reparos y aplicar las sanciones administrativas a que haya lugar de conformidad con la ley` (art. 289.3 *eiusdem*). En tal sentido, deben prevalecer las normas constitucionales que privilegian el interés general y el bien común, debiendo aplicarse las disposiciones que privilegian los intereses colectivos involucrados en la lucha contra la corrupción sobre los intereses particulares de los involucrados en los ilícitos administrativos; y así se decide".

Finalmente, después de copiar in extenso el Voto concurrente del Magistrado Diego García-Sayán a la sentencia de la Corte Interamericana, la Sala Constitucional indicó pura y simplemente que "aunque coincide casi en su totalidad con el enfoque alternativo del Magistrado García-Sayán, no puede compartir, por los argumentos vertidos en los fallos referidos *supra*, la conclusión de que la sanción de inhabilitación solo puede ser impuesta por una "autoridad judicial."

Sobre este punto, que es precisamente, el tema *decidendum* en la sentencia de la Corte Interamericana, la Sala Constitucional se refirió de nuevo a su sentencia N° 1265/2008, en la cual resolvió que en Venezuela, "en atención a la prevención, investigación y sanción de los hechos que atenten contra la ética pública y la moral administrativa (art. 274 Constitución), el Poder Ciudadano está autorizado para ejercer un poder **sancionador sustancialmente análogo al derecho penal**, incluyendo sanciones como las accesorias del artículo 105, cuyo objetivo es la protección del orden social general," (destacado nuestro); llegando a afirmar que "*la 'incapacitación para ejercer diversos empleos', lo cual podría jurídicamente derivarse de una sentencia, pero también de una sanción administrativa*" (subrayado de la Sala), concluyendo entonces con su afirmación infundada y falsa de que el artículo 65 del Constitución al señalar que

> "no podrán optar a cargo alguno de elección popular quienes hayan sido condenados o condenadas por delitos cometidos durante el ejercicio de sus funciones, [...] no excluye la posibilidad de que tal inhabilitación pueda ser establecida, bien por un órgano administrativo *stricto sensu* o por un órgano con autonomía funcional, como es, en este caso, la Contraloría General de la República."

Ello, por supuesto, es totalmente errado, pues la restricción constitucional al ejercicio de derechos políticos es de interpretación estricta. Es por tanto errado señalar como lo hizo la Sala para llegar a esta conclusión que como la norma "plantea que la prohibición de optar a un cargo público surge como consecuencia de una condena judicial por la comisión de un delito," supuestamente ello no "impide que tal prohibición pueda tener un origen distinto." Ello es errado, pues de lo contrario no habría sido necesario establecer la restricción en la norma constitucional, siendo también errada la conclusión de que la norma sólo habría planteado "una hipótesis," y por tanto "no niega otros supuestos análogos." Esto es contrario al principio de que las restricciones a los derechos políticos establecidas en la Constitución, son sólo las establecidas en la Constitución, cuando es la propia Constitución la que **no ha dejado** la materia a la regulación del legislador.

Por tanto, es errada la conclusión de la Sala en el sentido de que supuestamente tratándose de un asunto de "política legislativa," sea al legislador al cual correspondería asignarle orientación al *ius puniendi* del Estado, de manera que "negar esta posibilidad significaría limitar al órgano legislativo en su poder autonómico de legislar en las materias de interés nacional, según lo prescribe el artículo 187, cardinal 1, en concordancia con el 152, cardinal 32 del Texto Fundamental."[1172]

Al contrario, la política legislativa para el desarrollo del *ius puniendi* tiene que estar enmarcada en la Constitución, cuando sea la Constitución la que remita al legislador para ello. Sin embargo, cuando la Constitución establece que la restricción al ejercicio de un derecho político como el derecho al sufragio pasivo sólo puede limitarse por condena penal mediante decisión judicial ello implica sólo eso, no pudiendo el legislador establecer otras restricciones que sean impuestas por autoridades administrativas.

7. *La ponderación entre la Convención Americana y otros tratados internacionales como los relativos a la lucha contra la corrupción*

Por otra parte, la Sala destacó que la Convención Americana no es el único tratado suscrito por Venezuela relativo a derechos humanos y, en consecuencia, de rango constitucional a tenor de lo previsto en el artículo 23 de la Constitución Nacional, que debe ser tomado en consideración para resolver sobre la ejecución del fallo de la Corte Interamericana, haciendo alusión específicamente a la Convención Interamericana contra la Corrupción de 1996, que obliga a los Estados Americanos a tomar las medidas apropiadas contra las personas que cometan actos de corrupción en el ejercicio de las funciones públicas o específicamente vinculados con dicho ejercicio, "**sin exigir que tales medidas sean necesariamente jurisdiccionales**." (destacado nuestro), concluyendo de las normas de esta Convención, que los "mecanismos modernos para prevenir, detectar, sancionar y erradicar las prácticas corruptas" (subrayado de la Sala) que deben desarrollar los Estados, a juicio de la Sala, "deben ser entendidos **como aquellos que se apartan y diferencian de los tradicionales, que exigen una sentencia penal firme por la comisión de un delito,**" "sin que se pueda concluir del contenido de dicha disposición que las conductas cuestionadas deban ser **necesariamente objeto de condena judicial**" (destacados nuestro). La Sala enumeró, así en su sentencia los órganos encargados en los diversos países de la ejecución de la Convención, generalmente de orden administrativos, siendo ello atribuido en Venezuela, como "autoridad central," al Consejo Moral

1172 La Sala adicionalmente citó en su sentencia N° 1260 del 11 de junio de 2002 (caso: *Víctor Manuel Hernández y otro contra el artículo 38, parágrafo Segundo, 52, y 54 de la Ley para Promover y Proteger el Ejercicio de la Libre Competencia) en relación con el jus puniendi y la supuesta diferencia entre el derecho administrativo sancionador y el derecho pena, concluyendo que entre ambos "no existen diferencias de tipo material, sino que la gran diferencia es relativa al ámbito normativo."*

Republicano constituido por la Contraloría General de la República, la Fiscalía General de la República y la Defensoría del Pueblo.

En la sentencia la Sala también hizo referencia a la Convención de las Naciones Unidas contra la Corrupción" suscrita en 2003, donde se hace referencia a la obligación de los Estados de "*procurar evaluar periódicamente los instrumentos jurídicos y las medidas administrativas pertinentes a fin de determinar si son adecuadas para combatir la corrupción*" (subrayado de la sala). Concluyendo que "no existe limitación alguna a que se trate *exclusivamente de tribunales,*" destacando que conforme al artículo 30.7 de dicha Convención se establece "la posibilidad *de inhabilitar* "por mandamiento judicial *u otro medio apropiado y por un periodo determinado por su derecho interno*" a los sujetos de corrupción" (subrayado del fallo); y que la previsión de sanciones distintas a las judiciales se reitera en las Disposiciones Finales de la misma Convención (Capítulo VIII, artículo 65).

De todo ello, la Sala Constitucional en su sentencia Nº 1547 (Caso *Estado Venezolano vs. Corte Interamericana de Derechos Humanos*) de fecha 17 de octubre de 2011, concluyó que:

> "aun si se pretendiera otorgar un sentido literal y restrictivo al artículo 23 de la Convención Interamericana, impidiendo la inhabilitación de un ciudadano para el ejercicio de cargos públicos por razones de corrupción, limitando la posibilidad de sanción a una sentencia judicial; podemos advertir que tal Tratado no es el único que forma parte integrante del sistema constitucional venezolano según el artículo 23 de nuestra Carta Fundamental. La prevalencia de las normas que privilegien el interés general y el bien común sobre los intereses particulares dentro de un Estado social de derecho y de justicia obligan al Estado venezolano y a sus instituciones a aplicar preferentemente las Convenciones Interamericana y de la ONU contra la corrupción y las propias normas constitucionales internas, que reconocen a la Contraloría general de la República como un órgano integrante de un Poder Público (Poder Ciudadano) competente para la aplicación de sanciones de naturaleza administrativa, como lo es la inhabilitación para el ejercicio de cargos públicos por hechos de corrupción en perjuicio de los intereses colectivos y difusos del pueblo venezolano."

Sin embargo, ante este pronunciamiento dictado con motivo de ejercer el control de constitucionalidad de la sentencia de la Corte Interamericana, la Sala Constitucional se apresuró a afirmar, que

> "no se trata de interpretar el contenido y alcance de la sentencia de la Corte Interamericana de Derechos Humanos, ni de desconocer el tratado válidamente suscrito por la República que la sustenta o eludir el compromiso de ejecutar las decisiones según lo dispone el artículo 68 de la Convención Interamericana de Derechos Humanos,"

No, de eso no se trata, sino que de lo que se trata es:

> "de aplicar un estándar mínimo de adecuación del fallo al orden constitucional interno, lo cual ha sucedido en otros casos y ejercer un "control de convencionalidad" respecto de normas consagradas en otros tratados internacionales válidamente ratificados por Venezuela, que no fueron analizados por la senten-

cia de la Corte Interamericana de Derechos Humanos del 1 de septiembre de 2011, como lo son las consagradas en la Convención Interamericana contra la Corrupción y la Convención de las Naciones Unidas contra la Corrupción."

Y ha sido precisamente ello, lo que supuestamente habría "obligado" a la Sala Constitucional "a ponderar un conjunto de derechos situados en el mismo plano constitucional y concluir en que debe prevalecer la lucha contra la corrupción como mecanismo de respeto de la ética en el ejercicio de cargos públicos, enmarcada en los valores esenciales de un Estado democrático, social, de derecho y de justicia," y decidir indicando que "no puede ejercerse una interpretación aislada y exclusiva de la Convención Americana de Derechos Humanos sin que con ello se desconozca el "*corpus juris del Derecho Internacional de los Derechos Humanos,*" a los que ha aludido la propia Corte Interamericana en la sentencia del 24 de noviembre de 2004, caso: Trabajadores Cesados del Congreso vs. Perú, sus Opiniones Consultivas de la CIDH N° OC-16/99 y N° OC-17/2002.

8. *La denuncia de usurpación respecto de la Corte Interamericanas y la inejecución de su sentencia*

Finalmente la Sala Constitucional acusó a la Corte Interamericana de Derechos Humanos de persistir

> "en desviar la teleología de la Convención Americana y sus propias competencias, emitiendo órdenes directas a órganos del Poder Público venezolano (Asamblea Nacional y Consejo Nacional Electoral), usurpando funciones cual si fuera una potencia colonial y pretendiendo imponer a un país soberano e independiente criterios políticos e ideológicos absolutamente incompatibles con nuestro sistema constitucional."

De lo cual concluyó declarando

> "inejecutable el fallo de la Corte Interamericana de Derechos Humanos, de fecha 1 de septiembre de 2011, en el que se condenó al Estado Venezolano, a través "*de los órganos competentes, y particularmente del Consejo Nacional Electoral (CNE),*" a asegurar "*que las sanciones de inhabilitación no constituyan impedimento para la postulación del señor López Mendoza en el evento de que desee inscribirse como candidato en procesos electorales";* anuló las Resoluciones del 24 de agosto de 2005 y 26 de septiembre de 2005, dictadas por el Contralor General de la República, por las que inhabilitaron al referido ciudadano al ejercicio de funciones públicas por el período de 3 y 6 años, respectivamente; se condenó a la República Bolivariana de Venezuela al pago de costas y a las adecuación del artículo 105 de la Ley Orgánica de la Contraloría General de la República y el Sistema Nacional de Control Fiscal."

Es decir, la Sala resolvió que la sentencia de la Corte Interamericana en su conjunto, es inejecutable en Venezuela, con la advertencia –cínica, por lo demás–, de que, sin embargo:

> "la inhabilitación administrativa impuesta al ciudadano Leopoldo López Mendoza no le ha impedido, ni le impide ejercer los derechos políticos consa-

grados en la Constitución. En tal sentido, como todo ciudadano, goza del derecho de sufragio activo (artículo 63); del derecho a la rendición de cuentas (artículo 66); derecho de asociación política (el ciudadano López Mendoza no solo ha ejercido tal derecho, sino que ha sido promotor y/o fundador de asociaciones y partidos políticos); derecho de manifestación pacífica (el ciudadano López Mendoza ha ejercido ampliamente este derecho, incluyendo actos de proselitismo político); así como, el derecho a utilizar ampliamente los medios de participación y protagonismo del pueblo en ejercicio de su soberanía (artículo 70), incluyendo las distintas modalidades de participación "referendaria", contempladas en los artículos 71 al 74 *eiusdem*, en su condición de elector."

Se destaca, sin embargo, que la Sala Constitucional no mencionó en esta enumeración de "los derechos políticos consagrados en la Constitución" ni el derecho pasivo al sufragio (el derecho a ser electo para cargos públicos), ni el derecho a ejercer cargos públicos, que son precisamente los que le impide ejercer la decisión de la Contraloría General de la república violando lo previsto en la Convención Americana y en la propia Constitución, procedió a "aclarar" lo que no requería aclaratoria, en el sentido de que:

> "la inhabilitación administrativa difiere de la inhabilitación política, en tanto y en cuanto la primera de ellas sólo está dirigida a impedir temporalmente el ejercicio de la función pública, como un mecanismo de garantía de la ética pública y no le impide participar en cualquier evento político que se realice al interior de su partido o que convoque la llamada Mesa de la Unidad Democrática."

Ello no requería "aclararse" pues es bien evidente que las decisiones de la Contraloría o del Estado a través de cualquiera de sus órganos no le puede impedir a un ciudadano poder participar en los eventos políticos internos de las asociaciones políticas o a las cuales pertenezca o en eventos por estas convocados, de manera que la "aclaratoria" no es más que una deliberada expresión de confusión por parte de la Sala; y más aún con la frase final de la decisión que adoptó (dispositivo N° 2), luego de declarar inejecutable la sentencia de la Corte Interamericana en el sentido decidir que:

> "2) La Sala declara que el ciudadano Leopoldo López Mendoza goza de los derechos políticos consagrados en la Constitución de la República Bolivariana de Venezuela, por tratarse solo de una inhabilitación administrativa y no política."

Sin embargo, como se dijo, antes había enumerado la Sala en forma expresa cuáles eran los derechos políticos que el Sr. López podía ejercer estando vigente la inhabilitación política que le había impuesto la Contraloría, refiriéndose la Sala expresamente sólo a el "derecho de sufragio activo (artículo 63); del derecho a la rendición de cuentas (artículo 66); derecho de asociación política '[…]; derecho de manifestación pacífica […]; derecho a utilizar ampliamente los medios de participación y protagonismo del pueblo en ejercicio de su soberanía (artículo 70)," y derecho "de participación "referendaria" (artículos 71 al 74) "en su condición de elector." La Sala, por tanto, se cuidó de no indicar que el Sr. López podía ejercer su derecho político al sufragio pasivo, derecho a ser electo y a ejercer cargos públicos electivos, que fueron precisamente los restringidos inconstitucionalmente por la Contraloría General de la República.

VI. LA INTERPRETACIÓN Y ACLARACIÓN DE LA SENTENCIA, *EX POST* FACTO Y EXTRA PROCESO, MEDIANTE "COMUNICADO DE PRENSA" POR PARTE DE LA PRESIDENTA DE LA SALA CONSTITUCIONAL

Sin embargo, el mismo día en el cual se publicó la sentencia de la sala Constitucional, la presidenta del Tribunal Supremo de Justicia y de dicha Sala, expresó mediante un "Comunicado de Prensa"[1173] un criterio distinto al que se había expuesto en la sentencia, agregando mayor confusión sobre sus efectos, y en particular sobre los derechos políticos que supuestamente podía ejercer el Sr. López.

Dicha Presidente del Tribunal Supremo, en efecto, comenzó por expresar al referirse a la sentencia de la Sala Constitucional "que declaró inejecutable el fallo de la Corte Interamericana de Derechos Humanos" que había condenado al Estado venezolano, primero, que "los convenios suscritos por la República Bolivariana de Venezuela no pueden tener carácter supra constitucional, pues sus disposiciones deben ajustarse y enmarcarse en los postulados de la Carta Magna;" y que "Venezuela no puede retroceder en los avances que ha logrado en la lucha contra la corrupción," asegurando entre otras cosas, "que **las sanciones de inhabilitación no constituyan impedimento para la postulación de Leopoldo López Mendoza en eventos electorales**" (destacado nuestro).

Ahora bien, frente a esta afirmación de que las sanciones de inhabilitación "no constituyan impedimento para la postulación en eventos electorales," la pregunta elemental es cómo puede, en efecto, pensarse que alguien pueda tener derecho a postularse para la elección de un cargo electivo de representación popular, sin tener derecho a poder ejercer dicho cargo porque se lo impide la Contraloría General de la República? Lo que dijo la Sra. Presidenta de la Sala Constitucional, ni más ni menos era como decir, que una persona inhabilitada para ejercer cargos públicos, sin embargo, puede postularse para ser electo para un cargo público, pero una vez electo no puede ejercer dicho cargo para el cual fue electo !!

La postulación a un cargo de elección popular no es sino la primera fase del ejercicio del derecho pasivo al sufragio que implica además de la postulación, el derecho a ser elegido, y en caso de que así ocurra, el derecho a ejercer el cargo para el cual fue elegido. De resto, no es más que una cómica situación la que informó la Sra. Presidenta del Tribunal Supremo: que una persona inhabilitada para ejercer cargos públicos por la Contraloría, puede postularse para cargos de elección popular, y por tanto, con la posibilidad de salir electo, pero para nada más, pues no puede ejercer el cargo porque ha sido inhabilitado.

Expresó en efecto, la Sra. Presidenta del Tribunal Supremo que:

1173 Véase Nota de Prensa del Tribunal Supremo: "Es inejecutable que Venezuela retroceda en sus avances en la lucha contra la corrupción" Afirmó la presidenta del TSJ; magistrada Luisa Estella Morales Lamuño, autor Redacción TSJ, Fecha de publicación 17/10/2011. Véase en http://www.tsj.gov.ve/informacion/notasdeprensa/notasdeprensa.asp?codigo=8848.

"del análisis realizado por la Sala Constitucional el ciudadano López Mendoza goza **de todos** sus derechos políticos, por lo que puede elegir **y ser elegido** en los eventos electorales en los que decida participar."

Y reiteró que "la Constitución de la República Bolivariana de Venezuela es profundamente garantista, y que salvaguarda los derechos políticos de la ciudadanía" precisando que "Leopoldo López Mendoza **sí goza de todos sus derechos políticos**, tal como lo expresa el dictamen (*sic*)."

Ello es por supuesto, totalmente falso, y lo que pone en evidencia, para ser benevolentes, es que, por lo visto, la Presidenta no leyó lo que efectivamente dijo en la sentencia que firmó, pues la misma no incluyó –inconstitucionalmente por lo demás– en su contenido y enumeración de los derechos políticos que podía ejercer el Sr. López, el derecho a ser elegido (derecho pasivo al sufragio); es decir, se cuidó de decidir que el Sr. López **no gozaba de todos sus derechos políticos**.

Sin embargo, teniendo en cuenta la "interpretación" que hizo la Sra. Presidenta del Tribunal Supremo de la sentencia, la conclusión es que se trata de una modificación, *ex post facto*, introducida mediante un "Comunicado de Prensa" a la sentencia dictada, indicando que el Sr. López **si podía ejercer su derecho pasivo al sufragio y si podía "ser elegido,"** pero aclarando a renglón seguido que una vez que resultare electo, si fuese el caso, respecto al ejercicio del cargo para el cual resultare electo, ello sería una "situación futura derivada de tal participación" que "no estuvo en el análisis de la Sala, ya que no puede pronunciarse sobre hechos que no han ocurrido." Por lo que, si todo ello sucedía, ya estaba "avisado" el Sr. López de lo que le iba a pasar. Más clara no podía ser esta modificación al fallo dictada por la Presidencia del Tribunal Supremo en el "Comunicado de Prensa;" y como la Sala se atribuyó el poder de ejercer de oficio el control de constitucionalidad de las sentencias de la Corte Interamericana, nadie le tendría que requerir su futura y anunciada acción.

Crear mayor y deliberada confusión, era realmente imposible,[1174] al punto de que en el diario *El Mundo* de España del día 18 de octubre de 2011, la noticia se tituló así: "*El Supremo venezolano permite que Leopoldo López sea candidato en 2012,*" precisándose sin embargo, en los subtítulos que: *"El Tribunal aclara que el opositor sí puede presentarse a las elecciones; Lo que se ha rechazado es el fallo de la Corte Interamericana que condenaba al Estado por la 'inhabilitación' para ejercer cargos*

1174 Según se reseña En *La patilla.com*, la Contralora General de la República, en medio de la confusión, declaró el día 18 de octubre de 2011, que "el líder opositor Leopoldo López, uno de los aspirantes a ser candidato en las elecciones presidenciales del 7 de octubre del próximo año, no puede desempeñar ningún cargo público hasta 2014. No puede desempeñar cargos públicos, ni por elección, nombramiento, contrato ni designación. ¿El cargo de alcalde, de concejal, de presidente, de gobernador es un cargo público o no? Sí lo es, entonces (López) no puede desempeñar esos cargos públicos dijo Adelina González, Contralora General en funciones. En declaraciones a la televisión estatal, González descartó el supuesto "limbo" en el que quedó López luego de que la presidenta del Tribunal Supremo de Justicia (TSJ), Luisa Estella Morales, indicara que López se podía postular a las elecciones aunque evitando pronunciarse sobre qué ocurriría en caso de ser elegido. Véase "Según la Contralora si López se postula sería "un fraude a la Ley," en http://www.lapatilla.com/site/-2011/10/18/segun-la-contralora-si-lopez-se-postula-seria-un-fraude-a-la-ley/

públicos de López; Por lo tanto, López puede ser candidato pero no se sabe si podrá ejercer; El Tribunal dijo que aplicar aquel fallo infringiría las leyes nacionales."[1175] En la nota de prensa publicada en este Diario se afirma que:

> "El Tribunal Supremo venezolano (TSJ) **aclaró** este lunes que la decisión de la Sala Constitucional de declarar no ejecutable un fallo de la Corte Interamericana de Derechos Humanos a favor de Leopoldo López no impide al político opositor presentar su candidatura a las elecciones presidenciales."
>
> La presidenta del TSJ de Venezuela, Luisa Estella Morales, señaló que **López se puede postular**, pero el fallo de Corte Interamericana (CorteIDH), que obliga a suspender la inhabilitación administrativa del político para ejercer cargo público, es "inejecutable" porque no se pueden anular las decisiones de la Contraloría.
>
> "Leopoldo López tiene pleno derecho a elegir y ser electo, puede concurrir ante el Consejo Nacional Electoral inscribirse y participar en cualquier elección que se realice (...) libremente puede hacerlo", aclaró Estella en una conferencia de prensa.
>
> No obstante, subrayó que "son inejecutables en primer lugar la nulidad de las resoluciones administrativas de la Contraloría y también "la nulidad de los actos administrativos por los cuales se inhabilitó administrativamente al ciudadano Leopoldo López."
>
> Preguntada sobre la posibilidad de que López fuera elegido en los comicios para la Presidencia, convocados para el 7 de octubre de 2012, Morales se excusó de pronunciarse "acerca de situaciones futuras."
>
> "Llegará el momento de que si eso ocurriese tendríamos que pronunciarnos, pero en este momento es ciertamente una posición incierta y futura sobre la cual la Sala no podría pronunciarse," señaló"

Con esta "aclaratoria" a la decisión adoptada mediante declaraciones públicas dadas por la Presidenta del Tribunal Supremo de Justicia, lo que hizo el Tribunal Supremo fue consolidar la incertidumbre y el desconcierto político en el país, dejando vigente la sanción de inhabilitación política que dictó la Contraloría General de la República contra el Sr. Leopoldo López y en lo que resultaba una especie de crónica de una inhabilitación política anunciada, para lo cual impuso el siguiente itinerario a se podía desarrollar en este caso entre 2011 y 2012:

Primero, en el texto de la sentencia, declaró que entre los derechos políticos que enumeró expresamente como los que podía ejercer el Sr. López **no estaba el derecho pasivo al sufragio, es decir, el derecho a ser electo**;

Segundo, sin embargo, en la "aclaratoria" a la sentencia que se "dictó" por la Presidenta del Tribunal Supremo, la misma declaró que el Sr. López **sí se podía postular para cargos electivos y tenía derecho a ser electo,** lo que por si generaba

1175 Véase en http://www.elmundo.es/america/2011/10/17/venezuela/131888-4331.html

incertidumbre sobre si efectivamente gozaba o no tal derecho conforme a la sentencia de la Sala;

Tercero, lo anterior le planteaba al Sr. López la **disyuntiva de participar o no en el proceso –elecciones primarias– para la selección del candidato presidencial** de oposición, pero con la certeza de que si no lo hacía ello sería por su propia voluntad –como en efecto ocurrió– y no porque se lo hubiese "impuesto" la Sala;

Cuarto, si hubiese participado en las elecciones primarias de la oposición y hubiese llegado a salir electo en las mismas, ello le hubiera planteado una **nueva disyuntiva de postularse o no como candidato presidencial en la elección presidencial**, para lo cual si no lo hacía ello también hubiera sido por su propia voluntad y no porque se lo hubiese impuesto la Sala; y, por último,

Quinto, para el supuesto de que en ese caso hubiera llegado a ganar la elección presidencial, la posibilidad de que hubiera podido ejercer el cargo para el cual habría sido electo hubiera quedado entonces en manos del Tribunal Supremo de Justicia, el cual, en ese momento, y sólo en ese momento se habría pronunciado sobre lo que al dictar su sentencia consideró como una "situación incierta y futura."

Posteriormente, para agregar algo más a la confusión e incertidumbre, la misma Presidenta del Tribunal Supremo de Justicia en una entrevista de televisión, ratificó que la sentencia de la Corte Interamericana de Derechos Humanos "que ordena restituir los derechos políticos al ex alcalde del municipio Chacao del Estado Miranda, Leopoldo López, no puede ser cumplida por la justicia venezolana," indicando, sin embargo, que dicho ciudadano contaba "con todos sus derechos políticos" lo que no era cierto, pues se la había negado el derecho pasivo al sufragio, agregando que podía "hacer campaña o fundar partidos, [pero] lo que no puede es ejercer cargos de administración pública."[1176]

La Presidenta del Tribunal Supremo indicó, además, que la sentencia de la Corte Interamericana confundía "la inhabilitación política con la inhabilitación administrativa," sin percatarse que cuando dicha "inhabilitación administrativa" impide a un funcionario electo ejercer el cargo para el cual fue electo, se convierte en una inhabilitación política; pues aunque la Magistrada parecía ignorarlo, el derecho a ejercer cargos públicos de elección popular es un derecho político. De manera que cuando se impone una sanción de inhabilitación administrativa que según la Presidenta del Tribunal era "de otra naturaleza [pues] es para poder administrar o manejar fondos públicos," y ello impide a un funcionario electo ejercer el cargo para el cual resultó electo, implica que se lo inhabilita políticamente. La Corte Interamericana no "se basó en hechos que no correspondían a la realidad" como dijo la Presidenta del Tribunal considerando que la Corte Interamericana había tratado "el caso del ciudadano Leopoldo López como si él estuviera inhabilitado políticamente y el

1176 Véase reportaje del programa "Dando y Dando transmitido por la estatal Venezolana de Televisión," realizado por Rafael Rodríguez, en *El Universal*, Caracas 8-11-2011. En http://www.eluniversal.com/nacional-y-politica/111108/morales-no-podemos-levantar-inhabilitacion-adminstrativa-a-lopez señor Leopoldo López nunca estuvo inhabilitado políticamente, él tuvo una sanción de carácter administrativo que en Venezuela está perfectamente establecida."

En fin, ignorando el propio texto de su sentencia, la Presidenta del Tribunal afirmó que la Corte Interamericana confundió "sin entrar a analizar lo que es el derecho interno venezolano, [...] dos tipos de inhabilitaciones diferentes," pues según la Presidenta del Tribunal López podía "hacer campaña y fundar partidos, lo que no podía era ocupar cargos administrativos," y las actividades políticas que podía hacer no podía "confundirse con las condiciones de elegibilidad ese es otro punto que no se ha presentado..." Lo que no explicó la Presidenta del Tribunal es cómo podía decirse que una persona no está inhabilitada políticamente si pudiendo ser electa para ocupar un cargo ejecutivo (como el de Alcalde, Gobernador o Presidente) que implica administrar o manejar fondos, en definitiva, no podía ejercer el cargo para el cual fue electo cuando exista contra la misma una sanción de inhabilitación administrativa.[1177]

De todo ello, lo que quedaba claro era que independientemente de si el Sr. López participaría en las elecciones primarias de la oposición, e iba o podía resultar o no electo, respecto de él, la situación política subsiguiente no hubiera dependido de la voluntad del pueblo soberano, sino de la decisión de un Tribunal Supremo que además de usurpar el poder constituyente y rebelarse contra las decisiones del tribunal internacional encargado de la protección de los derechos humanos en América, se reservaba en definitiva el derecho de anular o no la voluntad popular de acuerdo con las circunstancias que se presentasen.

Nueva York, febrero 2011

SECCIÓN TERCERA:

LA SALA CONSTITUCIONAL VS. LA GARANTÍA CONSTITUCIONAL AL DEBIDO PROCESO O LA ILEGÍTIMA DESPERSONALIZACIÓN DE LAS SOCIEDADES Y LA ILEGAL DISTORSIÓN DEL RÉGIMEN DE LA RESPONSABILIDAD SOCIETARIA, COMO JUSTIFICACIÓN PARA LA VIOLACIÓN DEL DERECHO A LA DEFENSA

El texto de esta sección fue publicado como "La despersonalización societaria y el régimen de la responsabilidad", en *Congreso Internacional La despersonalización societaria y el régimen de la responsabilidad*, Pontificia Universidad Javeriana, Facultad de Ciencias Jurídicas, Bogotá, Colombia, julio 28-30, 2004, pp. 103-142; y "La ilegítima despersonalización de las sociedades, la ilegal dis-

1177 Dijo la Presidenta del Tribunal: "El ciudadano Leopoldo López no está inhabilitado políticamente ni ha estado; él puede ejercer todos sus derechos políticos, en Venezuela hay una gama de derechos políticos extensos, se fundan partidos, se puede hacer campaña electoral, se puede hacer cualquier tipo de gestión, ahora, eso no debe confundirse cuando se opta a un cargo de elección popular con las condiciones de elegibilidad."

torsión del régimen de la responsabilidad societaria y la violación del debido proceso en la jurisprudencia de la Sala Constitucional de Venezuela", en Alfredo Morles e Irene Valera (Coordinadores), *Derecho de Grupos de Sociedades*, Academia de Ciencias Políticas y Sociales, Centro de Investigaciones Jurídicas, Serie Eventos, Nº 19, Caracas 2005, pp. 91-129. También se publicó en el libro: *Crónica sobre la "in" justicia constitucional. La Sala Constitucional y el autoritarismo en Venezuela*, Colección Instituto de Derecho Público, Universidad Central de Venezuela, Nº 2. Editorial Jurídica Venezolana, Caracas 2007, pp. 379-418.

El abuso que con frecuencia se ha hecho de la personalidad jurídica con la finalidad de eludir o diluir las responsabilidades que podrían corresponder a determinadas personas naturales y sociedades respecto de determinadas obligaciones, también ha motivado en Venezuela la construcción doctrinal y jurisprudencial del tema de la despersonalización de la sociedad o del llamado levantamiento del velo de la personalidad jurídica[1178], precisamente para garantizar el cumplimiento de determinadas obligaciones ante actuaciones ilícitas y que mediante la utilización abusiva del derecho a establecer sociedades o personas jurídicas, constituyan actos de simulación.

A tal efecto, a pesar del hermetismo que tradicionalmente ha caracterizado a la personalidad jurídica[1179], durante los últimos lustros se han venido consagrado con fines específicos y en diversas leyes precisas y específicas, regulaciones, por ejemplo, sobre obligaciones recíprocas o solidarias entre las empresas componentes de determinados grupos económicos; sobre el tratamiento de éstos en particular, y sobre el control de las sociedades que los componen, a los efectos de permitir la actuación de control de la Administración Pública sobre sociedades relacionadas o vinculadas con las que operan en el sector económico objeto de control estatal. La constitución de grupos económicos, por tanto, es lícita en el ordenamiento jurídico venezolano, y sólo podría considerarse ilícita cuando se demuestre que la creación de sociedades de manera abusiva dentro de un grupo económico, es el resultado de una simulación entre sus componentes para eludir el cumplimiento de determinadas obligaciones.

La situación la resumió la Sala Constitucional del Tribunal Supremo de Justicia de Venezuela, en sentencia Nº 558/2001 (Caso: *Cadafe*), señalando que:

> "La existencia de grupos empresariales o financieros es lícita, pero ante la utilización por parte del controlante de las diversas personas jurídicas (sociedades vinculadas) para diluir en ellas su responsabilidad o la del grupo, en sus relaciones con las terceras personas, han surgido *normas en diversas leyes* que

---

1178 Véase por todos, Roquefelix Arvelo Villamizar, *La doctrina del levantamiento del velo corporativo de las personas jurídicas,* Caracas 1999; Magali Perretti de Parada, *La doctrina del levantamiento del velo de las personas jurídicas,* Caracas 2002; Levis Ignacio Zerpa, "El abuso de la personalidad jurídica en la sociedad anónima", *Revista de la Facultad de Ciencias Jurídicas y Políticas,* UCV, Nº 116, Caracas 1999; Francisco Hung Vaillant, "La denominada doctrina del levantamiento del velo por abuso de la personalidad jurídica", en *El derecho público a comienzos del Siglo XXI. Estudios en homenaje al profesor Allan R. Brewer-Carías*, Ed. Civitas, Madrid, Tomo II, pp. 2035-2063.

1179 Francisco Hung Véase, *loc. cit.*, p. 2035.

persiguen la desestimación o allanamiento de la personalidad jurídica de dichas sociedades vinculadas, permitiendo al acreedor de una de dichas sociedades, accionar contra otra con la que carecía objetivamente de relación jurídica, para que le cumpla, sin que ésta pueda oponerle su falta de cualidad o de interés".

Como se desprende de este texto de la Sala Constitucional, la posibilidad de aplicar la doctrina de la despersonalización societaria o del levantamiento del velo de la personalidad jurídica, ante todo depende de la expresa regulación legal que se haya previsto en el ordenamiento jurídico, por lo que debe corresponder en general a los jueces su aplicación sea cuando la ley expresamente lo autorice o cuando esté comprobada la utilización de la personalidad jurídica como un hecho abusivo, constitutivo de un acto de simulación y, por tanto, ilícito.

La figura, por tanto, *es de la estricta reserva legal*, pues al permitirse que los jueces puedan enervar en un caso concreto la ficción de la personalidad jurídica, ello constituye una limitación al derecho de asociación garantizado en el artículo 52 de la Constitución así como, en su caso, a la garantía de la libertad económica regulada en el artículo 112 del mismo texto constitucional. Es decir, la despersonalización de la sociedad sólo puede decidirse por los jueces cuando mediante un proceso se compruebe la simulación en la utilización de la personalidad jurídica; o cuando el ordenamiento jurídico la autorice mediante norma legal expresa, por tratarse de un régimen que es de la reserva legal al constituir una limitación a los derechos constitucionales, y que por ello es de aplicación restrictiva.

I. LOS LÍMITES CONSTITUCIONALES A LA DESPERSONALIZACIÓN DE LAS SOCIEDADES

En efecto, tanto para que se pueda decidir el levantamiento del velo de las sociedades o acordar la despersonalización societaria, como para el establecimiento de determinadas obligaciones solidarias entre los miembros de un grupo económico, de acuerdo con el ordenamiento constitucional venezolano siempre se requiere de texto legal expreso que la regule o autorice, pues ello constituye una materia de la reserva legal, dado que ello constituye una limitación a diversos derechos constitucionales, particularmente los derechos constitucionales a la libre asociación y a la libertad económica y de empresa.

1. *El derecho constitucional de asociación*

En el mundo contemporáneo, el derecho al reconocimiento de la personalidad jurídica no sólo lo tienen las personas naturales, como derecho humano tal y como está regulado en el artículo 3 de la Convención Americana sobre Derechos Humanos, sino que también lo tienen las mismas personas naturales cuando constituyen personas jurídicas o morales como consecuencia, por ejemplo, del ejercicio del derecho constitucional de asociación. Estas, una vez constituidas, como tales personas jurídicas, también tienen derecho al reconocimiento de su propia personalidad.

Por tanto, el levantamiento del velo de las personas jurídicas o la despersonalización de las sociedades constituye, ante todo, una limitación al derecho de asociación garantizado en el artículo 52 de la Constitución de 1999, en el cual no sólo se establece el derecho de toda persona "de asociarse con fines lícitos, de conformidad con la ley", sino que se precisa que "el Estado estará obligado a facilitar el ejercicio de este derecho".

Como se dijo, una de las consecuencias jurídicas más destacadas del ejercicio de este derecho constitucional de asociación, y quizás la más tradicional de todas, es la posibilidad que tienen las personas naturales y jurídicas de poder constituir conforme a las prescripciones del Código Civil y del Código de Comercio, otras entidades o personas jurídicas (morales) distintas de las personas que las constituyen, como son las sociedades civiles o mercantiles. El derecho al libre desenvolvimiento de la personalidad que garantiza el artículo 20 de la Constitución, por tanto, garantiza a las personas naturales el poder libremente constituir personas jurídicas con patrimonio propio y distinto de las que las constituyen, con las solas limitaciones que puedan derivarse del ejercicio de sus derechos por las demás personas y del orden publico o social; limitaciones que deben establecerse expresamente en las leyes.

Además, la misma previsión de la posibilidad de la personalidad jurídica o moral en el ordenamiento jurídico, debe considerarse como el producto más acabado de la protección que el Estado ha estructurado respecto de determinados intereses personales o patrimoniales, los cuales manifestados en un sustrato personal o real, son precisamente los que se protegen cuando se permite dotarlos de una personalidad jurídica, diferente y diferenciada de la que tienen quienes promueven o establecen la sociedad civil o mercantil. Como lo establece el artículo 201 del Código de Comercio: "Las compañías constituyen personas jurídicas distintas de las de los socios"; principio que resulta general para todas las personas jurídicas o morales, pues igualmente podría decirse por ejemplo, que las sociedades civiles constituyen personas jurídicas distintas de las de sus asociados; que las fundaciones constituyen personas jurídicas distintas de las de sus fundadores o administradores; o que las corporaciones o comunidades (los colegios profesionales, los sindicatos, los partidos políticos, por ejemplo) constituyen personas distintas de las de sus miembros o integrantes.

El Estado está obligado, por tanto, no sólo a proteger el derecho de asociación de las personas, sino a proteger su producto más inmediato y acabado: las personas jurídicas o morales que resultan del ejercicio de dicho derecho. Ello resulta además, de la propia Constitución, cuando establece en general la obligación del Estado de proteger el ejercicio de todos los derechos constitucionales al consagrar, en general, respecto de todos los derechos humanos (incluido el derecho de asociación), que su respeto y garantía "son obligatorios para los órganos del Poder Público, de conformidad con esta Constitución, con los tratados sobre derechos humanos suscritos y ratificados por la República y con las leyes que los desarrollen" (Art. 19).

Por supuesto, como sucede en general con todos los derechos constitucionales, las personas que ejercen el derecho de asociación mediante la creación de personas jurídicas societarias, como se ha dicho, tienen como límite para su ejercicio "el derecho de los demás y el orden público y social" (Artículo 20 de la Constitución). Ello es lo que faculta al Estado, por supuesto sólo mediante ley (principio de reserva legal), para establecer límites y regulaciones en relación con el ejercicio de dicho derecho, que tienen que tener como justificación la protección del derecho de las demás personas y del orden público y social que corresponde a la comunidad en general.

En esta forma, una vez constituida una persona jurídica, como las sociedades anónimas por ejemplo, la misma es diferente de la personalidad de sus promotores, socios o administradores; y responde en el mundo del derecho con su propio patrimonio. Si una sociedad es la obligada, está sujeta a cumplir con su obligación con "todos sus bienes habidos y por haber" (Art. 1.863 del Código de Comercio); y son esos bienes de la persona jurídica los que son "la prenda común de sus acreedores" (Art. 1.864 del Código Civil). En esta materia priva el principio de la individualidad patrimonial de los sujetos de derecho, como principio esencial del derecho que explica porqué las sociedades responden de sus obligaciones frente a terceros con su propio patrimonio. Toda excepción a este régimen general tiene que ser el resultado de una previsión legislativa expresa.

2. *La libertad económica y el derecho constitucional a la libre empresa*

El artículo 112 de la Constitución de 1999 establece el derecho de todas las personas de poder dedicarse libremente a la actividad económica de su preferencia, sin más limitaciones que las previstas en la Constitución y las que establezcan las leyes por razones de desarrollo humano, seguridad, sanidad, protección del ambiente u otras de interés social. Como lo ha señalado la Sala Constitucional del Tribunal Supremo:

> "[El] derecho a la libertad de empresa constituye una garantía institucional frente a la cual los poderes constituidos deben abstenerse de dictar normas que priven de todo sentido a la posibilidad de iniciar y mantener una actividad económica sujeta al cumplimiento de determinados requisitos. Así, pues, su mínimo constitucional viene referido al ejercicio de aquella actividad *de su preferencia* en las condiciones o bajo las exigencias que el propio ordenamiento jurídico tenga establecidas"[1180].

La libertad económica, por tanto, queda sujeta a limitaciones legales, habiéndose agregado en la Constitución, al enunciado de motivos de las mismas, las razones de desarrollo humano y protección del ambiente[1181]. Sobre estas limitaciones, la Sala Constitucional del Tribunal Supremo en sentencia N° 85 de 24 de enero de 2002 (Caso: *Asociación Civil Deudores Hipotecarios de Vivienda Principal vs. Superintendencia de Bancos*), ha establecido su criterio de que -la ganancia o la libertad negocial no pueden partir de una ilimitada y desorbitada explotación de los demás-, "y menos en áreas que por mandato constitucional pertenecen al Estado, o donde éste otorga a particulares concesiones; o los autoriza para que exploten dichas áreas o actúen en ellas". Los "particulares pueden crear en estos espacios autorizados riqueza propia, pero esta creación no puede ser en detrimento de quienes entran en contacto con las actividades que se realizan en ellas, y que por ser atinentes a todos

---

1180 Véase sentencia N° 460 de 06-04-2001, (Caso: *Oly One Import C.A. vs. Guardia Nacional*), en *Revista de Derecho Público*, N° 85-88, Editorial Jurídica Venezolana, Caracas 2001.

1181 Véase sobre la evolución constitucional de la libertad económica, en Allan R. Brewer-Carías, *Evolución Histórica del Estado*, Tomo I, *Instituciones Políticas y Constitucionales*, Universidad Católica del Táchira-Editorial Jurídica Venezolana, Caracas, San Cristóbal, 1996, pp. 662 y ss.

los venezolanos, mal pueden ser aprovechados por algunos en desmedido perjuicio de los otros"[1182]. La Sala Constitucional, incluso agregó, en dicha sentencia lo siguiente:

> "No es que el Estado Social de Derecho propenda a un Estado Socialista, o no respete la libertad de empresa o el derecho de propiedad, sino que es un Estado que protege a los habitantes del país de la explotación desproporcionada, lo que se logra impidiendo o mitigando prácticas que atentan contra la justa distribución de la riqueza, y que conforme a las metas contenidas en el Preámbulo de la Constitución, tiende en toda forma a evitar la actividad monopólica, los abusos de la posición de dominio, la demanda concentrada (artículo 113 constitucional); los ilícitos económicos, la especulación, el acaparamiento, la usura, la cartelización (artículo 114 *eiusdem*); la adquisición de bienes y servicios de baja calidad, o que se ofrezcan sin la información adecuada o engañosa sobre el contenido y características de los servicios y productos de consumo, así como que se atente contra la libertad de elección de los mismos (artículo 117 constitucional)" [1183].

En todo caso, en cuanto a las limitaciones a la libertad económica, dado el principio de la reserva legal, las mismas tienen que estar establecidas en la ley, sin que la misma pueda desnaturalizar el derecho mismo. Así lo precisó la misma Sala Constitucional en sentencia N° 329 de 4 de mayo de 2000:

> "De las normas antes transcritas se puede colegir, que las mismas consagran la libertad económica no en términos absolutos, sino permitiendo que mediante la ley se dispongan limitaciones. Sin embargo, debe destacarse que ello no implica ejercicio alguno de poderes discrecionales por parte del legislador, el cual, no podrá incurrir en arbitrariedades y pretender calificar por ejemplo, como "razones de interés social" limitaciones a la libertad económica que resulten contrarias a los principios de justicia social, ya que, si bien la capacidad del Estado de limitar la libertad económica es flexible, dicha flexibilidad existe mientras ese derecho no se desnaturalice. En este mismo sentido debe entenderse que cuando la norma transcrita se refiere a las limitaciones a dicho derecho, y señala sólo *"las previstas en esta Constitución y las que establezcan las leyes..."* no puede interpretarse que la Constitución establezca garantías cuya vigencia pueda ser determinada soberanamente por el legislador ya que todos los derechos subjetivos previstos en la Constitución son eficaces por sí mismos, con independencia de la remisión legal a la que pueda aludir la Constitución. Lo que la Ley Fundamental ofrece es un *"estatuto completo de la libertad, efectivo por sí mismo, no necesitando de ningún complemento para ser operativo inmediatamente"* (E. García de Enterría, citado por Linares Benzo, Gustavo, en

---

1182 Caso: *Asociación Civil Deudores Hipotecarios de Vivienda Principal vs. Superintendencia de Bancos* en *Revista de Derecho Público,* N° 89-92, Editorial Jurídica Venezolana, Caracas, 2002.

1183 *Idem.*

su ponencia "Lo que la Libertad Económica saca del Juego" en el IV Congreso Venezolano de Derecho Constitucional)"[1184].

En sentido similar lo ha establecido la Corte Primera de lo Contencioso Administrativo en sentencia N° 177 de 1 de marzo de 2001 (Caso: *Video & Juegos Costa Verde vs. Prefecto Municipio Maracaibo):*

> "El derecho a la libertad económica indudablemente es un derecho de los denominados "limitables", en el sentido de que el Estado tiene la facultad de regular su ejercicio, a través de normas sustantivas de control de la actividad particular, con el propósito de lograr el desarrollo del referido derecho, bajo parámetros de orden y control, que no pongan en juego el buen estado de la cosa pública. Esto es lo que en doctrina administrativa se ha denominado como la intervención administrativa, comúnmente identificada con el nombre de "policía". Ella atiende a la modalidad de obrar mediante la ocurrencia de actos de contenido operativo, prohibitivos y limitativos, dentro de la estructura organizativa de la función administrativa. Así, la actividad de policía, se reduce en su régimen jurídico íntegramente al previsto por el Derecho Público.
>
> Por otra parte, desde el mismo momento en que la "policía administrativa", faculta al Estado para tomar ciertas medidas que influyen en la esfera de los derechos propios de los particulares -(entre ellos el de la libertad económica)- respetando por supuesto la especificidad jurídica de medios y fines de tal actuación de policía, nos adentramos en el campo de los límites a los derechos constitucionales, y el alcance de tales potestades de policía, se configurarían como "límites a las limitaciones" antes referidas...
>
> En consecuencia, queda suficientemente claro que el fundamento de estas limitaciones reside en la necesidad de satisfacer exigencias y requerimientos propios del interés público, contra el que no pueden prevalecer los derechos y los intereses particulares, dentro del marco de razonabilidad previsto en la Constitución de la República Bolivariana de Venezuela, para la cual, nuestra sociedad política y jurídica ha sido concebida y creada en aras de la obtención del bienestar general, que incluye el bien común de todos y cada uno de nosotros, pero sin que los individuos puedan abdicar para ello de sus propios derechos y libertades, sino simplemente verlos restringidos por la necesaria prevalencia del interés público.
>
> Ahora bien, esos límites que están facultado el Estado para imponer, tienen a su vez limitaciones, constituidas principalmente por la razonabilidad de la actividad administrativa, y por la adecuación de ésta al principio de legalidad.
>
> En cuanto al primero de los supuestos, en los casos concernientes al ejercicio de la policía administrativa, deben concurrir las siguientes situaciones: 1) fin público que habilite la actuación; 2) circunstancia justificantes; y 3) adecuación del medio elegido al fin propuesto. Lo cierto es que el principio de razona-

1184 Véase en *Revista de Derecho Público*, N° 82, (abril-junio), Editorial Jurídica Venezolana, Caracas, 2000, pp. 358-359.

bilidad obliga a ponderar con prudencia las consecuencias sociales de la decisión, para evitar la arbitrariedad por "prohibiciones injustificadas" o por "excepciones arbitrarias". (*Vid.* Canasi, José, *Poder de Policía y Cuestiones de Jurisdicción*, Editorial Depalma, Buenos Aires, 1963, pág. 38 y siguientes).

En lo que respecta al segundo de lo supuesto -esto es la adecuación de la actividad al principio de legalidad- se refiere a que las limitaciones que imponga el Estado al ejercicio de los derechos constitucionales, deben tener contenido legislativo, *vgr.* "reglamentos de policía" que imponen "penas de policía", ya que éstas sin contenido legislativo, se configurarían como penas inconstitucionales. (*Vid.* Marienhoff, *Tratado de Derecho Administrativo*, Tomo IV, Editorial Abeledo-Perrot, Buenos Aires, 1973, pág. 523 y siguientes)"[1185].

En todo caso, además, conforme al artículo 112 de la Constitución, y como garantía adicional de libertad económica, se obliga al Estado a promover la iniciativa privada, garantizando "la libertad de trabajo, la *libertad de empresa*, la libertad de comercio, la libertad de industria", sin perjuicio de su facultad para dictar medidas para planificar, racionalizar y regular la economía e impulsar el desarrollo integral del país.

Ahora bien, conforme a estos principios constitucionales, entre las disposiciones legales limitativas a la libertad económica y a la libertad de empresa, deben destacarse las que se han venido sancionando sobre los grupos económicos y las sociedades controlantes y controladas con diversos fines y consecuencias, y que entre otras, las que están contenidas en la Ley del Mercado de Capitales sobre sociedades dominantes, dominadas y participaciones recíprocas (arts. 55 y ss); en la Ley para Promover y Proteger el Ejercicio de la Libre Competencia sobre la posición de dominio en el mercado y las personas relacionadas (artículos 14 y 15); en la Ley sobre Prácticas Desleales del Comercio Internacional (artículo 2) sobre las personas asociadas; en la Ley General de Bancos y Otras Instituciones Financieras sobre las empresas relacionadas o vinculadas de carácter no financiero sometidas al control de la Superintendencia de bancos (artículos 161 al 170); en la Ley de Protección al Consumidor y al Usuario sobre condiciones abusivas en relación con los consumidores (artículo 15); en el Código Orgánico Tributario sobre unidades económicas a los efectos de la verificación del hecho imponible (artículo 22); en la Ley de Impuesto sobre la Renta sobre personas vinculada, consorcios y partes relacionadas (artículos 10, 112, 113), Ley que establece el Impuesto al Valor Agregado (artículo 1°); en la Ley de Empresas de Seguros y Reaseguros (artículo 9); en la Ley Orgánica de Telecomunicaciones (artículo 191) y en la Ley Orgánica del Trabajo (artículo 177) sobre la determinación de los beneficios de las empresas a los efectos del cálculo del derecho de los trabajadores a participar en los mismos.

En general, conforme a dichas leyes y mediante disposiciones legales expresas, en muchos casos se ha venido permitido tratar a grupos económicos como una unidad o se ha previsto la posibilidad de exigir responsabilidad a cualquiera de los integrantes de grupos económicos, o al grupo en su globalidad. Sin embargo, no todas

---

1185 Véase en *Revista de Derecho Público*, N° 85-88, Editorial Jurídica Venezolana, Caracas, 2001.

las mencionadas disposiciones legales conducen necesariamente a la posibilidad misma del levantamiento del velo de la personalidad jurídica. Basta recordar, por ejemplo, que las disposiciones de la Ley General de Bancos y otras Instituciones Financieras (arts. 161 y 162) ni siquiera facultan a la Superintendencia de Bancos y otras Instituciones Financieras para desconocer la personalidad jurídica de sociedades, sino que a lo que la facultan es para supervisar y controlar sociedades *distintas* a las instituciones financieras pero que conformen un grupo económico con alguna de ellas.

En todo caso, como lo destacó la Sala Constitucional del Tribunal Supremo de Justicia en sentencia nº 903 de 14 mayo de 2004 (Caso: *Transporte SAET S.A.*), aprobada con ponencia del magistrado Jesús Eduardo Cabrera Romero, la aplicación de la doctrina del levantamiento del velo sólo puede ocurrir "cuando se cumplen los supuestos de hecho de sus normas"; lo que implica el reconocimiento explicito de la reserva legal en la materia; circunstancia que la propia Sala Constitucional desconoció, precisamente en la misma contradictoria e inconstitucional sentencia antes mencionada, cuyo contenido motiva estos comentarios, pues en la misma se avaló la violación del derecho a la defensa de una empresa condenada sin ser citada y ni siquiera ser mencionada en las actas de un proceso; principio del debido proceso que la misma Sala había defendido en sus sentencias, precisamente con ponencias del mismo Magistrado Jesús Eduardo Cabrera Romero.

II. LAS GARANTÍAS DEL DEBIDO PROCESO Y EL CARÁCTER ABSOLUTO DEL DERECHO CONSTITUCIONAL A LA DEFENSA

La más importante de las garantías constitucionales que tiene toda persona natural o jurídica, además del acceso a la justicia y el derecho a la tutela judicial efectiva, es que la justicia se imparta de acuerdo con las normas establecidas en la Constitución y las leyes, es decir, en el curso de un debido proceso, cuyos principios se aplican no sólo en las actuaciones judiciales sino administrativas.

La garantía al debido proceso[1186] que se ha desarrollado detalladamente en el artículo 49 de la Constitución, ha sido analizada extensamente por el Tribunal Supremo de Justicia, calificándosela por la Sala Constitucional como una "garantía suprema dentro de un Estado de Derecho"[1187]. Así, en sentencia Nº 97 de 15 de marzo de 2000 (Caso: *Agropecuaria Los Tres Rebeldes*), la Sala Constitucional señaló que "se denomina debido proceso a aquél proceso que reúne las garantías

1186 Véase en general, Antonieta Garrido de Cárdenas, "La naturaleza del debido proceso en la Constitución de la República Bolivariana de Venezuela de 1999", en *Revista de Derecho Constitucional,* Nº 5 (julio-diciembre), Editorial Sherwood, Caracas, 2001, pp. 89-116; Antonieta Garrido de Cárdenas, "El debido proceso como derecho fundamental en la Constitución de 1999 y sus medios de protección", en *Bases y principios del sistema constitucional venezolano (Ponencias del VII Congreso Venezolano de Derecho Constitucional realizado en San Cristóbal del 21 al 23 de Noviembre de 2001),* Volumen I, pp. 127-144.

1187 Véase sentencia Nº 123 de la Sala Constitucional (Caso: *Sergio J. Meléndez*) de 17 de marzo de 2000, en *Revista de Derecho Público*, Nº 81, (enero-marzo), Editorial Jurídica Venezolana, Editorial Jurídica Venezolana, Caracas 2000, p. 143.

indispensables para que exista una tutela judicial efectiva", no siendo una clase determinada de proceso, "sino la necesidad de que cualquiera sea la vía escogida para la defensa de los derechos o intereses legítimos, las leyes procesales deben garantizar la existencia de un procedimiento que asegure el derecho de defensa de la parte y la posibilidad de una tutela judicial efectiva"[1188].

Por su parte, en sentencia N° 157 de 17 de febrero de 2000, la Sala Político Administrativa del Tribunal Supremo (Caso: *Juan C. Pareja P. vs. MRI*), precisó que:

> "Se trata de un derecho complejo que encierra dentro de sí, un conjunto de garantías que se traducen en una diversidad de derechos para el procesado, entre los que figuran, el derecho a acceder a la justicia, el derecho a ser oído, el derecho a la articulación de un proceso debido, derecho de acceso a los recursos legalmente establecidos, derecho a un tribunal competente, independiente e imparcial, derecho a obtener una resolución de fondo fundada en derecho, derecho a un proceso sin dilaciones indebidas, derecho a la ejecución de las sentencias, entre otros, que se vienen configurando a través de la jurisprudencia. Todos estos derechos se desprenden de la interpretación de los ocho ordinales que consagra el artículo 49 de la Carta Fundamental.
>
> Tanto la doctrina como la jurisprudencia comparada han precisado, que este derecho no debe configurarse aisladamente, sino vincularse a otros derechos fundamentales como lo son, el derecho a la tutela efectiva y el derecho al respeto de la dignidad de la persona humana...
>
> El artículo 49 del Texto Fundamental vigente consagra que el debido proceso es un derecho *aplicable a todas las actuaciones judiciales y* administrativas, disposición que tiene su fundamento en el principio de igualdad ante la ley, dado que *el debido proceso significa que ambas partes en el procedimiento* administrativo, como *en el proceso judicial, deben tener* igualdad de oportunidades, tanto *en la defensa de sus respectivos derechos como en la producción de las pruebas destinadas a acreditarlos"*[1189].

En particular, en relación con el proceso penal o sancionatorio en general, la misma Sala Político Administrativa ha precisado las siguientes garantías derivadas del debido proceso: el derecho al Juez natural (numeral 4 del artículo 49); el derecho a la presunción de inocencia (numeral 2 del artículo 49); el derecho a la defensa y a ser informado de los cargos formulados (numeral 1 del artículo 49); el derecho a ser oído (numeral 3 del artículo 49); el derecho a un proceso sin dilaciones indebidas (numeral 8 del artículo 49); el derecho a utilizar los medios de prueba pertinentes para su defensa (numeral 1 del artículo 49); el derecho a no confesarse culpable y no declarar contra sí misma (numeral 5 del artículo 49); y el derecho a la tutela judicial

---

1188 Véase en *Revista de Derecho Público*, N° 81, (enero-marzo), Editorial Jurídica Venezolana, Caracas 2000, p. 148.

1189 Véase en *Revista de Derecho Público*, N° 81, (enero-marzo), Editorial Jurídica Venezolana, Caracas 2000, p. 135.

efectiva de los derechos e intereses del procesado (artículo 26 de la Constitución)[1190].

Como lo ha reiterado la Sala Constitucional del Tribunal Supremo en sentencia Nº 80 de 1 de febrero de 2001 (Caso: *Impugnación de los artículos 197 del Código de Procedimiento Civil y 18 de la Ley Orgánica del Poder Judicial):*

> "La referida norma constitucional, recoge a lo largo de su articulado, la concepción que respecto al contenido y alcance del derecho al debido proceso ha precisado la doctrina más calificada, y según la cual el derecho al debido proceso constituye un conjunto de garantías, que amparan al ciudadano, y entre las cuales se mencionan las del ser oído, la presunción de inocencia, el acceso a la justicia y a los recursos legalmente establecidos, la articulación de un proceso debido, la de obtener una resolución de fondo con fundamento en derecho, la de ser juzgado por un tribunal competente, imparcial e independiente, la de un proceso sin dilaciones indebidas y por supuesto, la de ejecución de las sentencias que se dicten en tales procesos. Ya la jurisprudencia y la doctrina habían entendido, que el derecho al debido proceso debe aplicarse y respetarse en cualquier estado y grado en que se encuentre la causa, sea ésta judicial o administrativa, pues dicha afirmación parte del principio de igualdad frente a la ley, y que en materia procedimental representa igualdad de oportunidades para las partes intervinientes en el proceso de que se trate, a objeto de realizar -en igualdad de condiciones y dentro de los lapsos legalmente establecidos- todas aquellas actuaciones tendientes a la defensa de sus derechos e intereses".

Ahora bien, en particular, en relación con la garantía del derecho a la defensa, el ordinal 1º del artículo 49 de la Constitución no sólo establece el derecho a la *defensa,* sino a la *asistencia jurídica* (de abogado)[1191] los que considera como derechos inviolables en *todo estado y grado* de la investigación y del proceso. Adicionalmente, precisa que toda persona tiene derecho a ser notificada de los cargos por los cuales se la investiga, de *acceder a las pruebas* y de *disponer del tiempo* y de los medios adecuados para ejercer su *defensa.* El derecho a la defensa ha sido amplio y tradicionalmente analizado por la jurisprudencia del Tribunal Supremo así como por la de la antigua Corte Suprema de Justicia, considerándose como "garantía que exige el respeto al principio esencial de contradicción, conforme al cual, las partes enfrentadas, en condiciones de igualdad, deben disponer de mecanismos suficientes que les permitan alegar y probar las circunstancias tendientes al reconocimiento de sus intereses, necesariamente, una sola de ellas resulte gananciosa". (Sentencia Nº

1190 Véase sentencia Nº 224 de 24-02-2000, *idem*, pp. 136 y ss.

1191 La Corte Primera de lo Contencioso Administrativo en sentencia Nº 352 de 22-03-2001 (Caso: *Colegio de Médicos del Distrito Federal vs. Federación Médica Venezolana*) en tal sentido ha señalado que "la intervención real y efectiva del abogado garantiza a las partes actuar en el proceso de la forma más conveniente para sus derechos e intereses y les permite defenderse debidamente contra la parte contraria", en *Revista de Derecho Público*, Nº 85-88, Editorial Jurídica Venezolana, Caracas 2001, pp. 100 y ss.

1166 de 29 de junio de 2001, Ponente Magistrado Jesús Eduardo Cabrera Romero, Caso: *Alejandro Moreno vs. Sociedad Mercantil Auto Escape Los Arales, S.R.L.)*[1192]

El derecho a la defensa, como garantía del debido proceso, por tanto, no puede ser desconocido ni siquiera por el legislador.[1193]. Esto lo ha precisado con claridad, la misma sala Constitucional en sentencia N° 321 de 22 de febrero de 2002, con Ponencia del Magistrado Jesús Eduardo Cabrera Romero (Caso: *Papeles Nacionales Flamingo, C.A. vs. Dirección de Hacienda del Municipio Guacara del Estado Carabobo)* en la cual ha precisado que las limitaciones al derecho de defensa en cuanto derecho fundamental, derivan por sí mismas del texto constitucional y si el Legislador amplía el espectro de tales limitaciones, las mismas devienen en ilegítimas, señalando lo siguiente:

> "[D]ebe observarse que tanto el artículo 68 de la abrogada Constitución, como el 49.1 de la vigente, facultan a la ley para que regule el derecho a la defensa, regulación que se ve atendida por el ordenamiento adjetivo. Ello en modo alguno quiere significar que sea disponible para el legislador el contenido del mencionado derecho, pues éste se halla claramente delimitado en las mencionadas disposiciones; si no que por el contrario, implica un mandato al órgano legislativo de asegurar la consagración de mecanismos que aseguren el ejercicio del derecho de defensa de los justiciables, no sólo en sede jurisdiccional, incluso en la gubernativa, en los términos previstos por la Carta Magna. De esta forma, las limitaciones al derecho de defensa en cuanto derecho fundamental derivan por sí mismas del texto constitucional, y si el Legislador amplía el espectro de tales limitaciones, las mismas devienen en ilegítimas; esto es, la sola previsión legal de restricciones al ejercicio del derecho de defensa no justifica las mismas, sino en la medida que obedezcan al aludido mandato constitucional".

El derecho a la defensa, por tanto, es un derecho constitucional absoluto, "inviolable" en todo estado y grado de la causa dice la Constitución, el cual corresponde a toda persona, sin distingo alguno si se trata de una persona natural o jurídica, por lo

---

1192 Esto ya lo había sentado la sentencia N° 3682 de 19 de diciembre de 1999, la Sala Político Administrativa de la antigua Corte Suprema de Justicia al destacar que el reconocimiento constitucional del derecho a la defensa se extiende a todas las relaciones de naturaleza jurídica que ocurren en la vida cotidiana, y con especial relevancia, en aquellas situaciones en las cuales los derechos de los particulares son afectados por una autoridad pública o privada; de manera que el derecho constitucional impone que en todo procedimiento tanto administrativo como judicial, "se asegure un equilibrio y una igualdad entre las partes intervinientes, garantizándole el derecho a ser oída, a desvirtuar lo imputado o a probar lo contrario a lo sostenido por el funcionario en el curso del procedimiento". Véase en *Revista de Derecho Público,* N° 79-80, Editorial Jurídica Venezolana, Caracas 1999.

1193 Por ello, ha sido por la prevalencia del derecho a la defensa que la Sala Constitucional, siguiendo la doctrina constitucional establecida por la antigua Corte Suprema de Justicia, ha desaplicado por ejemplo normas que consagran el principio *solve et repete* como condición para acceder a la justicia contencioso-administrativa, por considerarlas inconstitucionales. Véase Sentencia N° 321 de 22 de febrero de 2002 (Caso: *Papeles Nacionales Flamingo, C.A. vs. Dirección de Hacienda del Municipio Guacara del Estado Carabobo* Véase en *Revista de Derecho Público*, N° 89-92, Editorial Jurídica Venezolana, Caracas 2002.

que no admite excepciones ni limitaciones[1194]. Dicho derecho "es un derecho, fundamental que nuestra Constitución protege y que es de tal naturaleza, que no puede ser suspendido en el ámbito de un estado de derecho, por cuanto configura una de las bases sobre las cuales tal concepto se erige"[1195].

Todas las Salas del Tribunal Supremo han reafirmado el derecho a la defensa como inviolable. Así, por ejemplo, la Sala de Casación Civil en sentencia N° 39 de 26 de abril de 1995 (Caso: *A.C. Expresos Nas vs. Otros),* ha señalado sobre "el sagrado derecho a la defensa" es un "derecho fundamental cuyo ejercicio debe garantizar el Juez porque ello redunda en la seguridad jurídica que es el soporte de nuestro estado de derecho; más cuando la causa sometida a su conocimiento se dirige a obtener el reconocimiento y posterior protección de los derechos con rango constitucional". Este derecho, ha agregado la Sala, "es principio absoluto de nuestro sistema en cualquier procedimiento o proceso y en cualquier estado y grado de la causa" [1196]. En otra sentencia N° 160 de 2 de junio de 1998, la Sala de casación Civil reiteró dicho derecho a "entenderse como la posibilidad cierta de obtener justicia del tribunal competente en el menor tiempo posible, previa realización, en la forma y oportunidad prescrita por la ley, de aquellos actos procesales encaminados a hacer efectivos los derechos de la persona" agregando que, por tanto, no es admisible "que alguien sea condenado si antes no ha sido citado, oído y vencido en proceso judicial seguido ante un juez competente, pues en tal caso se estaría ante una violación del principio del debido proceso"[1197].

Por su parte la Sala de Casación Penal de la antigua Corte Suprema de Justicia en sentencia de 26 de junio de 1996, sostuvo que:

> "El derecho a la defensa debe ser considerado no sólo como la oportunidad para el ciudadano o presunto infractor de hacer oír sus alegatos, sino como el derecho de exigir del Estado e cumplimiento previo a la imposición de toda sanción de un conjunto de actos o procedimientos destinados o permitirle conocer con precisión los hechos que se le imputan, las disposiciones legales aplicables a los mismos, hacer oportunamente alegatos en su descargo y promover y evacuar pruebas que obren en su favor. Esta perspectiva del derecho de defensa

---

1194 Por ello, por ejemplo, la Corte Primera de lo Contencioso Administrativo, en sentencia 15-8-97 (Caso: *Telecomunicaciones Movilnet, C.A. vs. Comisión Nacional de Telecomunicaciones (CONATEL*) señaló que. "resulta inconcebible en un Estado de Derecho, la imposición de sanciones, medidas prohibitivas o en el general, cualquier tipo de limitación o restricción a la esfera subjetiva de los administrados, sin que se de oportunidad alguna de ejercicio de la debida defensa". Véase en *Revista de Derecho Público,* N° 71-72, Caracas 1997, pp. 154-163.

1195 Así lo estableció la Sala Político Administrativa de la antigua Corte Suprema de Justicia, en sentencia N° 572 de 18-8-97. (Caso: *Aerolíneas Venezolanas, S.A. (AVENSA) vs. República (Ministerio de Transporte y Comunicaciones*).

1196 Véase en Jurisprudencia Pierre Tapia, N° 4, Caracas, abril 1995, pp. 9-12.

1197 Véase en Jurisprudencia Pierre Tapia, N° 6, junio 1998, pp. 34-37.

es equiparable a lo que en otros estados de derecho ha sido llamado como principio del debido proceso"[1198]

La Corte Plena de la antigua Corte Suprema de Justicia, por su parte, en sentencia de 30 de julio de 1996, enmarcó el derecho a la defensa dentro del derecho de los derechos humanos, protegido además en el ámbito de los instrumentos internacionales sobre derechos humanos, conforme al principio de la progresividad, señalando lo siguiente:

> "Por ello, la Constitución de la República estatuye que la defensa pueda ser propuesta en todo momento, "en todo estado y grado del proceso", aún antes, entendiéndose por proceso, según Calamandrei, "el conjunto de operaciones metodológicas estampadas en la ley con el fin de llegar a la justicia". Y la justicia la imparte el Estado. En el caso concreto que se estudia, a través de este Alto Tribunal. El fin que se persigue es mantener el orden jurídico.
>
> Así mismo, debe anotar la Corte que en materia de Derechos Humanos, el principio jurídico de progresividad envuelve la necesidad de aplicar con preferencia la norma más favorable a los derechos humanos, sea de Derecho Constitucional, de Derecho Internacional o de derecho ordinario. Esta doctrina de interpenetración jurídica fue acogida en sentencia de 3 de diciembre de 1990 por la Sala Político-Administrativa, en un caso sobre derechos laborales, conforme a estos términos:
>
> > [...] Igualmente debe señalarse que el derecho a la inamovilidad en el trabajo de la mujer embarazada y el derecho a disfrutar del descanso pre y post-natal *constituyen derechos inherentes a la persona humana los cuales se constitucionalizan, de conformidad con el artículo 50 de nuestro Texto Fundamental.* Según el cual "la enunciación de los derechos y garantías contenido en esta Constitución no debe entenderse como negación de otros que, siendo inherentes a la persona humana, no figuren expresamente en ella. La falta de ley reglamentaria de estos derechos no menoscaba el ejercicio de los mismos..."

Desde el punto de vista internacional, considera este Alto Tribunal que importa fortalecer la interpretación sobre esta materia, señalando la normativa existente.

Así, entre otros, el artículo 8 letra b) de la Convención Americana de Derechos Humanos (Pacto de San José de Costa Rica), establece lo siguiente:

> "Toda persona tiene derecho a ser oída, con las debidas garantías y dentro de un plazo razonable por un Juez o Tribunal competentes, independiente e imparcial establecido con anterioridad por la ley, en la sustanciación de cualquier acusación penal formulada contra ella, o para la determinación de sus derechos y obligaciones de orden civil, laboral, fiscal o de cualquier carácter".

1198 Véase en Jurisprudencia Pierre Tapia, N° 6, Caracas, junio 1996.

De la misma manera, el Pacto Internacional de los Derechos Civiles y Políticos, garantiza a toda persona el derecho a ser juzgado por sus jueces naturales, mediante proceso legal y justo, en el cual se aseguren en forma transparente todos sus derechos.

Esta normativa rige en plenitud dentro del país. Al efecto y tal como se indicó anteriormente, el artículo 50 de la Constitución de la República consagra la vigencia de los derechos implícitos conforme a la cual:

> "La enunciación de los derechos y garantías contenidas en esta Constitución no debe entenderse como negación de otros que, siendo inherentes a la persona humana no figuran expresamente en ella".

A ello se agrega que las reproducidas disposiciones de tipo internacional se encuentran incorporadas al ordenamiento jurídico interno, conforme a lo previsto en el artículo 128 de la Constitución de la República".[1199]

Pero además, con ocasión de la entrada en vigencia de la Constitución de 1999, la nueva Sala Constitucional del Tribunal Supremo de Justicia, particularmente en sentencias con Ponencias del Magistrado Jesús Eduardo Cabrera Romero, ha insistido en el carácter absoluto e inviolable del derecho a la defensa. Así, por ejemplo, en sentencia N° 97 de 15 de marzo de 2000 (Caso: *Agropecuaria Los Tres Rebeldes, C.A. vs. Juzgado de Primera Instancia en lo Civil, Mercantil, Tránsito, Trabajo, Agrario, Penal, de Salvaguarda del Patrimonio Público de la Circunscripción Judicial del Estado Barinas*), la Sala señaló:

> "Se denomina *debido proceso* a aquél proceso que reúna las garantías indispensables para que exista una tutela judicial efectiva. Es a esta noción a la que alude el artículo 49 de la Constitución de la República Bolivariana de Venezuela, cuando expresa que el debido proceso se aplicará a todas las actuaciones judiciales y administrativas.
>
> Pero la norma constitucional no establece una clase determinada de proceso, sino la necesidad de que cualquiera sea la vía procesal escogida para la defensa de los derechos o intereses legítimos, las leyes procesales deben garantizar la existencia de un procedimiento que asegure el derecho de defensa de la parte y la posibilidad de una tutela judicial efectiva.
>
> De la existencia de un proceso debido se desprende la posibilidad de que las partes puedan hacer uso de los medios o recursos previstos en el ordenamiento para la defensa de sus derechos e intereses. En consecuencia, siempre que de la inobservancia de las reglas procesales surja la imposibilidad para las partes de hacer uso de los mecanismos que garantizan el derecho a ser oído en el juicio, se producirá indefensión y la violación de la garantía de un debido proceso y el derecho de defensa de las partes"[1200].

1199 Véase en *Revista de Derecho Público,* N° 67-68, EJV, Caracas, julio-diciembre 1996, pp. 169-171.

1200 Véase en *Revista de Derecho Público,* N° 82, EJV, Caracas, 2000.

Sin embargo, ha sido la misma Sala Constitucional en la antes mencionada sentencia nº 903 de 14 de mayo de 2004 (Caso: *Transporte SAET S.A.*), dictada sobre una Ponencia del mismo Magistrado Jesús Eduardo Cabrera Romero, la que ha avalado la violación del derecho a la defensa de una empresa, mediante la construcción de una ilegal teoría de los grupos económicos combinada con una también ilegal distorsión de los principios de la responsabilidad societaria.

III. LOS GRUPOS ECONÓMICOS CONFORME A LA DOCTRINA DE LA SALA CONSTITUCIONAL

1. *La sentencia del Caso: Transporte SAET S.A. de 14 mayo de 2004*

Ahora bien, la Sala Constitucional, con fecha 14 de mayo de 2004 y con Ponencia del magistrado Jesús Eduardo Cabrera Romero, dictó la sentencia nº 903 en el Caso: *Transporte SAET S.A.*, con ocasión de conocer de un recurso de revisión que se había interpuesto contra una sentencia de amparo dictada por el Juzgado Superior en lo Civil, Mercantil, del Tránsito, del Trabajo y de Protección del Niño y del Adolescente de la Circunscripción Judicial del Estado Vargas el 26 de diciembre de 2002. En la sentencia de dicho Juzgado Superior se había declarado con lugar una acción de amparo intentada por la empresa Transporte SAET S.A. contra una sentencia de un Tribunal de instancia en materia laboral, mediante la cual *se la había condenado sin siquiera haber participado en el juicio, ni haber sido citada y ni siquiera haber sido mencionada dicha empresa en las actas del proceso*; condena que se había producido por obligaciones laborales que habían sido contraídas por otra empresa distinta denominada Transporte SAET La Guaira C.A..

La Sala Constitucional con su decisión, despersonalizó la sociedad Transporte SAET S.A., incluso sin que la Ley Orgánica del Trabajo así lo regulara o permitiera; y lo más grave, avaló la violación al debido proceso y, en particular, al derecho a la defensa de Transporte SAET S.A., que la sentencia de amparo del Tribunal Superior había querido proteger.

En efecto, en dicha sentencia, la Sala Constitucional, luego de analizar las antes referidas leyes y precisar, en general, sus criterios para determinar la existencia de grupos económicos en el ordenamiento jurídico venezolano, así como sus características generales, pasó a generalizar, sin fundamento legal alguno para ello, sobre las consecuencias jurídicas de las obligaciones de aquellos y sobre la despersonalización de las sociedades; y todo ello, para justificar la violación fragrante que el caso concreto debatido judicialmente había ocurrido respecto del derecho al debido proceso de la empresa que había sido condenada (*Transporte SAET S.A.*), la cual como se dijo, ni había sido la demandada, ni había sido citada en juicio y ni siquiera había sido mencionada a lo largo del proceso. La Sala Constitucional, además, distorsionó la intención de la norma que regula la forma de cálculo de prestaciones en la Ley Orgánica del Trabajo (art. 177), admitió la inconstitucional previsión del Reglamento de dicha Ley sobre obligaciones solidarias en materia laboral de los grupos económicos (Art. 21), y se excedió incluso respecto de lo que establece la norma, convirtiendo incluso las obligaciones solidarias reglamentariamente creadas en obligaciones indivisible, lo que por lo demás, es *contra natura*.

Es decir, la Sala Constitucional, de un plumazo, en una sentencia en la cual al decir del *Voto Salvado* del Magistrado Rondón Haaz, se hacen afirmaciones que "son falsas, contienen imprecisiones de orden técnico, excesos expresivos, contradicciones"; trastocó el régimen de la personalidad de las sociedades, hizo estallar la garantía del debido proceso, y cambió ilícitamente el régimen de las obligaciones establecido en el Código Civil.

En la parte motiva de la sentencia, la Sala Constitucional, del análisis de las normas legales antes citadas, dedujo sus criterios sobre la determinación de los grupos económicos en el ordenamiento jurídico venezolano y estableció sus características.

2. *Los criterios para determinar la existencia de grupos económicos*

En efecto, en la mencionada sentencia, la Sala Constitucional del Tribunal Supremo de Justicia al referirse al conjunto de disposiciones de las leyes antes mencionadas, señaló que "permiten exigir responsabilidades a cualquiera de los miembros del grupo o a él mismo como un todo, siempre y cuando se cumplan los supuestos de hecho de sus normas"; sintetizando los criterios para determinar cuándo se está en presencia de un grupo, en la forma siguiente:

En *primer lugar*, el criterio del interés determinante, lo que es tomado en cuenta en la Ley de Mercado de Capitales (artículo 67.4) y en la Ley para Promover y Proteger el Ejercicio de la Libre Competencia (artículo 15).

En *segundo lugar*, el criterio del control de una persona sobre otra, acogido en el artículo 15 de la Ley para Promover y Proteger el Ejercicio de la Libre Competencia, y en el artículo 2.16.f) de la Ley sobre Prácticas Desleales en el Comercio Internacional, y la Ley de Mercado de Capitales.

En *tercer lugar*, el criterio de la unidad económica, el cual se enfoca desde la unidad patrimonial o de negocios. Este criterio, de acuerdo a la doctrina de la Sala Constitucional "se presume cuando hay identidad entre accionistas o propietarios que ejerzan la administración o dirección de, al menos, dos empresas; o cuando un conjunto de compañías o empresas en comunidad realicen o exploten negocios industriales, comerciales o financieros conexos, en volumen que constituya la fuente principal de sus ingresos". Este es el criterio sería el acogido por la Ley Orgánica del Trabajo, en su artículo 177, donde se toma en cuenta al bloque patrimonial, como un todo económico, para reconocer la existencia del grupo.

En *cuarto lugar,* el criterio de la influencia significativa, que consiste en la capacidad de una institución financiera o empresa inversora para afectar en un grado importante, las políticas operacionales y financieras de otra institución financiera o empresa, de la cual posee acciones o derecho a voto (artículo 161, segundo aparte y siguientes de la Ley General de Bancos y otras Instituciones Financieras).

3. *Las características de los grupos económicos*

De la normativa antes señalada, la Sala Constitucional aisló las siguientes características de los grupos económicos, que conforme a su criterio permiten calificarlos de tales:

En *primer lugar*, dijo la Sala, que "debe tratarse de un conjunto de personas jurídicas que obran concertada y reiterativamente, en sentido horizontal o vertical, proyectando sus actividades hacia los terceros".

En *segundo lugar*, a juicio de la Sala, tiene que existir el actuar concertado, es decir, "es necesario que exista un controlante o director que, efectivamente, ejerza el control; o la posibilidad inevitable de que una o varias personas (naturales o jurídicas) puedan dirigir a otras personas jurídicas, imponiéndole directrices".

En *tercer lugar*, "ese control o dirección puede ser directo, como se evidencia de una objetiva gerencia común; o puede ser indirecto, practicado diáfanamente o mediante personas interpuestas En relación con este control indirecto la sala se refirió a las cadenas de compañías o sociedades, doctrinariamente llamadas "instrumentalidades" que son las que reciben del controlante la dirección". Lo que caracteriza al grupo a juicio de la Sala "es la relación entre controlantes y controlados", por lo que por ejemplo, debe tenerse como el o los controlantes "a quien corresponde la administración del conjunto; o a quien tiene la mayor proporción del capital o del total de operaciones; o el mayor número de activos reflejados en el Balance.

En *cuarto lugar*, ha señalado la Sala que "los miembros del conjunto no requieren tener el mismo objeto social", aun cuando algunas leyes, como las de bancos y de seguros, en principio requieren que el objeto o la actividad principal de los miembros del grupo sea complementario o conexo al de los bancos o al de las empresas de seguros, según el caso.

En *quinto lugar*, los controlados deben seguir órdenes de los controlantes; de allí la unidad de dirección, gestión, o gerencia común, por lo que en consecuencia, ellos son instrumentos a un fin.

En *sexto lugar*, señaló la Sala, "los administradores de los controlados, como condición natural del grupo, carecen de poder decisorio sobre las políticas globales que se aplican a sus administradas, ya que reciben órdenes sobre lo que han de hacer las sociedades que manejan. De no ser así, no existiría unidad de decisión o gestión".

En *séptimo lugar,* de acuerdo con el criterio de la Sala, "la noción de grupo, es excluyente en el sentido que, al ser una unidad, un grupo no puede ser parte de otro, él es o no grupo, y cuando se asocia en un negocio determinado con otro o con alguien, no se conforma entre ellos un solo grupo, sino el consorcio de dos o más entes para realizar un fin específico y puntual".

En *octavo lugar,* consideró la sala que "siendo lo importante en la concepción jurídica grupal, la protección de la colectividad, ante la limitación de la responsabilidad que surge en razón de las diversas personalidades jurídicas actuantes, es evidente que lo que persiguen las normas que se refieren a los grupos, es que los verdaderos controlantes respondan por los actos del grupo, o que las personas jurídicas más solventes de estos conglomerados encaren las responsabilidades del conjunto; y por ello no sólo las diversas personas jurídicas están sujetas a pagar o a cubrir obligaciones del grupo, sino también las personas naturales que puedan ser señaladas, conforme a los supuestos objetivos prevenidos en las leyes, como controlantes".

En *noveno lugar*, la Sala precisó que todas las leyes antes citadas, "toman como sujetos del grupo a las sociedades civiles y mercantiles, ya que lo que persiguen es que la personalidad jurídica se allane y los terceros puedan resarcirse", siendo diversa la situación, cuando se trata de dos o más personas naturales que realizan operaciones por interpuestas personas, pues, en estos casos, se estaría ante simples simulaciones.

En *décimo lugar*, siendo el grupo "una unidad que actúa abierta o subrepticiamente" estimó la Sala que "esa unidad puede estar domiciliada (como unidad, a pesar de su aparente fraccionamiento), tanto dentro de Venezuela, como fuera de ella", de manera que "los grupos económicos o financieros son instituciones legales, que pueden asumir carácter trasnacional".

En *décimo primer lugar*, conforme al criterio de la Sala, "la noción de grupo, significa permanencia y no relación ocasional para uno o varios negocios, ya que esto último, jurídicamente, es una asociación, que puede no tener personalidad jurídica. El grupo, al contrario, no es para un negocio determinado, sino para actuar dentro de una o varias actividades económicas permanentemente, de allí su diferencia con asociaciones en cuentas de participación, o consorcios para la construcción o manejo de una obra, o para la explotación de un negocio".

De todas estas características, concluyó la Sala señalando que

> "[C]onforme a las leyes venezolanas citadas, los grupos económicos adquieren como tal responsabilidades y obligaciones, sin importar cuál sector del grupo (cuál compañía) las asume, por lo que la personalidad jurídica de las sociedades responsables en concreto se desestima, y se hace extensible a otras, cuya individualidad como personas jurídicas no las protege".

IV. LA AUSENCIA DE REGULACIÓN DE LA DESPERSONALIZACIÓN DE LAS SOCIEDADES EN MATERIA LABORAL

1. *La ausencia de regulación de la despersonalización de las sociedades en materia de responsabilidad laboral y las obligaciones solidarias*

Ahora bien la Ley Orgánica del Trabajo[1201] establece en su artículo 177, una norma protectiva de los derechos laborales de los trabajadores, al prever que para la determinación de los beneficios de una empresa a los efectos del cálculo del monto de aquellos derechos, cuando la empresa aparezca dividida incluso entre diversas personas jurídicas, ello debe hacerse atendiendo al concepto de unidad económica. La norma, en efecto es del tenor siguiente:

> "*Artículo 177*. La determinación definitiva de los beneficios de una empresa se hará atendiendo al concepto de unidad económica de la misma, aun en los casos en que ésta aparezca dividida en diferentes explotaciones o con persone-

1201 *Gaceta Oficial*, N° 5152 de 19-06-1997.

rías jurídicas distintas u organizada en diferentes departamentos, agencias o sucursales, para los cuales se lleve contabilidad separada".

Debe destacarse que en el texto de esta norma no se hace referencia alguna a los grupos económicos, por lo que no es cierto que la Ley Orgánica del Trabajo, como lo señaló la Sala Constitucional en la antes citada sentencia nº 903, hubiera supuestamente "reconocido la existencia de grupos económicos, con base en el criterio de unidad económica". Al contrario, en la norma no existe regulación ni indicio alguno que permita deducir la regulación de grupos económicos, ni previsión alguna sobre responsabilidades u obligaciones de ningún tipo respecto de los componentes de grupos económicos ni, en particular, sobre responsabilidades u obligaciones que pudieran corresponder de manera solidarias a diversas empresas. Lo único que se regula en la norma es que la determinación de los beneficios de una empresa se debe hacer atendiendo a la unidad económica que resulte de las diversas personas jurídicas con las que aparezca dividida.

Esta norma, sin embargo, fue desarrollada en el Reglamento de la Ley Orgánica del Trabajo, en el cual, sin que fuera una exigencia derivada del texto de la norma, no sólo se precisó el concepto de grupo económico que no está establecido en la Ley Orgánica, sino que se estableció en forma expresa la responsabilidad solidaria de sus integrantes, cuando ello, conforme al artículo 1.223 del Código Civil, sólo puede hacerse por convención expresa entre las partes de un contrato o mediante texto expreso de la Ley.

Apartándose de dicho principio, el artículo 21 del Reglamento de la Ley, sin embargo, estableció lo siguiente:

> "*Artículo 21.- Grupos de empresas:* Los patronos que integraren un grupo de empresas, serán solidariamente responsables entre sí respecto de las obligaciones laborales contraídas con sus trabajadores..."

Se estableció así, el principio de la solidaridad en cuanto a las obligaciones de los patronos que integren un grupo económico; y a los efectos de la aplicación de la norma, en sus dos parágrafos subsiguientes se precisó, en primer lugar, cuándo se considera que existe un grupo de empresas, como unidad económica, y en segundo lugar, los índices que presumen su existencia; así:

> "*Parágrafo Primero:* Se considerará que existe un grupo de empresas cuando éstas se encontraren sometidas a una administración o control común y constituyan una unidad económica de carácter permanente, con independencia de las diversas personas naturales o jurídicas que tuvieren a su cargo la explotación de las mismas.
>
> *Parágrafo Segundo:* Se presumirá, salvo prueba en contrario, la existencia de un grupo de empresas cuando:
>
> a) Existiere relación de dominio accionario de unas personas jurídicas sobre otras, o cuando los accionistas con poder decisorio fueren comunes;
>
> b) Las juntas administradoras u órganos de dirección involucrados estuvieren conformados, en proporción significativa, por las mismas personas;

c) Utilizaren una idéntica denominación, marca o emblema; o

d) Desarrollen en conjunto actividades que evidenciaren su integración".

Ahora bien, las presunciones conforme al artículo 1394 del Código Civil, son "las consecuencias que la Ley o el juez sacan de un hecho para establecer uno desconocido"; y la presunción legal "es la que una disposición especial de la Ley atribuye a ciertos actos o a ciertos hechos", que se enumeran explícitamente en el artículo 1395 del mismo Código, en relación con los actos que la ley declara nulos, con los casos en que la Ley declara que la propiedad o la liberación resultan de algunas circunstancias determinadas, y en relación con la autoridad que da la Ley a la cosa juzgada. Por tratarse de presunciones legales es que el Código dispensa de toda prueba a quien la tiene a su favor (Art. 1397 CC).

Un acto administrativo reglamentario, por tanto, no solo no puede crear una presunción legal, sino que tampoco puede crear obligaciones solidarias, lo que está reservado a la ley, por lo que el artículo 21 del Reglamento de la Ley Orgánica del Trabajo está viciado de ilegalidad, por violación de la garantía de la reserva legal que es el límite básico de la potestad reglamentaria. Como lo indicó el Magistrado Rondón Haaz en su *Voto Salvado* a la sentencia nº 903, la Sala Constitucional no debió siquiera haber aplicado dicha norma, y debió desaplicarla por inconstitucional. Sin embargo, la norma no sólo fue tomada en cuenta por la Sala Constitucional, sino que en su decisión, ni siquiera la aplicó en cuanto a la posible obligación solidaria que ella ilegalmente consagra, sino que distorsionando su contenido, derivó de ella una obligación indivisible, que no existe.

2. *El tema decidendum en la sentencia de la Sala Constitucional*

En efecto, en la sentencia de amparo del Tribunal Superior con competencia laboral que había sido objeto del recurso de revisión por ante la Sala Constitucional y que finalmente sería anulada por la misma Sala, aquél había concedido el amparo a favor de la empresa Transporte SAET S.A., argumentando, en síntesis, lo siguiente:

> "Es cierto, por otra parte, que el artículo 21 del Reglamento de la Ley Orgánica del Trabajo establece la solidaridad entre los patronos que integraren un grupo de empresas; pero, procesalmente, para que opere dicha solidaridad es indispensable que las empresas involucradas, hayan tenido la oportunidad de discutir en el juicio la existencia o inexistencia de la vinculación que se les atribuye...
>
> En este orden de ideas, se observa que de las pruebas cursantes en autos se evidencia que a pesar de la similitud de nombres entre ambas empresas, Transporte Saet, S.A. y Transporte Saet La Guaira, C.A., se trata de dos personas jurídicas perfectamente diferenciadas, que la primera de ellas nunca fue demandada; que no hubo alegatos en el libelo invocaran la solidaridad entre ellas respecto a las obligaciones laborales (...); que la sentencia no podía condenar a una persona natural o jurídica que no había sido demandada ni mucho menos citada y que, por tanto, no pudo alegar sus defensas. En fin hubo una flagrante y grosera violación del derecho a la defensa de la sociedad mercantil Transporte Saet, S.A. y del debido proceso..."

El Tribunal Superior, en su decisión, con razón, aún dando como válida y constitucional la norma del artículo 21 del Reglamento de la Ley del Trabajo en cuanto al establecimiento de la obligación solidaria entre los patronos que integraren un grupo de empresas, estimó que en los casos de obligaciones solidarias no se puede ignorar el derecho al debido proceso y a la defensa, y si bien cualquiera de los codeudores podría ser demandado para el pago de la obligación, ninguno podría ser condenado sin ser citado y sin ser oído, debiendo siempre garantizársele el derecho a la defensa.

La Sala Constitucional, en cambio, señaló que como supuestamente se evidenciaba, no de las actas del proceso judicial principal de amparo, sino de las actas de la acción de amparo intentada por la empresa Transporte SAET S.A. en contra la sentencia que la había condenado *inaudita parte* y sin ser parte en el juicio:

> "[Que] la Presidenta de Transporte SAET, S.A. y de Transporte SAET LA GUAIRA, C.A., es la misma persona: y que en los estatutos de Transporte SAET LA GUAIRA, C.A. se declara que su principal accionista es Transporte SAET, S.A."

Ello, a juicio de la Sala, supuestamente demostraba:

> "[Que] entre ambas sociedades, con la denominación común «Transporte Saet», existe unidad de gestión y unidad económica, por lo que se está ante un grupo que debe responder como tal a los trabajadores del mismo, así los servicios se presten a una de las sociedades que lo conforman".

De los anteriores razonamientos, la sala concluyó entonces que

> "[Al] condenarse al pago de una obligación laboral indivisible a la empresa controlante, el juez accionado en amparo no conculcó los derechos a la defensa y al debido proceso invocados por la presunta agraviada, ni actuó fuera de su competencia, contrariamente a lo declarado por el *a quo*".

La Sala Constitucional, en esta forma, de una obligación solidaria establecida en forma inconstitucional en el artículo 21 del Reglamento de la Ley Orgánica del Trabajo, dedujo una obligación indivisible, lo que es una imposibilidad jurídica, sólo para supuestamente justificar la violación al derecho a la defensa.

V. EL TRASTOCAMIENTO DE LAS OBLIGACIONES SOLIDARIAS EN OBLIGACIONES INDIVISIBLES, HECHO POR LA SALA CONSTITUCIONAL PARA JUSTIFICAR LA VIOLACIÓN DE LA GARANTÍA DEL DEBIDO PROCESO

1. *Algunas precisiones sobre las obligaciones solidarias y sobre las obligaciones indivisibles*

En efecto, el artículo 1221 del Código Civil dispone que una obligación es solidaria

> "[C]uando varios deudores están obligados a una misma cosa, de modo que cada uno puede ser constreñido al pago de la totalidad, y que el pago hecho por uno sólo de ellos liberte a los otros".

Se trata, en este caso, de la llamada solidaridad pasiva que existe cuando varios deudores están obligados todos por la misma prestación o a la misma cosa, de manera que cada uno de ellos puede ser constreñido al cumplimiento por la totalidad; y si esto ocurre, ello libera a los otros.

Con esta previsión legal, el acreedor tiene la ventaja práctica de tener a su disposición varios patrimonios para exigir el pago de una sola y misma cosa o prestación, teniendo la posibilidad de obtener la prestación, aún en el caso de insolvencia de uno o varios codeudores, siempre que al menos uno de ellos sea solvente. El acreedor, por tanto, tiene la opción de escoger a cuál codeudor demandar, pudiendo siempre dirigirse a cada uno de los otros en caso de incumplimiento, aún parcial, por parte del primero o de los precedentes. En todo caso, en las obligaciones solidarias, el codeudor que haya pagado la deuda íntegra tiene derecho a repetición de los demás codeudores, pero solo por la cuota parte de cada uno de ellos (art. 1238 C.C.)

Ahora bien, conforme a lo expresamente estipulado en el artículo 1223 del Código Civil, el principio general en materia de obligaciones solidarias es que "no hay solidaridad entre deudores, sino en virtud de pacto expreso o disposición de la ley"; es decir, la obligación solidaria sólo puede tener su origen en un contrato o en una previsión expresa de la ley; y es sólo en las obligaciones mercantiles en las cuales por disposición expresa del Código de Comercio, "se presume que los codeudores se obligan solidariamente, si no hay convención contraria" (art. 107). No podían, por tanto, crearse obligaciones solidarias por vía reglamentaria como se hizo en el artículo 21 del Reglamento de la Ley Orgánica del Trabajo, pues ello constituye una violación al principio de la reserva legal en la materia.

No hay solidaridad entre deudores, como lo dispone el artículo 1223 del Código Civil, a menos que haya una disposición legal o pacto expreso en contrario; y la obligación solidaria, "se divide en partes iguales entre los diferentes deudores" también salvo disposición o convención en contrario (art. 1225 C.C.). En estos casos de obligaciones solidarias entre deudores, "cada uno de los deudores solidarios responde solamente de su propio hecho en la ejecución de la obligación, y la mora de uno de ellos no tiene efectos respecto de los otros" (art. 1227). Por ello, el artículo 1226 del Código Civil dispone que "las acciones judiciales intentadas contra uno de los deudores, no impiden al acreedor ejercerlas también contra los otros", y "la sentencia dictada contra uno de los deudores solidarios no produce los efectos de la cosa juzgada contra los otros codeudores" (art. 1236 C.C.). En definitiva, la condena a uno de los codeudores no implica la condena a los demás; y por más solidaria que sea la obligación entre codeudores, no se puede condenar a un codeudor sin que sea parte en el juicio correspondiente, sin que se lo haya citado y, en definitiva, sin que se le haya garantizado su derecho a la defensa.

Otra cosa distinta es la obligación indivisible, de manera que incluso conforme al Código Civil, "la obligación estipulada solidariamente no adquiere el carácter de indivisibilidad" (art. 1251).

En efecto, la obligación indivisible, conforme al artículo 1250 del Código Civil, se caracteriza porque siempre tiene "por objeto un hecho indivisible, la constitución o la transmisión de un derecho no susceptible de división". Es decir, sólo se puede hablar de obligación indivisible cuando se trate de una obligación única, sea porque la prestación tenga por objeto una cosa o un hecho que sea indivisible por su naturaleza, en cuyo caso, la indivisibilidad deriva de la propia naturaleza de la cosa o hecho a cumplirse (la llamada indivisibilidad objetiva); sea porque así se pacte expresamente entre las partes, en cuyo caso, la indivisibilidad es contractual o pactada aún cuando la cosa o el hecho pudieran ser divisibles por su naturaleza (la llamada indivisibilidad subjetiva).

De lo anterior resulta que la obligación indivisible sólo puede existir cuando la cosa objeto de la obligación sea indivisible por su naturaleza, de manera que no pueda concebirse ni su divisibilidad material o física, ni una divisibilidad por cuotas; o cuando se pacte expresamente por las partes en el contrato.

La función práctica de la indivisibilidad pasiva, sin duda, cuando existe una pluralidad codeudores, es la salvaguardia de la unidad del objeto de la prestación y el cumplimiento de la obligación en forma única, de manera que cada codeudor tiene la obligación de hacer la prestación única al acreedor. Como lo dispone el Código Civil, en su artículo 1254: "Quienes hubieren contraído conjuntamente una obligación indivisible están obligados cada uno por la totalidad"; para lo cual, como se dijo, o se trata de una indivisibilidad objetiva (cosa o prestación indivisible por naturaleza) o de una indivisibilidad pactada.

En todo caso, el hecho de que cada codeudor esté obligado a cumplir la obligación indivisible en su totalidad, y que el acreedor puede demandar a cualquiera de los codemandados, en ningún caso implica que se puede condenar en juicio al codeudor que no haya sido demandado, ni citado en juicio y que no haya participado en el proceso.

2. *La deliberada e inadmisible confusión de la Sala Constitucional entre obligaciones solidarias e indivisibles*

La Sala Constitucional, en su antes mencionada sentencia, con motivo de identificar los grupos económicos trató en forma indiscriminada el tema de las obligaciones solidarias e indivisibles. La Sala, en efecto, consideró que las leyes que regulan los grupos económicos buscaban evitar que las distintas compañías, con las personalidades jurídicas que les son propias pero que conforman una unidad económica, pudieran evadir la responsabilidad grupal ante el incumplimiento de las obligaciones asumidas por uno de sus componentes; y además, señaló lo siguiente:

> "Con ello, se persigue legalmente evitar el abuso del derecho de asociarse, que produce una conducta ilícita, o impedir un fraude a la ley, o una simulación en perjuicio de terceros. Para evitar estas posibilidades, el ordenamiento jurídico ha señalado deberes y *obligaciones solidarias* a la actividad concertada entre personas jurídicas y para ello ha reconocido a los grupos, sean ellos económicos, financieros o empresariales, los cuales pueden obedecer en su constitución a diversos criterios que las mismas leyes recogen. Como unidades que son, existe la posibilidad de que ellos asuman también obligaciones *indivisibles o equiparables* a éstas, bien porque la ley así lo señale expresamente, o bien porque la ley –al reconocer la existencia del grupo y su responsabilidad como tal- acepta que se está frente a una unidad que, al obligarse, *asume obligaciones que no pueden dividirse en partes*, ya que corresponde a la unidad como un to-

do, por lo que tampoco puede ejecutarse en partes, si se exige a la unidad (grupo) la ejecución, así la exigencia sea a uno de sus componentes".

En esta forma, la Sala, de admitir la existencia de un régimen legal establecido en algunos casos respecto de obligaciones solidarias de los componentes de los grupos económicos; pasó a renglón seguido a admitir que también existían casos de obligaciones indivisibles pero que no derivaban de la naturaleza de la prestación o del pacto expreso de las partes en un contrato (únicos casos admitidos en el Código Civil), sino que derivaban del sólo hecho de que la ley reconociera la existencia de un grupo o unidad económica, lo que era contrario a lo establecido en el Código Civil, deduciendo entonces que "al existir una obligación *indivisible o equiparable*, cada uno de los miembros del grupo contrae y está obligado por la totalidad (artículo 1254 del Código Civil) por lo que el pago y el cumplimiento efectuado por uno de los miembros del grupo libera a los otros".

Particularmente, al considerar la situación derivada de las regulaciones de la Ley del Trabajo y de su Reglamento, la Sala Constitucional trastocó la responsabilidad solidaria que se establece, así sea inconstitucionalmente, en el artículo 21 de este último, en indivisible, siguiendo la siguiente línea de razonamiento:

En *primer lugar*, la Sala destacó en relación con lo previsto en el artículo 21 del Reglamento de la Ley Orgánica del Trabajo y conforme al régimen del Código Civil, que "la creación de una responsabilidad *solidaria* de todos los miembros de un grupo de empresas, para responder a los trabajadores, obliga a cualquiera de los componentes del conjunto que sea demandado al pago de las prestaciones del reclamante, así no sea el demandado el que realizó el contrato laboral con el accionante".

En *segundo lugar,* conforme a la garantía del debido proceso, la Sala señaló que "Este es un tipo de responsabilidad que exige la ley al grupo para responder a sus trabajadores por las obligaciones laborales, y tratándose de una *solidaridad,* el demandado debe haber sido accionado judicialmente, a fin que sea condenado en su condición de deudor solidario, no pudiéndose ejecutar la decisión contra quien no fue demandado".

Pero luego de las anteriores consideraciones, en *tercer lugar*, y a pesar del texto expreso del artículo 21 del mencionado Reglamento, la Sala comenzó a apartarse de lo regulado expresamente en su texto, señalando que "la realidad es que quienes conforman al grupo, *no adquieren necesariamente una responsabilidad solidaria,* ya que entre el grupo -que es una unidad- no pueden existir acciones de regreso, como las contempladas entre solidarios por el artículo 1238 del Código Civil, cuando el grupo se ha constituido en base al criterio de unidad económica, ya que el patrimonio efectivo es uno solo y mal pueden existir acreencias y deudas entre sus miembros, que se extinguen por confusión". Es decir, la Sala, no sólo pretendió trastocar la obligación solidaria que regula inconstitucionalmente el Reglamento de la Ley Orgánica, convirtiéndola en indivisible, sino que además, desconoció el derecho de repetición que garantiza el artículo 1239 del Código Civil al deudor contra los codeudores en caso de pago de obligaciones solidarias.

Para insistir en este cambio de criterio, de la supuesta incompatibilidad entre la obligación solidaria y la unidad económica, en *cuarto lugar*, la Sala agregó que

> "[La] solidaridad funciona, cuando el criterio que domina al grupo no es el de la unidad económica y para precaver cualquier situación diferente a ella, el artículo 21 del Reglamento de la Ley Orgánica del Trabajo, antes trascrito, previene la solidaridad en su Parágrafo Segundo. Igual ocurre cuando el grupo se conforma con un sentido diferente al de la unidad económica, y actúa con abuso de derecho o fraude a la ley, caso en el cual la responsabilidad es solidaria a tenor del artículo 1195 del Código Civil, o cuando la ley así lo establezca".

De lo anteriormente expuesto, en *quinto lugar*, la Sala dedujo su trastocamiento de la obligación solidaria en obligación indivisible, señalando que:

> "[C]uando la unidad económica es la razón de ser del grupo, *ya no puede existir una responsabilidad solidaria* entre sus miembros, ya que la acción de regreso no existe, sino que el grupo queda obligado por una *obligación indivisible*. Por tanto, *no se trata de una responsabilidad solidaria*, sino de una *obligación indivisible del grupo*, que actúa como una unidad económica y que se ejerce repartida entre varias personas, y que en materia de orden público e interés social como lo es la laboral, persigue proteger los derechos de los trabajadores. Se está ante una unidad patrimonial que no puede ser eludida por la creación de diversas personas jurídicas. Quien estructura un grupo económico para actuar en el mundo jurídico, no puede eludir las responsabilidades mediante lo formal de la instrumentalidad, en perjuicio de contratantes, terceros, Fisco, etcétera".

Y todo lo anterior, para concluir, en *sexto lugar* que:

> "Ante esta realidad, si en el curso de una causa donde está involucrado el orden público y el interés social, surge la certeza de que hay otros miembros del grupo formado por la unidad económica, diferentes a los demandados, la sentencia puede abarcar a éstos, *así no hayan sido mencionados como accionados, ni citados*. Al fin y al cabo, como miembros de la unidad, conocen la obligación del grupo y uno de sus miembros ha defendido los derechos grupales en la causa.
>
> Se perdería el efecto del levantamiento o suspensión del velo, si el acreedor tuviere que dividir su acreencia, e ir contra cada uno de los partícipes del conjunto, y *ello no es lo previsto en las leyes especiales que regulan la responsabilidad grupal*.
>
> Para evitar tal efecto, se contempla expresamente en muchas leyes la *solidaridad*, pero ella no tendría técnicamente razón de ser cuando no es posible en teoría la acción de regreso, como ocurre en los grupos que nacen bajo el criterio de la unidad económica, por lo que o se está ante una obligación legal, lo que no resuelve el problema del emplazamiento de uno solo de los miembros, o se está ante una *obligación indivisible*, que sí posibilita la solución del emplazamiento de uno de sus miembros, tal como se declara".

De lo anterior resulta, en todo caso, una abierta violación de lo dispuesto en el Código Civil sobre obligaciones indivisibles, las cuales sólo pueden tener su fuente en la naturaleza indivisible de la cosa o prestación o en el pacto expreso entre las partes (Art. 1250); y no pueden resultar de la sola existencia de un grupo económico como la pretendió la Sala Constitucional.

3. *La justificación indebida de la violación de la garantía del debido proceso y en particular del derecho a la defensa*

Ahora bien, como se evidencia de los últimos párrafos transcritos de la sentencia de la Sala Constitucional, en realidad la ilegítima deducción de la existencia de obligaciones indivisibles de la sola existencia de grupos económicos que deban ser tratados como una unidad económica (y en los cuales supuestamente no habría acciones de regreso), aparentemente tendría como único objetivo justificar la violación de la garantía constitucional al debido proceso que había ocurrido en el caso concreto, lo cual, en ningún caso, incluso tratándose de obligaciones indivisibles podría admitirse en el ordenamiento venezolano.

La Sala, en otras partes de la sentencia fue más precisa en cuanto a esta justificación de lo injustificable, al señalar "tratándose de una unidad, *no es necesario citar a todos los componentes*, sino que –conforme el artículo 139 del Código de Procedimiento Civil, aplicable por analogía al caso- basta citar al señalado como controlante, que es quien tiene la dirección del resto del conjunto". No se entiende, en todo caso, cómo la Sala pretende aplicar dicha norma por analogía en este caso, que se refiere a la comparecencia de determinadas entidades demandadas en juicio mediante representantes, si considera que en el caso de grupos económicos precisamente habría que podrían ser condenadas sin ser "demandadas".

La Sala, en efecto, señaló en su sentencia, que "en estos casos, al sentenciarse al grupo, podría condenarse a sus miembros identificados en el fallo, que fueron mencionados en la demanda, así no fueran emplazados". Pero en otras partes de la sentencia, incluso la Sala fue más allá al admitir la posibilidad de condena de una sociedad, que ni siquiera se hubiese mencionado en el juicio, señalando que "el principio anterior, a juicio de esta Sala, sufre una excepción en materia de orden público, cuando la ley señala una obligación -o una actividad- que debe corresponder en conjunto al grupo", en cuyo caso "no se trata exclusivamente de una cuestión de solidaridad entre los diversos miembros del grupo económico, como la denomina el artículo 21 del Reglamento de la Ley Orgánica del Trabajo o el artículo 323 del Decreto con Rango y Fuerza de Ley General de Bancos y Otras Instituciones Financieras, y como fuese planteado por el fallo sometido a consulta, sino de una *obligación indivisible* que nace por la existencia de los grupos"; y "es en estas materias donde se puede dictar el fallo contra personas determinadas que surgen de autos como elementos del grupo, así no fueran mencionados en la demanda".

La solución a tamaña inconstitucionalidad, sin embargo, la pretendió dar la misma Sala Constitucional al señalar que "de ser incluida en el grupo y sentenciada como tal, una persona no citada y que no pertenece a él," tendría abierta entonces la vía de la invalidación con base al ordinal 1° del artículo 328 del Código de Procedimiento Civil, "ya que fraudulentamente fue citada en otra persona, como lo sería el o los representantes del grupo". No se entiende, en todo caso, cómo se podría intentar este juicio de invalidación, ante el mismo juez que dictó la sentencia.

Por otra parte, pretender salvaguardar el derecho a la defensa con la posibilidad *ex post facto* de intentar juicios de invalidación, es negar dicho derecho. Es como ofrecer para justificar la violación el uso de otros medios ineficaces, lo cual además de una burla, es inadmisible[1202].

***

En el caso decidido por la Sala Constitucional, si se puede efectivamente identificar un abuso, ello es en la utilización y generalización indiscriminada de la teoría del levantamiento del velo de la personalidad jurídica en que incurrió la Sala Constitucional, ignorando su carácter excepcional y la necesidad de que su aplicación siempre debe obedecer a una previsión expresa de la ley, dado que constituye una limitación al derecho constitucional de asociación y a la libertad económica.

En tal sentido, y contrariamente a lo decidido por la sala Constitucional, tal como lo destacó el Magistrado Rondón Haaz en su *Voto Salvado* a la sentencia,

> "Ninguna norma del ordenamiento jurídico venezolano establece que las compañías integrantes de los grupos de sociedades respondan *de manera indivisible* de las que puedan ser consideradas como obligaciones del grupo; ninguna norma del ordenamiento jurídico venezolano establece una responsabilidad a cargo del grupo como unidad, con un patrimonio ejecutable y con una responsabilidad jurídica diferenciada; y ninguna norma o conjunto de normas acepta –como dice la mayoría sentenciadora- que se está frente a una unidad que, al obligarse, asume obligaciones que no pueden dividirse en partes, ya que corresponde a la unidad como un todo, por lo que tampoco puede ejecutarse en partes, si se exige a la unidad (grupo) la ejecución, así la exigencia sea a uno de sus componentes. Se parte de un falso supuesto de derecho cuando se presume la existencia de una construcción jurídica contraria al principio de la individualidad patrimonial de los sujetos de derecho (arts. 1863 y 1864 del Código Civil) principio cardinal del derecho común que tiene, además, en materia de sociedades mercantiles, una expresión particular en el Código de Comercio, cuyo artículo 201, después de la formulación de las reglas conforme a las cuales responden las sociedades de sus obligaciones frente a terceros, agrega: "*Las compañías constituyen personas jurídicas distintas de las de los socios*". Cualquier excepción a ese régimen general ha de ser objeto de una formulación legislativa expresa y tal formulación no existe en los términos que fueron expuestos en los párrafos que se citaron".

1202 Por ejemplo, la Corte Primera de lo Contencioso Administrativo, en sentencia de 29-07-93 (Caso: *Luís H. González vs. Concejo del Municipio Libertador del Estado Mérida*), decidió que "el derecho a la defensa debe ser ejercitado en los términos y condiciones establecidos por la Ley; de manera que si se impide a una persona, de conformidad con los medios establecidos en la Ley, ofreciéndosele, por el contrario, defenderse de otras maneras no consagradas en el ordenamiento jurídico, se le está violando el derecho a la defensa puesto que cualquier medio no previsto en la Ley no sería un medio *eficaz* de defensa". Véase en *Revista de Derecho Público*, N° 55-56, Caracas, julio-diciembre 1993, pp. 167-169.

Y sobre la censurable conclusión justificativa que hizo la Sala Constitucional de la violación a la garantía constitucional del debido proceso, basta también citar el *Voto Salvado* a la sentencia del Magistrado Rondón Haaz, quien al destacar que con el fallo se pretendió la ampliación de la teoría del levantamiento del velo, –claramente excepcional- "con lo cual admite que determinada sociedad mercantil, *que no ha sido citada a juicio ni participado en éste, sea condenada* por la sentencia estimatoria de la demanda que hubiere sido incoada contra otra compañía de comercio perteneciente al mismo grupo que aquélla"; señaló con razón, que "no es cierto que el levantamiento del velo corporativo permite la *condenatoria de una sociedad mercantil que no ha sido parte en juicio,* por la sola circunstancia de pertenecer al mismo grupo empresarial que la sociedad mercantil que sí había sido demandada"; agregando que el ordenamiento jurídico venezolano:

> "[No] permite la excepción de la que habla la mayoría, ni siquiera en materia laboral u otras de orden público, ya que su aplicación comporta un desequilibrio procesal intolerable en cualquier Estado de Derecho, porque es contraria al principio de la tutela judicial eficaz que preceptúa el artículo 26 de la Constitución vigente, así como al debido proceso y al derecho fundamental a la defensa que reconoce nuestra Carta Magna a toda persona (natural o jurídica), y que implica el derecho a ser oído con las debidas garantías, dentro de un plazo razonable, así como la posibilidad de alegación y prueba (ex artículos 26 y 49 de la Constitución de la República Bolivariana de Venezuela)".

La verdad es que en sentido coincidente con las apreciaciones del voto salvado, en sentencias anteriores de la Sala Constitucional dictadas con ponencias del mismo Magistrado Jesús Eduardo Cabrera Romero se había considerado el derecho a la defensa como inviolable en términos absolutos. Así, por ejemplo, en sentencia nº 97 de 15 de marzo de 2000 (Caso: *Agropecuaria Los Tres Rebeldes C.A. vs. Juzgado de Primera Instancia en lo Civil, Mercantil, Tránsito, Trabajo, Agrario, Penal, de Salvaguarda del Patrimonio Público de la Circunscripción Judicial del Estado Barinas*), la Sala señaló que:

> "La defensa no será posible si las personas que pueden ser afectadas por la sentencia que pone fin al proceso, no son llamados a juicio. Esta es, precisamente, la razón por la que el artículo 215 del Código de Procedimiento Civil, declara que es formalidad necesaria para la validez del juicio la citación del demandado para la contestación de la demanda. Luego, para que haya un debido proceso, es condición necesaria la comparecencia de todos los demandados.
>
> En la situación que se analiza, se ha omitido la citación de uno de los demandados en el juicio por cobro de bolívares iniciado por la abogada Zinnia Betzaida Briceño Monasterio contra la presunta agraviada y el ciudadano Juan Ramón Tejada. Peor aún, sin que se hubiera cumplido con la comparecencia de todos los demandados, que es un requisito indispensable, como ha sido indicado, para un proceso debido en el que no haya ocurrido indefensión, se da por terminado un juicio homologando la transacción celebrada por uno de los demandados, sin que la otra persona que podía ser afectada por la sentencia haya integrado la relación procesal".

Pero en particular, en relación con los juicios de orden laboral, la Sala Constitucional en sentencia N° 148 de 24 de marzo de 2000, también con Ponencia del mismo Magistrado Jesús Eduardo Cabrera Romero (Caso: *Grupo V.P.C Protectora de Crédito, S.A. vs. Juzgado Décimo de Primera Instancia del Trabajo de la Circunscripción Judicial del Área Metropolitana de Caracas*), al reafirmar el carácter absoluto del debido proceso y del derecho a la defensa, resolvió en un caso concreto como sigue:

> "Observa esta Sala que, en el caso *in examine,* existió una flagrante violación al derecho a la defensa, por medio de la decisión del Juzgado Décimo de Primera Instancia del Trabajo de la Circunscripción Judicial del Área Metropolitana de Caracas, que declarase con lugar la incidencia de la sustitución de patronos alegada por el trabajador reclamante, condenando a las empresas GRUPO V.P.C. PROTECTORA DE CRÉDITO, S.A. y PROMOCIONES EXCEL, C.A. a cumplir con unas determinadas obligaciones laborales, sin haberles dado la oportunidad de defenderse.
>
> En efecto, el tribunal en referencia abrió una articulación para que las partes aportaran las pruebas relativas a la sustitución de patronos, pero -tal como se evidencia del análisis de autos- no notificó, ni citó en forma alguna a las empresas contra las cuales operaba la misma -y que el tribunal de la causa consideró como sustitutas-, sino a tan sólo a aquella que resultó demandada en el procedimiento de calificación de despido, calificada luego como presunto patrono sustituido.
>
> Es precisamente en este punto -en la ausencia total de citación o notificación- en donde radica la violación de la garantía constitucional, pues la misma aniquila la posibilidad real de conocimiento por parte de la agraviada, de que existe un determinado proceso en el que puede resultar perjudicada. Más aun, no podría afirmarse que era innecesaria la notificación, dado que las partes se encontraban a derecho, en virtud de que las empresas consideradas como sustitutas no fueron llamadas en ningún momento a juicio; por lo que les resultaba imposible oponer las defensas pertinentes para desvirtuar el alegato del reclamante en el referido proceso laboral.
>
> De conformidad con los anteriores planteamientos, esta Sala Constitucional considera que sí se produjo la violación del derecho a la defensa y al debido proceso alegadas por el accionante, por lo que debe confirmar la decisión del Juzgado Superior Cuarto del Trabajo de la Circunscripción Judicial del Área Metropolitana de Caracas".

La Sala Constitucional, para justificar la violación de un derecho constitucional inviolable como lo es el derecho a la defensa, bajo la Ponencia del Magistrado Jesús Eduardo Cabrera Romero, en la sentencia N° 903 de 14 de mayo de 2004 recurrió a una ficción, la de los grupos económicos y del levantamiento del velo; ni siquiera previstos en el ordenamiento legal; olvidándose de lo que la misma Sala Constitucional había decidido en sentencia N° 1385 de 21 de noviembre de 2000, con ponencia del mismo Magistrado Jesús Eduardo Cabrera Romero (Caso: *Aeropullmans Nacionales, S.A. (AERONASA) vs. Juzgado Primero de Primera Instancia en lo Civil y Mercantil de la Circunscripción Judicial del Estado Zulia*), donde señaló que:

"Resulta un absurdo jurídico que la ficción impere sobre la realidad, y que en situaciones ambiguas u oscuras, se prefiera considerar que el demandado no contestó la demanda, dejándolo sin la defensa de la recepción de sus alegatos, antes que reconocerle la utilización efectiva de su derecho.

En fin, la Sala interpreta que en casos de duda, las normas deben interpretarse a favor de la parte que de manera expresa e inequívoca hace uso de sus medios de defensa. Es esta clase de interpretación la que garantiza la realización de la justicia, que como fin del proceso establece el artículo 257 de la Constitución de la República Bolivariana de Venezuela".

SECCIÓN CUARTA:

LA DESCONSTITUCIONALIZACIÓN DE LA GARANTÍA DEL DEBIDO PROCESO EN LAS ACTUACIONES ADMINISTRATIVAS

El texto de esta sección fue publicado como "El juez constitucional en Venezuela como instrumento para aniquilar la libertad de expresión plural y para confiscar la propiedad privada: El caso RCTV", en *Revista de Derecho Público*, Nº 141, (Primer trimestre 2015), Editorial Jurídica Venezolana, Caracas 2015.; y en el libro: *La ruina de la democracia. Algunas consecuencias. Venezuela 2015*, (Prólogo de Asdrúbal Aguiar), Colección Estudios Políticos, Nº 12, Editorial Jurídica Venezolana, Caracas 2015, pp. 303-316..

I

La más importante de las garantías constitucionales que las personas tienen frente a las actuaciones del Estado, además del derecho de acceso a la justicia y del derecho a la tutela judicial efectiva para poder controlar el sometimiento al derecho de los actos y actuaciones de sus autoridades, es que toda actuación de las mismas cumplida en ejercicio del poder público, se desarrolle en el curso de un debido proceso legal de acuerdo con las normas establecidas en la Constitución y las leyes, es decir, conforme al principio de legalidad, que no sólo debe guiar la actuación de los jueces en ejercicio de la función jurisdiccional, sino todas las actividades administrativas desarrolladas por todos los órganos de la Administración Pública.

Esa garantía al debido proceso[1203] con esa extensión, como ha ocurrido en todas las Constituciones contemporáneas, fue desarrollada detalladamente en el artículo

1203 Véase en general, en Venezuela, Antonieta Garrido de Cárdenas, "La naturaleza del debido proceso en la Constitución de la República Bolivariana de Venezuela de 1999", en *Revista de Derecho Constitucional,* Nº 5 (julio-diciembre), Editorial Sherwood, Caracas, 2001, pp. 89-116; Antonieta Garrido de Cárdenas, "El debido proceso como derecho fundamental en la Constitución de 1999 y sus medios de protección", en *Bases y principios del sistema constitucional venezolano (Ponencias del VII Congreso Venezolano de Derecho Constitucional realizado en San Cristóbal del 21 al 23 de Noviembre de 2001),* Volumen I, pp. 127-144.

49 de la Constitución venezolana de 1999,[1204] como una "garantía suprema dentro de un Estado de Derecho,"[1205] denominándose como tal debido proceso, "aquél proceso que reúne las garantías indispensables para que exista una tutela judicial efectiva", de manera que "cualquiera sea la vía escogida para la defensa de los derechos o intereses legítimos, las leyes procesales deben garantizar la existencia de un procedimiento que asegure el derecho de defensa de la parte y la posibilidad de una tutela judicial efectiva"[1206].

II

Esta norma constitucional, como lo reiteró la Sala Constitucional del Tribunal Supremo en sentencia N° 80 de 1 de febrero de 2001, recoge la concepción más acabada respecto al contenido y alcance del derecho al debido proceso, en el sentido de que

> "constituye un conjunto de garantías, que amparan al ciudadano, y entre las cuales se mencionan las del ser oído, la presunción de inocencia, el acceso a la

---

1204 El artículo 49 de la Constitución dispone. "El debido proceso se aplicará a todas las actuaciones judiciales y administrativas; en consecuencia: 1. La defensa y la asistencia jurídica son derechos inviolables en todo estado y grado de la investigación y del proceso. Toda persona tiene derecho a ser notificada de los cargos por los cuales se le investiga, de acceder a las pruebas y de disponer del tiempo y de los medios adecuados para ejercer su defensa. Serán nulas las pruebas obtenidas mediante violación del debido proceso. Toda persona declarada culpable tiene derecho a recurrir del fallo, con las excepciones establecidas en esta Constitución y en la ley. 2. Toda persona se presume inocente mientras no se pruebe lo contrario. 3. Toda persona tiene derecho a ser oída en cualquier clase de proceso, con las debidas garantías y dentro del plazo razonable determinado legalmente por un tribunal competente, independiente e imparcial establecido con anterioridad. Quien no hable castellano, o no pueda comunicarse de manera verbal, tiene derecho a un intérprete. 4. Toda persona tiene derecho a ser juzgada por sus jueces naturales en las jurisdicciones ordinarias o especiales, con las garantías establecidas en esta Constitución y en la ley. Ninguna persona podrá ser sometida a juicio sin conocer la identidad de quien la juzga, ni podrá ser procesada por tribunales de excepción o por comisiones creadas para tal efecto. 5. Ninguna persona podrá ser obligada a confesarse culpable o declarar contra sí misma, su cónyuge, concubino o concubina, o pariente dentro del cuarto grado de consanguinidad y segundo de afinidad. La confesión solamente será válida si fuere hecha sin coacción de ninguna naturaleza. 6. Ninguna persona podrá ser sancionada por actos u omisiones que no fueren previstos como delitos, faltas o infracciones en leyes preexistentes. 7. Ninguna persona podrá ser sometida a juicio por los mismos hechos en virtud de los cuales hubiese sido juzgada anteriormente. 8. Todos podrán solicitar del Estado el restablecimiento o reparación de la situación jurídica lesionada por error judicial, retardo u omisión injustificados. Queda a salvo el derecho del o de la particular de exigir la responsabilidad personal del magistrado o de la magistrada, el juez o de la jueza; y el derecho del Estado de actuar contra éstos o éstas." Véase sobre nuestra participación en la redacción de esta norma, en la sesión del 21 de octubre de 1999 de la Asamblea nacional Constituyente, en Allan R. Brewer-Carías, *Asamblea Constituyente y Proceso Constituyente 1999*, Fundación de Derecho Público, Editorial Jurídica Venezolana, Caracas, 2014, p. 631.

1205 Así lo ha considerado la Sala Constitucional del Tribunal Supremo de Justicia. Véase sentencia N° 123 de la Sala Constitucional (Caso: *Sergio J. Meléndez*) de 17 de marzo de 2000, en *Revista de Derecho Público*, N° 81, (enero-marzo), Editorial Jurídica Venezolana, Editorial Jurídica Venezolana, Caracas, 2000, p. 143.

1206 Véase sentencia de la Sala Constitucional N° 97 de 15 de marzo de 2000 (Caso: *Agropecuaria Los Tres Rebeldes vs. Juzgado de Primera Instancia en lo Civil, Mercantil, Tránsito, Trabajo, Agrario, Penal, de Salvaguarda del Patrimonio Público de la Circunscripción Judicial del Estado Barinas*) en *Revista de Derecho Público*, N° 81, (enero-marzo), Editorial Jurídica Venezolana, Caracas, 2000, p. 148.

justicia y a los recursos legalmente establecidos, la articulación de un proceso debido, la de obtener una resolución de fondo con fundamento en derecho, la de ser juzgado por un tribunal competente, imparcial e independiente, la de un proceso sin dilaciones indebidas y por supuesto, la de ejecución de las sentencias que se dicten en tales procesos. Ya la jurisprudencia y la doctrina habían entendido, que el derecho al debido proceso debe aplicarse y respetarse en cualquier estado y grado en que se encuentre la causa, sea ésta judicial o administrativa, pues dicha afirmación parte del principio de igualdad frente a la ley, y que en materia procedimental representa igualdad de oportunidades para las partes intervinientes en el proceso de que se trate, a objeto de realizar -en igualdad de condiciones y dentro de los lapsos legalmente establecidos- todas aquellas actuaciones tendientes a la defensa de sus derechos e intereses."[1207]

En el mismo sentido, en otra sentencia, esta vez de la Sala Político Administrativa del mismo Tribunal Supremo, Nº 157 de 17 de febrero de 2000, la misma precisó que:

> "Se trata de un derecho complejo que encierra dentro de sí, un conjunto de garantías que se traducen en una diversidad de derechos para el procesado, entre los que figuran, el derecho a acceder a la justicia, el derecho a ser oído, el derecho a la articulación de un proceso debido, derecho de acceso a los recursos legalmente establecidos, derecho a un tribunal competente, independiente e imparcial, derecho a obtener una resolución de fondo fundada en derecho, derecho a un proceso sin dilaciones indebidas, derecho a la ejecución de las sentencias, entre otros, que se vienen configurando a través de la jurisprudencia. Todos estos derechos se desprenden de la interpretación de los ocho ordinales que consagra el artículo 49 de la Carta Fundamental.
>
> Tanto la doctrina como la jurisprudencia comparada han precisado, que este derecho no debe configurarse aisladamente, sino vincularse a otros derechos fundamentales como lo son, el derecho a la tutela efectiva y el derecho al respeto de la dignidad de la persona humana..."[1208].

III

Ahora bien, en particular en relación con la garantía del derecho a la defensa, como pieza esencial de la garantía del debido proceso, el artículo 49.1 de la Constitución no sólo establece tal derecho a la *defensa,* sino a la *asistencia jurídica* (de abogado),[1209] considerándolos como derechos inviolables en *todo estado y grado* de

---

1207 Véase Caso: *Impugnación de los artículos 197 del Código de Procedimiento Civil y 18 de la Ley Orgánica del Poder Judicial).*

1208 Véase Caso: *Juan C. Pareja P. vs. MRI,* en *Revista de Derecho Público,* Nº 81, (enero-marzo), Editorial Jurídica Venezolana, Caracas, 2000, p. 135.

1209 La Corte Primera de lo Contencioso Administrativo en sentencia Nº 352 de 22-03-2001 (Caso: *Colegio de Médicos del Distrito Federal vs. Federación Médica Venezolana*) en tal sentido ha señalado que "la intervención real y efectiva del abogado garantiza a las partes actuar en el proceso de la forma más conveniente para sus derechos e intereses y les permite defenderse debidamente contra la parte contraria", en *Revista de Derecho Público,* Nº 85-88, Editorial Jurídica Venezolana, Caracas, 2001, pp. 100 y ss.

la investigación y del proceso. Adicionalmente, precisa el texto fundamental que toda persona tiene derecho a ser notificada de los cargos por los cuales se la investiga, de *acceder a las pruebas* y de *disponer del tiempo* y de *los medios adecuados* para ejercer su *defensa.*

En ese contexto, el derecho a la defensa ha sido amplio y tradicionalmente analizado por la jurisprudencia del Tribunal Supremo así como por sentada anteriormente por la antigua Corte Suprema de Justicia, considerándose como una "garantía que exige el respeto al principio esencial de contradicción, conforme al cual, las partes enfrentadas, en condiciones de igualdad, deben disponer de mecanismos suficientes que les permitan alegar y probar las circunstancias tendientes al reconocimiento de sus intereses, necesariamente, una sola de ellas resulte ganancios."[1210]

El derecho a la defensa, como garantía del debido proceso, por tanto, no puede ser desconocido ni siquiera por el legislador,[1211] lo que ha precisado con claridad la misma Sala Constitucional en sentencia N° 321 de 22 de febrero de 2002, al indicar que las limitaciones al derecho de defensa derivan por sí mismas del texto constitucional y si el Legislador amplía el espectro de tales limitaciones, las mismas devienen en ilegítimas. A tal efecto en dicha sentencia de 2002, la Sala señaló que cuando la norma del artículo 49.1 de la Constitución "faculta a la ley para que regule el derecho a la defensa," ello debe ser atendido por el ordenamiento adjetivo, pero sin que ello signifique:

> "que sea disponible para el legislador el contenido del mencionado derecho, pues éste se halla claramente delimitado en las mencionadas disposiciones; si no que por el contrario, implica un mandato al órgano legislativo de asegurar la consagración de mecanismos que aseguren el ejercicio del derecho de defensa de los justiciables, no sólo en sede jurisdiccional, incluso en la gubernativa, en los términos previstos por la Carta Magna. De esta forma, las limitaciones al derecho de defensa en cuanto derecho fundamental derivan por sí mismas del texto constitucional, y si el Legislador amplía el espectro de tales limitaciones,

---

1210 Esto ya lo había sentado la sentencia N° 3682 de 19 de diciembre de 1999, la Sala Político Administrativa de la antigua Corte Suprema de Justicia al destacar que el reconocimiento constitucional del derecho a la defensa se extiende a todas las relaciones de naturaleza jurídica que ocurren en la vida cotidiana, y con especial relevancia, en aquellas situaciones en las cuales los derechos de los particulares son afectados por una autoridad pública o privada; de manera que el derecho constitucional impone que en todo procedimiento tanto administrativo como judicial, "se asegure un equilibrio y una igualdad entre las partes intervinientes, garantizándole el derecho a ser oída, a desvirtuar lo imputado o a probar lo contrario a lo sostenido por el funcionario en el curso del procedimiento". Véase en *Revista de Derecho Público,* N° 79-80, Editorial Jurídica Venezolana, Caracas 1999. Véase también sentencia N° 1166 de 29 de junio de 2001, Caso: *Alejandro Moreno vs. Sociedad Mercantil Auto Escape Los Arales, S.R.L.).*

1211 Por ello, ha sido por la prevalencia del derecho a la defensa que la Sala Constitucional, siguiendo la doctrina constitucional establecida por la antigua Corte Suprema de Justicia1211, ha desaplicado por ejemplo normas que consagran el principio *solve et repete* como condición para acceder a la justicia contencioso-administrativa, por considerarlas inconstitucionales. Véase Sentencia N° 321 de 22 de febrero de 2002 (Caso: *Papeles Nacionales Flamingo, C.A. vs. Dirección de Hacienda del Municipio Guacara del Estado Carabobo* Véase en *Revista de Derecho Público*, N° 89-92, Editorial Jurídica Venezolana, Caracas, 2002.

las mismas devienen en ilegítimas; esto es, la sola previsión legal de restricciones al ejercicio del derecho de defensa no justifica las mismas, sino en la medida que obedezcan al aludido mandato constitucional.[1212]

El derecho a la defensa, por tanto, es un derecho constitucional absoluto, "inviolable" en todo estado y grado de la causa como dice la Constitución, el cual corresponde a toda persona, sin distingo alguno si se trata de una persona natural o jurídica, por lo que no admite excepciones ni limitaciones.[1213].Dicho derecho "es un derecho, fundamental que nuestra Constitución protege y que es de tal naturaleza, que no puede ser suspendido en el ámbito de un estado de derecho, por cuanto configura una de las bases sobre las cuales tal concepto se erige"[1214].

Todas las Salas del Tribunal Supremo han reafirmado el derecho a la defensa como inviolable. Así, por ejemplo, la Sala de Casación Civil en sentencia N° 39 de 26 de abril de 1995, ha señalado sobre "el sagrado derecho a la defensa" es un "derecho fundamental cuyo ejercicio debe garantizar el Juez porque ello redunda en la seguridad jurídica que es el soporte de nuestro estado de derecho; más cuando la causa sometida a su conocimiento se dirige a obtener el reconocimiento y posterior protección de los derechos con rango constitucional". Este derecho, ha agregado la Sala, "es principio absoluto de nuestro sistema en cualquier procedimiento o proceso y en cualquier estado y grado de la causa" [1215]. En otra sentencia N° 160 de 2 de junio de 1998, la Sala de casación Civil reiteró dicho derecho ha de "entenderse como la posibilidad cierta de obtener justicia del tribunal competente en el menor tiempo posible, previa realización, en la forma y oportunidad prescrita por la ley, de aquellos actos procesales encaminados a hacer efectivos los derechos de la persona" agregando que, por tanto, no es admisible "que alguien sea condenado si antes no ha sido citado, oído y vencido en proceso judicial seguido ante un juez competente, pues en tal caso se estaría ante una violación del principio del debido proceso."[1216]

Por su parte la Sala de Casación Penal de la antigua Corte Suprema de Justicia en sentencia de 26 de junio de 1996, sostuvo que:

> "El derecho a la defensa debe ser considerado no sólo como la oportunidad para el ciudadano o presunto infractor de hacer oír sus alegatos, sino como el

---

1212 Véase, Caso: *Papeles Nacionales Flamingo, C.A. vs. Dirección de Hacienda del Municipio Guacara del Estado Carabobo).*

1213 Por ello, por ejemplo, la Corte Primera de lo Contencioso Administrativo, en sentencia 15-8-97 (Caso: *Telecomunicaciones Movilnet, C.A. vs. Comisión Nacional de Telecomunicaciones (CONATEL)* señaló que. "resulta inconcebible en un Estado de Derecho, la imposición de sanciones, medidas prohibitivas o en el general, cualquier tipo de limitación o restricción a la esfera subjetiva de los administrados, sin que se dé oportunidad alguna de ejercicio de la debida defensa". Véase en *Revista de Derecho Público,* N° 71-72, Caracas, 1997, pp. 154-163.

1214 Así lo estableció la Sala Político Administrativa de la antigua Corte Suprema de Justicia, en sentencia N° 572 de 18-8-97. (Caso: *Aerolíneas Venezolanas, S.A. (AVENSA) vs. República (Ministerio de Transporte y Comunicaciones*).

1215 Véase Caso: *A.C. Expresos Nas vs. Otros,* en *Jurisprudencia Pierre Tapia*, N° 4, Caracas, abril 1995, pp. 9-12.

1216 Véase en *Jurisprudencia Pierre Tapia*, N° 6, junio 1998, pp. 34-37.

derecho de exigir del Estado e cumplimiento previo a la imposición de toda sanción de un conjunto de actos o procedimientos destinados o permitirle conocer con precisión los hechos que se le imputan, las disposiciones legales aplicables a los mismos, hacer oportunamente alegatos en su descargo y promover y evacuar pruebas que obren en su favor. Esta perspectiva del derecho de defensa es equiparable a lo que en otros estados de derecho ha sido llamado como principio del debido proceso.[1217]

La Corte Plena de la antigua Corte Suprema de Justicia, por su parte, en sentencia de 30 de julio de 1996, enmarcó el derecho a la defensa dentro del derecho de los derechos humanos, protegido además en el ámbito de los instrumentos internacionales sobre derechos humanos, conforme al principio de la progresividad, señalando lo siguiente:

> "Por ello, la Constitución de la República estatuye que la defensa pueda ser propuesta en todo momento, "en todo estado y grado del proceso", aún antes, entendiéndose por proceso, según Calamandrei, "el conjunto de operaciones metodológicas estampadas en la ley con el fin de llegar a la justicia". Y la justicia la imparte el Estado. En el caso concreto que se estudia, a través de este Alto Tribunal. El fin que se persigue es mantener el orden jurídico.
>
> Así mismo, debe anotar la Corte que en materia de Derechos Humanos, el principio jurídico de progresividad envuelve la necesidad de aplicar con preferencia la norma más favorable a los derechos humanos, sea de Derecho Constitucional, de Derecho Internacional o de derecho ordinario. Esta doctrina de interpenetración jurídica fue acogida en sentencia de 3 de diciembre de 1990 por la Sala Político-Administrativa, en un caso sobre derechos laborales, conforme a estos términos:
>
> ...Igualmente debe señalarse que el derecho a la inamovilidad en el trabajo de la mujer embarazada y el derecho a disfrutar del descanso pre y post-natal *constituyen derechos inherentes a la persona humana los cuales se constitucionalizan, de conformidad con el artículo 50 de nuestro Texto Fundamental.* Según el cual "la enunciación de los derechos y garantías contenido en esta Constitución no debe entenderse como negación de otros que, siendo inherentes a la persona humana, no figuren expresamente en ella. La falta de ley reglamentaria de estos derechos no menoscaba el ejercicio de los mismos..."
>
> Desde el punto de vista internacional, considera este Alto Tribunal que importa fortalecer la interpretación sobre esta materia, señalando la normativa existente.
>
> Así, entre otros, el artículo 8, letra b) de la Convención Americana de Derechos Humanos (Pacto de San José de Costa Rica), establece lo siguiente:
>
> "Toda persona tiene derecho a ser oída, con las debidas garantías y dentro de un plazo razonable por un Juez o Tribunal competentes, independiente e

1217 Véase en *Jurisprudencia Pierre Tapia*, N° 6, Caracas, junio 1996.

imparcial establecido con anterioridad por la ley, en la sustanciación de cualquier acusación penal formulada contra ella, o para la determinación de sus derechos y obligaciones de orden civil, laboral, fiscal o de cualquier carácter".

De la misma manera, el Pacto Internacional de los Derechos Civiles y Políticos, garantiza a toda persona el derecho a ser juzgado por sus jueces naturales, mediante proceso legal y justo, en el cual se aseguren en forma transparente todos sus derechos.

Esta normativa rige en plenitud dentro del país. Al efecto y tal como se indicó anteriormente, el artículo 50 de la Constitución de la República consagra la vigencia de los derechos implícitos conforme a la cual:

> "La enunciación de los derechos y garantías contenidas en esta Constitución no debe entenderse como negación de otros que, siendo inherentes a la persona humana no figuran expresamente en ella".

A ello se agrega que las reproducidas disposiciones de tipo internacional se encuentran incorporadas al ordenamiento jurídico interno, conforme a lo previsto en el artículo 128 de la Constitución de la República."[1218]

En definitiva, como también lo expresó la Sala Constitucional del Tribunal Supremo de Justicia en sentencia N° 97 de 15 de marzo de 2000,

> "De la existencia de un proceso debido se desprende la posibilidad de que las partes puedan hacer uso de los medios o recursos previstos en el ordenamiento para la defensa de sus derechos e intereses. En consecuencia, siempre que de la inobservancia de las reglas procesales surja la imposibilidad para las partes de hacer uso de los mecanismos que garantizan el derecho a ser oído en el juicio, se producirá indefensión y la violación de la garantía de un debido proceso y el derecho de defensa de las partes."[1219]

IV

Ahora bien, desde el punto de vista del derecho administrativo, la más importante innovación del artículo 49 de la Constitución venezolana fue el haber regulado expresamente que la garantía del debido proceso no se limita por supuesto a los procesos judiciales, sino que se aplica "a todas las actuaciones administrativas" siendo ello uno de los pilares fundamentales en el régimen del procedimiento administrativo.

Por ello, sobre esta garantía también se ha pronunciado el juez contencioso administrativo, como por ejemplo resulta de la sentencia N° 157 de 17 de febrero de

---

1218 Véase en *Revista de Derecho Público,* N° 67-68, EJV, Caracas, julio-diciembre 1996, pp. 169-171.

1219 Véase sentencia N° 97 de 15 de marzo de 2000 (Caso: *Agropecuaria Los Tres Rebeldes, C.A. vs. Juzgado de Primera Instancia en lo Civil, Mercantil, Tránsito, Trabajo, Agrario, Penal, de Salvaguarda del Patrimonio Público de la Circunscripción Judicial del Estado Barinas*), en *Revista de Derecho Público,* N° 82, Editorial Jurídica Venezolana, Caracas, 2000.

2000, de la Sala Político Administrativa del Tribunal Supremo de Justicia, en la cual precisó que:

> "el debido proceso es un derecho aplicable a todas las actuaciones judiciales *y* administrativas, disposición que tiene su fundamento en el principio de igualdad ante la ley, dado que el debido proceso significa que ambas partes en el procedimiento administrativo, como en el proceso judicial, deben tener igualdad de oportunidades, tanto en la defensa de sus respectivos derechos como en la producción de las pruebas destinadas a acreditarlos."[1220]

Y más recientemente, en sentencia N° 1604 de 25 de noviembre de 2014, la misma Sala Político Administrativa del Tribunal Supremo, como juez contencioso administrativo, en relación con la garantía del debido proceso y su vigencia en relación con las actuaciones administrativas ha expresado que:

> "De conformidad con lo previsto en los artículos 19, 25 y 49 de la Constitución de la República Bolivariana de Venezuela, todos los órganos y entes que integran la Administración Pública, en cualquiera de sus niveles político-territoriales, tienen el deber de respetar y garantizar los derechos constitucionales de los particulares, entre ellos, el derecho al debido procedimiento administrativo, el cual comprende las siguientes garantías: tener conocimiento del inicio de un procedimiento que involucre los derechos subjetivos o intereses del particular, tener acceso a las actas que conforman el expediente que habrá de formarse para dejar constancia escrita de las actuaciones en las que se soportará la voluntad administrativa, la posibilidad de ser oído por la autoridad competente y de participar activamente en la fase de instrucción del procedimiento, la libertad de alegar y contradecir, probar y controlar las pruebas aportadas al proceso; que se adopte una decisión expresa, oportuna, que tome en cuenta las pruebas y defensas aportadas, incluso para su desestimación, y que sea ejecutable; así como el derecho a recurrir de esa decisión."

De ello concluyó la Sala Político Administrativa con la afirmación de que:

> "En conclusión, el derecho al debido proceso no se satisface con la sola manifestación de voluntad concretizada en el acto administrativo, previa instrucción de un procedimiento, sino que en el seno de este deben cumplirse un conjunto de garantías que coloquen al administrado en condiciones apropiadas para hacer valer sus intereses en juego frente a otros que se le opongan, dentro de las cuales está comprendido el ejercicio del derecho a la defensa, en sentido estricto."[1221]

1220 Véase Caso: *Juan C. Pareja P. vs. MRI*, en *Revista de Derecho Público*, N° 81, (enero-marzo), Editorial Jurídica Venezolana, Caracas 2000, p. 135.

1221 Véase Caso: *Presidente del Colegio de Abogados del Estado Carabobo et al vs. Decreto presidencial N° 664 de fecha 10 de diciembre de 2013*, en http://www.tsj.gov.ve/decisiones/spa/noviembre/172007-01604-261114-2014-2014-0108.HTML.

V

Ahora bien, el caso sometido a la decisión de la Sala Político Administrativo del Tribunal Supremo y resuelto en la antes mencionada sentencia, tuvo su origen en un recurso contencioso administrativo de nulidad que un grupo de abogados del Estado Carabobo intentaron contra un decreto presidencial (acto administrativo) mediante el cual, con base en las potestades reguladas en la Ley de Protección y Defensa del Patrimonio Cultural, se declaró como Monumento Nacional la Plaza de Toros de la Ciudad de Valencia, identificada como "obra arquitectónica denominada *'Parque Recreacional Sur-Plaza Monumental'*, ubicada en la Parroquia Santa Rosa, del Municipio Valencia del Estado Carabobo."

Los impugnantes alegaron que el acto administrativo recurrido, que la Sala reconoció como acto administrativo de efectos generales, de carácter normativo, violaba una serie de derechos constitucionales y principios del procedimiento administrativo, que la Sala resumió así: "violación al derecho de propiedad, confiscación, debido proceso, libertad, identidad; así como también, los vicios de incompetencia del Presidente de la República que dictó el acto impugnado, desviación de poder, violación del principio de separación de poderes y, violación del principio de legalidad, participación ciudadana, pluralismo político y seguridad jurídica."

Conjuntamente con la acción de nulidad por inconstitucionalidad e ilegalidad intentada, los recurrentes formularon una pretensión de amparo constitucional, la cual fue precisamente la que la Sala Político Administrativa decidió al admitir la acción en la sentencia citada, a cuyo efecto, pasó a considerar únicamente "los derechos o garantías constitucionales susceptibles de ser protegidos por la acción de amparo intentada," que fueron los derechos constitucionales a la cultura, recreación, educación y libertad; el derecho constitucional al debido proceso; el derecho constitucional a la propiedad; y el derecho constitucional a la participación ciudadana.

A tal efecto, la Sala Político Administrativa, que como se dijo, es el más alto tribunal contencioso administrativo del país, partió de la premisa de reafirmar como antes se ha destacado, sobre la vigencia del derecho constitucional al debido proceso, en relación con las actuaciones administrativas, teniendo en cuenta, por supuesto, que las "actuaciones administrativas" a las que alude el artículo 49 de la Constitución y la propia sentencia de la Sala, no son otras que todas aquellas que desarrollan los órganos y entes de la Administración Pública, cualquiera que sea su jerarquía. Y las autoridades administrativas, por supuesto, para actuar, siempre lo tienen que hacer en ejercicio del Poder Público, es decir, en ejercicio de potestades públicas concretizadas en específicas competencias que deben estar reguladas en la Constitución y las leyes. Por el contrario, las actuaciones administrativas que no se ejerzan en ejercicio de potestades públicas conforme a las normas que regulas las competencias para su ejercicio, no pasan de ser simples vías de hecho, sujetas por supuesto a control judicial, pero que, por su propia patología, se ejecutan sin garantías algunas de debido proceso: por ello son vías de hecho.

VI

En el caso sometido a la decisión de la Sala, en efecto, los recurrentes argumentaron sobre la violación al debido proceso que para declarar la Plaza de Toros de

Valencia, que es un bien del dominio de la Municipalidad de esa ciudad, como Monumento Nacional, se hizo, como lo resumió la sentencia, fundamentalmente, sin que se tramitara "el correspondiente procedimiento administrativo previo, que garantizara al Municipio Valencia y demás interesados a exponer las razones para poder oponerse al '*despojo del complejo propiedad del Municipio a favor del Poder Central.*'"

También alegaron, vinculado al debido proceso, según se resume en la sentencia, el vicio de "prescindencia total del procedimiento administrativo previo y consulta pública" indicándose que "de conformidad con la Constitución y las leyes nacionales '*era ineludible para el Presidente de la República consultar a los sectores interesados sobre la regulación de la administración, posesión y custodia de los bienes de dominio público municipal afectados, siendo por ello nulo el decreto cuestionado de conformidad con el encabezado del artículo 140 de la Ley Orgánica de Administración Pública.*'"

Sin embargo, frente a estos alegatos y después de la declaración tan tajante de que la garantía del debido proceso se aplica a todas las actuaciones administrativas y por tanto en los procedimientos administrativos tal como lo impone la Constitución, al considerar específicamente el caso, la Sala Político Administrativa del Tribunal Supremo de Justicia en la misma mencionada sentencia de 26 de noviembre de 2014, afirmó, sin argumentación ni fundamentación alguna, escuetamente, que:

> "las actuaciones a que aluden los recurrentes como lesivas obedecieron al *ejercicio de la Potestad del Estado, lo que lleva a inferir que no se trataba de un procedimiento en el que necesariamente debía concederse a los interesados específicas oportunidades para esgrimir argumentos o defensas.*"

Y nada más, con lo que simplemente negó que se pueda invocar la garantía del debido proceso frente al ejercicio del Poder Público por las autoridades administrativas.

Para llegar a tan absurda conclusión, la sentencia, sin embargo, citó una sentencia precedente de la Sala Constitucional del Tribunal Supremo N° 1817 del 28 de noviembre de 2008, en la cual se argumentó en forma general sobre el significado y la importancia de la aplicación de la Ley de Protección y Defensa del Patrimonio Cultural para la declaración de "monumentos nacionales" por "su valor para la historia nacional o por ser exponentes de nuestra cultura," como una forma de tutelar "las manifestaciones culturales que nutren la historia de la República en general y de las comunidades en particular," y "los derechos de las futuras generaciones en contar con bienes o elementos que forman parte fundamental de esa identidad cultural propia."[1222] De ello, que nada tiene que ver con la necesidad de negar la garantía del debido proceso en el ámbito de las actuaciones administrativas, la Sala, pura y simplemente, concluyó afirmando que "cualquier declaratoria de monumento nacional constituye una acción tomada en beneficio de la población y en resguardo de la Na-

1222 Véase en http://www.tsj.gov.ve/decisiones/scon/noviembre/1817-281108-2008-08-0116.HTML.

ción; por tanto, visto el carácter personalísimo del amparo constitucional, debe desestimarse tal alegato. Así se decide."

Peor motivación, sin duda, es imposible encontrar una sentencia de un Tribunal Supremo para declarar sin lugar una pretensión de amparo constitucional, particularmente cuando se ha alegado violación del debido proceso.

VII

Pero allí está la sentencia, en la cual, quizás sin percatarse –ese es el único beneficio de la duda admisible, pero grave– el máximo órgano de la jurisdicción contencioso administrativa en Venezuela, simplemente desconstitucionalizó la garantía "constitucional" al debido proceso respecto de las actuaciones administrativas, que siempre resultan del ejercicio de potestades públicas o del Estado, habiendo mutado, ilícitamente, la Constitución.

Es decir, a partir de esta sentencia, el debido proceso dejó de ser una garantía constitucional en "todas las actuaciones administrativas" como lo dice el artículo 49 de la Constitución, pues dicha garantía, en palabras del Tribunal Supremo, no tiene vigencia en actuaciones administrativos que obedecen "al ejercicio de la Potestad del Estado," de lo que la propia Sala dedujo ("lleva a inferir"), que en esas actuaciones el procedimiento que se lleve a cabo no es un "un procedimiento en el que necesariamente deba concederse a los interesados específicas oportunidades para esgrimir argumentos o defensas."

Tan simple como eso. De un plumazo, la Sala Político Administrativa mutó la Constitución, ignorando por supuesto, que en toda actuación administrativa los órganos y entes de la Administración, desde el Presidente de la República hasta el funcionario de menor jerarquía en la Administración Pública, actúa siempre en "ejercicio de la Potestad del Estado," y que por tanto, no hay actuación administrativa –salvo las vías de hecho– en las cuales los entes y órganos de la administración no ejerzan una potestad estatal, conforme al ámbito de competencia que la Constitución y las leyes le confieren.

VIII

Es de destacar, por último y de paso, que en su afán por desconstitucionalizar derechos constitucionales en cuanto a su garantía en el ámbito de las actuaciones de la Administración, la Sala Político Administrativa en su sentencia comentada no sólo se limitó a eliminar la garantía constitucional del debido proceso de los procedimientos aplicables a las actuaciones administrativas, sino que también desconstitucionalizó el derecho constitucional a la participación ciudadana.

En efecto los impugnantes habían alegado que el decreto presidencial impugnado se había dictado "sin la debida consulta pública y sin procedimiento administrativo previo," sobre lo cual la Sala se limitó a considerar que:

> "el artículo 62 de la Constitución, en consonancia con los artículos 138, 139 y 140 de la Ley Orgánica de la Administración Pública, prevén la obligación de los órganos de la Administración Pública de promover la participación popular en la gestión pública y facilitar las condiciones más favorables para su práctica;

en función de lo cual se contempló en la citada ley la celebración de una consulta pública que garantice la intervención de las comunidades organizadas y sectores interesados de la sociedad cuando se trate de casos de aprobación de normas "*reglamentarias o de otra jerarquía*".

En la misma sentencia la Sala, sin embargo, como se dijo, ya había reconocido el carácter de acto administrativo de efectos generales y de contenido normativo, por tanto, de carácter reglamentario del decreto presidencial, pero sin embargo, lo que resolvió fue desestimar el alegato, declarando, también pura y simplemente, que:

> "el principio de participación ciudadana no constituye un verdadero derecho subjetivo constitucional susceptible de tutela judicial directa, que pueda ser revisado en la oportunidad de resolver una medida cautelar de amparo constitucional."

Para desconocer el carácter constitucional del derecho a la participación política, la Sala, simplemente, señaló que supuestamente ello ya lo había expuesto "en anteriores oportunidades," haciendo referencia a las "sentencias Nos. 607 del 13 de mayo de 2009 y 98 del 28 de enero de 2010."

Sin embargo, en cuanto a la sentencia N° 607 de 13 de mayo de 2009, en la misma nada se resuelve en materia del derecho a la participación política, apareciendo incluso la palabra "participación" en el texto de la sentencia, una sola vez, al referirse a la participación de la Superintendencia de Seguros en ciertas actuaciones de fiscalización respecto de las empresas de seguro, sin relación alguna con el derecho o principio de la participación ciudadana.[1223]

Y en cuanto a la otra sentencia citada como "precedente," la N° 98 de 28 de enero de 2010, en la misma se decidió un amparo cautelar formulado junto con una demanda de nulidad intentada por un conjunto de empresas de promoción inmobiliaria contra una resolución ministerial que había prohibido que en los contratos que tenían por objeto la adquisición de viviendas, se estableciera el cobro de cuotas, alícuotas, porcentajes y/o sumas adicionales de dinero, basados en la aplicación del Índice de Precios al Consumidor (IPC) o de cualquier otro mecanismo de corrección monetaria; y frente al alegato de las impugnantes de que el acto administrativo impugnado se había dictado con "vulneración del principio de participación y lesión del derecho a la participación ciudadana de los productores de vivienda" lo que resolvió la Sala, sin argumentación alguna, fue que los principios:

> "de reserva legal, competencia, participación ciudadana y confianza legítima o expectativa plausible, y el acatamiento de los criterios vinculantes del Tribunal Supremo de Justicia, [...] no constituyen verdaderos derechos subjetivos constitucionales susceptibles de tutela judicial directa, que puedan ser revisados en la oportunidad de resolver la medida cautelar de amparo constitucional."[1224]

1223 Véase en http://www.tsj.gov.ve/decisiones/spa/mayo/00607-13509-2009-2009-0046.HTML.

1224 Véase en http://www.tsj.gov.ve/decisiones/spa/enero/00098-28110-2010-2009-1056.HTML.

Pero sin que el lector sepa el porqué de esas afirmaciones, y menos porqué se mezclan principios del procedimiento administrativo como los de reserva legal, competencia y confianza legítima, con un derecho constitucional previsto entre otros en el artículo 72 de la Constitución, que sin duda es justiciable en amparo como todo derecho constitucional. Sin embargo, de la sentencia citada como "precedente" lo que resultó fue no sólo la negación de la justiciabilidad del derecho a la participación política, contradiciendo una larga tradición jurisprudencial sentada en los lustros anteriores, sino la desconstitucionalización ilegitima del propio derecho a la participación política. Esas son, lamentablemente, las ejecutorias de un Tribunal Supremo cuando ha sido sometido al poder, y actúa al servicio del autoritarismo.[1225]

Nueva York, noviembre 2014

SECCIÓN QUINTA:

EL JUEZ CONSTITUCIONAL VS. LA PROPIEDAD PRIVADA: EL JUEZ CONSTITUCIONAL COMO INSTRUMENTO PARA ANIQUILAR LA LIBERTAD DE EXPRESIÓN PLURAL Y PARA CONFISCAR LA PROPIEDAD PRIVADA: EL CASO RCTV

El texto de esta sección fue el de la Ponencia presentada en el *Notre Dane Law Review Symposium on Freedom of Expression in Latin America, Centre for Civil and Human Rights, University of Notre Dame, The Law, School*, el 29 de marzo de 2010. Fue publicado como "El juez constitucional en Venezuela como instrumento para aniquilar la libertad de expresión plural y para confiscar la propiedad privada: El caso RCTV", en *Revista de Derecho Público*, N° 110, (abril-junio 2007), Editorial Jurídica Venezolana, Caracas 2007, pp. 7-32; y en *Gaceta Judicial*, Santo Domingo, República Dominicana, mayo 2007, pp. 24-27. Igualmente se publicó en el libro: *Crónica sobre la "In" Justicia Constitucional. La Sala Constitucional y el autoritarismo en Venezuela*, Colección Instituto de Derecho Público. Universidad Central de Venezuela, N° 2, Editorial Jurídica Venezolana, Caracas 2007, pp. 468-508.

La Sala Constitucional del Tribunal Supremo de Justicia de Venezuela con la complicidad de la Sala Político Administrativa del mismo Tribunal, en mayo de 2007, de nuevo, en lugar de proteger los derechos constitucionales de las personas, han conspirado como instrumentos controlados por el Poder Ejecutivo, para secuestrarlos y violarlos. El más alto nivel del Poder Judicial, así, ha lavado y avalado las arbitrariedades gubernamentales cubriéndolas con un velo de judicialidad, tal como

---

1225 Véase sobre ello Allan R. Brewer-Carías, "El juez constitucional al servicio del autoritarismo y la ilegítima mutación de la Constitución: el caso de la Sala Constitucional del Tribunal Supremo de Justicia de Venezuela (1999-2009)", en *Revista de Administración Pública*, N° 180, Madrid 2009, pp. 383-418; y en *IUSTEL, Revista General de Derecho Administrativo*, N° 21, junio 2009, Madrid, ISSN-1696-9650. Véase además el libro Allan R. Brewer-Carías, *Crónica sobre la "In" Justicia Constitucional. La Sala Constitucional y el autoritarismo en Venezuela*, Colección Instituto de Derecho Público. Universidad Central de Venezuela, N° 2, Editorial Jurídica Venezolana, Caracas 2007.

ha ocurrido en el caso del cierre de la más importante estación de televisión del país, por cierto crítica al gobierno del Presidente H. Chávez (Radio Caracas Televisión, RCTV).

En ese caso, la conspiración judicial ha tenido por objeto aniquilar la libertad de expresión del pensamiento plural y decretar impunemente la confiscación de bienes de propiedad privada, que ni el Ejecutivo ni el legislador podían hacer por prohibirlo la Constitución (art. 115), en ambos casos, violando expresas disposiciones constitucionales pero con el agravante de que los conspiradores en este caso, han actuado impunemente, porque saben que sus actuaciones no pueden ser controladas.

En efecto, en varias decisiones judiciales dictadas en mayo de 2007, en lugar de controlar las sucesivas arbitrarias e inconstitucionales amenazas y decisiones del gobierno de no renovar la concesión de uso del espacio radioeléctrico que la empresa RCTV tenía desde hace más de medio Siglo, no sólo el Poder Judicial rehusó sistemáticamente efectuar control alguno de las actuaciones del Poder Ejecutivo, sino que como dócil instrumento del gobierno, validó el cierre del canal de televisión, avalando el atentado que ello significó a la libertad de expresión y, además, como la entidad estatal (Fundación TEVES) que creó el gobierno para sustituir a RCTV no estaba en capacidad de transmitir efectivamente una señal de televisión con cobertura nacional, decidió, incluso en un caso, de oficio, y peor, que como si fuera gobierno arbitrario, confiscar los bienes de la empresa RCTV que cesaba en su actividad; asignándoselos "en uso temporal" indefinido y gratuito a la entidad oficial que comenzó a transmitir la señal de televisión en el mismo espacio radioeléctrico.

Para entender semejante atropello a la Constitución y a los derechos constitucionales de RCTV, cometido por el órgano judicial encargado de garantizar su supremacía, es conveniente hacer referencia a los antecedentes del caso, así como a las acciones judiciales que se intentaron buscando infructuosamente la respuesta del Poder Judicial en protección de legítimos derechos constitucionales que en este caso habían sido violados.

I. ANTECEDENTES

Las actividades privadas en materia de telecomunicaciones, en especial de las audiovisuales, se realizan en Venezuela conforme a un régimen jurídico que regula tanto las actividades de telecomunicaciones en si mismas, como el uso de bienes del dominio público, cuando ello se requiera para la realización de aquellas. En ambos casos, las transformaciones del mundo contemporáneo en la materia, han provocado una evolución de dicho régimen jurídico de las telecomunicaciones que se ha caracterizado por las siguientes orientaciones:

En cuanto a la **regulación de las actividades de las telecomunicaciones** en sí mismas, el régimen jurídico de las mismas, en las últimas décadas, muestra una evolución en cuanto al grado de intervención del Estado, que ha pasado de constituir una actividad que hasta el último tercio del Siglo XX siempre y en general había sido considerada como una **actividad reservada al Estado**, en la mayoría de los casos con la categorización de **servicio público,** y que en algunos casos excluía toda actividad privada en las mismas; a la **actividad de interés general de la actualidad,** en la cual los particulares **tienen derecho** a realizar las actividades, aún cuando sometidos a cierto control por parte del Estado mediante el cual se los autoriza o habilita a desarrollarlas.

En cuanto a la **regulación del uso del dominio público para las actividades de telecomunicaciones** la evolución del régimen relativo a su regulación ha pasado de ser, uno que por ejemplo, sólo se refería a la utilización del dominio público terrestre, aéreo y marítimo para la prestación de servicios de telecomunicaciones mediante la instalación de cables (subterráneos, aéreos y marítimos); a la regulación contemporánea adicional, del **uso del bien del dominio público denominado espectro radioeléctrico para trasmitirlas por ondas.**

El cambio efectuado en relación al régimen de las actividades de telecomunicaciones ocurrió en Venezuela con la Ley Orgánica de Telecomunicaciones de 2000 que estableció el principio de la libertad económica de las telecomunicaciones, eliminando la reserva de las mismas que antes tenía el Estado e incluso la misma denominación de "servicios públicos" de las mismas que disponía la vieja Ley de Telecomunicaciones de 1941.

Conforme a la nueva Ley, las actividades relativas a las telecomunicaciones pasaron entonces de ser actividades públicas que estaban reservadas al Estado, a actividades privadas realizadas por los particulares en ejercicio del derecho a la libertad económica (art. 112 de la Constitución), en concurrencia con el Estado. En otros términos, incluso si algunas de dichas actividades de telecomunicaciones pudieran considerarse como servicios públicos, lo importante es que no se trata de servicios reservados al Estado los cuales, por tanto, pueden ser desarrollados libremente por los particulares, sujetos sólo a autorizaciones o habilitaciones administrativas. En realidad, la Ley Orgánica sólo estableció una reserva al Estado que ha quedado reducida a "los servicios de telecomunicaciones para la seguridad y defensa nacional" (Art. 8).

Tratándose entonces en general de actividades no reservadas al Estado, el artículo 1° de la Ley Orgánica precisa que el objeto del marco de su regulación es "garantizar el derecho de las personas a la comunicación y a la realización de las actividades económicas de telecomunicaciones para lograrlo, sin más limitaciones que las derivadas de la Constitución y las leyes".

La consecuencia de esta liberalización del régimen de las telecomunicaciones fue la previsión de que para su ejercicio por los particulares, sólo se requiere de la obtención previa de la correspondiente habilitación administrativa y, de ser necesaria, la concesión de uso y explotación del espectro radioeléctrico, en los casos y condiciones que establece la ley, los reglamentos y las Condiciones Generales establecidas por la Comisión Nacional de Telecomunicaciones CONATEL (art. 5). Con ello, se insiste, respecto del régimen de las actividades de telecomunicaciones, la Ley Orgánica eliminó la reserva al Estado y el régimen general de concesiones (salvo por lo que se refiere al uso del dominio público del espectro radioeléctrico), sustituyéndolo por un régimen de libertad económica sólo limitada por la naturaleza de las actividades al ser de interés general, exigiéndose la obtención, para su realización, de una autorización administrativa.

Dado el cambio radical del régimen de las telecomunicaciones que pasó de la reserva al Estado, la calificación de las mismas como servicios públicos y su ejercicio mediante concesiones administrativas, hacia un régimen de concurrencia en los que los particulares tienen libertad económica; la calificación de las actividades como de interés general y su ejercicio mediante habilitaciones o autorizaciones administrativas, condujo a la Ley Orgánica a establecer en sus disposiciones transitorias, un régimen de transformación de las antiguas concesiones y permisos otorgados de conformidad con la legislación anterior, en las habilitaciones administrativas, concesiones u obligaciones de notificación o registro establecidos en la nueva Ley Orgánica (art. 210), basándose todo el régimen en el principio del respeto de los derechos adquiridos y en la adaptación de las viejas concesiones a la habilitaciones administrativas y concesiones previstas en la nueva Ley.

Esa transformación se reguló en la Ley Orgánica, con carácter obligatorio, y en el procedimiento administrativo para lograrla se hizo participar a los interesados a cuyo efecto fueron llamados a solicitar la transformación de sus títulos jurídicos dentro de un plazo que estableció CONATEL (art. 210,7). Dicho procedimiento, que debía estar regido por los principios de transparencia, buena fe, igualdad y celeridad (art. 210,1), debía necesariamente concluir en el lapso de dos años siguientes a la publicación de la Ley, con un acto administrativo de trasformación dictado por CONATEL, en el cual se debía sustituir la concesión o permiso inicial por una habilitación administrativa y concesión conforme a la nueva Ley. La transformación no debía implicar el otorgamiento de más facultades para la prestación de servicios al público, que las que al momento tenían los operadores de telecomunicaciones de conformidad con sus respectivos títulos jurídicos (art. 210,3). La Ley dispuso, además, expresamente, que "mientras ocurre la señalada adecuación, todos los derechos y obligaciones adquiridas al amparo de la anterior legislación, permanecerán en pleno vigor, en los mismos términos y condiciones establecidas en las respectivas concesiones y permisos (Art. 210).

Conforme a esta previsión, RCTV solicitó oportunamente la transformación, la cual nunca fue decidida por el Estado, con lo cual siguió operando conforme a su vieja concesión la cual tenía una duración de 20 años, de acuerdo a lo establecido directamente en el Decreto nº 1577 de 27-05-1987 (artículos 4 y 1°), concluyendo el 27-05-2007; oportunidad en la cual RCTV en virtud de la abstención de la Administración de transformar la concesión, tenía el derecho preferente conforme al Decreto 1577, de que se le extendiera la concesión por otro período de 20 años (artículo 2).

El Estado venezolano, sin embargo, por manifestaciones directas del Presidente de la República, del Ministro de la Comunicación e Información, el Ministro de Telecomunicaciones e Informática y de la Comisión Nacional de Telecomunicaciones, desde finales de 2006 difundió en forma pública que RCTV cesaría de transmitir su señal de televisión el día 27 de mayo de 2007, cuando venciera la vieja pero vigente concesión que tenía. Al inicio, la razón de la medida anunciada fue neta y exclusivamente política, lo que era contrario a la Ley, y al final, las amenazas se convirtieron en actos administrativos concretos conforme a los cuales se habría decidido no renovar la concesión a la empresa, porque el Estado había decidido utilizar el espacio radioeléctrico que RCTV tenía asignado desde hace cinco décadas, para establecer una televisión de servicio público estatal. RCTV tenía derecho a la renovación, pues conforme al régimen de liberalización de las telecomunicaciones dispuesto en la Ley Orgánica de 2000, la renovación de los actos de habilitación no es el resultado de decisiones administrativas discrecionales sino regladas, a la cual tienen derecho los titulares de las mismas si se verifican los supuestos para su procedencia.

Ello provocó que se ejercieran por ante las Salas Político Administrativa y Constitucional del Tribunal Supremo de Justicia, diversos recursos buscando la protección del juez constitucional, por la vía del amparo constitucional o de la acción contencioso administrativa con pretensión cautelar de amparo. El lamentable resultado fue la negativa sistemática del juez constitucional de proteger los derechos constitucionales de los recurrentes y, al contrario, ver cómo la Sala Político Administrativa y la Sala Constitucional, actuaron confabuladas para conculcar los derechos constitucionales a la libertad de expresión plural del pensamiento, el debido proceso, el derecho a la defensa y el derecho a la propiedad privada.

II. DE CÓMO EL JUEZ CONTENCIOSO ADMINISTRATIVO RENUNCIÓ DELIBERADAMENTE A PROTEGER LA LIBERTAD DE EXPRESIÓN Y OTROS DERECHOS CONSTITUCIONALES ABIERTAMENTE AMENAZADOS DE SER VIOLADOS POR EL JEFE DE ESTADO Y SUS SUBORDINADOS

En efecto, ante la arbitrariedad que se venía anunciando, el 9 de febrero de 2007 la empresa RCTV, sus directivos, sus periodistas y sus trabajadores intentaron ante la Sala Político Administrativa del Tribunal Supremo una acción de amparo contra la amenaza de violación de sus derechos constitucionales por parte del Presidente de la República y el Ministro del Poder Popular para las Telecomunicaciones y la Informática, al haber declarado pública y reiteradamente, fundándose en motivaciones políticas (todo lo cual llegó incluso a recopilarse y publicarse en un *Libro Blanco* editado en marzo de 2007 por el Ministerio de Telecomunicaciones), la voluntad del Poder Ejecutivo de que a partir del 28 de mayo de 2007, RCTV dejaría de operar como estación de televisión abierta en VHF; amenaza que se consideró inminente, posible e inmediata, y mediante la cual el Jefe de Estado y sus subordinados violaban:

> [...] "(i) la libertad de pensamiento y expresión garantizada por el artículo 57 de la Constitución República Bolivariana de Venezuela (...) y el artículo 13 de la Convención Americana sobre Derechos Humanos (...) (ii) el derecho al debido proceso, expresado en el derecho a la presunción de inocencia, el derecho a la defensa y el derecho a ser oído por una autoridad imparcial, garantizado por el artículo 49 de la Constitución y el artículo 8(2) de la Convención Americana y (iii) el derecho a la igualdad y la no-discriminación, garantizado por el artículo 21 de la Constitución y el artículo 24 de la Convención Americana, todo de conformidad con el artículo 27 de la Constitución, en concordancia con los artículos 1, 2 y 5 de la Ley Orgánica de Amparo sobre Derechos y Garantías Constitucionales" (...)".

La Sala Político Administrativa, mediante sentencia N° 920, EXP: 07-0197 de 17-5-2007 declaró inadmisible la acción, para lo cual comenzó por precisar que en materia de telecomunicaciones, a juicio de la Sala, el órgano competente para pronunciarse en relación a la posible situación jurídica de la concesión que tenía RCTV, respecto del uso y explotación de un bien del dominio público como lo es el espectro radioeléctrico, era la Comisión Nacional de Telecomunicaciones (CONA-

TEL), razón por la cual consideró que la acción de amparo resultaba "inadmisible, toda vez que la lesión no es inmediata, posible y realizable por el ciudadano Presidente de la República Bolivariana de Venezuela Hugo Rafael Chávez Frías, en lo que respecta a la pretensión dirigida contra su persona como presunto agraviante". La Sala, aquí, incurrió en su primer error de crasa ignorancia sobre las disposiciones de la Ley Orgánica de Telecomunicaciones, conforme a las cuales, en forma expresa, la competencia en materia de habilitaciones y concesiones para televisión corresponde al Ministro de Telecomunicaciones.

Ahora bien, reducida la acción de amparo por decisión de la Sala sólo contra el Ministro y Presidente de CONATEL, la Sala Constitucional se refirió a dos actos administrativos dictados por el Ministro el 28 de marzo de 2007, después de que se había intentado la acción, contenidos en la Resolución N° 002 y en el Oficio N° 424, mediante los cuales se habría dado respuesta a la solicitud que había presentado Radio Caracas Televisión RCTV, C.A., el 24 de enero de 2007, en cuanto a la transformación y renovación de su concesión. En el último de dichos actos, el Ministro había indicado ("resuelto") que:

> [...] "la presente comunicación tiene carácter mero-declarativo, esto es, que no crea, modifica o extingue la situación jurídica respecto a la concesión de RCTV que se vence el 27 de mayo de 2007 a las 12 p.m. hora legal de Venezuela, por el transcurso del tiempo de vigencia establecido en el artículo 1 del Decreto N° 1.577 contentivo del Reglamento sobre Concesiones para Televisoras y Radio Difusoras, lo cual incluye las frecuencias accesorias otorgadas a nivel nacional para la explotación de la concesión cuya vigencia expira".

Para la Sala Constitucional, este acto administrativo indicaba que había "cesado la circunstancia generadora de la presunta infracción constitucional en el presente caso", pues conforme al artículo 6,1 de la Ley Orgánica de Amparo, "para que resulte admisible la acción de amparo es necesario que la lesión denunciada sea presente, es decir, actual", concluyendo entonces que como:

> [...] "el hecho denunciado como lesivo lo constituye una presunta omisión atribuida al Ministro del Poder Popular para las Telecomunicaciones y la Informática, sin embargo, durante la tramitación del proceso de amparo el presunto agraviante produjo la respuesta omitida, por lo que, desde el mismo momento en que se dictó el acto administrativo resolviendo la solicitud planteada, cesó la lesión denunciada por los quejosos".

En consecuencia, la Sala resolvió en este caso, que había sobrevenido "la causal de inadmisibilidad prevista en el numeral 1 del artículo 6 de la Ley Orgánica de Amparo sobre Derechos y Garantías Constitucionales, por haber cesado la presunta infracción constitucional denunciada". Así, la Sala, deliberadamente, se rehusaba a proteger derechos constitucionales violados.

Pero sin embargo, el juicio no concluyó allí, como era la lógica procesal, lo que implicaba el archivo del expediente, sino que la Sala Constitucional, luego de declarar inadmisible la acción, entró a formular consideraciones que nadie le había solicitado, indicando que en la Resolución n° 002 dictada por el Ministro del Poder Popular para las Telecomunicaciones y la Informática el 28 de marzo de 2007, se había determinado:

> [...] "declarar terminado el procedimiento administrativo iniciado según la solicitud formulada por Radio Caracas Televisión, en fecha 6 de mayo de 2002, relativa a la transformación de su concesión, por decaimiento del objeto de dicha solicitud. En consecuencia, dicha concesión se mantendrá en vigencia hasta su vencimiento el 27 de mayo de 2007, en aplicación de lo dispuesto en el artículo 1 del Decreto nº 1.577 contentivo del Reglamento sobre Concesiones para Televisoras y Radio Difusoras".

Por ello, a propia iniciativa, resolvió informarles a los solicitantes que la vía idónea para accionar en protección de los derechos constitucionales contra actos administrativos, era la acción contencioso administrativa, y como en el caso, RCTV, como era lógico, ya había intentado ante la Sala Político Administrativa del Tribunal Supremo de Justicia, el 18 de abril de 2007, el "recurso contencioso administrativo de nulidad conjuntamente con acción de amparo cautelar y medidas cautelares innominadas ante la referida Sala Político Administrativa el 17 de abril de 2007, contra los actos administrativos contenidos en el Oficio Nº 424 y la Resolución nº 002 dictados por el Ministro del Poder Popular para las Telecomunicaciones y la Informática el 28 de marzo de 2007", concluyó que en el caso a RCTV también se aplicaba la causal de inadmisibilidad prevista en el artículo 6,5 de la Ley Orgánica de Amparo. Respecto de los demás accionantes se les indicaba que podían "hacerse parte en el mencionado juicio a los fines de tutelar sus derechos e intereses".

En esta forma, la Sala Constitucional, en un juicio de amparo que se había intentado el 9 de febrero de 2007, sólo vino a decidir sobre su admisibilidad el 17 de mayo de 2007, es decir, tres meses después, habiendo sido su deliberada inacción la que provocaría la sobreviniencia de la causal de inadmisibilidad de la acción de amparo. De haberla decidido oportunamente, como se lo imponía la Constitución y los derechos reclamados, no habría habido motivos para declararla inadmisible.

En todo caso, al declarar inadmisible la acción intentada contra la amenaza de violación de la libertad de expresión, y la lesión efectiva del derecho al debido proceso y a la defensa, pues se había decidido no renovar la concesión sin procedimiento previo alguno, el juez constitucional, después de ilegítimamente conspirar para provocar el surgimiento de alguna causal de inadmisibilidad, renunció a proteger la libertad de expresión plural en Venezuela.

III. DE CÓMO EL JUEZ CONTENCIOSO ADMINISTRATIVO TAMBIÉN DELIBERADAMENTE RENUNCIÓ A PROTEGER CAUTELARMENTE LA LIBERTAD DE EXPRESIÓN Y OTROS DERECHOS CONSTITUCIONALES ABIERTAMENTE VIOLADOS POR CONATEL

El 17 de abril de 2007, como se había reseñado en la sentencia antes comentada de la Sala Constitucional, efectivamente, RCTV, sus directivos, sus periodistas y empleados habían interpuesto un recurso contencioso administrativo de anulación con solicitud de amparo cautelar y, subsidiariamente, medida cautelar innominada, contra los actos administrativos contenidos en Resolución Nº 002 y Oficio Nº 0424 ambas de fecha 28/03/07 dictadas por el Ministerio del Poder Popular para las Telecomunicaciones e Informática, antes mencionados, mediante los cuales se había resuelto declarar el decaimiento por falta de objeto de la solicitud formulada por RCTV en 2002, para la transformación de su título de concesión otorgado de acuerdo con la legislación anterior, en los títulos de habilitación para la prestación de servicios de telecomunicaciones y concesión para el uso y explotación del espectro radioeléctrico, de conformidad con lo previsto en el artículo 210 de la Ley Orgánica de Telecomunicaciones; así como la desestimación de las solicitudes presentadas por RCTV el 24 de enero de 2007 para la renovación o extensión de la concesión para prestar el servicio de televisión abierta hasta 2027.

Mediante sentencia N° 00763, EXP: 2007-0411, de 23-05-2007 la Sala Político Administrativa admitió "provisoriamente el recurso contencioso administrativo de nulidad incoado" para entrar a conocer de la solicitud de amparo cautelar que se había formulado conjuntamente con la acción de nulidad, la cual declaró sin lugar, renunciando así la Sala Político Administrativa, también deliberadamente, a proteger los derechos constitucionales que se habían denunciado como violados, y que fueron el derecho a la libertad de pensamiento y expresión, consagrado en los artículos 57 de la Constitución de la República Bolivariana de Venezuela y 13 de la Convención Americana sobre Derechos Humanos, pues con las decisiones recurridas se impedía a los recurrentes difundir libremente ideas, opiniones, informaciones, contenidos de entretenimiento, publicidad y propaganda mediante las frecuencias asignadas a RCTV, en todo el territorio nacional, así como también se restringía el derecho de expresión, la comunicación y la circulación de ideas y opiniones, lo que está prohibido en el artículo 13 de la Declaración de Principios sobre Libertad de Expresión adoptada por la Comisión Interamericana de Derechos Humanos; y además, la violación del debido proceso y de derechos de contenido patrimonial, como la propiedad y la libertad económica.

Esta petición de amparo, tenía por objeto el que la Sala Político Administrativa ordenara al mencionado Ministro, que se abstuviese "de tomar cualquier medida que impida que RCTV siga funcionando como estación de televisión abierta en VHF en las frecuencias que venía operando en todo el territorio nacional" mientras se decidiera el recurso contencioso administrativo de nulidad y que, además, tomase "todas las medidas necesarias a los fines de que RCTV siga funcionando como estación de televisión abierta en VHF en las frecuencias que venía operando en todo el territorio nacional mientras se decide en forma definitiva esta demanda de anulación".

Sobre estas peticiones, la Sala Político Administrativa decidió con toda simpleza, como sigue:

Sobre la violación alegada del derecho a la libre expresión del pensamiento, la Sala concluyó que sólo "mientras dure la concesión" era que:

> [...] "los recurrentes podrán ejercer el derecho a la libertad de pensamiento y expresión empleando la frecuencia radioeléctrica asignada a RCTV, C.A. bajo el título jurídico que deriva de la concesión; lo cual en modo alguno implica una presunta violación al referido derecho, toda vez que los recurrentes podrán *dentro de la diversidad de los medios de difusión*, exponer sus ideas, opiniones e informaciones".

Agregó además la Sala, con toda simpleza, como si ella lo creyera, que RCTV "tiene al igual que otros generadores de contenidos, la libertad de seguir ejerciendo dicho derecho a través de muchas otras formas de difusión, como lo serían los operadores de servicios de televisión por suscripción."

Y concluyó sobre la violación de este derecho en su ámbito social, esto es, el derecho de todos los miembros de la sociedad a recibir ideas, informaciones y opiniones, que:

> [...] "mediante los actos administrativos impugnados no se impide de manera alguna que la sociedad venezolana pueda recibir ideas, opiniones, informaciones, contenidos de entretenimiento, publicidad y propaganda, habida cuenta de la existencia de *muchos otros canales televisivos y medios de comunicación social* de propiedad privada –que son la mayoría de los existentes en el país– a través de los cuales se transmiten tales contenidos, dentro del contexto de un Estado democrático y social de derecho y de justicia, razón por la cual debe desestimarse la presunta violación alegada sobre este particular. Así se declara."

En cuanto a la violación del derecho al debido proceso, frente al alegato de que al haberse dictado los actos impugnados "tanto el Ministro como otros altos funcionarios del Ejecutivo Nacional, habrían anunciado públicamente con anterioridad a la emisión de los actos recurridos, la desestimación de la solicitud de "extensión y renovación" de la concesión a RCTV", la Sala, simplistamente se limitó a considerar que para:

> [...] "evidenciar la supuesta violación a ser oído por una autoridad imparcial, sería necesario efectuar un estudio minucioso de los actos administrativos impugnados así como de las actuaciones de las autoridades mencionadas, y confrontarlos con los argumentos expresados por la parte actora y las normas de rango legal referidas por los recurrentes, lo cual sólo podrá realizarse en la oportunidad de la sentencia definitiva, pues le está vedado al Juez que conoce del amparo cautelar pronunciarse sobre la legalidad; por tanto, se desecha la denuncia en referencia. Así se declara."

En cuanto a la violación del derecho a la defensa, por la negativa del Ministro del Poder Popular para las Telecomunicaciones y la Informática de evacuar pruebas de informes promovidas por RCTV, y permitirle el acceso al expediente, con motivo de la solicitud que había sido presentada el 24 de enero de 2007, la Sala simplemente se limitó a considerar que:

> [...] "un pronunciamiento sobre la presunta violación del derecho a la defensa en este caso, implicaría examinar la Comunicación nº 0424 a la luz de los argumentos expresados por la parte actora y las normas de rango legal aplicables, lo cual se verificará con ocasión de la sentencia definitiva; por tanto, se desecha la denuncia en referencia. Así se declara."

Y respecto de la mencionada solicitud de RCTV de 24 de enero de 2007 en la cual había solicitado al Ministerio que completara el proceso de transformación y se emitieran los nuevos títulos de RCTV, es decir, la concesión de uso y explotación del espectro radioeléctrico y la correspondiente habilitación administrativa, y se reconociera su derecho adquirido a la extensión de los títulos de RCTV por un período adicional de veinte años, la Sala simplemente se limitó a decidir que lo pretendido por RCTV:

> [...] "comportaría realizar un estudio de la normativa legal aplicable al caso de autos, referida por la empresa en su solicitud, a los fines de determinar si, efectivamente, era necesario el inicio de un procedimiento administrativo para tramitar la solicitud formulada el 24 de enero de 2007, lo cual será decidido en la oportunidad de dictarse sentencia definitiva, por lo que debe desestimarse la presunta violación alegada al derecho a la defensa. Así se decide.

En relación con la denuncia de violación del derecho a la presunción de inocencia, en virtud de que tanto las declaraciones manifestadas públicamente por autoridades pertenecientes al Ejecutivo Nacional como los actos administrativos recurridos, constituían una sanción por la supuesta comisión de infracciones al Código Penal, la Ley Orgánica de Telecomunicaciones, la Ley de Responsabilidad Social en Radio y Televisión y otras disposiciones legales, sin que ello se hubiese demostrado en forma alguna, la Sala simplistamente se limitó a señalar que en los actos impugnados no encontró "señalamiento alguno por parte de la Administración, donde se evidencie que el contenido de los referidos actos comporte una sanción a la empresa recurrente por el incumplimiento de normas legales", declarando que "no ha quedado demostrada la violación alegada por los recurrentes sobre la presunción de inocencia de su representada. Así se declara".

Sobre la violación del derecho a la igualdad y no discriminación, conforme a la cual los recurrentes alegaron que a RCTV se la había tratado "de forma desigual con respecto a operadores que se encuentran en idéntica situación que RCTV, C.A. y a los cuales se les ha dado un trato diferente y más beneficioso", la Sala se limitó simplemente a señalar que de las pruebas cursantes en el expediente, no se desprendía lo afirmado, y que los recurrentes no habían demostrado "la condición de igualdad de circunstancias y de discriminación que dice tener frente al resto de los operadores; por lo que se desestima el alegato relativo a la presunta violación del derecho a la igualdad y no discriminación. Así se declara."

Sobre la violación alegada de la garantía de irretroactividad de la ley, al desconocerse el derecho de preferencia de RCTV para la extensión por 20 años de su concesión de televisión abierta en VHF, dado que la Ley debía aplicarse respetando y reconociendo los derechos adquiridos por los operadores bajo el régimen anterior, la Sala se limitó también simplemente a señalar que para determinar dicha violación del principio de irretroactividad, debía necesariamente examinarse el contenido del Decreto nº 1.577 a la luz de la vigente Ley Orgánica de Telecomunicaciones y otras disposiciones de rango inferior al mencionado texto legal", lo que "no corresponde ser examinada en esta etapa del proceso. Así se declara."

Sobre la violación alegada del derecho de propiedad y no confiscación, en virtud de que con la negativa de transformar los títulos otorgados al amparo de la legislación anterior a la Ley Orgánica de Telecomunicaciones, así como la negativa de extender o renovar la concesión bajo el argumento de que el Estado se iba a reservar la explotación y uso de la frecuencia utilizada por RCTV, se desconocían los derechos de RCTV para continuar operando esa frecuencia, así como los beneficios económicos que dicha actividad le reporta, la Sala se limitó, igualmente en forma simplista, a advertir que el espectro radioeléctrico es un recurso limitado de telecomunicaciones y un bien de dominio público inalienable e imprescriptible, cuyo titular es la República:

> [...] "la cual ejerce sobre dicho bien los atributos propios de esa titularidad; es decir, su uso, goce y administración, de conformidad con la Ley; por lo que esta Sala estima infundada la denuncia de violación del derecho de propiedad. Así se declara."

Y sobre la afectación del derecho de propiedad sobre los bienes utilizados para la explotación de la concesión distintos del espectro radioeléctrico, la Sala también en forma insólitamente simplista, se limitó a observar:

> [...] "que el vencimiento de la concesión como mecanismo de extinción natural de la misma con un plazo de duración conocido de antemano por el concesionario, en modo alguno puede entenderse como un supuesto de lesión del derecho de propiedad sobre dichos bienes, por lo que se rechaza tal argumento. Así se declara".

La Sala, por otra parte, observó que en este caso "a pesar de estar en presencia del posible vencimiento de una concesión, hasta el presente no se ha invocado la figura usual de la reversión de los bienes afectos a la concesión en beneficio del concedente." Es decir, la Sala aprovechaba una decisión judicial para enviarle un "mensaje" al Ejecutivo sobre algo que hasta ese momento "no se había invocado", particularmente porque no procedía.

En cuanto al alegato de la empresa recurrente de que la pérdida de ciertos beneficios económicos (lucro cesante y recuperación de la inversión) que la iban a afectar si se ejecutaban los actos impugnados, la Sala se limitó simplemente a señalar que:

> [...] "la determinación de tal pérdida comporta necesariamente el análisis de la existencia o no de un derecho de preferencia a favor de la empresa recurrente para obtener la extensión o renovación de la concesión a partir del 28 de mayo de 2007, día siguiente a aquel en que vence la concesión otorgada; razón por la cual no puede la Sala en esta etapa cautelar emitir pronunciamiento alguno con fundamento en un pretendido derecho que constituye parte de lo que debe dilucidarse en la decisión definitiva, debiéndose desestimar el alegato formulado sobre este punto. Así se declara."

En cuanto a la violación alegada al derecho a la libertad, en virtud de que la ejecución de las decisiones impugnadas impedirían que RCTV pudiese ejercer la actividad que venía desarrollando, sin que se hubiese configurado el incumplimiento de la ley ni verificado un supuesto normativo que justificase dichas decisiones, la Sala, luego de analizar el carácter de dominio público del espacio radioeléctrico, se limitó a señalar también en forma insólitamente simple, que los argumentos sobre la disponibilidad de la frecuencia usada por la empresa:

> [...] "están sujetos a las pruebas que se promuevan y evacúen en el transcurso del proceso de nulidad, razón por la cual su alegato no debe ser considerado

> en esta etapa procesal a efectos de evidenciar la supuesta violación del derecho a la libertad económica. Así se declara."

Sobre el alegato de que la autoridad administrativa tenía la obligación de respetar el objeto, cobertura y lapso de vigencia de la concesión otorgada bajo la normativa legal anterior a la Ley Orgánica de Telecomunicaciones, y que por tanto debía haber transformado los títulos de RCTV, la Sala, también con una simpleza pasmosa, se limitó a indicar:

> [...] "que de las pruebas cursantes en autos no se deduce que la circunstancia de la no transformación de los mencionados títulos, haya impedido que la sociedad mercantil actora continúe operando la frecuencia radioeléctrica hasta la fecha del vencimiento de la concesión, lo cual fue expresamente reconocido por la Resolución nº 002 recurrida. Así se declara."

Y en cuanto a la denuncia relativa a que la Administración tendría que respetar el derecho de RCTV a la extensión por veinte (20) años de la concesión, con base en el artículo 3 del Decreto nº 1.577, la Sala se limitó a indicar también simplemente:

> [...] "que tal argumento requiere necesariamente un pronunciamiento sobre las normas legales aplicables al caso de autos, lo que –tal como antes se ha señalado– le está vedado al juez de la causa en esta etapa cautelar, limitada a la protección de los derechos constitucionales."

Como consecuencia de todo lo anterior, la Sala Político Administrativa concluyó que en el caso sometido a su consideración no se verificó la presunción de buen derecho exigida a los fines de acordar la protección cautelar, con lo que, sin verificar el cumplimiento del *periculum in mora* ni el *fumus boni iuris*, pura y simplemente declaró improcedente la acción de amparo constitucional interpuesta en forma conjunta con el recurso contencioso administrativo de nulidad de los actos impugnados.

La orden ejecutiva había sido dada, y la simpleza de los argumentos lo que confirman es la sumisión del órgano judicial a los dictados del Poder Ejecutivo.

IV. DE CÓMO EL JUEZ CONTENCIOSO ADMINISTRATIVO EN LUGAR DE PROTEGER LOS DERECHOS DE LAS PERSONAS, PRETENDIÓ SUSTITUIRSE EN LA ADMINISTRACIÓN Y PRETENDIÓ CUBRIRLE DE OFICIO SUS CARENCIAS ARGUMENTALES

Pero después de haber declarado sin lugar la protección cautelar de amparo a los derechos constitucionales que se había formulado conjuntamente con la acción de nulidad contra los actos administrativos impugnados dictados por CONATEL, la Sala Político Administrativa pasó a formular, **de oficio**, unas consideraciones teóricas sobre el régimen de concesiones en materia de telecomunicaciones, pretendiendo así suplir lo que quizás percibía como eventuales carencias argumentales de las autoridades administrativas. El juez contencioso administrativo, así, se pretendió convertir en Administración, incurriendo en una ilegitimidad judicial.

En efecto, en la antes referida sentencia de 23-05-2007, la Sala Política Administrativa emitió un "*obiter dictum*", que significa "algo dicho al pasar" o incidentalmente, es decir, algo "dicho sea de paso", en el cual indicó que "la *concesión* es una forma contractual empleada por la Administración para la gestión de los *servicios públicos*, la cual comporta una delegación que efectúa el Estado a otra persona a su propio riesgo, para el funcionamiento de dichos servicios por un tiempo expresamente acordado", respecto de la cual "resaltan los elementos de temporalidad, exacta delimitación y beneficio económico para el concesionario por el uso y explotación del bien público que con motivo de la concesión se le haya asignado" agregando que "una vez expirado el término de vigencia se produce de pleno derecho la extinción de la relación y, usualmente, la reversión de los bienes afectos a la concesión".

Concluyó la Sala indicando que:

> [...] "el derecho a la libertad de pensamiento y expresión de RCTV, C.A. empleando la frecuencia radioeléctrica que le fue asignada, tiene como límite la duración de la concesión, por lo que en modo alguno, existe en su caso la violación del referido derecho constitucional. RCTV, C.A. puede seguir expresando sus ideas, opiniones o informaciones y demás contenidos a través de muchos otros medios de difusión que se encuentran al alcance de los particulares, conforme al ordenamiento jurídico venezolano."

Con este "dicho sea de paso" del juez contencioso administrativo, el Tribunal Supremo tomó dos iniciativas **de oficio**, sobre temas que no habían sido ni eran objeto del debate en el juicio, y adelantó opinión sobre el fondo del juicio. De nuevo, el juez contencioso administrativo pretendió guiar a la Administración y suplirle sus supuestas carencias.

1. *El tema del servicio público y las telecomunicaciones*

En efecto, en primer lugar, la Sala en su "dicho sea de paso", calificó la concesión de uso del espacio radioeléctrico para transmitir televisión como una "concesión de servicio público", lo cual no es jurídicamente correcto.

Es cierto que históricamente, las actividades de telecomunicaciones habían sido consideradas en muchos países y en épocas distintas como actividades de servicio público, las cuales incluso durante muchas décadas fueron reguladas como actividades reservadas al Estado, y que los particulares en algunos casos podían prestar mediante el régimen de concesión de servicio público otorgada por el Estado.

Todo ello, sin embargo, cambió en el mundo contemporáneo, donde ahora prevalece el criterio de que el hecho de que una actividad sea declarada como servicio público no siempre implica una reserva de la misma a favor del Estado, existiendo por tanto, por una parte, servicios públicos reservados al Estado y servicios públicos no reservados al mismo, pudiendo ser los primeros prestados por los particulares en régimen de concesión, y los últimos prestados en régimen de concurrencia y en relación con los cuales los particulares tienen derecho y libertad económica de realizarlas.

Por otra parte, la reserva al Estado de las actividades de telecomunicaciones, por su complejidad y desarrollo creciente, también fue eliminada, y las mismas ahora se consideran como actividades respecto de las cuales los particulares tienen derecho y libertad económica de realizar, sometidos a restricciones y limitaciones propias de su consideración como actividades de interés general. Este es el régimen que se establece precisamente en la Ley Orgánica de Telecomunicaciones, conforme a la cual las actividades de telecomunicaciones no son actividades que estén reservadas al Estado, por lo que incluso si se las llegara a calificar como "servicios públicos", serían de los servicios públicos concurrentes en relación con los cuales los particulares tienen derecho y libertad económica para realizarlas, sujetos a las limitaciones y restricciones establecidas en la Ley Orgánica de Telecomunicaciones de 2000, particularmente en cuanto a la obtención de una autorización o habilitación por parte del Estado, a través de CONATEL.

En relación con estas actividades, por tanto "la concesión de servicio público" no existe, pues las mismas no están reservadas al Estado, y se prestan mediante autorización o habilitación; y sólo en los casos en los cuales sea necesario utilizar bienes del dominio público (como el espacio radioeléctrico) para realizarlas, lo que se requiere es una "concesión de uso del espacio radioeléctrico", es decir, una concesión respecto de un *bien* del dominio público, tal como se regula en la Ley Orgánica de Telecomunicaciones. Por tanto, es un error jurídico del juez contencioso administrativo pretender considerar la concesión que tenía RCTV como una "concesión de servicio público". El juez contencioso administrativo pretendió ilegítimamente sustituir a la Administración, y se equivocó jurídicamente.

2. *El tema de la reversión en las concesiones*

Pero el error jurídico del juez contencioso administrativo en su actuación de oficio no sólo se quedó en haber calificado erradamente la concesión para transmisiones de televisión, conforme al régimen liberal de la Ley Orgánica de Telecomunicaciones de 2000 como una "concesión de servicios públicos", sino en haberse referido, en este caso, ilegítima y erradamente a la institución de la reversión en las concesiones.

En efecto, es su "dicho sea de paso", de oficio y sin que el tema se hubiese siquiera mencionado en las actas procesales, la Sala Político Administrativa, al referirse a que una vez expirado el término de vigencia de una concesión de servicio público "se produce de pleno derecho la extinción de la relación", agregó que también se producía "usualmente, la reversión de los bienes afectos a la concesión."

Con ello, el juez contencioso administrativo pretendió también sustituirse a la Administración, pretendiendo suministrarle argumentos que supuestamente consideró que la Administración no había esgrimido en el caso en sede administrativa, con lo cual incurrió en una nueva ilegitimidad y en otro error jurídico, pues contrariamente a lo que indica, al extinguirse las concesiones de telecomunicaciones o de cualquier otra actividad, la reversión no opera "usualmente" sino sólo cuando la ley o el propio título de la concesión lo indica expresamente.

Es cierto que uno de los principios más clásicos del derecho administrativo en relación con concesiones de servicios públicos, de construcción y uso de obras públicas incluso en bienes del dominio público, había siempre sido el de la necesaria reversión del servicio o de la obra construida a la Administración concedente una vez extinguida la concesión. Se trató de un principio que buscaba asegurar la continuidad en la prestación del servicio público o del uso de una obra pública, independientemente de la participación del concesionario, una vez extinguida la concesión.

Sin embargo, al tratarse de un medio de extinción de la propiedad privada del concesionario sobre los bienes afectos al servicio o de las obras construidas, la garantía constitucional de la propiedad y de la reserva legal, progresivamente impusieron el principio de que la reversión debía estar establecida en texto legal expreso. Incluso, en ese sentido, fue que la Constitución de 1961 estableció el principio de la reversión en materia de concesiones de hidrocarburos, en relación con las tierras (inmuebles) afectados a las mismas.

En ausencia de texto legal expreso, por tanto, la reversión sólo podría proceder si en el contrato de concesión se la dispone y regula. La reversión, en efecto, perdió su antiguo carácter de "elemento esencial" de toda concesión y pasó a ser un elemento de la relación que opera únicamente en caso de pacto expreso.

Esta, por lo demás, es la orientación que se siguió en la Ley Orgánica sobre Promoción de la Inversión Privada bajo el régimen de Concesiones (*G.O.* nº 5394 Extra. de 25-10-1999), al disponer en el artículo 48 relativo a la "reversión de obras y servicios" que es el respectivo *contrato* el que debe establecer, entre otros elementos, "los bienes que por estar afectos a la obra o al servicio de que se trate revertirán al ente concedente, a menos que no hubieren podido ser totalmente amortizadas durante el mencionado plazo". A tal efecto, la norma también dispone que durante un período prudencial anterior a la terminación del contrato, el ente concedente debe adoptar las disposiciones encaminadas a que la entrega de los bienes a ser revertidos se verifique en las *condiciones convenidas* en el contrato. Igualmente, dicha norma dispone que el contrato debe expresar "las obras, instalaciones o bienes que hubiere de realizar el concesionario *no sujetas* a reversión, las cuales, de considerarse de utilidad o interés público, podrán ser objeto de reversión previo pago de su precio al concesionario."

En consecuencia, si no hay una disposición legal que establezca la reversión de bienes en concesiones de servicios públicos, de obras públicas o de uso del dominio público, o si no está dicha reversión prevista en el contrato de concesión, al terminar la concesión el concesionario no está obligado a revertir a la Administración ningún bien que se haya construido o que haya estado afecto a la concesión, ni puede la Administración pretender apropiarse o tomar posesión de los mismos. Solo podría hacerlo mediante expropiación, conforme a la Constitución y la Ley. De lo contrario se trataría de una confiscación prohibida en la Constitución.

En el caso de la concesión de uso del dominio público radioeléctrico de RCTV, nada se había dispuesto, por lo que sugerir como lo hizo el juez contencioso administrativo que "usualmente" ocurría la reversión en las concesiones resolviendo un caso concreto de la concesión que tenía RCTV, se constituyó en una incitación a la confiscación de bienes, que la Administración se había cuidado de ni siquiera plantear, pero que luego ejecutaría la Sala Constitucional, precisamente porque nadie puede controlar sus decisiones.

3. *De cómo el juez contencioso administrativo, impunemente, al declarar sin lugar una medida cautelar, resolvió el fondo del asunto planteado*

Por último, la Sala Político Administrativa, en su "*obiter dictum*" adelantó abierta e impunemente opinión sobre el fondo de la cuestión en cuanto a la nulidad alegada por violación del derecho a la libertad de pensamiento y expresión de RCTV, al indicar respecto de RCTV que "en modo alguno existe en su caso la violación del referido derecho constitucional".

En efecto, en su "dicho sea de paso", **de oficio**, el juez contencioso administrativo agregó lo siguiente:

> "Así, destaca la Sala que el derecho a la libertad de pensamiento y expresión de RCTV, C.A. empleando la frecuencia radioeléctrica que le fue asignada, tiene como límite la duración de la concesión, por lo que en modo alguno, existe en su caso la violación del referido derecho constitucional. RCTV, C.A. puede seguir expresando sus ideas, opiniones o informaciones y demás contenidos a través de muchos otros medios de difusión que se encuentran al alcance de los particulares, conforme al ordenamiento jurídico venezolano."

El juicio que cursa ante la Sala Político Administrativa y donde se dictó la sentencia sobre la negativa de las medidas cautelares solicitadas, tiene precisamente por objeto determinar el derecho que RCTV tenía a continuar operando el canal de televisión y así, ejercer su derecho a la libre expresión del pensamiento, para lo cual se impugnaron los actos administrativos mediante los cuales decidió, por una parte, no continuar el procedimiento de transformación de la concesión de RCTV para seguir operando, y por la otra, no renovarle la concesión a que tenía derecho. Es decir, el juicio trata, precisamente, del derecho de RCTV a seguir operando después del 28 de mayo de 2007, cuando vencía su concesión, mediante su adaptación y/o renovación.

Sobre esto, el juez contencioso administrativo, en su sentencia, de oficio y sin debate judicial, incidentalmente, "diciendo algo de paso", simplemente dijo que la concesión de RCTV vencía al término que tenía de la concesión, es decir, tenía "como límite la duración de la concesión" que era hasta el 27 de mayo de 2007; y decidió de una vez por todas, que "en modo alguno, existe en su caso la violación del referido derecho constitucional; y que RCTV" supuestamente, sin concesión, podría "seguir expresando sus ideas, opiniones o informaciones y demás contenidos a través de muchos otros medios de difusión que se encuentran al alcance de los particulares, conforme al ordenamiento jurídico venezolano".

Con esta decisión emitida de paso y de oficio, la Sala Político Administrativa insólitamente y contra todos los principios del debido proceso, ya ponía fin al juicio, sin declararlo expresamente.

Con esta decisión judicial, por otra parte, el juez contencioso administrativo convertido en coadyuvante de la Administración, le lavaba el camino que requería el Ejecutivo para no renovar la concesión a que tenía derecho RCTV, y sentaba criterios que hasta ese momento no se habían planteado, como los relativos a la reversión de bienes en este tipo de concesiones.

V. DE CÓMO EL JUEZ CONSTITUCIONAL EN SUPUESTA PROTECCIÓN DE INTERESES DIFUSOS EN CONFLICTO, RESOLVIÓ INCLUSO DE OFICIO, CONFISCAR LOS BIENES DE RCTV Y ASIGNARLOS EN USO GRATUITAMENTE, *SINE DIE*, A UNA ENTIDAD DEL ESTADO

Aparte de las acciones ejercidas por RCTV, sus directivos, periodistas y empleados, en mayo de 2007 se ejercieron una serie de acciones por grupos de usuarios de las telecomunicaciones, contra el Presidente de la República y el Ministro de las Telecomunicaciones, la mayoría tendientes a que se asegurara la continuidad de las transmisiones de la señal en el canal que tenía asignado RCTV, y que fuera esta empresa la que continuara transmitiendo la señal; y una que buscaba asegurar que fuera la nueva entidad estatal creada al efecto, Fundación TEVES, que iba a trasmitir la nueva señal, la que lo hiciera con cobertura nacional.

1. *La acción intentada para asegurar que la nueva entidad estatal pudiera comenzar a transmitir la señal del Canal 2 después del 27 de mayo de 2007, con cobertura nacional.*

El 22 de mayo de 2007, en efecto, varios Comités de Usuarios de las telecomunicaciones actuando en representación de sus intereses colectivos y de los derechos e intereses difusos del pueblo venezolano, intentaron por ante la Sala Constitucional del Tribunal Supremo, una acción de amparo constitucional "para la protección del derecho fundamental a la confianza legítima, del derecho fundamental a la no discriminación, y del derecho fundamental a obtener una televisión de servicio público de calidad" conjuntamente con medida cautelar innominada, contra el Ministerio del Poder Popular para las Telecomunicaciones y la Informática, el Ministerio del Poder Popular para la Comunicación y la Información y, la Fundación Televisora Venezolana Social (TEVES).

El argumento básico de los demandantes en esta acción de amparo fue que según los anuncios del Ministro de Telecomunicaciones, la nueva televisora en el inicio de sus operaciones sólo iba a ser vista en el centro occidente del país, lo que consideraron que era "evidencia manifiesta de que el Ejecutivo Nacional no ha tomado todas las medidas necesarias... para garantizar a todos los ciudadanos el disfrute, a nivel nacional, de las transmisiones de la nueva estación de televisión de servicio público, a partir del día 28 de mayo de 2007". Ello, consideraron los recurrentes, era una violación de los derechos constitucionales a la confianza legítima, a la no discriminación y a obtener una televisión de servicio público de calidad, supuestamente garantizados por los artículos 22, 19, 108 y 117 de la Constitución, señalando que "Nuestra expectativa es (...) a disfrutar, insistimos por ser un derecho, de un servicio de televisión de servicio público (sic) de calidad, como al efecto fue ofrecido por el Ejecutivo Nacional al pueblo venezolano (...)". Alegaron, además, que el anuncio de que la transmisión a nivel nacional de la señal del nuevo canal, se realizaría mediante el sistema de televisión por cable suponía *una "clara discriminación de cara al acceso universal a dicho servicio"*.

En su demanda de amparo, los accionantes solicitaron como medidas cautelares innominadas que se permitiera:

> [...] "de manera temporal a la Fundación Televisora Venezolana Social (TEVES), el acceso, uso y operación de la plataforma, conformada por transmisores, antenas y torres repetidoras ubicadas en distintos sitios del territorio nacional, que viene siendo utilizada por la sociedad mercantil Radio Caracas Televisión RCTV, C.A., para el uso y explotación de la porción del espectro radioeléctrico bajo la concesión que vence el próximo 27 de mayo de 2007, independientemente de sus propietarios o poseedores" y que "se le ordene a (...) RCTV (...), permitir a la Fundación Televisora Venezolana Social (TEVES), el acceso, uso y operación de la plataforma de transmisión y repetición para facilitar (...), que las transmisiones de la nueva televisión (...) sean en todo el país, en virtud que dichos equipos e infraestructura, legal y técnicamente, sólo pueden ser utilizados bajo la frecuencia del canal 2 (...)".

Sin embargo, era evidente que para asegurar la continuidad de la transmisión de la señal de televisión en este caso, no era necesario que se le asignara al Estado el uso de los bienes de propiedad de RCTV; al contrario, como lo advirtió el Magistrado Pedro Rafael Rondón Haaz en el voto disidente que formuló respecto de la decisión de la Sala, el asegurar que con la continuidad de las transmisiones:

> [...] "se habría garantizado con mucho mayor eficacia si, como medida cautelar, se hubiese permitido a la actual operadora del espectro radioeléctrico la continuación provisional de sus actividades hasta cuando se produjese la decisión de esta causa –o de cualquiera de las otras en donde tal medida fue expresamente solicitada– porque resulta evidente que resultaría mucho más sencillo que RCTV simplemente continuase en la ejecución de sus actividades ordinarias que la ocupación de su propiedad por parte de un tercero que debe empezar de cero. Así, si el derecho difuso cuya protección se pretende es la del disfrute de la señal abierta que actualmente transmite RCTV "a nivel nacional, bajo condiciones de calidad, en los mismos términos [cn] que se venía prestando", la medida congruente, la que habría satisfecho el carácter instrumental inmanente a toda cautela, habría sido la que se expuso supra y no la que se acordó."

Y es que en efecto, la Sala Constitucional mediante sentencia nº 956 EXP: 07-0720 de 25 de mayo de 2007, al declarar admisible la acción intentada contra el Ministerio del Poder Popular para las Telecomunicaciones y la Informática y la Fundación Televisora Venezolana Social (TEVES), resolvió la medida cautelar solicitada acordando, ni más ni menos, la confiscación de los bienes de propiedad privada de RCTV, empresa que no es parte en el juicio, y a la cual en violación a sus derechos al debido proceso y a la defensa no sólo no se la citó no oyó, sino que ni siquiera se le permite por si misma hacerse parte en el juicio.

El juez constitucional fue increíblemente cuidadoso en disponer el procedimiento a seguir, dándole a los demandantes cinco días de despacho para promover pruebas (artículo 862 CPC), ordenando que se emplazara al Director de CONATEL y al Presidente del Instituto para la Defensa y Protección al Consumidor y el Usuario (INDECU), en virtud de que "en el presente caso, existe un grupo de legitimados pasivos, y dado los efectos *erga omnes* que podría producir el fallo si fuese declarado con lugar". La Sala ordenó igualmente que se publicara "un edicto en uno de los diarios de mayor circulación nacional, llamando a los interesados que quieran hacerse partes coadyuvantes u oponentes, o en defensa de sus propios derechos o intereses," pero con la expresa advertencia de que "los intervinientes solamente podrán en igual término, alegar razones que *apoyen las posiciones de aquellas* con quienes coadyuvarán"; y de que "los coadyuvantes con las partes, tratándose de una acción de intereses difusos, sólo podrán promover pruebas con relación a los alegatos de las partes con quienes coadyuven." Es decir, antes de resolver confiscarle los bienes a RCTV, la Sala había resuelto que esa empresa no podía alegar, probar o defenderse por si misma sino apoyando las posiciones de los demandantes o de los demandados.

Todo ello lo advirtió el Magistrado Pedro Rafael Rondón Haaz quien en el voto disidente que formuló respecto de la decisión antes indicada, advirtió que la sentencia nada decía:

> [...] "acerca de la ausencia, dentro de los demandados, de RCTV, a quien se pretende se ordene que permita a TEVES el uso de sus equipos e instalaciones, sin que siquiera se la traiga a juicio para la legítima defensa de sus derechos, entre otros, en forma ostensible, el de propiedad. Así, puesto que de ella se pretende una conducta determinada o que a ella sea condenada, ha debido ser llamada a juicio como legitimada pasiva."

Concluyendo su voto disidente expresando que:

> "En consecuencia, la medida cautelar que fue solicitada ha debido ser negada por la Sala porque no era la adecuada para garantizar el fin para el cual fue dictada y porque implica la desposesión de todos los bienes indispensables para el ejercicio de la actividad económica de su preferencia de un **tercero ajeno a la litis, sin límite, sin procedimiento y sin contraprestación alguna y sin siquiera llamarlo a juicio**".

2. *La confiscación de los bienes de RCTV por la confusión conceptual del juez constitucional de lo que es el "servicio universal de telecomunicaciones"*

Pero fijados los términos adjetivos del caso, la Sala Constitucional pasó a resolver la medida cautelar, advirtiendo que el artículo 27 de la Constitución "le consagra al juez constitucional la potestad de restablecer inmediatamente la situación jurídica infringida o la situación que más se asemeje a ella"; observando además que en ciertas ocasiones, el objeto de la tutela constitucional requiere de una protección expedita, para lo cual precisamente se erigen las medidas cautelares dentro de los procedimientos judiciales.

Advirtió también la Sala, que el juez constitucional posee amplios poderes inquisitivos en aras de mantener el orden público constitucional, poderes que "no se restringen a la calificación de una determinada pretensión, sino a la posibilidad de acordar las medidas conducentes para garantizar los derechos constitucionales violados o amenazados de violación ... **aun de oficio**", y no sólo "fundadas en el derecho, en atención a lo alegado y probado en autos, sino también en criterios de **justi-**

cia y razonabilidad que aseguren la tutela efectiva de quien haya demostrado su legítima pretensión en el asunto a resolver".

Pasó así la Sala a efectuar la ponderación de intereses necesaria para acordar y justificar una tutela cautelar, para "equilibrar muy bien los intereses generales involucrados en la situación específica respecto de los intereses particulares, a fin de no afectar la globalidad de los intereses públicos supremos tutelados". Ello llevó a la Sala, en este caso, a realizar dicha ponderación de intereses conforme a las características particulares de una actividad como las telecomunicaciones, "sometida a un régimen estatutario de derecho público –Ley Orgánica de Telecomunicaciones–, regido por los principios constitucionales establecidos en los artículos 108 y 117 de la Constitución".

Ahora bien, el primero de dichos artículos establece la obligación del Estado de garantizar "servicios públicos de radio, televisión y redes de bibliotecas y de informática, con el fin de permitir el acceso universal a la información". Según la Sala, en desarrollo de los mencionados postulados constitucionales la Ley Orgánica de Telecomunicaciones, tiene precisamente por "objeto establecer el marco legal de regulación general de las telecomunicaciones, a fin de garantizar el derecho humano de las personas a la comunicación y a la realización de las actividades económicas de telecomunicaciones necesarias para lograrlo, sin más limitaciones que las derivadas de la Constitución y las leyes" (art. 1), destacando entre los objetivos de la Ley Orgánica el "hacer posible el uso efectivo, eficiente y pacífico de los recursos limitados de telecomunicaciones tales como la numeración y el espectro radioeléctrico, así como la adecuada protección de este último" (art. 2,7); e "incorporar y garantizar el cumplimiento de las obligaciones de Servicio Universal, calidad y metas de cobertura mínima uniforme, y aquellas obligaciones relativas a seguridad y defensa, en materia de telecomunicaciones (art. 2,8).

De estas normas dedujo la Sala que el Estado está supuestamente obligado a "procurar la satisfacción eficaz del servicio universal de telecomunicaciones y asegurar a los usuarios y consumidores un servicio de calidad, en condiciones idóneas y de respeto de los derechos constitucionales de todas las partes involucradas, por ser los medios de comunicación un medio de alcance e influencia en diversos aspectos de la sociedad y que pueden incidir tanto en la calidad de vida de aquélla, como en derechos concretos"; agregando que dicha obligación no resulta sólo en "la simple facultad de otorgar una concesión del uso del espacio radioeléctrico", sino "en situaciones de necesidad asegurar a un determinado medio de comunicación o a diversos medios, mecanismos jurídicos o fácticos de facilitación estructural que permitan su funcionamiento de una manera eficaz y adecuada para la prestación del servicio público"; considerando que puede "el Estado en virtud de ello, hacer uso de aquellos mecanismos establecidos en el ordenamiento jurídico para mantener en un momento determinado la actividad operacional de tal servicio".

Luego pasó la Sala a considerar "lo dispuesto en el artículo 49 de la Ley Orgánica de Telecomunicaciones, el cual consagra una obligación estatal de garantizar la efectiva protección del *servicio universal de telecomunicaciones*, en los siguientes términos:

"El Estado garantiza la prestación del Servicio Universal de Telecomunicaciones. El Servicio Universal de Telecomunicaciones es el conjunto definido de servicios de telecomunicaciones que los operadores están obligados a prestar a los usuarios para brindarles estándares mínimos de penetración, acceso, calidad y asequibilidad económica con independencia de la localización geográfica.

El Servicio Universal tiene como finalidad la satisfacción de propósito de integración nacional, maximización del acceso a la información, desarrollo educativo y de servicio de salud y reducción de las desigualdades de acceso a los servicios de telecomunicaciones por la población".

De esta norma, que sin duda, se refiere a **los servicios de telefonía**, la Sala dedujo un "deber del Estado de garantizar el servicio universal de telecomunicaciones –vgr. transmisiones en señal abierta en frecuencia VHF– " lo que en el caso pensó que implicaba "el mantenimiento de una estructura operacional suficiente o adecuada que permitan una eficaz 'penetración, acceso y asequibilidad', en el desarrollo de la actividad."

Aquí es necesario detenerse un instante: la Sala Constitucional, incomprensiblemente, o deliberadamente, **confundió todo en materia de telecomunicaciones**, y de una norma que está destinada a asegurar el servicio universal de **telefonía**, dedujo un supuesto "servicio universal de televisión". La norma citada por la Sala, es decir, el artículo 49 de la ley Orgánica, es copia del artículo 37,1 de la Ley General de Telecomunicaciones española, la cual a su vez, es copia de las Directrices de la Unión Europea en la materia, y sólo se refiere a los servicios de telefonía. La norma persigue que en las habilitaciones para servicios de telefonía, siempre se asegure el servicio telefónico básico (universal), es decir, la transmisión de voz, fax y datos de baja velocidad con calidad de voz, que es el que tiene que ser asequible a todos, con independencia de su lugar de residencia y poder adquisitivo, y que tiene que contener unas prestaciones y una calidad prefijadas.

Al aplicar una norma que regula los servicios de telefonía a la televisión (recuérdese incluso que en España la televisión no está regulada en la Ley General), la Sala Constitucional llegó a conclusiones falseadas y distorsionadas, entre las cuales está que a la nueva operadora del canal de televisión que tenía RCTV debía asegurársele "el actual alcance y calidad de señal que mantenía la operadora de dicho servicio en el ejercicio de sus funciones y deberes de operador televisivo, conforme a la respectiva concesión."

De allí dedujo la Sala arbitrariamente que se podía concebir que:

[...] "la Administración pueda hacer un uso temporal de los bienes afectos a la prestación del mencionado servicio, en aras de mantener a buen resguardo los derechos de los usuarios a la prestación de un servicio público en condiciones de calidad, ya que, en virtud del carácter obligatorio en la prestación de éste, no puede el Estado permitir el cese funcional en la prestación del mismo (*vgr.* servicio de salud, agua, electricidad)."

Entonces la Sala concluyó en los términos de los accionantes, citando declaraciones de autoridades ejecutivas, en el sentido de que

> [...] "la posible transmisión que efectuará la Fundación Televisora Venezolana Social (TEVES), como consecuencia de la habilitación expedida por CONATEL de radiodifusión sonora y televisión abierta, con atributo de televisión abierta en VHF –en virtud del conocimiento que posee esta Sala por hecho público, notorio y comunicacional–, no contará con la infraestructura necesaria para la transmisión a nivel nacional, bajo condiciones de calidad, en los mismos términos que se venía prestando".

Con base en esta premisa, entonces, dado que en este caso no cabía reversión, ni ello lo había acordado el Ejecutivo, para asegurar el propósito fijado por el juez constitucional, y ya que no había forma de quitarle sus bienes a RCTV, la Sala procedió a confiscárselos, asignándosele el uso de los mismos, *sine die*, y de manera gratuita a CONATEL, para lo cual la Sala acordó:

> [...] "de manera temporal y a los fines de tutelar la continuidad en la prestación de un **servicio público universal**, el uso de la frecuencia que ha sido asignada para televisión abierta en la red de transporte y teledifusión que incluye entre otros, microondas, telepuertos, transmisores, equipos auxiliares de televisión, equipos auxiliares de energía y clima, torres, antenas, casetas de transmisión, casetas de planta, cerca perimetral y acometida eléctrica, sin que ello implique menoscabo alguno a los derechos de propiedad que puedan corresponderle a Radio Caracas Televisión, C.A., sobre dicha infraestructura o equipos, salvo aquellos que legal o convencionalmente sean propiedad de la República..."

Como se dijo, esta medida cautelar constituye una confiscación de los bienes de RCTV, pues despoja a dicha empresa sin formula de juicio de su propiedad, sin límite de tiempo. Como bien lo observó el Magistrado Pedro Rafael Rondón Haaz en el voto disidente que formuló respecto de la decisión antes indicada, la Sala con la medida cautelar acordada

> [...] "asignó" a CONATEL "el derecho de uso" de los equipos propiedad de RCTV –suerte de expropiación o, a lo menos, de ocupación previa con prescindencia absoluta del procedimiento aplicable– para acordar su uso "al operador que a tal efecto disponga".

Ello, según el Magistrado disidente,

> [...]"implica la sustracción de un atributo del derecho de propiedad (el uso) de Radio Caracas Televisión RCTV C.A. sobre los bienes que fueron afectados, sin que se exprese ninguna fundamentación de naturaleza legal, la cual es la única fuente de limitación a la propiedad privada, siempre con los fundamentos que la Constitución Nacional preceptúa.

Para tal efecto, el juez constitucional, sustituyéndose en la Administración, pasó a enumerar todos los lugares del territorio nacional donde se encontraban ubicados los equipos, apreciando en sustitución del Legislador, que el "el derecho de uso" de los equipos que oficiosamente asignó a CONATEL como ente regulador del servicio de telecomunicaciones y sin que hubiera ley alguna que regulara esa figura, supuestamente autorizaban a dicha Comisión a "acordar su uso, de manera temporal, al operador que a tal efecto disponga, conforme a lo establecido en la Ley Orgánica de Telecomunicaciones".

La Sala, finalmente, sustituyéndose una vez más en las autoridades ejecutivas, ordenó al Ministerio de la Defensa "custodiar, controlar y vigilar de forma constante el uso de instalaciones y equipos tales como microondas, telepuertos, transmisores, equipos auxiliares de televisión, equipos auxiliares de energía y clima, torres, antenas, casetas de transmisión, casetas de planta, cerca perimetral y acometida eléctrica, ubicados en a nivel nacional y necesarios para el uso de la frecuencia que ha sido asignada para televisión abierta en la red de transporte y teledifusión."

3. *La nueva confiscación de los bienes de RCTV por el juez constitucional, pero esta vez* ***de oficio****, y por la misma confusión conceptual del juez constitucional de lo que es el "servicio universal de telecomunicaciones", contrariamente a lo que los recurrentes habían solicitado*

Además de la acción referida en el numeral anterior, cursaban ante la Sala Constitucional, como se dijo, una serie de acciones intentadas por otros sujetos y Comités de Usuarios para la defensa de sus derechos colectivos y de los intereses difusos de la población venezolana.

Una de dichas acciones fue interpuesta el 24 de mayo de 2007 por un grupo de ciudadanos actuando "en su propio nombre y de la sociedad venezolana", así como por el vocero principal de un comité de usuarios (OIR). Se trataba de una acción de amparo por intereses difusos y colectivos ejercida conjuntamente con medida cautelar innominada, esta vez contra el Presidente de la República y Ministro del Poder Popular para las Telecomunicaciones y la Informática, por la violación de los derechos constitucionales a la libertad de expresión e información, establecidos en los artículos 57 y 58 de la Constitución de la República Bolivariana de Venezuela.

En este caso, los demandantes formularon su pretensión contra las constantes amenazas de cierre del canal 2, RCTV, emitidas de manera reiterada por los funcionarios demandados desde diciembre de 2006 hasta el presente, "cierre que sin duda restringiría los derechos constitucionales a la libertad de expresión e información del pueblo venezolano" al verse "privados de la posibilidad de disfrutar de un canal de televisión del que todo el pueblo ha disfrutado desde hace 53 años en forma ininterrumpida, y que cuenta con la más variada programación tendiente a satisfacer las exigencias del pueblo venezolano"; considerando además, que el cierre anunciado "tiene su causa, no en supuestos incumplimientos de las normas de telecomunicaciones que no harían posible la renovación de la concesión, sino que responde a un castigo a dicha planta televisiva por incluir dentro de los mensajes que transmite, mensajes que el gobierno considera adversos" lo que convertía el supuesto en "un claro caso de violación a la libertad de expresión", especialmente de los accionantes y del colectivo venezolano. Los accionantes, dada la inminencia de la amenaza de violación de los derechos constitucionales que denunciaron por las amenazas constantes y reiteradas de cierre de RCTV, las cuales se materializarían el día 27 de mayo de 2007, solicitaron:

> [...] "se declare medida cautelar innominada a favor del pueblo venezolano, en virtud de la cual se le permita a dicho canal continuar con la trasmisión de su programación mientras dure la tramitación del presente procedimiento".

En este caso, por tanto, la acción de amparo en representación de intereses difusos, se introdujo con el petitorio cautelar que la Sala Constitucional le permitiera a RCTV continuar con la trasmisión de su programación mientras durase el juicio.

En sentencia nº 957 recaída en este caso (expediente: 07-0731) el 25 de mayo de 2007, la Sala Constitucional admitió la acción interpuesta sólo respecto del Ministro del Poder Popular para las Telecomunicaciones y la Informática, pues en cuanto al Presidente de la República, la Sala la declaró inadmisible, "toda vez que no tiene atribuida competencia legal alguna en esta materia", pues de manera equivocada la Sala nuevamente consideró que sólo competía a CONATEL, todo lo concerniente al otorgamiento, uso, revocatoria y demás relaciones que se produjeran entre el Estado y la concesionaria en ejecución del correspondiente contrato de concesión, así como cualquier forma de extinción de ésta.

Al admitir la acción, y antes de pronunciarse de oficio sobre la confiscación de los bienes de RCTV, la Sala también fijó, deliberadamente, las reglas adjetivas del procedimiento a seguirse, de manera de cercenarle a RCTV su derecho al debido proceso y a la defensa.

En tal sentido, dispuso que se le concedía a los demandantes cinco días de despacho para promover las pruebas, con la carga de su preclusión de no hacerlo dentro del referido lapso; que como en el caso existía un grupo de legitimados pasivos, y dado los efectos *erga omnes* que podría producir el fallo si fuese declarado con lugar, debía emplazarse al Director de CONATEL y al Presidente del Instituto para la Defensa y Protección al Consumidor y el Usuario (INDECU) ; y que debía publicarse un edicto en la prensa llamando "a los interesados que quieran hacerse partes coadyuvantes u oponentes, o en defensa de sus propios derechos o intereses", pero con la advertencia de que "los intervinientes solamente podrán en igual término, alegar razones que apoyen las posiciones de aquellas con quienes coadyuvarán"; y que "los coadyuvantes con las partes, tratándose de una acción de intereses difusos, sólo podrán promover pruebas con relación a los alegatos de las partes con quienes coadyuven".

En esta forma, ilegítimamente se aseguraba que RCTV no pudiera comparecer por si misma y alegar y probar con independencia de los accionantes, ya que la medida cautelar que seguía recaería sobre sus bienes, confiscándolos, para lo cual no se había asegurado su derecho a la defensa.

En efecto, lo insólito de esta sentencia, es que la medida cautelar que los accionantes habían solicitado consistía en que:

> "Vista la inminencia de la violación de los derechos constitucionales denunciados por las amenazas constantes y reiteradas de cierre de Radio Caracas, las cuales se materializarían el día 27 de mayo de 2007, solicitamos se declare medida cautelar innominada a favor del pueblo venezolano, en virtud de la cual **se le permita a dicho canal continuar con la trasmisión de su programación** mientras dure la tramitación del presente procedimiento [...]".

La Sala, sin embargo, decidió esa petición en el sentido contrario a lo solicitado, y actuando de oficio, para lo cual copió exactamente las mismas motivaciones que utilizó para acordar la medida cautelar de confiscación de los bienes de RCTV y la asignación del uso de los mismos, *sine die*, y gratuitamente a CONATEL en la sentencia nº 956 de la misma fecha 25 de mayo de 2007. En tal sentido, la Sala incurrió en los mismos inexcusables errores de aplicar a la televisión las normas sobre el servicio universal de telecomunicaciones relativos a la telefonía, que antes hemos comentado.

Además, la Sala, habida cuenta de que la solicitud de medida cautelar lo que buscaba era asegurar que **se le permitiera a RCTV continuar con la trasmisión de su programación** mientras durase el juicio, puntualizó en este caso, que

> [...] "todos los usuarios tienen derecho a acceder y disfrutar de la prestación de un servicio público universal de telecomunicaciones, el contenido del mencionado derecho conforme a los artículos 108 y 117 de la Constitución, comporta en principio, no la continuidad de un determinado operador de radiodifusión sonora y televisión abierta en VHF, sino la posibilidad de que los aludidos usuarios puedan efectivamente acceder en condiciones de igualdad y con el mantenimiento de un estándar mínimo de calidad al correspondiente servicio, al margen de la vigencia o no del permiso o concesión a un operador privado específico."

De esta manera, la Sala ignoró la solicitud concreta y específica de que se acordara una medida cautelar que asegurara que **se le permitiera a RCTV continuar con la trasmisión de su programación** mientras durase el juicio, respecto de la cual no emitió pronunciamiento alguno, y pasó a decidir **de oficio** en virtud de que el Ministro de Telecomunicaciones y la Informática y Director de CONATEL, no podía garantizar que la posible transmisión que efectuará la Fundación TEVES, como consecuencia de la habilitación expedida para radiodifusión sonora y televisión abierta, con atributo de televisión abierta en VHF, en los mismos términos que se venía prestando por RCTV, lo que en este caso, ni se había dicho ni se había alegado; acordando:

> [...]"de manera temporal y a los fines de tutelar la continuidad en la prestación de un servicio público universal, el uso de la frecuencia que ha sido asignada para televisión abierta en la red de transporte y teledifusión que incluye entre otros, microondas, telepuertos, transmisores, equipos auxiliares de televisión, equipos auxiliares de energía y clima, torres, antenas, casetas de transmisión, casetas de planta, cerca perimetral y acometida eléctrica, **sin que ello implique menoscabo alguno de los derechos de propiedad** que puedan corresponderle a Radio Caracas Televisión, C.A., sobre dicha infraestructura o equipos, salvo aquellos que legal o convencionalmente sean propiedad de la República [...]"

El Magistrado Pedro Rafael Rondón Haaz formuló un voto disidente de la mayoría sentenciadora en esta decisión, advirtiendo que:

> "Implica la sustracción de un atributo del derecho de propiedad (el uso) de Radio Caracas Televisión RCTV C.A. sobre los bienes que fueron afectados,

sin que se exprese ninguna fundamentación de naturaleza legal, la cual es la única fuente de limitación a la propiedad privada, siempre con los fundamentos que la Constitución Nacional preceptúa".

Dicho Magistrado luego pasó a considerar que la Sala, en forma contradictoria había:

> [...] "declarado 'PROCEDENTE la medida cautelar solicitada' pero, en forma incongruente, acordó una medida completamente distinta, opuesta a los intereses de los demandantes"; agregando con razón, que "es de la esencia de las medidas cautelares, de todas ellas, nominadas o no, el que sean congruentes con la pretensión y, por ende, con la eventual decisión de fondo, ya que su justificación y finalidad es garantizar la eventual eficacia de tal acto decisorio".

Luego, acotó el Magistrado en su voto disidente a la sentencia de la Sala, que:

> "Desde este ineludible punto de vista, resultaba jurídicamente imposible, por razón de la instrumentalizad de toda cautela en relación con la sentencia de fondo, que, a un tiempo, se declarase la "procedencia" de la medida que se pidió con la demanda y lo que se acordase fuese no sólo ajeno, sino contrario a la pretensión principal, por lo que la medida cautelar que se pronunció no debió ser acordada".

En todo caso, mediante la sentencia, el juez constitucional, sustituyéndose en la Administración, como en el caso antes comentado, siguió con la enumeración de los sitios y lugares donde se encontraban esas instalaciones; e igualmente sustituyéndose en el Legislador estableció que "el derecho de uso" de los equipos necesarios para las operaciones anteriormente mencionadas que de oficio asignaba a CONATEL como ente regulador del servicio de telecomunicaciones y sin que hubiera ley alguna que regulara esa figura, supuestamente autorizaban a dicha Comisión a "acordar su uso, de manera temporal, al operador que a tal efecto disponga, conforme a lo establecido en la Ley Orgánica de Telecomunicaciones".

La Sala finalmente, también sustituyéndose a las autoridades ejecutivas, ordenó al Ministerio de la Defensa "custodiar, controlar y vigilar de forma constante el uso de instalaciones y equipos tales como microondas, telepuertos, transmisores, equipos auxiliares de televisión, equipos auxiliares de energía y clima, torres, antenas, casetas de transmisión, casetas de planta, cerca perimetral y acometida eléctrica, ubicados en a nivel nacional y necesarios para el uso de la frecuencia que ha sido asignada para televisión abierta en la red de transporte y teledifusión."

Es decir, en este caso, los recurrentes acudieron ante el juez constitucional en busca de una protección a sus derechos y los derechos de los venezolanos, los cuales consideraban asegurados temporalmente con que se permitiera a RCTV seguir transmitiendo su programación mientras durara el juicio, y se encontraron con que el juez constitucional, sin considerar en forma alguna su petitorio, **de oficio**, acordara una medida cautelar que aseguraba todo lo contrario, es decir, la cesación de las transmisiones de RCTV, la confiscación de sus bienes, la asignación de su uso a CONATEL, para que esta se los permitiera usar a la nueva entidad estatal trasmisora TEVES, de manera que pudiera cubrir nacionalmente con su programación.

***

El caso RCTV, como resulta del análisis que hemos hecho anteriormente en forma detallada de las decisiones judiciales emitidas, sin duda muestra el grave quiebre del Estado de derecho en Venezuela, así como la lamentable pérdida del rol fundamental del Poder Judicial como garante del mismo. Las sentencias del Tribunal Supremo de Justicia y, en particular, las de la Sala Constitucional, ponen en evidencia cómo en lugar de proteger los derechos constitucionales a la libertad de expresión plural del pensamiento, al debido proceso y a la propiedad privada, han conspirado, como instrumentos controlados por el Poder Ejecutivo, para aniquilarlos, secuestrarlos y violarlos, cubriendo con un velo mal cosido de juridicidad, las arbitrariedades gubernamentales.

Lo grave de la actuación, en todo caso, es que el atropello a la Constitución, y entre otras violaciones, la confiscación de la propiedad privada, lo que está prohibido por la Constitución, se ha cometido por el Poder Judicial, lo que hace que las violaciones queden formalmente impunes, pues el juez constitucional en Venezuela no tiene quien lo controle.

Tan graves han sido estas violaciones al Estado de Derecho, que con muy pocos días de diferencia, las instituciones más importantes del pensamiento jurídico del país se han pronunciado públicamente, protestando por la demolición del Estado de Derecho.

La **Academia de Ciencias Políticas y Sociales**, en efecto, el día antes a que se publicaran las sentencias de la sala Constitucional, con fecha 24 de mayo de 2007, emitió un "**Pronunciamiento sobre la presunta extinción de la concesión de la televisora RCTV",** en el cual, entre otros aspectos de importancia, señaló lo siguiente:

> -Que se ha irrespetado el principio de imparcialidad que sujeta a la Administración Pública (artículo 12 Ley Orgánica de la Administración Pública y 30 Ley Orgánica de Procedimientos Administrativos), pues se adelanta una posición tomada, con anterioridad a la oportunidad que corresponde (que sería el momento de evaluar imparcialmente, la eventual solicitud de renovación de la concesión, si ese fuera el caso);
>
> -Que se ha irrespetado el debido proceso (artículo 49 Const.), pues es evidente que se ha decidido anticipadamente imponer una sanción (excluir a la empresa del acceso a la concesión), sin abrir el procedimiento debido para tal fin, con lo cual se viola también el principio de igualdad (pues en caso de que concurriera a un eventual procedimiento de asignación de la concesión, ya se sabe excluida de antemano), y se evidencia el vicio de desviación de poder en la decisión, pues se emplea la potestad de atribuir la concesión, no para la finalidad que la norma persigue (administración del espectro radioeléctrico), sino para castigar (sin procedimiento y sin tener cualidad para ello);
>
> -Que se ha irrespetado el art. 19 de la Declaración Universal de los Derechos Humanos y el art. 13 de la Convención Americana sobre Derechos Humanos, en cuyo desarrollo fue aprobada por la mencionada Comisión la "Declaración de Principios sobre la Libertad de Expresión". Esta Declaración, en su

Principio 13, proclama: "... el otorgamiento de frecuencias de radio y televisión, entre otros, con el objetivo de presionar y castigar o premiar y privilegiar a los comunicadores sociales y a los medios de comunicación en función de sus líneas informativas, atenta contra la libertad de expresión y deben estar expresamente prohibidos por la ley....";

-Que se ha incumplido el trámite formal de transformar los títulos otorgados a RCTV con anterioridad a la entrada en vigencia de la nueva Ley Orgánica de Telecomunicaciones (publicada en Gaceta Oficial nº 36.970 de la República Bolivariana de Venezuela. Caracas 12 de junio de 2000) y, en consecuencia, se ha incumplido la obligación de otorgar a RCTV la concesión y habilitación administrativa ajustadas a los términos de la referida Ley;

La **Facultad de Ciencias Jurídicas y Políticas de la Universidad Central de Venezuela**, por su parte, en comunicado "**A la Opinión Pública Nacional. Ante el quebrantamiento absoluto del Estado de Derecho**" de 30 de mayo de 2007, expresó, entre otros importantes aspectos que:

> Observamos con estupor que mediante una medida cautelar se lesiona el derecho de propiedad de una persona ajena al juicio, a quien se le arrebatan judicialmente sus bienes para que sean usados por una fundación creada por un ente público [...]
>
> De acuerdo con los principios que informan el Estado Democrático y social de Derecho y de Justicia, ningún órgano del Poder Judicial puede afectar, de forma como se ha hecho, el derecho de propiedad, pues la ocupación temporal y la ocupación previa, sólo tienen cabida en un proceso de expropiación [...]
>
> El error que muestra la sentencia queda claramente evidenciado con la sola lectura del artículo 588 del Código de procedimiento Civil. Por ello la medida cautelar acordada deviene en un error inexcusable, y en el marco del principio de la responsabilidad, propio del ejercicio de la función pública, incluyendo a la judicial, constituye una clara demostración de abuso de poder por parte de la Sala Constitucional [...]
>
> Que ningún criterio de "justicia y razonabilidad" pueden justificar la "confiscación temporal", sin límite de tiempo, de bienes pertenecientes a personas extrañas al juicio, y no se necesita mayor preparación para entender que los magistrados que suscriben la sentencia no fueron justos ni razonables".

El **Colegio de Abogados de Caracas**, también hizo público un "**Comunicado a la Opinión Pública**" en fecha 1° de junio de 2007, en el cual expresó lo siguiente:

> La Junta Directiva del Ilustre Colegio de Abogados de Caracas, ante el clamor de la inmensa mayoría de nuestros agremiados, por la sistemática violación de las disposiciones constitucionales y legales, concretadas en la masiva violación de los Derechos Humanos, bien por acción u omisión de los órganos del Poder Público, que sometidos al Poder Ejecutivo, aplican con discriminación la Constitución y las Leyes de la República, haciendo inexistente el Estado de Derecho, con lo cual han dejado en total desamparo a la ciudadanía, presa de las arbitrariedades ejecutadas por el Poder Ejecutivo, que ahora pretende imponer una hegemonía comunicacional, un solo pensamiento, una sola opinión y una

única voz informativa a su favor, mediante la aplicación distorsionada de la Ley, la promulgación de leyes represivas y la Criminalización de la Disidencia, en un claro atentado contra la Libertad de Expresión, evidenciado en forma más clara mediante EL CIERRE del canal de televisión RCTV, bajo pretextos de rango legal, motivado en elementos políticos, conculcando así el derecho que tenemos los ciudadanos del País de elegir libremente los medios televisivos, bajo la premisa de la pluralidad informativa que debe imperar en toda Democracia; cohonestada esta arbitrariedad, con las insólitas decisiones de las Salas Constitucional y Político Administrativa del Tribunal Supremo de Justicia, donde se cometió la gravedad de Confiscar el Espectro Radio-Eléctrico de la ciudadanía y los Bienes de R.C.T.V., a través de un fraude Judicial y Constitucional, en beneficio del Ejecutivo Nacional, convirtiendo a Las Leyes y al Poder Judicial en el brazo ejecutor de las políticas represivas, que se deciden en las Altas Esferas del Poder Ejecutivo, todo lo cual es propio de un RÉGIMEN TOTALITARIO, que vulnera La Dignidad Humana, condición imprescindible de cualquier Sociedad Civilizada.

Ante estas manifestaciones de las instituciones más importantes del pensamiento jurídico del país, es difícil agregar algo más en estas reflexiones finales sobre este atropello, salvo referirnos a lo expresado también públicamente por el **Consejo Universitario de la Universidad Central de Venezuela**, en **Declaración** de fecha 30 de mayo de 2007, que está precedida de la frase de Simón Bolívar sobre que: "La Justicia es la reina de las virtudes republicanas y con ella se sostiene la igualdad y la libertad", en la cual entre otros conceptos señaló sobre "la decisión del Ejecutivo Nacional de suspender la concesión de Radio Caracas Televisión (RCTV) a partir del 28 de mayo del presente año", que:

> Las instituciones no pueden ser sancionadas en función de la real o supuesta participación de alguno de sus integrantes en hechos punibles. Las sanciones recaen sobre los sujetos y no sobre las instituciones. La argumentación política como justificación para suspender la concesión violenta lo establecido por el artículo 19 de la Declaración Universal de los Derechos Humanos sobre libertad de expresión y, particularmente, la Declaración de Principios sobre la Libertad de Expresión de la Comisión Interamericana de Derechos Humanos de la Organización de Estados Americanos que taxativamente señala: "... el otorgamiento de frecuencias de radio y televisión, entre otros, con el objetivo de presionar y castigar o premiar y privilegiar a los comunicadores sociales y a los medios de comunicación en función de sus líneas informativas, atenta contra la libertad de expresión y deben estar expresamente prohibidos por la ley".

SECCIÓN SEXTA:

EL DESCONOCIMIENTO POR LA JURISDICCIÓN CONSTITUCIONAL DEL DERECHO AL ACCESO A LA INFORMACIÓN: DE LA CASA DE CRISTAL A LA BARRACA DE ACERO.

Esta sección Cuarta está basada en el estudio titulado "De la Casa de Cristal a la Barraca de Hierro: el Juez Constitucional Vs. El derecho de acceso a la información administrativa," publicado en *Revista de Derecho Público*, Nº 123, (julio-septiembre 2010), Editorial Jurídica Venezolana, Caracas 2010, pp. 197-206.

I. SOBRE LA TRANSPARENCIA EN LA ADMINISTRACIÓN PÚBLICA

Se atribuye al Juez Louis Brandeis de la Suprema Corte de los Estados Unidos, refiriéndose al tema de la ausencia de transparencia en la Administración Pública y sus consecuencias en materia de corrupción, haber considerado al hablar de la publicidad con razón, que "la luz del sol es el mejor desinfectante,"[1226]es decir, la transparencia

Y este es el principio que se puede apreciar en las sociedades democráticas contemporáneas, al configurarse el principio de la libertad de información y del derecho de acceso a la información como instrumentos para fortalecer la democracia y promover eficiencia y eficacia en la Administración, de manera que incluso frente a la duda, debe siempre prevalecer la apertura frente al secretismo. Ello implica que lo confidencial en el seno de la Administración debe quedar reducido a la mínima expresión, en materias sólo vinculadas, por ejemplo, con la seguridad de la nación.

Este concepto de la transparencia en el Gobierno responde a la idea política figurada en torno al principio de la denominada "casa de cristal" (*la maison de verre*), que después de muchos años de opacidad administrativa, comenzó a desarrollarse vinculada al simbolismo de lo visible, lo asequible y lo transparente, contrario a lo cerrado, misterioso, inasequible o inexplicable. Es decir, lo abierto y transparente, como sensación de tranquilidad y serenidad que resulta de lo dominado o racionalizado, y que es lo contrario a la angustia y la perturbación causadas por lo que es misterioso y desconocido.[1227]

Este concepto de transparencia ha sido uno de los elementos clave que en la evolución de la Administración Pública en el mundo democrático moderno, ayudaron a la transformación del Estado Burocrático tradicional en el Estado Administrativo y Democrático de nuestros tiempos, más dedicado a los ciudadanos que al Monarca o a la burocracia. Por ello, la Constitución de 1999 dice: "La Administración está al

1226 Véase Louis Brandeis, "What publicity can do?," en *Harper's Weekly December 20, 1913*.

1227 Véase Jaime Rodríguez-Arana, "La transparencia en la Administración Pública," en *Revista Vasca de Administración Pública*, N° 42, Oñati 1995, p. 452.

servicio de los ciudadanos" y entre otros, se fundamenta en el principio de la transparencia (artículo 141).

En cambio, aquél Estado Burocrático era el caracterizado por Max Weber como la organización que trataba "de incrementar la superioridad del conocimiento profesional de las autoridades públicas, precisamente a través del secretismo y de la confidencialidad de sus intenciones". Por eso, dijo Weber, los gobiernos burocráticos, debido a sus tendencias, son siempre "gobiernos que excluyen la publicidad".[1228]

Al contrario, en el mundo contemporáneo, la franqueza, la apertura y la transparencia son la regla; por lo que, decisiones como la adoptada por la Sala Constitucional del Tribunal Supremo de Justicia Nº 745 de 15 de julio de 2010 (Caso: *Asociación Civil Espacio Público*),[1229] negando el acceso a la información administrativa sobre remuneraciones pagadas por la Administración a sus funcionarios públicos, para "proteger" el derecho a la privacidad o "intimidad económica" de los mismos, y por considerar no acreditado el propósito para el cual se requería la misma, es un retroceso en lo que ha sido un progresivo proceso de configuración de la Administración como una "casa de cristal," buscando con esta lamentable decisión, su sustitución por una Administración que podría ser una "barraca de acero," rodeada de secretos e impenetrable.

II. ALGUNOS ANTECEDENTES SOBRE EL ACCESO A LA INFORMACIÓN Y LA APERTURA EN LA ADMINISTRACIÓN PÚBLICA

Sin embargo, antes de analizar esa "desafortunada" decisión, estimamos que resulta necesario analizar algunos antecedentes legislativos contemporáneos sobre el tema, para situarnos en su significado.

Finlandia fue el primer país que después de la Segunda Guerra mundial adoptó en 1951 un estatuto sobre el acceso a la información pública,[1230] lo cual fue seguido en 1966 por los Estados Unidos cuando se aprobó la legislación en materia de transparencia y acceso a la información pública conocida como la *Freedom of Information Act (FOIA)* (Ley de libertad de información). El origen común de ambas legislaciones fue que su promulgación se debió a la iniciativa de los propios órganos legislativos, como parte de un activismo legislativo desplegado frente a los Poderes Ejecutivos con el objeto de imponer políticas de transparencia, habiendo sido en ambos casos, promovida por los partidos de oposición a los gobiernos de la época en cada país.[1231]

1228 Véase Max Weber, *Economía y Sociedad*, Vol. II, Fondo de Cultura Económica, México 1969, p. 744.

1229 Véase en http://www.tsj.gov.ve/decisiones/scon/Julio/745-15710-2010-09-1003.html

1230 En 1766, en Suecia se aprobó una ley sobre el mismo tema de acceso a la información.

1231 En cuanto a la FOIA, su origen resulta de la creación, durante la década de los cincuenta, de Comisiones de Senadores y Representantes para resolver la falta de acceso efectivo a la información de acuerdo a las provisiones de la Ley de Procedimiento Administrativo (*Administrative Procedure Act*), las cuales, a pesar de ser muy importantes en su momento, fueron descritas por el Representante John E. Moss, como parte de la "teoría burocrática" que permitía que cada entidad pública decidiera qué tipo de información debía llegar al público. Véase Pierre-Francois Divier, "Etats-Unis L'Administration Transparente:

Más recientemente, en México, en 2002, pero aprobada tras varias iniciativas de ONGs, como el Grupo Oaxaca y basada en un proyecto del Poder Ejecutivo, se sancionó la Ley Federal de Transparencia y Acceso a Información Gubernamental Pública;[1232] y más importante, con la gran diferencia de que en este caso de México, la legislación estaba destinada a garantizar la aplicación de un derecho constitucional que había sido incorporado en la Constitución mexicana en una Enmienda de 1977, que había establecido el derecho de los ciudadanos a la información.

En efecto, en la Constitución mexicana, en contraste con la Constitución de los Estados Unidos en la que nada se puede encontrar que permita identificar un derecho fundamental a tener acceso a la información pública, el artículo 6 establece el derecho de todo ciudadano a la información que el "Estado garantizará" (artículo 6). Por ello, basado en este derecho constitucional y en relación con la información pública, 15 años más tarde se sancionó la mencionada Ley Federal de Transparencia y Acceso a Información Gubernamental Pública, la cual tiene por objeto contribuir a la democratización de la Sociedad mexicana y garantizar la aplicación eficiente del Estado de derecho; garantizar el derecho de todos de tener acceso a la información; buscar la transparencia del servicio público por medio de la difusión de información pública; reforzar la posibilidad de responsabilidad pública; y proteger la datos personales contenidos en los registros públicos (artículo 6)

Además, y para ampliar el rango de su protección, la Ley Federal dispuso expresamente que el derecho de tener acceso a la información pública debía ser interpretado no solo en conformidad con la Constitución, sino también con lo previsto en la Declaración Universal de los Derechos Humanos; en el Pacto Internacional de Derechos Civiles y Políticos; en la Convención Americana de los Derechos Humanos; en la Convención para la eliminación de cualquier tipo de discriminación contra la mujer, y en los otros instrumentos internacionales ratificados por México (artículo 6); y además, conforme a la interpretación dada por las instituciones internacionales especializadas, como por ejemplo, la Comisión Interamericana de los Derechos Humanos y la Corte Interamericana de los Derechos Humanos.[1233]

L'accés des citoyens américains aux documents officiels," en *Revue du Droit Public et de la Science Politique en France et a l'étranger*, N° 1, Librairie Générale de Droit et de Jurisprudence, Paris 1975, p. 64; Miguel Revenga Sánches, "El imperio de la política. Seguridad nacional y secreto de Estado en el sistema constitucional norteamericano", Ariel, Madrid 1995, p. 153). Luego la FOIA fue reformado en 1974 y en 1976 para hacerla más eficiente. Durante los mismos años, luego de los escándalos de *Watergate* y los *Pentagon Papers* (documentos del Pentágono), se aprobaron dos nuevas leyes: la *Federal Privacy Act* y la *Federal Government in the Sunshine Act.* Véase James Michael, "Freedom of information in the United States" en *Public access to government-held information* (Norman Marsh Editor), Steven & Son LTD, Londres 1987.

1232 Algunos artículos de la Ley fueron reformados en 2006.

1233 Esta declaración tan importante de sometimiento a las reglas y principios internacionales, inherentes de un gobierno democrático, contrastan con la situación que se presenta en otros países como Venezuela, donde desafortunadamente, el Tribunal Supremo de Justicia no solo ha sentenciado que en material de libertad de expresión las Recomendaciones de la Comisión Inter-Americana no son obligatorias en el país, sino que las propias decisiones de la Corte Inter-Americana de Derechos Humanos no son ejecutables en el país. Esta decisión fue dictada por la sala Constitucional del Tribunal Supremo en diciembre de 2008, en relación con la decisión de la Corte Inter-Americana de Derechos humanos del 5 de Agosto

Con esta legislación tendiente a implementar una política de transparencia y apertura, puede decirse que México comenzó a resolver el permanente conflicto entre "secretismo" y "apertura" que todas las Administraciones Públicas han experimentado; y que ha existido, no solo en forma estructural conformando el secretismo atávico que durante tantos años han sido la regla, y no la excepción, en muchas de las Administraciones Públicas de Latinoamérica; sino también en forma circunstancial, en situaciones particulares que se han desarrollado, por ejemplo, como consecuencia del síndrome del espionaje de la post-guerra que marcó la era de la Guerra Fría, o de la lucha contra el terrorismo como consecuencia de los atentados del 11 de septiembre de 2001.[1234]

Para imponer la transparencia y garantizar el derecho de tener acceso a la información pública, la Ley Federal de Transparencia mexicana del año 2002, definió también una presunción a favor de la publicidad, estableciendo el principio de que la interpretación de sus normas deben siempre ser realizadas en las entidades públicas en favor del "principio de mayor publicidad," es decir, lo contrario al secretismo.

El resultado de este proceso inicial también fue la aprobación, en 2007, de una nueva Enmienda constitucional sobre el mismo artículo 6 de la Constitución para agregar a la declaración inicial del derecho a la información, que el Estado debe garantizar, también con rango constitucional en todas las agencias y entidades públicas la presunción de publicidad antes mencionada, es decir, el principio de que toda información que esté en manos de cualquier autoridad o entidad pública debe considerarse cómo de carácter público, siendo la excepción de esta regla, su declaración temporal como reservada basada en motivos de interés público. Es por ello que, en la interpretación del derecho constitucional a la información, la Ley Federal de 2002 establecía el principio de que la mayor publicidad siempre debe prevalecer.

Los otros principios que se incluyeron en la Enmienda constitucional mexicana de 2007, que ya había desarrollado en la Ley Federal, fueron la previsión expresa del derecho de todos de que toda información relacionada con la vida privada y la datos personales esté debidamente protegida; y el derecho de tener acceso sin costo alguno, a la información pública relativa a los datos personales y a su rectificación. Para ello, la legislación debe establecer los medios adecuados para garantizar el acceso a

---

de 2008; emitida en el Caso *Apitz Barbera y otros ("Corte Primera de lo Contencioso Administrativo") vs. Venezuela*, en el cual la Corte sentenció que el Estado venezolano había violado las garantías jurídicas de varios jueces que habían sido removidos, establecidas en la Convención Americana de Derechos Humanos, condenando al Estado a pagarles la compensación debida, a reincorporarlos en cargos similares en el Poder Judicial, y a publicar parte de la decisión en los periódicos venezolanos (Véase decisión en Excepción Preliminar, Fondo, Reparaciones y Costas, Serie C Nº 182, en www.corteidh.or.cr). Sin embargo, el 12 de diciembre de 2008, la Sala Constitucional del Tribunal Supremo de Justicia emitió la decisión Nº 1939, (Expediente: 08-1572), Caso: *Abogados Gustavo Álvarez Arias y otros*, declarando que la decisión antes mencionada de la Corte Inter-Americana de Derechos Humanos, del 5 de agosto de 2008, era inejecutable en Venezuela; instando al Ejecutivo a denunciar a la Convención Americana de Derechos Humanos y acusando a la Corte Inter-Americana de haber usurpado los poderes del Tribunal Supremo.

1234 Véase Sheryl Gay Stolberg "On First Day, Obama Quickly Sets a New Tone", *The New York Times*, 22 de febrero de 2009, p. A1.

la información y también procedimientos simples y expeditos de revisión ante entidades imparciales, autónomas y especializadas.

En todo caso, la legislación mexicana del año 2002 no fue el primer estatuto en esta materia en América Latina. En 1985, en Colombia se promulgó la Ley N° 57 sobre la publicidad de documentos oficiales y administrativos, y en enero de 2002, antes de la Ley mexicana, se aprobó en Panamá la Ley N° 6 sobre las previsiones para la transparencia en la gestión pública y sobre acciones de habeas data. Además de estos casos, el hecho es que en todas las otras leyes aprobadas en América Latina durante los últimos años, la Ley Federal mexicana ha tenido una influencia definitiva en su redacción en lo que se refiere a la transparencia y al derecho al acceso a la información pública.[1235] Ese ha sido el caso, por ejemplo, de los estatutos aprobados en el Perú en 2003 (Ley N° 27,806 de Transparencia y el acceso a la información pública); en Ecuador en 2004 (Ley Orgánica de Transparencia y acceso a la información pública), y el mismo año en la República Dominicana (Ley General N° 200-04 del Libre acceso a la información pública); en Honduras, en 2006 (Ley de Transparencia y acceso a la información pública); en Nicaragua en 2007 (Ley N° 621-2007 de acceso a la información); y en Chile (Ley de Transparencia y acceso a la información), en Guatemala (Ley de acceso a la información pública), y en Uruguay (Ley N° 18381 de acceso a la información pública y del *amparo informativo*), durante el año 2008.

Para promover la transparencia de las funciones administrativas dentro de todas las entidades públicas, todas estas Leyes establecen el derecho al acceso de información como un derecho fundamental de todos los ciudadanos; presumen expresamente que toda información emitida por las entidades públicas debe considerarse como de carácter público, con la excepción de los documentos confidenciales o aquellos declarados como reservados; casi todas establecen la presunción del silencio positivo ante la ausencia de respuestas expeditas a las solicitudes de información; y obligan a las entidades públicas a publicar la información concerniente a su organización o a su funcionamiento. Sin embargo, en muchas de estas leyes, y partiendo del precedente mexicano, también se establecen previsiones específicas para la protección judicial del derecho al acceso a la información, a través de la acción de habeas data, que se configura como una especie de *amparo informativo*, como se lo define en el derecho uruguayo.

En efecto, a pesar de que México es la cuna de la acción de amparo, en lo que respecta al derecho al acceso a la información y a su protección judicial, en contraste con el régimen establecido en los otros países Latinoamericanos, ni en la Constitución y en la Ley Federal se reguló la acción de habeas data; es decir, el medio judicial específico diseñado para garantizar la protección de los derechos a la información sin necesidad de agotar, previamente, cualesquiera recursos de revisión administrativa. Esta acción específica de habeas data, establecida originalmente para la protección de datos personales y progresivamente ampliada para la protección del

1235 La Ley Federal también tuvo mucha importancia en la redacción de la legislación de los Estados de la federación.

derecho de acceso a la información pública, ha sido prevista en las Constituciones de Argentina, Brasil, Ecuador, Paraguay, Perú y Venezuela, en paralelo a los otros medios judiciales para la protección de los derechos humanos, como el amparo y las acciones de habeas corpus. En otros países, aún sin fuente constitucional, dicha acción de habeas data ha sido establecida por ley (Panamá, Uruguay).

Por otra parte, también se debe mencionar que el importante paso tomado en México en el año 1977, para garantizar en el texto constitucional el derecho a la información y al acceso a ella (artículo 6), ha sido seguido por algunos países latinoamericanos. Este es el caso de la Constitución de Brasil de 1988, la cual contiene una declaración sobre la garantía del "derecho de todos al acceso a la información" (artículo 5, XIV). En Colombia, la Constitución de 1991 solo establece el derecho al acceso a los documentos públicos, como un derecho de los partidos políticos de oposición (artículo 112); y en Perú, la Constitución de 2000, establece el derecho de todos a solicitar a las entidades públicas, la información necesaria, sin expresar ningún motivo en particular, y a recibirla dentro del plazo establecido por la ley. Solo la información referente a asuntos privados, y aquella establecida expresamente por la ley por razones de seguridad, está excluida; y los servicios de información no pueden suministrar información que pueda afectar la intimidad personal o familiar (artículos 2, 5 y 6).

III. EL DERECHO DE ACCESO A LA INFORMACIÓN EN VENEZUELA Y SUS LÍMITES POR EL JUEZ CONSTITUCIONAL

En el caso de la Constitución de Venezuela de 1999, el artículo 143 consagra el derecho ciudadano a la información administrativa, es decir, el derecho de acceder a los archivos y registros administrativos, derecho que está sometido sólo a los límites aceptables dentro de una sociedad democrática en materias relativas a seguridad interior y exterior, a investigación criminal y a la intimidad de la vida privada, de conformidad con la ley que regule la materia de clasificación de documentos de contenido confidencial o secreto.

Fue con base en este derecho, que una Asociación Civil (Asociación Civil Espacio Público), solicitó información en 2008 y 2009 ante la Contraloría General de la República sobre "el salario base y otras erogaciones que devengan el Contralor General de la República y las remuneraciones del resto del personal de la Contraloría General de la República," habiéndole informado el órgano contralor que lo solicitado implicaba una invasión a la esfera privada de los funcionarios públicos y que con ello se violaría el derecho al honor y privacidad consagrado en el artículo 60 de la Constitución.

Ante esa negativa, la Asociación intentó una acción de amparo constitucional por considerar que la Contraloría había violado el derecho de acceso a la información pública, argumentando que "...para lograr una gestión pública cónsona con los principios de transparencia y rendición de cuenta, es necesario la publicidad de los recursos que se administran, incluyendo los sueldos de los funcionarios públicos, ya que éstos ejercen funciones públicas, están al servicio de los ciudadanos y sus remuneraciones se pagan con los tributos pagados por los ciudadanos, en consecuencia, el tema de las remuneraciones de los funcionarios públicos escapa de la esfera privada de los mismos y no se viola el derecho a la intimidad con la solicitud de dicha información," considerando que no era "suficiente negar la información solicitada alegando simplemente la privacidad de los funcionarios...".

Además, alegó la Asociación accionante que en esta materia de "supuesta violación al derecho a la intimidad de los funcionarios mediante la solicitud de la información sobre sus remuneraciones, es necesario distinguir entre la protección de la honra y privacidad de un ciudadano común y un funcionario público, ya que si bien los funcionarios públicos se encuentran también protegidos por el derecho a la intimidad y al honor, existe un umbral distinto de protección."

Sin embargo, la Sala Constitucional, en sentencia N° 745 de 15 de julio de 2010 (Caso: *Asociación Civil Espacio Público*),[1236] declaró sin lugar el amparo solicitado, con base en los siguientes argumentos:

En ***primer lugar***, la Sala tras admitir el "reconocimiento constitucional que se le ha dado en la Carta Magna al novísimo derecho de la ciudadanía a solicitar información y a ser informada oportuna y verazmente sobre asuntos de interés público," que consideró estaba "legitimado en función del principio de transparencia en la gestión pública, que es uno de los valores expresamente establecidos en el artículo 141 de la Constitución;" destacó la ausencia de ley expresa que haya determinado "cuáles son los límites aceptables del ejercicio del derecho a la información dentro de una sociedad democrática en materias relativas a la seguridad interior y exterior, a la investigación criminal y a la intimidad de la vida privada; o en materia de clasificación de documentos de contenido confidencial o secreto," es decir, la ausencia de determinación legal sobre "cuál es la información que puede ser solicitada por los ciudadanos y ciudadanas, y cuál es aquella que debe ser suministrada cuando se trata de un funcionario público."

La Sala Constitucional, sin embargo, en ausencia de la legislación mencionada, no analizó el contenido y sentido de los límites constitucionales al acceso a la información, particularmente por ejemplo, en cuanto a "la intimidad de la vida privada" que la norma busca proteger, y que está destinada básicamente a preservar la intimidad de la vida privada de los ciudadanos que pudiera quedar expuesta en informaciones administrativas contentivas de data sobre las personas; o de los funcionarios, en los aspectos de vida privada que nada tienen que ver con la gestión pública o con el funcionamiento de la Administración, sobre los cuales no se impone la transparencia, como por ejemplo, determinadas enfermedades o situaciones personales.

En ***segundo lugar***, en cuanto a las peticiones formuladas en ejercicio del derecho, en ausencia de la legislación necesaria, la Sala consideró que este derecho constitucional, no siendo un derecho absoluto sino sometido a "límites externos," dispuso sin mayor argumentación, establecer:

> carácter vinculante, a partir de la publicación de esta decisión, que en ausencia de ley expresa, y para salvaguardar los límites del ejercicio del derecho fundamental a la información, se hace necesario: i) que el o la solicitante de la

1236 Véase en http://www.tsj.gov.ve/decisiones/scon/Julio/745-15710-2010-09-1003.html.

información manifieste expresamente las razones o los propósitos por los cuales requiere la información; y ii) que la magnitud de la información que se solicita sea proporcional con la utilización y uso que se pretenda dar a la información solicitada.

En ***tercer lugar***, en el caso concreto de solicitud de información sobre las remuneraciones de los funcionarios del órgano de control fiscal y administrativo, como es la Contraloría General de la República, la Sala Constitucional procedió a establecer la "ponderación entre el derecho a la información y el derecho a la intimidad de los funcionarios públicos," entrando a dilucidar si "la remuneración del Contralor General de la República así como de los demás funcionarios de ese órgano contralor es una información de irrestricto acceso público; o si, por el contrario, forma parte del derecho a la intimidad de los funcionarios, y como tal, no existe la obligación de suministrarla." Para ello, la Sala procedió a "analizar el alcance del derecho a la intimidad de los funcionarios públicos como un derecho fundamental que pudiera calificarse de *inespecífico* porque se refiere al ejercicio de los derechos fundamentales con ocasión del desempeño de la función pública," y que encuentra su fundamento en el artículo 61 de la Constitución; y por tanto, "precisar cuál es la información que pertenece al ámbito de la vida privada; o, en términos más concretos, si la remuneración, al igual que el derecho a la imagen, libertad de expresión o el derecho a la libre orientación política, forma parte de la esfera íntima del funcionario, reconociéndose un derecho a la intimidad económica."

Para ello, la Sala formuló una argumentación netamente formalista sobre si existe o no una ley que obligue a hacer públicas las remuneraciones de los funcionarios; argumento inútil por lo demás, pues si la ley estableciera esa obligación, y las remuneraciones de los funcionarios fueran públicas, no fuera necesario formular petición alguna sino consultar las fuentes públicas.

Sin embargo, la Sala lo que argumentó fue que en Venezuela:

> no existe una ley general que obligue a que se hagan públicos los salarios de los funcionarios del gobierno, en cambio en otros países, como los Estados Unidos de Norteamérica o Canadá, la gran mayoría de los salarios de los altos funcionarios del gobierno federal se aprueban y se fijan por Ley, lo que implica su publicidad obligatoria. En cambio, en nuestro ordenamiento jurídico, la información sobre las remuneraciones de los funcionarios públicos está señalada bien de manera global en las partidas presupuestarias que se incluyen anualmente en la Ley de Presupuesto, donde se indican los montos asignados a cada ente u órgano de la administración pública para las remuneraciones de personal; o bien en los Manuales de Cargos y Salarios, en los que no se distingue a qué funcionario en concreto le pertenece la remuneración, pues ello es información que pertenece al ámbito íntimo de cada individuo.
>
> Por otra parte, el carácter reservado de la declaración de impuesto sobre la renta, o de la declaración de bienes que los funcionarios públicos realizan ante la Contraloría General de la República demuestra que tal información no es un dato de difusión pública, pues se trata de información que se contrae a la esfera privada o intimidad económica de los funcionarios.

Luego pasó la Sala a argumentar sobre el interés que puedan tener los solicitantes en requerir la información administrativa a la cual tienen acceso los ciudadanos, aspecto que no toca, en absoluto, la norma constitucional del artículo 143, indicando que en el caso, la parte accionante no habría acreditado "cómo la información solicitada sería de utilidad para la participación ciudadana en pro de la transparencia de la gestión pública," considerando entonces que no parecía "proporcional la magnitud de la información solicitada en pro de la transparencia de la gestión fiscal, ni siquiera las acciones concretas para las cuales se utilizaría la información solicitada," considerando entonces la Sala Constitucional que en el caso, no existía "un título legítimo para tolerar la invasión en el derecho constitucional a la intimidad del Contralor General de la República y el resto de los funcionarios adscrito al órgano contralor" declarando improcedente la acción *in limine litis*.

La sentencia tuvo un voto salvado del Magistrado Pedro Rafael Rondón Haaz, en el cual al contrario expresó que no le cabía duda "acerca de la naturaleza pública y no íntima del salario de los funcionarios públicos y de su pertenencia al ámbito del derecho a la información de los ciudadanos, en relación con el principio de transparencia en el ejercicio de la función pública (artículo 141, Constitución)," precisamente "como indicador de transparencia y como medio para el cabal ejercicio de la contraloría social a que tenemos derecho los venezolanos en el sistema democrático a que se refiere la Constitución." Para reafirmar su criterio, el Magistrado disidente hizo referencia a una importante ley dictada por uno de los Estados de la federación, el Estado Miranda, única en su carácter en el ordenamiento jurídico venezolano, que es la *Ley de Transparencia y Acceso a la Información Pública del Estado Bolivariano de Miranda* de 2009,[1237] en la cual se clasifica como información pública y, por tanto, de acceso público, entre otros datos, el salario de sus funcionarios; siendo ello la tendencia en otros ordenamientos jurídicos.[1238]

IV. UNA LEGISLACIÓN REFRESCANTE POR LO TRANSPARENTE: LA LEY DEL ESTADO MIRANDA SOBRE TRANSPARENCIA Y ACCESO A LA INFORMACIÓN PÚBLICA DE 2009

En efecto, el Consejo Legislativo del Estado Miranda, en octubre de 2009, sancionó la mencionada *Ley de Transparencia y Acceso a la Información Pública del Estado Bolivariano de Miranda*, con el objeto de facilitar el ejercicio del derecho de todas las personas del Estado Miranda a acceder a la información pública, conforme a las garantías consagradas en la Constitución, con los siguientes objetivos:

a) Facilitar el control ciudadano de la gestión pública estadal, por medio de la publicidad, transparencia y rendición de cuentas por parte de los funcionarios públi-

---

1237 Veáse en *Gaceta Oficial del Estado Miranda*, Nº 0244 de 9 de octubre de 2009.

1238 Como se ha resuelto en Costa Rica, en la sentencia Nº 12852, Expediente: 08-010536-0007-CO, de 22/08/2008 de la Sala Constitucional, en http://200.91.68.20/scij/busqueda/jurisprudencia/jur_detalle_sentencia.asp?nBaseDatos=1&nTesauro=5&nValor1=1&strTipM=E1&tem6=0&nValor2=421476&pgn=TES&nTermino=14486&tem4="&tem2=&tem3=&nValor3=126882&strDirTe=DD

cos y las personas jurídicas de derecho privado que realicen obras, servicios y otras actividades con asignaciones públicas;

b) Hacer posible la efectiva fiscalización de la gestión estadal y de los recursos públicos, mediante el control social;

c) Garantizar la protección de la información personal en poder del sector público estadal;

d) Fortalecer la democracia y el buen gobierno, así como la plena vigencia del Estado de Derecho, a través del acceso a la información pública; y

e) Facilitar la efectiva participación de todas las personas en la toma de decisiones de interés general y la fiscalización de los actos públicos del Estado Miranda (art. 1).

A los efectos de lograr estos objetivos, el artículo 3 de la Ley como "Principio General de Acceso a la Información," establece el derecho que tiene toda persona o grupo de personas a solicitar y a recibir información completa, veraz, adecuada y oportuna de todos los órganos, entes y personas jurídicas de derecho privado sujetos a esta Ley. Este derecho también incorpora la posibilidad de formular consultas sobre las competencias y atribuciones de los órganos y entes públicos del Estado y de los funcionarios que en ellos laboran. Para el efecto, todos los órganos y entes sujetos a esta Ley adoptarán medidas que garanticen y promuevan la producción, sistematización y difusión de la información que dé cuenta oportuna de su gestión ante los administrados."

Por su parte, el artículo 4 de la Ley establece los siguientes "Principios de Aplicación de la Ley" que deben observarse en el desarrollo del derecho de acceso a la información pública:

a) La información pública pertenece a todas las personas. Las entidades sujetas a la Ley son sus administradores y están obligadas a garantizar el acceso a la información en forma completa, veraz, adecuada y oportuna;

b) El acceso a la información pública debe ser, por regla general, gratuito a excepción de los costos de reproducción;

c) El ejercicio de la función pública estadal está sometido al principio de apertura, transparencia y publicidad de sus actuaciones. Este principio se extiende a aquellas personas jurídicas de derecho privado que ejerzan la potestad estadal y manejen recursos públicos;

d) Las autoridades deben interpretar y aplicar las normas de la Ley del modo que más favorezca el efectivo ejercicio del control político de las personas y del derecho que éstas tienen a participar en la gestión y fiscalización de los actos públicos; y

e) Se debe garantizar el manejo transparente de la información pública de manera que se posibilite la participación de todas las personas en la toma de decisiones de interés general y en la rendición de cuentas de las diferentes autoridades que ejercen el Poder Público Estadal.

La Ley del Estado Miranda, por otra parte, precisa con certeza la distinción entre información pública de libre acceso, e información personal de acceso restringido. A tal efecto, el artículo 5 define como "información pública," toda aquella que se encuentre registrada, recabada o de alguna manera adquirida y en poder de todos los órganos y entes sujetos a la Ley, en particular, todo tipo de datos en documentos, incluyendo información contenida en expedientes, reportes, estudios, leyes, decretos, reglamentos, actas, resoluciones, oficios, correspondencia, acuerdos, directrices, circulares, contratos, instructivos, notas, memorandos, estadísticas o cualquier otro registro que documente el ejercicio de las facultades o la actividad de los órganos y entes sujetos a la Ley y de sus funcionarios, sin importar su fuente o fecha de elaboración. Los documentos pueden estar en cualquier medio, sea escrito, impreso, audio, visual, digital, holográfico o registro impreso, óptico o electrónico, o en cualquier otro formato.

En cambio, conforme al artículo 6 de la Ley, se considera "Información Personal," y por tanto, confidencial porque no está sujeta a la publicidad consagrada en la Ley, aquella referida a los datos personales cuya divulgación constituya una invasión de la intimidad personal y familiar y que tengan relevancia con respecto a los datos médicos y psicológicos de las personas, su vida íntima, incluyendo sus asuntos familiares, filiación política, creencias religiosas, actividades maritales y orientación sexual, y su correspondencia y conversaciones telefónicas o aquellas mantenidas por cualquier otro medio audiovisual, impreso o electrónico. Esta información personal es parte del derecho a la intimidad personal y no puede ser proporcionada a terceros sin el consentimiento escrito y expreso de la persona a que se refiere.

Por supuesto, las remuneraciones de los funcionarios públicos, conforme a la Ley del Estado Miranda, son por esencia información pública, que además, conforme a la Ley debe estar difundida como información mínima que se regula en el artículo 25 de la Ley, en los portales y Páginas Web de los Órganos y Entes del Estado, a los efectos de que cualquier persona pueda acceder libremente a la misma. Es decir, a los efectos de que por su naturaleza contribuya a la transparencia, la rendición de cuentas sobre la utilización de los recursos públicos y la gestión del Estado, en la Ley se impone la obligación a los órgano y entes sujetos a la Ley, de publicar y actualizar mensualmente, a través de un portal de información o página Web, así como de los medios necesarios a disposición del público, la siguiente información, que para efectos de la Ley "se considera de naturaleza obligatoria: "e) Una lista de los nombres, cargos, escalafón salarial y montos de los salarios, remuneraciones u honorarios, con un desglose de su composición, de los representantes legales o titulares y de todos los funcionarios del órgano o ente, incluyendo aquellos contratados bajo las normas del Código Civil."

Como se ve, le bastaba a la Sala Constitucional, para dilucidar sus dudas, consultar una Ley venezolana dictada por uno de los Estados de la Federación, y constatar que la información sobre las remuneraciones de los funcionarios públicos no puede jamás considerarse como un ámbito de la intimidad económica de los mismos, y que al contrario, son por esencia información pública de libre acceso. Y más aún, si se trata de la remuneración de los funcionarios de la Contraloría General de la República. Pero no fue así, y en lugar de ver los ejemplos democráticos de "casas de vidrio" como este excelente caso de la Ley del Estado Miranda, prefirió la "barraca de acero" propia de un régimen autoritario.

New York, julio 2010

SECCIÓN SÉPTIMA:

LA CONFISCACIÓN DE LA AUTONOMÍA DE LOS PARTIDOS POLÍTICOS

Publicado en *Revista de Derecho Público,* Nº 143-144 (Tercer y Cuarto Trimestre 2015, Editorial Jurídica Venezolana, Caracas, 2015; y en el libro *La ruina de la democracia*, Algunas consecuencias. Venezuela 2015, (Prólogo de Asdrúbal Aguiar), Colección Estudios Políticos, Nº 12, Editorial Jurídica Venezolana, Caracas 2015, pp. 163-172.

I

La Sala Constitucional del Tribunal Supremo de Justicia, mediante sentencia Nº 1023 de 30 de julio de 2015,[1239] ha dado un nuevo golpe a la democracia en Venezuela, poniendo fin a la actuación libre de los partidos políticos como mecanismos institucionales de asociación política e instrumentos para la libre participación de los ciudadanos en la vida política del país; confiscado el derecho de los partidos a ser conducidos por sus autoridades electas.

Los partidos políticos, en efecto, son esencialmente organizaciones de creación libre en el marco del pluralismo político, destinadas a asegurar mediante métodos democráticos de organización, funcionamiento y dirección, la participación política de los ciudadanos en el proceso político y en particular, en los procesos electorales tendientes a conformar las instituciones representativas del Estado. En cumplimiento de dichos fines, en general, contribuyen a la conducción de la política nacional y a la formación y orientación de la voluntad política de sus afiliados y de los ciudadanos en general, mediante la formulación de programas, la presentación y apoyo de candidatos en las correspondientes elecciones, y la realización de actividades de proselitismo y orientación política.[1240]

En Venezuela, su existencia deriva constitucionalmente, por una parte, del derecho constitucional de "toda persona" de "asociarse con fines lícitos, de conformidad con la ley," estando obligado el Estado, específicamente, "a facilitar el ejercicio de este derecho" tal como lo dispone el artículo 52 de la Constitución; y por la otra, del derecho que todos los ciudadanos tienen "de asociarse con fines políticos, mediante métodos democráticos de organización, funcionamiento y dirección," tal como lo garantiza el artículo 67 de la Constitución.

De acuerdo con la Constitución, y esta es la única previsión expresa en la materia del funcionamiento de los partidos, "sus organismos de dirección y sus candidatos a cargos de elección popular serán seleccionados en elecciones internas con la partici-

---

1239 Véase en http://historico.tsj.gob.ve/decisiones/scon/julio/180187-1023-30715-2015-15-0860.HTML.

1240 Véase sobre el régimen de los partidos políticos en Venezuela, véase Allan R. Brewer-Carías, "Regulación jurídica de los partidos políticos en Venezuela", en Daniel Zovatto (Coordinador), *Regulación jurídica de los partidos políticos en América Latina*, Universidad nacional Autónoma de México, International IDEA, México 2006, pp. 893-937; "Algunas notas sobre el régimen jurídico-administrativo de los partidos políticos en el derecho venezolano" en *Revista de Derecho Español y Americano*, Instituto de Cultura Hispánica, Nº 8, Año X, Madrid, abril-junio 1965, pp. 27-46.

pación de sus integrantes," elecciones internas que además, conforme al artículo 293.6 constitucional, le corresponde organizar al Consejo Nacional Electoral. Este cuerpo, además, conforme al artículo 193.8, tiene competencia para "organizar la inscripción y registro" de los partidos políticos "y velar porque cumplan las disposiciones sobre su régimen establecidas en la Constitución y en la ley," con la potestad de decidir "sobre las solicitudes de constitución, renovación y cancelación de organizaciones con fines políticos, la determinación de sus autoridades legítimas y sus denominaciones provisionales, colores y símbolos."

Estas son competencias de rango constitucional que solo el Consejo Nacional Electoral, como órgano del Poder Electoral, tiene y puede ejercer, en particular, en lo que se refiere a los conflictos que puedan surgir en cuanto a la "determinación de las autoridades legítimas" de los partidos políticos. El Tribunal Supremo de Justicia también está sujeto a la Constitución, y no puede ejercer dicha competencia, [1241] y si acaso podría llegar a conocer de esa materia ello sería exclusivamente a través de la Sala Electoral, al ejercer su competencia contencioso electoral de control de constitucionalidad y legalidad de las decisiones que pudiera adoptar el Consejo Nacional Electoral. La Sala Constitucional, en ningún caso tiene competencia para decidir en esa materia.

II

Sin embargo, sin competencia alguna para ello, y además, violando el derecho a la defensa que de acuerdo con la Constitución es "inviolable" en todo estado y grado de todas las actuaciones judiciales y administrativas (art. 49), la Sala Constitucional, sin audiencia dada a la directiva del partido Copei Partido Popular, la ha removido de sus cargos, y ha nombrado unas nuevas autoridades del Partido, confiscando el derecho ciudadano a la participación política, y el derecho de los partidos a dirigirse por las autoridades electas en los procesos organizados por el Consejo Nacional Electoral.

Eso es lo que ha hecho la Sala Constitucional al decidir de un plumazo, exactamente como lo pidieron los accionantes

1. Suspender en el ejercicio de sus cargos a los miembros de la Mesa Directiva Nacional, y por tanto, la Dirección Política Nacional del partido Copei Partido Popular.

2. Designar una Junta *ad hoc*, integrada por un conjunto de ciudadanos que fueron precisamente los que intentaron la acción de amparo que motivó la sentencia, y que no han sido electos mediante métodos democráticos por la militancia de dicho partido. Dicha Junta *ad hoc,* la designó la Sala Constitucional, provisionalmente

---

1241 No es la primera vez que la Sala Constitucional interfiere en el funcionamiento de los partidos políticos. Véase Allan R. Brewer-Carías, "El juez constitucional usurpando, de oficio, funciones del Poder Electoral en materia de control de partidos políticos y de respaldo de candidaturas presidenciales," en *Revista de Derecho Público*, N° 132 (octubre- diciembre 2012), Editorial Jurídica Venezolana, Caracas 2012, pp. 195-200; y "El juez constitucional como constituyente: el caso del financiamiento de las campañas electorales de los partidos políticos en Venezuela," en *Revista de Derecho Público*, N° 117, (enero-marzo 2009), Caracas, 2009, pp. 195-203.

"hasta tanto se resuelva el fondo de la presente causa," disponiendo la Sala que sus integrantes deben "ejercer las funciones y cumplir con las disposiciones previstas en los Estatutos de la mencionada organización política, y en tal sentido, formarán parte de la Dirección Nacional, la Mesa Directiva Nacional y la Junta Ejecutiva Nacional, de conformidad con lo establecido en los artículos 25 y siguientes del referido Estatuto." O sea, la Sala Constitucional, en contra de la Constitución y de los Estatutos del partido, eligió a sus autoridades y les confirió el ejercicio de todas las competencias estatutarias que tienen las mismas, excepto las de disposición de los bienes del partido, restringiendo sus funciones en esta materia a ejecutar "actos de simple administración y mantenimiento de las instalaciones."

3. Ordenar realizar una "consulta estatutaria a las Direcciones Políticas Estadales de *"COPEI PARTIDO POPULAR"* sobre las postulaciones en los comicios parlamentarios del presente año, con carácter de urgencia, de acuerdo al lapso preclusivo del cronograma realizado por el Consejo Nacional Electoral."

4. Ordenar al Consejo Nacional Electoral "abstenerse de aceptar cualquier postulación que no sean de las acordadas conforme a los procedimientos establecidos por la Mesa Directiva *ad hoc*."

Finalmente, la Sala Constitucional como supremo controlador de todo lo que ocurre en el país, estimó necesario precisarle al Presidente Nacional y demás miembros de la Dirección Nacional de Copei Partido Popular "que la presente medida cautelar debe ser acatada y ejecutada inmediata e incondicionalmente, so pena de incurrir en desacato, una vez cumplido el procedimiento respectivo de acuerdo al precedente jurisprudencial sentado en las sentencias números 138/2014 y 245/2014," es decir, bajo amenaza de detención y encarcelamiento, tal como sucedió en esos casos con los Alcaldes cuyos mandatos fueron revocados en 2014.

III

Para llegar a esta absurda, inconstitucional y abusiva decisión, la Sala Constitucional ni siquiera conoció de alguna acción de amparo buscando reconocer o desconocer autoridades del partido cuya elección hubiese sido cuestionada, sino pura y simplemente inventó que habría una cuestión de protección de derechos e intereses difusos o colectivos del país, por la queja de algunos miembros de unos pocos Estados de un determinado partido de no estar de acuerdo con las decisiones adoptadas por la directiva legítimamente electa del mismo, que buscaban evitar que la misma pudiera conducir el proceso de selección y postulación de candidatos a las elecciones parlamentarias. Ello, por lo visto, para la Sala Constitucional era una cuestión "*de evidente trascendencia nacional.*"

Es decir, que la discrepancia interna entre militantes de un partido político sobre la conducción política del mismo, ahora ya no se resuelve en elecciones internas del partido, sino que es la Sala Constitucional la que se arroga la competencia para decidir cuál es o debe ser la política que debe desarrollar un partido político, que la Sala considera adecuada conforme a su conveniencia como agente del Estado, al punto de llegar a remover la directiva del mismo si le parece que no tiene una línea de conducción ajustada a lo que sus Magistrados piensen.

En este caso de Copei Partido Popular, decidido como una medida cautelar, en efecto, lo que se intentó fue una "amparo constitucional por intereses colectivos y difusos" por un grupo de militantes del partido Copei Partido Popular, en representación de "los derechos e intereses colectivos de los afiliados a Copei Partido Popular en los Estados Anzoátegui, Aragua, Delta Amacuro, Yaracuy, Nueva Esparta, Táchira y Zulia"; "contra las "*vías de hecho* que ejecuta la Dirección Política Nacional de Copei Partido Popular."

La acción se intentó el día lunes 27 de julio de 2015 y la decisión se adoptó tres días después, el día jueves 30 de julio de 2015, el mismo día cuando se designó la magistrado Ponente, lo que evidentemente sugiere que para ese momento ya la Ponencia de la sentencia estaba preparada.

Los accionantes, todos, fueron electos como miembros de los cuerpos directivos del partido, unos de las Mesas directivas de unos Estados, y otros, en la Dirección Política Nacional del partido Copei Partido Popular, en representación de dichos Estados de la República; en un todo, en un proceso electoral realizado bajo el cumplimiento de la decisión de la Sala Electoral contenida en la sentencia N° 118 del 16 de noviembre de 2011 (caso: *Luis Ignacio Planas y otros*), cuya ejecución forzosa se decretó en sentencia N° 37 de 13 de marzo de 2012 (caso: *Roberto Enríquez*)." Ante la sustitución de algunos de ellos mediante decisión de la Dirección Política Nacional la Sala Electoral del Tribunal Supremo de Justicia decretó medidas de amparo cautelar "en favor de los Directivos de los Estados Delta Amacuro, Anzoátegui, Yaracuy y Aragua, ordenando sus incorporaciones provisionales a los cargos para los que fueron electos en Copei Partido Popular".

Ahora bien, la acción de amparo que originó la medida cautelar comentada, no se intentó contra decisión alguna que hubiera podido violar el derecho de los asociados electos a ejercer los cargos para los cuales fueron designados, sino en sustancia, contra la decisión anunciada el 23 de febrero de 2015 por el Presidente Nacional de Copei Partido Popular, de que el Partido "había decidido suscribir el *Documento de la Transición* (...)," decisión que conforme lo alegaron los accionantes : "fue ejecutada sin convocar a reunión de la DPN y sin consultar a las Directivas de los Estados," considerando el asunto como "una materia de tanta trascendencia nacional y de eminente orden democrático". Y además, contra la actitud de la Dirección Política Nacional de no querer entregar por escrito sus decisiones de reincorporación de los miembros desplazados y reincorporados, "hasta tanto se verifique el proceso de postulación para las elecciones parlamentarias de este año, toda vez que así se aseguran evadir la consulta estatutaria a los Estados en los que las autoridades electas han solicitado que se les permita el ejercicio de sus cargos".

De allí el resumen del fundamento de la acción que hicieron los accionantes, según lo indica la Sala en su sentencia:

> "Que "[l]as actuaciones que se impugnan son las VÍAS DE HECHO que ejecuta la Dirección Política Nacional de COPEI PARTIDO POPULAR en nuestra contra y en contra de los afiliados de los Estados Delta Amacuro, Anzoátegui, Yaracuy, Aragua, Táchira, Zulia y Nueva Esparta, consistentes en llevar a cabo una acción política con fundamento en una línea estratégica inconsulta respecto a las autoridades electas de nuestro Partido, tanto a nivel nacional como regional, desconociendo el derecho a la participación y al ejercicio de la

democracia interna, evadiendo las consultas candidaturales en el inminente proceso electoral de este año, y desconociendo decisiones judiciales que han protegido a las autoridades electas de distintos Estados del país".

Esas conductas fueron calificadas como "*las vías de hecho que sistemáticamente ha venido ejecutando la Dirección Política Nacional de COPEI PARTIDO POPULAR*" las cuales supuestamente "transgreden Leyes Nacionales como la Ley Orgánica de Procesos Electorales y la Ley de Partidos Políticos. Igualmente, contrarían los Estatutos e dicha Organización Política" pero sin indicar norma específica alguna; pero agregando simplemente que:

> "tanto la Mesa Directiva Nacional como la Dirección Política Nacional (DPN) de COPEI PARTIDO POPULAR se han dado a la tarea de vulnerar la voluntad de los afiliados de nuestra organización, *estableciendo criterios por encima de éstos, de las bases y de las diferentes estructuras del Partido*. Así, el empeño de la DPN en llevar adelante una *acción política inconsulta* y desconocer a las autoridades electas de los Estados y fijar candidatos y candidatas sin que las Direcciones Estadales sean consultadas previamente, acarrea toda una suerte le violaciones constitucionales, específicamente, de las normas aquí transcritas, o que se traduce en un ejercicio abusivo, antidemocrático y desleal de las atribuciones que les son conferidas a los Miembros que integran esas instancias partidistas. Puede decirse que es público y notorio que el ciudadano Roberto Enríquez, Presidente Nacional de COPEI PARTIDO POPULAR, *ha colocado sus intereses personales por encima de los del Partido, comprometiendo a nuestra organización en eventos y determinaciones políticas no debatidas por nosotros y asignando candidaturas inconsultas* con una mayoría precaria de la DPN, desmejorando y coartando toda posibilidad de participación de los cuadros políticos del COPEI en el país, por lo que consideramos que dicho comportamiento encuadra en las sanciones emanadas de los estatutos del Partido, en su artículo 77, literal 'a' (Actuaciones contrarias a las obligaciones establecidas en los presentes estatutos, de los reglamentos, órdenes, directivas y líneas políticas y de acción fijadas por los organismos competentes), no existiendo actualmente instancia partidista con la idoneidad suficiente para enjuiciar y hacer cesar estas deleznables acciones".

De todo lo anterior, concluyeron los accionantes que "todas las violaciones constitucionales anteriormente reseñadas, permiten advertir la existencia de una lesión a una serie de derechos de significativo carácter constitucional, además *de evidente trascendencia nacional*, pues, en particular, refieren a derechos políticos reconocidos en los artículos 62, 63 y 67 70 de la Constitución de la República Bolivariana de Venezuela, y a la materia electoral, que es de eminente orden público," para cuyo goce efectivo consideraron que era:

> "menester que la garantía de la tutela judicial efectiva prevista en el artículo 26 constitucional se materialice en este caso concreto, procediendo este Alto Tribunal a declarar con lugar el presente recurso de amparo, ordenando, consiguientemente, el cese inmediato de las vías le hecho que aquí hemos identificado, y que son ejecutadas por la Mesa Directiva y la Dirección Política Nacional de COPEI PARTIDO POPULAR".

Las denuncias formuladas por los accionantes, en definitiva, se refirieron a lo que denominaron:

> "vías de hecho que se identifican y denuncian en el presente recurso, tienen como único fin burlar la autoridad de los afiliados y las autoridades electas de los Estados de cara a la selección e inscripción de candidatos en las elecciones del próximo 6 de diciembre, postulaciones que quieren materializar las primeras en lesión abierta y flagrante de derechos y principios democráticos de índole constitucional que ostentan los segundos.

IV

Para resolver sobre su propia competencia, basada en la previsión legal que le atribuye la de conocer de las "las demandas y pretensiones de amparo para la protección de intereses difusos y colectivos *cuando la controversia tenga trascendencia nacional*", la Sala se limitó a afirmar que la acción interpuesta estaba dirigida a

> "salvaguardar el derecho de participación en la elección de representantes y de asociación con fines políticos mediante métodos democráticos de organización, funcionamiento y dirección" que involucran el ejercicio y tutela de derechos políticos, "respecto a los efectos que se reflejan de la vigencia de alguna actuación con miras a postular candidatos realizado por la DPN [Dirección Política Nacional] del partido COPEI PARTIDO POPULAR", en protección del derecho constitucional a la participación política, regulado en los artículos 62, 67 y 70 de la Constitución de la República Bolivariana de Venezuela."

Y sin mayor razonamiento, solo con lo narrado por los accionantes, afirmó que "se desprende un conjunto de elementos que permiten advertir la *existencia de una potencial lesión a una serie de derechos de significativo carácter constitucional, además de evidente trascendencia nacional* [...], razón por la cual, esta Sala declaró que existían "elementos suficientes para declarar *de oficio* la urgencia de la presente solicitud de amparo," y para el otorgamiento de las antes mencionadas medidas cautelares en los mismos términos exactos a como se solicitaron, nombrando a los propios accionantes como los nuevos miembros de la "Mesa Directiva Nacional, y por tanto, a la Dirección Política Nacional de "Copei Partido Popular;" y todo ello, no porque la directiva suspendida hubiera sido electa en violación de la Ley, en cuyo caso podría haberse hablado de que habría una cuestión constitucional vulnerada, sino porque simplemente los accionantes, como militantes del propio partido, no estaban de acuerdo con la conducción política del Partido que realizaba dicha directiva nacional.

Con esta sentencia, en definitiva, la Sala Constitucional trastocó el régimen de los partidos políticos, y considerándolos –aun cuando sin decirlo – como simples apéndices del Estado, se arrogó el poder de juzgar sobre la forma de conducción de los mismos, sobre las políticas conducidas por la directiva de los partidos, de manera que los militantes de los mismos, antes que buscar las soluciones por las vías estatutarias, ahora pueden acudir ante la Sala Constitucional, para que esta resuelva conforme le interese al Estado y no a la militancia misma del partido en cuestión.

En fin, del texto de la sentencia, lo que se aprecia es que es una decisión que en realidad no ha sido dictada por un "órgano judicial" imparcial, sino más bien por un operador político del Estado, con el objeto de impedir que los partidos políticos, a través de sus directivas electas legítimamente, puedan decidir la política que mejor juzguen que interesa al partido en cuestión, como es por ejemplo, la firma de alguna declaración política (por ejemplo la llamada "Declaración sobre la transición,"), e impedir, además igualmente que los partidos puedan postular libremente sus candidatos para las elecciones parlamentarias, cuando en definitiva puedan representar alguna posición de oposición al gobierno.

Con ello, como dijimos, se ha lesionado el derecho constitucional de asociación, y se ha confiscado el derecho a la participación política a través de partidos políticos que puedan actuar libremente, como partidos de oposición. Con esta decisión, esos partidos comienzan a estar proscritos, pues no interesan al Estado, escudándose el mismo para lograrlo, en una supuesta decisión de carácter "judicial," pero que en definitiva no es otra que eliminar cualquier manifestación de oposición al gobierno.

Con esta decisión, la Sala Constitucional le ha dado otro golpe a la democracia, en este caso, al derecho político a asociarse en paridos políticos, y al derecho a que los mismos se conduzcan por sus autoridades electas,[1242] lo que se suma a los golpes ya dados anteriormente por la propia Sala Constitucional en otras sentencias contra la misma democracia, [1243] en su afán de afianzar al Estado Totalitario en desprecio total a la Constitución a la Ley, [1244] como han sido los dados contra los derechos de

---

1242 Por ello, hay que saludar la respuesta dada a la sentencia por las autoridades regionales del partido Copei, en Consejo Federal, según reseña de prensa del día 31 de agosto de 2015, que "acudieron a la sede nacional de la tolda socialcristiana para asumir la conducción del partido," haciendo referencia a un "documento que refleja los acuerdos de la máxima autoridad estatuaria" que son los siguientes: "Solicitar al Tribunal Supremo de Justicia darle carácter de urgencia a este caso para que se concluya esta causa, y se respeten nuestros derechos políticos. / Desconocer a la junta ad hoc, y declaramos espuria cualquier actuación que la misma haga. / Declaramos que la junta ad hoc designada por el Tribunal Supremo de Justicia NO REPRESENTA A COPEI. / Ordenamos a la junta ad hoc abstenerse de declarar y actuar en representación política de nuestro partido Copei y sus regiones. / Declaramos que solo reconocemos como autoridades de Copei a la Junta Directiva y Dirección Política Nacional electa el mes de junio del año 2012. / Ordenamos a los militantes y compañeros de todos los estados incorporarse a la respectiva Mesa de la Unidad Democrática para garantizar el triunfo de la Unidad." Finalmente, indica la nota de prensa que "el presidente del consejo federal copeyano, Rogelio Boscán, denunció que la junta provisional ha "violentado todos nuestros derechos y ha desacatado el mandato recibido por el Tribunal Supremo de Justicia de hacer las consultas para las candidaturas parlamentarias "con el carácter de urgencia, de acuerdo al lapso del cronograma realizado por el Consejo Nacional Electoral." Véase "Restituyen autoridades electas de Copei," en *La Patilla.com*, 31 de agosto de 2015, en http://www.lapatilla.com/site/2015/08/31/res-tituyen-autoridades-electas-de-copei/.

1243 Véase Allan R. Brewer-Carías, *El golpe a la democracia dado por la Sala Constitucional (De cómo la Sala Constitucional del Tribunal Supremo de Justicia de Venezuela impuso un gobierno sin legitimidad democrática, revocó mandatos populares de diputada y alcaldes, impidió el derecho a ser electo, restringió el derecho a manifestar, y eliminó el derecho a la participación política, todo en contra de la Constitución),* Colección Estudios Políticos N° 8, Editorial Jurídica Venezolana, Segunda edición (Con prólogo de Francisco Fernández Segado),Caracas, 2015.

1244 Véase Allan R. Brewer-Carías, *Estado Totalitario y desprecio a la Ley. La des-constitucionalización, desjuridificación, desjudicialización y desdemocratización de Venezuela*, Fundación de Derecho Público, EJV, segunda edición, (Con prólogo de José Ignacio Hernández), Caracas, 2015.

los ciudadanos a ser gobernados por representantes electos; [1245] a ser elegidos para cargos de representación popular;, y a no ser inhabilitados políticamente sino por sentencia judicial; [1246] a que los mandatos de los representantes electos solo puedan ser revocados por votación popular;[1247] a manifestar pacíficamente por razones políticas; [1248] y a la neutralidad política de la Fuerza Armada. [1249]

New York, 31 de julio / 31 de agosto de 2015

1245 Véase Allan R. Brewer-Carías, "El juez constitucional y la demolición del principio democrático de gobierno. O de cómo la Jurisdicción Constitucional en Venezuela impuso arbitrariamente a los ciudadanos, al inicio del período constitucional 2013-2019, un gobierno sin legitimidad democrática, sin siquiera ejercer actividad probatoria alguna, violentando abiertamente la Constitución," en *Revista de Derecho Público*, Nº 133 (enero-marzo 2013), Editorial Jurídica Venezolana, Caracas 2013, pp. 179-212; y "Crónica sobre la anunciada sentencia de la Sala Constitucional del Tribunal Supremo de 9 de enero de 2013 mediante la cual se conculcó el derecho ciudadano a la democracia y se legitimó la usurpación de la autoridad en golpe a la Constitución," en Asdrúbal Aguiar (Compilador), *El Golpe de Enero en Venezuela (Documentos y testimonios para la historia),* EJV, Caracas, 2013, pp. 133-148.

1246 Véase Allan R. Brewer-Carías, "La incompetencia de la Administración Contralora para dictar actos administrativos de inhabilitación política restrictiva del derecho a ser electo y ocupar cargos públicos (La protección del derecho a ser electo por la Corte Interamericana de Derechos Humanos en 2012, y su violación por la Sala Constitucional del Tribunal Supremo al declarar la sentencia de la Corte Interamericana como "inejecutable"), en Alejandro Canónico Sarabia (Coord.), *El Control y la responsabilidad en la Administración Pública, IV Congreso Internacional de Derecho Administrativo, Margarita 2012*, Centro de Adiestramiento Jurídico, Editorial Jurídica Venezolana, Caracas, 2012, pp. 293-371.

1247 Véase Allan R. Brewer-Carías, "La revocación del mandato popular de una diputada a la Asamblea Nacional por la Sala Constitucional del Tribunal Supremo de oficio, sin juicio ni proceso alguno (El caso de la Diputada María Corina Machado)," en *Revista de Derecho Público,* Nº 137 (Primer Trimestre 2014, Editorial Jurídica Venezolana, Caracas 2014, pp. 165-189; y "La ilegítima e inconstitucional revocación del mandato popular de Alcaldes por la Sala Constitucional del Tribunal Supremo, usurpando competencias de la Jurisdicción penal, mediante un procedimiento "sumario de condena y encarcelamiento. (El caso de los Alcaldes Vicencio Scarno Spisso y Daniel Ceballo)," en *Revista de Derecho Público,* Nº 138 (Segundo Trimestre 2014, Editorial Jurídica Venezolana, Caracas, 2014, pp. 176-213.

1248 Véase Allan R. Brewer-Carías, "Un atentado contra la democracia: el secuestro del derecho político a manifestar mediante una ilegítima "reforma" legal efectuada por la Sala Constitucional del Tribunal Supremo" en *Revista de Derecho Público,* Nº 138 (2do. Trimestre 2014, EJV, Caracas, 2014, pp. 157-169.

1249 Véase Allan R. Brewer-Carías, "Una nueva mutación constitucional: el fin de la prohibición de la militancia política de la Fuerza Armada nacional, y el reconocimiento del derecho de los militares activos a participar en la actividad política, incluso en cumplimiento de las órdenes de la superioridad jerárquica," en *Revista de Derecho Público,* Nº 138 (2do. Trimestre 2014, EJV, Caracas, 2014, pp. 170-175.

SECCIÓN OCTAVA:

EL FIN DE LA AUTONOMÍA UNIVERSITARIA: A PROPÓSITO DE LA OBLIGACIÓN IMPUESTA POR LA SALA CONSTITUCIONAL A LAS UNIVERSIDADES NACIONALES DE VIOLAR LA LEY DE UNIVERSIDADES Y ABDICAR A LA AUTONOMÍA UNIVERSITARIA GARANTIZADA EN LA CONSTITUCIÓN

Publicado en *Revista de Derecho Público,* Nº 143-144 (Tercer y Cuarto Trimestre 2015, Editorial Jurídica Venezolana, Caracas, 2015; y en el libro *La ruina de la democracia*, Algunas consecuencias. Venezuela 2015, (Prólogo de Asdrúbal Aguiar), Colección Estudios Políticos, Nº 12, Editorial Jurídica Venezolana, Caracas 2015, pp. 173-186.

La Sala Constitucional del Tribunal Supremo de Justicia, mediante sentencia N° 831 de 7 de julio de 2015,[1250] dictada en un proceso de protección de intereses difusos o colectivos, decretó una medida cautelar, como lo dice el texto que la sentencia mandó a insertar en la *Gaceta Judicial*, ordenando:

> "a la Universidad Central de Venezuela y a todas las universidades nacionales, *cumplir con los lineamientos emitidos por el Consejo Nacional de Universidades* (CNU), mediante la Oficina de Planificación del Sector Universitario (OPSU), en desarrollo de las políticas del Estado, en apoyo al Proceso Nacional de Ingreso a través del Sistema Nacional de Ingreso, en las diferentes fases que lo comprenden, asignando las plazas que otorgan esas casas de estudios, e incluyendo efectivamente a las y los estudiantes regulares, bachilleres y técnicos medios a la educación universitaria, haciendo especial énfasis en la igualdad de condiciones y equiparación de oportunidades sin discriminaciones sociales, religiosas, étnicas o físicas, atendiendo las resoluciones y recomendaciones tomadas por el Consejo Nacional de Universidades (CNU), y *otorgando los cupos para el ingreso de nuevos estudiantes, tal como lo ha establecido la Oficina de Planificación del Sector Universitario (OPSU),aun y cuando se hayan aplicado pruebas internas*."

Para adoptar una orden judicial de esta naturaleza, hasta un lego pensaría que el Tribunal Supremo al menos debió haber analizado la Constitución, la Ley Orgánica de Educación y la Ley de Universidades, para poder llegar a esta conclusión de ordenarle a las autoridades universitarias de las Universidades autónomas, "cumplir con los lineamientos" fijados por una dependencia del Ministerio de Educación (la Oficina de Planificación del Sector Universitario), y proceder a otorgar "los cupos para el ingreso de nuevos estudiantes, tal como lo ha establecido la Oficina de Planificación del Sector Universitario (OPSU),aun y cuando se hayan aplicado pruebas internas."

1250 Véase *Caso Eirimar del Valle Malavé Rangel vs. autoridades de la Universidad Central de Venezuela y otras Universidades nacionales*, en http://histo-rico.tsj.gob.ve/decisiones/scon/julio/179242-831-7715-2015-15-0572.HTML

Sin embargo, no solo los legos sino los abogados, si se leen la sentencia, pueden constatar con asombro que esta orden se dictó por el Juez constitucional, no sólo sin haber estudiado el derecho aplicable sino sin siquiera haber al menos citado alguna norma de dichos instrumentos legales. Así resuelve ahora en el Tribunal Supremo y dicta sentencia sin argumentación ni argumentos jurídicos y sin siquiera analizar ni mencionar las normas del ordenamiento jurídico, adoleciendo la sentencia de fundamentación jurídica.

I. LA AUTONOMÍA UNIVERSITARIA EN LA CONSTITUCIÓN Y LOS INTENTOS FORMALES, ALGUNOS FALLIDOS, POR RESTRINGIRLA

En efecto, la primera norma de la cual debó tomar conocimiento la sala Constitucional para decidir la medida cautelar mencionada debió haber sido el artículo 109 de la Constitución de 1999, la cual como quizás ninguna constitución en el mundo lo hace, consagra el principio de la autonomía universitaria, estableciendo lo siguiente:

> ***Artículo 109.*** El Estado reconocerá la autonomía universitaria como principio y jerarquía que permite a los profesores, profesoras, estudiantes, egresados y egresadas de su comunidad dedicarse a la búsqueda del conocimiento a través de la investigación científica, humanística y tecnológica, para beneficio espiritual y material de la Nación. Las universidades autónomas se darán sus normas de gobierno, funcionamiento y la administración eficiente de su patrimonio bajo el control y vigilancia que a tales efectos establezca la ley. Se consagra la autonomía universitaria para planificar, organizar, elaborar y actualizar los programas de investigación, docencia y extensión. Se establece la inviolabilidad del recinto universitario. Las universidades nacionales experimentales alcanzarán su autonomía de conformidad con la ley.

Se trata, por tanto de una garantía constitucional mediante la cual, se asegura a las Universidades Autónomas, además de su autogobierno, el derecho de autonormarse, es decir, conforme a su autonomía normativa, dictar sus propias normas de gobierno y de funcionamiento, en particular las destinadas a planificar, organizar, elaborar y actualizar sus programas de investigación, docencia y extensión.

Conforme a esta potestad de rango constitucional, por tanto, desde siempre y como parte de su autonomía normativa en materia de docencia, las Universidades Nacionales han establecido sus propios principios, sistemas y métodos de selección académica con el objeto de asegurar la inscripción en las diversas carreras universitarias, conforme a la capacidad de las mismas, de los estudiantes egresados de la Educación secundaria, y apuntando siempre a lograr los mejores niveles de excelencia.

En paralelo al desarrollo y consolidación del gobierno autoritario desde 2000, el mismo ha venido progresivamente minando la autonomía universitaria, afectándola en muchas formas, en particular en el proceso mismo de elección de sus propias autoridades, llegando incluso a ser una de las propuestas de la reforma constitucional presentada a la Asamblea Nacional por el Presidente Hugo Chávez en 2007.

En el proyecto inicialmente elaborado por la Comisión Presidencial designada por el Presidente, sobre el tema de la autonomía universitaria se propuso incorporar al artículo 109 de la Constitución de 1999, diversas previsiones con los siguientes objetivos:

Primero, sujetar la autonomía universitaria a la planificación nacional, indicándose que la búsqueda del conocimiento mediante la autonomía universitaria prevista en la Constitución, debía hacerse para beneficio de la Nación, pero sujeta a la planificación nacional, proponiéndose agregar a la norma que el objetivo era privilegiar "la satisfacción de las necesidades de ésta en tales áreas, y en **coordinación con los planes de desarrollo nacional** sobre dichas materias y los requerimientos de profesionales y personal calificado de la República".

Segundo, encasillar el privilegio del autogobierno universitario, mediante la propuesta de agregar a la norma que garantiza que las Universidades se darán sus normas de gobierno, la expresión que ello debe ser "de acuerdo con los principios de la democracia participativa y protagónica". Se propuso, además, agregar al artículo los siguientes principios para las elecciones universitarias que la ley debía garantizar: la igualdad entre el voto de los estudiantes y el de los profesores para elegir las autoridades universitarias; el derecho al sufragio a todos los docentes por concurso de oposición; y que las elecciones de rector, vicerrectores, secretario, decanos y directores de escuelas de las universidades se decidan por mayoría absoluta de los universitarios que concurran a votar".

Tercero, limitar el principio de la inviolabilidad del recinto universitario, al disponerse que ello debía ser "con las excepciones que establezca la Ley", quedando la inviolabilidad a la merced del legislador, que fue lo que la Constitución de 1999 quiso evitar.

Con base en estas ideas el Presidente presentó ante la Asamblea Nacional un proyecto de reforma constitucional, el cual fue sancionado por esta en noviembre de 2007, que buscaba reformar el artículo 109 de la Constitución con el objeto de limitar seriamente la autonomía universitaria, mediante los siguientes agregados:

En primer lugar, se incorporó una disposición según la cual "se reconoce a los trabajadores y trabajadoras de las universidades como integrantes con plenos derechos de la comunidad universitaria, una vez cumplidos los requisitos de ingreso, permanencia y otros que paute la ley".

En segundo lugar, en cuanto al derecho de las universidades autónomas de darse "sus normas de gobierno," ese privilegio del autogobierno universitario se encasilló al agregarse a la norma que garantiza que las Universidades se darán sus normas de gobierno, la expresión que ello debe ser "*de acuerdo con los principios de la democracia participativa y protagónica*".

En tercer lugar, se agregaron a la norma del artículo 109, cambios radicales relativos al sistema de autogobierno universitario y de elección de sus autoridades, al disponerse que la ley, primero, debía garantizar "el voto paritario de los y las estudiantes, los profesores y las profesoras, trabajadores y trabajadoras para elegir las autoridades universitarias", con lo que la comunidad dejaba de ser solamente académica; segundo, que debía consagrar "el derecho al sufragio a todos los y las docentes que hayan ingresado por concurso de oposición, desde la categoría de instructor o instructora hasta titular"; y tercero, que debía establecer "las normas para que las elecciones universitarias se decidan en una sola vuelta", es decir, eliminando toda posibilidad de conformaciones de autoridades con base en mayorías absolutas.

La reforma constitucional propuesta, como es sabido, fue rechazada por el pueblo en el referendo de diciembre de 2007, lo que en este campo tampoco fue para que el régimen comenzase a implementar las rechazadas reformas mediante leyes, decisiones y sentencias que por ejemplo, afectaron el régimen de autogobierno universitario en cuanto al sistema de elección de las autoridades universitarias.[1251] Ello se implementó, en efecto, en la Ley Orgánica de Educación de 2009, en la cual, al regularse en el artículo 34 el "principio de autonomía" universitaria, se dispuso que la misma se debía ejercer, entre otras mediante las siguientes funciones:

> "3. Elegir y nombrar sus autoridades con base en la democracia participativa, protagónica y de mandato revocable, para el ejercicio pleno y en igualdad de condiciones de los derechos políticos de los y las integrantes de la comunidad universitaria, profesores y profesoras, estudiantes, personal administrativo, personal obrero y, los egresados y las egresadas de acuerdo al Reglamento. Se elegirá un consejo contralor conformado por los y las integrantes de la comunidad universitaria."

II. EL RÉGIMEN DE SELECCIÓN DE ALUMNOS EN LAS UNIVERSIDADES NACIONALES Y SU VIOLACIÓN POR EL MINISTERIO DE EDUCACIÓN

La Ley Orgánica de Educación, sin embargo, en cuanto al régimen de la educación universitaria en su artículo 35.2 nada reguló directamente, salvo remitir a lo que se establece en las leyes especiales, en particular respecto de lo relativo al: "ingreso de estudiantes al sistema mediante un régimen que garantice la equidad en el ingreso, la permanencia y su prosecución a lo largo de los cursos académicos."

Y a tal efecto, la Ley de Universidades de 1970 atribuye a los Consejos Universitarios establecer el régimen de selección de los alumnos, mediante la atribución de "Fijar el número de alumnos para el primer año y determinar los procedimientos de selección de aspirantes," (art. 26.9), pudiendo el Consejo Nacional de Universidades establecer pautas o "recomendar los correspondientes procedimientos de selección de aspirantes" (art. 20.6).

Este es el marco constitucional y legal para el régimen de selección de alumnos en las Universidades nacionales, de manera que conforme al mismo, en mayo de 2008, el Consejo Nacional de Universidades en el cual participan todas las Univer-

---

1251 Véase por ejemplo las sentencias de la Sala Electoral del Tribunal Supremo de Justicia N° 104 (Universidad Central de Venezuela) de 10 de agosto de 2011 en http://historico.tsj.gob.ve/decisiones/selec/agosto/104-10811-2011-2011-000033.HTML; N° 134 (Universidad del Zulia) de 21 de noviembre de 2011, en http://historico.tsj.gob.ve/decisiones/selec/noviembre/134-241111-2011-2011-000022.HTML; y N° 138 (universidad Nacional Abierta), en http://histo-rico.tsj.gob.ve/decisiones/selec/noviembre/138-241111-2011-2010-000004.HTML.

sidades nacionales, aprobó las pautas para el ingreso de los bachilleres en las Universidades nacionales, estableciendo que un 30% de los cupos en las mismas los fijaría la Oficina de Planificación del Sector Universitario (OPSU), quedando el 70 % restante para ser asignados por las propias universidades mediante los mecanismos internos de admisión de cada una de ellas.

Sin embargo, en *Gaceta Oficial* No. 40.660 de 14 de mayo de 2015, se publicaron por el Ministerio de Educación unas "Normas sobre Perfeccionamiento del Sistema de Ingreso a la Educación Universitaria"[1252] conforme a las cuales la Oficina de Planificación del Sector Universitario (OPSU), que es una dependencia administrativa del Ministerio de Educación Universitaria, adoptó la decisión de asignar cupos directamente en las Universidades nacionales muy por encima del 30 % acordado por recomendación del Consejo Nacional de Universidades, para lo cual, por supuesto, no tiene competencia alguna pues ello equivale sustituirse en el propio Consejo Nacional de Universidades, y además, en los Consejos Universitarios de las Universidades autónomas.

Por supuesto, frente a semejante arbitrariedad y usurpación de competencias, en violación de la propia Constitución, como era de esperarse, todas las autoridades de las Universidades nacionales se pronunciaron formal y públicamente en contra de la medida, no sólo en forma individual, sino incluso a través de la Asociación Venezolana de Rectores Universitarios [1253] anunciando incluso algunas autoridades universitarias la impugnación en vía judicial de la inconstitucional e ilegal medida administrativa.[1254]

III. LA TRANSFORMACIÓN, DE OFICIO, DE LA ACCIÓN INTENTADA POR PARTE DE LA SALA CONSTITUCIONAL PARA PODER CONOCER DE UNA ACCIÓN PARA LO CUAL CARECÍA DE COMPETENCIA

Pero antes de que las autoridades universitarias pudieran discutir y obtener justicia ante los órganos de la jurisdicción contencioso administrativa contra la inconstitucional e ilegal decisión administrativa de la Oficina de Planificación del Sector Universitario, la Sala Constitucional del Tribunal Supremo de Justicia mediante sentencia de 7 de julio de 2015,[1255] procedió a admitir una solicitud de amparo cons-

---

1252 Véase "OPSU tomó 100% de los cupos de ingreso a la USB y 71% de la UCV Por resolución aprobada por la mayoría de sus miembros, en una sesión realizada el 6 de marzo de 2008, el CNU eliminó las pruebas internas de admisión en las universidades del país MAY 21, 2015 "en: http://notihoy.com/opsu-tomo-100-de-los-cupos-de-ingreso-a-la-usb-y-71-de-la-ucv/.

1253 Véase por ejemplo en: http://notihoy.com/asociacion-venezolana-de-rectores-univer-sitarios-evalua-devolver-lista-de-admitidos-por-la-opsu; y http://www.eluniver-sal.com/nacional-y-politica/150522/ave-ru-rechaza-injerencia-del-gobierno-en-asigna-cion-de-cupos-universit.

1254 Véase por ejemplo en: http://www.lapatilla.com/site/2015/05/27/ucv-emprendera-acciones-legales-por-asignacion-de-cupos/.

1255 Véase sentencia N° 831 (*Caso Eirimar del Valle Malavé Rangel vs. autoridades de la Universidad Central de Venezuela y otras Universidades nacionales*), en http://histo-rico.tsj.gob.ve/decisiones/scon/julio/179242-831-7715-2015-15-0572.HTML.

titucional, que la Sala misma convirtió en una acción de protección de intereses colectivos o difusos, presentada el 22 de mayo de 2015 por una menor de edad (Eirimar del Valle Malavé Rangel), representada por su señora madre, sin asistencia de abogado, con el único propósito de asegurar la ejecución, de antemano, de la arbitraria decisión gubernamental, y proceder a criminalizar cualquier cuestionamiento o incumplimiento de la misma; y lo más curioso del proceder, fue que lo hizo mediante una sentencia dictando una medida cautelar, en la cual ni siquiera una sola vez se citó o se hizo referencia ni al artículo 109 de la Constitución, ni al artículo 35.2 de la ley Orgánica de Educación, ni a los artículos 20.6 y 26.9 de la ley de Universidades.

O sea, se demolió inmisericordemente la autonomía universitaria; ignorándose olímpicamente el ordenamiento constitucional y legal que la regula; y ello se hizo mediante la criminalización de antemano de cualquier acción que pudieran adoptar las autoridades universitarias en ejercicio de sus propias competencias constitucionales y legales.

En efecto, la joven recurrente "actuando en nombre propio, y en el de la población estudiantil venezolana egresada o por egresar del nivel de educación media," interpuso una acción de amparo constitucional para "la defensa de intereses colectivos y difusos de la población estudiantil venezolana" contra de "las autoridades de la Universidad Central de Venezuela y del resto de las Universidades Autónomas" que según la recurrente habían "manifestado pública y notoriamente que pretenden contrariar los resultados del sistema establecido por la Oficina de Planificación del Sector Universitario," obstaculizando "el acceso a la Educación Universitaria" y desconociendo las Normas sobre el Perfeccionamiento del Sistema de Ingreso a la Educación Universitaria," todo lo cual a juicio de la recurrente constituía una "amenaza de violación tanto por acción como por omisión" del "derecho de educación así como el derecho al libre desenvolvimiento de la personalidad" garantizados en los artículos 20, 102 y 103 de la Constitución.

La recurrente solicitó en su acción, que se ordenase "al Rector de la Universidad Central de Venezuela, para que girase "las instrucciones necesarias para inscribir a los ciudadanos según los criterios establecidos por la OPSU," extendiéndose la medida a juicio de la Sala "a las otras Universidades Autónomas." Solicitó también la recurrente que por vía cautelar se permita el registro de los estudiantes "según el sistema desarrollado por OPSU y que corresponden a esas Universidades Autónomas."

La Sala Constitucional, para conocer del asunto, ignoró la acción de amparo constitucional que había sido intentada y respecto de la cual no tenía competencia para conocer, pasando de oficio a transformarla, convertirla o "reconducirla en una demanda de protección de derechos e intereses colectivos [de trascendencia nacional], ejercida conjuntamente con solicitud de medida cautelar innominada, conforme al procedimiento establecido en el artículo 146 y siguientes de la Ley Orgánica del Tribunal Supremo de Justicia," para la cual si tenía competencia expresa de acuerdo al artículo 21.25 de la misma Ley.

IV. LA FIJACIÓN, DE OFICIO, DEL OBJETO DEL PROCESO

La Sala Constitucional, además de transformar la acción intentada para justificar su propia competencia para actuar, pasó de seguidas a definir, también de oficio, el objeto de la pretensión que se había arrogado conocer, consistente en determinar:

> "si las universidades autónomas, experimentales e institutos universitarios de educación universitaria pública, están en la obligación de registrar, ingresar e iniciar las actividades lectivas de los ciudadanos y ciudadanas (bachilleres) en las carreras correspondientes según el sistema de-sarrollado por la Oficina de Planificación del Sector Universitario (OPSU), a fin de evitar discriminación alguna, y en resguardo del derecho a la educación, evitando la pérdida del período académico, lo cual constituiría una violación de los derechos fundamentales reconocidos en la Constitución y tutelables mediante una demanda por intereses colectivos."

Este objeto del proceso, fijado por la Sala, de establecer judicialmente "si las universidades autónomas, experimentales e institutos universitarios de educación universitaria pública, *están en la obligación d*e registrar, ingresar e iniciar las actividades lectivas de los ciudadanos y ciudadanas (bachilleres) en las carreras correspondientes según el sistema desarrollado por la Oficina de Planificación del Sector Universitario (OPSU)," por supuesto, lo primero que implica es la obligación de la misma Sala de determinar, conforme a la garantía de la autonomía universitaria que consagra la Constitución y las previsiones legales aplicables, cuales son las competencias tanto de las Universidades e instituciones de educación superior como del Ministerio de Educación en la materia, para poder juzgar, incluso adoptando alguna medida cautelar, si efectivamente existe la obligación antes mencionada de parte de las Universidades de efectuar el registro de alumnos únicamente conforme al sistema adoptado por la Oficina de Planificación del Sector Universitario (OPSU).

A pesar de que la Sala le dedicó en la sentencia casi un tercio de sus páginas a determinar los efectos jurídicos del hecho de que la recurrente no hubiera presentado la demanda asistida de abogado, sin embargo, ni una sola letra de la sentencia la destinó a precisar los fundamentos constitucionales o legales de la referida presunta obligación de las instituciones universitarias que fijó como objeto principal del proceso, lo que era esencial a todos los efectos, incluso para poder ponderar los intereses en juego y poder adoptar alguna medida cautela conforme a las previsiones de los artículos 130 y 163 de la Ley Orgánica del Tribunal Supremo de Justicia.

V. LA DECISIÓN CAUTELAR SIN PONDERAR LOS INTERESES EN CONFLICTO, RESOLVIENDO SOBRE LA COMPETENCIAS DE LOS ÓRGANOS ADMINISTRATIVOS INVOLUCRADOS SIN BASARSE EN NORMA ALGUNA DEL ORDENAMIENTO.

Sin realizar consideración alguna de los fundamentos constitucionales y legales de las competencias administrativas que estaban a la base del objeto del proceso, lo que se constata incluso por el hecho de que ni siquiera se citó el artículo 109 de la Constitución ni artículo alguno de la Ley Orgánica de Educación ni de la Ley de Universidades, la Sala Constitucional pasó a resolver sobre la medida cautelar solicitada, revisando en forma "preliminar y no definitiva" el "hecho público y notorio" derivado de "varios medios de comunicación, prensa escrita y electrónica, también audiovisual, considerado como elemento probatorio," referidos a las reacciones de las autoridades universitarias ante la decisión de la Oficina de Planificación del Sector Universitario," y analizando los alegatos de la demandada, concluyó afirmando que "*de la ponderación de los derechos e intereses colectivos* que se señalaron como afectados por la situación de hecho que fundamentó la presente solicitud, que hay elementos que hacen presumir la amenaza de los derechos fundamentales a la educación," tanto de la recurrente "como del resto de la población estudiantil venezolana egresada o por egresar del nivel de educación media."

La Sala, en este párrafo hizo una afirmación falsa, pues en realidad para decidir la medida cautelar no hizo "ponderación" alguna de los derechos e intereses colectivos señalados como afectados, que solo podía resultar de confrontar los alegatos de la recurrente sobre amenaza de violación de derechos constitucionales, con la precisión del ámbito de la garantía constitucional de la autonomía universitaria y las competencias legales y reglamentarias, conforme a ella, de los órganos de la Administración y de las instituciones universitarias.

La Sala, al contrario, ignorando el derecho, procedió a aceptar que los estudiantes egresados o por egresar del nivel de educación media:

> "pueden ver amenazado su derecho a la educación, en la medida en que las autoridades de la Universidad Central de Venezuela, y de las demás universidades nacionales, puedan incurrir en acciones u omisiones, que le impidan a estos bachilleres realizar el registro, ingreso e inicio de las actividades lectivas en las carreras correspondientes según el sistema desarrollado por la Oficina de Planificación del Sector Universitario (OPSU), del Consejo Nacional de Universidades."

Pero para hacer esta afirmación, la Sala ni siquiera por simple curiosidad se asomó a determinar cuál era la competencia legal de las Universidades para poder adoptar alguna eventual acción u omisión de las comentadas en la prensa, o de la Oficina de Planificación del Sector Universitario para haber adoptado la decisión relativa a cupos universitarios.

Y sin ponderar los intereses alegados en la demanda intentada con los intereses de las Universidades nacionales protegidos en la Constitución y las leyes, y que están esencialmente encargadas en las mismas de asegurar a todos el derecho a la educación universitaria, y por tanto, sin verificar cual podría ser el buen derecho que corresponde a las mismas conforme a la Constitución y a las leyes, la Sala Constitucional, a pesar de que advirtiera que decidía "sin que ello represente un juicio definitivo sobre el caso," procedió efectivamente a decidir tutelando "cautelarmente" la pretensión aducida supuestamente "para evitar la concreción de un daño irreparable al derecho fundamental a la educación," sin evaluar el mayor daño que podía infligir a la Constitución y al principio de la autonomía universitaria y por ende al derecho a la educación, consideró que lo argumentado por la recurrente y lo que se deducía de las opiniones reflejadas en la prensa:

> "constituye una presunción de buen derecho -*fumus boni iuris*- que obra en beneficio de la demandante y de todos los estudiantes egresados o por egresar

del nivel de educación media que podrían ser afectados por la posible negativa, a través de acciones u omisiones de las autoridades de la Universidad Central de Venezuela, y demás universidades nacionales, de registrar e ingresar ante las casas de estudios, como parte del posible desconocimiento a los resultados del sistema establecido por la Oficina de Planificación del Sector Universitario (OPSU)."

Pero no contenta con la decisión, la Sala Constitucional, procedió a adelantar opinión sobre las competencias legales de los órganos de la Administración ministerial y de las Universidades, pero sin analizar ni hacer referencia alguna a una sola norma del ordenamiento jurídico, afirmando que

> "las pruebas internas que hasta la fecha han venido realizando las universidades autónomas y experimentales, e institutos universitarios de educación universitaria pública, *contradicen el procedimiento* que se aplica en el Sistema Nacional de Ingreso a la Educación Superior, implementado por el Consejo Nacional de Universidades (CNU), por intermedio de la Oficina de Planificación del Sector Universitario (OPSU), lo cual podría acarrear confusión entre los bachilleres que han solicitado su ingreso a estos centros públicos de educación superior, y, por ende, afectar sus derechos."

No se percató la Sala Constitucional, o no quiso percatarse que en realidad era todo lo contrario, es decir, que el procedimiento que se aplica en el Sistema Nacional de Ingreso a la Educación Superior, implementado por el Consejo Nacional de Universidades (CNU), por intermedio de la Oficina de Planificación del Sector Universitario (OPSU), era el que contradecía las pruebas internas que hasta la fecha han venido realizando las universidades autónomas y experimentales, e institutos universitarios de educación universitaria pública conforme a sus competencias legales.

VI. LA USURPACIÓN DE LA AUTONOMÍA UNIVERSITARIA Y LA CRIMINALIZACIÓN DE LA ACCIÓN ADMINISTRATIVA

La consecuencia de esta arbitraria decisión judicial, fue entonces, que la Sala Constitucional, ignorando lo establecido en el artículo 109 de la Constitución y la misión esencial de las Universidades nacionales de asegurar la educación universitaria de excelencia, pretendió supuestamente "garantizar el derecho a la educación" regulados en los artículos 102 y 103 de la misma Constitución, y proceder "en protección de los derechos y garantías constitucionales de todos los ciudadanos y ciudadanas, así como la situación fáctica planteada por la demandante, la verosimilitud de las injurias constitucionales invocadas, al igual que los hechos públicos y notorios" de los cuales tuvo conocimiento, a dictar las siguientes medidas cautelares "a fin de evitar perjuicios irreparables de las situaciones jurídicas que se denuncian lesionadas':

> 1.- Ordenar a la Universidad Central de Venezuela, y a todas las universidades nacionales, cumplir con los lineamientos emitidos por el Consejo Nacional de Universidades (CNU), mediante la Oficina de Planificación del Sector Universitario (OPSU), en desarrollo de las políticas del Estado, en apoyo al Proceso Nacional de Ingreso a través del Sistema Nacional de Ingreso, en las diferentes fases que lo comprenden, asignando las plazas que otorgan esas casas de es-

tudios, sin que sus mecanismos de ingreso afecten las asignaciones de cupos por la referida Oficina de Planificación del Sector Universitario (OPSU), e incluyendo efectivamente a las y los estudiantes regulares, bachilleres y técnicos medios a la educación universitaria, haciendo especial énfasis en la igualdad de condiciones y equiparación de oportunidades sin discriminaciones sociales, religiosas, étnicas o físicas, atendiendo las resoluciones y recomendaciones tomadas por el Consejo Nacional de Universidades (CNU), y otorgando los cupos para el ingreso de nuevos estudiantes, tal como lo ha establecido la Oficina de Planificación del Sector Universitario (OPSU), aun y cuando se hayan aplicado pruebas internas.

2.- Ordenar a la Universidad Central de Venezuela permita a la demandante de autos y a todos los estudiantes a quienes les haya sido asignado un cupo por intermedio del Sistema Nacional de Ingreso para cursar estudios en las diferentes carreras en dicha universidad, el registro y posterior inscripción oportuna de los mismos, de acuerdo a los criterios y lapsos establecidos por la Oficina de Planificación del Sector Universitario (OPSU), además de que éstos inicien sus actividades académicas una vez inscritos en el periodo lectivo que les corresponda de acuerdo a la referida asignación por la Oficina de Planificación del Sector Universitario (OPSU), sin discriminación ni distinción alguna con los demás estudiantes.

3.- Ordenar a todas las Universidades Nacionales que se encuentren ubicadas en el territorio de la República Bolivariana de Venezuela, permitan a todos los estudiantes a quienes les haya sido asignado un cupo por intermedio del Sistema Nacional de Ingreso para cursar estudios en las diferentes carreras en dichas universidades, el registro y posterior inscripción oportuna de los mismos, de acuerdo a los criterios y lapsos establecidos por la Oficina de Planificación del Sector Universitario (OPSU), además de que éstos inicien sus actividades académicas una vez inscritos en el periodo lectivo que les corresponda de acuerdo a la referida asignación por la Oficina de Planificación del Sector Universitario (OPSU), sin discriminación ni distinción alguna con los demás estudiantes.

Finalmente ordenó la Sala Constitucional a la Universidad Central de Venezuela y demás universidades nacionales, "la ejecución inmediata e incondicional de lo ordenado" y no sólo a eso, sino a "no desplegar actuaciones que vayan en contra de los lineamientos de la Oficina de Planificación del Sector Universitario (OPSU)."

En la decisión no hay ni una sola palabra para explicar en qué consiste la autonomía universitaria como principio constitucional y su vinculación con la garantía constitucional del derecho a la educación universitaria, ni hay referencia alguna para determinar cuál es su contenido esencial, al punto de que deliberadamente la Sala Constitucional ni siquiera menciona el artículo 109 de la Constitución. Por ello, también deliberadamente, la Sala Constitucional obvió toda consideración sobre el propio contenido del derecho a la educación que consideró supuestamente amenazado de violación por parte de unas autoridades universitarias que lo que han argumentado es que existe en la Constitución la garantía de la autonomía universitaria que les da el derecho de velar por los sistemas de admisión en las Universidades nacionales.

La Sala Constitucional tampoco entró a analizar, como era su obligación para decidir, cómo podía con su decisión supuestamente destinada a impedir que se concretara la "amenaza" de violación del derecho a la educación, violar sin embargo la garantía constitucional de la autonomía universitaria destinada, como se dijo, a la vez, a garantizar el derecho a la educación en las Universidades nacionales. En fin, nada argumentó sobre la ponderación de intereses que estaba obligada a realizar, para proceder a aniquilar la autonomía universitaria destinada constitucionalmente a garantizar el derecho a la educación universitaria, supuestamente invocando el mismo derecho constitucional a la educación .

Con esta decisión, en realidad, la Sala Constitucional, sin argumentos jurídicos, procedió más como agente gubernamental que como juez, y en definitiva decidió que la autonomía universitaria dejó de existir en el país en materia de selección de los alumnos por parte de las Universidades nacionales, y que las mismas están sujetas a lo que disponga una Oficina del Ministerio de Educación, ordenándole judicialmente a las Universidades abdicar a su autonomía y someterse a las prescripciones dictadas por la Administración Central.

Y lo grave de todo es que desde el punto de vista administrativo, lo que la Sala logró fue en definitiva convertir a las autoridades de las Universidades autónomas en órganos subordinados a una oficina administrativa del Ministerio de Educación, y además, criminalizar cualquier acción u omisión administrativa con amenaza de cárcel, al advertirle a las autoridades universitarias que:

> "el incumplimiento del presente mandamiento acarreará todas las responsabilidades correspondientes que establece el ordenamiento jurídico."

Ello, no significa otra cosa que como ya ocurrió con el caso de los Alcaldes en 2014,[1256] a quienes se achacó el desacato a lo ordenado por la Sala Constitucional en un amparo cautelar, que terminaron juzgados penalmente por la propia Sala Constitucional, la cual revocó su mandato y los encarceló, en usurpación incluso de la competencia de los tribunales de la Jurisdicción penal.

No otra cosa es lo que se deriva de la amenaza de que el incumplimiento del mandato judicial cautelar, "acarreará todas las responsabilidades correspondientes que establece el ordenamiento jurídico."

Con esta decisión, ni más ni menos, las Universidades nacionales han sido finalmente llevadas el cadalso por el régimen autoritario, y el principio constitucional de

---

1256 Véase la sentencia Nº 245 el día 9 de abril de 2014 del caso del Alcalde *Vicencio Scarano Spisso*, del Municipio San Diego del Estado Carabobo, en http://www.tsj.gov.ve/decisiones/scon/abril/162860-245-9414-2014-14-0205.HTML; y el Nº 263 el 11 de abril de 2014 del caso *Daniel Ceballos,* Alcalde del Municipio San Cristóbal del Estado Táchira en http://www.tsj.gov.ve/decisio-nes/scon/abril/162992-263-10414-2014-14-0194.HTML. Véase los comentarios en Allan R. Brewer-Carías, "La ilegítima e inconstitucional revocación del mandato popular de Alcaldes por la Sala Constitucional del Tribunal Supremo, usurpando competencias de la Jurisdicción penal, mediante un procedimiento "sumario de condena y encarcelamiento. (El caso de los Alcaldes Vicencio Scarno Spisso y Daniel Ceballo)," en *Revista de Derecho Público,* Nº 138 (Segundo Trimestre 2014, Editorial Jurídica Venezolana, Caracas 2014, pp. 176-213.

la autonomía universitaria ha quedado en manos del verdugo judicial, en este caso, la Sala Constitucional del Tribunal Supremo de Justicia, para ser definitivamente aniquilada.

New York, 8 de julio de 2015

SECCIÓN NOVENA:

EL JUEZ CONSTITUCIONAL CONTRA EL DERECHO DE ASOCIACIÓN: EL GREMIO DE ABOGADOS

Publicado en *Práctica y distorsión de la justicia constitucional en Venezuela (2008-2012)*, Colección Justicia N° 3, Acceso a la Justicia, Academia de Ciencias Políticas y Sociales, Universidad Metropolitana, Editorial Jurídica Venezolana, Caracas 2012, pp. 501-506.

La Sala Constitucional del Tribunal Supremo de Justicia, mediante sentencia N° 11 de fecha 14 de febrero de 2008,[1257] al decidir una acción de amparo intentada por unos abogados contra las autoridades del Colegio de Abogados del Distrito Federal, por la no realización de las elecciones de los titulares de las mismas, resolvió, sin que ello hubiese sido solicitado en la acción de amparo, declarar "nula la conformación de una nueva junta directiva del Colegio de Abogados del Distrito Capital así como la del Tribunal Disciplinario de dicho Colegio," que supuestamente se había efectuada en contravención de una medida cautelar dictada al admitirse la acción, considerando "que sus actos y actuaciones son nulas de nulidad absoluta, por ser esa designación ilegal e inconstitucional, y efectuada en claro desacato a un mandamiento ordenado por esta Sala como máxima autoridad del Poder Judicial."

Como consecuencia de ello, la Sala, procedió entonces, de oficio, a remover a quienes conformaban dichos órganos del Colegio de Abogados del Distrito Capital y a designar directamente a los integrantes de una Junta Directiva provisional y del Tribunal Disciplinario de dicho Colegio, "hasta tanto culmine y se elijan en forma legítima las autoridades del referido ente gremial." Igualmente decidió nombrar de "inmediato una nueva Comisión Electoral ad hoc," que tendría "a su cargo la organización del proceso electoral conjuntamente con el Consejo Nacional Electoral en la forma indicada en el fallo dictado por la Sala Electoral el 14 de julio de 2004, para elegir las autoridades del Colegio de Abogados del Distrito Capital."

Es decir, la Sala Constitucional intervino el Colegio de Abogados del Distrito Federal, y designó sus autoridades que conforme a la Ley de Abogados sólo pueden ser electas por el gremio de abogados, sustituyéndose al propio gremio y violando el derecho a la participación política que precisamente había sido el fundamento de la acción de amparo intentada.

1257 N° Expediente: 04-1263 de fecha 14/02/2008, Caso, *Juan Carlos Velásquez Abreu y otros*, Ponente: Jesús E. Cabrera Romero.

I. LA ACCIÓN DE AMPARO INTENTADA Y LAS MEDIDAS CAUTELARES ADOPTADAS

En efecto, fecha 18 de mayo de 2004 dos abogados miembros del Colegio de Abogados del Distrito Federal intentaron una acción de amparo constitucional por ante la Sala Constitucional del Tribunal Supremo solicitando protección de sus derechos constitucionales, así como de los intereses y derechos colectivos de los profesionales de la abogacía, "a la participación política, que implica el control periódico de la gestión de los representantes ejercido por sus representados, a la alternabilidad en el ejercicio del poder, el derecho a tener representantes legítimamente elegidos (derecho al sufragio), la garantía del Juez Natural en los procesos disciplinarios, consagrados desde su preámbulo y especialmente en los artículos 62, 63, 49 numeral 4 y 70 de la Constitución."

Dicha acción fue intentada contra "el ejercicio ilegítimo de las funciones inherentes a los cargos que comprenden la Junta Directiva y los Miembros del Tribunal Disciplinario del Colegio de Abogados del Distrito Capital, cuyos períodos para el ejercicio de sus funciones se encuentran vencidos desde diciembre de 2001, sin que hasta la fecha se hayan producido comicios para la elección de las nuevas autoridades, a pesar de la existencia de sendas sentencias de la Sala Electoral de este Tribunal Supremo de Justicia N° 14 y 15 de fechas 31 de julio de 2003 y 11 de febrero de 2004 en ese mismo orden, que ordenan la convocatoria a elecciones en dicha corporación gremial."

Alegaron además los recurrentes que la acción de amparo estaba "destinada a controlar el ejercicio abusivo de poder desplegado por los representantes del gremio de abogados del Distrito Capital, que con ocasión a la no realización de los comicios para la renovación de su Junta Directiva así como la de los miembros del Tribunal Disciplinario de nuestra entidad gremial, se mantienen ejerciendo ilegítimamente las funciones inherentes a los cargos, en violación a nuestros derechos a la participación política, a ejercer el derecho a elegir y ser elegidos, al control de la gestión de las autoridades gremiales, al debido procedimiento con relación al Juez Natural".

Alegaron finalmente los recurrentes que "los titulares de los Órganos Permanentes del Colegio de Abogados del Distrito Capital de Caracas fueron electos en el mes de diciembre de 1999 para el ejercicio de las funciones que le son atribuidas por dos años, que venció en diciembre de 2001" y que "la Junta Directiva de esa corporación gremial debió proceder conforme a lo previsto en la Ley de Abogados y el Reglamento de la Ley de Abogados sobre Elecciones en los Organismos Profesionales y el Instituto de Previsión Social, vigente para la fecha, para que la Comisión Electoral designada conforme lo establecido en esos instrumentos jurídicos, convocara un proceso electoral para elegir una nueva Junta Directiva y al Tribunal Disciplinario correspondiente."[1258]

1258 De acuerdo con el artículo 35 de la Ley de Abogados los integrantes de la Junta Directiva y del Tribunal Disciplinario del Colegio de Abogados del Distrito Capital deben ser electos. *Gaceta Oficial* N° 1.081, Extraordinaria de 23-01-1967.

El petitorio de la acción de amparo intentada fue el siguiente:

> "1.- El nombramiento inmediato de una nueva Comisión Electoral que cumpla con las Normas para Regular los Procesos Electorales de Gremios y Colegios Profesionales o, en su defecto, ordene al Consejo Nacional Electoral que organice el proceso electoral de manera inmediata, de conformidad con lo establecido en el artículo 283.6 de la Constitución.
>
> 2.- La realización inmediata de las Elecciones de la Junta Directiva y del Tribunal Disciplinario del Colegio de Abogados del Distrito Capital."

La acción de amparo fue admitida por la Sala Constitucional el 9 de julio de 2004, y en la misma se decidió como medida cautelar lo siguiente:

> "3.1- A quienes ocupan actualmente los cargos de la Junta Directiva del Colegio de Abogados del Distrito Capital se abstengan de realizar cualquier tipo de actuación, bien de representación o que comprometan u obliguen administrativamente al Colegio de Abogados, limitándose únicamente, a realizar actividades de simple administración, así como aquellas relacionadas con la inscripción de sus nuevos miembros y expedición de credenciales. 3.2.- A quienes ocupan actualmente los cargos del Tribunal Disciplinario del Colegio de Abogados del Distrito Capital, se abstengan de iniciar, sustanciar y decidir procedimientos disciplinarios contra los miembros de dicha corporación gremial, así como paralizar aquellos procedimientos iniciados con posterioridad al vencimiento del tiempo para el ejercicio de sus cargos."

Frente al petitorio fundamento de la acción, el alegato fundamental formulado por el Presidente del Colegio de Abogados del Distrito Federal en el juicio de amparo fue que "la demora de los procesos electorales no sólo en los Colegios de Abogados sino en todas las corporaciones gremiales del país, es responsabilidad exclusiva de los órganos del Poder Público, en especial del Poder Electoral, conforme lo establece el artículo 293, numeral 6 de la Constitución;" que "el Poder Electoral omitió el pronunciamiento para autorizar las elecciones ordenadas por la Sala Electoral y de la sentencia de ejecución dictada por la misma Sala en fecha 14 de Julio de 2004;" y que "la Junta Directiva del Colegio de Abogados de Caracas ha realizado todas las diligencias tendentes a que se realicen los comicios para la renovación de las autoridades de la Corporación."

El Presidente de la Comisión Electoral del Colegio de Abogados, por su parte, alegó ante la Sala que la Comisión había cumplido con todos y cada uno de sus deberes electorales y que era el Consejo Nacional Electoral, el responsable directo, por omisión, del retardo en la realización de las elecciones gremiales en el Colegio de Abogados de Caracas. Indicó, además, que el 31 de julio de 2003, la Sala Electoral dictó sentencia definitiva en el amparo constitucional en el expediente N° 03-41, en la cual se ordenó la inmediata convocatoria a elecciones de Comisión Electoral, así como la consecución de todos los pasos necesarios para la realización de elecciones gremiales en dicho Colegio de Abogados, ordenando que se cumpliese con el procedimiento establecido en la normativa gremial que rige la materia electoral. A tal efecto, se fijó el proceso eleccionario para el día 9 de diciembre de 2003, pero indicó, el mismo "fue suspendido el 8 de ese mismo mes y año, por una decisión cautelar dictada por la Sala Electoral," y posteriormente, el 11 de febrero de 2004, la misma Sala dictó sentencia de fondo en ese amparo, ordenando convocar el proceso eleccionario conforme al procedimiento reglamentario dictado por el Consejo Nacional Electoral, en la Resolución N° 030807-387 de 21 de agosto de 2003. Alegó finalmente, que las autoridades del Colegio, sin embargo, esperaron en vano que "el Consejo Nacional Electoral se pronuncie sobre la convocatoria o no de elecciones gremiales".

II. LA DETERMINACIÓN DE LA CONTROVERSIA EN EL PROCESO

Para decidir la acción de amparo intentada, la Sala consideró que lo que estaba controvertido en el proceso eran solamente "los motivos por los cuales no se han realizado las elecciones" de las autoridades del Colegio, a cuyo efecto recordó que la convocatoria a elecciones del Colegio había sido ordenada en tres oportunidades distintas por la Sala Electoral del Alto Tribunal, así:

Primero, mediante sentencia N° 103 de 31 de julio de 2003, al resolver y declarar con lugar una acción de amparo constitucional ejercida por un grupo de abogados contra la supuesta omisión de la Junta Directiva del Colegio de Abogados del Distrito Metropolitano a convocar elecciones para escoger a las nuevas autoridades, ordenando por una parte dejar sin efecto una convocatoria ya efectuada (*31 de julio de 2003), por la otra , ordenando que la Junta Directiva hiciera una nueva convocatoria, en un lapso perentorio para elegir a los miembros de la Comisión Electoral; y por último ordenando igualmente al órgano electoral del Colegio que convocara a las elecciones para la designación de los miembros de la Junta Directiva, Tribunal Disciplinario y demás autoridades del Colegio.*

Segundo, mediante sentencia N° 15 del 11 de febrero de 2004, la Sala Electoral declaró con lugar un recurso contencioso electoral interpuesto conjuntamente con solicitud de amparo cautelar, por dos abogados contra un acto administrativo de la comisión Electoral del Colegio que había negado la inscripción de una plancha de candidatos, decidiendo declarar la "n*ulidad de todas las actuaciones llevadas a cabo por la Comisión Electoral del Colegio de Abogados del Distrito Capital con posterioridad al día 21 de agosto de 2003; "y ordenándole proceder a convocar a elecciones.*

Tercero, mediante sentencia N° 97 del 14 de julio de 2004, la Sala Electoral ordenó la ejecución de las anteriores sentencias N° 103 del 31 de julio de 2003, con las modificaciones contenidas en el fallo N° 15, del 11 de febrero de 2004 en el conexo proceso judicial sustanciado bajo el expediente N° 2003-000118, ordenando en este caso, al decidir una acción de amparo constitucional intentada por otro grupo de abogados, al Consejo Nacional Electoral, que en un lapso perentorio " elabore y entregue a la Comisión Electoral del referido colegio profesional, las INSTRUCCIONES a que se contraen el numeral 3 del artículo 10 y el encabezado del artículo 24 de las Normas para regular los procesos electorales de Gremios y Colegios Profesionales que ese órgano electoral dictó, con vista a los recaudos que esa Comisión Electoral señala haber entregado en la oportunidad de inscribir al Colegio (30-09-03), de conformidad con el numeral 1 del artículo 13 ejusdem;" y que vencido el lapso mencionado, la Comisión Electoral debía solicitar al Consejo Nacional Electoral la autorización de convocatoria a elecciones, conforme al Proyecto que una vez aprobado previamente por dicho Consejo, debía conducir a la convocatoria a elecciones con base en el Registro Electoral Preliminar del Colegio que debía proceder a elaborar el Consejo.

Cuarto, mediante sentencia N° 137 del 28 de septiembre de 2004, la Sala Electoral, declaró procedente la solicitud de ejecución forzosa del fallo N° 97/2004, considerando como aprobado el Proyecto Electoral elaborado por la Comisión Electoral del referido Colegio, sin el auxilio del Consejo Nacional Electoral. En dicha decisión, la Sala Electoral "ratifica la necesidad de la intervención en el proceso del Consejo Nacional Electoral, a fin de que en cumplimiento de sus funciones y facultades constitucionales y legales, y con base en su experiencia e idoneidad, organice y supervise dicho proceso electoral, en forma conjunta con la Comisión Electoral de ese Colegio," prorrogando los lapsos que había establecido en las sentencias precedentes y ordenando al referido Consejo la adopción de una serie de medidas para la realización de las elecciones.

III. EL NOMBRAMIENTO POR LA SALA DE AUTORIDADES PROVISIONALES DEL COLEGIO DE ABOGADOS

Después de esta reseña la Sala, en su sentencia, pasó a apreciar "que los comicios electorales para elegir las nuevas autoridades que conforman el Colegio de Abogados del Distrito Capital aún no se han producido," siendo que la última elección de la Junta Directiva y de la Comisión Electoral del referido Colegio de Abogados tuvo lugar el 21 de agosto de 2003, y luego afirmó que:

> "la Sala conoce como hecho notorio comunicacional, la conformación de una nueva junta directiva del Colegio de Abogados del Distrito Capital y del Tribunal Disciplinario, en contravención a la medida cautelar acordada por esta Sala en el fallo de admisión; circunstancia que -sin menoscabo de lo dispuesto en la sentencia N° 1825 del 9 de octubre de 2007 en la que se dispuso que son válidas las elecciones que se hayan llevado a cabo desde diciembre de 1999 en todos los Colegios de Abogados de la República- vicia de nulidad a dicho acto de designación, así como los actos suscritos y actuaciones efectuadas, por ser una designación ilegal e inconstitucional, y efectuada en claro desacato a un mandamiento ordenado por esta Sala como máxima autoridad del Poder Judicial..."

En razón de ello, la Sala pasó a designar a los integrantes de la Junta Directiva provisional del Colegio de Abogados del Distrito Capital, y a los miembros provisionales del Tribunal Disciplinario de dicho Colegio hasta tanto culminase y se eligiera en forma legítima las autoridades del referido ente gremial. Nada dijo la Sala sobre cuándo y cómo se habían conformado esas nuevas juntas directivas, por lo que en el Voto Salvado a la sentencia del Magistrado Pedro R. Rondón Haaz, afirmó que:

> 2. La declaratoria de nulidad de un acto de designación de la Junta Directiva del Colegio de Abogados del Distrito Capital y de su Tribunal Disciplinario, que la mayoría conocería "como hecho notorio comunicacional", y que se justificaría en que ello contravendría la medida cautelar que expidió esta Sala el 09 de julio de 2004, adolece de inmotivación porque, en primer lugar, aquel hecho

–cuyos detalles, como fecha o identidad de los designados, se desconocen– no puede ser calificado de "hecho notorio comunicacional" porque no encuadra en tal concepto, encuadramiento que, en todo caso, la Sala no hizo, ya que se limitó a su afirmación."

Y agregó el Magistrado Disidente que:

> En todo caso, aunque la mayoría sentenciadora no mencionó la oportunidad en que tal hecho habría ocurrido, puede verificarse con la revisión de la prensa y otros medios de comunicación escritos que pueden consultarse a través de la red, que no se trata, dicha "designación", de un acontecimiento contemporáneo para la fecha de la sentencia que lo tomó en cuenta."

La Sala en su sentencia, en todo caso, afirmó que el Consejo Nacional Electoral tiene competencia para autorizar la convocatoria de elecciones, lo que sin embargo dijo, "no ha sucedido en virtud de la negativa de las autoridades que no han asumido su responsabilidad ni han cumplido con las instrucciones impartidas en el fallo antes referido, y han dejado transcurrir el tiempo dejando en suspenso la realización debida de dichas elecciones, generando una perpetuidad en los cargos directivos que atentan en forma grave con el principio constitucional de alternabilidad en el ejercicio del poder." La Sala en cambio consideró que las partes demandadas, no habían fundamentado "la imposibilidad de cumplir con lo ordenado por la Sala Electoral," considerando que:

> "la actuación omisiva de los entes demandados se ha traducido en una grosera trasgresión a los derechos a la participación política, a la alternabilidad en el ejercicio del poder y al sufragio; así como en una violación del juez natural que ha de conocer de los procesos disciplinarios de los profesionales colegiados; derechos que han sido denunciados por la parte actora como lesivos a su situación jurídica y al resto de los miembros de dicho ente gremial como colectivo."

En consecuencia, la Sala estimó procedente la acción incoada, y para el restablecimiento de la situación infringida, vista la reticencia continuada en el tiempo de la Comisión Electoral del Colegio de Abogados del Distrito Capital, decidió acordar el nombramiento de una Comisión Electoral ad hoc, a cargo de la organización del proceso electoral conjuntamente con el Consejo Nacional Electoral en la forma indicada en el fallo dictado por la Sala Electoral el 14 de julio de 2004.

Como lo precisó el Magistrado Pedro Rafael Rondón Haaz en el Voto Salvado a la decisión, tales nombramientos "de miembros temporales del Colegio de Abogados del Distrito Capital y de su Tribunal Disciplinario –arbitraria por falta de fundamento legal-, contradice abiertamente los derechos cuya protección pretende la parte actora," ya que:

> "la imposición al gremio de abogados con inscripción en el Colegio en cuestión de autoridades no electas por éste es mucho menos democrática que el ejercicio de autoridades electas pero con el período vencido, ya que las últimas tienen, en su origen, la legitimidad que les dio un proceso electoral y de la que carecerán las que impondrá esta Sala sin que haya, si quiera, pedido la postulación de nombres o ternas a los agremiados. Tal conducta confronta los derechos

a la participación política y al sufragio activo (el derecho a tener representantes legítimamente elegidos a través del sufragio) y pasivo, para cuya garantía se declara, sin embargo, con lugar la demanda."

Con esta sentencia, la Sala Constitucional resolvió de oficio y ultrapetita, sustituir a los miembros electos de los organismos de dirección del Colegio de Abogados del Distrito Federal, y designar en su lugar, a miembros provisionales sin legitimidad democrática alguna, basándose en el hecho de que supuestamente desacataron una decisión judicial, pero sin indicarse cuál pudo haber sido el supuesto desacato.

SECCIÓN DÉCIMA:

JUSTICIA CONSTITUCIONAL Y PARTICIPACIÓN POLÍTICA (2001)

Texto de la exposición en el Panel sobre Participación Política frente a los sistemas de justicia: de lo constitucional a lo electoral en el XIX Curso Interdisciplinario de Derechos Humanos, Instituto Interamericano de Derechos Humanos, San José, Costa Rica, 21 de junio de 2001. Publicado en el libro: *Reflexiones sobre el constitucionalismo moderno en América*, Colección Cuadernos de la Cátedra Fundacional Doctor Charles Brewer Maucó "Historia del Derecho en Venezuela", Universidad Católica Andrés Bello, Nº 2, Editorial Jurídica Venezolana, Caracas 2001, pp. 143, 152.

I. EL DERECHO A LA PARTICIPACIÓN POLÍTICA JUDICIALMENTE RECONOCIDA COMO DETONANTE DEL PROCESO CONSTITUYENTE VENEZOLANO EN 1999

La justicia constitucional puede ser un instrumento fundamental para promover la participación política. Como un ejemplo reciente de esta instrumentalidad puede mencionarse el proceso constituyente de Venezuela de 1999: la Constitución de 1961, que ha sido sustituida por la de 1999, no regulaba en su texto una Asamblea Nacional Constituyente, es decir, ésta no era una institución constitucionalizada, como en cambio si ocurre en la Constitución del Paraguay, donde se establece con claridad la figura de la Asamblea Nacional Constituyente, como mecanismo de revisión de la Constitución.

La Constitución venezolana de 1961, en cambio, no establecía nada similar, y se limitaba a regular los mecanismos de revisión constitucional a través de la reforma general y de la enmienda. En 1999, sin embargo, se planteó políticamente la necesidad de convocar una Asamblea Nacional Constituyente que no estaba prevista constitucionalmente para promover un cambio político constitucional. Por supuesto, ello originó un gran debate político, bien importante, pues por una parte, el Presidente de la República recién electo en diciembre de 1998 Hugo Chávez Frías, planteaba como su bandera política fundamental la convocatoria de la Asamblea Nacional Constituyente, apelando a la soberanía popular; pero por la otra, estaba el principio de la supremacía constitucional que exigía respetar la Constitución, que regulaba mecanismos de revisión constitucional que no implicaban posibilidad alguna de convocar una Asamblea Nacional Constituyente.

El asunto fue sometido al conocimiento y decisión de la Corte Suprema de Justicia, la cual, en una sentencia de 22 de enero de 1999, adoptada como juez constitucional, interpretando la Ley Orgánica del Sufragio y Participación Política y la propia Constitución, dedujo que el derecho a la participación política era un derecho inherente a la persona humana, que tenía plena vigencia a pesar de que no estaba expresamente indicado en el texto constitucional, como en cambio sí lo hacía la Convención Americana de Derechos Humanos. El texto constitucional regulaba el sistema electoral, el derecho al sufragio, y el derecho a elegir, pero no consagraba expresamente un "*derecho a la participación política*". En consecuencia, la Corte Suprema, como juez constitucional, interpretó la cláusula abierta de derechos de la Constitución, deduciendo que el derecho a la participación política era un derecho inherente a la persona humana y, por tanto, que resultaba posible hacer una convocatoria a un referéndum, como mecanismo de participación política, para que el pueblo, por vía de referéndum consultivo, se pronunciara sobre la convocatoria de una Asamblea Nacional Constituyente. Con esa sentencia de 22 de enero de 1999, puede decirse que se inició el proceso constituyente en Venezuela.

Este proceso, en todo caso, se inició en el marco de la propia Constitución de 1961. Posteriormente, fue la propia Asamblea Nacional Constituyente, una vez electa, la que se salió del marco constitucional y dio un golpe de Estado, violando la Constitución. No hay que olvidar que con frecuencia son los órganos constitucionales los que dan los golpes de Estado, como hace una década ocurrió en Perú, apelando el Presidente de la República a su popularidad. La Asamblea Nacional Constituyente en Venezuela, sin duda, dio un golpe de Estado, pues se puso por encima de la Constitución de 1961, por encima de los poderes constituidos y asumió el poder constituyente originario, que sólo el pueblo podía ejercer.

Sin embargo, en su origen, como se dijo, la Asamblea Nacional Constituyente surgió de una interpretación judicial de la Constitución de 1961, de cuyo texto dedujo el derecho a la participación política. Este es un ejemplo de cómo el juez constitucional puede promover la participación política por la vía de la interpretación constitucional.

II. EL JUEZ CONSTITUCIONAL CONTRA LA PARTICIPACIÓN POLÍTICA

Pero sin duda, la justicia constitucional tiene siempre una doble cara: así como en este caso fue un instrumento fenomenal para la promoción de la participación política, también ha sido un instrumento maléfico para frenar dicha participación. Para darse cuenta de ello, citemos dos ejemplos, también vinculados al proceso constituyente venezolano:

La Constitución de 1999 regula, extensamente, la idea de la participación como derecho político e, incluso, regula la participación popular en diversas áreas sociales y económicas. La palabra "participación", se utiliza, incluso, en más de 50 artículos, de manera que es una Constitución cargada de participación.

En ella regulan, como se mencionó, mecanismos de participación directa de la sociedad civil en la gestión de asuntos públicos los cuales, incluso, son únicos comparativamente hablando. Por ejemplo, para que la Asamblea Nacional pueda elegir a los titulares de los órganos del Poder Público que no son electos popularmente, o sea, los magistrados del Tribunal Supremo, el Fiscal General de la República, el Contralor General de la República, el Defensor del Pueblo y los miembros del Consejo Nacional Electoral, debe asegurarse previamente la participación de la sociedad civil, en una forma que limita mucho la libertad de elección de la Asamblea Nacional. En efecto, para elegir a los titulares de estos órganos, los mismos tienen que ser postulados por unos Comités de Postulaciones que regula la propia Constitución, integrados por "representantes de los diversos sectores de la sociedad civil". En esta materia, por tanto, se le da una "participación protagónica" a la sociedad civil, al establecerse que la elección de los altos funcionarios del Poder Público antes mencionados, ya no es una facultad discrecional de la Asamblea Nacional como lo era antes del Congreso. Ahora deben existir Comités de Postulaciones integrados por representantes de la sociedad civil, que son los únicos que pueden hacer las postulaciones de candidatos ante la Asamblea, para que entre los postulados, la Asamblea los designe. Incluso, de acuerdo a la Constitución, no puede haber una designación por la Asamblea que no sea de entre las personas postuladas por los Comités de Postulaciones.

Esta reforma fue motivada por la reacción frente a la situación política anterior, que era de total discrecionalidad del antiguo Congreso para la designación de estos altos funcionarios, sin participación posible de ningún otro órgano del Estado o de la sociedad. La reacción contra esta situación condujo, incluso, a quitarle a la Asamblea Nacional el poder discrecional de nombrar estos funcionarios, y atribuirle a los Comités de Postulaciones su selección inicial.

Esta exigencia, sin embargo, fue violada por la propia Asamblea Nacional en 2000, al haber dictado, con base en un supuesto régimen transitorio, una ley para la designación provisional transitoria de todas estas autoridades, sin ningún tipo de consideración en cuanto a la participación de la sociedad civil, salvo en unas llamadas "mesas de diálogo", reduciéndose entonces la participación a formar parte de tales mesas. Eso, por supuesto, no es participar políticamente; es una forma de dar opinión, pero no es *ser parte* de una decisión.

En este caso, entonces, teniendo en cuenta que la Constitución establece un mecanismo de participación, ante su violación por la Asamblea, era el Tribunal Supremo, justamente como tribunal constitucional, el que debía servir como instrumento de control constitucional. Sin embargo, para lo que sirvió fue para poner de lado las normas constitucionales sobre participación, a cuyo efecto dictó una sentencia, a través de la Sala Constitucional, en la cual, además, lamentablemente e inexplicablemente, limitó a la propia sociedad civil: primero, al excluirla, e interpretar que en virtud de un supuesto régimen transitorio, la Constitución no se aplicaba, en 2000, para la designación de las altas autoridades del Estado. Incluso, la Corte fue mucho más lejos, porque en otra sentencia llegó a decidir que la Constitución no era obligatoria para los casos de ratificación de los propios Magistrados del Tribunal Supremo. Caso insólito, porque eran los mismos Magistrados que iban a ser ratificados, los que decidieron, ellos mismos, que la Constitución no se les aplicaba a ellos. El más elemental criterio de inhibición judicial fue puesto de lado.

III. EL JUEZ CONSTITUCIONAL Y LA EXCLUSIÓN DE LA SOCIEDAD CIVIL

Pero no sólo esto, sino que hubo otras dos sentencias adicionales, una de la Sala Constitucional y otra de la Sala Electoral del Tribunal Supremo que deben destacar en relación con el tema de la participación, que ponen en evidencia que en lugar de haberse constituido en un fenomenal instrumento de promoción de la participación política, un Tribunal Constitucional puede ser lo contrario, es decir, un maléfico instrumento respecto a la participación política.

El Tribunal Supremo, en efecto, dictó varias sentencias, en 2000, precisamente con motivo de las demandas, amparos y recursos que la Defensora del Pueblo y los organismos de la sociedad civil intentaron para participar en la toma de las decisiones de nombramiento de los altos funcionarios del Estado. La Sala Constitucional llegó, incluso, a definir qué era y qué no era "sociedad civil", llegando a afirmar que no podía ser considerada sociedad civil, una ONG que recibiera financiamiento del exterior, con lo cual abrió el campo para la creación de organizaciones alentadas por el gobierno y las organizaciones partidistas que lo apoyan, las cuales entonces serán las recipiendarias de fondos públicos nacionales; y esas sí son entonces, sociedad civil.

Otra regulación en la Constitución también nos muestra esta doble cara que pueden tener de un juez constitucional, y es la norma, que atribuye al Poder Electoral, es decir, al Consejo Nacional Electoral, la competencia para organizar las elecciones de los sindicatos y de los demás gremios profesionales. Es decir, en un país donde supuestamente se promueve la participación y se habla de sociedad civil, sin embargo, se atribuye al Estado, es decir, al órgano nacional electoral la potestad de organizar las elecciones sindicales y de los gremios profesionales; con lo cual la libertad sindical quedó intervenida por el Estado.

Con base en esta norma, lamentablemente, se ha efectuado una segunda interpretación, por la Sala Electoral, sobre lo qué es gremio profesional. En el derecho público tradicional, han sido considerados como tales los Colegios Profesionales, es decir, aquellas organizaciones creadas por ley como consecuencia de una obligación de pertenencia. Normalmente esos son los colegios profesionales regulados y creados por ley, en la cual, como sucede por ejemplo, en cuanto al ejercicio de la abogacía, se exige para ello el estar inscrito en un Colegio de Abogados. Además, estos colegios tienen la potestad de control del ejercicio de la profesión y la potestad sancionatoria; por eso normalmente son creados por ley.

Estimamos que la idea en atribuir la organización de la elección de los "gremios profesionales" al Consejo Nacional Electoral, estaba referida de este tipo de gremios. Sin embargo, la Sala Electoral del Tribunal Supremo ha interpretado que gremios profesionales no sólo son los colegios profesionales creados por ley, sino "toda agrupación de profesionales" con lo cual hasta una asociación de profesores universitarios o de taxistas de un hotel (profesionales del volante), estaría sometida a la intervención del Consejo Nacional Electoral como el órgano encargado de realizar las elecciones de los directivos. La Sala Electoral interpretó que esa expresión "gremio profesional" no se refería sólo a los colegios profesionales regulados por ley, sino a toda agrupación de profesionales.

Y todo esto ha sucedido a fuerza de interpretación constitucional. Por ello, si bien en Venezuela tenemos un esquema de justicia constitucional incomparable desde el punto de vista del derecho constitucional comparado, que lo convierte en un instrumento excepcional para la promoción de la participación política; también puede servir como un instrumento realmente perjudicial para la participación política, como ha ocurrido en estos casos.

IV. EL SISTEMA DE JUSTICIA CONSTITUCIONAL EN VENEZUELA

Ahora, en cuanto a la justicia constitucional y a los diversos instrumentos de control que existen en Venezuela, estimamos de interés hacer un recuento rápido de dicho sistema, tal como ha sido consolidado después de una larga evolución en la Constitución de 1999.

Se trata de un sistema que se viene desarrollando desde mitades del siglo XIX, de manera que en 1858 ya apareció en la Constitución venezolana un control de constitucionalidad directo de las leyes, a través de una acción popular que se ejercía ante la Corte Federal.

Desde el siglo XIX, por tanto, se adoptó el control concentrado de constitucionalidad de los actos del Estado, que se fue moldeando al establecerse, primero, para impugnar las leyes provinciales estatales y luego, las leyes en general, mediante acción popular que corresponde a cualquier ciudadano.

Este sistema de control concentrado de la constitucionalidad, ha existido en paralelo a un sistema de control difuso de la constitucionalidad, que se incorporó también al constitucionalismo desde el siglo XIX, como consecuencia del principio de la supremacía constitucional y de la nulidad objetiva, es decir, de la nulidad de los actos estatales contrarios a la Constitución. Con esos principios constitucionales, el control difuso es una institución que también se incorporó al constitucionalismo desde el siglo XIX. Ahora aparece en la Constitución venezolana de 1999, expresamente, con lo cual se consolidó el sistema mixto de control concentrado y difuso de la constitucionalidad; sistema que está muy extendido en América Latina.

En efecto, el sistema mixto lo tienen buena parte de los países latinoamericanos, aún cuando no con las mismas características. Primero, no necesariamente existe acción popular y el control difuso no necesariamente puede ejercerse de oficio, como es el caso de Venezuela.

Además, constitucionalmente se regulan otros seis mecanismos de justicia constitucional. Por una parte, existe el control constitucional basado en la protección de los derechos y garantías constitucionales mediante el amparo constitucional.

Por otra parte, existe el control previo de constitucionalidad siguiendo experiencias europeas, que se ejerce antes de la entrada en vigencia de la ley, en materia de leyes aprobatorias de tratados. Además, siguiendo el esquema español, en materia de leyes orgánicas también hay un control previo obligatorio para determinar si la ley orgánica es de aquellas que permite la Constitución.

Además, se regula otro sistema de control previo de la constitucionalidad respecto de las leyes sancionadas antes de su promulgación, a requerimiento del Presidente de la República, sin que haya necesariamente veto presidencial. Antes, este control estaba vinculado al veto presidencial a la ley, pero ahora puede no haber veto y devolución a la Asamblea Nacional, y el Presidente puede directamente ir a la Sala Constitucional para exigir el control previo de la constitucionalidad de cualquier ley.

Además, existe un control obligatorio de los decretos de estado de excepción, como sucede en Colombia; es decir, dichos decretos, al dictarse por el Presidente, obligatoriamente deben someterse al control de la Sala Constitucional.

Existe, además, un sistema de control por omisión legislativa que abre la posibilidad de acudir ante la Sala Constitucional para que declare la inconstitucionalidad de la conducta omisiva del legislador o cualquiera cuerpo representativo, en dictar determinadas leyes o actos normativos para el desarrollo de la Constitución; siguiendo aquí el esquema del control por omisión originalmente establecido en Portugal. Luego fue adoptado también por Colombia con la llamada acción de cumplimiento.

También corresponde a la Sala Constitucional, el contencioso constitucional de las controversias entre los órganos constitucionales, por lo que cualquier conflicto, sea originado en la distribución vertical del Poder Público o en su distribución horizontal, debe ser resuelto por el Tribunal Constitucional.

Además, la Sala Constitucional ha desarrollado un nuevo medio de control de constitucionalidad, que es un recurso de interpretación constitucional. Esta acción, que es excepcional en el derecho comparado, es una acción directa ante el tribunal con el objeto de lograr la interpretación de una norma constitucional. No es una acción popular, sino que para poder ser intentada tiene que alegarse un interés personal, legítimo y directo en la interpretación de las normas constitucionales.

En global, cuando uno analiza este sistema de justicia constitucional bajo el ángulo del derecho comparado, puede decirse que es único. Es un sistema excelente, pero en malas manos puede ser un desastre, como acaba de suceder también en Venezuela con la sentencia dictada en materia de libertad de expresión, en la cual por vía de interpretación, al decidir un recurso de amparo, que es personalísimo, la Sala Constitucional sin embargo dictó normas que han limitado la libertad y contrariado la Convención Americana de Derechos Humanos, que es de rango constitucional conforme a la propia Constitución.

De manera que volviendo al vínculo entre participación política y el juez constitucional, éste si bien puede ser el instrumento más importante para promover la participación política, también puede ser un instrumento contra la propia Constitución.

SECCIÓN DÉCIMA PRIMERA:

EL FIN DE LA LLAMADA "DEMOCRACIA PARTICIPATIVA Y PROTAGÓNICA." LA VIOLACIÓN DEL DERECHO A LA PARTICIPACIÓN POLÍTICA POR LA SALA CONSTITUCIONAL, AL TRATAR DE JUSTIFICAR, EN FRAUDE A LA CONSTITUCIÓN, LA EMISIÓN DE LEGISLACIÓN INCONSULTA

Texto publicado en *Revista de Derecho Público,* Nº 137 (Primer Trimestre 2014, Editorial Jurídica Venezolana, Caracas 2014, pp. 157-164. Se publicó, igualmente en el libro: *El golpe a la Constitución dado por la Sala Constitucional*, Editorial Jurídica Venezolana, Caracas 2014, pp. 325 ss.

I. Desde cuando se utilizó por primera vez, en 2000, al inicio del régimen autoritario, la modalidad de legislar masivamente mediante legislación delegada, es decir, a través de decretos leyes dictados por el Presidente de la República en Consejo de Ministros en ejecución de una ley habilitante en los términos del artículo 203 de la Constitución de 1999; varios de los decretos leyes fueron impugnados por razones de inconstitucionalidad, entre otros vicios, por violación del derecho ciudadano a la participación política al haber sido dictados inconsultamente, es decir, sin haber sido sometidos a consulta popular a los ciudadanos y a la sociedad organizada, violándose el texto expreso del artículo 211 de la Constitución en materia de consulta popular de las leyes durante el procedimiento de su formación.[1259]

En la Constitución de 1999, en efecto, cuyo texto está imbuido por el concepto de democracia "participativa y protagónica," además de establecerse en forma general en los artículos 62 y 70 de la Constitución, el derecho ciudadano a la participación política, éste se estableció en forma específica en dos supuestos que tienen, por tanto, rango constitucional: primero, el derecho constitucional a la participación política para la designación de altos funcionarios del Estado a través de Consejos de Postulaciones integrados por "representantes de los diferentes sectores de la sociedad," en particular para la designación de los magistrados del Tribunal Supremo (art. 270), y en otros Comités similares en el caso de la designación de los jefes de los órganos del Poder Ciudadano y del Poder Electoral (arts. 279 y 295);[1260] y el derecho constitucional de los ciudadanos y de la sociedad organizada a participar en el procedimiento de formación de las leyes a través de los mecanismos de consulta popular que se deben efectuar (art. 211).

1259 Véase Allan R. Brewer-Carías, "Apreciación general sobre los vicios de inconstitucionalidad que afectan los Decretos Leyes Habilitados" en *Ley Habilitante del 13-11-2000 y sus Decretos Leyes*, Academia de Ciencias Políticas y Sociales, Serie Eventos Nº 17, Caracas 2002, pp. 63-103, y "El derecho ciudadano a la participación popular y la inconstitucionalidad generalizada de los decretos leyes 2010-2012, por su carácter inconsulto," en *Revista de Derecho Público,* Nº 130, (abril-junio 2012), Editorial Jurídica Venezolana, Caracas 2012, pp. 85-88; Y "Son nulas las 53 leyes dictadas por Chávez," en *Revista Resúmen* (Encarte), Caracas 11 de diciembre de 2001, pp. 8 ss.

1260 Véase Allan R. Brewer-Carías, "La participación ciudadana en la designación de los titulares de los órganos no electos de los Poderes Públicos en Venezuela y sus vicisitudes políticas", en *Revista Iberoamericana de Derecho Público y Administrativo*, Año 5, Nº 5-2005, San José, Costa Rica 2005, pp. 76-95.

La legislación básica del país, en los últimos catorce años, sin duda ha sido dictada mediante decretos leyes conforme a sucesivas leyes habilitantes y en ningún caso se ha cumplido con el procedimiento de consulta popular, ni se ha garantizado el derecho de los ciudadanos ni de la sociedad organizada a participar en el proceso de formación de las leyes.

II. Por ello, en todos los casos, durante los tres lustros de vigencia de la Constitución, en distintas oportunidades se impugnaron diversos decretos leyes precisamente por violación del derecho constitucional a la participación política consagrado en el artículo 211 de la Constitución, pero nunca la Sala Constitucional se pronunció sobre dichas denuncias formuladas en sucesivas acciones populares de inconstitucionalidad. Solo fue mediante sentencia N° 203 de 25 de marzo de 2014 (Caso *Síndica Procuradora Municipal del Municipio Chacao del Estado Miranda, impugnación del Decreto Ley de Ley Orgánica de la Administración Pública de 2008*),[1261] cuando por primera vez la Sala Constitucional entró a conocer de la denuncia de inconstitucionalidad formulada, declarándola sin embargo sin lugar, por considerar simplemente que como la legislación no se dictó por la Asamblea Nacional sino por el Poder Ejecutivo, entonces, en fraude a la Constitución, la Sala estimó que las leyes dictadas mediante decretos leyes no exigían la previa consulta popular, evadiendo la obligación del Estado de asegurar la participación popular, y de burlarse del derecho ciudadano a la participación; todo, sin embargo, en una supuesta "democracia participativa y protagónica" que tanto se pregona pero que quedó extinguida con dicha sentencia.

En efecto, al contrario de lo decidido, conforme al espíritu "participativo y protagónico" de la democracia que orientó la letra de la Constitución de 1999 – aun cuando ignorada en la ejecución de la misma -, una de las dos manifestaciones específicas del mismo, inserta en el propio texto constitucional, como se ha dicho, es la imposición a los órganos del Poder Legislativo de la obligación de someter los proyectos de leyes, durante el proceso de su elaboración, a consulta pública. Ello se concretó entre otras, en la norma específica contenida en el artículo 211 de la Constitución, la cual dispone:

> Artículo 211. *La Asamblea Nacional o las Comisiones Permanentes, durante el procedimiento de discusión y aprobación de los proyectos de leyes, consultarán a los otros órganos del Estado, a los ciudadanos y ciudadanas y a la sociedad organizada su opinión sobre los mismos.*

La previsión, que está incluida en la sección relativa al procedimiento de formación de las leyes, cuya elaboración y sanción en una de las "funciones propias" (art. 134 de la Constitución) del órgano legislativo, es decir, de la Asamblea Nacional en ejercicio del Poder Legislativo. Por ello, evidentemente, en la norma se identifican con precisión a los órganos del Estado que deben primariamente cumplir con dicha obligación que son los que normalmente participan en el procedimiento de forma-

1261 Véase en http://www.tsj.gov.ve/decisiones/scon/marzo/162349-203-25314-2014-09-0456.HTML La Ley impugnada fue publicada en *Gaceta Oficial* N° 5.890 Extra. de 31 de julio de 2008.

ción de las leyes, es decir, la propia Asamblea Nacional o las Comisiones Permanentes de las mismas. Y no podría ser de otro modo, pues dichos órganos son los que normalmente legislan.

III. Lo importante de la norma del artículo 211 de la Constitución, en realidad, no es su aspecto formal de regulación de un "procedimiento legislativo" específico y, en el mismo, la identificación de cuál órgano del Estado es el que debe cumplir específicamente con la obligación de consultar al pueblo la legislación que se proyecta; sino su aspecto sustantivo, en cuanto a la regulación en el propio texto constitucional, de un derecho constitucional de los ciudadanos y de la sociedad organizada a ser consultados en el proceso de formación de las leyes que se proyecta que han de regirlos, que es un derecho correlativo a una obligación impuesta a los órganos que ejercen la función normativa de rango legal de consultar al pueblo sobre los proyectos de leyes antes de su sanción.

Bajo este ángulo sustantivo del derecho y de la obligación establecidos en el artículo 211, lo importante por tanto, no es cuál órgano específico del Estado sanciona la ley, y a través de cuál procedimiento, sino el derecho constitucional a la participación ciudadana que establece la norma y la obligación de los órganos del Estado de asegurar dicha participación, en este caso, mediante consulta pública de los proyectos de leyes.

La ley, como se ha dicho, puede sancionarse por la Asamblea Nacional en ejercicio del Poder Legislativo, cumpliendo la función normativa como "función propia" de la misma; o por el Presidente de la República en ejercicio del Poder Ejecutivo, cumpliendo la función normativa en virtud de delegación legislativa; En ambos casos, la obligación constitucional establecida en el artículo 211 de la .Constitución, al margen de las normas generales que garantizan el derecho a la participación ciudadana (art. 62 y 70), originan un correlativo derecho constitucional específico de los ciudadanos y de la sociedad organizada a ser consultada no sólo sobre las políticas públicas, sino especialmente sobre los proyectos de leyes con las cuales van a regularlos, antes de que se sancionen, independientemente de que tengan la "forma" de ley o de decreto ley. Lo contrario significaría sostener que el derecho ciudadano a la participación política consagrado constitucionalmente, sólo estaría garantizado en el caso de leyes dictadas por la Asamblea Nacional pero no de leyes dictadas por el Poder Ejecutivo a través de decretos leyes, lo que por supuesto no tendría sentido alguno.

Al contrario, el sentido del derecho constitucional consagrado en el artículo 211 de la Constitución implica que cuando la Asamblea Nacional, en ejercicio del Poder Legislativo y de la función normativa, sanciona una ley, o cuando el Presidente de la República en ejercicio del Poder Ejecutivo y de la función normativa derivada de una delegación legislativa, dicta decretos leyes, en todo caso, se debe siempre consultar a los ciudadanos antes de la sanción definitiva del texto legal, de manera que si esta se produce sin someter el proyecto de ley previamente a consulta pública, en particular, a los ciudadanos y a la sociedad organizada, se viola el derecho a la participación establecido en el artículo 211 de la Constitución y además, por derivación, se violan las previsiones generales que establecen el derecho político a la participación que están en los artículos 62 y 70 de la Constitución.

IV. Sin embargo, la Sala Constitucional del Tribunal Supremo, en la mencionada sentencia No. 203 de 25 de marzo de 2014, al declarar sin lugar la acción de inconstitucionalidad intentada por la Síndica Procuradora Municipal del Municipio Chacao del Estado Miranda contra el Decreto Ley de Ley Orgánica de la Administración Pública de 2008, en la cual se denunció que el mencionado decreto ley no fue sometido al procedimiento de consulta popular que exigía el artículo 211 de la Constitución, consideró que los ciudadanos tenían derecho constitucional a participar, estimando que ese derecho ciudadano a participar en el proceso de formación de las leyes sólo existe cuando las mismas las dicta la Asamblea Nacional, pero no existe cuando las leyes las dicta el Poder Ejecutivo mediante una delegación legislativa.

En esa forma, la Sala Constitucional formalizó una forma más de fraude a la Constitución, al establecer que el derecho a la participación política en materia de formación de las leyes se puede ignorar, o simplemente no existe, con el sólo hecho de que la ley que se le va a aplicar al ciudadano sea dictada mediante decreto ley en uso de delegación legislativa, y no mediante una ley de la Asamblea Nacional. En otros términos, que una forma de burlar el derecho ciudadano a la participación política mediante consulta popular de las leyes en una "democracia participativa y protagónica," es que el Poder legislativo simplemente delegue la legislación al Poder Ejecutivo y así se obvia la obligación de consultar al pueblo. Ello, se insiste, no es más que un fraude a la Constitución.

V. Pero para configurar este fraude, lo más insólito de la sentencia es que, contradictoriamente, la Sala Constitucional, procedió a constatar con lujo de detalles, lo contrario, es decir, que el derecho a la participación política se encuentra establecido dentro de los derechos políticos de los ciudadanos, para lo cual procedió a citar exhaustivamente la Exposición de Motivos de la Constitución cuando expresa que "se reconoce la necesidad de la intervención del pueblo en los procesos de formación, formulación y ejecución de las políticas públicas, lo cual redundaría en la superación de los déficits de gobernabilidad que han afectado nuestro sistema político debido a la carencia de sintonía entre el Estado y la sociedad;" a citar el artículo 62 de la Constitución que entre otras cosas establece que "es obligación del Estado y deber de la sociedad facilitar la generación de las condiciones más favorables para su práctica;" a indicar que "en nuestro derecho constitucional se consagra un sistema dual de ejercicio de la participación política" de democracia indirecta y de democracia directa, en el cual ninguna de las dos prevalece sobre la otra; a precisar que "el sistema democrático envuelve la conjunción de los principios de representación y el principio de participación;" a reconocer como "principio fundamental en el desarrollo de los postulados democráticos que deben regir un Estado de Derecho," y entre ellos, el principio de "publicidad de sus actuaciones," que es el que permite a los ciudadanos "ejercer cabalmente su derecho a la participación política;" y a citar indiscriminadamente autores como Alessandro Pizzorusso, *Lecciones de Derecho Constitucional*, Centro de Estudios Constitucionales, 1984, p. 104, 110), Carl Schmitt; *Teoría de la Constitución*, Madrid, Alianza, 1982, p. 174); y Norberto Bobbio, *Diccionario de Política*, Madrid 1983, pp. 1209-1210). Con todo ello, cualquier lector habría sacado la conclusión de que el resultado de la argumentación y de la doctrina citada conduciría a declarar que la falta de consulta pública de las leyes dictadas mediante decretos leyes, en el marco de la "democracia participativa y protagónica" prevista en la Constitución, violaba el derecho ciudadano a la participación política.

Pero: sorpresa!! No!! La conclusión a la que llegó la Sala Constitucional, al contrario y contradictoriamente a los mencionados postulados y doctrina, fue que en Venezuela se puede impunemente violar el derecho ciudadano a la participación política mediante consulta pública de los proyectos de leyes, si estos se dictan mediante decretos leyes.

Para llegar a esta conclusión, la Sala Constitucional utilizó dos argumentos: Primero, al "descubrir" que el ejercicio del derecho a participar por parte de los ciudadanos es de:

> "ejercicio facultativo de los ciudadanos en la presentación de las observaciones al igual a lo que ocurre en la iniciativa legislativa, por ende su falta de ejercicio no acarrea sanción alguna por su inejecución por parte de los ciudadanos."

El argumento, por supuesto, no tiene lógica ni consecuencia jurídica algunas, pues el ejercicio de los derechos por los ciudadanos cuando implica el goce de la libertad en la realización de una actividad, como por ejemplo, el derecho de votar, el derecho a expresar el pensamiento, el derecho al libre tránsito, el derecho de petición, el derecho a manifestar, el derecho a tener una religión, el derecho a participar, siempre es de ejercicio facultativo, pues nadie puede ser obligado a votar, a escribir o hablar públicamente, a circular, a manifestar, a tener una religión o a participar. Todos son libres de ejercer esos derechos, por ello son de ejercicio facultativo, pero ello no implica que por ese "ejercicio facultativo" dejen de ser derechos ni ello excluye la obligación del Estado de garantizar y asegurar su ejercicio. La falta de aseguramiento y garantía por parte del Estado es la que acarrea una sanción, y es la nulidad de la acción u omisión del Estado, y nada tiene que ver eso con la falta de ejercicio por parte del ciudadano que efectivamente es libre.

VI. Pero la Sala Constitucional para formalizar el fraude a la Constitución y a la democracia "participativa y protagónica" que se pregona, recurrió a un segundo argumento, aún más absurdo y es el hecho de que supuestamente en el "procedimiento legislativo" establecido en el artículo 211 del Texto Constitucional, y el "procedimiento legislativo" para la emisión de decretos leyes, "el supuesto fáctico de la aplicación de la norma así como el sujeto pasivo difieren palmariamente entre ambos," cuando como se ha dicho, lo esencial de la norma no es el aspecto formal o procedimental sino el sustantivo relativo al derecho constitucional que consagra.

Con base en esa distinción formal, la Sala Constitucional, entonces consideró que la obligación establecida en el artículo 211 de la Constitución, supuestamente contiene un "imperativo" "dirigido al órgano legislativo de acuerdo con sus funciones naturales –formación de leyes-" siendo que en cambio, "el supuesto de la ley habilitante es un supuesto excepcional en el proceso legislativo."

Se olvidó así, sin embargo, la Sala Constitucional, de nuevo, que el texto del artículo 211 lo que establece en realidad es un derecho específico a la participación política de los ciudadanos en el proceso de formación de las leyes, siendo su esencia, por supuesto, el de la "participación" sea cual fuere la forma de emisión de las leyes, si mediante sanción parlamentaria o mediante emisión de un decreto ley. Lo importante y esencial en una democracia "participativa y protagónica" es el derecho a la participación, no los aspectos procedimentales que se regulen.

VII. Pero lo más insólito de la sentencia, fue la conclusión a la cual llegó la Sala después de argumentar erradamente que los ciudadanos supuestamente tienen derecho de participar en el procedimiento de formación de las leyes sólo cuando la ley la dicta la Asamblea Nacional, pero no cuando la dicta el Poder Ejecutivo mediante decreto ley, expresando, como lo hubiera hecho el personaje "Cantinflas," que:

> "Lo anterior, no implica como erradamente se podría pretender que el Presidente de la República no está sujeto a la apertura de los mecanismos de participación cuando hace uso de las potestades legislativas previamente aprobadas, sino que en virtud de la excepcionalidad que implica la habilitación legislativa, el procedimiento de formación difiere estructural y funcionalmente del procedimiento en el órgano legislativo por lo que su incidencia varía en cuanto a su formación, no solo en cuanto a la representatividad de los funcionarios encargados de su discusión y aprobación sino en cuanto a los lapsos para su ejercicio; por lo que el ejercicio de dicho derecho se desarrolla en atención a uno de los principios fundamentales que rige el sistema democrático como es la publicidad."

Qué dijo o quiso decir la Sala Constitucional en este párrafo, realmente es indescifrable, pero no así la conclusión rotunda a la cual llegó a renglón seguido de dicho párrafo, sin fundamento alguno, en el sentido de que:

> "visto que el procedimiento establecido en el artículo 211 de la Constitución de la República Bolivariana de Venezuela, *no podría ser exigido al Presidente de la República por carecer de especificidad el procedimiento de formación de leyes dentro del marco de una ley habilitante*."

O sea, que cuando se dictan leyes mediante decretos leyes en ejecución de una ley habilitante no hay "procedimiento de formación de las leyes," es decir, supuestamente se estaría dentro del "reino de la arbitrariedad," y los ciudadanos en "democracia participativa y protagónica" no podrían gozar ni ejercer su derecho constitucional de participar en el proceso de formación de la ley que los va a regir.

Ello, por supuesto, no tiene sentido alguno, pues el derecho a la participación ciudadana en materia de formación de las leyes es absoluto, sea cual fuere el procedimiento de formación de las mismas; de lo contrario, bastaría acudir a una ley habilitante y dictar decretos leyes para, en fraude a la Constitución, quitarle al ciudadano su derecho a participar.

VIII. La Sala Constitucional, sin embargo, en la sentencia, trató de seguir justificando el fraude a la Constitución, expresando que la "inaplicación" del derecho a la participación previsto en el artículo 211 de la Constitución, supuestamente

> "deviene igualmente en cuanto al procedimiento de discusión ante la Cámara en el cual se maneja un proyecto legislativo, a diferencia de la presentación y promulgación de Decretos los cuales responden a una excepcionalidad o a una urgencia en cuanto a su realización, por ende, se aprecia que mal puede exigirse

la aplicación del artículo 211 de la Constitución de la República Bolivariana de Venezuela" en el caso [del decreto ley impugnado de la ley Orgánica de la Administración Pública].

Ello, por supuesto, no tiene fundamento alguno en el texto de la Constitución de 1999, donde se reguló la delegación legislativa en sentido amplio, sin que necesariamente exista excepcionalidad, extraordinariedad o urgencia alguna en la sanción de una ley habilitante. Recuérdese que el artículo 203 definió las leyes habilitantes como "las sancionadas por la Asamblea Nacional por las tres quintas partes de sus integrantes, a fin de establecer las directrices, propósitos y marco de las materias que se delegan al Presidente o Presidenta de la República, con rango y valor de ley" fijando "el plazo de su ejercicio," y que el artículo 236.8 se limitó a indicar dentro de las atribuciones del Presidente de la República, el "dictar, previa autorización por una ley habilitante, decretos con fuerza de ley."[1262]

Es errado y falso el argumento de la Sala Constitucional, el cual que en cambio pudo ser válido en el marco de la Constitución de 1961, al tratar de establecer una distinción entre el "procedimiento legislativo" de formación de las leyes y el de la emisión de los decretos leyes que no existe en la Constitución de 1999, en el sentido de que estos últimos, supuestamente "responden a una excepcionalidad o a una urgencia en cuanto a su realización," lo cual no sólo no tiene fundamento constitucional, sino que nunca se ha invocado en la sanción de las múltiples leyes habilitantes que se han sancionado a lo largo de los últimos catorce años.

Pero además, al tratar de justificar lo injustificable, al Sala Constitucional llegó a argumentar que a pesar de que el decreto ley impugnado no se sometió a consulta popular como lo imponía el artículo 211 de la Constitución, violándose el derecho constitucional a la participación política, sin embargo, tal:

> "derecho a la participación política no se vio conculcado o restringido en virtud que en función del conocimiento público y notorio de la promulgación de la Ley Habilitante los ciudadanos pueden presentar o formular proyectos sobre la discusión de las materias delegadas al Ejecutivo Nacional, para garantizar el ejercicio del derecho a la participación política."

El mismo errado y falso razonamiento lo repite la sentencia al indicar que "cuando se promulga dicha habilitación existe una notoriedad en cuanto a la potestad conferida" en razón de lo cual dijo la Sala, "la participación puede ser realizada por parte de las comunidades organizadas con la finalidad de formular propuestas y opiniones."

1262 Véase Allan R. Brewer-Carias, "El régimen constitucional de los Decretos Leyes y de los actos de gobierno" en *Bases y Principios del Sistema Constitucional Venezolano (Ponencias del VII Congreso Venezolano de Derecho Constitucional realizado en San Cristóbal del 21 al 23 de noviembre de 2001)*, Asociación Venezolana de Derecho Constitucional, Universidad Católica del Táchira, San Cristóbal, 2002, pp. 25-74; y Las potestades normativas del Presidente de la República: los actos ejecutivos de orden normativo", en *Tendencias Actuales del Derecho Constitucional, Homenaje a: Jesús María Casal Montbrun* (Coordinadores: Jesús María Casal, Alfredo Arismendi A. y Carlos Luis Carrillo), Tomo I, Caracas 2007.

O sea, que sin que se lleguen a conocer por los ciudadanos los proyectos de decretos leyes a ser dictados en forma clandestina e inconsulta en ejecución de la ley habilitante, supuestamente el derecho a la participación política queda asegurado según la Sala, por el hecho de que al conocerse la sanción de una ley habilitante cualquiera puede presentar al Ejecutivo algún proyecto de ley para su aprobación. El argumento, por supuesto, no soporta análisis alguno, porque simplemente, el proyecto de ley emitido mediante decreto ley en ejecución de la ley habilitante nunca fue del conocimiento de los ciudadanos o de la sociedad organizada.

IX. Por último, debe mencionarse que en materia de derecho ciudadano a la participación política en relación con el ejercicio de potestades normativas por parte del Poder Ejecutivo, la obligación de consulta pública no sólo está establecida en el mencionado artículo 211 de la Constitución, que fue violado abiertamente en el caso del decreto ley impugnado en este caso de Ley Orgánica de la Administración Pública de 2008, sino en la propia Ley Orgánica de la Administración Pública desde que fue sancionada inicialmente en 2001. En efecto, en el artículo 130 de dicha Ley se dispone que para la adopción de "normas reglamentarias o de otra jerarquía" por los órganos del Poder Ejecutivo, entre las cuales sin duda están los decretos leyes, éstos están obligados a "iniciar un proceso de consulta pública y remitir el anteproyecto a las comunidades organizadas," de tal importancia desde el punto de vista de la "democracia participativa y protagónica" que se pregona, al punto de que el artículo 140 de la misma Ley Orgánica dispone no sólo que el respectivo órgano del Poder Ejecutivo "no podrá aprobar normas para cuya resolución sea competente, ni remitir a otra instancia proyectos normativos que no sean consultados," sino que "las normas que sean aprobadas por los órganos o entes públicos o propuestas por éstos a otras instancias serán nulas de nulidad absoluta si no han sido consultadas según el procedimiento previsto" en la propia Ley Orgánica.

Esta obligación por supuesto, se aplicaba al decreto ley de reforma de la Ley Orgánica de la Administración Pública, pues estaba prevista en su texto desde 2001, razón por la cual es incomprensible que la Sala Constitucional haya considerado en su sentencia que habría "imposibilidad de aplicar el procedimiento establecido en la Ley Orgánica de la Administración Pública, por ser ésta la ley impugnada" cuando dicho procedimiento era obligatorio y estaba incluido en el texto de la Ley Orgánica desde 2001, siendo el decreto ley impugnado de 2008 sólo una reforma de dicha Ley.

X. En definitiva, la Sala Constitucional al concluir en su sentencia respecto del decreto ley impugnado, a pesar de que no fue sometido a consulta pública para asegurar la participación de los ciudadanos y de la sociedad organizada en el procedimiento de formación del mismo, como le exige la Constitución y la Ley Orgánica de la Administración Pública; que el mismo, sin embargo, supuestamente no habría contrariado "elementos esenciales de validez formal" previstos en la Constitución "referente a la violación del derecho a la participación política," lo que hizo fue formalizar el fraude a la Constitución, para eludir la obligación de garantizar la participación política, sujetando a dicha consulta solamente a las leyes sancionadas por la Asamblea Nacional, y excluyendo de la misma a leyes sancionadas por el Poder Ejecutivo en ejecución de una delegación legislativa, incluso si en la práctica, estas últimas son las más numerosas en los últimos quince años de vigencia de la Constitución. Con ello, en definitiva, lo que ha hecho la Sala Constitucional es dictar la sentencia de muerte a la llamada "democracia participativa y protagónica," al negarle a los ciudadanos y a la sociedad organizada el derecho de participar en el proceso de formación de las leyes que le van a ser aplicadas, cuando se dicten mediante decretos leyes, que por lo demás, son la mayoría.

L'Aquila / Roma, 2 - 4 de mayo de 2014

SECCIÓN DÉCIMA SEGUNDA:

UN NUEVO ATENTADO CONTRA LA DEMOCRACIA: EL SECUESTRO DEL DERECHO POLÍTICO A MANIFESTAR MEDIANTE UNA ILEGÍTIMA "REFORMA" LEGAL EFECTUADA POR LA SALA CONSTITUCIONAL DEL TRIBUNAL SUPREMO (2014)

Texto publicado en el libro: *Golpe a la democracia dado por la Sala Constitucional*, Editorial Jurídica Venezolana, segunda edición, Caracas 2015, pp. 365-384. ss.

I. EL DERECHO POLÍTICO A MANIFESTAR Y SUS RESTRICCIONES

El derecho político a manifestar está establecido en el artículo 68 de la Constitución en los siguientes términos:

> *"Artículo 68.- Los ciudadanos y ciudadanas tienen derecho a manifestar, pacíficamente y sin armas, sin otros requisitos que los que establezca la ley.*
>
> *Se prohíbe el uso de las armas de fuego y sustancias tóxicas en el control de manifestaciones pacíficas. La ley regulará la actuación de los cuerpos policiales y de seguridad en el control del orden público"*

Esta norma, como lo ha explicado la Mesa de la Unidad Democrática, consagra un derecho que "forma parte de las garantías fundamentales para el funcionamiento de la democracia, pues permite la libre expresión de los reclamos o inquietudes de la ciudadanía y contribuye de esta manera a la formación de opinión pública y el control sobre los gobernantes."[1263] Por ello se trata de un derecho político que en la forma cómo está consagrado, confirma el principio de la reserva legal en materia de regulación del ejercicio de derechos y garantías constitucionales, al sujetar expresamente su ejercicio, *única y exclusivamente a los requisitos que establezca la ley*, que en esta materia es la Ley de Partidos Políticos, Reuniones Públicas y Manifestaciones de 2010,[1264] la cual reformó la Ley del mismo nombre de 1964.[1265] En dicha Ley sólo se establecen los siguientes dos requisitos:

1263 Véase "Comunicado de la Mesa de la Unidad Democrática sobre inconstitucional y antidemocrático fallo del TSJ," Caracas, 24 de abril de 2014.

1264 Véase en *Gaceta Oficial* Nº 6.013 Extra. de 23 de diciembre de 2010. El principio de la reserva legal se ratifica en el Artículo 41 de la Ley, en el cual se dispone que "*Todos los habitantes de la República tie-*

Primero, conforme al artículo 43 de la Ley, el requisito de la "*participación*" previa (con 24 horas de anticipación) que los organizadores de manifestaciones deben formular ante la primera autoridad civil de la jurisdicción *"con indicación del lugar o itinerario escogido, día, hora y objeto general que se persiga,"* a cuyo efecto *"las autoridades en el mismo acto del recibo de la participación deberán estampar en el ejemplar que entregan a los organizadores, la aceptación del sitio o itinerario y hora."* (art. 43).

En caso de haber "razones fundadas para temer que la celebración simultánea de manifestaciones en la misma localidad pueda provocar trastornos del orden público," la autoridad ante quien deba hacerse la participación puede disponer, "de acuerdo con los organizadores, que aquellos actos se celebren en sitios suficientemente distantes o en horas distantes." En estos casos la autoridad civil debe dar "preferencia para la elección del sitio y la hora quienes hayan hecho la participación con anterioridad" (art. 44).

Segundo, el requisito de la "autorización" previa que las asociaciones políticas deben solicitar ante la misma autoridad civil (primera autoridad civil de la jurisdicción) para la realización de manifestaciones en *"sitios prohibidos"* que *"no afecten el orden público, el libre tránsito u otros derechos ciudadanos."* (art. 46). La determinación de esos "sitios prohibidos" para manifestaciones, corresponde hacerla a los gobernadores de estado y los alcaldes de municipios o de distritos metropolitanos, quienes deben fijar *"periódicamente mediante resoluciones publicadas en las respectivas Gacetas, los sitios donde no podrán realizarse reuniones públicas o manifestaciones, oyendo previamente la opinión de los partidos*." (art. 46).

La técnica de intervención administrativa establecida por el Legislador como mecanismo de restricción al ejercicio del derecho a manifestar, por tanto, en los mencionados artículos de la Ley de Partidos Políticos, Reuniones Públicas y Manifestaciones se basó en el establecimiento de dos grados de intervención administrativa según su incidencia en el ejercicio del derecho:

Primero, una técnica de "participación" previa a la autoridad civil, al disponer el artículo 43 de la Ley que para ejercer el derecho político a manifestar, basta que los organizadores de la manifestación "notifiquen" o "participen" a la autoridad civil el evento, con "indicación de lugar o itinerario escogido, día, hora y objeto general" de la misma, limitándose la acción de la administración (la autoridad civil) a dar "recibo de la participación," estampando en copia de la misma, "*la aceptación del sitio o itinerario y hora."* La autoridad civil no tiene poder alguno para "autorizar" o no el ejercicio del derecho a manifestar, ni puede negar el ejercicio de tal derecho. La "aceptación" a la cual se refiere la norma no es en relación con el ejercicio del derecho (que sería lo propio de tratarse de una autorización) sino única y exclusivamente del "sitio o itinerario y hora" del evento. Ello es lo único que podría cuestionar la autoridad civil al dar recibo de la "participación." El régimen del artículo 46 no es

---

nen el derecho de reunirse en lugares públicos o de manifestar, sin más limitaciones que las que establezcan las leyes".

1265 Véase en *Gaceta Oficial* N° 27.620 de 16 de diciembre de 1964.

por tanto el de una "autorización" para el ejercicio del derecho político de manifestar, el cual es libre, sino de una "notificación" previa al ejercicio del derecho, respecto de la cual no cabe aceptar o negar el ejercicio del derecho constitucional, siendo la "aceptación" mencionada en la Ley solo respecto del sitio o itinerario y hora.

Segundo, una técnica de solicitud de una "autorización" a ser otorgada por parte de la autoridad civil, solo a solicitud de "asociaciones políticas" para el ejercicio del derecho político de manifestar en "sitios" que hubiesen sido previamente declarados como sitios prohibidos para realizar manifestaciones mediante actos administrativos de efectos generales dictados por la autoridad competente. En esos casos, conforme al artículo 46 de la ley, la prohibición no implica la negación del derecho a manifestar en tales sitios, sino que el ejercicio de dicho derecho está sujeto a la obtención de una autorización por parte de la autoridad administrativa correspondiente.

Ese régimen de restricciones al derecho a manifestar que está en la Ley de 2010, se estableció con la misma redacción en la Ley de 1964, en la cual estaba la misma distinción entre una "participación" y una "autorización" para supuestos distintos, como incluso lo advertimos hace ya cincuenta años, cuando recién se sancionó la Ley de 1964.[1266]

1266 En 1965, expresamos lo siguiente: "- **La participación previa.** "La ley, a pesar de que ha podido someter la realización de manifestaciones públicas al requisito de autorización o permiso previo por parte de la autoridad administrativa, sólo ha establecido la obligación para los organizadores de manifestaciones de participar, con veinticuatro horas de anticipación por lo menos, la realización de la manifestación, a la primera autoridad civil de la jurisdicción (Artículo 38 de la Ley de Partidos Políticos y artículo 129 de la Ley Electoral). Esta participación debe hacerse por escrito duplicado, donde debe indicarse el lugar o itinerario escogido para la manifestación, además del día, hora y objeto general que se persiga. // La primera autoridad civil de la jurisdicción en el mismo acto del recibo de la participación deberá estampar en el ejemplar que entregará a los organizadores, la aceptación del sitio o itinerario y hora. // Esta necesaria aceptación del lugar o itinerario y hora de la manifestación que se proyecta, implica la facultad de la Administración de objetarlos. Y en efecto, el artículo 39 de la ley establece que cuando hubiere razones fundadas para temer que la celebración simultánea de manifestaciones en la misma localidad pueda provocar trastornos del orden público, la autoridad ante quien deba hacerse la participación previa, podrá disponer, de acuerdo con los organizadores de las manifestaciones, que aquéllas se realicen en sitios suficientemente distantes o en horas distintas. En este caso, consagra el artículo 39 de la Ley de Partidos Políticos, "tendrán preferencia para la elección del sitio y la hora quienes hayan hecho la participación con anterioridad." Para ello el artículo 40 de la Ley de Partidos Políticos prevé que la autoridad civil ' llevará un libro en el cual irá anotando, en riguroso orden cronológico, las participaciones de reuniones públicas y manifestaciones que vaya recibiendo. // En todo caso, la ley autoriza a las autoridades de policía para tomar todas las medidas preventivas, tendientes a evitar las manifestaciones para las cuales no se haya hecho la debida participación o las que pretendan realizarse en contravención de las disposiciones de la ley (art. 44). // - **Limitaciones.** La Ley consagra determinadas limitaciones a la realización de manifestaciones. Así, el artículo 43 de la misma prohíbe las manifestaciones de carácter político con uso de uniformes, estableciendo, además, que los infractores serán sancionados con arresto de quince a treinta días, sin perjuicio de las acciones a que dichos actos pudieren dar lugar. // Por otra parte se autoriza expresamente a los Gobernadores de la entidad política respectiva, para fijar periódicamente, mediante resoluciones publicadas en las respectivas Gacetas, y oyendo previamente la opinión de los partidos, los sitios donde no podrán realizarse manifestaciones (art. 41). Sin embargo, a solicitud de las asociaciones políticas, la autoridad civil podrá autorizar manifestaciones en aquellos sitios prohibidos, cuando no afecten el orden público, el libre tránsito u otros derechos ciudadanos." Véase en Allan R. Brewer-Carías, *El régimen jurídico de la nacionalidad y ciudadanía venezolanas*, Publicaciones del

II. LA INTERPRETACIÓN "A LA CARTA," CONFORME A LOS DESEOS DEL GOBIERNO, MEDIANTE UNA SENTENCIA QUE RESOLVIÓ UN SUPUESTO "RECURSO DE INTERPRETACIÓN DE NATURALEZA CONSTITUCIONAL Y LEGAL"

La clara distinción, antes comentada, establecida en la Ley desde 1964, y el claro régimen general de la sola exigencia de una "participación previa" ante la autoridad civil para la realización de manifestaciones, ha sido radicalmente modificado por la Sala Constitucional del Tribunal Supremo de Justicia, supuestamente actuando como "máxima y última intérprete del Texto Fundamental," mediante sentencia Nº 276 de 23 de abril de 2014,[1267] dictada a solicitud del Alcalde del Municipio Guacara del Estado Carabobo, miembro del partido político oficial.

En dicha sentencia, la Sala procedió a realizar una supuesta "interpretación abstracta" del artículo 68 de la Constitución, que es evidente que no requiere de interpretación – basta leer su texto - , solo para trastocar o mutar lo establecido en el artículo 43 de la Ley de Partidos Políticos, Reuniones Públicas y Manifestaciones, ejerciendo como legislador positivo. Para ello, la Sala procedió, inconstitucional e ilegítimamente, a "reformar" dicho artículo, estableciendo, como lo anunció el propio Tribunal Supremo en la "Nota de Prensa" que se publicó a raíz de la decisión adoptada, al contrario de lo que dice la norma, que:

> "resulta *obligatorio* para las organizaciones políticas así como para todos los ciudadanos, *agotar el procedimiento administrativo de autorización* ante la primera autoridad civil de la jurisdicción correspondiente, *para poder ejercer cabalmente su derecho constitucional a la manifestación pacífica*."[1268]

Ello, por supuesto no es lo que establece el artículo 43 de la Ley.

La solicitud de interpretación que se resolvió en la sentencia había sido formulada un mes antes por el Alcalde del Municipio Guacara del Estado Carabobo, asistido de abogado, en forma irregular, al presentar un "***Recurso de Interpretación de Naturaleza Constitucional y Legal,***" no sobre el antes mencionado artículo 68 de la Constitución, que no tiene nada de dudoso o de ambiguo que amerite ser interpretado, sino en realidad sobre los artículos 41, 43, 44, 46 y 50 de la Ley de Partidos Políticos, Reuniones Públicas y Manifestaciones; cuando, como es sabido, la Sala Constitucional no tiene competencia para conocer de recursos de interpretación abstracta de las leyes, sino únicamente de la Constitución.

Instituto de Derecho Público, Universidad Central de Venezuela, Caracas 1965, pp. 104 ss. Véase igualmente Allan R. Brewer-Carías, "Sobre las manifestaciones públicas," en *El Universal*, Caracas 17 de septiembre de 2000, pp. 1-1 y 1-14, donde denunciábamos la conducta autoritaria de funcionarios del Estado al desconocer lo regulado en el artículo 68 de la Constitución.

1267 Véase en http://www.tsj.gov.ve/decisiones/scon/abril/163222-276-24414-2014-14-0277.HTML Véase además en *Gaceta Oficial* Nº 40.401 de 29 de abril de 2014.

1268 Véase Nota de Prensa de 24 de abril de 2014 en http://www.tsj.gov.ve/in-formacion/notasdeprensa/notasdeprensa.asp?codigo=11828

La Sala Constitucional olvidó que en principio, solo el Legislador, es decir, la Asamblea Nacional, tiene competencia conforme a la Constitución, para "interpretar" con efectos generales las leyes, mediante su reforma; y excepcionalmente, las otras Salas del Tribunal Supremo de Justicia, en relación con las leyes, en los casos de ejercicio de recursos de interpretación de la leyes conforme a lo establecido en el artículo 31.15 de la Ley Orgánica del Tribunal Supremo de Justicia. Por ello, la Sala, consciente de su irregular proceder, al tratar de justificar la usurpación en la que estaba incurriendo, indicó en la sentencia que "la Sala Constitucional ha sido siempre muy cuidadosa de no usurpar con su interpretación competencias de otras Salas (por ejemplo, el recurso de interpretación de textos legales)," lo que no pasó de ser una afirmación vacía, pues lo que hizo con su sentencia fue precisamente eso: usurpar la competencia de las otras Salas y, además, del Legislador.

En este caso, en efecto, no se ejerció recurso de interpretación "constitucional" alguno (pues la norma del artículo 68 no requiere de interpretación), ni tampoco el recurso de interpretación "de leyes" previsto en la norma referida (art. 31.15 de la Ley Orgánica del Tribunal), ni la Sala hizo siquiera referencia a dicha norma.

En este caso, en concreto, lo que el Alcalde recurrente solicitó de la Sala Constitucional – como una especie de procedimiento de interpretación a la carta - fue que mediante el conocimiento de un "recurso de interpretación de la Constitución," le precisara si, conforme al artículo 43 de la Ley de Partidos Políticos, el sello que debía ponerle la autoridad municipal a la participación de realización de una manifestación como "*aceptación del sitio o itinerario y hora*" *de la misma,* significaba que el Alcalde podía denegar la realización de la manifestación, como si se tratase de una solicitud de "autorización previa" que debía otorgar la autoridad municipal para la realización de cualquier manifestación, y no de tomar conocimiento de una participación, como lo dispone la Ley.

En definitiva el Alcalde, en su recurso de interpretación de la Constitución, lo que destacó fue que del artículo 43 de la Ley y de todas las otras normas legales citadas, le surgía una supuesta "duda" en cuanto a la "posibilidad autorizatoria" establecida en todas esas normas. Por eso, al final de su argumentación, como lo destacó la Sala, el Alcalde se limitó a identificar su recurso como un "Recurso de Interpretación Legal" para que la Sala "declare con certeza -otorgando la debida Seguridad Jurídica- el contenido y alcance del artículo 68 de la Constitución de la República Bolivariana de Venezuela y de los artículos 41, 43, 44, 46, 50 de la Ley de Partidos Políticos, Reuniones Públicas y Manifestaciones."

Para justificar su supuesta competencia para conocer del recurso de interpretación intentado, la Sala citó su sentencia Nº 1077 del 22 de septiembre de 2000 (caso: *Servio Tulio León*),[1269] en la cual ella misma auto-determinó su competencia "para interpretar el contenido y alcance de las *normas y principios constitucionales*, de conformidad con lo establecido en el artículo 335 de la Constitución, en concordancia con el artículo 336" de la misma; es decir, solo de normas y principios constitucionales, no de normas legales. Tal y como lo precisó en otra sentencia, también

1269 Véase en *Revista de Derecho Público,* Nº 83, Editorial Jurídica Venezolana, Caracas 2000, pp. 247 ss.

citada por la Sala, la interpretación que puede hacer la Sala Constitucional es de una norma que "esté contenida en la Constitución (sentencia Nº 1415/2000 del 22 de noviembre caso: *Freddy Rangel Rojas*, entre otras) o integre el sistema constitucional (sentencia Nº 1860/2001 del 5 de octubre, caso: *Consejo Legislativo del Estado Barinas*)." Precisamente por esa limitante, la Sala señaló que en el caso sometido a su consideración, se había solicitado "la interpretación del artículo 68 de la Constitución de la República Bolivariana de Venezuela *con el objeto de determinar su contenido y alcance, así como de los artículos 41, 43, 44, 44, 46 y 50 de la Ley de Partidos Políticos, Reuniones Públicas y Manifestaciones.*"

Ello, por supuesto, no fue más que una confesión de que el objeto del recurso no era la interpretación del artículo 68 de la Constitución, que nada tiene de dudoso o ambiguo, sino solo determinar el contenido y alcance de unas normas legales. El Alcalde recurrente en realidad no señaló la existencia de ninguna "ambigüedad sobre el contenido y alcance del artículo 68 de la Constitución" como falsamente indicó la Sala, de manera que la cita del artículo 68 no fue más que una simple excusa para que la Sala procediera, ilegítima e inconstitucionalmente, a legislar, con el pretexto de interpretar los artículos 41, 43, 44, 46 y 50 de la Ley de Partidos Políticos, Reuniones Públicas y Manifestaciones, considerando que "a pesar de tener tales disposiciones rango legal, ellas guardan una estrecha vinculación con la norma constitucional." Usurpó así la Sala las competencias y funciones del legislador.

La ilegítima actuación de la Sala Constitucional se confirma por el hecho de que para "justificar" su competencia, la Sala citó los artículos 25.17 y 31.3 de la Ley Orgánica del Tribunal Supremo de Justicia, incurriendo en realidad en una nueva confesión de "incompetencia," pues si bien la primera norma le atribuye a la Sala competencia para "conocer la demanda de interpretación *de normas y principios que integran el sistema constitucional,*" la segunda norma sólo contiene una atribución común de todas las Salas para "conocer los juicios en que se ventilen varias pretensiones conexas, siempre que al Tribunal esté atribuido el conocimiento de alguna de ellas." En este caso, por supuesto, no había varias pretensiones, sino una sola claramente de interpretación de una ley, que no podía ni puede asumir la Sala Constitucional. Por lo demás, admitir este simple razonamiento para justificar la competencia de la Sala significa que la misma podría conocer de cualquier interpretación de cualquier norma legal, en forma abstracta, bastando mencionar alguna norma constitucional que en última instancia pueda ser el sustento del orden jurídico.

La decisión, además, se adoptó sin "proceso" judicial alguno, desconociendo el artículo 257 de la Constitución que considera que el "proceso constituye un instrumento fundamental para la realización de la justicia," y fue dictada en un "procedimiento" clandestino en el cual no hubo contradictorio alguno, pues la Sala lo decidió como un "asunto de mero derecho", "sin necesidad de abrir procedimiento alguno," violando el derecho ciudadano a la participación, y además, sin convocar mediante edicto a los interesados, es decir a la ciudadanía en general, a las organizaciones políticas o al menos a los otros 337 Alcaldes del país. Recuérdese que el procedimiento relativo al recurso de interpretación constitucional está expresamente regulado en la Ley Orgánica del Tribunal Supremo de Justicia (artículos 128 y 166) y, en ninguna parte, como es lógico, está prevista la posibilidad de una interpretación sin juicio previo.

Violó, así, la Sala, con su decisión, los principios más elementales del debido proceso que garantiza el artículo 49 de la Constitución.

III. LA INCONSTITUCIONAL "REFORMA" DE LA LEY DE PARTIDOS POLÍTICOS, REUNIONES Y MANIFESTACIONES PÚBLICAS MEDIANTE UNA ILEGITIMA "INTERPRETACIÓN" O "MUTACIÓN" POR PARTE DE LA SALA CONSTITUCIONAL

Para supuestamente "determinar el alcance y el contenido del artículo 68 de la Constitución" que en realidad resultó ser una mutación, no del texto constitucional, sino del artículo 44 y siguientes de la Ley de Partidos Políticos, Reuniones Públicas y Manifestaciones en cuanto a "la actuación de los Alcaldes como primeras autoridades político territoriales frente al requerimiento de manifestaciones públicas dentro de sus referidos Municipios"; la Sala, en su sentencia, citó su anterior decisión N° 1309 del 19 de julio de 2001 (caso: *Hermann Escarrá*), en la cual había "explicado" el sentido de la interpretación constitucional, e interpretado "la noción y alcance de su propia potestad interpretativa," indicando, en definitiva, que el artículo 68 constitucional establecía el derecho a la manifestación pacífica, como uno de los derechos políticos de los ciudadanos, afirmando sin embargo, que "no es un derecho absoluto," sino que "admite válidamente restricciones para su ejercicio... al limitar su ejercicio a las previsiones que establezca la Ley," lo que no es novedad alguna ya que es como reza el texto mismo del artículo 68. Es precisamente por ello que la Ley de Partidos Políticos, Reuniones Públicas y Manifestaciones prevé "una serie de disposiciones de cumplimiento obligatorio no sólo para los partidos políticos, sino también para todos los ciudadanos, cuando estos decidan efectuar reuniones públicas o manifestaciones." Realmente nada nuevo, se insiste, "descubrió" la Sala, pues la posibilidad de establecer restricciones al derecho a manifestar mediante las leyes es texto expreso en el artículo 68 de la Constitución.

Es decir, en cuanto al artículo 68 de la Constitución, nada "interpretó" la Sala sobre "su alcance y contenido" que no fuera decir lo que sin duda y sin ambigüedad alguna la propia norma dice en forma expresa, es decir, que el derecho a manifestar está sometido a los requisitos que establezca la ley. Dicha norma, por tanto, en términos de la propia sentencia no requería interpretación alguna.

Y en cuanto al verdadero objeto de la sentencia, que era "interpretar" la Ley de Partidos Políticos, Reuniones Públicas y Manifestaciones para "reformarla" o "mutarla," la Sala confesó que se limitaba "a efectuar dos precisiones" para lo cual, se insiste, carecía de competencia:

> "1.- *La verificación del contenido* de los artículos 41, 43, 44, 46 y 50 de la Ley de Partidos Políticos, Reuniones Públicas y Manifestaciones, publicada en la Gaceta Oficial N° 6.013 Extraordinario del 23 de diciembre de 2010 a la luz de lo dispuesto en el artículo 68 de la Constitución de la República Bolivariana de Venezuela, y de los planteamientos del solicitante de autos." [...]
>
> "2.- *Aclarar las dudas* que tiene el accionante sobre el procedimiento pautado en la Ley de Partidos Políticos, Reuniones Públicas y Manifestaciones, publicada en la Gaceta Oficial de la República Bolivariana de Venezuela N° 6.013 Extraordinario del 23 de diciembre de 2010."

1. *La supuesta verificación del contenido de normas legales*

En cuanto a la "verificación del contenido" de los artículos 41, 43, 44, 46 y 50 de la Ley de Partidos Políticos, Reuniones Públicas y Manifestaciones, la Sala "descubrió" que efectivamente con dichas normas el legislador había dado cumplimiento al artículo 68 de la Constitución, regulando el "ejercicio del derecho a la protesta pacífica de una manera pormenorizada," previendo "las pautas adecuadas para el ejercicio cabal y efectivo del derecho a la manifestación pacífica sin que ello implique en modo alguno una limitación total y absoluta de su ejercicio." La Sala expresó esto solo para realizaren forma ilegítima e inconstitucional una "reforma" de la Ley, al "verificar" de manera completamente errada la supuesta previsión de: "el lapso del cual disponen los organizadores *para solicitar autorización para realizar la reunión pública o manifestación (veinticuatro horas de anticipación a la actividad).*" Con esta sola "verificación" inicial, la Sala Constitucional trastocó la normativa legal, y "convirtió" una "participación" que debe ser hecha a la autoridad civil por los organizadores de una manifestación, que es lo previsto en el artículo 43 de la Ley, en supuesta solicitud de "autorización" por parte de los mismos ante dicha autoridad, que no está regulada en el artículo 43 de la Ley, cambiando de raíz el régimen legal para el ejercicio del derecho político a manifestar.

En su ilegítima "verificación" del contenido de las normas legales citadas, la Sala Constitucional, por supuesto, se cuidó de no "verificar" que al contrario del artículo 43 de la Ley que solo prevé un "participación," en el artículo 46 de la misma Ley sí se establece un régimen de "autorización" de manifestaciones cuando se prevea realizarlas en sitios prohibidos. Es decir, la Sala en su ilegítima "verificación" del contenido de las normas que pretendió "interpretar," no hizo la distinción que sí hizo el legislador entre una "participación" a la autoridad para ejercer un derecho y una "solicitud de autorización" previa para poder ejercer un derecho. La distinción es abismal, pero la Sala se cuidó de no darse cuenta de ella, y convirtió la "participación" en una solicitud de autorización, ignorando el texto expreso de la Ley.

2. *El supuesto esclarecimiento de las "dudas" del Alcalde recurrente*

En segundo lugar, después de supuestamente "verificar" el contenido del artículo 43 de la Ley de Partidos Políticos, Reuniones Públicas y Manifestaciones, trastocando su contenido y reformándolo, la Sala pasó en su sentencia a supuestamente "aclarar las dudas que tiene el accionante sobre el procedimiento pautado" en la Ley, que desde el comienzo calificó erradamente como "procedimiento de autorización," ignorando deliberadamente que era una simple notificación o participación.

A. *Primera duda sobre la "existencia" de una autorización para ejercer el derecho político a manifestar, no prevista en la Ley*

Así, frente a la supuesta primera "duda" del Alcalde recurrente y su abogado, sobre si "para ejercer el derecho a manifestar, en los términos previstos en el artículo 68 de la Constitución de la República Bolivariana de Venezuela, debe el o los manifestantes solicitar autorización," la Sala Constitucional concluyó pura y simplemente, como lo anunció en su "Nota de Prensa" sobre la sentencia, antes indicada, que supuestamente de acuerdo con la Ley:

> "resulta obligatorio para los partidos y/o organizaciones políticas así como para todos los ciudadanos, -cuando estos decidan efectuar reuniones públicas o manifestaciones- *agotar el procedimiento administrativo de autorización ante la primera autoridad civil de la jurisdicción correspondiente, para de esta manera poder ejercer cabalmente su derecho constitucional a la manifestación pacífica*."

Es decir, una técnica de notificación o participación para establecer el lugar o itinerario y hora del ejercicio de un derecho constitucional, lo convirtió la Sala en una técnica autorizatoria para el ejercicio del derecho que no está establecida legalmente

B. *Segunda duda sobre el alcance de la "autorización" para el ejercicio del derecho a manifestar como "limitación" legal al mismo*

En la misma línea de distorsión y reforma de la Ley, frente a la segunda "duda" del Alcalde recurrente y su abogado, sobre si "constituye la *autorización* -de ser necesaria- un requisito legal o limitación legal al derecho a manifestar al que hace referencia tanto el artículo 68 de la Constitución de la República Bolivariana de Venezuela como el artículo 41 de la Ley de Partidos Políticos, Reuniones Públicas y Manifestaciones, respectivamente," la Sala sostuvo que

> "*la autorización* emanada de la primera autoridad civil de la jurisdicción de acuerdo a los términos de la Ley de Partidos Políticos, Reuniones Públicas y Manifestaciones, constituye un requisito de carácter legal, cuyo incumplimiento limita de forma absoluta el derecho a la manifestación pacífica, impidiendo así la realización de cualquier tipo de reunión o manifestación."

Es decir, una simple "notificación" o "participación" previa como requisito para el ejercicio de un derecho constitucional, lo convirtió la Sala en una "limitación absoluta" al derecho mismo a la manifestación pacífica, "regulando" *contra legem* que el mismo simplemente no puede ejercerse sin dicha autorización, "impidiendo así la realización de cualquier tipo de reunión o manifestación" sin la obtención de la misma.

De allí, la conclusión a la cual llegó la Sala, de que "*cualquier concentración*, manifestación o *reunión* pública que no cuente con el *aval previo de la autorización por parte de la respectiva autoridad competente* para ello, podrá dar lugar a que los cuerpos policiales y de seguridad en el control del orden público a los fines de asegurar el derecho al libre tránsito y otros derechos constitucionales (como por ejemplo, el derecho al acceso a un instituto de salud, derecho a la vida e integridad física), actúen dispersando dichas concentraciones con el uso de los mecanismos más adecuados para ello, en el marco de los dispuesto en la Constitución y el orden jurídico."

Con ello, el Juez Constitucional le dio carta blanca a la represión de las manifestaciones, violando no sólo el contenido del artículo 68 de la Constitución,[1270] sino

---

1270 Como lo destacó el Programa Venezolano de Educación Acción en Derechos Humanos (Provea): "con esta decisión, el máximo Tribunal del país avala la represión por parte de los cuerpos armados del Estaademás, el derecho constitucional de reunión, ya que en su sentencia no sólo se refirió a manifestaciones, sino a "cualquier concentración" o "reunión," por lo cual la Sala con su sentencia también violó el artículo 53 de la Constitución Nacional, que garantiza el derecho de "toda persona [...] de *reunirse, pública* o privadamente, *sin permiso previo*, con fines lícitos y sin armas. Las reuniones en lugares públicos se regirán por la ley".

C. *Tercera duda sobre los poderes del Alcalde para aprobar, modificar o negar la "autorización" para el ejercicio del derecho político a manifestar*

En cuanto a la tercera "duda" del Alcalde recurrente, sobre si "el órgano administrativo que actúe en el marco de la Ley de Partidos Políticos, Reuniones Públicas y Manifestaciones, específicamente con base en los artículos 43, 44, 46 y 50 de esa ley, puede denegar, modificar o aprobar esa autorización mediante acto administrativo expreso," la Sala, siguiendo el "nuevo régimen legal" que estableció en su sentencia, concluyó que "la primera autoridad civil de la jurisdicción -donde se desee realizar la concentración, manifestación o reunión pública- no se encuentra limitada a los términos en que se efectúe la solicitud, pudiendo no sólo negar la autorización, sino también modificarla en caso de acordarla o autorizarla en cuanto a la indicación del lugar y el itinerario escogido (el día y hora)."

La Sala, sin embargo, recordó que en su arbitraria "nueva regulación" no podía soslayar la obligación de la autoridad administrativa de motivar sus actos administrativos conforme a lo que dispone la ley Orgánica de Procedimientos Administrativos, por lo que al menos dispuso que el pronunciamiento que en relación con la "solicitud de autorización" haga la autoridad civil, éste "deberá ser emitido mediante acto administrativo expreso, en el cual se haga alusión a las razones o fundamentos de su decisión."

D. *Cuarta duda sobre los poderes del Alcalde en relación con el contenido de sus decisiones en materia de "autorización" de manifestaciones*

En cuanto a la cuarta "duda" del Alcalde recurrente sobre si la autorización en materia de manifestaciones públicas "tiene como finalidad autorizar o no la manifestación pública o versa solamente acerca de la posibilidad que tiene la autoridad de señalar el sitio donde deba realizarse la reunión o manifestación pública," de nuevo, violentando lo dispuesto en el artículo 44 de la Ley de Partidos Políticos, Reuniones Públicas y Manifestaciones, la Sala Constitucional le precisó al Alcalde recurrente que la supuesta "autorización "prevista en la Ley" –que como resulta de la norma no está prevista-, comprendería "dos aspectos importantes" que son: primero, el "relacionado con la habilitación propiamente dicha para permitir la concentración, reu-

---

do contra los ciudadano." Véase Nota de Prensa, "La Sala Constitucional del Tribunal Supremo de Justicia suprimió, mediante una sentencia publicada ayer, las garantías para el ejercicio del derecho a la manifestación pacífica, tal como lo consagra la Constitución Nacional y la Ley de Partidos Políticos, Reuniones Públicas y Manifestaciones," en *el nacional web* 25 de abril 2014.

nión pública o manifestación y el segundo, vinculado con las condiciones de modo, tiempo y lugar en que se podrá llevar a cabo dicha actividad."

Con ello, la Sala, usurpando de nuevo la función legislativa, reguló en contra de lo dispuesto en el texto del artículo 43 de la Ley, amplios poderes de limitación del derecho constitucional por parte de la autoridad municipal no previstos en ley alguna.

E. *Quinta duda sobre los poderes de orden público de la policía municipal para reprimir las manifestaciones públicas*

En cuanto a la quinta "duda" del Alcalde recurrente sobre las "facultades que en materia de orden público posee el órgano competente si fuesen desobedecidas las limitaciones o condiciones al derecho de manifestar," la Sala Constitucional se refirió a la previsión constitucional que atribuye a los Municipios competencia en materia de policía (art. 178.7), y a las previsiones de la Ley Orgánica del Servicio de Policía y del Cuerpo de Policía Nacional Bolivariana de 2009 (artículos 34.4, 44 y 46), sobre los servicios de policía municipal para el mantenimiento del orden público en materias propias del municipio y de protección vecinal; imponiéndole de paso, a las policías municipales," la "obligación de coadyuvar con el resto de los cuerpos de seguridad (policías estadales, Policía Nacional Bolivariana y Guardia Nacional Bolivariana) en el control del orden público que resulte alterado con ocasión del ejercicio ilegal del derecho a la manifestación."

La Sala en esta forma, como lo destacó la Mesa de la Unidad Democrática, "alude con amplitud y generosidad o laxitud a los poderes policiales destinados a disolver reuniones o concentraciones en espacios públicos, mientras que omite la referencia a los principios constitucionales e internacionales que limitan el control policial de cualquier manifestación pacífica, autorizada o no,"[1271] procediendo además, a igualar la acción de las policías municipales a las policías nacional y estadal, e incluso, a las fuerzas militares, para la utilización de medios represivos que no les está permitido utilizar. Lo que la Sala ha pretendido es "legalizar" un Estado represivo que es contrario a la Constitución, que fue el que se quiso incorporar en la reforma constitucional de 2007, que fue rechazada por el pueblo.[1272]

1271 Véase "Comunicado de la Mesa de la Unidad Democrática sobre inconstitucional y antidemocrático fallo del TSJ," Caracas, 24 de abril de 2014.

1272 Véase Allan R. Brewer-Carías, *Hacia la consolidación de un Estado Socialista, Centralizado, Policial y Militarista. Comentarios sobre el sentido y alcance de las propuestas de reforma constitucional 2007,* Colección Textos Legislativos, N° 42, Editorial Jurídica Venezolana, Caracas 2007.

F. *Sexta duda sobre los poderes sancionatorios en materia de desobediencia a las limitaciones impuestas al derecho a manifestar*

En cuanto a la sexta "duda" del Alcalde recurrente sobre las "facultades sancionatorias que posee el órgano competente si fuesen desobedecidas las limitaciones o condiciones al derecho a manifestar," la Sala Constitucional le indicó que:

> "ante la desobediencia de la decisión tomada por la primera autoridad civil de la jurisdicción, bien por el hecho de haberse efectuado la manifestación o reunión pública a pesar de haber sido negada expresamente o por haber modificado las condiciones de tiempo, modo y lugar que fueron autorizadas previamente, la referida autoridad deberá remitir al Ministerio Público, a la mayor brevedad posible toda la información atinente a las personas que presentaron la solicitud de manifestación pacífica, ello a los fines de que determine su responsabilidad penal por la comisión del delito de desobediencia a la autoridad previsto en el artículo 483 del Código Penal, además de la responsabilidad penal y jurídica que pudiera tener por las conductas al margen del Derecho, desplegadas durante o con relación a esas manifestaciones o reuniones públicas."

Con ello, lo que logró la Sala Constitucional fue, ni más ni menos, que "regularizar" la criminalización de la protesta,[1273] para justificar la represión, haciendo de los Acaldes cómplices obligatorios de tácticas persecutorias; y siempre con la "espada de Damocles" establecida por la propia Sala en las decisiones de marzo de 2014, de los casos de revocación del mandato de los Alcaldes de San Diego y San Cristóbal por supuesto desacato, de que ante cualquier acción de amparo que se intente contra ellos porque no persiguen y denuncian penalmente, suficientemente, a los manifestantes "desobedientes," entonces ellos mismos pueden ser encarcelados y despojados de su investidura popular en un juicio sumario por la propia Sala Constitucional.

IV. LA VIOLACIÓN DEL PRINCIPIO DE LA PROGRESIVIDAD EN MATERIA DE DERECHOS HUMANOS

Como puede derivarse de lo anteriormente señalado, y de cómo la Sala Constitucional, al resolver el "recurso de interpretación" intentado (sin decir si era de la Constitución o de la Ley), y que buscaba una "reforma" o "mutación" legal "a la carta"; en una forma evidentemente regresiva y limitante, al supuestamente precisar "el contenido y alcance del artículo 68 de la Constitución [...], así como las dudas generadas con ocasión de la aplicación de los artículos 41, 43, 44, 46 y 50 de la Ley de Partidos Políticos, Reuniones Públicas y Manifestaciones," en realidad, además

---

1273 Al contrario, como con razón ha señalado Provea que "Los derechos consagrados en nuestra Carta Magna no pueden ser convertidos en delitos por la acción arbitraria de las instituciones del Estado, la protesta es un mecanismo legítimo que tienen los ciudadanos en las sociedades democráticas para reclamar y conquistar derechos o para defenderse frente a los posibles abusos de poder." Véase Nota de Prensa, "La Sala Constitucional del Tribunal Supremo de Justicia suprimió, mediante una sentencia publicada ayer, las garantías para el ejercicio del derecho a la manifestación pacífica, tal como lo consagra la Constitución Nacional y la Ley de Partidos Políticos, Reuniones Públicas y Manifestaciones," en *El Nacional web* 25 de abril 2014-

de usurpar las funciones del Legislador, asumiendo ilegítimamente una función de "legislador positivo" que no tiene, lo que hizo fue violar el artículo 19 de la Constitución.

Esta norma, en efecto, como la misma Sala Constitucional lo declaró en otros tiempos: "reconoce de manera expresa el *principio de progresividad* en la protección de los derechos humanos," conforme al cual no solo "el Estado se encuentra en el deber de garantizar a toda persona natural o jurídica, sin discriminación de ninguna especie, el goce y ejercicio irrenunciable, indivisible e interdependiente de tales derechos," sino que "tal progresividad se materializa en el *desenvolvimiento sostenido, con fuerza extensiva, del espectro de los derechos fundamentales en tres dimensiones básicas, a saber, en el incremento de su número, en el desarrollo de su contenido, y en el fortalecimiento de los mecanismos institucionales para su protección*. En este ámbito cobra relevancia la necesidad de que la creación, interpretación y aplicación de las diversas normas que componen el ordenamiento jurídico, se realice *respetando el contenido de los derechos* fundamentales."[1274]

Por ello, en otra sentencia (sentencia N° 1.654/2005, del 13 de julio de 2005), la misma Sala Constitucional expresó que "la progresividad de los derechos humanos *se refiere a la tendencia general de mejorar cada vez más la protección y el tratamiento de estos derechos;"* lo que luego volvió a ratificar en sentencia N° 74 de 25 de enero de 2006, al recordar que: "mal podría esta Sala, cúpula de la jurisdicción constitucional, olvidar que, de conformidad con el principio de progresividad de los derechos fundamentales que recoge el artículo 19 de la Constitución, *el Constituyente lo que puede es mejorar y ampliar la protección y el tratamiento de estos derechos, no así lograr su mutación en detrimento de su contenido y atributos.*"[1275]

Con mayor razón, ese es también el principio que ha de regir respecto de las sentencias de la Sala Constitucional, como máxima intérprete de la Constitución, en el sentido de que mediante las mismas no pueden mutar las disposiciones legales en detrimento del contenido y atributos de los derechos, como ocurrió con el derecho a manifestar.[1276] Al contrario, en este caso, como lo resumió José Ignacio Hernández, "la Sala Constitucional creó una prohibición que impide el derecho a manifestar sin autorización. Además, advirtió que obviar esa autorización implica un delito penal.

1274 Véase sentencia N° 1114 de 25-5-2006, Caso: *Lisandro Heriberto Fandiña Campos*, en *Revista de Derecho Público* N° 106, Caracas 2006, pp. 138 ss.

1275 Véase sentencia N° 74 de 25-1-2006, Caso: *Acción Democrática vs. Consejo Nacional Electoral y demás autoridades electorales*, en *Revista de Derecho Público,* N° 105, Caracas 2006, pp. 124 ss.

1276 Cuán diferente fue, por ejemplo, la posición del Tribunal Constitucional Español, cuando en sentencia STC 36/1982, al interpretar la Ley 17/1976 sobre reuniones en lugares de tránsito público, que establecía el requisito de autorización, a la luz del artículo 21 de la Constitución de 1978 que nada disponía en tal sentido, interpretó conforme al principio de la progresividad, que de lo que se trataba era sólo de una "comunicación". Véase las referencias en José Luis López González, "El derecho de reunión y manifestación en a jurisprudencia del Tribunal Constitucional," en *Revista de Estudios Políticos* (Nueva Etapa), N° 96, Madrid 1997, pp. 179 ss.

Es decir, los ciudadanos pueden ir presos por manifestar sin autorización de los Alcaldes."[1277]

Este inconstitucional proceder de la Sala Constitucional, al secuestrar dicho derecho constitucional, imponiendo requisitos y limitaciones para su ejercicio que no están previstos en la ley, vicia de ilegitimidad dicha sentencia Nº 257 de 25 de abril de 2014, y como cualquier otro acto legítimo de cualquier órgano del Estado, los ciudadanos tienen el derecho a desconocerlo en los términos del artículo 350 de la Constitución,[1278] sobre todo porque la Sala, en su actuación, no tiene quien la controle. Es por ello que solo el pueblo puede hacerlo.

Paris / Roma, 25-27 de abril de 2014.

1277 Véase José Ignacio Hernández, "Sobre la decisión del TSJ y el derecho a la protesta, "en *Prodavinci*, abril 2014, en htt - - - - - - - - - - - - - - - - -
, fabr
, lo cual a su vez es inconstitucional, por cuanto viola la
. Es de-
Municipio." Concluye el Colegio observando que: "En consecuencia, estamos en presencia de una sen-
25 y 350 constitucionales, ya que entre otros gra-
s constitu-
cionales ad infinitum y viola convenios interna
lver manifestaciones sin poder legalmente tener los equipos necesarios para ellos." Véase "Pronunciamiento del Ilustre Colegio de Abogados de Caracas sobre la sentencia de la Sala Constitucional del Tribunal Supremo de Justicia que interpreta el derecho a manifestar", Caracas 26 de abril de 2014.

1278 Es en definitiva lo planteado por Cipriano Heredia, Diputado al Consejo Legislativo del Estado Miranda: "A los venezolanos lo único que nos queda es aplicar por la vía de los hechos la Constitución y continuar manifestando con la simple notificación que es lo que exige la Ley, amparados en el artículo 68 de nuestra Carta magna", en "Heredia: Sentencia del TSJ apuntala talante dictatorial del Gobierno," en *El Universal*, Caracas 28 de abril de 2014.

QUINTA PARTE

EL JUEZ CONSTITUCIONAL CONTRA EL ORDEN Y EL PRINCIPIO DEMOCRÁTICO

INTRODUCCIÓN:

JURISDICCIÓN CONSTITUCIONAL Y CONSOLIDACIÓN DE LA DEMOCRACIA (2010).

Esta Introducción a la Tercera Parte de este Tomo es "Comentarios y análisis" al estudio de Dieter Nohlen, "Consolidación de la democracia y jurisdicción constitucional," en *Revista Latinoamericana de Política Comparada*, Centro Latinoamericano de Estudios Políticos (Celaep), Volumen 3, Enero 2010 (ISSN 1390-4248), Quito, Ecuador, pp. 45-47

Como buen politólogo que ha analizado tantas relaciones entre fenómenos políticos en las democracias contemporáneas, nuestro apreciado amigo Dieter Nohlen nos enfoca ahora, con precisión, la relación causal recíproca que existe entre "Jurisdicción constitucional y consolidación de la democracia," llegando incluso a calificarla de "intensa." De esa relación, en todo caso, resulta que efectivamente, no hay ni puede haber democracia como régimen político sin la existencia de una Jurisdicción Constitucional; y que no puede existir una Jurisdicción Constitucional efectiva sin democracia. Todos los que hemos estudiado ambos fenómenos no podemos sino estar de acuerdo con esta relación, ya que una Jurisdicción Constitucional deformada, al contrario de lo destacado por Nohlen, puede ser el instrumento más diabólico para destruir la democracia. Es decir, que se puede dar no sólo lo que él apunta, de que "la interpretación de una Constitución de origen autoritario por parte de un Tribunal Constitucional contribuye a que el país pueda ser gobernado de forma democrática;" sino también lo inverso, es decir, que la interpretación de una Constitución de origen democrático por parte de un Tribunal Constitucional sometido políticamente, puede contribuir a que el país sea gobernado de forma autoritaria, con la grave "legitimación" por parte de la Jurisdicción Constitucional. El ejemplo de Venezuela en la última década lo confirma.

Por supuesto, el aspecto central en la relación que establece Nohlen entre Jurisdicción Constitucional y consolidación de la democracia, está en la identificación precisa de los elementos de la democracia; y en la determinación de las condiciones institucionales necesarias para el funcionamiento de la Jurisdicción Constitucional.

En cuanto a la democracia, coincido completamente con Nohlen en que de lo que se trata es de la "democracia representativa," considerada por él mismo como la "condición irrenunciable" de la democracia. Y en esto también coincido con él en que no hay que equivocarse, pues el discurso falaz sobre la "democracia participativa" lo que persigue es la destrucción de la primera; es decir, como lo indica Nohlen, "sus protagonistas no se restringen a pedir que se introduzcan mecanismos de democracia directa en la democracia representativa," sino "lo que se promueve es sustituir la democracia representativa por una de tipo participativa". Ideas estas que aún cuando "parecen inocentes," lo cierto es que lo que persiguen es destruir la propia democracia y sus instituciones, incluyendo la Jurisdicción Constitucional. Como lo afirma Nohlen, "el discurso participacionista incluye en su pensar antisistema no sólo las instituciones políticas representativas sino también las judiciales que se perciben como dependientes de ellas."

La democracia, por tanto, es esa relación con la Jurisdicción Constitucional que busca consolidarla como democracia representativa, integrada al Estado constitucional, como Nohlen lo indica es varias partes de su trabajo, implica "garantías constitucionales de los derechos humanos y de los derechos políticos," "principio democrático," y "elecciones libres," "separación de poderes dentro de un Estado de Derecho," "bloque de constitucionalidad que antecede a las decisiones que puede tomar el pueblo" y "constitucionalización del proceso constituyente," y "pluralismo político a través de la competencia entre diferentes partidos." Es decir, democracia representativa es algo bastante más que la existencia de elecciones, e incluso, en el mundo contemporáneo comienza a configurarse en si misma, como un derecho,[1279] en adición a los clásicos derechos reconocidos en el Estado constitucional democrático de derecho, como son los derechos civiles, políticos, sociales, culturales, económicos y ambientales. Hoy, en efecto, podemos comenzar a perfilar otro conjunto de derechos que derivan de la propia concepción de dicho Estado constitucional democrático de derecho, como por ejemplo, el derecho ciudadano a la Constitución y a su supremacía constitucional y también, el derecho ciudadano a la propia democracia, lo que ha implicado que los derechos políticos han dejado de estar reducidos a los que desde antaño generalmente se habían establecido expresamente en las Constituciones, como eran los clásicos derecho al sufragio, al desempeño de cargos públicos, a asociarse en partidos políticos y, más recientemente, el derecho a la participación política.

En América Latina, por lo demás, la concepción descrita por Nohlen sobre lo que implica la democracia representativa, ha sido objeto de un instrumento internacional de primera importancia, el cual, sin embargo, dado que fue adoptado por la Organi-

---

1279 Véase Allan R. Brewer-Carías, "Prólogo: Sobre el derecho a la democracia y el control del poder", al libro de Asdrúbal Aguiar, *El derecho a la democracia. La democracia en el derecho y la jurisprudencia interamericanos. La libertad de expresión, piedra angular de la democracia*, Editorial Jurídica Venezolana, Caracas 2008, pp. 19 ss; y "El derecho a la democracia entre las nuevas tendencias del Derecho Administrativo como punto de equilibrio entre los Poderes de la Administración y los derecho del administrado," en Víctor Hernández Mendible (Coordinador), *Desafíos del Derecho Administrativo Contemporáneo (Conmemoración Internacional del Centenario de la Cátedra de Derecho Administrativo en Venezuela*, Tomo II, Ediciones Paredes, Caracas 2009, pp. 1417-1439.

zación de Estados Americanos el mismo día de los atentados terroristas en Nueva York, el 11 de septiembre de 2001, es bastante poco conocido. Se trata de la *Carta Democrática Interamericana* en la cual se enumeraron los siguientes elementos esenciales de la democracia: 1) el respeto a los derechos humanos y las libertades fundamentales; 2) el acceso al poder y su ejercicio con sujeción al Estado de derecho; 3) la celebración de elecciones periódicas, libres, justas y basadas en el sufragio universal y secreto, como expresión de la soberanía del pueblo; 4) el régimen plural de partidos y organizaciones políticas y 5) la separación e independencia de los poderes públicos (art. 3). Estos elementos esenciales de la democracia, por supuesto, sólo pueden configurarse en Estados democráticos de derecho, siendo inconcebibles en los Estados con regímenes autoritarios donde, precisamente, esos elementos esenciales no pueden ser garantizados por la ausencia de controles al ejercicio del poder, aún cuando pueda tratarse de Estados en los cuales, en fraude a la Constitución y a la propia democracia, los gobiernos puedan haber tenido su origen en algún ejercicio electoral.

Pero de acuerdo con la misma *Carta Democrática Interamericana*, estos elementos esenciales de la democracia se complementan con sus componentes fundamentales, los cuales también ha enumerado, y que son: 1) la transparencia de las actividades gubernamentales; 2) la probidad y la responsabilidad de los gobiernos en la gestión pública; 3) el respeto de los derechos sociales; 4) el respeto de la libertad de expresión y de prensa; 5) la subordinación constitucional de todas las instituciones del Estado a la autoridad civil legalmente constituida y 6) el respeto al Estado de derecho de todas las entidades y sectores de la sociedad (art. 4).

Entre todos estos elementos esenciales y componentes fundamentales de la democracia representativa, por supuesto, el que se destaca por sobre todos en la relación entre Jurisdicción Constitucional y consolidación de la democracia, es la posibilidad ciudadana de controlar el ejercicio del poder, que además de ser el fundamento del propio del Estado de derecho, es el elemento fundamental para garantizar su funcionamiento. En definitiva, sólo controlando al Poder es que puede haber elecciones libres y justas, así como efectiva representatividad; sólo controlando al poder es que puede haber pluralismo político; sólo controlando al Poder es que puede haber efectiva participación democrática en la gestión de los asuntos públicos; sólo controlando al Poder es que puede haber transparencia administrativa en el ejercicio del gobierno, y rendición de cuentas por parte de los gobernantes; sólo controlando el Poder es que se puede asegurar un gobierno sometido a la Constitución y las leyes, es decir, un Estado de derecho y la garantía del principio de legalidad; sólo controlando el Poder es que puede haber un efectivo acceso a la justicia de manera que esta pueda funcionar con efectiva autonomía e independencia; y sólo controlando al Poder es que puede haber real y efectiva garantía de respeto a los derechos humanos. De lo anterior resulta, por tanto, que sólo cuando existe un sistema de control efectivo del poder, y entre ellos, el que ejerce la Jurisdicción Constitucional, es que puede haber democracia, y sólo en esta es que los ciudadanos pueden encontrar asegurados sus derechos debidamente equilibrados con los poderes Públicos.

Como señalamos, por supuesto, entre los instrumentos por excelencia para controlar el poder y mantener la Constitución, está precisamente la Jurisdicción Constitucional, la cual, como bien lo afirma Nohlen, debe además, "posibilitar y fomentar el gobierno democrático" para lo cual, indudablemente, es indispensable "crear y mantener cierto grado de independencia de los tribunales constitucionales frente a los demás actores." Lo contrario, en todo caso, es definitivo: sin independencia ni autonomía, la Jurisdicción Constitucional, lejos de controlar el poder, se constituye en un instrumento para su reforzamiento y para la legitimación de las violaciones a la Constitución y el funcionamiento del gobierno autoritario. Lamentablemente, en esto tenemos la experiencia en Venezuela, donde después de haber tenido uno de los más largos períodos históricos de democracia representativa (1958-1999) en la historia reciente de América Latina, a partir de 1999, desde la misma democracia y en fraude a ella, se ha venido consolidando un régimen autoritario montado sobre el sistemático desmantelamiento, distorsión o neutralización de los sistemas de control del poder, con la consiguiente disolución paulatina de la propia democracia;[1280] y todo ello, con la anuencia y complicidad de la Jurisdicción Constitucional que ha afectado a todo el Poder Judicial en su conjunto.[1281]

Ello se ha logrado con la progresiva intervención política del Poder Judicial, particularmente del Tribunal Supremo de Justicia, al punto de que cuando se produjo la selección de los Magistrados del mismo en 2004, incluida su Sala Constitucional, el Presidente del "Comité de Postulaciones" de la Asamblea Nacional anunció públicamente que ninguno de los Magistrados seleccionados votaría sentencia alguna en contra de quienes ejercen el poder.[1282] Por ello, con razón, la Comisión Interamericana de Derechos Humanos indicó en su *Informe* a la Asamblea General de la OEA correspondiente a 2004 que "estas normas de la Ley Orgánica del Tribunal Supremo de Justicia habrían facilitado que el Poder Ejecutivo manipulara el proceso de elección de magistrados llevado a cabo durante 2004."[1283]

1280 Véase Allan R. Brewer-Carías, "La demolición del Estado de derecho y la destrucción de la democracia en Venezuela (1999-2009)," en José Reynoso Núñez y Herminio Sánchez de la Barquera y Arroyo (Coordinadores), *La democracia en su contexto. Estudios en homenaje a Dieter Nohlen en su septuagésimo aniversario,* Instituto de Investigaciones Jurídicas, Universidad nacional Autónoma de México, México 2009, pp. 477-517.

1281 Véase Allan R. Brewer-Carías, "La progresiva y sistemática demolición de la autonomía en independencia del Poder Judicial en Venezuela (1999-2004)", en *XXX Jornadas J.M Domínguez Escovar, Estado de derecho, Administración de justicia y derechos humanos,* Instituto de Estudios Jurídicos del Estado Lara, Barquisimeto, 2005, pp. 33-174; y "La justicia sometida al poder [La ausencia de independencia y autonomía de los jueces en Venezuela por la interminable emergencia del Poder Judicial (1999-2006)]" en *Cuestiones Internacionales. Anuario Jurídico Villanueva 2007*, Centro Universitario Villanueva, Marcial Pons, Madrid 2007, pp. 25-57.

1282 El diputado Pedro Carreño, quien un tiempo después fue designado Ministro del Interior y de Justicia, afirmó lo siguiente: "Si bien los diputados tenemos la potestad de esta escogencia, el Presidente de la República fue consultado y su opinión fue tenida muy en cuenta.". Agregó: "Vamos a estar claros, nosotros no nos vamos a meter autogoles. En la lista había gente de la oposición que cumple con todos los requisitos. La oposición hubiera podido usarlos para llegar a un acuerdo en las últimas sesiones, pero no quisieron. Así que nosotros no lo vamos a hacer por ellos. En el grupo de los postulados no hay nadie que vaya a actuar contra nosotros y, así sea en una sesión de 10 horas, lo aprobaremos." Véase en *El Nacional*, Caracas, 13-12-2004.

1283 Comisión Interamericana de Derechos Humanos, *Informe sobre Venezuela 2004*, párrafo 180.

En esta forma, el Tribunal Supremo de Justicia de Venezuela se ha configurado como un Poder del Estado altamente politizado[1284], lamentablemente sujeto a la voluntad del Presidente de la República, lo que en la práctica ha significado la eliminación de toda la autonomía del Poder Judicial. Con ello, el propio postulado de la separación de los poderes, como piedra angular del Estado de Derecho y de la vigencia de las instituciones democráticas ha sido eliminando, desapareciendo toda posibilidad de control judicial efectivo del poder por parte de los ciudadanos. El propio Presidente de la República incluso, llegó a decir en 2007 que para poder dictar sentencias, el Tribunal Supremo debía consultarlo previamente.[1285] Este sometimiento del Tribunal Supremo a la voluntad del Ejecutivo Nacional, ha sido catastrófica en relación a la autonomía e independencia del Poder Judicial, particularmente si se tiene en cuenta, además, que dicho Tribunal ejerce el gobierno y administración de todo el Poder Judicial; y además ejerce la Jurisdicción Constitucional, lo que ha provocado que la Sala Constitucional del Tribunal Supremo se haya convertido en el instrumento fundamental para el afianzamiento institucional del autoritarismo.[1286]

Con todo esto, la Jurisdicción Constitucional en Venezuela ha pospuesto su función fundamental de servir de instrumento de control constitucional de las actividades de los otros órganos del Estado para asegurar su sometimiento a la Constitución y el afianzamiento de la democracia, habiendo materialmente desaparecido el derecho ciudadano a la tutela judicial efectiva y al controlar del poder. Para ello, incluso, la Jurisdicción Constitucional ha llegado al extremo en Venezuela, no sólo de no atreverse a dictar decisión alguna que pueda ser "perturbante" como las califica Nohlen, sino incluso, de impedir que estas se puedan dictar incluso por cualquier otro Tribunal, hasta de nivel internacional. Por ello, en este contexto, no puedo dejar de mencionar la decisión de la Jurisdicción Constitucional venezolana de considerar que la sentencias de protección internacional de los derechos humanos dictadas por la Corte Interamericana de Derechos Humanos contra el Estado venezolano, son simplemente son inejecutables en Venezuela. Así sucedió en el caso iniciado por la denuncia de unos Magistrados de la Corte Primera de lo Contencioso Administrati-

---

1284 Véase lo expresado por el magistrado Francisco Carrasqueño, en la apertura del año judicial en enero de 2008, al explicar que : "no es cierto que el ejercicio del poder político se limite al Legislativo, sino que tiene su continuación en los tribunales, en la misma medida que el Ejecutivo", dejando claro que la "aplicación del Derecho no es neutra y menos aun la actividad de los magistrados, porque según se dice en la doctrina, deben ser reflejo de la política, sin vulnerar la independencia de la actividad judicial". Véase en *El Universal*, Caracas 29-01-2008.

1285 Así lo afirmó el Jefe de Estado, cuando al referirse a una sentencia de la Sala Constitucional muy criticada, en la cual reformó de oficio una norma de la Ley del Impuesto sobre la renta, simplemente dijo: "Muchas veces llegan, viene el Gobierno Nacional Revolucionario y quiere tomar una decisión contra algo por ejemplo que tiene que ver o que tiene que pasar por decisiones judiciales y ellos empiezan a moverse en contrario a la sombra, y muchas veces logran neutralizar decisiones de la Revolución a través de un juez, o de un tribunal, o hasta en el mismísimo Tribunal Supremo de Justicia, a espaldas del líder de la Revolución, actuando por dentro contra la Revolución. Eso es, repito, traición al pueblo, traición a la Revolución." Discurso del Presidente de la Republica en el Primer Evento con propulsores del Partido Socialista Unido de Venezuela, Teatro Teresa Carreño, Caracas 24 marzo 2007.

1286 Véase Allan R. Brewer-Carías, *Crónica sobre la "In" Justicia Constitucional. La Sala Constitucional y el autoritarismo en Venezuela*, Colección Instituto de Derecho Público, Universidad Central de Venezuela, N° 2, Caracas 2007, 702 pp.

vo ante la Corte Interamericana de Derechos Humanos, por haber sido destituidos de sus cargos sin garantía alguna de debido proceso, al haber dictado una medida cautelar de suspensión de efectos de un programa público de contratación de médicos extranjeros, -decisión que dicho sea de paso, fue anulada arbitrariamente por la Jurisdicción Constitucional-. La denuncia originó la demanda de la Comisión Interamericana de Derechos Humanos y la subsecuente sentencia de la Corte Interamericana de Derechos Humanos de 5 de agosto de 2008,[1287] en la cual decidió que el Estado venezolano había violado las garantías judiciales de los jueces destituidos establecidas en la Convención Americana de Derechos Humanos, condenando al Estado a pagarles compensación, a reincorporarlos a cargos similares en el Poder Judicial, y a publicar parte de la sentencia en la prensa venezolana. Sin embargo, la Sala Constitucional del Tribunal Supremo, en sentencia N° 1.939 de 12 de diciembre de 2008,[1288] citando como precedente nada menos que una sentencia del Tribunal Superior Militar del Perú de 2002, declaró como "inejecutable" la antes citada decisión de la Corte Interamericana de Derechos Humanos de agosto de 2008, solicitando incluso al Ejecutivo que denunciara la Convención Americana de Derechos Humanos que supuestamente había usurpado los poderes del Tribunal Supremo.

Una Jurisdicción Constitucional sometida al poder, por tanto, lejos de ser un instrumento para la consolidación de la democracia, es un instrumento para su destrucción; y si se trata, como es el caso en Venezuela, de la aplicación de una Constitución de base democrática como la de 1999, ello lo que ha conducido es a que la Jurisdicción Constitucional sea la que haya tenido a su cargo la "adaptación" de dicha Constitución a la práctica autoritaria del gobierno, originando innumerables "mutaciones constitucionales," no para crear nuevos derechos, sino en reforzamiento del presidencialismo y el centralismo, y para limitar derechos constitucionales.[1289] En Venezuela, lamentablemente, ha ocurrido lo contrario a lo sucedido en otros países como Chile y Perú, citados por Nohlen, respecto de los cuales ha destacado, que "la

---

1287 Véase Caso *Apitz Barbera y otros ("Corte Primera de lo Contencioso Administrativo") vs. Venezuela,* Excepción Preliminar, Fondo, Reparaciones y Costas, Serie C N° 182, in www.corteidh.or.cr

1288 Expediente: 08-1572, Case: *Abogados Gustavo Álvarez Arias y otros.*

1289 Véase Allan R. Brewer-Carías, "El juez constitucional al servicio del autoritarismo y la ilegítima mutación de la Constitución: el caso de la Sala Constitucional del Tribunal Supremo de Justicia de Venezuela (1999-2009)", en *Revista de Administración Pública*, N° 180, Madrid 2009, pp. 383-418, y en *IUSTEL, Revista General de Derecho Administrativo*, N° 21, junio 2009, Madrid; "La fraudulenta mutación de la Constitución en Venezuela, o de cómo el juez constitucional usurpa el poder constituyente originario,", en *Anuario de Derecho Público*, Centro de Estudios de Derecho Público de la Universidad e Monteávila, Año 2, Caracas 2009, pp. 23-65; "La ilegítima mutación de la Constitución por el juez constitucional y la demolición del Estado de derecho en Venezuela.", Trabajo elaborado para la *Revista de Derecho Político*, N° 75-76, Homenaje a Manuel García Pelayo, Universidad Nacional de Educación a Distancia, Madrid, 2009, pp. 289-325; "La ilegítima mutación de la constitución hecha por el juez constitucional en materia de antejuicios de mérito de altos funcionarios del Estado", en *Revista de Derecho Público*, N° 116, (julio-septiembre 2008), Editorial Jurídica Venezolana, Caracas 2008, pp. 261-266; "La ilegitima mutación de la Constitución y la legitimidad de la jurisdicción constitucional: la "reforma" de la forma federal del Estado en Venezuela mediante interpretación constitucional," en *Memoria del X Congreso Iberoamericano de Derecho Constitucional,* Instituto Iberoamericano de Derecho Constitucional, Asociación Peruana de Derecho Constitucional, Instituto de Investigaciones Jurídicas-UNAM y Maestría en Derecho Constitucional-PUCP, IDEMSA, Lima 2009, tomo 1, pp. 29-51 interpretación de la Constitución de origen autoritario por parte del Tribunal Constitucional contribuye a que el país pueda ser gobernado de forma democrática." En esos casos, sin duda, la Jurisdicción Constitucional ha sido el factor fundamental para "adecuar" una Constitución de rasgos autoritarios, a la vida y práctica democrática y al respeto de los derechos humanos.

La reflexión de Dieter Nohlen en este ensayo, sin duda, hay considerarla de extrema utilidad, pues muestra todo el esfuerzo que hay que hacer por preservar la autonomía e independencia de la Jurisdicción Constitucional, como condición indispensable para que pueda ser un instrumento necesario para la consolidación de la democracia.

SECCIÓN PRIMERA:

EL JUEZ CONSTITUCIONAL, EL CONTROL DE CONSTITUCIONALIDAD SOBRE EL RÉGIMEN POLÍTICO Y EL SISTEMA DE GOBIERNO DEMOCRÁTICOS

Esta Sección contiene el texto de parte de la Cuarta parte del libro: *La patología de la Justicia Constitucional,* Tercera edición ampliada, Editorial Jurídica Venezolana, Caracas 2014, pp. 270 y ss,

Un reto importante que tiene el Juez Constitucional en el Estado Constitucional es asegurar no sólo que el acceso al poder se realice conforme a las previsiones establecidas en la Constitución, sino que el ejercicio del poder también se realice de acuerdo al texto de la misma.

En particular, en el sistema democrático establecido en la Constitución, el Juez Constitucional es el que tiene a su cargo el controlar que el acceso al poder se realice sólo mediante métodos democráticos, de manera que pueda tener competencia, por ejemplo, para controlar la constitucionalidad del comportamiento de los partidos políticos, pudiendo proscribir, por ejemplo, aquellos partidos con fines no democráticos cuyo objetivo es precisamente destruir la democracia.

Por otra parte, frente a violaciones constitucionales que signifiquen ruptura del hilo constitucional en el acceso y ejercicio del poder, por ejemplo, cuando mediante un golpe de Estado o un golpe a la Constitución se deponga al Presidente de la República, el Juez Constitucional tiene que asumir el reto de restablecer el orden constitucional violado.

I. EL JUEZ CONSTITUCIONAL, ASUMIENDO DE OFICIO, LA DEFENSA DEL ORDEN DEMOCRÁTICO FRENTE A UN GOLPE DE ESTADO PRESIDENCIAL: EL CASO DE GUATEMALA EN 1993

El 25 de mayo de 1993, el Presidente de Guatemala, Jorge A. Serrano Elías, adoptó un Decreto que denominó como "Normas Temporales de Gobierno," mediante el cual, materialmente daba un "autogolpe" de Estado, conforme al cual primero, dejaba sin efecto más de cuarenta artículos de la Constitución, veinte artículos de la Ley de Amparo, Exhibición Personal y de Constitucionalidad, que regula la Jurisdicción Constitucional atribuida a la Corte de Constitucionalidad, y varios artículos de la Ley Electoral y de la Ley de Partidos Políticos; y segundo, disolvía todos los poderes del Estado, es decir, al Congreso, a la Corte Suprema y a la Corte Constitucional misma. Todo ello, además, fue anunciado públicamente por radio y televisión.

La Corte de Constitucionalidad, en ejercicio de sus competencias constitucionales y legales para actuar y conocer del control de constitucionalidad, ese mismo día 25 de mayo de 1999 decidió conocer de oficio sobre la constitucionalidad del mencionado Decreto de Normas Temporales de Gobierno, declarando su inconstitucionalidad por romper con el orden constitucional, y por tanto, anulándolo, y considerándolo sin efectos. Para ejecutar su fallo, la Corte ordenó la publicación de la sentencia en el diario oficial.

La sentencia, en definitiva, no se llegó a publicar, y el Presidente de la República pretendió ejecutar el decreto. Frente a ello, y en virtud del carácter obligatorio que tienen las sentencias de la Corte de Constitucionalidad, la misma reunida clandestinamente el 31 de mayo de 1993 (dada que su sede estaba ocupada por la Policía), dictó un auto de seguimiento de su sentencia de 25 de mayo, ordenando su ejecución, requiriendo el auxilio de los Ministros de Gobierno y de la Defensa para que se publicara su fallo, y requiriendo que fuera cumplido por el Poder Ejecutivo.

En buena parte, por el rol asumido por la Corte de Constitucionalidad, fue requerida el 1 de junio de 1993 para tener una reunión con la cúpula del Ejército, donde el Ministro de la Defensa notificó a los Magistrados que el Ejército había decidido acatar lo decidido por la Corte, y que además, que el Presidente había decidido abandonar su cargo. En esa forma, la sentencia de la Corte se ejecutó, habiéndose reinstalado tanto la Corte Suprema de Justicia como el Congreso.

Sin embargo, la crisis política no concluyó, pues el Vicepresidente de la República, quien había participado en el golpe de Estado, pretendió asumir la Presidencia requiriendo que el Congreso legalizara su investidura.

Frente a ello, la Corte de Constitucionalidad dictó una nueva decisión el 4 de mayo de 1993 considerando que el golpe de Estado que se había dado había alterado también al órgano ejecutivo, y dada la corresponsabilidad que tenía el Vicepresidente de la República en el mismo, resolvió que estaba inhabilitado para ejercer el cargo. Dada la acefalía que resultaba en el Poder Ejecutivo, conforme a la Constitución (art. 186), correspondía entonces al Congreso designar los sustitutos del Presidente y Vicepresidente, lo que efectivamente así ocurrió.

En esta forma, el restablecimiento del orden constitucional y democrático lo asumió el supremo guardián de la Constitución, que era la Corte Constitucional, la cual para ello actuó de oficio.[1290]

1290 Sobre esa experiencia en Guatemala, véase Jorge Mario García Laguardia, "Justicia constitucional y defensa de la democracia. El Golpe de Estado en Guatemala en 1993," en *Cuestiones Constitucionales. Revista Mexicana de Derecho Constitucional*, N° 2, México 2000, pp. 4-20. Véase en *Revista Jurídica Virtual*, Instituto de Investigaciones Jurídicas, Universidad Nacional Autónoma de México, en http://www.juridicas.unam.mx/publi-ca/rev/cconst/cont/2/art/art1.htm.

II EL JUEZ CONSTITUCIONAL ABSTENIÉNDOSE DE DEFENDER EL ORDEN DEMOCRÁTICO, A RAÍZ DE LA CRISIS CONSTITUCIONAL PROVOCADA POR LA ANUNCIADA RENUNCIA DEL PRESIDENTE DE LA REPÚBLICA Y LA AUSENCIA DEL VICEPRESIDENTE: CASO DE VENEZUELA EN 2002

En contraste con lo acaecido en Guatemala en 1993, en Venezuela, en una situación similar de crisis de gobierno por la anunciada renuncia del Presidente de la República y la acefalía del Ejecutivo, la Sala Constitucional del Tribunal Supremo en cambio ni antes ni después de que se produjera un golpe de Estado el 12 de abril de 2002, asumió su rol de supremo guardián y garante de la constitucionalidad que tiene conforme a la Constitución, habiéndose abstenido, totalmente, de intervenir para resolver constitucionalmente en la crisis política.

En efecto, en la madrugada del 12 de abril de 2002, después de una masiva manifestación pública que se apoderó de las calles de Caracas de rechazo a la gestión gubernamental del Presidente Hugo Chávez, que le exigía la renuncia al cargo, y luego de sucesivas manifestaciones públicas de desobediencia por parte de los altos Oficiales jefes de los diversos componentes militares por las muertes ocurridas de manifestantes indefensos y en rechazo a la ejecución de un plan de guerra represivo de los mismos que había sido ordenado por el gobierno, el Alto Mando Militar del Presidente de la República anunció públicamente al país que se le había pedido al Presidente su renuncia, pues se lo consideraba responsable de esos hechos,[1291] y que éste la había aceptado.[1292]

Como lo diría el Tribunal Supremo de Justicia en sentencia de su Sala Plena Accidental de 14 de agosto de 2002 (Caso: *Antejuicio de mérito respecto de oficiales militares*), "una vez que se anunció por el General en Jefe la renuncia del Presidente y del Alto Mando Militar, todo el país tenía el derecho y la obligación de creer, tal como sucedió con la OEA, que en Venezuela existía crisis en el poder ejecutivo por carencia de titular de la Presidencia."[1293] Ese anuncio sobre la renuncia del Presiden-

---

1291 Quien había sido Vicepresidente de la República y Coordinador del partido de Gobierno hasta poco tiempo antes, y antes había sido Presidente de la Asamblea Nacional Constituyente en 1999, Luis Miquilena, diría el mismo día 11 de abril en la noche que: "El Presidente es el principal responsable de lo que ha ocurrido en la tarde de hoy. De esa responsabilidad no lo salvará nadie. Ahora las instituciones tienen que funcionar. La Fiscalía, el Poder Judicial y creo que hay posibilidad de que la Asamblea Nacional empiece a funcionar." Véase en *El Universal*, Caracas 12-04-02, p. 1-6.

1292 El General en Jefe, Jefe del Alto Mando Militar Lucas Rincón anunció al país lo siguiente: "Pueblo venezolano, muy buenos días, los miembros del Alto Mando Militar deploran los lamentables acontecimientos sucedidos en la ciudad capital el día de ayer. Ante tales hechos se le solicitó al señor Presidente de la República la renuncia a su cargo, la cual aceptó. Los miembros del Alto Mando Militar ponemos, a partir de este momento, nuestros cargos a la orden, los cuales entregaremos a los oficiales que sean designados por las nuevas autoridades." Véase en Albor Rodríguez, (ed), *Verdades, Mentiras y Video. Lo más relevante de las interpelaciones en la Asamblea Nacional sobre los sucesos de abril*, Libros El Nacional, Caracas 2002, pp. 13 y 14.

1293 Véase en la sentencia N° 38 de la Sala Plena Accidental de 14 de agosto de 2002 (Caso: *Julián Isaías Rodríguez Díaz, antejuicio de mérito de oficiales militares superiores*) publicada el 19 de septiembre de 2002, en http://www.tsj.gov.ve/decisiones/tplen/Septiembre/sentencia%20de%20los%20militares.htm.

te de la República produjo, sin duda, consecuencias jurídicas y políticas graves,[1294] pues del anuncio oficial militar lo que resultaba era que en Venezuela no había gobierno civil en ejercicio, es decir, no había titulares en ejercicio del Poder Ejecutivo, y que, incluso, habría unas "nuevas autoridades."[1295]

En efecto, la renuncia de un Presidente de la República constituye una falta absoluta, y la misma, conforme al artículo 233 de la Constitución, la suple el Vicepresidente Ejecutivo. En el caso del anuncio público oficial de la renuncia del Presidente Chávez el 12 de abril de 2002 por el Jefe del Alto Mando Militar, el mismo no le indicó al país como lo mandaba la Constitución, que en consecuencia de la referida renuncia, el Vicepresidente de la República del momento, Diosdado Cabello, había asumido la Presidencia y estaba en ejercicio del Poder Ejecutivo, lo que hubiera implicado que el Alto Mando Militar habría permanecido inalterado. Al contrario, el Jefe del Alto Mando Militar afirmó que sus integrantes ponían sus cargos a la orden de las "nuevas autoridades," lo que implicaba, jurídicamente, también, el anuncio de que en Venezuela no había nadie en ejercicio del Poder Ejecutivo, y que supuestamente habría "nuevas autoridades."[1296]

La Constitución de 1999 no regula una solución jurídica en los casos en los cuales se produce falta absoluta del Presidente y del Vicepresidente, en el sentido de que no establece quién asume en ese caso el Poder Ejecutivo; lo que al contrario, si regulaba la Constitución de 1961 al establecer los supuestos de sucesión presidencial transitoria, y disponer que en caso de falta absoluta del Presidente, mientras el Congreso elegía un nuevo Presidente, se encargaba de la Presidencia el Presidente del Congreso, a falta de éste, el Vicepresidente del mismo (Presidente de la Cámara de Diputados) y, en su defecto, el Presidente de la Corte Suprema de Justicia (art. 187). Nada de eso se establece en la Constitución de 1999.

Por tanto, con el anuncio oficial al país de la renuncia del Presidente, y ante la ausencia del Vicepresidente, se produjo una crisis de gobierno que la Constitución no resolvía.[1297] Además, no había ninguna razón para que alguien pudiera poner en

---

1294 Véase lo que expusimos sobre la crisis de gobierno que se originó en *El Universal*, Caracas 18-05-02, p. D-4.

1295 Incluso, el Ministro de la Defensa, José Vicente Rangel comentó el mismo día 12-04-02, sobre el tema de la ruptura del hilo constitucional, que habría "un nuevo gobierno"; dijo no saber dónde estaba el Vicepresidente Ejecutivo e indicó que "no hemos presentado renuncia puesto que a nosotros nos reemplazan", *El Nacional*, Caracas 13-04-02, p. D-9. El Tribunal Supremo de Justicia en Sala Plena Accidental en sentencia de 14-08-02, sobre esta afirmación del Ministro de Defensa dijo que "Llama la atención a la Sala que el entonces Ministro de la Defensa no haya sido tajante al calificar los acontecimientos que se acababan de producir." *Idem.*

1296 Véase lo que expusimos en Allan R. Brewer-Carías, *La Crisis de la democracia en Venezuela. La Carta democrática Interamericana y los sucesos de abril de 2002*, Libros de El Nacional, Caracas 2002, p. 83 ss.

1297 La ex Magistrada de la Corte Suprema de Justicia, Hildegard Rondón de Sansó expresó, sobre la crisis de gobierno que se produjo el 12-04-2002, que la ruptura del hilo constitucional se produjo "no por razones de fuerza, sino por las imprecisiones de la Carta Magna frente a la forma de suplir la falta absoluta derivada de la renuncia tanto del Presidente como del Vicepresidente Ejecutivo de la República. El vacío de la Constitución se cubriría a través de decretos leyes de facto, de modo que el nuevo régimen busque y encuentre su propia juridicidad", *El Nacional*, 13-04-2002, p. D-10. El Dr. René Buroz Arisduda el anuncio de la renuncia del Presidente y de la propia renuncia del Alto Mando Militar, y de que habría "nuevas autoridades". El anuncio, en efecto no lo había hecho cualquier ciudadano ni cualquier funcionario; lo había hecho el más alto General de la República con el más alto rango en la jerarquía militar, que había sido designado, además, por el propio Presidente de la República cuya renuncia anunciaba. Dada la seriedad de la situación, no había motivos para dudar de la certeza del anuncio ni para considerar que el anuncio público era una burla al país y al mundo.

Pero por supuesto, por las graves consecuencias de orden constitucional y política que provocaba el anuncio, el mismo debió haber requerido atención y pronunciamiento inmediato por parte de los otros órganos del Estado, y particularmente del Tribunal Supremo de Justicia o de su Sala Constitucional, como garante último de la supremacía y efectividad de las normas y principios constitucionales, entre los cuales está el principio democrático. Ello hacía que la Sala Constitucional, en medio de la crisis, en definitiva era la única que podía dar una interpretación constitucional auténtica y vinculante que pudiera llenar el vacío normativo de la Constitución y contribuir a resolver la crisis política.

El Tribunal Supremo de Justicia, en efecto, conforme al artículo 335 de la Constitución es el órgano llamado a garantizar "la supremacía y efectividad de las normas y principios constitucionales" y es "el máximo y último intérprete de esta Constitución" el cual debe velar "por su uniforme interpretación y aplicación," siendo "las interpretaciones que establezca la Sala Constitucional sobre el contenido o alcance de las normas y principios constitucionales" de carácter "vinculante para las otras Salas del Tribunal Supremo de Justicia y demás tribunales de la República." Conforme a esta previsión, incluso la Sala Constitucional ya había venido desarrollando amplias potestades de actuación de oficio en materias constitucionales,[1298] por lo que lo menos que debió esperarse de la misma en ese momento de crisis constitucional era que asumiera su rol de garante supremo de la Constitución en situaciones de emergencia constitucional.

Sin embargo, en abril de 2002, en Venezuela no ocurrió nada parecido, y lo que se produjo fue la abstención del Tribunal Supremo de Justicia en pronunciarse sobre la crisis política y constitucional, lo que provocó que la misma se desarrollara al punto de llegar a formarse un gobierno de transición que luego de adoptar decisiones inconstitucionales, sólo duraría horas, no habiendo llegando nunca a asumir efectivamente el poder.[1299] Los Magistrados del Tribunal Supremo, en realidad, el

---

mendi, abogado de los oficiales generales y almirantes a quienes se le siguió un antejuicio de mérito en el Tribunal Supremo, expresó su criterio sobre los efectos del anuncio del General Rincón: "El vacío de poder se generó cuando el General Lucas Rincón en presencia del Alto Mando militar afirmó que el Presidente había renunciado junto a su gabinete. En ese momento no había visiblemente ninguna autoridad que asumiera el cargo de Presidente", *El Universal*, 11-07-2002, p. 1-8.

1298 Véase Allan R. Brewer-Carías, "Régimen y alcance de la actuación judicial de oficio en materia de justicia constitucional en Venezuela", en *Estudios Constitucionales. Revista Semestral del Centro de Estudios Constitucionales*, Año 4, N° 2, Universidad de Talca, Santiago, Chile 2006, pp. 221-250.

1299 Véase sobre el acto de instalación del llamado gobierno de transición el 12 de abril de 2002 y su contrariedad a la Constitución y a la Carta Democrática Interamericana lo que hemos expuesto en Allan R.

mismo día 12 de abril de 2002, limitaron su actuación a pronunciarse generalmente, condenando los graves acontecimientos ocurridos en el país que motivaron los pronunciamientos militares, y el Presidente de dicho Tribunal, en lugar de convocar a los Magistrados para enfrentar y resolver constitucionalmente la crisis, lo que hizo fue, por su parte, "renunciar a su cargo para facilitar la labor del nuevo gobierno."[1300] Como lo señalamos en otro lugar, la renuncia del Presidente y la ausencia del Vicepresidente:

> "planteaba el grave problema constitucional derivado del vacío normativo de la Constitución que no resuelve expresamente la sucesión presidencial en caso de ausencia del Presidente y del Vicepresidente. Quien podía resolverlo era el Tribunal Supremo de Justicia, el cual se reunió el día 12 de abril en horas de mediodía, pero lejos de pronunciarse sobre los acontecimientos, lo único que se supo es que su Presidente renunció para facilitar la labor de las nuevas autoridades, es decir, en definitiva también reconocía que habría nuevas autoridades."[1301]

Por ello, con razón, la ex Presidenta de la Corte Suprema de Justicia, Cecilia Sosa, señaló en mayo de 2002 que con la renuncia del Presidente del Tribunal Supremo de Justicia lo que sucedió en Venezuela fue que el Tribunal "en pleno, mantuviera un silencio cómplice con respecto a los hechos del 11 de abril de 2002", agregando, que el Presidente del Tribunal Supremo:

> "era el garante, el que debía evitar que nadie violara la Constitución, pero no lo hizo. El debía alertar a todos los venezolanos sobre la ruptura del hilo democrático, pero no lo hizo. Tenemos a la cabeza del Poder Judicial a un hombre que violó su juramento de cumplir y hacer cumplir las leyes. Tenemos al frente del TSJ a un presidente indigno de su cargo. No tiene condiciones morales ni éticas. Ese señor no puede dictar más sentencias en este tribunal y mucho menos puede juzgar a los generales y almirantes que estarían implicados en la transitoriedad a la que él se plegó."[1302]

Brewer-Carías, *La Crisis de la democracia en Venezuela. La Carta democrática Interamericana y los sucesos de abril de 2002*, Libros de El Nacional, Caracas 2002, p. 120.

1300 El periodista Edgar López reseñó la renuncia del magistrado Iván Rincón a su cargo de Presidente del Tribunal Supremo de Justicia, con ocasión de la reunión del Tribunal el día 12-04-02 en horas del mediodía, antes de la instalación del llamado gobierno de transición. Señaló que Iván Rincón renunció en estos términos: "A objeto de facilitar la transitoriedad, la continuidad de las instituciones y el respeto al Estado de derecho y la seguridad jurídica, pongo a la orden el cargo de Magistrado de la Sala Constitucional y Presidente del Tribunal Supremo de Justicia", *El Nacional*, Caracas, 13-4-2002, p. D-6.

1301 Véase lo que expusimos en Allan R. Brewer-Carías, *La Crisis de la democracia en Venezuela. La Carta democrática Interamericana y los sucesos de abril de 2002*, Libros de *El Nacional*, Caracas 2002, p. 94.

1302 Véase en *El Universal*, 03-05-02, p. 1-9. Por ello, la misma ex-Magistrada Cecilia Sosa acudió al Tribunal Supremo de Justicia a requerir se le "aceptara" la renuncia al Presidente del mismo, y cuando fue consultada sobre por qué sólo requirió la renuncia a Rincón, respondió: "Él fue el único que nos puso la renuncia por escrito, así que yo espero que los demás magistrados también le acepten esa renuncia (*El Universal*, 03-05-02, p. 1-9).

Es decir, ni el Tribunal Supremo ni su Presidente se pronunciaron en forma alguna sobre la crisis de gobierno que existía y que fue originada por el anuncio de la renuncia del Presidente de la República. La Magistrada Blanca Rosa Mármol de León, de la Sala de Casación Penal, en cambio, "denunció la posición genuflexa del máximo Tribunal ante el entonces Presidente H. Chávez. Lamentó que el Tribunal Supremo de Justicia no hubiera condenado de manera específica los delitos cometidos en los alrededores de Miraflores."[1303]

En todo caso, luego de haberse abstenido en pronunciarse para solucionar la crisis constitucional que se había originado por la anunciada renuncia del Presidente de la República, al decidir sobre la solicitud del Fiscal General de la República formulada ante el Tribunal Supremo para proceder al antejuicio de merito por el delito de rebelión militar respecto de varios de los altos oficiales involucrados en los sucesos del 12 de abril de 2002, el Tribunal Supremo en Sala Plena Accidental mediante sentencia N° 38 de 14 de agosto de 2002, publicada el 19 de septiembre de 2002, bajo la Ponencia de su Vicepresidente, Francklin Arrieche, se pronunció sobre el anuncio de la constitución de un gobierno provisorio por los militares imputados, dejando sentada su apreciación de que si bien ello había sido provocado por "el anuncio del General en Jefe sobre la renuncia del Presidente y del Alto Mando Militar," y de que los militares "carecían de competencia" para ello, la situación era que "si no existía Presidente en ejercicio y antes se habían producido los graves acontecimientos que los militares tuvieron como móvil de sus pronunciamientos ... no puede decirse que con ello se pretendía impedir u obstaculizar el ejercicio de un poder ejecutivo sin titular, ni alterar el orden y la paz interior de la Nación que ya se había roto por elementos exógenos a los imputados."[1304]

1303 Véase la reseña del periodista Edgar López. *El Nacional*, 13-4-2002, p. D-6. En otra reseña periodística de Edgar López, se ponen en evidencia las mutuas acusaciones y recusaciones entre sí, de los Magistrados del Tribunal Supremo, particularmente entre su Presidente Rincón y el Vicepresidente Arriechi, en relación con la actitud asumida por los Magistrados el 12 de abril de 2002. Se menciona el acta de la reunión del Tribunal Supremo del 12 de abril y la decisión de "los Magistrados de continuar en sus cargos". Véase además, *El Nacional*, 15-06-02, p. D-1; *El Universal*, 04-07-02, p. 1-8. Confróntese con la información contenida en los reportajes de los periodistas Irma Álvarez, *El Universal*, Caracas, 23-06-02, p. 1-9; y 08-07-02, p. 1-8; y Alejandra Hernández, *El Universal*, 14-06-02, p. 1-4. Véase además las informaciones en *El Nacional*, 19-06-02, p. D-1; 27-06-02, p. D-1; *El Universal*, 19-06-02, p. 1-10; 04-07-02, p. 1-8; 05-07-02, p. 1-7.

1304 De ello concluyó la Sala Plena que "a pesar de que la Sala considere inaceptable el que alguien se arrogue la facultad de designar a un Presidente, tampoco puede concluir en que ese nombramiento encaje dentro de la descripción hecha en el artículo 476, ordinal 1, del Código Orgánico de Justicia Militar que, se ratifica una vez más, constituyó la única imputación fiscal formulada en la querella;" y que "para que pueda imputarse un hecho criminoso a una persona no basta con que ella se encuentre presente en el momento y lugar cuando y donde tal conducta se produzca sino que esa acción censurable debe emanar de ella." El Magistrado Alejandro Angulo Fontiveros, cuya Ponencia en el caso fue rechazada por la mayoría, sin embargo, dijo entre otras cosas que "La sentencia es un "*Monstrum horrendum*" del Derecho y constituye un golpe al Estado de Derecho y un ludibrio internacional. La sentencia tajó la Constitución y ha institucionalizado la injusticia y la impunidad e hizo tabla rasa del Derecho Penal, desnaturalizando todas sus finas esencias y el abecé de tan noble ciencia jurídica." Véase en la sentencia N° 38 de la Sala Plena Accidental de 14 de agosto de 2002 (Caso: *Julián Isaías Rodríguez Díaz, antejuicio de mérito de oficiales militares superiores*) publicada el 19 de septiembre de 2002, en http://www.tsj.gov.ve/decisiones/tplen/Septiembre/sen-tencia%20de%20LOS%20militares.htm.

Con esta decisión en la cual el Tribunal Supremo de Justicia declaró que no había méritos para enjuiciar por el delito de rebelión a los oficiales generales que se habían insubordinado contra el Presidente, considerando que al éste renunciar y no haber el Vicepresidente asumido el ejercicio del cargo, había "un poder ejecutivo sin titular;" en todo caso, se inició la escalada final para la depuración de Magistrados del Tribunal Supremo que no eran afectos al gobierno, comenzando por el Magistrado Vicepresidente Franklin Arriechi quién había sido precisamente el Ponente de dicha decisión. El Magistrado fue sometido de inmediato a investigación por la Asamblea Nacional, la cual adoptó una decisión en su contra el 3 de diciembre de 2002,[1305] que sin embargo fue suspendida temporalmente en sus efectos mediante el ejercicio de una acción de amparo. Y como en ese momento el gobierno no contaba con la mayoría calificada de los 2/3 para removerlo de su cargo conforme al artículo 265 de la Constitución, así continuó en forma precaria en ejercicio de sus funciones hasta el 15 de junio de 2004, cuando luego de promulgarse, al fin, la Ley Orgánica del Tribunal Supremo de Justicia el 20 de mayo de 2004,[1306] la Asamblea Nacional procedió, no a "removerlo" de su cargo conforme a las previsiones constitucionales, sino a "revocar el acto administrativo de nombramiento" del Magistrado con mayoría simple conforme a la nueva fórmula de remoción que había inventado la Asamblea Nacional en dicha Ley Orgánica, violando la Constitución.

En efecto, para obviar la exigencia constitucional de una mayoría parlamentaria de las 2/3 partes de los diputados integrantes (Art. 265) para remover a los Magistrados del Tribunal Supremo de Justicia, la Asamblea Nacional, en un evidente fraude a la Constitución, al sancionar la Ley Orgánica del Tribunal Supremo en 2004, "inventó" una forma distinta de remoción de los Magistrados, que denominó como "anulación del nombramiento de los Magistrados," que se podía adoptar con mayoría absoluta de votos de los diputados (art. 23), en lugar de la mayoría calificada que exige la Constitución. En consecuencia, una vez publicada a finales de mayo de 2004 la Ley Orgánica del Tribunal Supremo, esta inconstitucional potestad fue ejercida en forma inmediata por la Asamblea Nacional el 15 de junio de 2004 para decidir la remoción, anulando el acto del nombramiento, del mencionado Magistrado Franklin Arrieche, Vicepresidente del Tribunal Supremo, "en razón de haber suministrado falsa información para el momento de la aceptación de su postulación para ser ratificado en ese cargo."[1307]

Por otra parte, luego de la sanción de la Ley Orgánica, una vez que la Asamblea procedió a realizar los nombramientos de los nuevos Magistrados asegurándole al Gobierno la mayoría en las votaciones del Tribunal Supremo, la sentencia de la Sala Plena del Tribunal de 14 de agosto de 2002, que había declarado la ausencia de

---

1305 Véase la información en *El Nacional*, Caracas, 18-06-2004, p. A-4.

1306 *Gaceta Oficial* N° 37.942 del 20 de mayo de 2004. Para los comentarios sobre esta ley, véase, en general, Allan R. Brewer-Carías, *Ley Orgánica del Tribunal Supremo de Justicia. Procesos y Procedimientos Constitucionales y Contencioso-Administrativos*, Caracas, 2004.

1307 Según la investigación parlamentaria, el Magistrado no habría tenido 15 años como profesor universitario titular, ni tampoco estudios de postgrado. Véase la información en *El Nacional*, Caracas, 16-06-2004, p. A-5.

méritos para juzgar por el delito de rebelión a los oficiales militares superiores que participaron en los hechos de abril de 2002, fue objeto de una petición de revisión judicial introducida por el Fiscal General de la República ante la Sala Constitucional del Tribunal Supremo alegando que, al dictársela, se había violado el derecho al debido proceso en el caso (derecho al juez natural) porque en el procedimiento respectivo previo a su emisión, un Magistrado había decidido una recusación respecto de otros Magistrados, sin tener competencia para ello.

La Sala Constitucional mediante sentencia N° 23 de 11 de marzo de 2005 terminó así declarando con lugar la solicitud de revisión constitucional de la sentencia N° 38 publicada el 19 de septiembre de 2002, de la Sala Plena, tal como lo había pedido el Fiscal General de la República, anulándola, y disponiendo que como los oficiales objeto del procedimiento ya estaban en situación de retiro, no había caso a que se decidiera de nuevo antejuicio de mérito alguno ante el Tribunal Supremo, pudiendo aquél acusarlos directamente ante la jurisdicción ordinaria.[1308]

III. EL JUEZ CONSTITUCIONAL CONTROLANDO LA CONSTITUCIONALIDAD DEL ACTO PARLAMENTARIO DE REMOCIÓN DEL PRESIDENTE DE LA REPÚBLICA: CASO DE PARAGUAY EN 2012

En el artículo 225 de la Constitución del Paraguay, en la Sección VI del Capítulo relativo al Poder Legislativo, se regula lo que en ella se denomina como "Juicio Político" al cual se puede someter al Presidente de la República, al Vicepresidente, a los ministros del Poder Ejecutivo, a los ministros de la Corte Suprema de Justicia, al Fiscal General del Estado, al Defensor del Pueblo, al Contralor General de la República, al Subcontralor y a los integrantes del Tribunal Superior de Justicia Electoral, exclusivamente "por mal desempeño de sus funciones, por delitos cometidos en el ejercicio de sus cargos o por delitos comunes."

En tal juicio político, la acusación correspondiente la debe formular la Cámara de Diputados, por mayoría de dos tercios, y corresponde a la Cámara de Senadores, por mayoría absoluta de dos tercios, "juzgar en juicio público a los acusados por la Cámara de Diputados y, en su caso, declararlos culpables, al sólo efecto de separarlos de sus cargos," pues si en los casos resulta la "supuesta comisión de delitos," se deben pasar los antecedentes a la justicia ordinaria. La decisión que resulte del "juicio" desarrollado ante el Poder Legislativo, por tanto, es esencialmente política y consiste en declarar culpables a los funcionarios sólo a los efectos de separarlos de sus cargos, básicamente por mal desempeño de sus funciones, sin que las Cámaras legislativas puedan "juzgar" ni declarar culpables a los funcionarios de haber cometido delitos, lo que sólo compete a la justicia ordinaria.

Por tanto, el procedimiento constitucional tendiente a separar de sus cargos a los funcionarios del Estado por mal desempeño de sus funciones, a pesar de su denominación de "juicio político," sin embargo, no es un tal "juicio" que se desarrolle en

---

1308 Véase la sentencia de la Sala Constitucional N° 233 de fecha 11 de marzo de 2005 (Caso: *Julián Isaías Rodríguez Díaz, antejuicio de mérito a oficiales militares superiores*), en http://www.tsj.gov.ve/decisiones/scon/Marzo/233-110305 04-3227.htm.

función jurisdiccional por el Poder legislativo en el cual se declare formalmente la "responsabilidad" del funcionario, sino que se trata de un procedimiento de orden político, con una finalidad estrictamente política, tendiente a juzgar políticamente el desempeño en sus cargos de los altos funcionarios del Estado, para lo cual se le confiere al Poder legislativo la potestad de decidir separarlos de los mismos cuando las Cámaras legislativas juzguen que han desempeñado mal sus funciones.

Se trata, en mi criterio, a pesar de cierta similitud formal con el *impeachment* norteamericano,[1309] de uno de los tantos injertos del parlamentarismo que se han venido incorporando desde hace décadas en los sistemas presidenciales de América Latina, mediante la asignación al órgano legislativo de poderes de control político en relación con el gobierno, alejados de la ortodoxia de los sistemas presidenciales clásicos. En cuanto a la forma del procedimiento, sin embargo, de acuerdo con el modelo norteamericano, en el caso de la Constitución del Paraguay, tratándose también de una legislatura bicameral, se regula el procedimiento para la separación de sus cargos a los funcionarios mencionados, garantizándose, la participación política de ambas Cámaras, las cuales con determinadas mayorías deben, primero, la de Diputados, decidir formular la "acusación" política contra el funcionario ante el Senado; y segundo, la del Senado, "juzgar" con base en dicha acusación, sobre el mal desempeño en sus funciones del funcionario respectivo, y sobre los delitos que pueda haber cometido.

Sin embargo, en su sustancia, el "juicio político" y la decisión que pueda adoptar el Congreso en el Paraguay, en nuestro criterio, *mutatis mutandi*, es más bien equivalente al voto de confianza que pueda presentarse ante un Parlamento en un sistema parlamentario, y que resulta en la pérdida para el gobierno de la confianza parlamentaria, y en la sustitución del jefe del gobierno, al perder la mayoría parlamentaria, con la posibilidad de convocatoria de inmediato a elecciones generales.

La Constitución del Paraguay, en todo caso, a pesar de que califica el procedimiento como un "juicio político" nada más establece sobre el mismo, y más bien precisa que para los casos en los cuales en la acusación del "juicio político" se haga referencia a supuestos delitos cometidos en el ejercicio de sus cargos o a delitos comunes, se deben entonces necesariamente pasar los antecedentes a la justicia ordinaria. Por tanto, como lo afirma el profesor Luis Enrique Chase Plate, este procedimiento:

1309 El "juicio político" en relación con el Presidente de la República en el Paraguay, en su regulación formal, podría decirse que tiene su antecedente en el *impeachment* previsto en la Constitución de los Estados Unidos de América (arts. I.2 y I.3), particularmente por la participación en el procedimiento parlamentario tanto de la Cámara de Diputados como de la Cámara de Senadores. Sin embargo, en cuanto a la sustancia del procedimiento, debe recordarse que en los Estados Unidos, en los casos de *impeachment* del Presidente de la Unión, ante la Cámara de Representantes y con la participación de su poderoso Comité de Asuntos Judiciales se desarrolla una intensa labor de investigación para la preparación de una verdadera "acusación," y ante el Senado se desarrolla un verdadero "proceso" con la peculiaridad única de que quien preside las sesiones en el Senado y conduce el "proceso" es el Presidente de la Suprema Corte. He allí la diferencia fundamental con la figura regulada en la Constitución del Paraguay.

"No es un juicio judicial, sino uno de los controles esenciales del Parlamento sobre los actos de los miembros del Poder Ejecutivo y de los ministros de la Corte Suprema de Justicia. Es uno de los pilares de una república para dilucidar la responsabilidad política de los gobernantes, como bien lo enseña Karl Loewenstein. En este juicio, según la doctrina más ponderada, el Congreso tiene un alto grado de discrecionalidad para calificar cuando existe violación de la Constitución y mal desempeño de las funciones. La constitucionalista Gelli dice que "el juicio de destitución o remoción de los funcionarios y magistrados sometidos a ese control es político, con propósitos políticos, promovido por culpas políticas, cuya consideración incumbe a un cuerpo político y con efectos políticos. Aún en los casos de traición y soborno el juzgamiento es político y nada más."[1310]

Con fundamento en el referido procedimiento constitucional, en el Paraguay, el 21 de junio de 2012, el Congreso decidió iniciar un juicio político contra el Presidente de la República Fernando Lugo, particularmente después de la ocurrencia de una masacre de cerca de 20 personas, entre policías e invasores de tierras. La acusación fue presentada por la Cámara de Diputados ante el Senado, en la cual, en sesión pública, el Presidente fue representado y defendido por cinco abogados de los cuales tres intervinieron ampliamente ante dicha Cámara. El Presidente Lugo había manifestado el mismo día 21 de junio que iba a acudir personalmente para ser oído ante la Cámara de Senadores. Sin embargo, el día siguiente, 22 de junio, no acudió al Senado permaneciendo en el Palacio de Gobierno con una Comisión de Cancilleres y el Secretario de UNASUR.

Ese mismo día 22 de junio de 2012, después de oír la defensa del Presidente expresada por tres de los abogados que designó (además de un profesional del derecho, abogado en ejercicio, el Asesor Jurídico de la Presidencia de la Republica y el Procurador General de la Republica), la Cámara de Senadores procedió al voto nominal decidiendo separar de su cargo al Presidente de la República. De 80 Diputados, 77 diputados votaron por la acusación del Presidente con un solo voto en contra; y de los 45 Senadores, con tres ausencias, 39 votaron por la condena y separación del cargo del Presidente por mal desempeño de sus funciones. El Presidente separado de su cargo, en un discurso público de despedida en el Palacio de Gobierno acató públicamente la decisión, el cual fue trasmitido por televisión. La consecuencia fue que al final de la tarde de ese mismo día 22 de junio de 2012, en sesión extraordinaria del Congreso (Diputados y Senadores reunidos) juró inmediatamente el Vicepresidente de la Republica Federico Franco como Presidente de la Republica del Paraguay.

Frente a la decisión, aparte de las reacciones políticas de organismos internacionales como de la propia UNASUR y de MERCOSUR, que llegaron a calificar inco-

---

1310 Véase Luis Enrique Chase Plate, "Inaceptable intervención de Unasur y del Mercosur ,"en el diario *abc*, La Asunción, 26 de junio de 2012, en www.abc.com.py/edicion-impresa/opinion/inaceptable-intervencion-de-unasur-y-del-mercosur-418706.html.

rrectamente la situación como un golpe de Estado,[1311] sin duda hubo premura política en su adopción, quizás provocada por la necesidad de preservar el orden democrático frente a presiones indebidas de funcionarios de otros gobiernos latinoamericanos en el ámbito militar interno de Paraguay.[1312] En el procedimiento del "juicio político," en todo caso, el derecho a la defensa se le garantizó al Presidente, a pesar incluso de que se trató de una apreciación política sobre mal desempeño del Presidente en sus funciones, y el propio Presidente separado de su cargo aceptó la decisión, a pesar de que se pueda argumentar sobre si las sesiones parlamentarias correspondientes debían haber durado más tiempo. Tratándose de un procedimiento político, llevado a cabo ante un órgano político, cuya motivación es política, para "juzgar" conductas políticas, y cuya decisión es política, sin duda, el tiempo de duración del procedimiento para garantizar el derecho a la defensa no se puede establecer con los mismos criterios que se deben aplicar en un proceso judicial o en un procedimiento administrativo.

En todo caso, el Presidente Lugo, desde cuando se inició el procedimiento del "juicio político" comenzó a ejercer su derecho a la defensa y ejerció una acción de inconstitucionalidad ante la Sala Constitucional de la Corte Suprema de Justicia contra la Resolución del Senado N° 878 de 21 de junio de 2012 mediante la cual se había establecido "el procedimiento para la tramitación del juicio político previsto en el artículo 225 de la Constitución"; acción que fue decidida por sentencia A.I. N° 1553 de 25 de junio de 2012, en la cual la Sala desestimó sin más trámites la acción, considerando entre otros aspectos, que "la institución que se denomina 'juicio político' es un procedimiento parlamentario administrativo que la Constitución ha encargado, como competencia exclusiva, al Congreso Nacional." Sobre dicho procedimiento, la Sala además puntualizó:

> "Que se trata de un procedimiento en que se juzgan conductas políticas –causas de responsabilidad–. No es un juicio ordinario de carácter jurisdiccional como el que se realiza en el ámbito judicial y, aunque existen analogías con el proceso ordinario, estas son solo parciales, teniendo en cuenta las características del juicio político que se rige exclusivamente por el artículo 225 de la Constitución (principio de legalidad) en ese sentido, el Dr. Emilio Camacho expresa:

1311 Al contrario, Jorge Reinaldo Vanossi, calificó el hecho en un artículo expresando que "Fue una crisis institucional, no una asonada," en Infobae.com, América, 26-6-2012, en http://ameri-ca.infobae.com/notas/53118-Paraguay-fue-una-crisis-institucional.

1312 En el diario *La Nación, La Asunción 29 de junio de 2012,* bajo el título "Acusan a Venezuela de instigar una sublevación. Denuncian gestiones con los militares," se reseña lo siguiente, "La nueva ministra de Defensa paraguaya, María Liz García de Arnold, añadió más dramatismo a los hechos que precedieron a la destitución de Fernando Lugo, al declarar que el canciller venezolano, Nicolás Maduro, instigó una "sublevación" militar para salvar al ex presidente. / "El canciller [Maduro] arengó [a los militares paraguayos] a que respondieran a una situación que se estaba dando y que afectaba al ex presidente, y les pidió que respondieran conforme a lo que le ocurriera", fue la grave acusación de la ministra paraguaya. / Maduro se encontraba en Asunción porque integró la delegación de cancilleres de la Unasur que estuvo en la capital paraguaya durante el juicio político a Lugo, para vigilar el proceso. Para eso se reunió con autoridades, políticos y legisladores. "No fuimos escuchados", dijo el propio canciller venezolano" Véase en http://www.lana-cion.com.ar/1486187-acusan-a-venezuela-de-instigar-una-sublevacion.

Pretender equipararlo a un proceso judicial es desconocer la naturaleza del juicio político, además de constituir una perversión inadmisible del principio de responsabilidad política, esencial e inherente a la democracia misma. Lo que debe garantizarse a una persona sometida a juicio político es que pueda ejercer su defensa dentro de un juicio político y no dentro de un proceso judicial, que se rige por otras normas muy diferentes (CAMACHO, Emilio, *Derecho Constitucional*, Editorial Intercontinental, Asunción, 2007, T. II, Pág. 141,).

Que, por el sistema establecido en la Constitución nacional el llamado juicio político es un mecanismo de control del Congreso sobre la gestión de algunos altos funcionarios con el objeto de que estos, en caso de incurrir en mal desempeño puedan ser removidos del cargo. Lo que el Senado toma en consideración es el mal desempeño en el cargo y la comisión de delitos, pero no juzga en sentido estricto, sino lo que realiza es un juicio de responsabilidad como funcionario publico. Por ello, la declaración de culpabilidad solo implica la separación del cargo, pues en el caso de la supuesta comisión de delitos los antecedentes deben pasar a la justicia ordinario, según en artículo 225 de la Constitución."

En este caso del "juicio político" seguido al Presidente del Paraguay Sr. Fernando Lugo, el juez constitucional intervino oportuna y adecuadamente, "controlando la constitucionalidad del procedimiento seguido a solicitud del propio Lugo, concluyendo en definitiva que el procedimiento pautado en la Constitución "técnicamente no es jurisdiccional," por lo cual "las garantías propias del proceso judicial, aunque puedan ser aplicadas, no lo son de manera absoluta sino parcial con el objeto de garantizar el debido proceso y el derecho a la defensa del acusado;" las cuales en el caso fueron debidamente garantizadas.

SECCIÓN SEGUNDA:

LA ARBITRARIA IMPOSICIÓN POR EL JUEZ CONSTITUCIONAL DE UN GOBIERNO SIN LEGITIMIDAD DEMOCRÁTICA ALGUNA AL INICIO DEL PERÍODO CONSTITUCIONAL 2013-2019; Y SU ILEGÍTIMA ABSTENCIÓN DE JUZGAR SOBRE LA NULIDAD DE LA ELECCIÓN PRESIDENCIAL DE ABRIL DE 2013

El texto que conforma esta sección fue publicado en los estudios: "El juez constitucional y la demolición del principio democrático de gobierno. O de cómo la Jurisdicción Constitucional en Venezuela impuso arbitrariamente a los ciudadanos, al inicio del período constitucional 2013-2019, un gobierno sin legitimidad democrática, sin siquiera ejercer actividad probatoria alguna, violentando abiertamente la Constitución," en *Revista de Derecho Público*, N° 133 (enero-marzo 2013), Editorial Jurídica Venezolana, Caracas 2013, pp. 179-212; y "El Juez Constitucional y la ilegítima declaración, mediante una "nota de prensa," de la "legitimidad" de la elección presidencial del 14 de abril de 2013," en *Revista de Derecho Público*, N° 135, Editorial Jurídica Venezolana, Caracas 2013, pp. -207 y ss. El texto refundido se publicó con el título: "El juez constitucional y la demolición del principio democrático de gobierno. O de cómo la Jurisdicción Constitucional en Venezuela impuso arbitrariamente a los

ciudadanos, al inicio del período constitucional 2013-2019, un gobierno sin legitimidad democrática, sin siquiera ejercer actividad probatoria alguna, violentando abiertamente la Constitución; y posteriormente se negó a juzgar sobre la legitimidad de la elección presidencial de abril de 2013" en *Estudios sobre el Estado de derecho,* Colección Louza, 2013; el cual se recogió en el libro de de Asdrúbal Aguiar (Compilador), *El Golpe de Enero en Venezuela (Documentos y testimonios para la historia),* Editorial Jurídica Venezolana, Caracas 2013, pp. 85-90. 97-106, 133-148 y 297-314. Igualmente se publicó en el libro *El golpe a la democracia dado por la Sala Constitucional*, Editorial Jurídica Venezolana, segunda edición, Caracas 2015, pp. 55-132.

En materia de procesos constitucionales, incluyendo el que se desarrolla con motivo de demandas autónomas de interpretación abstracta de la Constitución, siempre que haya hechos, los mismos requieren de prueba para que el juez pueda decidir. En este campo de los procesos constitucionales, no sólo hay un derecho de las partes "a probar," sino que incluso tratándose de los casos de interpretación abstracta de la Constitución, si hay en el procedimiento hechos relevantes involucrados, el tema de las pruebas da origen incluso a un derecho ciudadano a que el juez constitucional solo pueda decidir fundado en pruebas, haciendo con ellas patente la certeza del hecho, lo que incluso puede hacer de oficio. En materia constitucional, por tanto, no puede ni debe haber proceso sin pruebas.

En enero y marzo de 2013, sin embargo, contrariando a ese principio, la justicia constitucional en Venezuela fue el escenario para que se produjese una grave violación del principio democrático mediante dos decisiones de la Sala Constitucional del Tribunal Supremo de Justicia, adoptadas, por lo demás, sin que se hubiese realizado la más mínima y elemental actividad probatoria. Las sentencias fueron dictadas al decidir sendos recursos de interpretación abstracta de la Constitución, la primera, con el N° 2 dictada el 9 de enero de 2013, destinada a resolver la situación jurídica derivada de la falta de comparecencia del Presidente Chávez, para tomar posesión de su cargo en el inicio del período constitucional 2013-2019, rehusando la Sala Constitucional a considerar que ello se trataba de una falta absoluta del Presidente electo, asegurando una supuesta continuidad administrativa de un Presidente que la Sala declaró, sin saber ciertamente la real salud del Presidente electo y enfermo, procediendo a afirmar que a pesar de estar ausente del país estaba supuestamente en ejercicio efectivo de su cargo, cuando en realidad estaba recluido en un Hospital en La Habana;[1313] y la segunda, con el N° 141, dictada el 8 de marzo de 2013, después de que el Vicepresidente anunciara el fallecimiento del Presidente Chávez, pero sin constatar tal circunstancia ni siquiera decir cuándo ese hecho ocurrió, para asegurar que el Vicepresidente Ejecutivo ya impuesto como gobernante por la misma Sala, continuara continua como Presidente Encargado, y además, habilitándolo contra lo dispuesto en la Constitución para presentara como candidato presidencial, sin sepa-

1313 Véase el texto de la sentencia en http://www.tsj.gov.ve/decisio-nes/scon/Enero/02-9113-2013-12-1358.html.

rarse de su cargo.[1314] Ambas sentencias, hechas a la medida del régimen autoritario, fueron abierta y absolutamente inconstitucionales y dictadas, además, en ausencia de la toda base probatoria: en enero, la Sala nunca tuvo a su vista informe médico alguno que indicara el estado de salud del Presidente Chávez, y en marzo, nunca tuvo a su vista la partida de defunción del Presidente Chávez, para determinar la fecha de su fallecimiento, basándose sólo para resolver en el hecho de que el Vicepresidente había anunciado su fallecimiento.

Pero las sentencias, además, violentaron el derecho ciudadano a la democracia y a ser gobernados por gobiernos de origen democrático. En efecto, en un Estado constitucional democrático de derecho como el que se regula en la Constitución de 1999, además de los clásicos derechos civiles, políticos, sociales, económicos y ambientales, los ciudadanos tienen un conjunto de derechos que derivan de la propia concepción de dicho Estado de derecho, como por ejemplo son el derecho ciudadano a la supremacía constitucional y el derecho a la democracia, [1315] que implica que en el Estado Constitucional, el pueblo y los ciudadanos gobiernen a través de sus representantes, sometidos a control.

La consecuencia de esta aproximación, por supuesto, es que los derechos políticos han comenzado a dejar de estar reducidos a los que generalmente se habían enumerado expresa y aisladamente en las Constituciones, como ha sido el caso del derecho al sufragio, del derecho al desempeño de cargos públicos, del derecho a asociarse en partidos políticos, y más recientemente, del derecho a la participación política en forma directa; pudiéndose identificar además, un derecho a la democracia que los comprende a todos.

Este derecho a la democracia, exige el funcionamiento de un régimen político en el cual se garanticen los *elementos esenciales* de la misma, tal como por ejemplo fueron enumerados por la *Carta Democrática Interamericana* de la Organización de Estados Americanos en 2001, y que además del respeto al conjunto de los derechos humanos y de las libertades fundamentales, son: 1) el acceso al poder y su ejercicio con sujeción al Estado de derecho; 2) la celebración de elecciones periódicas, libres, justas y basadas en el sufragio universal y secreto, como expresión de la soberanía del pueblo; 3) el régimen plural de partidos y organizaciones políticas y 4) la separación e independencia de los poderes públicos (Art. 3).[1316]

1314 Véase el texto de la sentencia en http://www.tsj.gov.ve.decisio-nes/scon/Marzo/141-9313-2013-13-0196.html.

1315 Véase Allan R. Brewer-Carías, "Prólogo: Sobre el derecho a la democracia y el control del poder", al libro de Asdrúbal Aguiar, *El derecho a la democracia. La democracia en el derecho y la jurisprudencia interamericanos. La libertad de expresión, piedra angular de la democracia*, Editorial Jurídica Venezolana, Caracas 2008, 19 ss.; y "El derecho a la democracia entre las nuevas tendencias del Derecho Administrativo como punto de equilibrio entre los Poderes de la Administración y los derecho del administrado," en Víctor Hernández Mendible (Coordinador), *Desafíos del Derecho Administrativo Contemporáneo (Conmemoración Internacional del Centenario de la Cátedra de Derecho Administrativo en Venezuela*, Tomo II, Ediciones Paredes, Caracas 2009, pp. 1417-1439.

1316 Véase Allan R. Brewer-Carías, "Sobre las nuevas tendencias del derecho constitucional: del reconocimiento del derecho a la Constitución y del derecho a la democracia", en *VNIVERSITAS, Revista de*

En cualquier democracia, por tanto, puede decirse que el ciudadano tiene derecho a que se garanticen todos esos elementos esenciales, los cuales incluso, en muchas Constituciones se han configurado como alguno de los mencionados derechos políticos individualizados, como es el caso del derecho a ejercer funciones públicas, del derecho al sufragio, o del derecho de asociación en partidos políticos. Sin embargo, considerados en su conjunto, y destacándose en particular entre ellos, el relativo a la separación de poderes, se pueden configurar, globalmente, como integrando un "derecho a la democracia" que está destinado a garantizar el control efectivo del ejercicio del poder por parte de los gobernantes, y a través de ellos, del Estado.

Este derecho a la democracia, por supuesto, sólo puede configurarse en Estados democráticos de derecho, no siendo concebible en los Estados con regímenes autoritarios donde, precisamente, los anteriormente mencionados elementos esenciales no pueden ser garantizados por la ausencia de controles respecto del ejercicio del poder, aún cuando pueda tratarse de Estados en los cuales, en fraude a la Constitución y a la propia democracia, los gobiernos puedan haber tenido su origen en algún ejercicio electoral.

"Es una experiencia eterna – como hace varias centurias lo enseñó Charles Louis de Secondat, Barón de Montesquieu- que todo hombre que tiene poder, tiende a abusar de él; y lo hace, hasta que encuentra límites", de lo que dedujo su famoso postulado de que "para que no se pueda abusar del poder es necesario que por la disposición de las cosas, el poder limite al poder"[1317]. De esta apreciación física fue que se derivó, precisamente, el principio de la separación de poderes que establecieron todas las Constituciones que se formularon después de las revoluciones norteamericana y francesa, convirtiéndose no sólo en uno de los pilares fundamentales del constitucionalismo moderno, sino además, de la propia democracia tanto como régimen político como derecho ciudadano para asegurar que quienes sean electos para gobernar y ejercer el poder estatal en representación del pueblo, no abusen del mismo. Por ello, desde la misma Declaración de Derechos del Hombre y del Ciudadano de 1789 se estableció, con razón, que "toda sociedad en la cual no esté determinada la separación de los poderes, carece de Constitución" (Art. 16).

Más de doscientos años después, pero con su origen en aquellos postulados, en el orden constitucional interno de los Estados democráticos de derecho, es posible entonces identificar un derecho a la democracia conformado por los antes mencionados *elementos esenciales* que se complementan con sus *componentes fundamentales,* enumerados también en la misma *Carta Democrática Interamericana*, y que son los siguientes: 1) la transparencia de las actividades gubernamentales; 2) la probidad

---

Ciencias Jurídicas (Homenaje a Luis Carlos Galán Sarmiento), Pontificia Universidad Javeriana, facultad de Ciencias Jurídicas, N° 119, Bogotá 2009, pp. 93-111; "Algo sobre las nuevas tendencias del derecho constitucional: el reconocimiento del derecho a la constitución y del derecho a la democracia," en Sergio J. Cuarezma Terán y Rafael Luciano Pichardo (Directores), *Nuevas tendencias del derecho constitucional y el derecho procesal constitucional*, Instituto de Estudios e Investigación Jurídica (INEJ), Managua 2011, pp. 73-94.

1317 Charles Louis de Secondat, Barón de Montesquieu, *De l'Espirit des Lois* I, Libro XI, Cáp. IV, 162-163 (ed. G. Tunc, Paris 1949).

y la responsabilidad de los gobiernos en la gestión pública; 3) el respeto de los derechos sociales; 4) el respeto de la libertad de expresión y de prensa; 5) la subordinación constitucional de todas las instituciones del Estado a la autoridad civil legalmente constituida y 6) el respeto al Estado de derecho de todas las entidades y sectores de la sociedad (Art. 4).

Al igual que algunos de los antes mencionados elementos esenciales de la democracia, muchos de estos componentes fundamentales también se han configurado en las Constituciones como derechos ciudadanos individualizados, como es el caso, por ejemplo, el conjunto de derechos sociales y la libertad de expresión del pensamiento. Sin embargo, también considerados en su conjunto, junto con los elementos esenciales, estos componentes fundamentales de la democracia permiten reafirmar la existencia del derecho ciudadano a la democracia, como derecho fundamental en si mismo, lo que implica por sobre todo, la posibilidad ciudadana de controlar el ejercicio del poder.

Ello tiene una significación e importancia fundamentales en la configuración del Estado Constitucional democrático de derecho pues de este factor dependen todos los otros elementos que caracterizan la democracia, de manera que sólo controlando al Poder es que puede haber elecciones libres y justas, así como efectiva representatividad; sólo controlando al poder es que puede haber pluralismo político; sólo controlando al Poder es que puede haber efectiva participación democrática en la gestión de los asuntos públicos; sólo controlando al Poder es que puede haber transparencia administrativa en el ejercicio del gobierno, y rendición de cuentas por parte de los gobernantes; sólo controlando el Poder es que se puede asegurar un gobierno sometido a la Constitución y las leyes, es decir, un Estado de derecho y la garantía del principio de legalidad; sólo controlando el Poder es que puede haber un efectivo acceso a la justicia de manera que esta pueda funcionar con efectiva autonomía e independencia; y sólo controlando al Poder es que puede haber real y efectiva garantía de respeto a los derechos humanos. De lo anterior resulta, por tanto, que sólo cuando existe un sistema de control efectivo del poder es que puede haber democracia, y sólo en esta es que los ciudadanos pueden encontrar asegurados sus derechos debidamente equilibrados con los poderes Públicos.

Por ello es precisamente que en el mundo contemporáneo, la democracia no sólo se define como el gobierno del pueblo mediante representantes elegidos, es decir, donde se garantice el acceso al poder de acuerdo con sujeción al Estado de derecho, sino además y por sobre todo, como un gobierno sometido a controles, y no solo por parte del Poder mismo conforme al principio de la separación de los poderes del Estado, específicamente del Poder Judicial y del Juez Constitucional, sino por parte del pueblo mismo, es decir, de los ciudadanos, individual y colectivamente considerados, y precisamente a ello es que tienen derecho los ciudadanos cuando hablamos del derecho a la democracia.

Entre los componentes del derecho a la democracia, por tanto, está no sólo el derecho a la representación política, lo que implica que los gobernantes sean electos como resultado del ejercicio del derecho al sufragio, sino que el acceso al poder en cualquier caso se haga con arreglo a la Constitución y a las leyes, es decir, a los principios del Estado de derecho.

Esos derechos, en un Estado de derecho, deben ser garantizados por el Juez Constitucional quien es el llamado a asegurar no sólo que el ejercicio del poder por los gobernantes se realice de acuerdo con el texto de la Constitución y las leyes, sino que el acceso al poder se realice conforme a las previsiones establecidas en las mismas.

En particular, en el sistema democrático establecido en la Constitución, el Juez Constitucional es el que tiene que tener a su cargo el controlar que el acceso al poder se realice sólo mediante métodos democráticos, de manera que pueda tener competencia, por ejemplo, para controlar la constitucionalidad no sólo de la elección sino de la designación de gobernantes, e incluso del comportamiento de los partidos políticos, pudiendo proscribir, por ejemplo, aquellos partidos con fines no democráticos cuyo objetivo es precisamente destruir la democracia.

Por tanto, frente a violaciones constitucionales que signifiquen ruptura del hilo constitucional en el acceso y ejercicio del poder, por ejemplo, cuando mediante un golpe de Estado o un golpe a la Constitución se deponga al Presidente de la República, o cuando se asume un cargo de elección popular sin tener la legitimidad democrática derivada del sufragio para ello, el Juez Constitucional tiene que asumir el reto de restablecer el orden constitucional violado.

La garantía del derecho a la democracia, por tanto, significa que el Juez Constitucional es el que en última instancia debe velar porque el acceso al poder se realice por métodos democráticos, conforme a lo dispuesto en las constituciones en materia de representación y sufragio. En cambio, resultaría totalmente inconcebible que en un Estado democrático de derecho, sea el propio Juez Constitucional el que viole el principio democrático, y sea dicho Juez el que designe para ocupar un cargo de elección popular, a quien no ha sido electo por el pueblo. Ello sería un contrasentido y un atentado al Estado de derecho, particularmente porque el Juez Constitucional no es controlable por ningún otro órgano.

Y ese absurdo constitucional fue el que precisamente se produjo en Venezuela, entre enero y marzo de 2013, al terminar el período constitucional 2007-2013 y comenzar el período constitucional 2013-2019, en medio de la enfermedad y desaparición de la vista del público, desde diciembre de 2012, del fallecido Presidente Hugo Chávez Frías, quien había sido reelecto en octubre de 2012 y debía tomar posesión de su cargo el día 10 de enero de 2013 como lo exigía la Constitución. En esos dos meses, contrariando el principio democrático, el Juez Constitucional en Venezuela, a cargo de la Sala Constitucional del Tribunal Supremo de Justicia, fue precisamente el que violó abiertamente el principio democrático, sin que nadie pudiera controlarlo.

Ello ocurrió mediante la emisión de dos sentencias, dictadas para resolver dos recursos de interpretación abstracta de la Constitución –extraña institución procesal constitucional por cierto endémica de Venezuela[1318]- mediante las cuales la Sala

1318 Sobre el recurso de interpretación véase las críticas en Allan R. Brewer-Carías, "*Quis Custodiet Ipsos Custodes*: De la interpretación constitucional a la inconstitucionalidad de la interpretación", en *VIII Congreso Nacional de derecho Constitucional, Perú*, Fondo Editorial 2005, Colegio de Abogados de Arequipa, Arequipa, septiembre 2005, pp. 463-489; y en *Revista de Derecho Público*, N° 105, Editorial

Constitucional resolvió lo siguiente: mediante la primera, N° 2 el 9 de enero de 2013, la Sala buscó resolver la situación jurídica constitucional que produjo la falta de comparecencia del reelecto Presidente de la República, Hugo Chávez, para tomar posesión de su cargo el día 10 de enero de 2013, que era la fecha en la cual terminaba su período constitucional 2007-2013 y comenzaba el período 2013-2019, rehusándose a considerar que esa situación era lo que era: una falta absoluta del Presidente electo, al no poder comparecer y tomar posesión de su cargo, por encontrarse fuera de Venezuela, concretamente hospitalizado – como se había anunciado -, en La Habana, Cuba. Al rehusarse a reconocer la realidad, y sin prueba procesal alguna que certificara incluso si el Presidente estaba o no vivo, la Sala declaró que había una supuesta "continuidad administrativa" de la gestión de un Presidente enfermo y ausente que terminaba su período el 10 de enero de 2013, y que comenzaba uno nuevo el mismo día, pero sin saber procesalmente cual era realmente su estado de salud, y quien obviamente no estaba en ejercicio de su cargo, ni lo había estado desde que se ausentó para operarse en Cuba el 9 de diciembre de 2012. Al decretarse su continuidad administrativa, la Sala la decretó también respecto de su gabinete incluido su Vicepresidente Ejecutivo, Nicolás Maduro, a quien con se lo instaló a la cabeza del Poder Ejecutivo. En esta primera sentencia el Juez Constitucional procedió a afirmar que a pesar de que el Presidente electo estaba enfermo y ausente del país, sin embargo, supuestamente estaba en ejercicio efectivo de su cargo, lo que obviamente era falso pues, si acaso era que estaba vivo, lo que se había informado era que estaba recluido en un Hospital en La Habana.[1319] Así el Vicepresidente no electo y designado por el Presidente Chávez fue instalado en el Poder Ejecutivo sin legitimidad democrática alguna, pues no era un funcionario electo popularmente.

La segunda sentencia fue dictada con el N° 141 el 8 de marzo de 2013, después de que el Vicepresidente Maduro anunciara el fallecimiento del Presidente Chávez, hecho que la Sala Constitucional nunca constató en cuanto a circunstancia ni fecha, mediante la cual dicha Sala pasó a asegurar que el Vicepresidente Ejecutivo que ya había sido impuesto como gobernante por la misma Sala, continuara como Presidente Encargado y, además, habilitándolo, contra lo dispuesto en la Constitución, para poder presentarse como candidato presidencial sin separarse de su cargo.[1320]

Ambas sentencias, hechas a la medida del régimen autoritario, fueron abierta y absolutamente inconstitucionales, y dictadas, además, en ausencia de la toda base probatoria: en enero, la Sala nunca tuvo a su vista informe médico alguno que certificara el estado de salud del Presidente Chávez, y en marzo, el Juez Constitucional nunca tuvo a su vista ni siquiera la partida de defunción del Presidente Chávez, para

---

Jurídica Venezolana, Caracas 2006, pp. 7-27; y en "Le recours d'interprétation abstrait de la Constitution au Venezuela", en *Le renouveau du droit constitutionnel, Mélanges en l'honneur de Louis Favoreu*, Dalloz, Paris 2007, pp. 61-70.

1319 Véase el texto de la sentencia en http://www.tsj.gov.ve/decisiones/scon/Enero/02-9113-2013-12-1358.html.

1320 Véase el texto de la sentencia en http://www.tsj.gov.ve.decisioes/scon/Marzo/141-9313-2013-13-0196.html.

determinar la fecha de su fallecimiento, basándose sólo para resolver en el hecho de que el Vicepresidente así lo había anunciado.

Ambas sentencias violentaron el derecho ciudadano a la democracia y a ser gobernados por gobiernos de origen democrático, primero, es decir, mediante elecciones libres y con funcionarios que acceden al poder en la forma prescrita en la Constitución.

I. EL JUEZ CONSTITUCIONAL, ANTE LA "FALTA TEMPORAL DEFINITIVA" DEL PRESIDENTE ELECTO, IMPONIENDO LA "CONTINUIDAD ADMINISTRATIVA" DE UN GOBIERNO FENECIDO Y SIN LEGITIMIDAD DEMOCRÁTICA, EN ENERO DE 2013

Y fue precisamente este derecho a la democracia, como derecho de los ciudadanos a ser gobernados por funcionarios electos democráticamente en elecciones libres y que acceden al poder en la forma prescrita en la Constitución, el que se violó abierta y flagrantemente en Venezuela por la Sala Constitucional del Tribunal Supremo de Justicia en sentencia Nº 2 del día 9 de enero de 2013, al resolver un recurso de interpretación abstracta de la Constitución intentado por una abogado el 21 de diciembre de 2012,[1321] para determinar el contenido y alcance del artículo 231 de la Constitución, en particular, "en cuanto a si, la formalidad de la Juramentación prevista para el 10 de enero de 2013 constituye o no una formalidad sine qua non para que un Presidente Reelecto, continúe ejerciendo sus funciones y si tal formalidad puede ser suspendida y/o fijada para una fecha posterior."[1322] El artículo cuya interpretación se requería, indica:

> "Art. 231. El candidato elegido o candidata elegida tomará posesión del cargo de Presidente o Presidenta de la República el diez de enero del primer año de su período constitucional, mediante juramento ante la Asamblea Nacional. Si por cualquier motivo sobrevenido el Presidente o Presidenta de la República no pudiese tomar posesión ante la Asamblea Nacional, lo hará ante el Tribunal Supremo de Justicia

La solicitud de interpretación constitucional estaba sin duda motivada por una razón estrictamente de hecho: el Presidente de la República para el período constitucional 2007-2013 Hugo Chávez, quien había sido reelecto Presidente de la República para el período 2013-2019, debía tomar posesión de su cargo el día 10 de enero de 2013, desde el 10 de diciembre de 2012 se encontraba en La Habana, Cuba, según se había informado públicamente, postrado en una cama de hospital luego de haber sido sometido a una operación quirúrgica, por lo que se presumía que no podría acudir a dicho acto de toma de posesión de su cargo. En el caso, la Sala Constitucional debía sin duda analizar dos derechos políticos involucrados: por una parte el *derecho que tenía el ciudadano* H. Chávez para ejercer el cargo para el cual había

---

1321 Expediente Nº 12-1358, Solicitante: Marelys D'Arpino.

1322 Véase el texto de la sentencia en http://www.tsj.gov.ve/decisio-nes/scon/Enero/02-9113-2013-12-1358.html

sido electo, y el *derecho de todos los ciudadanos* a estar gobernados por un gobernante electo popularmente. Para garantizarle *sine die* el derecho a H. Chávez de poder algún día tomar posesión de su cargo, sin embargo, se violó el derecho ciudadano a la democracia, y se le impuso a los venezolanos la carga antidemocrática de comenzar el 10 de enero de 2013 a estar gobernados por funcionarios que no tenían legitimidad democrática pues no habían sido electos, también *sine die*, sin que la Sala Constitucional hubiese desplegado actividad probatoria alguna, así fuera la más elemental para determinar cuál era el estado de salud del Presidente no compareciente.

Basta una doble lectura de la norma para captar su claridad. La misma no se refiere ni se puede referir a la situación de un Presidente para que "continúe ejerciendo sus funciones." En esa fecha del inicio de un período constitucional (10 de enero), un Presidente que fue electo seis años antes, termina su período constitucional y el ejercicio de sus funciones, y en la misma fecha, el Presidente electo (o reelecto) el año anterior, debe iniciar en el ejercicio de sus funciones para el nuevo período constitucional; y ello mediante juramento ante la Asamblea Nacional. La única posibilidad de que el juramento se tome en otra fecha, independientemente del inicio del período constitucional, es cuando por cualquier motivo sobrevenido el Presidente electo (o reelecto) no pueda tomar posesión ante la Asamblea Nacional, en cuyo caso lo hará posteriormente ante el Tribunal Supremo de Justicia. Nada, por tanto, había que interpretar en la norma.

Sin embargo, la solicitud de interpretación constitucional evidentemente no era una interpretación abstracta de la norma, sino que estaba motivada por una razón estrictamente de hecho: el Presidente de la República, H. Chávez Frías, electo y en posesión de su cargo para el período constitucional 2007-2013, quien había sido reelecto como Presidente para el período 2013-2019, y debía tomar posesión de su cargo el día 10 de enero de 2013, sin embargo, estaba imposibilitado de hacerlo pues desde el 9 de diciembre de 2012 se encontraba en La Habana, Cuba, según se había informado oficial y públicamente, postrado en una cama de hospital luego de haber sido sometido a una operación quirúrgica, por lo que no podía acudir a dicho acto de toma de posesión de su cargo.

En el caso sometido a su consideración, que era la interpretación de una norma que no requería de interpretación alguna, la Sala Constitucional pasó a analizar dos derechos políticos involucrados en la situación fáctica antes mencionada: por una parte, el *derecho político que tenía el ciudadano* H. Chávez para ejercer el cargo para el cual había sido electo (o reelecto), y el *derecho de todos los ciudadanos* a estar gobernados por un gobernante electo popularmente. Para garantizarle *sine die* el primero de dichos derechos, es decir el derecho a H. Chávez de poder algún día tomar posesión de su cargo, y sin que el tribunal constitucional desplegara actividad probatoria alguna para determinar el real estado de salud del Presidente, la sala Constitucional violó el derecho ciudadano a la democracia, y se le impuso a los venezolanos la carga antidemocrática de comenzar el 10 de enero de 2013 a estar gobernados por funcionarios que no tenían legitimidad democrática pues no habían sido electos, también *sine die*. Y ello, se insiste, sin que la Sala Constitucional hubiese desplegado actividad probatoria alguna, así fuera la más elemental para determinar cuál era el estado de salud del Presidente no compareciente.

La primera parte del artículo 231 de la Constitución, por otra parte, en realidad no requería de interpretación alguna, pues concatenada con el artículo anterior que establece que el período constitucional del Presidente "es de seis años" (art. 230), dispone con toda claridad que el Presidente electo (o reelecto) debe tomar ("tomará") posesión del cargo "el diez de enero del primer año de su período constitucional, mediante juramento ante la Asamblea Nacional." La segunda parte de la norma sin embargo, si podía requerir de interpretación, por no regular con precisión quién debía encargarse de la Presidencia de la República en el nuevo periodo que se inicia el 10 de enero del año siguiente a una elección presidencial cuando por motivos sobrevenidos el Presidente electo no comparece a tomar posesión de su cargo mediante juramento ante la Asamblea Nacional.

Por ello, en relación con la primera parte de la norma (que no requería interpretación), la Sala Constitucional precisó, desmintiendo afirmaciones que se habían hecho con anterioridad por altos funcionarios del Estado, que el juramento previsto en la norma constitucional del artículo 231 "no puede ser entendido como una mera formalidad carente de sustrato y, por tanto, prescindible sin mayor consideración," sino que más bien se trata de una "solemnidad para el ejercicio de las delicadas funciones públicas" con "amplio arraigo en nuestra historia republicana," que "procura la ratificación, frente a una autoridad constituida y de manera pública, del compromiso de velar por el recto acatamiento de la ley, en el cumplimiento de los deberes de los que ha sido investida una determinada persona."

Partiendo de esta afirmación que rechazaba el criterio de que la juramentación era un mero formalismo,[1323] la Sala Constitucional se refirió al juramento en el caso del Presidente de la República, indicando que el mismo "debe tener lugar ante la Asamblea Nacional, como órgano representativo de las distintas fuerzas sociales que integran al pueblo, el 10 de enero del primer año de su período constitucional." Sobre ello, incluso, la misma Sala Constitucional se había pronunciado unos años antes, en sentencia N° 780 del 8 de mayo de 2008 (Caso *Gobernador del Estado Carabobo*), afirmando que el juramento constituía "una solemnidad imprescindible," para la "toma de posesión" de la cual depende "el inicio de la acción de gobierno" y, por tanto, "condiciona la producción de los efectos jurídicos" de la "función ejecutiva" (en este caso del Presidente electo) y, el consiguiente, "desarrollo de las facultades de dirección y gobierno" de Estado, "así como la gestión del interés público que

1323 Al contrario, el día anterior a la sentencia, en la reseña de un programa de televisión, se informó que la Fiscal General de la República, Sra. Ortega, afirmaba que "Estamos en presencia de un presidente reelecto y el requisito que exige el 231 es la toma de posesión, y toma posesión del cargo a través del juramento, pero como es reelecto él está en posesión de cargo y él está en el cargo por el juramento", puntualizó. Por ello señaló que las posibles circunstancias planteadas en el 231 de la Constitución "no se hacen necesarias" porque el presidente Chávez sigue en la posición del cargo. Precisó que dicha formalidad no puede poner "en riesgo la estabilidad de un país, la institucionalidad, el estado de derecho, social, sencillamente porque el Presidente que está en posesión del cargo, se encuentra debidamente autorizado por la Asamblea Nacional para recuperarse de su estado de salud". En "Fiscal Ortega Díaz: Presidente Chávez y tren ministerial están en posesión de su cargo," en http://www.patriagrande.com.ve/temas/venezuela/fiscal-ortega-diaz-presidente-chavez-tren-ministerial-posesion-cargo/.

satisface real y efectivamente las necesidades colectivas," considerando, en fin que "de ello depende el funcionamiento de uno de los poderes del Estado."[1324]

Precisó además, la Sala, que "si por '*cualquier motivo sobrevenido,*' a tenor de la citada norma, la misma no se produce ante ***dicho órgano*** y en la ***mencionada oportunidad***, deberá prestarse el juramento ante el Tribunal Supremo de Justicia, sin señalarse una oportunidad específica para ello" (*Cursiva y negritas de la Sala*). Esto significaba, en criterio de la Sala Constitucional, que el acto de juramentación no era una "formalidad prescindible, sino que al contrario "debe tener lugar, aunque por la fuerza de las circunstancias ("*cualquier motivo sobrevenido*") sea efectuado en otras condiciones de modo y lugar."

En todo caso, luego de estas aclaratorias, la Sala Constitucional precisó que el objetivo de la interpretación de la norma constitucional que se le requería, no era el determinar el carácter imprescindible del acto de la juramentación, que no lo era, sino determinar "con certeza los efectos jurídicos de la asistencia o inasistencia al acto de '*toma de posesión y juramentación ante la Asamblea Nacional,*' el 10 de enero próximo, por parte del ***Presidente reelecto***." Y así pasó la Sala, no ya a resolver una interpretación abstracta del artículo 231 de la Constitución, sino en realidad a resolver una cuestión de hecho, específicamente referida al estado de salud del Presidente de la República Hugo Chávez, quien convalecía en un país extranjero en una cama de hospital, sin poder movilizarse, recuperándose de unas complicaciones postoperatorias, lo que sin duda hasta allí era un hecho notorio que no requería de pruebas. Por ello la Sala Constitucional consideró "imprescindible tomar en consideración el *derecho humano a la salud* y los principios de justicia, de preservación de la voluntad popular –representada en el proceso comicial del 7 de octubre de 2012– y de continuidad de los Poderes Públicos," refiriéndose además, a la tradición constitucional en la materia, particularmente conforme se consagraba en la Constitución de 1961. La Sala así, para decidir, además de traer a colación el derecho constitucional de todas las personas a la recuperación de la salud, que por supuesto el Estado debe garantizar en los hospitales públicos nacionales (no estando obligado a garantizárselo a los ciudadanos en hospitales fuera de su territorio), lo puso en la balanza no con el derecho ciudadano a tener un gobierno de origen democrático, el cual fue totalmente ignorado, sino con el derecho de un funcionario electo a poder ejercer su cargo.

1324 En la parte pertinente relativa al inicio del período constitucional del Gobernador como jefe del Ejecutivo en un Estado (Estado Carabobo), la Sala Constitucional del Tribunal Supremo decidió como sigue: "Ciertamente y tal como señaló esta Sala en la decisión N° 780 del 8 de mayo de 2008, la eficacia tangible del principio democrático constituye un parámetro esencial en la determinación de la finalidad humanista del Estado y como quiera que el inicio de la acción de gobierno depende de la correspondiente toma de posesión, resulta patente que el acto de juramentación del jefe del ejecutivo estadal constituye una solemnidad imprescindible para la asunción de la magistratura estadal y, por tanto, condiciona la producción de los efectos jurídicos de una de las funciones esenciales de los entes político territoriales, a saber, la función ejecutiva del gobernador electo y, el consiguiente, desarrollo de las facultades de dirección y gobierno de la entidad, así como la gestión del interés público que satisface real y efectivamente las necesidades colectivas, resulta patente la difusividad del asunto planteado ya que de ello depende el funcionamiento de uno de los poderes del Estado Carabobo". Véase la sentencia N° 780 del 8 de mayo de 2008 (Caso Gobernador del Estado Carabobo).

Partiendo de la consideración de este último derecho, la Sala hizo referencia a lo que antes disponía el artículo 186 de la Constitución de 1961 que regulaba la consecuencia jurídica de la no comparecencia de un Presidente electo y entrante al acto de juramentación, precisando que "*Cuando el Presidente electo no tomare posesión dentro del término previsto en este artículo, el Presidente saliente resignará sus poderes ante la persona llamada a suplirlo provisionalmente en caso de falta absoluta, según el artículo siguiente, quién los ejercerá con el carácter de Encargado de la Presidencia de la República hasta que el primero asuma el cargo.*" En contraste con esta norma, la Sala Constitucional constató la ausencia de una norma similar en la Constitución de 1999, de lo que concluyó que ello impedía "considerar la posibilidad de que, una vez concluido el mandato presidencial, deba procederse como si se tratara de una falta absoluta, a los efectos de la suplencia provisional que cubriría el Presidente de la Asamblea Nacional."

Por supuesto, era evidente que la falta de comparecencia del Presidente electo al acto de juramentación, en si misma y conforme a la Constitución de 1999, no podía ser considerada como una "falta absoluta" en los términos de la misma Constitución de 1999 pues no encuadraba en ninguno de los supuestos establecidos en el artículo 233 de la misma, que por lo demás se aplicaban al Presidente electo en virtud de la misma norma, sólo cuando se produjera "antes de tomar posesión";[1325] pero nada autorizaba a señalar (incluso habiéndose incorporado la reelección inmediata a la Constitución de 1999) que para la solución constitucional del hecho de la no comparecencia del Presidente Chávez el día 10 de enero de 2013, y determinar en ese caso quién se debía encargar de la Presidencia de la República, no debía procederse "como si se tratara de una falta absoluta" del Presidente electo, lo que conforme al artículo 233 de la Constitución conllevaba a que fuera el Presidente de la Asamblea Nacional en que se encargase de la Presidencia.

Así como puede considerarse correcta la apreciación de la Sala de que la falta de comparecencia del Presidente electo al acto de toma de posesión no podía *per se* considerarse como una "falta absoluta,"[1326] sin embargo no podría considerarse correcta la apreciación de la misma Sala de negar que en esos casos, para determinar quién se debía encargar de la Presidencia hubiera que rechazar a esos solos efectos, que se procediera "como si se tratara de una falta absoluta" encargándose el Presi-

1325 La Sala, en la sentencia agregó sobre esto que "considerar que la solemnidad del juramento, en la oportunidad prefijada del 10 de enero y ante la Asamblea Nacional, suponga una especie de falta absoluta que, no sólo no recoge expresamente la Constitución, sino que antagoniza con la libre elección efectuada por el soberano, en franco desconocimiento de los principios de soberanía popular y democracia protagónica y participativa que postulan los artículos 2, 3, 5 y 6 del Texto Fundamental." Dijo además la Sala en este aspecto que "al no evidenciarse del citado artículo 231 y del artículo 233 *eiusdem* que se trate de una ausencia absoluta, debe concluirse que la eventual inasistencia a la juramentación prevista para el 10 de enero de 2013 no extingue ni anula el nuevo mandato para ejercer la Presidencia de la República, ni invalida el que se venía ejerciendo."

1326 Esto lo reitera la sala en otro párrafo de la sentencia al señalar que "las vacantes absolutas no son automáticas ni deben presumirse. Estas están expresamente contempladas en el artículo 233 constitucional y, al contrario de lo que disponían los artículos 186 y 187 de la Constitución de 1961, la imposibilidad de juramentarse (por motivos sobrevenidos) el 10 de enero de 2013, no está expresamente prevista como causal de falta absoluta."

dente de la Asamblea de la Presidencia mientras el Presidente electo se juramentaba ante el Tribunal Supremo, ya que dicho funcionario era en definitiva es el único que tenía legitimidad democrática, pues había sido a su vez electo popularmente, y asegurar así el derecho a la democracia.

Por otra parte, la Sala Constitucional argumentó que "la falta de juramentación ante la Asamblea Nacional, el 10 de enero, tampoco produce tal suerte de ausencia, pues la misma norma admite que dicha solemnidad sea efectuada ante este Máximo Tribunal, en una fecha que no puede ser sino posterior a aquella." Ello sin embargo, no era correcto en cuanto al hecho de que se permitiera en la norma que la juramentación pudiera hacer en una fecha posterior, pero era innegable en el caso sometido al conocimiento de la Sala, que si el Presidente electo Hugo Chávez no acudía a juramentarse el 10 de enero de 2013 por estar postrado en una cama de hospital, fuera de Venezuela, gravemente enfermo, en ese caso su "ausencia" si era patente, como cuestión de hecho, razón por la cual debía encargarse de la Presidencia el Presidente del Congreso, hasta que cesase la ausencia.

Esta circunstancia, hasta aquí, sin duda planteaba una cuestión de hecho que en cambio si requería de prueba, y que era la de determinación con precisión el estado de gravedad del Presidente electo Hugo Chávez, quien a pesar de que estaba ejerciendo su derecho a recuperar su salud, resultaba elemental que la Sala Constitucional determinara el estado real de la misma.

La Sala Constitucional, sin embargo, nada hizo al respecto, pasando a argumentar en su sentencia que "en el caso de una autoridad reelecta y, por tanto, relegitimada por la voluntad del soberano," como era el caso precisamente del Presidente Hugo Chávez, reelecto en octubre de 2012, sería un "contrasentido mayúsculo considerar que, en tal supuesto, existe una indebida prórroga de un mandato en perjuicio del sucesor, pues la persona en la que recae el mandato por fenecer coincide con la persona que habrá de asumir el cargo." Esta afirmación, en realidad, si era en si misma un "contrasentido mayúsculo" y sin sentido alguno, pues en ningún caso en que se posponga el acto de toma de posesión de un Presidente se puede operar una "prorroga" del mandato del período constitucional que termina; por lo que la afirmación es contradicha en la misma sentencia al afirmarse de seguidas que "tampoco existe alteración alguna del período constitucional pues el Texto Fundamental señala una oportunidad precisa para su comienzo y fin: el 10 de enero siguiente a las elecciones presidenciales, por una duración de seis años (artículo 230 *eiusdem*)."

Por ello, es que al no presentarse el Presidente electo Chávez al acto de toma de posesión, el nuevo mandato se inició indefectiblemente el 10 de enero de 2013 y para ello es que mientras no compareciera dicho Presidente electo para tomar posesión del nuevo mandato, quien se debía encargar de la Presidencia era el Presidente de la Asamblea Nacional. Nada cambiaba esta solución constitucional el hecho de que el Presidente electo Hugo Chávez hubiese sido a la vez "reelecto."

La Sala Constitucional, a renglón seguido pasó luego a referirse a otro aspecto jurídico relativo al ejercicio de cargos públicos, que nada tenía que ver con la norma constitucional que se buscaba interpretar, y fue el referido al "*Principio de Continuidad Administrativa*, como técnica que impide la paralización en la prestación del servicio público," según el cual, "la persona designada para el ejercicio de alguna función pública no debe cesar en el ejercicio de sus atribuciones y competencias, hasta tanto no haya sido designada la correspondiente a sucederle (*vid.* sentencia n° 1300/2005)." Ciertamente, se trata de un principio elemental del derecho administrativo de la función pública, destinada a los funcionarios nombrados o designados, pero que no se puede aplicar a la terminación de un período constitucional y al inicio del otro respecto de funcionarios electos.[1327] La Sala Constitucional, en efecto, erradamente resolvió que:

> "En relación con el señalado principio de continuidad, en el caso que ahora ocupa a la Sala, resultaría inadmisible que ante la existencia de un desfase cronológico entre el inicio del período constitucional (10 de enero de 2013) y la juramentación de un Presidente reelecto, se considere (sin que el texto fundamental así lo paute) que el gobierno (saliente) queda *ipso facto* inexistente. No es concebible que por el hecho de que no exista una oportuna "*juramentación*" ante la Asamblea Nacional quede vacío el Poder Ejecutivo y cada uno de sus órganos, menos aún si la propia Constitución admite que tal acto puede ser diferido para una oportunidad ulterior ante este Supremo Tribunal."

Por supuesto, esta afirmación, absolutamente errada, ignoraba, primero, que como en la misma sentencia lo afirmó antes, que el Texto Fundamental señala para el período constitucional "una oportunidad precisa para su comienzo y fin: el 10 de enero siguiente a las elecciones presidenciales, por una duración de seis años (artículo 230)." Y por supuesto, en esa fecha, en ningún caso se produce "vacío del Poder Ejecutivo" alguno pues al terminar en esa fecha 10 de enero el período del Presidente en ejercicio, el Presidente electo toma posesión de su cargo iniciando el nuevo período, y si por algún motivo sobrevenido no lo puede hacer, se debe encargar de la Presidencia el Presidente de la Asamblea Nacional.[1328] No hay, en caso alguno, tal vacío, debiendo corresponder al Presidente encargado designar el nuevo tren ejecutivo de Vicepresidente y Ministros, estando por supuesto obligados los anteriores a permanecer en sus cargos hasta ser reemplazados en virtud precisamente del señalado principio de continuidad administrativa.

1327 Como lo expresó el profesor Ricardo Combellas en declaraciones a BBC Mundo: "Ese es un principio muy sano del derecho administrativo: que independientemente de los cambios en la dirección administrativa de los asuntos del estado, las funciones del gobierno continúan. Lo que está planteado es que ha terminado un período constitucional y que eso no es un supuesto de continuidad administrativa sino es un supuesto de renovación de los poderes públicos que tienen un plazo limitado en la Constitución." En Carlos Chirinos, "El limbo de consecuencias impredecibles", BBC Mundo, 11 de enero de 2013. En: http://www.bbc.co.uk/mundo/movil/noticias/2013/01/130110 venezuela_constityente_combellas_opinion_cch.shtml.

1328 Es en este contexto que debe leerse lo reiterado por la misma Sala en la sentencia, "tal como señaló esta Sala en los antes referidos fallos números 457/2001 y 759/2001, que no debe confundirse "*la iniciación del mandato del Presidente con la toma de posesión, términos que es necesario distinguir cabalmente*". Efectivamente, el nuevo periodo constitucional presidencial se inicia el 10 de enero de 2013, pero el constituyente previó la posibilidad de que "*cualquier motivo sobrevenido*" impida al Presidente la juramentación ante la Asamblea Nacional, para lo cual determina que en tal caso lo haría ante el Tribunal Supremo de Justicia, lo cual necesariamente tiene que ser *a posteriori*."

Luego pasó la Sala Constitucional a considerar la situación de hecho específica del Presidente Hugo Chávez, a pesar de que la sentencia interpretativa debía ser abstracta, notando,

> "por si aún quedaran dudas, que en el caso del Presidente Hugo Rafael Chávez Frías, no se trata de un candidato que asume un cargo por vez primera, sino de un Jefe de Estado y de Gobierno *que no ha dejado de desempeñar sus funciones* y, como tal, *seguirá en el ejercicio de las mismas hasta tanto proceda a juramentarse* ante el Máximo Tribunal, en el supuesto de que no pudiese acudir al acto pautado para el 10 de enero de 2013 en la sede del Poder Legislativo.
>
> De esta manera, a pesar de que el 10 de enero se inicia un nuevo periodo constitucional, la falta de juramentación en tal fecha no supone la pérdida de la condición del Presidente Hugo Rafael Chávez Frías, ni como Presidente en funciones, ni como candidato reelecto, en virtud de existir continuidad en el ejercicio del cargo."

En estas afirmaciones, de nuevo, la Sala partió de afirmaciones falsas como la de indicar que la falta de comparecencia al acto de juramentación pudiese implica "la pérdida de la condición de Presidente" del Presidente electo. De nuevo, hay que precisar que en el caso, el 10 de enero de 2013 el Presidente Hugo Chávez terminaba su mandato para el período 2007-2013 (ese día perdía su condición de Presidente para el período 2007-2013), y mientras no se juramentase para el nuevo período 2013-2019 no iniciaba su mandado, ni tenía la condición de Presidente. Además, por otra parte, en sus argumentos la Sala Constitucional dio certeza a determinados hechos (incurriendo en realidad en varios errores fácticos y jurídicos,) sin que hubiese desplegado actividad probatoria alguna:

En primer lugar, la Sala afirmó que el Presidente Chávez, en las circunstancias de su enfermedad e inhabilitación desde la operación quirúrgica efectuada en La Habana el 11 de diciembre de 2012, podía considerarse que era "un Jefe de Estado y de Gobierno que no ha dejado de desempeñar sus funciones." Por supuesto que no había perdido la titularidad de su cargo, pues según se informaba no se había producido falta absoluta, pero al contrario de lo afirmado por la Sala, era un hecho notorio que desde el 11 de diciembre de 2012 el Presidente Chávez había estado postrado en una cama de hospital totalmente imposibilitado de ejercer sus funciones de Jefe de Estado y Jefe de Gobierno, situación constitucional que se configuraba como de falta temporal por estar ausente del país. Para demostrar lo contrario, y afirmar en la sentencia, que durante esos días de diciembre 2012-enero 2013 el Presidente Chávez no había "dejado de desempeñar sus funciones" la Sala debió haber acreditado eso en autos, dejando probado que desde La Habana, en un estado postoperatorio crítico, Chávez había continuado desempeñando efectivamente sus funciones, lo que era a todas luces, simplemente, imposible físicamente.

El mismo Presidente Chávez había previsto el 9 de diciembre de 2012 que su ausencia del país sería por un período de tiempo de más de 5 días y por ello él mismo solicitó la autorización correspondiente a la Asamblea Nacional para ausentarse del país (art. 235). Su falta temporal como Presidente encargado, en consecuencia, era un hecho notorio y evidente, que imponía la obligación en el Vicepresidente Ejecutivo de suplirla conforme a la Constitución, no siendo posible afirmar salvo probando con la certeza de los hechos en el expediente, que durante su enfermedad y postración en La Habana, Chávez "no ha dejado de desempeñar sus funciones."

Por otra parte, en esta materia de falta temporal, menos sentido y fundamento constitucional tenía la errada afirmación de la Sala Constitucional de que la solicitud de autorización a la Asamblea Nacional que pueda formular el Presidente para ausentarse del territorio nacional *por un lapso superior a cinco días,* se refiere "exclusivamente a la autorización para salir del territorio nacional, no para declarar formalmente la ausencia temporal en el cargo." De nuevo, la Sala Constitución ignoró la Constitución: las faltas temporales en el ejercicio de la Presidencia constituyen una cuestión de hecho, que no se declara. Si el Presidente en gira por el interior del país, sufre un accidente de tránsito que lo mantiene inconsciente y hospitalizado por un tiempo, sin duda, se origina una falta temporal que suple el Vicepresidente, así el Presidente no la haya "decretado" anunciando que iba a tener el accidente con sus consecuencias.

Por lo demás, toda ausencia del territorio nacional se configura como una falta temporal (en el sentido de que temporalmente el Presidente no está en ejercicio de sus funciones por imposibilidad física), por lo que no es más que un gran disparate la afirmación que hizo la Sala Constitucional en su sentencia, en el sentido de que: "*(ii)* No debe considerarse que la ausencia del territorio de la República configure automáticamente una falta temporal en los términos del artículo 234 de la Constitución de la República Bolivariana de Venezuela, sin que así lo dispusiere expresamente el Jefe de Estado mediante decreto especialmente redactado para tal fin." Esto no tiene lógica y mucho menos sentido y asidero constitucional.[1329] No es serio afirmar que si un Presidente por ejemplo, entra en un proceso comatoso por cualquier causa que se prolonga indefinidamente, ello no origina una falta temporal porque el Presidente no la previó anticipadamente ni la decretó, razón por la cual no surgiría la obligación del Vicepresidente de suplirla.

Pero además, también carece de toda base constitucional la afirmación infundada, realizada por la Sala Constitucional en la sentencia en el sentido de que "con posterioridad al 10 de enero de 2013, aún no compareciendo el Presidente Chávez a juramentarse y a tomar posesión de su cargo, "conserva su plena vigencia el permiso otorgado por la Asamblea Nacional, por razones de salud, para ausentarse del país por más de cinco (5) días," lo cual no era cierto pues la autorización para ausentarse del país se le dio al Presidente Chávez en funciones, cuyo período constitucional

---

1329 Sobre ello, el profesor Ricardo Combellas en declaraciones a BBC Mundo: "eso me parece un planteamiento absurdo, porque se le solicita al sujeto sobre el cual actúa la falta temporal que se pronuncie. Imagínese, no es el caso del presidente Chávez, sino de un presidente que esté incapacitado en una clínica recibiendo cuidado especial, incapaz de tomar voluntariamente una decisión. Entonces quedamos en un limbo jurídico si el presidente no se pronuncia. Poner ese requisito, que no establece la Constitución, me parece un exabrupto." En Carlos Chirinos, "El limbo de consecuencias impredecibles", BBC Mundo, 11-1-2013, en http://www.bbc.co.uk/mundo/movil/noticias/2013/01/130110venezuela_constityente_combellas_opinion_cch.shtml terminó el 10 de enero de 2013, razón por la cual la autorización sólo tenía efectos hasta la terminación del período constitucional en la cual se dio.[1330]

Y más infundada fue la afirmación de la Sala Constitucional en la sentencia de que con motivo de la ausencia del Presidente Chávez del territorio nacional desde el 10 de diciembre de 2012, en la situación que resultó de la operación a la que fue sometido el 11 de diciembre de 2012 según informaron los voceros oficiales del gobierno, "no se configura la vacante temporal del mismo al no haber convocado expresamente al Vicepresidente Ejecutivo para que lo supla por imposibilidad o incapacidad de desempeñar sus funciones." No causa sino asombro leer esta afirmación, ante normas tan precisas como las de los artículos 234 y 239.8 de la Constitución que prescriben, clara, pura y simplemente, que "las faltas temporales del Presidente serán suplidas por el Vicepresidente," y que entre las atribuciones del Vicepresidente está la de "suplir las faltas temporales del Presidente," lo cual opera automáticamente, resultado de una situación de hecho, sin que nadie lo decrete o lo decida, y sin que el Presidente deba "convocar al Vicepresidente" para que cumpla su obligación constitucional. Sin embargo, como es sabido y lo apuntó el profesor Manuel Rachadell, lo que ha ocurrido en los últimos tiempos en Venezuela es que el Vicepresidente no ha estado cumpliendo con su obligación constitucional de suplir las frecuentes ausencias temporales del Presidente, limitándose:

> "a ejecutar acciones en el estrecho ámbito de la delegación que le hizo el Presidente, dada la ficción de que Chávez no ha incurrido en falta temporal ni absoluta. De esta forma, Chávez sigue siendo, para el oficialismo, el Presidente en funciones, aún cuando se encuentre sumido, frecuente o esporádicamente (no se sabe), en períodos de inconsciencia por anestesia o por otros motivos. Durante esos períodos, Venezuela no tiene Presidente."[1331]

La segunda observación que debe formularse a lo afirmado en la sentencia de la Sala Constitucional, y que causa mayor asombro, por la absoluta y total carencia de pruebas que la sustenten, es la aseveración de que el Presidente Hugo Chávez, una vez que concluyó su mandato presidencial del período constitucional 2007-2013 el 10 de enero de 2013, sin embargo, como jefe de Estado y de Gobierno "seguirá en el ejercicio de las mismas hasta tanto proceda a juramentarse ante el Máximo Tribunal, en el supuesto de que no pudiese acudir al acto pautado para el 10 de enero de 2013 en la sede del Poder Legislativo."

1330 Como lo ha hincado el profesor Manuel Rachadell, "Chávez tiene el permiso de la Asamblea Nacional, otorgado por unanimidad del 9 de diciembre pasado, para ausentarse del país "por un lapso superior a los cinco días consecutivos" (art. 235), el cual mantiene su vigencia hasta el vencimiento del período constitucional el 10 de enero próximo, porque la Asamblea Nacional no puede dar permisos para el período siguiente. Llegados a esta fecha, si el Presidente electo no toma posesión del cargo, la Asamblea Nacional no tiene competencia para darle permiso ni prórroga para la juramentación de cumplir la Constitución." Véase Manuel Rachadell, "Tres observaciones a la carta de Maduro sobre la imposibilidad de juramentarse el Presidente electo ante la Asamblea Nacional." 9-1-2013, en: http://t.co/Sd5R2EwX

1331 *Idem*.

Primero, para hacer esta afirmación, de que el Presidente Chávez "seguirá en el ejercicio" de sus funciones "hasta tanto proceda a juramentarse ante el Máximo Tribunal," lo que se exigía de la Sala era que desplegara una labor probatoria sobre el estado de salud del Presidente para poder determinar precisamente si se presentaría efectivamente a juramentarse ante el Tribunal Supremo.

Lo más elemental era que la Sala Constitucional determinara, por ejemplo, mediante una Junta Médica, el verdadero estado de salud del Presidente en el proceso de recuperación de su salud. Alguna prueba debía tener y constar en el expediente sobre esa situación de salud del Presidente, y si la misma efectiva y médicamente podía recuperarse. No se olvide, por ejemplo, que el primer Ministro Ariel Sharon de Israel, en pleno ejercicio de su cargo, en 2006 sufrió un derrame cerebral, habiendo entrado en un estado comatoso en el cual ha permanecido por siete años.[1332] En su momento, sin embargo, dado las pruebas de su estado de salud, hubo de considerarlo separado de su cargo, habiéndose sucedido en Israel varios gobiernos distintos. Hubiera sido una aberración constitucional dejar un "encargado" del gobierno de dicho Primer Ministro, por tiempo indefinido, hasta esperar su recuperación. A la Sala Constitucional de Venezuela, sin embargo, no le interesó probar nada sobre la salud del Presidente y resolvió que aún estando fuera del territorio nacional, y de su enfermedad, sin probar nada, seguiría en ejercicio de sus funciones para el período constitucional ya concluido, y para el que se iniciaba sería juramentado cuando concurriera ante el Tribunal Supremo, sin saber ni determinar si ello era factible médicamente.

En los hechos que se sucedieron en enero de 2013, es evidente que al no presentarse el Presidente Chávez electo o reelecto, al concluir su período constitucional 2007-2013, ante la Asamblea Nacional el día 10 de enero de 2013 en el acto de la toma de posesión y juramentación de su cargo, simplemente, a pesar de que ineludiblemente el período constitucional 2013-2019 comenzó en esa fecha, el Presidente electo no podía comenzar a ejercer la presidencia para ese período constitucional 2013-2019 al no entrar en ejercicio del cargo, lo que le impedía poder cumplir sus funciones. Sus funciones del período 2007-2013, por tanto, concluyeron el 10 de enero, por lo que era una imposibilidad constitucional que a partir del 10 de enero de 2013, si no se juramentaba para el próximo período, pudiera seguir "en el ejercicio de las mismas;" pues como no se juramentó el 10 de enero ante la Asamblea no pudo asumir el ejercicio del cargo de Presidente para el período 2013-2019.[1333] En

---

1332 El 27 de enero de 2013 incluso se informó a la prensa, que a pesar de su estado comatoso había tenido "signos significantes de alguna actividad." Véase en BBC News, 27 January 2013 en http://www.bbc.co.uk/news/world- middle-east-21225929.

1333 Como también lo ha indicado Manuel Rachadell, "La interpretación que le ha dado la fracción gubernamental en la Asamblea Nacional de que Chávez sigue siendo Presidente en ejercicio, cuya ausencia del acto de juramentación no tendría ninguna incidencia porque es una simple formalidad, que no es necesario que el Presidente de la Asamblea Nacional se juramente para cubrir la ausencia (que ni es temporal ni absoluta) del Presidente, porque tal función la ejerce, parcialmente, el Vicepresidente Ejecutivo de la República, carece de toda fundamentación en la Ley Suprema. No hay continuidad administrativa al concluir el período constitucional y comenzar el otro, ni siquiera en el supuesto de la reelección, y el nombramiento del Vicepresidente Ejecutivo caduca, como el del Presidente que lo ha designado, al vencimiento del período constitucional, el 10 de enero próximo".

consecuencia, fue un gran disparate y no tiene asidero constitucional alguno la afirmación de la Sala Constitucional de que:

> "*(iv)* A pesar de que el 10 de enero próximo se inicia un nuevo período constitucional, no es necesaria una nueva toma de posesión en relación al Presidente Hugo Rafael Chávez Frías, en su condición de Presidente reelecto, en virtud de no existir interrupción en el ejercicio del cargo."

Al contrario, precisamente porque el 10 de enero de 2013 se iniciaba un nuevo período constitucional, era absolutamente necesaria una nueva toma de posesión del Presidente Chávez Frías, en su condición de Presidente reelecto, en virtud de que el período constitucional 2007-2013 había terminado, y de que el ejercicio del cargo para el período 2013-2019 no se podía iniciar sin tal juramento, produciéndose en ese caso, inevitablemente, una real y efectiva interrupción en el ejercicio del cargo.[1334]

La Sala Constitucional al hacer la indicada afirmación infundada, contradijo lo expresado en su propia sentencia en el sentido de que el juramento previsto en el artículo 231 de la Constitución, "no puede ser entendido como una mera formalidad carente de sustrato y, por tanto, prescindible sin mayor consideración," sino que más bien se trata de una "solemnidad para el ejercicio de las delicadas funciones públicas" con "amplio arraigo en nuestra historia republicana," que "procura la ratificación, frente a una autoridad constituida y de manera pública, del compromiso de velar por el recto acatamiento de la ley, en el cumplimiento de los deberes de los que ha sido investida una determinada persona." Ese juramento debe hacerse ante la Asamblea Nacional que está compuesta por los representantes del pueblo, y con ello, el pueblo puede tomar conocimiento de quién es el que va a gobernarlo. Es una especie de acto constitutivo de "fe de vida" del Presidente, de su propia existencia física, y de su capacidad para gobernar, realizado ante los representantes del pueblo. Y ello no puede eliminarse porque el electo haya sido reelecto, y menos aún cuando había permanecido ausente del país durante un mes, sin que la nación tuviera conocimiento claro de su estado.

Después de todos las anteriores comentadas "consideraciones para decidir," sin actividad probatoria alguna, ni siquiera efectuada de oficio, la Sala Constitucional puntualizó lo que debió ser el objeto de la interpretación solicitada, en el sentido de que "la Constitución establece un término para la juramentación ante la Asamblea Nacional, pero no estatuye consecuencia para el caso de que por "*motivo sobreveni-*

1334 Por ello, el profesor Román José Duque Corredor considera esta afirmación "falsa de toda falsedad" agregando que "La reelección no es un mecanismo del ejercicio del cargo o para el ejercicio del cargo, sino un derecho del funcionario que ejerce un cargo electivo de poderse postular como candidato para un nuevo período para ese cargo y no de continuar en el mismo cargo. De modo que por tratarse de una nueva elección, si existe interrupción en su ejercicio. Si no fuera así, entonces, se trataría de un plebiscito y no de una elección, que es lo que parece piensan los Magistrados de la referida Sala que ha ocurrido con el candidato Hugo Chávez que se postuló para las elecciones del 7 de octubre de 20102 para ser Presidente para el nuevo período 2013-2019." Véase Román José Duque Corredor, Observaciones a la sentencia de la Sala Constitucional de 9 de enero de 2013. Véase en http://www.uma.edu.ve/interna/424/0/novedades_del_derecho_publico

do" no pueda cumplirse con ella de manera oportuna y, por el contrario, admite expresamente esa posibilidad, señalando que pueda efectuarse la juramentación ante el Tribunal Supremo de Justicia;" resumen que implicaba, precisamente, pasar a determinar cuál era la realidad fáctica de la enfermedad y del estado de salud del Presidente de la República Hugo Chávez, y cuál era la posibilidad médica real, fáctica, de que pudiera recuperar plenamente su salud para poder ejercer el cargo para el cual había sido electo; y en esa situación, determinar entonces quien debía encargarse de la Presidencia de la República mientras el Presidente electo por las causas sobrevenidas alegadas procedía, si ello hubiera sido factible conforme a las pruebas médicas, a tomar posesión del cargo.

La Sala Constitucional, sin embargo, en lugar de cumplir su función interpretativa de la segunda parte de la norma del artículo 231 de la Constitución, y de realizar actividad probatoria alguna conforme estaba obligada, se limitó a reafirmar lo que la propia norma constitucional dispone en el sentido de que la juramentación del Presidente reelecto podía ser efectuada en una oportunidad posterior al 10 de enero de 2013 ante el Tribunal Supremo de Justicia, de no poderse realizar dicho día ante la Asamblea Nacional, por supuesto, siempre que ello fuera factible; agregando sólo su apreciación de que le corresponde al propio Tribunal fijar dicho acto "una vez que exista constancia del cese de los motivos sobrevenidos que hayan impedido la juramentación." Es decir, en lugar de desplegar una actividad probatoria precisamente para decidir, constatando la salud del Presidente y las posibilidades de su recuperación, la Sala decidió, sin pruebas, imponiendo un gobierno no electo democráticamente, dejando para el fututo, solo el que se pudiera probar que los motivos que impidieron la juramentación habrían cesado. Ninguna posibilidad dejó abierta la Sala que pudiera llegar a probarse que el Presidente electo y ausente no podía en realidad llegar a juramentarse, y ejercer el cargo para el cual había sido electo, por razón de su salud.

De lo anterior, sin resolver la consecuencia jurídica derivada del hecho de que por un "motivo sobrevenido" el Presidente electo no pudo tomar posesión del cargo con su juramentación ante la Asamblea Nacional el día fijado constitucionalmente, la Sala concluyó su sentencia, afirmando como por arte de magia, sin que las "consideraciones para decidir" en realidad fundamentaran y condujeran a ello, que:

> "*(vi)* En atención al principio de continuidad de los Poderes Públicos y al de preservación de la voluntad popular, no es admisible que ante la existencia de un desfase cronológico entre el inicio del período constitucional y la juramentación de un Presidente reelecto, se considere (sin que el texto fundamental así lo paute) que el gobierno queda *ipso facto* inexistente. En consecuencia, el Poder Ejecutivo (constituido por el Presidente, el Vicepresidente, los Ministros y demás órganos y funcionarios de la Administración) seguirá ejerciendo cabalmente sus funciones con fundamento en el principio de la continuidad administrativa."

Sobre esto, que es en definitiva la parte resolutiva de la sentencia, con lo que se pretendió legitimar una usurpación de autoridad,[1335] deben formularse las siguientes observaciones:

Primero, es una apreciación errada y sin fundamento de la Sala Constitucional expresar la hipótesis de que "se considere (sin que el texto fundamental así lo paute)" pero sin decir quién lo consideraba, que "ante la existencia de un desfase cronológico entre el inicio del período constitucional y la juramentación de un Presidente reelecto, [...] que el gobierno queda *ipso facto* inexistente." Esa hipótesis que nadie le planteó pues no hubo debate alguno en el proceso, la verdad es que no tenía posibilidad de ocurrencia. Si un Presidente electo por un motivo sobrevenido no puede prestar su juramento ante la Asamblea Nacional, e, incluso, tampoco ante el Tribunal Supremo, el hecho de que el período constitucional anterior concluya no implica "que el gobierno queda *ipso facto* inexistente." Esta no es más que una lucubración llevada al absurdo que no tiene asidero alguno en el derecho constitucional, salvo en la visión distorsionada de la Sala Constitucional, al negarse a interpretar la norma constitucional que se le solicitó, y que precisamente era con el objeto de determinar, como el gobierno no puede dejar de existir, quién en esa situación se encargaba de la Presidencia de la República. Así como el Presidente de la Asamblea Nacional se debe encargar de la Presidencia en caso de falta absoluta del Presidente electo "antes de la toma de posesión" de su cargo, con la misma lógica de que ejerza interinamente la Presidencia un ciudadano con legitimidad democrática electiva, en caso de que por motivo sobrevenido el Presidente electo no pueda tomar posesión de su cargo y juramentarse, quien debe encargarse de la Presidencia para iniciar el nuevo período constitucional, mientras aquél se juramenta, es el Presidente de la Asamblea Nacional.[1336] Y siempre, en este caso, con pruebas por delante de la naturaleza

---

1335 Con razón la diputada María Corina Machado expresó el 11 de enero de 2013: "que el acto que vimos ayer no tiene precedentes. Dijo que Venezuela amaneció con un gobierno usurpado y el Vicepresidente, los ministros y la Procuradora General pretenden seguir ejerciendo sus cargos. "Todos los cargos de gobierno cesaron el pasado jueves y ante esa pretensión, todos su actos son nulos, como lo establece el artículo 138 de la Constitución", recalcó. Reiteró que Diosdado Cabello ha violado su juramento, porque debió llamar a la sesión solemne de toma de posesión del nuevo período presidencial y agregó que "no reconocemos a Maduro como Vicepresidente, porque hay una situación de ilegitimidad profunda". Aseguró que en Venezuela no existe separación de poderes, "tenemos un TSJ sumiso, nuestra soberanía está siendo pisoteada". Véase reseña de Programa Primera página de Globovisión, 11-1-2013, en http://www.lapatilla.com/site/2013/01/11/maria-corina-nuestra-soberania-esta-siendo-pisoteada/

1336 El profesor Román José Duque Corredor expuso sobre la errada conclusión de la sentencia su apreciación de que: "La continuidad de los poderes públicos no se afecta, ni tampoco el gobierno queda *ipso facto* inexistente, cuando de pleno derecho se establece un régimen transitorio precisamente para el caso que los funcionarios que deban ejercer sus funciones no lo puedan hacer, como ocurre cuando por su falta absoluta el candidato electo o reelecto Presidente no pueda asumir su cargo en la fecha programada, en cuyo caso el gobierno sigue existiendo en forma transitoria pero en manos del Presidente de la Asamblea Nacional. Y precisamente para garantizar la voluntad popular, ante la falta absoluta del candidato electo o reelecto para el inicio del nuevo período, la Constitución prevé que se realicen nuevas elecciones y que la Presidencia, transitoriamente hasta la nueva elección, la ejerza un funcionario elegido mediante sufragio directo y universal y no el Vicepresidente que no fue elegido ni designado para el nuevo período. Así como si dicha falta ocurre después del inicio del período y con posterioridad a la toma de posesión, el gobierno lo ejerza el Vicepresidente que si fue designado por el Presidente electo, que tomo posesión del cargo, pero que dejó su cargo por alguna falta absoluta, y ello solo mientras se del hecho sobrevenido y poder así determinarse si tal juramento podría tener o no lugar.

Segundo, luego de la errada apreciación anterior, y sin resolver el tema central de la interpretación constitucional solicitada en la situación de no comparecencia del Presidente Chávez el 10 de enero de 2013 a tomar posesión de su cargo, sobre quién en ese caso se debía encargar de la Presidencia de la República a partir de esa fecha, la Sala se limitó a afirmar que pura y simplemente que:

> "En consecuencia, el Poder Ejecutivo (constituido por el Presidente, el Vicepresidente, los Ministros y demás órganos y funcionarios de la Administración) seguirá ejerciendo cabalmente sus funciones con fundamento en el principio de la continuidad administrativa," y sin mayor argumentación.

En cuanto al "Presidente," lo que era una referencia sin duda al Presidente H. Chávez, ello no sólo era inconstitucional porque el mismo no se podía juramentar para tomar posesión de su cargo y entrar en ejercicio de sus funciones para el nuevo período constitucional, pues como se había informado oficialmente, y ese era el único hecho notorio que no requería prueba, estaba totalmente ausente del país desde hacía un mes, en un estado postoperatorio que presentaba un cuadro de salud que sin duda lo imposibilitaba e inhabilitaba totalmente, no sólo para comparecer ante la Asamblea Nacional sino para ejercer el cargo y las funciones inherentes al mismo. Respecto del Presidente de la República H. Chávez, no tenía sentido alguno invocar el principio de continuidad administrativa, pues como Jefe del Estado y del Gobierno, lo que le correspondía prioritariamente era dirigir la acción de gobierno (art. 226), y para ello estaba inhabilitado de hacerlo.

Se insiste, en cuanto al Presidente de la República Chávez quién continuaba, según la Sala, "ejerciendo cabalmente sus funciones," ello no pasaba de ser un buen deseo o un buen pensamiento, pues por las informaciones oficiales suministradas desde el gobierno, desde el 11 de diciembre de 2012 el Presidente no sólo estaba ausente del territorio nacional, sino que desde donde permanecía, estaba totalmente incapacitado para gobernar.[1337] De manera que no era cierto, como lo afirmó la Sala Constitucional, que el Poder Ejecutivo estaba conducido por el Presidente de la República, ni que éste pudiera ejercer su cargo, y menos "continuar" ejerciéndolo en forma alguna. En el cuadro de gravedad del Presidente, en realidad, a esa fecha, lo único que se sabía como signo de su condición era que en algún momento había "apretado" la mano del Vicepresidente de la República, según información suminis-

---

llevan a cabo nuevas elecciones para que la voluntad popular se pueda manifestar." Véase Román José Duque Corredor, Observaciones a la sentencia de la Sala Constitucional de 9 de enero de 2013. Véase en http://www.uma.edu.ve/interna/424/0/nove-dades_del_derecho_publico.

1337 El 13 de enero de 2013, el Ministro de Información Villegas, informaba: "El presidente de Venezuela, Hugo Chávez, evoluciona favorablemente de la cirugía a la que fue sometido el pasado 11 de diciembre, aunque aún necesita "medidas específicas" para la solución de la "insuficiencia respiratoria" que se le originó como consecuencia de una infección. "A pesar de su delicado estado de salud después de la compleja intervención quirúrgica del 11 de diciembre pasado en los últimos días la evolución clínica general ha sido favorable", véase en http://www.lapatilla.com/site/2013/01/13/vi-llegas-en-minutos-comunicado-oficial-sobre-salud-de-chavez/.

trada por él mismo.[1338] Al contrario de lo que afirmó la Sala, había una evidente falta efectiva del Presidente de la República del país y del ejercicio del cargo para el cual había sido electo.

Para decretar judicialmente, a pesar de su ausencia del territorio nacional y del mencionado cuadro de salud, que sin embargo el Presidente enfermo y ausente "seguirá ejerciendo cabalmente sus funciones" lo menos que debía haber requerido la Sala Constitucional, era la prueba cabal y cierta de ese estado de salud y de las posibilidades de recuperación de la salud para poder ejercer cabalmente las funciones de la Presidencia. Pero nada de ello ordenó la Sala; es decir, decidió sin pruebas, y es más, en contra de "hechos" que eran más que "notorios."

Lo resuelto por la Sala Constitucional, por tanto, estando el "Presidente" de hecho impedido de ejercer cabalmente sus funciones, lo que en realidad significó fue la decisión que sus Magistrados adoptaron de poner el gobierno de Venezuela para el inicio del período constitucional 2013-2019, en manos de funcionarios que no habían sido electos popularmente, contrariando el principio democrático, como eran los otros mencionados en la sentencia: "el Vicepresidente, los Ministros y demás órganos y funcionarios de la Administración" indicando que seguirían "ejerciendo cabalmente sus funciones con fundamento en el principio de la continuidad administrativa."

En este caso, sin embargo, no es que con fundamento en el principio de la continuidad administrativa la Sala Constitucional hubiera resuelto que mientras el Vicepresidente, los Ministros y demás órganos y funcionarios de la Administración eran *reemplazados en sus cargos*, estaban en la obligación de ejercer sus funciones; sino que lo que resolvió la Sala Constitucional violando la Constitución y el derecho ciudadano a la democracia, que en el nuevo período constitucional 2013-2019 que se inició el 10 de enero de 2013, sin Presidente en ejercicio por estar éste confinado a una cama de hospital en La Habana con graves problemas de salud, el gobierno de la República comenzó a estar a cargo de funcionarios no electos, que no tenían legitimidad democrática, como son el Vicepresidente y los Ministros quienes habían sido nombrados en el período constitucional anterior, sin término alguno, es decir, *sine die*, y hasta cuando el propio Tribunal Supremo fijase la oportunidad de que el Presidente electo enfermo se juramentase ante el mismo.

Ni más ni menos, la Sala Constitucional lo que produjo con esta decisión fue un golpe contra la Constitución,[1339] que en este caso fue dado por el Juez Constitucio-

1338 "Maduro: "Chávez me apretó la mano con una fuerza gigantesca," indicando que "En uno de los saludos lo saludé (a Chávez) con la mano izquierda y me apretó con una fuerza gigantesca mientras hablábamos", comentó Maduro durante una entrevista exclusiva que ofreció al canal interestatal Telesur desde Cuba, donde se encuentra desde el pasado 29 de diciembre acompañando al gobernante y a sus familiares." Véase en Larazón.com, 2 de enero de 2013, en http://www.larazon.es/detalle_nor-mal/noticias/554672/maduro-chavez-me-apreto-la-mano-con-una-fuerz

1339 También puede calificarse la situación como golpe de Estado, pues en definitiva, todo golpe contra la Constitución es un golpe de Estado. Véase Claudio J. Sandoval, ¿Golpe de Estado en Venezuela?, en *El Universal*, Caracas 10 de enero de 2013, en http://www.eluniversal.com/opinion/130110/oea-golpe-de-estado-en-venezuela.

nal, el cual precisamente estaba llamado a defenderla en su supremacía e integridad, vulnerando en cambio el derecho de los ciudadanos a ser gobernados por gobernantes electos.

La decisión de la Sala Constitucional, por otra parte, no resolvía el problema de gobernabilidad democrática de la República, que era lo que la Sala Constitucional estaba en la obligación de garantizar con su interpretación. El Vicepresidente Ejecutivo entonces en funciones, Nicolás Maduro, a quien conforme a lo decidido en la misma sentencia se dejaba de hecho conduciendo la acción de gobierno, sin embargo, supuestamente aún en ausencia del Presidente del territorio nacional, no está supliendo la "falta temporal" del Presidente Chávez pues éste según la Sala ni la había decretado ni la había invocado, de manera que supuestamente sólo podría actuar como Vicepresidente Ejecutivo, con las atribuciones que tiene en la Constitución (art. 239) y las que el Presidente Chávez le delegó mediante Decreto N° 9315 de 9 de diciembre de 2012,[1340] de contenido absolutamente limitativo.

Además, debe advertirse que dicho Decreto de delegación de diciembre de 2012, al considerar que el Vicepresidente Ejecutivo Maduro no suplía automáticamente la falta temporal del Presidente delegante (de lo contrario la delegación era innecesaria), impuso que todos los actos que dictase el Vicepresidente distintos a los expresamente delegados en los 8 primeros numerales del artículo 1° del Decreto referidos a temas de finanzas públicas, para poder ser dictados debían ser sometidos "a consulta previa al Presidente" y a su aprobación en Consejo de Ministros, lo que de nuevo planteaba un cuadro de imposibilidad en su ejecución por la situación de salud del Presidente. Por otra parte, era evidente que el mencionado decreto de delegación cesó en sus efectos, por caducar, a partir del 10 de enero de 2013, al terminar el período constitucional para el cual fue dictado. Sin embargo, y asumiendo que con la decisión de la Sala Constitucional el mismo también había sido "prorrogado" en sus efectos, el resultado de todo lo anterior, era que al no estar el Vicepresidente supliendo la "falta temporal" del Presidente, por no haberlo así resuelto el Presidente y haberlo decidido así el propio Tribunal Supremo, en ausencia del primero, el Vicepresidente Ejecutivo comenzaba a conducir el Poder Ejecutivo con facultades muy limitadas, entre las cuales no estaban las enumeradas en el artículo 236 de la Constitución asignadas al Presidente de la República.

El resultado de todo esto fue que a partir del 10 de enero de 2013, por voluntad la Sala Constitucional del Tribunal Supremo de Justicia, en Venezuela comenzó a gobernar un funcionario que según la propia sentencia no estaba supliendo la ausencia del Presidente de la República electo y enfermo; funcionario que entonces sólo podía ejercer sus atribuciones establecidas en la Constitución (art. 239) y las enumeradas en el decreto de delegación de diciembre de 2013,[1341] y quién no podía ejercer

---

1340 Véase en *Gaceta Oficial* N° 40.078 del 26 de diciembre de 2012.

1341 Ello no impidió por ejemplo que el Vicepresidente, en virtud de la "continuidad administrativa" decretada por la Sala Constitucional, procediera a designar mediante Decreto N° 9350 de 11 de enero de 2013, "por delegación del Presidente," a un "Vicepresidente Encargado" para suplir su ausencia del territorio nacional para viajar a Cuba. Véase Decreto N° 9.350, de fecha 11 de enero de 2013 en *Gaceta Oficial* N° 40.088, de fecha 11 de enero de 2013.

las atribuciones que sólo un Presidente en ejercicio podría ejercer. Ello implicaba, por ejemplo, que a partir del 10 de enero de 2013, no podía nombrar y remover los Ministros;[1342] no podía dirigir las relaciones exteriores de la República y celebrar y ratificar los tratados, convenios o acuerdos internacionales; no podía dirigir las Fuerza Armada Nacional ni podía tener el carácter de Comandante en Jefe de la misma, no pudiendo ejercer la suprema autoridad jerárquica de ella y fijar su contingente; no podía ejercer el mando supremo de la Fuerza Armada Nacional, promover sus oficiales a partir del grado de coronel o capitán de navío, y nombrarlos para los cargos que les son privativos; no podía declarar los estados de excepción y decretar la restricción de garantías en los casos previstos en esta Constitución; no podía convocar a la Asamblea Nacional a sesiones extraordinarias; no podía reglamentar total o parcialmente las leyes, sin alterar su espíritu, propósito y razón; no podía negociar los empréstitos nacionales; no podía celebrar los contratos de interés nacional conforme a la Constitución y la ley; no podía designar, previa autorización de la Asamblea Nacional o de la Comisión Delegada, al Procurador General de la República y a los jefes o jefas de las misiones diplomáticas permanentes; no podía formular el Plan Nacional de Desarrollo y dirigir su ejecución previa aprobación de la Asamblea Nacional; no podía conceder indultos; no podía fijar el número, organización y competencia de los ministerios y otros organismos de la Administración Pública Nacional, o la organización y funcionamiento del Consejo de Ministros, dentro de los principios y lineamientos señalados por la correspondiente ley orgánica; no podía disolver la Asamblea Nacional en el supuesto establecido en la Constitución; ni podía convocar referendos; ni podrá convocar y presidir el Consejo de Defensa de la Nación.[1343]

A esta absurda ingobernabilidad era a lo que conducía la sentencia de la Sala Constitucional; a raíz de la cual, por su insostenibilidad jurídica, el gobierno comenzó incluso a perseguir a quienes argumentaran o informaran sobre la interpretación que debía darse a las normas constitucionales y sobre la inconstitucional decisión del Tribunal Supremo y sus efectos;[1344] de manera que hasta los estudiantes

1342 Por ello se recurrió a la ficción de publicar el 18 de enero de 2013 dos decretos con la firma del Presidente "dada en Caracas" cuando ello era falso pues estaba en La Habana, recuperándose, según informó el día anterior 17 de enero de 2013 el propio Vicepresidente Maduro de los "estragos" de unas complicaciones postoperatorias (Véase Entrevista a Nicolás Maduro, "Tratamiento del presidente Chávez es para superar "estragos" de infección respiratoria," *Globovisión* 17 de enero de 2013, en http://globovision.com/articulo/maduro-ahora-tratamiento-de-chavez-es-para-superar-estragos-de-insuficiencia-respiratoria), como fue el caso del Decreto N° 9.351 de 15 de enero de 2013 publicado en *Gaceta Oficial* N° 40.090 de la misma fecha, en el cual el mismo Presidente Hugo Chávez nombró a "Elías Jaua Milano, como Ministro del Poder Popular para Relaciones Exteriores;" y el Decreto N° 9.352, de la misma fecha, mediante el cual el mismo Presidente Hugo Chávez nombró a l mismo Elías Jaua Milano, Ministro del Poder Popular para Relaciones Exteriores, como "Sexto Vicepresidente del Consejo de Ministros Revolucionarios del Gobierno Bolivariano para el Área Política."

1343 Véase sobre esta situación, Manuel Rachadell, "Continuidad de la presidencia compartida o un país presidencialista sin Presidente," Caracas, 10 de enero de 2013, en http://manuelrachadell@blogspot.com

1344 El 9 de enero de 2013, el consultor jurídico de Globovisión, Ricardo Antela, explicó sobre el nuevo procedimiento administrativo sancionatorio abierto por la Comisión Nacional de Telecomunicaciones (CONATEL) contra la estación de TV, "por la difusión de cuatro micros informativos sobre el articulado de la Constitución", que a juicio del ente regulador, "incitan al odio, la zozobra y la alteración del oruniversitarios que comenzaron a protestar contra la sentencia de la Sala Constitucional, fueron por ello amenazados con cárcel.[1345]

El tema central y patético en este caso, sin embargo, es que con la sentencia N° 2 de 9 de enero de 2013, la Sala Constitucional del Tribunal Supremo de Justicia, a partir del 10 d enero de 2013 instaló en Venezuela un gobierno no electo, sin término, sujetando sólo su duración hasta cuando la propia Sala Constitucional lo dispusiera fijando una fecha para tomar juramento del Presidente de la República electo, y no posesionado de su cargo, para comenzar a ejercerlo, a pesar de que por razón del principio de la continuidad administrativa hubiera afirmado que el mismo Presidente supuestamente continuaba "en el ejercicio cabal de su cargo." Esa tan importante y trascendental decisión para la vida democrática de un país, además, y sin embargo, lo adoptó el juez constitucional sin que en el expediente constara prueba alguna sobre el estado de salud del Presidente electo y no posesionado, y sobre las posibilidades de su recuperación.

Ante esta sentencia, por tanto, adquiere todo su valor el principio de que en los procesos constitucionales se precisa ineludiblemente de la prueba cuando sea necesario sustentar la verdad de algo para aplicar determinada consecuencia jurídica[1346] y eso es lo que precisamente debe ocurrir en los procesos de interpretación abstracta de la Constitución cuando haya hechos que probar, de manera que el juez constitucional pueda decidir conforme a lo probado en autos, estándole vedado decidir sin que los hechos involucrados hayan sido probados. Lo contrario es arbitrariedad, que es precisamente lo que ocurrió con la sentencia N° 2 de 9 de enero de 2013; y además, con la sentencia N° 141 de 8 de marzo de 2013, mediante la cual se completó la violación al principio democrático.

---

den público", prohibiendo de entrada "a la televisora retransmitir dichos mensajes o algunos similares." En horas de la tarde de ese mismo día el "presidente de la Asamblea Nacional, Diosdado Cabello; y el ministro Rafael Ramírez, habían sugerido al ente regulador "iniciar una investigación contra el canal por difundir el artículo 231 de la Constitución.". Véase la información en http://globovision.com/articulo/conatel-notifica-a-globovision-de-nuevo-procedimiento-adminis-trativo-sancionatorio

1345 El Gobernador del Estado Táchira, José Gregorio Vielma Mora, afirmó a la prensa "que los estudiantes de las universidades Católica y de Los Andes de esa entidad, que manifestaron en contra del fallo del Tribunal Supremo de Justicia, estaban ebrios y otros consumieron drogas para "valentonarse en contra de la autoridad". "Son delincuentes", aseveró. Advirtió al rector académico de la ULA, Omar Pérez Díaz y demás profesores, que irá a la Fiscalía a denunciarlos. "No mienta (Pérez Díaz), usted está promoviendo la violencia en Táchira. Les están pagando desde el extranjero. "Tienen armamento y municiones dentro de la universidad", acusó. De seguir protestando "van a ser tratados como bandas criminales e irán a la cárcel de Santa Ana". Véase en http://m.notitarde.com/nota.aspx?id=159398

1346 Véase Ana Giacometto, *La prueba en los procesos constitucionales,* Bogotá 2009.

II. EL JUEZ CONSTITUCIONAL EN VENEZUELA, AL ANUNCIARSE EL FALLECIMIENTO DEL PRESIDENTE ENFERMO Y AUSENTE DEL TERRITORIO NACIONAL, DESIGNÓ COMO ENCARGADO DE LA PRESIDENCIA A UN FUNCIONARIO SIN LEGITIMIDAD DEMOCRÁTICA

En efecto, la arbitraria conducta del Juez Constitucional en el tratamiento de la falta de comparecencia del Presidente Chávez para juramentarse en el ejercicio de su cargo el 10 de enero de 2013, por estar gravemente enfermo y ausente del territorio nacional, considerando contra la razón y los hechos que a pesar de ello, continuaba en ejercicio de su cargo, junto con su gabinete, hasta tanto pudiera –si ello si acaso ocurría– juramentarse ante el Tribunal Supremo, no terminó con la sentencia de 9 de enero de 2013, sino que su actuación contraria a la Constitución la completó dos meses después, una vez que se anunció oficialmente el 5 de marzo de 2013 el fallecimiento del Presidente de la República, después de que supuestamente el 18 de febrero de 2013,[1347] había sido trasladado de una cama de hospital en La Habana a una cama de hospital en Caracas, sin haber sido visto nunca más públicamente desde el 10 de diciembre de 2012.

Dos días antes del anunciado regreso a Caracas, en todo caso, en relación con el tema de la salud del Presidente Chávez, se había anunciado oficialmente que debido a una traqueotomía, el mismo "respiraba por una cánula traqueal," lo que le impedía hablar.[1348] Ello no impidió, sin embargo, que unas semanas antes el Ministro de

---

1347 Véase la reseña en *El Universal*, Caracas 18-2-2013, "Chávez vuelve a Venezuela. El presidente de Venezuela, Hugo Chávez, regresó a Caracas procedente de La Habana, más de dos meses después de que viajara a Cuba para someterse a la cuarta operación de un cáncer que le fue diagnosticado en junio de 2011, y se encuentra en el hospital militar de Caracas," en http://www.eluniversal.com/na-cional-y-politica/salud-presidencial/130218/chavez-vuelve-a-venezuela. A través de la cuenta Twister @chavezcandanga, el Ptresidente habría mandado un mensaje a las 2.30 de la madrigada con el siguiente texto: "Hemos llegado de nuevo a la Patria venezolana. ¡¡Gracias Dios mío!! Gracias ¡¡Pueblo amado!! Aquí continuaremos el tratamiento."

1348 El Ministro de Comunicación e Información, Ernesto Villegas, informó ese día en cadena de radio y televisión que al Presidente le persistía "un cierto grado de insuficiencia" y "presenta respiración a través de cánula traqueal que le dificulta temporalmente el habla," sometido a un "tratamiento enérgico para la enfermedad de base, que no está exento de complicaciones," oportunidad en la cual se publicitó una fotografía que se dijo era de 14 de febrero de 2013 del Presidente con sus hijas, que sin embargo, no mostraban en forma alguna lo que se anunciaba, ni por la vestimenta de los que posaron en la fotografía ni por la asepsia que una situación como la escrita requería. Continuó el Ministro informando que "después de dos meses de un complicado proceso postoperatorio, el paciente se mantiene consciente, con integridad de las funciones intelectuales, en estrecha comunicación con su equipo de gobierno y al frente de las tareas fundamentales inherentes a su cargo." Sin embargo, el Ministro de Ciencia y tecnología Arreaza, informaba en el canal multiestatal Telesur, que Chávez "tiene dificultad para comunicarse verbalmente (...) Uno lo que tiene es que poner atención y él comunica perfectamente sus decisiones, cuando no las escribe (...) Pero perfectamente se comunica y se da a entender. No tiene la voz que lo caracteriza, pero esto es un proceso que es reversible y esperamos volverlo a escuchar." Véase la reseña de María Lilibeth Da Corte, "Chávez respira por cánula traqueal que le dificulta hablar. Arreaza: Él comunica perfectamente sus decisiones, cuando no las escribe," en *El Universal*, Caracas 16-2-2013, en http://www.eluniversal.com/nacional-y-politica/130216/chavez-respira-por-canula-traqueal-que-le-dificulta-hablar Véase igualmente en http://globovi-sion.com/articulo/ministro-villegas-en-breve-comunicado-y-fotografias-del-presidente-chavez

Relaciones Exteriores Elías Jaua, nombrado "en Caracas" por el Presidente electo, cuando estaba sin embargo ausente del país y no había tomado posesión de su cargo, luego de un viaje a La Habana, hubiera afirmado el 22 de enero de 2013, a su regreso a Caracas, que había "conversado con Chávez en La Habana;"[1349] ni que a principios del mes de marzo de 2013, otros voceros oficiales del gobierno, en particular el Vicepresidente Ejecutivo y otros Ministros, hubieran llegado a anunciar al país que habían estado con el Presidente Hugo Chávez Frías en una supuesta reunión de gabinete de nada menos que de cinco horas durante la noche el día 23 de febrero.[1350]

El día 4 de marzo de 2013, in embargo, el Ministro de Comunicaciones anunciaba al país que Chávez había tenido "un empeoramiento de la función respiratoria relacionado con el estado de inmunodepresión propio de su situación clínica," presentando "una nueva y severa infección" siendo su estado de salud "muy delicado,"[1351] lo que presagiaba ya un desenlace final. Y ello fue confirmado el día 5 de marzo de 2013 en horas de mediodía en una extraña y sombría rueda de prensa o reunión de gabinete presidida por el Vicepresidente Ejecutivo Nicolás Maduro, convocada "luego de que se informara oficialmente de un deterioro en la salud del presidente Hugo Chávez"[1352] anunciándose ya, sin anunciarlo, lo que evidentemente había ocurrido o estaba ocurriendo, y que era el fallecimiento del Presidente Chávez.

De allí, luego de los diversos anuncios contradictorios sobre el agravamiento de la salud del Presidente, lo que siguió fue el anuncio formal del hecho del fallecimiento unas pocas horas después, en exposiciones separadas y televisadas del Vicepresidente Nicolás Maduro,[1353] del Presidente de la Asamblea Nacional, Diosdado Cabello[1354] y del Ministro de la Defensa, general Diego Molero Bellavía.[1355] Sobre

---

1349 Véase la reseña de Ender Ramírez Padrino, "Jaua informó que se reunió con el presidente en La Habana," *El Nacional*, 21 de enero de 2013, en http://www.el-nacional.com/politica/Jaua-asegura-converso-Chavez-Habana_0_122390427.html.

1350 Véase "Maduro asegura que se reunió con Chávez por más de cinco horas," en *El Universal*, 23 de febrero de 2013, en http://www.eluniver-sal.com/nacional-y-politica/salud-presidencial/130223/maduro-asegura-que-se-reunio-con-chavez-por-mas-de-cinco-horas; y En "Maduro: Chávez continúa con cánula traqueal y usa distintas vías de entendimiento," Publicado por Caracas en Febrero 23, 2013, en http://venezuelaaldia.com/2013/02/ma-duro-chavez-continua-con-la-canula-traqueal-y-usa-distintas-vias-de-entendimiento/.

1351 "Villegas,, "El estado general sigue siendo delicado," en Kikiriki, 4-3-2023, en http://www.kikiriki.org.ve/villegas-el-estado-general-sigue-siendo-delicado/

1352 Véase "Venezuela transmitirá reunión entre Maduro, Gabinete y militares: oficial," en Reuters, 5-3-2013, en http://ar.reuters.com/article/topNews/id ARL1N0BX9B220130305

1353 Véase en "Muere el presidente Hugo Chávez,", en *ElTiempo.com*, 5-3-2013, en http://www.eltiempo.com/mundo/latinoamerica/ARTICULO-WEB-NEW_NOTA_INTERIOR-12639963.html

1354 Véase en http://cnnespanol.cnn.com/2013/03/05/diosdado-cabello-nuestros-hijos-tendran-patria-gracias-a-lo-que-hizo-chavez/

1355 Véase lo expresado por Diego Molero Bellavía, Ministro de la Defensa, al comprometerse en que las Fuerzas Armadas respetarían la Constitución, expresando,, " Vicepresidente Nicolás Maduro, señor Diosdado Cabello, presidente de la Asamblea Nacional, y todos los poderes, cuenten con la Fuerza Armada, que es del pueblo y para el pueblo," en "Ministro de la defensa venezolano hace un llamado a la unidad," CNN, 5-3-2013, en CNN es la Noticia, 5-3-2013, en http://cnnespanol.cnn.com/-2013/03/05/ministro-de-la-defensa-venezolano-hace-un-llamado-a-la-unidad/.

ello, tal y como se afirmó en la sentencia N° 141 de la Sala Constitucional del Tribunal Supremo de Justicia, "el 5 de marzo de 2013, el Vicepresidente Ejecutivo ciudadano Nicolás Maduro Moros anunció, desde la sede del Hospital Militar de Caracas 'Dr. Carlos Arvelo,' el lamentable fallecimiento del Presidente de la República ciudadano Hugo Chávez Frías"[1356]; hecho que ocurrió, según dicho anuncio, a las 4.25 pm.,[1357] sesenta años después del fallecimiento de Joseph Stalin, hecho éste último que ocurrió el día 5 de marzo de 1953. Nótese que la Sala Constitucional no afirmó que en esa fecha indicada había ocurrido el fallecimiento, pues no tenía pruebas de ello, y sólo se basó en el anuncio hecho por el Vicepresidente, sin prueba alguna.

Se trató, en todo caso, de un hecho singular en la vida política del país, pues desde que el presidente Juan Vicente Gómez falleció en diciembre de 1935, estando en ejercicio del cargo, no había ocurrido en Venezuela que un Presidente de la República falleciera siendo titular del cargo, y nunca con la popularidad que había tenido el Presidente Chávez.

Como hecho relevante en la vida política del país, el mismo, sin duda, el anuncio del fallecimiento del Presidente Chávez produjo una serie de consecuencias jurídicas que deben identificarse claramente. El derecho precisamente regula las consecuencias jurídicas que en determinados momentos producen ciertos hechos o actos adoptados por los sujetos de derecho, así como las relaciones jurídicas que se establecen entre esos sujetos de derecho. Normas, actos y sujetos de derecho configuran, en definitiva, el mundo en el cual opera el derecho, de manera que el hecho del fallecimiento de una persona titular del cargo de Presidente de República, quién incluso no se llegó a posesionar del mismo, amerita ser analizado para tratar de establecer sus consecuencias jurídicas. Ese hecho del fallecimiento del Presidente de la República Hugo Chávez Frías, se produjo además en medio de una serie de otros hechos y actos jurídicos que condicionaron sus efectos jurídicos y que es necesario tener también presente para determinar dichas consecuencias jurídicas.

Esos son, en líneas generales, los siguientes:

Primero, que el Presidente Chávez había sido reelecto Presidente de la República el 7 de octubre de 2012, para el período constitucional 2013-2019, cuando estaba en ejercicio del cargo de Presidente para el período constitucional 2007-2013, para el cual había sido reelecto en 2006; período este que terminaba el 10 de enero de 2013.

Segundo, que el Presidente Chávez, desde el día 10 de diciembre de 2012, había viajado a La Habana, luego de haber obtenido autorización de la Asamblea Nacional pues se ausentaría del territorio nacional por más de 5 días (art. 234, Constitución),

1356 Véase el texto de la sentencia de interpretación del artículo 233 de la Constitución en http://www.tsj.gov.ve.decisiones/scon/Marzo/141-9313-2013-13-0196.html

1357 Afirmando incluso que no descartaba "que la enfermedad del presidente Chávez haya sido inducida." Véase "Muere el presidente Hugo Chávez,", en *ElTiempo.com*, 5-3-2013, en http://www.eltiempo.com/mundo/latino-america/ARTICULO-WEB-NEW_NOTA_INTERIOR-12639963.html para someterse a una operación quirúrgica, después de la cual nunca más se le vio en público.

Tercero, que la ausencia del Presidente del territorio nacional constituyó una falta temporal (art. 234, Constitución) que constitucionalmente el Vicepresidente Ejecutivo estaba obligado a suplir, lo que en este caso, el Vicepresidente que era Nicolás Maduro se negó a hacer, habiendo permanecido en Caracas, con viajes frecuentes a La Habana, conduciendo la acción de gobierno sólo mediante una delegación de atribuciones que el Presidente Chávez había decretado el 9 de diciembre de 2012.

Cuarto, que para tomar posesión del cargo de Presidente para el nuevo período constitucional 2013-2019, el Presidente Chávez debía juramentarse ante la Asamblea Nacional el día 10 de enero de 2013 (art. 231, Constitución).

Quinto, que si ese día 10 de enero de 2013, el Presidente electo, por alguna causa sobrevenida, no podía prestar juramento ante la Asamblea Nacional, lo podía hacer posteriormente ante el Tribunal Supremo de Justicia (art. 231, Constitución).

Sexto, que en esa fecha 10 de enero de 2013, en todo caso, comenzaba el nuevo período constitucional 2013-2019 (art. 231, Constitución), así no se producía el acto formal de juramentación del Presidente electo, y éste se juramentase posteriormente ante el Tribunal Supremo.

Séptimo, que el Vicepresidente Nicolás Maduro informó a la Asamblea Nacional el 8 de enero de 2013, que el Presidente de la República, dado su estado de salud, no iba a poder comparecer ante la Asamblea el día 10 de enero de 2013 para juramentarse en su cargo, permaneciendo en La Habana.

Octavo, que el Presidente Chávez, efectivamente no compareció ante la Asamblea Nacional a tomar posesión del cargo para el período constitucional 2013-2019, de manera que su fallecimiento ocurrió sin haberse juramentado ni haber tomado posesionado de su cargo.

Noveno, que antes de que se iniciara el nuevo periodo constitucional el 10 de enero de 2013, sin embargo, como hemos mencionado antes, el Tribunal Supremo de Justicia, el día 9 de enero de 2013, decidió mediante una sentencia interpretativa, que en virtud de que el Presidente Chávez había sido reelecto y había estado en ejercicio de la Presidencia de la República, su no comparecencia ante la Asamblea Nacional no significaba que no continuara en ejercicio de sus funciones junto con todo su gabinete (Vicepresidente y Ministros), todos ellos nombrados en el período constitucional que concluyó el 10 de enero de 2013; para lo cual la Sala Constitucional del Tribunal Supremo aplicó a la cuestión constitucional planteada el "principio de la continuidad administrativa."[1358]

1358 La Sala dijo en la sentencia, en cuanto al Presidente Chávez, que se trataba "de un Jefe de Estado y de Gobierno que no ha dejado de desempeñar sus funciones y, como tal, seguirá en el ejercicio de las mismas hasta tanto proceda a juramentarse ante el Máximo Tribunal." Agregó además, que " la falta de juramentación en tal fecha no supone la pérdida de la condición del Presidente Hugo Rafael Chávez Frías,

Décimo, que luego de que se informara que el Presidente Chávez fuera trasladado desde un Hospital en La Habana, al Hospital Militar de Caracas el día 18 de febrero de 2013, donde habría permanecido recluido sin ser visto en público, al anunciar el Vicepresidente que se había producido su fallecimiento el día 5 de marzo de 2013, puede decirse que cesó el régimen de "continuidad administrativa" del Presidente electo de su Vicepresidente y del tren ministerial anterior, que la Sala Constitucional del Tribunal Supremo había dispuesto que continuaban en sus funciones, fundamentándose en el hecho de que para el 9 de enero de 2013 el Presidente reelecto estaba en ejercicio de su cargo, por lo que hasta que se juramentase, todos debían continuar en el desempeño de sus funciones o en el ejercicio de sus cargos, y entre ellos el Vicepresidente y sus Ministros, hasta que el Presidente se juramentase; y

Decimoprimero, que tal juramento y la toma de posesión del cargo por el Presidente electo nunca pudo tener lugar, a causa del fallecimiento del Presidente.

Para entender bien las consecuencias jurídicas de éste último hecho, por tanto, es bueno refrescar con precisión lo que decidió la Sala Constitucional del Tribunal Supremo de Justicia, en la sentencia Nº 2 del 9 de enero de 2013 sobre la no comparecencia anunciada del Presidente de la República para su toma de posesión el día siguiente, 10 de enero de 2013, por encontrarse totalmente incapacitado para ello por yacer en una cama de hospital en La Habana después de haber sido operado un mes antes (11 de diciembre de 2012).

La Sala Constitucional consideró que en virtud de que el Presidente Hugo Chávez había sido "reelecto" Presidente para el período 2013-2019 terminando ese mismo día su período constitucional anterior (2007-2013), y que como eventualmente podría prestar dicho juramento posteriormente ante el propio Tribunal Supremo, entonces no podía considerarse que en ese día de terminación del período constitucional 2007-2013, por su ausencia, "que el gobierno queda *ipso facto* inexistente," resolviendo entonces que: "el Poder Ejecutivo (constituido por el Presidente, el Vicepresidente, los Ministros y demás órganos y funcionarios de la Administración) seguirá ejerciendo cabalmente sus funciones con fundamento en el principio de la continuidad administrativa," por supuesto, hasta que se juramentase y tomase posesión de su cargo ante el propio Tribunal.

Fue conforme a esa sentencia, entonces, el Tribunal por una parte, decidió que el Presidente de la Asamblea Nacional, Diosdado Cabello no debía encargarse de la Presidencia de la República, tal como le correspondía conforme al principio democrático y que exigía la aplicación analógica de la norma que regula la falta absoluta del Presidente antes de su toma de posesión (art. 233); por la otra parte, aseguró la continuidad en el ejercicio de su cargo del Presidente de la República reelecto a pesar de estar postrado en una cama de hospital; y finalmente, decidió que el Vicepresidente Maduro a partir del 10 de enero de 2013 continuaría en ejercicio del cargo de Vicepresidente Ejecutivo. Consolidó así el Tribunal Supremo la usurpación de

ni como Presidente en funciones, ni como candidato reelecto, en virtud de existir continuidad en el ejercicio del cargo". Véase, Expediente Nº 12-1358, Solicitante: Marelys D'Arpino. Véase el texto de la sentencia en: http://www.tsj.gov.ve/decisiones/scon/Ene-ro/02-9113-2013-12-1358.html.

la voluntad popular, imponiéndole a los venezolanos un gobierno de hecho a cargo de funcionarios no electos, el Vicepresidente y los Ministros, que habían sido designados por el Presidente Chávez en el período constitucional anterior (2007-2013), y quienes continuaron ejerciendo sus cargos, situación que conforme a la sentencia de la Sala Constitucional debía permanecer hasta que el Presidente se juramentara. Esto último, ya evidentemente era una falacia pues, sin duda, para ese momento, todo el gobierno ya debía haber sabido sobre la condición de salud del Presidente y la imposibilidad que ya habría de que efectivamente se pudiera juramentar y tomar posesión de su cargo.

Hasta el 5 de marzo de 2013, por tanto, en virtud de la mencionada sentencia del Tribunal Supremo, el Vicepresidente Maduro continuó ejerciendo atribuciones del Poder Ejecutivo, pero sin siquiera haberse encargado de la Presidencia y sin siquiera suplir al Presidente en su falta temporal como se lo imponía el artículo 234 de la Constitución, no habiéndose dictado actos de gobierno algunos ni decretos presidenciales en los últimos días antes del 5 de marzo de 2013.[1359]

III. EL JUEZ CONSTITUCIONAL, ANTE LA "FALTA ABSOLUTA" DEL PRESIDENTE ELECTO QUE NUNCA TOMÓ POSESIÓN DE SU CARGO, EXTENDIENDO LA CONTINUIDAD DE UN GOBIERNO SIN LEGITIMIDAD DEMOCRÁTICA, EN MARZO DE 2013

El anuncio del fallecimiento del Presidente electo Chávez, quién según estableció la sentencia N° 2 del Tribunal Supremo de enero de 2013, como había sido reelecto, a pesar de no haberse juramentado en cargo, sin embargo, había continuado en ejercicio de sus funciones del Poder Ejecutivo (aun cuando, de hecho, ello era imposible por su situación de salud), y con él, el Vicepresidente Ejecutivo y los Ministros; en todo caso, originaba una serie de cuestiones jurídicas inmediatas que requerían solución urgente, las cuales giraban en torno a determinar jurídica y constitucionalmente, quién, a partir del 5 de marzo de 2013, debía encargarse de la Presidencia de la República en ese supuesto de efectiva falta absoluta de un Presidente electo, no juramentado, mientras se procedía a una nueva elección presidencial. En virtud de que ya si era evidente que el Presidente electo Chávez ya no podía tomar posesión de su cargo, el régimen de la "continuidad administrativa" ilegítimamente impuesto por el Tribunal Supremo, al producirse la falta absoluta del Presidente con su fallecimiento, sin duda cesó. Todo cambió, por tanto, cuando se anunció el fallecimiento del Presidente y se produjo su efectiva falta absoluta.

La norma constitucional que rige los supuestos de falta absoluta del Presidente de la República es el artículo 233, en el cual se dispone lo siguiente:

> *Artículo 233.* Serán faltas absolutas del Presidente o Presidenta de la República: su muerte, su renuncia, o su destitución decretada por sentencia del Tribunal Supremo de Justicia; su incapacidad física o mental permanente certi-

---

1359 Véase *Gacetas Oficiales* N° 40.121 de 1-3-2013; N° 40.122 de 4-3-2013; N° 40.123 de 5-3-2013; N° 40.124 de 6-3-2013.

ficada por una junta médica designada por el Tribunal Supremo de Justicia y con aprobación de la Asamblea Nacional; el abandono del cargo, declarado como tal por la Asamblea Nacional, así como la revocación popular de su mandato.

Cuando se produzca la falta absoluta del Presidente electo o Presidenta electa antes de tomar posesión, se procederá a una nueva elección universal, directa y secreta dentro de los treinta días consecutivos siguientes. Mientras se elige y toma posesión el nuevo Presidente o la nueva Presidenta, se encargará de la Presidencia de la República el Presidente o Presidenta de la Asamblea Nacional.

Si la falta absoluta del Presidente o la Presidenta de la República se produce durante los primeros cuatro años del período constitucional, se procederá a una nueva elección universal, directa y secreta dentro de los treinta días consecutivos siguientes. Mientras se elige y toma posesión el nuevo Presidente o la nueva Presidenta, se encargará de la Presidencia de la República el Vicepresidente Ejecutivo o la Vicepresidenta Ejecutiva.

En los casos anteriores, el nuevo Presidente o Presidenta completará el período constitucional correspondiente.

Si la falta absoluta se produce durante los últimos dos años del período constitucional, el Vicepresidente Ejecutivo o la Vicepresidenta Ejecutiva asumirá la Presidencia de la República hasta completar dicho período."

De este texto aparecen claramente los siguientes tres supuestos generales en los cuales ese hecho de la falta absoluta puede ocurrir, con sus consecuencias jurídicas inmediatas:[1360]

Primero, que la falta absoluta se produzca ***antes de que el Presidente electo tome posesión del cargo***, en cuyo caso, dice la norma, el Presidente de la Asamblea Nacional ***se encarga*** de la Presidencia de la República mientras se realiza una nueva elección y toma posesión el nuevo Presidente. En este caso, el Presidente de la Asamblea no pierde su investidura parlamentaria, ni asume la Presidencia de la República, sino que solo se "encarga" temporalmente de la misma.

Segundo, que la falta absoluta se produzca ***dentro de los primeros cuatro años del periodo constitucional,*** se entiende por supuesto después de ya el Presidente electo tomó posesión de su cargo mediante su juramentación, en cuyo caso, dice la norma, el Vicepresidente Ejecutivo ***se encarga*** de la Presidencia mientras se realiza

1360 El artículo 233 dispone en la materia", lo siguiente,, "Cuando se produzca la falta absoluta del Presidente electo o Presidenta electa antes de tomar posesión, se procederá a una nueva elección universal, directa y secreta dentro de los treinta días consecutivos siguientes. Mientras se elige y toma posesión el nuevo Presidente o la nueva Presidenta, se encargará de la Presidencia de la República el Presidente o Presidenta de la Asamblea Nacional. // Si la falta absoluta del Presidente o Presidenta de la República se produce durante los primeros cuatro años del período constitucional, se procederá a una nueva elección universal, directa y secreta dentro de los treinta días consecutivos siguientes. Mientras se elige y toma posesión el nuevo Presidente o la nueva Presidenta, se encargará de la Presidencia de la República el Vicepresidente Ejecutivo o la Vicepresidenta Ejecutiva".

una nueva elección y toma posesión el nuevo Presidente. Dicho Vicepresidente, por supuesto, debe haber sido nombrado por el propio Presidente de la República antes de su falta absoluta, durante el ejercicio de su cargo. En este caso, el Vicepresidente Ejecutivo tampoco pierde su investidura, ni asume la Presidencia de la República, sino que solo se "encarga" temporalmente de la misma.

Tercero, que la falta absoluta se produzca ***durante los últimos dos años del período constitucional***, en cuyo caso, el Vicepresidente Ejecutivo ***asume*** la Presidencia de la República hasta completar el período. En este caso, el Vicepresidente Ejecutivo si pierde su investidura y asume en forma permanente el cargo de Presidente de la República, hasta completar el período constitucional, debiendo nombrar un nuevo Vicepresidente Ejecutivo. En es el único caso en la Constitución en el cual el Vicepresidente podría considerarse como "Presidente encargado de la República."

El anunciado fallecimiento del Presidente de la República Hugo Chávez Frías el 5 de marzo de 2013, sin haberse juramentado ni haber tomado posesión de su cargo, ni ante la Asamblea Nacional ni ante el Tribunal Supremo de Justicia, exigía precisar, por tanto, cuál de los dos primeros supuestos antes mencionados debía aplicarse para determinar la sucesión presidencial.

Como el régimen de la "continuidad administrativa" decretada ilegítimamente por el Tribunal Supremo en todo caso concluyó evidentemente el mismo día cuando se produjo la falta absoluta del Presidente Chávez, quien por su estado de salud para el momento de su muerte no pudo juramentarse ni pudo tomar posesión de su cargo, es claro que se aplicaba el primer supuesto previsto en el artículo 233 de la Constitución, ya que la falta absoluta del Presidente electo se produjo en todo caso "***antes de tomar posesión***" de su cargo. La primera parte de la norma se aplica en los dos supuestos que conforme a sus previsiones podrían darse: primero, que el fallecimiento del Presidente ocurra sin tomar posesión de su cargo antes del inicio del período constitucional el 10 de enero; o segundo, que el fallecimiento del Presidente ocurra sin tomar posesión de su cargo por alguna causa sobrevenida después de haberse iniciado el período constitucional el 10 de enero. Este último fue, precisamente, el supuesto que ocurrió el 5 de marzo de 2013, de manera que conforme a la norma del artículo 233 de la Constitución, el Presidente de la Asamblea Nacional, Diosdado Cabello debió de inmediato encargarse de la Presidencia de la República, *ex constitutione*.[1361]

1361 Así por ejemplo lo consideró el diputado Soto Rojas, al señalar tras el fallecimiento del Presidente Chávez que "Diosdado Cabello debe juramentarse y nuestro candidato es Nicolás Maduro", en referencia a las próximas elecciones que deben realizarse," en *6to.Poder*, 5-3-2013, en http://www.6topoder.com/venezuela/politica/diputado-soto-rojas-diosdado-cabello-debe-juramentarse-y-nuestro-candidato-es-nicolas-maduro/ Por ello, con razón, el profesor José Ignacio Hernández, explicó que "interpretando de manera concordada los artículos 231 y 233 de la Constitución, puede concluirse que ante la falta absoluta del Presidente electo antes de tomar posesión (mediante juramento), deberá encargarse de la Presidencia el Presidente de la Asamblea Nacional. Es ésa la conclusión que aplica al caso concreto, pues el Presidente Hugo Chávez falleció sin haber prestado juramento, que es el único mecanismo constitucional previsto para tomar posesión del cargo, con lo cual debería asumir la Presidencia quien fue designado como Presidente de la Asamblea Nacional." Véase José Ignacio Hernández, "A propósito

Por tanto, en el mismo momento en que se anunció la falta absoluta del Presidente Chávez, de inmediato, el Vice-Presidente Maduro dejó de ejercer las funciones del Presidente, por haber cesado la llamada "continuidad administrativa" impuesta por la Sala Constitucional, la cual dependía de que el Presidente electo pudiera llegar a tomar posesión efectiva de su cargo; y el Presidente de la Asamblea, sin necesidad de acto alguno, se debía, *ex constitutione*, encargar de la Presidencia de la República.

Sin embargo, debe mencionarse que una primera lectura del artículo 233 de la Constitución, también podía conducir a considerar, (i) que como la falta absoluta se produjo después de iniciado el periodo constitucional, el cual comenzó el 10 de enero, así no se hubiera juramentado el Presidente electo; (ii) que entonces, como la falta absoluta se produjo "durante los primeros cuatro años del periodo constitucional"; y (iii) que como ya existía una interpretación constitucional, aunque errada, dispuesta por la Sala Constitucional, de que desde el 10 de enero de 2013 había una "continuidad administrativa", haciendo que los titulares del Poder Ejecutivo anterior siguieran en funciones (Presidente, Vicepresidente y ministros); entonces se podía aplicar el segundo supuesto de falta absoluta previsto en el artículo 233 (la que ocurría durante los primeros cuatro años del período constitucional que comenzó el 10 de enero de 2013), lo que podía conducir a considerar que el Vicepresidente Ejecutivo debía encargarse de la Presidencia quien ya estaba en funciones por la mencionada "continuidad administrativa" decretada por el Tribunal Supremo.

Esta aproximación que podía derivarse de una primera lectura de la norma, sin embargo, con una lectura detenida debía descartarse, porque la denominada "continuidad administrativa" que se había fundamentado en el hecho de que había un Presidente electo, que era Hugo Chávez, quien por causas conocidas, pero sobrevenidas, no había podido tomar posesión de su cargo, pero supuestamente lo haría; había cesado totalmente con el anuncio del fallecimiento del Presidente. A partir de entonces ya la "continuidad administrativa" no podía sobrevivirle, pues la misma estaba ligada a su propia existencia, razón por la cual, como la falta absoluta se producía entonces sin que el Presidente Chávez hubiese llegado a tomar posesión efectiva de su cargo mediante su juramento, entonces el Presidente de la Asamblea Nacional era quien debía encargarse de la Presidencia.

Sin embargo, ello no fue lo que ocurrió en la práctica política, incumpliendo el Presidente de la Asamblea Nacional el mandato de la Constitución, habiendo sido la segunda opción a la cual hemos hecho referencia la que de hecho se impuso en el ámbito del gobierno, de manera que el mismo día 5 de marzo de 2013, la Procuradora General de la República afirmaba a la prensa que con la muerte del Presidente Hugo Chávez, "inmediatamente se pone en vigencia el artículo 233, que establece que se encarga el Vicepresidente Nicolás Maduro (...) .Ya la falta absoluta determina que el que se encarga es el Vicepresidente, Nicolás Maduro."[1362] Y ello fue efec-

de la ausencia absoluta del Presidente,", en PRODAVINCI, 5-3-2013, en http://prodavinci.com/blogs/a-proposito-de-la-ausencia-absoluta-del-presidente-de-la-republica-por-jose-ignacio-hernandez-g/

1362 Véase "Muerte de Chávez. 06/03/2013 03:16:00 p.m.. Aseguró la Procuradora General de la República Cilia Flores: La falta absoluta determina que se encargará el Vicepresidente Maduro," en Notitarde.com, tivamente lo que ocurrió quedando evidenciado en *Gaceta Oficial* del mismo día, mediante la publicación del Decreto N° 9.399 declarando Duelo Nacional, dado y firmado por Nicolás Maduro, ni siquiera como "Vicepresidente encargado de la Presidencia," sino como "Presidente Encargado de la República."[1363] Nada se supo, ese día, por lo demás, de la posición del Presidente de la Asamblea Nacional Diosdado Cabello sobre el porqué no había dado cumplimiento a la norma constitucional que lo obligaba a encargarse de la Presidencia.[1364]

Lo cierto es que el régimen de la llamada "continuidad administrativa" había cesado, pues había sido impuesta por el Tribunal Supremo para permitirle al Presidente Chávez que se pudiera juramentar posteriormente en su cargo una vez recuperada su salud, a lo cual tenía derecho, como lo indico el Tribunal Supremo, y hubiera podido en ese caso tomar posesión de su cargo. Esa posibilidad fue, precisamente, la que se disipó con el anuncio del fallecimiento del Presidente, concluyendo allí el

---

7-3-2013, en http://www.notitarde.com/Muerte-de-Chavez/Cilia-Flores-La-falta-absoluta-determina-que-se-encargara-el-Vicepresidente-Maduro/2013/03/06/169847.

1363 *Gaceta Oficial* 40.123 de 5 de marzo de 2013. Con relación a este Decreto, que fue refrendado por todos los Ministros y publicado en *Gaceta Oficial*, Juan Manuel Raffalli apreció que "no hay duda de que Nicolás Maduro es el Presidente encargado de la República," llamando la atención respecto a que "Maduro no ha designado un Vicepresidente y si ostenta la doble condición de Presidente y Vicepresidente, no puede ser candidato," e indicando que "para que pueda ser candidato, tendría que designar a un Vicepresidente." Véase en "Raffalli: Maduro no puede ser candidato mientras también ostente la Vicepresidencia," en *6to. Poder*, Caracas 7-3-2013, en http://www.6topoder.com/venezuela/politica/raffalli-maduro-no-puede-ser-candidato-mientras-tambien-ostente-la-vicepresidencia/; y en "Du-das Constitucionales. ¿Maduro es Vicepresidente y encargado de la Presidencia, o es Presidente encargado a secas?, en *El Universal*, 8=3-2013, en http://www.eluniversal.com/opinion/130308/dudas-constitucionales. Sin dejar de considerar que con ese Decreto, efectivamente y de hecho, el Vicepresidente Maduro asumió sin título alguno la Presidencia de la República, es decir, ilegítimamente; sin embargo consideramos que debe puntualizarse que de acuerdo con el texto de la Constitución, en cualquier caso en el cual se produzca una falta absoluta del Presidente en los términos del artículo 233 de la Constitución, tanto el Presidente de la Asamblea Nacional como del Vicepresidente, es sus respectivos casos, lo que deben y pueden hacer es "encargarse" de la Presidencia, pero nunca pasan a ser "Presidentes encargados de la República."

1364 Sobre el tema de la sucesión presidencial en este caso, el profesor Hermán Escarrá, en una entrevista de televisión ese mismo día 5 de marzo, afirmaba que ante la muerte de Hugo Chávez se abrían dos ámbitos de actuación, de manera que (i), "si era el caso de "un Presidente electo que no ha tomado posesión; en este caso [...] debe sustituir la falta el Presidente de la Asamblea Nacional, Diosdado Cabello"; y que (ii), si era el caso de "un Presidente en ejercicio de sus funciones," entonces en ese caso "le corresponde al Vicepresidente sustituir por el periodo en el que debe convocarse a elecciones para que al final sea el pueblo el que decida quién será su Presidente." De estas opciones, según sus propias palabras, el primer supuesto era el que aparentemente se aplicaba. Pero no; fue la segunda opción, la que consideró aplicable el profesor Escarrá, argumentando que la sentencia del Tribunal Supremo de 9 de enero de 2013 había dicho que "Chávez era un Presidente reelecto que nunca estuvo ausente, 'por lo que debía entonces aplicarse el Artículo 233 de la Constitución.' [...] El Vicepresidente queda encargado, puesto que aunque el Presidente no se juramentó, de conformidad a la sentencia, estaba en el cargo cumpliendo sus funciones." Agregó además, el profesor Escarrá, que "Maduro dejó de ser vicepresidente en el momento en que se supo de la muerte del presidente Chávez y se decretó la falta absoluta. Una vez que opera la falta absoluta asume el poder el vicepresidente." Véase "Hermann Escarrá: Maduro es Presidente encargado desde que se anunció la muerte de Chávez," en Globovisión.com, 6-3-2013, en http://globovision.com/articulo/hermann-escarra-maduro-es-presidente-encargado-desde-que-se-anuncio-la-muerte-de-chavez.

régimen de la "continuidad administrativa," entrando en aplicación, precisamente, el primer supuesto del artículo 233 de una falta absoluta del Presidente ocurrida ***antes de que tomara posesión de su cargo***, lo que nunca ocurrió, en cuyo caso debía encargarse de la Presidencia el Presidente de la Asamblea Nacional.

Ahora bien, salvo que se trate de falta absoluta ocurrida en los dos últimos años del período constitucional en cuyo caso, el Vicepresidente ***asume*** el cargo de Presidente, es decir, es Presidente, en ningún otro caso, sea en caso del Presidente de la Asamblea Nacional o del Vicepresidente Ejecutivo, en los supuestos respectivos previstos en la Constitución, puede decirse que se convierten en "Presidentes encargados" ya que en ningún caso pierden su investidura. Al contrario, siguen siendo titulares de sus respectivos cargos de Presidente de la Asamblea y de Vicepresidente, y es en ese carácter que se pueden "encargar" de la Presidencia. En el caso del Vicepresidente Ejecutivo, cuando se "encarga" de la Presidencia, no puede auto considerarse ni ser calificado como "Presidente encargado de la República" como erradamente se indicó en el Decreto N° 9399 declarando Duelo Nacional. Y esta no es una cuestión de redacción, es una cuestión sustantiva, pues el Vicepresidente, cuando se encarga de la Presidencia, no deja de ser Vicepresidente; es más, es porque es Vicepresidente que se encarga de la Presidencia.

Por tanto, no es correcto afirmar que el Vicepresidente, en esos supuestos, se transforme en "Presidente encargado de la República," ni que el mismo pueda designar un Vicepresidente. Esto sólo lo puede hacer un Presidente electo una vez en funciones, pero no un Vicepresidente encargado de la Presidencia. El Vicepresidente, en la Constitución, además de tener atribuciones, tiene cargas o deberes, y uno de ellos es precisamente "encargarse" de la Presidencia en esos casos, por lo que debe asumir todas sus consecuencias. Por ello es que, por ejemplo, no puede en ningún caso ser candidato a Presidente en las elecciones a las que debe procederse en el breve lapso de 30 días.

Precisamente, conforme a artículo 229 de la Constitución, quien esté en ejercicio del cargo de Vicepresidente en el día de su postulación o en cualquier momento entre esta fecha y la de la elección, no puede ser elegido Presidente. Y como el Vicepresidente no puede abandonar su cargo de Vicepresidente al encargarse de la Presidencia, simplemente no puede ser candidato a Presidente.

Esa debió haber comenzado a ser la situación constitucional del Vicepresidente Maduro después de haberse encargado de la Presidencia el día 5 de marzo de 2013. Sin embargo, no fue así, y el anuncio antes mencionado de la Procuradora General de la República, de que el Vicepresidente Maduro había pasado a ser "Presidente encargado de la República," mostraba otra realidad, inconstitucional, a lo que se agregaba la situación inconstitucional derivada de la declaración dada por el Ministro de la Defensa al afirmar pocas horas después de darse a conocer oficialmente la muerte del Presidente Chávez, que "Ahora más que nunca, la FAN debe estar unida para llevar a Maduro a ser el próximo presidente electo de todos los venezolanos."[1365] Para una institución como la Fuerza Armada, "sin militancia política" y que "está al servicio exclusivo de la Nación y en ningún caso al de persona o parcialidad política alguna" (art. 328, Constitución), esa manifestación violaba abiertamente el texto fundamental.

Luego le correspondería a la Sala Constitucional del Tribunal Supremo de Justicia, en sentencia N° 141 de 8 de marzo de 2013, que se comenta más adelante, consolidar todo este fraude constitucional.

Pero volvamos a la situación el día 5 de marzo. Nicolás Maduro, como Vicepresidente encargado de hecho de la Presidencia (porque ello correspondía al Presidente de la Asamblea Nacional), y como "Presidente encargado de la República" como se autodenominó, en todo caso, tenía entre sus atribuciones inmediatas, velar por que se procediera "a una nueva elección universal, directa y secreta dentro de los treinta días consecutivos siguientes" contados a partir de la falta absoluta del Presidente, es decir, contados a partir del 5 de marzo de 2013.[1366]

Esto significaba que la elección presidencial conforme a la Constitución, debía necesariamente efectuarse en ese lapso, para lo cual el Consejo Nacional Electoral debía adoptar todos los actos y realizar todas diligencias necesarias, como la convocatoria, postulación, y organización electoral.[1367] Y en ese proceso electoral, en ningún caso el Vicepresidente podía ser candidato a la Presidencia, primero, porque la Constitución expresamente establece que quien esté en ejercicio del cargo de Vicepresidente para el momento de la postulación, es inelegible (art. 229); y segundo, porque el Vicepresidente, en este caso de haberse encargado de la Presidencia, así ello hubiera sido ilegítimo, no podía separarse de su cargo, pues era en tal carácter de Vicepresidente que se encargó de la Presidencia. Si lo hacía crearía un vacío en

---

1365 Véase en "Ministro de la Defensa venezolano: "La Fuerza Armada Nacional debe estar unida para llevar a Maduro a ser presidente", en Vínculocrítico.com. Diario de América, España y Europa, en http://www.vinculocri-tico.com/politica/venezuela/elecciones-venezuela/fuerzas-militares-venezolanas/muere-chavez/muerte-chavez/anuncio-muerte-chavez/ministro-defensa/vtv-/apoyo-de-militares-maduro-/294618 . En la nota publicada en ese diario se concluía con la siguiente reflexión "La clara posición expresada por el Ministro de la Defensa resulta preocupante para muchos ciudadanos, toda vez que bajo sus órdenes se encuentra la Fuerza Armada Nacional que debe velar por la seguridad de Venezuela, pero no obedecer a la voluntad de una sola persona y menos aún en materia electoral. Su posición no presagia una situación de imparcialidad, con la gravedad que ello conlleva para el futuro en democracia de dicha nación latinoamericana."

1366 No es correcta la afirmación del diputado Calixto Ortega en el sentido de afirmar que "tras los actos fúnebres, la Asamblea Nacional debe reunirse y declarar formalmente "la ausencia de derecho del presidente", tras lo cual el CNE pasa a organizar y convocar las elecciones dentro de un plazo estimado de 30 días que pudiera extenderse." Ello es contrario a la Constitución, no sólo porque en la misma la falta absoluta del Presidente por muerte no requiere de declaración formal alguna, sino porque los treinta días consecutivos para que se proceda a realzar la elección deben contarse a partir de dicha falta absoluta. Véase la reseña de la declaración en "Oposición venezolana trabaja en escenario electoral", ABC color, 7-3-2013, en http://www.abc.com.py/internacionales/oposicion-venezolana-trabaja-en-escenario-electoral-546632.html.

1367 Sin embargo, el día 8 de marzo se anunciaba en la prensa que el Consejo Nacional Electoral estaría listo para las elecciones presidenciales a partir del día 14 de abril de 2013. Véase en *El Univer*sal, Caracas 8-3-2013, en http://www.eluniversal.com/nacional-y-politica/130307/cne-listo-para-presiden-ciales-a-partir-del-14-de-abril.

el Poder Ejecutivo al dejar acéfala la jefatura del Estado. Quizás por ello, en vez de encargarse de la Presidencia, Nicolás Maduro procedió el 5 de marzo de 2013 a autonombrarse "Presidente encargado de la República," para así, seguramente, proceder en el futuro a nombrar un Ministro como "encargado" de la Vicepresidencia, como lo hizo durante el mes de diciembre de 2012.

En todo caso, y aún en el supuesto que se pretendiera que el Vicepresidente no era tal "Vicepresidente encargado de la Presidencia" sino que era "Presidente encargado de la República," tampoco podía ser candidato a la Presidencia en las elecciones a realizarse en breve, ya que el único funcionario en la Constitución que puede participar en un proceso electoral sin separarse de su cargo es el Presidente de la República cuando una vez ya electo popularmente, acude a la reelección, es decir, cuando ya ha sido previamente electo en una elección anterior. Ningún otro funcionario, ni siquiera cuando se autodenomine "Presidente encargado de la República" podría ser considerado Presidente a tales efectos de reelección sin separarse de su cargo, pues no ha sido electo popularmente.

Pero el tema de la sucesión presidencial por la anunciada falta absoluta del Presidente Chávez, a pesar de todo lo que disponía la Constitución, para el mismo día 5 de marzo de 2013, al anunciarse su fallecimiento, ya estaba de hecho resuelto al haberse encargado de la Presidencia de la República el Vicepresidente Nicolás Maduro, bien en contra de lo previsto en la Constitución, y ante el silencio del Presidente de la Asamblea Nacional, quien debió hacerlo; y haberlo hecho ni siquiera como "Vicepresidente encargado de la Presidencia," sino como consta del Decreto antes mencionado que dictó ese mismo día como "Presidente encargado de la República," carácter que no tenía pues sólo era "Vicepresidente encargado de la Presidencia."

Por ello, al inicio causó extrañeza el anuncio que hizo Presidente de la Asamblea Nacional, Diosdado Cabello, en horas de la noche del día 7 de marzo, en el sentido de que "el vicepresidente Nicolás Maduro será juramentado este viernes a las 7:00 de la noche como Presidente de la República encargado," indicando además, que "una vez juramentado, corresponderá a Maduro convocar a nuevas elecciones para elegir al próximo jefe de Estado."[1368] Era extraño porque quien ya se había encargado de hecho de la Presidencia, y ya había dictado un decreto presidencial en uso de la atribución presidencial de "dirigir la acción de gobierno," (arts. 226 y 236.2 de la Constitución que son los que se citan en el decreto) como Presidente encargado de la República, iba a juramentarse *ex post facto*, para el cargo que ya había comenzado a ejercer.

Ello lo que puso en evidencia fue la tremenda inseguridad que debía existir en las esferas de gobierno sobre la "encargaduría" de la Presidencia a la muerte del

---

1368 Véase Alejandra M. Hernández, "Maduro será juramentado mañana como Presidente encargado," *El Universal*, 7-3-2013, en http://www.eluniver-sal.com/nacional-y-politica/hugo-chavez-1954-2013/130307/maduro-sera-juramentado-manana-como-presidente-encargado; y "Nicolás Maduro asumirá hoy como Presidente," en http://www.eluniversal.com/nacional-y-politica/130308/nicolas-maduro-asumira-hoy-como-presidente

Presidente Chávez. El arte del desconcierto que tanto aplicó, siguió guiando el comportamiento del gobierno en su "continuidad administrativa" de tiempo indefinido. Sin embargo, con el anuncio, al menos ya quedaba expresada por primera vez la opinión de quien constitucionalmente debió encargarse de la Presidencia, y no lo hizo.[1369]

Ese anuncio ponía fin, momentáneamente, a las "interpretaciones" de las normas constitucionales a conveniencia, quedando acordada la situación políticamente en el seno del gobierno, pues lo que había pasado en el país respecto de la situación constitucional originada con motivo del inicio del período constitucional presidencial 2013-2017, dada la situación de ausencia del territorio nacional del Presidente electo a partir del 9 de diciembre de 2012, su permanencia en Cuba hasta su supuesta reclusión hospitalaria en Caracas a partir del 18 de febrero de 2013; y el anuncio de su fallecimiento el 5 de marzo de 2013, no fue lo que debió pasar.[1370]

En realidad, lo que pasó desde el 10 de diciembre de 2012, al margen de la Constitución, fue que el Vicepresidente Maduro se negó a suplir la falta temporal del Presidente ausente; el Presidente ausente no pudo comparecer el 10 de enero de 2013 ante la Asamblea Nacional para jurar el cargo y tomar posesión del mismo para el período 2013-2013, situación en la cual, en lugar de que el Presidente de la Asamblea Nacional se encargara de la Presidencia, el Tribunal Supremo decidió la sentencia N° 2 de 9 de enero de 2013 disponiendo que el Presidente reelecto, ausente y enfermo, su Vicepresidente y sus Ministros, seguían en ejercicio de sus funciones, hasta que el Presidente se juramentase ante el propio Tribunal; que una vez anunciado el fallecimiento del Presidente Chávez, y producida su falta absoluta an-

---

1369 Diosdado Cabello destacó "que la juramentación se efectuará de conformidad con lo establecido en el artículo 233 de la Constitución, el cual establece que cuando "la falta absoluta del Presidente de la República se produce durante los primeros cuatro años del período constitucional (...) mientras se elige y toma posesión el nuevo Presidente, se encargará de la Presidencia de la República el Vicepresidente Ejecutivo." "Cabello aclaró que no le corresponde a él como presidente de la AN, sino a Maduro como vicepresidente asumir la jefatura de Estado, ya que se produjo la falta absoluta del presidente de la República." "Recordó que Hugo Chávez, quien falleció el pasado martes, era un mandatario en posesión de su cargo y no un Jefe de Estado electo que por primera vez iba a cumplir funciones." "Agregó que se cumplirán las órdenes dadas por Chávez." Véase Alejandra M. Hernández, "Nicolás Maduro asumirá hoy como Presidente," en http://www.eluniver-sal.com/nacional-y-politica/130308/nicolas-maduro-asumira-hoy-como-presidente.

1370 Como lo resumió con toda precisión Gerardo Blyde al responder la pregunta ¿Qué debió ocurrir?: "Cuando el Presidente solicitó ausentarse del país para tratarse en Cuba *debió declararse la ausencia temporal y encargarse el Vicepresidente hasta el fin de ese período constitucional*. / Al no regresar para el 10 de enero, fecha constitucional para la juramentación, *debió encargarse de la Presidencia el presidente de la Asamblea Nacional para el nuevo período hasta tanto el Presidente electo pudiera juramentarse y asumir*. / Al regresar, el Presidente electo *debió ser juramentado por el TSJ*. Si no era posible, el TSJ *ha debido nombrar una junta médica* que determinara si había causas que le impedían asumir la Presidencia y si éstas serían permanentes o temporales. En caso de haberse determinado que eran permanentes, el TSJ *debió enviar el informe a la Asamblea Nacional para que se declarara la falta absoluta*. / Una vez declarada la falta absoluta, el CNE *debía convocar a nuevas elecciones presidenciales* y, una vez elegido el nuevo Presidente, el presidente de la AN debía entregarle para que éste culminara el período presidencial en curso." Véase en Gerardo Blyde, "Lo que pasó y no debió pasar. El Vicepresidente encargado de la Presidencia no puede nombrar a otro Vicepresidente," en *El Universal*, 8-3-2013, en http://www.eluniver-sal.com/opinion/130308/lo-que-paso-y-no-debio-pasar.

tes de tomar posesión efectiva y formalmente de su cargo, a pesar de haber cesado el régimen de "continuidad administrativa" impuesto por el Tribunal Supremo, en lugar de que el Presidente de la Asamblea Nacional se encargara de la Presidencia, el Vicepresidente Maduro asumió el cargo de "Presidente encargado de la República."

Contrastado lo que pasó[1371] con lo que debía haber pasado, constitucionalmente hablando, la situación de incertidumbre sólo podía quedar resuelta, de hecho, razón por la cual se anunció el acto mediante el cual el Presidente de la Asamblea Nacional, quien era quien debía estar encargado de la Presidencia, iba a tomar el juramento del Vicepresidente, pero no sólo como encargado de la Presidencia, sino como "Presidente encargado de Venezuela," cuando ya desde el 5 de marzo éste ya estaba "ejerciendo" dicho cargo

Todo lo anterior se consolidó luego, mediante sentencia N° 141 de la Sala Constitucional del Tribunal Supremo de Justicia de 8 de marzo de 2013, dictada al resolver un nuevo recurso de interpretación que se había interpuesto (por *Otoniel Pautt Andrade*) el día 6 de marzo de 2013 sobre la aplicación del artículo 233 de la Constitución a la situación concreta derivada de la anunciada falta absoluta del Presidente Chávez.[1372]

En dicha decisión la Sala comenzó con un error de interpretación de la norma cuya interpretación se había requerido, al concluir, después de transcribirla íntegramente, que "De la lectura de dicho precepto se observa que cuando se produce la falta absoluta del Presidente de la República se habrá de realizar una nueva elección y *se encargará de la Presidencia de la República el Vicepresidente Ejecutivo o la Vicepresidenta Ejecutiva*", cuando ello no es correcto, porque en el primer supuesto de falta absoluta regulado en la norma (de los tres que regula), quien se encarga de la Presidencia es el Presidente de la Asamblea Nacional. Esa parte de la norma fue completamente ignorada en la sentencia.[1373]

1371 Véase igualmente los comentarios de Gerardo Blyde en *Idem*, "Lo que pasó y no debió pasar. El Vicepresidente encargado de la Presidencia no puede nombrar a otro Vicepresidente," en *El Universal*, 8-3-2013, en http://www.eluniversal.com/opinion/130308/lo-que-paso-y-no-debio-pasar.

1372 Véase el texto de la sentencia en http://www.tsj.gov.ve.decisio-nes/scon/Marzo/141-9313-2013-13-0196.html.

1373 Días después de dictada la sentencia, el 12 de marzo de 2013, en un programa de televisión, la Presidente del Tribunal Supremo diría lo siguiente según la reseña: "La Constitución debemos leerla muy claramente, a mí una de las cosas que más me preocupa es la falta de lectura por parte de algunas personas, o no diría falta de lectura (...) sino la falta gravísima y el engaño que hacen al pueblo cuando se refieren al texto constitucional saltándose párrafos para que se malinterprete el resultado," detalló durante el programa Contragolpe que transmite Venezolana de Televisión. / La magistrada cuestionó que hay quienes pretenden irrespetar la Constitución, al afirmar que debe ser el presidente de la Asamblea Nacional, en este caso Diosdado Cabello, quien debió asumir la Presidencia Encargada. / Refirió que el artículo 233 expresa que "mientras se elige y toma posesión el nuevo Presidente o nueva Presidenta se encargará de la Presidencia de la República el Vicepresidente Ejecutivo o la Vicepresidenta Ejecutiva. Yo estoy leyendo la Constitución, no estoy diciendo algo que a mí se me ocurre." Véase la reseña en http://www.vive.gob.ve/actualidad/noticias/designaci%-C3%B3n-de-nicol%C3%A1s-maduro-como-presidente-e-es-constitucional; y en http://www.el-nacional.com/politica/Luisa-Estella-Morales-Maduro-Constitucion_0_152387380.html Por lo visto no se percató la magistrada que quien analizó la Constitución "saltándose párrafos para que se malinterprete el resultado," fue ella misma y la Sala Constitucional

Aparte de este error, la sentencia de 8 de marzo de 2013, en definitiva, resolvió que como en la sentencia anterior de la misma Sala Constitucional N° 2 de 9 de enero de 2013, ya se había dispuesto que a pesar de que el período constitucional 2013-2019 comenzó el 10 de enero de 2013, en virtud de que el Presidente Chávez había sido reelecto y que en relación con el mismo "no era necesaria una nueva toma de posesión [...] en virtud de no existir interrupción en ejercicio del cargo," entonces dijo la Sala:

> "se desprende que el Presidente reelecto inició su nuevo mandato el 10 de enero de 2013, que se configuró una continuidad entre el período constitucional que finalizaba y el que habría de comenzar y que por lo tanto, se entendía que el Presidente reelecto, a pesar de no juramentarse dicho día, continuaba en funciones."

Ello, por supuesto, fue una falacia, pues el Presidente Chávez, desde el 10 de diciembre de 2013 nunca salió de un Hospital. Sin embargo, de allí la Sala concluyó que al momento de anunciarse la falta absoluta del Presidente Chávez el 5 de marzo de 2013, en virtud de que el mismo "se encontraba en el ejercicio del cargo de Presidente de la República, es decir, había comenzado a ejercer un nuevo período constitucional," entonces como la falta absoluta se produjo dentro de los primeros cuatro años del período constitucional:

> "es aplicable a dicha situación lo previsto en el segundo aparte del artículo 233 de la Constitución, esto es, debe convocarse a una elección universal, directa y secreta, y se encarga de la Presidencia de la República el ciudadano Nicolás Maduro Moros, quien para ese entonces ejercía el cargo de Vicepresidente Ejecutivo."

Estableció la Sala Constitucional, adicionalmente que "dicha encargaduría comenzó inmediatamente después de que se produjo el supuesto de hecho que dio lugar a la falta absoluta," consolidando así lo que efectivamente había ocurrido el 5 de marzo de 2013. Agregó además la Sala que "El Presidente Encargado debe juramentarse ante la Asamblea Nacional," ratificando así, también, lo que de hecho había sido anunciado, a pesar de que la misma Sala antes había dicho que el Vicepresidente ya se había encargado desde el 5 de marzo de 2013 de la Presidencia.

---

que dictó la sentencia bajo su Ponencia, al ignorar (o saltarse) el primer párrafo sobre la falta absoluta del Presidente del artículo 233 que dispone que "Cuando se produzca la falta absoluta del Presidente electo o Presidenta electa antes de tomar posesión, se procederá a una nueva elección universal, directa y secreta dentro de los treinta días consecutivos siguientes. Mientras se elige y toma posesión el nuevo Presidente o la nueva Presidenta, se encargará de la Presidencia de la República el Presidente o Presidenta de la Asamblea Nacional." Tan esa parte fue "saltada" por la Sala que luego de copiar el texto íntegro del artículo la sentencia expresa, pura y simplemente que: "De la lectura de dicho precepto se observa que cuando se produce la falta absoluta del Presidente de la República se habrá de realizar una nueva elección y *se encargará de la Presidencia de la República el Vicepresidente Ejecutivo o la Vicepresidenta Ejecutiva.*" Basta comparar los dos textos para saber quién se saltó un párrafo de la norma para malinterpretarla.

Quedaron así muy convenientemente resueltas por el Poder Judicial todas las dudas e incertidumbres pasadas, que ya habían sido resueltas políticamente entre los órganos del Poder Ejecutivo y del Poder Legislativo. La Sala Constitucional, una vez más, interpretó la Constitución a la medida del régimen autoritario, distorsionándola.

Sobre el futuro cercano, la Sala Constitucional también pasó a resolver de antemano todas las dudas que podían presentarse en el funcionamiento del nuevo gobierno de transición, declarando que al encargarse el Vicepresidente Ejecutivo Nicolás Maduro "de la Presidencia de la República [...] deja de ejercer dicho cargo para asumir la tarea que el referido precepto le encomienda." Es decir, ni más ni menos, deja de ser Vicepresidente encargado de la Presidencia y pasa a ser "Presidente encargado"

De ello derivó la Sala Constitucional, que en cuanto a la previsión de la condición de inelegibilidad establecida en el artículo 229 de la Constitución, según el cual no puede ser elegido Presidente de la República quien esté en ejercicio del cargo de Vicepresidente Ejecutivo en el día de su postulación o en cualquier momento entre esta fecha y la de la elección; la misma – dijo la Sala - sólo se aplica "mientras el Vicepresidente Ejecutivo o la Vicepresidenta Ejecutiva esté en el ejercicio de dicho cargo," considerando que en dicho "supuesto de incompatibilidad" previsto en la norma, "no está comprendido el Presidente Encargado de la República."

Por tanto, estableció la Sala, que como "el ahora Presidente Encargado no sigue ejerciendo el cargo de Vicepresidente, el órgano electoral competente, una vez verificado el cumplimiento de los requisitos establecidos por la ley, puede admitir su postulación para participar en el proceso que lleve a la elección del Presidente de la República, sin separarse de su cargo," de manera que "durante dicho proceso electoral, el Presidente Encargado está facultado para realizar las altas funciones que dicha investidura trae aparejadas como Jefe del Estado, Jefe de Gobierno y Comandante en Jefe de la Fuerza Armada Nacional Bolivariana, de acuerdo con la Constitución y las leyes."

Tal y como la misma Sala Constitucional lo resumió en su sentencia N° 1116 de 7 de agosto de 2013, el "régimen constitucional de la transición presidencial con ocasión de la muerte del Presidente Hugo Rafael Chávez Frías" que estableció en la sentencia N° 141 de 8 de marzo de 2013, en definitiva fue el siguiente:

> "a) Ocurrido el supuesto de hecho de la muerte del Presidente de la República en funciones, el Vicepresidente Ejecutivo deviene Presidente Encargado y cesa en el ejercicio de su cargo anterior. En su condición de Presidente Encargado, ejerce todas las atribuciones constitucionales y legales como Jefe del Estado, Jefe de Gobierno y Comandante en Jefe de la Fuerza Armada Nacional Bolivariana;
>
> b) Verificada la falta absoluta indicada debe convocarse a una elección universal, directa y secreta;
>
> c) El órgano electoral competente, siempre que se cumpla con los requisitos establecidos en la normativa electoral, puede admitir la postulación del Presidente Encargado para participar en el proceso para elegir al Presidente de

la República por no estar comprendido en los supuestos de incompatibilidad previstos en el artículo 229 constitucional;

d) Durante el proceso electoral para la elección del Presidente de la República, el Presidente Encargado no está obligado a separarse del cargo."[1374]

Y nada más.[1375] El Tribunal Supremo de Justicia, de nuevo, mutó ilegítimamente la Constitución, cambiando materialmente la condición de inelegibilidad establecida en la Constitución para la elección del cargo de Presidente de la República, y además, permitiendo de antemano, también ilegítimamente, que el "Presidente encargado de la República" en el período de sucesión presidencial, pudiera participar en la campaña electoral sin separarse del cargo, lo que está reservado a los Presientes electos que buscan la reelección, pudiendo ser electo Presidente sin haber sido elegido previamente.

La decisión de la Sala Constitucional, como lo expresó el profesor Jesús María Casal, "se construyó a partir de la ficción de que Chávez ejercía su cargo, lo cual sabemos que es falso,"[1376] y como lo consideró el profesor Enrique Sánchez Falcón, "atenta contra la Constitución, el Estado de Derecho, la Democracia y la paz ciudadana, [...] porque ella dice que el Vicepresidente no puede participar en las elecciones presidenciales, a menos que se separe de ese cargo; y no se puede decir que puede participar porque ya no es Vicepresidente, porque él es el encargado de la Presidencia precisamente porque estaba en la Vicepresidencia." Consideró Sánchez Falcón que la decisión violaba, además, la democracia, en lo que coincidió el profe-

---

1374 Véase en http://www.tsj.gov.ve/decisiones/scon/agosto/1116-7813-2013-13-0566.html.

1375 La Sala Constitucional, en su sentencia, procedió a "sistematizar las conclusiones vertidas a lo largo de esta decisión," de manera resumida, así: a) Ocurrido el supuesto de hecho de la muerte del Presidente de la República en funciones, el Vicepresidente Ejecutivo deviene Presidente Encargado y cesa en el ejercicio de su cargo anterior. En su condición de Presidente Encargado, ejerce todas las atribuciones constitucionales y legales como Jefe del Estado, Jefe de Gobierno y Comandante en Jefe de la Fuerza Armada Nacional Bolivariana; / b) Verificada la falta absoluta indicada debe convocarse a una elección universal, directa y secreta; / c) El órgano electoral competente, siempre que se cumpla con los requisitos establecidos en la normativa electoral, puede admitir la postulación del Presidente Encargado para participar en el proceso para elegir al Presidente de la República por no estar comprendido en los supuestos de incompatibilidad previstos en el artículo 229 constitucional; / d) Durante el proceso electoral para la elección del Presidente de la República, el Presidente Encargado no está obligado a separarse del cargo." Véase en http://www.tsj.gov.ve.decisioes/scon/Marzo/141-9313-2013-13-0196.html.

1376 No es cierto, por tanto, como lo expresó la profesora Hildegard Rondón de Sansó, que "el presidente Chávez al momento de fallecer era un Presidente reelecto y no electo por primera vez, pero además estaba en posesión del cargo. Era un Presidente electo que estaba en posesión del cargo para ser precisos, pero por esa condición de la posesión del cargo no era esencial la juramentación." Véase en Juan Francisco Alonso, "Acusan al TSJ de alentar la desobediencia ciudadana," en *El Universal*, 10-3-2013, en http://www.eluniversal.com/nacional-y-politica/130310/acusan-al-tsj-de-alentar-la-desobe-diencia-ciudadana. El Presidente Chávez estaba en posesión del cargo para el cual fue electo en 2007 y que duraba hasta el 10 de enero de 2013. En esta fecha, para tomar posesión del cargo de Presidente para el período constitucional 2013-2019, tenía que juramentarse ante la Asamblea nacional o ante el Tribunal Supremo, y no o hizo. No se puede afirmar seriamente que porque hubiera sido electo, estaba "en posesión de su cargo." Eso, por lo demás, no fue lo que decidió la sala Constitucional, que lo que hizo fue declarar que estaba en ejercicio de sus funciones desde el período anterior, ratificando, por lo demás el acto de juramentación como un requisito esencial para la toma de posesión el cargo.-

sor Jesús María Casal, al expresar que "enrarecía" el clima político, pues "parece ir destinada a favorecer o reforzar el ventajismo electoral del que venía haciendo gala el Gobierno Nacional en los últimos años y eso obviamente genera desconfianza en el proceso electoral."[1377]

Lo que es cierto, de la polémica, inconstitucional, distorsionante y mutante decisión de la Sala Constitucional es que ahora, sin duda, el Secretario General de la Organización de Estados Americanos tendrá de nuevo ocasión para decir que "*El tema ha sido ya resuelto por los tres poderes del Estado de Venezuela*: *lo planteó el Ejecutivo, lo consideró el Legislativo, y lo resolvió el Judicial";* y puede concluir de nuevo que "Las instancias están agotadas y por lo tanto, el proceso que se llevará a cabo en ese país es el que han decidido los tres poderes,"[1378] así esos tres poderes no sean independientes ni autónomos entre sí, lo que es indispensable para el funcionamiento de un régimen democrático. Eso, por lo visto, no importaba.!!

Lo que siguió, en todo caso, se ajustó al libreto ya escrito, de manera que una vez juramentado ante la Asamblea Nacional como Presidente encargado de la República el día 8 de marzo de 2013, incluso mediante la colocación de la banda presidencial;[1379] el mismo día, el "Presidente encargado" dictó su segundo Decreto No. 9.401, nombrando como Vicepresidente Ejecutivo a quien hasta ese momento había sido Ministro de Ciencia Tecnología, Jorge Arreaza, yerno del fallecido Presidente;[1380] el día 9 de marzo de 2013, la Presidenta del Consejo Nacional Electoral convocó las elecciones presidenciales fijando el 14 de abril para su realización;[1381] el 11 de marzo de 2013, el "Presidente encarado" inscribió su candidatura para dichas elecciones;[1382] y el mismo día dictó el Decreto Nº 9.402 delegando en el Vicepresi-

1377 Véase Juan Francisco Alonso, "Acusan al TSJ de alentar la desobediencia ciudadana," en *El Universal*, 10-3-2013, en http://www.eluniver-sal.com/nacional-y-politica/130310/acusan-al-tsj-de-alentar-la-desobediencia-ciudadana.

1378 Véase en "J. M. Insulza: OEA respeta decisión de los poderes constitucionales sobre la toma de posesión del presidente Chávez," 11-1-2013, en http://www.noticierovenevision.net/poli-tica/2013/enero/11/51405=oea-respeta-decision-de-los-poderes-constitucionales-sobre-la-toma-de-posesion-del-presidente-chavez; y en http://globovision.com/articulo/oea-respeta-cabalmente-decision-del-tsj-sobre-toma-de-posesion-de-chavez.

1379 En esa oportunidad, el Presidente de la Asamblea Nacional, que "a pesar de ser un acto necesario, el Gobierno hubiera preferido no tener que celebrarlo" Luego de leer el artículo 233 de la Constitución sobre las faltas absolutas del Presidente, "Añadió que el vicepresidente de la República debe tomar el cargo cuando la falta absoluta se produzca mientras el primer mandatario está e funciones. En ese sentido, dijo que Chávez "tenía 14 años mandando", por lo que se justifica la continuidad del período presidencial." Véase en *El Universal*, 9-3-2013, en http://www.eluniversal.com/nacional-y-politica/hugo-chavez-1954-2013/130308/maduro-se-juramento-como-presidente-encargado.

1380 Véase en *El Universal*, 9-3-2013, en http://www.eluniversal.com/nacional-y-politica/hugo-chavez-1954-2013/130308/juramentado-jorge-arreaza-como-vicepresidente-de-la-republica. Véase Decreto Nº 9401 de 8-3-2013 en *Gaceta Oficial* Nº 40.126 de 11-3-2013.

1381 Véase la reseña de Alicia de la Rosa, "CNE convoca elecciones presidenciales para el 14 de abril," en *El Universal*, Caracas 9-3-2013, en http://www.eluniversal.com/nacional-y-politica/130309/cne-convoca-elecciones-presidenciales-para-el-14-de-abril.

1382 Véase en http://www.eluniversal.com/nacional-y-politica/elecciones-2013/130311/nicolas-maduro-formaliza-inscripcion-de-su-candidatura-ante-el-cne

dente recién nombrado un conjunto de atribuciones presidenciales,[1383] con lo cual quedaba más libre para participar en la campaña presidencial sin separarse del cargo.

Si efectuó así en Venezuela, una campaña electoral para la elección presidencial, con un candidato del Estado, el Presidente encargado Maduro, apoyado abiertamente por todos los poderes del Estado incluyendo el Poder Judicial y financiado groseramente con acceso ilimitado a los recursos públicos, a quien se enfrentó el candidato de la oposición, Henrique Capriles. Este último ganó la elección el 14 de abril de 2013, aún cuando no para el Consejo Nacional Electoral el cual a pesar de todos los cuestionamientos que afectaban de nulidad el proceso procedió de inmediato a proclamar a Maduro como Presidente para el período 2013-2019 con una diferencia de menos de un punto[1384]. Y en cuanto al Juez Constitucional, la Presidenta de la Sala Constitucional de inmediato, a los dos días después de las votaciones y antes de que se formalizaran las impugnaciones, el 17 de abril de 2013 ya declaraba en la prensa, emitiendo opinión anticipada, que en Venezuela "se eliminó la forma manual de los procesos electorales y en el país el sistema es absolutamente sistematizado, por cuya razón el conteo manual no existe."[1385].

Era el anuncio anticipado de que el Juez Constitucional en Venezuela nada decidiría que pudiese modificar la decisión ya tomada por las otras ramas del Poder Público.

IV. EL JUEZ CONSTITUCIONAL, ANTE LAS IMPUGNACIONES DE LA ELECCIÓN PRESIDENCIAL DE ABRIL DE 2013, LAS IGNORÓ, DECLARANDO LA "LEGITIMIDAD" DE LA MISMA MEDIANTE UNA "NOTA DE PRENSA," EN AGOSTO DE 2013

A partir de marzo de 2013, en todo caso, se desarrolló una singular campaña electoral en medio del extraordinario legado de odio y resentimiento políticos que había dejado el recién fallecido Presidente Hugo Chávez, para elegir a la persona que debía completar el período constitucional 2013-2019 que no pudo iniciar, por

---

1383 En el artículo 1 de dicho decreto se enumeraron las siguientes atribuciones que se delegaron:1. Traspasos de partidas presupuestarias; 2. Rectificaciones al presupuesto; 3. Prórroga para la liquidación de órganos o entes públicos; 4. Nombramiento de algunos altos funcionarios públicos; 5. Afectación para expropiación; 6. Reforma organizacional de entes descentralizados; 7. Puntos de cuenta ministeriales sobre las anteriores materias; 8. Dictar decretos y actos autorizados por el Presidente de la República y el Consejo de Ministros; 9. Las actuaciones presidenciales como parte de cuerpos colegiados; 10. Jubilaciones especiales a funcionarios; 11. Puntos de cuenta ministeriales sobre adquisición de divisas; 12. Puntos de cuentas sobre presupuestos de los entes descentralizados; 13. Insubsistencias presupuestarias; 14. Exoneraciones del Impuesto al Valor Agregado; 15 Exoneraciones del Impuesto sobre la renta. Véase en *Gaceta Oficial* N° 40.126 de 11-3-2013.

1384 El resultado anunciado fue NICOLAS MADURO, 7.575.704 (50,78%) y HENRIQUE CAPRILES RADONSKI, 7.302.648 (48,95%). Véase en http://www.cne.gob.ve/resultado_presidencial_2013/r/1/reg_000000.html

1385 Véase las declaraciones de Luisa Estela Morales, Presidenta del Tribunal Supremo de Justicia, el 17 de abril de 2013 en http://www.eluniversal.com/nacional-y-politica/elecciones-2013/130417/para-la-presidenta-del-tsj-no-existe-el-conteo-manual; y en http://globovi-sion.com/articulo/presidenta-del-tsj-en-venezuela-el-sistema-manual-no-existe-se-ha-enganado-a-la-poblacion.

imposibilidad física, no sólo porque como se informó, estaba ausente del país postrado en una cama de hospital en La Habana, sino porque como también se informó, estaba totalmente incapacitado para juramentarse el 10 de enero. En dicha campaña electoral, el candidato de la oposición democrática, Henrique Capriles Radonski se enfrentó al Vicepresidente Ejecutivo Nicolás Maduro, tornado en "Presidente encargado" de la República, actuando como candidato del Estado y alegando ser el "hijo" de Chávez, para lo cual contó con todo el soporte de todos los órganos del poder público.

El Consejo Nacional Electoral luego de una larga espera ya casi a la media noche del mismo día 14 de abril de 2013, anunció mediante un boletín informativo los resultados obtenidos después de escrutados el 92% (14,775,741) de los votos emitidos en el país, en el cual dio como ganador al candidato del Estado y del gobierno, quien además estaba en ejercicio de la Presidencia, Nicolás Maduro por un margen del 1.59 %, en relación a la votación obtenida por el candidato de la oposición, Henrique Capriles Radonski.[1386]

Con ello concluía el régimen que Hugo Chávez había iniciado en 1999, y comenzaba un régimen de un gobierno ilegítimo, conducido por un gobernante que había sido impuesto a los venezolanos por el Juez Constitucional violando la Constitución que estaba llamado a garantizar.

Este resultado, y las dudas existentes sobre la limpieza del proceso electoral en su conjunto, incluido su manejo electrónico luego de saberse antes de las elecciones que miembros del partido de gobierno tenían las claves de acceso al mismo, llevó a candidato de la oposición, como era lo esperado, a cuestionar el resultado ofrecido, razón por la cual a los pocos días de las elecciones se presentaron diversos recursos contencioso electorales de nulidad con el propósito de impugnar los resultados del proceso comicial celebrado el 14 de abril de 2013 ante la Sala Electoral del Tribunal Supremo de Justicia, que era la Sala competente conforme a la Constitución para conocer de los mismos,[1387] no sin antes haberse producido varios pronunciamientos públicos de la Presidenta del Tribunal Supremo, negado la posibilidad de revisiones, auditorias o cuestionamiento de las elecciones.[1388].

1386 Los resultados ofrecidos fueron los siguientes: Henrique Capriles: 7,270,403 con 49.20%; Nicolás Maduro: 7,505,338 con 50.80%.

1387 Recursos presentados por María Soledad Sarría Pietri, Sonia Hercilia Guanipa Rodríguez y otros; Iván Rogelio Ramos Barnola, Oscar Eduardo Ganem Arenas y otros; Adriana Vigilanza García, Theresly Malavé y otros; Adolfo Márquez López; Henrique Capriles Radonski; Gilberto Rúa; María de las Mercedes de Freitas Sánchez, representante de la Asociación Civil Transparencia Venezuela; Antonio José Varela; así como Carlos Guillermo Arocha y Fernando Alberto Alban, representantes de la organización política "Mesa de la Unidad Democrática (MUD), Expedientes Nos: AA70-E-2013-000025, AA70-E-2013-000026, AA70-E-2013-000027, AA70-E-2013-000028, AA70-E-2013-000029, AA70-E-2013-000031 y AA70-E-2013-000033.

1388 Véase por ejemplo en http://www.eluniversal.com/nacional-y-poli-tica/elecciones-2013/130417/para-la-presidenta-del-tsj-no-existe-el-conteo-manual; y en http://globovision.com/articulo/presidenta-del-tsj-en-venezuela-el-sistema-manual-no-existe-se-ha-enganado-a-la-poblacion.

Dos meses después, el 20 de junio de 2013, la Sala Constitucional del Tribunal Supremo, mediante sentencia N° 795, [1389] de oficio, y sólo por notoriedad judicial, constató que ante la Sala Electoral se encontraban en sustanciación siete procesos contencioso electorales contra el proceso electoral del 14 de abril de 2013, procediendo a secuestrar la competencia de la Sala Electoral arrebatándole los procesos.

Para ello, la Sala Constitucional procedió, de oficio, es decir sin que nadie se lo solicitara, y sin tener competencia para ello, a avocarse al conocimiento de dichas causas, para lo cual se limitó a analizar en el capítulo "Único" de la sentencia, el artículo 25.16 de la Ley Orgánica del Tribunal Supremo de Justicia de 2010, en el cual se había definido el avocamiento, como "competencia privativa de esta Sala Constitucional, la de "Avocar las causas en las que se presuma violación al orden público constitucional, tanto de las otras Salas como de los demás tribunales de la República, siempre que no haya recaído sentencia definitivamente firme."

Se trata, como lo identificó la Sala en la sentencia, de una "extraordinaria potestad, consecuente con las altas funciones que como máximo garante de la constitucionalidad y último intérprete del Texto Fundamental" que se han asignado a esta Sala Constitucional, reconociendo que:

> "el avocamiento es una figura de superlativo carácter extraordinario, toda vez que afecta las garantías del juez natural y, por ello, debe ser ejercida con suma prudencia y sólo en aquellos casos en los que pueda verse comprometido el orden público constitucional (*vid.* sentencias números 845/2005 y 1350/2006)."

La doctrina y la norma que autoría el avocamiento es, sin duda clara, y de aplicación estricta por la excepcionalidad de la potestad, al exigir como motivo para la avocación que "se presuma violación al orden público constitucional" para lo cual, lo mínimo que se requería era que la Sala hubiera tenido previamente conocimiento del expediente de la causa para poder deducir una presunción de violación del orden público constitucional. Por lo demás, efectivamente tiene que tratarse de que del estudio de los expedientes resulte dicha presunción de "violación al orden público constitucional" y no de cualquier otro motivo, ni siquiera que el tema debatido tenga importancia nacional

Pero por lo visto del texto de la sentencia, esta limitación legal no tuvo importancia alguna para La Sala Constitucional, la cual simplemente anunció que":

> "no sólo hará uso de esta facultad en los casos de posible transgresión del orden público constitucional, ante la ocurrencia de acciones de diversa índole en las cuales se podría estar haciendo uso indebido de los medios jurisdiccionales para la resolución de conflictos o con el fin de evitar el posible desorden procesal que se podría generar en los correspondientes juicios, sino también cuando el asunto que subyace al caso particular tenga especial trascendencia nacional, esté vinculado con los valores superiores del ordenamiento jurídico,

---

1389 Véase en http://www.tsj.gov.ve/decisiones/scon/Junio/795-20613-2013-13-0538.html.

guarde relación con los intereses públicos y el funcionamiento de las instituciones o que las pretensiones que han generado dichos procesos incidan sobre la institucionalidad democrática o el ejercicio de los derechos fundamentales de los ciudadanos, particularmente sus derechos políticos."

Es decir, para la Sala, su poder de avocación podría ejercerse ilimitadamente, por cualquier motivo de interés general, como (i) la "posible transgresión del orden público constitucional," (ii) "la ocurrencia de acciones de diversa índole en las cuales se podría estar haciendo uso indebido de los medios jurisdiccionales para la resolución de conflictos," (iii) "con el fin de evitar el posible desorden procesal que se podría generar en los correspondientes juicios," (iv) "cuando el asunto que subyace al caso particular tenga especial trascendencia nacional," (v) cuando dicho asunto "esté vinculado con los valores superiores del ordenamiento jurídico, guarde relación con los intereses públicos y el funcionamiento de las instituciones" o (vi) "que las pretensiones que han generado dichos procesos incidan sobre la institucionalidad democrática o el ejercicio de los derechos fundamentales de los ciudadanos, particularmente sus derechos políticos."

Todo ello es esencialmente contrario a lo que dispone la norma atributiva de competencia, la cual no autoriza en forma alguna a que mediante avocamiento, la Sala Constitucional pretenda fundamentar una potestad universal para "aclarar las dudas y agenciar los procesos previstos para darle respuesta a los planteamientos de los ciudadanos y garantizar el ejercicio de sus derechos." Ello no está autorizado en norma alguna, por lo que los párrafos siguientes de la sentencia no pasan de ser pura retórica vacía, que:

> "Así pues, la jurisdicción constitucional en la oportunidad respectiva debe atender al caso concreto y realizar un análisis en cuanto al contrapeso de los intereses involucrados y a la posible afectación de los requisitos de procedencia establecidos para la avocación, en los términos expuestos, con la finalidad de atender prontamente a las posibles vulneraciones de los principios jurídicos y los derechos constitucionales de los justiciables.
>
> De esta manera, la competencia de la Sala establecida en la referida disposición viene determinada, como se expuso, en función de la situación de especial relevancia que afecte de una manera grave al colectivo, en cuyo caso, la Sala podría uniformar un criterio jurisprudencial, en aras de salvaguardar la supremacía del Texto Fundamental y, así, el interés general.

Luego la Sala, para seguir buscando cómo justificar un avocamiento que era a todas luces improcedente apeló a un supuesto "criterio consolidado," citando las sentencias números 373/2012 y 451/2012, supuestamente relativo a "los asuntos litigiosos relacionados con los derechos de participación y postulación, se encuentra vinculado el orden público constitucional," razón por la cual, al decir de la Sala, "en el caso de autos," es decir de la impugnación de las elecciones del 14 de abril de 2013:

> "con mayor razón, existen méritos suficientes para que esta Sala estime justificado el ejercicio de la señalada potestad, pues ha sido cuestionada la trasparencia de un proceso comicial de la mayor envergadura, como el destinado a la

elección del máximo representante del Poder Ejecutivo, así como la actuación de órganos del Poder Público en el ejercicio de sus atribuciones constitucionales, de lo que se deduce la altísima trascendencia para la preservación de la paz pública que reviste cualquier juzgamiento que pueda emitirse en esta causa."

O sea que la Sala Electoral podrá ser despojada de su competencia por la Sala Constitucional, a su arbitrio, cada vez que se impugne unas elecciones.

Con base en lo antes indicado, y sólo con base en ello, mediante la sentencia N° 795 de 20 de junio de 2013, la Sala Constitucional "de oficio, en tutela de los derechos políticos de los ciudadanos y ciudadanas, del interés público, la paz institucional y el orden público constitucional, así como por la trascendencia nacional e internacional de las resultas del proceso instaurado," se avocó al conocimiento de las siete antes identificadas causas contencioso electorales

> "así como cualquier otra que curse ante la Sala Electoral de este Máximo Juzgado y cuyo objeto sea la impugnación de los actos, actuaciones u omisiones del Consejo Nacional Electoral como máximo órgano del Poder Electoral, así como sus organismos subordinados, relacionados con el proceso comicial celebrado el 14 de abril de 2013."

De todo ello, la Sala entonces ordenó a la Sala Electoral, que le remitiera todas y cada de las actuaciones correspondientes, no antes de avocarse como lo exige la Ley Orgánica, sino después de ello.

Esta decisión de la Sala Constitucional, implicó, entre otros aspectos, lo siguiente:

Primero, que la Sala Constitucional, materialmente vació de competencias a la Sala Electoral, violando la Constitución, al avocarse en este caso para conocer de impugnaciones a un proceso electoral presidencial. Cualquiera impugnación que se haga en el futuro, implicará el mismo interés general alegado por la Sala, y podrá ser avocado por esta.[1390]

En segundo lugar, la Sala Constitucional tenía que comenzar decidiendo sobre la admisibilidad de los recursos contenciosos electorales, ninguno de los cuales había llegado a ser admitido judicialmente.

En tercer lugar, para ello, los Magistrados de la Sala Constitucional que participaron en las decisiones N° 2 del 9 de enero de 2013 y N° 141 del 8 de marzo de 2013 mediante las cuales ante la ausencia del Presidente Chávez del país, y su posterior fallecimiento, se instaló en el ejercicio de la Presidencia de la República a Nicolás Maduro, a quien además se autorizó a ser candidato a la Presidencia sin separarse del cargo de Vicepresidente; debía inhibirse de decidir sobre los proceso pues los recursos cuestionaban la forma cómo se había instalado a Maduro en la Presi-

---

1390 Como lo ha dicho la profesora Cecilia Sosa Gómez, ex Presidenta de la antigua Corte Suprema de Justicia: "La Sala Constitucional por sentencia de 20 de junio de 2013 borró el artículo constitucional 297 al resolver que esa Sala no estaba en condiciones para sentenciar las demandas de nulidad de las elecciones celebradas el 14 de abril de 2013," en "La auto implosión de un Tribunal," publicado en *Panorama.com.ve*, 28 de junio de 2013, en http://m.panorama.com.ve/not.php?id=72067.

dencia y ésta se había ejercido desde el 8 de diciembre de 2012 hasta el 14 de abril de 2013,[1391] razón por la cual fueron recusados por los apoderados de Henrique Capriles Radonski, uno de los impugnantes del proceso electoral, porque consideraron que los Magistrados evidentemente tenían "comprometida su imparcialidad y su capacidad subjetiva de resolver el asunto conforme a derecho" pues habían "manifestaron su opinión al suscribir y publicar" las sentencias N° 2 de enero de 2013 y N° 141 de marzo de 2013, mediante las cuales la Sala Constitucional había establecido el régimen constitucional de transición ante la falta del Presidente Electo Hugo Chávez.

Pero como era previsible, nada de ello ocurrió: los recursos de nulidad ni siquiera fueron admitidos, no hubo inhibición alguna, y las recusaciones fueron declaradas "inadmisibles," [1392] de manera que desde que se decidió el avocamiento ya se sabía cómo se decidirían las causas.[1393]

Por ello, en realidad, la sentencia de avocamiento de la Sala Constitucional no fue sino una muestra más de la actuación de un órgano del Estado, no sujeto a control alguno, que se ha colocado por encima de la Constitución y la ley, que muta y reforma la Constitución a su antojo y libremente; que reforma las leyes sin límite; que las interpreta *contra legem*; que se inventa poderes por encima de la propia Constitución, como el de controlar ilimitadamente a las otras Salas del Tribunal Supremo; que confisca bienes; que impone Presidentes sin legitimidad democrática; y que hasta controla la actuación de los tribunales internacionales declarando sus sentencias inejecutables y hasta "inconstitucionales." Con esta sentencia de avocamiento, se podía decir abiertamente, que todo en Venezuela dependía de la Sala Constitucional, y que todo ella lo controla, y además, dirige.

Lo antes dicho, en todo caso, quedó confirmado con las sentencias dictadas por la Sala Constitucional en 7 de agosto de 2012, todas las cuales declararon inadmisibles los recursos contencioso electorales respecto de los cuales se había avocado; y con la "decisión" contenida en la "Nota de prensa" difundida por el Tribunal Su-

---

1391 Véase José Ignacio Hernández G., "¿Por qué la Sala Constitucional le quitó a la Sala Electoral las impugnaciones?," en http://www.venetubo.com/no-ticias/%BFPor-qu%E9-la-Sala-Constitucional-le-quit%F3-a-la-Sala-Electoral-las-impugnaciones-R34977.html.

1392 La Presidente de la Sala declaró "inadmisible" las recusaciones contra todos los Magistrados de la misma porque supuestamente carecían de fundamentación, ya que "las sentencias que pronunció la Sala Constitucional a las que hacen referencia los recusantes, tuvieron como objeto, la resolución de circunstancias claramente distintas a las planteadas por los recusantes en la causa instaurada originalmente ante la Sala Electoral de este Supremo Tribunal, la cual esta Sala Constitucional resolvió avocar mediante la decisión n° 795 del 20 de junio de 2013." La Presidente incluso consideró que resultaba "patente la inverosimilitud de que se suponga un adelanto de opinión por parte de la Magistrada Presidenta de la Sala Constitucional, en unos fallos en los que se examinaron supuestos de hecho y de derecho disímiles de las pretensiones esgrimidas por los recusantes en el recurso contencioso electoral intentado contra la elección presidencial efectuada el 14 de abril de 2013." Véase sentencia N° 1000 de 17 de julio de 2013. Véase en http://www.tsj.gov.ve/decisiones/scon/ju-lio/1000-17713-2013-13-0565.html.

1393 Como también lo dijo la profesora Cecilia Sosa G., ex Presidenta de la antigua Corte Suprema de Justicia: "Estos expedientes ya están sentenciados, y no hay nada que esperar de la Sala Constitucional," en "La auto implosión de un Tribunal," publicado en *Panorama.com.ve*, 28 de junio de 2013, en http://m.panorama.com.ve/not.php?id=72067

premo el mismo día, que fue realmente la "decisión de fondo" en todos los casos, proclamando la "legitimidad" de la elección del Sr. Maduro.

En efecto, mediante la sentencia Nº 1.111 de 7 de agosto de 2013,[1394] la Sala Constitucional declaró inadmisible un recursos contencioso electoral de anulación intentado contra el Acto de Votación, de Escrutinio, de Totalización y de Proclamación del ganador de las elecciones celebradas el 14 de abril de 2013, (Caso: *María Soledad Sarría Pietri y otros*) quienes alegaron que estaban "viciados de nulidad absoluta, en virtud de que según se denunció, fueron producto de actuaciones y omisiones imputables al Consejo Nacional Electoral, y que en su conjunto constituían un fraude estructural y masivo que afectaba al sistema electoral venezolano." Entre los argumentos esgrimidos se indicó que el candidato Nicolás Maduro no había sido seleccionado en elecciones internas como lo exige la Constitución; que como la condición para ser Presidente era tener la nacionalidad venezolana por nacimiento se solicitó de la Sala que instara al Consejo Supremo Electoral para que se pronunciara sobre ello; y que la elección había sido nula por fraude en la formación del Registro Electoral y por el control que el poder central ejercía sobre el sistema electoral.

Para declarar la inadmisibilidad del recurso, la Sala consideró que en demandas de ese tipo era necesario que las denuncias fueran "debidamente planteadas," particularmente por la preeminencia del principio de "*conservación de la voluntad expresada del Cuerpo Electoral, o, más brevemente, principio de conservación del acto electoral*;" afirmando que para desvirtuar la presunción de validez del acto electoral, los vicios denunciados no sólo debían estar fundados sino que debían suponer "una modificación de los resultados comiciales."

Así, a pesar de que supuestamente se trataba de una sentencia de inadmisibilidad, la base del argumento de la Sala fue que lo alegado debía estar "soportado por las pruebas necesarias y pertinentes para lograr convencer al juez de lo que la parte actora afirmó en su escrito," razonamiento que era más propiamente de una decisión de fondo. Por ello, la Sala, sin más, consideró que el juzgador también podía "examinar lo sostenido por la parte demandante, en la fase de examinar los requisitos de admisibilidad." Y fue así, por ejemplo, que en relación con el alegato de que el candidato Maduro no había sido seleccionado en elecciones internas, simplemente dijo la Sala que ya se había decidido en otros casos electorales que "ello no excluye otras formas de participación distintas a las elecciones abiertas o primarias;" agregando, sin embargo, que en el caso concreto no se habían acompañado los documentos indispensables para verificar la admisibilidad. En relación con el alegato de que el Consejo Nacional Electoral no se había pronunciado sobre el tema de la nacionalidad del candidato Maduro, la Sala lo que decidió fue que los "demandantes no impugnan ningún un acto, ni señalan ninguna actuación, abstención u omisión imputables al Consejo Nacional Electoral." En relación con la denuncia del fraude masivo en el proceso electoral, la Sala recurrió a lo previsto en el artículo 206 de la Ley Orgánica de Procesos Electorales, según el cual "si se impugnan las actuaciones materiales o vías de hecho, deberán narrarse los hechos e indicarse los elementos de

1394 Véase en http://www.tsj.gov.ve/decisiones/scon/agosto/1111-7813-2013-13-0561.html

prueba que serán evacuados en el procedimiento administrativo," lo que a pesar de ser un tema de fondo, juzgó que sin embargo, debía examinarse en la fase de admisión de la acción, concluyendo que las denuncias sobre fraude "no son claras, ni precisas, ni completas, y no han sido enmarcadas en una narración circunstanciada de las mismas, ni enlazadas racionalmente con el resultado que se supone provocaron." Y todo ello para, en definitiva, después de analizar el tema de fondo al considerar que la causal de nulidad de las elecciones por comisión de un fraude en la formación del Registro Electoral, en las votaciones o en los escrutinios (art. 215.2 Ley Orgánica de los procesos Electorales), "debe ser interpretada en un sentido que garantice el principio de mínima afectación del resultado a que dio lugar la expresión de la voluntad del Cuerpo Electoral, al cual se ha llamado en este fallo *principio de conservación del acto electoral;*" terminar declarando inadmisible la acción.

Repitiendo básicamente los mismos argumentos, la Sala Constitucional mediante sentencia 1113 también de 7 de agosto de 2013,[1395] igualmente declaró inadmisible el recurso contencioso electoral contra el Acto de Votación, de Escrutinio, de Totalización y de Proclamación del ganador de las elecciones celebradas el 14 de abril del año en curso (Caso: *Adriana Vigilanza García y otros*).

Mediante la sentencia N° 1112 igualmente de 7 de agosto de 2013,[1396] la Sala Constitucional también decidió declarar inadmisible el recurso contencioso electoral interpuesto un grupo de personas (Caso: *Iván Rogelio Ramos Barnola y otros*), contra el Acto de proclamación de Nicolás Maduro como Presidente Electo, alegando fraude, en particular, por no haberse abierto mesas de votación en la ciudad de Miami; por haberse permitido indiscriminadamente el "voto asistido," y haberse expulsado a testigos de mesa durante el proceso electoral. En esta la sentencia la Sala lo que hizo fue ratificar la decisión de inadmisibilidad que ya había resuelto el Juzgado de Sustanciación de la Sala Electoral en el caso, antes de que se decidiera el avocamiento, por considerar que en el caso, en relación con los hechos que dieron lugar a la infracción alegada, no hubo "la indicación de los vicios de que padece el acto recurrido, en orden a plantear los elementos objetivos necesarios para un pronunciamiento sobre la admisibilidad o no de los recursos para la cual es competente la jurisdicción contencioso electoral."

En la misma línea de inadmisibilidad se dictó la sentencia N° 1114 de 7 de agosto de 2013[1397] en el recurso contencioso electoral contra el acto de votación que tuvo lugar el 14 de abril de 2013 (Caso: *Adolfo Márquez López*), en el cual el recurrente había cuestionado el Registro Electoral Permanente utilizado por haber sido elaborado con fraude; la asignación de votos del partido "Podemos" al candidato Maduro; y la nacionalidad misma de dicho candidato por no ostentar las condiciones de elegibilidad para ser Presidente de la República. La Sala, para decidir la inadmisibilidad, sobre el primer alegato, consideró que el mismo no constituía "un recurso por fraude, sino relativas a la inscripción o actualización del referido Registro Electoral"

1395 Véase en http://www.tsj.gov.ve/decisiones/scon/agosto/1113-7813-2013-13-0563.html

1396 Véase en http://www.tsj.gov.ve/decisiones/scon/agosto/1112-7813-2013-13-0562.html

1397 Véase en http://www.tsj.gov.ve/decisiones/scon/agosto/1114-7813-2013-13-0564.html

cuya impugnación estimó ya era extemporánea; sobre el segundo alegato, consideró que se trataba de un tema de impugnación del acto de postulación, lo cual también consideró extemporáneo; y sobre el tercer alegato, consideró que en la demanda basada en el cuestionamiento de la nacionalidad de Nicolás Maduro, no había elementos de convicción, "hechos o vicios mas allá de opiniones particulares y la exposición de posiciones políticas del recurrente."

En otro caso, la Sala Constitucional mediante sentencia N° 1116 de 7 de agosto de 2013, también declaró inadmisible un recurso contencioso electoral mediante el cual se solicitó la nulidad de "las "Elecciones 7 de Octubre de 2012" (sic); b) el "acto Proclamación Presidente Ejecutivo de la República Sr Nicolás Maduro Moros en fecha 14 de Abril 2013" (sic); y c) las "Elecciones 14 de Abril 2013" (sic)," (Caso: *Gilberto Rúa*), para lo cual la Sala argumentó que en relación al primer acto, el lapso de impugnación de dicha elección ya había caducado; y en relación con los otros dos actos objeto del recurso, eran inadmisibles pues el recurrente no señaló los vicios concretos ni contra "el acto de proclamación y el evento electoral del 14 de abril de 2013," considerando que se había omitido "un requisito esencial para la tramitación de la demanda, lo cual acarrea su inadmisibilidad." La Sala consideró, además, que el recurrente había desconocido "el contenido de la sentencia de esta Sala Constitucional signada con el N° 141 de 8 de marzo de 2013, en la cual *se dirimió cuál era el régimen constitucional de la transición presidencial* con ocasión de la muerte del Presidente Hugo Rafael Chávez Frías." Finalmente, en este caso, el recurrente fue multado por haber afirmado que la acción de amparo constitucional que había interpuesto desde 6 de marzo de 2013 en contra del Consejo Nacional Electoral, había sido "aguantado" por la Sala Constitucional," expresión que ésta consideró "como irrespetuosa [...] pues sugiere que los criterios decisorios y la gerencia judicial de este órgano jurisdiccional no obedecen a parámetros objetivos."

La Sala Constitucional en otra sentencia N° 1118 de 7 de agosto de 2013[1398] también declaró inadmisible el recurso contencioso electoral interpuesto contra la negativa tácita del Consejo Nacional Electoral en dar respuesta a un recurso jerárquico que se había intentado el 15 de mayo de 2013, contra una decisión de una Comisión del Consejo en relación con una denuncia de violaciones de los artículos 75, 76, 85 y 86 de la Ley Orgánica de Procesos Electorales solicitando se ordenase a dicho Consejo que iniciara la correspondiente "averiguación administrativa para establecer las responsabilidades relativas a la colocación de propaganda indebida y uso de recursos públicos para beneficio de una parcialidad política en las instituciones mencionadas." (Caso: *Transparencia Venezuela*) La Sala Constitucional declaró inadmisible la acción por considerar que conforme a los estatutos de la Asociación Civil recurrente, solo el Directorio de la misma podía otorgar poder para ser representada, no pudiendo hacerlo la Directora Ejecutiva, como había ocurrido en ese caso.

1398 Véase en http://www.tsj.gov.ve/decisiones/scon/agosto/1118-7813-2013-13-0568.html

La Sala Constitucional, igualmente, mediante sentencia N° 1119 de 7 de agosto de 2013[1399] también declaró inadmisible la acción popular de inconstitucionalidad contra la "aceptación por parte del Consejo Nacional Electoral de las postulaciones de candidatos a los cargos de elección popular correspondiente a las elecciones presidenciales del 14 de abril de 2013" (Caso: *Antonio José Varela*), en el cual se alegó que los postulados no habían sido electos mediante el mecanismo de elecciones internas, y en especial, en relación con el candidato Nicolás Maduro, que no había presentado programa electoral propio, además de no poder postularse por ser inelegible por estar en ejercicio del cargo de Presidente de la República. Para decidir la inadmisibilidad del recurso en este caso, la Sala argumentó que el recurso de nulidad fue "planteado en términos genéricos e indeterminados, con la inclusión de apreciaciones particulares o valorativas de orden personal del recurrente, sin que, al menos, se hayan señalado con precisión los datos que permitan identificar con exactitud el acto emanado del Consejo Nacional Electoral cuya nulidad peticionó, así como tampoco se acompañó copia del mismo, ni fueron revelados los supuestos vicios concretos de que adolecería este acto del Poder Electoral atinente a las elecciones presidenciales celebradas en abril del presente año." La Sala para concluir, recordó que había sido ella misma la que mediante la sentencia N° 141 de marzo de 2013, había resuelto que la candidatura de Nicolás Maduro como Presidente Encargado sí se podía admitir "para participar en las elecciones presidenciales, por no estar comprendido en los supuestos de incompatibilidad del artículo 229 Constitucional." Y sobre el tema de la falta de selección de los candidatos en "elecciones internas con la participación de los integrantes de los partidos políticos" que exige la Constitución, la Sala ratificó su criterio de que "ello no excluye otras formas de participación de elecciones distintas a las elecciones abiertas o primarias." La Sala, finalmente, consideró que nada de lo dicho en el escrito del recurso sobre las infracciones denunciadas, evidencia "ni tan siquiera los datos que permitan identificar con fidelidad o exactitud, el acto del Poder Electoral cuya nulidad pretende, menos aún acompañó copia del mismo, así como tampoco relató los vicios que estarían presentes en aquel, ni su fundamentación argumentativa," declarando inadmisible la acción.

En otra sentencia N° 1117 de 7 de agosto de 2013,[1400] la Sala Constitucional declaró inadmisible una acción de inconstitucionalidad por omisión que había intentado Henrique Capriles Radonski contra el Consejo Nacional Electoral por no haberse pronunciado sobre las solicitudes que le fueron formuladas los días 17 y 22 de abril de 2013 respecto a la auditoría del proceso electoral, (Caso: *Henrique Capriles Radonski*) porque el petitorio del mismo, según consideró la Sala, era contradictorio "pues constituye un absurdo pretender a través del recurso por abstención, una respuesta; y por medio del mismo recurso, indicar el desacuerdo con los términos de la respuesta recibida." La Sala consideró que se trataba de "pretensiones evidentemente excluyentes, por lo que conforme al marco normativo señalado es procedente declarar inadmisible el recurso contencioso electoral ejercido."

1399 Véase en http://www.tsj.gov.ve/decisiones/scon/agosto/1119-7813-2013-13-0569.html

1400 Véase en http://www.tsj.gov.ve/decisiones/scon/agosto/1117-7813-2013-13-0567.html

La Sala Constitucional mediante sentencia Nº 1120 de 7 de agosto de 2013,[1401] también declaró inadmisible el recurso contencioso electoral de nulidad intentado contra "(*i*) las votaciones" efectuadas en 5.729 mesas electorales; (*ii*) 21.562 Actas de Escrutinio automatizadas y 1 Acta de Escrutinio de Contingencia, y (*iii*) los Actos de Totalización, Adjudicación y Proclamación, con ocasión del proceso comicial celebrado el 14 de abril de 2013," (Caso: *Mesa de la Unidad Democrática*) considerando la recurrente que dichos hechos tenían incidencia en los resultados de las votaciones. Para declarar la inadmisibilidad del recurso en este caso, la Sala también partió del principio de la necesaria *conservación del acto electoral*, que exigen del recurrente que: "(*i*) desvirtúe la presunción de validez y legitimidad del acto electoral; (*ii*) demuestre la gravedad de un vicio que altere la esencia del acto electoral, no de una mera irregularidad no invalidante; y (*iii*) ponga en evidencia, además, que el vicio altera de tal modo los resultados electorales que resulte imposible su convalidación." Y con base en ello consideró la Sala que en el recurso hubo "falta de especificidad," de manera que en el mismo no se "puso en evidencia, como le correspondía, no sólo suponer la ocurrencia de una supuesta irregularidad, sino dejar claro que su magnitud influyó definitivamente en los resultados comiciales." Agregó además la Sala que en estos casos "No basta, entonces, que exista una anomalía: ella debe ser decisiva para comprometer la voluntad del cuerpo electoral y ninguna razón se blandió en ese sentido," lo cual sin duda, era un razonamiento de una decisión de fondo, y no de inadmisibilidad.

Por último, mediante sentencia Nº 1.115 de 7 de agosto de 2013[1402] la Sala Constitucional también declaró inadmisible el recurso contencioso electoral de nulidad del proceso electoral para la elección presidencial del 14 de abril de 2013, que había intentado el candidato de la oposición democrática a dicha elección, Henrique Capriles Radonski, y en la cual como lo resumió la Sala, éste había denunciado contra el mismo una serie de vicios que se "produjeron: (***i***) previas a los comicios, (***ii***) durante la jornada electoral propiamente dicha y (***iii***) una vez concluida la participación de los electores en las urnas" (Caso: *Henrique Capriles Radonski*). La Sala, para decidir, destacó en cuanto a los vicios de la primera categoría, en particular:

> "las acusaciones dirigidas contra esta Sala Constitucional como integrante del Máximo Tribunal de la República, cuya actuación fue calificada sin soslayo como parcializada en favor de la candidatura del ciudadano Nicolás Maduro Moros. En este sentido, el escrito libelar pretendió delatar, desde el principio, que el ejercicio de la Vicepresidencia por parte de dicho ciudadano fue producto de una sesgada interpretación efectuada por esta Máxima Juzgadora a través de sus sentencias n$^{ros.}$ 02/2013 (caso: *Marelys D'Arpino*) y 141/2013 (caso: *Otoniel Pautt*)."

La declaración de inadmisibilidad de la demanda lo fundamentó la Sala en el hecho de que la misma contenía "conceptos ofensivos e irrespetuosos en contra de esta Sala y otros órganos del Poder Público;" es decir, como se afirmó en la senten-

1401 Véase en http://www.tsj.gov.ve/decisiones/scon/agosto/1120-7813-2013-13-0570.html

1402 Véase en http://www.tsj.gov.ve/decisiones/scon/agosto/1115-7813-2013-13-0565.html

cia, porque la Sala consideró que los representantes del actor en el libelo de la demanda incurrieron en supuestas "falta a la majestad del Poder Judicial" al haber "en diversas oportunidades y a través de distintos medios ha acusado expresa y radicalmente a la judicatura y, en particular, a esta Sala Constitucional, como un órgano completamente parcializado y llegó incluso a afirmar que este Máximo Juzgado obedecía la línea del partido de gobierno."

Con esta decisión, la Sala, evidentemente decidió en causa propia, pues la inadmisibilidad fue motivada por los conceptos que había emitido el accionante o sus representantes contra ella misma, motivo por el cual, precisamente, en el proceso se había recusado a todos sus Magistrados por haber firmado las mencionadas sentencias N° 2 y N° 141 de enero y marzo de 2013. Pero en lugar de inhibirse los magistrados como correspondía, o de haber declarado con lugar la recusación como era obligado, la Presidenta de la Sala lo que hizo fue declararla sin lugar mediante la sentencia N° 1000 de 17 de julio de 2013, para proceder luego todos los Magistrados "ofendidos" a decidir la inadmisibilidad del la acción, no por razones sustanciales del proceso, sino por los conceptos críticos emitidos contra la Sala, que ésta consideró ofensivos e irrespetuosos, a tal punto que multó al accionante y remitió al Ministerio Público, copia del fallo y del escrito del libelo "con el objeto de que realice un análisis detallado de dichos documentos e inicie las investigaciones que estime necesarias a fin de determinar la responsabilidad penal a que haya lugar;" iniciándose así una nueva línea de persecución en contra de Capriles.[1403]

Luego pasó la Sala, después de haber resuelto la inadmisibilidad de la acción, en un *Orbiter dictum*, a referirse a lo que denominó "otras falencias del escrito" del recurso, que a su juicio impedían "que la causa sea abierta a trámite," como que el libelo "se limitó a narrar supuestos abusos cometidos por los órganos del Poder Público, pero en modo alguno señala con certeza el impacto que lo que ella caracteriza como mera "*corrupción electoral*" afectó la voluntad del electorado manifestada el día de los comicios, o llanamente acusa la colusión de los órganos del Poder Público para favorecer la candidatura del ciudadano Nicolás Maduro Moros en supuesto perjuicio del actor, especialmente de esta Máxima Juzgadora Constitucional," cuando la Sala supuestamente había actuado "de conformidad con las atribuciones que la propia Carta Magna le encomienda y en total consonancia con los precedentes jurisprudenciales que ha instituido."

La Sala, al decidir el fondo de algunas denuncias, como la relativa al cuestionamiento de la postulación de Nicolás Maduro efectuada por el partido "Podemos," a pesar de que hubiera aclarado que lo hizo "sin entrar a analizar el mérito del asunto," afirmó, sin duda refiriéndose al fondo, que "-en una elección unipersonal como la celebrada- los supuestos vicios formales mal podrían conducir a la anulación arbitraria de los votos obtenidos por el representante electo."

Además, otra "falencia" que destacó la Sala en su sentencia fue que el actor refirió que su Comando de Campaña había recibido "más de cinco mil denuncias" de

1403 Véase por ejemplo, José de Córdova and Ezequiel Minaya, "Venezuelan Opposition Comes Under Siege," *The Wall Street Journal*, New York, Sunday, August 10-11, 2013, p. A6.

irregularidades "sin relatar con amplitud suficiente en qué consistieron las irregularidades y su concatenación con los vicios electorales contenidos en los artículos 215 del 220 de la Ley Orgánica de Procesos Electorales." Todos estos argumentos adicionales, por supuesto, no correspondían a cuestión alguna de admisibilidad, sino de fondo o mérito que debieron ser decididos en la sentencia definitiva que la Sala sin embargo se negó a dictar.

De todas las anteriores sentencias se informó oficialmente por el Tribunal Supremo de Justicia en una "Nota de Prensa" del mismo día 7 de agosto de 2013,[1404] en la cual puede decirse que el Tribunal Supremo, utilizando una vía irregular de "decidir mediante notas de prensa"[1405] resolvió el fondo de todas las demandas que cuestionaban el proceso electoral del 14 de abril de 2013 y sus resultados.

En dicha Nota de Prensa, en efecto, se comenzó informando que el Tribunal Supremo de Justicia, en Sala Constitucional, con ponencia conjunta, había declarado

> "inadmisibles los recursos contencioso electorales contra la elección presidencial realizada el pasado 14 de abril de 2013, los cuales fueron incoados por los ciudadanos María Soledad Sarría Pietri, Sonia Hercilia Guanipa Rodríguez y otros; Iván Rogelio Ramos Barnola, Oscar Eduardo Ganem Arenas y otros; Adriana Vigilanza García, Theresly Malavé y otros; Adolfo Márquez López; Henrique Capriles Radonski; Gilberto Rúa; María de las Mercedes de Freitas Sánchez, representante de la Asociación Civil Transparencia Venezuela; Antonio José Varela; así como Carlos Guillermo Arocha y Fernando Alberto Alban, representantes de la organización política "Mesa de la Unidad Democrática (MUD)".

Aclaró la Sala Constitucional, que todos los mencionados recursos contencioso electorales habían sido originalmente intentados ante la Sala Electoral del Máximo Tribunal, a cuyo conocimiento se avocó la Sala Constitucional mediante la sentencia N° 795 de 20 de junio de 2013,

> "en tutela de los derechos políticos de la ciudadanía, del interés público, la paz institucional y el orden público constitucional, así como por la trascendencia nacional e internacional de las resultas del proceso instaurado, sustentando que había sido cuestionada la transparencia de un proceso comicial de la mayor envergadura, como el destinado a la elección del máximo representante del Poder Ejecutivo, así como la actuación de órganos del Poder Público en el ejercicio de sus atribuciones constitucionales, de lo que se deducía la altísima trascendencia para la preservación de la paz pública que revestía cualquier juzgamiento relativo a estas causas."

1404 Véase en http://www.tsj.gov.ve/informacion/notasdeprensa/notasdepren-sa.asp?codigo=11423.

1405 Véase por ejemplo, Allan R. Brewer-Carías, "Comentarios sobre el 'Caso: Consolidación de la inmunidad de jurisdicción del Estado frente a tribunales extranjeros,' o de cómo el Tribunal Supremo adopta decisiones interpretativas de sus sentencias, de oficio, sin proceso ni partes, mediante 'Boletines de Prensa,' en *Revista de Derecho Público*, N° 118, (abril-junio 2009), Editorial Jurídica Venezolana, Caracas 2009, pp. 319-330.

Según la Nota de Prensa, la Sala procedió a examinar que los recursos intentados cumplieran con los requisitos de admisibilidad que ordenan los artículos 133 y 180 de la Ley Orgánica del Tribunal Supremo de Justicia, al igual que el artículo 206 de la Ley Orgánica de Procesos Electorales, y constató "que los mismos no observaron tales requisitos, los cuales son indispensables para la tramitación de las demandas contra actos de naturaleza electoral," pasando así a hacer el siguiente resumen de las sentencias:

> "Refieren las sentencias que en el proceso contencioso electoral corresponde realizar un acucioso examen para estimar la procedencia de esta clase de demandas y, por ello, se exige a los reclamantes la carga de exponer de manera clara, precisa y completa las circunstancias cuyo acaecimiento encuadre en los supuestos específicos de nulidad que prevé la ley; no sólo con el propósito de que el órgano administrativo o judicial establezca sin ambages los límites de la controversia, sino porque resulta indispensable la preservación de la voluntad del pueblo expresada en comicios libres, conjugada con la necesidad de brindar garantías institucionales de paz, estabilidad y seguridad, al evitar el cuestionamiento ligero y trivial de la función pública ejercida por un representante elegido por el pueblo.
>
> Los demandantes acaso indicaron la comisión de supuestas irregularidades en diversos centros electorales, sin identificar en forma precisa el cómo los eventos puntuales a los que aludieron produjeron vicios apreciables, capaces de alterar los resultados definitivos que se produjeron en los comicios celebrados el 14 de abril de este año para la elección del Presidente de la República.
>
> De esta manera, queda en evidencia que no fueron alegados motivos suficientes que pongan en duda la voluntad popular expresada en las pasadas elecciones presidenciales."

Adicionalmente, narra la Nota de Prensa que

> "determinados recursos esgrimieron alegatos contra la majestad del Tribunal Supremo de Justicia, lo que mereció algunos apuntes en las respectivas sentencias, entre los que destacan que ello no puede ser tenido a la ligera, no sólo porque revela el desconocimiento sobre las competencias de la Sala sino porque se pretende empañar el ejercicio de una garantía como el derecho de acceso a la justicia. Estos cuestionamientos contra las autoridades judiciales, no sólo deben ser desechados porque desconocen la función garantista de la Sala Constitucional, sino porque con su afrenta trivializa el debate democrático. Se evidencia, por tanto, que no se acude a los tribunales con el ánimo de resolver una disputa, sino para acusar al árbitro por no someterse a sus designios y voluntades. Así, por lo que respecta a tales señalamientos, se impuso la inadmisibilidad según el artículo 133, numeral 5, de la Ley Orgánica del Tribunal Supremo de Justicia."

En general, concluyó la "Nota de Prensa" que "las decisiones estatuyen que los alegatos esgrimidos por las partes recurrentes, son argumentos genéricos e imprecisos que conducen también a declarar inadmisibles las pretensiones, según el artículo 181 de la Ley Orgánica del Tribunal Supremo de Justicia, en concatenación del artículo 180 *eiusdem*."

Como se puede colegir de la reseña que hemos efectuado al analizar las sentencias del 7 de agosto de 2013, **todas las demandas que fueron intentadas contra el proceso electoral del 14 de abril de 2013 y sus resultados tuvieron por objeto buscar del Tribunal Supremo que en definitiva se pronunciara definitivamente sobre la legitimidad o ilegitimidad de dicho proceso de votación y, más que todo, sobre la legitimidad o la ilegitimidad de la postulación y la elección declarada del candidato Nicolás Maduro**. Eso fue lo que los recurrentes persistieron al acudir ante el "máximo y último garante de la Constitución" como suele autocalificarse la Sala Constitucional del Tribunal Supremo. Como sentencias formales dictadas en sus recursos, sin embargo, no obtuvieron la decisión en justicia que esperaban, y más bien lo que obtuvieron fue la decisión de que sus peticiones eran inadmisibles, es decir, que no reunían los requisitos legales para ser siquiera consideradas y juzgadas, por lo que formalmente en ninguno de los casos se produjo pronunciamiento de fondo alguno –salvo veladamente, como antes se ha advertido– y en ningún caso sobre el tema de la legitimidad electoral que se buscaba, y que sin duda necesitaba el país.

La decisión de fondo, en realidad, se dictó en la "Nota de Prensa" del Tribunal Supremo de Justicia del 7 de agosto de 2013, en la cual, desechadas las impugnaciones por inadmisibles, en definitiva se "decidió" que el proceso electoral de abril de 2013 fue legítimo y que el Presidente Electo Maduro está amparado por una legitimidad "plena y de derecho." Ello lo "decidió" el Tribunal Supremo de Justicia en la "Nota de Prensa" antes mencionada en la cual concluyó afirmando:

Primero, sobre las impugnaciones incoadas ante el Supremo Tribunal, que:

> "no consiguieron alegar ninguna irregularidad que significase una diferencia con los resultados que emanaron del Poder Electoral, se evidencia que los mismos **fueron completamente legítimos**."

Y segundo, que en ese sentido, para el Tribunal Supremo también fue posible colegir de los fallos que:

> "**la legitimidad** del Presidente de la República Bolivariana de Venezuela Nicolás Maduro Moros, quien obtuvo la mayoría de los votos escrutados en ese proceso, **es plena y de derecho a tenor de las leyes**."

Quizás era a esa "justicia," dada a través de "Notas de Prensa," a lo que el Tribunal Supremo de Justicia se refería al final de su "Nota de Prensa," cuando en la misma quiso reiterar a la ciudadanía que podía contar "con un Poder Judicial fortalecido, que aplica en cada una de sus actuaciones, los mandatos que el Texto Fundamental señala," pidiéndole además al pueblo "puede confiar en la solidez del elenco institucional que impera en nuestro país."

New York, agosto 2013.

SECCIÓN TERCERA:

LA ILEGÍTIMA E INCONSTITUCIONAL REVOCACIÓN DEL MANDATO POPULAR DE ALCALDES POR LA SALA CONSTITUCIONAL DEL TRIBUNAL SUPREMO, USURPANDO COMPETENCIAS DE LA JURISDICCIÓN PENAL, MEDIANTE UN PROCEDIMIENTO "SUMARIO" DE CONDENA Y ENCARCELAMIENTO (EL CASO DE LOS ALCALDES VICENCIO SCARANO SPISSO Y DANIEL CEBALLO).

Texto publicado en *Revista de Derecho Público* Nº 138, Editorial Jurídica Venezolana, Caracas, 2014, pp. 176 y ss; .y en el libro: *El golpe a la democracia dado por la Sala Constitucional, (De cómo la Sala Constitucional del Tribunal Supremo de Justicia de Venezuela impuso un gobierno sin legitimidad democrática, revocó mandatos populares de diputada y alcaldes, impidió el derecho a ser electo, restringió el derecho a manifestar, y eliminó el derecho a la participación política, todo en contra de la Constitución)*, segunda edición, (Con prólogo de Francisco Fernández Segado), Caracas 2015, 426-pp. Editorial Jurídica Venezolana, segunda edición, Caracas 2015, pp. 175-234.

I. SOBRE LA OBLIGATORIEDAD DE LAS SENTENCIA DE AMPARO

Ley Orgánica de Amparo sobre Derechos y Garantías Constitucionales de 1988, aún cuando formulado en forma indirecta, repitió en su artículo 29 lo que es una característica de toda decisión judicial y es la obligatoriedad de los fallos en materia de amparo, precisando que los jueces que las dicten, cuando acuerden "el restablecimiento de la situación jurídica infringida," en el dispositivo del fallo de la sentencia siempre deben ordenar "que el mandamiento sea acatado por todas las autoridades de la República, so pena de incurrir en desobediencia a la autoridad" (art. 29).

Adicionalmente, como secuela de dicha obligatoriedad, dispuso el artículo 30 de la Ley Orgánica, que cuando "la acción de amparo se ejerciere con fundamento en violación de un derecho constitucional, por acto o conducta omisiva, o por falta de cumplimiento de la autoridad respectiva," la sentencia debe siempre ordenar "la ejecución inmediata e incondicional del acto incumplido."

En consecuencia, en cuanto a los efectos de la decisión de amparo en relación con su carácter obligatorio, el principio es que como todas las decisiones judiciales, la sentencia es obligatoria no sólo para las partes del proceso, las cuales están obligadas a acatarla de inmediato, sino también respecto de todas las otras personas y funcionarios públicos que deben aplicarlas. Así se establece, además, en casi todas las legislaciones de amparo, como ocurre en las leyes que regulan la acción de amparo de Bolivia (art. 102), Colombia (arts. 27, 30), Costa Rica (art. 53), Ecuador (art. 58), Honduras (art. 65), Nicaragua (art. 48), Paraguay (art. 583) y Perú (arts. 22, 24).[1406]

1406 Para el estudio de todas las leyes de amparo de América Latina véase: Allan R. Brewer-Carías, *Constitutional Protection of Human Rights in Latin America. A Comparative Study of the Amparo Proceedings,*

El juez respectivo, además, a los efectos de asegurar la ejecución de la decisión, puede *ex officio*, o a petición de parte, tomar todas las medidas necesarias dirigidas a lograr su cumplimiento, estando facultado, por ejemplo, en la ley guatemalteca, para decretar órdenes y librar oficios a las autoridades y funcionarios públicos de la administración pública o a las personas obligadas (art. 55). Los tribunales de amparo según lo dispuesto en las leyes de amparo de Guatemala (art. 105), Ecuador (art. 61), El Salvador (art. 61) y Nicaragua (art. 77) también están facultados incluso para usar los medios de fuerza pública para asegurar el cumplimiento de sus decisiones. En tal sentido, la Ley Orgánica de Amparo de Venezuela de 1988, su artículo 32.B relativo a la sentencia, también dispone que en la misma, el juez debe especificar en forma precisa "la orden a cumplirse, con las especificaciones necesarias para su ejecución.".

II. EL DESACATO DE LAS SENTENCIAS DE AMPARO Y LA AUSENCIA DE PODERES SANCIONATORIOS DEL JUEZ DE AMPARO

En relación con la obligatoriedad de las sentencias de amparo, en los casos de desacato al dispositivo de las mismas, la Ley Orgánica de 1988 lo único que prevé como delito tipificado es el incumplimiento del mandamiento de amparo, para cuyo efecto el artículo 31 prevé que "quien incumpliere el mandamiento de amparo constitucional dictado por el Juez, será castigado con prisión de seis (6) a quince (15) meses."

Ello implica que la Ley Orgánica de 1988, como sucede en general en América Latina, no le otorga al juez de amparo potestad sancionatoria directa alguna frente al desacato respecto de sus decisiones, teniendo el juez de amparo limitada su actuación en los casos de incumplimiento de las sentencias de amparo, sólo a procurar el inicio de un proceso penal ante la jurisdicción penal ordinaria, a cuyo efecto debe poner en conocimiento del asunto al Ministerio Público para que sea éste el que de inicio al proceso penal correspondiente, tendiente a comprobar (o no) la existencia del delito y a imponer (de ser el caso) la sanción penal legalmente establecida, a que ya se ha hecho referencia.

La ley venezolana, por lo demás, sigue la orientación de las leyes reguladoras del amparo en América Latina, en las cuales no se prevé para los jueces de amparo facultad directa de castigar, mediante la imposición de sanciones penales, el desacato a sus órdenes; lo que sin duda contrasta con los poderes de los jueces norteamericanos frente al desacato de las *injunction,* tan características del sistema de protección de derechos en los sistemas anglosajones. Ello fue admitido en los Estados Unidos de América a partir de la sentencia de la Corte Suprema dictada el caso *In Re Debs* (158 U.S. 564, 15 S.Ct. 900, 39 L.Ed. 1092 (1895)), donde de acuerdo con el Juez Brewer - quien pronunció la sentencia -, se decidió que:

Cambridge University Press, New York, 2008; y *Leyes de Amparo de America Latina*, Instituto de Administración Pública de Jalisco y sus Municipios, Instituto de Administración Pública del Estado de México, Poder Judicial del Estado de México, Academia de Derecho Constitucional de la Confederación de Colegios y Asociaciones de Abogados de México, 2 Vols., Jalisco 2009.

"el poder de un tribunal de emitir una orden también lleva consigo el poder de sancionar la desobediencia a tal orden y la pregunta acerca de la desobediencia ha sido, desde tiempos inmemoriales, la función especial del tribunal. Y esto no es un tecnicismo. Para que un tribunal pueda compeler obediencia a su orden debe tener el derecho a precisar si ha habido desobediencia a su orden. El someter la cuestión de la desobediencia a otro tribunal, sea un jurado u otra corte, equivaldría a privar los procedimientos de la mitad de su eficacia.[1407]

En otro caso, *Watson v. Williams,* 36 Miss. 331, 341, la Corte declaró lo siguiente:

"El poder de multar y encarcelar por contumacia ha sido considerado, desde la historia más antigua del derecho, como la necesaria faceta y atributo de un tribunal, sin el cual no podría existir más de lo que pudiera existir sin un juez. Es un poder inherente a todos los tribunales de los que se tiene cuenta y coexistente con ellos por las sabias disposiciones del Common Law. Un tribunal sin el poder efectivo de protegerse a si mismo contra los asaltos de los desaforados o de ejecutar sus órdenes, sentencias o decretos contra los rebeldes a sus disposiciones, sería una desgracia al derecho y un estigma a la era que lo produjo."[1408]

Estas facultades de sancionar penalmente los desacatos a decisiones judiciales protectivas han sido las que precisamente han dado a las *injunctions* en los Estados Unidos de América su efectividad en relación con la protección de derechos, estando el mismo tribunal que las dicta facultado para reivindicar su propio poder ante cualquier desobediencia, mediante la imposición de sanciones penales y pecuniarias, con prisión y multas.[1409] Los tribunales latinoamericanos, en contraste, como hemos dicho, no tienen esas facultades o éstas son muy débiles.

En efecto, aun cuando el desacato a la sentencia de amparo sea sancionable en las leyes de amparo latinoamericanas, no está en poder del mismo tribunal de amparo el aplicar sanciones afectando personalmente al desobediente o rebelde. Estas facultades sancionatorias están atribuidas sea a la Administración Pública respecto de los funcionarios renuentes, o a un tribunal penal diferente al emisor del fallo, frente al desacato. Así, por ejemplo, en caso de desacato por funcionarios administrativos, a los efectos de las sanciones disciplinarias, al tribunal de amparo le corresponde notificar al superior jerárquico en la Administración para que inicie un procedimiento disciplinario administrativo contra el funcionario público rebelde que debe ser decidido por el órgano superior correspondiente en la Administración Pública, como está establecido en Colombia (art. 27), Perú (art. 59) y Nicaragua (art. 48).

1407 Véase en Owen M. Fiss and Doug Rendleman, *Injunctions*, The Foundation Press, 1984, p. 13. v. t. William M. Tabb and Elaine W. Shoben, *Remedies*, Thomson West, 2005, pp. 72 ss.

1408 *Idem.*

1409 En Filipinas, el Reglamento sobre el Recurso de Amparo, faculta al tribunal competente a "ordenar al accionado que se niega a responder, o que responda falsamente, o a cualquier persona que de cualquier otro manera desobedezca o se resista a un proceso legítimo u orden del tribunal, a ser sancionado por contumacia. El contumaz puede ser encarcelado o multado." Véase los comentarios en Allan R. Brewer-Carías, "The Latin American Amparo Proceeding and the Writ of Amparo in The Philippines," en *City University of Hong Kong Law Review,* Volume 1:1 October 2009, pp 73–90.

Respecto de la aplicación de sanciones penales a quienes desacaten la decisión de amparo, los tribunales de amparo, o la parte interesada, deben procurar el inicio de un procedimiento judicial penal en contra de aquellos, el cual debe ser iniciado por ante la jurisdicción penal competente, como es la regla general establecida en las leyes reguladoras de la acción de amparo de Bolivia (art. 104); Colombia (arts. 27, 52, 53); Costa Rica (art. 71); Ecuador (art. 58); El Salvador (arts. 37, 61); Guatemala (arts. 32, 54, 92); Honduras (art. 62); México (arts. 202, 209); Nicaragua (art. 77); Panamá (art. 2632); Paraguay (art. 584) y Venezuela (art. 31). En algunos casos excepcionales, como en Colombia (art. 27), el juez de tutela puede imponer detenciones administrativas (y sólo eso) a la parte renuente.

Por lo tanto, los jueces de amparo en Latinoamérica no tienen el poder para directamente imponer sanciones disciplinarias o penales a aquellos que desacatan sus órdenes y sólo en algunos países tienen poder para directamente imponer multas (*astreintes*) a las partes continuamente renuentes hasta lograr el cumplimiento de la orden. Este es el caso de las leyes reguladoras de la acción de amparo en Colombia (art. 27); República Dominicana (art. 28); Guatemala (art. 53); Nicaragua, (art. 66); y Perú (art. 22).[1410]

III. LAS PROPUESTAS DE REFORMA (NO SANCIONADAS) DE LA LEY ORGÁNICA DE AMPARO DE OCTUBRE 2013 SOBRE EL DESACATO EN MATERIA DE AMPARO

Ante esta carencia legislativa, en la propuesta de reforma de la Ley Orgánica de Amparo de Venezuela, que sólo se aprobó en primera discusión a finales de 2013, se buscaba introducir como una innovación importante, que al *tribunal de amparo tendría competencia para sancionar con multa de una (1) a cincuenta (50) unidades tributarias a las personas y funcionarios, que "no acataren sus órdenes o decisiones o no le suministraren oportunamente las informaciones, datos o expedientes que solicitare de ellos, sin perjuicio de las sanciones penales, civiles, administrativas o disciplinarias a que hubiere lugar" (art. 27 del proyecto). La misma regulación también se buscaba establecer en el* artículo 66 del proyecto, al asignar al tribunal de amparo, a los efectos de garantizar la ejecución del mandamiento de amparo, competencia para sancionar directamente con multa de diez (10) a quinientas (500) unidades tributarias a quienes lo incumplieren en el lapso señalado para ello, sin perjuicio de las sanciones penales a que hubiere lugar.

Además, en ese proyecto de reforma de la Ley Orgánica de 2013 se buscaba incorporar en su normativa un título dedicado a regular, en particular, "*el desacato al mandamiento de amparo constitucional, de la protección para los derechos e intereses colectivos o difusos y de la libertad o seguridad personal," con disposiciones como las siguientes:*

En primer lugar, la regulación general en el artículo 63 del proyecto, de un tipo delictivo más amplio para quienes incumplieren el mandamiento de amparo dictado

---

1410 Véase Samuel B. Abad Yupanqui, *El proceso constitucional de amparo*, Gaceta Jurídica, Lima, 2004, p. 136.

por el tribunal, indicando que serían castigados con prisión de uno (1) a tres (3) años y la imposición de las siguientes penas accesorias por el mismo tiempo de la condena:

1. Si el agraviante fuese comerciante, se planteaba que quedaba inhabilitado para el ejercicio del comercio.

2. Si el agraviante fuese funcionario público se proponía que comportaría la destitución del cargo, salvo los funcionarios de elección popular.

3. Si el agraviante o la agraviante fuese una autoridad de elección popular quedaría inhabilitado para el ejercicio de funciones públicas en el período siguiente a la culminación de su mandato.

4. Si el agraviante ejerciere alguna profesión, industria o arte se planteaba que quedaba inhabilitado para su ejercicio.

En estos casos de incumplimiento del mandamiento de amparo, el artículo 64 del proyecto también buscaba establecer como "procedimiento por desacato" que el tribunal de amparo remitiera copia certificada de las actuaciones al fiscal del Ministerio Público a fin de que se iniciase la investigación para la determinación del hecho punible de acuerdo a los procedimientos previstos a tales efectos. Igualmente, en el proyecto también se preveía que el juez de amparo debía remitir copia certificada a la Defensoría del Pueblo la cual podía participar de la investigación, y tener acceso al expediente y a sus actas o cualquier otra información que reposare en los archivos del Estado o en instituciones privadas, con el fin de hacer las recomendaciones a que hubiere lugar. En tales casos, también se contemplaba que el Fiscal General de la República, en el informe anual que debe presentar ante la Asamblea Nacional, debía indicar expresamente los desacatos a mandamientos de amparo que le hubieran sido remitidos por tribunales, con sus respectivas resultas (art. 65).

Por otra parte, como antes se dijo, en la misma orientación del artículo 27 del proyecto antes mencionado, el artículo 66 del mismo buscaba disponer, a los efectos de garantizar la ejecución del mandamiento de amparo, que el tribunal de amparo tenía competencia para sancionar directamente con multa de diez (10) a quinientas (500) unidades tributarias a quienes lo incumplieren en el lapso señalado para ello, sin perjuicio de las sanciones penales a que hubiere lugar. En estos casos de multas, y en los otros supuestos regulados en la Ley, conforme al "principio de proporcionalidad de la multa," el mismo artículo 67 del proyecto de reforma disponía que el importe de la multa se debía determinar atendiendo al principio de proporcionalidad, para lo cual se debía tomar en consideración "la capacidad económica del sancionado, el bien jurídico protegido, los hechos controvertidos, y demás circunstancias concurrentes." En todo caso, agregaba el proyecto de reforma que si quien hubiere sido sancionado con arreglo a las disposiciones antes mencionadas no cumpliere con el mandato de amparo ni tampoco cumpliere la sanción, la multa se debía incrementar a razón de una unidad tributaria por cada día de incumplimiento (art. 68).

Por otra parte, conforme al artículo 69 del proyecto de reforma de la Ley Orgánica, el sancionado podía reclamar por escrito la decisión judicial que le hubiera impuesto las sanciones antes mencionadas, dentro de los tres (3) días siguientes a su notificación, oportunidad en la que debía exponer las circunstancias favorables a su defensa. El reclamo debía ser decidido por el Tribunal dentro de los tres (3) días siguientes al vencimiento del lapso anterior. El tribunal, en estos casos, podía ratificar, revocar o reformar la sanción, siempre y cuando no causase mayor gravamen al sancionado.

Por último, el artículo 70 del proyecto de reforma de la Ley Orgánica buscaba declarar expresamente que sin menoscabo de las multas y sanciones antes mencionadas, el agraviado podía exigir la reparación de los daños y perjuicios causados por el incumplimiento; a cuyo efecto, la sentencia de amparo se debía tener como plena prueba pre constituida y la reclamación debía ser tramitada por el procedimiento correspondiente ante el juez de municipio del domicilio del agraviado.

Sin embargo, como ya se ha dicho, el proyecto de reforma de la Ley Orgánica de Amparo de 2013, si bien fue aprobado en primera discusión en octubre de 2013, no fue siquiera sometido a segunda discusión en el curso de 2013.

IV. LA VIOLACIÓN AL DEBIDO PROCESO (DERECHO A LA DEFENSA, A LA PRESUNCIÓN DE INOCENCIA, AL JUEZ NATURAL) POR PARTE DE LA SALA CONSTITUCIONAL, AL USURPAR LAS COMPETENCIAS DE LA JURISDICCIÓN PENAL Y PRETENDER IMPONER SANCIONES PENALES SIN PROCESO, Y ACTUANDO COMO JUEZ Y PARTE

De lo anteriormente expuesto resulta, por tanto, que en Venezuela, el desacato a las sentencias de amparo es un delito tipificado en la propia Ley Orgánica de Amparo de 1988 (art. 31), el cual - como todos los delitos para cuyo juzgamiento no existe una jurisdicción penal especial -, sólo puede ser decidido y sancionado por los tribunales competentes de la jurisdicción penal ordinaria, mediante un proceso penal, con las garantías del debido proceso, no teniendo el juez de amparo competencia alguna para sancionar en forma alguna el desacato de sus decisiones.

Ello sin embargo ha sido trastocado por la Sala Constitucional del Tribunal Supremo de Justicia, en sentencia N° 138 de 17 de marzo de 2014,[1411] en la cual, esa Sala usurpando las competencias de la Jurisdicción Penal, se arrogó la potestad sancionatoria penal en materia de desacato a sus decisiones de amparo, violando todas las garantías más elementales del debido proceso, entre las cuales están, que nadie puede ser condenado penalmente sino mediante un proceso penal, el cual es el "instrumento fundamental para la realización de la justicia" (art. 257 de la Constitución), en el cual deben respetarse el derecho a la defensa, el derecho a la presunción de inocencia, el derecho al juez natural (art. 49 de la Constitución), y la independencia e imparcialidad del juez (arts. 254 y 256 de la Constitución); juez que en ningún caso puede ser juez y parte, es decir, decidir en causa en la cual tiene interés.

En efecto, luego de que un conjunto de asociaciones y cooperativas de comerciantes interpusieron una denominada demanda "por derechos e intereses colectivos o difusos" conjuntamente con una petición de medida cautelar innominada contra el Alcalde y el Director de la Policía Municipal de un Municipio del Estado Carabobo

1411 Véase en http://www.tsj.gov.ve/decisiones/scon/marzo/162025-138-17314-2014-14-0205.HTML

(San Diego),[1412] para que removieran supuestas obstrucciones en las vías públicas del Municipio que se habían producido por protestas populares contra las políticas del Gobierno, la Sala Constitucional, mediante sentencia Nº 136 de 12 de marzo de 2014, que les "fue notificada vía telefónica" a dichos funcionarios, acordó el amparo constitucional cautelar solicitado, y en líneas generales ordenó a los Alcaldes, entre múltiples actividades de tipo administrativo que son propias de la autoridad municipal como velar por la ordenación de la circulación, la protección del ambiente, el saneamiento ambiental, la prevención y control del delito, y en particular que debían realizar acciones y utilizar los recursos materiales y humanos necesarios:

> "a fin de evitar que se coloquen obstáculos en la vía pública que impidan, perjudiquen o alteren el libre tránsito de las personas y vehículos; se proceda a la inmediata remoción de tales obstáculos que hayan sido colocados en esas vías, y se mantengan las rutas y zonas adyacentes a éstas libres de basura, residuos y escombros, así como de cualquier otro elemento que pueda ser utilizado para obstaculizar la vialidad urbana y, en fin, se evite la obstrucción de las vías públicas del referido municipio."[1413]

Cinco días después de dictada la referida sentencia acordando la medida de amparo cautelar, la Sala Constitucional, en sentencia Nº 138 de 17 de marzo de 2014, sin que nadie se lo solicitara ni advirtiera, es decir, actuando de oficio, y con el propósito de sancionar directamente a los destinatarios de la medida cautelar por presunto desacato a la medida cautelar decretada, procedió a fijar un procedimiento *ad hoc* para ello, a los efectos de determinar "el presunto incumplimiento al mandamiento de amparo," identificando a su vez a la persona que habría incurrido en deli-

1412 Una demanda similar se intentó simultáneamente ante la Sala Constitucional por un abogado a título personal contra los Alcaldes de los Municipios Baruta y El Hatillo, originando una medida de amparo cautelar (sentencia Nº 135 de 12 de marzo de 2014, en http://www.tsj.gov.ve/decisiones/scon/marzo/161913-135-12314-2014-14-0194.HTML); la cual, a petición del mismo abogado formulada a título personal, originó una decisión judicial de aplicación por efectos extensivos de la anterior medida judicial de amparo cautelar contra los Alcaldes de los Municipios Chacao, Lechería, Maracaibo y San Cristóbal (sentencia 137 de 17 de marzo de 2014 en http://www.tsj.gov.ve/decisiones/scon/marzo/162024-137-17314-2014-14-0194.HTML). Ello se anunció en la Nota de Prensa del Tribunal Supremo de Justicia de 24 de marzo de 2014. Véase en http://www.tsj.gov.ve/informacion/notasdeprensa/notasde-prensa.asp?codigo=11777. debe destacarse, sin embargo, que en la Nota de Prensa oficial del Tribunal Supremo informando sobre la primera decisión de detención del Alcalde del Municipio San Diego, se afirmó, que "Los alcaldes a quienes se sancionan *son de los municipios donde presuntamente se han cometido mayor número de hechos delictivos como homicidios, destrucción de organismos públicos y privados, destrucción del ambiente, incendio de vehículos y cierre de vías, desde que se iniciaron las manifestaciones violentas en el país*." Véase en http://www.tsj.gov.ve/informacion/notasde-prensa/notasdeprensa.asp?codigo=11768. Con ello, el Tribunal Supremo expresó claramente el propósito de su sentencia de amparo, que en definitiva no era el de proteger algún derecho ciudadano, sino el de sancionar a los Alcaldes de oposición, precisamente por ser de oposición.

1413 Contra esta decisión de mandamiento de amparo cautelar el Alcalde del Municipio se opuso a la misma mediante escrito de 18 de marzo de 2014, y al día siguiente, el día 19 de marzo de 2014, la Sala Constitucional con base en el argumento de que en el procedimiento de amparo no debe haber incidencias, declaró como "IMPROPONIBLE en derecho la oposición al mandamiento de amparo constitucional cautelar planteada por el ciudadano Vicencio Scarano Spisso." Véase la sentencia Nº 139 de 19 de marzo de 2014 en http://www.tsj.gov.ve/decisiones/scon/marzo/162073-139-19314-2014-14-0205.HTML

to, anunciando además que "en caso de quedar verificado el desacato," verificación procesal que la propia Sala haría en sustitución del juez penal, en contra lo dispuesto en la Ley Orgánica de Amparo, la misma Sala impondría:

> "la sanción conforme a lo previsto en el artículo 31 de la Ley Orgánica de Amparo sobre Derechos y Garantías Constitucionales y remitirá la decisión para su ejecución a un juez de primera instancia en lo penal en funciones de ejecución del Circuito Judicial Penal correspondiente."

Es decir, la Sala Constitucional resolvió usurpar la competencia de la Jurisdicción Penal y anunció que verificaría la comisión del delito de desacato, identificando a los autores que habían incumplido el mandamiento de amparo constitucional que había dictado, por lo que les impondría directamente la pena de prisión de seis (6) a quince (15) meses, que es la sanción penal prevista en el mencionado artículo 31 de la Ley Orgánica. Ni más ni menos, el Juez Constitucional se erigió en el perseguidor de los funcionarios públicos electos responsables de los gobiernos municipales en los Municipios donde la oposición había tenido un voto mayoritario.

Para incurrir en este abuso de poder y usurpación de competencias exclusivas de los jueces de la Jurisdicción Penal, la Sala Constitucional, por supuesto, violó todos los principios más elementales de la garantía del debido proceso enumerados en el artículo 49 de la Constitución, entre ellos, el derecho de toda persona a ser juzgado a través de un proceso penal desarrollado ante jueces penales, que son el juez natural en la materia; el derecho a la defensa y el derecho a la presunción de inocencia.

1. *Violación del derecho a la defensa por falta de actividad probatoria, y a la presunción de inocencia por inversión de la carga de la prueba*

En efecto, la Sala comenzó violando el derecho a la defensa y a la presunción de inocencia al fundamentar su decisión en el simple "dicho" de que:

> "por la prensa se ha difundido información de la que pudiera denotarse el presunto incumplimiento del mandato constitucional librado en la sentencia N° 136 de 12 de marzo de 2014, lo cual esta Sala califica como un hecho notorio y comunicacional (vid. Sentencia N° 98 del 15 de marzo de 2000).

Esta supuesta motivación inicial, por supuesto, es absolutamente violatoria al debido proceso legal, pues implica que la Sala pasó a tomar una decisión sin desarrollar actividad probatoria alguna, de lo que resulta de los siguientes hechos: primero, que no indicó qué era lo que "la prensa" supuestamente había "difundido"; segundo, que no identificó a qué "prensa" se refería, es decir, cuál o cuáles periódicos o medios de comunicación, y en qué fecha, habrían sido publicados; tercero, que no hizo mención a la existencia de una supuesta "noticia" de hechos que hubieran acaecido que habría sido publicada; y que cuarto, no precisó por qué, de lo que supuestamente se habría "difundió" en la "prensa," que no dijo, podía "denotarse el presunto incumplimiento" de un mandato de amparo constitucional.

Todo ello pone en evidencia, no sólo la violación del debido proceso legal, por violación al derecho a la defensa, sino además, el grave vicio de inmotivación de la sentencia, que la hace nula en los términos del Código de Procedimiento Civil.

Pero además, por el hecho de calificar un "dicho" como "hecho notorio y comunicacional" en ese caso, lo que pretendió la Sala Constitucional fue dar por probados unos inexistentes "hechos" publicitados que no mencionó, pretendiendo invertir la carga de la prueba y violando con ello la presunción de inocencia al compelir a los Alcaldes que "probaran" lo contrario a algo que ni siquiera se decía que era. Como lo resolvió la Sala Constitucional en la sentencia Nº 8 de 2000 que la misma Sala cita, el "hecho comunicacional" sólo puede ser "acreditado por el juez o por las partes con los instrumentos contentivos de lo publicado, o por grabaciones o videos, por ejemplo, de las emisiones radiofónicas o de las audiovisuales, que demuestren la difusión del hecho, su uniformidad en los distintos medios y su consolidación; es decir, lo que constituye la noticia." Nada ello ocurrió en este caso, donde la Sala no indicó "hecho" alguno concreto y específico, limitándose a afirmar que en la "*prensa se ha difundido información de la que pudiera denotarse el presunto incumplimiento del mandato constitucional.*" De esa afirmación, es realmente imposible deducir que pudiera haber algo que al calificarse como "hecho notorio y comunicacional" se haya dado "por probado" que los Alcaldes sin embargo, en violación a su derecho a la defensa y a la presunción de inocencia, debían desvirtuar.

La Sala Constitucional, al dictar la sentencia Nº 136 de 12 de marzo de 2014, en realidad, lo que hizo fue violar el contenido de la sentencia que invocó, la Nº 98 del 15 de marzo de 2000, al pretender calificar "como un hecho notorio y comunicacional," algo que como se dijo, primero, no es ningún "hecho"; segundo, que no es nada "notorio"; y tercero, que es imposible que sea "comunicacional," pues afirmar simplemente que "por la prensa se ha difundido información de la que pudiera denotarse el presunto incumplimiento del mandato constitucional" no puede considerarse como un "hecho" y menos como un "hecho notorio y comunicacional."

En efecto, conforme a la mencionada sentencia Nº 98 de 2000 que fijó la doctrina del "hecho notorio y comunicacional," y sobre la concepción del "hecho notorio", la misma Sala Constitucional consideró que para poder ser aplicada, ante todo tenía que existir un "hecho", es decir, un acontecimiento, un suceso o un acaecimiento *que efectivamente hubiera tenido lugar*, y que por haberse conocido habría entrado a formar parte de la cultura, se habría integrado a la memoria colectiva, se habría constituido en referencia en el hablar cotidiano de las personas, parte de sus recuerdos y de las conversaciones sociales. El "hecho notorio," por tanto, para la Sala Constitucional en aquella sentencia, ante todo tiene que ser un suceso o acaecimiento *cierto, real, que ha sucedido indubitablemente*, y que por su conocimiento por el común de la gente debido a su divulgación (ya que no todo el común de la gente pudo haber presenciado el hecho), entonces no requiere ser probado. De allí los precisos ejemplos que utilizó la Sala Constitucional en dicha sentencia No. 98 de 2000, todos referidos a *hechos ciertos, reales, que efectivamente sucedieron o acaecieron*, como: "el desastre de Tacoa" referido al hecho del incendio de tanques de combustible en la Planta de la Electricidad de Caracas en Tacoa (Litoral Central); "la caída de un sector del puente sobre el lago de Maracaibo", referido al hecho del choque de un barco tanquero contra una sección del puente sobre el Lago de Maracaibo y la caída de dicha sección que interrumpió el tránsito; "los eventos de octubre de 1945" referidos al hecho conocido como la "Revolución de octubre" de 1945 que originó el derrocamiento del gobierno del Presidente Isaías Medina Angarita y la instalación de una Junta de Gobierno; y "la segunda guerra mundial", hecho acaecido desde 1939 hasta 1945.

Pero además de tratarse de un "hecho" para que se trate de un "hecho publicitado" o "hecho comunicacional", el mismo debe haber adquirido "difusión pública uniforme por los medios de comunicación social," que por ello, "forma parte de la cultura de un grupo o círculo social en una época o momento determinado, después del cual pierde trascendencia y su recuerdo solo se guarda en bibliotecas o instituciones parecidas, pero que para la fecha del fallo formaba parte del saber mayoritario de un círculo o grupo social, o a el podía accederse." En esos casos, sostuvo la Sala, "los medios de comunicación social escritos, radiales o audiovisuales, *publicitan un hecho como cierto, como sucedido, y esa situación de certeza se consolida cuando el hecho no es desmentido* a pesar que ocupa un espacio reiterado en los medios de comunicación social."[1414]

En el caso de la sentencia N° 136 de 12 de marzo de 2014, la "calificación" como un "hecho notorio y comunicacional" al dicho de que "*por la prensa se ha difundido información de la que pudiera denotarse el presunto incumplimiento del mandato constitucional*" equivale a considerar como un "hecho" a nada, y de la nada, como una grotesca burla al derecho y a la propia doctrina contenida en la sentencia citada N° 98 del 15 de marzo de 2000 de la misma Sala.

Y en todo caso, quedaba por resolver qué fue lo que pretendió la Sala con declarar como tal "hecho notorio y comunicacional," al dicho de que "*por la prensa se ha difundido información de la que pudiera denotarse el presunto incumplimiento del mandato constitucional.*" La consecuencia directa de la declaratoria era que la Sala habría dado por probado, no un "hecho," sino un "dicho," y por tanto, los Alcaldes supuestamente debían entonces tratar de "desvirtuar" el "dicho" ya que no había ningún "hecho," todo lo cual significa una grave violación al derecho a la defensa, pues equivalía a compelir a alguien a "defenderse" de un "hecho" que ni siquiera se identificó.

2. *El procedimiento para determinar el desacato al mandamiento de amparo*

Después del desaguisado cometido por la Sala a propósito del inexistente "hecho notorio y comunicacional", la Sala Constitucional pasó a constatar que en la Ley Orgánica de Amparo de 1988 "no está contemplado procedimiento alguno para la valoración preliminar del posible incumplimiento de un mandamiento de amparo a efectos de su remisión al órgano competente," razón por la cual invocó el artículo 98 de la Ley Orgánica del Tribunal Supremo de Justicia a los efectos de establecer el

---

1414 Véase Allan R. Brewer-Carías, "Sobre el tema del "hecho notorio" me he referido al comentar la doctrina jurisprudencial en la materia sentada por el Tribunal Supremo de Justicia de Venezuela, en los trabajos: "Consideraciones sobre el 'hecho comunicacional' como especie del 'hecho notorio' en la doctrina de la Sala Constitucional del Tribunal Supremo," en *Revista de Derecho Público*, N° 101, enero-marzo 2005, Editorial Jurídica Venezolana, Caracas 2005, pp. 225-232; y "Sobre el llamado 'hecho comunicacional' como fundamento de una acusación penal", en *Temas de Derecho Penal Económico, Homenaje a Alberto Arteaga Sánchez* (Compiladora Carmen Luisa Borges Vegas), Fondo Editorial AVDT, Obras colectivas OC N° 2, Caracas 2007, pp. 787-816.

procedimiento que juzgó "más conveniente para la realización de la justicia, siempre que tenga fundamento legal." Con base en ello, la Sala entonces procedió a establecer que para determinar el presunto incumplimiento al mandamiento de amparo cautelar decretado, "el procedimiento que más se adecua para la consecución de la justicia" era el estipulado en el artículo 26 de la propia Ley Orgánica de Amparo, razón por la cual en la misma sentencia procedió a convocar al Alcalde y al Director General de la Policía Municipal del Municipio San Diego del Estado Carabobo, a una audiencia pública que fijo para realizarse dentro de las 96 horas siguientes a que conste en autos su notificación, lo que fue el día 20 de mayo de 2014, para que los Alcaldes expusieran "los argumentos que a bien tuvieren en su defensa," pero sin indicarles de qué es que tenían que defenderse, o cuáles eran los "hechos" que tenían que desvirtuar.

Con ello, de nuevo, la Sala Constitucional violó el derecho a la defensa de los Alcaldes notificados, al citarlos para que comparecieran a "defenderse" pero sin decirles cuales eran los hechos que se les imputaban y de los cuales debían defenderse, y lo más grave, afirmando que conforme al artículo 23 de la Ley Orgánica, la falta de comparecencia de los citados "funcionarios municipales a la audiencia pública se tendrá como aceptación de los hechos", pero se insiste, sin indicarles cuáles eran los supuestos hechos que se le "imputaban", que debían supuestamente contradecir, y respecto de los cuales debían "defenderse", de manera que si no acudían a la audiencia se daban por aceptados por ellos. Mayor arbitrariedad, realmente, es imposible encontrar en una sentencia: que se ordene citar a alguien para que bajo la presunción de certeza de un "dicho", que se califica como "hecho notorio y comunicacional" y que por tanto no requiere prueba, comparezca ante el tribunal a defenderse y desvirtuar el supuesto "hecho", pero sin saber exactamente de qué deben defenderse, y todo bajo la amenaza de que si no comparece, se debe tener como que acepta los "hechos" que no conoce.

3. *La sanción penal al desacato: competencia exclusiva de la Jurisdicción Penal mediante un proceso penal*

Como hemos señalado, el artículo 31 de la ley Orgánica de Amparo dispone como tipo delictivo el incumplimiento del mandamiento de amparo constitucional dictado por el Juez, previendo en tal caso una sanción de prisión de seis (6) a quince (15) meses. Sobre esta norma que sanciona el desacato, la antigua Corte Suprema de Justicia, en sentencia N° 789 de 7 de noviembre de 1995 de la Sala Política Administrativa,[1415] estableció con toda precisión que la competencia en materia de desacato corresponde exclusivamente a la Jurisdicción penal. Conforme a esa sentencia, por tanto, al juez de amparo le está vedado siquiera apreciar y hacer una calificación del delito al remitir los autos al juez penal,[1416] correspondiendo tal calificación "al

1415 Véase Caso *Francisco González Aristiguieta v. Rafael Aníbal Rivas Ostos*. Véase en *Revista de Derecho Público*, N° 63-64, Editorial Jurídica Venezolana, Caracas 1995, pp. 370 ss.

1416 Fue el vicio en el cual incurrió, según la Sala Político Administrativa, la Corte primera de lo Contencioso Administrativa en sentencia de 18 de octubre de 1995, cuando decidió como sigue: "Por tal razón, y al no haber podido el ciudadano Francisco González Aristiguieta ejercer las funciones propias del cargo tribunal penal, en el contexto del debido proceso con la garantía del derecho a la defensa (artículo 68 Constitución)," no pudiendo el juez de amparo:

> "ejecutar su propia sentencia conforme al procedimiento ordinario (artículo 523 del Código de Procedimiento Civil), *en lo que se refiere a lo previsto en el articulo 31 citado,* ya que en éste, el legislador consagró un tipo delictual (desacato) que requiere de un procedimiento, tal como lo prevé el artículo 60, ordinal 5° de la Constitución: "Nadie podrá ser condenado en causa penal sin antes haber sido notificado personalmente de los cargos y oído en la forma que indique la ley". Debe precisarse al respecto que la jurisdicción ordinaria en materia penal, conforme a la Ley Orgánica del Poder Judicial le compete a los Juzgados de Primera Instancia en lo Penal y a los Tribunales Superiores (Título IV, Capítulo IV D y Título IV Capítulo II D, respectivamente). Los jueces de dichos tribunales son entonces los jueces naturales para conocer del desacato en referencia y las personas supuestamente implicadas en este delito tienen el derecho constitucional de ser juzgadas por sus jueces naturales (articulo 69 Constitución)."

En definitiva, concluyó la Corte Suprema, que:

> "Con el fin de que el acto de administración de justicia pueda realizarse en el marco del debido proceso y con base a las exigencias legales y constitucionales imperantes, del desacato de un "mandamiento de amparo constitucional dictado por el Juez" –artículo 31 de la Ley Orgánica de Amparo sobre Derechos y Garantías Constitucionales– debe conocer la jurisdicción penal."

Este ha sido, por lo demás, el criterio invariable del Tribunal Supremo luego de sancionada la Constitución de 1999, como resulta por ejemplo de la sentencia de la propia Sala Constitucional de 31 de mayo de 2001 (Caso: *Aracelis del Valle Urdaneta*):

> "...Ahora bien, en relación con el desacato, ha señalado este Alto Tribunal que dado el carácter delictual del mismo, ***la calificación que de este delito se haga "le compete al Tribunal Penal, en el contexto del debido proceso con la garantía del derecho a la defensa*** (artículo 68 de la Constitución)" (Vid. Sentencias de la Sala Político-Administrativa del 7 de noviembre de 1995: Caso Rafael A. Rivas Ostos y del 11 de marzo de 1999: Caso Ángel Ramón Navas).

---

de Jefe de la Brigada Territorial Número 81, lo cual ciertamente le impidió la plena y perfecta reincorporación a tal cargo que fuese ordenada en el mandamiento de amparo otorgado, esta Corte considera que el ciudadano Rafael Aníbal Rivas Ostos incurrió en abierto desacato al mandamiento de amparo, subsumiéndose tal conducta en el artículo 31 de la Ley que rige la materia. Así se declara. En consecuencia, esta Corte Primera de lo Contencioso Administrativo ordena remitir a los órganos de la jurisdicción penal copia de la presente decisión y de todas las actas contentivas del procedimiento de desacato a los fines previstos en el artículo 31 de la Ley Orgánica de Amparo sobre Derechos y Garantías Constitucionales." Véase en *Revista de Derecho Público*, N° 63-64, Editorial Jurídica Venezolana, Caracas 1995, pp. 373 y ss.

En aplicación de la jurisprudencia precedente y por cuanto en el escrito contentivo de la solicitud que dio origen al recurso de apelación la solicitante imputó la comisión de un hecho punible de acción pública como lo es el desacato, previsto y sancionado en el artículo 31 de la Ley Orgánica de Amparo sobre Derechos y Garantías Constitucionales, ***esta Sala se declara incompetente para conocer del mismo, y ordena remitir copia certificada del mencionado escrito a la Fiscalía General de la República a los fines de que se inicie la investigación correspondiente...***".[1417]

En otra decisión, N° 74 del 24 de enero de 2002 de la misma Sala Constitucional, al revisar la sentencia de un juez penal de control del Estado Portuguesa que se había declarado "incompetente para conocer el desacato" que le había solicitado una juez de primera instancia del Trabajo y Agrario del Circuito Judicial del mismo Estado, "por considerar que no se trata de un delito sino de una sanción administrativa, que corresponde aplicarla al juez que dictó la decisión de amparo incumplida," la Sala consideró errado dicho criterio, "ya que conforme al artículo 31 de la Ley Orgánica de Amparo sobre Derechos y Garantías Constitucionales, quien incumpla el mandamiento de amparo constitucional dictado por el juez, será castigado con prisión de seis (6) a quince (15) meses. Se trata de una pena corporal que se prescribe para toda aquella persona que incurra en el supuesto de desacato del contenido de un mandamiento de amparo, y esto es propio de la jurisdicción penal." La Sala Constitucional agregó que "así lo ha ratificado la jurisprudencia, al considerar que **es dicha jurisdicción, la encargada de conocer las causas iniciadas por incumplimiento de mandamiento de amparo.**"[1418]

Ello implica que conforme a los principios constitucionales particularmente desarrollados en la Constitución de 1999, y a lo dispuesto en el Código Orgánico Procesal Penal, en Venezuela nadie puede ser condenado penalmente y a nadie se le puede imponer una pena, "sin un juicio previo, oral y público, realizado, sin dilaciones indebidas, ante un juez imparcial," conforme a las disposiciones de dicho Código, "y con salvaguarda de todos los derechos y garantías del debido proceso, consagrados en la Constitución de la República, las leyes, los tratados, convenios y acuerdos internacionales suscritos por la República" (art. 1), correspondiendo en todo caso, a "los tribunales juzgar y hacer ejecutar lo juzgado" (art. 2), y en los términos del artículo 7 del mismo Código, y correspondiendo "exclusivamente [...] a los jue-

1417 Citada en sentencia N° 74 de enero de 2003, en http://www.tsj.gov.ve/deci-siones/scon/enero/74-240102-01-0934.HTM.

1418 Véase en http://www.tsj.gov.ve/decisiones/scon/enero/74-240102-01-0934.HTM. En reseña de Juan Francisco Alonso, en *El Universal* de 21 de marzo de 2014, el periodista incluso informa que "Al revisar los archivos del TSJ, *El Universal* verificó que en los años posteriores ese criterio fue ratificado en decisiones como las número 728 del 2 de abril de 2002, la 662 del 4 de abril de 2003 y la 530 del 5 de abril de 2005, en las cuales reiteró que tan pronto se verifique un incumplimiento de un amparo se debe notificar al Ministerio Público sobre el mismo para que investigue al señalado y decida si pide su enjuiciamiento." Véase Juan Francisco Alonso, "Con caso Scarano TSJ echó a la basura 12 años de jurisprudencia. Juristas alertan que Sala Constitucional no puede condenar a nadie", en *El Universal* viernes 21 de marzo de 2014 12:00 AM, en http://www.eluniversal.com/nacional-y-politica/140321/con-caso-scarano-tsj-echo-a-la-basura-12-anos-de-jurisprudencia.

ces y tribunales ordinarios o especializados establecidos por las leyes, con anterioridad al hecho objeto del proceso," que son los tribunales penales de la jurisdicción ordinaria, que son los únicos que tienen "la potestad de aplicar la ley en los procesos penales."[1419]

4. *La inconstitucional asunción de la competencia de la Jurisdicción Penal por la Sala Constitucional, como juez y parte, violando las garantías de la presunción de inocencia, al juez natural y a la doble instancia*

Ahora bien, contrariamente a la anteriormente expuesto, la Sala Constitucional en la sentencia N° 138 de 17 de marzo de 2014, que comentamos, luego de establecer un inconstitucional procedimiento para verificar el desacato a una sentencia cautelar que dictó en materia de amparo, concluyó afirmando que:

> "Esta Sala Constitucional, en caso de quedar verificado el desacato, impondrá la sanción conforme a lo previsto en el artículo 31 de la Ley Orgánica de Amparo sobre Derechos y Garantías Constitucionales y remitirá la decisión para su ejecución a un juez de primera instancia en lo penal en funciones de ejecución del Circuito Judicial Penal correspondiente."

Ni más ni menos, la Sala Constitucional, decidió que una vez ella misma verificara la conducta penal de desacato, ella misma impondría directamente a los culpables la sanción penal de prisión de seis (6) a quince (15) meses prevista en el artículo 31 de la Ley Orgánica; verificación y sanción penal que sólo puede corresponder ser impuesta por un juez penal. Al contrario, en este caso, la Sala Constitucional usurpó la competencia de los tribunales de la jurisdicción penal, que son el juez natural en esos casos, previendo que sólo remitiría los autos, al juez penal "para le ejecución de la decisión," es decir, para decidir lo conducente al lugar de detención del condenado. Con ello, mediante la sentencia comentada, la Sala Constitucional usurpó la competencia de los jueces penales no sólo para "verificar el delito de desacato," sino para imponer la sanción penal prevista en la mencionada norma de la Ley Orgánica de Amparo, todo lo cual es abiertamente violatorio del artículo 49,4 de la Constitución que garantiza el derecho de "toda persona a ser juzgada por sus jueces naturales en la jurisdicción ordinaria," y del artículo 49.1 de la misma Constitución que a la garantía judicial de la doble instancia, es decir, que "toda persona declarada culpable tiene derecho a recurrir del fallo."[1420]

1419 Como lo ha dicho con razón el profesor Román José Duque Corredor, en este caso: "Se consideró el incumplimiento del mandamiento del amparo como un delito, pero sin embargo, el enjuiciamiento del Alcalde del Municipio San Diego no se tramitó por el procedimiento ordinario penal, sino por el de una falta, por lo que no se efectuó la fase previa de averiguación, el enjuiciado no participó en esta fase y no se le acusó formalmente sino simplemente se le citó sumariamente para la audiencia oral. Siendo un delito se le juzgó, sin embargo, en una sola instancia, sin derecho a recurrir contra la sentencia condenatoria." Véase en su artículo: "Garantías constitucionales violadas por la Sala Constitucional del Tribunal Supremo de Justicia en el caso del enjuiciamiento penal del Alcalde del Municipio San Diego, Estado Carabobo, Venezuela," Caracas 20 de marzo de 2014 (Consultado en original).

1420 Con razón, Juan Manuel Raffalli consideró que "este 'precedente' no solo supone el fin de un criterio reiterado sino que representa "una violación a la doble instancia, porque si el TSJ ya tomó una decisión

En este caso, dicha norma fue violada al erigirse la Sala Constitucional en un tribunal *ad hoc*, de excepción, ni siquiera creado mediante ley antes de la comisión del supuesto hecho punible, violando la más elemental de las garantías al derecho proceso; y todo ello, para desarrollar un proceso sumario, alejado totalmente de las garantías del proceso penal, donde la Sala incluso actúa como juez y parte agraviada (cuyas decisiones supuestamente se han desacatado), con el único objetivo de encarcelar rápidamente a quienes "incumplan" sus propias decisiones, sin prueba alguna del supuesto incumplimiento, invirtiendo la carga de la prueba y la presunción de inocencia, e incluso, con la posibilidad de condenar en ausencia, al "presumir" la culpabilidad del supuestamente "imputado" cuando no compareciera a una audiencia fijada.

V. LA CRIMINALIZACIÓN DEL EJERCICIO DE LA FUNCIÓN ADMINISTRATIVA Y LA VIOLACIÓN DEL PRINCIPIO DEMOCRÁTICO

Mayor aberración jurídica que la antes reseñada es inconcebible, y más aún, proviniendo del juez constitucional el cual debería ser el garante de la supremacía e integridad de la Constitución.

Con ella, además, se ha abierto la puerta a la criminalización del ejercicio de la función administrativa al permitirse que mediante el simple expediente de que cualquiera puede acudir ante la Sala Constitucional y demandar a un funcionario administrativo basado en la protección de "derechos e intereses colectivos o difusos" para que ejerza sus funciones propias como lo pautan las leyes, la Sala, inventando un desacato y mediante un procedimiento breve y sumario, invirtiendo la carga de la prueba, pueda rápidamente sancionar por desacato y encarcelar al funcionario por el mal ejercicio de sus funciones. Y si se trata de un funcionario electo, como es el caso de los alcaldes, la Sala, sin ser juez penal, pueda llegar a declarar la inhabilitación política del funcionario, al encarcelarlo y separarlo de su cargo violando el principio democrático.

Y algo parecido, pero más grave fue lo que precisamente ocurrió, como estaba anunciado, en el caso del Alcalde y del Director de la Policía Municipal del Municipio San Diego, luego de efectuada la audiencia que la sentencia N° 138 de la Sala Constitucional había inconstitucionalmente fijado para el día 19 de marzo de 2014, para decidir sobre el supuesto desacato por parte de los mismos al mandamiento de

---

ante quién puede apelar el Alcalde". Véase en Juan Francisco Alonso, "Con caso Scarano TSJ echó a la basura 12 años de jurisprudencia. Juristas alertan que Sala Constitucional no puede condenar a nadie", en *El Universal* viernes 21 de marzo de 2014 12:00 AM, en http://www.eluniversal.com/nacional-y-politica/140321/con-caso-scarano-tsj-echo-a-la-basura-12-anos-de-jurisprudencia. Por todo ello, con razón, el profesor Alberto Arteaga explicó que lo decidido "no tiene precedentes en el país. Es tan absurdo como una condena a pena de muerte. Si lo hizo la sala Constitucional, cuyas sentencias tienen carácter vinculante, cualquier tribunal que conozca de un procedimiento de amparo puede hacer lo mismo. Si damos por buena esta decisión cualquier alcalde puede ser destituido sin formula de juicio, como ocurrió con Scarano." Véase Edgard López, "Cualquier alcalde puede ser destituido como Scarano. Los penalistas Alberto Arteaga y José Luis Tamayo consideran que la Sala Constitucional violó la carta magna," en *El Nacional*, Caracas 21 de marzo de 2014, 12.01am, en http://www.el-nacional.com/poli-tica/Cualquier-alcalde-puede-destituido-Scarano_0_376162596.html.

amparo cautela dictado por la propia Sala mediante sentencia N° 136 de 12 de marzo de 2014.

La audiencia, en efecto, se realizó ante la Sala Constitucional con una duración de más de 8 horas, y al final de la noche del mismo día 19 de marzo de 2014, según se informó oficialmente en la Nota de Prensa difundida por el Tribunal Supremo,[1421] como había sido anunciado, la Sala Constitucional sancionó al Alcalde Vicencio Scarano Spisso y el Director de la Policía Municipal Salvatore Lucchese Scaletta, a cumplir diez meses y quince días de prisión, más las accesorias de Ley; y además, no sólo le impuso al Alcalde la "pena" accesoria de separarlo del ejercicio de su cargo por ese tiempo, sino más grave, de "cesarlo" definitivamente "en el ejercicio de sus funciones en el cargo de Alcalde del municipio San Diego del estado Carabobo," cuando no hay ley alguna que autorice a la Sala Constitucional a "revocarle" el mandato a un Acalde como funcionario electo popularmente.

Lo que es definitivo en esta materia es el principio establecido en el artículo 23.1 de la Convención Americana de Derechos Humanos (que conforme al artículo 23 de la Constitución tiene jerarquía constitucional en el país, a pesar de que -violando la propia Constitución-, el gobierno haya denunciado la Convención en 2013) en el sentido de que toda restricción al ejercicio de derechos políticos debe estar basada en una "condena, por juez competente, en proceso penal." Ello significa que para eliminarle a un ciudadano sus derechos democráticos, consistentes por ejemplo, en el derecho a ejercer cargos públicos de elección popular, que es de la esencia de la democracia representativa, es necesario primero, que se produzca una "condena" judicial; segundo, que la misma sea pronunciada por un "juez competente", y tercero que ello ocurra "en un proceso penal." Es lo que precisamente lo que no ocurrió en el caso de la decisión que comentamos de la Sala Constitucional.

Pero teniendo en cuenta que efectivamente la Sala Constitucional usurpó las potestades de la Jurisdicción penal ordinaria, y procedió ella misma, directamente, a condenar penalmente a unos funcionarios, aún cuando sin seguir proceso penal alguno, a una pena de prisión; la pena accesoria que podía dictar sólo podía ser la "inhabilitación política" establecida en el artículo 24 del Código Penal, que establece que la misma "no podrá imponerse como pena principal, sino como accesoria a las de presidio o prisión y produce como efecto la privación de los cargos o empleos públicos o políticos que tengan el penado y la incapacidad, durante la condena, para obtener otros y para el goce del derecho activo y pasivo del sufragio." Pero no. En este caso, la Sala ni siquiera aplicó esta pena accesoria de suspensión del ejercicio de sus funciones durante la condena (10 meses), sino que procedió a despojar al funcionario electo de su cargo, el cual como consecuencia de la cesación decidida, no podrá volver a ejercerlo. Ello por supuesto es inconstitucional, pues la Sala Constitucional no tiene competencia para declarar la "falta absoluta" del Alcalde, es decir, revocarle en este caso su mandato.[1422]

1421 Véase en http://www.tsj.gov.ve/informacion/notasdeprensa/notasdepren-sa.asp?codigo=11771.

1422 Sobre esto, el profesor José Ignacio Hernández ha señalado con razón, que "al margen de las irregularidades del proceso que condujo a la detención del Alcalde Scarano, lo cierto es que él sigue siendo Al-

Pero así lo hizo, lo que quedó corroborado con el rápido anuncio que al día siguiente de la famosa decisión de cesar al Alcalde en el ejercicio de su cargo de elección popular, hizo en rueda de prensa la Vicepresidenta del Consejo Nacional Electoral, de la cual la Agencia Venezolana de Noticias informó que dijo lo siguiente: "Al ser notificados por el Tribunal Supremo de Justicia sobre el cese en el ejercicio de funciones del ciudadano alcalde del municipio San Diego y, en consecuencia, su falta absoluta, la Junta Nacional Electoral ha convocado a los técnicos de este organismo para la elaboración de una propuesta de cronograma, que deberá ser discutida en las próximas horas en el Consejo Nacional Electoral."[1423] El anuncio se concretó el día 21 de marzo de 2014, al anunciar a la prensa la misma vicepresidente del Consejo Nacional Electoral, Sra. Oblitas que el organismo había decidido "convocar perentoriamente elecciones en el municipio San Diego del estado Carabobo," en vista de la "notificación realizada por los magistrados del Tribunal Supremo de Justicia (TSJ) quienes declararon la falta absoluta e inhabilitación de Scarano," lo que por lo demás, parece que no debía haber sabido porque la sentencia no había sido publicada.[1424]

En todo caso, lo decidido por el Consejo Nacional Electoral, además, viola abiertamente el artículo 87 de la ley Orgánica del Poder Público Municipal de 2010 que establece expresamente que "cuando la falta del alcalde se deba a detención judicial, la suplencia la ejercerá el funcionario designado por el Concejo Municipal, dentro del alto nivel de dirección ejecutiva", agregando que es el Consejo Municipal el que

---

calde, pues el mandato popular no se extingue por la sola detención judicial. Tanto más, acoto, cuando esa detención fue producto de un proceso violatorio derechos fundamentales.

Al pretender convocar a elecciones en el Municipio San Diego, se está violando, por ello, el mandato popular, al crearse una ausencia absoluta que no está indicada expresamente.

Ni el TSJ ni el CNE pueden crear nuevas causales de ausencia absoluta distintas a las establecidas en la Ley, pues ello implicaría desconocer, ilegítimamente, ese mandato popular. Eso es lo que está sucediendo, precisamente, con el Alcalde Scarano." Véase en, José Ignacio Hernández, "Es constitucional que el CNE convoque elecciones en el Municipio San Diego?, 20 de Marzo de 2014, en http://prodavinci.com/blogs/es-constitucional-que-el-cne-convoque-elecciones-en-el-municipio-san-diego-jose-ignacio-hernandez/.

1423 Así lo informó la Agencia Venezolana de Noticias (AVN), Jueves, 20/03/2014 01:00 PM. Otra reseña de lo informado por la Sra. Sandra Oblitas, indica que dijo que "el ente electoral se encuentra en proceso de preparación del cronograma electoral para el municipio de San Diego" y que "ante la detención y destitución del alcalde Vicencio Scarano, emitida por Tribunal Supremo de Justicia (TSJ), la rectora del ente electoral informó que en las próximas horas se convocará a nuevos comicios." Véase la reseña en http://www.lapatilla.com/site/2014/03/20/cne-prepara-cronograma-para-elecciones-en-san-diego/.

1424 Véase en Eugenio Martínez, "CNE prepara comicios para elegir sustituto en San Diego," en *El Universal*, 21 de marzo de 2014, Como lo escribió el periodista en la reseña de la rueda de prensa que se hizo sin preguntas: "La ausencia de preguntas no permitió aclarar interrogantes técnicas y legales sobre este proceso [...] Desde la perspectiva legal no fue posible precisar por qué el CNE admite la ausencia absoluta de Scarano cuando esta no fue dictada por un juez penal o por qué se avala la inhabilitación política del alcalde a través de un procedimiento especial no previsto taxativamente en las leyes." Véase en http://www.eluniversal.com/nacional-y-politica/140321/cne-prepara-comicios-para-elegir-sustituto-en-san-diego.

puede decidir convertir la falta temporal en absoluta cuando la "falta temporal se prolonga por más de noventa días consecutivos."[1425]

En todo caso, la consecuencia inmediata de la decisión de la Sala fue que los funcionarios, es decir, el Alcalde Vicencio Scarano Spisso y el Director de la Policía Municipal Salvatore Lucchese Scaletta, fueron detenidos en el acto, por decisión nada menos que del Juez Constitucional, y puestos "a la orden del Servicio Bolivariano de Inteligencia Nacional (Sebin)," estableciéndose Caracas "como sitio de reclusión [...] hasta tanto un juez de primera instancia en funciones de ejecución determine el sitio definitivo de reclusión." Eso fue lo que leyó en la audiencia la Presidenta de la Sala Constitucional, indicándose además, en la Nota de Prensa que al haber oído a las partes en la audiencia y estar presente representantes del Ministerio Público y de la Defensoría del Pueblo "el TSJ da cumplimiento estricto al debido proceso." [1426] Y la Defensora del Pueblo, obviando todo análisis jurídico y olvidándose de su función de velar por que en los procesos se garanticen los derechos humanos por los órganos del Estado, se limitó a afirmar que "Es imposible que con la presencia de todos los poderes públicos (en la audiencia contra Scarano) se cometa una ilegalidad."[1427] Allí está la clave de tanta violación al ordenamiento jurídico en un régimen autoritario: pretender que una acción inconstitucional es "legal" porque se comete por todos los órganos del Estado.[1428]

1425 Véase la Ley Orgánica del Poder Público Municipal en *Gaceta Oficial* Nº 6.015 Extra. del 28 de diciembre de 2010.

1426 Véase en http://www.tsj.gov.ve/informacion/notasdeprensa/notasdepren-sa.asp?codigo=11771. Sin embargo, el abogado defensor del Alcalde de San Diego, indicó sobre la audiencia, que "la Sala Constitucional actuó como un tribunal penal. Se desarrolló un juicio sumarísimo, en el cual ni siquiera hubo una acusación de parte del Ministerio Público. Teníamos 47 testigos y, sin criterio alguno, se nos dijo que solo aceptarían 5. Apenas se nos concedió 10 minutos, compartidos entre el alcalde y yo, para exponer los alegatos de defensa. El TSJ avaló los testimonios de 5 guardias nacionales, una vecina de San Diego y un video con señalamientos del presidente de la Asamblea nacional, Diosdado cabello, contra Scarano. Todo se resolvió al final de una audiencia de 8 horas." Véase Edgard López, "Cualquier alcalde puede ser destituido como Scarano. Los penalistas Alberto Arteaga y José Luis Tamayo consideran que la Sala Constitucional violó la carta magna," en *El Nacional*, Caracas 21 de marzo de 2014, 12.01am, en http://www.el-nacional.com/politica/Cualquier-alcalde-puede-destituido-Scarano_0_376162596.html

1427 "La defensora del Pueblo, Gabriela Ramírez, le salió al paso a las críticas que desde distintos sectores se le han formulado al procedimiento realizado por la Sala Constitucional contra Scarano y defendió su legalidad," limitándose dicha funcionara a decir que "Es imposible que con la presencia de todos los poderes públicos se cometa una ilegalidad", afirmó, al tiempo que aseguró que el hoy exalcalde tuvo la oportunidad de defenderse de los señalamientos en una "audiencia muy larga". Véase en Juan Francisco Alonso, "Con caso Scarano TSJ echó a la basura 12 años de jurisprudencia. Juristas alertan que Sala Constitucional no puede condenar a nadie", en *El Universal* viernes 21 de marzo de 2014 12:00 AM, en http://www.eluniversal.com/na-cional-y-politica/140321/con-caso-scarano-tsj-echo-a-la-basura-12-anos-de-jurisprudencia

1428 Habría que recordarle a la defensora del Pueblo lo que el político español Iñaki Ianasagasti, destacaba en su comentario a la traducción del profesor Carlos Armando Figueredo del libro de Ingo Müller, *Los Juristas del Horror*, (1987) sobre el comportamiento de los jueces durante el nazismo en Alemania, en el sentido de que "la terrible conclusión que saca del libro es que los atropellos, las prisiones, las torturas y aún el exterminio en masa se hicieron de manera legal y apegada a la norma."

En todo caso, con el Tribunal Supremo como instrumento para someter y encarcelar los alcaldes de oposición, quien ejerce la Presidencia de la República (N. Maduro) al día siguiente de la sentencia del Tribunal Supremo, y antes de que su texto se hubiese publicado, el día 20 de marzo de 2014 ya había comenzado a amenazar directamente a los demás Alcaldes, de que usaría al Tribunal Supremo para eliminarlos,[1429] y lo mismo hizo dos días más tarde el Gobernador del Estado Barinas en relación con Alcaldes de esa entidad.[1430]

Las amenazas se comenzaron a concretar de inmediato, y así, la Sala Constitucional del Tribunal Supremo de Justicia, muy obediente y diligentemente, mediante sentencia N° 150 de ese mismo día 20 de marzo de 2014, con base en las mismas solicitudes de "demandas de protección por intereses colectivos o difusos," y en vista de la extensión de la medida cautelar de amparo dictada por la sentencia N° 135 de 12 de marzo de 2014, al Alcalde del Municipio San Cristóbal del Estado Táchira, Sr. Daniel Ceballos, mediante sentencia N° 137 de 17 de marzo de 2014; resolvió, con la misma motivación de que "por la prensa se ha difundido información de la que pudiera denotarse el presunto incumplimiento del mandato de amparo constitucional" mencionado, lo cual la Sala igualmente lo calificó "como un hecho notorio y comunicacional," convocar al Alcalde, a quien además se había detenido acusado de rebelión,[1431] a que concurriera a la misma y famosa "audiencia oral" preconstituida[1432] para en todo caso considerarlo culpable de desacato, condenarlo sin juicio penal en violación de todas las garantías del debido proceso, encarcelarlo y revocarle inconstitucionalmente su mandato popular. Y así ocurrió en una audiencia que tuvo lugar el 25 de marzo de 2014, en la cual como lo anunció la Nota de Prensa del Tribunal Supremo "se sancionó a Daniel Ceballos a cumplir 12 meses de

---

1429 El día 20 de marzo de 2014, a las pocas horas de haber la Sala Constitucional dictado su decisión encarcelando al Alcalde del Municipio San Diego del Estrado Carabobo, Nicolás Maduro como Presidente de la República, refiriéndose al Alcalde del Municipio Chacao del Estado Miranda, le dijo: "Ramón Muchacho póngase las pilas, porque si el Tribunal Supremo de Justicia (TSJ) toma acciones con estas pruebas, usted se va de esa alcaldía ¿oyó? llamaríamos a elecciones, para que el pueblo de Chacao tenga un alcalde o una alcaldesa que de verdad lo represente"[...] Alertó que los manifestantes pueden protestar "todos los días que quieran, pero no pueden trancar las vías. En lo que lo hagan, entraremos y formará parte del expediente de desacato de Ramón Muchacho. Mírese en el espejo". Véase en "Maduro amenaza con elecciones en el municipio Chacao", en *El Universal*, jueves 20 de marzo de 2014 05:53 PM, en http://www.eluniversal.com/nacional-y-politica/140320/maduro-amenaza-con-elecciones-en-el-municipio-chacao.

1430 Véase en Walter Obregón, "Adán Chávez amenazó con poner presos a dos alcaldes de Barinas. En un acto, el gobernador de Barinas advirtió al alcalde José Luis Machín (Barinas) y Ronald Aguilar (Sucre) que "podrían acabar como Scarano y Ceballos," en *El Universal* viernes 21 de marzo de 2014 12:31pm, en http://www.eluniversal.com/nacional-y-politica/protestas-en-venezuela/140321/adan-chavez-amenazo-con-poner-presos-a-dos-alcaldes-de-barinas.

1431 El día 19 de marzo de 2013 oficialmente se informó de la detención del Alcalde Daniel Ceballos por parte del Servicio Bolivariano de Inteligencia (Sebin) por supuesta decisión del Tribunal 1ro de Control de Táchira, el cual había ordenado su captura para juzgarlo por rebelión civil, en la cárcel militar de Ramo Verde (Caracas). Véase en http://www.vtv.gob.ve/ar-ticulos/2014/03/19/detenido-alcalde-de-san-cristobal-daniel-ceballos-por-rebelion-civil-y-agavillamiento-2064.html y en http://www.el-nacional.com/politica/Detenidos-Sebin-Daniel-Ceballos-Scarano_0_376162385.html. El 22 de marzo, incluso, se anunciaba en los medios que sería presentado ante dicho juez penal de San Cristóbal.

1432 Véase en http://www.tsj.gov.ve/decisiones/scon/marzo/162286-150-20314-2014-14-0194.HTML.

prisión," decidiéndose además que "cesa en el ejercicio del cargo de alcalde del municipio San Cristóbal del Estado Táchira."[1433]

El Alcalde Ceballos, en todo caso, en la Audiencia del 25 de marzo de 2014 ante la Sala Constitucional, le expresó a los magistrados directamente, entre otras cosas, que estaba allí "porque no existe estado de derecho y justicia," que de esa Sala, no esperaba justicia, y que estaba "preparado para recibir una sentencia de unos verdugos que están a punto de consumar un Golpe de Estado contra el Pueblo de San Cristóbal." Se identificó como "un civil secuestrado en una prisión militar que comparte celdas con Enzo Scarano, un alcalde legítimo y depuesto y Leopoldo López, el hombre que con dignidad y valentía despertó al pueblo. Soy perfectamente consciente de por qué estoy aquí. Tengo muy claro las razones que me traen a este patíbulo." Y dichas razones, las resumió en la siguiente forma:

> "Estoy aquí porque el 8 de diciembre, los dignos ciudadanos de San Cristóbal me dieron el honor y el privilegio de gobernar a la capital del Táchira, otorgándome un mandato incuestio-nable: me eligieron con el 70% de los votos.

Estoy aquí, porque durante 77 días he trabajado sin descanso durante día y noche, para ser digno de ese mandato que el pueblo me confirió: El de acatar las leyes y llevar a mi ciudad hacia un camino de prosperidad. Han sido los mejores 77 días de mi vida: gobernar a un pueblo valiente y libre que se resiste ante todas las dificultades.

> Estoy aquí porque he manifestado públicamente mi rechazo frente a un régimen que ha empobrecido a mi patria, que ha desfalcado sus arcas, que ha encarcelado a inocentes, que ha torturado a estudiantes, que ha asesinado a mis compatriotas. Es un régimen que no merece estar un minuto más en el Poder y contra el que siempre me opondré.
>
> Estoy aquí porque he defendido la Constitución que ha sido violentada en sus principios por una tiranía que ha burlado el sagrado principio de la separación de poderes."[1434]

Lamentablemente, sin embargo, en el texto de la sentencia publicada diecisiete días después, la Sala Constitucional no recogió todo lo expresado por el Alcalde.

Nueva York, 26 de marzo de 2014

1433 Véase en http://www.tsj.gov.ve/informacion/notasdeprensa/notasde-prensa.asp?codigo=11784. En la Nota de Prensa se informa que se habría dado "estricto cumplimiento al debido proceso" por el hecho de que se oyó al encausado y a la Asociación Civil que accionó contra él. Se le olvidó a la Sala Constitucional que conforme al artículo 49 de la Constitución, el debido proceso no se agota en el derecho a ser oído, sino a la defensa, a la presunción de inocencia, al juez natural, a la doble instancia entre otros, todos violados en dicha audiencia.

1434 http://cifrasonlinecomve.wordpress.com/2014/03/28/alcalde-daniel-ceballos-le-da-hasta-por-la-cedula-a-los-magistrados-del-tsj/.

VI. EL FALLIDO INTENTO DE LA SALA CONSTITUCIONAL DE JUSTIFICAR LO INJUSTIFICABLE: LA VIOLACIÓN DE TODOS LOS PRINCIPIOS DEL DEBIDO PROCESO EN EL CASO DE LAS SENTENCIAS DICTADAS CONTRA LOS ALCALDES, REVOCÁNDOLES SU MANDATO POPULAR

La anunciada y esperada sentencia en el caso de *Vicencio Scarano Spisso*, Alcalde del Municipio San Diego del estado Carabobo y de *Salvatore Lucchese Scaletta* Director General de la Policía Municipal de San Diego del Estado Carabobo, que se adoptó en la audiencia de fecha 19 de marzo de 2014, y que fue publicada con el N° 245 el día 9 de abril de 2014,[1435] enjuiciándolos, condenándolos penalmente y encarcelándolos, y en cuanto al Alcalde Scarano, revocándole su mandato popular, es un compendio de violaciones al debido proceso que está garantizado en el artículo 49 de la Constitución, y que el "máximo garante de la misma" simplemente violó impunemente.

Igualmente repite el compendio de dichas violaciones, la sentencia adoptada en la audiencia del día 25 de marzo de 2014, y publicada con el N° 263 el 11 de abril de 2014[1436] dictada en contra del Alcalde del Municipio San Cristóbal del Estado Táchira, Daniel Ceballos, en la cual se aplicó la "doctrina vinculante" que se estableció inconstitucionalmente en la primera, e igualmente, se lo enjuició, condenó penalmente, encarceló y se le revocó su mandato popular en contra de todos los principios del debido proceso.

En las líneas que siguen son referiremos básicamente a la primera de dichas sentencias, en el entendido que todos los razonamientos y críticas que formulamos a la misma se aplican también a la segunda, pues tienen idéntico contenido.

1. *Sobre el debido proceso*

En efecto, la garantía constitucional al debido proceso[1437] que se ha desarrollado detalladamente en el artículo 49 de la Constitución, ha sido analizada extensamente por el Tribunal Supremo de Justicia, siendo calificada por la Sala Constitucional como una "garantía suprema dentro de un Estado de Derecho"[1438], configurada por un conjunto de derechos como son: el derecho al Juez natural (numeral 4 del artícu-

---

1435 Véase en http://www.tsj.gov.ve/decisiones/scon/abril/162860-245-9414-2014-14-0205.HTML Véase también en *Gaceta Oficial* N° 40.391 de 10 de abril de 2014.

1436 Véase en http://www.tsj.gov.ve/decisiones/scon/abril/162992-263-10414-2014-14-0194.HTML.

1437 Véase en general, Antonieta Garrido de Cárdenas, "La naturaleza del debido proceso en la Constitución de la República Bolivariana de Venezuela de 1999", en *Revista de Derecho Constitucional,* N° 5 (julio-diciembre), Editorial Sherwood, Caracas, 2001, pp. 89-116; Antonieta Garrido de Cárdenas, "El debido proceso como derecho fundamental en la Constitución de 1999 y sus medios de protección", en *Bases y principios del sistema constitucional venezolano (Ponencias del VII Congreso Venezolano de Derecho Constitucional realizado en San Cristóbal del 21 al 23 de Noviembre de 2001),* Volumen I, pp. 127-144.

1438 Véase sentencia N° 123 de la Sala Constitucional (Caso: *Sergio J. Meléndez*) de 17 de marzo de 2000, en *Revista de Derecho Público*, N° 81, (enero-marzo), Editorial Jurídica Venezolana, Editorial Jurídica Venezolana, Caracas 2000, p. 143.

lo 49); el derecho a la presunción de inocencia (numeral 2 del artículo 49); el derecho a la defensa y a ser informado de los cargos formulados (numeral 1 del artículo 49); el derecho a ser oído (numeral 3 del artículo 49); el derecho a un proceso sin dilaciones indebidas (numeral 8 del artículo 49); el derecho a utilizar los medios de prueba pertinentes para su defensa (numeral 1 del artículo 49); el derecho a no confesarse culpable y no declarar contra sí misma (numeral 5 del artículo 49); y el derecho a la tutela judicial efectiva de los derechos e intereses del procesado (artículo 26 de la Constitución).[1439]

Por tanto, conforme lo ha decidido Sala Constitucional del Tribunal Supremo de Justicia, por ejemplo, en sentencia N° 97 de 15 de marzo de 2000 (Caso: *Agropecuaria Los Tres Rebeldes, C.A. vs. Juzgado de Primera Instancia en lo Civil, Mercantil, Tránsito, Trabajo, Agrario, Penal, de Salvaguarda del Patrimonio Público de la Circunscripción Judicial del Estado Barinas*), "se denomina *debido proceso* a aquél proceso que reúna las garantías indispensables para que exista una tutela judicial efectiva," de manera que "cualquiera sea la vía procesal escogida para la defensa de los derechos o intereses legítimos, las leyes procesales deben garantizar la existencia de un procedimiento que asegure el derecho de defensa de la parte y la posibilidad de una tutela judicial efectiva."[1440]

En el caso del enjuiciamiento y condena sin proceso, a los Alcaldes de los Municipios San Diego del Estado Carabobo y San Cristóbal del Estado Táchira, es precisamente un caso de violación flagrante del debido proceso, al haberse a "juzgado," condenado y encarcelado a los mismos por el "delito" de desacato de una decisión cautelar de amparo, por un tribunal incompetente por no ser parte de la Jurisdicción penal, es decir, violándose el derecho al juez natural, sin proceso penal alguno cuando al tratarse de un hecho punible de acción pública se requería de la iniciativa del Ministerio Público, mediante un procedimiento sumarísimo en el cual la Sala Constitucional actuó como juez y parte, invirtiendo la carga de la prueba, al presumir la culpabilidad de los encausados, violándose el derecho a la presunción de inocencia, y además, el mismo derecho a la defensa.

2. *La inconstitucional "presunción" de desacato al mandamiento de amparo y su declaración final"*

Esas violaciones ocurrieron en particular, en la antes mencionada sentencia en el caso de Vicencio Scarano Spisso, Alcalde del Municipio San Diego del estado Carabobo y de Salvatore Lucchese Scaletta Director General de la Policía Municipal de San Diego del estado Carabobo, dictada a raíz de una la "acción autónoma de amparo constitucional para la defensa de derechos e intereses colectivos y difusos de la población venezolana", intentada el 7 de marzo de 2014 por varias asociaciones y

1439 Véase sentencia de la Sala Político Administrativa del Tribunal Supremo en sentencia N° 157 de 17 de febrero de 2000, (Caso: *Juan C. Pareja P. vs. MRI*), en *Revista de Derecho Público*, N° 81, Editorial Jurídica Venezolana, Caracas 2000, p. 136 ss.

1440 Véase en *Revista de Derecho Público*, N° 82, Editorial Jurídica Venezolana, Caracas, 2000.

organizaciones contra dichos ciudadanos, por omisión de acciones tendentes a prevenir desórdenes públicos dentro del Municipio San Diego"

La Sala Constitucional del Tribunal Supremo de Justicia mediante sentencia N° 136, del 12 de marzo de 2014, había admitido la acción y acordado una medida de "amparo constitucional cautelar." Posteriormente, mediante sentencia N° 138, del 17 de marzo de 2014, la Sala advirtió el posible desacato del amparo cautelar impuesto, convocando a los demandados a audiencia pública que se efectuó el 19 de marzo de 2014, al final de la cual la Sala declaró "el desacato y sancionó a los nombrados ciudadanos a cumplir diez (10) meses y quince (15) días de prisión," de conformidad con lo dispuesto en el artículo 31 de la Ley Orgánica de Amparo sobre Derechos y Garantías Constitucionales, acordando además, "en consecuencia, el cese en el ejercicio de los cargos públicos que ostentaban ambos ciudadanos."

Después de hacer un recuento de la audiencia y su objeto, de las pruebas y de las exposiciones de los intervinientes en la misma, entre ellos de la representante del Ministerio Público (Roxana Orihuela) quien aclaró que ella no había venido a la misma "a imputar o acusar sino a que se restituya la situación jurídica infringida," promoviendo sin embargo los testimonios de cinco oficiales de la Guardia Nacional," limitándose sólo a solicitar de "la Sala que haga lo conducente para que se cumpla el amparo," pero no sin antes afirmar "Que todas estas acciones desestabilizadoras lo que persiguen es un golpe de estado."

Sobre el "hecho probado" la Sala Constitucional de nuevo ratificó que su sentencia N° 138 de 17 de marzo de 2014, había apelado a lo que "*... por la prensa se ha difundido información de la que pudiera denotarse el presunto incumplimiento del mandato constitucional librado*" lo que calificó como "*un hecho notorio y comunicacional*" en los términos expuestos en su de sus sentencias sentencia N° 98 del 15 de marzo de 2000 (caso: "*Oscar Silva Hernández*"), ratificada en la sentencia N° 280 del 28 de febrero de 2008 (caso: *Laritza Marcano Gómez*), ignorando sin embargo que en las mismas la propia Sala dispuso que la figura del "hecho público comunicacional" no podía invocarse como medio para eludir la carga probatoria, si el mismo había sido *desmentido* por las personas implicadas en el hecho, tal como se expresa en esas sentencias, en las partes que la sala omitió transcribir. La Sala, con base en ello, declaró en la sentencia que fue "el hecho notorio comunicacional [el] que generó la presunción del desacato del fallo dictado por esta Sala Constitucional," de manera que con base en ello, en su recuento de las pruebas que hizo, lo que apreció fue que las aportadas, en su criterio, no desvirtuaban esa ilegítima e inconstitucional "presunción" de culpabilidad que ella misma había construido y que a su juicio, en violación al derecho a la presunción de inocencia, eran los "imputados" quienes debían desvirtuarla. De ello concluyó entonces la Sala, como estaba ya previsto, declarando que las pruebas apreciadas que "acreditaban" el "hecho notorio comunicacional", "le dan certeza y convencimiento de que los ciudadanos Vicencio Scarano Spisso y Salvatore Lucchese Scaletta son responsables del desacato al amparo cautelar decretado en sentencia dictada el 12 de marzo de 2014," y que "aun después de dictado el mandamiento de amparo cautelar se ha mantenido la abstención u omisión de los prenombrados ciudadanos en ejercer las competencias que por la Constitución y las leyes de la República Bolivariana de Venezuela le han sido atribuidas." De todo ello, la Sala concluyó que "quedó demostrada la falta de acatamiento del amparo cautelar dictado por esta Sala, por parte de los encartados de autos, quienes incumplieron las órdenes contenidas en el mismo."

Luego pasó la Sala a analizar "el derecho", partiendo del contenido y de las órdenes impartidas en su "mandamiento de amparo constitucional cautelar" considerando que "en la audiencia de autos quedó demostrado que los demás cuerpos de seguridad del Estado no tuvieron respuesta de la Policía y de la Alcaldía del Municipio San Diego, en materia de prevención y control de acciones violentas," y que "el Alcalde del Municipio San Diego del estado Carabobo no cumplió cabalmente con la inmediata remoción de los obstáculos ubicados en varias vías públicas que se encuentran en el Municipio," ni de "evitar, según la ley y el mandato de esta Sala, la obstrucción total y parcial de vías públicas en el territorio de ese Municipio," considerando en definitiva como co-responsable en esos hechos al ciudadano Salvatore Lucchese Scaletta, todo conforme a "lo previsto en los artículos 34, 44 y 46 de la Ley Orgánica del Servicio de Policía y del Cuerpo de Policía Nacional Bolivariana." En razón de todo lo expuesto, finalmente, la sala estimó

> "demostrado que los ciudadanos Vicencio Scarano Spisso y Salvatore Lucchese Scaletta, omitieron cumplir el mandamiento de amparo cautelar dictado por esta Sala mediante sentencia N° 136, del 12 de marzo de 2014, en los términos ordenados por este Máximo Tribunal de la República, contraviniendo lo resuelto por el más alto nivel de la administración de justicia (vid. artículo 3 de la Ley Orgánica del Tribunal Supremo de Justicia), atentando contra su imagen, autoridad y adecuado acatamiento y funcionamiento, además de poner en riesgo los derechos de la comunidad cuya protección motiva la presente sentencia."

3. *La consecuencia del desacato y la usurpación de la competencia de la jurisdicción penal por la Sala Constitucional*

Luego de declarar el desacato al mandamiento de amparo, la Sala consideró "de manera definitiva" que la conducta de los ciudadanos Vicencio Scarano Spisso y Salvatore Lucchese Scaletta "encuadra en el supuesto de hecho del precepto establecido en el artículo 31 de la referida Ley Orgánica de Amparo sobre Derechos y Garantías Constitucionales." De allí pasó la Sala, después de considerar que los mencionados ciudadanos violaron los artículos 2, 131, 132 de la Constitución, a constatar que la Constitución dispone que corresponde al poder Judicial "*ejecutar o hacer ejecutar sus sentencias*" (art. 253), para lo cual el ordenamiento jurídico dispone de mecanismos "expeditos y eficaces", con el revestimiento "a la jurisdicción de la fuerza coercitiva necesaria para que ello pueda materializarse de manera efectiva," como resulta del citado artículo 31 de la Ley de Amparo.

Sobre esta norma, que prevé, como se ha visto, una sanción penal tipificada como delito con pena de prisión para quienes desacaten decisiones de amparo, que sólo puede aplicarse por la Jurisdicción Penal, luego de constatar que el artículo 28 de la Ley de Amparo le atribuye potestad sancionatoria de arresto al juez de amparo –inconstitucional por lo demás– en casos de amparos temerarios, pasó a hacer una afirmación insólita, sin base legal alguna, en el sentido de que:

> "si bien no hace referencia expresa "al tribunal" como ente sancionador, lo que pudo estimarse innecesario por parte del legislador, [...] ello no es determinante para privar al juzgador de amparo, cuya decisión ha sido desacatada [...], de aplicar tal sanción en protección no sólo de los derechos que persigue tutelar mediante la misma y el proceso que la contiene, sino también de la labor del juez y del sistema de administración de justicia, pues si no hubiere una reivindicación inmediata de la decisión adoptada, la jurisdicción perdería la fuerza suficiente para cumplir las atribuciones que le asigna la Constitución y el resto del orden jurídico, dejando pasos a otras formas de control de los conflictos e interacciones sociales, que no sólo pudieran contrariar la parte orgánica de la Constitución, sino y sobre todo, su dimensión dogmática: valores, principios, derechos y garantías."

Lo cierto es que buenas intenciones o buenos deseos no pueden ser la premisa para que un juez de impartir justicia; además de ello, necesita tener el poder de hacerlo que sólo la Ley le puede atribuir; y no hay ley alguna en Venezuela que permita a juez alguno distinto a los de la jurisdicción penal, aplicar una sanción penal por ningún motivo ni siquiera por el desacato a sus decisiones; y las Salas del Tribunal Supremo no son ni pueden ser la excepción. Pero no.!! La Sala Constitucional en Venezuela, ante la Ley y la Constitución, se erige a sí misma, por su propia voluntad, en la suprema hacedora de leyes. Por ello, el simple razonamiento en el cual cayó la Sala Constitucional, al afirmar que el hecho de que la misma no tenga la posibilidad de sancionar los desacatos a sus mandamientos, aún existiendo una norma como la del artículo 31 de la Ley Orgánica de Amparo, implicaría en sí mismo "un desacato a la ley," como también lo sería el tener que dirigirse al Ministerio Público para que este, si lo estima iniciase la acción penal correspondiente, lo que podría hacer "completamente ilusorio el cumplimiento del mandamiento de amparo."

Pero es que el tema no es de buenos deseos o de buenas intenciones; sino que es de lo que la ley efectivamente establece, siendo que la misma obligatoria para todos, incluso para la Sala Constitucional. Pero ello, por supuesto no le importó a la Sala Constitucional, la cual concluyó que "para garantizar los artículos 31 de la referida Ley Orgánica de Amparo sobre Derechos y Garantías Constitucionales y 253 de la Constitución," reiteró en su sentencia que los ciudadanos Vicenso Scarano Spisso y Salvatore Lucchese Scaletta "efectivamente incurrieron en desacato del mandamiento de amparo constitucional decretado" por ella misma, y a juicio de la Sala, "subvirtieron la autoridad y el correcto funcionamiento de la Administración de Justicia," representada por la propia Sala Constitucional, razón simple por la cual concluyó imponiendo directamente a los mencionados ciudadanos la sanción de prisión en su término medio de diez (10) meses y quince (15) días, prevista en el mencionado artículo 31 de la Ley Orgánica de Amparo.

Ello por supuesto era totalmente contrario a la Constitución y a la ley e, incluso, a la propia jurisprudencia de la Sala Constitucional que había determinado que la imposición de dicha sanción es de la exclusiva competencia de los tribunales penales.

4. *La pena accesoria de inhabilitación política.*

Ahora bien, siendo que la sanción que impuso con usurpación de funciones, fue una de prisión, la Sala pasó a pronunciarse "respecto de las accesorias de ley," como si fuera un tribunal penal, partiendo de lo dispuesto en el artículo 16 del Código Penal, al disponer que es una pena accesoria a la de prisión "la inhabilitación política durante el tiempo de la condena." Para imponer esta pena accesoria sí se refirió la Sala Constitucional, en su argumentación, a que ello debía ser así porque su determinación "sólo le corresponde al legislador"; hecho que sin embargo no tuvo en cuenta la misma Sala Constitucional al imponer la pena principal, que precisamente el legislador la reserva a la Jurisdicción penal, y le impedía a la Sala aplicarla. Pero por lo visto eso no le importó a la Sala Constitucional: lo que el legislador disponía si era bueno para imponer una pena accesoria de inhabilitación política, pero de nada valía para impedir que pudiera imponer la pena principal, para lo cual no tenía competencia.

Partiendo de esta premisa acomodaticia, pasó entonces la Sala a referirse al artículo 24 del Código Penal que se refiere a los efectos de la inhabilitación política como pena accesoria a la de prisión, en el sentido de que "produce como efecto la privación de los cargos o empleos públicos o políticos, que tenga el penado y la incapacidad durante la condena, para obtener otros y para el goce del derecho activo y pasivo del sufragio," aplicando en consecuencia dichos efectos a los señores Vicenso Scarano Spisso y Salvatore Lucchese Scaletta., a partir del día en que emitió el dispositivo de la sentencia, el día 19 de marzo de 2014. Para imponer esta pena accesoria si lo basó la Sala Constitucional en "el irrevocable mandato de Ley" vinculado a "la voluntad del legislador, representante de la voluntad popular"; lo cual sin embargo ignoró totalmente al imponer la pena principal, para lo cual no tenía competencia alguna.

De allí de este doble estándar del valor de la ley, que la Sala aplica sólo cuando le conviene (y nada importa, que lo haga arbitrariamente, pues sus decisiones no tienen a nadie que las controle), que llevó a la misma Sala a afirmar que en este caso, la inhabilitación política que decretaba en contra de Vicenso Scarano Spisso y Salvatore Lucchese Scaletta, implicaba que los mismos

> "están privados y cesaron en el ejercicio del cargo Alcalde del Municipio San Diego del estado Carabobo, y Director de la Policía de ese Municipio, respectivamente, y no podrán, durante el cumplimiento de la sanción, obtener otros cargos públicos o políticos y gozar del derecho activo y pasivo del sufragio. Así se decide."

5. *El intento de justificar lo injustificable: que un delito no es un delito y que una pena de prisión no es una pena "penal"*

La decisión de la Sala Constitucional en este caso, de aplicar estrictamente la Ley para imponer una pena accesoria pero ignorando lo que la ley dispone para aplicar la pena principal, que es la que origina la accesoria, la llevó a tratar de justificar lo injustificable, argumentando sobre la competencia para imponer dicha pena principal, que la misma Sala "en algunas decisiones" citando las N° 74 del 24 de enero de

2002 y N° 673 del 26 de marzo de 2002, le había dado correctamente el tratamiento que se le da a los ilícitos penales,

> "en el sentido de que, al advertir el desacato, ordenaba oficiar al Ministerio Público para que investigara si se cometió o no el desacato y, si así lo estimare, acusara ante la jurisdicción penal o, en su defecto, solicitara el sobreseimiento de la causa o archivara el expediente. Actuación que se desplegaba aun a pesar de haber podido comprobar el hecho del desacato por notoriedad comunicacional o por medios de prueba que constaban en la causa."

Frente a ello, todo el argumento subsiguiente de la Sala Constitucional en su sentencia, se redujo a una rebuscado intento de ignorar su propia jurisprudencia, indicando que en este caso, la demanda de amparo había sido intentada ante la propia Sala Constitucional en protección de derechos e intereses colectivos, conforme a las previsiones de la Ley Orgánica del Tribunal Supremo de Justicia de 2010, y que la misma había dictado conforme a dicha Ley, una medida de amparo cautelar. Por ello, entonces, afirmó la Sala, que su propia doctrina "no puede permanecer estática" cuando la Ley Orgánica de Amparo no establece "procedimiento alguno para la valoración preliminar del posible incumplimiento de un mandamiento de amparo a efectos de su remisión al órgano competente," pasando luego a apelar al expediente de que conforme al artículo 98 de la Ley Orgánica del Tribunal Supremo de Justicia de 2010, "cuando en el ordenamiento jurídico no se preceptúe un proceso especial a seguir, se aplicará el que exclusivamente las Salas de este Alto Tribunal juzguen más conveniente para la realización de la justicia, siempre que tenga fundamento legal," ignorando por supuesto, que en materia de aplicación de una pena de prisión como pena principal, si hay un procedimiento establecido que es el del Código Orgánico Procesal Penal a ser desarrollado exclusivamente por los tribunales de la Jurisdicción penal.

En este marco de ignorancia deliberada de lo que la ley establecía, fue que la Sala en su sentencia N° 138 del 17 de marzo de 2014, considerando que la Ley del Tribunal Supremo era de 2010 y que aplicar la ley, es decir, el Código Orgánico Procesal Penal, no era el "tratamiento jurídico que debe dársele al referido ilícito" penal, apeló entonces inconstitucionalmente a la previsión del artículo 26 de la Ley Orgánica de Amparo para "determinar el presunto incumplimiento al mandamiento de amparo cautelar decretado," citando así a los "encausados" a una audiencia oral en la cual no se garantizaron en forma alguna los principios del debido proceso legal, para proceder de inmediato, como se lo exigía el poder político, a declarar su culpabilidad, condenarlos y encarcelarlos *ipso facto*, en un solo acto y momento en el cual supuestamente podían exponer "los argumentos que a bien tuvieren en su defensa." Y todo ello, tratando de justificar que la norma sancionatoria del artículo 31 de la Ley Orgánica de Amparo, a pesar de que fija un tipo delictivo de desacato y una sanción penal de prisión, supuestamente, "carece de carácter penal" porque ninguna norma la califica como "ilícito penal."

O sea que de acuerdo con la Sala, una tipificación de una conducta en una norma legal como "delito," sancionado con pena de "prisión," no sería un "delito," sino quién sabe qué otra cosa, lo que por tanto no amerita aplicar las garantías del debido proceso, que son entre otras, el derecho al juez natural (jurisdicción penal), y a la presunción de inocencia y el derecho a la defensa; y todo para tratar de tratar de justificar que en esos casos es el propio juez que lleva el proceso el que debe aplicar la sanción, máxime -a juicio de la Sala- cuando se trate de decisiones que "dicte este Máximo Tribunal de la República, en tutela de intereses y derechos constitucionales." Todo ello, por supuesto, es totalmente inconsistente con el régimen de protección de la libertad individual, que garantiza que sólo mediante decisión de un juez penal se puede imponer una pena privativa de libertad como la de prisión, siendo absolutamente falaz la argumentación que hizo la Sala Constitucional en su sentencia de que "no toda norma que contenga sanciones restrictivas de la libertad es necesariamente una norma penal." Ello es cierto, sólo referido a las sanciones de "arresto" establecida como sanción administrativa (incluso la impuesta por autoridades judiciales), pero simplemente no es cierto si se refiere a la pena de "prisión," que siempre, siempre, tiene carácter penal, por más que la Sala pretenda decir que "que hoy día, materialmente hablando, [el arresto] no reporta mayores diferencias con la prisión." A la luz de toda la doctrina citada y copiada en la sentencia, al contrario, si hay diferencia, por lo que la pena de "prisión" impuesta por desacato de una medida de amparo, por más que la Sala la considere anacrónica, si es una sanción que pertenece "al derecho penal" y no simplemente al derecho público," pues no es una simple sanción a una "desobediencia o conducta indebida ante un tribunal." Por lo demás, se le olvidó a la Sala que el arresto, al no ser una pena, no conlleva la pena accesoria de inhabilitación política; en cambio la pena de prisión si la conlleva, como la propia Sala lo ha aplicado en este caso. No se entiende entonces cómo la Sala puede empeñarse en negarle el carácter de pena, de derecho penal a la sanción prevista en el artículo 31 de la Ley Orgánica de Amparo, pero a la vez empeñarse en aplicarle la pena accesoria de inhabilitación política que sólo procede cuando hay una "pena (penal) principal, como la de prisión.

Después de estos argumentos contradictorios, la argumentación de la Sala se quedó en rumiar sobre lo ineficaz que sería "la intervención penal en el caso del desacato de amparo," y sobre "la presencia de tal ilícito en una ley no penal" como la Ley Orgánica de Amparo; y todo para justificar el inconstitucional procedimiento establecido en su decisión para juzgar y condenar por tal delito de desacato, sin seguir el debido proceso penal, considerándolo como "una intervención jurisdiccional absolutamente legítima," y pretender "asimilar" la sanción penal al desacato en materia de amparo y la sanción penal de prisión, a las simples sanciones administrativas y jurisdiccionales de arresto que prevén muchas normas del ordenamiento procesal aplicables por los propios jueces, a las que se refirió la sentencia de la Sala N° 1184 del 22 de septiembre de 2009, que la Sala copió extensamente (diez páginas) en su sentencia.

Se le olvidó a la Sala Constitucional, sin embargo, hacer referencia y copiar su más reciente sentencia en la materia que fue la N° 1013 de 11 de julio de de 2012, en la cual cita a su vez la sentencia N° 341 de 1° de marzo de 2007 y otras decisiones anteriores, en la cual "expresamente se estableció lo siguiente sobre lo establecido en el artículo 31 de la Ley Orgánica de Amparo sobre Derechos y Garantías Constitucionales:

"ha sido criterio de la Sala que lo señalado en el artículo anteriormente transcrito se trata de una *pena corporal* que se prescribe para toda aquella persona que incurra en el supuesto de desacato del contenido de un mandamiento de amparo, y *esto es propio de la jurisdicción penal.*

Así lo ha ratificado la jurisprudencia, al considerar que es dicha jurisdicción, la encargada de conocer las causas iniciadas por incumplimiento de mandamiento de amparo.

En sentencia del 31 de mayo de 2001 (Caso: *Aracelis del Valle Urdaneta*) la Sala dijo:

"(...) Ahora bien, en relación con el desacato, ha señalado este Alto Tribunal que dado, el ***carácter delictual del mismo****, la calificación que de* ***este delito*** *se haga "le* ***compete al Tribunal Penal****, en el contexto del debido proceso con la garantía del derecho a la defensa (artículo 68 de la Constitución)" (Vid. Sentencias de la Sala Político-Administrativa del 7 de noviembre de 1995: Caso Rafael A. Rivas Ostos y del 11 de marzo de 1999: Caso Angel Ramón Navas).*

Por esta razón, la jurisprudencia citada dispuso que: "al alegarse el incumplimiento del mandamiento de amparo constitucional dictado por el Juez, conforme al artículo 31 ejusdem, **el Tribunal que actuó en la causa, no es el competente para realizar la calificación jurídica del mencionado incumplimiento.**"[1441]

Por tanto, la jurisprudencia constante de la Sala Constitucional había sido la de considerar que como el artículo 31 de la Ley Orgánica de Amparo prevé un *delito* sancionado con *pena de prisión*, es decir, dijo la Sala, tipifica un "hecho punible de acción pública," decidió en el caso que conocía en apelación, que la Corte de Apelaciones que había actuado aplicando la mencionada norma, "*no es* el competente para realizar la calificación jurídica del mencionado incumplimiento" del mandamiento de amparo constitucional, razón por la cual, igualmente decidió:

"en aplicación de la jurisprudencia precedente y por cuanto en el escrito contentivo de la solicitud que dio origen al recurso de apelación la solicitante imputó la comisión de un hecho punible de acción pública como lo es el desacato, previsto y sancionado en el artículo 31 de la Ley Orgánica de Amparo sobre Derechos y Garantías Constitucionales, esta Sala se declara incompetente para conocer del mismo, y ordena remitir copia certificada del mencionado escrito a la Fiscalía General de la República a los fines de que se inicie la investigación correspondiente." [1442]

1441 Véase Caso *Ramón Isidro Nava Aponcio*, en http://www.tsj.gov.ve/decisio-nes/scon/julio/1013-11712-2012-2011-1466.HTML

1442 Véase Caso *Ramón Isidro Nava Aponcio*, en http://www.tsj.gov.ve/decisiones/scon/julio/1013-11712-2012-2011-1466.HTML

Por todo ello, no puede sino causar asombro cómo la Sala Constitucional en la sentencia que comentamos del caso del Alcalde de san Diego, al contrario de su propia doctrina, concluyó afirmando que con la decisión ahora adoptada por ella misma de condenar y encarcelar a un Alcalde y a un alto funcionario municipal por el "delito" de desacato de una sentencia de amparo que según su propia calificación es un delito "de acción pública," imponerles una "pena de prisión" como "pena principal," y además la "pena accesoria" de inhabilitación política, -con ello dijo-:

> "la Sala no pretende juzgar ilícito penal alguno vinculado a esta causa, pues lo que está siendo objeto de decisión es si hubo o no desacato a la decisión que dictó, y, al haberlo corroborado, imponer la consecuencia jurídica que le obliga atribuir, en estos casos, la ley (artículo 31 de la Ley Orgánica de Amparo)."

O sea que la Sala Constitucional in garantizar en forma alguna el debido proceso, juzga un ilícito penal sin proceso penal alguno, impone una sanción penal como pena principal (pena de prisión), e inhabilita políticamente a los condenados (pena accesoria a la principal), y con toda desfachatez, dice que no se está juzgando ilícito penal alguno vinculado a la causa. Y además, para justificar la inconstitucionalidad cometida, concluye que ello lo ha hecho "en ejercicio de la potestad sancionatoria de la jurisdicción constitucional," que supuestamente "no se contrapone a la competencia penal del Ministerio Público, de la policía de investigación penal y de la jurisdicción penal (*stricto sensu*), la cual no se extiende hasta este ilícito judicial constitucional de desacato." Aparte de que para que exista una "potestad sancionatoria de la jurisdicción constitucional," se requiere texto legal expreso que la regule, la única forma de quitarle el carácter penal al supuesto "ilícito judicial constitucional de desacato" que no es nada más que en palabras de la corte "un hecho punible de acción pública" es mediante una reforma de la ley, y no mediante una sentencia de la Sala Constitucional.

6. *Las violaciones a las garantías del debido proceso: violación al derecho a la presunción de inocencia*

No es más que una flagrante violación del debido proceso la que cometió en este caso la Sala Constitucional, en el cual procedió a condenar y encarcelar a unos funcionarios públicos, aplicándoles una pena de prisión prevista en la Ley Orgánica de Amparo y una pena accesoria de inhabilitación política prevista en el Código Penal, que sólo un juez penal puede juzgar, por la comisión de un hecho punible de acción pública, sin que haya habido proceso iniciado por el Ministerio Público quien tiene el monopolio de iniciar los procesos penales en estos casos. Como se indicó en la propia sentencia, en este caso, aún cuando la presencia pasiva de la representante del Ministerio Público en la audiencia pública avaló el inconstitucional procedimiento, la misma se cuidó de precisar que ella no había ido a la misma "a imputar o acusar," a nadie, lo que por supuesto no podía hacer sino ante la Jurisdicción Penal con las debidas garantías en aplicación del Código Orgánico Procesal Penal. Pero en lugar de denunciar la inconstitucionalidad que la Sala estaba en proceso de cometer, lo que simplemente expresó – como cualquier ciudadano, sin percatarse que era ella precisamente la representante del Ministerio Público - que lo que quería era que "se restituya la situación jurídica infringida," limitándose a solicitarle a la Sala, "que haga lo conducente para que se cumpla el amparo."

La decisión de la Sala Constitucional, en realidad, violó abiertamente todos los principios del debido proceso que regula el artículo 49 de la Constitución: *violó el derecho a la defensa* al desarrollar un procedimiento sumario "presumiendo la culpabilidad" de los funcionarios por unas informaciones de prensa, quienes sin embargo, no habían sido "imputadas" o " acusadas" formalmente, como para poder defenderse; *violó abiertamente la garantía de la presunción de inocencia*, al "presumir" más buen la culpabilidad de los encausados, sin aportar prueba alguna contra ellos; *violó la garantía de imparcialidad de la justicia*, al erigirse en parte "acusadora" de una parodia de "proceso penal" que ella misma juzgó, actuando por tanto como "juez y parte"; *violó la garantía del juez natural*, al usurpar con su decisión las competencias exclusivas de los tribunales de la Jurisdicción penal; *violó la garantía de la doble instancia* que tofo proceso penal en el cual se condene a alguien; y en fin *violó la esencia misma de la justicia*, al iniciar de oficio un proceso penal de un delito de acción pública, y condenar y encarcelar por un hecho punible a unos funcionarios públicos, pero sin haber "acusado" a nadie de delito, y sin haber desarrollado un verdadero proceso judicial entre partes, con las garantías del contradictorio, y que en materia penal se produce entre el Ministerio Público y los acusados.

Para tratar de justificar estas violaciones, la Sala Constitucional se limitó a afirmar que los "encausados" sabían del "contenido de este ilícito judicial" porque se los había convocado a una audiencia, simplemente informándoles que se había obtenido "información por notoriedad comunicacional," del "presunto incumplimiento del mandato constitucional librado en la sentencia N° 136 de 12 de marzo de 2014," para que allí expusieran "los argumentos que a bien tuvieren en su defensa." Con eso, dijo la Sala, se actuó:

> "en garantía a los derechos a ser oídos y al debido proceso que les asisten, respetando en todo instante, hasta el momento inmediatamente anterior al pronunciamiento del dispositivo, el derecho a la presunción de inocencia."

No se percató la Sala, que en la misma sentencia, lo que antes había dicho era lo contrario, que un "el hecho notorio comunicacional" era el que había generado "la *presunción del desacato* del fallo dictado por esta Sala Constitucional," de manera que con base en ello, en el recuento de las pruebas presentadas que hizo la propia sala en el texto de la sentencia, lo que apreció fue que las mismas no desvirtuaban esa ilegítima e inconstitucional "presunción" de culpabilidad que ella misma había construido y que a su juicio, en violación al derecho a la presunción de inocencia, eran los "imputados" quienes debían desvirtuarla. Afirmar por tanto en la sentencia que a los encausados supuestamente se les respetó el derecho a la presunción de inocencia "hasta el momento inmediatamente anterior al pronunciamiento del dispositivo," no es más que una burla que la Sala se hace de sí misma, de derecho y de la propia jurisprudencia del Tribunal Supremo.

Debe recordársele a la Sala Constitucional, en efecto, que como lo precisó la Sala Político Administrativa del Tribunal Supremo, "la presunción de inocencia es el derecho que tiene toda persona de ser considerada inocente mientras no se pruebe lo contrario, el cual formando parte de los derechos, principios y garantías que son inmanentes al debido proceso,"[1443] lo que implica el "derecho a no sufrir sanción que no tenga fundamento en una *previa actividad probatoria* sobre la cual el órgano *competente* pueda fundamentar un juicio razonable de culpabilidad."[1444] En otros términos, "la presunción de inocencia debe abarcar todas las etapas del procedimiento sancionatorio, y ello implica que se de al investigado *la posibilidad de conocer los hechos que se le imputan, se le garantice la existencia de un contradictorio, la oportunidad de utilizar todos los elementos probatorios que respalden las defensas que considere pertinente esgrimir, y una resolución precedida de la correspondiente actividad probatoria* a partir de la cual pueda el órgano competente fundamentar un juicio razonable de culpabilidad."[1445]

Por tanto, condenar a alguien por un delito, presumiéndolo desde el inicio como culpable, sin actividad probatoria previa y sin competencia jurisdiccional para ello, como ha ocurrido en este caso del Alcalde del Municipio San Diego, es una violación flagrante de dicho derecho.

7. *Las violaciones a las garantías del debido proceso: violación al derecho a la presunción de inocencia*

Otra violación flagrante al debido proceso en este caso, fue la violación de la garantía al juez natural, al haberse dictado una sentencia de condena penal por un tribunal incompetente para ello como lo es la Sala Constitucional.

Sin embargo, en otro intento de justificar las violaciones cometidas al debido proceso, la Sala Constitucional afirmó en la sentencia que comentamos, sin pudor alguno, que en este caso, la "Sala no sólo es el juez natural de la causa en la que dictó el amparo cautelar sino también en la presente incidencia," afirmando que "en ambos procesos el único interés de esta Sala estriba en la Administración de Justicia," siendo supuestamente por ello, que "es el Tribunal que debe declarar el desacato a la decisión que dictó y sancionar la conducta contraria a esta última, conforme a la norma vigente y válida prevista en el artículo 31 de la Ley Orgánica de Amparo," afirmando pura y simplemente que los "atributos en general de las garantías constitucionales del juez natural se mantienen incólumes (artículo 49.4 del Texto Fundamental)."

O sea, conforme a lo decidido por la sala, ello es lo mismo que decir que si en el curso de un proceso civil ante un juez de instancia surge una incidencia con motivo de una medida cautelar por ejemplo de prohibición de enajenar y gravar una propie-

---

1443 Véase TSJ-SPA (5907) 13-10-2005, Caso: *Administradora Convida C.A., vs. Ministerio de la Producción y el Comercio, Revista de Derecho Público,* N° 104, Editorial Jurídica Venezolana, Caracas 2005, pp. 81-82.

1444 Véase TSJ-SPA (2189) 5-10-2006, Caso: *Seguros Altamira, C.A. vs. Ministerio de Finanzas, Revista de Derecho Público,* N° 108, Editorial Jurídica Venezolana, Caracas 2006, pp. 90-91.

1445 Véase TSJ-SPA (2673) 28-11-2006, Caso: *Sociedad Williams Enbeidge & Compañía (SWEC) vs. Ministerio de Energía y Minas, Revista de Derecho Público,* N° 108, Editorial Jurídica Venezolana , Caracas 2006, p. 91.

dad, y un testigo o uno expertos llamados por la autoridad judicial comete un delito contra la administración de justicia, declarando falsamente o excusándose de comparecer sin motivo justificado en el proceso civil y su incidencia, que son delitos tipificados y penados en el Código Penal (arts. 239 y 243); entonces, supuestamente, conforme al absurdo criterio de la Sala Constitucional sería el propio el juez civil como supuesto "juez natural de la causa" en la cual se dictó la medida cautelar, el que luego de interpretar que la pena por dichos delitos de falso testimonio o excusa sin justificación en el curso de un juicio sería una "sanción judicial"; el que entonces tendría competencia para juzgar y condenar al presunto delincuente por la misma, sin proceso, simplemente después de presumirlos culpables, llamándolos a una audiencia para que pruebe, que no son culpables. Ello, por supuesto, sería una aberración jurídica, pues el juez natural para juzgar cualquier delito es el juez penal preexistente en la Jurisdicción penal.

En ese absurdo ejemplo, sin embargo, aplicando la misma fraseología que usó la Sala Constitucional en su sentencia, quizás la Sala pudiera llegar a afirmar que en ese hipotético caso, como la falsificación se habría cometido en el curso de un proceso civil, entonces se estaría "ante un ilícito judicial" cuya "conducta típica y sanción están descritas con precisión en la ley (principios de legalidad y reserva de ley), ante un proceso con todas las garantías orientado por la Constitución de la República Bolivariana de Venezuela e instrumentos internacionales en materia de derechos humanos (principios de exclusividad procesal y debido proceso), y ante una sanción impuesta por la jurisdicción," concretamente, en el hipotético caso, por la Jurisdicción Civil "(principios de exclusividad judicial, juez natural –preexistente al hecho, imparcial y competente [...] y tutela judicial efectiva)," y todo ello "a partir de una interpretación garantista" (en la absurda hipótesis de los artículos 239 o 243 del Código Penal), "debidamente ejecutada –como toda sanción judicial– por la jurisdicción."

Este ejemplo muestra en realidad que la argumentación de la Sala parece no haber tomado en cuenta que juez natural es el "órgano judicial creado por la Ley, al cual ésta le haya *investido de jurisdicción y competencia con anterioridad al hecho motivador de la actuación o proceso judicial*."[1446] Es decir, a juicio de la propia Sala Constitucional,

> "el derecho al juez natural consiste, básicamente en la necesidad de que el proceso sea decidido por el juez ordinario predeterminado en la ley. Esto es, aquél al que le corresponde el conocimiento según las normas vigentes con anterioridad. Esto supone, en primer lugar, que el órgano judicial haya sido creado previamente por la norma jurídica; en segundo lugar, que esta lo haya investido de autoridad con anterioridad al hecho motivador de la actuación y proceso judicial; en tercer lugar, que su régimen orgánico y procesal no permita calificarlo de órgano especial o excepcional para el caso; y, en cuarto lugar, que la composición del órgano jurisdiccional sea determinado en la Ley, siguiéndose

---

1446 Así lo estableció desde hace lustros la antigua CSJ-SPA (234) 8-5-97, *Revista de Derecho Público,* N° 69-70, Editorial Jurídica Venezolana, Caracas 1997 pp. 188-189.

en cada caso concretó el procedimiento legalmente establecido para la designación de sus miembros, vale decir, que el Tribunal esté correctamente constituido. En síntesis, la garantía del juez natural puede expresarse diciendo que es la garantía de que la causa sea resuelta por el juez competente o por quien funcionalmente haga sus veces."[1447]

Por tanto, sobre la garantía del juez natural ha sido en la propia doctrina jurisprudencial de la Sala donde ha establecido que son jueces naturales sólo "los jueces a quienes *la ley ha facultado para juzgar a las personas en los asuntos correspondientes a las actividades que legalmente pueden conocer,"* de manera que "el órgano que ejerce la jurisdicción, en cuanto a la *competencia por la materia, es por excelencia el juez natural* de las personas que tengan que ventilar litigios relativos a esas materias", el cual "debe existir como órgano jurisdiccional *con anterioridad a los hechos litigiosos* sin que pueda crearse un órgano jurisdiccional para conocer únicamente dichos hechos después de ocurridos." De lo anterior concluyó la propia Sala Constitucional que "esta garantía judicial es una de las claves de la convivencia social y por ello confluyen en ella la condición de derecho humano de jerarquía constitucional y de disposición de orden público, entendido el orden público como un valor destinado a mantener la armonía necesaria y básica para el desarrollo e integración de la sociedad;"[1448] insistiendo, en otra sentencia, que la garantía exige que "se asegure la presencia de un *juez competente de acuerdo a factores preestablecidos por la ley*, de orden material, territorial y funcional."[1449]

Y ha sido precisamente esa garantía la que ha sido violada por la propia Sala en este caso, al usurpar la competencia del juez natural y aplicar una sanción penal a u hecho punible de acción pública, sin proceso ni competencia para ello. La consecuencia de ello, en todo caso, como lo resolvió la Sala Político Administrativa de la antigua Corte Suprema de Justicia, es que "la infracción a un factor de competencia de orden absoluto como lo son la competencia por la materia y la funcional – inderogables por las partes – acarrea la nulidad absoluta de lo actuado, pues constituye violación a un presupuesto esencial del acto procesal (artículo 206 del Código de Procedimiento Civil)."[1450] En otras palabras, como la propia Sala Constitucional lo ha argumentado:

> "La infracción de la garantía del Juez Natural, plantea el problema de las consecuencias que tiene en la sentencia dictada, la violación del orden público constitucional. Es decir, qué efectos produce en el fallo proferido, constatar que

1447 Véase TSJ-SC (520) 7-6-2000, Caso: *Mercantil Internacional, C.A. vs. Decisión Juzgado Superior, Revista de Derecho Público,* N° 82, Editorial Jurídica Venezolana, Caracas 2000, pp. 265 y ss.

1448 Véase TSJ-SC (144) 24-3-2000, Caso: *Universidad Pedagógica Experimental Libertador vs. Decisión Juzgado Superior Quinto del Trabajo de la Circunscripción Judicial del Área Metropolitana de Caracas, Revista de Derecho Público,* N° 81, Editorial Jurídica Venezolana, Caracas 2000, pp. 150 y ss.

1449 Véase TSJ-SC (3167)9-12-2002, Caso: *Interpretación del artículo 29 de la Constitución de la República Bolivariana de Venezuela, Revista de Derecho Público,* N° 89-90/ 91-92, Editorial Jurídica Venezolana, Caracas 2002, pp. 123 y ss.

1450 Véase CSJ-SPA (332) 04-07-91, *Revista de Derecho Público,* N° 47, 1991, pp. 87-88.

no intervinieron en su formación los jueces predeterminados en la Ley o dictado en un procedimiento en el cual no se siguieron las reglas previstas en la ley, para efectuar la sustitución de los jueces por sus ausencias absolutas, accidentales o temporales.

La respuesta se encuentra en el artículo 246 del Código de Procedimiento Civil, en el que se declara que *no se considerará como sentencia ni se ejecutará*, la decisión a cuyo pronunciamiento aparezca que no han concurrido todos los jueces llamados por la ley. Esta declaración, [...] pone de relieve *que el incumplimiento de la garantía del juez predeterminado en la Ley lo que incluye su legítima constitución, hace inexistente la actividad jurisdiccional, pues sólo puede dictar la sentencia quien tiene en la normativa vigente y de acuerdo a las reglas establecidas en ella la responsabilidad de administrar justicia.*"[1451]

Y ese, y no otro, es el vicio que acompaña a la sentencia de condena y encarcelamiento del Alcalde de San Diego, que comentamos, que como la propia Sala Constitucional lo ha argumentado en su doctrina jurisprudencial, simplemente debe considerarse como inexistente.

8. *Las violaciones a las garantías del debido proceso: violación al derecho a la doble instancia*

Por último, siguiendo en su fallido intento de justificar lo injustificable en materia de violación de las garantías al debido proceso, la sala Constitucional se refirió al "principio de la doble instancia," afirmando simplemente que el mismo "al igual que la gran mayoría de los axiomas jurídicos, no son absolutos y encuentran excepciones, inclusive, dentro de la propia Constitución (vid., entre otros, los artículos 335 Constitucional y 3 de la Ley Orgánica del Tribunal Supremo de Justicia)."

Efectivamente, al disponer el artículo 49.1 de la Constitución, que la Sala cita, que "Toda persona *declarada culpable* tiene *derecho a recurrir del fallo*, *con las excepciones establecidas en esta Constitución y la ley*", establece el parámetro exacto de la posible limitación a dicho derecho constitucional, y es que en la propia Constitución o en la Ley establezcan expresamente la excepción. No otra cosa resulta de la norma, siendo engañosa la referencia que hizo la Sala en su sentencia, a los dos artículos citados, en los cuales habría supuestas excepciones al principio, pues en los mismos lo único que se dice es que las decisiones del Tribunal Supremo no está sujetas a recurso alguno pues no hay tribunal superior al mismo. Ello lo único que implica es que habría una excepción al derecho a la doble instancia, en aquellos casos en los cuales la Constitución o la ley atribuyan expresamente al Tribunal Supremo, o sus Salas, la potestad jurisdiccional de condenar a alguien por algún delito, como los previstos en el artículo 266.3 de la Constitución y en el artículo 24.2 de la Ley Orgánica del Tribunal Supremo, luego de realizado el correspondiente antejuicio de mérito (A ello incluso se refirió la Sala, citando lo decidido por la Sala Plena en sentencia N° 1684 del 4 de noviembre de 2008).

1451 Véase TSJ-SC (520) 7-6-2000, Caso: *Mercantil Internacional, C.A. vs. Decisión Juzgado Superior, Revista de Derecho Público*, N° 82, Editorial Jurídica Venezolana, Caracas 2000, pp. 265 y ss.

La forma de evadir esta limitación constitucional, y la garantía constitucional de las personas que ratifica el Pacto Internacional de Derechos Civiles y Políticos en el sentido del derecho de "toda persona declarada culpable de un *delito* [...] a que el fallo *condenatorio* y la *pena* que se le haya impuesto sean sometidos a un tribunal superior" (art. 14.5); y que la Sala estaba obligada a interpretar conforme al principio de la progresividad como se lo imponía el artículo 19 de la Constitución; de nuevo fue simplemente ignorar que lo que establece el artículo 31 de la Ley Orgánica de Amparo es un delito" de acción pública" cuyo juzgamiento correspondía a la "jurisdicción penal," como ella mismo lo había decidido anteriormente, y convertirlo en una simple "sanción judicial," "reformando" ilegítimamente el texto de la ley Orgánica.[1452]

De allí concluyó la Sala olímpicamente que como "el caso de autos no es penal." y sólo en los casos penales existe la garantía de la doble instancia, al decidir esto la Sala Constitucional entonces "no existe" un tribunal superior, y por tanto "no existe" el derecho humano garantizado en la Constitución respecto de la Sala, porque supuestamente, "cuando ejerciere su potestad sancionatoria constitucional, como ocurre en este asunto, no vulneraría el principio de la doble instancia." Y de allí la lapidaria conclusión a la que llegó la Sala Constitucional al barrer de un plumazo el derecho constitucional a la doble instancia, resolviendo que:

> "En razón de lo antes expuesto, es absolutamente evidente la imposibilidad constitucional y legal de recurrir de la sanción de la jurisdicción constitucional, que esta Sala debe imponer a los responsables de autos. Así se declara."

En definitiva, después de todos estos argumentos para justificar lo injustificable, y poner fin a cualquier discusión en la materia, y en virtud de la necesidad que tenía de enjuiciar y encarcelar a dos alcaldes de oposición en un momento particular de crisis política y manifestaciones callejeras, la Sala Constitucional procedió a "reformar" lo dispuesto en el artículo 31 de la Ley Orgánica de Amparo, estableciendo "con criterio vinculante":

> "el carácter *jurisdiccional constitucional* de la norma establecida en el artículo 31 de la Ley Orgánica de Amparo sobre Derechos y Garantías Constitucionales, ello para garantizar el objeto y la finalidad de esa norma y, por tanto,

---

1452 Por ello, con razón, en la reseña hecha en el diario *El Universal* sobre lo decidido por la Sala Constitucional, el periodista *Juan Francisco Alonso,* se preguntó: "¿Pero esto no viola las normas básicas del proceso penal, según las cuales un ciudadano debe ser notificado de lo que se le investiga, se le debe garantizar el derecho a la defensa y a que una eventual condena sea revisada por una instancia de alzada? No, según el fallo redactado y firmado por los magistrados Gladys Gutiérrez (presidenta), Francisco Carrasquero, Arcadio Delgado, Luisa Estella Morales, Carmen Zuleta, Marco Tulio Dugarte y Juan José Mendoza, pues el desacato de un amparo no es un delito, sino una infracción judicial y el procedimiento para determinar que uno incurrió en esta infracción no es un juicio. / Asimismo dejaron en claro que el criterio que durante 12 años vinieron manteniendo, según el cual un eventual incumplimiento de un mandato de amparo debía ser analizado por el Ministerio Público para que éste decidiera acusaba o no su presunto ejecutor, es "anacrónica" e "ineficaz". Véase *El Universal*, Caracas 10 de abril de 2014, en http://www.eluniversal.com/nacional-y-politica/140410/sala-constitu-cional-tambien-puede-enviar-gente-a-la-carcel para proteger los valores que ella persigue tutelar: los derechos y garantías constitucionales, el respeto a la administración de justicia, la administración pública, el funcionamiento del Estado, el orden jurídico y social, la ética, la convivencia ciudadana pacífica y el bienestar del Pueblo, junto a los demás valores e intereses constitucionales vinculados a éstos. *Por lo tanto, las reglas del proceso penal y de la ejecución penal no tienen cabida en este ámbito* (fijación de la competencia territorial respecto de la ejecución, intervención fiscal, policial y de la jurisdicción penal –la cual, valga insistir, encuentra su último control constitucional en esta Sala-, suspensión condicional de la pena, fórmulas alternas de cumplimiento de la pena, entre otras tantas), más allá de lo que estime racionalmente esta Sala, de caras al cumplimiento del carácter retributivo, reflexivo y preventivo de la misma y cualquier otra circunstancia que encuentre sustento en el texto fundamental. Así se decide."

¿Qué más se puede decir frente a una decisión tan inconstitucional como voluntarista? Nada más que el juez constitucional en Venezuela perdió la brújula en su misión de ser el máximo intérprete de la Constitución, sobre todo al habérsele olvidado, primero, que sólo está facultada para establecer interpretaciones "vinculantes" respecto de normas y principios constitucionales (art. 335); y segundo, que al establecer una que interpretación vinculante de una norma legal, así ello sea inconstitucional, la misma, al implicar una reforma de la norma, no podría tener nunca efectos retroactivos conforme a la garantía del artículo 24 de la Constitución, que también ignoró la Sala, y sólo se podría aplicar hacia el futuro, respecto de desacatos futuros de mandamientos de amparo.

Pero ello por lo visto tampoco le importa a la Sala Constitucional. Como sus decisiones no pueden ser controladas y no hay nadie que las controle, simplemente puede hacer lo que políticamente le venga en ganas.

9. *La inhabilitación política, la ausencia absoluta, y el cese de funciones públicas y consecuencias*

Por último, la Sala Constitucional en su sentencia, finalizó con unas consideraciones sobre los efectos de la misma al argumentar sobre "la ausencia absoluta, y el cese de funciones públicas y consecuencias" en relación con el Sr. Vincencio Scarano, como Alcalde del Municipio San Diego del estado Carabobo a partir de la fecha "en que se celebró la presente audiencia y se dictó el dispositivo de esta sentencia firme.

Para ello, sin embargo, ignorando lo que antes había decidido en el texto de la misma sentencia, hizo caso omiso al hecho de que como si hubiera sido un tribunal penal a(que luego negó), luego de haberle impuesto al Alcalde una "pena principal" (prisión), procedió a aplicarle "las accesorias de ley" conforme al artículo 16 del Código Penal, entre ellas, "la inhabilitación política durante el tiempo de la condena," pasando a referirse al artículo 24 del Código Penal que establece los efectos de la misma, en el sentido de que "produce como efecto la privación de los cargos o empleos públicos o políticos, que tenga el penado y la incapacidad durante la condena, para obtener otros y para el goce del derecho activo y pasivo del sufragio," aplicando en consecuencia dichos efectos a los señores Vicenso Scarano Spisso y

Salvatore Lucchese Scaletta, a partir del día en que emitió el dispositivo de la sentencia, el día 19 de marzo de 2014.

Sin embargo, ignorando que ya había impuesto al Alcalde una "pena accesoria" a una "pena principal" conforme al Código Penal, aplicándole los efectos dispuestos en el mismo, pasó a hacer caso omiso a sus propias consideraciones, y al final de su sentencia se fue a analizar el artículo 87 de la Ley Orgánica de Poder Público Municipal, que se refiere a las ausencias temporales y absolutas de los alcaldes, el cual en esencia para lo que interesa respecto del fallo, se dispone que las "faltas absolutas" sólo pueden ocurrir por "la muerte, la renuncia, la incapacidad física o mental permanente, certificada por una junta médica, por sentencia firme decretada por cualquier tribunal de la República y por revocatoria del mandato," las dos últimas, conforme a las normas que regulan ambos casos: por un tribunal penal "competente" para dictar la sentencia firme en un proceso penal con las debidas garantías; y conforme al procedimiento de referendo de revocación de mandatos populares que prevé la Constitución. Sólo en esos casos es que puede haber falta absoluta de un alcalde electo, y sólo en esos casos es que se pueden aplicar los efectos de corcovar una nueva elección si la ausencia absoluta se produce antes de cumplir la mitad de su período legal.

En este caso, a pesar de que la sentencia firme haya sido decretada por "el más alto tribunal de la República," el mismo no tiene competencia para condenar penalmente en única instancia a un Alcalde, e imponerle una pena de prisión y una pena accesoria de inhabilitación política. Solo una sentencia dictada por un tribunal penal competente, antes de que la sala Constitucional modificara la ley con esta sentencia, es que ello podría producir los efectos del artículo 87 de la Ley Orgánica del Poder Público Municipal. Pero de nuevo, esas minucias del principio de legalidad parecen no importar, cuando se trata de quien decide es el "máximo intérprete y garante" de la Constitución, así la distorsione. Eso es lo que precisamente implica "contrariar tanto la Constitución como la propia jurisprudencia de la Sala," como en nuestro criterio ha ocurrido en este caso. Con una sentencia firme sancionatoria dictada usurpando la jurisdicción penal, por más que sea dictada por la Sala Constitucional, simplemente no se puede producir "la materialización jurídica de la falta absoluta del Alcalde del Municipio San Diego del Estado Carabobo," conforme a lo dispuesto en el mencionado artículo 87 de la Ley Orgánica del Poder Público Municipal, y menos que la misma Sala disponga que en el caso decidido, por cuanto el Alcalde Vincencio Scarano no habría cumplido la mitad de su período legal, entonces "debe procederse a una nueva elección para proclamar al nuevo Alcalde, en la fecha que fije el organismo electoral competente," lo que casual y coordinadamente fijó el Consejo nacional Electoral el mismo día de publicarse la sentencia, el 9 de abril de 2014.

De paso, la Sala Constitucional, al considerar que como consecuencia de su inconstitucional decisión, se debía encargar de la Alcaldía el Presidente del Concejo Municipal del Municipio, procedió a "extenderle" al mismo "el amparo cautelar dictado en la presente causa," blandiendo la "espada de Damocles" de un sumarísimo enjuiciamiento, condena y encarcelamiento como el ya ocurrido con el Alcalde electo, a juicio de la Sala, cuando aparezcan noticias de prensa que hagan presumir un desacato.

Y por si no fuera poco, finalizó la Sala remitiendo los autos al Ministerio Público, ahora sí, pero para que persiguiera las conductas que pudieran haber vulnerado los intereses tutelados por el Código Penal y otras leyes penales, inclusive en comisión por omisión, y, por lo menos, en grado de co-intervención o co-participación, respecto de:

> "los ciudadanos aquí sancionados y a otras personas, por los posibles atentados penalmente relevantes contra el libre tránsito, el medioambiente, el patrimonio público y privado, el orden público, la paz social e, inclusive, los Poderes Públicos, la seguridad de la Nación, la independencia nacional, entre otros que también han podido lesionar o poner en peligro pequeños grupos de personas, en especial ciertos voceros, que en algunos Municipios del país han venido generando hechos de violencia que, en algunos casos, no sólo han vulnerado derechos humanos individuales (incluyendo la vida, entre otros tantos) sino también colectivos, e, inclusive, han generado terror en la población."

Llegando incluso a afirmar que esos atentados

> "probablemente, también han podido provenir, mediante inducción y otras formas de participación criminal, de personas que se han encontrado o se encuentran fuera del espacio geográfico de la República, y que, en algunos casos, la República Bolivariana de Venezuela tiene jurisdicción para su enjuiciamiento, conforme a las reglas de extraterritorialidad de la ley penal venezolana, contempladas en el artículo 4 del Código Penal y en otras normas previstas en otras leyes y normas penales de la República. Así se decide."

Como se dijo, dos días después de publicada la sentencia N° 245 el día 9 de abril de 2014, revocándole su mandato popular al Alcalde *Vicencio Scarano Spisso*, se publicó la sentencia N° 263 el 11 de abril de 2014, también revocándole el mandato al Alcalde *Daniel Ceballo,* en la cual se la aplicó el criterio "vinculante" sentado en la primera; siendo ambas –ya que tienen igual contenido– un compendio de las masivas violaciones a las garantías del debido proceso y al principio democrático que hemos comentado anteriormente. Todo parece responder a un libreto predeterminado de con un golpe más, continuar demoliendo el Estado de Derecho y la democracia, por lo que no es de extrañar las palabras que dijo el Alcalde Ceballos de San Cristóbal en la propia audiencia ante la Sala Constitucional el 25 de marzo de 2014, en el sentido de que estaba allí "porque no existe estado de derecho y justicia," y que por tanto, "no esperaba justicia" de esa Sala, diciéndoles a los magistrados que sin embargo "preparado para recibir una sentencia de unos verdugos que están a punto de consumar un Golpe de Estado contra el Pueblo de San Cristóbal."[1453]

Quizás por ello, la pena de prisión que la Sala Constitucional le impuso al Alcalde de San Cristóbal, sin ningún razonamiento en el texto de la sentencia que lo justificara fue mayor a la impuesta al Alcalde de San Diego –lo que le agrega un vicio más–. Quizás fue producto de la reacción mezquina de un cuerpo en el cual ya nadie

---

1453 http://cifrasonlinecomve.wordpress.com/2014/03/28/alcalde-daniel-ceballos-le-da-hasta-por-la-cedula-a-los-magistrados-del-tsj/.

cree, contra el ejercicio de la libertad de expresión del pensamiento por parte del Alcalde, por haberla ejercido ante los propios magistrados.

***

Y así concluyó esta primera fase de la arremetida de la Sala Constitucional contra el mandato popular de Alcaldes, despojándolos inconstitucionalmente del mismo, mediante una "reforma" de la Ley Orgánica de Amparo, aplicada retroactivamente, con la consecuencia de permitir condenar penalmente a funcionarios, sin debido proceso, en "juicios" sumarísimos, violando todas las garantía del debido proceso, y todo porque el máximo intérprete y garante de la Constitución no tiene quien lo controle.

Por ello, con razón, al conocerse la sentencia, los profesores Alonso Medina, Alberto Arteaga y José Luis Tamayo expresaron, en rueda de prensa transmitida por el canal de internet de **El Nacional:**

> ***"su estupor frente a un acto de la Sala Constitucional que consideran "incalificable", porque a su ver y entender no respeta ninguna regla constitucional ni derecho a la defensa. Coinciden en señalar que en este día el Tribunal Constitucional abre una nueva etapa en la administración de la justicia en Venezuela al asumir ilegalmente una parodia de juicio penal, sin acusación por delante, actuando como juez de instrucción (no vigente en el ordenamiento jurídico venezolano actual), y dictando una condena que viola flagrantemente normas procesales y el principio de libertad. En este acto sin nombre, indican que se viola todo principio constitucional comenzando (1) por el Principio fundamental de la Competencia, que es de materia de orden público, y pasando por (2) el Principio de Juez Natural; (3) el Principio del Derecho a la Defensa; y (4) el principio del Debido Proceso. Además de que viola completamente el Código Orgánico Procesal Penal."***[1454]

Nueva York, 11 de abril de 2014

1454 Véase en "La anti justicia", VenEconomia.com, 10 de abril de 2014, en http://www.veneconomia.com/site/modulos/m_visor.asp?pub=4228.

SECCIÓN CUARTA:

LA REVOCACIÓN DEL MANDATO POPULAR DE UNA DIPUTADA A LA ASAMBLEA NACIONAL POR LA SALA CONSTITUCIONAL DEL TRIBUNAL SUPREMO, DE OFICIO, SIN JUICIO NI PROCESO ALGUNO (EL CASO DE LA DIPUTADA MARÍA CORINA MACHADO)

Texto publicado en *Revista de Derecho Público* Nº 137, Editorial Jurídica Venezolana, Caracas 2014, pp. 165-189 y en el libro: *El golpe a la democracia dado por la Sala Constitucional, (De cómo la Sala Constitucional del Tribunal Supremo de Justicia de Venezuela impuso un gobierno sin legitimidad democrática, revocó mandatos populares de diputada y alcaldes, impidió el derecho a ser electo, restringió el derecho a manifestar, y eliminó el derecho a la participación política, todo en contra de la Constitución),* Colección Estudios Políticos Nº 8, Editorial Jurídica Venezolana, **segunda edición, (Con prólogo de Francisco Fernández Segado), Caracas 2015, pp. 235-275.**

I. LA ELECCIÓN POPULAR DE LOS DIPUTADOS Y LA EXCLUSIVA REVOCACIÓN POPULAR DE SU MANDATO

Conforme a lo establecido en la Constitución, los diputados que integran la Asamblea Nacional en Venezuela, que son electos por el pueblo mediante sufragio universal directo y secreto conforme a sus artículo 63 y 186 de la Constitución, "son representantes del pueblo y de los Estados en su conjunto, no sujetos a mandatos ni instrucciones, sino sólo a su conciencia" (art. 201), por lo que su voto en la Asamblea "es personal" (art. 201). Dado su origen popular, su mandato sólo puede ser revocado por el mismo pueblo que lo eligió en la "circunscripción" respectiva, como también lo indica el artículo 197 de la Constitución, siguiendo para ello las previsiones del artículo 72 de la misma, donde se regulan los referendos revocatorios de mandatos de elección popular.

Estas referidas normas regulan parte de la esencia del principio democrático en la Constitución, con las consecuencias de que: *primero*, el origen democrático de la elección popular de un diputado implica que su mandato sólo puede revocarse por el mismo voto del pueblo que lo eligió; y *segundo*, que los diputados, electos por el pueblo, conforme a los dictados de su conciencia, deben actuar en beneficio de los intereses del pueblo, atendiendo a las opiniones y sugerencias de los electores, ante quienes deben dar cuenta de su gestión (art. 197). En sus atribuciones, como se indicó, los diputados no están sujetos a mandatos ni a instrucciones de ninguna naturaleza, ni de partidos, ni de bloques o fracciones parlamentarias, ni de directiva alguna del parlamento, ni de lo que decida el Ejecutivo Nacional o cualquier otro órgano de cualquier otro poder del Estado. Sólo están sujetos a su conciencia en lo que estimen es lo que beneficia a los intereses del pueblo.

Estas disposiciones constitucionales fueron desconocidas por la Sala Constitucional del Tribunal Supremo de Justicia, mediante sentencia Nº 207 de 31 de marzo de 2014,[1455] a través de la cual declaró inadmisible una demanda intentada por dos concejales del Municipio Baruta del Estado Miranda (*José Alberto Zambrano García y David Ascensión*), negándoles su legitimación activa para accionar en defensa de "intereses colectivos o difusos" que habían formulado contra el Presidente de la Asamblea Nacional Sr. Diosdado Cabello, por la usurpación de funciones y vías de hecho en que había incurrido al eliminarle el día 24 de marzo de 2014, sin tener competencia para ello, el carácter de diputado a la diputada María Corina Machado, es decir, pretender revocarle su mandato, porque ésta habría acudido en tal carácter de diputada a exponer en la reunión del Consejo Permanente de la Organización de Estados Americanos del día 21 de marzo de 2014, sobre la situación política de Venezuela, como su conciencia le exigía en representación del pueblo que la eligió, siendo para ello acreditada por la representación de Panamá.

En efecto, la Sala, después de desestimar la demanda por considerar que los concejales que la habían intentado carecían de la cualidad necesaria para ello, en lugar archivar el expediente (que era lo que correspondía), "aprovechó la ocasión" para, de oficio, –es decir, sin que nadie se lo pidiera–, "interpretar" el artículo 191 de la Constitución –mal interpretado, por cierto–, y de paso, pronunciarse, pero cuidándose de no "decidir" sobre la pérdida de la investidura de la diputada María Corina Machado, sobre lo cual afirmó que su mandato popular había quedado revocado "de pleno derecho"; y todo ello sin debido proceso alguno, es decir, sin juicio ni pruebas, y sin siquiera oír a la diputada garantizándole el derecho a la defensa. Como si ello no fuera suficiente, la Sala Constitucional no decidió lo que realmente se le había requerido por los concejales demandantes y era que, como lo afirmaron en su libelo, el Diputado Cabello había incurrido "en usurpación de funciones, la violación del debido proceso y el menoscabo de los derechos políticos de los ciudadanos del Municipio Baruta y de todos los ciudadanos venezolanos," al haber anunciado "el día 24 de marzo al país, que haría cesar en sus funciones a la Diputada María Corina Machado por su participación en la Organización de Estados Americanos, lo cual fue ratificado en el día de ayer 25 de marzo, retirándola de la nómina de parlamentarios."

Para no decidir lo que se le había pedido que era declarar que el Presidente de la Asamblea Nacional había incurrido en arbitrariedad y abuso de poder, y para no proteger al mandato popular de la diputada María Corina Machado, lo que hizo la Sala Constitucional fue avalar lo que aquél había dicho para despojar a la diputada Machado de su curul parlamentaria, afirmando, cínicamente, que actuaba así:

> "como máxima autoridad de la Jurisdicción Constitucional, siendo la garante de la supremacía y efectividad de las normas y principios constitucionales, y máximo y último intérprete de la Constitución, [por lo que] le corresponde velar por su uniforme interpretación y aplicación, tal como lo dispone el artículo 335 constitucional, tiene el deber de interpretar el contenido y alcance de las normas y principios constitucionales, y por ello, si bien puede declarar inadmisible una

1455 Véase en http://www.tsj.gov.ve/decisiones/scon/marzo/162546-207-31314-2014-14-0286.HTML Véase además en *Gaceta Oficial* N° 40385 de 2 de abril de 2014.

demanda como la planteada en el caso de autos, también puede, para cumplir su función tuitiva y garantista de la Constitución, como norma suprema conforme lo expresa su artículo 7, analizar de oficio la situación de trascendencia nacional planteada, que tal y como se ha indicado, y así fue planteado en el escrito "*afecta la institucionalidad democrática*"".

Lo cierto es que la Sala Constitucional, si bien podría entrar a analizar de oficio una "situación de trascendencia nacional" *en el curso de un juicio*, la verdad es que no tenía ni tiene competencia alguna para pretender iniciar de oficio un proceso constitucional, así fuera el de interpretación de la Constitución,[1456] fuera de un proceso en curso o que ya ha concluido, así fuera con la excusa de analizar una "situación de trascendencia nacional," que sólo podría iniciarse a petición de parte interesada, como la propia Sala lo tiene establecido; y ello no cambia al auxilio del artilugio o subterfugio al que recurrió la Sala para pretender revestir de "legalidad" su actuación, de aprovechar el "expediente" de un proceso terminado formalmente (al haberse declarado inadmisible la demanda que había sido intentada), para pasar, con la excusa de interpretar el artículo 191 de la Constitución, a revocarle el mandato popular a una diputado para lo que no tiene competencia.

En realidad, con la sentencia que se comenta, lo que se puso en evidencia fue que la Sala Constitucional ya tenía instrucciones o sugerencias de decidir revocarle el mandato a la diputada Machado de inmediato, con o sin proceso, antes del día martes 1° de abril de 2014, para cuando estaba anunciada movilización en Caracas para acompañar a la diputado Machado a la Asamblea Nacional a incorporarse en sus sesiones, a los efectos de que para ese momento la diputada Machado ya no fuera "formalmente" diputado. El Presidente de la Asamblea Nacional ya la había despojado de hecho de su mandato popular;[1457] quien ejerce como Presidente de la Re-

---

1456 Véase sobre los poderes de actuación de oficio del Tribunal Supremo de Justicia, en Allan R. Brewer-Carías, "Régimen y alcance de la actuación judicial de oficio en materia de justicia constitucional en Venezuela", en *Estudios Constitucionales. Revista Semestral del Centro de Estudios Constitucionales*, Año 4, N° 2, Universidad de Talca, Santiago, Chile 2006, pp. 221-250. Publicado también en *Crónica sobre la "In" Justicia Constitucional. La Sala Constitucional y el autoritarismo en Venezuela*, Colección Instituto de Derecho Público. Universidad Central de Venezuela, N° 2, Editorial Jurídica Venezolana, Caracas 2007, pp. 129-159.

1457 Como en efecto lo reportó la agencia EFE sobre lo dicho por Cabello: "Caracas. EFE.- El presidente de la Asamblea Nacional (Congreso unicameral) de Venezuela, Diosdado Cabello, informó este lunes que se le retiró la inmunidad parlamentaria a la diputada opositora María Corina Machado y que pedirá que sea juzgada por traición a la patria. Cabello dijo a periodistas que solicitará el Ministerio Público investigar si Machado cometió el delito de traición a la patria, por su participación en una sesión de embajadores de la Organización de Estados Americanos (OEA)." En efecto, el Presidente de la Asamblea Nacional, expresó según fue reseñado por Globovisión: "Cabello explicó que Machado violó el artículo 191 y el 149 de la Carta Magna, este último se refiere a la autorización a funcionarios públicos para aceptar cargos, honores o recompensas de gobiernos extranjeros..", "Hay que sumarle a la investigación (el delito de) tradición a la patria", dijo Cabello, / Aclaró que ya no hace falta allanarle la inmunidad parlamentaria a Machado "porque según el artículo 191, según este nombramiento (por parte de Panamá), y según sus actuaciones y acciones la señora Machado dejó de ser diputada"./ El presidente del Parlamento anunció que Machado no tendrá más acceso al Hemiciclo "por lo menos, en este periodo". "No tienen acceso porque ella ya no es diputada", recalcó" Véase "Cabello: Por el artículo 191 de la Constitución, María Corina machado "dejó de ser diputada", *Globovisión*, 24 de marzo de 2014, en http://globovision.com/articulo/junta-directiva-de-la-an-anuncia-rueda-de-prensa.

pública, ya la había calificado como "ex diputada,"[1458] y la propia Presidenta del Tribunal Supremo ya había anunciado formalmente por dónde vendría la actuación de la Sala Constitucional, al declarar en la televisión el domingo 30 de marzo de 2014, que:

> "obviamente tiene consecuencias jurídicas" que la parlamentaria María Corina Machado haya "aceptado un destino diplomático en un país extranjero", pero indicó que era necesario esperar el pronunciamiento del Máximo Tribunal sobre ese tema.
>
> Hemos tenido noticia por la prensa en el sentido de que ella en la condición de diputada habría aceptado un destino diplomático en un país extranjero. Obviamente tiene consecuencias jurídicas pero preferimos hacer el estudio, y de manera formal pronunciarnos en el Tribunal Supremo, esto no es una conclusión, es necesario esperar el pronunciamiento del Tribunal Supremo de Justicia."[1459]

Las "consecuencias jurídicas, por supuesto ya estaban establecidas, de manera que al día siguiente se publicó la sentencia que comentamos, con ponencia conjunta de todos los magistrados para que no cupiera duda de su colusión, pero no sin antes aclarar la propia Presidenta del Tribunal Supremo, en el mismo programa de televisión donde ya anunciaba la "justicia" que iba a impartir, que en Venezuela:

> "Hoy en día contamos con un Poder Judicial autónomo, independiente, apegado en sus actuaciones a la Constitución y a las leyes de manera irrestricta y haciendo cumplir la voluntad del pueblo; es al pueblo al que nos debemos, estamos allí haciéndole llegar al colectivo la seguridad que cuenta con un Poder Judicial cuyas decisiones dependen solamente del bien común, de lo que les

---

1458 Véase lo expresado por Nicolás Maduro: Primero: "El Presidente calificó a María Corina Machado de "exdiputada" y rechazó las intenciones de la parlamentaria de presentarse en la reunión de la Organización de Estados Americanos (OEA) que se realizó este viernes en Washington," en reseña de Alicia de la Rosa, *El Universal,* 23 de marzo de 2014, en http://www.eluniversal.com/nacional-y-politica/140323/maduro-califico-a-maria-corina-machado-de-exdiputada. Segundo: "Exdiputada", la llamó el presidente Nicolás Maduro el sábado, pero ayer el coordinador de la fracción del PSUV, Pedro Carreño, citó la Constitución para argumentar que Machado estaría fuera del Parlamento. "El Artículo 191 de la Constitución señala: 'Los diputados o diputadas a la AN no podrán aceptar o ejercer cargos públicos sin perder su investidura'. Machado es delegada de Panamá en OEA," en la reseña sobre "Presumen despojo de inmunidad de Machado", *La Verdad,* 24 de marzo de 2014, en http://www.laverdaddemonagas.com/noti-cia.php?ide=25132. Tercero: "Nicolás Maduro, indicó que "la exdiputada María Corina Machado la nombraron embajadora de la Organización de Estados Americanos, de un gobierno extranjero, se convirtió en funcionaria para ir a mal poner a Venezuela, a pedir la intervención", Reseña de M.C. Henríquez, ""Maduro: "La exdiputada de la AN, María Corina Machado fue a mal poner a Venezuela," 22 de marzo de 2014, en http://noti-cias24carabobo.com/actualidad/noticia/38925/maduro-la-exdiputada-de-la-an-maria-corina-machado-fue-a-mal-poner-a-venezuela/

1459 Véase la reseña de lo que expresó durante el programa *José Vicente Hoy*, transmitido por *Televen,* publicado por @Infocifras, 31 de marzo de 2014, en http://cifrasonlinecomve.wordpress.com/2014/03/30/presidenta-del-tsj-actuacion-de-machado-tiene-consecuencias-juridicas/

beneficie, por cuanto esa es la misión, ese es el mandato que tenemos constitucional y legalmente." [1460]

Pero no! En este caso, como resulta de las propias expresiones públicas de la Presidenta del Tribunal Supremo de Justicia el día antes de tomar la decisión revocándole inconstitucionalmente el mandato a la diputada Machado, en lugar de quedar "patente" que el Tribunal actuaría con independencia (teniendo en cuenta que la independencia judicial es cuando un tribunal actúa sólo sometido a la Constitución y a la ley), lo que quedó "patente" fue lo que la misma funcionaria dijo en el antes indicado programa de televisión, en el sentido de que el Tribunal actuaría:

> "dando cumplimiento al principio de colaboración entre los Poderes, abogamos por los fines esenciales del Estado trabajando de manera coordinada, de manera armónica, con los demás Poderes del Estado."[1461]

Es decir, había una decisión tomada entre todos los poderes del Estado para actuar de manera coordinada y en colaboración, de manera de arrebatarle en breve tiempo y sin debido proceso, pero con apariencia de legalidad (es decir, con auxilio de una decisión judicial), el mandato popular a una diputada a la Asamblea Nacional (que si es representante del pueblo). Esa era la "consecuencia jurídica" de la aplicación del artículo 191 de la Constitución a las actuaciones de la Diputado Machado, que la Presidenta del Tribunal Supremo había anunciado, y que operaba –dijo-:

> "*de pleno derecho*, ante la aceptación de una representación alterna de un país, indistintamente a su tiempo de duración, ante un órgano internacional por parte de la ciudadana María Corina Machado, quien estaba desempeñando su cargo de diputada a la Asamblea Nacional, lo cual constituye una actividad incompatible durante la vigencia de su función legislativa en el período para el cual fue electa, pues esa función diplomática no solo va en desmedro de la función legislativa para la cual fue previamente electo o electa, sino en franca contradicción con los deberes como venezolana (artículo 130 constitucional) y como Diputada a la Asamblea Nacional (artículo 201 *eiusdem*)."[1462]

1460 Véase la *Nota de Prensa* del Tribunal Supremo de Justicia: "Aseguró la Presidenta del Tribunal Supremo de Justicia: Contamos con un Poder Judicial autónomo, independiente y apegado a la Constitución y las leyes", 30 de marzo de 2014, en http://www.tsj.gov.ve/informacion/notasde-prensa/notasdeprensa.asp?codigo=11797 Debe destacarse que la Presidenta del Tribunal, afirmó que el Poder Judicial era una institución que supuestamente tiene la misión de "cumplir la voluntad del pueblo," como si se tratase de un órgano electo popularmente, lo cual no es cierto. El Poder Judicial y el Tribunal Supremo imparten justicia, y actúan "en nombre de la República y por autoridad de la ley" como lo expresa el artículo 253 de la Constitución, siendo su misión la de impartir justicia, única y exclusivamente aplicando la Constitución y las leyes de la República.

1461 *Idem*.

1462 Véase la *Nota de Prensa* del Tribunal Supremo de Justicia, de 31 de marzo de 2014: "Operó de pleno derecho. Tribunal Supremo de Justicia se pronuncia sobre la pérdida de la Investidura de la diputada María Corina Machado," en http://www.tsj.gov.ve/informacion/notasdeprensa/notasdeprensa.asp?codigo=11799.

Esto, que se anunció en la Nota de Prensa del Tribunal Supremo, es precisamente el texto del párrafo final de la sentencia dictada en el "caso" N° 207 de 31 de marzo de 2014, la cual, sin duda, para los anales de la justicia, o de la "in" justicia en Venezuela, amerita unos comentarios jurídicos más detallados.

II. SOBRE LA DECLARATORIA DE INADMISIBILIDAD DE LA DEMANDA POR CARECER LOS DEMANDANTES DE LEGITIMACIÓN PARA REPRESENTAR INTERESES COLECTIVOS Y DIFUSOS EN DEFENSA DEL PRINCIPIO DEMOCRÁTICO Y EN CONTRA DEL ABUSO DE PODER DEL PRESIDENTE DE LA ASAMBLEA NACIONAL

La demanda intentada en el caso concreto en el cual, de paso, como *obiter dictum* pero *decisorum*, la Sala Constitucional formalizó la inconstitucional revocatoria del mandato de diputado de María Corina Machado, fue intentada el día 26 de marzo de 2014, por dos concejales del Municipio Baruta del Estado Miranda en su condición de "concejales y ciudadanos" por "intereses difusos y colectivos contra el Presidente de la Asamblea Nacional Diputado Diosdado Cabello" por haber incurrido, éste, en "una vía de hecho contra la Diputada" revocándole su mandato popular, vulnerándose "de este modo nuestros derechos de participación en el sufragio directo de nuestros representantes," siguiendo la misma línea de contenido que tuvieron las demandas que habían dado lugar a sendas sentencias del Tribunal Supremo de Justicia, de condena y encarcelamiento de Alcaldes por concepto de un supuesto delito de desacato a mandamientos cautelares de amparo del Tribunal Supremo que se habían dictado días antes.[1463]

Los demandantes, en efecto hicieron mención al hecho de que el Diputado Diosdado Cabello Presidente de la Asamblea, el día 24 de marzo de 2014 había anunciado al país,

> "que haría cesar en sus funciones a la Diputada María Corina Machado por su participación en la Organización de Estados Americanos, lo cual fue ratificado en el día de ayer 25 de marzo, retirándola de la nómina de parlamentarios, con lo cual incurrió en usurpación de funciones, la violación del debido proceso y el menoscabo de los derechos políticos de los ciudadanos del municipio Baruta y de todos los ciudadanos venezolanos".

Concluyeron su demanda los concejales solicitando de la Sala que ordenase al Presidente de la Asamblea Nacional, "permitir la entrada a la Asamblea Nacional a la Diputada María Corina Machado con todos los poderes inherentes a su cargo, y así poner fin a esta gravísima situación que atenta contra la institucionalidad democrática y contra los derechos políticos de los electores del Municipio Baruta".

Tremenda sorpresa que los demandantes debieron haberse llevado, cuando al ir a clamar justicia ante el máximo Tribunal de la República en defensa de intereses

1463 Véase las *Notas de Prensa* sobre estas sentencias en http://www.tsj.gov.ve/informacion/notasdeprensa/notasdeprensa.asp?codigo=11777 y http://www.tsj.gov.ve/informacion/notasdeprensa/notasdeprensa.asp?codigo=11768.

colectivos y difusos como electores, contra la arbitrariedad del Presidente de la Asamblea Nacional y en defensa del mandato popular de la diputada María Corina Machado, electa con abrumadora mayoría en el Municipio Baruta, donde los concejales demandantes actúan; se encontraron con que ese Tribunal no sólo declaró inadmisible su demanda, sino que con la sentencia dictada produjo el efecto que los demandantes buscaban evitar, ahorrándole al Presidente de la Asamblea Nacional la necesidad de incurrir en una inconstitucionalidad más, al decidir además el propio Tribunal, la revocación del mandato de la diputada Machado, con la excusa de que "de pleno derecho", es decir, supuestamente sin que nadie tenga que resolverlo, había perdido su investidura, por haber aceptado que se la acreditara en la OEA, en la representación de Panamá, para hablar como diputada venezolana, sobre la situación política venezolana.

La declaratoria de inadmisibilidad de la demanda intentada (y con razón cualquiera se puede preguntar, ¿Cómo, si se declaró inadmisible la demanda, se podía resolver algo que además era distinto y contrario a lo que los demandantes solicitaron?), se basó en dos precedentes anteriores a los que hizo referencia la sentencia:

Primero, la sentencia Nº 656 de 30 de junio de 2000 (caso: *Defensoría del Pueblo* vs. *Comisión Legislativa Nacional*) en la que la Sala, si bien admitió que los particulares pueden accionar en protección de los intereses difusos o colectivos, precisó que "dentro de la estructura del Estado":

> "sólo la Defensoría del Pueblo puede proteger a las personas en materia de intereses colectivos o difusos, no teniendo tal atribución (ni la acción), ni el Ministerio Público (excepto que la ley se la atribuya), ni los Alcaldes, ni los Síndicos Municipales, a menos que la ley se las otorgue."

Segundo, la sentencia Nº 1395 del 21 de noviembre de 2000, sobre los sujetos autorizados "para reclamar la tutela efectiva de los derechos e intereses colectivos," ratificando que en la estructura del Estado "sólo la Defensoría del Pueblo tenía la potestad," agregando que también podrían actuar:

> "una pluralidad de organizaciones con personalidad jurídica, cuyo objeto esté destinado a actuar en el sector de la vida donde se requiere la actividad del ente colectivo, y que -a juicio del Tribunal- constituya una muestra cuantitativamente importante del sector".

Agregó además, la Sala Constitucional en relación con los sujetos privados, que también los ciudadanos podrían actuar en sede judicial y solicitar la tutela efectiva de los derechos e intereses colectivos, pero que:

> "tales actuaciones podían ser adelantadas por organizaciones sociales con o sin personalidad jurídica, o por individuos que acrediten debidamente en qué forma y medida ostentan la representación de al menos un sector determinado de la sociedad y cuyos objetivos se dirijan a la solución de los problemas de comunidad de que se trate."

De ello concluyó la Sala en dicha sentencia, que "es a dichas organizaciones o actores sociales, a los que corresponde, solicitar ante esta Sala Constitucional, la tutela judicial efectiva de los derechos o intereses colectivos de rango constitucional.".

Con base en todo ello, sin embargo, la Sala Constitucional, a pesar de que reconoció que los accionantes en el caso habían aducido actuar "afectados en este caso," sin embargo, dijo que en los alegatos o documentos del escrito no constaba:

> "que sus propios intereses estén lesionados con la actuación indicada como lesiva proveniente del Presidente de la Asamblea Nacional, lo cual los hace carecer de cualidad para intentar una acción en protección de sus intereses particulares.

Por ello declaró inadmisible la demanda, por ausencia de legitimación, a pesar de que en otras demandas intentadas con legitimación similar por otros ciudadanos contra diversos alcaldes, por intereses colectivos o difusos, la Sala si encontró que había la legitimación activa necesaria.

En todo caso, para "reforzar" su rechazo a admitir la demanda, la Sala también se refirió al hecho de que los demandantes hubiesen invocado su condición de "concejales municipales" del Municipio Baruta, indicando que además de que actuaban a título personal como ciudadanos, lo hacían "...en representación y a nombre de la mayoría de los ciudadanos electores del municipio Baruta y en defensa de los intereses colectivos del resto de los habitantes del municipio Baruta", lo cual le fue negado por la Sala, argumentando que no constaba en autos "documento alguno del cual pueda desprenderse que se les ha atribuido la representación que dicen tener de la mayoría de los habitantes de ese Municipio, que están o se podrían ver afectados por la denunciada vía de hecho proveniente del Presidente de la Asamblea." Agregó además la Sala, que menos aún constaba en el expediente que tuvieran "la representación del órgano legislativo municipal del cual son miembros," con lo cual la Sala, adicionalmente, resolvió que no estaban "legitimados para actuar en protección de los intereses colectivos que dicen representar", y declaró "*inadmisible*" la presente acción."

En esta forma, la Sala Constitucional declaró inadmisible la demanda intentada en contra las vías de hecho cometidas por el Presidente de la Asamblea Nacional y en defensa del mandato popular de la diputada Machado, frente a la pretensiones de aquél de revocarle el mandato a ésta, para lo cual no tenía competencia, a pesar de que hubiera "concierto" en el propósito con los órganos de los otros Poderes del Estado.

III. LA DECISIÓN DEL TRIBUNAL SUPREMO, ADOPTADA DE OFICIO, MEDIANTE UN *OBITER DICTUM*, SIN JUICIO NI PROCESO, QUE DESPOJÓ DE SU MANDATO POPULAR A LA DIPUTADA MARÍA CORINA MACHADO

En todo caso, la consecuencia de declarar inadmisible una demanda por falta de legitimación del demandante, es que una vez rechazada la cualidad para demandar, el juicio que se pretendía iniciar no puede iniciarse, y el expediente que se abrió para considerarla, simplemente debe archivarse. Declarada inadmisible una demanda, ya no puede haber "proceso," "causa" o "juicio" alguno. Es decir, no puede haber juicio y menos puede haber una sentencia distinta a la que decide la inadmisibilidad, ni esta puede tener un contenido distinto al fijado en la pretensión del demandante.[1464]

Pero no!. En Venezuela, y no es esta la primera vez, la Sala Constitucional ha "inventado" contra todo principio elemental de la justicia constitucional, que luego de declarar inadmisible una demanda, puede de oficio decidir otros asuntos que nadie le ha planteado, ni solicitado. Es de antología el caso de la decisión de inadmisibilidad de una acción de nulidad contra unos artículos de la Ley de Impuesto sobre la Renta, en la cual, luego de declarar inadmisible la acción por falta de legitimación de los actores, de oficio, la Sala "aprovechó" la oportunidad para "reformar" el artículo 31 de la misma relativo a la renta neta presuntiva de los trabajadores asalariados, que ni siquiera había sido de los impugnados.[1465]

Pues bien, en el caso de la sentencia N° 207 nos encontramos con una situación similar, pero más grave, pues declarada sin lugar una demanda intentada en protección de intereses difusos o colectivos, la Sala procedió a "iniciar" un proceso constitucional de interpretación de la Constitución, sin proceso alguno, y "de paso" le revocó el mandato popular a una diputada, sin siquiera haber oído sus argumentos. Tan simple como eso.

Debe recordarse que la expresión latina *obiter dictum*, que significa literalmente "dicho de paso" o "dicho de pasada," normalmente se refiere a argumentos que se exponen por el juez fuera de la decisión concreta del caso, pero que la corroboran, y que por ello, al no formar parte de la decisión, no son ni vinculantes ni obligatorias para las partes ni para el caso. Sin embargo, en la modalidad inventada por la Sala Constitucional, sus *obiter dicta* con frecuencia se convierten en verdaderas sentencias adicionales a la que se dictan en determinados casos, con los cuales se resuelven otros asuntos, en general de oficio, pero sin debido proceso alguno, es decir, a escondidas, en la oscuridad de los cubículos del tribunal, sin que nadie se entere

---

1464 Como lo ha dicho la profesora María Amparo Grau, con su conocida experiencia como juez y Presidenta que fue de la Corte Primera de lo Contencioso Administrativo en Venezuela: "Una regla básica del derecho procesal es que al producirse la inadmisibilidad de la acción propuesta termina la labor del juez y éste no puede realizar ningún otro pronunciamiento. Inadmisible, no admite peros. Inadmisible en el derecho procesal significa que no hay proceso porque no hay acción. La función jurisdiccional, es decir, la función de decidir un caso concreto mediante la aplicación del derecho, requiere de una acción. Salvo en los casos de la actividad de control político de ciertos actos, la Sala Constitucional no puede decidir nada si no hay una acción debidamente admitida, que da inicio al proceso. De manera que inadmisible la acción nada puede el Juez agregar sobre el tema *decidendum.*" Véase en María Amparo Grau, "La sentencia política del TSJ: Inadmisible, pero…", publicado en *Badell & Grau,* disponible en http://www.ba-dellgrau.com/?pag=37&ct=1458

1465 Véase la sentencia de la Sala Constitucional, N° 301 de 27 de febrero de 2007, (Caso: *Adriana Vigilanza y Carlos A. Vecchio*), (Expediente N° 01-2862), en *Gaceta Oficial* N° 38.635 de fecha 01-03-2007. Véanse los comentarios en Allan R. Brewer-Carías, "El juez constitucional en Venezuela como legislador positivo de oficio en materia tributaria", en *Revista de Derecho Público*, N° 109 (enero –marzo 2007), Editorial Jurídica Venezolana, Caracas 2007, pp. 193-212; y "De cómo la Jurisdicción constitucional en Venezuela, no sólo legisla de oficio, sino subrepticiamente modifica las reformas legales que "sanciona", a espaldas de las partes en el proceso: el caso de la aclaratoria de la sentencia de Reforma de la Ley de Impuesto sobre la Renta de 2007, Revista *de Derecho Público*, N° 114, Editorial Jurídica Venezolana, Caracas 2008, pp. 267-276.

hasta que se publica la sentencia. Sorpresa!! Casi como por arte de magia, pero maligna !! Pero sin embargo, usando argumentos o informaciones del expediente ya cerrado.

Así, en este caso, la Sala procedió a decidir sobre otras cosas distintas a las planteadas en la demanda, y en particular, sobre una "pretensión" de interpretación constitucional sobre el sentido y alcance del artículo 191 de la Constitución, artículo que ni siquiera se citó en la demanda que dio inicio al expediente.[1466] Pero por supuesto, frente a esas "formalidades" quizás privaba la instrucción que había de "cooperación" con los otros poderes del Estado, como lo destacó la Presidenta del Tribunal Supremo, sobre la "consecuencia jurídica" de la aplicación del artículo 191 de la Constitución en relación con las actuaciones de la diputado Machado. Por ello, la Sala Constitucional, "no obstante" la declaratoria de inadmisibilidad de la demanda, pasó entonces a decidir otra cosa partiendo de la consideración de que la situación planteada "en el presente caso" era de "trascendencia nacional," como si el "caso" siguiese en "proceso" y sin darse cuenta que ya estaba concluido con la decisión de inadmisibilidad. La mencionada "trascendencia nacional" derivaba, como lo afirmó la Sala, de que se trataba de "un asunto relacionado con la alegada pérdida de la investidura de una Diputada a la Asamblea Nacional." En realidad, los demandantes nada habían "alegado" sobre ello, y al contrario, lo que habían hecho había hecho era rechazar la actuación arbitraria y usurpadora del Presidente del Poder Legislativo Nacional, que pretendía despojar a una diputada de su mandato popular. Así, lo que se solicitó de la Sala Constitucional fue que:

> "ordene al Presidente de la Asamblea Nacional, Diputado Diosdado Cabello Rondón, permitir la entrada a la Asamblea Nacional a la Diputada María Corina Machado con todos los poderes inherentes a su cargo, y así poner fin a esta gravísima situación que atenta contra la institucionalidad democrática y contra los derechos políticos de los electores del Municipio Baruta."

De allí en realidad fue que la Sala invocó sus poderes de "máximo y supremo intérprete de la Constitución," que advirtió, "*no decae porque se declare inadmisible la acción*," pero no para aplicar la Constitución, sino para distorsionarla, dándose la Sala Constitucional, a sí misma, carta blanca para decidir mediante "decisiones jurisdiccionales," lo que quiera y cuando quiera, sólo invocando tal carácter. En este caso, a lo que procedió la Sala, fue a:

> "analizar lo relativo al ejercicio de la función pública legislativa, y las disposiciones constitucionales que la regulan, esto es, hacer una *interpretación en beneficio de la Constitución*, y del Estado democrático y social de Derecho y de Justicia que propugna la misma en su artículo 2."

Sin que se sepa en el mundo del control de la constitucionalidad en el derecho comparado, qué puede entenderse por una "interpretación *en beneficio* de la Consti-

---

1466 Al menos, así se deduce de la narrativa de la sentencia, cuando glosa la demanda y los argumentos de los demandantes.

tución" (no puede haber interpretación *válida* "en perjuicio" de la Constitución),[1467] la Sala comenzó por analizar el artículo 186 de la Constitución, sobre la forma de elección de los diputados, y el ejercicio del cargo de diputado, como medio de participación política del pueblo. Sobre la materia, sin embargo, la Sala no mencionó siquiera el contenido del artículo 201 de la Constitución que declara a los diputados como "representantes del pueblo y de los Estados en su conjunto," pasando más bien a referirse al artículo 191 de la misma Constitución para concluir en que conforme al mismo, "de pleno derecho" la diputada Machado había "perdido su investidura" de diputado.

La Sala Constitucional aplicó incorrecta e indebidamente dicha norma al caso de la diputada Machado, pues para que su texto tuviese "consecuencias jurídicas" habría sido necesario que un diputado aceptase o ejerciera "cargos públicos," se entiende, dentro del Estado venezolano,[1468] a dedicación exclusiva, y en cualquiera de los órganos de los poderes del Estado.

IV. EL SENTIDO DEL ARTÍCULO 191 DE LA CONSTITUCIÓN SOBRE LA PÉRDIDA DE LA INVESTIDURA DE LOS DIPUTADOS EN EL MARCO DEL SISTEMA DE SEPARACIÓN DE PODERES Y DEL SISTEMA PRESIDENCIAL DE GOBIERNO

El artículo 191 de la Constitución, mencionado en la sentencia, y cuyas consecuencias jurídicas fueron la que se aplicaron "de pleno derecho" a la diputado Machado, en efecto establece lo siguiente:

> *Artículo 191*. Los diputados o diputadas a la Asamblea Nacional no podrán aceptar o ejercer cargos públicos sin perder su investidura, salvo en actividades docentes, académicas, accidentales o asistenciales, siempre que no supongan dedicación exclusiva.

Esta norma, que ha sido tradicional en el constitucionalismo histórico de Venezuela, encontró su primera expresión en la Constitución de 1830 en la cual se dispuso que:

> "*Art. 82*. El ejercicio de cualquier otra función pública es incompatible durante las sesiones con las de representante y Senador."

Luego, a partir de la Constitución de 1858, la norma encontró el sentido de la regulación que se refleja en la norma actual, al establecerse la "consecuencia jurídica" derivada de la prohibición, al disponer que:

1467 Un caso, precisamente, de interpretación inválida "en perjuicio de la Constitución," es precisamente el de la sentencia que comentamos.

1468 El profesor José Ignacio Hernández interpreta con razón, que la referencia a cargo público en el artículo 191 de la Constitución es a "cargo público" como sinónimo de "cargo dentro del Estado". Véase en su trabajo: ¿María Corina Machado dejó de ser diputada?, en *Prodavinci.com*, 24 de marzo de 2014, en http://noticias24carabobo.com/actualidad/noticia/38925/maduro-la-exdiputada-de-la-an-maria-corina-machado-fue-a-mal-poner-a-venezuela/

> "*Art. 45*. Los Senadores y Diputados no podrán aceptar destino alguno de libre elección del Poder Ejecutivo, con excepción de las Secretarías del despacho, empleados diplomáticos y mandos militares en tiempo de guerra; pero la admisión de estos empleos deja vacante los que ocupen en las Cámaras."

Por tanto, históricamente, en el constitucionalismo venezolano, con la sola excepción de la Constitución de 1947 (art. 147), la previsión constitucional del artículo 191 de la Constitución de 1999 ha derivado de un principio tradicional en los sistemas presidenciales, conforme al cual, quien haya sido electo por el pueblo como representante o diputado al órgano legislativo, en nuestro caso a la Asamblea Nacional, no puede aceptar o ejercer un "cargo público" dentro del Estado, es decir, en ningún otro órgano del mismo Estado, y particularmente en el Ejecutivo Nacional, y si lo hace, pierde su investidura, con la consecuencia jurídica de que cuando cese en el ejercicio del cargo ejecutivo que aceptó o ejerció, no puede regresar a ocupar o ejercer el cargo de diputado para el cual había sido inicialmente electo.

El sentido de la norma, en el sistema de separación de poderes que regula la Constitución, en particular, en las relaciones entre el Poder Legislativo y el Poder Ejecutivo en el marco del sistema presidencial de gobierno, es evitar que se produzca una *turbatio* de funciones entre ambos poderes del Estado, evitando que los diputados electos a la Asamblea Nacional puedan ser nombrados para desempeñar cargos ejecutivos, que están sometidos al control del órgano legislativo, y que luego de cesar en el ejercicio de éstos, puedan volver a realizar funciones legislativas y de control político desde la Asamblea, precisamente en relación con los órganos del Poder Ejecutivo del cual habrían formado parte.

Como lo decidió la propia Sala Constitucional en la sentencia N° 698 de 29 de abril de 2005, citada en la sentencia que comentamos:

> "un segundo destino público para un Diputado casi de seguro será en una rama distinta del Poder Público, con lo que se generaría una situación que debe siempre ser tratada con cuidado: la posible interferencia –y no colaboración– de una rama en otra. No puede olvidarse que el Poder Legislativo es contralor del Ejecutivo y a su vez controlado, de diferente manera, por el Judicial y por el Ciudadano. Una indefinición de roles pone en riesgo el principio de separación en el ejercicio del poder."[1469]

Ese es el sentido y no otro, de la norma del artículo 191, que ha estado con tal intención en todas las Constituciones anteriores, en particular en el artículo 141 de la Constitución de 1961.[1470] Conforme a ella, por tanto, para preservar la separación de

---

1469 Véase la sentencia en http://www.tsj.gov.ve/decisiones/scon/abril/698-290405-03-1305.HTM

1470 Debe recordarse que en la sesión del día 3 de noviembre de 1999, al discutirse el proyecto de articulado sobre el Poder Legislativo nacional, se leyó el texto de un artículo que tuvo sucesivamente los números 208 y 210, con el siguiente texto: "*Los miembros de la Asamblea Nacional no podrán aceptar cargos públicos sin perder su investidura*." Hubo un largo debate sobre la conveniencia de la propia norma e incluso sobre la necesidad de prever algunas, para actividades como las docentes y de otra índole. Incluso el Constituyente Nicolás Maduro llegó a proponer que la norma no debía incluirse y que al contrario debía preverse que "cualquier miembro del Parlamento que sea requerido por el Gobierno para una funpoderes en el régimen presidencial de gobierno, un diputado, *primero*, no puede aceptar o ejercer un "cargo público" en cualquier otro órgano del Estado, y si lo hace pierde su investidura; *segundo*, puede ejercer un "cargo público" en actividades docentes, académicas, accidentales o asistenciales, siempre que no supongan dedicación exclusiva, en cuyo caso no pierde su investidura; y *tercero*, no puede ejercer "cargos públicos" en dichas actividades si ello supone dedicación exclusiva, y si lo hace, pierde su investidura..

De ello deriva que la aplicación de la norma, es decir, la "consecuencia jurídica" que se deriva de la misma, que es la posible "pérdida de investidura" del diputado, nunca es automática, es decir, no puede operar "de pleno derecho;" y ello, *primero*, porque si se trata de la aceptación o ejercicio de un "cargo público," no basta ni siquiera con que por ejemplo aparezca publicado el nombramiento en *Gaceta Oficial*, o que el mismo esté plasmado en una comunicación oficial, para que la "consecuencia jurídica" de la norma se produzca, sino que el "cargo público" de que se trate tiene que ser "aceptado" o debe ser "ejercido," y todo ello requiere ser probado. *Segundo*, porque si se trata del ejercicio de un *cargo público en actividades* docentes, académicas, accidentales o asistenciales, es necesario determinar si dicho ejercicio del cargo supone o no dedicación exclusiva, lo que de nuevo es casuístico y requiere de prueba.

Sin embargo, ignorando completamente el origen, el sentido, y el mismo texto de la norma que habla de "cargos públicos," y no de "actividades" la Sala Constitucional pasó a interpretarla incurriendo, de entrada en un error de lectura y apreciación, al referirse a que la salvedad que hace el artículo es respecto de "otras *actividades*" que puede realizar el diputado "que no generan la pérdida de su investidura, señalando *actividades* docentes, académicas, accidentales o asistenciales, cuando el desempeño de las mismas no supongan dedicación exclusiva o desmedro de las funciones que ya ejerza." Esa errada interpretación aparentemente inadvertida, fue sin duda deliberada, como se verá más adelante, para terminar "mutando" la Constitución,[1471] como ya lo ha hecho en otras ocasiones.[1472] En todo caso, dicha interpreta-

---

ción ministerial pueda ir a cumplir su función y no pierde la investidura como miembro del Parlamento." Luego propuso que el artículo no se aprobara, lo que fue acogido y el mismo pasó de nuevo a la Comisión para darle una nueva redacción. En la sesión del día 13 de noviembre de 1999, se sometió a discusión la norma, con la siguiente redacción propuesta por el Constituyente Di Giampaolo, con quien había discutido personalmente la importancia de que la norma se incluyera en el texto constitucional, con el siguiente texto: "*Artículo 210.– Los miembros de la Asamblea Nacional no podrán aceptar o ejercer cargos públicos sin perder su investidura, salvo en actividades docentes y asistenciales, siempre que no supongan dedicación exclusiva*," habiendo resultado aprobado, sin discusión de ninguna naturaleza. Es en definitiva el texto del artículo 191 de la Constitución de 1999, aún cuando en alguna Comisión "de estilo," como sucedió con tantas normas, entre las excepciones se agregaron los cargos "académicos" y "accidentales." Véase en el *Diario de Debates*, de la Asamblea Nacional Constituyente, sesiones del 3 y 13 de noviembre de 1999.

1471 Una mutación constitucional ocurre cuando se modifica el contenido de una norma constitucional de tal forma que aún cuando la misma conserva su contenido, recibe una significación diferente. Véase Salvador O. Nava Gomar, "Interpretación, mutación y reforma de la Constitución. Tres extractos" en Eduardo Ferrer Mac-Gregor (coordinador), *Interpretación Constitucional*, Tomo II, Ed. Porrúa, Universidad Nacional Autónoma de México, México 2005, pp. 804 ss. Véase en general sobre el tema, Konrad Hesse, ción es errada: la norma no establece excepciones respecto de "actividades" que pueden o no ejercerse por los diputados sin perder su investidura. La norma lo que establece es que los diputados no pueden aceptar o ejercer "*cargos públicos*," estableciendo sin embargo como excepción, los casos de ejercicio de *cargos públicos "en actividades* docentes, académicas, accidentales o asistenciales" que no supongan dedicación exclusiva, ya que conforme al artículo 197 de la Constitución, los diputados "están obligados a cumplir sus labores a dedicación exclusiva."

Esta norma nada tiene que ver con alguna supuesta "ética parlamentaria o legislativa," sino con la preservación de la separación de poderes, al no permitir que los diputados ejerzan otros cargos públicos, y si lo hacen, al cesar en ellos siguieran siendo diputados. Eso es lo que busca evitar la norma, siendo la excepción sólo para los cargos en docentes, académicos, accidentales o asistenciales que no sean de dedicación exclusiva, porque si lo son, el diputado para seguir siendo tal y no perder su investidura, no lo puede aceptar o ejercer. Nada tiene que ver esta norma, con una supuesta "prohibición" que como erradamente lo afirmó la Sala Constitucional:

> "responde a la necesidad de que exista una ética parlamentaria o legislativa, y está plenamente concatenada con otras disposiciones constitucionales tendientes a preservar la ética como valor superior de la actuación de los órganos del Estado, y principios como la honestidad, eficiencia, transparencia y responsabilidad, entre otros, en el ejercicio de la función pública, siendo la condición de funcionario o funcionaria pública, inherente a la prestación de un servicio a los ciudadanos y ciudadanas de la República Bolivariana de Venezuela, independientemente que aquélla se lleve a cabo a través del cargo que se ocupe en alguno de los órganos que conforman el Poder Público Nacional, esto es, sea el cargo ocupado de carrera, de confianza o de elección popular."

Ello, aparte de tratarse de frases floridas relativas a importantes principios y valores constitucionales, es un argumento vacío, que ignora la razón de ser de la norma, cuyas previsiones y consecuencia jurídica nada tiene que ver con el florido argumento contenido en el párrafo. Se insiste, lo que la norma busca es preservar la separación de poderes y evitar que con el vaso comunicante que se pueda establecer con diputados que pasen al Ejecutivo y luego vuelvan a la Asamblea, se pueda empeñar la función de control y balance entre los poderes; y nada cambia por el hecho de que los diputados, a los efectos de las previsiones contra la corrupción, se consideren como funcionarios públicos (art. 3.1 Ley contra la Corrupción), pero a los cuales por supuesto no se les aplica la Ley del Estatuto de la Función Pública como lo menciona la sentencia.

Sobre esta última Ley que se indica en la sentencia, además, debe advertirse que el artículo 1.1 de dicho Estatuto de la Función Pública, al disponer que "quedan

---

"Límites a la mutación constitucional," en *Escritos de derecho constitucional*, Centro de Estudios Constitucionales, Madrid 1992.

1472 Véase Allan R. Brewer-Carías, "El juez constitucional al servicio del autoritarismo y la ilegítima mutación de la Constitución: el caso de la Sala Constitucional del Tribunal Supremo de Justicia de Venezuela (1999-2009)", en *Revista de Administración Pública*, N° 180, Madrid 2009, pp. 383-418.

excluidos de la aplicación de esta Ley [...] los funcionarios y funcionarias públicos al servicio del Poder Legislativo Nacional," no se refiere en forma alguna a los diputados, que "no están al servicio del Poder Legislativo Nacional" ya que los mismos son precisamente parte por excelencia del mismo, es decir, son quienes ejercen en la Asamblea dicho Poder. Los mismos, además, por supuesto, no ejercen sus funciones por vía "nombramiento" de nadie sino porque son electos popularmente, siendo la exclusión establecida en la norma de la Ley del Estatuto de la Función Pública destinada a los funcionarios (no electos) que están al servicio del Poder Legislativo, es decir, a los funcionarios administrativos que laboran en la Asamblea Nacional, y que están sometidos a su propio estatuto de personal. Ello no excluye por supuesto que los diputados, como todos los funcionarios públicos, estén sujetos como se recuerda en la sentencia, a la "Constitución, las leyes, los Reglamentos y normas que rijan sus funciones" sometidos a los "principios de la ética" y "sin que por ningún motivo puedan menoscabar la soberanía e independencia del país, su integridad territorial, la autodeterminación y los intereses nacionales de Venezuela."

Pero ello nada tiene que ver con el sentido del artículo 191 de la Constitución que lo que busca es evitar que los diputados pasen a ocupar cargos públicos en el Ejecutivo Nacional, a dedicación exclusiva, y luego pretendan volver a su curul parlamentaria, al cesar en el ejercicio de esos cargos. Si hay algún hecho público y notorio en el caso que fue sometido al Tribunal Supremo al demandarse la conducta de hecho y usurpadora del Presidente de la Asamblea, fue que María Corina Machado como diputada de la Asamblea Nacional, nunca aceptó ni ejerció "cargo público" alguno en el Ejecutivo Nacional, ni en la Administración Pública, ni en general, en ninguno de los otros órganos de los Poderes del Estado, por lo que la norma era completamente inaplicable a la situación generada por el hecho de haber sido acreditada, en su carácter de diputada a la Asamblea Nacional, en forma *ad hoc* y *ad tempore* en la representación de Panamá ante la OEA, para precisamente hablar en tal carácter de diputada a la Asamblea Nacional de Venezuela, sobre la crisis política y sobre la situación en el país.

Como lo ha expresado el propio Secretario General de la OEA, José Miguel Insulza, "la Diputada María Corina Machado intervino ante el Consejo Permanente de dicha Organización, en calidad de parlamentaria venezolana y que sólo a tal fin, la República de Panamá solicitó su acreditación en calidad de Representante Alterna," ratificando "que es una práctica usual de esta institución aceptar y permitir "la participación y uso de la palabra en sesiones de los órganos políticos de la OEA de representantes que no necesariamente tenían la nacionalidad del Estado miembro al que representaban", tal y como ocurrió en 2009, cuando la ex canciller hondureña, Patricia Rodas, se dirigió al Consejo Permanente como representante de Venezuela."[1473].

1473 Véase "Insulza: Machado habló en la OEA en su condición de diputada venezolana," en *El Universal*, 28 de marzo de 2014, en http://www.eluniversal.com/nacional-y-politica/protestas-en-venezuela/140328/insulza-machado-hablo-en-la-oea-en-su-condicion-de-diputada-venezolana.

V. LA PROHIBICIÓN A LOS DIPUTADOS DE ACEPTACIÓN DE CARGOS, HONORES O RECOMPENSAS DE GOBIERNOS EXTRANJEROS

Otra de las normas invocadas en la sentencia de la Sala Constitucional, fue el artículo 149 de la Constitución, supuestamente incorporado en la Constitución, al decir de la Sala Constitucional, para "impedir que las personas que presten la función pública incurran en hechos contrarios a la ética, a la moral y honestidad que debe imperar en todas sus actuaciones; que atenten contra la independencia y soberanía nacional, la integridad territorial, la autodeterminación y los intereses de la nación, o contra el funcionamiento de las instituciones del Estado." Después de afirmar esto la Sala se refirió al mencionado artículo 149, que dispone:

> *Artículo 149*. Los funcionarios públicos y funcionarias públicas no podrán aceptar cargos, honores o recompensas de gobiernos extranjeros sin la autorización de la Asamblea Nacional.

Esta norma también tiene una larga tradición en el constitucionalismo histórico de Venezuela, habiendo estado en todas las Constituciones anteriores desde que fue incorporada por primera vez en la Constitución Federal de los Estados de Venezuela de 1811, en la cual se dispuso:

> "205. Cualquiera persona que ejerza algún empleo de confianza u honor, bajo la autoridad del Estado, no podrá aceptar regalo, título o emolumento de algún Rey, Príncipe o Estado extranjero, sin el consentimiento del Congreso."

Como se desprende del texto de dicho artículo 149, antes transcrito, y de su antecedente remoto de 1811, ningún funcionario público puede "aceptar cargos, honores o recompensas de gobiernos extranjeros sin la autorización de la Asamblea Nacional"; autorización que, por supuesto, conforme al artículo 187.13 de la Constitución, debe darla la "Asamblea Nacional" como cuerpo colegiado. Por ello esta última norma dispone que "corresponde a la Asamblea Nacional [...] autorizar a los funcionarios públicos para aceptar cargos, honores o recompensas de gobiernos extranjeros." Es un exabrupto jurídico, por tanto, lo afirmado en la sentencia que comentamos de la Sala Constitucional, en el sentido de que supuestamente:

> "en concordancia con lo establecido en el numeral 13 del artículo 187 de la Constitución, para que un funcionario público o una funcionaria pública acepte de un gobierno extranjero, un cargo, honor o recompensa, es obligatorio que cuente con la autorización, esto es, el *permiso o licencia del Poder Legislativo Nacional, en la persona de su Presidente, por cuanto es quien ejerce la dirección de esa función pública en el Poder Legislativo Nacional.*"

Es imposible creer que esta barbaridad jurídica de atribuir al Presidente de la Asamblea el ejercicio de las competencias que el artículo 187 de la Constitución dispone que "corresponden a la Asamblea Nacional," sea un error jurídico inocente de la Sala Constitucional. Lo que corresponde a la Asamblea (art. 187) sólo lo puede ejercer el cuerpo colegiado en sesión de los diputados; no teniendo el Presidente de la Asamblea en la Constitución sino atribuciones formales particularmente en el procedimiento de formación de las leyes (por ejemplo, artículos 213 y 216). Es totalmente inconstitucional, por tanto, esta atribución que la Sala Constitucional del Tribunal Supremo hace al Presidente de la Asamblea Nacional de las competencias que en la Constitución sólo corresponden a la Asamblea nacional, como cuerpo colegiado.

La norma del artículo 149, en cuanto a la prohibición que establece a los funcionarios públicos en general de aceptar "cargos, honores o recompensas de gobiernos extranjeros," y de la posibilidad de su aceptación sólo con autorización de la Asamblea Nacional, tiene el propósito de regular un mecanismo de control político por parte del órgano representativo nacional en relación con las relaciones o vínculos que existan o se establezcan entre los funcionarios públicos y los gobiernos extranjeros, y nada más. Nada tiene que ver esta norma con argumentaciones como las expresadas en la sentencia en el sentido de que la misma tenga:

> "su razón de ser y es que toda persona tiene el deber de cumplir y acatar la Constitución, las leyes y demás actos que en ejercicio de sus funciones dicten los órganos del Poder Público, y aun mas quienes ejerzan la función pública, pues de conformidad con lo dispuesto en el artículo 25 de la Constitución, "*Todo acto dictado en ejercicio del Poder Público que viole o menoscabe los derechos garantizados por esta Constitución y la Ley es nulo, y los funcionarios públicos y funcionarias públicas que las ordenen o ejecuten incurren en responsabilidad penal, civil y administrativa, según los casos, sin que les sirvan de excusa órdenes superiores*".

Aún cuando sea difícil encontrar relación alguna entre el artículo 25 de la Constitución que establece la garantía objetiva respecto de los derechos humanos, y el artículo 149 de la Constitución; lo cierto es que en cuanto a la prohibición que se establece en dicha norma, no hay en el texto fundamental, al contrario de lo regulado en el artículo 191, previsión alguna que indique cual es "la consecuencia jurídica" de la aplicación de la norma, es decir qué consecuencia existe cuando un funcionario público acepte "cargos, honores o recompensas de gobiernos extranjeros" sin haber obtenido autorización de la Asamblea Nacional. Puede tratarse, por ejemplo, de una condecoración, o de un reconocimiento o recompensa por servicios humanitarios prestados en otro país, o del ejercicio de un cargo en un Estado extranjero, si acaso un país aceptaría que un extranjero ejerza cargos que usualmente se reservan a los nacionales.

En cualquier caso, nada dice la Constitución en relación con cuál es la "consecuencia jurídica" que deriva del hecho de no obtenerse la autorización de la Asamblea Nacional respecto de los funcionarios públicos de cualquiera de las ramas del Poder Público, cuando lleguen a aceptar "cargos, honores o recompensas de gobiernos extranjeros." Es más, en relación con los funcionarios públicos en general, ni siquiera la Ley del Estatuto de la Función Pública de 2002, tipifica esa posible ausencia de autorización como "falta" disciplinaria que amerite "amonestación" y menos destitución (arts. 82 y 86).[1474] La única consecuencia jurídica vinculada a la

1474 Debo mencionar que a propuesta nuestra, en la Ley de Carrera Administrativa de 1971, en cambio, sí se previó la sanción de destitución respecto de los funcionarios públicos que aceptaren honores, cargos o recompensas de gobiernos extranjeros, sin la autorización del Congreso (arts. 29.4 y 62.9. Véase en *Gaceta Oficial* N° 1745 de 23 de mayo de 1975.

norma, en todo caso, es la previsión del artículo 142 del Código Penal que sanciona, no sólo a los funcionarios sino en general a cualquier venezolano "que acepte honores, pensiones u otras dádivas de alguna nación *que se halle en guerra con Venezuela*" en cuyo caso se prevé un castigo de seis a doce años de presidio.

Ahora bien, en cuanto a los diputados a la Asamblea Nacional, en este caso, al contrario de lo previsto en el artículo 191 de la Constitución, si llegaren a incumplir con la obligación de obtener la autorización mencionada de la Asamblea Nacional, no se prevé en norma alguna constitucional o de otra índole, sanción alguna ni que el diputado "pierda su investidura," por lo cual en el caso de la diputada Machado, para el caso negado de que el haber sido acreditada en la representación de Panamá ante el Consejo Permanente de la OEA, para hablar como diputada de Venezuela y no como "representante" de Panamá, sobre Venezuela en una sesión de la OEA sobre la situación en Venezuela, se llegase a considerar que se requería de la autorización del la Asamblea Nacional, ello en ningún caso produciría en forma alguna la pérdida de su investidura.

Para que pueda aplicarse alguna sanción a un diputado en tal caso, se requeriría de una regulación legal que prevea dicha conducta como delito, en cuyo caso, se le tendría que aplicar la pena que se establezca mediante un proceso penal con las garantías debidas.[1475]

VI. EL VERDADERO PROPÓSITO DE LA SALA CONSTITUCIONAL AL HABER PROCEDIDO A DECIDIR, DE OFICIO, SIN PROCESO, TORCIENDO LA INTERPRETACIÓN DEL ARTÍCULO 191 DE LA CONSTITUCIÓN, PARA REVOCARLE SU MANDATO POPULAR A LA DIPUTADA MARÍA CORINA MACHADO

La sentencia Nº 270 del Tribunal Supremo de Justicia, luego del excurso en relación con el artículo 149 de la Constitución que antes hemos destacado, volvió sobre el tema del artículo 191 constitucional a cuyo efecto citó y transcribió parte de otra sentencia de la misma Sala, la Nº 698 del 29 de abril de 2005, en la cual decidió sobre un recurso de interpretación que se había interpuesto respecto de los artículos 148, 162 y 191 de la Constitución considerándolos aplicables a los miembros de los Consejos Legislativos de los Estados, y nada más. Esta sentencia nada agregó sobre el sentido de las normas, salvo como antes se ha dicho, precisar que la norma tiene por objeto salvaguardar la separación de poderes y el contrapeso entre los Poderes Legislativo y Ejecutivo.

Pero independientemente de la cita jurisprudencial, la Sala Constitucional siguió "explicando," sobre la incompatibilidad establecida en el artículo 191, indicando que:

> "la *pérdida de investidura a la que alude el artículo 191 constitucional, es la consecuencia jurídica* prevista por el Constituyente ante el hecho o circuns-

---

1475 Véase Claudia Nikken, "Notas sobre el artículo 187.20 de la Constitución," *Revista de Derecho Público*, Editorial Jurídica Venezolana, Nº 137 (enero-marzo 2014), (en preparación).

tancia de la aceptación de actividades **incompatibles** –que por su carácter– van en desmedro de la función pública ejercida."

Esa "explicación," en todo caso, como se ha dicho, era errada, pues el artículo 191 no se refiere a "*actividades* incompatibles" sino a "*cargos públicos*" y a "*cargos públicos en actividades*" varias. Pero de esta premisa errada, y distorsionante, fue que derivó, entonces, lo único que la Sala Constitucional quería en realidad decidir, de oficio, siguiendo sin duda el lineamiento fijado por los otros Poderes del Estado, antes mencionados, atendiendo a la "coordinación, "cooperación" y "colaboración" entre los mismos a lo cual había hecho referencia la propia Presidente de la Sala Constitucional la víspera de la decisión; y era que:

> "la aceptación de una representación (sea permanente o alterna), indistintamente a su tiempo de duración, ante un órgano internacional por parte de un Diputado o Diputada a la Asamblea Nacional que está desempeñando su cargo durante la vigencia del período para el cual fue electo o electa, constituye una *actividad* a todas luces incompatible, y no puede considerarse como actividad accidental o asistencial, pues esa función diplomática va en desmedro de la función legislativa para la cual fue previamente electo o electa."

Esta "interpretación," por supuesto, se insiste, es totalmente errada, por múltiples razones:

Primero, porque la "incompatibilidad" que establece el artículo 191 de la Constitución, como viene de decirse, es entre la condición de diputado y el ejercicio o aceptación de un "cargo público." No es una incompatibilidad entre "actividades" como se advirtió anteriormente, siendo el argumento de la Sala deliberadamente distorsionante para buscar una interpretación igualmente torcida, pero favorable al objetivo perseguido en virtud del lineamiento que debía atender.

Segundo, para que se pueda producir la "incompatibilidad," el diputado debe haber aceptado o ejercicio un "cargo público," que además sea incompatible con la dedicación exclusiva de la función parlamentaria. Sin embargo, la Sala de lo que habla en su sentencia es de la supuesta "aceptación de una representación [...] en un organismo internacional," que si se hubiese producido nada tiene que ver con "cargos públicos." Por lo demás, nada se dice en qué consiste eso de aceptar una "representación ante un organismo internacional." ¿En qué consistiría esa "representación"? ¿En cuál carácter sería aceptada? Lo que tenía que decidir la Sala, si acaso, era que ser acreditado para hablar en una sesión de un organismo internacional con el carácter de diputado de la Asamblea Nacional de Venezuela, no era aceptar o ejercer un cargo público. Nada más. Y eso no fue lo que hizo la Sala. Esta lo que hizo fue distorsionar la norma a conveniencia, argumentando sobre supuestos que la misma no regula.

Tercero, el que un diputado venezolano sea acreditado por la representación de un país que lo invite a asistir a una sesión de la OEA en el que se trataría el tema de Venezuela, para que hable en tal carácter de diputado de la Asamblea Nacional venezolana; aparte de que en los términos de la Constitución no es aceptar o ejercer ningún "cargo público" –única posibilidad de que se aplique la incompatibilidad–, es una "actividad" completamente compatible con las funciones de diputado, lo que es más, es de la esencia de dicha función teniendo en cuenta, como lo dice la Constitución, que los diputados "son representantes del pueblo, no sujetos a mandatos ni instrucciones, sino a su conciencia" (art. 201), por lo que de su actuación sólo tienen que dar cuenta a sus electores (art. 197).

Ante la sentencia, lo que cabe es preguntarse: ¿Cómo puede entenderse que realizar esa actividad (que no es ejercer "cargo público" alguno), al decir de la Sala, sin argumentación alguna, sino sólo porque sí, "constituye una actividad a todas luces incompatible, y no puede considerarse como actividad accidental o asistencial, pues esa función diplomática va en desmedro de la función legislativa para la cual fue previamente electo o electa."? ¿Cómo puede llegar la Sala a calificar la acreditación para hablar en un organismo internacional como una "función diplomática? Una función diplomática es la que realizan los funcionarios diplomáticos en representación de un Estado ante otros Estados o ante la comunidad internacional. Para ello, en cualquier Estado del mundo, esos funcionarios requieren de un nombramiento que les permita ostentar el "cargo diplomático" que es el que le puede permitir realizar funciones diplomáticas. Nada de eso ocurre cuando un diputado de la Asamblea Nacional de Venezuela va a hablar sobre Venezuela en tal carácter, sin aceptar ni ejercer "cargo público" de Venezuela ni de Estado alguno, en una sesión de la OEA donde se va a discutir la situación de Venezuela. ¿Cómo puede decirse que ello va "en desmedro de la función legislativa para la cual fue previamente electo" el diputado, cuando quien define la función legislativa es el diputado que la ejerce en representación del pueblo, conforme a su conciencia?

Pues bien, con base en todas las distorsiones del texto, letra, espíritu y razón de la norma a las cuales hemos hecho referencia, la Sala concluyó con que:

> "Esa es la interpretación que debe dársele al artículo 191 de la Constitución concatenadamente a otras disposiciones como el artículo 149 *eiusdem*, en aras de preservar la ética como valor superior del ordenamiento jurídico, el respeto a las instituciones del Estado Venezolano y el deber de cumplir de acatar la Constitución, las leyes y las normas del ordenamiento jurídico de la República Bolivariana de Venezuela. Así se declara."

Después de esta "declaración," que no es otra que considerar que el artículo 191 de la Constitución no establece lo que establece, es decir, una incompatibilidad de la situación de diputado con el ejercicio o aceptación de un "cargo público," sino que establece otra cosa –que no establece–, como es una supuesta incompatibilidad del la función legislativa con otras "actividades" que la Sala evalúa libremente, pasó entonces la Sala a arrebatarle el mandato popular a la diputada Machado. Tal como la Presidenta del Tribunal Supremo lo había anunciado el día antes, cuando expresó en un programa de televisión, como antes se ha dicho que: "obviamente tiene consecuencias jurídicas" que la parlamentaria María Corina Machado haya "aceptado un destino diplomático en un país extranjero."[1476]

1476 Véase la reseña de lo que expresó durante el programa *José Vicente Hoy*, transmitido por *Televen*, publicado por @Infocifras, 31 de marzo de 2014, en http://cifrasonlinecomve.wordpress.com/-2014/03/30/presidenta-del-tsj-actuacion-de-machado-tiene-consecuencias-juridicas/

VII. EL RECURSO AL "HECHO PÚBLICO, NOTORIO Y COMUNICACIONAL" PARA SENTENCIAR SIN PRUEBAS, VIOLANDO EL DEBIDO PROCESO

Para "decidir" sin probar nada sobre lo que ya tenía decidido, la Sala Constitucional recurrió al ya inveterado expediente de la existencia de un "hecho público, notorio y comunicacional" para decidir, sin probar nada, recurriendo a "recortes de periódicos," para lo cual citó y transcribió lo que ya antes había decidido en sentencias N° 98 del 15 de marzo de 2000 (caso: "*Oscar Silva Hernández*")[1477] y N° 280 del 28 de febrero de 2008 (caso: "*Laritza Marcano Gómez*"),[1478] considerando por tanto, como hechos que no requerían prueba para decidir, "*y se tienen como ciertos*," una serie de hechos que, dijo la Sala "se refiere el asunto examinado en la presente causa," cuando en realidad no había "causa" pues la Sala Constitucional en la sentencia, decidió terminar la única causa que se había iniciado mediante demanda, al declararla inadmisible por falta de legitimación de los demandantes, con lo cual la causa había quedado terminada..

Por ello, antes de referirnos a los "hechos públicos y notorios comunicacionales" que usó la Sala para decidir –no se sabe cuál "causa"–, es por tanto necesario y obligado volver a preguntarse sobre el tema de a cuál causa se refirió la Sala al mencionar la "presente causa." Es decir, es necesario saber cuál era la "causa" que estaba decidiendo la sala, para poder saber cuál era "el asunto examinado en la presente causa" que mencionó en la sentencia.

Y la verdad es que no había "causa" alguna, es decir, la Sala decidió revocarle el mandato popular a una diputada a la Asamblea Nacional, sin "causa" ni proceso; siendo la "causa" en materia procesal, la expresión común utilizada en el foro para referirse a un "juicio," o a un "proceso," lo que significa que la Sala Constitucional, como "máxime garante de la Constitución" actuó inconstitucionalmente al decidir un asunto de tanta trascendencia como es, en violación del principio democrático, revocarle el mandato popular a una diputada que sólo le corresponde al pueblo mediante un referendo revocatorio; y todo ello, sin causa, sin proceso, sin juicio, es decir, además, en violación del artículo 49 de la Constitución que garantiza el debido proceso.

La Sala, en efecto, decidió arrebatarle el mandato popular a una diputada, sin garantizarle el derecho a la defensa, "que es inviolable en todo estado y grado de la investigación y del proceso" (art. 49.1). Quizás la Sala para justificar lo injustificable llegue entonces a decir, que como no hubo "proceso" no tenía que garantizarle este derecho a la diputado Machado, lo que haría más aberrante la decisión.

1477 Véase sobre esta sentencia véase los comentarios en Allan R. Brewer-Carías, "Consideraciones sobre el "hecho comunicacional" como especie del "Hecho Notorio" en la doctrina de la Sala Constitucional del Tribunal Supremo" en *Revista de Derecho Público*, N° 101, enero-marzo 2005, Editorial Jurídica Venezolana, Caracas 2005, pp. 225-232.

1478 Véase en http://www.tsj.gov.ve/decisiones/scon/febrero/280-280208-07-1732.HTM

Pero sin duda que si hubo proceso o "causa" como lo calificó la propia Sala al decidir, por lo que estaba obligada a respetar la regla de que "toda persona tiene derecho a ser oída en cualquier clase de proceso" (art. 49.3) y a ser "juzgada con las garantías establecidas en la Constitución y en la ley" (art. 49.4). Nada de ello ocurrió en este caso, en el cual violando todas esas garantías, la Sala decidió una causa o proceso de interpretación de la Constitución, pero para despojar de su mandato popular a una diputado para lo cual en ningún caso tiene competencia, pues ello sólo corresponde al pueblo que la eligió.

La Sala Constitucional además, violó la regla de que "toda persona se presume inocente mientras no se pruebe lo contrario" (art. 49.2), lo que en materia procesar exige que quien alegue algo contra alguien debe probar su alegato. Es decir, que la prueba está a cargo de quien acusa o demanda. Y en este caso de inexistencia de "causa", a la pregunta de quién era el "demandante" o "acusador", no habría otra respuesta que no sea señalar a la propia Sala, que fue la que decidió actuar en este caso de oficio. A la Sala Constitucional le correspondía entonces probar el supuesto de hecho de la norma el artículo 191 de la Constitución para sacar su conclusión preconcebida sobre las "consecuencias jurídicas" de la misma, que era la pérdida de la investidura. Para ello, la Sala tenía que haber probado primero que había un "cargo público" determinado y que la diputado Machado lo había efectivamente aceptado o ejercido, para lo cual debía probar, además, por ejemplo, el nombramiento publicado en *Gaceta Oficial* o el oficio de nombramiento, o actuaciones que demostraran el "ejercicio" efectivo del cargo; y en todo caso, probar además –si estaba demostrada la aceptación o ejercicio de un "cargo público" que no era el caso–, que el nuevo "cargo público" aceptado o ejercido suponía una "dedicación exclusiva." Todo ello requería de actividad probatoria, que en este caso, como el Tribunal estaba actuando de oficio, era la Sala la que tenía que asegurarla.

Pero no! La Sala Constitucional apeló al absurdo expediente de que la norma "opera de pleno derecho" para lo cual nadie debía probar nada, sino dar por probados o por ciertos determinados hechos, y simplemente, basados en que un enemigo político de la persona involucrada formule acusaciones sin fundamento jurídico ni de hecho. Pero como quien las formuló fue el Presidente de la Asamblea Nacional, además del Presidente de la República, la Sala entonces juzgó que había que actuar de oficio, "coordinadamente," en "colaboración" y "cooperación" con ellos, y simplemente decidir que "de pleno derecho" la diputada Machado había perdido su investidura, sin alegatos ni pruebas algunas, es decir, se le revocó el mandato popular a una diputada porque así lo resolvió el "máximo intérprete y garante de la Constitución," sin causa ni proceso ni prueba alguna, de oficio.

Una vez decidida la causa iniciada por los concejales Zambrano y Ascensión del Municipio Baruta, y declarada inadmisible la demanda, que en el caso era la única "causa" existente, la misma cesó, se terminó, y había que archivar el Expediente; y si bien la Sala podía formular argumentaciones adicionales o complementarias en un *obiter dictum*, ello no lo podía hacer para iniciar otra nueva supuesta "causa," sin partes, o actuando la propia Sala Constitucional como juez y parte, que fue lo que ocurrió en esta caso, violando uno de los principios más elementales de la administración de justicia en el mundo, y es que nadie puede ser juez y parte en una causa.

Ahora bien, para cometer esta aberración jurídica, con el único propósito de revocarle el mandato a la diputada María Corina Machado, la Sala Constitucional estableció que los siguientes eran hechos notorios y comunicacionales que daba por ciertos, es decir, por probados, y por tanto que no requerían prueba:

Primero,

"Que con fecha 5 de marzo de 2014, el Presidente Constitucional de la República Bolivariana de Venezuela, ciudadano Nicolás Maduro Moros, en su condición de Jefe de Estado, decidió romper relaciones comerciales y diplomáticas con la República de Panamá, anunciando al país lo siguiente: *"**He decidido romper con las relaciones diplomáticas y comerciales con Panamá. Nadie va a conspirar contra nuestro país. A Venezuela se respeta y no voy a aceptar que nadie conspire contra Venezuela para pedir una intervención**"*. Tomado de la página web http://www.el-nacional.com/politica/Maduro-Venezuela-rompio-relaciones-Panama_0_367163449.html (resaltado de este fallo).

Segundo,

"Que con fecha 20 de marzo de 2014, fue dirigida una misiva al Secretario General de la Organización de Estados Americanos, ciudadano José Miguel Insulza, por parte del Representante Permanente de Panamá ante ese organismo, ciudadano Arturo Vallarino, para solicitar que a partir de ese día, la ciudadana María Corina Machado, fungiera como Representante Alterna de la Delegación de Panamá. En la misma, se lee: "*Tengo el honor de dirigirme a vuestra excelencia a fin de solicitarle tenga a bien acreditar* ***a la diputada María Corina Machado, como Representante Alterna de la Delegación de la República de Panamá*** *ante la Organización de Estados Americanos,* ***a partir de la fecha***".(Resaltado de este fallo). Tomado de la página webhttp://www.informatico.com/25-03-2014/lo-dijo-insulza-maria-corina-silla-prestada."

Tercero,

"Que en Sesión Plenaria de la Asamblea Nacional del día 25 de marzo de 2014, fue solicitada la Moción de Urgencia del Diputado Andrés Eloy Méndez, mediante la cual requirió la declaratoria de pérdida de la investidura de la ciudadana María Corina Machado, como Diputada a la Asamblea Nacional; **la cual fue aprobada por ese órgano legislativo."**

De todo lo anterior, la Sala Constitucional dedujo que:

"es un hecho notorio comunicacional, el que la ciudadana María Corina Machado, en su condición de Diputada a la Asamblea Nacional, aceptó participar en el Consejo Permanente de la Organización de Estados Americanos "como representante alterna del gobierno de Panamá", por lo que la circunstancia que haya podido participar o no, y los términos en que lo hubiese hecho, son irrelevantes, ante la evidente violación de las disposiciones constitucionales que regulan la función pública legislativa, la condición de ocupar un cargo de Diputada a la Asamblea Nacional de la República Bolivariana de Venezuela, y el deber que como todo venezolano y venezolana tiene de honrar y defender a la patria, sus símbolos, valores culturales, resguardar y proteger la soberanía, la nacionalidad, la integridad territorial, la autodeterminación y los intereses de la nación (artículo 130 constitucional)."

La conclusión, por supuesto, nada tiene que ver con lo que regula el artículo 191 de la Constitución cuya "consecuencia jurídica" fue la que la Sala consideró que operaba de pleno derecho: que *pierde la investidura de diputado el que acepte o ejerza un cargo público que suponga dedicación exclusiva*. En su argumentación, sin embargo, la Sala Constitucional no se refirió a ello, sino que a lo que se refirió, fue a que la diputada Machado lo que había aceptado era "participar en el Consejo Permanente de la Organización de Estados Americanos '*como representante alterna del gobierno de Panamá,*'" que nada tiene que ver con el supuesto de hecho ni de derecho de la norma que se refiere a la aceptación de un "cargo público dentro del Estado" venezolano; para concluir entonces, que esa sola circunstancia, planteaba una:

> "evidente violación de las disposiciones constitucionales que regulan la función pública legislativa, la condición de ocupar un cargo de Diputada a la Asamblea Nacional de la República Bolivariana de Venezuela, y el deber que como todo venezolano y venezolana tiene de honrar y defender a la patria, sus símbolos, valores culturales, resguardar y proteger la soberanía, la nacionalidad, la integridad territorial, la autodeterminación y los intereses de la nación (artículo 130 constitucional)."

Nada dijo la sentencia, sin embargo, respecto de cómo y porqué una diputado de la Asamblea Nacional de Venezuela que hable sobre Venezuela, en tal condición de diputada venezolana que actúa en representación del pueblo, en un Consejo Permanente de la OEA donde se discutía el caso de la situación en Venezuela, podría haber "violado disposiciones constitucionales" que no se citaron, sobre el deber de honrar y defender a la patria, la nacionalidad, la integridad territorial, la autodeterminación y los intereses de la nación. Una afirmación de tal calibre y envergadura no se puede formular sin pruebas que demuestren esas agresiones al país, y menos por el "máximo intérprete y garante de la Constitución," y peor, si nada tienen que ver con la aplicación del artículo 191 de la Constitución cuya "consecuencia jurídica" era lo que la Sala Constitucional a toda costa quería aplicar a la diputado Machado.

La argumentación final de la sentencia sobre cómo se desarrollan las reuniones de la Organización de Estados Americanos, y cómo los países están representados en las mismas con miembros permanentes, no tiene relevancia alguna, y menos para concluir como lo hizo la Sala que:

> "resulta evidente que la ciudadana María Corina Machado no sólo omitió solicitar la autorización al Presidente de la Asamblea Nacional, en atención al artículo 149 de la Constitución, para aceptar la designación como representante alterna de otro país (Panamá) ante un organismo internacional como lo es la Organización de Estados Americanos, sino que, peor aún, pretendió actuar como Diputada a la Asamblea Nacional ante ese organismo internacional, sin estar autorizada por la Asamblea Nacional ni por las autoridades que dirigen las Relaciones Exteriores de la República Bolivariana de Venezuela, en evidente transgresión de lo dispuesto en los artículos 152 y 236, numeral 4, de la Constitución de la República Bolivariana de Venezuela."

VIII. DE NUEVO SOBRE EL TEMA DE LA AUTORIZACIÓN DE LA ASAMBLEA NACIONAL PARA ACEPTAR CARGOS, HONORES Y RECOMPENSAS DE GOBIERNOS EXTRANJEROS, Y LA APLICACIÓN DE PLENO DERECHO DE LA PÉRDIDA DE LA INVESTIDURA DE LA DIPUTADA MACHADO, SIN PROCESO

Con el antes transcrito párrafo de la sentencia, la Sala Constitucional pasó a realizar otra argumentación, alejada del artículo 191 de la Constitución, y es la vuelta a lo dispuesto en el artículo 149 de la Constitución sobre la necesidad de los funcionarios públicos de obtener "autorización de la Asamblea Nacional" –no del Presidente de la misma, como lo afirmó erradamente la Sala en la misma sentencia– para aceptar "cargos, honores o recompensas de gobiernos extranjeros." Esta norma, tal como está redactada no tiene "en su propio texto consecuencia jurídica" alguna, y para aplicarse tendría que seguirse un procedimiento que en ningún caso podría iniciarse de oficio por la Sala Constitucional, pues es de la competencia exclusiva del Poder Legislativo, luego de que mediante legislación establezca las consecuencias jurídicas de la no obtención de la mencionada autorización.

Pero por lo demás, el hecho de haber sido acreditada la diputado Machado para hablar desde el puesto físico de Panamá en la sala de sesiones del Consejo Permanente de la OEA, como diputada de la Asamblea Nacional de Venezuela –no como "funcionaria" de Panamá ni en representación alguna de Panamá–, sobre la situación de Venezuela –no de la situación en Panamá–; es una actuación perfectamente legítima que la diputada como representante del pueblo puede hacer, quedando sólo sometida a su conciencia (at. 201) y a dar cuenta de ello al pueblo que la eligió (art. 197).

Para ello no necesitaba estar autorizada por la Asamblea Nacional, pues como se lo garantiza el artículo 201 de la Constitución, como representante del pueblo, no está sujeta a mandatos ni instrucciones y sólo a su conciencia. Tampoco estaba sujeta a obtener "autorización" de las "autoridades que dirigen las Relaciones Exteriores de la República," como impropiamente lo afirma la Sala en flagrante violación al principio de la separación de poderes, pues son sólo dichas autoridades las que deben ejecutar los principios establecidos en los artículos 152 y 236.4 de la Constitución, los cuales por supuesto la Diputada Machado no trasgredió en forma alguna, como errada y maliciosamente lo afirmó la Sala.

Lo cierto es que como ya la decisión de arrebatarle la investidura parlamentaria a la diputada Machado, o sea, su mandato popular, ya estaba tomada porque así lo querían todos los órganos de los Poderes del Estado, tal y como todos lo habían manifestado públicamente,[1479] la Sala Constitucional concluyó la "causa" que no existía, y que ella inventó, de oficio, en la cual fue juez y parte, sin que la parte afec-

1479 Véase "Cabello: Por el artículo 191 de la Constitución, María Corina machado "dejó de ser diputada", *Globovisión,* 24 de marzo de 2014, en http://globovision.com/articulo/junta-directiva-de-la-an-anuncia-rueda-de-prensa ; y "Nicolás Maduro, indicó que "la exdiputada María Corina Machado la nombraron embajadora de la Organización de Estados Americanos, de un gobierno extranjero, se convirtió en funcionaria para ir a mal poner a Venezuela, a pedir la intervención", Reseña de M.C. Henríquez, "Maduro: "La exdiputada de la AN, María Corina Machado fue a mal poner a Venezuela," *Noticias24,* 22 de marzo de 2014, en http://noticias24ca-rabobo.com/actualidad/noticia/38925/maduro-la-exdiputada-de-la-an-maria-corina-machado-fue-a-mal-poner-a-venezuela/

tada pudiera alegar ni defenderse, afirmando impropiamente que la "aplicación de la consecuencia jurídica prevista en el artículo 191 de la Constitución resulta ajustada al caso planteado, al operar de pleno derecho." Por supuesto, ante este párrafo surgen las preguntas necesarias y obligantes: ¿Cuál "caso"? ¿"Planteado" por quién? En el expediente, en realidad, el único "caso planteado" fue la demanda de unos Concejales del Municipio Baruta contra el Presidente de la Asamblea Nacional acusándolo de usurpación de funciones, que la Sala declaró inadmisible con lo cual quedó concluida antes de iniciarse el proceso correspondiente.

La decisión de la Sala Constitucional de darle efectos "de pleno derecho," es decir, sin formula de juicio, a la consecuencia jurídica del artículo 191, que es la pérdida de la investidura de un diputado por aceptar o ejercer un "cargo público," aplicada a la diputada Machado, violó la misma norma que se quiso aplicar, pues como se dijo anteriormente, nunca dicha norma podría "operar de pleno derecho," sin que exista previamente una actividad probatoria en un juicio contradictorio, con partes, y las garantías judiciales debidas, *primero*, de la existencia de un "cargo público" determinado; *segundo*, de que dicho cargo público fue "aceptado o ejercido" efectivamente por el diputado; y *tercero*, que el mencionado "cargo público" supone "dedicación exclusiva." Sólo probando esos tres supuestos, es que la consecuencia jurídica de la aplicación de la norma podría aplicarse por el juez competente, en un proceso judicial.[1480]

La Sala Constitucional no probó nada de eso, a pesar de que en la "causa" era juez y parte, sin que ninguna otra parte participara, y lo único que afirmó fue que la Diputado María Corina Machado había aceptado "una representación alterna de un país, [...] ante un órgano internacional," considerando sin fundamentación o prueba alguna, que ello "constituye una actividad a todas luces incompatible durante la vigencia de su función legislativa," calificando falsamente dicha "actividad," es decir, el hecho de que hablara por Venezuela, como diputada venezolana, en una sesión del Consejo permanente de la OEA sobre Venezuela, como una "función diplomática," considerando de nuevo sin fundamentación ni pruebas, que ello no sólo iba "en desmedro de la función legislativa para la cual fue previamente electa", sino, y es lo grave de la conclusión de la Sala, que su actuación fue "en franca contradicción con los deberes como venezolana (artículo 130 constitucional) y como Diputada a la Asamblea Nacional (artículo 201 *eiusdem*)." Y así de simple, concluyó "Así se declara."

Esta consideración final, además de inconstitucional, es una infamia imperdonable en la cual han incurrido los señores magistrados de la Sala Constitucional, contra una diputada que lo que ha hecho es cumplir su misión de representar al pueblo, sin sujeción a mandatos ni instrucciones sino conforme a su conciencia, como se lo manda precisamente el artículo 201 de la Constitución –y no en contra del mismo como maliciosamente lo indica la Sala en su sentencia–, y en tal carácter, juzgó conforme su conciencia, que debía hablar ante la OEA como diputada venezolana, sobre Venezuela, en una sesión donde se discutiría la situación política del país.

1480 Véase sobre esto lo expuesto por Carlos J. Sarmiento Sosa, "La investidura parlamentaria y su pérdida," en *El Universal*, Caracas 27 de marzo de 2014, disponible en http://www.eluniversal.com/opinion/140327/la-investidura-parlamentaria-y-su-perdida.

La Sala Constitucional violó además el principio de separación de poderes al pretender juzgar, "sin juicio," la actuación de una diputada electa en representación del pueblo, y se dió el lujo de concluir una decisión, afirmando –condenándola–, que la Diputada con su actuación ha contradicho sus "deberes como venezolana" que están en el artículo 130 de la Constitución, los cuales, al contrario, todos fueron por ella cumplidos al acudir ante la OEA, y que son: "honrar y defender a la patria, sus símbolos y valores culturales, resguardar y proteger la soberanía, la nacionalidad, la integridad territorial, la autodeterminación y los intereses de la Nación"; deberes todos, que en cambio, han sido violados y violentados por los que ejercen el poder en Venezuela bien "coordinadamente," en "cooperación" estrecha, en el marco del régimen autoritario que se ha establecido en los últimos quince años.[1481]

IX. LA INTERPRETACIÓN INCONSTITUCIONAL DE LA CONSTITUCIÓN O LA MUTACIÓN ILEGÍTIMA DE LA CONSTITUCIÓN

Por último, se observa que en el capítulo IV de la sentencia, que contiene la "decisión," después de haber resuelto en párrafos precedentes sobre muchas otras cosas, sin control, como se ha comentado, la Sala se limitó a declarar que tenía competencia para conocer de la "acción propuesta" que no fue otra que la demanda de los concejales contra el Presidente de la Asamblea Nacional; que dicha acción propuesta fue declarada inadmisible, y que. por último:

> "INTERPRETA constitucionalmente el sentido y alcance del artículo 191 de la Constitución de la República Bolivariana de Venezuela, en lo que se refiere a la aceptación de una actividad de representación (sea permanente o alterna), indistintamente a su tiempo de duración, ante un órgano internacional por parte de un Diputado o Diputada a la Asamblea Nacional que está desempeñando su cargo durante la vigencia del período para el cual fue electo, y su incompatibilidad con dicha función legislativa."

Ya hemos mencionado en relación con el artículo 191 de la Constitución, que lo que regula es la aceptación o ejercicio de un "cargo público" por un diputado, a lo que nos hemos referido a lo largo de estos comentarios, por lo que la "interpretación" adoptada por la Sala es simplemente inconstitucional, ya que con ella lo que ha decidido es una mutación del texto y contenido del mencionada artículo 191 de la Constitución, al cambiar la expresión constitucional de "cargo público" que es la que puede originar alguna "incompatibilidad," y trastocarla por la expresión "actividad," para inventar una incompatibilidad entre actividades, usurpando así el poder constituyente del pueblo que es el único que puede reformar la Constitución.

Como último comentario vale la pena señalar que incluso si se aceptara que la Sala Constitucional llevó a cabo una "reforma" velada de la Constitución, a través de esta nueva "interpretación" adoptada respecto de su texto, su decisión sólo podría tener efectos hacia futuro, conforme a la garantía constitucional de la irretroactivi-

---

1481 Véase Allan R. Brewer-Carías, *Authoritarian Government v. The Rule of Law. Lectures and Essays (1999-2014) on the Venezuelan Authoritarian Regime Established in Contempt of the Constitution*, Fundación de Derecho Público, Editorial Jurídica Venezolana, Caracas 2014.

dad de la ley plasmada en la misma Constitución (art. 24), y nunca hacia el pasado o con efectos retroactivos; es decir, sólo se podría aplicar si se diera el supuesto que ahora se ha establecido o "regulado" en la sentencia después de que la misma hubiera sido publicada en la *Gaceta Oficial*, por lo que no podría aplicarse, en ningún caso, a la diputada María Corina Machado.

Con sentencias como la que hemos comentado, y con atropellos como los que contiene, como persona que le ha dedicado su vida al derecho, no podemos menos que exclamar: Qué terror! Que terrible tragedia que en Venezuela hayamos caído en manos de "jueces del horror." [1482]

Por ello, con razón, en el Editorial de *Analítica.com*, del 2 de abril de 2014, titulado "El tribunal Supremo del mal," se lee lo siguiente sobre la sentencia que hemos comentado:

> "En la Venezuela actual una sala parecida es la sala constitucional del tribunal supremo, que se ha caracterizado por ser el instrumento más dócil y más veloz en cumplir los requerimientos del régimen.
>
> Una de esas sentencias sumarias fue la que emitieron, entre gallos y medianoche, el lunes 31 de marzo, mediante la cual, sin un debido proceso, le arrebataron de un solo plumazo la inmunidad parlamentaria a la diputada María Corina Machado. La justificación que dieron para realizar ese acto, a todas luces violatorio de los derechos de la diputada, fue por vía de la interpretación de un oscuro artículo de la Constitución y sin permitirle a la parte agraviada que esgrimiese argumento alguno en su defensa.
>
> Esta acción de la sala constitucional entrará en los libros de derecho constitucional como un ejemplo aberrante de extra limitación de atribuciones para cometer una violación a la letra de la constitución que prevé taxativamente las únicas causas mediante las cuales se le puede quitar la inmunidad a un diputado que, no olvidemos, es el representante de la voluntad popular."[1483]

New York, 3 de abril de 2014.

1482 La expresión es una derivación del título del libro de Ingo Müller, *Furchtbare Juristen. Die unbewältigte Vergangenheit unserer Justiz*, con traducción de Carlos Armando Figueredo bajo el título: *Los Juristas del Horror. La justicia de Hitler: El pasado que Alemania no puede dejar atrás,* Caraca 2006. El libro, como se nos dice acertadamente en su Prólogo, es una obra: "que todo ser humano debería leer con cuidado y atención, para evitar que la perversión de la justicia se repita. Que nunca más la justicia se politice y se coloque en posición de servilismos frente a un Poder Ejecutivo intransigente y antidemocrático. No hay justificación alguna para que en nombre de una revolución se le haga tanto daño a pueblo alguno." Esos "los juristas del horror, como más recientemente nos lo ha recordado el propio traductor de la obra, "fueron todos aquellos catedráticos del derecho, abogados, jueces, fiscales y filósofos que se prestaron para darle una supuesta armazón jurídica a una de las peores dictaduras que ha conocido la humanidad como fue la de Adolf Hitler." Véase Carlos Armando Figueredo, "Venezuela también tiene sus 'Juristas del Horror,'" en *Analitica.com*, 3 de abril de 2009, en http://www.analitica.com/va/politica/opinion/7272707.asp.

1483 Véase en http://www.analitica.com/va/editorial/8282103.asp.

SEXTA PARTE

LA JURISDICCIÓN CONSTITUCIONAL CONTRA LA JURISDICCIÓN INTERNACIONAL EN MATERIA DE DERECHOS HUMANOS

SECCIÓN PRIMERA:

LA ILEGITIMA MUTACIÓN DE LA CONSTITUCIÓN POR EL JUEZ CONSTITUCIONAL MEDIANTE LA ELIMINACIÓN DEL RANGO SUPRA CONSTITUCIONAL DE LOS TRATADOS INTERNACIONALES SOBRE DERECHOS HUMANOS, Y EL DESCONOCIMIENTO EN VENEZUELA DE LAS SENTENCIAS DE LA CORTE INTERAMERICANA DE DERECHOS HUMANOS.

Texto escrito para el libro Homenaje al Capítulo Venezolano de la Asociación Mundial de Jóvenes Juristas y Estudiantes de Derecho, Caracas 2009, publicado en: "*Libro Homenaje al Capítulo Venezolano de la Asociación Mundial de Jóvenes Juristas y Estudiantes de Derecho*: *Recopilación de artículos que desarrollan temas de actualidad jurídica relacionados con el derecho público y el derecho privado*, Asociación Mundial de Jóvenes Juristas y Estudiantes de Derecho, Caracas 2012, ISBN 978-980-6913-90-.

Uno de los artículos de mayor importancia en la Constitución Venezolana de 1999 sobre derechos humanos,[1484] sin duda, ha sido el artículo 23, en el cual se dispone lo siguiente:

Artículo 23. Los tratados, pactos y convenciones relativos a derechos humanos, suscritos y ratificados por Venezuela, tienen jerarquía constitucional y prevalecen en el orden interno, en la medida en que contengan normas sobre su goce y ejercicio más favorables a las establecidas en esta Constitución y en las leyes de la República, y son de aplicación inmediata y directa por los tribunales y demás órganos del Poder Público.

1484 La incorporación de este artículo en el texto de la Constitución, se hizo a propuesta nuestra. Véase Allan R. Brewer-Carías, *Debate Constituyente, (Aportes a la Asamblea Nacional Constituyente)*, Fundación de Derecho Público, Caracas 1999, pp. 88 y ss y 111 y ss.

Esta norma, sin duda, es uno de las más importantes en materia de derechos humanos en el país, única en su concepción en América Latina, pues por una parte, le otorga a los tratados internacionales en materia de derechos humanos no sólo rango constitucional, sino rango *supra constitucional,* es decir, un rango superior respecto de las propias normas constitucionales, los cuales deben prevalecer sobre las mismas en caso de regulaciones más favorables a su ejercicio. Además, por otra parte, el artículo establece el principio de la aplicación inmediata y directa de dichos tratados por los tribunales y demás autoridades del país. Su inclusión en la Constitución, sin duda, fue un avance significativo en la construcción del esquema de protección de los derechos humanos, que se aplicó por los tribunales declarando la prevalencia de las normas de Convención Americana de Derechos Humanos en relación con normas constitucionales y legales.

Estas previsiones de la Constitución, sin embargo, han sido ilegítimamente mutadas por la Sala Constitucional del Tribunal Supremo, en decisiones en las cuales se ha reformado el contenido de dicha disposición, violándose el principio de la progresividad establecido en el artículo 21 del mismo texto constitucional.

En efecto, la Sala Constitucional del Tribunal Supremo de Justicia mediante sentencia N° 1.939 de 18 de diciembre de 2008, que se identifica como Caso *Gustavo Álvarez Arias y otros*, cuando en realidad es el Caso: *Estado venezolano vs. La Corte Interamericana de Derechos Humanos*, pues la sentencia se dictó en juicio iniciado por la Procuraduría General de la República que es órgano dependiente del Ejecutivo Nacional; declaró inejecutable la sentencia de la Corte Interamericana de Derechos Humanos de fecha 5 de agosto de 2008," dictada en el caso de los ex-magistrados de la Corte Primera de lo Contencioso Administrativo (*Apitz Barbera y otros ("Corte Primera de lo Contencioso Administrativo") vs. Venezuela*). En dicha sentencia, la Corte Interamericana en demanda contra el Estado formulada por la Comisión Interamericana de derechos Humanos a petición de dichos ex magistrados la Corte Primera de lo Contencioso Administrativo, decidió que el Estado Venezolano les había violado las garantías judiciales establecidas en la Convención Americana al haberlos destituido de sus cargos, condenando al Estado a pagar las compensaciones prescritas, a reincorporarlos en sus cargos o en cargos similares, y a publicar el fallo en la prensa venezolana.[1485]

Esta decisión, propia de un régimen autoritario, puede decirse que es la culminación de un proceso jurisprudencial desarrollado por el Juez Constitucional en Venezuela, que comenzó con el desconocimiento del rango supra constitucional de los tratados internacionales que establece el artículo 23 de la Constitución, y que ha culminado con desconocimiento de las decisiones de un tribunal internacional, como es la Corte Interamericana de Derechos Humanos, que fue creada por la Convención Americana de Derechos Humanos ratificada por Venezuela en 1977, país que también reconoció la jurisdicción de la Corte Interamericana en 1981.

1485 Véase en www.corteidh.or.cr . Excepción Preliminar, Fondo, Reparaciones y Costas, Serie C N° 182.

I. LA JERARQUÍA SUPRA CONSTITUCIONAL DE LOS TRATADOS INTERNACIONALES EN MATERIA DE DERECHOS HUMANOS Y SU DESCONOCIMIENTO POR LA SALA CONSTITUCIONAL

Siguiendo una tendencia universal contemporánea, que ha permitido a los tribunales constitucionales la aplicación directa de los tratados internacionales en materia de derechos humanos para su protección, ampliando progresivamente el elenco de los mismos, en el propio texto de las Constituciones se ha venido progresivamente reconociendo en forma expresa el rango normativo de los referidos tratados, de manera que en la actualidad pueden distinguirse cuatro rangos diversos reconocidos en el derecho interno, rango supra constitucional, rango constitucional, rango supra legal o rango legal.[1486]

Como se dijo fue el caso de la Constitución venezolana de 1999, en cuyo artículo 23 se le otorgó rango constitucional a los tratados en materia de derechos humanos, y además, y supra constitucional cuando contengan previsiones más favorables al goce y ejercicio de los derechos humanos, lo que al inicio de la vigencia de la Constitución incluso fue aplicado por los tribunales de la República. Fue el caso, por ejemplo, del derecho a la revisión judicial de sentencias, a la apelación o derecho a la segunda instancia que en materia contencioso administrativa se excluía en la derogada Ley Orgánica de la Corte Suprema de Justicia de 1976,[1487] respecto de la impugnación de actos administrativos emanados de institutos autónomos o Administraciones independientes'. En esos casos se establecía una competencia de única instancia de la Corte Primera de lo Contencioso Administrativa, sin apelación ante la Sala Político Administrativa de la Corte Suprema. La Constitución de 1999 solo reguló como derecho constitucional el derecho de apelación en materia de juicios penales a favor de la persona declarada culpable (art. 40,1); por lo que en el mencionado caso de juicios contencioso administrativos, no existía una garantía constitucional expresa a la apelación, habiendo sido siempre declarada inadmisible la apelación contra las decisiones de única instancia de la Corte Primera de lo Contencioso.

Después de la entrada en vigencia de la Constitución de 1999, al ejercerse recursos de apelación contra decisiones de la Corte Primera de lo Contencioso Administrativa para ante la Sala Político Administrativa del Tribunal Supremo, alegándose la inconstitucionalidad de la norma de la Ley Orgánica que limitaba el derecho de apelación en ciertos casos, la Corte Primera, en ejercicio del control difuso de constitucionalidad, comenzó a admitir la apelación basándose en que el derecho de apelar

---

1486 En relación con esta clasificación general, véase: Rodolfo E. Piza R., *Derecho internacional de los derechos humanos: La Convención Americana*, San José 1989; y Carlos Ayala Corao, "La jerarquía de los instrumentos internacionales sobre derechos humanos", en *El nuevo derecho constitucional latinoamericano*, IV Congreso venezolano de Derecho constitucional, Vol. II, Caracas 1996 y *La jerarquía constitucional de los tratados sobre derechos humanos y sus consecuencias*, México, 2003; Humberto Henderson, "Los tratados internacionales de derechos humanos en el orden interno: la importancia del principio *pro homine*", en *Revista IIDH*, Instituto Interamericano de Derechos Humanos, N° 39, San José 2004, pp. 71 y ss. Véase también, Allan R. Brewer-Carías, *Mecanismos nacionales de protección de los derechos humanos*, Instituto Internacional de Derechos Humanos, San José, 2004, pp. 62 y ss.

1487 Véase los comentarios en Allan R. Brewer-Carías y Josefina Calcaño de Temeltas, *Ley Orgánica de la Corte Suprema de Justicia*, Editorial Jurídica Venezolana, Caracas 1978.

las decisiones judiciales ante el tribunal superior se establece en el artículo 8,2,h de la Convención Americana de Derechos Humanos, la cual se consideró como formando parte del derecho constitucional interno del país. El tema finalmente también llegó a decisión por la Sala Constitucional del Tribunal Supremo, la cual en 2000 resolvió reconocer y declarar con fundamento en la disposición prevista en el artículo 23 de la Constitución:

> "que el artículo 8, numerales 1 y 2 (literal h), de la Convención Americana sobre Derechos Humanos, forma parte del ordenamiento constitucional de Venezuela; que las disposiciones que contiene, declaratorias del derecho a recurrir del fallo, son más favorables, en lo que concierne al goce y ejercicio del citado derecho, que la prevista en el artículo 49, numeral 1, de dicha Constitución; y que son de aplicación inmediata y directa por los tribunales y demás órganos del Poder Público"[1488].

Sin embargo, desafortunadamente, la clara disposición constitucional del artículo 23, tres años después, fue interpretada por la Sala Constitucional del Tribunal Supremo de Justicia, en una forma abiertamente contraria a este precedente, al texto de la norma y a lo que fue la intención del constituyente. En efecto, en la sentencia N° 1.492 del 7 de julio de 2003,[1489] al decidir una acción popular de inconstitucionalidad intentada contra varias normas del Código Penal contentivas de normas llamadas "leyes de desacato" por violación de la libertad de expresión y, en particular, de lo dispuesto en tratados y convenciones internacionales, la Sala Constitucional de dicho Tribunal Supremo, resolvió que siendo la misma el máximo y último intérprete de la Constitución, "al incorporarse las normas sustantivas sobre derechos humanos, contenidas en los Convenios, Pactos y Tratados Internacionales a la jerarquía constitucional...a los efectos del derecho interno es esta Sala Constitucional [la] que

---

1488 Sentencia N° 87 del 13 de marzo de 2000, Caso: C.A. Electricidad del Centro (Elecentro) y otra vs. Superintendencia para la Promoción y Protección de la Libre Competencia. (Procompetencia), en *Revista de Derecho Público*, N° 81, Editorial Jurídica Venezolana, Caracas 2000, pp. 157. La Sala Constitucional incluso resolvió el caso estableciendo una interpretación obligatoria, que exigía la re-redacción de la Ley Orgánica, disponiendo lo siguiente: "En consecuencia, visto que el último aparte, primer párrafo, del artículo 185 de la Ley Orgánica de la Corte Suprema de Justicia, dispone lo siguiente: "Contra las decisiones que dicto dicho Tribunal en los asuntos señalados en los ordinales 1 al 4 de este artículo no se oirá recurso alguno"; visto que la citada disposición es incompatible con las contenidas en el artículo 8, numerales 1 y 2 (literal h), de la Convención Americana sobre Derechos Humanos, las cuales están provistas de jerarquía constitucional y son de aplicación preferente; visto que el segundo aparte del artículo 334 de la Constitución de la República establece lo siguiente: "En caso de incompatibilidad entre esta Constitución y una ley u otra norma jurídica, se aplicarán las disposiciones constitucionales, correspondiendo a los tribunales en cualquier causa, aun de oficio, decidir lo conducente", ésta Sala acuerda dejar sin aplicación la disposición transcrita, contenida en el último aparte, primer párrafo, del artículo 185 de la Ley Orgánica en referencia, debiendo aplicarse en su lugar, en el caso de la sentencia que se pronuncie, de ser el caso, sobre el recurso contencioso administrativo de anulación interpuesto por la parte actora ante la Corte Primera de lo Contencioso Administrativo (expediente N° 99-22167), la disposición prevista en el último aparte, segundo párrafo, del artículo 185 eiusdem, y la cual es del tenor siguiente: 'Contra las sentencias definitivas que dicte el mismo Tribunal ... podrá interponerse apelación dentro del término de cinco días, ante la Corte Suprema de Justicia (rectius: Tribunal Supremo de Justicia)'. Así se decide." *Idem* p. 158.

1489 Véase en *Revista de Derecho Público,* N° 93-96, Editorial Jurídica Venezolana, Caracas 2003, pp. 136 y ss.

determina el contenido y alcance de las normas y principios constitucionales (artículo 335 constitucional), entre las cuales se encuentran las de los Tratados, Pactos y Convenciones suscritos y ratificados legalmente por Venezuela, relativos a derechos humanos." En esta forma, la Sala Constitucional concluyó su decisión señalando que "es la Sala Constitucional quien determina cuáles normas sobre derechos humanos de esos tratados, pactos y convenios, prevalecen en el orden interno; al igual que cuáles derechos humanos no contemplados en los citados instrumentos internacionales tienen vigencia en Venezuela," limitando así el poder general de los jueces al ejercer el control difuso de la constitucionalidad, de poder aplicar directamente y dar prevalencia en el orden interno a las normas de la Convención Americana.

Finalmente, en la sentencia mencionada al inicio Nº 1.939 de 18 de diciembre de 2008 (Caso *Gustavo Álvarez Arias y otros*) la Sala Constitucional al declarar inejecutable la sentencia de la Corte Interamericana de Derechos Humanos, de fecha 5 de agosto de 2008, dictada en el caso de los ex-magistrados de la Corte Primera de lo Contencioso Administrativo (*Apitz Barbera y otros ("Corte Primera de lo Contencioso Administrativo") vs. Venezuela*), ha resuelto definitivamente que:

> "el citado artículo 23 de la Constitución no otorga a los tratados internacionales sobre derechos humanos rango "*supraconstitucional*", por lo que, en caso de antinomia o contradicción entre una disposición de la Carta Fundamental y una norma de un pacto internacional, correspondería al Poder Judicial determinar cuál sería la aplicable, tomando en consideración tanto lo dispuesto en la citada norma como en la jurisprudencia de esta Sala Constitucional del Tribunal Supremo de Justicia, atendiendo al contenido de los artículos 7, 266.6, 334, 335, 336.11 *eiusdem* y el fallo número 1077/2000 de esta Sala."

A los efectos de fundamentar su decisión, y rechazar la existencia de valores superiores no moldeables por el proyecto político autoritario, la Sala aclaró los siguientes conceptos:

> "Sobre este tema, la sentencia de esta Sala Nº 1309/2001, entre otras, aclara que el derecho es una teoría normativa puesta al servicio de la política que subyace tras el proyecto axiológico de la Constitución y que la interpretación debe comprometerse, si se quiere mantener la supremacía de la Carta Fundamental cuando se ejerce la jurisdicción constitucional atribuida a los jueces, con la mejor teoría política que subyace tras el sistema que se interpreta o se integra y con la moralidad institucional que le sirve de base axiológica (*interpretatio favor Constitutione*). Agrega el fallo citado: "en este orden de ideas, los estándares para dirimir el conflicto entre los principios y las normas deben ser compatibles con el proyecto político de la Constitución (Estado Democrático y Social de Derecho y de Justicia) y no deben afectar la vigencia de dicho proyecto con elecciones interpretativas ideológicas que privilegien los derechos individuales a ultranza o que acojan la primacía del orden jurídico internacional sobre el derecho nacional en detrimento de la soberanía del Estado".

Concluye la sentencia que: "no puede ponerse un sistema de principios supuestamente absoluto y suprahistórico por encima de la Constitución" y que son inaceptables las teorías que pretenden limitar "so pretexto de valideces universales, la soberanía y la autodeterminación nacional".

En el mismo sentido, la sentencia de esta Sala N° 1265/2008 estableció que en caso de evidenciarse una contradicción entre la Constitución y una convención o tratado internacional, "deben prevalecer las normas constitucionales que privilegien el interés general y el bien común, debiendo aplicarse las disposiciones que privilegien los intereses colectivos...(...) sobre los intereses particulares..." [1490]

En esta forma, la Sala Constitucional en el Venezuela ha dispuesto una ilegítima mutación constitucional, reformando el artículo 23 de la Constitución al eliminar el carácter supranacional de la Convención Americana de Derechos Humanos en los casos en los cuales contenga previsiones más favorables al goce y ejercicio de derechos humanos respecto de las que están previstas en la propia Constitución.

Debe advertirse que esa fue una de las propuestas de reforma que se formularon por el "Consejo Presidencial para la Reforma de la Constitución," designado por el Presidente de la República,[1491] en su informe de junio de 2007,[1492] en el cual en relación con el artículo 23 de la Constitución, se buscaba eliminaba totalmente la jerarquía constitucional de las previsiones de los tratados internacionales de derechos humanos y su prevalencia sobre el orden interno, formulándose la norma sólo en el sentido de que: "los tratados, pactos y convenciones relativos a derechos humanos, suscritos y ratificados por Venezuela, mientras se mantenga vigentes, forma parte del orden interno, y son de aplicación inmediata y directa por los órganos del Poder Público".

Esa propuesta de reforma constitucional que afortunadamente no llegó a cristalizar, era un duro golpe al principio de la progresividad en la protección de los derechos que se recoge en el artículo 19 de la Constitución, que no permite regresiones en la protección de los mismos.[1493] Sin embargo, lo que no pudo hacer el régimen autoritario mediante una reforma constitucional, la cual al final fue rechazada por el pueblo, lo hizo la Sala Constitucional del Tribunal Supremo en su larga carrera al servicio del autoritarismo.[1494]

1490 Véase en http://www.tsj.gov.ve/decisiones/scon/Diciembre/1939-181208-2008-08-1572.html

1491 Véase Decreto N° 5138 de 17-01-2007, *Gaceta Oficial* N° 38.607 de 18-01-2007.

1492 El documento circuló en junio de 2007 con el título Consejo Presidencial para la Reforma de la Constitución de la República Bolivariana de Venezuela, "Modificaciones propuestas". El texto completo fue publicado como *Proyecto de Reforma Constitucional. Versión atribuida al Consejo Presidencial para la reforma de la Constitución de la república Bolivariana de Venezuela*, Editorial Atenea, Caracas 01 de julio de 2007, 146 pp.

1493 Véase esta proyectada reforma constitucional Allan R. Brewer-Carías, *Hacia la consolidación de un Estado Socialista, Centralizado, Policial y Militarista. Comentarios sobre el sentido y alcance de las propuestas de reforma constitucional 2007,* Colección Textos Legislativos, N° 42, Editorial Jurídica Venezolana, Caracas 2007, pp. 122 ss.

1494 Véase entre otros aspectos, los contenidos en el libro Allan R. Brewer-Carías, *Crónica sobre la "In" Justicia Constitucional. La Sala Constitucional y el autoritarismo en Venezuela*, Colección Instituto de Derecho Público, Universidad Central de Venezuela, N° 2, Caracas 2007.

II. LA OBLIGATORIEDAD DE LAS DECISIONES DE LA CORTE INTERAMERICANA DE DERECHOS HUMANOS Y LA DECLARATORIA DE SU "INEJECUTABILIDAD" POR REGÍMENES AUTORITARIOS

Pero además del desconocimiento del rango supra constitucional de la Convención Americana de Derechos Humanos, la Sala Constitucional en la sentencia indicada ha desconocido las decisiones de la Corte Interamericana de Derechos Humanos, declarándolas inejecutables, contrariando el régimen internacional de los tratados. En el caso de la Convención Americana de Derechos Humanos una vez que los Estados Partes han reconocido la jurisdicción de la Corte Interamericana de Derechos Humanos, conforme al artículo 68.1 de la Convención, los mismos "se comprometen a cumplir la decisión de la Corte en todo caso en que sean partes."

Como lo señaló la Corte Interamericana de Derechos Humanos en la decisión del *Caso Castillo Petruzzi*, sobre "Cumplimiento de sentencia" del 7 de noviembre de 1999 (Serie C, núm. 59), "Las obligaciones convencionales de los Estados parte vinculan a todos los poderes y órganos del Estado," (par. 3) agregando "Que esta obligación corresponde a un principio básico del derecho de la responsabilidad internacional del Estado, respaldado por la jurisprudencia internacional, según el cual los Estados deben cumplir sus obligaciones convencionales de buena fe (*pacta sunt servanda*) y, como ya ha señalado esta Corte, no pueden por razones de orden interno dejar de asumir la responsabilidad internacional ya establecida." (par. 4).[1495]

No han faltado Estados, sin embargo, que se hayan rebelado contra las decisiones de la Corte Interamericana y hayan pretendido eludir su responsabilidad en el cumplimiento de las mismas. Esa sentencia de la Corte Interamericana es prueba de ello, dictada precisamente con motivo de la ejecución de la sentencia del *Caso Castillo Petruzzi* del de 30 de mayo de 1999 (Serie C, núm. 52), en la cual la Corte Interamericana declaró que el Estado peruano había violado los artículos 20; 7.5; 9; 8.1; 8.2.b,c,d y f; 8.2.h; 8.5; 25; 7.6; 5; 1.1 y 2, declarando además "la invalidez, por ser incompatible con la Convención, del proceso en contra de los señores Jaime Francisco Sebastián Castillo Petruzzi" y otros, ordenando "que se les garantice un nuevo juicio con la plena observancia del debido proceso legal," y además, "al Estado adoptar las medidas apropiadas para reformar las normas que han sido declaradas violatoria de la Convención Americana sobre Derechos Humanos en la presente sentencia y asegurar el goce de los derechos consagrados en la Convención Americana sobre derechos Humanos a todas las personas que se encuentran bajo su jurisdicción, sin excepción alguna."[1496]

En relación con esa decisión de la Corte Interamericana, según informa la sentencia que comentamos N° 1.939 de la Sala Constitucional del Tribunal Supremo de Venezuela de 18 de diciembre de 2008 (Caso *Abogados Gustavo Álvarez Arias y*

1495 Sergio García Ramírez (Coord.), *La Jurisprudencia de la Corte Interamericana de Derechos Humanos*, Universidad Nacional Autónoma de México, Corte Interamericana de Derechos Humanos, México, 2001, pp. 628-629.

1496 *Idem*, pp. 626-628

otros), en la cual también se declaró inejecutable una sentencia de la Corte Interamericana de Derechos Humanos, la Sala Plena del Consejo Supremo de Justicia Militar del Perú se negó a ejecutar el fallo, considerando entre otras cosas:

> "que el poder judicial *"es autónomo y en el ejercicio de sus funciones sus miembros no dependen de ninguna autoridad administrativa, lo que demuestra un clamoroso desconocimiento de la Legislación Peruana en la materia"; que "pretenden desconocer la Constitución Política del Perú y sujetarla a la Convención Americana sobre Derechos Humanos en la interpretación que los jueces de dicha Corte efectúan ad-libitum en esa sentencia"*; que el fallo cuestionado, dictado por el Tribunal Supremo Militar Especial, adquirió la fuerza de la cosa juzgada, *"no pudiendo por lo tanto ser materia de un nuevo juzgamiento por constituir una infracción al precepto constitucional"; que "en el hipotético caso que la sentencia dictada por la Corte Interamericana fuera ejecutada en los términos y condiciones que contiene, existiría un imposible jurídico para darle cumplimiento bajo las exigencias impuestas por dicha jurisdicción supranacional", pues "sería requisito ineludible que previamente fuera modificada la Constitución" y que "la aceptación y ejecución de la sentencia de la Corte en este tema, pondría en grave riesgo la seguridad interna de la República."* [1497]

Precisamente frente a esta declaratoria por la Sala Plena del Consejo Supremo de Justicia Militar del Perú sobre la inejecutabilidad del fallo de 30 de mayo de 1999 de la Corte Interamericana de Derechos Humanos en el Perú, fue que la misma Corte Interamericana dictó el fallo subsiguiente, antes indicado, de 7 de noviembre de 1999, declarando que "el Estado tiene el deber de dar pronto cumplimiento a la sentencia de 30 de mayo de 1999 dictada por la Corte Interamericana en el caso Castillo Petruzzi y otros."[1498] Ello ocurrió durante el régimen autoritario que tuvo el Perú en la época del Presidente Fujimori, y que condujo a que dos meses después de dictarse la sentencia de la Corte Interamericana del 30 de mayo de 1999, el Congreso del Perú aprobase el 8 de julio de 1999 el retiro del reconocimiento de la competencia contenciosa de la Corte, lo que se depositó al día siguiente en la Secretaría General de la OEA/ Este retiro fue declarado inadmisible por la propia Corte Interamericana, en la sentencia del caso *Ivcher Bronstein* de 24 de septiembre de 1999, considerando que un "Estado parte sólo puede sustraerse a la competencia de la Corte mediante la denuncia del tratado como un todo."[1499]

En el caso de Venezuela, la Sala Constitucional del Tribunal Supremo también ha declarado como inejecutable en la mencionada decisión No 1.939 de 18 de diciembre de 2008 (Caso *Abogados Gustavo Álvarez Arias y otros*), la sentencia de la

---

1497 Véase en http://www.tsj.gov.ve/decisiones/scon/Diciembre/1939-181208-2008-08-1572.html

1498 Sergio García Ramírez (Coord.), *La Jurisprudencia de la Corte Interamericana de Derechos Humanos*, Universidad Nacional Autónoma de México, Corte Interamericana de Derechos Humanos, México, 2001, p. 629

1499 *Idem*, pp. 769-771. En todo caso, posteriormente en 2001 Perú derogó la Resolución de julio de 1999, restableciéndose a plenitud la competencia de la Corte interamericana para el Estado.

Corte Interamericana de Derechos Humanos Primera de 5 de agosto de 2008 en el caso *Apitz Barbera y otros ("Corte Primera de lo Contencioso Administrativo") vs. Venezuela*, en la cual como se ha dicho decidió que el Estado Venezolano había violado las garantías judiciales establecidas en la Convención Americana de los jueces de la Corte Primera de lo Contencioso Administrativo que habían sido destituidos, condenando al Estado a pagar las compensaciones prescritas, a reincorporarlos en sus cargos o en cargos similares y a publicar el fallo en la prensa venezolana.[1500] En su sentencia, además de declarar inejecutable dicho fallo, la Sala Constitucional solicitó al Ejecutivo Nacional que denunciara la Convención Americana de Derechos Humanos, y acusó a la Corte Interamericana de haber usurpado el poder del Tribunal Supremo.

El tema como se ha dicho, ya lo había adelantado la Sala Constitucional en su conocida sentencia N° 1.942 de 15 de julio de 2003 (Caso: *Impugnación de artículos del Código Penal, Leyes de desacato*),[1501] en la cual al referirse a los Tribunales Internacionales "comenzó declarando en general, que en Venezuela "por encima del Tribunal Supremo de Justicia y a los efectos del artículo 7 constitucional, no existe órgano jurisdiccional alguno, a menos que la Constitución o la ley así lo señale, y que aun en este último supuesto, la decisión que se contradiga con las normas constitucionales venezolanas, carece de aplicación en el país, y así se declara."

En esa decisión, la Sala continuó distinguiendo respecto de los Tribunales Internacionales, aquellos de carácter supranacional como los de integración, basados en los artículos 73 y 153 de la Constitución que "contemplan la posibilidad que puedan transferirse competencias venezolanas a órganos supranacionales, a los que se reconoce que puedan inmiscuirse en la soberanía nacional;"[1502] de aquellos de carácter Multinacionales y Transnacionales "que nacen porque varias naciones, en determinadas áreas, escogen un tribunal u organismo común que dirime los litigios entre ellos, o entre los países u organismos signatarios y los particulares nacionales de esos países signatarios," considerando que en estos casos "no se trata de organismos que están por encima de los Estados Soberanos, sino que están a su mismo nivel." En esta última categoría clasificó precisamente a la Corte Interamericana de Derechos Humanos, considerando que en estos casos, "un fallo violatorio de la Constitución de la República Bolivariana de Venezuela se haría inejecutable en el país. Ello podría dar lugar a una reclamación internacional contra el Estado, pero la decisión

---

1500 See in www.corteidh.or.cr . Excepción Preliminar, Fondo, Reparaciones y Costas, Serie C N° 182.

1501 Véase en *Revista de Derecho Público*, N° 93-96, Editorial Jurídica Venezolana, Caracas 2003, pp. 136 ss.

1502 En este caso de tribunales creados en el marco de un proceso de integración supranacional, la Sala puntualizó que "Distinto es el caso de los acuerdos sobre integración donde la soberanía estatal ha sido delegada, total o parcialmente, para construir una soberanía global o de segundo grado, en la cual la de los Estados miembros se disuelve en aras de una unidad superior. No obstante, incluso mientras subsista un espacio de soberanía estatal en el curso de un proceso de integración y una Constitución que la garantice, las normas dictadas por los órganos legislativos y judiciales comunitarios no podrían vulnerar dicha área constitucional, a menos que se trate de una decisión general aplicable por igual a todos los Estados miembros, como pieza del proceso mismo de integración." *Idem*, p. 140.

se haría inejecutable en el país, en este caso, en Venezuela." La Sala, insistió en esta doctrina señalando que:

> "Mientras existan estados soberanos, sujetos a Constituciones que les crean el marco jurídico dentro de sus límites territoriales y donde los órganos de administración de justicia ejercen la función jurisdiccional dentro de ese Estado, las sentencias de la justicia supranacional o transnacional para ser ejecutadas dentro del Estado, tendrán que adaptarse a su Constitución. Pretender en el país lo contrario sería que Venezuela renunciara a la soberanía."[1503]

De esta afirmación resultó la otra afirmación general de la Sala Constitucional de que fuera de los casos de procesos de integración supranacional, "la soberanía nacional no puede sufrir distensión alguna por mandato del artículo 1 constitucional, que establece como derechos *irrenunciables* de la Nación: la independencia, la libertad, la soberanía, la integridad territorial, la inmunidad y la autodeterminación nacional. Dichos derechos constitucionales son irrenunciables, no están sujetos a ser relajados, excepto que la propia Carta Fundamental lo señale, conjuntamente con los mecanismos que lo hagan posible, tales como los contemplados en los artículos 73 y 336.5 constitucionales, por ejemplo."[1504]

Esta doctrina fue la que precisamente ha sido aplicada ahora en la sentencia N° 1.939 de 18 de diciembre de 2008, en la cual la Sala Constitucional se apoyó expresamente en una extensa cita de la sentencia 1.942 de 15 de julio de 2003.

Esta sentencia N° 1.939 de 18 de diciembre de 2008, en efecto, la dictó la Sala Constitucional con motivo de una "acción de control de la constitucionalidad" formulada por abogados de la procuraduría general de la república, es decir, representantes de la República de Venezuela, "referida a la interpretación acerca de la conformidad constitucional del fallo de la Corte Interamericana de Derechos Humanos, de fecha 5 de agosto de 2008," en el caso de los ex-magistrados de la Corte Primera de lo Contencioso Administrativo (*Apitz Barbera y otros ("Corte Primera de lo Contencioso Administrativo") vs. Venezuela*).

Lo primero que destaca de este asunto, es que quien peticionó ante la Sala Constitucional fue el propio Estado obligado a ejecutar las sentencia internacionales a través de la Procuraduría General de la República, y la petición se formuló a través de un curiosa "acción de control constitucional" para la interpretación de la conformidad con la Constitución de la misma, no prevista en el ordenamiento.

La fundamentación básica de la acción interpuesta por el Estado fue que las decisiones de los "órganos internacionales de protección de los derechos humanos no son de obligatorio cumplimiento y son inaplicables si violan la Constitución," ya que lo contrario "sería subvertir el orden constitucional y atentaría contra la soberanía del Estado," denunciando ante la Sala que la sentencia de la Corte Interamericana de Derechos Humanos viola "la supremacía de la Constitución y su obligatoria suje-

---

1503 *Idem*, p. 139

1504 *Idem*, p. 138

ción violentando el principio de autonomía del poder judicial, pues la misma llama al desconocimiento de los procedimientos legalmente establecidos para el establecimiento de medidas y sanciones contra aquellas actuaciones desplegadas por los jueces que contraríen el principio postulado esencial de su deber como jueces de la República."

El Estado en su petición ante su Sala Constitucional, además, alegó que "la sentencia de manera ligera dispone que los accionantes no fueron juzgados por un juez imparcial, -no obstante señalar previamente que no fue debidamente comprobada tal parcialidad- y que por el supuesto hecho de no existir un procedimiento idóneo previsto en el ordenamiento jurídico venezolano para investigar y sancionar la conducta denunciada por los Ex Magistrados, entonces concluye que no solo tales ciudadanos no incurrieron en motivo alguno que justifique su destitución". Y concluyó afirmando que el fallo de la Corte Interamericana era inaceptable y de imposible ejecución por parte del propio Estado peticionante.

La Sala Constitucional, para decidir, obviamente tuvo que comenzar por encuadrar la acción propuesta por el Estado, deduciendo que la misma no pretendía "la nulidad" del fallo de la Corte Interamericana "por lo que el recurso de nulidad como mecanismo de control concentrado de la constitucionalidad no resulta el idóneo." Tampoco consideró la Sala que se trataba de "una colisión de leyes, pues de lo que se trata es de una presunta controversia entre la Constitución y la ejecución de una decisión dictada por un organismo internacional fundamentada en normas contenidas en una Convención de rango constitucional, lo que excede los límites de ese especial recurso."

En virtud de ello, la Sala simplemente concluyó que de lo que se trataba era de una petición "dirigida a que se aclare una duda razonable en cuanto a la ejecución de un fallo dictado por la Corte Interamericana de Derechos Humanos, que condenó a la República Bolivariana de Venezuela a la reincorporación de unos jueces y al pago de sumas de dinero," considerando entonces que se trataba de una "acción de interpretación constitucional" que la propia Sala constitucional creó en Venezuela, a los efectos de la interpretación abstracta de normas constitucionales a partir de su sentencia de 22 de septiembre de 2000 (caso *Servio Tulio León*).[1505]

A tal efecto, la Sala consideró que era competente para decidir la acción interpuesta, al estimar que lo que peticionaban los representantes del Estado en su acción, era una decisión "sobre el alcance e inteligencia de la ejecución de una decisión dictada por un organismo internacional con base en un tratado de jerarquía constitucional, ante la presunta antinomia entre esta Convención Internacional y la Constitución Nacional," estimando al efecto, que el propio Estado tenía la legitimación necesaria para intentar la acción ya que el fallo de la Corte Interamericana había ordenado la reincorporación en sus cargos de unos ex magistrados, había condenado a la República al pago de cantidades de dinero y había ordenado la publicación del fallo. El Estado, por tanto, de acuerdo a la Sala Constitucional tenía interés en que se dictase "una sentencia mero declarativa en la cual se establezca el verdadero

1505 Véase *Revista de Derecho Público*, N° 83, Editorial Jurídica Venezolana, Caracas 2000, pp. 247 ss.

sentido y alcance de la señalada ejecución con relación al Poder Judicial venezolano en cuanto al funcionamiento, vigilancia y control de los tribunales."

A los efectos de adoptar su decisión, la Sala reconoció el rango constitucional de la Convención Americana sobre Derechos Humanos conforme al artículo 23 de la Constitución (ratificada en 1977), y consideró que el Estado desde 1981, había reconocido expresamente las competencias de la Comisión Interamericana y de la Corte Interamericana de Derechos Humanos, respectivamente. Sin embargo, precisó que la Corte Interamericana de Derechos Humanos no podía "pretender excluir o desconocer el ordenamiento constitucional interno," pues "la Convención coadyuva o complementa el texto fundamental que, en el caso de nuestro país, es "*la norma suprema y el fundamento del ordenamiento jurídico*" (artículo 7 constitucional).

La Sala para decidir, consideró que la Corte Interamericana, para dictar su fallo, además de haberse contradicho[1506] al constatar la supuesta violación de los derechos o libertades protegidos por la Convención:

> "dictó pautas de carácter obligatorio sobre gobierno y administración del Poder Judicial que son competencia exclusiva y excluyente del Tribunal Supremo de Justicia y estableció directrices para el Poder Legislativo, en materia de carrera judicial y responsabilidad de los jueces, violentando la soberanía del Estado venezolano en la organización de los poderes públicos y en la selección de sus funcionarios, lo cual resulta inadmisible."

La Sala consideró entonces que la Corte Interamericana "al no limitarse a ordenar una indemnización por la supuesta violación de derechos, utilizó el fallo analizado para intervenir inaceptablemente en el gobierno y administración judicial que corresponde con carácter excluyente al Tribunal Supremo de Justicia, de conformidad con la Constitución de 1999," haciendo mención expresa a los artículos 254, 255 y 267. Además, estimó la Sala Constitucional que la Corte Interamericana "equipara de forma absoluta los derechos de los jueces titulares y los provisorios, lo cual es absolutamente inaceptable y contrario a derecho," reconociendo que respecto de los últimos (citando su sentencia N° 00673-2008), sin estabilidad alguna, están a regidos por la Comisión de Funcionamiento y Reestructuración del Sistema Judicial," como un órgano creado con carácter transitorio hasta tanto sea creada la jurisdicción disciplinaria." Pero ello no impide, de acuerdo con la Sala Constitucional que se pueda "remover directamente a un funcionario de carácter provisorio o tem-

---

1506 La Sala Constitucional consideró que la Corte Interamericana decidió que la omisión de la Asamblea Nacional de dictar el Código de Ética del Juez o Jueza Venezolano, "*ha influido en el presente caso, puesto que las víctimas fueron juzgadas por un órgano excepcional que no tiene una estabilidad definida y cuyos miembros pueden ser nombrados o removidos sin procedimientos previamente establecidos y a la sola discreción del TSJ,*" pero luego "sorprendentemente, en ese mismo párrafo [147] y de manera contradictoria, afirma que no se pudo comprobar que la Comisión de Emergencia y Reestructuración del Poder Judicial haya incurrido en desviación de poder o que fuera presionada directamente por el Ejecutivo Nacional para destituir a los mencionados ex jueces y luego concluye en el cardinal 6 del Capítulo X que "*no ha quedado establecido que el Poder Judicial en su conjunto carezca de independencia*".

poral, sin que opere alguna causa disciplinaria" por parte de la "Comisión Judicial del Tribunal Supremo de Justicia," en forma completamente "discrecional."

Además, destacó la Sala, la "sentencia cuestionada" de la Corte Interamericana "pretende desconocer la firmeza de decisiones administrativas y judiciales que han adquirido la fuerza de la cosa juzgada, al ordenar la reincorporación de los jueces destituidos." En este punto, la Sala recurrió como precedente para considerar que la sentencia de la Corte Interamericana de Derechos Humanos era inejecutable en Venezuela, a la decisión antes señalada de 1999 de la Sala Plena del Consejo Supremo de Justicia Militar del Perú, que consideró inejecutable la sentencia de la Corte Interamericana de 30 de mayo de 1999, dictada en el caso: *Castillo Petruzzi y otro.*

En sentido similar, la Sala Constitucional venezolana concluyó que:

> En este caso, estima la Sala que la ejecución de la sentencia de la Corte Interamericana de Derechos Humanos del 5 de agosto de 2008, afectaría principios y valores esenciales del orden constitucional de la República Bolivariana de Venezuela y pudiera conllevar a un caos institucional en el marco del sistema de justicia, al pretender modificar la autonomía del Poder Judicial constitucionalmente previsto y el sistema disciplinario instaurado legislativamente, así como también pretende la reincorporación de los hoy ex jueces de la Corte Primera de lo Contencioso Administrativo por supuesta parcialidad de la Comisión de Funcionamiento y Reestructuración del Poder Judicial, cuando la misma ha actuado durante varios años en miles de casos, procurando la depuración del Poder Judicial en el marco de la actividad disciplinaria de los jueces. Igualmente, el fallo de la Corte Interamericana de Derechos Humanos pretende desconocer la firmeza de las decisiones de destitución que recayeron sobre los ex jueces de la Corte Primera de lo Contencioso Administrativo que se deriva de la falta de ejercicio de los recursos administrativos o judiciales, o de la declaratoria de improcedencia de los recursos ejercidos por parte de las autoridades administrativas y judiciales competentes."

Por todo lo anterior, la Sala Constitucional del Tribunal Supremo de Venezuela, a petición del propio Estado venezolano declaró entonces "inejecutable el fallo de la Corte Interamericana de Derechos Humanos, de fecha 5 de agosto de 2008, en la que se ordenó la reincorporación en el cargo de los ex-magistrados de la Corte Primera de lo Contencioso Administrativo Ana María Ruggeri Cova, Perkins Rocha Contreras y Juan Carlos Apitz B.; con fundamento en los artículos 7, 23, 25, 138, 156.32, el Capítulo III del Título V de la Constitución de la República y la jurisprudencia parcialmente transcrita de las Salas Constitucional y Político Administrativa. Así se decide." Esto, acompañado de la afirmación de que la sala Constitucional, por "notoriedad judicial" ya sabía que el Tribunal Supremo había nombrado a otras personas como magistrados de la Corte Primera.

Pero no se quedó allí la Sala Constitucional, sino en una evidente usurpación de poderes, ya que las relaciones internacionales es materia exclusiva del Poder Ejecutivo, solicitó instó "al Ejecutivo Nacional proceda a denunciar esta Convención, ante la evidente usurpación de funciones en que ha incurrido la Corte Interamericana de los Derechos Humanos con el fallo objeto de la presente decisión; y el hecho de que tal actuación se fundamenta institucional y competencialmente en el aludido Tratado."

Finalmente, la Sala Constitucional instó a "la Asamblea Nacional para que proceda a dictar el Código de Ética del Juez y la Jueza Venezolanos, en los términos aludidos en la sentencia de esta Sala Constitucional N° 1048 del 18 de mayo de 2006."

Y así concluye el proceso de desligarse de la Convención Americana sobre Derechos Humanos, y de la jurisdicción de la Corte Interamericana de Derechos Humanos por parte del Estado Venezolano, utilizando para ello a su propio Tribunal Supremo de Justicia, que lamentablemente ha manifestado ser el principal instrumento para la consolidación del autoritarismo en Venezuela.[1507]

Debe recordarse en efecto, que en esta materia la Sala Constitucional también ha dispuesto una ilegítima mutación constitucional, reformando el artículo 23 de la Constitución en la forma cómo se pretendía en 2007 en la antes mencionada propuesta del "Consejo Presidencial para la Reforma de la Constitución," designado por el Presidente de la República, al buscar agregar al artículo 23 de la Constitución, también en forma regresiva, que "corresponde a los tribunales de la República conocer de las violaciones sobre las materias reguladas en dichos Tratados", con lo que se buscaba establecer una prohibición constitucional para que la Corte Interamericana de Derechos Humanos pudiera conocer de las violaciones de la Convención Americana de Derechos Humanos. Es decir, con una norma de este tipo, Venezuela hubiera quedado excluida constitucionalmente de la jurisdicción de dicha Corte internacional y del sistema interamericano de protección de los derechos humanos.[1508]

En esta materia, también, lo que no pudo hacer el régimen autoritario mediante una reforma constitucional, la cual al final fue rechazada por el pueblo, lo hizo la Sala Constitucional del Tribunal Supremo en su larga carrera al servicio del autoritarismo.

1507 Véase Allan R. Brewer-Carias, "La progresiva y sistemática demolición institucional de la autonomía e independencia del Poder Judicial en Venezuela 1999–2004," in *XXX Jornadas J.M Domínguez Escovar, Estado de derecho, Administración de justicia y derechos humanos,* Instituto de Estudios Jurídicos del Estado Lara, Barquisimeto, 2005, pp. 33–174; "La justicia sometida al poder (La ausencia de independencia y autonomía de los jueces en Venezuela por la interminable emergencia del Poder Judicial (1999-2006))," in *Cuestiones Internacionales. Anuario Jurídico Villanueva 2007,* Centro Universitario Villanueva, Marcial Pons, Madrid, 2007, pp. 25–57; "Quis Custodiet ipsos Custodes: De la interpretación constitucional a la inconstitucionalidad de la interpretación", in *VIII Congreso Nacional de derecho Constitucional*, Peru, Fondo Editorial 2005, Colegio de Abogados de Arequipa, Arequipa, September 2005, pgs. 463-489; y *Crónica de la "In" Justicia Constitucional. La Sala Constitucional y el autoritarismo en Venezuela*, Caracas 2007.

1508 Véase sobre esta proyectada reforma constitucional Allan R. Brewer-Carías, *Hacia la consolidación de un Estado Socialista, Centralizado, Policial y Militarista. Comentarios sobre el sentido y alcance de las propuestas de reforma constitucional 2007,* Colección Textos Legislativos, N° 42, Editorial Jurídica Venezolana, Caracas 2007, p. 122.

SECCIÓN SEGUNDA:

EL DESCONOCIMIENTO POR LA JURISDICCIÓN CONSTITUCIONAL DE VENEZUELA DE LA PROTECCIÓN INTERNACIONAL DE LOS DERECHOS HUMANOS Y LA INEJECUTABILIDAD DE LAS DECISIONES DE LA CORTE INTERAMERICANA DE DERECHOS HUMANOS

Texto con el título: "La interrelación entre los Tribunales Constitucionales de América Latina y la Corte Interamericana de Derechos Humanos, y la cuestión de la inejecutabilidad de sus decisiones en Venezuela," preparado para el *Primer Congreso Internacional de Derecho Constitucional y derechos Fundamentales*, en Universidad Vizcaya de las Américas, campus Tepic, Natarit, México, Octubre 2009. Las ideas contenidas en este documento fueron expuestas en la conferencia dictada en la Universidad Carlos III de Madrid, organizada por el Instituto de Derechos Humanos Bartolomé de Las Casas, el Instituto Pascual Madoz del Territorio, Urbanismo y Medio Ambiente, y el Taller Derechos Humanos, Estado de Derecho y Teoría de la Argumentación, Getafe, Madrid, 30 de marzo de 2009. Fue publicado en el *Anuario Iberoamericano de Justicia Constitucional,* Centro de Estudios Políticos y Constitucionales, Nº 13, Madrid 2009, pp. 99-136; en Armin von Bogdandy, Flavia Piovesan y Mariela Morales Antonorzi (Coodinadores), *Direitos Humanos, Democracia e Integracao Jurídica na América do Sul*, umen Juris Editora, Rio de Janeiro 2010, pp. 661-701; y en *Gaceta Constitucional.* Análisis multidisciplinario de la jurisprudencia del Tribunal Constitucional, *Gaceta Jurídica*, Tomo 16 Año 2009, Lima 2009, pp. 17-48. El tema también lo analicé en el trabajo "El juez constitucional vs. La justicia internacional en materia de derechos humanos," en *Revista de Derecho Público*, Nº 116, (julio-septiembre 2008), Editorial Jurídica Venezolana, Caracas 2008, pp. 249-260.

I. LA INTERNACIONALIZACIÓN Y LA CONSTITUCIONALIZACIÓN DE LOS DERECHOS HUMANOS, Y EL PRINCIPIO DE LA PROGRESIVIDAD

La interrelación entre los Tribunales Internacionales y los Tribunales Constitucionales se ha hecho cada vez más estrecha en el mundo contemporáneo particularmente en materia de protección de los derechos humanos, entre otros factores por el desarrollo progresivo del principio de la progresividad que persigue que la interpretación que se debe dar a dichos derechos siempre tiene que ser la más favorable y no resulte en alguna disminución respecto de su goce, ejercicio y protección efectivos.[1509] Como lo destacó la antigua Corte Suprema de Justicia de Venezuela, "el

---

1509 Véase Pedro Nikken, *La protección internacional de los derechos humanos. Su desarrollo progresivo*, Instituto Interamericano de Derechos Humanos, Ed. Civitas, Madrid, 1987; Mónica Pinto, "El principio *pro homine*. Criterio hermenéutico y pautas para la regulación de los derechos humanos", en *La aplicación de los tratados sobre derechos Humanos por los tribunales locales*, Centro de Estudios Legales y Sociales, Buenos Aires, 1997, p. 163. Véase además, Humberto Henderson, "Los tratados internacionales de derechos humanos en el orden interno: la importancia del principio *pro homine*", en *Revista IIDH, Instituto Interamericano de Derechos Humanos*, Nº 39, San José 2004, p. 92.

principio jurídico de progresividad envuelve la necesidad de aplicar con preferencia la norma más favorable a los derechos humanos, sea de Derecho Constitucional, de Derecho Internacional o de derecho ordinario."[1510] Y de allí, precisamente, la interrelación entre Tribunales Internacionales y Tribunales Constitucionales, que en materia de derechos Humanos no es otra cosa que una manifestación, por una parte, de la progresiva internacionalización de la protección de los derechos; y por la otra de la constitucionalización de esta.

El principio de la progresividad, incluso, se ha incorporado expresamente en algunas Constituciones como ha ocurrido en la de Venezuela de 1999, en cuyo artículo 19 se dispone que el Estado garantiza a toda persona "el goce y ejercicio irrenunciable, indivisible e interdependiente de los derechos humanos...conforme al principio de progresividad y sin discriminación alguna." Con esta norma se recogió una tradición jurisprudencial de la antigua Corte Suprema de Justicia, que había desarrollado este principio para la protección de derechos no expresamente enumerados en el texto constitucional, aplicando para ello lo dispuesto en normas internacionales más favorables.[1511]

Otras Constituciones como la de Ecuador (2008), no sólo establecen el principio de que "los derechos y garantías establecidos en esta Constitución y en los instrumentos internacionales de derechos humanos serán de directa e inmediata aplicación por y ante cualquier servidora o servidor público, administrativo o judicial, de oficio o a petición de parte"(art. 11,3), sino que se dispone expresamente la progresividad como principio de interpretación, al prescribir que "en materia de derechos y garantías constitucionales, las servidoras y servidores públicos administrativos o judiciales, deberán aplicar la norma y la interpretación que más favorezca su efectiva vigencia" (art. 11,5). Agrega el artículo 11.8 que "será inconstitucional cualquier acción u omisión de carácter regresivo que disminuya, menoscabe o anule injustificadamente el ejercicio de los derechos."

El principio también se ha considerado incorporado en la Constitución de Perú al disponer que "la defensa de la persona humana y el respeto de su dignidad son el fin de la sociedad y del Estado" (art. 1); y en la Constitución de Chile al disponer como "deber de los órganos del Estado respetar y promover tales derechos, garantizados por esta Constitución, así como por los tratados internacionales ratificados por Chile y que se encuentren vigentes" (art. 5).[1512]

1510 Sentencia de 30-07-1996, en *Revista de Derecho Público*, N° 67-68, Editorial Jurídica Venezolana, Caracas 1996, p. 170.

1511 Sentencia de la antigua Corte Suprema de Justicia de Venezuela de 3 de diciembre de 1990, Caso: Mariela Morales de Jiménez. Véase en *Revista de Derecho Público*, N° 45, Editorial Jurídica Venezolana, Caracas, 1991, pp. 84-85. Véanse las referencias en la sentencia de 30-07-1996 en *Revista de Derecho Público*, N° 97-98, Editorial Jurídica Venezolana, Caracas 1996, p 170.

1512 Véase Iván Bazán Chacón, "Aplicación del derecho internacional en la judicialización de violaciones de derechos humanos" en *Para hacer justicia. Reflexiones en torno a la judicialización de casos de violaciones de derechos humanos*, Coordinadora Nacional de Derechos Humanos, Lima, 2004, p. 27; Humberto Henderson, "Los tratados internacionales de derechos humanos en el orden interno: la importancia

Este principio de la progresividad en la interpretación de los derechos humanos ha sido fundamental para asegurar su protección judicial, no sólo por los tribunales nacionales sino por los tribunales internacionales, en particular por los Tribunales Constitucionales y por la Corte Interamericana de Derechos Humanos.

En efecto, en cuanto a los Tribunales Constitucionales, los mismos se han establecido en América Latina después de una larga tradición en materia de control de la constitucionalidad de las leyes y demás actos estatales que se remonta al siglo XIX. Desde 1865, por tanto, se comenzó a atribuir a los tribunales ordinarios en la gran mayoría de los países, el control difuso de constitucionalidad; e igualmente, desde 1858 se comenzó a atribuir a muchas de las Cortes Supremas, la potestad de declarar la nulidad de leyes inconstitucionales con efectos *erga omnes*, lo que a partir de 1965 se comenzó a asignar a Tribunales Constitucionales especialmente creados para tal fin. Además, desde el mismo siglo XIX también se comenzó a desarrollar la acción de amparo, de protección o de tutela, específicamente para la protección de los derechos humanos, que hoy existe en todos los países latinoamericanos excepto en Cuba. Por tanto, si en algún Continente hay una tradición de casi 200 años en materia de Justicia Constitucional, es en América Latina; al menos en los textos.

En cuanto a los tribunales creados específicamente para ejercer la jurisdicción constitucional, los mismos se han establecido en tres formas: sea como Tribunales Constitucionales separados, como Salas Constitucionales de las Cortes Supremas existentes; o atribuyendo a estas dicha Jurisdicción. En el primer caso, de Tribunales y Cortes Constitucionales, las mismas se han establecido dentro o fuera del Poder Judicial, en Guatemala, Chile, Perú, Ecuador, Colombia y Bolivia; En el segundo caso, de Salas Constitucionales establecidas dentro de las Cortes o Tribunales Supremos de Justicia, las mismas se han creado en Costa Rica, El Salvador, Paraguay, Venezuela, y en Honduras, aún cuando en este último caso, con potestad decisoria limitada por la regla de la unanimidad. El tercer caso, de Cortes Supremas de Justicia que ejercen la Jurisdicción constitucional, están las de Nicaragua, aún cuando en este país haya una Sala Constitucional como entidad ponente; y las de Brasil, Panamá, Uruguay y México.

Además, como se dijo, dada la tradición de control difuso de la constitucionalidad de las leyes, los tribunales ordinarios actúan como jueces constitucionales en Argentina, y en paralelo con el control concentrado, en Brasil, Perú, Colombia y Venezuela; y en todos los países, cuando conocen de las acciones de amparo, como sucede en todos los países suramericanos.

---

del principio *pro homine*", en *Revista IIDH, Instituto Interamericano de Derechos Humanos*, Nº 39, San José 2004, p. 89, nota 27.

En todos esos supuestos, el rol de los tribunales constitucionales es garantizar la Constitución y su supremacía[1513], y a través de ella, la democracia, el control del poder y la vigencia de los derechos humanos.

Por lo que se refiere a la Corte Interamericana de Derechos Humanos, la misma fue creada en la Convención Americana de Derechos Humanos (*Pacto de San José*) de 1969, como culminación de una importante evolución de la internacionalización de los derechos humanos en el Continente que reinició con el importante precedente mundial en la materia que fue la Declaración Americana de Derechos Humanos de 1948, expedida en el seno de la Organización de Estados Americanos pocos meses antes que la Declaración Universal de Naciones Unidas. Veinte años después los países americanos adoptaron en el mismo marco del sistema interamericano, la Convención Americana, la cual fue ratificada por todos los países de América Latina excepto Cuba. En cuanto a los otros países americanos, algunos países del Caribe no ratificaron la Convención, el único país que no firmó la Convención fue Canadá, y Estados Unidos aunque la firmó en 1977, aún no la ha ratificado.[1514]

La Corte Interamericana de Derechos Humanos fue instalada en 1979, y es la institución judicial del sistema interamericano para la protección de los derechos humanos, con competencias consultivas y, además, las de carácter contencioso o litigioso que mediante demanda le planteen la Comisión Interamericana de Derechos Humanos o los Estados Partes de la Convención, por violaciones a los derechos humanos consagrados en la misma. La jurisdicción de la Corte Interamericana ha sido reconocida por todos los países latinoamericanos que han ratificado la Convención, habiendo cumplido una labor importantísima en materia de protección de derechos humanos en el Continente americano.

El desarrollo progresivo de estas dos jurisdicciones constitucional e internacional, sin duda ha consolidado una estrecha interrelación entre la protección internacional y la protección constitucional de los derechos humanos, la cual se ha manifestado en diversas formar que queremos precisar en estas líneas, por ejemplo, (i) en la asignación en los órdenes constitucionales internos de rango superior a los Tratados internacionales en materia de derechos humanos, (ii) en la aplicación por los tribunales constitucionales de los instrumentos internacionales para la protección de los derechos en el orden interno, (iii) en la interpretación de las normas constitucionales sobre derechos humanos conforme a lo establecido en los tratados internacionales, y (iv) en la aceptación de la jurisdicción de la Corte Interamericana de Derechos Humanos, como institución transnacional, cuyas decisiones son obligatorias para los Estados partes en la Convención.

1513 Véase Allan R. Brewer-Carías, "La Justicia Constitucional", *Revista Jurídica del Perú*, Nº 3, 1995, Trujillo, Perú, pp. 121 a 160.

1514 Los siguientes Estados miembros de la Organización de Estados Americanos no ratificaron la Convención Americana: Antigua y Barbuda, Bahamas, Belize, Canada, Cuba, Estados Unidos de América, St. Kitts y Nevis, St. Lucia, St. Vincent y las Grenadines. Trinidad y Tobago ratificó la Convención pero en 1998 la denunció.

II. LA CONSTITUCIONALIZACIÓN DE LOS INSTRUMENTOS INTERNACIONALES SOBRE DERECHOS HUMANOS Y SU APLICACIÓN POR LOS TRIBUNALES CONSTITUCIONALES

Siguiendo una tendencia universal contemporánea, que ha permitido a los tribunales constitucionales la aplicación directa de los tratados internacionales en materia de derechos humanos para su protección, ampliando progresivamente el elenco de los mismos, en el propio texto de las Constituciones progresivamente se ha venido reconociendo en forma expresa el rango normativo de los referidos tratados, de manera que en la actualidad pueden distinguirse cuatro rangos diversos reconocidos en el derecho interno: rango supra constitucional, rango constitucional, rango supra legal o rango legal.[1515]

1. *La jerarquía supra constitucional de los tratados internacionales en materia de derechos humanos*

En primer lugar, algunas Constituciones latinoamericanas han otorgado rango *supra constitucional* a los derechos declarados en instrumentos internacionales ratificados por los Estados, lo que ha implicado otorgarles un rango superior a los tratados respecto de las mismas normas constitucionales, los cuales deben prevalecer sobre las mismas en caso de regulaciones más favorables a su ejercicio.

Es el caso de la Constitución de Guatemala, en cuyo artículo 46 se estableció "el principio general de que en materia de derechos humanos, los tratados y convenciones aceptados y ratificados por Guatemala, tienen preeminencia sobre el derecho interno", dentro del cual debe incluirse además de las leyes, la Constitución misma. Con fundamento en esta prevalencia de los tratados internacionales, la Corte Constitucional de Guatemala que fue el primer Tribunal Constitucional creado en América Latina, ha decidido en sus sentencias aplicar la Convención Americana de Derechos Humanos, como sucedió en el caso decidido con motivo de una acción de amparo ejercida en relación con la libertad de expresión del pensamiento y el derecho de rectificación.[1516].

1515 En relación con esta clasificación general, véase: Rodolfo E. Piza R., *Derecho internacional de los derechos humanos: La Convención Americana*, San José 1989; y Carlos Ayala Corao, "La jerarquía de los instrumentos internacionales sobre derechos humanos", en *El nuevo derecho constitucional latinoamericano*, IV Congreso venezolano de Derecho constitucional, Vol. II, Caracas 1996 y *La jerarquía constitucional de los tratados sobre derechos humanos y sus consecuencias*, México, 2003; Humberto Henderson, "Los tratados internacionales de derechos humanos en el orden interno: la importancia del principio *pro homine*", en *Revista IIDH*, Instituto Interamericano de Derechos Humanos, N° 39, San José 2004, pp. 71 y ss. Véase también, Allan R. Brewer-Carías, *Mecanismos nacionales de protección de los derechos humanos*, Instituto Internacional de Derechos Humanos, San José, 2004, pp. 62 y ss.

1516 En la sentencia de 27 de mayo de 1997, en efecto, la Corte Constitucional resolvió una acción de amparo presentada por una persona buscando protección judicial en relación con las noticias publicadas en dos periódicos que se referían a ella como formando parte de una banda de criminales. El accionante solicitó a la Corte que se respetara su derecho a exigir rectificación de las noticias por parte de los periódicos; y aún cuando el derecho constitucional a la rectificación y respuesta en casos de noticias en periódicos que afecten el honor, reputación o vida privada de las personas no estaba expresamente establecido en la Constitución Guatemalteca, la Corte Constitucional aplicó directamente los artículos 11, 13 y

En Honduras, el artículo 16 de la Constitución también dispone que todos los tratados suscritos con otros Estados (y no sólo los relativos a derechos humanos) forman parte del derecho interno; y el artículo 18 del mismo texto establece que en caso de conflicto entre las leyes y los tratados, estos tienen preeminencia sobre aquellas. Adicionalmente, la Constitución de Honduras admite la posibilidad de que se puedan incluso ratificar tratados internacionales contrarios a lo dispuesto en la Constitución, en cuyo caso aquellos deben aprobarse conforme al procedimiento para la reforma constitucional (Artículo 17). Una regulación similar se establece en el artículo 53 de la Constitución del Perú.

En Colombia, la Constitución también ha establecido una previsión similar a las de las Constituciones de Guatemala y Honduras, al establecer en el artículo 93 que: "Los tratados y convenios internacionales ratificados por el Congreso, que reconocen los derechos humanos y que prohíben su limitación en los estados de excepción, prevalecen en el orden interno". En este caso, por "derecho interno" también debe entenderse como comprendiendo no solo las leyes sino la Constitución misma. La norma ha permitido a la Corte Constitucional, aplicar directamente los tratados internacionales en materia de derechos humanos para la solución de casos, como sucedió en materia de derecho a la identidad reconocido por la Corte Constitucional como derecho inherente a la persona humana el derecho de toda persona a la identidad, para lo cual la Corte se fundamentó en lo establecido en los tratados y convenios internacionales, respecto de los cuales la Corte reconoció su rango supra constitucional y supra legal, integrando "a la normatividad, al momento de tomar sus decisiones, los derechos reconocidos en la Constitución y en los Pactos."[1517]

La Constitución de Venezuela de 1999 también puede ubicarse en este primer sistema que otorga jerarquía supra constitucional a los derechos humanos declarados en dichos tratados internacionales cuando contengan previsiones más favorables. El artículo 23 de dicho texto constitucional, en efecto, dispone lo siguiente:

> *Artículo 23.* Los tratados, pactos y convenciones relativos a derechos humanos, suscritos y ratificados por Venezuela, tienen jerarquía constitucional y prevalecen en el orden interno, en la medida en que contengan normas sobre su goce y ejercicio más favorables a las establecidas en esta Constitución y en las leyes de la República, y son de aplicación inmediata y directa por los tribunales y demás órganos del Poder Público.

---

14 de la Convención Americana que garantiza el derecho de las personas afectadas por informaciones o noticias publicadas en periódicos, a la rectificación o respuesta "por el mismo órgano de difusión", considerando tales previsiones como formando parte del ordenamiento constitucional de Guatemala. Véase en *Iudicum et Vita, Jurisprudencia nacional de América Latina en Derechos Humanos*, N° 5, Instituto Interamericano de Derechos Humanos, San José, Costa Rica, Diciembre 1997, pp. 45 y ss.

1517 Véase la decisión N° T-447/95 de la Corte Constitucional de 23 de octubre de 1995, en *Derechos Fundamentales e interpretación Constitucional, (Ensayos-Jurisprudencia)*, Comisión Andina de Juristas, Lima, 1997; y en Carlos Ayala Corao, "Recepción de la jurisprudencia internacional sobre derechos humanos por la jurisprudencia constitucional" en *Revista del Tribunal Constitucional*, N° 6, Sucre, Bolivia, Nov. 2004, pp. 275 y ss.

La inclusión de este artículo en la Constitución venezolana, sin duda, fue un paso importante en la protección de los derechos humanos[1518], estableciendo además la aplicabilidad inmediata y directa de dichos tratados por los tribunales y demás autoridades del país. La norma, por ello, desde la entrada en vigencia de la Constitución se aplicó por los tribunales nacionales declarando la prevalencia de las normas de Convención Americana de Derechos Humanos en relación con normas constitucionales y legales, hasta que la Sala Constitucional del Tribunal Supremo comenzara a dictar decisiones restrictivas.

Fue el caso, por ejemplo, del derecho a la revisión judicial de sentencias, a la apelación o derecho a la segunda instancia que en materia contencioso administrativa se excluía en la derogada Ley Orgánica de la Corte Suprema de Justicia de 1976,[1519] respecto de la impugnación de actos administrativos emanados de institutos autónomos o Administraciones independientes. En esos casos se establecía una competencia de única instancia de la Corte Primera de lo Contencioso Administrativa, sin apelación ante la Sala Político Administrativa de la Corte Suprema. La Constitución de 1999 solo reguló como derecho constitucional el derecho de apelación en materia de juicios penales a favor de la persona declarada culpable (art. 40,1); por lo que en el mencionado caso de juicios contencioso administrativos, no existía una garantía constitucional expresa a la apelación, habiendo sido siempre declarada inadmisible la apelación contra las decisiones de única instancia de la Corte Primera de lo Contencioso.

Sin embargo, después de la entrada en vigencia de la Constitución de 1999, al ejercerse recursos de apelación contra decisiones de la Corte Primera de lo Contencioso Administrativa para ante la Sala Político Administrativa del Tribunal Supremo, alegándose la inconstitucionalidad de la norma de la Ley Orgánica que limitaba el derecho de apelación en ciertos casos, la Corte Primera, en ejercicio del control difuso de constitucionalidad, comenzó a admitir la apelación basándose en que el derecho de apelar las decisiones judiciales ante el tribunal superior se establece en el artículo 8,2,h de la Convención Americana de Derechos Humanos, la cual se consideró como formando parte del derecho constitucional interno del país. El tema finalmente también llegó a decisión por la Sala Constitucional del Tribunal Supremo, la cual en 2000 resolvió reconocer y declarar con fundamento en la disposición prevista en el artículo 23 de la Constitución:

> "que el artículo 8, numerales 1 y 2 (literal h), de la Convención Americana sobre Derechos Humanos, forma parte del ordenamiento constitucional de Venezuela; que las disposiciones que contiene, declaratorias del derecho a recurrir del fallo, son más favorables, en lo que concierne al goce y ejercicio del citado derecho, que la prevista en el artículo 49, numeral 1, de dicha Constitución; y

---

1518 La incorporación de este artículo en el texto de la Constitución, se hizo a propuesta nuestra. Véase Allan R. Brewer-Carías, *Debate Constituyente, (Aportes a la Asamblea Nacional Constituyente)*, Fundación de Derecho Público, Caracas 1999, pp. 88 y ss. y 111 y ss.

1519 Véase los comentarios en Allan R. Brewer-Carías y Josefina Calcaño de Temeltas, *Ley Orgánica de la Corte Suprema de Justicia*, Editorial Jurídica Venezolana, Caracas 1978.

que son de aplicación inmediata y directa por los tribunales y demás órganos del Poder Público"[1520].

Sin embargo, desafortunadamente, la clara disposición constitucional del artículo 23, tres años después fue interpretada por la Sala Constitucional del Tribunal Supremo de Justicia, en una forma abiertamente contraria a este precedente, al texto de la norma y a lo que fue la intención del constituyente. En efecto, en la sentencia N° 1492 del 7 de julio de 2003,[1521] al decidir una acción popular de inconstitucionalidad intentada contra varias normas del Código Penal contentivas de normas llamadas "leyes de desacato" por violación de libertad de expresión y, en particular, de lo dispuesto en tratados y convenciones internacionales, la Sala Constitucional de dicho Tribunal Supremo asumió el monopolio en la materia y resolvió que siendo la misma el máximo y último intérprete de la Constitución, "al incorporarse las normas sustantivas sobre derechos humanos, contenidas en los Convenios, Pactos y Tratados Internacionales a la jerarquía constitucional...a la efectos del derecho interno *es esta Sala* Constitucional [la] que determina el contenido y alcance de las normas y principios constitucionales (artículo 335 constitucional), entre las cuales se encuentran las de los Tratados, Pactos y Convenciones suscritos y ratificados legalmente por Venezuela, relativos a derechos humanos."

En esta forma, la Sala Constitucional concluyó su decisión señalando que "*es la Sala* Constitucional quien determina cuáles normas sobre derechos humanos de esos tratados, pactos y convenios, prevalecen en el orden interno; al igual que cuáles derechos humanos no contemplados en los citados instrumentos internacionales tienen vigencia en Venezuela," limitando así el poder general de los jueces al ejercer el

1520 Sentencia N° 87 del 13 de marzo de 2000, Caso: *C.A. Electricidad del Centro (Elecentro) y otra vs. Superintendencia para la Promoción y Protección de la Libre Competencia. (Procompetencia)*, en *Revista de Derecho Público*, N° 81, Editorial Jurídica Venezolana, Caracas 2000, pp. 157. La Sala Constitucional incluso resolvió el caso estableciendo una interpretación obligatoria, que exigía la re-redacción de la Ley Orgánica, disponiendo lo siguiente: "En consecuencia, visto que el último aparte, primer párrafo, del artículo 185 de la Ley Orgánica de la Corte Suprema de Justicia, dispone lo siguiente: "Contra las decisiones que dicto dicho Tribunal en los asuntos señalados en los ordinales 1 al 4 de este artículo no se oirá recurso alguno"; visto que la citada disposición es incompatible con las contenidas en el artículo 8, numerales 1 y 2 (literal h), de la Convención Americana sobre Derechos Humanos, las cuales están provistas de jerarquía constitucional y son de aplicación preferente; visto que el segundo aparte del artículo 334 de la Constitución de la República establece lo siguiente: "En caso de incompatibilidad entre esta Constitución y una ley u otra norma jurídica, se aplicarán las disposiciones constitucionales, correspondiendo a los tribunales en cualquier causa, aun de oficio, decidir lo conducente", ésta Sala acuerda dejar sin aplicación la disposición transcrita, contenida en el último aparte, primer párrafo, del artículo 185 de la Ley Orgánica en referencia, debiendo aplicarse en su lugar, en el caso de la sentencia que se pronuncie, de ser el caso, sobre el recurso contencioso administrativo de anulación interpuesto por la parte actora ante la Corte Primera de lo Contencioso Administrativo (expediente N° 99-22167), la disposición prevista en el último aparte, segundo párrafo, del artículo 185 eiusdem, y la cual es del tenor siguiente: 'Contra las sentencias definitivas que dicte el mismo Tribunal ... podrá interponerse apelación dentro del término de cinco días, ante la Corte Suprema de Justicia (rectius: Tribunal Supremo de Justicia)'. Así se decide." *Idem*, p. 158.

1521 Véase en *Revista de Derecho Público*, N° 93-96, Editorial Jurídica Venezolana, Caracas 2003, pp. 136 y ss.

control difuso de la constitucionalidad, de poder aplicar directamente y dar prevalencia en el orden interno a las normas de la Convención Americana.

Finalmente, en sentencia N° 1.939 de 18 de diciembre de 2008 (Caso *Gustavo Álvarez Arias y otros*), que se comenta más adelante, en la cual la Sala Constitucional a petición del propio Estado venezolano, declaró inejecutable la sentencia de la Corte Interamericana de Derechos Humanos, de fecha 5 de agosto de 2008, dictada en el caso de los ex-magistrados de la Corte Primera de lo Contencioso Administrativo (*Apitz Barbera y otros ("Corte Primera de lo Contencioso Administrativo") vs. Venezuela*), la Sala Constitucional ya ha resuelto definitivamente que "el citado artículo 23 de la Constitución no otorga a los tratados internacionales sobre derechos humanos rango "*supraconstitucional*", por lo que, en caso de antinomia o contradicción entre una disposición de la Carta Fundamental y una norma de un pacto internacional, correspondería al Poder Judicial determinar cuál sería la aplicable, tomando en consideración tanto lo dispuesto en la citada norma como en la jurisprudencia de esta Sala Constitucional del Tribunal Supremo de Justicia, atendiendo al contenido de los artículos 7, 266.6, 334, 335, 336.11 *eiusdem* y el fallo número 1077/2000 de esta Sala," a cuyo efecto aclaró los siguientes conceptos:

Sobre este tema, la sentencia de esta Sala N° 1309/2001, entre otras, aclara que el derecho es una teoría normativa puesta al servicio de la política que subyace tras el proyecto axiológico de la Constitución y que la interpretación debe comprometerse, si se quiere mantener la supremacía de la Carta Fundamental cuando se ejerce la jurisdicción constitucional atribuida a los jueces, con la mejor teoría política que subyace tras el sistema que se interpreta o se integra y con la moralidad institucional que le sirve de base axiológica (interpretatio favor Constitutione). Agrega el fallo citado: "en este orden de ideas, los estándares para dirimir el conflicto entre los principios y las normas deben ser compatibles con el proyecto político de la Constitución (Estado Democrático y Social de Derecho y de Justicia) y no deben afectar la vigencia de dicho proyecto con elecciones interpretativas ideológicas que privilegien los derechos individuales a ultranza o que acojan la primacía del orden jurídico internacional sobre el derecho nacional en detrimento de la soberanía del Estado".

Concluye la sentencia que:

> "no puede ponerse un sistema de principios supuestamente absoluto y suprahistórico por encima de la Constitución" y que son inaceptables las teorías que pretenden limitar "so pretexto de valideces universales, la soberanía y la autodeterminación nacional".

En el mismo sentido, la sentencia de esta Sala N° 1265/2008 estableció que en caso de evidenciarse una contradicción entre la Constitución y una convención o tratado internacional, "deben prevalecer las normas constitucionales que privilegien el interés general y el bien común, debiendo aplicarse las disposiciones que privilegien los intereses colectivos...(...) sobre los intereses particulares...".[1522]

Al contrario de esta jurisprudencia restrictiva, por ejemplo en Costa Rica, a pesar de que la Constitución asigna a los tratados en materias de derechos humanos rango "supra legal", el reconocimiento del rango constitucional de la Convención Americana ha sido admitido por la Sala Constitucional de la Corte Suprema, particularmente en su sentencia N° 2313-95, de 1995, en la cual declaró la inconstitucionalidad del artículo 22 de la Ley Orgánica del Colegio de Periodistas que establecía la colegiación obligatoria de los mismos para poder ejercer dicha profesión, basándose en lo que previamente había decidido la Corte Interamericana de Derechos Humanos en la *Opinión Consultiva* N° *OC-5* de 1985.[1523] Para ello, la sala Constitucional decidió que:

"...si la Corte Interamericana de Derechos Humanos es el órgano natural para interpretar la Convención Americana sobre Derechos Humanos (Pacto de San José de Costa Rica), la fuerza de su decisión al interpretar la Convención y enjuiciar las leyes nacionales a la luz de esta normativa, ya sea en caso contencioso o en una mera consulta, tendrán -de principio- el mismo valor de la norma interpretada"[1524].

Por ello, la Sala concluyó en el caso concreto, que como Costa Rica había sido el país que había requerido la Opinión Consultiva:

"Cuando la Corte Interamericana de Derechos Humanos, en su OC-05-85 unánimemente resolvió que la colegiación obligatoria de periodistas contenida en la Ley N° 4420, en cuanto impide el acceso de las personas al uso de los medios de comunicación, es incompatible con el artículo 13 de la Convención Americana sobre Derechos Humanos, no puede menos que obligar al país que puso en marcha mecanismos complejos y costosos del sistema interamericano de protección de los derechos humanos".

1522 Véase en http://www.tsj.gov.ve/decisiones/scon/Diciembre/1939-181208-2008-08-1572.html

1523 Opinión Consultiva OC-5/85 de 13 de noviembre de 1985. *La colegiación obligatoria de periodistas (arts. 13 y 29 Convención Americana sobre Derechos Humanos)*. En la misma, la Corte Interamericana fue de la opinión: "que la colegiación obligatoria de los periodistas, en cuanto impida el acceso de cualquier persona al uso pleno de los medios de comunicación social como vehículo para expresarse o para transmitir información, es incompatible con el artículo 13 de la Convención Americana sobre Derechos Humanos"; y "que la Ley N° 4420 de 22 de septiembre de 1969, Ley Orgánica del Colegio de Periodistas de Costa Rica, objeto de la presente consulta, en cuanto impide a ciertas personas el pertenecer al Colegio de Periodistas y, por consiguiente, el uso -pleno- de los medios de comunicación social como vehículo para expresarse y transmitir información, es incompatible con el artículo 13 de la Convención Americana sobre Derechos Humanos".

1524 Sentencia N° 2312-05 de 09-05-1995. Consultada en original. Citada además en Rodolfo Piza R., *La justicia constitucional en Costa Rica,* San José 1995; y en Carlos Ayala Corao, "Recepción de la jurisprudencia internacional sobre derechos humanos por la jurisprudencia constitucional" en *Revista del Tribunal Constitucional*, N° 6, Sucre, Bolivia, Nov. 2004, pp. 275 y ss.

En dicha sentencia de la Sala Constitucional de la Corte Suprema de Costa Rica, reconoció incluso rango supra constitucional a los tratados en materia de derechos humanos, si contienen normas más favorables en la materia, al decidir que "como lo ha reconocido la jurisprudencia de esta Sala, los instrumentos de Derechos Humanos vigentes en Costa Rica, tienen no solamente un valor similar a la Constitución Política, sino que en la medida en que otorguen mayores derechos o garantías a las personas, priman por sobre la Constitución (vid. sentencia N° 3435-92 y su aclaración, N° 5759-93)."[1525]

2. *La jerarquía constitucional de los tratados internacionales en materia de derechos humanos*

En segundo lugar, otro de los mecanismos para que se produzca la aplicación directa de los tratados sobre derechos humanos en el orden interno, es el derivado del otorgamiento de rango constitucional a los mismos, con lo cual adquieren igual jerarquía que la Constitución. En este grupo se pueden distinguir dos tipos de regímenes constitucionales: los que confieren rango constitucional a todos los instrumentos internacionales sobre derechos humanos, o los que sólo otorgan dicho rango a un determinado grupo de tratados enumerados en las Constituciones.

En el primer grupo se destaca el caso de la Constitución del Perú de 1979, derogada en 1994, en cuyo artículo 105 se establecía que "los preceptos contenidos en los tratados sobre derechos humanos, tienen jerarquía constitucional" y en consecuencia, "no pueden ser modificados excepto mediante el procedimiento vigente para la reforma de la Constitución".

En el segundo grupo se puede ubicar la Constitución de Argentina, en la cual se otorga a un importante grupo de tratados y declaraciones internacionales que estaban vigentes en 1994, específicamente enumerados en el artículo 75.22 de la Constitución, una jerarquía superior a las leyes, es decir, rango constitucional:

> "La Declaración Americana de los Derechos y Deberes del Hombre; la Declaración Universal de Derechos Humanos; la Convención Americana sobre Derechos Humanos; el Pacto Internacional de Derechos Económicos, Sociales y Culturales; el Pacto Internacional de Derechos Civiles y Políticos y su Protocolo Facultativo; la Convención sobre la Prevención y la Sanción del Delito de Genocidio; la Convención Internacional sobre la Eliminación de todas las For-

---

1525 Para arribar a esta conclusión, la Sala Constitucional costarricense, al precisar su competencia para ejercer el control de constitucionalidad de normas, indicó que: "La Sala Constitucional no solamente declara violaciones a derechos constitucionales, sino a todo el universo de derechos fundamentales contenidos en los instrumentos internacionales de derechos humanos vigentes en el país. Desde ese punto de vista, el reconocimiento por la Sala Constitucional de la normativa de la Convención Americana de Derechos Humanos, en la forma en que la interpretó la Corte Interamericana de Derechos Humanos en su Opinión Consultiva OC-05-85, resulta natural y absolutamente consecuente con su amplia competencia. De tal manera, sin necesidad de un pronunciamiento duplicado, fundado en los mismos argumentos de esa opinión, la Sala estima que es claro para Costa Rica que la normativa de la Ley N° 4420… es ilegítima y atenta contra el derecho a la información, en el amplio sentido que lo desarrolla el artículo 13 del Pacto de San José de Costa Rica, tanto como de los artículos 28 y 29 de la Constitución Política". *Idem.*

mas de Discriminación Racial; la Convención sobre la Eliminación de todas las Formas de Discriminación contra la Mujer; la Convención contra la Tortura y otros Tratos o Penas Crueles, Inhumanos o Degradantes; la Convención sobre los Derechos del Niño".

De acuerdo con esta previsión constitucional, la Corte Suprema de Justicia de la Nación ha aplicado la Convención Americana de Derechos Humanos, dando prevalencia a sus previsiones en relación con las leyes, como sucedió respecto de normas del Código de Procedimiento Penal, también en relación con el derecho de apelación. Al contrario de lo que se establece en la Convención Americana, dicho Código excluía el derecho de apelación respecto de algunas decisiones judiciales de acuerdo a la cuantía de la pena. La Corte Suprema de la Nación declaró la invalidez por inconstitucionalidad de dichas normas limitativas de la apelación, aplicando precisamente el artículo 8,1,h de la Convención Americana que garantiza, como se ha dicho, el derecho de apelar las decisiones judiciales por ante un tribunal superior"[1526].

Debe mencionarse, por otra parte, el caso de Panamá, donde a pesar de que no se establece en el texto Constitucional expresamente el rango constitucional de los tratados, de la jurisprudencia de la Corte Suprema ello puede deducirse, al considerar que cualquier violación a un tratado internacional es una violación del artículo 4 de la Constitución que sólo dispone que "La República de Panamá acata las normas del Derecho Internacional" (art. 4). Ello, sin embargo, ha permitido a la Corte Suprema de Justicia, considerar como una violación constitucional la violación de cualquier norma de tratados internacionales."[1527]

3. *La jerarquía supra legal de los tratados internacionales en materia de derechos humanos*

En tercer lugar, la aplicación en el orden interno de los tratados y convenios internacionales de derechos humanos, se ha logrado en los casos en los cuales las Constituciones han atribuido rango supra legal a los tratados y convenciones internacionales en general, incluyendo los relativos a derechos humanos. En estos siste-

---

1526 Sentencia de 04-04- 1995, Caso *Giroldi, H.D. y otros*. Véase en Aida Kemelmajer de Caqrlucci y María Gabriela Abalos de Mosso, "Grandes líneas directrices de la jurisprudencia argentina sobre material constitucional durante el año 1995", en *Anuario de Derecho Constitucional latinoamericano 1996*, Fundación Konrad Adenauer, Bogotá, 1996, pp. 517 y ss.; y en Carlos Ayala Corao, "Recepción de la jurisprudencia internacional sobre derechos humanos por la jurisprudencia constitucional" en *Revista del Tribunal Constitucional*, N° 6, Sucre, Bolivia, Nov. 2004, pp. 275 y ss.

1527 En una sentencia del 12 de marzo de 1990, en efecto, se declaró la inconstitucionalidad de un decreto ejecutivo que establecía un condicionamiento arbitrario de carácter global al ejercicio de las libertades de expresión y de prensa, para lo cual la Corte Suprema estableció que: "Con ese proceder se viola el artículo 4 de la carta magna, que obliga al acatamiento de las normas de Derecho internacional por parte de las autoridades nacionales. En el caso bajo examen, tal como lo señala el recurrente, se trata de la violación del pacto Internacional de Derechos Civiles y Políticos y de la Convención Americana sobre Derechos humanos, aprobados por las leyes 14 de 1976 y 15 de 1977, respectivamente, convenios que rechazan el establecimiento de la censura previa al ejercicio de las libertades de expresión y de prensa, en tanto que derechos humanos fundamentales". Véase en *Iudicum et Vita, Jurisprudencia nacional de América Latina en Derechos Humanos*, N° 5, Instituto Interamericano de Derechos Humanos, San José, Costa Rica, Diciembre 1997 pp. 80-82.

mas, los tratados están sujetos a la Constitución pero prevalecen sobre lo dispuesto en las leyes. Esta fue la modalidad que se siguió por ejemplo en las Constituciones de Alemania (artículo 25), Italia (artículo 10) y Francia (artículo 55), y en América Latina es la solución adoptada en la Constitución de Costa Rica (reforma de 1968), en la cual se dispuso que:

> "Los tratados públicos, los convenios internacionales y los concordatos, debidamente aprobados por la Asamblea Legislativa, tendrán desde su promulgación o desde el día que ellos designen, autoridad superior a las leyes" (Artículo 7).

Como antes se dijo, sin embargo, la jurisprudencia de la Sala Constitucional de Costa Rica le ha otorgado a los tratados internacionales en materia de derechos humanos, rango constitucional e incluso supra constitucional de contener disposiciones más favorables al ejercicio de los mismos. La Sala Constitucional, también en relación con el derecho de apelación, ha aplicado directamente la Convención Americana de Derechos Humanos con prevalencia sobre las leyes, al considerar que las normas "legales que contradigan [un tratado] deban tenerse simplemente por derogadas, en virtud precisamente del rango superior del tratado"[1528].

En esta forma, al considerar que el artículo 8.2 de la Convención Americana de Derechos Humanos "reconoce como derecho fundamental de todo ser humano, imputado en una causa penal por delito, el de recurrir del fallo" la Sala consideró que el artículo 472 del Código de Procedimientos Penales que limitaban el ejercicio del recurso de casación debían tenerse "por no puestas" y entender "que el recurso de casación a que ahí se alude está legalmente otorgado a favor del reo condenado a cualquier pena en sentencia dictada en una causa penal por delito".

La Sala Constitucional, en una sentencia posterior N° 719-90 declaró con lugar el recurso de inconstitucionalidad intentado contra el artículo 474 del Código de Procedimientos Penales, anulándolo y considerando en consecuencia, como "no puestas las limitaciones al derecho a recurrir en casación a favor del imputado contra la sentencia penal por delito, establecidas en el artículo."[1529].

Ahora bien, en cuanto al rango supra legal de los tratados y su prevalencia respecto de las leyes en caso de conflicto, en sentido similar, el artículo 144 de la Cons-

---

1528 Sentencia 282-90, caso violación del artículo 8.2 de la Convención Americana por el derogado artículo 472 del Código de Procedimientos Penales. Consultada en original.

1529 *Idem*. Para ello, la Sala partió de la consideración de que: "Lo único que, obviamente, impone la Convención Americana es la posibilidad de recurso ante un Tribunal Superior contra la sentencia penal por delito, de manera que al declararse inconstitucionales las limitaciones impuestas por el artículo 474 incisos 1) y 2) del Código de Procedimientos Penales, los requerimientos del artículo 8.2 inciso h) de la Convención estarían satisfechos, con la sola salvedad de que el de casación no fuera el recurso ante juez o tribunal superior, en los términos de dicha norma internacional" (Consultada en original). Se destaca, sin embargo, que en otra sentencia N° 1054-94, la Sala Constitucional declaró sin lugar la impugnación por inconstitucionalidad del artículo 426 del Código de Procedimientos Penales, por las mismas razones antes señaladas de negativa del recurso en materia de contravenciones y no de delitos, por considerar que en su jurisprudencia, lo que ha establecido la Sala con claridad es "que la citada Convención Americana establece la doble instancia como derecho fundamental de todo ser humano, imputado en una causa penal por delito, de recurrir del fallo ante un superior, y no indistintamente en todas las materias".

titución de El Salvador dispone que: "Los tratados internacionales celebrados por El Salvador con otros estados o con organismos internacionales, constituyen leyes de la República al entrar en vigencia, conforme a las disposiciones del mismo tratado y de esta Constitución" agregando que "La ley no podrá modificar o derogar lo acordado en un tratado vigente para El Salvador" y que "En caso de conflicto entre el tratado y la ley, prevalecerá el tratado".

De acuerdo con estas previsiones, la Sala Constitucional de la Corte Suprema de Justicia de El Salvador también ha aplicado los tratados internacionales en materia de derechos humanos, con preferencia respecto de la legislación interna. En 1994, en particular, resolvió que la Convención Americana y el Pacto Internacional de Derechos Civiles y Políticos prevalecen sobre la legislación interna, particularmente en relación a la libertad personal y al derecho a ser juzgado en libertad;[1530] y en 1995, en sentencia de 13 de junio de 1995, la Sala declaró la inconstitucionalidad de una Ordenanza municipal que había establecido restricciones al ejercicio del derecho de reunión y manifestación, fundamentándose en lo dispuesto en los artículos 15 de la Convención Americana de Derechos Humanos y 21 del Pacto Internacional de Derechos Civiles y Políticos, conforme a los cuales las limitaciones a dichos derechos sólo podía establecerse por ley.

A tal efecto, la Sala partió de la consideración de que "Los tratados internacionales vigentes en nuestro país, con supremacía respecto de las leyes secundarias, entre ellas, el Código Municipal, reconocen la libertad de reunión y manifestación pública

---

1530 Es el caso de la sentencia de 17 de noviembre de 1994, dictada en un proceso en el cual un tribunal penal decidió la detención preventiva de un antiguo comandante de las fuerzas armadas irregulares, en un juicio que se le seguía por el delito de difamación. Véase en *Iudicum et Vita, Jurisprudencia nacional de América Latina en Derechos Humanos*, Nº 5, Instituto Interamericano de Derechos Humanos, San José, Costa Rica, Diciembre 1997. La Sala decidió que "para la adecuada comprensión de las instituciones de la detención provisional en nuestro sistema, debemos tener en cuenta además con fundamento en el artículo 144 de la Constitución, los tratados internacionales ratificados por El Salvador" (p. 157), y en consecuencia, pasó a analizar el artículo 11,1 de la Declaración Universal de Derechos Humanos y el artículo 9,3 del Pacto Internacional de Derechos Civiles y Políticos que se refieren al derecho a la presunción de inocencia y al carácter excepcional de la detención preventiva, la cual no debe considerarse como la regla general. La Sala Constitucional también analizó el artículo XXVI de la Declaración Americana de Derechos Humano, que también se refiere a la presunción de inocencia, y a los artículos 7,2 y 8,2 de la Convención Americana de Derechos Humanos los cuales regulan los derechos de las personas en relación con las detenciones, particularmente el principio *nulla pena sine lege*. Conforme a todo ese análisis del derecho internacional de los derechos humanos, la Sala concluyó señalando que "Es en ese contexto –constitucional e internacional- que se ha de encuadrar el examen de la detención provisional, por cuanto tales normas, dada su superior ubicación en la jerarquía normativa, obligan a su cumplimiento" (p. 157).En consecuencia, y fundamentándose en las regulaciones internacionales en relación con la detención preventiva y los derechos de las personas, la Sala concluyó que "ésta no puede nunca constituir la regla general de los procesos penales –circunstancia además expresamente prohibida en el artículo 9,3 del Pacto Internacional de Derechos Civiles y Políticos– por lo que la misma , no puede funcionar automáticamente"(p. 158), porque no puede entenderse como una sanción anticipada. Al contrario, a los efectos de decretar la detención, el juez en cada caso necesita evaluar las circunstancias sobre la necesidad y conveniencia de la privación de la libertad para proteger el interés público fundamental. Con fundamento en lo anterior, la Sala Constitucional concluyó en relación con el caso que como en el mismo se había decidido la detención provisional, y "no se consignó justificación alguna para dicha orden, esta deviene en inconstitucional" (158).

y establecen que este derecho solo podrá estar sujeto a limitaciones o restricciones previstas por la ley, que sean necesarias en una sociedad democrática", la cual "tiene que ser emitida por la Asamblea Legislativa observando el formalismo" establecido en la Constitución; y además dispuso la Sala, que dicha ley, de acuerdo con el artículo XXVIII la Declaración Americana de Derechos Humanos solo puede establecer limitaciones sujetas al "principio de razonabilidad de manera que "sea intrínsecamente justa: es decir, que debe responder a ciertas pautas de valor suficientes, o sea dar el contenido material de justicia consagrado en la Constitución"

En cuanto a la Constitución de México, a pesar de que la Constitución asigna a los tratados rango legal, la jurisprudencia de la Suprema Corte también conforme al principio de la progresividad, les ha otorgado rango supra legal. En efecto, al referirse a los tratados internacionales, siguiendo la orientación de la Constitución Norteamericana, la Constitución de México dispone:

> **Artículo 133**.- Esta Constitución, las leyes del Congreso de la Unión que emanen de ella y todos los Tratados que estén de acuerdo con la misma, celebrados y que se celebren por el Presidente de la República, con aprobación del Senado, serán la Ley Suprema de toda la Unión. Los jueces de cada Estado se arreglarán a dicha Constitución, leyes y tratados, a pesar de las disposiciones en contrario que pueda haber en las Constituciones o leyes de los Estados.

Se trata de la misma llamada cláusula de supremacía, conforme a la cual, tradicionalmente se había considerado que los tratados tenían la misma jerarquía normativa que las leyes. Así lo decidió la Suprema Corte de la Nación en sentencia de Pleno C/92, de 30 de junio de 1992, al señalar que ocupando las leyes y los tratados internacionales, el mismo "rango inmediatamente inferior a la Constitución en la jerarquía de las normas en el orden jurídico mexicano", un

> "tratado internacional no puede ser criterio para determinar la constitucionalidad de una ley ni viceversa. Por ello, la Ley de las Cámaras de Comercio y de las de Industria no puede ser considerara inconstitucional por contrariar lo dispuesto en un tratado internacional."[1531]

Pero este criterio ha sido abandonado por la propia Suprema Corte, en una sentencia de revisión de amparo N° 1475/98, en la cual, al interpretarse el artículo 133 constitucional conforme a la Convención de Viena sobre Derecho de los Tratados de 1969, se determinó que en virtud de que "los compromisos internacionales son asumidos por el Estado mexicano en su conjunto y comprometen a todas sus autoridades frente a la comunidad internacional" los tratados internacionales "se ubican jerárquicamente por encima de las leyes federales y, en un segundo plano, respecto de la Constitución Federal", adquiriendo entonces rango supra legal[1532].

1531 Tesis P. C/92, publicada en la *Gaceta del Semanario Judicial de la Federación*, N° 60, diciembre de 1992, p. 27.

1532 Véase la referencia en Guadalupe Barrena y Carlos Montemayor "Incorporación del derecho internacional en la Constitución mexicana", *Derechos Humanos. Memoria del IV Congreso Nacional de Derecho Constitucional*, Vol. III, Instituto de Investigaciones Jurídicas, UNAM, México 2001; y en Humberto

Por otra parte, en este grupo de países que otorga rango supra legal a los tratados en materia de derechos humanos también se puede ubicar el caso de Paraguay. La Constitución contiene una cláusula de supremacía similar a la mexicana, con el siguiente texto:

> **Artículo 137- De la supremacía de la Constitución**. La ley suprema de la República es la Constitución. Esta, los tratados, convenios y acuerdos internacionales aprobados y ratificados, las leyes dictadas por el Congreso y otras disposiciones jurídicas de inferior jerarquía, sancionadas en consecuencia, integran el derecho positivo nacional en el orden de prelación enunciado.

Dicha cláusula, sin embargo, tiene la peculiaridad de indicar el orden de prelación de las fuentes, por lo que los tratados, si bien están por debajo de la Constitución, están por encima de las leyes. Además, esta norma se complementa con el artículo 141 de la misma Constitución que dispone que "los tratados internacionales válidamente celebrados, aprobados por ley del Congreso, y cuyos instrumentos de ratificación fueran canjeados o depositados, forman parte del ordenamiento legal interno con la jerarquía que determina el Artículo 137."[1533]

4. *La jerarquía legal de los tratados internacionales en materia de derechos humanos*

En cuarto lugar, en relación con la jerarquía de los tratados internacionales sobre derechos humanos en el ámbito interno y su aplicación por los tribunales, otro sistema que quizás es el más común, es el de la atribución a los mismos del mismo rango que las leyes. Es el sistema clásico del constitucionalismo moderno, generalizado según lo que dispuso la Constitución de los Estados Unidos en su artículo VI. 2:

> Esta Constitución y las leyes de los Estados Unidos que deben sancionarse conforme a la misma; y todos los tratados suscritos o que deban suscribirse bajo la autoridad de los Estados Unidos, serán la suprema ley del país; y los jueces en cada Estado se sujetarán a la misma, aún cuando exista algo en contrario en la Constitución o leyes de los Estados.

En estos sistemas, en consecuencia, los tratados son parte de la legislación del país, teniendo entonces el mismo rango que las leyes. Están sujetos a la Constitu-

---

Henderson, "Los tratados internacionales de derechos humanos en el orden interno: la importancia del principio *pro homine*", en *Revista IIDH*, Instituto Interamericano de Derechos Humanos, N° 39, San José 2004, p. 82, nota 15.

1533 Conforme a estas previsiones, por ejemplo, el Tribunal de Apelaciones en lo Criminal, Primera Sala de Paraguay, en sentencia de 10 de junio de 1996, revocó una sentencia de un tribunal inferior que había dictado una condena por el delito de difamación en el cual el querellante era una persona política y pública, argumentando que "en una sociedad democrática los políticos están más expuestos a la crítica de la ciudadanía", por lo que "en ningún caso el interés de los particulares primará sobre el interés público", invocando para la sentencia revocatoria, las normas constitucionales pertinentes así como el artículo 13 de la Convención Americana de Derechos Humanos. Véase en *Iudicum et Vita, Jurisprudencia nacional de América Latina en Derechos Humanos*, N° 5, Instituto Interamericano de Derechos Humanos, San José, Costa Rica, Diciembre 1997 pp. 82-86.

ción, y en su aplicación en relación con las leyes se rigen por los principios de la ley posterior y de la ley especial a los efectos de su prevalencia o efectos derogatorios.

En el caso de Uruguay, el artículo 6 de la Constitución sólo hace referencia a los tratados internacionales a los efectos de indicar que se debe proponer "la cláusula de que todas las diferencias que surjan entre las partes contratantes, serán decididas por el arbitraje u otros medios pacíficos"; no haciendo referencia alguna ni a la jerarquía en el derecho interno ni al tema de los derechos humanos. Ello, sin embargo, no ha sido impedimento para que la Corte Suprema de Justicia, por ejemplo, en la sentencia de 23 de octubre de 1996, al resolver sobre una excepción de inconstitucionalidad opuesta por el Ministerio Público contra normas de la Ley de Prensa que permiten ser juzgado en libertad por delitos de prensa, fundamentara su argumento en lo dispuesto en tratados internacionales, para desestimar la excepción.[1534]

El sistema constitucional de la República Dominicana también puede ubicarse en este grupo constitucional, donde los tratados tienen el mismo rango que las leyes. Por ello, y precisamente por el hecho de que la República Dominicana es uno de los pocos países de América Latina que no tiene consagrado en el texto constitucional el recurso o acción de amparo como medio judicial de protección de los derechos humanos, la Corte Suprema aplicó la Convención Americana de Derechos Humanos para admitir jurisprudencialmente la acción o recurso de amparo antes que se regulara mediante Ley.

En efecto, el artículo 3 de la Constitución de la Republica Dominicana establece que "La República Dominicana reconoce y aplica las normas del Derecho Internacional general y americano en la medida en que sus poderes públicos las hayan adoptado". Conforme a ello, en 1977 el Congreso aprobó la Convención Americana de Derechos Humanos, en cuyos artículo 8,2 y 25,1 se regulan los principios generales del debido proceso y, en particular, la acción o recurso de amparo para la protección de los derechos humanos declarados en la Convención, en las Constituciones y en las leyes de los Estados miembros.

De acuerdo con estas previsiones, si bien era cierto que la Constitución no regulaba expresamente la acción o recurso de amparo, el mismo estaba consagrado en la

---

1534 El caso concreto trató sobre un delito de imprenta por críticas formuladas al Presidente del Paraguay, en el cual el denunciante fue el Embajador del Paraguay en el Uruguay. El Ministerio Público denunció violaciones al principio de igualdad contenidas en normas constitucionales y en los artículos 7 de la Declaración Americana de Derechos Humanos y 24 de la Convención Americana de Derechos Humanos. La Corte Suprema para decidir analizó extensivamente el derecho humano a la libre expresión del pensamiento haciendo referencia, precisamente, al artículo 19 del Pacto Internacional de Derechos Civiles y Políticos y el artículo 13.1 de la Convención Americana de Derechos Humanos; a la Opinión Consultiva OC-5 sobre incompatibilidad del derecho a la libre expresión del pensamiento y la colegiación obligatoria de los periodistas; y al derecho a la presunción de inocencia "consagrado expresamente, en todo caso, en las Convenciones y Declaraciones internacionales a las que ha adherido el país o que de otro modo le obligan (Declaración Universal de los Derechos del Hombre, art. 11; Pacto Internacional de Derechos Civiles y Políticos, art. 14.4 y Convención Americana de Derechos Humanos, art. 8.2..), lo que permitía al querellado en el caso, el ser juzgado en libertad. Véase en *Iudicum et Vita, Jurisprudencia nacional de América Latina en Derechos Humanos*, N° 5, Instituto Interamericano de Derechos Humanos, San José, Costa Rica, Diciembre 1997 pp. 72-79.

Convención Americana, por lo que dicho recurso podía ejercerse por toda persona en protección de sus derechos. El problema, sin embargo, radicaba en la ausencia de las reglas de procedimiento relativas al amparo, incluyendo la ausencia de normas legales atributivas de competencia judiciales para conocer de la acción. Ello explica por qué hasta 1999 no se habían intentado acciones de amparo. Ese año, sin embargo, una empresa privada, la empresa *Productos Avon S.A.*, intentó un recurso de amparo ante la Corte Suprema contra una sentencia dictada por un juzgado con competencia en materia laboral, alegando violación de derechos constitucionales, y fue dicha acción la que originó la admisibilidad jurisprudencial de la acción de amparo en la República Dominicana sin que hubiera disposición constitucional o legal sobre la misma., lo que se produjo mediante sentencia de la Corte Suprema del 24 de febrero de 1999, que admitió la acción de amparo intentada por la mencionada empresa *Avon*, declarando al amparo como "una institución de derecho positivo" y prescribiendo en la decisión las reglas básicas de procedimiento para el ejercicio de tales acciones de amparo.[1535]

Para este último fin, la Corte Suprema conforme se establece en el artículo 29,2 de la Ley Orgánica Judicial, y a los efectos de evitar la confusión que podría ocasionar la ausencia de reglas de procedimiento, invocó su potestad de establecerlas, re-

---

1535 El caso se desarrolló como sigue: 1. La empresa demandante alegó que la decisión judicial del tribunal laboral había violado su derecho a ser juzgado por el juez natural, a cuyo efecto solicitó a la Corte Suprema que: primero, declarara en su sentencia que el amparo debía considerarse como una institución dominicana de derecho público; y segundo, que la Corte Suprema, de acuerdo con las disposiciones de la Ley Orgánica Judicial que le atribuye a la Corte el poder de resolver sobre el procedimiento aplicable en caso de que no exista uno legalmente prescrito, disponiendo las normas respectivas, que en consecuencia estableciera dichas normas en relación con los recursos de amparo. Adicionalmente, el recurrente solicitó a la Corte que dictara una medida cautelar suspendiendo los efectos de la sentencia laboral impugnada mientras durase el juicio de amparo. 2. La Corte Suprema, a los efectos de decidir, estableció el criterio que los tratados internacionales invocados por el recurrente, particularmente los artículos 8 y 25,1 de la Convención Americana de Derechos Humanos, eran parte del derecho interno de la República Dominicana, y tenían la finalidad de garantizar la protección judicial de los derechos fundamentales reconocidos en la Constitución, en la ley y en la indicada Convención, contra todo acto violatorio de dichos derechos, cometido por cualquier persona actuando o no en el ejercicio de funciones públicas, por lo que incluso se admitía contra actuaciones de particulares. En este aspecto, la Corte Suprema resolvió que: "Contrariamente a como ha sido juzgado en el sentido de que los actos violatorios tendrían que provenir de personas no investidas con funciones judiciales o que no actúen en el ejercicio de esas funciones, el recurso de amparo, como mecanismo protector de la libertad individual en sus diversos aspectos, no debe ser excluido como remedio procesal específico para solucionar situaciones creadas por personas investidas de funciones judiciales ya que, al expresar el artículo 25.1 de la Convención, que el recurso de amparo está abierto a favor de toda persona contra actos que violes sus derechos fundamentales, "aún cuando tal violación sea cometida por personas que actúen en ejercicio de sus funciones oficiales", evidentemente incluye entre éstas a las funciones judiciales ". Igualmente, la Corte resolvió que la vía del amparo: "Queda abierta contra todo acto u omisión de los particulares o de los órganos o agentes de la administración pública, incluido la omisión o el acto administrativo, no jurisdiccional. Del poder judicial, si lleva cualquiera de ellos una lesión, restricción o alteración, a un derecho constitucionalmente protegido. Véase en *Iudicum et Vita, Jurisprudencia nacional de América Latina en Derechos Humanos*, N° 7, Tomo I, Instituto Interamericano de Derechos Humanos, San José, Costa Rica, Diciembre 2000 p. 329 y ss. Véanse los comentarios a dicha sentencia en Allan R. Brewer-Carías, "La admisión jurisprudencial de la acción de amparo en ausencia de regulación constitucional o legal en la República Dominicana", *Idem*, pp. 334 y ss; y en *Revista IIDH*, Instituto Interamericano de Derechos Humanos, San José, 2000.

solviendo en definitiva: "Declarar que el recurso de amparo previsto en el artículo 25,1 de la Convención Americana de Derechos Humanos de San José, Costa Rica, del 22 de noviembre de 1969, es una institución de derecho positivo dominicano, por haber sido adoptada y aprobada por el Congreso Nacional, mediante Resolución N° 739 del 25 de diciembre de 1977, de conformidad con el artículo 3, de la Constitución de la República."[1536]

Esta sentencia de la Corte Suprema de la República Dominicana, adoptada en ausencia de regulaciones constitucionales y legales sobre la acción de amparo, admitiendo este medio judicial de protección de los derechos humanos de acuerdo con lo establecido en la Convención Americana de derechos Humanos, sin duda, es una de las más importantes sentencias de dicha Corte en la materia, no sólo en relación con la admisibilidad de la acción de amparo[1537], sino en cuanto a la aplicabilidad directa en el orden interno de las disposiciones de la Convención Americana de Derechos Humanos.

III. LA APLICACIÓN DE LOS TRATADOS INTERNACIONALES DE DERECHOS HUMANOS POR LOS TRIBUNALES CONSTITUCIONALES CONFORME A LAS CLÁUSULAS ABIERTAS SOBRE DERECHOS PROTEGIBLES

En el proceso de garantizar la efectiva vigencia de los derechos humanos, los Tribunales Constitucionales de América Latina, en muchos casos han recurrido además de a los principios y valores establecidos o derivados del texto de las Constituciones, a lo que se dispone en los tratados internacionales sobre derechos humanos, de manera que una de las características más destacadas del derecho de los derechos humanos en América Latina, es el de la progresiva aplicación por los tribunales constitucionales, de los instrumentos internacionales de derechos humanos a los efectos de su protección en el orden interno. Ello es consecuencia, por supuesto, del carácter meramente declarativo de las declaraciones constitucionales de derechos humanos, en las cuales, en definitiva, sólo se reconoce la existencia de los mismos, los cuales son considerados en las Constituciones y en los propios tratados internacionales como derechos inherentes a la persona humana.

Esto ha sido posible por la aplicación de las llamadas cláusulas abiertas sobre derechos humanos que se han incorporado en las Constituciones latinoamericanas. Estas, por supuesto, tienen su origen remoto en la Enmienda IX de la Constitución de los Estados Unidos de América (1791), que dispuso que "La enumeración de ciertos derechos en la Constitución no debe construirse como la negación o derechos de otros que el pueblo conserva". Con ello se buscaba confirmar que la lista de los derechos constitucionales no termina en aquellos expresamente declarados y enumerados en los textos constitucionales.

1536 *Idem*. p. 333.

1537 *Idem*, p. 334 ff.

Esta técnica, enriquecida en el constitucionalismo latinoamericano, ha permitido considerar como derechos humanos todos los otros inherentes a la persona humana declarados en los instrumentos internacionales sobre derechos humanos, lo que ha permitido su aplicación inmediata en el orden interno.

Cláusulas abiertas de este tipo se han incorporado en casi todas las Constituciones de América Latina, con escasas excepciones (Cuba, Chile, México y Panamá), en las cuales expresamente se dispone que la declaración o enunciación de los derechos contenida en la Constitución, no debe ser entendida como la negación de otros no enumerados en el texto constitucional, que sean "inherentes a la persona humana" o "a la dignidad humana". Así se establece en las Constituciones de Argentina (Artículo 33), Bolivia (Artículo 33), Colombia (Artículo 94), Costa Rica (Artículo 74), Ecuador (Artículo 11,7), Guatemala (Artículo 44), Honduras (Artículo 63), Paraguay (Artículo 45), Perú (Artículo 3), República Dominicana (Artículo 2), Uruguay (Artículo 72) y Venezuela (Artículo 22); incluso, en algunos casos, con remisión expresa a los tratados internacionales, como sucede en Colombia (Artículo 44); Nicaragua (Artículo 46); Brasil (Artículo 5,2) y Venezuela (Artículo 22).

La Constitución de Costa Rica, por su parte, hace mención a que la enunciación de los derechos y beneficios contenidos en la misma no excluye otros "que se deriven del principio cristiano de justicia social" (Artículo 74); expresión que entendemos debe interpretarse en el sentido occidental de la noción de dignidad humana y justicia social; y en otras Constituciones, las cláusulas abiertas se refieren a la soberanía popular y a la forma republicana de gobierno, haciendo énfasis en relación con los derechos políticos que con los inherentes a la persona humana, tal como ocurre en Argentina (Artículo 13), Bolivia (Artículo 35), Uruguay (Artículo 72) y Honduras (Artículo 63)

Ahora bien, en relación con el significado de estos "derechos inherentes a la persona humana" indicados en estas cláusulas abiertas de derechos, por ejemplo, la antigua Corte Suprema de Justicia de Venezuela, en una sentencia de 31 de enero de 1991, señaló lo siguiente:

> "Tales derechos inherentes de la persona humana son derechos naturales, universales, que tienen su origen y son consecuencia directa de las relaciones de solidaridad entre los hombres, de la necesidad del desarrollo individual de los seres humanos y de la protección del medio ambiente".

En consecuencia, la misma Corte concluyó disponiendo que:

> "Dichos derechos comúnmente están contemplados en Declaraciones Universales y en textos nacionales o supranacionales y su naturaleza y contenido como derechos humanos no debe permitir duda alguna por ser ellos de la esencia misma del ser y, por ende, de obligatorio respeto y protección"[1538].

1538 Caso: *Anselmo Natale*. Consultada en original. Véase el texto en Carlos Ayala Corao, "La jerarquía de los instrumentos internacionales sobre derechos humanos", en *El nuevo derecho constitucional lati-*

Ha sido en virtud de estas cláusulas abiertas que se ha logrado la identificación de los derechos constitucionales no enumerados en el texto de las constituciones considerados como inherentes a la persona humana en virtud de la inclusión en los instrumentos internacionales. Así sucedió, por ejemplo, en Venezuela, donde en la década de los ochenta del siglo pasado, la antigua Corte Suprema de Justicia de Venezuela, como tribunal constitucional anuló diversas disposiciones legales basando su decisión en la violación de los derechos establecidos en la Convención Americana de Derechos Humanos, considerados de acuerdo con lo establecido en el artículo 50 de la Constitución (equivalente al artículo 22 de la Constitución de 1999), como "derechos inherentes a la persona humana".

Así ocurrió, por ejemplo, en 1996, cuando la antigua Corte Suprema de Justicia, al decidir la acción popular de inconstitucionalidad que se había intentado contra la Ley de División Político Territorial del Estado Amazonas, por no haberse respetado los derechos de participación política de las comunidades indígenas, decidió que siendo dicho Estado de la federación uno mayormente poblado por dichas comunidades indígenas, la sanción de dicha Ley sin previamente haberse oído la opinión de las mismas, mediante consulta popular, significó la violación del derecho constitucional a la participación política que aún cuando no estaba expresamente enumerado en la Constitución de 1961, siendo considerado por la Corte como un derecho inherente a la persona humana, como un "principio general de rango constitucional en una sociedad democrática", aplicando la cláusula abierta del artículo 50 constitucional y la Convención Americana de derechos Humanos.[1539]

De acuerdo con esta decisión, la antigua Corte Suprema venezolana decidió que en el caso sometido a su consideración, había ocurrido una violación a los derechos

---

noamericano, IV Congreso venezolano de Derecho constitucional, Vol. II, Caracas 1996, y *La jerarquía constitucional de los tratados sobre derechos humanos y sus consecuencias*, México, 2003.

1539 En dicha sentencia del 5 de diciembre de 1996, la Corte señaló que:"En el presente caso no se demostró el cumplimiento cabal de la normativa en cuanto a la participación ciudadana, restándole al acto impugnado la legitimación originaria conferida por la consulta popular. Alegan los oponentes al recurso intentado que fueron consultados los órganos oficiales, como el Ministerio del Ambiente y de los Recursos Naturales Renovables y el Servicio Autónomo Ambiental de Amazonas y se recibieron observaciones de diferentes organizaciones indígenas, asimismo, antes de la promulgación de la Ley, el Gobernador explicó a la Organización Regional de Pueblo Indígenas las razones de la Ley. Estima la Corte que este procedimiento constituye una expresión tímida e insignificante del derechos constitucional de participación ciudadana en la formación de la ley. Tal participación debe manifestarse antes y durante la actividad legislativa y no tan solo en el momento de su promulgación por parte del Gobernador del Estado. Por otra parte, el hecho que se consultaron los referidos organismos nacionales (actuación idónea) no exime la obligatoriedad de cumplimiento de la consulta popular sobre todo en una materia en la cual está involucrada: el régimen de excepción de las comunidades indígenas (de rango constitucional) el carácter multiétnico y pluricultural, la biodiversidad, la cultura, religión y lengua propia de las comunidades indígenas, el derecho a la tierra que respecto a dichas comunidades es de interés social e inalienable, en definitiva, la organización municipal (como lo es el acto impugnado) constitutivo del marco institucional de tales realidades preexistentes, permanentes y objetivas. La participación es un fenómeno de la vida democrática, que al manifestarse antes de dictarse la norma, instruye a la autoridad sobre los intereses legítimos y necesidades de la comunidad y produce, a posteriori, consecuencias positivas, que se revelan en el respaldo democrático de su aplicación". Caso: *Antonio Guzmán, Lucas Omashi y otros*, en *Revista de Derecho Público*, Nº 67-68, Editorial Jurídica venezolana, Caracas, 1996, pp. 176 ss.

constitucionales de las minorías establecidos en la Constitución y en los tratados y convenciones internacionales, en particular, al derecho a la participación política en el proceso de elaboración de leyes, debido a la ausencia de consulta popular a las comunidades indígenas, como consecuencia de lo cual, declaró la nulidad de la ley estadal impugnada.

El año siguiente, en 1997, la antigua Corte Suprema dictó otra importante decisión, en este caso anulando una ley nacional, la llamada Ley de Vagos y Maleantes, por considerarla inconstitucional por violación de las garantías judiciales y al debido proceso, basándose de nuevo en el "proceso de constitucionalización de los derechos humanos de acuerdo con el artículo 50 de la Constitución", y considerando que dicha ley "vulnera *ipso jure*, Convenciones Internacionales y Tratados, sobre los derechos del hombre, en la medida en que dichos instrumentos adquieren jerarquía constitucional"[1540].

Posteriormente, en relación con las dudas que se habían planteado, en 1998, en varios recursos de interpretación, sobre la posibilidad de que el Presidente electo de la República convocara un referéndum consultivo para resolver sobre la convocatoria a una Asamblea Constituyente que no estaba regulada en la Constitución de 1961, como mecanismo para la reforma constitucional, la antigua Corte Suprema de Justicia en Sala Político Administrativa dictó sendas decisiones de 19 de enero de 1999, admitiendo la posibilidad de que se convocara dicho referéndum consultivo, fundamentando su decisión en el derecho a la participación política de los ciudadanos, para lo cual se fundamentó, de nuevo, en el artículo 50 de la Constitución de 1961, conforme al cual consideró tal derecho como un derecho implícito y no enumerado, inherente a la persona humana.[1541]

1540 En su sentencia del 6 de noviembre de 1997, la antigua Corte Suprema consideró a la ley impugnada como infamante, al permitir detenciones ejecutivas o administrativas de personas consideradas como vagos o maleantes, sin garantía alguna del debido proceso, basando su decisión en el artículo 5 de la Declaración Universal de los Derechos Humanos y en la Convención Americana sobre Derechos Humanos, la cual "se ha incorporado a nuestro Derecho Interno como norma ejecutiva y ejecutable reforzada por la jurisprudencia, la cual le ha dado el carácter de parámetro de constitucionalidad. Ello entraña la incorporación a nuestro ordenamiento jurídico interno del régimen previsto en convenciones internacionales. La Corte consideró que la ley impugnada era inconstitucional en virtud de que omitía las garantías de un juicio justo establecidas en los artículo 7 y 8 de la Convención Americana y en los artículos 0 y 14 del Pacto Internacional de Derechos Civiles y Políticos, y porque además era discriminatoria, violando el artículo 24 de la misma Convención Americana, cuyo texto íntegro se transcribió en la sentencia. Véase en *Revista de Derecho Público* Nº 71-72, Editorial Jurídica Venezolana, Caracas, 1997, pp. 177 y ss.

1541 La Corte entonces consideró al referéndum como un derecho inherente a la persona humana, decidiendo lo siguiente: "Ello es aplicable, no sólo desde el punto de vista metodológico sino también ontológicamente, ya que si se considerara que el derecho al referendo constitucional depende de la reforma de la Constitución vigente, el mismo estaría supeditado a la voluntad del poder constituido, lo que pondría a éste por encima del poder soberano. La falta de tal derecho en la Carta Fundamental tiene que interpretarse como laguna de la Constitución, pues no podría admitirse que el poder soberano haya renunciado *ab initio* al ejercicio de un poder que es obra de su propia decisión política." Véase en *Revista de Derecho Público,* Nº 77-80, Editorial Jurídica Venezolana, Caracas 1999, p. 67. La conclusión de la decisión de la Corte Suprema fue que no era necesario que se reformara previamente la Constitución a los efectos de reconocer como un derecho constitucional el referéndum o la consulta popular sobre la convocatoria

IV. LOS PRINCIPIOS DE INTERPRETACIÓN CONSTITUCIONAL SOBRE DERECHOS HUMANOS Y LA APLICACIÓN DE LOS TRATADOS INTERNACIONALES

Pero la aplicación de los tratados internacionales sobre derechos humanos por los tribunales nacionales, no sólo han tenido como fundamento las cláusulas abiertas establecidas en las Constituciones, sino las previsiones constitucionales que imponen la obligación de interpretar las previsiones nacionales sobre derechos humanos conforme a los tratados.

Algunas Constituciones, en efecto, expresamente disponen como principio, que la interpretación de sus normas relativas a derechos humanos debe hacerse atendiendo a lo establecido en los instrumentos internacionales sobre la materia. Esta fue la técnica seguida por la Constitución de España (Artículo 10,2) y Portugal (Artículo 16,2) y en América Latina en la Constitución de Colombia de 1991, cuyo artículo 93 dispone que "Los derechos y deberes consagrados en esta Carta, se interpretarán de conformidad con los tratados internacionales sobre derechos humanos ratificados por Colombia".

De acuerdo con esta previsión constitucional, los órganos del Estado y no solo los tribunales, están obligados a interpretar las regulaciones constitucionales sobre derechos humanos de conformidad con lo dispuesto en los tratados internacionales sobre la materia; siendo el resultado de ello, tanto el reconocimiento de los derechos declarados en dichos tratados como teniendo igual rango y valor constitucional que los derechos declarados en la Constitución misma como su aplicabilidad directa en el ámbito interno, ya que aquellos son los que deben guiar la interpretación de estos.

Esta técnica interpretativa, en todo caso, ha sido utilizada frecuentemente por los tribunales en Colombia al interpretar el ámbito y extensión de los derechos constitucionales, como fue el caso de la sentencia de la Corte Constitucional de 22 de febrero de 1996, dictada con motivo de decidir la impugnación por inconstitucionalidad de una ley destinada a regular las trasmisiones de televisión, que el impugnante consideró contraria al derecho constitucional a informar. La Corte Constitucional, en la sentencia, consideró que "La norma constitucional declara sin rodeos que los derechos y deberes consagrados en el Estatuto Fundamental se interpretarán de conformidad con los tratados internacionales sobre derechos humanos ratificados por Colombia,[1542] procediendo a a referirse a la libertad de expresión del pensamiento y al

---

a una Asamblea Constituyente, con lo que se abrió la posibilidad judicial de convocar la Asamblea nacional Constituyente sin previsión constitucional expresa (Véase los comentarios en Allan R. Brewer-Carías, "La configuración judicial del proceso constituyente o de cómo el guardián de la Constitución abrió el camino para su violación y para su propia extinción", en *Revista de Derecho Público,* Nº 77-80, Editorial Jurídica Venezolana, Caracas 1999, pp. 453 y ss.), con todas las consecuencias institucionales que ello produjo y continúa produciendo. Véase Allan R. Brewer-Carías, *Golpe de Estado y proceso constituyente en Venezuela*, Instituto de Investigaciones Jurídicas, UNAM, México 2002.

1542 De ello concluyó la Corte señalando que "Prohibir en el territorio nacional se instalen o pongan en funcionamiento estaciones terrenas destinadas a la captación y posterior difusión, transmisión o distribución de señales de satélites, bien que su procedencia sea nacional o internacional, implicaría flagrante vulneración del derecho a la información, que cobija a toda persona en los términos del artículo 20 de la Constitución. Véase en *Iudicum et Vita, Jurisprudencia nacional de América Latina en Derechos* derecho constitucional a informar de acuerdo con lo establecido en el artículo 19,2 del Pacto Internacional de Derechos Civiles y Políticos y en el artículo 13,2 de la Convención Americana de Derechos Humanos, particularmente en relación con la universalidad del ejercicio de tales derechos, "sin consideraciones de fronteras."[1543]

En este mismo orden de ideas, igual resultado se ha obtenido en otros países en virtud de las declaraciones generales contenidas en los Preámbulos de los textos constitucionales en los cuales se hace referencia a las declaraciones internacionales de derechos humanos o a los derechos humanos como valor universal. Sabemos que muchos de los Preámbulos de las Constituciones dictadas después de la Segunda Guerra Mundial, hacen referencia a los derechos humanos y en particular a las declaraciones internacionales, como valores fundamentales de la sociedad. El ejemplo más clásico es el de la Constitución francesa de 1958 en la cual, sin que en su texto se hubiera incorporado una declaración de derechos humanos, se estableció la siguiente declaración general contenida en el Preámbulo:

> El Pueblo Francés proclama solemnemente su dedicación a los Derechos del Hombre y a los principios de soberanía nacional definidos en la Declaración de 1789, reafirmados y complementados en el Preámbulo de la Constitución de 1946.

Con fundamento en esta declaración, en los años setenta, el Consejo Constitucional francés pudo extender el bloque de la constitucionalidad[1544], atribuyendo rango y valor constitucional a los derechos humanos consagrados en la Declaración de los Derechos del Hombre y del Ciudadano de 1789[1545], con lo cual, al decir de Jean Rivero, "La Constitución francesa dobló su volumen con la sola voluntad del Consejo Constitucional"[1546].

En América Latina, muchas Constituciones también contienen declaraciones generales en las cuales se definen los propósitos de la organización política y de la sanción de la propia Constitución, estableciendo una orientación general para la actuación de los órganos del Estado en relación con el respeto y garantía de los derechos humanos. Por ejemplo, la Constitución de Venezuela declara que dicho texto se ha sancionado con el fin de que se "asegure el derecho a la vida, al trabajo, a la cultura, a la educación, a la justicia social y a la igualdad sin discriminación ni subordinación alguna", promoviendo "la garantía universal e indivisible de los derechos humanos".

Humanos, N° 5, Instituto Interamericano de Derechos Humanos, San José, Costa Rica, Diciembre 1997 pp. 34-35.

1543 *Idem*, p. 37.

1544 Véase L. Favoreu, «Le principe de constitutionalité. Essai de définition d'après la jurisprudence du Conseil constitutionnel", en *Recueil d'études en l'honneur de Charles Eisenmann*, Paris 1977, p. 33.

1545 Véase Allan R. Brewer-Carías, *Judicial Review in Comparative Law*, Cambridge University Press, 1989.

1546 Véase J. Rivero, «Rapport de Synthèse" en L. Favoreu (ed.), *Cours constitutionnelles européennes et droit fondamentaux,* Aix-en-Provence 1982, p. 520.

La Constitución de Guatemala, por su parte, también expresa en su Preámbulo que dicho texto se ha dictado "afirmando la primacía de la persona humana como sujeto y fin del orden social" y "decididos a impulsar la plena vigencia de los Derechos Humanos dentro de un orden institucional estable, permanente y popular, donde gobernados y gobernantes procedan con absoluto apego al derecho".

Siendo en estos casos, el objetivo general de las Constituciones, el garantizar, promover e impulsar el efectivo goce y ejercicio de los derechos humanos referidos en el contexto universal, los derechos incorporados en las declaraciones y tratados internacionales pueden ser considerados o interpretados como teniendo el mismo rango y valor de los que se han incorporado en el texto de las declaraciones constitucionales.

Otras Constituciones contienen declaraciones de principio similares, aún cuando no el de sus preámbulos, sino en el propio texto constitucional, al regularse aspectos específicos del funcionamiento de los órganos del Estado, imponiéndoseles como obligación, por ejemplo, el garantizar efectivamente el derecho de todas las personas para el goce y ejercicio de sus derechos constitucionales. En estos casos, al establecerse como obligación estatal el necesario respeto a los derechos humanos o el garantizar que puedan ser efectivamente ejercidos, ello se ha interpretado como reconociendo el valor universal de los derechos, y su rango constitucional, aún cuando no estén en el texto constitucional.

Es el caso de la Constitución de Chile, en la cual, en la reforma de 1989, se incorporó una declaración general en la cual se reconoció que el ejercicio de la soberanía está limitado por "el respeto a los derechos esenciales que emanan de la naturaleza humana", prescribiendo además, como un "deber de los órganos del Estado respetar y promover tales derechos, garantizados por esta Constitución, así como por los tratados internacionales ratificados por Chile y que se encuentren vigentes" (art. 5). En consecuencia, si es un deber de los órganos del Estado el respetar y promover los derechos humanos que están garantizados en los tratados internacionales, dichos derechos adquieren igual rango y valor constitucional que el de los derechos constitucionales enumerados en el texto fundamental. Incluso la referencia constitucional a los "derechos esenciales que emanan de la naturaleza humana" permite y exige que no solo los declarados en el texto constitucional tengan el carácter de derechos constitucionales, sino los enumerados en los tratados internacionales, e incluso, por ejemplo, que también tengan tal carácter aquellos no enumerados en texto expreso pero que sean esenciales a la naturaleza humana.

La Constitución de Ecuador también prescribe en su artículo 11,9, en el misma orientación, que "El más alto deber del Estado consiste en respetar y hacer respetar los derechos humanos garantizados en la Constitución", disponiendo que "las personas, comunidades, pueblos, nacionalidades colectivos son titulares y gozarán de los derechos garantizados en la Constitución y en los instrumentos internacionales"(art 10); obligándose el Estado, además, a garantizar "el efectivo goce de estos derechos establecidos en la Constitución y en los instrumentos internacionales" (Art. 3).

En consecuencia, en estos casos, las obligaciones del Estado se refieren no solo a garantizar el ejercicio de los derechos enumerados en la Constitución, sino en los instrumentos internacionales, los cuales por tanto puede considerarse que adquieren el mismo rango y valor que aquellos.

En este sentido, también debe hacerse especial referencia a la Constitución de Nicaragua, en la cual se incorporó una declaración general en el artículo 46, conforme a la cual, en el territorio nacional, toda persona goza no solo "de la protección estatal y del reconocimiento de los derechos inherentes a la persona humana, del irrestricto respeto, promoción y protección de los derechos humanos" sino además, de la protección del Estado respecto "de la plena vigencia de los derechos consignados en la Declaración Universal de los Derechos Humanos; en la Declaración Americana de Derechos y Deberes del Hombre, en el Pacto Internacional de Derechos Económicos, Sociales y Culturales, en el Pacto Internacional de Derechos Civiles y Políticos de la Organización de las Naciones Unidas y en la Convención Americana de Derechos Humanos de la Organización de Estados Americanos".

En este caso, la referencia constitucional a ciertos tratados internacionales de derechos humanos, dada la dinámica internacional en la material, debe entenderse como una enumeración no restrictiva, particularmente por la referencia previa a los derechos inherentes a la persona humana.[1547].

Finalmente, también debe hacerse mención a la Constitución de Brasil, en la cual se proclamó que el Estado en sus relaciones internacionales se rige por el principio de la prevalencia de los derechos humanos (Artículo 4,III); y se indicó que como el Estado es un Estado democrático de derecho, tiene como uno de sus fundamentos la dignidad de la persona humana (Artículo I, III).

En relación con los derechos humanos, en particular, el artículo 5,2 de la Constitución dispone que "los derechos y garantías establecidos en esta Constitución no excluye otros que pueden resultar del régimen y de los principios por ella adoptados, o de los tratados internacionales en que la República Federativa del Brasil sea parte"(Art. 5,2).

Este artículo también se ha interpretado, en la misma línea general de las otras Constituciones latinoamericanas, como un mecanismo para reconocer en el orden

---

1547 Con fundamento en este artículo 46 de la Constitución de Nicaragua, y alegándose la violación de derechos consagrados en tratados internacionales, por tanto, se han impugnado leyes por inconstitucionalidad, como fue el caso de la Ley General sobre los medios de la Comunicación Social (Ley. Nº 57) de 1989. En la sentencia respectiva de la Corte Suprema de Justicia de Nicaragua de fecha 22 de agosto de 1989, si bien se declaró sin lugar el amparo por inconstitucionalidad que se había intentado, para resolver la Corte consideró extensivamente las violaciones denunciadas no sólo respecto de artículos constitucionales como el artículo 46, sino a través del mismo, de normas de la Declaración Universal de Derechos Humanos, del Pacto Internacional de Derechos Civiles y Políticos y de la Convención Americana de Derechos Humanos. Véase el texto de la sentencia en *Iudicum et Vita, Jurisprudencia nacional de América Latina en Derechos Humanos*, Nº 5, Instituto Interamericano de Derechos Humanos, San José, Costa Rica, Diciembre 1997, pp. 128-140. Véanse los comentarios de Antonio Cancado Trindade, "Libertad de expresión y derecho a la información en los planos internacional y nacional", *Idem*, p. 194.

interno, el rango y valor de los derechos humanos declarados en los instrumentos internacionales, que por ello, pueden tener aplicación directa por los tribunales[1548].

V. EL TEMA DE LOS EFECTOS DE LAS OPINIONES Y RECOMENDACIONES DE LOS ORGANISMOS INTERNACIONALES SOBRE DERECHOS HUMANOS EN LOS PAÍSES MIEMBROS.

El cuarto aspecto de la interrelación entre los tribunales nacionales y los tribunales internacionales en materia de protección a los derechos humanos se refiere al valor de las decisiones de los Tribunales internacionales en el orden interno. Las decisiones de la Corte Interamericana de Derechos Humanos en materia contenciosa, por supuesto, tienen carácter obligatorio para los Estados partes, los cuales tienen el deber de darle cumplimiento. Sin embargo, distinto es el caso respecto de las Recomendaciones de la Comisión Interamericana de Derechos Humanos y de las Opiniones Consultivas, las cuales por su propia naturaleza no tienen efecto vinculante. Corresponde por tanto a los Estados, en este último aspecto, darle aplicación a las mismas adaptando su legislación y jurisprudencia a dichos criterios interpretativos.

Sin embargo, conforme al principio de la progresividad, en algunos países mediante ley se le ha dado valor a dichas recomendaciones. Es el caso, por ejemplo, de la Ley Federal de Transparencia y acceso a la información pública Gubernamental de México de 2002, que dispone que sus normas se deben interpretar no sólo conforme a la Constitución y a los tratados internacionales sobre derechos humanos, sino conforme "a la interpretación que de los mismos hayan realizado los órganos internacionales especializados" (art. 6).

Igualmente con base en el principio de progresividad, en muchos casos ha sido la propia jurisprudencia de los tribunales nacionales la que le ha dado valor a las recomendaciones de los organismos internacionales en materia de derechos humanos. Por ejemplo, la Corte Suprema de Argentina ha considerado que "la interpretación del Pacto debe, además guiarse por la jurisprudencia de la Corte Interamericana de Derechos Humanos, uno de cuyos objetivos es la interpretación del Pacto de San José (Estatuto, artículo 1)."[1549] En 1995, la misma Corte Suprema de Argentina con-

---

1548 Antonio Cancado Trindade ha considerado que la con estas normas, la Constitución de Brasil le otorga a los tratados de derechos humanos, naturaleza constitucional, inmediatamente exigibles en el derecho interno. Véase, *Directo internacional e directo interno: Sua Interacão dos dereitos humanos*, San José, 1996 citado por Humberto Henderson, "Los tratados internacionales de derechos humanos en el orden interno: la importancia del principio *pro homine*", en *Revista IIDH*, Instituto Interamericano de Derechos Humanos, N° 39, San José 2004, p. 78, nota 12.

1549 En tal sentido decidió la Corte Suprema de Argentina antes de que los tratados internacionales de derechos humanos fueran constitucionalizados en la reforma constitucional de 1994, en sentencia de 7 de julio de 1992, aplicando la *Opinión Consultiva OC-7/86 (*Opinión Consultiva OC-7/86 de 29 de agosto de 1986. *Exigibilidad del derecho de rectificación o respuesta (arts. 14.1, 1.1 y 2 de la Convención Americana sobre Derechos Humanos).* Sentencia caso *Miguel A. Ekmkdjiam, Gerardo Sofivic y otros*, en Ariel E. Dulitzky, "La aplicación de los tratados sobre derechos humanos por los tribunales locales: un estudio comparado" en *La aplicación de los tratados sobre derechos Humanos por los tribunales locales*, Centro de Estudios Legales y Sociales, Buenos Aires, 1997; y en Carlos Ayala Corao, "Recepción de la jurisprudencia internacional sobre derechos humanos por la jurisprudencia constitucional" en *Revista del Tribunal Constitucional*, N° 6, Sucre, Bolivia, Nov. 2004, pp. 275 y ss.

sideró que debido al reconocimiento por el Estado de la jurisdicción de la Corte Interamericana para resolver casos de interpretación y aplicación de la Convención Americana, sus decisiones "deben servir de guía para la interpretación de los preceptos convencionales"[1550]. En otras decisiones, la Corte Suprema revocó decisiones de tribunales inferiores por considerar que las interpretaciones que las sustentaban eran incompatibles con la doctrina de la Comisión Interamericana de Derechos Humanos.[1551]

En contraste con esta posición, en otros casos, como ha sucedido en Venezuela, la Sala Constitucional en sentencia N° 1492 de 7 de julio de 2003, al decidir una acción popular de inconstitucionalidad intentada contra varias normas del Código Penal contentivas de normas llamadas "leyes de desacato" por violación de relativas a la libertad de expresión y, en particular, de lo dispuesto en tratados y convenciones internacionales, resolvió que el artículo 23 constitucional que otorga jerarquía supra constitucional a los tratados sobre derechos humanos, sólo "se refiere a normas que establezcan derechos, [y] no a fallos o dictámenes de instituciones, resoluciones de organismos, etc., prescritos en los Tratados," agregando que "se trata de una prevalencia de las normas que conforman los Tratados, Pactos y Convenios (términos que son sinónimos) relativos a derechos humanos, pero no de los informes u opiniones de organismos internacionales, que pretendan interpretar el alcance de las normas de los instrumentos internacionales."[1552]

Esta interpretación restrictiva se adoptó en una decisión de la Sala Constitucional que fue dictada para negarle todo valor o rango constitucional a las "recomendaciones" de la Comisión Interamericana de Derechos Humanos, rechazando en consecuencia a considerar que los artículos impugnados del Código Penal limitativos de la libertad de expresión del pensamiento en relación con funcionarios públicos, eran inconstitucionales por contrariar las recomendaciones de la Comisión Interamericana, que el accionante había argumentado que eran obligatorias para el país. La Sala Constitucional venezolana, al contrario, consideró que de acuerdo con la Convención Americana, la Comisión puede formular "recomendaciones" a los gobiernos a los efectos de que adopten en su derecho interno medidas progresivas a favor de los derechos humanos, al igual que tomen provisiones para promover el respeto de los derechos (art. 41,b) considerando que:

> "Si lo recomendado debe adaptarse a la Constitución y a las leyes de los Estados, es porque ello no tiene naturaleza obligatoria, ya que las leyes internas o la Constitución podrían colidir con las recomendaciones. Por ello, el articulado de la Convención nada dice sobre el carácter obligatorio de la recomendación,

---

1550 Sentencia caso H Giroldi/ recurso de casación, 17-04-1995. Véase en *Jurisprudencia Argentina*, Vol. 1995-III, p. 571; y en Carlos Ayala Corao, "Recepción de la jurisprudencia internacional sobre derechos humanos por la jurisprudencia constitucional" en *Revista del Tribunal Constitucional*, N° 6, Sucre, Bolivia, Nov. 2004, pp. 275 y ss.

1551 Caso *Bramajo*, September 12, 1996. Véase en *Jurisprudencia Argentina*, Nov. 20, 1996; y en Carlos Ayala Corao, "Recepción de la jurisprudencia internacional sobre derechos humanos por la jurisprudencia constitucional" en *Revista del Tribunal Constitucional*, N° 6, Sucre, Bolivia, Nov. 2004, pp. 275 y ss.

1552 Véase en *Revista de Derecho Público,* N° 93-96, Editorial Jurídica Venezolana, Caracas 2003, pp. 136 y ss.

lo que contrasta con la competencia y funciones del otro órgano: la Corte, la cual -según el artículo 62 de la Convención- puede emitir interpretaciones obligatorias sobre la Convención siempre que los Estados partes se la pidan, lo que significa que se allanan a dicho dictamen.

Si la Corte tiene tal facultad, y no la Comisión, es forzoso concluir que las recomendaciones de ésta, no tienen el carácter de los dictámenes de aquélla y, por ello, la Sala, para el derecho interno, declara que las recomendaciones de la Comisión Interamericana de Derechos Humanos, no son obligatorias.

Ahora bien, a juicio de esta Sala, las recomendaciones de la Comisión como tales, deben ser ponderadas en lo posible por los Estados miembros. Estos deben adaptar su legislación a las recomendaciones, siempre que ellas no colidan con las normas constitucionales, pero para esta adaptación no existe un término señalado y, mientras ella se practica, las leyes vigentes que no colidan con la Constitución o, según los tribunales venezolanos, con los derechos humanos contemplados en las Convenciones Internacionales, siguen siendo aplicables hasta que sean declaradas inconstitucionales o derogadas por otras leyes"[1553].

En definitiva, la Sala Constitucional venezolana concluyó resolviendo que las recomendaciones de la Comisión en relación con las leyes de desacato, solo eran puntos de vista de la Comisión sin efectos imperativos u obligatorios, es decir, manifestaciones de alerta dirigida a los Estados para que en el futuro derogasen o reformasen dichas leyes a los efectos de su adaptación al derecho internacional. Lamentablemente, la Sala Constitucional se olvidó tomar en cuenta lo que los Estados están obligados a hacer en relación con las recomendaciones, que es adoptar las medidas para adaptar su derecho interno a la Convención; medidas que por supuesto no se agotan con la sola derogación o reforma de leyes, siendo una de dichas medidas, precisamente, la interpretación judicial que podía y debía ser dada por el juez constitucional conforme a las recomendaciones, que fue lo que la Sala Constitucional venezolana eludió hacer.

Al contrario, en la misma materia, en la Argentina, por ejemplo, luego de que la Comisión Interamericana de Derechos Humanos considerara que las leyes de amnistía (*Punto Final y Obediencia Debida*) dictadas en ese país, así como las medidas de perdón aprobadas por el gobierno en relación con los crímenes cometidos por la dictadura militar eran contrarias a la Convención Americana, los tribunales comenzaron a considerar tales leyes como inconstitucionales por violar el derecho internacional, siguiendo lo recomendado por las instancias internacionales[1554].

1553 Véase en *Revista de Derecho Público,* N° 93-96, Editorial Jurídica Venezolana, Caracas 2003, p. 141.

1554 Sentencia de 4-03-2001, Juzgado Federal N° 4, caso *Pobrete Hlaczik*, citado en Kathryn Sikkink, "The transnacional dimension of judicialization of politics in Latin America", en Rachel Sieder et al (ed), *The Judicalization of Politics in Latin America,* Palgrave Macmillan, New York, 2005, pp. 274, 290

En todo caso, la Sala Constitucional de Venezuela, en la antes mencionada sentencia, al contrario concluyó su aproximación restrictiva señalando que

> "Una interpretación diferente es otorgarle a la Comisión un carácter supranacional que debilita la soberanía de los Estados miembros, y que -como ya lo apuntó la Sala- lo prohíbe la Constitución vigente.
>
> Consecuente con lo señalado, la Sala no considera que tengan carácter vinculante, las recomendaciones del Informe Anual de la Comisión Interamericana de los Derechos Humanos, correspondiente al año 1994 invocado por el recurrente. Dicho Informe hace recomendaciones a los Estados Miembros de la Organización de los Estados Americanos para derogar o reformar las leyes, para armonizar sus legislaciones con los tratados en materia de derechos humanos, como lo es la Convención Americana sobre Derechos Humanos, Pacto San José de Costa Rica; por lo que el Informe con recomendaciones no pasa de ser esto: un grupo de recomendaciones que los Estados acatarán o no, pero que, con respecto a esta Sala, no es vinculante, y así se declara[1555].

La verdad, sin embargo, es que después de la sentencia de la Sala Constitucional de Venezuela, el Código Penal fue efectivamente reformado, pero no en relación con las normas que encajan dentro de las llamadas "leyes de desacato" respecto de las cuales no se produjo adaptación alguna.

De nuevo, en contraste con esta desatención del Estado a las recomendaciones de la Comisión Interamericana, se encuentra en cambio el caso de Argentina, donde en 1995, el Congreso decidió en relación con las mismas materias derogar las normas que establecían los mismos delitos sobre "leyes de desacato", precisamente en cumplimiento de las recomendaciones de la Comisión Interamericana en la materia[1556]

Otro aspecto de la mencionada aproximación restrictiva de la Sala Constitucional del Tribunal Supremo de Justicia de Venezuela en relación con el valor en el derecho interno de las decisiones de la Comisión Interamericana de Derechos Humanos, se refiere al tema de las medidas cautelare. En tal sentido, con anterioridad, la misma Sala Constitucional en una sentencia de 17 de mayo de 2000, objetó los poderes cuasi-jurisdiccionales de la Comisión Interamericana de Derechos Humanos. El caso, referido a la *Revista Exceso*, fue el siguiente:

El director y una periodista de dicha Revista intentaron una acción de amparo constitucional contra una sentencia de un tribunal penal dictada en un proceso por difamación e injuria contra ellos, pidiendo protección a su derecho a la libre expre-

---

1555 Sentencia N° 1942 de 15 de Julio de 2003, en *Revista de Derecho Público,* N° 93-96, Editorial Jurídica Venezolana, Caracas 2003, pp. 136 y ss.

1556 Caso *Verbistky*, Informe N° 22/94 de la Comisión de 20-09-1994, caso *11.012* (Argentina). Véase los comentarios de Antonio Cancado Trindade, "Libertad de expresión y derecho a la información en los planos internacional y nacional", en *Iudicum et Vita, Jurisprudencia nacional de América Latina en Derechos Humanos*, N° 5, Instituto Interamericano de Derechos Humanos, San José, Costa Rica, Diciembre 1997, pp. 194-195. Véase el "Informe sobre la compatibilidad entre las leyes de desacato y la Convención Americana sobre Derechos Humanos de 17 de febrero de 1995", en *Estudios Básicos de derechos Humanos*, Vol. X, Instituto Interamericano de Derechos Humanos., San José 2000, pp. 303 y ss.

sión del pensamiento y a la libertad de información. Ante la falta de decisión de la acción de amparo, los accionantes acudieron ante la Comisión Interamericana denunciando el mal funcionamiento del sistema judicial venezolano, solicitando protección internacional contra el Estado venezolano por violación al derecho a la libre expresión del pensamiento y al debido proceso, así como contra las amenazas judiciales penales contra el director y la periodista de la Revista. La Comisión Interamericana, en el caso, adoptó algunas medidas preventivas de protección.

La Sala Constitucional, en su momento, al decidir sobre la acción de amparo intentada, consideró que este caso efectivamente se habían violado los derecho de los accionantes al debido proceso, pero no así su libertad de información; y en relación con las medidas cautelares adoptadas por la Comisión Interamericana, las calificó de inaceptables, señalando que:

> "Igualmente considera inaceptable la instancia de la Comisión Interamericana de Derechos Humanos de la Organización de los Estados Americanos en el sentido de solicitar la adopción de medidas que implican una crasa intromisión en las funciones de los órganos jurisdiccionales del país, como la suspensión del procedimiento judicial en contra de los accionantes, medidas que sólo pueden tomar los jueces en ejercicio de su competencia e independencia jurisdiccional, según lo disponen la Carta Fundamental y las leyes de la República Bolivariana de Venezuela, aparte lo previsto en el artículo 46, aparte b) de la Convención Americana de Derechos Humanos o Pacto de San José (Costa Rica), que dispone que la petición sobre denuncias o quejas de violación de dicha Convención por un Estado parte, requerirá que "se haya interpuesto y agotado los recursos de jurisdicción interna, conforme a los principios del derecho internacional generalmente reconocidos", lo cual fue pretermitido en el caso de autos, por no haber ocurrido retardo judicial imputable a esta Sala según lo indicado en la parte narrativa de este fallo."[1557]

Esta desafortunada decisión puede considerarse como contraria al artículo 31 de la Constitución de Venezuela, que consagra expresamente el derecho constitucional de toda persona de poder acudir ante los organismos internacionales de derechos humanos como la Comisión Interamericana, solicitando amparo respecto de sus derechos violados. Por tanto, es difícil imaginar cómo es que este derecho constitucional se podría ejercer, si es la misma Sala Constitucional ha rechazado la competencia de la Comisión Interamericana de Derechos Humanos y la jurisdicción misma de la Corte Interamericana de derechos Humanos.

1557 Caso *Faitha M. Nahmens L. y Ben Ami Fihman Z.* (*Revista Exceso*), Exp. N° 00-0216, Sentencia N° 386 de 17-5-2000. Consultada en original. Véase en Carlos Ayala Corao, "Recepción de la jurisprudencia internacional sobre derechos humanos por la jurisprudencia constitucional," en *Revista del Tribunal Constitucional*, N° 6, Sucre, Bolivia, Nov. 2004, pp. 275 y ss

VI. LA OBLIGATORIEDAD DE LAS DECISIONES DE LA CORTE INTERAMERICANA DE DERECHOS HUMANOS Y LA DECLARATORIA DE SU "INEJECUTABILIDAD" EN ALGUNOS CASOS DE REGÍMENES AUTORITARIOS

En efecto, una vez que los Estados Partes de la Convención Americana de Derechos Humanos han reconocido la jurisdicción de la Corte Interamericana de Derechos Humanos, conforme al artículo 68.1 de la Convención, los mismos "se comprometen a cumplir la decisión de la Corte en todo caso en que sean partes."

Como lo señaló la Corte Interamericana en la decisión del Caso *Castillo Petruzzi*, sobre "Cumplimiento de sentencia" del 7 de noviembre de 1999 (Serie C, núm. 59), "Las obligaciones convencionales de los Estados parte vinculan a todos los poderes y órganos del Estado," (par. 3) agregando "Que esta obligación corresponde a un principio básico del derecho de la responsabilidad internacional del Estado, respaldado por la jurisprudencia internacional, según el cual los Estados deben cumplir sus obligaciones convencionales de buena fe (*pacta sunt servanda*) y, como ya ha señalado esta Corte, no pueden por razones de orden interno dejar de asumir la responsabilidad internacional ya establecida." (par. 4).[1558]

No han faltado Estados, sin embargo, que se han rebelado contra las decisiones de la Corte Interamericana y hay pretendido eludir su responsabilidad en el cumplimiento de las mismas. Fue el caso del Perú que se evidenció en la antes citada sentencia de la Corte Interamericana de 7 de noviembre de 1999, dictada con motivo de la ejecución de la sentencia del mismo *Caso Castillo Petruzzi* del de 30 de mayo de 1999 (Serie C, núm. 52), en la cual la Corte Interamericana declaró que el Estado peruano había violado los artículos 20; 7.5; 9; 8.1; 8.2.b,c,d y f; 8.2.h; 8.5; 25; 7.6; 5; 1.1 y 2, declarando además "la invalidez, por ser incompatible con la Convención, del proceso en contra de los señores Jaime Francisco Sebastián Castillo Petruzzi" y otros, ordenando "que se les garantice un nuevo juicio con la plena observancia del debido proceso legal," y además, ordenando también "al Estado adoptar las medidas apropiadas para reformar las normas que han sido declaradas violatoria de la Convención Americana sobre Derechos Humanos en la presente sentencia y asegurar el goce de los derechos consagrados en la Convención Americana sobre derechos Humanos a todas las personas que se encuentran bajo su jurisdicción, sin excepción alguna."[1559]

En relación con esa decisión de la Corte Interamericana, la Sala Plena del Consejo Supremo de Justicia Militar del Perú se negó a ejecutar el fallo, considerando entre otras cosas:

> "que el poder judicial *"es autónomo y en el ejercicio de sus funciones sus miembros no dependen de ninguna autoridad administrativa, lo que demuestra*

1558 Sergio García Ramírez (Coord.), *La Jurisprudencia de la Corte Interamericana de Derechos Humanos*, Universidad Nacional Autónoma de México, Corte Interamericana de Derechos Humanos, México, 2001, pp. 628-629.

1559 *Idem*, pp. 626-628

un clamoroso desconocimiento de la Legislación Peruana en la materia"; que "pretenden desconocer la Constitución Política del Perú y sujetarla a la Convención Americana sobre Derechos Humanos en la interpretación que los jueces de dicha Corte efectúan ad-libitum en esa sentencia"; que el fallo cuestionado, dictado por el Tribunal Supremo Militar Especial, adquirió la fuerza de la cosa juzgada, *"no pudiendo por lo tanto ser materia de un nuevo juzgamiento por constituir una infracción al precepto constitucional"; que "en el hipotético caso que la sentencia dictada por la Corte Interamericana fuera ejecutada en los términos y condiciones que contiene, existiría un imposible jurídico para darle cumplimiento bajo las exigencias impuestas por dicha jurisdicción supranacional"*, pues *"sería requisito ineludible que previamente fuera modificada la Constitución" y que "la aceptación y ejecución de la sentencia de la Corte en este tema, pondría en grave riesgo la seguridad interna de la República."* [1560]

Fue precisamente frente a esta declaratoria por la Sala Plena del Consejo Supremo de Justicia Militar del Perú sobre la inejecutabilidad del fallo de 30 de mayo de 1999 de la Corte Interamericana de Derechos Humanos en el Perú, que la misma Corte Interamericana dictó el fallo subsiguiente, antes indicado, de 7 de noviembre de 1999, declarando que "el Estado tiene el deber de dar pronto cumplimiento a la sentencia de 30 de mayo de 1999 dictada por la Corte Interamericana en el caso Castillo Petruzzi y otros."[1561] Ello ocurrió durante el régimen autoritario que tuvo el Perú en la época del Presidente Fujimori, y que condujo a que dos meses después de dictarse la sentencia de la Corte Interamericana del 30 de mayo de 1999, el Congreso del Perú aprobase el 8 de julio de 1999 el retiro del reconocimiento de la competencia contenciosa de la Corte, lo que se depositó al día siguiente en la Secretaría General de la OEA. Este retiro fue declarado inadmisible por la propia Corte Interamericana, en la sentencia del caso *Ivcher Bronstein* de 24 de septiembre de 1999, considerando que un "Estado parte sólo puede sustraerse a la competencia de la Corte mediante la denuncia del tratado como un todo."[1562]

En Venezuela, la Sala Constitucional del Tribunal Supremo también ha declarado como inejecutable en su sentencia N° 1.939 de 18 de diciembre de 2008 (Caso *Abogados Gustavo Álvarez Arias y otros*), la sentencia de la Corte Interamericana de Derechos Humanos Primera de 5 de agosto de 2008 en el caso *Apitz Barbera y otros ("Corte Primera de lo Contencioso Administrativo") vs. Venezuela*, en la cual decidió que el Estado Venezolano había violado las garantías judiciales establecidas en la Convención Americana de los jueces de la Corte Primera de lo Contencioso Ad-

1560 Esta cita es extraída de la sentencia N° 1.939 de la Sala Constitucional del Tribunal Supremo de Venezuela de 18 de diciembre de 2008 (Caso *Abogados Gustavo Álvarez Arias y otros*), en la cual también se declaró inejecutable una sentencia de la Corte Interamericana de Derechos Humanos. Véase en http://www.tsj.gov.ve/deci-siones/scon/Diciembre/1939-181208-2008-08-1572.html.

1561 Sergio García Ramírez (Coord.), *La Jurisprudencia de la Corte Interamericana de Derechos Humanos*, Universidad Nacional Autónoma de México, Corte Interamericana de Derechos Humanos, México, 2001, p. 629.

1562 *Idem*, pp. 769-771. En todo caso, posteriormente en 2001 Perú derogó la Resolución de julio de 1999, restableciéndose a plenitud la competencia de la Corte interamericana para el Estado.

ministrativo que habían sido destituidos, condenando al Estado a pagar las compensaciones prescritas, a reincorporarlos en sus cargos o en cargos similares y a publicar el fallo en la prensa venezolana.[1563] En su sentencia, además de declarar inejecutable dicho fallo, la Sala Constitucional solicitó al Ejecutivo Nacional que denunciara la Convención Americana de Derechos Humanos y acusó a la Corte Interamericana de haber usurpado el poder del Tribunal Supremo.

Puede decirse, por otra parte, que el tema ya lo había adelantado la Sala Constitucional en su conocida sentencia N° 1.942 de 15 de julio de 2003 (Caso: *Impugnación de artículos del Código Penal, Leyes de desacato*),[1564] en la cual al referirse a los Tribunales Internacionales "comenzó declarando en general, que en Venezuela "por encima del Tribunal Supremo de Justicia y a los efectos del artículo 7 constitucional, no existe órgano jurisdiccional alguno, a menos que la Constitución o la ley así lo señale, y que aun en este último supuesto, la decisión que se contradiga con las normas constitucionales venezolanas, carece de aplicación en el país, y así se declara."

La Sala continuó su decisión distinguiendo, respecto de los Tribunales Internacionales, aquellos de carácter supranacional como los de integración, basados en los artículos 73 y 153 de la Constitución que "contemplan la posibilidad que puedan transferirse competencias venezolanas a órganos supranacionales, a los que se reconoce que puedan inmiscuirse en la soberanía nacional;"[1565] de aquellos de carácter Multinacionales y Transnacionales "que nacen porque varias naciones, en determinadas áreas, escogen un tribunal u organismo común que dirime los litigios entre ellos, o entre los países u organismos signatarios y los particulares nacionales de esos países signatarios," considerando que en estos casos "no se trata de organismos que están por encima de los Estados Soberanos, sino que están a su mismo nivel." En esta última categoría clasificó precisamente a la Corte Interamericana de Derechos Humanos, considerando que en estos casos, "un fallo violatorio de la Constitución de la República Bolivariana de Venezuela se haría inejecutable en el país. Ello podría dar lugar a una reclamación internacional contra el Estado, pero la decisión se haría inejecutable en el país, en este caso, en Venezuela." La Sala, insistió en esta doctrina señalando que:

1563 Véase en www.corteidh.or.cr. Excepción Preliminar, Fondo, Reparaciones y Costas, Serie C N° 182.

1564 Véase en *Revista de Derecho Público*, N° 93-96, Editorial Jurídica Venezolana, Caracas 2003, pp. 136 ss.

1565 En este caso de tribunales creados en el marco de un proceso de integración supranacional, la Sala puntualizó que "Distinto es el caso de los acuerdos sobre integración donde la soberanía estatal ha sido delegada, total o parcialmente, para construir una soberanía global o de segundo grado, en la cual la de los Estados miembros se disuelve en aras de una unidad superior. No obstante, incluso mientras subsista un espacio de soberanía estatal en el curso de un proceso de integración y una Constitución que la garantice, las normas dictadas por los órganos legislativos y judiciales comunitarios no podrían vulnerar dicha área constitucional, a menos que se trate de una decisión general aplicable por igual a todos los Estados miembros, como pieza del proceso mismo de integración." *Idem*, p. 140.

"Mientras existan estados soberanos, sujetos a Constituciones que les crean el marco jurídico dentro de sus límites territoriales y donde los órganos de administración de justicia ejercen la función jurisdiccional dentro de ese Estado, las sentencias de la justicia supranacional o transnacional para ser ejecutadas dentro del Estado, tendrán que adaptarse a su Constitución. Pretender en el país lo contrario sería que Venezuela renunciara a la soberanía."[1566]

De esta afirmación resultó la otra afirmación general de la Sala Constitucional de que fuera de los casos de procesos de integración supranacional, "la soberanía nacional no puede sufrir distensión alguna por mandato del artículo 1 constitucional, que establece como derechos *irrenunciables* de la Nación: la independencia, la libertad, la soberanía, la integridad territorial, la inmunidad y la autodeterminación nacional. Dichos derechos constitucionales son irrenunciables, no están sujetos a ser relajados, excepto que la propia Carta Fundamental lo señale, conjuntamente con los mecanismos que lo hagan posible, tales como los contemplados en los artículos 73 y 336.5 constitucionales, por ejemplo."[1567]

Esta doctrina fue la que precisamente fue aplicada en la sentencia No. 1.939 de 18 de diciembre de 2008, en la cual la Sala Constitucional se apoyó expresamente en una extensa cita, y que fue dictada como respuesta a una "acción de control de la constitucionalidad" formulada por abogados representantes de la República de Venezuela, "referida a la interpretación acerca de la conformidad constitucional del fallo de la Corte Interamericana de Derechos Humanos, de fecha 5 de agosto de 2008," en el caso de los ex-magistrados de la Corte Primera de lo Contencioso Administrativo (*Apitz Barbera y otros ("Corte Primera de lo Contencioso Administrativo") vs. Venezuela*).

Lo primero que destaca de este asunto, es que quien peticionó ante la Sala Constitucional fue el propio Estado, a través de la Procuraduría General de la República, el cual está obligado a ejecutar las sentencias internacionales, y la petición se formuló a través de un curiosa "acción de control constitucional" para la interpretación de la conformidad con la Constitución de la misma, no prevista en el ordenamiento jurídico venezolano.

La fundamentación básica de la acción interpuesta por el Estado fue que las decisiones de los "órganos internacionales de protección de los derechos humanos no son de obligatorio cumplimiento y son inaplicables si violan la Constitución," ya que lo contrario "sería subvertir el orden constitucional y atentaría contra la soberanía del Estado," denunciando ante la Sala que la sentencia de la Corte Interamericana de Derechos Humanos viola "la supremacía de la Constitución y su obligatoria sujeción violentando el principio de autonomía del poder judicial, pues la misma llama al desconocimiento de los procedimientos legalmente establecidos para el establecimiento de medidas y sanciones contra aquellas actuaciones desplegadas por los

1566 *Idem*, p. 139.

1567 *Idem*, p. 138.

jueces que contraríen el principio postulado esencial de su deber como jueces de la República."

El Estado en su petición ante su Sala Constitucional, además, alegó que "la sentencia de manera ligera dispone que los accionantes no fueron juzgados por un juez imparcial, -no obstante señalar previamente que no fue debidamente comprobada tal parcialidad- y que por el supuesto hecho de no existir un procedimiento idóneo previsto en el ordenamiento jurídico venezolano para investigar y sancionar la conducta denunciada por los Ex Magistrados, entonces concluye que no solo tales ciudadanos no incurrieron en motivo alguno que justifique su destitución". Y concluyó afirmando que el fallo de la Corte Interamericana era inaceptable y de imposible ejecución por parte del propio Estado peticionante.

La Sala Constitucional, para decidir, obviamente tuvo que comenzar por encuadrar la acción propuesta por el Estado, deduciendo que la misma no pretendía "la nulidad" del fallo de la Corte Interamericana "por lo que el recurso de nulidad como mecanismo de control concentrado de la constitucionalidad no resulta el idóneo." Tampoco consideró la Sala que se trataba de "una colisión de leyes, pues de lo que se trata es de una presunta controversia entre la Constitución y la ejecución de una decisión dictada por un organismo internacional fundamentada en normas contenidas en una Convención de rango constitucional, lo que excede los límites de ese especial recurso."

En virtud de ello, la Sala simplemente concluyó que de lo que se trataba era de una petición "dirigida a que se aclare una duda razonable en cuanto a la ejecución de un fallo dictado por la Corte Interamericana de Derechos Humanos, que condenó a la República Bolivariana de Venezuela a la reincorporación de unos jueces y al pago de sumas de dinero," considerando entonces que se trataba de una "acción de interpretación constitucional" que la propia Sala constitucional creó en Venezuela, a los efectos de la interpretación abstracta de normas constitucionales a partir de su sentencia de 22 de septiembre de 2000 (caso *Servio Tulio León*). [1568]

A tal efecto, la Sala consideró que era competente para decidir la acción interpuesta, al estimar que lo que peticionaban los representantes del Estado en su acción, era una decisión "sobre el alcance e inteligencia de la ejecución de una decisión dictada por un organismo internacional con base en un tratado de jerarquía constitucional, ante la presunta antinomia entre esta Convención Internacional y la Constitución Nacional," estimando al efecto, que el propio Estado tenía la legitimación necesaria para intentar la acción ya que el fallo de la Corte Interamericana había ordenado la reincorporación en sus cargos de unos ex magistrados, había condenado a la República al pago de cantidades de dinero y había ordenado la publicación del fallo. El Estado, por tanto, de acuerdo a la Sala Constitucional tenía interés en que se dictase "una sentencia mero declarativa en la cual se establezca el verdadero

---

1568 Véase *Revista de Derecho Público*, N° 83, Editorial Jurídica Venezolana, Caracas 2000, pp. 247 ss. Véase Allan R. Brewer-Carías, "Le recours d'interprétation abstrait de la Constitution au Vénézuéla", en *Le renouveau du droit constitutionnel, Mélanges en l'honneur de Louis Favoreu*, Dalloz, Paris, 2007, pp. 61-70.

sentido y alcance de la señalada ejecución con relación al Poder Judicial venezolano en cuanto al funcionamiento, vigilancia y control de los tribunales."

A los efectos de adoptar su decisión, la Sala reconoció el rango constitucional de la Convención Americana sobre Derechos Humanos conforme al artículo 23 de la Constitución (ratificada en 1977), y consideró que el Estado desde 1981, había reconocido expresamente las competencias de la Comisión Interamericana y de la Corte Interamericana de Derechos Humanos, respectivamente. Sin embargo, precisó que la Corte Interamericana de Derechos Humanos no podía "pretender excluir o desconocer el ordenamiento constitucional interno," pues "la Convención coadyuva o complementa el texto fundamental que, en el caso de nuestro país, es "*la norma suprema y el fundamento del ordenamiento jurídico*" (artículo 7 constitucional).

La Sala para decidir, consideró que la Corte Interamericana, para dictar su fallo, además de haberse contradicho[1569] al constatar la supuesta violación de los derechos o libertades protegidos por la Convención:

> "dictó pautas de carácter obligatorio sobre gobierno y administración del Poder Judicial que son competencia exclusiva y excluyente del Tribunal Supremo de Justicia y estableció directrices para el Poder Legislativo, en materia de carrera judicial y responsabilidad de los jueces, violentando la soberanía del Estado venezolano en la organización de los poderes públicos y en la selección de sus funcionarios, lo cual resulta inadmisible."

La Sala consideró entonces que la Corte Interamericana "al no limitarse a ordenar una indemnización por la supuesta violación de derechos, utilizó el fallo analizado para intervenir inaceptablemente en el gobierno y administración judicial que corresponde con carácter excluyente al Tribunal Supremo de Justicia, de conformidad con la Constitución de 1999," haciendo mención expresa a los artículos 254, 255 y 267. Además, estimó la Sala Constitucional que la Corte Interamericana "equipara de forma absoluta los derechos de los jueces titulares y los provisorios, lo cual es absolutamente inaceptable y contrario a derecho," reconociendo que respecto de los últimos (citando su sentencia N° 00673-2008), sin estabilidad alguna, están a regidos por la Comisión de Funcionamiento y Reestructuración del Sistema Judicial," como un órgano creado con carácter transitorio hasta tanto sea creada la jurisdicción disciplinaria." Pero ello no impide, de acuerdo con la Sala Constitucional que se pueda "remover directamente a un funcionario de carácter provisorio o tem-

---

1569 La Sala Constitucional consideró que la Corte Interamericana decidió que la omisión de la Asamblea Nacional de dictar el Código de Ética del Juez o Jueza Venezolano, "*ha influido en el presente caso, puesto que las víctimas fueron juzgadas por un órgano excepcional que no tiene una estabilidad definida y cuyos miembros pueden ser nombrados o removidos sin procedimientos previamente establecidos y a la sola discreción del TSJ,*" pero luego "sorprendentemente, en ese mismo párrafo [147] y de manera contradictoria, afirma que no se pudo comprobar que la Comisión de Emergencia y Reestructuración del Poder Judicial haya incurrido en desviación de poder o que fuera presionada directamente por el Ejecutivo Nacional para destituir a los mencionados ex jueces y luego concluye en el cardinal 6 del Capítulo X que "*no ha quedado establecido que el Poder Judicial en su conjunto carezca de independencia*".

poral, sin que opere alguna causa disciplinaria" por parte de la "Comisión Judicial del Tribunal Supremo de Justicia," en forma completamente "discrecional."

Además, destacó la Sala, la "sentencia cuestionada" de la Corte Interamericana "pretende desconocer la firmeza de decisiones administrativas y judiciales que han adquirido la fuerza de la cosa juzgada, al ordenar la reincorporación de los jueces destituidos." En este punto, la Sala recurrió como precedente para considerar que la sentencia de la Corte Interamericana de Derechos Humanos era inejecutable en Venezuela, a la decisión antes señalada de 1999 de la Sala Plena del Consejo Supremo de Justicia Militar del Perú, que consideró inejecutable la sentencia de la Corte Interamericana de 30 de mayo de 1999, dictada en el caso: *Castillo Petruzzi y otro.*

En sentido similar, la Sala Constitucional venezolana concluyó que:

> En este caso, estima la Sala que la ejecución de la sentencia de la Corte Interamericana de Derechos Humanos del 5 de agosto de 2008, afectaría principios y valores esenciales del orden constitucional de la República Bolivariana de Venezuela y pudiera conllevar a un caos institucional en el marco del sistema de justicia, al pretender modificar la autonomía del Poder Judicial constitucionalmente previsto y el sistema disciplinario instaurado legislativamente, así como también pretende la reincorporación de los hoy ex jueces de la Corte Primera de lo Contencioso Administrativo por supuesta parcialidad de la Comisión de Funcionamiento y Reestructuración del Poder Judicial, cuando la misma ha actuado durante varios años en miles de casos, procurando **la depuración del Poder Judicial** en el marco de la actividad disciplinaria de los jueces. Igualmente, el fallo de la Corte Interamericana de Derechos Humanos pretende desconocer la firmeza de las decisiones de destitución que recayeron sobre los ex jueces de la Corte Primera de lo Contencioso Administrativo que se deriva de la falta de ejercicio de los recursos administrativos o judiciales, o de la declaratoria de improcedencia de los recursos ejercidos por parte de las autoridades administrativas y judiciales competentes." (énfasis añadido)

Por todo lo anterior, la Sala Constitucional del Tribunal Supremo de Venezuela, a petición del propio Estado venezolano declaró entonces "inejecutable el fallo de la Corte Interamericana de Derechos Humanos, de fecha 5 de agosto de 2008, en la que se ordenó la reincorporación en el cargo de los ex-magistrados de la Corte Primera de lo Contencioso Administrativo Ana María Ruggeri Cova, Perkins Rocha Contreras y Juan Carlos Apitz B.; con fundamento en los artículos 7, 23, 25, 138, 156.32, el Capítulo III del Título V de la Constitución de la República y la jurisprudencia parcialmente transcrita de las Salas Constitucional y Político Administrativa. Así se decide." Esto, acompañado de la afirmación de que la sala Constitucional, por "notoriedad judicial" ya sabía que el Tribunal Supremo había nombrado a otras personas como magistrados de la Corte Primera.

Pero no se quedó allí la Sala Constitucional, sino en una evidente usurpación de poderes, ya que las relaciones internacionales es materia exclusiva del Poder Ejecutivo, solicitó instó "al Ejecutivo Nacional proceda a denunciar esta Convención, ante la evidente usurpación de funciones en que ha incurrido la Corte Interamericana de los Derechos Humanos con el fallo objeto de la presente decisión; y el hecho de que tal actuación se fundamenta institucional y competencialmente en el aludido Tratado."

Finalmente, la Sala Constitucional instó a "la Asamblea Nacional para que proceda a dictar el Código de Ética del Juez y la Jueza Venezolanos, en los términos aludidos en la sentencia de esta Sala Constitucional N° 1048 del 18 de mayo de 2006."

Y así concluye el proceso de desligarse de la Convención Americana sobre Derechos Humanos, y de la jurisdicción de la Corte Interamericana de Derechos Humanos por parte del Estado Venezolano, utilizando para ello a su propio Tribunal Supremo de Justicia, que lamentablemente ha manifestado ser el principal instrumento para la consolidación del autoritarismo en Venezuela.[1570]

En efecto, con esta decisión, la Sala Constitucional en el Venezuela ha dispuesto una ilegítima mutación constitucional, reformando el artículo 23 de la Constitución al eliminar el carácter supranacional de la Convención Americana de Derechos Humanos en los casos en los cuales contenga previsiones más favorables al goce y ejercicio de derechos humanos respecto de las que están previstas en la propia Constitución.

Debe advertirse que esa fue una de las propuestas de reforma que se formularon por el "Consejo Presidencial para la Reforma de la Constitución," designado por el Presidente de la República,[1571] en su informe de junio de 2007,[1572] en el cual en relación con el artículo 23 de la Constitución, se buscaba eliminaba totalmente la jerarquía constitucional de las previsiones de los tratados internacionales de derechos humanos y su prevalencia sobre el orden interno, formulándose la norma sólo en el sentido de que: "los tratados, pactos y convenciones relativos a derechos humanos, suscritos y ratificados por Venezuela, mientras se mantenga vigentes, forma parte del orden interno, y son de aplicación inmediata y directa por los órganos del Poder Público".

Esa propuesta de reforma constitucional que afortunadamente no llegó a cristalizar, era un duro golpe al principio de la progresividad en la protección de los derechos que se recoge en el artículo 19 de la Constitución, que no permite regresiones en la protección de los mismos. La intención regresiva de la reforma propuesta se

---

1570 Véase Allan R. Brewer-Carías, "La progresiva y sistemática demolición institucional de la autonomía e independencia del Poder Judicial en Venezuela 1999–2004," en *XXX Jornadas J.M Domínguez Escovar, Estado de derecho, Administración de justicia y derechos humanos,* Instituto de Estudios Jurídicos del Estado Lara, Barquisimeto, 2005, pp. 33–174; "La justicia sometida al poder (La ausencia de independencia y autonomía de los jueces en Venezuela por la interminable emergencia del Poder Judicial (1999-2006))," en *Cuestiones Internacionales. Anuario Jurídico Villanueva 2007,* Centro Universitario Villanueva, Marcial Pons, Madrid, 2007, pp. 25–57; "Quis Custodiet ipsos Custodes: De la interpretación constitucional a la inconstitucionalidad de la interpretación", in *VIII Congreso Nacional de derecho Constitucional*, Perú, Fondo Editorial 2005, Colegio de Abogados de Arequipa, Arequipa, Septiembre 2005, pp. 463-489.

1571 Véase Decreto N° 5138 de 17-01-2007, *Gaceta Oficial* N° 38.607 de 18-01-2007.

1572 El documento circuló en junio de 2007 con el título Consejo Presidencial para la Reforma de la Constitución de la República Bolivariana de Venezuela, "Modificaciones propuestas". El texto completo fue publicado como *Proyecto de Reforma Constitucional. Versión atribuida al Consejo Presidencial para la reforma de la Constitución de la república Bolivariana de Venezuela*, Editorial Atenea, Caracas 01 de julio de 2007, 146 pp.

agravaba además, con la idea de agregarle a la norma la indicación de que "corresponde a los tribunales de la República conocer de las violaciones sobre las materias reguladas en dichos Tratados", con lo que se buscaba establecer una prohibición constitucional para que la Corte Interamericana de Derechos Humanos pudiera conocer de las violaciones de la Convención Americana de Derechos Humanos. Es decir, con una norma de este tipo, Venezuela hubiera quedado excluida constitucionalmente de la jurisdicción de dicha Corte internacional y del sistema interamericano de protección de los derechos humanos.[1573]

Sin embargo, lo que no pudo hacer el régimen autoritario mediante una reforma constitucional, la cual al final fue rechazada por el pueblo, lo hizo la Sala Constitucional del Tribunal Supremo en su larga carrera al servicio del autoritarismo.[1574]

SECCIÓN TERCERA:

EL ILEGÍTIMO "CONTROL DE CONSTITUCIONALIDAD" DE LAS SENTENCIAS DE LA CORTE INTERAMERICANA DE DERECHOS HUMANOS POR PARTE LA SALA CONSTITUCIONAL DEL TRIBUNAL SUPREMO DE JUSTICIA DE VENEZUELA: EL CASO DE LA SENTENCIA LEOPOLDO LÓPEZ VS. VENEZUELA, 2011

Texto del estudio sobre "El ilegítimo "control de constitucionalidad" de las sentencias de la Corte Interamericana de Derechos Humanos por parte la Sala Constitucional del Tribunal Supremo de Justicia de Venezuela: el caso de la sentencia *Leopoldo López vs. Venezuela, 2011*," elaborado para el Libro Homenaje Antonio Torres del Moral: *Constitución y democracia: ayer y hoy. Libro homenaje a Antonio Torres del Moral.* Editorial Universitas, Vol. I, Madrid, 2013, pp. 1.095-1124. Publicado también en el *Anuario Iberoamericano de Justicia Constitucional,* N° 16, Madrid (2012), pp. 355-387; y en la *Revista de Derecho Público*, N° 128 (octubre-diciembre 2011), Editorial Jurídica Venezolana, Caracas 2011, pp. 227-250.

Una de las características fundamentales de la Justicia Constitucional, o del derecho procesal constitucional contemporáneo, es que los Tribunales, como garantes de la Constitución, no sólo tienen que estar sometidos, como todos los órganos del Estado, a las propias previsiones de la Constitución, sino que deben ejercer sus competencias ceñidos a las establecidas en la misma o en las leyes, cuando a ellas remita la Constitución para la determinación de la competencia.

1573 Véase sobre la proyectada reforma constitucional Allan R. Brewer-Carías, *Hacia la consolidación de un Estado Socialista, Centralizado, Policial y Militarista. Comentarios sobre el sentido y alcance de las propuestas de reforma constitucional 2007,* Colección Textos Legislativos, N° 42, Editorial Jurídica Venezolana, Caracas 2007, pp. 122 ss.

1574 Véase entre otros, Allan R. Brewer-Carías, *Crónica sobre la "In" Justicia Constitucional. La Sala Constitucional y el autoritarismo en Venezuela,* Colección Instituto de Derecho Público, Universidad Central de Venezuela, N° 2, Caracas 2007.

En particular, la competencia de la Jurisdicción Constitucional en materia de control concentrado de la constitucionalidad siempre ha sido considerada como de derecho estricto que tiene que estar establecida expresamente en la Constitución, y no puede ser deducida por vía de interpretación. Es decir, la Jurisdicción Constitucional no puede ser creadora de su propia competencia, pues ello desquiciaría los cimientos del Estado de derecho, convirtiendo al juez constitucional en poder constituyente.[1575]

En el caso de Venezuela, la Sala Constitucional del Tribunal Supremo, como Jurisdicción Constitucional, tiene asignadas las competencias que se enumeran en el artículo 336 de la Constitución y en el artículo 25 de la Ley Orgánica del Tribunal Supremo de Justicia de 2010, no estando prevista en ninguna de esas normas una supuesta competencia para someter a control de constitucionalidad, mediante el ejercicio ante ella de una acción e incluso de oficio, de las sentencias de la Corte Interamericana de Derechos Humanos. Aparte de que ello sería contrario a la Convención Americana de Derechos Humanos, que es de obligatorio cumplimiento mientras el Estado no la denuncie, es contrario al propio texto de la Constitución venezolana que en su artículo 31 prevé como obligación del propio Estado el adoptar, conforme a los procedimientos establecidos en la Constitución y en la ley, "las medidas que sean necesarias para dar cumplimiento a las decisiones emanadas de los órganos internacionales" de protección de derechos humanos.

Sin embargo, la Sala Constitucional del Tribunal Supremo de Justicia mediante sentencia No. 1547 de fecha 17 de octubre de 2011 (Caso *Estado Venezolano vs. Corte Interamericana de Derechos Humanos*),[1576] procedió a conocer de una "acción innominada de control de constitucionalidad" de la sentencia de la Corte Interamericana de Derechos Humanos dictada en el 1° de septiembre de 2011 (caso *Leopoldo López vs. Estado de Venezuela)*, que no existe en el ordenamiento constitucional venezolano, ejercida por el Procurador General de la República, condenada en la sentencia.

Dicha sentencia de la Corte Interamericana de Derechos Humanos, por lo demás, había decidido, conforme a la Convención Americana de Derechos Humanos (art. 32.2), que la restricción al derecho pasivo al sufragio (derecho a ser elegido) que se le había impuesto al Sr. Leopoldo López por la Contraloría General de la República de Venezuela mediante una decisión administrativa, no judicial, era contraria a la Convención, pues dichas restricciones a derechos políticos sólo pueden establecerse mediante imposición de una condena dictada mediante sentencia judicial, con las debidas garantías del debido proceso.

En efecto, el derecho político a ser electo del Sr. Leopoldo López le había sido violado por la Contraloría General de la República, al esta dictar autos de responsabilidad administrativa contra el mismo aplicando el artículo 105 de la Ley Orgánica de la Contraloría General de la República y del Sistema Nacional de Control Fiscal,

---

1575 Véase en general, ,Allan R. Brewer-Carías, *Constitutional Courts as Positive Legislators in Comparative Law*, Cambridge University Press, New York 2011.

1576 Véase en http://www.tsj.gov.ve/decisiones/scon/Octubre/1547-171011-2011-11-1130.htmll

imponiéndole mediante actos administrativos la "pena" de inhabilitación política como ex funcionario que es, sancionándolo de manera de restringirle su derecho político al sufragio pasivo que, al contrario, sólo puede ser restringido, acorde con la Constitución (art. 65) y a la Convención Americana de Derechos Humanos (art. 32.2), mediante sentencia judicial que imponga una condena penal.

En tal virtud, el Sr. López recurrió mediante denuncia ante la Comisión Interamericana de Derechos Humanos, para ante la Corte Interamericana de Derechos Humanos, denunciando su derecho, resultando la decisión de ésta última condenando al Estado venezolano por violación de dicho derecho al ejercicio pasivo al sufragio en perjuicio del Sr. Leopoldo López, ordenando la revocatoria de las decisiones de la Contraloría General de la República y de otros órganos del Estado que le impedían ejercer su derecho político a ser electo por la inhabilitación política que le había sido impuesta administrativamente.

Debe decirse que ya la Sala Constitucional del Tribunal Supremo, con anterioridad, y en franca violación de la Constitución, ya había resuelto en su sentencia Nº 1265 de 5 de agosto de 2008[1577] (caso *Ziomara Del Socorro Lucena Guédez vs. Contralor General de la República*), que el artículo 105 de la Ley Orgánica de la Contraloría General de la República no era violatorio de la Constitución ni de la Convención Americana de Derechos Humanos, admitiendo que mediante ley se podían establecer sanciones administrativas de inhabilitación política contra ex funcionarios, impidiéndoles ejercer su derecho político a ser electos, como era el caso de las decisiones dictadas por la Contraloría General de la República.

En todo caso, frente a la decisión de la Corte Interamericana de Derechos Humanos de condena al Estado Venezolano por violación del derecho político del Sr. Leopoldo López, el Procurador General de la República, como abogado del propio Estado condenado, recurrió ante la Sala Constitucional del Tribunal Supremo solicitándole la revisión judicial por control de constitucionalidad de la misma, de lo cual resultó la sentencia mencionada Nº 1547 de 17 de octubre de 2011 de la Sala Constitucional mediante la cual decidió conocer de una "acción innominada de control de la constitucionalidad" de la sentencia de la Corte Interamericana, y declarar que la sentencia dictada por la misma en protección del Sr. López era "inejecutable" en Venezuela, ratificando así la violación de su derecho constitucional a ser electo, y que le impedía ejercer su derecho a ser electo y ejercer funciones públicas representativas.

Todo esto ha originado una bizarra situación de violación de derechos políticos por parte de los órganos del Estado venezolano, incluyendo la Sala Constitucional del Tribunal Supremo, y de formal desconocimiento de las sentencias dictadas por le Corte Interamericana de Derechos Humanos contra el Estado, a requerimiento del abogado del propio Estado condenado, al declararlas como "inejecutables" en el país.

1577 Véase en http://www.tsj.gov.ve:80/decisiones/scon/Agosto/1265-050808-05-1853.htm

I. LA PROTECCIÓN DEL EJERCICIO DEL DERECHO POLÍTICO AL SUFRAGIO PASIVO POR PARTE DE LA CORTE INTERAMERICANA DE DERECHOS HUMANOS

En efecto, la Contraloría General de la República de Venezuela, con ocasión de diversas averiguaciones administrativas abiertas contra el Sr. Leopoldo López Mendoza, quien había sido Alcalde de uno de los Municipios de la capital de la República (Chacao), de conformidad con el artículo 105 de la Ley Orgánica de la Contraloría le impuso diversas sanciones administrativas, y entre ellas, la de inhabilitación para el ejercicio de cargos públicos, afectándole en esa forma su derecho constitucional a ser electo para cargos de elección popular.

El Sr. López presentó denuncia de violación de diversos de sus derechos fundamentales ante la Comisión Interamericana de Derechos Humanos, y esta posteriormente presentó formal demanda contra el Estado Venezolano, denunciando la violación, entre otros, del derecho de ser electo del Sr. Leopoldo López, quién estimó le había sido inflingido por la Contraloría General de la República al imponerle sanciones de inhabilitación en aplicación del artículo 105 de la Ley Orgánica de la Contraloría, y con ocasión de un procedimiento administrativo de averiguaciones administrativas, las cuales le habían impedido a dicho ciudadano registrar su candidatura para cargos de elección popular.

La Corte Interamericana de Derechos Humanos, con fecha 1 de septiembre de 2011 dictó sentencia (caso *López Mendoza vs. Venezuela*) (Fondo, Reparaciones y Costas), en la cual, entre las múltiples violaciones denunciadas, se refirió específicamente a la violación del derecho político a ser electo, para lo cual pasó a determinar

> "si las sanciones de inhabilitación impuestas al señor López Mendoza por decisión de un órgano administrativo y la consiguiente imposibilidad de que registrara su candidatura para cargos de elección popular" eran o no compatibles con la Convención Americana de derechos Humanos" (Párr. 104).

A tal efecto, la Corte Interamericana constató que el artículo 23.1 de la Convención establece que todos los ciudadanos deben gozar de los siguientes derechos y oportunidades, los cuales deben ser garantizados por el Estado en condiciones de igualdad:

> "i) a la participación en la dirección de los asuntos públicos, directamente o por representantes libremente elegidos;
>
> ii) a votar y a ser elegido en elecciones periódicas auténticas, realizadas por sufragio universal e igual y por voto secreto que garantice la libre expresión de los electores, y
>
> iii) a acceder a las funciones públicas de su país"(Párr. 106).

Estos derechos, como todos los que consagra la Convención, es bueno recordarlo, al decir de la Sala Constitucional del Tribunal Supremo de Venezuela, conforman:

> "una declaración de principios, derechos y deberes de corte clásico que da preeminencia a los derechos individuales, civiles y políticos dentro de un régi-

men de democracia formal. Obviamente, como tal, es un texto que contiene una enumeración de libertades de corte liberal que son valiosas para garantizar un régimen que se oponga a las dictaduras que han azotado nuestros países iberoamericanos desde su independencia."[1578]

Por otra parte, la Corte Interamericana precisó que en artículo 23.2 de la Convención es el que determina cuáles son las causales que permiten restringir los derechos antes indicados reconocidos en el artículo 23.1, así como, en su caso, los requisitos que deben cumplirse para que proceda tal restricción.

Ahora bien, en el caso sometido a su consideración, que se refería "a una restricción impuesta por vía de sanción," la CIDH consideró que debería tratarse de una "condena, por juez competente, en proceso penal," estimando que en el caso:

> "ninguno de esos requisitos se ha cumplido, pues el órgano que impuso dichas sanciones no era un "juez competente", no hubo "condena" y las sanciones no se aplicaron como resultado de un "proceso penal," en el que tendrían que haberse respetado las garantías judiciales consagradas en el artículo 8 de la Convención Americana" (Párr. 107).

La Corte Interamericana, en su decisión, reiteró su criterio de que "el ejercicio efectivo de los derechos políticos constituye un fin en sí mismo y, a la vez, un medio fundamental que las sociedades democráticas tienen para garantizar los demás derechos humanos previstos en la Convención y que sus titulares," es decir, los ciudadanos, no sólo deben gozar de derechos, sino también de "oportunidades;" término este último que implica, al decir de la Corte Interamericana, "la obligación de garantizar con medidas positivas que toda persona que formalmente sea titular de derechos políticos tenga la oportunidad real para ejercerlos." En el caso decidido en la sentencia, la Corte Interamericana precisamente consideró que "si bien el señor López Mendoza ha podido ejercer otros derechos políticos, está plenamente probado que se le ha privado del sufragio pasivo, es decir, del derecho a ser elegido" (Párr. 108).

Fue en virtud de los anteriores argumentos que la Corte Interamericana determinó que el Estado venezolano violó los artículos 23.1.b y 23.2 en relación con el artículo 1.1 de la Convención Americana, en perjuicio de Leopoldo López Mendoza (Párr. 109), concluyendo que:

> "el Estado es responsable por la violación del derecho a ser elegido, establecido en los artículos 23.1.b y 23.2, en relación con la obligación de respetar y garantizar los derechos, establecida en el artículo 1.1 de la Convención Ameri-

---

1578 Véase sentencia Nº 1265/2008 dictada el 5 de agosto de 2008, en http://www.tsj.gov.ve:80/decisiones/scon/Agosto/1265-050808-05-1853.htm. La Sala, sin embargo, en la misma sentencia se lamentaba que en la Convención no había "norma alguna sobre derechos sociales (solo hay una declaración de principios acerca de su desarrollo progresivo en el artículo 26), ni tampoco tiene previsión sobre un modelo distinto al demócrata liberal, como lo es la democracia participativa, ni contempla un tipo de Estado que en lugar de construir sus instituciones en torno al individuo, privilegie la sociedad en su conjunto, dando lugar a un Estado social de derecho y de justicia."

cana sobre Derechos Humanos, en perjuicio del señor López Mendoza, en los términos del párrafo 109 de la presente Sentencia" (Párr. 249).

Por otra parte, la Comisión Interamericana había solicitado la Corte Interamericana que se ordenase al Estado el adoptar las medidas necesarias para reestablecer los derechos políticos del señor Leopoldo López Mendoza (Párr. 214), sobre lo cual sus representantes solicitaron la restitución plena en el ejercicio de su "derecho político a ser electo" según el artículo 23 de la Convención, a fin de poder presentarse "como candidato en las elecciones que se celebren en la República Bolivariana de Venezuela," solicitando además, que se dejasen sin efecto "las decisiones de inhabilitación dictadas por la Contraloría General de la República y por las distintas ramas del Poder Público Nacional "en el marco de las inhabilitaciones políticas administrativas;" y que se requiriera al Estado que el Consejo Nacional Electoral permitiera la su inscripción y postulación electoral para cualquier proceso de elecciones a celebrarse en Venezuela (Párr. 214).

Sobre esto, y en virtud de considerar que en el caso se habían violado los artículos 23.1.b, 23.2 y 8.1, en relación con los artículos 1.1 y 2 de la Convención Americana (*supra* párrs. 109, 149, 205 y 206), la CIDH declaró que:

> "el Estado, a través de los órganos competentes, y particularmente del Consejo Nacional Electoral (CNE), debe asegurar que las sanciones de inhabilitación no constituyan impedimento para la postulación del señor López Mendoza en el evento de que desee inscribirse como candidato en procesos electorales a celebrarse con posterioridad a la emisión de la presente Sentencia (Párr. 217).

Consecuencialmente, la CIDH declaró que el Estado debía "dejar sin efecto las Resoluciones Nos. 01-00-000206 de 24 de agosto de 2005 y 01-00-000235 de 26 de septiembre de 2005 emitidas por el Contralor General de la República (*supra* párrs. 58 y 81), mediante las cuales se declaró la inhabilitación para el ejercicio de funciones públicas del señor López Mendoza por un período de 3 y 6 años, respectivamente" (Párr. 218), concluyendo en la parte final del fallo, con las siguientes dos disposiciones:

> "2. El Estado, a través de los órganos competentes, y particularmente del Consejo Nacional Electoral (CNE), debe asegurar que las sanciones de inhabilitación no constituyan impedimento para la postulación del señor López Mendoza en el evento de que desee inscribirse como candidato en procesos electorales a celebrarse con posterioridad a la emisión de la presente Sentencia, en los términos del párrafo 217 del presente Fallo;"
>
> "3. El Estado debe dejar sin efecto las Resoluciones Nos. 01-00-000206 de 24 de agosto de 2005 y 01-00-000235 de 26 de septiembre de 2005 emitidas por el Contralor General de la República, en los términos del párrafo 218 del presente Fallo."

II. SOBRE LA "ACCIÓN INNOMINADA DE CONTROL DE CONSTITUCIONALIDAD" DE LAS SENTENCIAS DE LA CORTE INTERAMERICANA DE DERECHOS HUMANOS Y SU TRÁMITE

Contra la antes mencionada sentencia dictada por la Corte Interamericana de Derechos Humanos el 1 de septiembre de 2011, algo más de tres semanas después, el día 26 de septiembre de 2011, el Procurador General de la República, actuando en representación del Estado Venezolano, interpuso ante la Sala Constitucional del Tribunal Supremo de Justicia lo que denominó como una "acción innominada de control de constitucionalidad," la cual la Sala, sin competencia alguna para ello y en franca violación de la Constitución, pasó a conocer de inmediato, decidiéndola en sólo veinte días mediante sentencia No. 1547 (Caso *Estado Venezolano vs. Corte Interamericana de Derechos Humanos*) de fecha 17 de octubre de 2011.[1579]

El Procurador General de la República, al intentar la acción, justificó la supuesta competencia de la Sala Constitucional en su carácter de "garante de la supremacía y efectividad de las normas y principios constitucionales" (Arts. 266.1, 334, 335 y 336 de la Constitución, el artículo 32 de la Ley Orgánica del Tribunal Supremo de Justicia), considerando básicamente que la República, ante una decisión de la Corte Interamericana de Derechos Humanos, no podía dejar de realizar "el examen de constitucionalidad en cuanto a la aplicación de los fallos dictados por esa Corte y sus efectos en el país," considerando en general que las decisiones de dicha Corte Interamericana sólo pueden tener "ejecutoriedad en Venezuela," en la medida que "el contenido de las mismas cumplan el examen de constitucionalidad y no menoscaben en forma alguna directa o indirectamente el Texto Constitucional;" es decir, que dichas decisiones "para tener ejecución en Venezuela deben estar conformes con el Texto Fundamental."

Luego de analizar la sentencia de la Corte Interamericana, y referirse al carácter de los derechos políticos como limitables; y a la competencia de la Contraloría General de la República, conforme al artículo 105 de su Ley Orgánica, para garantizar una "Administración recta, honesta, transparente en el manejo de los asuntos públicos, dotada de eficiencia y eficacia en la actividad administrativa en general, y especialmente en los servicios públicos" y para imponer "la sanción de suspensión, destitución e inhabilitación para el ejercicio de funciones públicas;" la Sala pasó a considerar que lo que le Contraloría le había impuesto al Sr. Leopoldo López había sido una "inhabilitación administrativa" y no una inhabilitación política que se "corresponde con las sanciones que pueden ser impuestas por un juez penal, como pena accesoria a la de presidio (artículo 13 del Código Penal);" y que las decisiones adoptadas por la Corte Interamericana con ordenes dirigidas a órganos del Estado "se traduce en una injerencia en las funciones propias de los poderes públicos," estimando que la Corte Interamericana no puede "valerse o considerarse instancias superiores ni magnánimas a las autoridades nacionales, con lo cual pretendan obviar y desconocer el ordenamiento jurídico interno, todo ello en razón de supuestamente ser los garantes plenos y omnipotentes de los derechos humanos en el hemisferio

---

1579 Véase en http://www.tsj.gov.ve/decisiones/scon/Octubre/1547-171011-2011-11-1130.htmll

americano": y en fin, estimar que la sentencia de la Corte Interamericana de Derechos Humanos desconocía "la lucha del Estado venezolano contra la corrupción y la aplicación de la Convención Interamericana contra la Corrupción, ratificada por Venezuela el 2 de junio de 1997 y la Convención de las Naciones Unidas contra la Corrupción, ratificada el 2 de febrero de 2009." Después de todo ello, el Procurador General de la República consideró que la mencionada sentencia de la Corte Interamericana transgredía el ordenamiento jurídico venezolano, pues desconocía:

> "la supremacía de la Constitución y su obligatoria sujeción, violentando el principio de autonomía de los poderes públicos, dado que la misma desconoce abiertamente los procedimientos y actos legalmente dictados por órganos legítimamente constituidos, para el establecimiento de medidas y sanciones contra aquellas actuaciones desplegadas por la Contraloría General de la República que contraríen el principio y postulado esencial de su deber como órgano contralor, que tienen como fin último garantizar la ética como principio fundamental en el ejercicio de las funciones públicas."

Como consecuencia de ello, el Procurador General de la República solicitó de la Sala Constitucional que admitiera lo que llamó la "acción innominada de control de constitucionalidad", a los efectos de que la Sala declarase "inejecutable e inconstitucional la sentencia de la Corte Interamericana de Derechos Humanos del 1 de septiembre de 2011."

Sobre esta "nueva" acción propuesta por el Procurador para el control de constitucionalidad de sentencias dictadas en contra del Estado por la Corte Interamericana, la Sala Constitucional aclaró en su sentencia que el Procurador no pretendía que se declarase "la nulidad" ni de la Convención Americana de Derechos Humanos ni del fallo de la Corte Interamericana de Derechos Humanos, aclarando por ello, la propia Sala, que por tanto, la "acción innominada intentada" no era un "recurso de nulidad como mecanismo de control concentrado de la constitucionalidad" el cual consideró la Sala que no resultaba idóneo.

La Sala, por otra parte, también descartó que se tratase de una acción de "colisión de leyes,"

> "pues de lo que se trata es de una presunta controversia entre la Constitución y la ejecución de una decisión dictada por un organismo internacional fundamentada en normas contenidas en una Convención de rango constitucional, lo que excede los límites de ese especial recurso, pues la presunta colisión estaría situada en el plano de dos normas de rango constitucional."

Luego de descartar esas hipótesis de acciones de nulidad o de colisión de leyes, y precisar que de lo que se trataba con la acción intentada era determinar la "controversia entre la Constitución y la ejecución de una decisión dictada por un organismo internacional," concluyó, en definitiva, que de lo que se trataba era de una acción mediante la cual se pretendía:

> "ejercer un "control innominado de constitucionalidad", por existir una aparente antinomia entre la Constitución de la República Bolivariana de Venezuela, la Convención Interamericana de Derechos Humanos, la Convención Americana contra la Corrupción y la Convención de las Naciones Unidas contra la

Corrupción, producto de la pretendida ejecución del fallo dictado el 1 de septiembre de 2011, por la Corte Interamericana de Derechos Humanos (CIDH), que condenó a la República Bolivariana de Venezuela a la habilitación para ejercer cargos públicos al ciudadano Leopoldo López Mendoza."

Es bien sabido en el mundo de la justicia constitucional, que el juez constitucional como todo órgano del Estado está, ante todo, sometido a la Constitución, por lo que debe ceñirse a ella no sólo en la emisión de sus sentencias, sino en el ejercicio de sus propias competencias. Para que el juez constitucional sea garante de la Constitución tiene que ejercer las competencias que la Constitución le atribuye, pues de lo contrario si ejerciera competencias distintas estaría actuando como Poder Constituyente, modificando la propia Constitución, en violación a la misma. Eso es precisamente lo que ha ocurrido en este caso, al "inventar" la Sala Constitucional una nueva acción para el control de constitucionalidad, siguiendo la orientación que ya había sentado en otros casos, como cuando "inventó" la acción autónoma y directa de interpretación abstracta de la Constitución mediante sentencia N° 1077 de 22 de septiembre de 2000 (Caso: *Servio Tulio León*)[1580] lo cual por lo demás cita con frecuencia en su sentencia. En aquella ocasión y en esta la Sala Constitucional actuó como poder constituyente al margen de la Constitución.[1581]

Ahora bien, en el caso concreto, identificado el objeto de la acción "innominada" que intentó el Estado Venezolano ante la Sala Constitucional, la misma consideró que le correspondía en "su condición de último interprete de la Constitución," realizar "el debido control de esas normas de rango constitucional" y ponderar "si con la ejecución del fallo de la CIDH se verifica tal confrontación."

Para determinar el "alcance" de esta "acción de control constitucional" la Sala Constitucional recordó, por otra parte, que ya lo había hecho en anterior oportunidad, al "conocer sobre la conformidad constitucional" del fallo de la Corte Interamericana de Derechos Humanos (CIDH) en sentencia N° 1939 de 18 de diciembre de 2008 (caso: *Estado Venezolano vs. Corte Interamericana de derechos Humanos, caso Magistrados de la Corte Primera de lo Contencioso Administrativo*),[1582] mediante la cual "asumió la competencia con base en la sentencia 1077/2000 y según lo dispuesto en el cardinal 23 del artículo 5 de la Ley Orgánica del Tribunal Supremo de Justicia de 2004."[1583]

1580 Véase en *Revista de Derecho Público*, N° 83, Editorial Jurídica Venezolana, Caracas 2000, pp. 247 ss.

1581 Véase Daniela Urosa M, Maggi, *La Sala Constitucional del Tribunal Supremo de Justicia como Legislador Positivo,* Academia de Ciencias Políticas y Sociales, Serie Estudios N° 96, Caracas 2011. Véase nuestro "Prólogo" a dicho libro, "Los tribunales constitucionales como legisladores positivos. Una aproximación comparativa," pp. 9-70.

1582 Véase en *Revista de Derecho Público,* N° 116, Editorial Jurídica venezolana, Caracas, 2008, pp. 88 ss.

1583 En dicha norma de la Ley de 2004 se disponía como competencia de la Sala: "*Conocer de las controversias que pudieran suscitarse con motivo de la interpretación y ejecución de los Tratados, Convenios o Acuerdos Internacionales suscritos y ratificados por la República. La sentencia dictada deberá ajustarse a los principios de justicia internacionalmente reconocidos y será de obligatorio cumplimiento por parte del Estado venezolano*".

Ahora bien, en virtud de que esta previsión legal atributiva de competencia desapareció de la nueva Ley Orgánica del Tribunal Supremo de Justicia de 2010, lo que significaba que "la argumentación de la Sala Constitucional para asumir la competencia para conocer de la conformidad constitucional de un fallo dictado por la Corte Interamericana de Derechos Humanos," había "sufrido un cambio" al no estar incluida en dicha previsión atributiva de competencia en el artículo 25 de la nueva Ley Orgánica, la Sala, en ausencia de una previsión legal expresa que contemplase "esta modalidad de control concentrado de la constitucionalidad," pasó a:

> "invocar la sentencia N° 1077/2000, la cual sí prevé esta razón de procedencia de interpretación constitucional, a los efectos de determinar el alcance e inteligencia de la ejecución de una decisión dictada por un organismo internacional con base en un tratado de jerarquía constitucional, ante la presunta antinomia entre la Convención Interamericana de Derechos Humanos y la Constitución Nacional."

Debe recordarse que la mencionada sentencia "invocada" N° 1077/2000, fue la dictada en 22 de septiembre de 2000 (Caso *Servio Tulio León Briceño*) en la cual, la Sala, sin competencia constitucional ni legal alguna, y sólo como resultado de la función interpretativa que el artículo 335 de la Constitución le atribuye, "inventó" la existencia de un recurso autónomo de interpretación abstracta de la Constitución.[1584]

Por ello, la Sala en este caso hizo la "invocación" a dicha sentencia, pasando luego comentar la competencia establecida en el artículo 335 de la Constitución, la cual en realidad, es una competencia que se atribuye al todo el Tribunal Supremo de Justicia, en todas sus Salas – y no sólo a la Sala Constitucional – , que es la competencia general de garantizar "la supremacía y efectividad de las normas y principios constitucionales," para lo cual el Tribunal Supremo en su totalidad - y no sólo la Sala Constitucional – se lo define como "el máximo y último intérprete de la Constitución" correspondiéndole velar "por su uniforme interpretación y aplicación."

De manera que recordando la "invención" de ese recurso autónomo de interpretación abstracta de la Constitución, la Sala pasó a constatar, sin embargo, que el Legislador había eliminado la previsión antes indicada establecida en el artículo 5.23 de la Ley Orgánica del Tribunal Supremo de Justicia de 2004 que la Sala también había "invocado" para decidir el caso mencionado de la inejecución de la sen-

---

1584 Véase sobre esta sentencia los comentarios en Marianella Villegas Salazar, "Comentarios sobre el recurso de interpretación constitucional en la jurisprudencia de la Sala Constitucional, " en *Revista de Derecho Público*, No. 84, Editorial Jurídica Venezolana, Caracas 2000, pp. 417 ss.; y Allan R. Brewer-Carías, "Le recours d'interprétation abstrait de la Constitution au Vénézuéla", en *Le renouveau du droit constitutionnel, Mélanges en l'honneur de Louis Favoreu*, Dalloz, Paris, 2007, pp. 61-70, y "*Quis Custodiet Ipsos Custodes*: De la interpretación constitucional a la inconstitucionalidad de la interpretación," en *Revista de Derecho Público*, N° 105, Editorial Jurídica Venezolana, Caracas 2006, pp. 7-27, y en *VIII Congreso Nacional de derecho Constitucional, Perú*, Fondo Editorial 2005, Colegio de Abogados de Arequipa, Arequipa, septiembre 2005, pp. 463-489. Este último trabajo fue también recogido en el libro Allan R. Brewer-Carías, *Crónica sobre la "In" Justicia Constitucional. La Sala Constitucional y el autoritarismo en Venezuela*, Colección Instituto de Derecho Público. Universidad Central de Venezuela, No. 2, Editorial Jurídica Venezolana, Caracas 2007, pp. 47-79.

tencia de la Corte Interamericana condenando al Estado por violación de los derechos de los magistrados de la Corte Primera de lo Contencioso Administrativo; y desconociendo esa expresa voluntad del Legislador de eliminar dicha norma del ordenamiento jurídico, pasó a constatar que el propio Legislador no había "dictado las normas adjetivas que permitan la adecuada implementación de las "*decisiones emanadas de los órganos internacionales*" de conformidad con lo previsto en el artículo 31 constitucional (en su único aparte)," afirmando entonces *de oficio*, que:

> "el Estado (y, en concreto, la Asamblea Nacional) ha incurrido en una omisión "*de dictar las normas o medidas indispensables para garantizar el cumplimiento de esta Constitución...*", a tenor de lo previsto en el artículo 336.7 ***eiusdem*** en concordancia con lo pautado en la Disposición Transitoria Sexta del mismo texto fundamental."

Es decir, la Sala Constitucional, no sólo desconoció la voluntad del Legislador en eliminar una norma del ordenamiento jurídico, sino que calificó dicha decisión como una "omisión de la Asamblea Nacional de dictar las normas necesarias para dar cumplimiento a las decisiones de los organismos internacionales y/o para resolver las controversias que podrían presentarse en su ejecución," siendo la consecuencia de ello, la declaratoria de la Sala, de oficio, de asumir la competencia, que ni la Constitución ni la ley le atribuyen:

> "para verificar la conformidad constitucional del fallo emitido por la Corte Interamericana de Derechos Humanos, control constitucional que implica lógicamente un "control de convencionalidad" (o de confrontación entre normas internas y tratados integrantes del sistema constitucional venezolano), lo cual debe realizar en esta oportunidad esta Sala Constitucional, incluso de oficio; y así se decide."

En esta forma quedó formalizada por voluntad de la Sala, la "invención" de una nueva modalidad de control de constitucionalidad, la cual puede tener su origen en una acción pero que la Sala declaró que también podría ejercer *de oficio*. No es esta, sin embargo, la primera vez que la Sala Constitucional muta la Constitución específicamente en materia de justicia constitucional.[1585]

En cuanto a la "acción" intentada por el Procurador en este caso, la Sala Constitucional la admitió pura y simplemente, pasando a disponer que como no se trataba de una "demanda" de interpretación de normas o principios del sistema constitucional (artículo 25.17 de la Ley Orgánica del Tribunal Supremo de Justicia), "sino de una modalidad innominada de control concentrado que requiere de la interpretación

---

1585 Véase Allan R. Brewer-Carías, "La ilegítima mutación de la constitución por el juez constitucional: la inconstitucional ampliación y modificación de su propia competencia en materia de control de constitucionalidad. Trabajo elaborado para el *Libro Homenaje a Josefina Calcaño de Temeltas*. Fundación de Estudios de Derecho Administrativo (FUNEDA), Caracas 2009, pp. 319-362; "La ilegítima mutación de la Constitución por el juez constitucional y la demolición del Estado de derecho en Venezuela.," en *Revista de Derecho Político*, Nº 75-76, Homenaje a Manuel García Pelayo, Universidad Nacional de Educación a Distancia, Madrid, 2009, pp. 291-325.

para determinar la conformidad constitucional de un fallo", la Sala, con fundamento en el artículo 98 de la Ley Orgánica del Tribunal Supremo de Justicia, en concordancia con el párrafo primero del artículo 145 *eiusdem*, determinó que "al tratarse de una cuestión de mero derecho," la causa no requería de sustanciación, ignorando incluso el escrito presentado por el Sr. López, entrando a decidir la causa "sin trámite y sin fijar audiencia oral para escuchar a los interesados ya que no requiere el examen de ningún hecho," incluso, "omitiéndose asimismo la notificación a la Fiscalía General de la República, la Defensoría del Pueblo y los terceros interesados," todo ello, a juicio de la Sala, "en razón de la necesidad de impartir celeridad al pronunciamiento por la inminencia de procesos de naturaleza electoral, los cuales podrían ser afectados por la exigencia de ejecución de la sentencia objeto de análisis." La violación al debido proceso y a la necesaria contradicción del proceso constitucional fue evidente, sólo explicable por la urgencia de decidir y complacer al poder.

Quedó en esta forma "formalizada" en la jurisprudencia de la Sala Constitucional en Venezuela, actuando como Jurisdicción Constitucional, y sin tener competencia constitucional alguna para ello, la existencia de una "acción innominada de control de constitucionalidad" destinada a revisar las sentencias de la Corte Interamericana de Derechos Humanos. Es decir, el Estado venezolano, con esta sentencia, estableció un control de las sentencias que la Corte Interamericana pueda dictar contra el mismo Estado condenándolo por violación de derechos humanos, cuya ejecución en relación con el Estado condenado, queda a su sola voluntad, determinada por su Tribunal Supremo de Justicia a su propia solicitud (del Estado condenado) a través del Procurador General de la Republica. Se trata, en definitiva, de un absurdo sistema de justicia en el cual el condenado en una decisión judicial es quien determina si la condena que se le ha impuesto es o no ejecutable. Eso es la antítesis de la justicia.

III. EL TEMA DE LA JERARQUÍA CONSTITUCIONAL DE LOS TRATADOS SOBRE DERECHOS HUMANOS, LA NEGACIÓN DEL PODER DE LOS JUECES A DECIDIR SU APLICACIÓN PREFERENTE, Y EL MONOPOLIO DEL CONTROL DE CONSTITUCIONALIDAD ASUMIDO POR LA SALA RESPECTO DE LAS DECISIONES DE LA CORTE INTERAMERICANA.

La Sala Constitucional del Tribunal Supremo en fecha 17 de octubre de 2011, en franca violación de la Constitución, pasó a conocer de inmediato la "acción innominada intentada por el Procurador General de la República en nombre del Estado condenado, la cual fue decidida en sólo veinte días mediante sentencia N° 1547 (Caso *Estado Venezolano vs. Corte Interamericana de Derechos Humanos*),[1586] en la cual entre las "motivaciones para decidir," la Sala pasó a analizar la sentencia de la Corte Interamericana de Derechos Humanos de 1 de septiembre de 2011, en la cual, como se dijo, la Corte Interamericana declaró responsable internacionalmente al Estado "por haber presuntamente vulnerado el derecho político a ser elegido (sufragio pasivo) del ciudadano Leopoldo López Mendoza con base en unas sanciones de inhabilitación de tres (3) y seis (6) años para el ejercicio de funciones públicas que

1586 Véase en http://www.tsj.gov.ve/decisiones/scon/Octubre/1547-171011-2011-11-1130.html.

le fueron impuestas por el Contralor General de la República;" y en la cual la Corte Interamericana resolvió el caso "mediante la aplicación de lo dispuesto por el artículo 23 de la Convención Americana, porque se trata de sanciones que impusieron una restricción al derecho a ser elegido, sin ajustarse a los requisitos aplicables de conformidad con el párrafo 2 del mismo, relacionado con "*una condena, por juez competente, en proceso penal*" (destacado de la Sala).

Entre los primeros párrafos de la sentencia de la Corte Interamericana que se sometió a revisión judicial, la Sala Constitucional destacó lo siguiente sobre el rango constitucional y la fuerza obligatoria de los Convenios internacionales en materia de derechos humanos en el derecho interno, como lo indica el artículo 23 de la Constitución,[1587] y la obligación de los jueces de ejercer el control de convencionalidad para asegurar su aplicación, en el cual la Corte Interamericana dijo:

> "Pero cuando un Estado es parte de un tratado internacional como la Convención Americana, todos sus órganos, incluidos sus jueces y demás órganos vinculados a la administración de justicia, también están sometidos a aquél, lo cual les obliga a velar para que los efectos de las disposiciones de la Convención no se vean mermadas por la aplicación de normas contrarias a su objeto y fin. Los jueces y órganos vinculados a la administración de justicia en todos sus niveles están en la obligación de ejercer *ex officio* un ´control de convencionalidad`, entre las normas internas y la Convención Americana, en el marco de sus respectivas competencias y de las regulaciones procesales correspondientes. En esta tarea, **los jueces y órganos vinculados a la administración de justicia deben tener en cuenta no solamente el tratado, sino también la interpretación que del mismo ha hecho la Corte Interamericana, intérprete última de la Convención Americana.**" (destacado nuestro)

Esta última afirmación de la Corte Interamericana, que copió la Sala Constitucional en su sentencia, sin embargo, en la misma fue abiertamente contradicha, cuestionando la Sala cualquier valor o jerarquía constitucional que conforme al artículo 23 de la Constitución puedan tener las propias sentencias de la Corte Interamericana.

En efecto, sobre el tema de la jerarquía constitucional de los tratados internacionales en materia de derechos humanos conforme a la mencionada norma del artículo 23 de la Constitución, la Sala Constitucional acudió a lo que ya había decidido anteriormente en su sentencia N° 1942 de 15 de julio de 2003 (Caso: *Impugnación artículos del Código Penal sobre leyes de desacato*),[1588] en la cual había precisado que

---

1587 *Artículo 23.* Los tratados, pactos y convenciones relativos a derechos humanos, suscritos y ratificados por Venezuela, tienen jerarquía constitucional y prevalecen en el orden interno, en la medida en que contengan normas sobre su goce y ejercicio más favorables a las establecidas en esta Constitución y en las leyes de la República, y son de aplicación inmediata y directa por los tribunales y demás órganos del Poder Público. Véase sobre esta norma Allan R. Brewer-Carías, "Nuevas reflexiones sobre el papel de los tribunales constitucionales en la consolidación del Estado democrático de derecho: defensa de la Constitución, control del poder y protección de los derechos humanos," en *Anuario de Derecho Constitucional Latinoamericano*, 13er año, Tomo I, Programa Estado de Derecho para Latinoamérica, Fundación Konrad Adenauer, Montevideo 2007, pp. 63 a 119.

1588 Véase en *Revista de Derecho Público*, N° 93-96, Editorial Jurídica Venezolana, Caracas 2003, pp. 136 ss.

el artículo 23 constitucional, "se refiere a normas que establezcan derechos, *no a fallos o dictámenes de instituciones, resoluciones de organismos, etc., prescritos en los Tratados,* (destacado de la Sala) sino sólo a normas creativas de derechos humanos," es decir,

> "que se trata de una prevalencia de las normas que conforman los Tratados, Pactos y Convenios (términos que son sinónimos) relativos a derechos humanos, pero no de los informes u opiniones de organismos internacionales, que pretendan interpretar el alcance de las normas de los instrumentos internacionales, ya que el artículo 23 constitucional es claro: la jerarquía constitucional de los Tratados, Pactos y Convenios se refiere a sus normas, las cuales, al integrarse a la Constitución vigente, el único capaz de interpretarlas, con miras al Derecho Venezolano, es el juez constitucional, conforme al artículo 335 de la vigente Constitución, en especial, al intérprete nato de la Constitución de 1999, y, que es la Sala Constitucional, y así se declara. (….)

De lo anterior resulta entonces la afirmación de la Sala de que es ella la que tiene el monopolio en la materia de aplicación en el derecho interno de los tratados internacionales mencionados, contradiciendo el texto del artículo 23 de la Constitución que dispone que dichos tratados "son de aplicación inmediata y directa por los tribunales y demás órganos del Poder Público," afirmando, al contrario, que ella es la única instancia judicial llamada a determinar "*cuáles normas sobre derechos humanos de esos tratados, pactos y convenios, prevalecen en el orden interno;" competencia esta última que supuestamente emanaría "de la Carta Fundamental"* – sin decir de cuál norma – afirmando que la misma *"no puede quedar disminuida por normas de carácter adjetivo contenidas en Tratados ni en otros textos Internacionales sobre Derechos Humanos* suscritos por el país" *(destacados de la Sala).* De lo contrario, llegó a afirmar la Sala en dicha sentencia, "se estaría ante una forma de enmienda constitucional en esta materia, sin que se cumplan los trámites para ello, al disminuir la competencia de la Sala Constitucional y trasladarla a entes multinacionales o transnacionales (internacionales), quienes harían interpretaciones vinculantes."

En definitiva, la Sala Constitucional decidió que las sentencias de los tribunales internacionales sobre derechos humanos no eran de aplicación inmediata en Venezuela, sino que a sus decisiones sólo "*se les dará cumplimiento en el país, conforme a lo que establezcan la Constitución y las leyes, siempre que ellas no contraríen lo establecido en el artículo 7 de la vigente Constitución*," concluyendo que "a pesar del respeto del Poder Judicial hacia los fallos o dictámenes de esos organismos, éstos no pueden violar la Constitución de la República Bolivariana de Venezuela, así como no pueden infringir la normativa de los Tratados y Convenios, que rigen esos amparos u otras decisiones"; es decir, que si la Corte Interamericana, por ejemplo, "*amparara a alguien violando derechos humanos de grupos o personas dentro del país, tal decisión tendría que ser rechazada aunque emane de organismos internacionales protectores de los derechos humanos"* (subrayados de la Sala).

Por tanto, no existe órgano jurisdiccional alguno por encima del Tribunal Supremo de Justicia, y si existiera, por ejemplo, en materia de integración económica regional o de derechos humanos, sus decisiones "*no pueden menoscabar la soberanía del país, ni los derechos fundamentales de la República*" (subrayados de la Sala), es decir, en forma alguna pueden contradecir las normas constitucionales venezolanas, pues de lo contrario "carecen de aplicación en el país" Así lo declaró la Sala.

IV. LA REITERACIÓN DE LA NEGACIÓN DEL CARÁCTER SUPRACONSTITUCIONAL DE LOS TRATADOS SOBRE DERECHOS HUMANOS AÚN CUANDO CONTENGAN NORMAS SOBRE SU GOCE Y EJERCICIO MÁS FAVORABLES A LAS ESTABLECIDAS EN LA CONSTITUCIÓN

Ahora, sobre la prevalencia en el orden interno de la Convención Americana sobre Derechos Humanos como tratado multilateral que tiene jerarquía constitucional, afirmó la Sala que ello es solo, conforme al artículo 23 de nuestro texto fundamental, "*en la medida en que contengan normas sobre su goce y ejercicio más favorables*" a las establecidas en la Constitución; pasando entonces a juzgar sobre la constitucionalidad de la sentencia de la Corte Interamericana, comenzando por "determinar el alcance" del fallo "y su obligatoriedad."

Observó para ello la Sala que en dicho fallo se consideró como su "punto central":

> "la presunta violación del derecho a ser elegido del ciudadano Leopoldo López, infringiendo el artículo 23 de la Convención Americana, en vista de que esta disposición exige en su párrafo 2 que la sanción de inhabilitación solo puede fundarse en una condena dictada por un juez competente, en un proceso penal."

Para analizar esta decisión, la Sala Constitucional comenzó por reiterar lo que antes había decidido en la sentencia N° 1939 de 18 de diciembre de 2008 (caso: *Estado Venezolano vs. Corte Interamericana de derechos Humanos, caso Magistrados de la Corte Primera de lo Contencioso Administrativo*)[1589] en el sentido de que la protección internacional que deriva de la Convención Americana es "coadyuvante o complementaria de la que ofrece el derecho interno de los Estados americanos," es decir, que la Corte Interamericana "no puede pretender excluir o desconocer el ordenamiento constitucional interno" que goza de supremacía.

La Sala, además, indicó que el artículo 23 de la Constitución antes citado, contrariando su expreso contenido según el cual "prevalecen en el orden interno" – incluyendo la Constitución -, "en la medida en que contengan normas sobre su goce y ejercicio más favorables a las establecidas en esta Constitución," indicó que:

> "no otorga a los tratados internacionales sobre derechos humanos rango '*supraconstitucional,*' por lo que, en caso de antinomia o contradicción entre una

1589 Véase en *Revista de Derecho Público,* N° 116, Editorial Jurídica venezolana, Caracas 2008, pp. 88 ss. Véase sobre esa sentencia Allan R. Brewer-Carías, "El juez constitucional vs. La justicia internacional en materia de derechos humanos," en *Revista de Derecho Público*, N° 116, (julio-septiembre 2008), Editorial Jurídica Venezolana, Caracas 2008, pp. 249-260; y "La interrelación entre los Tribunales Constitucionales de América Latina y la Corte Interamericana de Derechos Humanos, y la cuestión de la inejecutabilidad de sus decisiones en Venezuela," en Armin von Bogdandy, Flavia Piovesan y Mariela Morales Antonorzi (Coodinadores), *Direitos Humanos, Democracia e Integracao Jurídica na América do Sul*, umen Juris Editora, Rio de Janeiro 2010, pp. 661-701.

disposición de la Carta Fundamental y una norma de un pacto internacional, correspondería al Poder Judicial determinar cuál sería la aplicable, tomando en consideración tanto lo dispuesto en la citada norma como en la jurisprudencia de esta Sala Constitucional del Tribunal Supremo de Justicia, atendiendo al contenido de los artículos 7, 266.6, 334, 335, 336.11 *eiusdem* y el fallo número 1077/2000 de esta Sala."[1590]

V. LA INTERPRETACIÓN DE LA CONSTITUCIÓN CONFORME AL PROYECTO POLÍTICO DEL GOBIERNO Y EL RECHAZO A LOS VALORES UNIVERSALES SOBRE DERECHOS HUMANOS

Adicionalmente la Sala se refirió a otro fallo anterior, N° 1309/2001, en el cual había considerado que "el derecho es una teoría normativa puesta al servicio de la política que subyace tras el proyecto axiológico de la Constitución," de manera que la interpretación constitucional debe comprometerse "con la mejor teoría política que subyace tras el sistema que se interpreta o se integra y con la moralidad institucional que le sirve de base axiológica (*interpretatio favor Constitutione*)." Por supuesto, dicha "política que subyace tras el proyecto axiológico de la Constitución" o la "teoría política que subyace" tras el sistema que le sirve de "base axiológica," no es la que resulta de la Constitución propia del "Estado democrático social de derecho y de justicia," que está montado sobre un sistema político de separación de poderes, democracia representativa y libertad económica, sino el que ha venido definiendo el gobierno contra la Constitución y que ha encontrado eco en las decisiones de la propia Sala, como propia de un Estado centralizado, que niega la representatividad, montado sobre una supuesta democracia participativa controlada y de carácter socialista,[1591] declarando la Sala que los estándares que se adopten para tal interpretación constitucional "*deben ser compatibles con el proyecto político de la Constitución"- que la Sala no deja de llamar como el del "Estado Democrático y Social de Derecho y de Justicia," precisando que:*

> "no deben afectar la vigencia de dicho proyecto con elecciones interpretativas ideológicas que privilegien los derechos individuales a ultranza o que acojan la primacía del orden jurídico internacional sobre el derecho nacional en detrimento de la soberanía del Estado." (subrayados de la Sala)

1590 Se refiere de nuevo la Sala a la sentencia de 22 de septiembre de 2000 (Caso *Servio Tulio León Briceño*), en *Revista de Derecho Público*, N° 83, Editorial Jurídica Venezolana, Caracas 2000, pp. 247 ss.

1591 En los últimos años puede decirse que es la doctrina política socialista, la cual, por supuesto, no está en ninguna parte de la Constitución, y cuya inclusión en la Constitución fue rechazada por el pueblo en la rechazada reforma constitucional de 2007 (Véase Allan R. Brewer-Carías, "La reforma constitucional en Venezuela de 2007 y su rechazo por el poder constituyente originario," en José Ma. Serna de la Garza (Coordinador), *Procesos Constituyentes contemporáneos en América latina. Tendencias y perspectivas*, Universidad Nacional Autónoma de México, México 2009, pp. 407-449). La Sala Constitucional, incluso, ha construido la tesis de que la Constitución de 1999 ahora "privilegia los intereses colectivos sobre los particulares o individuales," habiendo supuestamente cambiado "el modelo de Estado liberal por un Estado social de derecho y de justicia" (sentencia de 5 de agosto de 2008, N° 1265/2008, http://www.tsj.gov.ve:80/decisiones/scon/Agosto/1265-050808-05-1853.htm) cuando ello no es cierto, pues el Estado social de derecho ya estaba en la Constitución de 1961.

Concluyó así, la sentencia, que "*no puede ponerse un sistema de principios supuestamente absoluto y suprahistórico por encima de la Constitución,*" siendo inaceptables las teorías que pretenden limitar "*so pretexto de valideces universales, la soberanía y la autodeterminación nacional*" (Subrayados de la Sala).

De allí concluyó la Sala reiterando lo que ya había ya decidido en la sentencia de 5 de agosto de 2008, N° 1265/2008[1592] en el sentido de que en caso de evidenciarse una contradicción entre la Constitución y una convención o tratado internacional, "*deben prevalecer las normas constitucionales que privilegien el interés general y el bien común, debiendo aplicarse las disposiciones que privilegien los intereses colectivos...(...) sobre los intereses particulares...*"

En el fallo de la Sala Constitucional, la misma también hizo referencia al antes indicado fallo anterior N° 1309/2001, donde se había referido al mismo tema de la interpretación constitucional condicionada "ideológicamente" que debe realizarse conforme a "mejor teoría política que subyace tras el proyecto axiológico de la Constitución" ya que la misma, como derecho, está "puesta al servicio de una política," no debiendo la interpretación verse afectada por "*elecciones interpretativas ideológicas que privilegian los derechos individuales a ultranza o que acojan la primacía del orden jurídico internacional sobre el Derecho Nacional en detrimento de la soberanía del Estado.*" De ello concluyó la Sala que " *la opción por la primacía del Derecho Internacional es un tributo a la interpretación globalizante y hegemónica del racionalismo individualista*" siendo "la nueva teoría" el "combate por la supremacía del orden social valorativo que sirve de fundamento a la Constitución;" afirmando que en todo caso, "el carácter dominante de la Constitución en el *proceso interpretativo no puede servir de pretexto para vulnerar los principios axiológicos en los cuales descansa el Estado Constitucional venezolano*" (Subrayados de la Sala).

En la sentencia N° 1309/2001 la Sala también había afirmado que "el ordenamiento jurídico conforme a la Constitución significa, en consecuencia, salvaguardar a la Constitución misma de toda desviación de principios y de todo apartamiento del proyecto que ella encarna por voluntad del pueblo," procediendo a rechazar todo "sistema de principios supuestamente absoluto y suprahistórico, por encima de la Constitución," y que la interpretación pueda llegar "a contrariar la teoría política propia que sustenta.". Por ello, la Sala negó la validez universal de los derechos humanos, es decir, negó "cualquier teoría propia que postule derechos o fines absolutos," o cualquier "*vinculación ideológica con teorías que puedan limitar, so pretexto de valideces universales, la soberanía y la autodeterminación nacional*" (Subrayado de la Sala).

1592 Véase en http://www.tsj.gov.ve:80/decisiones/scon/Agosto/1265-050808-05-1853.htm

VI. EL ANÁLISIS DEL TEMA DE FONDO SOBRE LAS INHABILITACIONES POLÍTICAS IMPUESTAS POR AUTORIDADES ADMINISTRATIVAS Y EL RECHAZO AL PRINCIPIO DE QUE LAS MISMAS SÓLO PUEDEN SER IMPUESTAS POR DECISIÓN JUDICIAL

Con base en lo anterior, al entrar a considerar el "punto central" de la sentencia de la Corte Interamericana sobre la violación del derecho a ser elegido del ciudadano Leopoldo López, por la inhabilitación administrativa dictada en su contra conforme al artículo 105 de la Ley Orgánica de la Contraloría General de la República y del Sistema Nacional de Control Fiscal, la Sala pasó a referirse a su propia sentencia antes mencionada, la N° 1265/2008 dictada el 5 de agosto de 2008,[1593] cuando al decidir sobre una denuncia de inconstitucionalidad de dicha norma por violentar precisamente lo dispuesto en al artículo 23.2 de la Convención Americana, observó que conforme a dicha norma, se admite la "'reglamentación` de los derechos políticos mediante ley, incluso en atención a razones de "condena, por juez competente, en proceso penal," no aludiendo la misma "a restricción en el ejercicio de estos derechos, sino a su reglamentación," destacando, sin embargo, que de una manera general, el artículo 30 de la Convención Americana "admite la posibilidad de restricción, siempre que se haga conforme a leyes que se dictaren por razones de interés general y con el propósito para el cual han sido establecidas.`" Concluyó la Sala que es posible, de conformidad con la Convención Americana "restringir derechos y libertades, siempre que sea mediante ley, en atención a razones de interés general, seguridad de todos y a las justas exigencias del bien común."

Ahora, al resolver la posible antinomia entre el artículo 23.2 de la Convención Interamericana y la Constitución, la Sala señaló que "la prevalencia del tratado internacional no es absoluta ni automática" siendo sólo posible si el mismo cuando se refiere a derechos humanos, contenga "normas más favorables a las de la Constitución," pasando a preguntarse la propia Sala sobre cuál debían ser los valores que debían tener presente "para determinar cuándo debe considerarse que esa disposición convencional es más favorable que la normativa constitucional interna," siendo su respuesta los supuestos valores derivados del proyecto político subyacente en la Constitución antes mencionado.

De ello concluyó sobre el fondo del tema resuelto por la Corte Interamericana que "la restricción de los derechos humanos puede hacerse conforme a las leyes que se dicten por razones de interés general, por la seguridad de los demás integrantes de la sociedad y por las justas exigencias del bien común," no pudiendo el artículo 23.2 de la Convención Americana "ser invocado aisladamente, con base en el artículo 23 de la Constitución Nacional, contra las competencias y atribuciones de un Poder Público Nacional, como lo es el Poder Ciudadano o Moral." En la citada sentencia N° 1265/2008 dictada el 5 de agosto de 2008, la Sala entonces concluyó que:

> "En concreto, es inadmisible la pretensión de aplicación absoluta y descontextualizada, con carácter suprahistórico, de una norma integrante de una Con-

---

1593 Véase en http://www.tsj.gov.ve:80/decisiones/scon/Agosto/1265-050808-05-1853.htm

vención Internacional contra la prevención, investigación y sanción de hechos que atenten contra la ética pública y la moral administrativa (artículo 271 constitucional) y las atribuciones expresamente atribuidas por el Constituyente a la Contraloría General de la República de ejercer la vigilancia y fiscalización de los ingresos, gastos y bienes públicos (art. 289.1 *eiusdem*); y de fiscalizar órganos del sector público, practicar fiscalizaciones, disponer el inicio de investigaciones sobre irregularidades contra el patrimonio público, e ´imponer los reparos y aplicar las sanciones administrativas a que haya lugar de conformidad con la ley` (art. 289.3 *eiusdem*). En tal sentido, deben prevalecer las normas constitucionales que privilegian el interés general y el bien común, debiendo aplicarse las disposiciones que privilegian los intereses colectivos involucrados en la lucha contra la corrupción sobre los intereses particulares de los involucrados en los ilícitos administrativos; y así se decide".

Finalmente, después de copiar in extenso el Voto concurrente del Magistrado Diego García-Sayán a la sentencia de la Corte Interamericana, la Sala Constitucional indicó pura y simplemente que "aunque coincide casi en su totalidad con el enfoque alternativo del Magistrado García-Sayán, no puede compartir, por los argumentos vertidos en los fallos referidos *supra*, la conclusión de que la sanción de inhabilitación solo puede ser impuesta por una "autoridad judicial."

Sobre este punto, que es precisamente, el tema decidendum en la sentencia de la Corte Interamericana, la Sala Constitucional se refirió de nuevo a su sentencia N°. 1265/2008, en la cual resolvió que en Venezuela, "en atención a la prevención, investigación y sanción de los hechos que atenten contra la ética pública y la moral administrativa (art. 274 Constitución), el Poder Ciudadano está autorizado para ejercer un poder **sancionador sustancialmente análogo al derecho penal**, incluyendo sanciones como las accesorias del artículo 105, cuyo objetivo es la protección del orden social general" (destacado nuestro); llegando a afirmar que "*la ´incapacitación para ejercer diversos empleos`, lo cual podría jurídicamente derivarse de una sentencia, pero también de una sanción administrativa*" (subrayado de la Sala), concluyendo entonces con su afirmación infundada y falsa de que el artículo 65 del Constitución al señalar que

> "no podrán optar a cargo alguno de elección popular quienes hayan sido condenados o condenadas por delitos cometidos durante el ejercicio de sus funciones, [...] no excluye la posibilidad de que tal inhabilitación pueda ser establecida, bien por un órgano administrativo *stricto sensu* o por un órgano con autonomía funcional, como es, en este caso, la Contraloría General de la República."

Ello, por supuesto, es totalmente errado, pues la restricción constitucional al ejercicio de derechos políticos es de interpretación estricta. Es por tanto errado señalar como lo hizo la Sala para llegar a esta conclusión que como la norma "plantea que la prohibición de optar a un cargo público surge como consecuencia de una condena judicial por la comisión de un delito," supuestamente ello no "impide que tal prohibición pueda tener un origen distinto." Ello es errado, pues de lo contrario no habría sido necesario establecer la restricción en la norma constitucional, siendo también errada la conclusión de que la norma sólo habría planteado "una hipótesis," y por tanto "no niega otros supuestos análogos." Esto es contrario al principio de que las restricciones a los derechos políticos establecidas en la Constitución, son sólo las establecidas en la Constitución, cuando es la propia Constitución la que **no ha dejado** la materia a la regulación del legislador.

Por tanto, es errada la conclusión de la Sala en el sentido de que supuestamente tratándose de un asunto de "política legislativa," sea al legislador al cual correspondería asignarle orientación al *ius puniendi* del Estado, de manera que "negar esta posibilidad significaría limitar al órgano legislativo en su poder autonómico de legislar en las materias de interés nacional, según lo prescribe el artículo 187, cardinal 1, en concordancia con el 152, cardinal 32 del Texto Fundamental."[1594]

Al contrario, la política legislativa para el desarrollo del *ius puniendi* tiene que estar enmarcada en la Constitución, cuando sea la Constitución la que remita al legislador para ello. Sin embargo, cuando la Constitución establece que la restricción al ejercicio de un derecho político como el derecho al sufragio pasivo sólo puede limitarse por condena penal mediante decisión judicial, ello implica sólo eso, no pudiendo el legislador establecer otras restricciones que sean impuestas por autoridades administrativas.

VII. LA PONDERACIÓN ENTRE LA CONVENCIÓN AMERICANA Y OTROS TRATADOS INTERNACIONALES COMO LOS RELATIVOS A LA LUCHA CONTRA LA CORRUPCIÓN

Por otra parte, la Sala destacó que la Convención Americana no es el único tratado suscrito por Venezuela relativo a derechos humanos y, en consecuencia, de rango constitucional a tenor de lo previsto en el artículo 23 de la Constitución Nacional, que debe ser tomado en consideración para resolver sobre la ejecución del fallo de la Corte Interamericana, haciendo alusión específicamente a la Convención Interamericana contra la Corrupción de 1996, que obliga a los Estados Americanos a tomar las medidas apropiadas contra las personas que cometan actos de corrupción en el ejercicio de las funciones públicas o específicamente vinculados con dicho ejercicio, "**sin exigir que tales medidas sean necesariamente jurisdiccionales**." (destacado nuestro), concluyendo de las normas de esta Convención, que los "mecanismos modernos para prevenir, detectar, sancionar y erradicar las prácticas corruptas" (subrayado de la Sala) que deben desarrollar los Estados, a juicio de la Sala, "deben ser entendidos **como aquellos que se apartan y diferencian de los tradicionales, que exigen una sentencia penal firme por la comisión de un delito,**" "sin que se pueda concluir del contenido de dicha disposición que las conductas cuestionadas deban ser **necesariamente objeto de condena judicial**" (destacados nuestro). La Sala enumeró, así en su sentencia los órganos encargados en los diversos países de la ejecución de la Convención, generalmente de orden administrativos, siendo ello atribuido en Venezuela, como "autoridad central," al Consejo Moral

1594 La Sala adicionalmente citó en su sentencia N° 1260 del 11 de junio de 2002 *(caso: Víctor Manuel Hernández y otro contra el artículo 38, parágrafo Segundo, 52, y 54 de la Ley para Promover y Proteger el Ejercicio de la Libre Competencia)* en relación con el *jus puniendi* y la supuesta diferencia entre el derecho administrativo sancionador y el derecho pena, concluyendo que entre ambos "no existen diferencias de tipo material, sino que la gran diferencia es relativa al ámbito normativo."

Republicano constituido por la Contraloría General de la República, la Fiscalía General de la República y la Defensoría del Pueblo.

En la sentencia la Sala también hizo referencia a la Convención de las Naciones Unidas contra la Corrupción" suscrita en 2003, donde se hace referencia a la obligación de los Estados de "*procurar evaluar periódicamente los instrumentos jurídicos y las medidas administrativas pertinentes a fin de determinar si son adecuadas para combatir la corrupción*" (subrayado de la sala). Concluyendo que "no existe limitación alguna a que se trate *exclusivamente de tribunales*," destacando que conforme al artículo 30.7 de dicha Convención se establece "la posibilidad *de inhabilitar* "por mandamiento judicial *u otro medio apropiado y por un periodo determinado por su derecho interno*" a los sujetos de corrupción" (subrayado del fallo); y que la previsión de sanciones distintas a las judiciales se reitera en las Disposiciones Finales de la misma Convención (Capítulo VIII, artículo 65).

De todo ello, la Sala Constitucional en su sentencia N° 1547 (Caso *Estado Venezolano vs. Corte Interamericana de Derechos Humanos*) de fecha 17 de octubre de 2011, concluyó que:

> "aun si se pretendiera otorgar un sentido literal y restrictivo al artículo 23 de la Convención Interamericana, impidiendo la inhabilitación de un ciudadano para el ejercicio de cargos públicos por razones de corrupción, limitando la posibilidad de sanción a una sentencia judicial; podemos advertir que tal Tratado no es el único que forma parte integrante del sistema constitucional venezolano según el artículo 23 de nuestra Carta Fundamental. La prevalencia de las normas que privilegien el interés general y el bien común sobre los intereses particulares dentro de un Estado social de derecho y de justicia obligan al Estado venezolano y a sus instituciones a aplicar preferentemente las Convenciones Interamericana y de la ONU contra la corrupción y las propias normas constitucionales internas, que reconocen a la Contraloría general de la República como un órgano integrante de un Poder Público (Poder Ciudadano) competente para la aplicación de sanciones de naturaleza administrativa, como lo es la inhabilitación para el ejercicio de cargos públicos por hechos de corrupción en perjuicio de los intereses colectivos y difusos del pueblo venezolano."

Sin embargo, ante este pronunciamiento dictado con motivo de ejercer el control de constitucionalidad de la sentencia de la Corte Interamericana, la Sala Constitucional se apresuró a afirmar, que

> "no se trata de interpretar el contenido y alcance de la sentencia de la Corte Interamericana de Derechos Humanos, ni de desconocer el tratado válidamente suscrito por la República que la sustenta o eludir el compromiso de ejecutar las decisiones según lo dispone el artículo 68 de la Convención Interamericana de Derechos Humanos,"

No, de eso no se trata, sino que, a juicio de la Sala, de lo que se trata es:

> "de aplicar un estándar mínimo de adecuación del fallo al orden constitucional interno, lo cual ha sucedido en otros casos y ejercer un "control de convencionalidad" respecto de normas consagradas en otros tratados internacionales válidamente ratificados por Venezuela, que no fueron analizados por la senten-

cia de la Corte Interamericana de Derechos Humanos del 1 de septiembre de 2011, como lo son las consagradas en la Convención Interamericana contra la Corrupción y la Convención de las Naciones Unidas contra la Corrupción>

Y ha sido precisamente ello, lo que supuestamente habría "obligado" a la Sala Constitucional "a ponderar un conjunto de derechos situados en el mismo plano constitucional y concluir en que debe prevalecer la lucha contra la corrupción como mecanismo de respeto de la ética en el ejercicio de cargos públicos, enmarcada en los valores esenciales de un Estado democrático, social, de derecho y de justicia," y decidir indicando que "no puede ejercerse una interpretación aislada y exclusiva de la Convención Americana de Derechos Humanos sin que con ello se desconozca el "*corpus juris del Derecho Internacional de los Derechos Humanos,*" a los que ha aludido la propia Corte Interamericana en la sentencia del 24 de noviembre de 2004, caso: Trabajadores Cesados del Congreso vs. Perú, sus Opiniones Consultivas de la CIDH Nº OC-16/99 y Nº OC-17/2002.

VIII. LA DENUNCIA DE USURPACIÓN CONTRA LA CORTE INTERAMERICANA Y LA DECLARACIÓN DE "INEJECUCIÓN" DE SU SENTENCIA

Finalmente la Sala Constitucional acusó a la Corte Interamericana de Derechos Humanos de persistir

> "en desviar la teleología de la Convención Americana y sus propias competencias, emitiendo órdenes directas a órganos del Poder Público venezolano (Asamblea Nacional y Consejo Nacional Electoral), usurpando funciones cual si fuera una potencia colonial y pretendiendo imponer a un país soberano e independiente criterios políticos e ideológicos absolutamente incompatibles con nuestro sistema constitucional."

De lo cual concluyó declarando

> "inejecutable el fallo de la Corte Interamericana de Derechos Humanos, de fecha 1 de septiembre de 2011, en el que se condenó al Estado Venezolano, a través "*de los órganos competentes, y particularmente del Consejo Nacional Electoral (CNE),*" a asegurar "*que las sanciones de inhabilitación no constituyan impedimento para la postulación del señor López Mendoza en el evento de que desee inscribirse como candidato en procesos electorales";* anuló las Resoluciones del 24 de agosto de 2005 y 26 de septiembre de 2005, dictadas por el Contralor General de la República, por las que inhabilitaron al referido ciudadano al ejercicio de funciones públicas por el período de 3 y 6 años, respectivamente; se condenó a la República Bolivariana de Venezuela al pago de costas y a las adecuación del artículo 105 de la Ley Orgánica de la Contraloría General de la República y el Sistema Nacional de Control Fiscal."

Es decir, la Sala resolvió que la sentencia de la Corte Interamericana en su conjunto, es inejecutable en Venezuela, con la advertencia –cínica, por lo demás-, de que, sin embargo:

> "la inhabilitación administrativa impuesta al ciudadano Leopoldo López Mendoza no le ha impedido, ni le impide ejercer los derechos políticos consagrados en la Constitución. En tal sentido, como todo ciudadano, goza del derecho de sufragio activo (artículo 63); del derecho a la rendición de cuentas (artículo 66); derecho de asociación política (el ciudadano López Mendoza no solo ha ejercido tal derecho, sino que ha sido promotor y/o fundador de asociaciones y partidos políticos); derecho de manifestación pacífica (el ciudadano López Mendoza ha ejercido ampliamente este derecho, incluyendo actos de proselitismo político); así como, el derecho a utilizar ampliamente los medios de participación y protagonismo del pueblo en ejercicio de su soberanía (artículo 70), incluyendo las distintas modalidades de participación "referendaria", contempladas en los artículos 71 al 74 eiusdem, en su condición de elector."

Se destaca, sin embargo, que la Sala Constitucional no mencionó en esta enumeración de "los derechos políticos consagrados en la Constitución" ni el derecho pasivo al sufragio (el derecho a ser electo para cargos públicos), ni el derecho a ejercer cargos públicos, que son precisamente los que le impide ejercer la decisión de la Contraloría General de la República y violando lo previsto en la Convención Americana y en la propia Constitución, procedió a "aclarar" lo que no requería aclaratoria, en el sentido de que:

> "la inhabilitación administrativa difiere de la inhabilitación política, en tanto y en cuanto la primera de ellas sólo está dirigida a impedir temporalmente el ejercicio de la función pública, como un mecanismo de garantía de la ética pública y no le impide participar en cualquier evento político que se realice al interior de su partido o que convoque la llamada Mesa de la Unidad Democrática."

Ello no requería "aclararse" pues es bien evidente que las decisiones de la Contraloría o del Estado a través de cualquiera de sus órganos no le puede impedir a un ciudadano poder participar en los eventos políticos internos de las asociaciones políticas o a las cuales pertenezca o en eventos por estas convocados, de manera que la "aclaratoria" no es más que una deliberada expresión de confusión por parte de la Sala; y más aún con la frase final de la decisión que adoptó (dispositivo No. 2), luego de declarar inejecutable la sentencia de la Corte Interamericana en el sentido decidir que:

> "2) La Sala declara que el ciudadano Leopoldo López Mendoza goza de los derechos políticos consagrados en la Constitución de la República Bolivariana de Venezuela, por tratarse solo de una inhabilitación administrativa y no política."

Sin embargo, como se dijo, antes había enumerado la Sala en forma expresa cuáles eran los derechos políticos que el Sr. López podía ejercer estando vigente la inhabilitación política que le había impuesto la Contraloría, refiriéndose la Sala expresamente sólo a el "derecho de sufragio activo (artículo 63); del derecho a la rendición de cuentas (artículo 66); derecho de asociación política '[…]; derecho de manifestación pacífica […]; derecho a utilizar ampliamente los medios de participación y protagonismo del pueblo en ejercicio de su soberanía (artículo 70)," y derecho "de participación "referendaria" (artículos 71 al 74) "en su condición de elector." La Sala, por tanto se cuidó de no indicar que el Sr. López podía ejercer su derecho político al sufragio pasivo, derecho a ser electo y a ejercer cargos públicos electivos, que fueron precisamente los restringidos inconstitucionalmente por la Contraloría General de la República.

IX. LA INTERPRETACIÓN Y ACLARACIÓN DE LA SENTENCIA DE LA SALA CONSTITUCIONAL EN FORMA *EX POST FACTO* Y EXTRA PROCESO, MEDIANTE "COMUNICADO DE PRENSA" POR PARTE DE LA PRESIDENTA DE LA SALA CONSTITUCIONAL

Sin embargo, el mismo día en el cual se publicó la sentencia de la Sala Constitucional, la presidenta del Tribunal Supremo de Justicia y de dicha Sala, expresó mediante un "Comunicado de Prensa"[1595] un criterio distinto al que se había expuesto en la sentencia, agregando mayor confusión sobre sus efectos, y en particular sobre los derechos políticos que supuestamente podía ejercer el Sr. López.

Dicha Presidente del Tribunal Supremo, en efecto, comenzó por expresar, al referirse a la sentencia de la Sala Constitucional "que declaró inejecutable el fallo de la Corte Interamericana de Derechos Humanos" que había condenado al Estado venezolano, primero, que "los convenios suscritos por la República Bolivariana de Venezuela no pueden tener carácter supra constitucional, pues sus disposiciones deben ajustarse y enmarcarse en los postulados de la Carta Magna;" y que "Venezuela no puede retroceder en los avances que ha logrado en la lucha contra la corrupción," asegurando entre otras cosas, "que **las sanciones de inhabilitación no constituyan impedimento para la postulación de Leopoldo López Mendoza en eventos electorales**" (destacado nuestro).

Ahora bien, frente a esta afirmación de que las sanciones de inhabilitación "no constituyan impedimento para la postulación en eventos electorales," la pregunta elemental es cómo puede, en efecto, pensarse que alguien pueda tener derecho a postularse para la elección de un cargo electivo de representación popular, sin tener derecho a poder ejercer dicho cargo porque se lo impide la Contraloría General de la República? Lo que dijo la Sra. Presidenta de la Sala Constitucional, ni más ni menos es como decir, que una persona inhabilitada para ejercer cargos públicos, sin embargo, puede postularse para ser electo para un cargo público, pero una vez electo no puede ejercer dicho cargo para el cual fue electo !!

La postulación a un cargo de elección popular no es sino la primera fase del ejercicio del derecho pasivo al sufragio que implica además de la postulación, el derecho a ser elegido, y en caso de que así ocurra, el derecho a ejercer el cargo para el cual fue electo. De resto, no es más que una cómica situación la que informó la Sra. Presidenta del Tribunal Supremo: que una persona inhabilitada para ejercer cargos públicos por la Contraloría, puede postularse para cargos de elección popular, y por tanto, con la posibilidad de salir electo, pero para nada, pues no puede ejercer el cargo porque ha sido inhabilitado.

1595 Véase Nota de Prensa del Tribunal Supremo: "Es inejecutable que Venezuela retroceda en sus avances en la lucha contra la corrupción" Afirmó la presidenta del TSJ; magistrada Luisa Estella Morales Lamuño, Autor: Redacción TSJ, Fecha de publicación: 17/10/2011. Véase en http://www.tsj.gov.ve/-informacion/notasdeprensa/notasdeprensa.asp?codigo=8848.

Expresó en efecto, la Sra. Presidenta del Tribunal Supremo que:

> "del análisis realizado por la Sala Constitucional el ciudadano López Mendoza goza **de todos** sus derechos políticos, por lo que puede elegir **y ser elegido** en los eventos electorales en los que decida participar."

Y reiteró que "la Constitución de la República Bolivariana de Venezuela es profundamente garantista, y que salvaguarda los derechos políticos de la ciudadanía" precisando que "Leopoldo López Mendoza **sí goza de todos sus derechos políticos**, tal como lo expresa el dictamen (*sic*)."

Ello es por supuesto, totalmente falso, y lo que pone en evidencia, para ser benevolentes, es que, por lo visto, la Presidenta no leyó lo que efectivamente dijo en la sentencia que firmó, pues la misma no incluyó – inconstitucionalmente por lo demás - en su contenido y enumeración de los derechos políticos que podía ejercer el Sr. López, al derecho a ser elegido (derecho pasivo al sufragio); es decir, se cuidó de decidir que el Sr. López **no gozaba de todos sus derechos políticos**.

Sin embargo, teniendo en cuenta la "interpretación" que hizo la Sra. Presidenta del Tribunal Supremo de la sentencia, la conclusión era que se trató de una modificación, *ex post facto*, introducida mediante un "Comunicado de Prensa" a la sentencia dictada, indicando que el Sr. López **si puede ejercer su derecho pasivo al sufragio y si puede "ser elegido,"** pero aclarando a renglón seguido que una vez que resultare electo, si ese hubiese sido el caso, respecto al ejercicio del cargo para el cual resultare electo, ello sería una "situación futura derivada de tal participación" que "no estuvo en el análisis de la Sala, ya que no puede pronunciarse sobre hechos que no han ocurrido." Por lo que, si todo ello hubiese sucedido, ya estaba "avisado" el Sr. López de lo que le podía haber pasado. Más clara no podía ser esta modificación al fallo dictada por la Presidencia del Tribunal Supremo en el "Comunicado de Prensa;" y como la Sala se atribuyó el poder de ejercer de oficio este control de constitucionalidad de las sentencias de la Corte Interamericana, nadie le hubiera tenido que requerir su futura y anunciada acción.

Crear mayor y deliberada confusión, era realmente imposible,[1596] al punto de que en el diario *El Mundo* de España del día 18 de octubre de 2011, la noticia se tituló así: "El Supremo venezolano permite que Leopoldo López sea candidato en 2012," precisándose sin embargo, en los subtítulos que: "El Tribunal aclara que el opositor

---

1596 Según se reseña en **la patilla.com**, la Contralora General de la República, en medio de la confusión, declaró el día 18 de octubre de 2011, que "el líder opositor Leopoldo López, uno de los aspirantes a ser candidato en las elecciones presidenciales del 7 de octubre del próximo año, no puede desempeñar ningún cargo público hasta 2014. No puede desempeñar cargos públicos, ni por elección, nombramiento, contrato ni designación. ¿El cargo de alcalde, de concejal, de presidente, de gobernador es un cargo público o no? Sí lo es, entonces (López) no puede desempeñar esos cargos públicos dijo Adelina González, Contralora General en funciones. En declaraciones a la televisión estatal, González descartó el supuesto "limbo" en el que quedó López luego de que la presidenta del Tribunal Supremo de Justicia (TSJ), Luisa Estella Morales, indicara que López se podía postular a las elecciones aunque evitando pronunciarse sobre qué ocurriría en caso de ser elegido. Véase "Según la Contralora si López se postula sería "un fraude a la Ley," en http://www.lapatilla.com/si-te/2011/10/18/segun-la-contralora-si-lopez-se-postula-seria-un-fraude-a-la-ley/.

sí puede presentarse a las elecciones; Lo que se ha rechazado es el fallo de la Corte Interamericana que condenaba al Estado por la 'inhabilitación' para ejercer cargos públicos de López; Por lo tanto, López puede ser candidato pero no se sabe si podrá ejercer. El Tribunal dijo que aplicar aquel fallo infringiría las leyes nacionales." 1597 En la nota de prensa publicada en este Diario se afirmó que:

> "El Tribunal Supremo venezolano (TSJ) **aclaró** este lunes que la decisión de la Sala Constitucional de declarar no ejecutable un fallo de la Corte Interamericana de Derechos Humanos a favor de Leopoldo López no impide al político opositor presentar su candidatura a las elecciones presidenciales."
>
> La presidenta del TSJ de Venezuela, Luisa Estella Morales, señaló que López se puede postular, pero el fallo de Corte Interamericana (CorteIDH), que obliga a suspender la inhabilitación administrativa del político para ejercer cargo público, es "inejecutable" porque no se pueden anular las decisiones de la Contraloría.
>
> "Leopoldo López tiene pleno derecho a elegir y ser electo, puede concurrir ante el Consejo Nacional Electoral inscribirse y participar en cualquier elección que se realice (...) libremente puede hacerlo", aclaró Estella en una conferencia de prensa.
>
> No obstante, subrayó que "son inejecutables en primer lugar la nulidad de las resoluciones administrativas de la Contraloría y también "la nulidad de los actos administrativos por los cuales se inhabilitó administrativamente al ciudadano Leopoldo López."

Preguntada sobre la posibilidad de que López fuera elegido en los comicios para la Presidencia, convocados para el 7 de octubre de 2012, Morales se excusó de pronunciarse "acerca de situaciones futuras."

> "Llegará el momento de que si eso ocurriese tendríamos que pronunciarnos, pero en este momento es ciertamente una posición incierta y futura sobre la cual la Sala no podría pronunciarse," señaló"

Con esta "aclaratoria" a la decisión adoptada mediante declaraciones públicas dadas por la Presidenta del Tribunal Supremo de Justicia, lo que hizo el Tribunal Supremo fue consolidar la incertidumbre y el desconcierto político en el país, dejando vigente la sanción de inhabilitación política que dictó la Contraloría General de la República contra el Sr. Leopoldo López y en lo que resultó una especie de crónica de una inhabilitación política anunciada, impuso el siguiente itinerario que podía desarrollarse en este caso entre 2011 y 2012:

Primero, en el texto de la sentencia, declaró que entre los derechos políticos que enumeró expresamente como los que podía ejercer el Sr. López **no estaba el derecho pasivo al sufragio, es decir, el derecho a ser electo**;

1597 Véase en http://www.elmundo.es/america/2011/10/17/venezuela/1318884331.html.

Segundo, sin embargo, en la "aclaratoria" a la sentencia que dictó la Presidenta del Tribunal Supremo, la misma declaró que el Sr. López **sí se podía postular para cargos electivos y tenía derecho a ser electo,** lo que por si generó incertidumbre sobre si efectivamente gozaba o no tal derecho conforme a la sentencia de la Sala;

Tercero, lo anterior le planteaba al Sr. López la **disyuntiva de participar o no en el proceso – elecciones primarias – para la selección del candidato presidencial** de oposición, pero con la certeza de que si no lo hacía ello hubiera sido por su propia voluntad y no porque se lo hubiese "impuesto" la Sala;

Cuarto, si hubiese llegado a salir electo en las elecciones primarias, ello le hubiera planteado una **nueva disyuntiva de postularse o no como candidato presidencial en la elección presidencial**, pero si no lo hacía ello también hubiera sido por su propia voluntad y no porque se lo hubiese impuesto la Sala; y

Quinto, si hubiese llegado a ganar la elección presidencial, la posibilidad de que hubiese podido ejercer el cargo para el cual habría sido electo hubiera quedado entonces en manos del Tribunal Supremo de Justicia, el cual, en ese momento, y sólo en ese momento se pronunciaría sobre lo que al dictar su sentencia consideró como una "situación incierta y futura."

Posteriormente, para agregar algo más a la confusión e incertidumbre, la misma Presidenta del Tribunal Supremo de Justicia en una entrevista de televisión, ratificó que la sentencia de la Corte Interamericana de Derechos Humanos "que ordena restituir los derechos políticos al ex alcalde del municipio Chacao del Estado Miranda, Leopoldo López, no puede ser cumplida por la justicia venezolana," indicando, sin embargo, que dicho ciudadano contaba "con todos sus derechos políticos" lo que no era cierto, pues se le había negado el derecho pasivo al sufragio, agregando que podía "hacer campaña o fundar partidos, [pero] lo que no puede es ejercer cargos de administración pública."[1598]

La Presidenta del Tribunal Supremo indicó, además, que la sentencia de la Corte Interamericana confundía "la inhabilitación política con la inhabilitación administrativa," sin percatarse que cuando dicha "inhabilitación administrativa" impide a un funcionario electo ejercer el cargo para el cual fue electo, se convierte en una inhabilitación política; pues aunque la Magistrada parecía ignorarlo, el derecho a ejercer cargos públicos de elección popular es un derecho político. De manera que cuando se impone una sanción de inhabilitación administrativa que según la Presidenta del Tribunal era "de otra naturaleza [pues] es para poder administrar o manejar fondos públicos," y ello impide a un funcionario electo ejercer el cargo para el cual resultó electo, implica que se lo inhabilita políticamente.

La Corte Interamericana no "se basó en hechos que no correspondían a la realidad" como dijo la Presidenta del Tribunal considerando que la Corte Interamericana

---

1598 Véase reportaje del programa "Dando y Dando transmitido por la estatal Venezolana de Televisión," realizado por Rafael Rodríguez, en *El Universal*, Caracas 8-11-2011. En http://www.eluniversal.com/nacional-y-politica/111108/morales-no-podemos-levantar-inhabilitacion-adminstrativa-a-lopez.

había tratado "el caso del ciudadano Leopoldo López como si él estuviera inhabilitado políticamente y el señor Leopoldo López nunca estuvo inhabilitado políticamente, él tuvo una sanción de carácter administrativo que en Venezuela está perfectamente establecida."

En fin, ignorando el propio texto de su sentencia, la Presidenta del Tribunal afirmó que la Corte Interamericana confundió "sin entrar a analizar lo que es el derecho interno venezolano,[…]dos tipos de inhabilitaciones diferentes," pues según la Presidenta del Tribunal López podía "hacer campaña y fundar partidos, lo que no puede es ocupar cargos administrativos," y las actividades políticas que pueda hacer "no puede confundirse con las condiciones de elegibilidad ese es otro punto que no se ha presentado..." Lo que no explicó la Presidenta del Tribunal es cómo puede decirse que una persona no está inhabilitada políticamente si pudiendo ser electa para ocupar un cargo ejecutivo (como el de Alcalde, Gobernador o Presidente) que implica administrar o manejar fondos, en definitiva, no lo puede ejercer el cargo para el cual fue electo cuando exista contra la misma una sanción de inhabilitación administrativa.[1599]

De todo ello, lo que quedaba claro era que independientemente de si el Sr. López iba o podía resultar o no electo, respecto de él, y del propio futuro del país, la situación política subsiguiente no dependía de la voluntad del pueblo soberano, sino de la decisión de un Tribunal Supremo que además de usurpar el poder constituyente y rebelarse contra las decisiones del tribunal internacional encargado de la protección de los derechos humanos en América, se reservaba en definitiva el derecho de anular o no la voluntad popular de acuerdo con las circunstancias que se presentasen en el futuro.

Nueva York, Junio 2012

SECCIÓN CUARTA:

EL JUEZ CONSTITUCIONAL Y EL DESPRECIO A LAS SENTENCIAS DE LA CORTE INTERAMERICANA DE DERECHOS HUMANOS (RECAPITULACIÓN)

Texto base de las conferencias dictadas en el "Conversatorio: Primer Centenario de la Justicia Administrativa en Bolívar. Contribuyendo al Fortalecimiento del Estado de Derecho", organizado por el Tribunal Administrativo de Bolívar y la Universidad San Buenaventura de Cartagena, con la participación del Consejo de Estado, Cartagena 24 de julio de 2014; y en el "5º Coloquio Iberoamericano: Estado Constitucional y Sociedad" organizado por la Universidad Veracruzana y el Poder Judicial del Estado de Veracruz, Xalapa 6 y 7 de noviembre de 2014

1599 Dijo la Presidenta del Tribunal: ""El ciudadano Leopoldo López no está inhabilitado políticamente ni ha estado; él puede ejercer todos sus derechos políticos, en Venezuela hay una gama de derechos políticos extensos, se fundan partidos, se puede hacer campaña electoral, se puede hacer cualquier tipo de gestión, ahora, eso no debe confundirse cuando se opta a un cargo de elección popular con las condiciones de elegibilidad."

I. EL CARÁCTER VINCULANTE DE LAS SENTENCIAS DE LA CORTE INTERAMERICANA DE DERECHOS HUMANOS, Y LAS PRIMERAS MANIFESTACIONES DE DESACATO POR LOS ESTADOS: EL CASO DEL PERÚ EN 1999

Al reconocer los Estados Partes de la Convención Americana de Derechos Humanos, la jurisdicción de la Corte Interamericana de Derechos Humanos, como lo expresa el artículo 68.1 de la Convención, los mismos "se comprometen a cumplir la decisión de la Corte en todo caso en que sean partes."

Más clara no puede haberse expresado esta obligación sobre la cual la propia Corte Interamericana tuvo ocasión de pronunciarse en su la sentencia dictada en el caso *Castillo Petruzzi y otros vs. Perú* el 4 de septiembre de 1998 (Excepciones Preliminares) [1600] al desestimar la excepción que había alegado el Estado peruano contra la competencia de la Corte Interamericana basándose en el supuesto "desconocimiento" por parte de la misma "de los principios de soberanía y jurisdicción," considerando que "la decisión soberana de cualquier organismo jurisdiccional del Perú no podía ser modificada y menos aún dejada sin efecto por ninguna autoridad nacional, extranjera o supranacional."

Al decidir sobre este alegato, la Corte Interamericana comenzó por "recordarle" al Estado que el Perú había "suscrito y ratificado la Convención Americana," y que con ello "aceptó las obligaciones convencionales" contenidas en la misma, y ello lo había hecho, "precisamente en el ejercicio de su soberanía (par. 110), por lo que:

> "Al constituirse como Estado Parte en la Convención, el Perú admitió la competencia de los órganos del sistema interamericano de protección de los derechos humanos, y por ende se obligó, también en ejercicio de su soberanía, a participar en los procedimientos ante la Comisión y la Corte y asumir las obligaciones que derivan de éstos y, en general, de la aplicación de la Convención" (párr. 102).

Concluyó la Corte Internacional desestimando la excepción del Estado, indicándole al Perú que así las víctimas hubiesen actuado en ese caso, como lo afirmaba el Perú, en forma inconsecuente con las disposiciones de la Convención y de la ley nacional a la que debían sujetarse, ello en ningún caso releva al Estado de su obligación "de cumplir las obligaciones que éste asumió como Estado Parte en la Convención."

Posteriormente, en el mismo caso, la Corte Interamericana de Derechos Humanos dictó la sentencia de 30 de mayo de 1999 (Serie C, núm. 52), sobre el fondo, y ejerciendo el control de convencionalidad condenó al Estado peruano por violación de los derechos humanos de las víctimas indicados en los artículos 20; 7.5; 9; 8.1; 8.2.b,c,d y f; 8.2.h; 8.5; 25; 7.6; 5; 1.1 y 2, declarando además "la invalidez, por ser incompatible con la Convención," del proceso penal que se había seguido contra de los señores Jaime Francisco Sebastián Castillo Petruzzi y otros, ordenando que se

---

1600 Véase en http://www.corteidh.or.cr/docs/casos/articulos/seriec_41_esp.pdf.

les garantizase "un nuevo juicio con la plena observancia del debido proceso legal." Ordenó, además, la Corte:

> "al Estado, adoptar las medidas apropiadas para reformar las normas que han sido declaradas violatoria de la Convención Americana sobre Derechos Humanos en la presente sentencia y asegurar el goce de los derechos consagrados en la Convención Americana sobre derechos Humanos a todas las personas que se encuentran bajo su jurisdicción, sin excepción alguna."

En relación con esa decisión de la Corte Interamericana, sin embargo, la Sala Plena del Consejo Supremo de Justicia Militar del Perú se negó a ejecutar el fallo, considerando en una decisión, entre otras cosas:

> "que el poder judicial *"es autónomo y en el ejercicio de sus funciones sus miembros no dependen de ninguna autoridad administrativa, lo que demuestra un clamoroso desconocimiento de la Legislación Peruana en la materia"; que "pretenden desconocer la Constitución Política del Perú y sujetarla a la Convención Americana sobre Derechos Humanos en la interpretación que los jueces de dicha Corte efectúan ad-libitum en esa sentencia"*; que el fallo cuestionado, dictado por el Tribunal Supremo Militar Especial, adquirió la fuerza de la cosa juzgada, *"no pudiendo por lo tanto ser materia de un nuevo juzgamiento por constituir una infracción al precepto constitucional"; que "en el hipotético caso que la sentencia dictada por la Corte Interamericana fuera ejecutada en los términos y condiciones que contiene, existiría un imposible jurídico para darle cumplimiento bajo las exigencias impuestas por dicha jurisdicción supranacional"*, pues *"sería requisito ineludible que previamente fuera modificada la Constitución" y que "la aceptación y ejecución de la sentencia de la Corte en este tema, pondría en grave riesgo la seguridad interna de la República."* [1601]

Lo contrario es precisamente lo que deriva del control de convencionalidad atribuido a la Corte Interamericana. Sin embargo, con base en esa declaración adoptada por la Sala Plena del Consejo Supremo de Justicia Militar del Perú donde planteaba la inejecutabilidad del fallo de 30 de mayo de 1999, el Estado Peruano alegó ante la Corte Interamericana que ésta, con su sentencia, pretendía "invalidar y ordenar la modificación de normas constitucionales y legales," lo que afectaba "la soberanía del Estado."

Ante el incumplimiento, la Corte Interamericana dictó una nueva decisión (Resolución) el 17 de noviembre de 1999 ("Cumplimiento de la sentencia') [1602] conside-

---

1601 Esta cita es extraída de la sentencia N° 1.939 de la Sala Constitucional del Tribunal Supremo de Venezuela de 18 de diciembre de 2008 (Caso *Abogados Gustavo Álvarez Arias y otros*), en la cual también se declaró inejecutable una sentencia de la Corte Interamericana de Derechos Humanos. Véase en http://www.tsj.gov.ve/decisiones/scon/Diciembre/1939-181208-2008-08-1572.html.

1602 Véase en http://www.corteidh.or.cr/docs/casos/articulos/Seriec_59_esp.pdf Véase también referencias a este caso en: Sergio García Ramírez (Coord.), *La Jurisprudencia de la Corte Interamericana de Derechos Humanos*, Universidad Nacional Autónoma de México, Corte Interamericana de Derechos Humanos, México, 2001, pp. 628-629.

rando que "el artículo 68.1 de la Convención Americana sobre Derechos Humanos estipula que "los Estados Partes en la Convención se comprometen a cumplir la decisión de la Corte en todo caso en que sean partes," por lo que "las obligaciones convencionales de los Estados Partes vinculan a todos los poderes y órganos del Estado," resolviendo que el Estado tenía el deber de cumplir la sentencia, ya que dicha:

> "[...] obligación corresponde a un principio básico del derecho de la responsabilidad internacional del Estado, respaldado por la jurisprudencia internacional, según el cual los Estados deben cumplir sus obligaciones convencionales de buena fe (*pacta sunt servanda*) y, como ya ha señalado esta Corte, no pueden por razones de orden interno dejar de asumir la responsabilidad internacional ya establecida." (par. 4).

Lo anterior ocurrió durante el régimen autoritario que tuvo el Perú en la época del Presidente Fujimori, lo que condujo a que dos meses después de dictarse la sentencia de la Corte Interamericana del 30 de mayo de 1999, el Congreso del Perú aprobase el 8 de julio de 1999 el retiro del reconocimiento de la competencia contenciosa de la Corte, lo que se depositó al día siguiente en la Secretaría General de la OEA.

Este retiro, sin embargo, fue declarado inadmisible por la propia Corte Interamericana en la sentencia del caso *Ivcher Bronstein* de 24 de septiembre de 1999, considerando que un "Estado parte sólo puede sustraerse a la competencia de la Corte mediante la denuncia del tratado como un todo,"[1603] que fue lo que en definitiva ocurrió doce años después, en Venezuela, en 2012, después de haber desacatado el Estado las sentencias de la Corte Interamericana.[1604]

II. EL ROL DEL JUEZ CONSTITUCIONAL EN EL CUESTIONAMIENTO DEL VALOR DE LAS DECISIONES DE LA CORTE INTERAMERICANA DE DERECHOS HUMANOS

La disyuntiva entre la obligación de cumplir con la Convención Interamericana y los supuestos derechos de soberanía que tienen los Estados para desligarse de las mismas, que se manifestó en el caso del gobierno autoritario del Perú en 1999, no tardó en plantearse también en el caso de Venezuela a medida que se fue consolidando el régimen autoritario que hemos padecido los venezolanos durante los últimos tres lustros, para cuya "resolución," fue la Jurisdicción Constitucional, es decir, la Sala Constitucional del Tribunal Supremo de Justicia, completamente controlada por el Poder Ejecutivo y el partido oficial del gobierno, la que fue preparando el terreno.

1603 Véase Sergio García Ramírez (Coord.), *La Jurisprudencia..., cit.*, pp. 769-771. En todo caso, posteriormente en 2001 Perú derogó la Resolución de julio de 1999, restableciéndose a plenitud la competencia de la Corte interamericana para el Estado.

1604 Véase en general sobre estos temas Eduardo Meier García, *La eficacia de las sentencias de la Corte Interamericana de Derechos Humanos frente a las prácticas ilegítimas de la Sala Constitucional*, Academia de Ciencias Políticas y Sociales, Serie Estudios N° 15, Caracas 2014.

Ese proceso comenzó con la decisión Nº 1.942 de 15 de julio de 2003 (Caso: *Impugnación de artículos del Código Penal, Leyes de desacato*),[1605] dictada para resolver una acción de inconstitucionalidad de normas del Código Penal que limitaban el derecho de expresión del pensamiento en relación con las actuaciones de los funcionarios públicos, criminalizando el ejercicio del derecho, en la cual se invocaba entre sus fundamentos la doctrina de la Comisión y de la Corte Interamericanas en materia de leyes de desacato. La Sala, en dicha sentencia, al referirse a los Tribunales Internacionales comenzó declarando en general, pura y simplemente, que en Venezuela, "por encima del Tribunal Supremo de Justicia y a los efectos del artículo 7 constitucional" que regula el principio de la supremacía constitucional,

> "no existe órgano jurisdiccional alguno, a menos que la Constitución o la ley así lo señale, y que aun en este último supuesto, la decisión que se contradiga con las normas constitucionales venezolanas, carece de aplicación en el país, y así se declara."

O sea, la negación total del ejercicio de sus funciones de control de convencionalidad por parte de la Corte Interamericana.[1606]

En todo caso, la Sala continuó su argumentación distinguiendo, en el ámbito de los Tribunales Internacionales, aquellos de carácter supranacional como los derivados de los procesos de integración establecidos en aplicación de los artículos 73 y 153 de la Constitución que "contemplan la posibilidad que puedan transferirse competencias venezolanas a órganos supranacionales, a los que se reconoce que puedan inmiscuirse en la soberanía nacional"[1607]; de aquellos de carácter multinacional y transnacional "que –dijo la Sala– nacen porque varias naciones, en determinadas áreas, escogen un tribunal u organismo común que dirime los litigios entre ellos, o entre los países u organismos signatarios y los particulares nacionales de esos países signatarios," considerando que en estos casos "no se trata de organismos que están por encima de los Estados Soberanos, sino que están a su mismo nivel."

En esta última categoría la Sala Constitucional ubicó precisamente a la Corte Interamericana de Derechos Humanos, considerando que en estos casos:

> "un fallo [de dicha Corte] violatorio de la Constitución de la República Bolivariana de Venezuela se haría inejecutable en el país. Ello podría dar lugar a

---

1605 Véase en *Revista de Derecho Público*, Nº 93-96, Editorial Jurídica Venezolana, Caracas 2003, pp. 136 ss.

1606 Véase Allan R. Brewer-Carías y Jaime Orlando Santofimio, *El Control de convencionalidad y responsabilidad del Estado,* Prólogo de Luciano Parejo, Universidad Externado de Colombia, Bogotá 2013.

1607 En este caso de tribunales creados en el marco de un proceso de integración supranacional, la Sala puntualizó que "Distinto es el caso de los acuerdos sobre integración donde la soberanía estatal ha sido delegada, total o parcialmente, para construir una soberanía global o de segundo grado, en la cual la de los Estados miembros se disuelve en aras de una unidad superior. No obstante, incluso mientras subsista un espacio de soberanía estatal en el curso de un proceso de integración y una Constitución que la garantice, las normas dictadas por los órganos legislativos y judiciales comunitarios no podrían vulnerar dicha área constitucional, a menos que se trate de una decisión general aplicable por igual a todos los Estados miembros, como pieza del proceso mismo de integración." *Idem*, p. 140.

una reclamación internacional contra el Estado, pero la decisión se haría inejecutable en el país, en este caso, en Venezuela."

La Sala, insistió en esta clásica y superada doctrina, señalando que:

> "Mientras existan estados soberanos, sujetos a Constituciones que les crean el marco jurídico dentro de sus límites territoriales y donde los órganos de administración de justicia ejercen la función jurisdiccional dentro de ese Estado, las sentencias de la justicia supranacional o transnacional para ser ejecutadas dentro del Estado, tendrán que adaptarse a su Constitución. Pretender en el país lo contrario sería que Venezuela renunciara a la soberanía."[1608]

De esta afirmación resultó la otra afirmación general de la Sala Constitucional en 2003, de que fuera de los casos de procesos de integración supranacional,

> "la soberanía nacional no puede sufrir distensión alguna por mandato del artículo 1° constitucional, que establece como derechos *irrenunciables* de la Nación: la independencia, la libertad, la soberanía, la integridad territorial, la inmunidad y la autodeterminación nacional. Dichos derechos constitucionales son irrenunciables, no están sujetos a ser relajados, excepto que la propia Carta Fundamental lo señale, conjuntamente con los mecanismos que lo hagan posible, tales como los contemplados en los artículos 73 y 336.5 constitucionales, por ejemplo."[1609]

Con esta decisión, sin duda, el terreno para proceder a declarar inejecutables las sentencias de la Corte Interamericana de Derechos Humanos por la propia Sala Constitucional ya estaba abonado, lo que precisamente ocurrió cinco años después, a partir de 2008, concluyendo el proceso con la lamentable denuncia de la Convención Americana por arte del Estado en 2012, lo que Fujimori no tuvo tiempo de hacer en el Perú en 1999.

III. EL INICIO DE LA VIOLACIÓN DE LAS OBLIGACIONES CONVENCIONALES POR EL ESTADO VENEZOLANO MEDIANTE EL EJERCICIO DEL "CONTROL DE CONSTITUCIONALIDAD DE LAS SENTENCIAS DE LA CORTE INTERAMERICANA": EL CASO DE LOS MAGISTRADOS DE LA CORTE PRIMERA DE LO CONTENCIOSO ADMINISTRATIVO EN 2008

En Venezuela todo comenzó con la emisión de la sentencia de la Sala Constitucional del Tribunal Supremo N° 1.939 de 18 de diciembre de 2008 en el Caso *Abogados Gustavo Álvarez Arias y otros*, que más bien debió denominarse *Estado de Venezuela vs. Corte Interamericana de Derechos Humanos*, porque el Sr. Álvarez y los otros en realidad eran los abogados del Estado (Procuraduría General de la República), en la cual la Sala declaró inejecutable en el país la sentencia que había dictado la Corte Interamericana de Derechos Humanos Primera cuatro meses antes,

---

1608 *Idem*, p. 139.

1609 *Idem*, p. 138

el 5 de agosto de 2008 en el caso *Apitz Barbera y otros ("Corte Primera de lo Contencioso Administrativo") vs. Venezuela*, en la cual se había condenado al Estado Venezolano por violación de los derechos al debido proceso de los jueces de la Corte Primera de lo Contencioso Administrativo establecidas en la Convención Americana, al haber sido destituidos sin garantías judiciales algunas de sus cargos.[1610]

Como estamos celebrando con júbilo el centenario del Tribunal Contencioso Administrativo de Bolívar, y por tanto, del desarrollo de esta jurisdicción tan importante para el Estado de derecho por ser la garantía más esencial para asegurar el sometimiento del mismo a la ley, es obligado que me refiera a lo que les sucedió a dichos jueces contencioso administrativos para que hubieran tenido que recurrir ante la Comisión Interamericana de Derechos Humanos en búsqueda de protección de sus derechos; hechos que además, tuvieron trágicas consecuencias en el proceso institucional de Venezuela, pues para los venezolanos marcaron el inicio del fin de la justicia contencioso administrativa y el inicio del fin del derecho de acceso a la justicia internacional en materia de derechos humanos.

Todo comenzó el 17 de julio de 2003 cuando la Federación Médica Venezolana inició un proceso contencioso administrativo de anulación con pretensión de tutela (amparo) por ante dicha Corte Primera de lo Contencioso Administrativo, contra los actos del Alcalde Metropolitano de Caracas, del Ministro de Salud y del Colegio de Médicos del Distrito Metropolitano de Caracas mediante los cuales se había decidido contratar médicos de nacionalidad cubana para el desarrollo de un importante programa asistencial de salud en los barrios de Caracas, pero sin que se cumplieran los requisitos para el ejercicio de la medicina establecidos en la Ley de Ejercicio de la Medicina. La Federación Médica Venezolana, actuando en representación de los derechos colectivos de los médicos venezolanos, consideró dicho programa como discriminatorio y violatorio de los derechos de los médicos venezolanos a ejercer su profesión (derecho al trabajo, entre otros), solicitando su protección.[1611]

Un mes después, el 21 de agosto de 203, la Corte Primera dictó una simple medida cautelar de tutela (amparo) considerando que había suficientes elementos en el caso que hacían presumir la violación del derecho a la igualdad ante la ley de los médicos venezolanos, ordenando la suspensión temporal del programa de contratación de médicos cubanos, y ordenando al Colegio de Médicos del Distrito metropoli-

1610 Véase Allan R. Brewer-Carías, "La interrelación entre los Tribunales Constitucionales de América Latina y la Corte Interamericana de Derechos Humanos, y la cuestión de la inejecutabilidad de sus decisiones en Venezuela," en Armin von Bogdandy, Flavia Piovesan y Mariela Morales Antonorzi (Coodinadores), *Direitos Humanos, Democracia e Integraçao Jurídica na América do Sul*, Lumen Juris Editora, Rio de Janeiro 2010, pp. 661-70; y en *Anuario Iberoamericano de Justicia Constitucional,* Centro de Estudios Políticos y Constitucionales, Nº 13, Madrid 2009, pp. 99-136.

1611 Véase Claudia Nikken, "El caso "Barrio Adentro": La Corte Primera de lo Contencioso Administrativo ante la Sala Constitucional del Tribunal Supremo de Justicia o el avocamiento como medio de amparo de derechos e intereses colectivos y difusos," en *Revista de Derecho Público*, Nº 93–96, Editorial Jurídica Venezolana, Caracas, 2003, pp. 5 ss.

tano el sustituir los médicos cubanos ya contratados sin licencia por médicos venezolanos o médicos extranjeros con licencia para ejercer la profesión en Venezuela.[1612]

La respuesta gubernamental a esta decisión preliminar con medida cautelar, que tocaba un programa social muy sensible para el gobierno, fue el anuncio público hecho por el Ministro de Salud, por el Alcalde metropolitano y por el propio Presidente de la República de que la medida judicial cautelar dictada no iba a ser ejecutada en forma alguna.[1613]

Estos anuncios fueron seguidos de varias decisiones gubernamentales: La primera, la Sala Constitucional del Tribunal Supremo de Justicia, controlada por el Poder Ejecutivo, se avocó al conocimiento del caso, y usurpando las competencias de la Corte Primera de lo Contencioso Administrativo, declaró la nulidad del amparo cautelar decretado. A ello siguió el hecho del allanamiento de la sede de la Corte Primera por agentes de la policía política, con la detención de un escribiente o alguacil por motivos fútiles. Luego, el Presidente de la República públicamente se refirió al Presidente de la Corte Primera como "un bandido;"[1614] y unas semanas después, la Comisión Especial Judicial del Tribunal Supremo de Justicia, sin fundamento legal alguno, destituyó a los cinco magistrados de la Corte Primera que osaron tomar la medida, la cual desde luego fue intervenida.[1615] A pesar de la protesta de los Colegios de Abogados del país e incluso de la Comisión Internacional de Juristas;[1616] el hecho es que la Cote Primera permaneció cerrada sin jueces por más de diez meses,[1617] tiempo durante el cual simplemente no hubo a ese nivel justicia contencioso administrativa en el país.

Esa fue la respuesta gubernamental a una tutela (amparo) cautelar, a partir de la cual se afianzó el control político sobre el Poder Judicial en Venezuela.[1618] No es difícil deducir lo que significó ese hecho para los jueces que fueron luego nombrados para reemplazar a los destituidos, quienes sin duda comenzaron a entender cómo

---

1612 Veáse la decisión de 21 de agosto de 2003 en *Idem*, pp. 445 ss.

1613 El Presidente de la República dijo: "*Váyanse con su decisión no sé para donde, la cumplirán ustedes en su casa si quieren…*", en el programa de TV *Aló Presidente*, N° 161, 24 de Agosto de 2003.

1614 Discurso público, 20 septiembre de 2003.

1615 Véase la información en *El Nacional*, Caracas, Noviembre 5, 2003, p. A2. En la misma página el Presidente destituido de la Corte Primera dijo: "*La justicia venezolana vive un momento tenebroso, pues el tribunal que constituye un último resquicio de esperanza ha sido clausurado*".

1616 Véase en *El Nacional*, Caracas, Octubre 12, 2003, p. A–5; y *El Nacional*, Caracas, Noviembre 18,2004, p. A–6.

1617 Véase en *El Nacional*, Caracas, Octubre 24, 2003, p. A–2; y *El Nacional*, Caracas, Julio 16, 2004, p. A–6.

1618 Véase Allan R. Brewer–Carías, "La progresiva y sistemática demolición institucional de la autonomía e independencia del Poder Judicial en Venezuela 1999–2004," en *XXX Jornadas J.M Domínguez Escovar, Estado de derecho, Administración de justicia y derechos humanos,* Instituto de Estudios Jurídicos del Estado Lara, Barquisimeto, 2005, pp. 33–174; "La justicia sometida al poder (La ausencia de independencia y autonomía de los jueces en Venezuela por la interminable emergencia del Poder Judicial (1999–2006))," en *Cuestiones Internacionales. Anuario Jurídico Villanueva 2007,* Centro Universitario Villanueva, Marcial Pons, Madrid, 2007, pp. 25–57.

es que debían comportarse en el futuro frente al poder; y a partir de entonces la declinación de la justicia contencioso administrativa en el país ha sido manifiesta.[1619]

Fue contra esa arbitrariedad que los jueces contencioso administrativo destituidos fueron ante la Comisión Interamericana de Derechos Humanos por violación a sus garantías constitucionales judiciales, y el caso llegó ante la Corte Interamericana de Derechos Humanos, la cual dictó su decisión el 5 de agosto de 2008,[1620] condenando al Estado por la violación de las garantías judiciales, a pagarles compensación, a reincorporarlos a cargos similares en el Poder Judicial, y a publicar parte de la sentencia en la prensa venezolana.

Sin embargo, frente a esta decisión, Sala Constitucional del Tribunal Supremo, en sentencia Nº 1.939 de 12 de diciembre de 2008,[1621] citando precisamente como precedente la antes mencionada sentencia del Tribunal Superior Militar del Perú de 1999, declaró dicha sentencia como "inejecutable" en Venezuela, solicitando de paso al Ejecutivo Nacional que denunciara la Convención Americana de Derechos Humanos por considerar que supuestamente había usurpado los poderes del Tribunal Supremo.

Lo que primero debe destacarse de esta sentencia es que con la misma la Sala Constitucional decidió un curioso proceso constitucional iniciado por los abogados del Estado (Procuraduría General de la república) mediante una llamada "acción de control de la constitucionalidad" –cito– "referida a la interpretación acerca de la conformidad constitucional del fallo de la Corte Interamericana de Derechos Humanos, de fecha 5 de agosto de 2008," en el caso de los ex-magistrados de la Corte Primera de lo Contencioso Administrativo.

Es decir, quien peticionó ante la Sala Constitucional fue el propio Estado que buscaba incumplir la sentencia de la Corte Interamericana, y lo hizo por medio del abogado del Estado (Procuraduría General de la República) a través de esa curiosa "acción de control constitucional" para la interpretación de la conformidad con la Constitución de la sentencia internacional, no prevista en el ordenamiento jurídico venezolano.

La fundamentación básica de la "acción" fue que las decisiones de los "órganos internacionales de protección de los derechos humanos *no son de obligatorio cumplimiento y son inaplicables si violan la Constitución*," argumentando los abogados del Estado que lo contrario "sería subvertir el orden constitucional y atentaría contra la soberanía del Estado," denunciaron que la Corte Interamericana de Derechos Humanos violaba:

1619 Véase Antonio Canova González, *La realidad del contencioso administrativo venezolano (Un llamado de atención frente a las desoladoras estadísticas de la Sala Político Administrativa en 2007 y primer semestre de 2008)*, Funeda, Caracas 2009.

1620 Véase Caso *Apitz Barbera y otros ("Corte Primera de lo Contencioso Administrativo") vs. Venezuela*, Excepción Preliminar, Fondo, Reparaciones y Costas, Serie C Nº 182, en www.corteidh.or.cr.

1621 Véase en http://www.tsj.gov.ve/decisiones/scon/Diciembre/1939-181208-2008-08-1572.html.

"la supremacía de la Constitución y su obligatoria sujeción violentando el principio de autonomía del poder judicial, pues la misma llama al desconocimiento de los procedimientos legalmente establecidos para el establecimiento de medidas y sanciones contra aquellas actuaciones desplegadas por los jueces que contraríen el principio postulado esencial de su deber como jueces de la República."

El Estado en su petición ante su Sala Constitucional, concluyó que la sentencia de la Corte Interamericana "de manera ligera dispone que los accionantes no fueron juzgados por un juez imparcial," afirmando en definitiva, que era inaceptable y de imposible ejecución por parte del propio Estado peticionante.

La Sala Constitucional, para decidir, obviamente tuvo que comenzar por "encuadrar" la acción propuesta por el Estado, deduciendo por su cuenta que la misma no pretendía "la nulidad" del fallo de la Corte Interamericana que obviamente no era idóneo, ni se trataba de una "colisión de leyes," sino que de lo que se trataba era de una "presunta controversia entre la Constitución y la ejecución de una decisión dictada por un organismo internacional fundamentada en normas contenidas en una Convención de rango constitucional."

En virtud de ello, la Sala simplemente concluyó que de lo que se trataba era de una petición "dirigida a que se aclare una duda razonable en cuanto a la ejecución de un fallo dictado por la Corte Interamericana de Derechos Humanos, que condenó a la República Bolivariana de Venezuela a la reincorporación de unos jueces y al pago de sumas de dinero," considerando entonces que se trataba de una "acción de interpretación constitucional" que la propia Sala constitucional había creado en Venezuela, a los efectos de la interpretación abstracta de normas constitucionales, a partir de su sentencia de 22 de septiembre de 2000 *(caso Servio Tulio León).* [1622]

A tal efecto, la Sala consideró que era competente para decidir la acción interpuesta, al estimar que lo que peticionaban los representantes del Estado en su acción, era una decisión "sobre el alcance e inteligencia de la ejecución de una decisión dictada por un organismo internacional con base en un tratado de jerarquía constitucional, ante la presunta antinomia entre esta Convención Internacional y la Constitución Nacional," considerando al efecto, que el propio Estado tenía la legitimación necesaria para intentar la acción ya que el fallo de la Corte Interamericana había ordenado la reincorporación en sus cargos de unos ex magistrados, había condenado a la República al pago de cantidades de dinero y había ordenado la publicación del fallo. El Estado, por tanto, de acuerdo a la Sala Constitucional tenía interés en que se dictase

1622 Véase *Revista de Derecho Público*, N° 83, Editorial Jurídica Venezolana, Caracas 2000, pp. 247 ss. Véase Allan R. Brewer-Carías, "Le recours d'interprétation abstrait de la Constitution au Vénézuéla", en *Le renouveau du droit constitutionnel, Mélanges en l'honneur de Louis Favoreu*, Dalloz, Paris, 2007, pp. 61-70.

> "una sentencia mero declarativa en la cual se establezca el verdadero sentido y alcance de la señalada ejecución con relación al Poder Judicial venezolano en cuanto al funcionamiento, vigilancia y control de los tribunales."

A los efectos de adoptar su decisión, la Sala sin embargo reconoció el rango constitucional de la Convención Americana sobre Derechos Humanos conforme al artículo 23 de la Constitución, así como las competencias de la Comisión y de la Corte Interamericana, pero precisando sin embargo, que ésta no podía "pretender excluir o desconocer el ordenamiento constitucional interno," pues "la Convención coadyuva o complementa el texto fundamental que es "*la norma suprema y el fundamento del ordenamiento jurídico*" (artículo 7 constitucional).

La Sala para decidir, consideró que la Corte Interamericana, para dictar su fallo, además de haberse contradicho[1623] al constatar la supuesta violación de los derechos o libertades protegidos por la Convención:

> "dictó pautas de carácter obligatorio sobre gobierno y administración del Poder Judicial que son competencia exclusiva y excluyente del Tribunal Supremo de Justicia y estableció directrices para el Poder Legislativo, en materia de carrera judicial y responsabilidad de los jueces, violentando la soberanía del Estado venezolano en la organización de los poderes públicos y en la selección de sus funcionarios, lo cual resulta inadmisible."

La Sala consideró en definitiva, que la Corte Interamericana "utilizó el fallo analizado para intervenir inaceptablemente en el gobierno y administración judicial que corresponde con carácter excluyente al Tribunal Supremo de Justicia, de conformidad con la Constitución de 1999," (artículos 254, 255 y 267), alegando que los jueces provisorios no tienen estabilidad alguna, y podían ser removidos en forma completamente "discrecional," y que la "sentencia cuestionada" de la Corte Interamericana lo que pretendía era "desconocer la firmeza de decisiones administrativas y judiciales que han adquirido la fuerza de la cosa juzgada, al ordenar la reincorporación de los jueces destituidos."

En este punto, como se dijo, la Sala recurrió como precedente para considerar que la sentencia de la Corte Interamericana de Derechos Humanos era inejecutable en Venezuela, la misma sentencia antes señalada de 1999 de la Sala Plena del Consejo Supremo de Justicia Militar del Perú, que consideró inejecutable la sentencia de la Corte Interamericana de 30 de mayo de 1999, dictada en el caso: *Castillo Petruzzi y otro*.

1623 La Sala Constitucional consideró que la Corte Interamericana decidió que la omisión de la Asamblea Nacional de dictar el Código de Ética del Juez o Jueza Venezolano, "*ha influido en el presente caso, puesto que las víctimas fueron juzgadas por un órgano excepcional que no tiene una estabilidad definida y cuyos miembros pueden ser nombrados o removidos sin procedimientos previamente establecidos y a la sola discreción del TSJ,*" pero luego "sorprendentemente, en ese mismo párrafo [147] y de manera contradictoria, afirma que no se pudo comprobar que la Comisión de Emergencia y Reestructuración del Poder Judicial haya incurrido en desviación de poder o que fuera presionada directamente por el Ejecutivo Nacional para destituir a los mencionados ex jueces y luego concluye en el cardinal 6 del Capítulo X que "*no ha quedado establecido que el Poder Judicial en su conjunto carezca de independencia*".

En sentido similar a dicho caso, la Sala Constitucional venezolana concluyó que:

> "En este caso, estima la Sala que la ejecución de la sentencia de la Corte Interamericana de Derechos Humanos del 5 de agosto de 2008, afectaría principios y valores esenciales del orden constitucional de la República Bolivariana de Venezuela y pudiera conllevar a un caos institucional en el marco del sistema de justicia, al pretender modificar la autonomía del Poder Judicial constitucionalmente previsto y el sistema disciplinario instaurado legislativamente, así como también pretende la reincorporación de los hoy ex jueces de la Corte Primera de lo Contencioso Administrativo por supuesta parcialidad de la Comisión de Funcionamiento y Reestructuración del Poder Judicial, cuando la misma ha actuado durante varios años en miles de casos, procurando **la depuración del Poder Judicial** en el marco de la actividad disciplinaria de los jueces. Igualmente, el fallo de la Corte Interamericana de Derechos Humanos pretende desconocer la firmeza de las decisiones de destitución que recayeron sobre los ex jueces de la Corte Primera de lo Contencioso Administrativo que se deriva de la falta de ejercicio de los recursos administrativos o judiciales, o de la declaratoria de improcedencia de los recursos ejercidos por parte de las autoridades administrativas y judiciales competentes." (énfasis añadido)

Por todo lo anterior, la Sala Constitucional del Tribunal Supremo, a petición del propio Estado venezolano ante la mencionada decisión de la Corte Interamericana, declaró "*inejecutable*" la sentencia internacional "con fundamento en los artículos 7, 23, 25, 138, 156.32, el Capítulo III del Título V de la Constitución de la República y la jurisprudencia parcialmente transcrita de las Salas Constitucional y Político Administrativa."

Pero no se quedó allí la Sala Constitucional, sino en una evidente usurpación de poderes, ya que las relaciones internacionales es materia exclusiva del Poder Ejecutivo, solicitó instó

> "al Ejecutivo Nacional proceda a denunciar esta Convención, ante la evidente usurpación de funciones en que ha incurrido la Corte Interamericana de los Derechos Humanos con el fallo objeto de la presente decisión; y el hecho de que tal actuación se fundamenta institucional y competencialmente en el aludido Tratado."

Con esta sentencia el Estado comenzó el proceso de desligarse de la Convención Americana sobre Derechos Humanos, y de la jurisdicción de la Corte Interamericana de Derechos Humanos utilizando para ello a su propio Tribunal Supremo de Justicia, que lamentablemente ha manifestado ser el principal instrumento para la consolidación del autoritarismo en el país.[1624]

1624 Véase Allan R. Brewer-Carías, *Crónica sobre la "In" Justicia Constitucional. La Sala Constitucional y el autoritarismo en Venezuela*, Colección Instituto de Derecho Público. Universidad Central de Venezuela, N° 2, Editorial Jurídica Venezolana, Caracas 2007; y "El juez constitucional al servicio del autoritarismo y la ilegítima mutación de la Constitución: el caso de la Sala Constitucional del Tribunal Su-

IV. UNA NUEVA "ACCIÓN INNOMINADA DE CONTROL DE CONSTITUCIONALIDAD" CONTRA LAS SENTENCIAS DE LA CORTE INTERAMERICANA DE DERECHOS HUMANOS PARA DECLARARLAS "INEJECUTABLES": EL CASO LEOPOLDO LÓPEZ EN 2011

Con base en todos estos precedentes, en 2011, la Sala Constitucional procedió a completar su objetivo de declarar inejecutables las decisiones de la Corte Interamericana de Derechos Humanos, consolidando una supuesta competencia que tenía para ejercer el "control de constitucionalidad" de las sentencias de la Corte Interamericana de Derechos Humanos, que por supuesto no tenía ni puede tener.

En efecto, una de las características fundamentales de la Justicia Constitucional es que los Tribunales, como garantes de la Constitución, no sólo tienen que estar sometidos, como todos los órganos del Estado, a las propias previsiones de la Constitución, sino que deben ejercer sus competencias ceñidos a las establecidas en la misma o en las leyes, cuando a ellas remita la Constitución para la determinación de la competencia. En particular, la competencia de los Tribunales Constitucionales en materia de control concentrado de la constitucionalidad siempre ha sido considerada como de derecho estricto que tiene que estar establecida expresamente en la Constitución, y no puede ser deducida por vía de interpretación. Es decir, la Jurisdicción Constitucional no puede ser creadora de su propia competencia, pues ello desquiciaría los cimientos del Estado de derecho, convirtiendo al juez constitucional en poder constituyente.[1625]

En el caso de Venezuela, sin embargo, esto ha sido así,[1626] agregándose ahora esta nueva supuesta competencia de la Sala Constitucional del Tribunal Supremo, para someter a control de constitucionalidad las sentencias de la Corte Interamericana contrariando el propio texto de la Constitución que en su artículo 31 prevé como obligación del Estado el adoptar, conforme a los procedimientos establecidos en la Constitución y en la ley, "las medidas que sean necesarias para dar cumplimiento a las decisiones emanadas de los órganos internacionales" de protección de derechos humanos.

Sin embargo, luego del precedente señalado de 2008, la Sala Constitucional del Tribunal Supremo de Justicia mediante sentencia N° 1547 de fecha 17 de octubre de 2011 (Caso *Estado Venezolano vs. Corte Interamericana de Derechos Humanos*),[1627] procedió a declararse competente para conocer de una "acción innominada de control de constitucionalidad" intentada contra la sentencia de la Corte Interame-

---

premo de Justicia de Venezuela (1999-2009)", en *Revista de Administración Pública*, N° 180, Madrid 2009, pp. 383-418.

1625 Véase en general,Allan R. Brewer-Carías, *Constitutional Courts as Positive Legislators in Comparative Law*, Cambridge University Press, New York 2011.

1626 Véase Allan R. Brewer-Carías, "La ilegítima mutación de la constitución por el juez constitucional: la inconstitucional ampliación y modificación de su propia competencia en materia de control de constitucionalidad," en *Libro Homenaje a Josefina Calcaño de Temeltas*. Fundación de Estudios de Derecho Administrativo (FUNEDA), Caracas 2009, pp. 319-362

1627 Véase en http://www.tsj.gov.ve/decisiones/scon/Octubre/1547-171011-2011-11-1130.html

ricana de Derechos Humanos dictada en el 1° de septiembre de 2011 (caso *Leopoldo López vs. Estado de Venezuela)*, que por supuesto no existe en el ordenamiento constitucional venezolano, ejercida también en este caso por el abogado del Estado (Procurador General de la República), condenado en la sentencia.[1628]

Dicha sentencia de la Corte Interamericana de Derechos Humanos, había decidido, conforme a la Convención Americana de Derechos Humanos (art. 32.2), que la restricción al derecho pasivo al sufragio (derecho a ser elegido) que se le había impuesto al ex Alcalde Sr. Leopoldo López por la Contraloría General de la República ("pena" de inhabilitación política) mediante una decisión administrativa, era contraria a la Convención, pues dicha restricción a su derecho político al sufragio pasivo sólo puede ser restringido, acorde con la Constitución (art. 65) y a la Convención Americana de Derechos Humanos (art. 32.2), mediante sentencia judicial que imponga una condena penal.[1629]

En tal virtud, buscando protección a su derecho, el Sr. López recurrió mediante denuncia ante la Comisión Interamericana de Derechos Humanos, para ante la Corte Interamericana de Derechos Humanos, resultando la decisión de ésta última condenando al Estado venezolano por "la violación del derecho a ser elegido, establecido en los artículos 23.1.b y 23.2, en relación con la obligación de respetar y garantizar los derechos, establecida en el artículo 1.1 de la Convención Americana sobre Derechos Humanos, en perjuicio del señor López Mendoza," (Párr. 249); y ordenando la revocatoria de las decisiones de la Contraloría General de la República y de otros órganos del Estado que le impedían ejercer su derecho político a ser electo por la inhabilitación política que le había sido impuesta administrativamente.

Fue contra la decisión de la Corte Interamericana de Derechos Humanos de condena al Estado Venezolano por violación del derecho político del Sr. Leopoldo López, que los abogados de la Procuraduría General de la República, como abogados del propio Estado condenado, recurrieron ante la Sala Constitucional del Tribunal Supremo solicitándole la revisión judicial por control de constitucionalidad de la sentencia de la Corte internacional, de lo cual resultó la sentencia mencionada N° 1547 de 17 de octubre de 2011 de la Sala Constitucional que declaró "inejecutable" la sentencia dictada en protección del Sr. López, ratificando así la violación de su derecho constitucional a ser electo, y que le impedía ejercer su derecho a ser electo y ejercer funciones públicas representativas.

1628 Véase Allan R. Brewer-Carías, "El ilegítimo "control de constitucionalidad" de las sentencias de la Corte Interamericana de Derechos Humanos por parte la Sala Constitucional del Tribunal Supremo de Justicia de Venezuela: el caso de la sentencia *Leopoldo López vs. Venezuela, 2011*," en *Constitución y democracia: ayer y hoy. Libro homenaje a Antonio Torres del Moral*. Editorial Universitas, Vol. I, Madrid, 2013, pp. 1095-1124.

1629 Véase Allan R. Brewer-Carías, "La incompetencia de la Administración Contralora para dictar actos administrativos de inhabilitación política restrictiva del derecho a ser electo y ocupar cargos públicos (La protección del derecho a ser electo por la Corte Interamericana de Derechos Humanos en 2012, y su violación por la Sala Constitucional del Tribunal Supremo al declarar la sentencia de la Corte Interamericana como "inejecutable"), en Alejandro Canónico 'Sarabia (Coord.), *El Control y la responsabilidad en la Administración Pública, IV Congreso Internacional de Derecho Administrativo*, *Margarita 2012*, Centro de Adiestramiento Jurídico, Editorial Jurídica Venezolana, Caracas 2012, pp. 293-371.

Y el vehículo para lograr este objetivo, algo más de tres semanas después de la mencionada sentencia de la Corte Interamericana (1° de septiembre de 2011), fue la demanda formulada ante la Sala Constitucional del Tribunal Supremo de Justicia, el 26 de septiembre de 2011, por el Procurador General de la República, denominándola como una "acción innominada de control de constitucionalidad," que la Sala, sin competencia alguna para ello y en franca violación de la Constitución, pasó a conocer de inmediato, decidiéndola veinte días después, mediante sentencia Nº 1547 (Caso *Estado Venezolano vs. Corte Interamericana de Derechos Humanos*) de fecha 17 de octubre de 2011.[1630]

El Procurador General de la República, al intentar la acción, justificó la supuesta competencia de la Sala Constitucional en su carácter de "garante de la supremacía y efectividad de las normas y principios constitucionales" (Arts. 266.1, 334, 335 y 336 de la Constitución, el artículo 32 de la Ley Orgánica del Tribunal Supremo de Justicia), considerando básicamente que la República, ante una decisión de la Corte Interamericana de Derechos Humanos, no podía dejar de realizar "el examen de constitucionalidad en cuanto a la aplicación de los fallos dictados por esa Corte y sus efectos en el país," considerando en general que las decisiones de dicha Corte Interamericana sólo pueden tener "ejecutoriedad en Venezuela," en la medida que "el contenido de las mismas cumplan el examen de constitucionalidad y no menoscaben en forma alguna directa o indirectamente el Texto Constitucional;" es decir, que dichas decisiones "para tener ejecución en Venezuela deben estar conformes con el Texto Fundamental."

Luego de analizar la sentencia de la Corte Interamericana, referirse al carácter de los derechos políticos como limitables; y a la competencia de la Contraloría General de la República, para imponer sanciones, el abogado del Estado pasó a considerar que lo que la Contraloría le había impuesto al Sr. Leopoldo López había sido realmente sólo una "inhabilitación administrativa" y no una inhabilitación política que se "corresponde con las sanciones que pueden ser impuestas por un juez penal, como pena accesoria a la de presidio (artículo 13 del Código Penal);" y que las decisiones adoptadas por la Corte Interamericana con órdenes dirigidas a órganos del Estado "se traduce en una injerencia en las funciones propias de los poderes públicos." El Procurador estimó que la Corte Interamericana como en general las cortes internacionales no podían "valerse o considerarse instancias superiores ni magnánimas a las autoridades nacionales, con lo cual pretendan obviar y desconocer el ordenamiento jurídico interno, todo ello en razón de supuestamente ser los garantes plenos y omnipotentes de los derechos humanos en el hemisferio americano"; y además, que la sentencia de la Corte Interamericana de Derechos Humanos desconocía "la lucha del Estado venezolano contra la corrupción y la aplicación de la Convención Interamericana contra la Corrupción, ratificada por Venezuela el 2 de junio de 1997 y la Convención de las Naciones Unidas contra la Corrupción, ratificada el 2 de febrero de 2009." Después de todo ello, el Procurador General de la República alegó ante la Sala Constitucional que la mencionada sentencia de la Corte Interamericana transgredía el ordenamiento jurídico venezolano, pues desconocía:

1630 Véase en http://www.tsj.gov.ve/decisiones/scon/Octubre/1547-171011-2011-11-1130.htmll.

"la supremacía de la Constitución y su obligatoria sujeción, violentando el principio de autonomía de los poderes públicos, dado que la misma desconoce abiertamente los procedimientos y actos legalmente dictados por órganos legítimamente constituidos, para el establecimiento de medidas y sanciones contra aquellas actuaciones desplegadas por la Contraloría General de la República que contraríen el principio y postulado esencial de su deber como órgano contralor, que tienen como fin último garantizar la ética como principio fundamental en el ejercicio de las funciones públicas."

Como consecuencia de ello, el Procurador General de la República solicitó de la Sala Constitucional que admitiera la "acción innominada de control de constitucionalidad", a los efectos de que la Sala declarase "inejecutable e inconstitucional la sentencia de la Corte Interamericana de Derechos Humanos del 1 de septiembre de 2011."

Y así efectivamente lo hizo la Sala, no sin antes también precisar en este caso que lo que el Procurador pretendía no era que se declarase "la nulidad" ni de la Convención Americana de Derechos Humanos ni del fallo de la Corte Interamericana de Derechos Humanos, y que la "acción innominada intentada" no era ni un "recurso de nulidad como mecanismo de control concentrado de la constitucionalidad" ni una acción de "colisión de leyes," sino que de lo que se trataba era de "una presunta controversia entre la Constitución y la ejecución de una decisión dictada por un organismo internacional fundamentada en normas contenidas en una Convención de rango constitucional." Para ello concluyó que entonces de lo que se trataba el caso era de una acción mediante la cual se pretendía:

"ejercer un "control innominado de constitucionalidad", por existir una aparente antinomia entre la Constitución de la República Bolivariana de Venezuela, la Convención Interamericana de Derechos Humanos, la Convención Americana contra la Corrupción y la Convención de las Naciones Unidas contra la Corrupción, producto de la pretendida ejecución del fallo dictado el 1 de septiembre de 2011, por la Corte Interamericana de Derechos Humanos (CIDH), que condenó a la República Bolivariana de Venezuela a la habilitación para ejercer cargos públicos al ciudadano Leopoldo López Mendoza."

Inventó, en este caso, la Sala Constitucional una nueva acción para el ejercicio del control de constitucionalidad, siguiendo la orientación que ya había sentado en otros casos, como cuando "inventó" la acción autónoma y directa de interpretación abstracta de la Constitución mediante sentencia N° 1077 de 22 de septiembre de 2000 (Caso: *Servio Tulio León*),[1631] sentencia que por lo demás citó con frecuencia

---

1631 Véase la sentencia en *Revista de Derecho Público*, N° 83, Editorial Jurídica Venezolana, Caracas 2000, pp. 247 ss. Véase Allan R. Brewer-Carias, "Quis Custodiet ipsos Custodes: De la interpretación constitucional a la inconstitucionalidad de la interpretación", in *VIII Congreso Nacional de derecho Constitucional*, Perú, Fondo Editorial 2005, Colegio de Abogados de Arequipa, Arequipa, September 2005, pgs. 463-489.

en su decisión, sin percatarse de que en aquella ocasión y en esta, la Sala Constitucional actuó como poder constituyente al margen de la Constitución.[1632]

Ahora bien, en el caso concreto, identificado el objeto de la acción "innominada" que intentó el Estado Venezolano ante la Sala Constitucional, la misma consideró que le correspondía en "su condición de último interprete de la Constitución," realizar "el debido control de esas normas de rango constitucional" y ponderar "si con la ejecución del fallo de la CIDH se verifica tal confrontación."

Para determinar el "alcance" de esta "acción de control constitucional" la Sala Constitucional recordó, por otra parte, que ya lo había hecho en anterior oportunidad, precisamente en el caso antes referido sobre "la conformidad constitucional" del fallo de la Corte Interamericana de Derechos Humanos (CIDH) en sentencia N° 1939 de 18 de diciembre de 2008 (caso: *Estado Venezolano vs. Corte Interamericana de derechos Humanos, caso Magistrados de la Corte Primera de lo Contencioso Administrativo*),[1633] mediante la cual "asumió la competencia con base en la sentencia 1077/2000 y según lo dispuesto en el cardinal 23 del artículo 5 de la Ley Orgánica del Tribunal Supremo de Justicia de 2004."[1634]

Pero resulta que este numeral 23 del artículo 5 de la Ley del Tribunal Supremo le que le había dado competencia a la Sala Constitucional para "conocer de las controversias que pudieren suscitarse con motivo de la interpretación y ejecución de tratados, convenios y acuerdos constitucionales suscritos ratificados por la República", había desaparecido en la reforma de la Ley de 2010, lo que significaba, al decir de la Sala en la sentencia, que "la argumentación de la Sala Constitucional para asumir la competencia para conocer de la conformidad constitucional de un fallo dictado por la Corte Interamericana de Derechos Humanos," había "sufrido un cambio," por lo que, en ausencia de una previsión legal expresa que contemplase "esta modalidad de control concentrado de la constitucionalidad," la Sala entonces pasó a:

> "invocar la sentencia N° 1077/2000, la cual sí prevé esta razón de procedencia de interpretación constitucional, a los efectos de determinar el alcance e inteligencia de la ejecución de una decisión dictada por un organismo internacional con base en un tratado de jerarquía constitucional, ante la presunta antinomia entre la Convención Interamericana de Derechos Humanos y la Constitución Nacional."

1632 Véase Allan R. Brewer-Carías, *Constitucional Courts as Positive Legislators*, New York 2011; Daniela Urosa M, Maggi, *La Sala Constitucional del Tribunal Supremo de Justicia como Legislador Positivo*, Academia de Ciencias Políticas y Sociales, Serie Estudios N° 96, Caracas 2011. Véase nuestro "Prólogo" a dicho libro, "Los tribunales constitucionales como legisladores positivos. Una aproximación comparativa," pp. 9-70.

1633 Véase en *Revista de Derecho Público*, N° 116, Editorial Jurídica venezolana, Caracas 2008, pp. 88 ss.

1634 En dicha norma de la Ley de 2004 se disponía como competencia de la Sala: "*Conocer de las controversias que pudieran suscitarse con motivo de la interpretación y ejecución de los Tratados, Convenios o Acuerdos Internacionales suscritos y ratificados por la República. La sentencia dictada deberá ajustarse a los principios de justicia internacionalmente reconocidos y será de obligatorio cumplimiento por parte del Estado venezolano*".

Debe recordarse que la mencionada sentencia "invocada" N° 1077/2000, como se dijo fue la dictada en 22 de septiembre de 2000 (Caso *Servio Tulio León Briceño*) en la cual, la Sala, sin competencia constitucional ni legal alguna, y sólo como resultado de la función interpretativa que el artículo 335 de la Constitución le atribuye, "inventó" la existencia de un recurso autónomo de interpretación abstracta de la Constitución.[1635]

Por ello, la Sala en este caso hizo la "invocación" a dicha sentencia, pasando luego comentar la competencia establecida para todas las Salas en el artículo 335 de la Constitución para garantizar "la supremacía y efectividad de las normas y principios constitucionales,", la cual en realidad, no es sólo de la Sala Constitucional, sino del Tribunal Supremo que es el que se define como "el máximo y último intérprete de la Constitución" correspondiéndole velar "por su uniforme interpretación y aplicación."

Sin embargo, recordando la "invención" de ese recurso autónomo de interpretación abstracta de la Constitución, la Sala pasó a constatar que el Legislador había eliminado la previsión antes indicada establecida en el artículo 5.23 de la Ley Orgánica del Tribunal Supremo de Justicia de 2004 que la Sala también había "invocado" para decidir el caso mencionado de 2008 de la inejecución de la sentencia de la Corte Interamericana (caso Magistrados de la Corte Primera de lo Contencioso Administrativo); y desconociendo esa expresa voluntad del Legislador de eliminar dicha norma del ordenamiento jurídico, pasó a constatar que el propio Legislador no había "dictado las normas adjetivas" que permitiera la adecuada implementación de las "*decisiones emanadas de los órganos internacionales*" de conformidad con lo previsto en el artículo 31 constitucional (en su único aparte)." De ello pasó a afirmar entonces, *de oficio*, que:

> "el Estado (y, en concreto, la Asamblea Nacional) ha incurrido en una omisión "*de dictar las normas o medidas indispensables para garantizar el cumplimiento de esta Constitución*...", a tenor de lo previsto en el artículo 336.7 *eiusdem* en concordancia con lo pautado en la Disposición Transitoria Sexta del mismo texto fundamental."

Es decir, la Sala Constitucional, no sólo desconoció la voluntad del Legislador en eliminar una norma del ordenamiento jurídico, sino que calificó de oficio dicha decisión como una "omisión de la Asamblea Nacional de dictar las normas necesarias para dar cumplimiento a las decisiones de los organismos internacionales y/o para resolver las controversias que podrían presentarse en su ejecución." La consecuencia de ello, fue la declaratoria de la Sala, también de oficio, de asumir la competencia, que ni la Constitución ni la ley le atribuyen:

1635 Véase sobre esta sentencia los comentarios en Marianella Villegas Salazar, "Comentarios sobre el recurso de interpretación constitucional en la jurisprudencia de la Sala Constitucional," en *Revista de Derecho Público*, N° 84, Editorial Jurídica Venezolana, Caracas 2000, pp. 417 ss.; y Allan R. Brewer-Carías, *Crónica sobre la "In" Justicia Constitucional. La Sala Constitucional y el autoritarismo en Venezuela*, Colección Instituto de Derecho Público. Universidad Central de Venezuela, N° 2, Editorial Jurídica Venezolana, Caracas 2007, pp. 47-79.

> "para verificar la conformidad constitucional del fallo emitido por la Corte Interamericana de Derechos Humanos, control constitucional que implica lógicamente un "control de convencionalidad" (o de confrontación entre normas internas y tratados integrantes del sistema constitucional venezolano), lo cual debe realizar en esta oportunidad esta Sala Constitucional, incluso de oficio; y así se decide."

En esta forma quedó formalizada por voluntad de la Sala, la "invención" de una nueva modalidad de control de constitucionalidad, con lo cual, una vez más la Sala Constitucional mutó la Constitución específicamente en materia de justicia constitucional.[1636]

En cuanto a la "acción" intentada por el Procurador en el caso de la impugnación de la sentencia internacional del caso Leopoldo López, la Sala Constitucional admitió pura y simplemente la acción intentada por el Procurador, pasando a disponer que como no se trataba de una "demanda" de interpretación de normas o principios del sistema constitucional (artículo 25.17 de la Ley Orgánica del Tribunal Supremo de Justicia), "sino de una modalidad innominada de control concentrado que requiere de la interpretación para determinar la conformidad constitucional de un fallo", con fundamento en el artículo 98 de la Ley Orgánica del Tribunal Supremo de Justicia, en concordancia con el párrafo primero del artículo 145 *eiusdem*, determinó que "al tratarse de una cuestión de mero derecho," la causa no requería de sustanciación, ignorando incluso el escrito presentado por el Sr. López, entrando a decidir la causa "sin trámite y sin fijar audiencia oral para escuchar a los interesados ya que no requiere el examen de ningún hecho," incluso, "omitiéndose asimismo la notificación a la Fiscalía General de la República, la Defensoría del Pueblo y los terceros interesados." Y todo ello lo hizo la Sala, "en razón de la necesidad de impartir celeridad al pronunciamiento por la inminencia de procesos de naturaleza electoral, los cuales podrían ser afectados por la exigencia de ejecución de la sentencia objeto de análisis." La violación al debido proceso y a la necesaria contradicción del proceso constitucional por supuesto era evidente, y solo explicable por la urgencia de decidir y complacer al poder.

Quedó en esta forma "formalizada" en la jurisprudencia de la Sala Constitucional en Venezuela, actuando como Jurisdicción Constitucional, y sin tener competencia constitucional alguna para ello, la existencia de una "acción innominada de control de constitucionalidad" destinada a revisar las sentencias que la Corte Interamericana de Derechos Humanos pueda dictar contra el mismo Estado condenándolo por violación de derechos humanos. En esta forma, la ejecución de las sentencias en relación con el Estado condenado, quedó sujeta a su voluntad, determinada por su Tri-

---

1636 Véase Allan R. Brewer-Carías, "La ilegítima mutación de la constitución por el juez constitucional: la inconstitucional ampliación y modificación de su propia competencia en materia de control de constitucionalidad. Trabajo elaborado para el *Libro Homenaje a Josefina Calcaño de Temeltas*. Fundación de Estudios de Derecho Administrativo (FUNEDA), Caracas 2009, pp. 319-362; "La ilegítima mutación de la Constitución por el juez constitucional y la demolición del Estado de derecho en Venezuela," en *Revista de Derecho Político*, N° 75-76, Homenaje a Manuel García Pelayo, Universidad Nacional de Educación a Distancia, Madrid, 2009, pp. 291-325.

bunal Supremo de Justicia a su solicitud del propio Estado condenado a través del Procurador General de la Republica. Se trata, en definitiva, de un absurdo sistema de justicia en el cual el condenado en una decisión judicial es quien determina si la condena que se le ha impuesto es o no ejecutable. Eso es la antítesis de la justicia.

V. LA EXTRAÑA TESIS DE LA SALA CONSTITUCIONAL DE LA SUBORDINACIÓN DEL DERECHO INTERNACIONAL AL ORDEN INTERNO Y EL RECHAZO AL VALOR DEL DERECHO INTERNACIONAL DE LOS DERECHOS HUMANOS

Pero no quedó allí el razonamiento de la Sala con la "creación" de este nuevo medio de control de constitucionalidad en franca violación de la Constitución, sino que al "controlar" la sentencia de la Corte Interamericana de Derechos Humanos de 1 de septiembre de 2011, en la sentencia N° 1547 (Caso *Estado Venezolano vs. Corte Interamericana de Derechos Humanos*) 17 de octubre de 2011,[1637] pasó a analizar el rango constitucional y la fuerza obligatoria de los Convenios internacionales en materia de derechos humanos en el derecho interno, como lo indica el artículo 23 de la Constitución de Venezuela,[1638] destacando lo que precisamente había dicho la Corte Interamericana en relación con el poder de los jueces de ejercer el control de convencionalidad para asegurar su aplicación, indicando la Corte Interamericana que:

> "cuando un Estado es parte de un tratado internacional como la Convención Americana, todos sus órganos, **incluidos sus jueces y demás órganos vinculados a la administración de justicia**, también están sometidos a aquél, lo cual les obliga a velar para que los efectos de las disposiciones de la Convención no se vean mermadas por la aplicación de normas contrarias a su objeto y fin. Los jueces y órganos vinculados a la administración de justicia en todos sus niveles están en la obligación de ejercer *ex officio* un ´control de convencionalidad`, entre las normas internas y la Convención Americana, en el marco de sus respectivas competencias y de las regulaciones procesales correspondientes. En esta tarea, **los jueces y órganos vinculados a la administración de justicia deben tener en cuenta no solamente el tratado, sino también la interpretación que del mismo ha hecho la Corte Interamericana, intérprete última de la Convención Americana.**" (destacado nuestro)

1637 Véase en http://www.tsj.gov.ve/decisiones/scon/Octubre/1547-171011-2011-11-1130.htmll.

1638 *Artículo 23.* Los tratados, pactos y convenciones relativos a derechos humanos, suscritos y ratificados por Venezuela, tienen jerarquía constitucional y prevalecen en el orden interno, en la medida en que contengan normas sobre su goce y ejercicio más favorables a las establecidas en esta Constitución y en las leyes de la República, y son de aplicación inmediata y directa por los tribunales y demás órganos del Poder Público. Véase sobre esta norma Allan R. Brewer-Carías, "Nuevas reflexiones sobre el papel de los tribunales constitucionales en la consolidación del Estado democrático de derecho: defensa de la Constitución, control del poder y protección de los derechos humanos," en *Anuario de Derecho Constitucional Latinoamericano*, 13er año, Tomo I, Programa Estado de Derecho para Latinoamérica, Fundación Konrad Adenauer, Montevideo 2007, pp. 63 a 119.

Esta última afirmación de la Corte Interamericana, que copió la Sala Constitucional en su sentencia, sin embargo, en la misma fue abiertamente contradicha, cuestionando el valor o jerarquía constitucional que conforme al artículo 23 de la Constitución puedan tener las propias sentencias de la Corte Interamericana al aplicar la Convención.

En efecto, sobre el tema de la jerarquía constitucional de los tratados internacionales en materia de derechos humanos conforme a la mencionada norma del artículo 23 de la Constitución, la Sala Constitucional acudió a lo que ya había decidido anteriormente en la antes mencionada sentencia N° 1942 de 15 de julio de 2003 (Caso: *Impugnación artículos del Código Penal sobre leyes de desacato*),[1639] en la cual había precisado que el artículo 23 constitucional, "se refiere a normas que establezcan derechos, *no a fallos o dictámenes de instituciones, resoluciones de organismos, etc., prescritos en los Tratados,* (destacado de la Sala) sino sólo a normas creativas de derechos humanos," es decir,

> "que se trata de una prevalencia de las normas que conforman los Tratados, Pactos y Convenios (términos que son sinónimos) relativos a derechos humanos, pero no de los informes u opiniones de organismos internacionales, que pretendan interpretar el alcance de las normas de los instrumentos internacionales, ya que el artículo 23 constitucional es claro: la jerarquía constitucional de los Tratados, Pactos y Convenios se refiere a sus normas, las cuales, al integrarse a la Constitución vigente, el único capaz de interpretarlas, con miras al Derecho Venezolano, es el juez constitucional, conforme al artículo 335 de la vigente Constitución, en especial, al intérprete nato de la Constitución de 1999, y, que es la Sala Constitucional, y así se declara. (....)

De lo anterior resultó entonces la afirmación sin fundamento de la Sala Constitucional de que es ella la que tiene el monopolio en la materia de aplicación en el derecho interno de los tratados internacionales mencionados, contradiciendo el texto del artículo 23 de la Constitución que dispone que dichos tratados "son de aplicación inmediata y directa por los tribunales y demás órganos del Poder Público." La Sala afirmó, al contrario, que ella es la única instancia judicial llamada a determinar "*cuáles normas sobre derechos humanos de esos tratados, pactos y convenios, prevalecen en el orden interno;" competencia esta última que supuestamente emanaría "de la Carta Fundamental"* –sin decir de cuál norma– afirmando que la misma *"no puede quedar disminuida por normas de carácter adjetivo contenidas en Tratados ni en otros textos Internacionales sobre Derechos Humanos* suscritos por el país" *(destacados de la Sala)*. De lo contrario, llegó a afirmar la Sala en dicha sentencia, "se estaría ante una forma de enmienda constitucional en esta materia, sin que se cumplan los trámites para ello, al disminuir la competencia de la Sala Constitucional y trasladarla a entes multinacionales o transnacionales (internacionales), quienes harían interpretaciones vinculantes." En realidad, fue la sala Constitucional la que Mutó ilegítimamente la Constitución en esta materia.

1639 Véase en *Revista de Derecho Público*, N° 93-96, Editorial Jurídica Venezolana, Caracas 2003, pp. 136 ss.

En definitiva, la Sala Constitucional decidió que las sentencias de los tribunales internacionales sobre derechos humanos no eran de aplicación inmediata en Venezuela, sino que a sus decisiones sólo "*se les dará cumplimiento en el país, conforme a lo que establezcan la Constitución y las leyes, siempre que ellas no contraríen lo establecido en el artículo 7 de la vigente Constitución*," concluyendo que "a pesar del respeto del Poder Judicial hacia los fallos o dictámenes de esos organismos, éstos no pueden violar la Constitución de la República Bolivariana de Venezuela, así como no pueden infringir la normativa de los Tratados y Convenios, que rigen esos amparos u otras decisiones"; es decir, que si la Corte Interamericana, por ejemplo, "*amparara a alguien violando derechos humanos de grupos o personas dentro del país, tal decisión tendría que ser rechazada aunque emane de organismos internacionales protectores de los derechos humanos*" (subrayados de la Sala)."

Por tanto, de acuerdo con la sentencia de la Sala Constitucional no existe órgano jurisdiccional alguno por encima del Tribunal Supremo de Justicia, y si existiera, por ejemplo, en materia de integración económica regional o de derechos humanos, sus decisiones "*no pueden menoscabar la soberanía del país, ni los derechos fundamentales de la República*" (subrayados de la Sala), es decir, en forma alguna pueden contradecir las normas constitucionales venezolanas, pues de lo contrario "carecen de aplicación en el país" Así lo declaró la Sala.

Ahora, sobre la prevalencia en el orden interno de la Convención Americana sobre Derechos Humanos como tratado multilateral que tiene jerarquía constitucional, afirmó la Sala que ello es solo, conforme al artículo 23 de nuestro texto fundamental, "*en la medida en que contengan normas sobre su goce y ejercicio más favorables*" a las establecidas en la Constitución; pasando entonces a juzgar sobre la constitucionalidad de la sentencia de la Corte Interamericana, comenzando por "determinar el alcance" del fallo del caso *Leopoldo López* "y su obligatoriedad."

Observó para ello la Sala que en dicho fallo internacional se consideró como su "punto central":

> "la presunta violación del derecho a ser elegido del ciudadano Leopoldo López, infringiendo el artículo 23 de la Convención Americana, en vista de que esta disposición exige en su párrafo 2 que la sanción de inhabilitación solo puede fundarse en una condena dictada por un juez competente, en un proceso penal."

Para analizar esta decisión, la Sala Constitucional comenzó por reiterar lo que antes había decidido en la sentencia antes analizada N° 1939 de 18 de diciembre de 2008 (caso: *Estado Venezolano vs. Corte Interamericana de derechos Humanos, caso Magistrados de la Corte Primera de lo Contencioso Administrativo*)[1640] en el sentido de que la protección internacional que deriva de la Convención Americana es "coadyuvante o complementaria de la que ofrece el derecho interno de los Esta-

---

1640 Véase en *Revista de Derecho Público*, N° 116, Editorial Jurídica venezolana, Caracas 2008, pp. 88 ss. Véase sobre esa sentencia Allan R. Brewer-Carías, "El juez constitucional vs. La justicia internacional en materia de derechos humanos," en *Revista de Derecho Público*, N° 116, (julio-septiembre 2008), Editorial Jurídica Venezolana, Caracas 2008, pp. 249-260.

dos americanos," es decir, que la Corte Interamericana "no puede pretender excluir o desconocer el ordenamiento constitucional interno" que goza de supremacía.

La Sala, además, indicó que el artículo 23 de la Constitución antes citado, contrariando su expreso contenido según el cual las normas internacionales sobre derechos humanos "prevalecen en el orden interno" –incluyendo la Constitución–, "en la medida en que contengan normas sobre su goce y ejercicio más favorables a las establecidas en esta Constitución," indicó que:

> "no otorga a los tratados internacionales sobre derechos humanos rango '*supraconstitucional,*' por lo que, en caso de antinomia o contradicción entre una disposición de la Carta Fundamental y una norma de un pacto internacional, correspondería al Poder Judicial determinar cuál sería la aplicable, tomando en consideración tanto lo dispuesto en la citada norma como en la jurisprudencia de esta Sala Constitucional del Tribunal Supremo de Justicia, atendiendo al contenido de los artículos 7, 266.6, 334, 335, 336.11 *eiusdem* y el fallo número 1077/2000 de esta Sala."[1641]

Adicionalmente la Sala, en su sentencia, negando valor a la sentencia de la Corte Interamericana, se refirió a otro fallo anterior, N° 1309/2001, en el cual había declarado que "el derecho es una teoría normativa puesta al servicio de la política que subyace tras el proyecto axiológico de la Constitución," de manera que la interpretación constitucional debe comprometerse "con la mejor teoría política que subyace tras el sistema que se interpreta o se integra y con la moralidad institucional que le sirve de base axiológica (*interpretatio favor Constitutione*)."

Por supuesto, dicha "política que subyace tras el proyecto axiológico de la Constitución" o la "teoría política que subyace" tras el sistema que le sirve de "base axiológica," que usa la Sala Constitucional no es la que resulta de la Constitución propia del "Estado democrático social de derecho y de justicia," que está montado formalmente sobre un sistema político de separación de poderes, de control del poder, de pluralismo, de democracia representativa y de libertad económica, sino el que ha venido definiendo el gobierno contra la propia Constitución y que ha encontrado eco en las decisiones de la propia Sala, como propia de un Estado centralizado, socialista y represivo, que niega la representatividad, y que pretende estar montado sobre una supuesta democracia participativa controlada por el poder central,[1642]

1641 Se refería de nuevo la Sala a la sentencia de 22 de septiembre de 2000 (Caso *Servio Tulio León Briceño*), en *Revista de Derecho Público*, N° 83, Editorial Jurídica Venezolana, Caracas 2000, pp. 247 ss.

1642 En los últimos años puede decirse que es la doctrina política socialista, la cual, por supuesto, no está en ninguna parte de la Constitución, y cuya inclusión en la Constitución fue rechazada por el pueblo en la rechazada reforma constitucional de 2007. Véase Allan R. Brewer-Carías, "La reforma constitucional en Venezuela de 2007 y su rechazo por el poder constituyente originario," en José Ma. Serna de la Garza (Coordinador), *Procesos Constituyentes contemporáneos en América latina. Tendencias y perspectivas*, Universidad Nacional Autónoma de México, México 2009, pp. 407-449). La Sala Constitucional, incluso, ha construido la tesis de que la Constitución de 1999 ahora "privilegia los intereses colectivos sobre los particulares o individuales," habiendo supuestamente cambiado "el modelo de Estado liberal por un Estado social de derecho y de justicia" (sentencia de 5 de agosto de 2008, N° 1265/2008, http://www.tsj.gov.ve:80/decisiones/scon/Agosto/1265-050808-05-1853.htm) cuando ello no es cierto, declarando la Sala que los estándares que se adopten para tal interpretación constitucional "*deben ser compatibles con el proyecto político de la Constitución"- que la Sala no deja de llamar como el del "Estado Democrático y Social de Derecho y de Justicia," precisando que:*

> "no deben afectar la vigencia de dicho proyecto con opciones interpretativas ideológicas que privilegien los derechos individuales a ultranza o que acojan la primacía del orden jurídico internacional sobre el derecho nacional en detrimento de la soberanía del Estado." (subrayados de la Sala)

Concluyó así, la sentencia, que "*no puede ponerse un sistema de principios supuestamente absoluto y suprahistórico por encima de la Constitución,*" siendo inaceptables – para la Sala -las teorías que pretenden limitar "*so pretexto de valideces universales, la soberanía y la autodeterminación nacional*" (Subrayados de la Sala). O sea, que el derecho internacional de derechos humanos es una de esas "valideces" universales" olímpicamente rechazadas por la Sala Constitucional ante el proyecto político autoritario desarrollado al margen de la Constitución y defendido por el órgano que se atribuye el carácter de máximo intérprete de la Constitución[1643]

De allí concluyó la Sala reiterando lo que ya había decidido en la sentencia de 5 de agosto de 2008, Nº 1265/2008[1644] (Caso: *Ziomara Del Socorro Lucena Guédez vs. Contralor General de la República*) en el sentido de que en caso de evidenciarse una contradicción entre la Constitución y una convención o tratado internacional, "*deben prevalecer las normas constitucionales que privilegien el interés general y el bien común, debiendo aplicarse las disposiciones que privilegien los intereses colectivos...(...) sobre los intereses particulares...*"

Al entrar a considerar el "punto central" de la sentencia de la Corte Interamericana sobre la violación del derecho a ser elegido del ciudadano Leopoldo López, por

---

pues el Estado social de derecho ya estaba plasmado en la Constitución de 1961. Véase Allan R. Brewer-Carías, *Cambio Político y Reforma del Estado (Contribución al Estad Social de Derecho)*, Ed. Ecnos Madrid 1975.

1643 En el fallo de la Sala Constitucional, la misma también hizo referencia al antes indicado fallo anterior Nº 1309/2001, donde se había referido al mismo tema de la interpretación constitucional condicionada "ideológicamente" que debe realizarse conforme a "mejor teoría política que subyace tras el proyecto axiológico de la Constitución," subordinándose el derecho internacional al orden nacional. De ello concluyó la Sala que " *la opción por la primacía del Derecho Internacional es un tributo a la interpretación globalizante y hegemónica del racionalismo individualista*" siendo "la nueva teoría" el "combate por la supremacía del orden social valorativo que sirve de fundamento a la Constitución;" afirmando que en todo caso, "el carácter dominante de la Constitución en el *proceso interpretativo no puede servir de pretexto para vulnerar los principios axiológicos en los cuales descansa el Estado Constitucional venezolano*" (Subrayados de la Sala). // En la sentencia Nº 1309/2001 la Sala también había afirmado que "el ordenamiento jurídico conforme a la Constitución significa, en consecuencia, salvaguardar a la Constitución misma de toda desviación de principios y de todo apartamiento del proyecto que ella encarna por voluntad del pueblo." Por ello, la Sala reiteró la negación de la validez universal de los derechos humanos, es decir, negó "cualquier teoría propia que postule derechos o fines absolutos," o cualquier "*vinculación ideológica con teorías que puedan limitar, so pretexto de valideces universales, la soberanía y la autodeterminación nacional*" (Subrayado de la Sala).

1644 Véase en http://www.tsj.gov.ve:80/decisiones/scon/Agosto/1265-050808-05-1853.htm

la inhabilitación administrativa dictada en su contra conforme al artículo 105 de la Ley Orgánica de la Contraloría General de la República y del Sistema Nacional de Control Fiscal, la Sala pasó a referirse a su propia sentencia antes mencionada, la N° 1265/2008 dictada el 5 de agosto de 2008,[1645] cuando al decidir sobre una denuncia de inconstitucionalidad de dicha norma por violentar precisamente lo dispuesto en al artículo 23.2 de la Convención Americana que sólo admite restricción al sufragio mediante sentencia judicial, observó que conforme a dicha norma, se admite la "'reglamentación' de los derechos políticos mediante ley, destacando que de una manera general, el artículo 30 de la Convención Americana "admite la posibilidad de restricción, siempre que se haga conforme a leyes que se dictaren por razones de interés general y con el propósito para el cual han sido establecidas." Concluyó la Sala que es posible, de conformidad con la Convención Americana "restringir derechos y libertades, siempre que sea mediante ley, en atención a razones de interés general, seguridad de todos y a las justas exigencias del bien común."

Y así pasó la Sala a resolver la posible antinomia entre el artículo 23.2 de la Convención Interamericana y la Constitución señalando que "la prevalencia del tratado internacional no es absoluta ni automática" siendo sólo posible si el mismo cuando se refiere a derechos humanos, contenga "normas más favorables a las de la Constitución," pasando a preguntarse la propia Sala sobre cuál debían ser los valores que debían tener presente "para determinar cuándo debe considerarse que esa disposición convencional es más favorable que la normativa constitucional interna," siendo su respuesta que ellos deben ser los supuestos valores derivados del proyecto político subyacente en la Constitución antes mencionado, que la Sala ha venido interpretando a su antojo.

De ello concluyó entonces que entonces no podía el artículo 23.2 de la Convención Americana "ser invocado aisladamente, con base en el artículo 23 de la Constitución Nacional, contra las competencias y atribuciones de un Poder Público Nacional, como lo es el Poder Ciudadano o Moral," concluyendo en la sentencia N° 1265/2008 dictada el 5 de agosto de 2008, sobre dicha antinomia, de nuevo que "es inadmisible la pretensión de aplicación absoluta y descontextualizada, con carácter suprahistórico, de una norma integrante de una Convención Internacional" contra las atribuciones en materia de control fiscal y lucha contra la corrupción de la Contraloría General de la República y su potestad de aplicar las sanciones administrativas. Con base en ello, la Sala concluyó que en la materia prevalecía el orden interno y las "normas constitucionales que privilegian el interés general y el bien común, debiendo aplicarse las disposiciones que privilegian los intereses colectivos involucrados en la lucha contra la corrupción sobre los intereses particulares de los involucrados en los ilícitos administrativos"," rechazando el postulado de que las sanciones de inhabilitación solo puede ser impuesta por una "autoridad judicial.

Para ello, la Sala Constitucional en su sentencia que comentamos N° 1547 (Caso *Estado Venezolano vs. Corte Interamericana de Derechos Humanos*) de fecha 17 de octubre de 2011, concluyó señalando que aun si se pretendiera otorgar un sentido

1645 Véase en http://www.tsj.gov.ve:80/decisiones/scon/Agosto/1265-050808-05-1853.htm

literal y restrictivo al artículo 23 de la Convención Interamericana, imponiendo la necesidad de la inhabilitación de un ciudadano para el ejercicio de cargos públicos sólo mediante una sentencia judicial, tal Tratado – dijo la Sala – "no es el único que forma parte integrante del sistema constitucional venezolano según el artículo 23 de nuestra Carta Fundamental" concluyendo que conforme a su tesis de la "prevalencia de las normas que privilegien el interés general y el bien común sobre los intereses particulares" entonces debía darse preferencia "a las Convenciones Interamericana y de la ONU contra la corrupción y las propias normas constitucionales internas, que reconocen a la Contraloría General de la República como un órgano competente para la aplicación de sanciones de naturaleza administrativa, como lo es la inhabilitación para el ejercicio de cargos públicos por hechos de corrupción en perjuicio de los intereses colectivos y difusos del pueblo venezolano."

Sin embargo, después de este pronunciamiento dictado con motivo de ejercer el control de constitucionalidad de la sentencia de la Corte Interamericana, la Sala Constitucional se apresuró a afirmar, como aclaratoria que:

> "no se trata de interpretar el contenido y alcance de la sentencia de la Corte Interamericana de Derechos Humanos, ni de desconocer el tratado válidamente suscrito por la República que la sustenta o eludir el compromiso de ejecutar las decisiones según lo dispone el artículo 68 de la Convención Interamericana de Derechos Humanos,"

De lo que se trata, en cambio, dijo la Sala, fue supuestamente de adecuar el fallo internacional "al orden constitucional interno," y ejercer un supuesto "control de convencionalidad" pero respecto de normas consagradas en otros tratados internacionales válidamente que no habían sido analizados por la sentencia de la Corte Interamericana de Derechos Humanos que la Sala "controló," como la citada Convención Interamericana contra la Corrupción y la Convención de las Naciones Unidas contra la Corrupción," de todo lo cual concluyó la Sala que como "debe prevalecer la lucha contra la corrupción [...] no puede ejercerse una interpretación aislada y exclusiva de la Convención Americana de Derechos Humanos" y supuestamente se desconozca el "*corpus juris del Derecho Internacional de los Derechos Humanos,*" referido por la Corte Interamericana en otra sentencia.[1646]

Finalmente la Sala Constitucional acusó a la Corte Interamericana de Derechos Humanos de persistir:

> "en desviar la teleología de la Convención Americana y sus propias competencias, emitiendo órdenes directas a órganos del Poder Público venezolano (Asamblea Nacional y Consejo Nacional Electoral), usurpando funciones cual si fuera una potencia colonial y pretendiendo imponer a un país soberano e independiente criterios políticos e ideológicos absolutamente incompatibles con nuestro sistema constitucional."

1646 Sentencia del 24 de noviembre de 2004, caso: *Trabajadores Cesados del Congreso vs. Perú*, sus Opiniones Consultivas de la CIDH N° OC-16/99 y N° OC-17/2002)

Todo ello para terminar declarando que el fallo dictado en el caso Leopoldo López, simplemente era "inejecutable" en Venezuela porque había condenado al Estado Venezolano a través del *Consejo Nacional Electoral* a asegurar "*que las sanciones de inhabilitación no constituyan impedimento para la postulación del señor López Mendoza en el evento de que desee inscribirse como candidato en procesos electorales";* y porque había anulado los actos administrativos que le habían impuesto las sanciones de inhabilitaron"; todo lo cual fue rechazado por la Sala.

La conclusión de todo este proceso de confrontación entre la Sala Constitucional y la Corte Interamericana de Derechos Humanos evidenciada en las sentencias antes comentadas, exhortando al Ejecutivo Nacional para desligar a Venezuela de la Convención Americana sobre Derechos Humanos, se produjo finalmente el día 6 de septiembre de 2012 cuando el Ministro de Relaciones Exteriores de Venezuela, Sr. Nicolás Maduro, quien ejerce actualmente la Presidencia de la República, luego de denunciar una supuesta campaña de desprestigio contra al país desarrollada por parte de la Comisión Interamericana de Derechos Humanos y de la Corte Interamericana de Derechos Humanos, manifestó formalmente al Secretario General de la OEA la "decisión soberana de la República Bolivariana de Venezuela de denunciar la Convención. Americana sobre Derechos Humanos, cesando en esta forma respecto de Venezuela los efectos internacionales de la misma, y la competencia respecto del país tanto de la manifestó formalmente al Secretario General de la OEA, ara el país, tanto de la Comisión Interamericana de Derechos Humanos como de la Corte Interamericana de Derechos Humanos.

Para fundamentar la decisión, el Ministro de Relaciones Exteriores hizo precisamente referencia, entre varios casos decididos por la Corte Interamericana condenando a Venezuela y otros por decidir, a los dos casos que hemos comentado anteriormente, fundamentando jurídicamente su decisión en la "doctrina" sentada por la Sala Constitucional sobre la supuesta prevalencia del derecho nacional frente al derecho internacional, en violación de la propia normativa de la Constitución.[1647]

VI. ALGUNAS SECUELAS DEL DESPRECIO POR VENEZUELA DE LAS DECISIONES DE LA CORTE INTERAMERICANA DE DERECHOS HUMANOS Y LA INDEBIDA PRESIÓN EJERCIDA ANTE LA MISMA AL ESTADO DENUNCIAR LA CONVENCIÓN AMERICANA DE DERECHOS HUMANOS

Las decisiones de la Sala Constitucional del Tribunal Supremo y del gobierno de Venezuela en desprecio de las sentencias de la Corte Interamericana de Derechos Humanos, sin duda ha tenido efectos y consecuencias catastróficas respecto del derecho de los venezolanos garantizado en el artículo 31 de la Constitución, según el cual el Estado está obligado a adoptar "las medidas que sean necesarias para dar

1647 Véase nuestra propuesta para la inclusión de la norma del artículo 23 en la Constitución de 1999 dándole jerarquía constitucional a los tratados sobre derechos humanos: "Constitucionalización de los tratados sobre derechos humanos," en Allan R. Brewer-Carías, *Debate Constituyente (Aportes a la Asamblea Nacional Constituyente), Tomo II (9 septiembre- 17 octubre 1999)*, Fundación de Derecho Público, Caracas 1999 pp.111-115. Véase igualmente *Idem*, pp. 88-91.

cumplimiento a las decisiones" de los órganos internacionales de protección de los derechos humanos; sobre todo por la presión indebida ejercida por el gobierno sobre la Corte, al haber mencionado en la comunicación de denuncia de la Convención Americana, no sólo casos ya decididos por la Corte, sino otros casos admitidos por la Comisión y sometidos a la Corte, que estaban pendientes de conclusión y decisión. Lamentablemente la presión quizás surtió efectos, quizás estamos comenzado a presenciar el inicio del fin del acceso a la justicia internacional; al menos es lo que cualquier estudioso de la materia podría apreciar, si se tiene en cuenta, *mutatis mutandi*, lo que le ocurrió a los jueces contencioso administrativos en Venezuela los cuales "aprendieron" que decidir casos contra el Estado les acarreaba destitución de sus cargos, siendo la consecuencia de ello, que los venezolanos ya no tenemos justicia contencioso administrativa.

Lo cierto es que la Corte Interamericana, acaba de decidir uno de los casos citados por el Estado para justificar la denuncia de la Convención, y lo acaba de hacer con una sentencia que cambia de raíz la jurisprudencia de la Corte de hace un cuarto de siglo en materia de excepción del agotamiento de recursos internos, para proteger al Estado que desprecia sus sentencias, y cercenarle el acceso a la justicia a un ciudadano que acudió a la Corte clamando por ella, ya que no la podía obtener en su país. ¿Habrá sido esa la consecuencia de la presión ejercida por el Estado venezolano contra la Corte, primero al despreciar sus sentencias, y segundo al denunciar la propia Convención Americana sobre Derechos Humanos, escapándose de la justicia internacional? La historia lo dirá.

En todo caso, ese caso decidido por la Corte Interamericana de Derechos Humanos, es el caso *Allan R. Brewer-Carías vs. Venezuela*, resuelto mediante sentencia Nº 277 de 26 de mayo de 2014,[1648] con motivo de las denuncias que formulé de violación masiva de mis derechos y garantías judiciales (mis derechos a la defensa, a ser oído, a la presunción de inocencia, a ser juzgado por un juez imparcial e independiente, al debido proceso judicial, a seguir un juicio en libertad, a la protección judicial) y de otros derechos (a la honra, a la libertad de expresión, incluso al ejercer su profesión de abogado, a la seguridad personal y a la circulación y a la igualdad y no discriminación) en el proceso penal desarrollado en mi contra en Venezuela, desde 2005, por el delito político de conspiración para cambiar violentamente la Constitución, por mi posición crítica al gobierno y haber dado una opinión jurídica como abogado en ejercicio de mi libertad de expresión, y con la única arma que he tenido siempre que es el verbo y la escritura.

Al admitir la excepción de falta de agotamiento de los recursos internos, y negarse a conocer y decidir mis denuncias, la Corte Interamericana violó mi derecho de acceso a la Justicia internacional, y protegiendo en cambio al Estado, renunció a las obligaciones convencionales que tenía de juzgar sobre la masiva violación de mis derechos y garantías.

Para ello, la Corte se excusó, sin razón jurídica alguna, en el argumento de que en este caso, antes de que yo pudiese pretender acudir ante la jurisdicción interna-

---

1648 Véase en http://www.corteidh.or.cr/docs/casos/articulos/seriec_278_esp.pdf

cional para buscar la protección que nunca pude obtener en mi país, yo debía haber "agotado" los recursos internos en Venezuela, que por lo demás lo había hecho mediante *el ejercicio del único recurso disponible y oportuno que tuve al comenzar la etapa intermedia del proceso penal*, que fue el ejercicio de la solicitud de nulidad absoluta de lo actuado por violación de mis derechos y garantías constitucionales, o amparo penal; recurso que en los nueve años transcurridos nunca fue decidido por el juez de la causa, violando a la vez mi derecho a la protección judicial.

La Corte Interamericana, con su sentencia, primero, demostró una incomprensión extrema del sistema venezolano de protección constitucional mediante el amparo o tutela constitucional, desconociendo la solicitud de amparo penal que se había ejercido, llegando incluso a afirmar que si se formula un amparo o tutela con petición de nulidad absoluta, mediante un escrito extenso, en ese caso tenía 532 páginas, entonces según el criterio de los jueces que hicieron la mayoría, el amparo deja de ser una petición de amparo, porque en su miope criterio, por su "extensión" no podría resolverse perentoriamente.

Pero además, segundo, la Corte Interamericana incurrió en el gravísimo error de afirmar que en un proceso penal, supuestamente habría la referida "etapa temprana" (párrafos 95, 96, 97, 98) que como lo advirtieron los Jueces **Eduardo Ferrer Mac Gregor** y **Manuel Ventura Robles**, en su *Voto Conjunto Negativo* a la sentencia, es un "*nuevo concepto* acuñado en la Sentencia y en la jurisprudencia" (párrafo 46), que implica la absurda consecuencia de que si en la misma (como sería la etapa de investigación de un proceso penal) se han cometido violaciones a los derechos y garantías constitucionales, las mismas nunca podrían apreciarse ni juzgarse por el juez internacional, porque eventualmente podían ser corregidas en el curso del proceso interno (se entiende, por supuesto, en un sistema donde funcione el Estado de derecho), así esté viciado.

Ello equivale a dejar sentada la doctrina de que en esa "etapa temprana" del proceso penal se podrían violar impunemente las garantías judiciales, y las víctimas lo que tienen que hacer es esperar *sine die*, incluso privadas de libertad y en condiciones inhumanas, para que un sistema judicial sometido al Poder, deliberadamente lento, termine de demoler todos los derechos y garantías, para entonces, después de varios años de prisión sin juicio, las víctimas, quizás desde la ultratumba puedan pretender tener oportunidad de acudir al ámbito internacional buscando justicia.

Como lo advirtieron los Jueces **Ferrer Mac Gregor** y **Ventura Robles** en su *Voto Conjunto Negativo*, en "la Sentencia se consideró que en este caso en el cual todavía se encuentra pendiente la audiencia preliminar y una decisión al menos de primera instancia, *no era posible entrar a pronunciarse sobre la presunta vulneración de las garantías judiciales*, debido *a que todavía no habría certeza sobre cómo continuaría el proceso* y si muchos de los alegatos presentados *podrían ser subsanados a nivel interno*" (párrafo 25, e igualmente párrafos 35, 46, 50), considerando el *Voto Conjunto Negativo* que con ello, la Corte Interamericana:

"contradice la línea jurisprudencial del propio Tribunal Interamericano en sus más de veintiséis años de jurisdicción contenciosa, desde su primera resolución en la temática de agotamiento de los recursos internos como es el caso *Velásquez Rodríguez Vs. Honduras,*[1649] ***creando así un preocupante precedente contrario a su misma jurisprudencia y al derecho de acceso a la justicia en el sistema interamericano***" (párrafo 47).

Por ello, los Jueces **Ferrer Mac Gregor** y **Ventura Robles** en su *Voto Conjunto Negativo* insistieron en este grave error de la sentencia de la Corte de establecer esta "nueva teoría" de la "etapa temprana" de un proceso, que:

> "representa un retroceso que afecta al sistema interamericano en su integralidad, en cuanto a los asuntos ante la Comisión Interamericana y casos pendientes por resolver por la Corte, toda vez que tiene ***consecuencias negativas para las presuntas víctimas en el ejercicio del derecho de acceso a la justicia. Aceptar que en las "etapas tempranas" del procedimiento no puede determinarse alguna violación (porque eventualmente puedan ser remediadas en etapas posteriores) crea un precedente que implicaría graduar la gravedad de las violaciones atendiendo a la etapa del procedimiento en la que se encuentre***; ***más aún, cuando es el propio Estado el que ha causado que no se hayan agotado los recursos internos en el presente caso, dado que ni siquiera dio trámite a los recursos de nulidad de actuaciones —de 4 y 8 de noviembre de 2005— por violación a derechos fundamentales***" (párrafo 56).

Todo ello llevó a los Jueces disidentes en su *Voto Conjunto Negativo* a concluir que la utilización por la sentencia, como uno de sus argumentos centrales, de "***la artificiosa teoría,***" -así la califican-:

> "de la "etapa temprana" del proceso, para no entrar al análisis de las presuntas violaciones a los derechos humanos protegidos por el Pacto de San José, constituye un ***claro retroceso en la jurisprudencia histórica de esta Corte, pudiendo producir el precedente que se está creando consecuencias negativas para las presuntas víctimas en el ejercicio del derecho de acceso a la justicia***; derecho fundamental de gran trascendencia para el sistema interamericano en su integralidad, al constituir en si mismo una garantía de los demás derechos de la Convención Americana en detrimento del efecto útil de dicho instrumento" (párrafo 119).

Con esta sentencia, en realidad, la mayoría sentenciadora de la Corte Interamericana, al pensar que el viciado proceso penal seguido en mi contra como instrumento de persecución política, signado por la persecución política, podía avanzar y salir de la "etapa temprana" en la que en criterio de la Corte se encontraba, y creer que el Estado, con el Poder Judicial como está, podía sin embargo corregir los vicios denunciados, lo que ha resuelto en definitiva, es darle un aval a la situación y el funcionamiento del Poder Judicial en Venezuela, considerándolo apropiado para impar-

---

1649 *Caso Velásquez Rodríguez Vs. Honduras*. Excepciones Preliminares. Sentencia de 26 de junio de 1987. Serie C N° 1.

tir justicia, precisamente todo lo contrario de lo denunciado. Ello, además, constituye un vicio de inmotivación que hace nula la sentencia.

Lástima, en todo caso, que los señores jueces que tomaron la decisión – aparte de las toneladas de informes y documentos que muestran la situación del poder judicial en Venezuela - no leyeron o no se enteraron del más reciente informe sobre la problemática estructural del Poder Judicial en Venezuela elaborado por la *Comisión Internacional de Juristas*, titulado *Fortalecimiento del Estado de Derecho en Venezuela*, publicado en Ginebra en marzo de 2014, es decir, sólo dos meses antes de dictar sentencia, en cuya Presentación, su Secretario General, Wilder Tayler, explica que:

> *"Este informe da cuenta de la falta de independencia de la justicia en Venezuela, comenzando con el Ministerio Público cuya función constitucional además de proteger los derechos es dirigir la investigación penal y ejercer la acción penal. El incumplimiento con la propia normativa interna ha configurado un Ministerio Público sin garantías de independencia e imparcialidad de los demás poderes públicos y de los actores políticos, con el agravante de que los fiscales en casi su totalidad son de libre nombramiento y remoción, y por tanto vulnerables a presiones externas y sujetos órdenes superiores.*
>
> *En el mismo sentido, el Poder Judicial ha sido integrado desde el Tribunal Supremo de Justicia (TSJ) con criterios predominantemente políticos en su designación. La mayoría de los jueces son "provisionales" y vulnerables a presiones políticas externas, ya que son de libre nombramiento y de remoción discrecional por una Comisión Judicial del propio TSJ, la cual, a su vez, tiene una marcada tendencia partidista. [...]".*

Luego de referirse a que "el informe da cuenta además de las restricciones del Estado a la profesión legal," el Sr. Tayler concluyó su Presentación del Informe afirmando tajantemente que:

> *"Un sistema de justicia que carece de independencia, como lo es el venezolano, es comprobadamente ineficiente para cumplir con sus funciones propias. En este sentido en Venezuela, un país con una de las más altas tasas de homicidio en Latinoamérica y en familiares sin justicia, esta cifra es cercana al 98% en los casos de violaciones a los derechos humanos. Al mismo tiempo, el poder judicial, precisamente por estar sujeto a presiones externas, no cumple su función de proteger a las personas frente a los abusos del poder sino que por el contrario, en no pocos casos es utilizado como mecanismo de persecución contra opositores y disidentes o simples críticos del proceso político, incluidos dirigentes de partidos, defensores de derechos humanos, dirigentes campesinos y sindicales, y estudiantes."*[1650]

1650 Véase en http://icj.wpengine.netdna-cdn.com/wp-content/uploads/2014/06/VENEZUELA-Informe-A4-elec.pdf

Ese Poder Judicial, es el que la Corte Interamericana no se atrevió a juzgar, avalándolo sin embargo, pero sin motivación, al pensar que podría corregir violaciones masivas cometidas en un proceso penal cuyo objeto es una persecución política.

Si el Estado venezolano despreció la justicia internacional el negarse a ejecutar las sentencias de la Corte Interamericana, minando su majestad decisora; con sentencias como estas dictada en el caso *Allan R. Brewer-Carías vs. Venezuela*, protegiendo a un Estado despreciador de sus sentencias, ha sido la misma Corte la que está contribuyendo a minar la confianza que puedan tener en ella los ciudadanos cuando buscan la justicia que no encuentran en sus países. Y si no hay justicia, queridos amigos, y ello es válido para todas las jurisdicciones, como lo escribió Quevedo hace siglos: **"*Si no hay justicia, Qué difícil es tener razón* !!"**

SECCIÓN QUINTA:

EL CASO GRANIER Y OTROS (RCTV): LA VIOLACIÓN A LA LIBERTAD DE EXPRESIÓN, LA RESPONSABILIDAD DEL ESTADO Y LA "INEJECUTABILIDAD" DE LA SENTENCIA INTERNACIONAL DE CONDENA

Texto del comentario publicado en *Revista de Derecho Público,* Nº 142 (Segundo Trimestre 2015, Editorial Jurídica Venezolana, Caracas 2015. Publicado en el libro: *La ruina de la democracia. Algunas consecuencias. Venezuela 2015*, (Prólogo de Asdrúbal Aguiar), Colección Estudios Políticos, Nº 12, Editorial Jurídica Venezolana, Caracas 2015, pp. 515-552.

La Corte Interamericana de Derechos Humanos, mediante sentencia de 22 de junio de 2015, dictada en el caso *Granier y otros (Radio Caracas Televisión), vs. Venezuela,*[1651] condenó al Estado venezolano:

Primero, por restringir indirectamente el derecho a la libertad de expresión de accionistas, directivos y periodistas del canal *Radio Caracas Televisión* ("RCTV"), en violación de los artículos 13.1 y 13.3 en relación con el artículo 1.1 de la Convención Americana;

Segundo, por violar, en perjuicio de las víctimas, el artículo 13 en relación con el deber de no discriminación contenido en el artículo 1.1 de la Convención Americana;

Tercero, por violar el derecho a un debido proceso, previsto en el artículo 8.1 en relación con el artículo 1.1 de la Convención Americana, en los procedimientos de transformación de los títulos y renovación de la concesión en perjuicio de las víctimas;

Cuarto, por violar el derecho al plazo razonable, previsto en el artículo 8.1 en relación con el artículo 1.1 de la Convención Americana, en el proceso con-

---

1651 Véase en http://www.corteidh.or.cr/cf/Jurisprudencia2/busqueda_casos_con-tenciosos.cfm?lang=es.

tencioso administrativo de nulidad intentado por las víctimas y en el trámite de la medida cautelar innominada en el marco del mismo; y

Quinto, por violar los derechos a ser oído y al plazo razonable, contenidos en el artículo 8.1 en relación con el artículo 1.1 de la Convención Americana, en el trámite de la demanda por intereses difusos y colectivos que se había intentado en perjuicio de las víctimas (párr. 419).

La sentencia puso así fin a la causa que había sido iniciada ante la Corte en febrero de 2013 por la Comisión Interamericana de Derechos Humanos, con motivo de la denuncia que le había sido formulada en febrero de 2010, por los profesores Carlos Ayala Corao y Pedro Nikken en representación de accionistas, directivos y periodistas del canal *Radio Caracas Televisión* ("RCTV"), alegando la violación por parte del Estado de la libertad de expresión de las víctimas, al decidir, en 2007, no renovarle la concesión de radiodifusión a la empresa que le había sido originalmente otorgada en 1953, hecho que había venido siendo anunciado por funcionarios gubernamentales desde 2002, con motivo en la línea editorial del canal que había sido adversa al gobierno.

En su demanda, la Comisión consideró que dicha decisión estaba viciada de desviación de poder, y había sido dictada además, en violación del derecho a la igualdad y no discriminación, al debido proceso y a la protección judicial de las víctimas; alegando además, que la sentencia cautelar que había sido dictada por la Sala Constitucional del Tribunal Supremo de Justicia en ese mismo año 2007, mediante la cual se puso en posesión al Estado, sin proceso alguno, todos los bienes de propiedad de la empresa, había violado el derecho de propiedad de las víctimas.

Después de desarrollado el proceso con la participación activa del Estado, al decidir sobre responsabilidad del mismo por las violaciones cometidas contra los derechos de las víctimas, dispuso: *primero*, que el Estado debía restablecer la concesión de la frecuencia del espectro radioeléctrico correspondiente al canal 2 de televisión (párr. 380, 419);

Segundo, que para que la anterior medida no sea ilusoria y sin que ello supusiera un pronunciamiento sobre el derecho a la propiedad, el Estado debía devolverle a RCTV los bienes que le habían sido incautado mediante medidas cautelares, por considerar la Corte que eran elementos indispensables para la efectiva operación de la concesión (párr. 381); y

Tercero, que una vez efectuado el restablecimiento de la concesión a RCTV, el Estado debía en un plazo razonable ordenar la apertura de un proceso abierto, independiente y transparente para el otorgamiento de la frecuencia del espectro radioeléctrico correspondiente al canal 2 de televisión, siguiendo para tal efecto el procedimiento establecido en la Ley Orgánica de Telecomunicaciones o la norma interna vigente para tales efectos (párr. 382, 419).

Adicionalmente la Corte decidió, *cuarto*, que el Estado debía hacer público el texto de la sentencia en la prensa y en el sitio web de la Comisión Nacional de Telecomunicaciones (Conatel) (párr. 386, 419); *quinto*, que el Estado debía tomar las medidas necesarias a fin de garantizar que todos los futuros procesos de asignación y renovación de frecuencias de radio y televisión que se lleven a cabo, sean conducidos de manera abierta, independiente y transparente (párr. 394, 419); y *sexto*, que el Estado debía pagar, dentro del plazo de un año, determinadas cantidades por concepto de indemnizaciones por daño material e inmaterial, y el reintegro de costas y gastos (párr. 413, 414, 410, 419).

La sentencia de la Corte Interamericana contra el Estado de Venezuela fue de fecha 22 de junio de 2015, pero solo se publicó en el sitio web de la Corte en fecha el 8 de septiembre. Al día siguiente, 9 de septiembre de 2015, sin embargo, funcionarios de la Procuraduría General de la República (abogados del Estado) introdujeron ante la Sala Constitucional del Tribunal Supremo de Justicia una inédita "acción de control convencionalidad "*con respecto al sentido, alcance y aplicabilidad" de la sentencia de la Corte Interamericana,* que fue decidida por la Sala al día siguiente, sin proceso alguno, mediante sentencia N° 1.175 de 10 de septiembre de 2015, declarando: *primero,* que la sentencia de la Corte Interamericana había sido dictada "en franca violación a la Convención Americana sobre Derechos Humanos, a otros instrumentos internacionales sobre la materia y en total desconocimiento a la Constitución de la República Bolivariana de Venezuela;" y *segundo*, que dicha decisión es "**INEJECUTABLE**" (énfasis del texto original), "por constituir una grave afrenta a la Constitución de la República Bolivariana de Venezuela y al propio sistema de protección internacional de los derechos humanos. Para completar su sentencia, la Sala Constitucional del Tribunal Supremo de Justicia, concluyó sugiriendo:

> "al Ejecutivo Nacional, a quien corresponde dirigir las relaciones y política exterior de la República Bolivariana de Venezuela, a tenor de lo dispuesto en el artículo 236, numeral 4, de la Constitución de la República Bolivariana de Venezuela, así como al órgano asesor solicitante de conformidad con el artículo 247 *eiusdem,* para que evalúen la posibilidad de remitir a la Asamblea General de la Organización de Estados Americanos, copia de este pronunciamiento con el objeto de que ese órgano analice la presunta desviación de poder de los jueces integrantes de la Corte Interamericana de Derechos Humanos."[1652]

Esa fue la respuesta del Estado venezolano a la condena que le impuso la Corte Interamericana.

A continuación analizaremos tanto el contenido de la sentencia de la Corte Interamericana, en relación con los diversos puntos debatidos ante la misma; así como los aspectos resaltantes de la sentencia de la Sala Constitucional, dictada *in audita parte*, es decir, sin proceso alguno, sin litis, en abierta violación al derecho al debido proceso y a la defensa que la Constitución declara inviolable en todo estado y grado de la causa (art. 49), desafiando en forma íntegra al Sistema Interamericano de Protección de Derechos Humanos y en franca violación a la Carta Democrática Interamericana.

1652 Véase en http://historico.tsj.gob.ve/decisiones/scon/septiembre/181181-1175-10915-2015-15-0992.HTML.

I. EL TEMA DE LA REDUCCIÓN DE LA PROTECCIÓN INTERNACIONAL SOLO RESPECTO DE LOS DERECHOS DE LAS PERSONAS NATURALES, Y LA EXCLUSIÓN DE PROTECCIÓN DE LAS PERSONAS JURÍDICAS.

El proceso ante la Corte Interamericana no fue entre la empresa Radio Caracas Televisión (RCTV) y el Estado venezolano, sino entre un grupo de accionistas, directivos y trabajadores de dicha empresa que fueron los que denunciaron al Estado por violación a sus derechos. La sentencia de la Corte Interamericana, por tanto, no protegió a la empresa Radio Caracas televisión (RCTV), como compañía anónima, sino a los accionistas, directivos y periodistas de dicha empresa, todas como personas naturales, cuyos derechos fueron los que se consideraron violados.

Esos derechos que la Corte considero violados, por tanto, los ejercían las víctimas como lo indicó la Corte, "cubiertos por una figura o ficción jurídica creada por el mismo sistema jurídico," distinguiéndose así claramente "los derechos de los accionistas de una empresa de los de la persona jurídica" (párr. 146).

En tal contexto, la Corte procedió "a analizar el ejercicio del derecho a la libertad de expresión por parte de las personas naturales a través de las personas jurídicas" (párr. 147) y su violación por el Estado; considerando que "los medios de comunicación son verdaderos instrumentos de la libertad de expresión, que sirven para materializar este derecho" por quienes "los utilizan como medio de difusión de sus ideas o informaciones;" configurándose "generalmente, asociaciones de personas que se han reunido para ejercer de manera sostenida su libertad de expresión" (párr. 148), de manera semejante a cómo los "sindicatos constituyen instrumentos para el ejercicio del derecho de asociación de los trabajadores y los partidos políticos son vehículos para el ejercicio de los derechos políticos de los ciudadanos"(párr. 148).

De todo ello, dedujo la Corte Interamericana "que las restricciones a la libertad de expresión frecuentemente se materializan a través de acciones estatales o de particulares que afectan, no solo a la persona jurídica que constituye un medio de comunicación, sino también a la pluralidad de personas naturales, tales como sus accionistas o los periodistas que allí trabajan, que realizan actos de comunicación a través de la misma y cuyos derechos también pueden verse vulnerados" (párr. 151). De allí pasó la Corte a analizar la violación de los derechos de los directivos, accionistas y trabajadores de Radio Caracas televisión que fueron alegados, aclarando que en la sentencia, que en lo concerniente a los alegatos de violación de la libertad de expresión y del principio de la no discriminación, las referencias a "RCTV" debían "entenderse como el medio de comunicación mediante el cual las presuntas víctimas ejercían su derecho a la libertad de expresión y no como una referencia expresa a la persona jurídica denominada "RCTV, C.A" (párr. 151).

II. LA VIOLACIÓN AL DERECHO A LA LIBERTAD DE EXPRESIÓN

Los representantes de las víctimas alegaron en el caso, que la no renovación de la concesión de la cual era titular Radio Caracas Televisión en 2007 mediante acciones del Estado, constituyeron actos arbitrarios del mismo "tendientes deliberadamente, a la supresión de un medio de comunicación independiente, [...] fundados en consideraciones políticas de castigo a la línea de difusión de información e ideas de

RCTV," lo cual había sido anunciado públicamente por altos funcionarios del Estado, incluido el Presidente de la República, desde 2002; denunciando dos hechos relevantes: por una parte "la no renovación de la concesión de RCTV," y por la otra "la toma arbitraria por el Estado de sus bienes destinados a la radiodifusión audiovisual," que consideraron debían ser vistos "como un todo, es decir, como una unidad, que se concretó en el cierre de RCTV" (párr. 126); y que resumieron expresando que:

> "La incautación judicial de los equipos de RCTV (estaciones de transmisión, antenas y repetidoras) y su asignación a CONATEL, unas 56 horas antes del anunciado cese de la concesión, confiere particular nitidez a la violación de la libertad de expresión [...]. La inusualmente rápida e insólita intervención judicial de 'oficio' que colocó en manos del Ejecutivo Nacional los bienes que venían utilizando las víctimas para difundir ideas e informaciones, demuestra que ha existido al menos una estrategia concertada de los órganos del Estado Venezolano dirigida a privar a RCTV de la posibilidad de seguir siendo un medio al servicio de la libertad de expresión" (párr. 126).

Los alegatos formulados por los representantes de las víctimas, de violación a su derecho a la libertad de expresión fueron por tanto referidos a dos hechos que la Corte estaba obligada a resolver: por una parte, el de la no renovación arbitraria de la concesión de RCTV; y por la otra, el de la incautación ilegítima de sus bienes utilizados para el ejercicio del derecho.

La Corte, sin embargo, decidió sobre el primero de estos hechos, pero se abstuvo de decidir sobre el segundo en el contexto de la violación a la libertad de expresión que era donde había sido alegado, considerándolo sin embargo en forma aislada.

1. *Los hechos, alegatos y decisión sobre la violación de la libertad de expresión por parte del Estado por la decisión de no renovación de la concesión, adoptada en forma arbitraria y con desviación de poder*

La empresa Radio Caracas Televisión era titular de una concesión de radiodifusión que le había sido otorgada desde 1953. En 1987, a raíz de haberse dictado el Decreto N° 1.577 de 27 de mayo de 1987, contentivo del Reglamento sobre Concesiones para Televisoras y Radiodifusoras, que otorgaba a los concesionarios el derecho de "preferencia para la extensión de la concesión por otro período de veinte (20) años" (art. 3), dicha concesión le fue renovada a la empresa hasta 2007.

Antes del vencimiento de dicho plazo, en 2000, se dictó la Ley Orgánica de Telecomunicaciones (LOTEL), que creó a la Comisión Nacional de Telecomunicaciones (Conatel), con competencia, entre otras, para "otorgar, revocar y suspender las habilitaciones administrativas y concesiones" (art. 35). El artículo 210 de la Ley, además, dispuso el procedimiento para la transformación de las concesiones y los permisos que habían sido otorgados con anterioridad a su entrada en vigencia en las "habilitaciones administrativas, concesiones u obligaciones de notificación o registros" establecidos en la nueva Ley.

A pesar de que desde el año 2002 diversos funcionarios del Estado venezolano, entre ellos el Presidente de la República, habían anunciado públicamente que las concesiones de las cuales eran titulares algunos medios privados de comunicación social, entre ellos RCTV, no serían renovados, lo que además se indicó expresamente en publicaciones oficiales como un *Libro Blanco sobre RCTV* (marzo 2007), la empresa en 2002 solicitó la transformación de su título de concesión al nuevo régimen jurídico establecido en la LOTEL, a lo cual no se dio respuesta sino en 2007; y en 2007, solicitaron la emisión de los nuevos títulos por 20 años renovando la concesión.

En respuesta a dichas solicitudes, en marzo de 2007, CONATEL comunicó a RCTV la decisión del Estado de que la concesión de RCTV no sería renovada, no como sanción, sino por el vencimiento del lapso de vigencia de la misma (hasta 27 de mayo de 2007), razón por la cual, no había lugar al inicio de un procedimiento administrativo sobre renovación de la concesión, considerando además que conforme a la legislación vigente el concesionario no tenía derecho a la renovación automática de la concesión. El Estado, en esa forma, como el espectro radioeléctrico es del dominio público había decidido reservarse el uso y explotación de esa porción del espectro radioeléctrico que había sido concedida a RCTV, a los efectos de "permitir la democratización del uso del medio radioeléctrico y la pluralidad de los mensajes y contenidos" mediante la creación de un canal público de televisión abierta. Por todo ello, además, en marzo de 2007 se dio por terminado el procedimiento administrativo iniciado en 2002 para la transformación del título de la concesión.

En todo caso, contra la "amenaza inminente, inmediata y posible" de cierre de la empresa, en febrero de 2007, RCTV intentó una acción de amparo ante la Sala Constitucional, contra la omisión de las autoridades del Estado en responder las peticiones formuladas, por violación de sus derechos a la libertad de expresión, al debido proceso y a la igualdad y no discriminación. La acción fue declarada inadmisible el 17 de mayo de 2007 porque Conatel, durante el curso del procedimiento de amparo, ya había dado respuesta sobre la no renovación de la concesión, y porque los recurrentes contaban con otras vías judiciales contencioso administrativa para la defensa de sus derechos, destacando que RCTV ya había interpuesto dicha acción ante la Sala Político Administrativa del Tribunal Supremo el 17 de abril de 2007. Por esta última razón, la Sala Constitucional también declaró inadmisible otra acción de amparo intentada por RCTV solicitando el cese de la aplicación del Plan Nacional de Telecomunicaciones, Informática y Servicios Postales 2007-2013 (párrs. 105, 106).

En cuanto a la acción contencioso administrativa de nulidad de las decisiones adoptadas por Conatel, luego de negar las medidas cautelares solicitadas, la Sala Político Administrativa del Tribunal Supremo nunca decidió el caso y el proceso continuó en estado de producción de pruebas (párr. 111).

Esos hechos fueron en síntesis los que se denunciaron ante la Corte Interamericana como violatorios de la libertad de expresión de las víctimas, que garantiza el artículo 13 de la Convención Americana de Derechos Humanos, en el cual se declara, *primero*, que el mismo "comprende la libertad de buscar, recibir y difundir informaciones e ideas de toda índole, sin consideración de fronteras, ya sea oralmente, por escrito o en forma impresa o artística, o por cualquier otro procedimiento de su elección;" y *segundo*, que el ejercicio de dicho derecho "no puede estar sujeto a previa censura sino a responsabilidades ulteriores, las que deben estar expresamente fijadas por la ley y ser necesarias para asegurar el respeto a los derechos o a la reputación de los demás, o la protección de la seguridad nacional, el orden público o la salud o la moral públicas."

Tal declaración se completa en la norma con la indicación de que "no se puede restringir el derecho de expresión por vías o medios indirectos, tales como el abuso de controles oficiales o particulares de papel para periódicos, de frecuencias radioeléctricas, o de enseres y aparatos usados en la difusión de información o por cualesquiera otros medios encaminados a impedir la comunicación y la circulación de ideas y opiniones."

Con base en esta norma, la Corte Interamericana ha establecido que dada la importancia de la libertad de expresión para el funcionamiento de una sociedad democrática, los límites o restricciones que se puedan establecer a su ejercicio deben siempre respetar la garantía del pluralismo de medios, para lo cual, en cuanto a los procesos que versen sobre el otorgamiento o renovación de concesiones o licencias relacionadas con la actividad de radiodifusión, deben estar guiados por "criterios objetivos que eviten la arbitrariedad," para lo cual "es preciso que se establezcan las salvaguardas o garantías generales de debido proceso," con la finalidad de "evitar el abuso de controles oficiales y la generación de posibles restricciones indirectas" (párr. 171).

Con base en los hechos mencionados, la Comisión Interamericana y los representantes de las víctimas denunciaron ante la Corte que la decisión de no renovar la concesión de RCTV por parte del Estado fue en virtud de la línea editorial crítica del canal, considerando que en la adopción de la decisión hubo desviación de poder o de afectación indirecta del derecho. Alegaron además, los representantes de las víctimas, que "la única razón por la cual no procedería la renovación de la concesión" sería el incumplimiento de la ley, los reglamentos y el título de la concesión, conforme al estándar reconocido y aplicable en el derecho administrativo en materia de concesiones de telecomunicaciones, no teniendo el Estado poder discrecional o arbitrario alguno "para negar pura y simplemente la extensión o renovación del título de una estación de televisión abierta."

Para decidir sobre las violaciones alegadas, la Corte Interamericana consideró que en los términos del artículo 13 de la Convención Americana, en el cual no se consagra un derecho absoluto (párr. 144), "la libertad de expresión requiere, por un lado, que nadie sea arbitrariamente menoscabado o impedido de manifestar su propio pensamiento y representa, por tanto, un derecho de cada individuo; pero implica también, por otro lado, un derecho colectivo a recibir cualquier información y a conocer la expresión del pensamiento ajeno" (párr. 136), de manera que las infracciones a dicha norma pueden presentarse bajo diferentes hipótesis.

En particular en cuanto concierne a las restricciones indirectas violatorias al derecho a la libertad de expresión a que se refiere el artículo 13.3 de la Convención, ejemplificando "el abuso de controles oficiales o particulares de papel para periódicos, de frecuencias radioeléctricas, o de enseres y aparatos usados en la difusión de información o por cualesquiera otros medios encaminados a impedir la comunicación y la circulación de ideas y opiniones," la Corte consideró que dicha enumeración no es taxativa haciendo referencia al artículo 13 de la "Declaración de Principios sobre la Libertad de Expresión" donde se indican otros ejemplos de medios o vías indirectas violatorias, que en todo caso, deben restringir "efectivamente, en forma indirecta, la comunicación y la circulación de ideas y opiniones," teniendo en cuenta que "la restricción indirecta puede llegar a generar un efecto disuasivo, atemorizador e inhibidor sobre todos los que ejercen el derecho a la libertad de expresión, lo que, a su vez, impide el debate público sobre temas de interés de la sociedad" (párr. 146).

La Corte Interamericana, sobre el argumento de los representantes de la vulneración al derecho a la libertad de expresión basado en la existencia de un supuesto derecho a la renovación de la concesión, precisó que conforme a la normativa aplicable en Venezuela, en realidad no se consagra derecho alguno de renovación o a una prórroga automática de las concesiones (párr. 174), sino solo un derecho de preferencia para la extensión de las mismas que hubieran dado cumplimiento a las disposiciones legales pertinentes (art. 3 Reglamento), como "una consideración especial o una cierta ventaja que puede o no otorgarse dependiendo de lo estipulado en la normativa aplicable" (párr. 176). De ello se desprende, además, que conforme al artículo 210 de la LOTEL, solicitada una extensión, el Estado "no está obligado a conceder la renovación, ni tampoco establece una prórroga automática a quienes solicitaran la transformación de los títulos" (párr. 178).

De lo anterior concluyó la Corte Interamericana en su sentencia que la alegada restricción a la libertad de expresión, en el caso, "no se deriva de que la concesión que tenía RCTV no fuera renovada automáticamente." Sin embargo, la Corte indicó que en el caso, los peticionarios habían efectivamente solicitado la conversión de la concesión y su prórroga, sin que los procedimientos correspondientes se hubieran llevado a cabo; y se refirió a la manifestación del Estado de que "tratándose del vencimiento del lapso de vigencia de una concesión, [...] no hay lugar al inicio de un procedimiento administrativo", y en consecuencia, en cuanto a la solicitud de conversión la respuesta del Estado, que el procedimiento administrativo se daba por terminado, por decaimiento de la solicitud (párr. 180).

Ahora bien, en cuanto a la decisión del Estado de no renovar la concesión, la Corte Interamericana pasó en su sentencia a analizar las actuaciones estatales que condujeron a esa decisión con la finalidad de determinar si se configuró una vulneración al derecho a la libertad de expresión como restricción indirecta prohibida en el artículo 13.3 de la Convención. La Corte se refirió a los alegatos tanto la Comisión Interamericana como los representantes de las víctimas en el sentido de que la razón formulada por el Estado de no renovar la concesión con el supuesto objeto de propender a la "la democratización del uso del medio radioeléctrico y la pluralidad de los mensajes y contenidos" (párr. 188), no había sido "la finalidad real" de la decisión (párr. 189), sino al contrario, la misma se había adoptado para castigar a RCTV por la línea editorial crítica contra el Gobierno, habiendo éste obrado en forma arbitraria y en desviación de poder (párr. 189).

Analizadas las pruebas, la Corte concluyó considerando que la decisión de no renovar la concesión en efecto, "fue tomada con bastante anterioridad a la finalización del término de la concesión y que la orden fue dada a Conatel y al Ministerio para la Telecomunicación desde el ejecutivo" (párr. 193), argumentando además, que "no es posible realizar una restricción al derecho a la libertad de expresión con base en la discrepancia política que pueda generar una determinada línea editorial a un gobierno" (párr. 194), para concluir considerando que "que la finalidad declarada [para no renovar la concesión] no era la real y que sólo se dio con el objetivo de dar una apariencia de legalidad a las decisiones" (párr.. 196)

De todo ello, la Corte Interamericana, sobre el derecho a la libertad de expresión, concluyó decidiendo que "los hechos del presente caso implicaron una desviación de poder, ya que se hizo uso de una facultad permitida del Estado con el objetivo de alinear editorialmente al medio de comunicación con el gobierno" (párr. 197). Sobre dicha desviación de poder, la misma, a juicio de la Corte Interamericana,

> "tuvo un impacto en el ejercicio de la libertad de expresión, no sólo en los trabajadores y directivos de RCTV, sino además en la dimensión social de dicho derecho (*supra* párr. 136), es decir, en la ciudadanía que se vio privada de tener acceso a la línea editorial que RCTV representaba. En efecto, la finalidad real buscaba acallar voces críticas al gobierno, las cuales se constituyen junto con el pluralismo, la tolerancia y el espíritu de apertura, en las demandas propias de un debate democrático que, justamente, el derecho a la libertad de expresión busca proteger" (párr. 198).

De todo lo anterior, concluyó la Corte considerando que en el caso se vulneraron los artículos 13.1 y 13.3 de la Convención Americana en relación con el artículo 1.1 de la misma, en perjuicio de varios de las víctimas, condenando al Estado por ello, porque en el caso:

> "se configuró una restricción indirecta al ejercicio del derecho a la libertad de expresión producida por la utilización de medios encaminados a impedir la comunicación y circulación de la ideas y opiniones, al decidir el Estado que se reservaría la porción del espectro y, por tanto, impedir la participación en los procedimientos administrativos para la adjudicación de los títulos o la renovación de la concesión a un medio que expresaba voces críticas contra el gobierno" (párr. 199).

2. *Los hechos, alegatos y decisión sobre la violación de la libertad de expresión por la decisión de la Sala Constitucional del Tribunal Supremo de poner en posesión del Estado de los bienes de RCTV*

Como antes se indicó, otro de los alegatos formulados por los peticionantes sobre violación de la libertad de expresión, se basó en el hecho de que los bienes de RCTV fueron incautados por el Estado, impidiéndosele con ello a las víctimas ejercer su derecho a la libertad de expresión, violándose además su derecho de propiedad.

En efecto, con ocasión de los anuncios de la no renovación de la concesión de radiodifusión a RCTV, los representantes de varios comités de usuarios intentaron ante la Sala Constitucional del Tribunal Supremo el 22 de mayo de 2007, una acción de amparo constitucional, alegando que la nueva emisora TVes que se había anunciado por el Estado que haría su transmisión a través del espectro utilizado por RCTV, no contaba con los equipos de infraestructura de transmisión y repetición necesarios para garantizar la cobertura nacional, solicitando a la Sala, para proteger sus derechos fundamentales a la confianza legítima, a la no discriminación y a obtener un servicio público de calidad, que:

> "ordenara medidas cautelares para permitir a TVes de manera temporal el acceso, uso y operación de la plataforma que estaba siendo utilizada por RCTV para el uso y explotación de la porción del espectro radioeléctrico, independientemente de sus propietarios o poseedores" (párr. 94).

En respuesta a esta petición de amparo, tres días después, el 25 de mayo de 2007, la Sala Constitucional en efecto, mediante sentencia Nº 956, "ordenó, a través de medidas cautelares innominadas, el traspaso temporal a CONATEL del uso de los bienes propiedad de RCTV, tales como "microondas, telepuertos, transmisores, equipos auxiliares de televisión, equipos auxiliares de energía y clima, torres, antenas, casetas de transmisión, casetas de planta, cerca perimetral y acometida eléctrica" (párr.. 95) para a la vez ser usados por TVes.[1653]

El día anterior, 24 de mayo de 2007, por otra parte unos ciudadanos y un comité de usuarios interpusieron ante la Sala Constitucional del Tribunal Supremo una demanda por intereses difusos y colectivos, ejercida conjuntamente con medida cautelar innominada (para que RCTV no interrumpiera sus transmisiones) contra el Presidente de la República y el director de Conatel alegando que el eventual cierre de RCTV, cuya inminencia se demostraba por los discursos de los demandados, limitaría en forma grave e ilegítima el derecho a la libertad de expresión e información de la ciudadanía, al privarla de una de las opciones televisivas que tenían los venezolanos para recibir la programación de opinión, recreación e información de su preferencia (párr. 96). Al día siguiente la Sala mediante sentencia Nº 957, otorgó efectivamente medidas cautelares, pero no las solicitadas, sino al contrario, otras, de oficio, para asegurar la "posibilidad de que los aludidos usuarios puedan efectivamente acceder en condiciones de igualdad y con el mantenimiento de un estándar mínimo de calidad al correspondiente servicio, al margen de la vigencia o no del permiso o concesión a un operador privado específico," consistente en que como TVes "podría no contar con la infraestructura necesaria para la transmisión a nivel nacional," en forma similar a lo decidido en la sentencia Nº 956, le asignó a CONATEL "de manera temporal y a los fines de tutelar la continuidad en la prestación de un servicio público universal", "el derecho de uso de los equipos necesarios para las operaciones anteriormente mencionadas," que eran propiedad de RCTV. Las medidas cautelares fueron ejecutadas los días 27 y 28 de mayo de 2007, con el traspaso a CONATEL del uso de los bienes indicados en las decisiones correspondien-

---

1653 Véanse los comentarios sobre esta confiscatoria sentencia en Allan R. Brewer-Carías, "El juez constitucional en Venezuela como instrumento para aniquilar la libertad de expresión plural y para confiscar la propiedad privada: El caso RCTV", *Revista de Derecho Público*", Nº 110, (abril-junio 2007), Editorial Jurídica Venezolana, Caracas 2007, pp. 7-32. Publicado en *Crónica sobre la "In" Justicia Constitucional. La Sala Constitucional y el autoritarismo en Venezuela*, Colección Instituto de Derecho Público. Universidad Central de Venezuela, Nº 2, Editorial Jurídica Venezolana, Caracas 2007, pp. 468-508.

tes, y el 28 de mayo TVes pasó a trasmitir su programación a través del canal 2 de la red de televisión abierta (párr. 98, 99, 100).[1654]

Los representantes de RCTV, el 31 de mayo de 2007, se opusieron a la medida cautelar contenida en la mencionada sentencia N° 957, de incautación de bienes, pero luego de presentar el escrito de promoción de pruebas, el proceso de la oposición quedó paralizado, y la promoción de las pruebas nunca fue tramitada (párr. 112).

Independientemente de las vicisitudes procesales antes mencionadas, los representantes de las víctimas alegaron que con las medidas cautelares innominadas decretadas por la Sala Constitucional, ordenando el traspaso temporal a CONATEL del uso de los bienes propiedad de RCTV, para a la vez ser usados por TVes, se había configurado como una violación al derecho de propiedad, como "una estrategia concertada de los órganos del Estado Venezolano dirigida a privar a RCTV de la posibilidad de seguir siendo un medio al servicio de la libertad de expresión" (párr. 126). Alegaron, en efecto, que en el caso, con las medidas cautelares decretadas se había violado el derecho de propiedad privada garantizado por el artículo 21 de la Convención pues se habían configurado como "una incautación confiscatoria de los bienes materiales de RCTV en un proceso arbitrario," que por la ausencia de pago de una justa indemnización, "es una confiscación a privación ilegítima que viola el artículo 21 de la Convención." La sentencia de la Corte menciona además, que los representantes "agregaron que la incautación arbitrada por el Tribunal Supremo de Justicia fue un acto confiscatorio cubierto con la apariencia de una medida cautelar, una apariencia que fue irrelevante para alterar la naturaleza confiscatoria de ese acto y RCTV fue privada de esos bienes en abierta violación del artículo 21(2) de la Convención" (párr. 329).

La Corte Interamericana, sin embargo, se inhibió de considerar la violación alegada de la incautación de bienes de RCTV como vulneración a la libertad de expresión, y solo la analizó como un alegato independiente de violación al derecho de propiedad, pasando en consecuencia a desecharlo y concluir que no hubo violación el derecho de propiedad de las víctimas, coincidiendo en ello con lo argumentado por la Comisión Interamericana.

En efecto, en el caso, la Comisión había encontrado que Venezuela no había violado el derecho a la propiedad privada de las víctimas previsto en el artículo 21 de la Convención, pues para declarar violado el derecho a la propiedad, era necesario que se encontrase plenamente demostrada la afectación del patrimonio personal de las presuntas víctimas, no habiendo probado las mismas en el caso, que eran accionistas de RCTV, es decir, "el posible efecto directo sobre el patrimonio personal de los

1654 Véanse igualmente los comentarios sobre esta otra confiscatoria sentencia en Allan R. Brewer-Carías, "El juez constitucional en Venezuela como instrumento para aniquilar la libertad de expresión plural y para confiscar la propiedad privada: El caso RCTV", *Revista de Derecho Público*", N° 110, (abril-junio 2007), Editorial Jurídica Venezolana, Caracas 2007, pp. 7-32. Publicado en *Crónica sobre la "In" Justicia Constitucional. La Sala Constitucional y el autoritarismo en Venezuela,* Colección Instituto de Derecho Público. Universidad Central de Venezuela, N° 2, Editorial Jurídica Venezolana, Caracas 2007, pp. 468-508.

accionistas presentados como víctimas como resultado de la incautación de los bienes de RCTV" (párr. 324). En definitiva la Corte Interamericana recordó que "no es competente para analizar las presuntas violaciones a la Convención que se hayan ocurrido en contra de personas jurídicas, razón por la cual no puede analizar las consecuencias que se derivaron de la imposición de medidas cautelares a los bienes que formaban parte del patrimonio de RCTV, ni determinar si estas han vulnerado la propiedad de la persona jurídica de la empresa" (párr. 348).

Por ello, en este caso, la Corte Interamericana no procedió a analizar "la posible vulneración al derecho a la propiedad que se habría causado a RCTV como consecuencia de la incautación de sus bienes, por tratarse de una persona jurídica," y en consecuencia se limitó a "examinar el presunto efecto que tales medidas cautelares pudieron tener de forma directa sobre el patrimonio de los accionistas, es decir sobre las acciones de los cuales son propietarios" (párr. 352). Y la conclusión fue que al alegarse "la posible vulneración al derecho a la propiedad de las presuntas víctimas como consecuencia de la pérdida de valor de las acciones derivada de la no renovación de la concesión para el uso del espectro electromagnético y de la imposición de medidas cautelares sobre los bienes de RCTV" (párr. 354), sin embargo, en el caso de esa empresa, "la constitución accionaria compleja, consecuencia de una estructura societaria amplia de personas jurídicas con patrimonios separados, dificulta aún más poder establecer una relación directa y evidente entre la alegada pérdida de valor de acciones y las afectaciones al patrimonio de la persona jurídica de RCTV" (párr. 355).

Por ello, en definitiva, la Corte Interamericana consideró que en el caso no se había probado la afectación que la incautación de los bienes tuvo en el derecho a la propiedad de las víctimas, "toda vez, que para poderse establecer semejante vulneración, debió acreditarse en primer lugar, una afectación a las empresas que son accionistas directas y la forma como esto pudo haber repercutido en cada una de las personas jurídicas que, a su vez, hacen parte del amplio andamiaje societario, hasta llegar a las acciones o fideicomisos de los cuales las presuntas víctimas son propietarios directos" (párr. 358). En fin, la Corte consideró que en el caso, no quedó "demostrado que el Estado haya violado el derecho de propiedad privada de las presuntas víctimas, en los términos del artículo 21 de la Convención" (párr. 359).

En relación con esta decisión, sin embargo, debe destacarse lo expresado por el Juez Eduardo Ferrer Mac Gregor en su "Voto Parcialmente Disidente," en el cual advirtió con razón, que "en la Sentencia se aborda el estudio de la alegada violación al derecho a la propiedad privada de manera aislada y no relacionado con el derecho a la libertad de expresión —como sí se hace con respecto al derecho de igualdad ante la ley que fue declarado violado—," estimando, con razón, que "el estudio del derecho a la propiedad debió realizarse a la luz del derecho a la libertad de expresión, pues evidentemente este precepto encierra un contenido patrimonial en el derecho que protege" (párr. 14).

Bajo este ángulo, el Juez Ferrer Mac Gregor se refirió a la argumentación de las víctimas cuando indicaron que "la incautación arbitrada por la Sala Constitucional del Tribunal Supremo de Justicia resulta un acto confiscatorio cubierto con la apariencia de una medida cautelar," por lo que la Corte Interamericana, sobre la violación del derecho de propiedad, debió "ver más allá de la apariencia y analizar cuál era *la situación real detrás del acto denunciado*; en especial, en un contexto en donde ha quedado demostrado que las finalidades declaradas por el Estado no eran las motivaciones reales (configurándose una "desviación de poder"), y sólo se perseguía el simple hecho de revestir las actuaciones del Estado de legalidad" (párr. 120).

Por ello, el Juez Ferrer Mac Gregor concluyó que en el caso, el Estado debió garantizar, si es que la finalidad de la medida cautelar era "garantizar a toda la población venezolana un servicio de transmisión de televisión de calidad," un proceso en el cual hubiera "una declaratoria de utilidad pública, un procedimiento expropiatorio y pagar una justa indemnización" (párr. 121), agregando que:

> "el Estado lejos de tomar en cuenta y garantizar lo dispuesto por el artículo 21.2 de la Convención, basándose en la figura de medida cautelar, ordenó la incautación de los bienes que se realizó sin previa declaratoria de utilidad pública, sin apegarse a un procedimiento expropiatorio y, mucho menos, pagar una justa indemnización; lo que analizado bajo el contexto de represión de la libertad de expresión (declarado probado en la Sentencia), contraviene lo dispuesto en el artículo 21.2 del Pacto de San José" (párr. 121).

Es decir, concluyó el Juez Ferrer Mac Gregor, que "al estar en realidad ante una confiscación de bienes, lo que el Estado tenía la obligación de garantizar era una justa indemnización a los accionistas de RCTV por los equipos incautados. Es decir, la indemnización no iba a versar sobre la persona moral constituida como RCTV, sino en favor de los socios, los cuales se hubieran beneficiado de dicha indemnización en proporción a su participación accionaria dentro de RCTV" (párr. 125).

III. LA VIOLACIÓN AL DERECHO A LA IGUALDAD Y NO DISCRIMINACIÓN

Otro de los derechos cuya violación alegó la Comisión Interamericana ante la Corte Interamericana fue el derecho a la igualdad y no discriminación de las víctimas declarado en el artículo 24 de la Convención Americana cuando prohíbe la discriminación de derecho o de hecho, no sólo en cuanto a los derechos consagrados en la Convención, sino en lo que respecta a todas las leyes que apruebe el Estado y a su aplicación (párr. 200). Para ello se alegó que en la renovación de la concesiones de radiodifusión a RCTV en 2007 había habido un "tratamiento diferenciado", que había sido otorgado "a dos televisoras que se encontraban en condiciones técnicas y jurídicas idénticas, ya que a una se le renovó la licencia para explotar el espectro radioeléctrico, al mismo tiempo que fue negada la renovación de RCTV" (párr. 201).

El argumento, en el caso del alegato del trato diferenciado entre los canales RCTV y Venevisión, exigía determinar si el mismo perseguía una finalidad legítima y si era útil, necesario y estrictamente proporcionado para lograr dicha finalidad (párr. 202), sobre lo cual la Comisión Interamericana había señalado que en el caso de RCTV, la finalidad no era legítima, debido a que la decisión había sido "adoptada con la finalidad de sancionar al canal por sus opiniones políticas críticas y enviar un mensaje a los restantes medios de comunicación venezolanos sobre las consecuencias de no seguir la línea editorial e informativa marcada por el gobierno" (párr.. 204).

La Corte consideró que "el principio de la protección igualitaria y efectiva de la ley y de la no discriminación constituye un dato sobresaliente en el sistema tutelar de los derechos humanos" (párr. 215) e hizo referencia al alegato de la Comisión en el caso, en el sentido de que "el trato diferenciado sufrido por los directivos y trabajadores de RCTV fue discriminatorio y arbitrario, en contravención de los artículos 1.1 y 24 de la Convención," (párr. 216), basado en la "existencia de un indicio razonable respecto a que el trato diferenciado hacia RCTV habría estado basado en una categoría prohibida de discriminación contenida en el artículo 1.1, es decir, las opiniones políticas expresadas por los directivos y trabajadores de RCTV" (párr. 222).

En esta materia, para juzgar, la Corte consideró que "tratándose de la prohibición de discriminación por una de las categorías protegidas contempladas en el artículo 1.1 de la Convención, la eventual restricción de un derecho exige una fundamentación rigurosa y de mucho peso, invirtiéndose, además, la carga de la prueba, lo que implicaba que correspondía a la autoridad demostrar que su decisión no tenía un propósito ni un efecto discriminatorio;" es decir, que en este caso, "ante la comprobación de que el trato diferenciado hacia RCTV estaba basado en una de las categorías prohibidas, el Estado tenía la obligación de demostrar que la decisión de reservarse el espectro no tenía una finalidad o efecto discriminatorio" (párr. 228).

En la materia, el Estado solo alegó que supuestamente "la decisión de reservarse la porción del espectro asignado a RCTV y no la de otro canal de televisión obedeció a que RCTV contaba con características técnicas específicas que reducían costos y ampliaban el espectro de transmisión" (párr. 229), argumentación que por lo demás no fue manifestada en la decisión de no renovar la concesión. Por todo lo cual, la Corte Interamericana concluyó al contrario que en el caso, "existen elementos para determinar que la decisión de reservarse la porción del espectro asignado a RCTV implicó un trato discriminatorio en el ejercicio del derecho a la libertad de expresión que tuvo como base la aplicación de una de las categorías prohibidas de discriminación contempladas en el artículo 1.1 de la Convención Americana (párr. 235), considerando por tanto al Estado como responsable de la violación del derecho a la libertad de expresión establecido en el artículo 13 en relación con el deber de no discriminación contenido en el artículo 1.1 de la Convención Americana, en perjuicio de algunas de las víctimas, condenando al Estado por ello.

IV. LA VIOLACIÓN DE LAS GARANTÍAS JUDICIALES EN EL PROCEDIMIENTO ADMINISTRATIVO DE RENOVACIÓN DE LA CONCESIÓN

El artículo 8.1 de la Convención Americana de Derechos Humanos establece lo que se denominan las "garantías judiciales," al disponer, específicamente, que:

> "Toda persona tiene derecho a ser oída, con las debidas garantías y dentro de un plazo razonable, por un juez o tribunal competente, independiente e imparcial, establecido con anterioridad por la ley, en la sustanciación de cualquier acusación penal formulada contra ella, o para la determinación de sus derechos y obligaciones de orden civil, laboral, fiscal o de cualquier otro carácter."

Se trata de la garantía del debido proceso que por ejemplo, en el artículo 49 de la Constitución de Venezuela se establece expresamente que se aplica no solo a los procesos judiciales, sino a los procedimientos administrativos.

En el mismo sentido, y esto es de particular interés para el derecho administrativo, la Corte Interamericana al decidir el caso Granier y otros (RCTV) vs. Venezuela, también consideró que el artículo 8.1 de la Convención, a pesar de que se denomine "garantías judiciales," también se aplica en materia de procedimientos administrativos, para lo cual incluso la Corte utilizó la expresión de "debido proceso administrativo" (párr. 238).

A tal efecto, la Corte recordó en su sentencia que el artículo 8.1 de la Convención garantiza "que las decisiones en las cuales se determinen derechos de las personas deben ser adoptadas por las autoridades competentes que la ley interna determine y bajo el procedimiento dispuesto para ello," por lo que en el caso, al no haberse llevado a cabo los procedimientos administrativos de transformación de los títulos de RCTV y de renovación de la concesión de estación de televisión abierta, la Corte consideró que ello incidió en la determinación de los derechos de los directivos y trabajadores de RCTV, considerando por tanto aplicables en el caso las garantías judiciales establecidas en el artículo 8.1 de la Convención Americana (párr. 243).

A tal efecto, la Corte reiteró el criterio de que "los procedimientos relacionados con el otorgamiento o renovación de las licencias o concesiones deben cumplir con ciertas salvaguardas o garantías generales con la finalidad de evitar un abuso de controles oficiales o la generación de restricciones indirectas" (párr. 171, 244). Frente a ello, sin embargo, en el caso, tanto la Comisión como los representantes de las víctimas, como lo indicó la Corte, no solo "alegaron que el marco legal del procedimiento a seguir para la renovación de la concesión no se encontraba establecido de manera clara en el derecho interno," sino además, que se habrían incumplido "otras garantías judiciales, como el derecho a ser oído o el deber de motivación de la decisión" (párr. 245).

Para resolver sobre las denuncias de violación a las garantías judiciales, la Corte analizó el régimen aplicable conforme a la Ley Orgánica de Telecomunicaciones de 2000, y al Reglamento sobre habilitaciones administrativas y concesiones, tanto respecto del procedimiento de trasformación de las concesiones y permisos otorgados de conformidad con la legislación anterior a dicha Ley, como del procedimiento de renovación de las concesiones, destacando en este último que incluso en el propio texto de la Ley se define la concesión del uso del espectro radioeléctrico, como "un acto administrativo unilateral" mediante el cual Conatel, "otorga o renueva, por tiempo limitado, a una persona natural o jurídica la condición de concesionario para el uso y explotación de una determinada porción del espectro radioeléctrico," previo cumplimiento de los requisitos establecidos en la Ley y los reglamentos (párr. 247).

Con base en las normas reguladoras del procedimiento administrativo y con los argumentos de las partes, la Corte concluyó que tanto para la transformación de los títulos como para la renovación de las concesiones existía toda una normativa aplicable para garantizar el debido procedimiento administrativo, pero que a pesar de que los mismos fueron iniciados por los apoderados de RCTV mediante la introducción de las solicitudes, "el Estado tomó la decisión de no aplicarlos," razón por la cual la Corte pasó a "valorar las razones expuestas por el Estado para no haber seguido el referido procedimiento" (párr. 252).

A tal efecto, y recordando que en la sentencia ya la Corte había decidido que la finalidad de dar por terminados los procedimientos administrativos sobre la transformación de los títulos y la renovación de la concesión era "acallar al medio de comunicación" (párrs. 198 y 199), consideró que ello era contrario a las garantías previstas por el artículo 8 de la Convención, "pues era necesario que los procedimientos administrativos continuaran para efectos de definir si se aceptaba o no la transformación o renovación de la concesión" con lo cual de haber sido seguidos "respetando las salvaguardas mínimas que dichas normas establecen, se habría podido evitar la arbitrariedad en la decisión." De ello concluyó la Corte Interamericana que "la existencia de dichos procedimientos y que se haya decidido no aplicarlos es justamente un efecto más de la finalidad real e ilegítima que ya fue declarada en la presente Sentencia" (párrs. 198, 199 y 252).

En consecuencia, la conclusión de la Corte sobre la violación alegada del debido procedimiento administrativo fue que estando "dispuesto un debido proceso para la transformación de los títulos y para la renovación de la concesión" el hecho de que el mismo hubiera sido "deliberadamente omitido por el Estado," vulneró "las garantías judiciales previstas en el artículo 8.1 en relación con el artículo 1.1 de la Convención Americana" en perjuicio de las víctimas (párr. 253), condenando al Estado por ello.

V. LA VIOLACIÓN DE LAS GARANTÍAS JUDICIALES EN LOS PROCEDIMIENTOS JUDICIALES

1. *Violación del derecho a plazo razonable en el procedimiento contencioso administrativo de nulidad*

En el caso de las decisiones adoptada por el Estado respecto de RCTV de no iniciar el procedimiento administrativo de trasformación de los títulos y de no renovar la concesión, las víctimas ejercieron sendos recursos contencioso administrativos de nulidad con solicitudes de amparo cautelar y medidas cautelares innominadas de protección. El juicio correspondiente que se inició nunca avanzó y para cuando la Corte Interamericana decidió, aún se encontraba en la fase de prueba (párrs. 111, 254).

Aplicando al caso los diversos parámetros para juzgar si en esa situación hubo vulneración del artículo 8.1 de la Convención por incumplimiento del "derecho al plazo razonable" en lo que respecta al recurso de nulidad, la Corte examinó los cuatros criterios establecidos en su jurisprudencia en la materia relativos a) la complejidad del asunto; b) la actividad procesal del interesado; c) la conducta de las autoridades judiciales; y d) la afectación generada en la situación jurídica de las personas involucradas en el proceso; precisando además, que correspondía al Estado "justificar, con fundamento en los criterios señalados, la razón por la cual ha requerido del tiempo transcurrido para tratar el caso y, en caso de no demostrarlo, la Corte tiene amplias atribuciones para hacer su propia estimación al respecto" (párr. 255), habiendo concluido que al no haberse decidido nunca el caso, no podía caber duda alguna "que Venezuela vulneró el derecho al plazo razonable previsto en el artículo

8.1 en relación con el artículo 1.1 de la Convención Americana" en perjuicio de las víctimas, condenando al Estado por ello.

2. *Violación del derecho a plazo razonable en la decisión de la petición de amparo cautelar formulada junto con el recurso contencioso administrativo*

Como es bien sabido, pero a la vez a veces bien incomprendido por la Corte Interamericana,[1655] en Venezuela el amparo como derecho de protección de los derechos fundamentales, no solo puede demandarse mediante una acción autónoma de amparo, sino también conjuntamente con otras acciones, como pretensión de amparo, tal como se establece expresamente en la Ley Orgánica de Amparo sobre derechos y garantías constitucionales desde 1988. Ese es quizás el signo más distintivo de la regulación de la institución del amparo en Venezuela.[1656]

Con base en ello, las víctimas, en el caso, conjuntamente con la acción de nulidad contencioso administrativa que intentaron contra las decisiones de no renovar la concesión y dar por terminado el procedimiento de transformación de las mismas, solicitaron a la Sala Constitucional conforme al artículo 5 de la Ley Orgánica de Amparo, que decretara una medida de amparo cautelar y además, en protección de sus derechos, otras medidas cautelares, que nunca fueron resueltas.

Por ello, la Comisión Interamericana y los representantes de las víctimas alegaron violación del artículo 25.1 de la Convención en razón del retraso en la decisión de las peticiones de amparo cautelar y de otras medidas cautelares. Sobre ello, la Corte reiterando su criterio de "que el amparo debe ser un recurso "sencillo y rápido", en los términos del artículo 25.1 de la Convención," señaló "que otros recursos deben resolverse en un "plazo razonable," conforme al artículo 8.1 de la Convención," (párr. 282), incluyendo entre estos, a las otras medidas cautelares que habían sido solicitada por las víctimas, para concluir que no contaba "con elementos que permitan concluir que la medida cautelar revista una naturaleza igual al amparo cautelar" (párr. 282). El criterio excesivamente formalista de la Corte Interamericana la llevó a concluir entonces que "si bien tanto el amparo cautelar como la medida cautelar pueden obtener el mismo resultado como, por ejemplo, la suspensión de los efectos del acto administrativo cuya anulación se pretende, "la diferencia entre el amparo y otras medidas cautelares, radica en que aquél alude exclusivamente a la violación de derechos y garantías de rango constitucional'" (párr. 283).

Para resolver, la Corte hizo referencia al caso *Apitz Barbera y otros Vs. Venezuela* en el cual diferenció la duración de la resolución del amparo de la duración de la

---

1655 Véase Allan R. Brewer-Carías, *El caso Allan R. Brewer-Carías vs. Venezuela ante la Corte Interamericana de Derechos Humanos. Estudio del caso y análisis crítico de la errada sentencia de la Corte Interamericana de Derechos Humanos N° 277 de 26 de mayo de 2014*, Colección Opiniones Y Alegatos Jurídicos, N° 14, Editorial Jurídica Venezolana, Caracas 2014.

1656 Véase Allan R. Brewer-Carías, "Sobre las diversas formas de ejercicio del derecho constitucional de amparo en Venezuela: Comentarios a la fallida reforma de la Ley Orgánica de Amparo de 1988, sancionada en 2014," en *El proceso constitucional de amparo. Balance y Reforma*, del Centro de Estudios Constitucionales, Lima 2015.

resolución del recurso de nulidad considerando que, aunque ejercidos conjuntamente, tienen fines distintos, concluyendo que la "alegada demora injustificada de un recurso de amparo debe ser analizado a la luz del artículo 25 de la Convención, mientras que los demás recursos deberán ser examinados bajo el "plazo razonable" que emana del artículo 8.1 de la Convención"(párr. 284). Por ello, la Corte pasó a realizar el análisis relativo a la medida cautelar innominada, en relación con la violación al derecho a ser oído dentro de un plazo razonable, contenido en el artículo 8.1 de la Convención Americana (párr.. 285), concluyendo que "el plazo de más de tres meses para resolver dicha medida cautelar vulneró el derecho al plazo razonable" (párr. 286) consagrado en el artículo 8.1 de la Convención, en relación con el artículo 1.1 de la misma, en perjuicio de las víctimas (párr. 287), condenando al Estado por ello.

3. *Violación de las garantías judiciales en el proceso judicial respecto de la incautación de bienes*

Contra la medida cautelar dictada por la Sala Constitucional del Tribunal Supremo de Justicia, incautando los bienes de RCTV, poniéndolos en posesión de Conatel para su uso por TVes, sin haber garantizado el derecho a la defensa, las víctimas formularon oposición a la misma, la cual nunca fue decidida por la Sala. Como lo argumentó la Comisión Interamericana, la legislación venezolana "contempla la rápida resolución de las oposiciones a las medidas cautelares," considerando que en el caso se había violado el artículo 25 de la Convención, con el resultado de que al no resolverse la oposición formulada, "la medida cautelar que dio lugar a la incautación de los bienes de RCTV, se ha mantenido durante todo el tiempo que la oposición ha estado pendiente de resolución" (párr. 298).

La Corte Interamericana, consideró en cambio que debía analizar los hechos relativos a la oposición de la medida cautelar en el marco del derecho a un plazo razonable, contenida en el artículo 8.1 de la Convención, concluyendo que como desde junio de 2007 no se ha realizado ninguna diligencia en el marco del proceso para resolver dicha oposición (párr. 112), y el Estado no había justificado la existencia de tal retraso e inactividad, declaró como vulnerado el plazo razonable en ese proceso, y además, vulnerado por el Estado, el derecho a ser oído y al plazo razonable contenidos en el artículo 8.1, en relación con el artículo 1.1 de la Convención Americana en perjuicio de las víctimas (párr. 307 y 308), condenando así de nuevo al Estado .

VI. LA EVASIÓN DE LA CORTE INTERAMERICANA EN JUZGAR SOBRE LA ALEGADA FALTA DE INDEPENDENCIA Y AUTONOMÍA DEL PODER JUDICIAL

A lo largo del escrito presentado ante la Corte Interamericana por los representantes de las víctimas, junto con las denuncias de la violación de las garantías judiciales establecidas en la Convención Americana en los procesos administrativos y judiciales desarrollados en el caso, alegaron repetidamente, además, sobre la violación a las mismas garantías por la "falta de independencia e imparcialidad" del Poder Judicial, en especial, del Tribunal Supremo de Justicia al conocer de los procesos judiciales del caso.

Sobre estas denuncias, la Corte Interamericana se limitó a señalar que dicha denuncia sobre el contexto de falta de independencia e imparcialidad en cuanto al recurso contencioso administrativo nunca decidido, que "dicho contexto no fue debidamente alegado y presentado, dado que no se alegaron elementos probatorios que permitan concluir la existencia del mismo en el presente caso" agregando que:

> "no basta con realizar una mención general a un alegado contexto para que sea posible concluir que existía la vulneración, por lo que es necesario que se presenten argumentos concretos sobre la posible afectación en el proceso de la cual se podría derivar la falta de independencia o imparcialidad. Por ello, en los términos que fue presentado por los representantes no es posible concluir la alegada vulneración a la independencia e imparcialidad en este proceso contencioso" (párr. 278).

Dicha excusa para obviar entrar a juzgar sobre la catastrófica falta de independencia del Poder Judicial en Venezuela,[1657] la repitió la Corte a lo largo de la sentencia (párr. 303-305), llegando a indicar en los puntos Resolutivos 11 y 12 de la sentencia, que "no se encuentra probado que el Estado haya violado las garantías de independencia e imparcialidad previstas en el artículo 8.1 de la Convención" en relación con los procesos judiciales en el caso, que además nunca fueron decididos.

Al contrario, el tema fue tratado en varios de los votos particulares de los Jueces, comenzando por el "Voto disidente" del Juez Manuel Ventura Robles, precisamente formulado respecto de esos dos puntos Resolutivos, explicando al contrario de lo resuelto por la Corte que:

> "un punto clave para entender la presente sentencia es la falta de independencia e imparcialidad del Poder Judicial de Venezuela, reiterada por la Corte en las sentencias emitidas en los casos: *Apitz Barbera y Otros*[1658], *Reverón Tru-*

1657 Véase, *en general*, Allan R. Brewer-Carías, "La progresiva y sistemática demolición de la autonomía e independencia del Poder Judicial en Venezuela (1999-2004)," en *XXX Jornadas J.M Domínguez Escovar, Estado de Derecho, Administración de Justicia y Derechos Humanos*, Instituto de Estudios Jurídicos del Estado Lara, Barquisimeto 2005, pp. 33-174; Allan R. Brewer-Carías, "El constitucionalismo y la emergencia en Venezuela: entre la emergencia formal y la emergencia anormal del Poder Judicial," en Allan R. Brewer-Carías, *Estudios sobre el Estado Constitucional (2005-2006)*, Editorial Jurídica Venezolana, Caracas 2007, pp. 245-269; y Allan R. Brewer-Carías "La justicia sometida al poder. La ausencia de independencia y autonomía de los jueces en Venezuela por la interminable emergencia del Poder Judicial (1999-2006),"en *Cuestiones Internacionales. Anuario Jurídico Villanueva 2007,* Centro Universitario Villanueva, Marcial Pons, Madrid 2007, pp. 25-57, *disponible en* www.allanbrewercarias.com, (Biblioteca Virtual, II.4. Artículos y Estudios Nº 550, 2007) pp. 1-37. Véase también Allan R. Brewer-Carías, *Historia Constitucional de Venezuela*, Editorial Alfa, Tomo II, Caracas 2008, pp. 402-454.

1658 Caso *Apitz Barbera y otros ("Corte Primera de lo Contencioso Administrativo") vs.* Venezuela. Excepción Preliminar, Fondo, Reparaciones y Costas. Sentencia de 5 de agosto de 2008. Serie C Nº 182, párr. 148. En este caso la Corte declaró que: "el Estado violó el derecho de los señores Apitz, Rocha y Ruggeri a ser juzgados por un tribunal con suficientes garantías de independencia". Ver además párrafos: 109 a 148.

jillo[1659] *y Chocrón Chocrón*[1660], y para comprender la consecuencia de la misma en el presente caso: la violación del derecho de propiedad" (párr. 3).

A tal efecto, el Juez Ventura Robles en su Voto Disidente, se refirió a la garantía de la independencia de los jueces como uno de los objetivos principales que tiene la separación de los poderes públicos, con el objeto de "evitar que el sistema judicial y sus integrantes se vean sometidos a restricciones indebidas en el ejercicio de su función por parte de órganos ajenos al Poder Judicial o, incluso, por parte de aquellos magistrados que ejercen funciones de revisión o apelación", abarcando la garantía de la independencia judicial "la garantía contra presiones externas, de tal forma que el Estado debe abstenerse de realizar injerencias indebidas en el Poder Judicial o en sus integrantes; es decir, con relación a la persona del juez específico, y debe prevenir dichas injerencias e investigar y sancionar a quienes las cometan" (párr. 4).

Con base en lo anterior, al referirse al caso *Granier y otros vs. Venezuela*, en lo que respecta al argumento de los representantes sobre la "falta de probidad procesal con la que actuaron las Salas del Tribunal Supremo de Justicia, revelando así una total falta de independencia por parte de ese máximo órgano judicial [así como] una evidente desviación del Poder Público", el Juez Ventura destacó los siguientes puntos:

"i) la decisión de incautar los bienes de RCTV fue tomada en el marco de los procesos del amparo constitucional y de la demanda por intereses difusos y colectivos en los que se solicitaron medidas cautelares. En uno de dichos procesos el Tribunal Supremo tomó, de oficio y sin que le hubiera sido requerida, la decisión de asignar el uso de los bienes propiedad de RCTV a TVes para que esta última pudiera transmitir en todo el territorio nacional;

ii) para el momento en que se dictó la medida cautelar que otorgaba el uso de los bienes a CONATEL, TVes había sido recientemente creada y no contaba con la infraestructura necesaria para la transmisión a nivel nacional, por lo que el Tribunal Supremo le otorgó de oficio el uso de los bienes propiedad de RCTV;

iii) los representantes de RCTV no tuvieron oportunidad de participar en el proceso de manera directa, ya que aun cuando la medida cautelar resolvería sobre el uso de los bienes propiedad de RCTV, no fueron ni citados a

---

1659 Caso *Reverón Trujillo vs. Venezuela.* Excepción Preliminar, Fondo, Reparaciones y Costas. Sentencia de 30 de junio de 2009. Serie C N° 197, párr. 127. La Corte señaló que "algunas de las normas y prácticas asociadas al proceso de reestructuración judicial que se viene implementando en Venezuela, por las consecuencias específicas que tuvo en el caso concreto, provoca una afectación muy alta a la independencia judicial". Ver además párrafos: 67 a 70, 77 a 79, 81, 114, 121 y 122.

1660 Caso *Chocrón Chocrón vs. Venezuela.* Excepción Preliminar, Fondo, Reparaciones y Costas. Sentencia de 1 de julio de 2011. Serie C N° 227, párr. 142. De acuerdo con la Corte: "la inexistencia de normas y prácticas claras sobre la vigencia plena de garantías judiciales en la remoción de jueces provisorios y temporales, por sus consecuencias específicas en el caso concreto, genera[ron] una afectación al deber de adoptar medidas idóneas y efectivas para garantizar la independencia judicial". *Ver además párrafos: 97 a 110.*

comparecer ni notificados de manera directa, y solo tenían oportunidad de intervenir en el proceso como coadyuvantes, y

iv) después de más de siete años, la medida cautelar continúa vigente permitiendo el uso por parte del Estado de los bienes propiedad de RCTV, sin que el TSJ haya realizado ninguna diligencia para resolver la oposición a esta medida cautelar." (párr. 6)

De todo lo anterior, el Juez Ventura Robles concluyó afirmando con razón que "la actuación del Tribunal Supremo de Justicia coadyuvó con las decisiones tomadas por órganos del Poder Ejecutivo respecto a reservarse el uso del espectro asignado inicialmente a RCTV y la creación de un canal de televisión propiedad del Estado, puesto que la medida cautelar innominada fue ordenada por el TSJ con la finalidad de otorgarle al canal estatal recién creado los bienes que necesitaba para operar" (párr.. 7); es decir, que:

> "la actuación del Tribunal Supremo contribuyó con la desviación de poder, haciendo uso de una facultad permitida con el objetivo ilegítimo de cooperar con las decisiones tomadas por órganos del Poder Ejecutivo. El Tribunal Supremo de Justicia actuó con falta de independencia al decidir la medida cautelar innominada sobre el uso de los bienes de RCTV" (párr. 8).

De todo lo anterior dedujo con razón el Juez Ventura Robles, que "a pesar de que en la demanda por intereses difusos y colectivos se solicitaba al Tribunal Supremo permitir a RCTV continuar con sus transmisiones, el TSJ decidió de oficio asignar a TVes el uso de los bienes de RCTV," de lo que resultó que "el TSJ intervino en la decisión de las medidas cautelares con una posición previamente tomada, que era coadyuvar con las decisiones de los órganos del Poder Ejecutivo, protegiendo los intereses de TVes y otorgándole los bienes que requería para comenzar a operar;" todo lo cual "manifiesta una falta de imparcialidad en la actuación de la Sala Constitucional al resolver la medida cautelar." (párr. 9). Por ello, a juicio del Juez Ventura Robles, sin duda, "el Tribunal Supremo de Justicia incumplió con la garantía de imparcialidad en la resolución de la decisión sobre el uso de los bienes de RCTV y el Estado violó el derecho de propiedad al seguir el Tribunal sin independencia alguna, la línea del Poder Ejecutivo, que despojó, arbitrariamente, de sus bienes a RCTV" (párr. 9).[1661]

Por su parte, el Juez Eduardo Vio Grossi, en su "Voto Individual Concurrente" a la sentencia, se refirió igualmente a la gran incidencia que tiene en el ejercicio efectivo de la democracia y, por ende, de la libertad de pensamiento y de expresión, el principio de separación de poderes y, más específicamente, el de la independencia del poder judicial, destacando, en lo que se refiere a la independencia del Poder

1661 Como lo analizamos en su momento en Allan R. Brewer-Carías, "El juez constitucional en Venezuela como instrumento para aniquilar la libertad de expresión plural y para confiscar la propiedad privada: El caso RCTV", *Revista de Derecho Público*", N° 110, (abril-junio 2007), Editorial Jurídica Venezolana, Caracas 2007, pp. 7-32. Publicado en *Crónica sobre la "In" Justicia Constitucional. La Sala Constitucional y el autoritarismo en Venezuela*, Colección Instituto de Derecho Público. Universidad Central de Venezuela, N° 2, Editorial Jurídica Venezolana, Caracas 2007, pp. 468-508.

Judicial en Venezuela, lo que la propia Corte Interamericana refirió en el caso *Chocrón Chocrón Vs. Venezuela,* al señalar:

> "en el 2010 el Poder Judicial tenía un porcentaje de jueces provisorios y temporales de aproximadamente el 56%, conforme a lo señalado en el discurso de la Presidenta del TSJ, porcentaje que en la época de los hechos del presente caso alcanzó el 80%. Esto, además de generar obstáculos a la independencia judicial, resulta particularmente relevante por el hecho de que Venezuela no ofrece a dichos jueces la garantía de inamovilidad que exige el principio de independencia judicial. Además, la Corte observa que los jueces provisorios y temporales son nombrados discrecionalmente por el Estado, es decir, sin la utilización de concursos públicos de oposición y muchos de éstos han sido titularizados a través del denominado 'Programa Especial para la Regularización de la Titularidad' (PET). Esto quiere decir que las plazas correspondientes han sido provistas sin que las personas que no hagan parte del Poder Judicial hayan tenido oportunidad de competir con los jueces provisorios para acceder a esas plazas. Tal como fue señalado en el caso Reverón Trujillo, a pesar de que a través del PET se adelantan evaluaciones de idoneidad, este procedimiento otorga estabilidad laboral a quienes fueron inicialmente nombrados con absoluta discrecionalidad."[1662]

El Juez Eduardo Ferrer Mac Gregor también se refirió al tema de la falta de independencia judicial, expresando en su "Voto Parcialmente Disidente" que difería "de la mayoría en cuanto a que no se comprobó la violación a las garantías de independencia e imparcialidad contenidas en el artículo 8.1 en relación con el artículo 1.1 de la Convención (Resolutivos 11 y 12 de la Sentencia)." El Juez Ferrer, al contrario, estimó que:

> "al haberse declarado y probado en el caso la existencia de una "desviación de poder", debido a que se hizo uso de una facultad permitida del Estado con el objetivo de "alinear editorialmente" al medio de comunicación con el gobierno, la consecuencia lógica y coherente sería haber declarado también violada las garantías de independencia e imparcialidad judicial que prevé el artículo 8.1 de la Convención Americana. Lo anterior debido a que la finalidad no declarada en las actuaciones en sede de los procedimientos administrativos y, particularmente, de la Sala Constitucional del Tribunal Supremo de Justicia, al resolver de oficio las "medidas cautelares innominadas", denotan, en su conjunto, que coadyuvaron a la intención real y finalidad no declarada, consistente en acallar las voces críticas del gobierno a través del cierre de RCTV. Además, dicho análisis debió necesariamente vincularse con el "contexto" probado por la Corte IDH; esto es, con motivo de que "el Tribunal considera que fueron probados, en el presente caso, el 'ambiente de intimidación' generado por las declaraciones de altas autoridades estatales en contra de medios de comunicación indepen-

1662 Caso *Chocrón Chocrón Vs. Venezuela*. Excepción Preliminar, Fondo, Reparaciones y Costas. Sentencia de 1 de julio de 2011. Serie C N° 227, párr. 110.

dientes" y "un discurso proveniente de sectores oficialistas de descrédito profesional contra los periodistas" (párr. 125).

Es decir, de acuerdo con lo expresado por el Juez Ferrer Mac Gregor, "al haber quedado demostrado plenamente que en el caso se configuró una "desviación de poder" —decidido por unanimidad en la Sentencia—, debido a que se hizo uso de una facultad permitida del Estado con el objetivo de "alinear editorialmente" al medio de comunicación con el gobierno; la consecuencia lógica y natural era no sólo declarar la violación del artículo 13, sino también del artículo 8.1 de la Convención Americana en relación con las garantías de independencia e imparcialidad" (párr. 127).

Esa falta de independencia e imparcialidad del Poder Judicial, en el caso decidido por la Corte Interamericana quedó evidenciada en particular con la actuación de la Sala Constitucional del Tribunal Supremo de Justicia, como lo destacó el Juez Mac Gregor, cuando la misma "determinó asignar el uso de los bienes propiedad de RCTV a TVes a través del otorgamiento de las medidas cautelares en dos procesos donde se le hacían requerimientos contrarios" (párr.. 135), a pesar de que en la demanda por intereses difusos y colectivos se solicitaba al Tribunal Supremo lo contrario, es decir, permitir a RCTV continuar con sus transmisiones. Es decir, como lo observó el Juez Mac Gregor, "el Tribunal Supremo de Justicia decidió, de oficio, asignar a TVes el uso de los bienes de RCTV," con lo que quedó reflejado "que el análisis de los hechos, planteados en la demanda, fue realizado con base en la decisión previamente tomada de otorgar a TVes la plataforma y los bienes que necesitaba para poder transmitir a nivel nacional" (párr.. 135), [1663] todo lo cual ponía en evidencia, a juicio del Juez Ferrer Mac Gregor:

> "una clara falta de imparcialidad en la actuación de la Sala Constitucional al resolver la medida cautelar presentada conjuntamente con la demanda por intereses difusos y colectivos; lo que corrobora que el Tribunal Supremo contribuyó con la finalidad no declarada e ilegítima (desvío de poder)" (¶ 135).

En fin, concluyó el Juez Ferrer Mac Gregor en su Voto Parcialmente Disidente, que "la Corte IDH debió establecer que el Tribunal Supremo de Justicia incumplió con las garantías de independencia e imparcialidad en la resolución de la decisión sobre la incautación de los bienes de RCTV, situación que también se advierte respecto del recurso contencioso de nulidad, ya que todas estas resoluciones, en su conjunto, coadyuvan con la decisión previa, tomada por las autoridades del poder ejecutivo, de no renovar la concesión de RCTV" (párr. 136).

1663 Tal como lo analizamos en su momento en Allan R. Brewer-Carías, "El juez constitucional en Venezuela como instrumento para aniquilar la libertad de expresión plural y para confiscar la propiedad privada: El caso RCTV", *Revista de Derecho Público*", N° 110, (abril-junio 2007), Editorial Jurídica Venezolana, Caracas 2007, pp. 7-32. Publicado en *Crónica sobre la "In" Justicia Constitucional. La Sala Constitucional y el autoritarismo en Venezuela*, Colección Instituto de Derecho Público. Universidad Central de Venezuela, N° 2, Editorial Jurídica Venezolana, Caracas 2007, pp. 468-508.

VII. LA BIZARRA "ACCIÓN DE CONTROL DE CONVENCIONALIDAD" INTENTADA POR EL PROPIO ESTADO VENEZOLANO CONTRA LA SENTENCIA DE LA CORTE INTERAMERICANA QUE LO CONDENÓ, ANTE SU PROPIO TRIBUNAL SUPREMO Y LA DECLARATORIA DE SU INEJECUTABILIDAD POR LA SALA CONSTITUCIONAL

La inexcusable evasiva de la Corte Interamericana de Derechos Humanos en proceder a juzgar y condenar al Estado venezolano por violación de la garantía judicial prevista en el artículo 8.1 de la Convención Americana por falta de independencia e imparcialidad del Poder Judicial, y en particular del Tribunal Supremo, es muy posible que se comience a disipar ya definitivamente, después de que de nuevo, en un breve lapso de 24 horas después de publicada la sentencia de la Corte Interamericana en el caso *Granier y otros (RCTV) vs. Venezuela*, la Sala Constitucional del Tribunal Supremo de Justicia, a solicitud de los abogados del propio Estado, declarara dicha sentencia como "inejecutable" en Venezuela, mediante la sentencia N° 1175 de 10 de septiembre de 2015.[1664]

1. *La interposición por el Estado de una acción de "control de convencionalidad" de la sentencia de la Corte Interamericana ante la Sala Constitucional*

Para lograr ese "récord" judicial, los representantes de la Procuraduría General de la República, al día siguiente de la publicación de la sentencia de la Corte Interamericana, el 9 de septiembre de 2015, invocando el artículo 335 de la Constitución que lo que regula es el control de constitucionalidad de las leyes y demás actos del Estado venezolano de ejecución directa de la Constitución, intentaron lo que denominaron una "acción de control de convencionalidad" "con respecto al sentido, alcance y aplicabilidad de la decisión tomada por la Corte Interamericana de Derechos Humanos en fecha 22 de junio de 2015, en el *caso Granier y otros (Radio Caracas Televisión) Vs. Venezuela*, con fundamento en la Convención Interamericana sobre Derechos Humanos," solicitando de la Sala que declarase la "*inejecutabilidad*" de dicha sentencia mediante "sentencia definitivamente firme sin relación ni informes."

Los abogados del Estado, en efecto, argumentaron que las dudas sobre la sentencia dictada por la Corte Interamericana provenían de que en la misma:

> "no sólo se hacen declaraciones acerca de las supuestas violaciones a derechos humanos por parte del Estado Venezolano a los solicitantes; sino que adicionalmente el fallo contiene órdenes de hacer que a juicio de esta Procuraduría coliden directamente con normas de protección constitucional establecidas en el ordenamiento jurídico venezolano, tal y como explicaremos más adelante en el presente escrito recursivo."

Sobre ello, los representantes del Estado consideraron que era "de vital importancia" el "determinar el sentido, alcance y ejecutabilidad del fallo, cuyo control de

1664 Véase en http://historico.tsj.gob.ve/decisiones/scon/septiembre/181181-1175-10915-2015-15-0992.HTML.

convencionalidad" solicitaron, para poder cumplir cabalmente con sus "competencias como órgano asesor, representante y defensor de los intereses patrimoniales de la República," pues de la "simple lectura del fallo" le surgían:

> "serias dudas acerca de la posibilidad de ejecutar las órdenes contenidas en el mismo sin transgredir el ordenamiento constitucional venezolano y más importante aún, sin violar derechos humanos y derechos subjetivos de terceros, legítimamente adquiridos; como consecuencia de la no renovación del Contrato de Concesión del espacio radioeléctrico que había sido otorgada a la empresa RCTV, S.A. y que venció el día 27 de mayo de 2007."

Alegaron además los representantes del Estado, que:

> "la ejecución de las mencionadas órdenes implicarían además el desconocimiento de otros actos y procedimientos administrativos llevados a cabo por el Estado Venezolano, a través de los cuales se terminó otorgando bajo régimen de concesión, el uso de la mencionada frecuencia radioeléctrica a la empresa TVes, quien vería interrumpido su uso de manera abrupta, sin que mediara procedimiento o justificación alguna."

De allí, concluyeron los abogados del Estado que "sea materialmente imposible para el Estado Venezolano proceder a ejecutar la Sentencia mencionada sin incurrir a su vez en violación de derechos constitucionales de los trabajadores del periodismo que hacen vida en el canal de televisión que hoy en día ostenta el uso de la frecuencia radioeléctrica correspondiente al canal 2;" destacando además, una supuesta "incongruencia" de la sentencia:

> "que la hace igualmente inejecutable, al realizar declaraciones evidentemente contradictorias, toda vez que por una parte se señala expresamente que "…no se encuentra probado que el Estado haya violado el derecho de propiedad privada, contemplado en el artículo 21, en relación con el artículo 1.1 de la Convención Americana…", para luego ordenar, por una parte, el restablecimiento de la concesión y por la otra, "…la apertura de un proceso abierto, independiente y transparente para el otorgamiento de la frecuencia del espectro radioeléctrico correspondiente al canal 2 de televisión…"

2. *Sobre la supuesta competencia de la Sala Constitucional para controlar la constitucionalidad de las sentencias de la Corte Interamericana de Derechos Humanos*

Para entrar a conocer de la acción interpuesta, y sobre su propia competencia, la Sala Constitucional invocó lo que había decidido en la sentencia Nº 1.547 de 17 de noviembre de 2011 (Caso *Estado Venezolano vs. Corte Interamericana de Derechos Humanos*),[1665] mediante la cual declaró "inejecutable" la sentencia dictada por la

---

1665 Véase en http://www.tsj.gov.ve/decisiones/scon/Octubre/1547-171011-2011-11-1130.html. Véase sobre dicha sentencia, Allan R. Brewer-Carías, "El ilegítimo "control de constitucionalidad" de las sentencias de la Corte Interamericana de Derechos Humanos por parte la Sala Constitucional del Tribunal Supremo de Justicia de Venezuela: el caso de la sentencia *Leopoldo López vs. Venezuela, 2011*," en *Constitución*

Corte Interamericana dictada un mes antes en el caso *Leopoldo López vs. Venezuela*, y en la cual inventó que además de velar por la uniforme interpretación y aplicación de la Constitución,

> "tiene la facultad, incluso de oficio, de *"verificar la conformidad constitucional del fallo emitido por la Corte Interamericana de Derechos Humanos, control constitucional que implica lógicamente un 'control de convencionalidad' (o de confrontación entre normas internas y tratados integrantes del sistema constitucional venezolano)."*

Con base en ello, la Sala Constitucional, simplemente, cambió la calificación de la acción intentada, que denominó como acción de "control de constitucionalidad," o "una modalidad innominada de control concentrado," ratificando que le correspondía "ejercer un control sobre la sentencia a ejecutar, ante una aparente antinomia" entre la Constitución y la Convención Americana de Derechos Humanos, "producto de la pretendida ejecución del fallo dictado el 22 de junio de 2015 por la Corte Interamericana de Derechos Humanos, que condenó a la República Bolivariana de Venezuela," por violación de derechos de las víctimas y a ejecutar medidas reparadoras.

3. *Sobre el control ejercido por la Sala Constitucional sobre los argumentos empleados por la Corte Interamericana en su sentencia*

Establecida su competencia, la Sala Constitucional, "en su condición de órgano encargado de velar por la supremacía y efectividad de las normas y principios constitucionales," consideró que debía:

> "emitir el respectivo control constitucional del fallo dictado el 22 de junio de 2015 por la Corte Interamericana, *no para ejercer control sobre los argumentos en los que se sustentó el fallo emitido por la Corte Interamericana de Derechos Humanos*, ya que no es su alzada, sino para determinar sí es conforme o no con los principios, garantías y normas constitucionales."

Sin embargo, lo primero y único que hizo la Sala Constitucional en su sentencia, contrariamente a esta afirmación, fue precisamente "ejercer control sobre los argumentos" esgrimidos por la Corte Interamericana al admitir la demanda en protección de los derechos humanos de los accionistas, directivos y trabajadores de la empresa RCTV, como personas naturales, y no de la persona jurídica (RCTV), haciendo referencia a una supuesta "orden impartida por la Corte, en el sentido de reparar el supuesto daño a la empresa Radio Caracas Televisión, como si se tratara de una víctima de violación de los derechos humanos," lo cual, como resulta de la simple lectura de la sentencia de la Corte, no es cierto. Para hacer esa afirmación, sin embargo, la Sala Constitucional no hizo otra cosa que actuar como una supuesta "alzada" de la Corte Interamericana al concluir que en la sentencia "controlada":

---

y democracia: ayer y hoy. Libro homenaje a Antonio Torres del Moral. Editorial Universitas, Vol. I, Madrid, 2013, pp. 1095-1124.

"se denota una hilación entre la simple argumentación de la Corte para declarar la improcedencia de las excepciones del Estado venezolano, por una parte, y, por la otra, en el desarrollo del fallo contradice su propio argumento correspondiente a que su decisión tutela derechos individuales de personas naturales y no de personas jurídicas cuando se extienden en explicar cómo el Estado venezolano vulneró el derecho a la propiedad del grupo de trabajadores, directivos y periodistas o de la persona jurídica RCTV."

Y para fundamentar su control sobre la sentencia, la Sala Constitucional apeló a la argumentación del Voto Disidente del Juez Alberto Pérez Pérez a la sentencia controlada, quién según la Sala, encontró "contradicciones *en los argumentos* de la sentencia en relación al dispositivo," de lo cual la Sala Constitucional simplemente concluyó que:

"el presente fallo de la Corte Interamericana resulta inejecutable en derecho, por cuanto el mismo contraviene el artículo 1 de la Convención Interamericana de Derechos Humanos, ya que se ordena la restitución de los derechos de la empresa Radio Caracas Televisión C.A., mediante el mantenimiento de una concesión del espectro radioeléctrico, correspondiente al canal 2 de televisión, lo cual atenta contra el derecho irrenunciable del Pueblo venezolano a la autodeterminación, a la soberanía y a la preeminencia de los derechos humanos."

La Sala Constitucional continuó el ejercicio del control que se arrogó sobre la sentencia de la Corte Interamericana, precisamente haciendo lo que afirmó no haría, es decir, "controlando los argumentos de la sentencia," para lo cual hizo referencia al "alegato formal y estrictamente procesal" sobre "la pretendida extemporaneidad y preclusividad" de la excepción sobre agotamiento de los recursos internos opuesta por el Estado, utilizado, para "desestimarla" y haber así asumido la Corte Interamericana la jurisdicción para conocer de un caso, "sobre el cual actualmente cursan procesos ante la jurisdicción interna de la República." La Sala agregó que por el "principio de subsidiariedad," solo correspondía al Estado "resolver las denuncias de supuestas violaciones de derechos humanos," por "razones de soberanía nacional," y porque supuestamente "es precisamente el Estado el más enterado de la situación, el más capacitado para corregirla y el más interesado en resolver el conflicto planteado."

Aparte de que lo último mencionado evidentemente que no es ni era cierto en la situación de un Poder Judicial sometido al control político, y además, porque los juicios pendientes en Venezuela, después de ocho años, no habían pasado de la etapa de promoción de pruebas, con esa argumentación, la Sala Constitucional lo que hizo no fue otra cosa que controlar la argumentación de la sentencia internacional, como si fuera tribunal de alzada de la Corte Interamericana.

No tiene sentido alguno, por tanto, que la Sala Constitucional en Venezuela argumente para controlar la sentencia de la Corte Interamericana que ésta habría decidido "sin ningún sustento jurídico, que los recursos ejercidos en el derecho no han sido debidamente tramitados, en franca violación a los derechos humanos a la defensa, a un proceso con todas las garantías, al acceso a la justicia y a la tutela judicial efectiva por parte de esa Corte que está llamada a tutelar derechos humanos de todas las personas," cuando ello es lo más evidente que ocurrió en el caso, y por eso, la condena al Estado por violación de las garantías judiciales establecidas en el artículo 8.1 de la Convención, al violarse con ese retardo en decidir el derecho al plazo razonable, y además las garantías al debido proceso, a ser oídos y a la defensa.

Por tanto, el mismo argumento de la Sala Constitucional en su sentencia al ejercer "el presente control de constitucionalidad" sobre los argumentos empleados por la Corte Interamericana aduciendo que "actualmente continúan los trámites jurídicos de algunos recursos internos que se siguen ante la jurisdicción venezolana, referidos al caso de la no renovación de la concesión a RCTV," y de que por eso, no se habrían agotado los recursos internos, no es más que una admisión y confesión del propio Estado condenado, expresada a través del máximo tribunal de la República, de la violación de las garantías judiciales de las víctimas.[1666]

La conclusión de toda la sentencia de la Sala Constitucional, en la cual hizo precisamente lo que anunció no haría, que era ejercer el "control sobre los argumentos" empleados por la Corte Internacional para dictar su sentencia como si fuera un tribunal de alzada, fue precisamente que "la motivación de la Corte para desechar la excepción interpuesta por el Estado venezolano es insuficiente," quedando supuestamente "demostrado que la Corte Interamericana de Derechos Humanos violó el artículo 46 de la propia Convención Americana de Derechos Humanos, toda vez que tramitó la referida causa a pesar de que la petición formulada por las supuestas víctimas era inadmisible por no haberse agotados los recursos en la jurisdicción interna."

En todo caso, la Sala Constitucional continuó en su fallo ejerciendo "el control sobre los argumentos" empleados por la Corte Interamericana para decidir sobre las violaciones a la libertad de expresión, a la no discriminación, y a las garantías judiciales, el derecho al plazo razonable y de protección judicial en el procedimiento de renovación de la concesión a RCTV en perjuicio de sus accionistas, directivos y trabajadores, achacando a la Corte Interamericana la violación de la propia Convención al afirmar simplemente y por lo demás, sin ningún sustento, que:

> "tales circunstancias, además de contrariar realmente los propios derechos que pretenden tutelarse, soslayan otros tantos derechos humanos, como lo son el derecho a obtener decisiones congruentes y motivadas, el derecho al juez na-

---

1666 Ello se ratifica en otras partes de la sentencia de la Sala Constitucional, como cuando afirma que: "Anteriormente esta Sala se refirió a la falta de argumentación de la Corte en sus consideraciones para desestimar las excepciones alegadas por el Estado venezolano, sobre la falta de agotamiento de los recursos en jurisdicción interna. Al respecto, el fallo de la Corte se limita a enunciar de vaga manera el supuesto retardo injustificado de este Tribunal Supremo de Justicia para decidir las acciones ejercidas por la "persona jurídica RCTV" abriendo así la posibilidad de inmiscuirse de forma arbitraria e irrespetuosa en el libre desenvolvimiento de los procesos judiciales existentes en la República Bolivariana de Venezuela, referidos a la decisión de la Comisión Nacional de Telecomunicaciones (CONATEL), a no renovar la concesión para la explotación del espacio radioeléctrico a la "persona jurídica RCTV", la cual no debe verse como una violación de derechos humanos, pues el demandante es una persona jurídica, sino como una solicitud de nulidad de un acto administrativo realizado por el organismo del Ejecutivo Nacional, al que la Ley Orgánica de Telecomunicaciones (LOTEL) le ha asignado la atribución de otorgar o no un espacio a cualquiera que solicite la explotación del espectro radioeléctrico.

tural (competente, independiente e imparcial), el derecho al debido proceso y, en fin, el derecho a la tutela judicial efectiva, lo cuales se vinculan a las garantías judiciales previstas en el artículo 8 de la Convención Americana de Derechos Humanos, citado como fundamento de la decisión *sub examine*."

Por último, la Sala Constitucional invocó lo resuelto en su sentencia N° 1.309 del 1 de noviembre de 2000, cuando declaró que "la propia Constitución, además de haber creado la Sala Constitucional dentro del Tribunal Supremo de Justicia, la concibió como un órgano jurisdiccional competente para asegurar la integridad, supremacía y efectividad de la Constitución," lo que le atribuye competencia para ejercer "la tutela constitucional en su máxima intensidad, al punto de constituirse en el máximo intérprete y garante de la Constitución, al tiempo de ser el ente rector del aparato jurisdiccional respecto a su aplicación." De ello, la Sala determinó que luego de "considerar la solicitud de control de constitucionalidad que ha planteado la Procuraduría General de la República," y de examinar "la sentencia de la Corte Interamericana de Derechos Humanos:"

> "resulta inaceptable que se pretenda desvirtuar la efectividad y supremacía constitucional, intentando imponer al Estado Venezolano obligaciones que no sólo serían consecuencia de argumentos y conclusiones contradictorias carentes de veracidad, sino que se instituyen en enunciados total y absolutamente incompatibles con la Constitución de la República Bolivariana de Venezuela."

Razón por la cual, la Sala Constitucional del Tribunal Supremo terminó su sentencia de "control de constitucionalidad" de la sentencia de la Corte Interamericana de Derechos Humanos de fecha 22 de junio de 2015 dictada en el caso *Granier y otros (RCTV) vs. Venezuela*, declarando que la misma se dictó "en franca violación a la Convención Americana sobre Derechos Humanos, a otros instrumentos internacionales sobre la materia y a la Constitución de la República Bolivariana de Venezuela," y por tanto, declarando que la misma es "inejecutable":

> "por constituir una grave afrenta a la Constitución de la República Bolivariana de Venezuela y al propio sistema de protección internacional de los derechos humanos.

Se recuerda, por supuesto, que no fue la primera vez que la Sala Constitucional ha declarado como "inejecutables sentencias" de la Corte Interamericana de condena al Estado Venezolano. Ya ocurrió con la sentencia dictada por la Corte Interamericana el 5 de agosto de 2008 (Caso *Apitz Barbera y otros ("Corte Primera de lo Contencioso Administrativo") vs. Venezuela* que había condenado al Estado por la violación de las garantías judiciales de unos Jueces superiores, ordenando reincorporarlos a cargos similares en el Poder Judicial, la cual tres meses después, fue objeto de control de constitucionalidad por la Sala Constitucional mediante sentencia N° 1.939 de 12 de diciembre de 2008,[1667] que la declaró inejecutable en Venezuela; y

---

1667 Véase en http://www.tsj.gov.ve/decisiones/scon/Diciembre/1939-181208-2008-08-1572.html Véase los comentarios sobre esa sentencia en Allan R. Brewer-Carías, "La interrelación entre los Tribunales Constitucionales de América Latina y la Corte Interamericana de Derechos Humanos, y la cuestión de la ineocurrió lo mismo con la sentencia de la Corte Interamericana, antes mencionada, dictada en el caso *Leopoldo López vs Venezuela,* que la Sala Constitucional mediante sentencia Nº 1.547 de 17 de noviembre de 2011 (Caso *Estado Venezolano vs. Corte Interamericana de Derechos Humanos*),[1668] también declarada como "inejecutable."

En estas dos sentencias, la Sala Constitucional concluyó con la exhortación al Ejecutivo Nacional de denunciar la Convención Americana de Derechos Humanos, lo que finalmente se materializó en 2012, mediante comunicación Nº 125 de 6 de septiembre de 2012 dirigida por el entonces Canciller de Venezuela, Nicolás Maduro, quien actualmente ejerce la Presidencia, dirigida al Secretario General de la OEA.[1669] Por tanto, en la sentencia de la Sala Constitucional declarando inejecutable la sentencia de la Corte Interamericana en el caso *Granier y otros (RCTV) vs. Venezuela* de fecha 22 de junio de 2015, denunciada la Convención, lo que hizo la Sala Constitucional fue "sugerir" que el Estado venezolano acusara a los Jueces de la Corte Interamericana ante la Asamblea General de la OEA, proponiendo:

> "al Ejecutivo Nacional, a quien corresponde dirigir las relaciones y política exterior de la República Bolivariana de Venezuela, a tenor de lo dispuesto en el artículo 236, numeral 4, de la Constitución de la República Bolivariana de Venezuela, así como al órgano asesor solicitante de conformidad con el artículo 247 *eiusdem,* para que evalúen la posibilidad de remitir a la Asamblea General de la Organización de Estados Americanos, copia de este pronunciamiento con el objeto de que ese órgano analice la presunta desviación de poder de los jueces integrantes de la Corte Interamericana de Derechos Humanos."

VIII. UNA NUEVA VIOLACIÓN A LA CARTA DEMOCRÁTICA INTERAMERICANA POR PARTE DEL ESTADO VENEZOLANO SOBRE LA CUAL LA CORTE ESTÁ OBLIGADA A PRONUNCIARSE

La sentencia de la Corte Interamericana de Derechos Humanos condenando al Estado venezolano hizo expresa referencia al artículo 4 de la Carta Democrática Interamericana, en el cual se identifica a "la libertad de expresión y de prensa" como uno de los elementos fundamentales de la democracia, por lo que al declararse violado dicho derecho, ello sin duda implica la violación de la propia Carta por parte

---

jecutabilidad de sus decisiones en Venezuela," en Armin von Bogdandy, Flavia Piovesan y Mariela Morales Antoniazzi (Coordinadores), *Direitos Humanos, Democracia e Integraçao Jurídica na América do Sul,* Lumen Juris Editora, Rio de Janeiro 2010, pp. 661-70; y en *Anuario Iberoamericano de Justicia Constitucional,* Centro de Estudios Políticos y Constitucionales, Nº 13, Madrid 2009, pp. 99-136.

1668 Véase en http://www.tsj.gov.ve/decisiones/scon/Octubre/1547-171011-2011-11-1130.html. Véase sobre dicha sentencia, Allan R. Brewer-Carías, "El ilegítimo "control de constitucionalidad" de las sentencias de la Corte Interamericana de Derechos Humanos por parte la Sala Constitucional del Tribunal Supremo de Justicia de Venezuela: el caso de la sentencia *Leopoldo López vs. Venezuela, 2011,*" en *Constitución y democracia: ayer y hoy. Libro homenaje a Antonio Torres del Moral*. Editorial Universitas, Vol. I, Madrid, 2013, pp. 1095-1124.

1669 Véase el texto en http://www.minci.gob.ve/wp-content/uploads/2013/09/Carta-Retiro-CIDH-Firmada-y-sello.pdf.

del Estado. Por ello, con la sentencia de la Sala Constitucional desconociendo la sentencia de la Corte Interamericana que declaró culpable al Estado por violación a la libertad de expresión de las víctimas, declarándola inejecutable, puede decirse que se ha producido una nueva violación a la Carta.

En efecto, tal como lo destacó el Juez Eduardo Vio Grossi en su "Voto Individual Concurrente" a la sentencia del *Caso Granier y otros (Radio Caracas Televisión) vs. Venezuela*, haciendo referencia al rol de la Corte Interamericana en relación con la obligación del Estado en respetar y acatar la sentencia, ello significa que ante la rebelión del Estado en ejecutar la decisión de la Corte Interamericana, materializada con la sentencia de la Sala Constitucional Nº 1.175 de 10 de septiembre de 2015, que constituye el primer informe que el Estado debía rendir ante la Corte Interamericana sobre "las medidas adoptadas para cumplir con la misma" conforme a lo indicado en la sentencia de la Corte (párr.. 419-20), ésta tiene ahora la obligación, en virtud del dispositivo de la propia sentencia, de declarar que ha habido incumplimiento "íntegro" de la sentencia por parte del Estado, lo cual la obliga a plantearlo como violación de la Carta Democrática ante los órganos del Sistema Interamericano.

En efecto, como lo destacó el Juez Vio Grossi en su "Voto Individual Concurrente" "la Carta Democrática Interamericana es, a la vez, una "resolución de una organización internacional declarativa de derecho" y una "interpretación auténtica" de los tratados a que se refiere, incluyendo la Convención Americana, "en lo atingente, ambas, a la democracia" (párr. A.1). Se trata de "una fuente auxiliar del Derecho Internacional, incluso de mayor relevancia que la jurisprudencia de la Corte, en tanto determina, por parte de los Estados Partes de las mismas, las reglas convencionales en la materia en cuestión", es decir, la democracia (párr. A.2).

Conforme a la Carta, por tanto, "el ejercicio efectivo de la democracia en los Estados americanos constituye una obligación jurídica internacional" habiéndose adoptado la misma "con la finalidad tanto de que se resguardara debida y oportunamente la plena vigencia de la democracia como de que, en el evento en que en un Estado americano se viera alterada, ella fuese prontamente restablecida" (párr. A.a.1).

Lo importante, en todo caso, es que la Carta Democrática fue "suscrita para ser aplicada, es decir, para que tenga *efecto útil* y para que su valor lo sea para todos los Estados miembros de la OEA y para todos los órganos del Sistema Interamericano, incluyendo, consecuentemente, a la Corte (párr. A.a.3), y si bien, como destacó el Juez Vio Grossi, la sentencia indica que la misma fue invocada respecto de Venezuela en 2002, con ocasión del golpe de estado ocurrido para la restauración del estado de derecho, nada autoriza "bajo ninguna circunstancia o pretexto alguno, a las legítimas autoridades restablecidas en sus cargos, a violar los derechos humanos de quienes presumiblemente hubiesen participado en aquel ilícito internacional y menos aún, hacerlo años después de acontecido el mismo y sin que se les haya incoado acción judicial alguna por tal motivo" (párr. A.a.3).

Ahora bien, como lo destacó el juez Vio Grossi, la Corte Interamericana tiene competencia "para considerar, en los casos que le son sometidos y conoce, la conformidad o disconformidad de la conducta del Estado con la Carta Democrática Interamericana," pues "esta última contempla, para el caso de violación de la obligación de ejercer la democracia representativa, la participación tanto de los órganos políticos de la OEA como de los órganos previstos en la Convención" (párr. A.b.1). Sin embargo, a diferencia de los órganos políticos de la OEA, a quienes compete adoptar decisiones de orden político ante las violaciones de la Carta (párr. A.b.2), si bien a la Corte:

> "no le competería condenar a un Estado parte de la Convención por violar la citada Carta, al menos debe considerar tal fenómeno en el contexto, no únicamente de los específicos hechos violatorios de los derechos humanos del caso sometido a su conocimiento y resolución, sino también de los términos de la Convención, interpretados por dicha Carta. Si no fuese así, no tendría sentido la inclusión de los derechos humanos en esta última" (párr. A.b.4).

Partiendo de esta perspectiva, es evidente que en el presente caso de un Estado como Venezuela, desconociendo la decisión de la Corte Interamericana de Derechos Humanos que lo ha condenado por violación de derechos humanos, al declarar "inejecutable" su sentencia condenatoria, tiene que ser evaluado por la Corte Interamericana en el marco de la ejecución de una decisión dictada en un caso contencioso concreto o específico, denunciado la violación de la Carta Democrática. Si bien, como lo ha expresado el Juez Vio Grossi, ello no sería obligatorio o vinculante para los órganos de la OEA:

> "sí puede constituir uno de los elementos a tener presente por éstos, en el marco de la interrelación entre las diferentes instancias y órganos del Sistema Interamericano, en la eventualidad de emitir un pronunciamiento al amparo de lo previsto en la Carta Democrática Interamericana. Un pronunciamiento de la Corte en este sentido sería, por ende, una relevante contribución con relación a uno de los principales propósitos de la OEA[1670] y principios de los Estados americanos[1671], máxime cuando en el primer considerando del preámbulo de la Convención se reafirma el *"propósito de consolidar en este Continente, dentro del cuadro de las instituciones democráticas, un régimen de libertad personal y de justicia social, fundado en el respeto de los derechos esenciales del hombre"* (párr. A.b.5).

Le corresponde entonces ahora a la Corte Interamericana de Derechos Humanos declarar la violación por parte del Estado de Venezuela, no sólo de sus deberes convencionales establecidos en la Convención Americana de Derechos Humanos por incumplir "integralmente" con la sentencia condenatoria de la Corte Interamericana, sino con lo dispuesto en la Carta Democrática Interamericana.

1670 Artículo 2.b) de la Carta de la OEA: *"La Organización de los Estados Americanos, para realizar los principios en que se funda y cumplir sus obligaciones regionales de acuerdo con la Carta de las Naciones Unidas, establece los siguientes propósitos esenciales: b) Promover y consolidar la democracia representativa dentro del respeto al principio de no intervención"*.

1671 Artículo 3.d) de la Carta de la OEA: *"Los Estados americanos reafirman los siguientes principios: d) La solidaridad de los Estados americanos y los altos fines que con ella se persiguen, requieren la organización política de los mismos sobre la base del ejercicio efectivo de la democracia representativa"*.

En Venezuela, es bien conocido, durante los últimos años se ha producido una ruptura del orden democrático que ha afectado la totalidad de los elementos esenciales de la democracia enumerados en el artículo 4 de la Carta Democrática.[1672] En la realidad de funcionamiento del Estado Totalitario que se ha edificado en el país,[1673] no hay efectiva vigencia de un sistema de órganos del Estado con titulares electos libremente, que esté montado sobre un real y efectivo sistema de separación e independencia de los poderes públicos. Por ello, sin un poder judicial autónomo e independiente que pueda permitir el control del ejercicio del poder,[1674] en la práctica no hay realmente elecciones libres y justas, ni efectiva representatividad democrática; no hay pluralismo político, ni efectiva participación democrática en la gestión de los asuntos públicos; no hay real y efectiva garantía del respeto de los derechos humanos y de las libertades fundamentales; y no se puede asegurar que el acceso al poder y su ejercicio se hagan con sujeción al Estado de derecho, es decir, que realmente exista y funcione un gobierno sometido a la Constitución y a las leyes.[1675]

Igualmente, dada la ausencia de una efectiva vigencia de un sistema de separación e independencia de los poderes públicos que permita el control de los mismos, ninguno de los componentes esenciales de la democracia a los que alude la misma *Carta Democrática Interamericana* tiene efectiva aplicación en el país, es decir, no hay posibilidad real de exigir la transparencia y probidad de las actividades gubernamentales, ni la responsabilidad de los gobernantes en la gestión pública; no hay

---

1672 Véase Allan R. Brewer-Carías, *Dismantling Democracy. The Chávez Authoritarian Experiment*, Cambridge University Press, New York 2010; y "La demolición del Estado de derecho y la destrucción de la democracia en Venezuela (1999-2009)," en José Reynoso Núñez y Herminio Sánchez de la Barquera y Arroyo (Coordinadores), *La democracia en su contexto. Estudios en homenaje a Dieter Nohlen en su septuagésimo aniversario*, Instituto de Investigaciones Jurídicas, Universidad Nacional Autónoma de México, México, 2009, pp. 477-517. Las violaciones a la carta Democrática Interamericana por Venezuela, por lo demás, comenzaron apenas se adoptó la misma. Véase, Allan R. Brewer-Carías, *Aide Memoire, febrero 2002. La democracia venezolana a la luz de la Carta Democrática Interamericana*. Caracas, febrero 2001, en http://www.allanbrewer-carias.com/Content/449725d9-f1cb-474b-8ab2-41efb849fea3/Content/I,%202,%2021.%20La%20democracia%20venezolana%20a%20la%20luz%20de%20la%20Carta%20Democratica%20Interamericana%20_02-02-_SIN%20PIE%20DE%20PAGINA.pdf.

1673 Allan R. Brewer-Carías, *Estado totalitario y desprecio a la ley. La descons-titucionalización, desjuridificación, desjudicialización y desdemocratización de Venezuela*, Fundación de Derecho Público, Editorial Jurídica Venezolana, segunda edición (Con prólogo de José Ignacio Hernández), Caracas, 2015.

1674 Al contrario, en Venezuela, el Poder Judicial y en particular, el Tribunal Supremo ha sido el principal instrumento de consolidación del autoritarismo y destrucción de la democracia. Véase, Allan R. Brewer-Carías, *El golpe a la democracia dado por la Sala Constitucional (De cómo la Sala Constitucional del Tribunal Supremo de Justicia de Venezuela impuso un gobierno sin legitimidad democrática, revocó mandatos populares de diputada y alcaldes, impidió el derecho a ser electo, restringió el derecho a manifestar, y eliminó el derecho a la participación política, todo en contra de la Constitución)*, Colección Estudios Políticos Nº 8, Editorial Jurídica venezolana, segunda edición, (Con prólogo de Francisco Fernández Segado), Caracas, 2015.

1675 Allan R. Brewer-Carías, *Constitución, democracia y control del poder*, (Prólogo de Fortunato González Cruz), Centro Iberoamericano de Estudios Provinciales y Locales (CIEPROL), Consejo de Publicaciones/Universidad de Los Andes/Editorial Jurídica Venezolana. Mérida, octubre 2004; "Los problemas del control del poder y el autoritarismo en Venezuela", en Peter Häberle y Diego García Belaúnde (Coordinadores), *El control del poder. Homenaje a Diego Valadés*, Instituto de Investigaciones Jurídicas, Universidad Nacional Autónoma de México, Tomo I, México 2011, pp. 159-188.

forma de garantizar el efectivo respeto de los derechos sociales, ni la libertad de expresión y de prensa; no se puede asegurar la subordinación de todas las autoridades del Estado a las instituciones civiles del Estado, incluyendo la militar, y al contrario lo que existe es un Estado militarizado y militarista; en definitiva, no se puede asegurar el respeto al Estado de derecho.

De lo anterior resulta, por tanto, que en Venezuela, sólo cuando se restablezca un sistema de efectiva elección popular de sus gobernantes, y un efectivo sistema de separación de poderes que permita la posibilidad real de que el poder pueda ser controlado, es que puede haber democracia, y sólo cuando ésta esté asegurada es que los ciudadanos podrán encontrar garantizados sus derechos. Ello es precisamente lo que en Venezuela es necesario reconstruir, la democracia, y es lo que la Corte Interamericana está ahora obligada a propugnar.

Por tanto, en la situación actual de repetida condena al Estado venezolano por violación de los derechos humanos por parte de la Corte Interamericana, y ahora del desconocimiento "integro" y oficial de la sentencia de la Corte Interamericana de Derechos Humanos, en particular, de la recién dictada en el caso *Granier y otros (RCTV) vs. Venezuela*, declarada por el Tribunal Supremo como "inejecutable" en el país, lo que existe en los términos del artículo 19 de la Carta Democrática es una situación general de "ruptura del orden democrático" que afecta "gravemente el orden democrático" del mismo, lo que impone a la Corte Interamericana, al conocer de dicho incumplimiento, como lo ha expresado el Juez Eduardo Vio Grossi en su Voto Individual Concurrente (párr. A.b.5) el deber de pronunciarse.

Y en esa forma, hacer así una relevante contribución con relación a algunos propósitos definidos en la Carta de la Organización de Estados Americanos que es "*promover y consolidar la democracia representativa" (art. 2.b)* y velar porque *la organización política de los Estados se establezca "sobre la base del ejercicio efectivo de la democracia representativa (art. 3.d)*, máxime cuando en el primer considerando del preámbulo de la Convención Americana de Derechos Humanos cuya aplicación la Corte está obligada a vigilar, se reafirma el *"propósito de consolidar en este Continente, dentro del cuadro de las instituciones democráticas, un régimen de libertad personal y de justicia social, fundado en el respeto de los derechos esenciales del hombre."*

New York, 14 de septiembre de 2015

SECCIÓN SEXTA:

PRESIONES POLÍTICAS CONTRA LA CORTE INTERAMERICANA DE DERECHOS HUMANO: DENEGACIÓN DE JUSTICIA Y DESPRECIO AL DERECHO

Texto de la Ponencia sobre "Los efectos de las presiones políticas de los Estados en las decisiones de la Corte Interamericana de Derechos Humanos. Un caso de denegación de justicia internacional y de desprecio al derecho," presentada para el *XII Congreso Iberoamericano de Derecho Constitucional*, *"El Diseño institucional del Estado Democrático,"* en la sección: *Eje temático: Funciones públicas y nueva relación entre el derecho constitucional, el derecho internacio-*

***nal y los escenarios jurídico-globales,* Instituto Iberoamericano de Derecho Constitucional, Universidad Externado de Colombia, Bogotá, 16-17 septiembre de 2015 comentario publicado en *Revista de Derecho Público,* Nº 142 (Segundo Trimestre 2015, Editorial Jurídica Venezolana, Caracas 2015. Publicado en el libro *La ruina de la democracia. Algunas consecuencias. Venezuela 2015*, (prólogo de Asdrúbal Aguiar), Colección Estudios Políticos, Nº 12, Editorial Jurídica Venezolana, Caracas 2015, pp. 465-514. Otra versión de este trabajo se publicó en la Revista *Ars Boni et Aequi,* Universidad Bernardo O'Higgins, Santiago de Chile, Año 12 N° 2, 2016.**

I. UN TEMA DE SIEMPRE: SOBRE LA DESIGNACIÓN DE LOS JUECES PARA ASEGURAR SU INDEPENDENCIA Y AUTONOMÍA

El problema más universal de la justicia ha sido siempre el de la elección o selección de los jueces, con el objeto de asegurar la independencia y autonomía del Poder Judicial y garantizar que al impartir justicia, aquéllos sean independientes de los demás poderes del Estado y además, autónomos en el sentido de que decidan con sujeción sólo y estricta a la ley, libres de presiones o intereses políticos.

Para ello, el tema central y recurrente ha sido cómo asegurar métodos de escogencia de los jueces que garanticen, *primero*, que los jueces se designen de manera transparente mediante estrictos criterios de selección, basados en el mérito; y *segundo*, que tal designación se haga de manera de asegurar la independencia, autonomía e imparcialidad del juez, sea cual sea el órgano o cuerpo llamado a hacer la elección.

Fue en esa línea que por ejemplo, conforme a los Principios básicos relativos a la independencia de la judicatura de las Naciones Unidas, "10. Las personas seleccionadas para ocupar cargos judiciales serán personas íntegras e idóneas y tendrán la formación o las calificaciones jurídicas apropiadas. Todo método utilizado para la selección de personal judicial garantizará que éste no sea nombrado por motivos indebidos."...[1676]

Por su parte, por ejemplo, la Carta de los Jueces en Europa de la Asociación Europea de Jueces adoptada en 1993, estableció el Principio de que:

> "La selección de los jueces debe basarse exclusivamente en criterios objetivos destinados a asegurar la competencia profesional. La selección debe realizarse por un órgano independiente que represente a los jueces. En la designa-

---

1676 En cuanto a los Jueces Internacionales, otra serie de principios y declaraciones pueden consultarse en http://icj.wpengine.netdna-cdn.com/wp-content/uploads/2012/04/-icj_independence_of_judiciary_instruments_2004.pdf; y en http://www.icj.org/new-icj-publication-international-principles-on-the-indepen-dence-and-accountability-of-judges-lawyers-and-prosecutors-a-practitioners-guide/.

ción de los jueces no debe haber la influencia externa y en particular, la influencia política."[1677]

De ello deriva el principio o recomendación general, de que el método de selección de los jueces deben apuntar a que la misma se haga por un órgano independiente de los órganos del Estado, en particular del Poder Ejecutivo y del Poder Legislativo, que además represente a los jueces en general, lo que implica que en tal proceso no debe haber influencias políticas o de cualquier índole.

Por su parte, el Comité de Ministros del Consejo de Europa, en la Recomendación Nº. R (94) 12 dirigida a los Estados Miembros *sobre la Independencia, Eficiencia y Papel de los jueces,* adoptada en 1994, estableció en el *Principio* I, 2,c, que:

> "La autoridad encargada de tomar las decisiones sobre selección y carrera de los jueces debe ser independiente del gobierno y de la administración. A los efectos de salvaguardar dicha independencia, deben establecerse reglas para asegurar, por ejemplo, que sus miembros sean electos por la Judicatura y que la autoridad pueda decidir por sí misma, conforme a sus reglas procedimentales.[1678]

El principio general que deriva de esta recomendación, en cuanto al método de selección, de nuevo es que la misma se haga por un órgano independiente del gobierno y la administración (Poder Ejecutivo); agregando que en aquellos casos en los cuales las provisiones o tradiciones constitucionales o legales permitan la designación de los jueces por el gobierno, entonces,

> "debe haber garantías para asegurar que el procedimiento para la designación de los jueces sea transparente e independiente en la práctica, y que la decisión se esté influenciada por ninguna otro motivo que no sean los relacionados con los antes mencionados criterios objetivos."[1679].

El mismo Comité de Ministros adoptó un Memorando Explicativo de la *Recomendación* N°, R (94) 12, en el cual insistió en que "es esencial que la independencia de los jueces esté garantizada cuando sean seleccionados y a lo largo de su carrera profesional" y que, "en particular, cuando la decisión de nombrar los jueces se adopte por un órgano que no sea independiente del gobierno o de la administración, por ejemplo, por el parlamento o el Presidente del Estado, es importante que tales decisiones se tomen solo sobre la base de criterios objetivos", y siempre mediante procedimientos que "sean transparentes e independientes en la práctica."[1680].

1677 Véase el texto en Stefanie Ricarda Roos y Jan Woischnik, *Códigos de ética judicial. Un estudio de derecho comparado con recomendaciones para los países latinoamericanos*, Konrad Adenauer Stiftung, Programa de Estado de Derecho para Sudamérica, Montevideo, 2005, p. 77.

1678 *Idem,* p. 80.

1679 *Idem,* p. 80.

1680 *Idem*, pp. 87-88.

En definitiva, cualquiera sea el método de selección de los jueces, el propósito fundamental de los mismos tiene que ser asegurar mediante métodos transparentes y de carácter objetivo, no sujetos a presiones políticas, la escogencia de los mejores juristas para que cumplan la función de impartir justicia. Todo lo cual, por supuesto, adquiere mayor importancia si se trata de la selección de jueces para la Corte Suprema o los Tribunales Constitucionales de un país, cuando tienen a su cargo asegurar la supremacía constitucional y el control de la constitucionalidad de las leyes.

Los mismos principios y criterios se deben aplicar, por supuesto, en la designación de los jueces de la Corte Interamericana de Derechos Humanos, la cual tiene a su cargo asegurar la vigencia de la Convención Americana de Derechos Humanos, y asegurar el control de convencionalidad de las actuaciones de los Estados miembros.

En ambos casos, sea que se trate de Tribunales Supremos o Constitucionales, o de la Corte Interamericana de Derechos Humanos, estamos en presencia de órganos con jurisdicción importante, nacional o internacional, de manera que cualquier desviación en el cumplimiento de sus funciones, puede producir un descalabro en el sistema que están llamados a proteger y garantizar.

Ese poder, por ejemplo, llevó a Alexis de Tocqueville, cuando descubrió la democracia en América, y referirse a la Corte Suprema de los Estados Unidos, a estimar que la misma no sólo era depositaria de "un inmenso poder político"[1681] sino que era "el más importante poder político de los Estados Unidos,"[1682] al punto de considerar que "caso no había cuestión política en los Estados Unidos que tarde o temprano no se convirtiera en una cuestión judicial."[1683]

Por ello, para de Tocqueville, en los poderes de la Corte Suprema "continuamente descansa la paz, la prosperidad y la propia existencia de la Unión", agregando que

> "Sin [los Jueces de la Corte Suprema] la Constitución sería letra muerta; es ante ellos que apela el Ejecutivo cuando resiste las invasiones del órgano legislativo; el legislador para defenderse contra los as altos del Ejecutivo; la Unión para hacer que los Estados le obedezcan; los Estados para rechazar las exageradas pretensiones de la Unión; el interés público contra el interés privado; el espíritu de conservación contra la inestabilidad democrática."[1684]

En consecuencia, todo el mecanismo de balance y contrapesos del sistema de separación de poderes en los Estados Unidos descansa en la Corte Suprema y en el poder de los jueces para poder ejercer el control de constitucionalidad de la legislación; lo que por supuesto se puede decir, de todas las Cortes Supremas y Tribunales Constitucionales. Y lo mismo puede decirse de la Corte Interamericana de Derechos Humanos en la cual descansa el funcionamiento del sistema interamericano de pro-

---

1681 Véase Alexis De Tocqueville, *Democracy in America* (Ed. by J.P. Mayer and M. Lerner), The Fontana Library, London, 1968, p. 122, 124.

1682 *Ibid.*, p. 120.

1683 *Ibid.*, p. 184.

1684 *Ibid.*, p. 185.

tección de los derechos humanos y el poder de controlar la convencionalidad de los actos de los Estados miembros.

Por esos poderes, por tanto, el tema de la elección de los jueces que deben integrar esos altos tribunales es vital para el funcionamiento del sistema democrático, pues por esencia se trata de órganos que en sí mismos no están sujetos a control alguno, de manera que cualquier distorsión o abuso por parte de los mismos queda exento de revisión.

Por ello, George Jellinek dijo con razón que la única garantía respecto del guardián de la Constitución (lo que también se aplica al guardián de la Convención) en definitiva descansa en la "conciencia moral";[1685] y Alexis de Tocqueville, más precisamente en su observación sobre el sistema constitucional norteamericano dijo, que:

> "los jueces federales no sólo deben ser buenos ciudadanos y hombres con la información e integridad indispensable en todo magistrado, sino que deben ser hombres de Estado, sabios para distinguir los signos de los tiempos, que no tengan miedo para sobrepasar con coraje los obstáculos que puedan, y que sepan separase de la corriente cuando amenace con doblegarlos.
>
> El Presidente, quien ejerce poderes limitados, puede errar sin causar graves daños al Estado. El Congreso puede decidir en forma inapropiada sin destruir la unión, porque el cuerpo electoral en el cual el Congreso se origina, puede obligarlo a retractarse en sus decisiones cambiando sus miembros. Pero si la Corte Suprema en algún momento está integrada por hombres imprudentes o malos, la Unión puede ser sumida en la anarquía o la guerra civil."[1686]

En el mismo sentido, Alexander Hamilton, en la discusión sobre el texto de la Constitución norteamericana advirtió sobre "la autoridad de la propuesta Corte Suprema de los Estados Unidos," y particularmente de sus:

> "poderes para interpretar las leyes conforme al espíritu de la Constitución, lo que habilita a la Corte a moldearlas en cualquier forma que pueda considerar apropiada, especialmente porque sus decisiones no serán en forma alguna sometidas a revisión o corrección por parte del órgano legislativo."

Hamilton concluyó entonces, afirmando que:

> "Las legislaturas de varios Estados, pueden en cualquier momento rectificar mediante ley las objetables decisiones de sus respectivas cortes. Pero los errores

---

1685 Véase George Jellinek, *Ein Verfassungsgerichtshof fur Österreich*, Alfred HOLDER, Vienna 1885, citado por Francisco Fernández Segado, "Algunas reflexiones generales en torno a los efectos de las sentencias de inconstitucionalidad y a la relatividad de ciertas fórmulas estereotipadas vinculadas a ellas," en *Anuario Iberoamericano de Justicia Constitucional*, Centro de Estudios Políticos y Constitucionales, Nº 12, 2008, Madrid 2008, p. 196.

1686 Véase Alexis de Tocqueville, *Democracy in America*, ch. 8, "The Federal Constitution," traduc. Henry Reeve, revisada y corregida, 1899, http://xroads.virgi-nia.edu/HYPER/ DETOC/1_ch08.htm Véase también, Jorge Carpizo, *El Tribunal Constitucional y sus límites*, Grijley, Lima 2009, pp. 46–48.

y usurpaciones de la Corte Suprema de los Estados Unidos serán incontrolables e irremediables."[1687]

Esto es lo que hay que tener en mente, particularmente en regímenes democráticos cuando las Cortes supremas por ejemplo se convierten en legisladores o peor aún, en constituyentes, sin estar sujetos a responsabilidad alguna. En esos casos, incluso, tratándose de tribunales constitucionales por ejemplo, la penumbra de los límites entre interpretación y jurisdicción normativa "puede transformar el guardián de la Constitución en soberano."[1688]

Mutatis mutandi, lo mismo puede decirse de la Corte Interamericana de Derechos Humanos, que si llegase a estar conformada por "hombres imprudentes o malos" como los calificaba de Tocqueville, dado que no se les puede exigir responsabilidad en el ejercicio de sus funciones, ni las decisiones que adopten son controlables o revisables, las consecuencias para el sistema interamericano de protección de los derechos humanos pueden ser graves.

De allí la necesidad, también, de establecer métodos para la designación de los jueces interamericanos que mediante la transparencia necesaria, aseguren la designación de hombres sabios y probos que aseguren la efectividad de la justicia internacional ante las lesiones a los derechos humanos, particularmente cuando las víctimas no encuentren justicia en sus respectivos países.

II. LAS PREVISIONES CONVENCIONALES PARA LA DESIGNACIÓN DE LOS JUECES DE LA CORTE INTERAMERICANA DE DERECHOS HUMANOS

Conforme a lo establecido en el artículo 52.1 de la Convención Americana de Derechos Humanos, la Corte Interamericana de Derechos Humanos se compone de "siete jueces, nacionales de los Estados miembros de la Organización, elegidos a título personal entre juristas de la más alta autoridad moral, de reconocida competencia en materia de derechos humanos, que reúnan las condiciones requeridas para el ejercicio de las más elevadas funciones judiciales conforme a la ley del país del cual sean nacionales o del Estado que los proponga como candidatos." Esto mismo se establece el Estatuto de la Corte (art. 4.1).

La elección de los jueces se debe realizar, como lo indica el artículo 53 de la Convención, "en votación secreta y por mayoría absoluta de votos de los Estados Partes en la Convención, en la Asamblea General de la Organización, de una lista de candidatos propuestos por esos mismos Estados." Esto mismo se establece en los artículos 4.1 y 7 del Estatuto de la Corte.

1687 Véase Alexander Hamilton, Nº 81 de *The Federalist*, "The Judiciary Continued, and the Distribution of the Judiciary Authority"; Clinton Rossiter (Ed.), *The Federalist Papers*, Penguin Books, New York 2003, pp. 480.

1688 Véase Francisco Fernández Segado, "Algunas reflexiones generales en torno a los efectos de las sentencias de inconstitucionalidad y a la relatividad de ciertas fórmulas estereotipadas vinculadas a ellas," *Anuario Iberoamericano de Justicia Constitucional*, Centro de Estudios Políticos y Constitucionales, Nº 12, 2008, Madrid 2008, p. 161.

A lo anterior, el Estatuto agrega en cuanto al procedimiento de selección que seis meses antes de la celebración del período ordinario de sesiones de la Asamblea General de la OEA, previa a la terminación del mandato para el cual fueron elegidos los jueces de la Corte, el Secretario General de la OEA debe pedir por escrito a cada Estado parte en la Convención, presentar sus candidatos dentro de un plazo de noventa días (artículo 8.1); con lo cual dicho Secretario General debe preparar una lista en orden alfabético de los candidatos presentados, y la comunicará a los Estados partes, de ser posible, por lo menos treinta días antes del próximo período de sesiones de la Asamblea General de la OEA (artículo 8.2).

De acuerdo con este procedimiento, por tanto, es claro que los Estados son los que proponen a sus candidatos a jueces, para su elección a título personal, por mayoría absoluta de votos de los Estados en la Convención en la Asamblea de la OEA; propuesta que implica, como es natural, la realización de una "campaña" o promoción para la obtención de apoyos y respaldo a las candidaturas; campaña en la cual en muchos casos no han dejado de participar los propios candidatos, ya que la elección es a "título personal."

En esta forma, los Estados Partes den la Convención proponen y eligen a los Jueces de la Corte Interamericana que es una "institución judicial autónoma cuyo objetivo es la aplicación e interpretación de la Convención Americana sobre Derechos Humanos" (art. 1 del Estatuto), que están llamados precisamente a juzgar las propias conductas de los Estados que los eligen, así como a condenar las violaciones que cometan contra los derechos garantizados en la Convención Americana. Para ello, la garantía de que los jueces actuarán conforme a los principios de "independencia, imparcialidad, dignidad y prestigio de su cargo" (art. 18.1.c) está fundamentalmente en los requisitos impuestos por la Convención y el Estatuto, en el sentido de que debe tratarse de "juristas de la más alta autoridad moral, de reconocida competencia en materia de derechos humanos, que reúnan las condiciones requeridas para el ejercicio de las más elevadas funciones judiciales conforme a la ley del país del cual sean nacionales o del Estado que los proponga como candidatos" (art. 52. y 4.1, respectivamente).

El Estatuto, además, precisa para evitar sumisión de entrada respecto de los Estados que es incompatible con el ejercicio del cargo de Juez de la Corte Interamericana "con el de los cargos y actividades" de los "de miembros o altos funcionarios del Poder Ejecutivo," pero estableciendo una excepción respecto de "cargos que no impliquen subordinación jerárquica ordinaria, así como los de agentes diplomáticos que no sean Jefes de Misión ante la OEA o ante cualquiera de sus Estados miembros" (art. 18). Excepción, esta que abre la puerta a la posibilidad de ejercicio del cargo de Juez, a personas que ejercen actividades que les pueden impedir "cumplir sus obligaciones, o que afecten su independencia, imparcialidad, la dignidad o prestigio de su cargo" (art. 18). Piénsese sólo, por ejemplo, en cualquier distinguido abogado, quien sin ocupar cargo alguno en el Poder Ejecutivo de un país, sea el principal contratista en asesoría jurídica a la Presidencia de la República en el mismo. Actividad sin duda legítima, que no implica "subordinación jerárquica ordinaria" pero que lo puede convertir en un velado agente del Estado, y que puede afectar precisamente su independencia, imparcialidad, dignidad o prestigio en su cargo paralelo de juez.

El procedimiento de selección de los jueces de la Corte interamericana establecido en la Convención, sin embargo, no ha estado exento de críticas. Si cada Estado Partes en la Convención tuviese realmente un solo voto independiente, y cada uno evaluara con seriedad los candidatos y votara según su conciencia (al menos la de los hacedores de su política internacional), la elección por la mayoría absoluta de votos como es requerido, podría cumplir su función de asegurar la elección de hombres prudentes y buenos. Pero ello no siempre es así, lo que ha llevado a Katya Salazar y María Clara Galvis, a constatar que "la falta de participación y de transparencia ha sido un rasgo distintivo de los procesos de selección que se llevan a cabo cuando se vence el mandato de uno o de varios de los siete integrantes" de los órganos de protección del Sistema Interamericano de Derechos Humanos, refiriéndose en particular a la Corte Interamericana de Derechos Humanos; llegando a expresar en particular que:

> "Aunque los miembros actuales y pasados de la [...] Corte han reunido los requisitos convencionales, la opacidad y el secretismo de los procedimientos de selección, tanto a nivel interno como en el marco de la OEA, han incidido en que en algunos casos la postulación de una persona dependa más de su cercanía con el poder ejecutivo, que de sus capacidades y méritos. Por su parte, la forma en que se lleva a cabo la elección en la Asamblea General de la OEA ha respondido más a consideraciones políticas y al intercambio de votos entre Estados que a una evaluación seria de las calidades y los méritos profesionales del candidato o candidata, evaluación que solo algunos Estados realizan."[1689]

III. EL PROBLEMA DEL CONTROL POLÍTICO DE LOS VOTOS DE LOS ESTADOS PARTES EN LA CONVENCIÓN EN LA ASAMBLEA DE LA ORGANIZACIÓN DE ESTADOS AMERICANOS PARA LA ADECUADA ELECCIÓN DE LOS JUECES DE LA CORTE INTER-AMERICANA

La observación anterior formulada por las mencionadas especialistas en el tema del debido proceso, de que en algunos casos, la postulación de candidatos a jueces de la Corte Interamericana, haya dependido más de "su cercanía con el poder ejecutivo, que de sus capacidades y méritos," y de que en otros casos la elección realizada por los Estados Partes en la Convención en la Asamblea General de la OEA haya "respondido más a consideraciones políticas y al intercambio de votos entre Estados que a una evaluación seria de las calidades y los méritos profesionales del candidato o candidata, evaluación que solo algunos Estados realizan," se ha tornado en los últimos lustros, en mucho más problemática, por la situación fáctica de que la mayoría de los votos en las Asambleas de la OEA los ha controlado un solo país, con el

---

1689 Véase Katya Salazar y María Clara Galvis, "Hacia un proceso transparente y participativo de selección de integrantes de la Comisión y la Corte interamericanas de derechos humanos," *Due Process of Law Foundation*, en http://www.justicia-viva.org.pe/especiales/eleccion-comisionado-cidh/articulos/proceso-transparente.pdf; y "Transparencia y participación en la selección de integrantes de la Comisión y de la Corte Interamericana de Derechos Humanos: una tarea pendiente," en *Aportes DPLF. Revista de la Fundación para el debido proceso*, N° 17, diciembre de 2012, p. 21 ss., en http://www.dplf.org/sites/default/files/aportes_17_web.pdf.

resultado de que la elección de jueces, en muchos casos, ha sido el resultado mucho más de un "intercambio de votos entre Estados" por compromisos adquiridos de otra índole "que a una evaluación seria de las calidades y los méritos profesionales del candidato."

Es lo que lamentablemente ha ocurrido con el caso de Venezuela, que con el arma del petróleo y de la ideologización de órganos internacionales latinoamericanos ha impuesto su voluntad en la OEA, como quedó evidenciado en la votación que todos los interesados pudieron ver "en vivo y directo" por los medios audiovisuales, que tuvo lugar el 21 de marzo de 2014, mediante la cual se le cercenó el derecho de una diputada venezolana Maria Corina Machado, a hablar sobre la situación de Venezuela en la sesión de la Asamblea de la OEA, por expresa invitación del representante de Panamá, y que sin vergüenza alguna, os representantes de la mayoría de los países fue votando hasta lograr que la pretensión de Venezuela se impusiera, de que la sesión fuese "secreta."

Ello quedó explicado el mismo día 21 de marzo de 2014, en el diario *El Comercio,* de Lima, por el ex canciller del Perú, Luis Gonzalo Posada, en una dura entrevista concedida al periodista Rodrigo Cruz,[1690] en la cual reveló lo que en los últimos años ha sido el secreto a voces más publicitado en el funcionamiento de la OEA, y es que –como lo aseveró–, "el organismo interamericano defiende los intereses del régimen venezolano", refiriéndose al control que el gobierno de Venezuela ha tenido sobre los votos y las votaciones en dicho organismo cuando se trata de asuntos en los cuales el gobierno ha tenido especial interés político, nacional o internacional.

Lo que en décadas anteriores se denunciaba sistemáticamente respecto de las influencia de los Estados Unidos en las votaciones en la OEA, el mundo latinoamericano en efecto, en los últimos lustros ha constatado la influencia del gobierno de Venezuela en las votaciones en la OEA, habiendo sido la última de ellas, por lo demás vergonzosa, en el caso de la invitación que el gobierno de Panamá le hiciera a la diputada venezolana Maria Corina Machado para que hablara sobre la situación en el país, lo que fue rechazado vergonzosamente por 22 sumisos votos países americanos de los 38 votos expresados, que siguieron ciegamente la línea del gobierno venezolano.

A eso se refirió precisamente el ex canciller peruano en la entrevista, el mismo día en el cual ocurrió el vergonzoso voto en la sesión de la OEA en Washington, al denunciar que en la misma "no se permitió que la diputada venezolana María Corina Machado denunciara la "represión" que ejerce el régimen de Nicolás Maduro contra los jóvenes opositores". A la pregunta de *¿Cómo entender lo sucedido hoy en la reunión de la OEA en Washington*?, la respuesta del ex canciller fue tajante y directa:

1690 Véase Rodrigo Cruz, "Hoy se ha consumado un golpe de estado chavista en la OEA. El ex canciller Luis Gonzales Posada aseveró que el organismo interamericano defiende los intereses del régimen venezolano", en *El Comercio*, Lima 21 de marzo de 2014, en http://elcomercio.pe/politica/internacional/hoy-se-ha-consumado-golpe-estado-chavista-oea-noticia-1717550.

> "Hoy día se ha consumado un golpe de estado chavista en la OEA. Hoy el chavismo ha demostrado su inmenso poder dentro de la organización al manejar los 17 votos del Caribe a través del petróleo barato, además del de sus socios políticos como Argentina, Brasil, Uruguay, Ecuador y Bolivia. Todos ellos en su conjunto hacen una mayoría absoluta de 22 votos contra 11 países que no están en esa línea."

Agregó, además, el ex canciller:

> "Estamos ante una institución controlada a través de la influencia petrolera, y que tiene el padrinazgo de 3 países que aparentemente están comprometidos por la democracia. Pero que a la hora de la verdad se constituyen en centro de protección de un modelo político autoritario. Me refiero directamente al Brasil, a la Argentina y a Uruguay."

Y ante la pregunta de *¿Por qué este hecho debe preocupar tanto a los países americanos*?, la respuesta del ex canciller Luis Gonzalo Posada fue:

> "Esto es muy grave porque cualquier tema sustantivo para los países americanos no podrá tratarse si no se tiene el beneplácito de Venezuela, quien es el que gobierna esta institución desde hace muchos años. Es por eso también que se han creado organismos paralelos como la Unasur y la Celac que expresan ideas políticas absolutamente distantes a las nuestras."

Y ante la pregunta de *¿Cómo llegó la OEA a esta situación tan complicada*?, la respuesta del ex canciller fue aún más clara:

> "Creo que ha ido languideciendo poco a poco. Y en esa misma medida a partir del año 2000 el chavismo lo fue capturando con el petróleo. Los 17 países del Caribe, cuyos votos siempre van a estar a favor de Venezuela, han seguido por esa vía. El secretario general de la OEA, el señor Insulsa, quien es débil y timorato, incapaz de levantar la voz, le debe su elección al chavismo. De tal manera que tenemos un caso de un organismo formado por un régimen totalitario. Esta es una página de oscuridad que se está escribiendo en América Latina y que no podemos mantener en silencio." [1691]

En ese panorama, por supuesto, hay que situar la última elección de los jueces de la Corte Interamericana de Derechos Humanos que ocurrió el **5 de junio de 2012** durante la XLII Asamblea General de la OEA celebrada en Cochabamba, Bolivia, cuando se eligieron tres de los siete jueces de la Corte Interamericana de Derechos Humanos, los señores **Eduardo Ferrer Mac-Gregor** (México), **Humberto Sierra Porto** (Colombia) y **Roberto de Figueiredo Caldas** (Brasil), siendo los cuatro restantes los señores **Diego García Sayán** (Perú); **Manuel Ventura Robles** (Costa Rica), **Eduardo Vio Grossi** (Chile), y **Alberto Pérez Pérez** (Uruguay).

1691 Rodrigo Cruz, "Hoy se ha consumado un golpe de estado chavista en la OEA. El ex canciller Luis Gonzales Posada aseveró que el organismo interamericano defiende los intereses del régimen venezolano", *El Comercio*, Lima 21 de marzo de 2014, en http://elcomercio.pe/politica/internacional/hoy-se-ha-consumado-golpe-estado-chavista-oea-noticia-1717550.

IV. LA POSICIÓN DE RECHAZO DE VENEZUELA CONTRA LA CORTE INTERAMERICANA DE DERECHOS HUMANOS A PARTIR DE 2008, LAS PRESIONES POLÍTICAS INDEBIDAS EJERCIDAS CONTRA LA MISMA Y LA DENUNCIA DE LA CONVENCIÓN AMERICANA EN 2012

Ya para el momento de esta nueva elección de jueces para la Corte Interamericana, quienes entraron en funciones el 1 de enero de 2013, Venezuela había marcado en forma muy precisamente, su posición de rechazo al Sistema interamericano de protección de los derechos humanos, y en particular, además de contra la Comisión Interamericana, contra la Corte Interamericana de derechos Humanos, particularmente a raíz de algunas decisiones de condena a Venezuela por la violación de los derechos humanos.[1692]

Este rechazo que fue construyéndose progresivamente de la mano de la Sala Constitucional del Tribunal Supremo de Justicia, se manifestó por primera vez en la sentencia Nº 1.942 de 15 de julio de 2003 (Caso: *Impugnación de artículos del Código Penal, Leyes de desacato*),[1693] en la cual se declaró sin lugar una acción de inconstitucionalidad intentada contra normas del Código Penal que limitaban el derecho de expresión del pensamiento en relación con las actuaciones de los funcionarios públicos, criminalizando el ejercicio del derecho, en la cual se invocaba entre sus fundamentos, la doctrina de la Comisión Interamericana y de la Corte Interamericanas en materia de "leyes de desacato." La Sala, en dicha sentencia, al referirse a los Tribunales Internacionales comenzó declarando en general, pura y simplemente, que en Venezuela, "por encima del Tribunal Supremo de Justicia y a los efectos del artículo 7 constitucional" que regula el principio de la supremacía constitucional,

> "no existe órgano jurisdiccional alguno, a menos que la Constitución o la ley así lo señale, y que aun en este último supuesto, la decisión que se contradiga con las normas constitucionales venezolanas, carece de aplicación en el país, y así se declara."

O sea, la negación total del ejercicio de sus funciones de control de convencionalidad por parte de la Corte Interamericana,[1694] precisando que los fallos de la misma "violatorios de la Constitución de la República Bolivariana de Venezuela se haría inejecutable en el país." La Sala agregó que "ello podría dar lugar a una reclamación internacional contra el Estado, pero la decisión se haría inejecutable en el país, en este caso, en Venezuela." Es decir, la tesis sentada fue que las sentencias de la Corte Interamericana "para ser ejecutadas dentro del Estado, tendrán que adaptarse a su Constitución, [...] lo contrario sería que Venezuela renunciara a la soberanía."[1695] Quedaba así abierto el terreno para que en casos de condena al Estado, la Sala pro-

---

1692 Véase Carlos Ayala Corao, *La "inejecución" de las sentencias internacionales en la jurisprudencia constitucional de Venezuela (1999-2009),* Fundación Manuel García Pelayo. Caracas, 2009.

1693 Véase en *Revista de Derecho Público,* Nº 93-96, Editorial Jurídica Venezolana, Caracas 2003, pp. 136 ss.

1694 Véase Allan R. Brewer-Carías y Jaime Orlando Santofimio, *El Control de convencionalidad y responsabilidad del Estado,* Prólogo de Luciano Parejo, Universidad Externado de Colombia, Bogotá 2013.

1695 *Idem.,* p. 139.

cediera a declarar inejecutables las sentencias de la Corte Interamericana de Derechos Humanos lo que precisamente ocurrió cinco años después, a partir de 2008, concluyendo el proceso con la lamentable denuncia de la Convención Americana por parte del Estado en septiembre de 2012.

La primera decisión de la Sala Constitucional en la que esto se produjo fue la sentencia Nº 1.939 de 18 de diciembre de 2008 conocida como: *Abogados Gustavo Álvarez Arias y otros,* y que más bien debió denominarse *Estado de Venezuela vs. Corte Interamericana de Derechos Humanos*, porque el Sr. Álvarez y los otros en realidad sino los abogados del Estado (Procuraduría General de la República). En la misma Sala declaró inejecutable en el país la sentencia que había dictado la Corte Interamericana de Derechos Humanos Primera cuatro meses antes, el 5 de agosto de 2008, en el caso *Apitz Barbera y otros ("Corte Primera de lo Contencioso Administrativo") vs. Venezuela*, en la cual se había condenado al Estado Venezolano por violación de los derechos al debido proceso de unos jueces de la Corte Primera de lo Contencioso Administrativo, quienes habían sido destituidos de sus cargos sin garantías judiciales algunas.[1696]

Estos, en 2003, habían dictado una medida cautelar en un juicio contencioso administrativo contra actos administrativos del Alcalde Metropolitano de Caracas de contratación de médicos extranjero sin licencia de acuerdo con la Ley de ejercicio de la medicina, que había iniciado la federación Médica venezolana, en representación de derechos colectivos de los médicos, por violación al derecho al trabajo y a la no discriminación.[1697] La reacción gubernamental contra esa simple medida cautelar suspensión temporal del programa de contratación,[1698] fue el anuncio público de todas las autoridades, incluso del Presidente de no acatamiento de la sentencia de la Corte Primera,[1699] lo que fue seguido de una medida policial de allanamiento de la sede de la Corte Primera, la detención de un escribiente o alguacil por motivos fútiles, y unas semanas después, la destitución sin fundamento legal alguno, de los cinco magistrados de la Corte, la cual fue intervenida,[1700] quedando la justicia conten-

---

1696 Véase Allan R. Brewer-Carías, "La interrelación entre los Tribunales Constitucionales de América Latina y la Corte Interamericana de Derechos Humanos, y la cuestión de la inejecutabilidad de sus decisiones en Venezuela," en Armin von Bogdandy, Flavia Piovesan y Mariela Morales Antoniazzi (Coordinadores), *Direitos Humanos, Democracia e Integraçao Jurídica na América do Sul*, Lumen Juris Editora, Rio de Janeiro 2010, pp. 661-70; y en *Anuario Iberoamericano de Justicia Constitucional,* Centro de Estudios Políticos y Constitucionales, Nº 13, Madrid 2009, pp. 99-136.

1697 Véase Claudia Nikken, "El caso "Barrio Adentro": La Corte Primera de lo Contencioso Administrativo ante la Sala Constitucional del Tribunal Supremo de Justicia o el avocamiento como medio de amparo de derechos e intereses colectivos y difusos," en *Revista de Derecho Público*, Nº 93–96, Editorial Jurídica Venezolana, Caracas, 2003, pp. 5 ss.

1698 Véase la decisión de 21 de agosto de 2003 en *Idem.*, pp. 445 ss.

1699 El Presidente de la República dijo: "*Váyanse con su decisión no sé para donde, la cumplirán ustedes en su casa si quieren…*", en el programa de TV *Aló Presidente*, Nº 161, 24 de Agosto de 2003.

1700 Véase la información en *El Nacional*, Caracas, Noviembre 5, 2003, p. A2. En la misma página el Presidente destituido de la Corte Primera dijo: "*La justicia venezolana vive un momento tenebroso, pues el tribunal que constituye un último resquicio de esperanza ha sido clausurado*".

cioso administrativa clausurada en el país por casi un año.[1701] A partir de entonces, por lo demás, comenzó el principio de la posibilidad de controlar la legalidad de la actividad administrativa,[1702] afianzándose el control político sobre el Poder Judicial en Venezuela.[1703]

Contra la arbitrariedad de la destitución de los altos jueces fue que los mismos recurrieron ante el sistema interamericano buscando protección a sus derechos, de lo que resultó la sentencia de la Corte Interamericana de Derechos Humanos, de 5 de agosto de 2008,[1704] condenando al Estado por la violación de las garantías judiciales, y a reincorporarlos a las víctimas a cargos similares en el Poder Judicial.

Fue contra esta sentencia de la Corte Interamericana que los abogados del Estado recurrieron ante la Sala Constitucional del Tribunal Supremo, ejerciendo una bizarra "acción de control de la constitucionalidad referida a la interpretación acerca de la conformidad constitucional del fallo de la Corte Interamericana de Derechos Humanos, de fecha 5 de agosto de 2008," la cual tres meses después, decidió mediante la sentencia N° 1.939 de 12 de diciembre de 2008,[1705] que declaró inejecutable la sentencia de la Corte Interamericana, fundamentándose para ello, en un precedente ocurrido en el Perú en 1999, citado ampliamente cuando el Tribunal Superior Militar rechazó la ejecución de una sentencia de la Corte Interamericana.[1706]

El fundamento de la "acción" para que se declarase "inaceptable y de imposible ejecución por parte del propio Estado" la sentencia de la Corte Interamericana impugnada, fue que sus decisiones "*no son de obligatorio cumplimiento y son inapli-*

1701 Véase en *El Nacional*, Caracas, Octubre 24, 2003, p. A–2; y *El Nacional*, Caracas, Julio 16, 2004, p. A–6.

1702 Véase Antonio Canova González, *La realidad del contencioso administrativo venezolano (Un llamado de atención frente a las desoladoras estadísticas de la Sala Político Administrativa en 2007 y primer semestre de 2008)*, Funeda, Caracas 2009.

1703 Véase Allan R. Brewer–Carías, "La progresiva y sistemática demolición institucional de la autonomía e independencia del Poder Judicial en Venezuela 1999–2004," en *XXX Jornadas J.M Domínguez Escovar, Estado de derecho, Administración de justicia y derechos humanos*, Instituto de Estudios Jurídicos del Estado Lara, Barquisimeto, 2005, pp. 33–174; "La justicia sometida al poder (La ausencia de independencia y autonomía de los jueces en Venezuela por la interminable emergencia del Poder Judicial (1999–2006))," en *Cuestiones Internacionales. Anuario Jurídico Villanueva 2007*, Centro Universitario Villanueva, Marcial Pons, Madrid, 2007, pp. 25–57.

1704 Véase Caso *Apitz Barbera y otros ("Corte Primera de lo Contencioso Administrativo") vs. Venezuela*, Excepción Preliminar, Fondo, Reparaciones y Costas, Serie C N° 182, en www.corteidh.or.cr.

1705 Véase en http://www.tsj.gov.ve/decisiones/scon/Diciembre/1939-181208-2008-08-1572.html.

1706 Véase sobre el caso la sentencia de la Corte Interamericana en el caso *Castillo Petruzzi y otros vs. Perú* el 4 de septiembre de 1998 (Excepciones Preliminares), en http://www.corteidh.or.cr/docs/casos/articulos/seriec_41_esp.pdf; y de 30 de mayo de 1999. El Congreso del Perú incluso aprobó el 8 de julio de 1999 el retiro del reconocimiento de la competencia contenciosa de la Corte, lo cual fue declarado inadmisible por la propia Corte Interamericana en la sentencia del caso *Ivcher Bronstein* de 24 de septiembre de 1999, estableciéndose el principio de que un "Estado parte sólo puede sustraerse a la competencia de la Corte mediante la denuncia del Tratado como un todo." Véase en Véase **Sergio García Ramírez (Coord.),** ***de la Corte Interamericana de Derechos Humanos*****, Universidad Nacional Autónoma de México, Corte Interamericana de Derechos Humanos, México 2001,** pp. 769-771.

cables si violan la Constitución," argumentando los abogados del Estado que lo contrario "sería subvertir el orden constitucional y atentaría contra la soberanía del Estado," a cuyo efecto denunciaron que la Corte Interamericana de Derechos Humanos violaba:

> "la supremacía de la Constitución y su obligatoria sujeción violentando el principio de autonomía del poder judicial, pues la misma llama al desconocimiento de los procedimientos legalmente establecidos para el establecimiento de medidas y sanciones contra aquellas actuaciones desplegadas por los jueces que contraríen el principio postulado esencial de su deber como jueces de la República."

Para decidir la Sala Constitucional, en definitiva, consideró que de lo que se trataba era de una "presunta controversia entre la Constitución y la ejecución de una decisión dictada por un organismo internacional fundamentada en normas contenidas en una Convención de rango constitucional," que buscaba que la Sala aclarase "una duda razonable en cuanto a la ejecución" del fallo de la Corte Interamericana, deduciendo entonces que de lo que se trataba era de "acción de interpretación constitucional" que la propia Sala constitucional había creado a partir de su sentencia de 22 de septiembre de 2000 *(caso Servio Tulio León).*[1707]

Ejerciendo esta competencia, consideró que el propio Estado tenía la legitimación necesaria para intentar la acción, ya que la Corte Interamericana había condenado a la República, buscando de la Sala Constitucional "una sentencia mero declarativa en la cual se establezca el verdadero sentido y alcance de la señalada ejecución con relación al Poder Judicial venezolano en cuanto al funcionamiento, vigilancia y control de los tribunales."

La Sala para decidir, consideró que la Corte Interamericana, para dictar su fallo, además de haberse contradicho al constatar la supuesta violación de los derechos o libertades protegidos por la Convención, había dictado:

> "pautas de carácter obligatorio sobre gobierno y administración del Poder Judicial que son competencia exclusiva y excluyente del Tribunal Supremo de Justicia y estableció directrices para el Poder Legislativo, en materia de carrera judicial y responsabilidad de los jueces, violentando la soberanía del Estado venezolano en la organización de los poderes públicos y en la selección de sus funcionarios, lo cual resulta inadmisible."

La Sala consideró en definitiva, que la Corte Interamericana "utilizó el fallo analizado para intervenir inaceptablemente en el gobierno y administración judicial que corresponde con carácter excluyente al Tribunal Supremo de Justicia, de conformidad con la Constitución de 1999" (artículos 254, 255 y 267), desconociendo "la

---

1707 Véase *Revista de Derecho Público*, N° 83, Editorial Jurídica Venezolana, Caracas 2000, pp. 247 ss. Véase Allan R. Brewer-Carías, "Le recours d'interprétation abstrait de la Constitution au Vénézuéla", en *Le renouveau du droit constitutionnel, Mélanges en l'honneur de Louis Favoreu*, Dalloz, Paris, 2007, pp. 61-70.

firmeza de decisiones administrativas y judiciales que han adquirido la fuerza de la cosa juzgada, al ordenar la reincorporación de los jueces destituidos," razón por la cual la consideró la sentencia internacional como "*inejecutable,*" con fundamento en normas constitucionales, exhortando, de paso:

> "al Ejecutivo Nacional [para que] proceda a denunciar esta Convención, ante la evidente usurpación de funciones en que ha incurrido la Corte Interamericana de los Derechos Humanos con el fallo objeto de la presente decisión; y el hecho de que tal actuación se fundamenta institucional y competencialmente en el aludido Tratado."

Con esta sentencia el Estado comenzó el proceso de Venezuela de desligarse de la Convención Americana sobre Derechos Humanos, y de la jurisdicción de la Corte Interamericana de Derechos Humanos utilizando para ello a su propio Tribunal Supremo de Justicia, el cual lamentablemente ha demostrado ser el principal instrumento para la consolidación del autoritarismo en el país.[1708]

Con base en todos estos precedentes, en 2011, la Sala Constitucional procedió a completar su objetivo de declarar inejecutables las decisiones de la Corte Interamericana de Derechos Humanos, consolidando la supuesta competencia que inventó para ejercer el "control de constitucionalidad" de las sentencias de la Corte Interamericana de Derechos Humanos, que por supuesto no tenía ni puede tener,[1709] cuando conforme al artículo 31 de la Constitución, lo que tiene el Estado es la obligación de adoptar, conforme a los procedimientos establecidos en la Constitución y en la ley, "las medidas que sean necesarias para dar cumplimiento a las decisiones emanadas de los órganos internacionales" de protección de derechos humanos. Y ello lo hizo la Sala Constitucional mediante sentencia N° 1547 de fecha 17 de octubre de 2011 (Caso *Estado Venezolano vs. Corte Interamericana de Derechos Humanos*),[1710] dictada con motivo de otra "acción innominada de control de constitucionalidad" que fue intentada de nuevo por los abogados del Estado contra otra sentencia de la Corte Interamericana de Derechos Humanos, esta vez la de 1° de septiembre de 2011 dictada en el caso *Leopoldo López vs. Estado de Venezuela*,[1711] en la cual la Corte Interamericana de Derechos Humanos había condenado al Estado

---

1708 Véase Allan R. Brewer-Carias, *Crónica sobre la "In" Justicia Constitucional. La Sala Constitucional y el autoritarismo en Venezuela*, Colección Instituto de Derecho Público. Universidad Central de Venezuela, N° 2, Editorial Jurídica Venezolana, Caracas 2007; y "El juez constitucional al servicio del autoritarismo y la ilegítima mutación de la Constitución: el caso de la Sala Constitucional del Tribunal Supremo de Justicia de Venezuela (1999-2009)", en *Revista de Administración Pública*, N° 180, Madrid, 2009, pp. 383-418.

1709 Sobre las competencias de los Tribunales Constitucionales, véase: en general, Allan R. Brewer-Carías, *Constitutional Courts as Positive Legislators in Comparative Law*, Cambridge University Press, New York, 2011.

1710 Véase en http://www.tsj.gov.ve/decisiones/scon/Octubre/1547-171011-2011-11-1130.html.

1711 Véase Allan R. Brewer-Carías, "El ilegítimo "control de constitucionalidad" de las sentencias de la Corte Interamericana de Derechos Humanos por parte la Sala Constitucional del Tribunal Supremo de Justicia de Venezuela: el caso de la sentencia *Leopoldo López vs. Venezuela, 2011*," en *Constitución y democracia: ayer y hoy. Libro homenaje a Antonio Torres del Moral*. Editorial Universitas, Vol. I, Madrid, 2013, pp. 1095-1124.

venezolano por la violación del derecho al sufragio pasivo del ex Alcalde Sr. Leopoldo López cometida por la Contraloría General de la República al establecer administrativamente una "pena" de inhabilitación política, contra el mismo, considerando que dicho derecho político conforme a la Convención (art. 32.2) solo podía ser restringido, mediante sentencia judicial que imponga una condena penal,[1712] ordenando la revocatoria de las decisiones inconvencionales.

En este caso, el Procurador General de la República justificó la supuesta competencia de la Sala Constitucional en su carácter de "garante de la supremacía y efectividad de las normas y principios constitucionales," conforme a la cual la Sala no podía dejar de realizar "el examen de constitucionalidad en cuanto a la aplicación de los fallos dictados por esa Corte y sus efectos en el país," considerando de nuevo que las decisiones de dicha Corte Interamericana sólo pueden tener "ejecutoriedad en Venezuela," en la medida que "el contenido de las mismas cumplan el examen de constitucionalidad y no menoscaben en forma alguna directa o indirectamente el Texto Constitucional;" es decir, que dichas decisiones "para tener ejecución en Venezuela deben estar conformes con el Texto Fundamental."

La Sala, en definitiva, consideró que lo que se había impuesto al ex Alcalde recurrente, había sido una "inhabilitación administrativa" y no una inhabilitación política considerando que la decisión de la Corte Interamericana en el caso, con órdenes dirigidas a órganos del Estado "se traduce en una injerencia en las funciones propias de los poderes públicos" y desconocía "la lucha del Estado venezolano contra la corrupción," alegando finalmente que la Corte Interamericana había transgredido el ordenamiento jurídico venezolano, pues desconocía:

> "la supremacía de la Constitución y su obligatoria sujeción, violentando el principio de autonomía de los poderes públicos, dado que la misma desconoce abiertamente los procedimientos y actos legalmente dictados por órganos legítimamente constituidos, para el establecimiento de medidas y sanciones contra aquellas actuaciones desplegadas por la Contraloría General de la República que contraríen el principio y postulado esencial de su deber como órgano contralor, que tienen como fin último garantizar la ética como principio fundamental en el ejercicio de las funciones públicas."

Como consecuencia de ello, la Sala Constitucional, conforme a lo solicitado por el propio Estado, procedió a ejercer el también bizarro "control innominado de constitucionalidad," invocando el anterior fallo sentencia N° 1939 de 18 de diciembre de 2008 (caso: *Estado Venezolano vs. Corte Interamericana de derechos Humanos, caso Magistrados de la Corte Primera de lo Contencioso Administrativo*),[1713] y la

---

1712 Véase Allan R. Brewer-Carías, "La incompetencia de la Administración Contralora para dictar actos administrativos de inhabilitación política restrictiva del derecho a ser electo y ocupar cargos públicos (La protección del derecho a ser electo por la Corte Interamericana de Derechos Humanos en 2012, y su violación por la Sala Constitucional del Tribunal Supremo al declarar la sentencia de la Corte Interamericana como "inejecutable"), en Alejandro Canónico 'Sarabia (Coord.), *El Control y la responsabilidad en la Administración Pública, IV Congreso Internacional de Derecho Administrativo, Margarita 2012*, Centro de Adiestramiento Jurídico, Editorial Jurídica Venezolana, Caracas 2012, pp. 293-371.

1713 Véase en *Revista de Derecho Público,* N° 116, Editorial Jurídica Venezolana, Caracas 2008, pp. 88 ss.

sentencia N° 1077 de 22 de septiembre de 2000 (Caso *Servio Tulio León Briceño*) sobre creación del recurso de interpretación constitucional,[1714] supuestamente por existir una aparente antinomia entre la Constitución, la Convención Interamericana de Derechos Humanos, la Convención Americana contra la Corrupción y la Convención de las Naciones Unidas contra la Corrupción," y concluir su competencia:

> "para verificar la conformidad constitucional del fallo emitido por la Corte Interamericana de Derechos Humanos, control constitucional que implica lógicamente un "control de convencionalidad" (o de confrontación entre normas internas y tratados integrantes del sistema constitucional venezolano), lo cual debe realizar en esta oportunidad esta Sala Constitucional, incluso de oficio; y así se decide."

En esta forma, lo que la Sala Constitucional realizó fue un supuesto "control de convencionalidad" pero para declarar "inconvencional" la propia sentencias de la Corte Interamericana, declarándola inejecutable en Venezuela, exhortando al Ejecutivo Nacional, de nuevo a denunciar la Convención Americana, y acusando a la Corte Interamericana de Derechos Humanos de persistir:

> "en desviar la teleología de la Convención Americana y sus propias competencias, emitiendo órdenes directas a órganos del Poder Público venezolano (Asamblea Nacional y Consejo Nacional Electoral), usurpando funciones cual si fuera una potencia colonial y pretendiendo imponer a un país soberano e independiente criterios políticos e ideológicos absolutamente incompatibles con nuestro sistema constitucional."

La decisión política que se había venido construyendo por los órganos del Estado, de desligarse de sus obligaciones convencionales y denunciar la Convención, en lo cual un actor de primera línea fue la Sala Constitucional, finalmente se manifestó el día 11 de septiembre de 2012, a los pocos meses de designados los nuevos jueces de la Corte, y antes de que tomaran posesión en enero de 2013, cuando el Ministro de Relaciones Exteriores de Venezuela, Sr. Nicolás Maduro, quien ejerce actualmente la Presidencia de la República, luego de denunciar una supuesta campaña de desprestigio contra al país desarrollada por parte de la Comisión Interamericana de Derechos Humanos y de la Corte Interamericana de Derechos Humanos, citando entre otros casos decididos, el caso *Leopoldo López* , y más insólito aún, casos aún no decididos como el caso *Allan R. Brewer-Carías vs. Venezuela*, sin duda para a presionar indebidamente a los jueces de la propia Corte Interamericana, manifestó formalmente al Secretario General de la OEA la "decisión soberana de la República Bolivariana de Venezuela de denunciar la Convención. Americana sobre Derechos Humanos, cesando en esta forma respecto de Venezuela los efectos internacionales

---

1714 Véase sobre esta sentencia los comentarios en Marianella Villegas Salazar, "Comentarios sobre el recurso de interpretación constitucional en la jurisprudencia de la Sala Constitucional, " en *Revista de Derecho Público*, N° 84, Editorial Jurídica Venezolana, Caracas 2000, pp. 417 ss.; y Allan R. Brewer-Carías, *Crónica sobre la "In" Justicia Constitucional. La Sala Constitucional y el autoritarismo en Venezuela*, Colección Instituto de Derecho Público. Universidad Central de Venezuela, N° 2, Editorial Jurídica Venezolana, Caracas 2007, pp. 47-79 de la misma, y la competencia respecto del país tanto de la manifestó formalmente al Secretario General de la OEA, para el país, tanto de la Comisión Interamericana de Derechos Humanos como de la Corte Interamericana de Derechos Humanos.

Esta decisión de denunciar la Convención Americana sobre Derechos Humanos no sólo fue realizada de mala fe frente el derecho internacional, sino en abierta violación a expresas normas de la Constitución de 1999.[1715]

A las sentencias antes indicadas se suma ahora recientemente, la sentencia de la Sala Constitucional Nº 1.175 de 10 de septiembre de 2015,[1716] mediante la cual también se declaró como "inejecutable" la sentencia de la Corte Interamericana de Derechos Humanos, de 22 de junio de 2015, dictada en el caso *Granier y otros (Radio Caracas Televisión), vs. Venezuela,*[1717] que condenó a Estado venezolano, entre otros, por restringir indirectamente el derecho a la libertad de expresión de accionistas, directivos y periodistas del canal *Radio Caracas Televisión* ("RCTV"), con motivo de la decisión arbitraria discriminatoria del Estado de no renovar la concesión del mismo en 2007, en violación de las garantías judiciales garantizadas en la Convención; sentencia de la Sala Constitucional que también fue dictada al conocer de una acción de "control de control de convencionalidad" trastocada en na "acción de control de constitucionalidad" ejercida contra la sentencia de la Corte Interamericana por abogados de la Procuraduría General de la República, por considerar que dicha sentencia de la Corte Interamericana había sido dictada "en franca violación a la Convención Americana sobre Derechos Humanos, a otros instrumentos internacionales sobre la materia y en total desconocimiento a la Constitución de la República Bolivariana de Venezuela."

Sin embargo, como ya el Ejecutivo Nacional había denunciado la Convención Americana de Derechos Humanos por exhortación de las sentencias anteriores, en esta lo que hizo la Sala fue sugerir:

> "al Ejecutivo Nacional, a quien corresponde dirigir las relaciones y política exterior de la República Bolivariana de Venezuela, a tenor de lo dispuesto en el artículo 236, numeral 4, de la Constitución de la República Bolivariana de Venezuela, así como al órgano asesor solicitante de conformidad con el artículo 247 *eiusdem,* para que evalúen la posibilidad de remitir a la Asamblea General

---

1715 Véase, entre otros, Carlos Ayala Corao, "Inconstitucionalidad de la denuncia de la Convención Americana sobre Derechos Humanos por Venezuela" en *Revista Europea de Derechos Fundamentales*, Instituto de Derecho Público, Valencia, España, Nº 20/2º semestre 2012; en *Estudios Constitucionales*, Centro de Estudios Constitucionales de Chile, Universidad de Talca, año 10, Nº 2, Chile, 2012; en la *Revista Iberoamericana de Derecho Procesal Constitucional*, Instituto Iberoamericano de Derecho Procesal Constitucional y Editorial Porrúa, Nº 18, Julio-Diciembre, 2012; en la *Revista de Derecho Público*, Nº 131, Caracas, julio-septiembre 2012; en el *Anuario de Derecho Constitucional Latinoamericano 2013*, Anuario 2013, Konrad Adenauer Stiftung: Programa Estado de Derecho para Latinoamérica y Universidad del Rosario, Bogotá, Colombia 2013 (disponible en: Fundación Konrad Adenauer www.kas.de/uruguay/es/publications/20306/ y en Biblioteca Jurídica Virtual del Instituto de Investigaciones Jurídicas de la UNAM, México: www.juridicas.unam.mx/ publica/rev/cont.htm?=dconstla).

1716 Véase en http://historico.tsj.gob.ve/decisiones/scon/septiembre/181181-1175-10915-2015-15-0992.HTML.

1717 Véase en http://www.corteidh.or.cr/cf/Jurisprudencia2/busqueda_casos_conten-ciosos.cfm?lang=es.

de la Organización de Estados Americanos, copia de este pronunciamiento con el objeto de que ese órgano analice la presunta desviación de poder de los jueces integrantes de la Corte Interamericana de Derechos Humanos."[1718]

V. LAS PRESIONES POLÍTICAS DE VENEZUELA CONTRA LA CORTE INTERAMERICANA, LA DENUNCIA DE LA CONVENCIÓN Y LA SENTENCIA DEL CASO ALLAN R. BREWER CARÍAS VS. VENEZUELA DE MAYO DE 2014

Las presiones políticas de Venezuela contra la Corte Interamericana después de las dos sentencias antes mencionadas de la Sala Constitucional del Tribunal Supremo de Justicia de 2008 y 2011 desconociendo abiertamente la autoridad de la misma y declarando inejecutables en Venezuela sus sentencias, exhortando además a que el Ejecutivo Nacional denunciara la Convención y se retirara del Sistema interamericano de protección de los derechos humanos, continuaron manifestándose intensamente en denuncias públicas formuladas contra la Comisión Interamericana, sus Comisionados y la Corte, en 2012 precisamente en los mismos tiempos en los cuales estaban planteadas las candidaturas de nuevos jueces para la Corte Interamericana a ser electos en la XLII Asamblea General de la OEA que se iba a realizar en Cochabamba, Bolivia, el 5 de junio de 2012, y en la cual efectivamente se eligieron tres jueces de la Corte Interamericana de Derechos Humanos, todos con el apoyo decidido de Venezuela y de los Estados cuyo voto controlaba.

Recuérdese la lógica expuesta por el ex canciller del Perú **Luis Gonzalo Posada** unos meses después, en marzo de 2014, sobre el funcionamiento de la Asamblea de la OEA bajo el control de votos que tenía Venezuela, a la cual hemos hecho referencia, cuando explicó que "estamos ante una institución controlada a través de la influencia petrolera, y que tiene el padrinazgo de 3 países que aparentemente están comprometidos por la democracia. Pero que a la hora de la verdad se constituyen en centro de protección de un modelo político autoritario." El ex canciller se refería "directamente al Brasil, a la Argentina y a Uruguay;" situación que consideró muy grave "porque cualquier tema sustantivo para los países americanos no podrá tratarse si no se tiene el beneplácito de Venezuela, quien es el que gobierna esta institución desde hace muchos años."[1719]

1718 Véase los comentarios sobre la sentencia de la Corte Interamericana de Derechos Humanos y de la Sala Constitucional del Tribunal Supremo de Justicia sobro el caso *RCTV*, en Allan R. Brewer-Carías, "La condena al Estado en el caso *Granier y otros (RCTV) vs. Venezuela*, por violación a la libertad de expresión y de diversas garantías judiciales. Y de cómo el Estado, ejerciendo una bizarra "acción de control de convencionalidad" ante su propio Tribunal Supremo, ha declarado inejecutable la sentencia en su contra," 14 septiembre de 2015, en http://www.allanbrewer-carias.com/Content/449725d9-f1cb-474b-8ab2-41efb849fea3/Content/Brewer.%20La%20condena%20al%20Estado%20en%20el%20caso%20CIDH%20Granier%20(RCTV)%20vs.%20Venezuela.%2014%20sep.%202015.pdf.

1719 Véase Rodrigo Cruz, "Hoy se ha consumado un golpe de estado chavista en la OEA. El ex canciller Luis Gonzales Posada aseveró que el organismo interamericano defiende los intereses del régimen venezolano", *El Comercio*, Lima 21 de marzo de 2014, en http://elcomercio.pe/politica/internacional/hoy-se-ha-consumado-golpe-estado-chavista-oea-noticia-1717550.

Esa situación de política internacional, en medio de la presión que venía ejerciendo Venezuela sobre el sistema interamericano, es lo único que puede contribuir a entender cómo, después del intenso cortejeo diplomático que debe haberse realizado sobre Venezuela por los Estados y quizás por algunos de los propios candidatos personalmente, buscando apoyo para que el Estado votara por ellos, Venezuela haya finalmente dado su voto y el de sus aliados, para elegir los nuevos jueces en Cochabamba, entre los cuales estuvo precisamente el postulado nacional de Brasil (Roberto de Figueiredo Caldas), país que en las palabras del ex canciller Gonzalo Posada (junto con Uruguay y Argentina) se habían constituido "en centro de protección de un modelo político autoritario" de Venezuela, y además, por otro juez, nacional de Colombia (Humberto Sierra Porto), país que aun cuando Gonzalo Posada no lo incluyó en el grupo de protección del modelo autoritario venezolano, tenía al Presidente autoritario de Venezuela como "su nuevo mejor amigo."[1720]

La campaña para la elección de los jueces y el referido cortejeo que debió producirse sobre Venezuela, buscando votos para el apoyo de los jueces, se desarrolló además, durante los meses en los cuales se venía gestando la denuncia de la Convención Americana de Derechos Humanos por parte de Venezuela, en ejecución de los exhortos hechos por la Sala Constitucional en 208 y 2012 antes mencionados, lo que finalmente se materializo tres meses después de la última elección de los jueces de la Corte, mediante comunicación Nº 125 de 6 de septiembre de 2012 dirigida por el entonces Canciller de Venezuela, Nicolás Maduro, quien actualmente ejerce la Presidencia, dirigida al Secretario General de la OEA.[1721]

En la misma, el gobierno de Venezuela acusó a la Comisión y a la Corte Interamericanas de ser instituciones "secuestradas por un pequeño grupo .de burócratas, desaprensivos" que habían impedido las reformas necesarias al "llamado" Sistema Interamericano, y que se habían convertido en "arma política arrojadiza destinada a minar la estabilidad" del país, "adoptando una línea de acción injerencista en los asuntos internos" del gobierno, los cuales, afirmó el Canciller, desconocían el contenido y disposiciones de la Convención que se denunciaba, particularmente la exigencia de que para hacer procedente la actuación de dichos órganos, era necesario "el agotamiento de los recursos internos del Estado" lo que a juicio del Estado, constituía "un desconocimiento al orden institucional y jurídico interno, de cada uno de los Estados." Todo ello, para el Canciller, se había constituido "como un ejerci-

1720 Expresión utilizada por el entonces candidato Juan Manuel Santos, actual Presidente de Colombia en relación con el Presidente de Venezuela, Véase el reportaje "Santos dice que Chávez es "su nuevo mejor amigo." Asegura además que si bien ninguno de los dos ha sido "santo de la devoción" del otro, él decidió que de llegar a la presidencia debía mejorar las relaciones con su vecino, lo cual comenzó en agosto con el restablecimiento de los lazos diplomáticos," en *Revista Semana*, o de noviembre de 2010, en http://www.semana.com/mundo/articulo/santos-dice-chavez-su-nuevo-mejor-amigo/124284-3. Este vínculo continuó posteriormente, después del fallecimiento de Chávez. Véase por ejemplo, el reportaje "Colombia y Venezuela, de nuevo mejores amigos. Cancilleres y ministros de ambos países evaluaron las cooperaciones en seguridad, energía y comercio", *Revista Semana*, 2 agosto 2013, en http://www.semana.com/nacion/ar-ticulo/colombia-venezuela-nuevo-mejores-amigos/352865-3.

1721 Véase el texto en http://www.minci.gob.ve/wp-content/uploads/2013/09/Carta-Retiro-CIDH-Firmada-y-sello.pdf.

cio de violación flagrante y sistemática" de la Convención, lo que indicó se evidenciaba "en los casos que detalladamente exponemos en el anexo de la presente Nota" considerados como instrumentos para el "apuntalamiento de la campaña internacional de desprestigio" contra Venezuela.

El Canciller, sin embargo, anticipándose a la Nota explicativa anunciada, en el mismo texto de su comunicación de denuncia de la Convención hizo referencia a varios casos ya decididos (caso *Ríos, Perozo y otros contra Venezuela, caso Leopoldo López contra Venezuela*, caso *Usón Ramírez contra Venezuela; caso Raúl Díaz Peña contra Venezuela*) por la Corte, y lo que es más grave por la presión indebida que significó, a un caso que aún no estaba decidido y que estaba ya bajo el conocimiento de la Corte Interamericana, que fue el caso *Allan R. Brewer-Carías contra Venezuela.*

Sobre este último caso, el Canciller le explicó al Secretario General de la OEA, que el mismo había sido "admitido por la Comisión sin que el denunciante hubiera agotado los recursos internos, violando lo dispuesto en el artículo 46.1 de la Convención e instando al Estado venezolano *"adoptar medidas para asegurar la independencia del poder judicial."* Agregó el Canciller en su comunicación, que "este comportamiento irregular de la .Comisión, injustificadamente favorable Brewer Carías:

> "produjo de hecho, desde La sola admisión de la causa, el apuntalamiento de la campaña internacional de desprestigio contra la República Bolivariana de Venezuela, acusándole de .persecución política. Detalles adicionales sobre estos casos son incluidos en la Nota anexa."

Mayor presión sobre los jueces de la Corte Interamericana, los que estaban y los recién nombrados en junio de ese mismo año y que comenzarían a ejercer sus funciones tres meses después en enero de 2013 ciertamente no podía concebirse, sobre todo cuando se trataba de un caso ya en conocimiento de la Corte que no había sido decidido, cuya sola admisión habría sido el "apuntalamiento" de la supuesta "campaña internacional de desprestigio" contra Venezuela.

Y en la Nota anexa a la comunicación de denuncia de la Convención, en efecto, el Canciller fue más explícito en cuanto a la campaña de presión política que con la misma Venezuela ejercía contra la Corte en relación con este caso aún no decidido, que provocaba precisamente el retiro de Venezuela, donde se indicó lo que sigue:

> **"Caso Allan Brewer Carías contra Venezuela.**
>
> El 8 de septiembre de 2009, la Comisión admitió la petición hecha el 24 de enero de 2007 por un grupo de abogados,[1722] en la cual se alegaba que los tribunales venezolanos eran responsables de la "*persecución política del constitucionalista Allan R. Brewer Carías en el contexto de un proceso judicial en su*

1722 Se refería el Estado a los distinguidos profesores Pedro Nikken, Claudio Grossman, Juan E. Méndez, Douglas Cassel, Helio Bicudo y Héctor Faúndez Ledezma.

contra por el delito de conspiración para cambiar violentamente la Constitución," en el contexto de los hechos ocurridos entre el ll y el 13 de abril de 2002."

Cabe destacar que al mencionado señor Brewer Carías se le sigue juicio en Venezuela por su participación en el golpe de Estado de Abril de 2002, por ser redactor del decreto mediante el cual se instalaba un Presidente de facto, se abolía la Constitución Nacional, se cambiaba el nombre de la República, se desconocían todas las instituciones del Estado; se destituían a todos los miembros y representantes de los Poderes Públicos, entre otros elementos.

Al admitir la petición, la CIDH instó al Estado venezolano a "*Adoptar medidas para asegurar la independencia del poder judicial*" con lo cual prejuzgaba que dicha independencia no existía.

El 7 de marzo de 2012, la Comisión informo al Estado venezolano que el caso sería llevado a la Corte, a pesar de qué no. se habían agotado los recursos internos. Este ejemplo es más grave, debido a que el juicio penal contra Allan Brewer no se ha podido llevar a cabo en Venezuela, en virtud de que nuestra legislación procesal penal no permite que el juicio pueda realizarse en ausencia del imputado, y es el caso que el imputado Brewer Carías huyó del país, como se conoce públicamente encontrándose prófugo de la justicia hasta la fecha."

Aparte de que Brewer-Carías no participó en conspiración alguna, no redactó decreto alguno y no se fugó en forma alguna, y de que el proceso aludido estaba extinguido desde diciembre de 2007 por una Ley de Amnistía dictada por el Presidente de la República mediante delegación legislativa sobre los hechos ocurridos entre el 11 y 13 de abril de 2002, lo que no se percató el Canciller de Venezuela, al acusar a la Comisión de haber prejuzgado sobre la inexistencia de independencia judicial en Venezuela, cuando instó al Estado al admitir la denuncia para que adoptara las medidas necesarias "*para asegurar la independencia del poder judicial;*" es que el propio Estado, en esta comunicación dirigida a la Corte Interamericana en relación con un caso pendiente de decisión, prejuzgaba sobre los hechos que originaron la persecución política y daba por culpable a la víctima de lo que injustamente se le acusó, violándose de nuevo su derecho a la presunción de inocencia.

Pero en realidad ese hecho, para el Estado era irrelevante, pues de lo que se trataba era de presionar políticamente a los jueces de la Corte Interamericana, a quienes había acusado reiteradamente en la misiva por el "pervertido ejercicio" en sus funciones, y de advertirles, sobre todo a los jueces recién electos con los votos controlados por Venezuela, de lo "importante" y "grave" que era el caso *Brewer Carías*, y particularmente, el tema del agotamiento de los recursos internos.

Pues bien, lo cierto fue que la Corte Interamericana, unos meses después de que la denuncia de la Convención por Venezuela comenzara a surtir efectos (septiembre de 2013), desconociendo su propia jurisprudencia (y el ordenamiento constitucional venezolano en materia de amparo constitucional), el día 26 de mayo de 2014 dictó sentencia en el caso *Allan R. Brewer-Carías vs. Venezuela*, que fue la N° 277 emitida con el voto favorable de los Jueces **Humberto Antonio Sierra Porto (Colombia),** Presidente y Ponente; **Roberto F. Caldas (Brasil), Diego García-Sayán (Perú)** y **Alberto Pérez Pérez (Uruguay),** ordenando el archivo del expediente, sin decidir nada sobre 'los méritos del caso, salvo su inadmisibilidad pues supuestamente Brewer no había agotado los recursos internos, negando su derecho de acceso a la justicia internacional y protegiendo una tremenda arbitrariedad del Estado autoritario. La sentencia se emitió con el destacado *Voto Conjunto Negativo* de los Jueces **Manuel E. Ventura Robles (Costa Rica) y Eduardo Ferrer Mac-Gregor Poisot (México).**[1723]

En la petición que originó el caso se había alegado la violación masiva por parte de los agentes del Estado venezolano de los derechos y garantías judiciales (a la defensa, a ser oído, a la presunción de inocencia, a ser juzgado por un juez imparcial e independiente, al debido proceso judicial, a seguir un juicio en libertad, a la protección judicial) y otros (a la honra, a la libertad de expresión, incluso al ejercer mi profesión de abogado, a la seguridad personal y a la circulación y a la igualdad y no discriminación), consagrados en los artículos 44. 49, 50, 57 y 60 de la Constitución de Venezuela y de los artículos 1.1, 2, 7, 8.1, 8.2, 8.2.c, 8.2.f, 11, 13, 22, 24 y 25 de la Convención Americana sobre Derechos Humanos, en el proceso penal que fue iniciado en contra de Brewer-Carías en octubre de 2005, sin fundamento alguno, por el delito de "conspiración para cambiar violentamente la Constitución," y sólo con motivo de su actuación como abogado en ejercicio en el momento de la crisis política originada por la anunciada renuncia del Presidente de la República en abril de 2002, en medio de la cual se solicitó su opinión jurídica sobre un proyecto de "decreto de gobierno de transición democrática" ya redactado que se sometió a su consideración, y respecto del cual, incluso, dio una opinión adversa. La acusación en su contra, sin duda, fue la excusa para materializar la persecución política en su contra por su posición crítica respecto del régimen autoritario que se había instalado en el país desde 1999.

La sentencia de la Corte Interamericana de Derechos Humanos, se limitó conforme a lo presionado por el Estado, a resolver archivar el expediente, denegándosele en definitiva el acceso a la justicia, y protegiendo en cambio a un Estado que se había burlado sistemáticamente de sus propias decisiones, renunciando así la Corte a cumplir con sus obligaciones convencionales de conocer y juzgar las violaciones de los derechos humanos reconocidos en la Convención, en este caso de los derechos y garantías del denunciante. Para ello, por supuesto, tuvo que decidir violando la propia Convención, es decir, dictando una decisión injusta y contradictoria (y carente de motivación), abandonando la que quizás era su más tradicional jurisprudencia

1723 Véase la sentencia en http://www.corteidh.or.cr/docs/casos/articulos/se-riec_278_esp.pdf. El Juez **Eduardo Vio Grossi,** el 11 de julio de 2012, apenas el caso se presentó ante la Corte, muy honorablemente se excusó de participar en el mismo conforme a los artículos 19.2 del Estatuto y 21 del Reglamento, ambos de la Corte Interamericana, recordando que en la década de los ochenta se había desempeñado como investigador en el Instituto de Derecho Público de la Universidad Central de Venezuela, cuando Brewer Carías era Director del mismo, precisando que aunque ello había acontecido hacía ya bastante tiempo, "no desearía que ese hecho pudiese provocar, si participase en este caso en cuestión, alguna duda, por mínima que fuese, acerca de la imparcialidad," tanto suya "como muy especialmente de la Corte." La excusa le fue aceptada por el Presidente de la Corte el 7 de septiembre de 2012, después de consultar con los demás Jueces, estimando razonable acceder a lo solicitado.

sentada desde 1987 en el caso *Velásquez Rodríguez Vs. Honduras,*[1724] que le imponía la obligación de entrar a conocer del fondo de la causa que eran las violaciones alegadas al debido proceso (a las garantías judiciales, como la violación a los derechos al debido proceso, a un juez independiente e imparcial, a la defensa, a la presunción de inocencia, y a la protección judicial) en medio de una situación de inexistencia de autonomía e independencia del Poder Judicial que la propia Corte Interamericana ya conocía por al menos tres casos anteriores. En esos supuestos, la Corte Interamericana siempre sostuvo que no se podía decidir la excepción de falta de agotamiento de recursos internos que pudiera alegar el Estado demandado, sin primero entrar a conocer y decidir si en el Estado cuestionado había o no esencialmente garantías judiciales, es decir, si el Poder Judicial efectivamente era confiable, idóneo y efectivo para la protección judicial.

Sin embargo, en este caso, apartándose de su propia jurisprudencia, para no decidir sobre las violaciones alegadas y evitar juzgar al Estado denunciado, el cual como se ha dicho venía presionándola en toda forma sistemática, la Corte se excusó, sin razón jurídica alguna y en desconocimiento absoluto e inconcebible de las características peculiares del proceso de amparo constitucional en Venezuela, en el argumento de que para que Brewer pudiese haber pretendido acudir ante la jurisdicción internacional para buscar la protección que nunca pudo obtener en mi país, debía haber "agotado" los recursos internos en Venezuela, ignorando deliberadamente que él había intentado y agotado efectivamente, en noviembre de 2005, *el único recurso disponible y oportuno que tenía al comenzar la etapa intermedia del proceso penal*, que fue la solicitud de "nulidad absoluta" de lo actuado por violación masiva de sus derechos y garantías constitucionales, conocida como "amparo penal;" recurso que jamás fue decidido por el juez de la causa, violando a la vez su derecho a la protección judicial.

Lo que la inicua decisión de la Corte hizo al ordenar archivar el expediente fue, en definitiva, resolver que para que Brewer pudiera pretender acceder a la justicia internacional buscando protección a sus derechos, debía previamente someterse ante jueces carentes de independencia e imparcialidad en el paródico proceso penal iniciado en su contra por razones que eran puramente políticas, y allí tratar de gestionar que el mismo pasara de una supuesta "etapa temprana" en la cual se encontraba (párrafos 95, 96, 97, 98 de la sentencia), y en la cual por lo visto, en criterio de la Corte, se pueden violar impunemente las garantías judiciales; para que se pudiera llegar a una imprecisa y subsiguiente "etapa tardía," que nadie sabe cuál podría ser, y ver si se corregían los vicios denunciados; pero eso sí, privado de libertad y sin garantía alguna del debido proceso, en un país donde simplemente no existe independencia y autonomía del Poder Judicial.[1725]

1724 Caso *Velásquez Rodríguez Vs. Honduras*. Excepciones Preliminares. Sentencia de 26 de junio de 1987. Serie C Nº 1.

1725 Véase entre otros trabajos: Allan R. Brewer-Carías, "La progresiva y sistemática demolición institucional de la autonomía e independencia del Poder Judicial en Venezuela 1999-2004", en *XXX Jornadas J.M Domínguez Escovar, Estado de derecho, Administración de justicia y derechos humanos*, Instituto de Estudios Jurídicos del Estado Lara, Barquisimeto, 2005, pp. 33-174; "La justicia sometida al poder

Es decir, para la Corte Interamericana, la única forma para que Brewer Carías pudiera pretender obtener justicia internacional en un caso de ostensible persecución política, era que se entregara a sus perseguidores políticos, para que una vez privado de libertad y sin garantías judiciales algunas, tratase de seguir, desde la cárcel, un proceso judicial que estaba viciado desde el inicio; de manera que si después de varios años lograba que el mismo avanzara, y las violaciones a sus derechos se agravaran, entonces, si aún contaba con vida, o desde la ultratumba, podía regresar ante la Corte Interamericana a denunciar los mismos vicios que con su sentencia la Corte se negó a conocer. En palabras de los Jueces **Manuel E. Ventura Robles** y **Eduardo Ferrer Mac-Gregor Poisot** expresadas en su *Voto Conjunto Negativo* a la sentencia, estando "de por medio el derecho a la libertad personal:

> ***"Pretender que el señor Brewer Carías regrese a su país para perder su libertad y, en esas condiciones, defenderse personalmente en juicio, constituye un argumento incongruente y restrictivo del derecho de acceso a la justicia, al no haberse analizado en el caso precisamente los aspectos de fondo invocados por la hoy presunta víctima relacionados con diversas violaciones a los artículos 8 y 25 de la Convención Americana,*** que de manera consustancial condicionan los alcances interpretativos del artículo 7.5 del Pacto de San José respecto al derecho a la libertad personal " (Párrafo 114)

Y todo ello, que es lo más absurdo aún, en relación con un "proceso" que en la práctica ya se había extinguido en Venezuela, pues el que se había iniciado en 2005 había desaparecido legalmente en virtud de una Ley de Amnistía dictada en diciembre de 2007, mediante la cual se despenalizaron los hechos por los que se había acusado a Brewer Carías y a otros abogados, habiéndose extinguido en consecuencia el proceso penal para todos los imputados. Sin embargo, como él tuvo la osadía de reclamar justicia ante la justicia internacional, no sólo la Corte Interamericana se la denegó, sino que en Venezuela, por ello, se lo "castigó" de manera tal que la extin-

---

[La ausencia de independencia y autonomía de los jueces en Venezuela por la interminable emergencia del Poder Judicial (1999-2006)]" en *Cuestiones Internacionales. Anuario Jurídico Villanueva 2007*, Centro Universitario Villanueva, Marcial Pons, Madrid 2007, pp. 25-57, y en *Derecho y democracia. Cuadernos Universitarios*, Órgano de Divulgación Académica, Vicerrectorado Académico, Universidad Metropolitana, Año II, Nº 11, Caracas, septiembre 2007, pp. 122-138. Publicado en *Crónica sobre la "In" Justicia Constitucional. La Sala Constitucional y el autoritarismo en Venezuela*, Colección Instituto de Derecho Público. Universidad Central de Venezuela, Nº 2, Editorial Jurídica Venezolana, Caracas 2007, pp. 163-193; "Sobre la ausencia de independencia y autonomía judicial en Venezuela, a los doce años de vigencia de la constitución de 1999 (O sobre la interminable transitoriedad que en fraude continuado a la voluntad popular y a las normas de la Constitución, ha impedido la vigencia de la garantía de la estabilidad de los jueces y el funcionamiento efectivo de una "jurisdicción disciplinaria judicial"), en *Independencia Judicial*, Colección Estado de Derecho, Tomo I, Academia de Ciencias Políticas y Sociales, Acceso a la Justicia org., Fundación de Estudios de Derecho Administrativo (Funeda), Universidad Metropolitana (Unimet), Caracas 2012, pp. 9-103; "The Government of Judges and Democracy. The Tragic Situation of the Venezuelan Judiciary," en *Venezuela. Some Current Legal Issues 2014, Venezuelan National Reports to the 19th International Congress of Comparative Law, International Academy of Comparative Law, Vienna, 20-26 July 2014*, Academia de Ciencias Políticas y Sociales, Caracas 2014, pp. 13-42.

ción del proceso penal operó para todos, excepto para su persona por haber reclamado sus derechos.

La decisión de la Corte Interamericana, como se ha dicho en todo caso, se adoptó en un momento de intensa presión política que el Estado venezolano ejerció sobre la misma y sobre algunos de sus Jueces, que es lo único que en definitiva puede justificar el inexplicable cambió en la jurisprudencia de la Corte, para terminar protegiendo a un Estado que despreció sus sentencias, que los calificó de "pervertidos" y cercenarle el acceso a la justicia a un ciudadano que acudió a la ella clamando por la que no la podía obtener en su país.

La presión sobre los jueces de la Corte ejercida por Venezuela, por el control que tenía sobre la mayoría de los votos en la Asamblea General de la OEA, como lo describió con precisión el ex canciller del Perú **Luis Gonzalo Posada** en marzo de 2014, dos meses antes de que se dictase la sentencia, en el sentido de que se trataba "una institución controlada a través de la influencia petrolera," y el "padrinazgo" de países que protegían el "modelo político autoritario," en la cual ningún "tema sustantivo para los países americanos" podía "tratarse si no se tiene el beneplácito de Venezuela, quien es el que gobierna esta institución desde hace muchos años,"[1726] coincidió además, con un momento en el funcionamiento de la Corte en la cual, en particular, los intereses políticos personales de algunos jueces comenzaron a darse a conocer, como fue el de la anunciada candidatura del juez **Diego García Sayán** para la Secretaría General de la Organización de Estados Americanos, a la cual aspiraba desde 2013, desde antes de ser dictada la sentencia; lo que sin duda, durante todo ese tiempo, le había requerido cortejar a los electores, que son precisamente los Estados, para buscar sus votos, a pesar de que ellos son a los que los jueces están llamados a juzgar.

Para lograr su cometido de ser juez-candidato o candidato-juez a ese alto cargo político internacional, sin separase de su cargo de Juez, el juez **García Sayán** logró que el Juez **Humberto Antonio Sierra Porto,** Presidente de la Corte, lo autorizase a proceder entonces a realizar todas las actividades políticas necesarias para promover su candidatura, totalmente incompatibles con el cargo de Juez, lo que le exigía por el control de votos antes mencionado, sin duda, el que cortejara al Estado venezolano. Y así fue entonces que el Juez **García Sayán** al fin, el 16 de agosto de 2014, hizo pública su aspiración, que era un secreto a voces desde meses antes, continuando con su afán de buscar los votos de los Estados para que lo apoyasen y eligieran.

Esta decisión del Presidente Juez **Sierra Porto,** adoptada de espaldas a la Corte, motivó que los Jueces **Eduardo Vio Grossi** y **Manuel Ventura** consignaran y publicaran el 21 de agosto de 2014, una "Constancia de Disentimiento" cuestionando la decisión del Presidente Juez **Sierra Porto**, y solicitando que por "la trascendencia del asunto para el desarrollo de la propia Corte," quedase registrada en sus archivos

---

1726 Véase Rodrigo Cruz, "Hoy se ha consumado un golpe de estado chavista en la OEA. El ex canciller Luis Gonzales Posada aseveró que el organismo interamericano defiende los intereses del régimen venezolano", *El Comercio*, Lima 21 de marzo de 2014, en http://elcomercio.pe/politica/internacional/hoy-se-ha-consumado-golpe-estado-chavista-oea-noticia-1717550.

"su disconformidad," tanto con la solicitud formulada por el Juez **García Sayán**, para que *mientras fuese candidato* a la Secretaría General de la OEA se le excusase *"de participar en la deliberación e las sentencias u otras decisiones relativas a casos contenciosos, supervisión de cumplimiento de sentencias o medidas provisionales sobre las que la Corte tenga que pronunciarse;"* como con lo resuelto unilateralmente por el Presidente de la Corte, Juez **Sierra Porto** aceptando la mencionada excusa.

Era evidente que el Juez **García Sayán** no podía pretender seguir ejerciendo su cargo como Juez de la Corte Interamericana y además, simultáneamente, seguir de Juez con una "excusa" para realizar la gestión política de compromisos internacionales buscando apoyos y votos de los Estados Partes en los procesos ante la Corte Interamericana, en particular de Venezuela y sus aliados, los cuales son los sujetos a ser juzgados por la propia Corte. Al contrario, lo que debió haber hecho el Juez **García Sayán** era haber renunciado a su cargo desde antes, para dedicarse de lleno a la actividad política que demandaba su postulación como candidato a la Secretaría General de la OEA, como bien lo indicaron los Jueces **Vio Grossi** y **Ventura Robles**, en su "Constancia de Disentimiento," y conforme a lo que está previsto en el artículo 21.1 del Estatuto del Corte, lo cual sin embargo no hizo. Por ello, la propia conclusión de los jueces **Ventura Robles** y **Vio Grossi,** fue que:

> "es a todas luces evidente que la "*actividad*" consistente en la candidatura a la Secretaría General de la OEA, no solo puede en la práctica impedir el ejercicio del cargo de juez de la Corte, sino que también puede afectar la *"independencia, "imparcialidad", "dignidad" o "prestigio"* con que necesariamente debe ser percibido dicho ejercicio por quienes comparecen ante la Corte demandando Justicia en materia de derechos humanos."

Por esa situación, que atentaba contra la credibilidad de la Corte, y además por la presión que Venezuela había estado ejerciendo ante la propia Corte, era evidente que era difícil poder esperar justicia, lo que quedó evidenciado con la sentencia de la misma, dictada unos meses antes de esos eventos, y durante el tiempo en el cual la aspiración a la candidatura de parte del Juez **García Sayán** a la Secretaria General de la OEA era ya bien conocida.

Lo anterior, sin duda, afectó la legitimidad de algunos jueces de la Corte Interamericana, tal como lo explicó uno de sus más distinguidos jueces, el Juez Manuel Ventura Robles, al referirse al giro apreciado en las decisiones de la Corte en noviembre de 2013, en el caso Mémoli contra Argentina en materia de violación derecho a la libertad de expresión (decidiendo al contrarias de lo que la misma Corte venía de decidir en el caso Kimel contra Argentina),[1727] en el cual los dos jueces que votaron contra la violación a la libertad de expresión fueron precisamente el Presidente, juez Diego García Sayán, y los jueces Alberto Pérez Pérez, Roberto F. Caldas

---

1727 Véase las apreciaciones del Juez Manuel Ventura Robles en "La legitimidad de los jueces de la Corte Interamericana de Derechos Humanos. Conferencia dictada en la Universidad Austral de Buenos Aires 2016". Disponible en: <http://www.allanbrewercarias.com/Content.aspx?id=449725d9-f1cb-474b-8ab2-41efb849fec2>.

y Humberto Sierra Porto, agregando el juez Ventura que: "Como si eso fuera poco, ese mes se produjo la votación para elegir nuevo Presidente y Vicepresidente de la Corte. Por precedencia y compromiso de votos se esperaba elegir a los jueces Manuel E. Ventura Robles y Eduardo Vio Grossi, respectivamente. La sorpresa fue que el mismo grupo que había votado en contra de la violación a la libertad de expresión en el caso Mémoli se unió y eligieron Presidente a Humberto Sierra Porto y a Roberto F. Caldas como Vicepresidente. Estos dos jueces tenían únicamente 9 meses de integrar el Tribunal y con esto se rompió la tradición de los tribunales internacionales de elegir a los jueces más antiguos y experimentados. Se sospechó desde un inicio una maniobra por parte del entonces Presidente de la Corte de quien se rumoraba que quería ser candidato a la Secretaría General de la OEA".[1728]

Y precisamente, como el mismo Juez Ventura lo afirmó, no hubo que esperar mucho para que se se confirmaran la sospecha y los hechos, al dictarse el 26 de mayo de 2014, precisamente: "la sentencia en el caso Allan R. Brewer Carías contra Venezuela, en que se puso en evidencia que el mismo grupo de cuatro jueces que habían votado favorablemente el caso Mémoli contra Argentina, hicieron mayoría para que no se condenara a Venezuela en el citado caso. Los jueces Manuel E. Ventura Robles y Eduardo Ferrer Mac-Gregor y votaron en contra y emitieron un voto disidente contra la sentencia emitida por la Corte. El juez Vio Grossi se excusó de conocer el caso por haber trabajado como exiliado en Venezuela en la Universidad Central de Caracas bajo la dirección del Profesor Brewer Carías".[1729]

Adicionalmente, sobre la resolución antes mencionada del entonces Presidente de la Corte, Humberto Antonio Sierra Porto, Por de 21 de agosto de 2014 aceptando la excusa planteada por el entonces juez Diego García Sayán, para sin dejar de ser Juez siguiera en el proceso de su candidatura a la Secretaría General de la OEA, el Juez Ventura, además de referirse a la Constancia de Disentimiento que antes también hemos mencionado que presentó junto con el Juez Vio Grossi, la consideró absolutamente improcedente, lo que ratificó en la carta del 20 de agosto de 2014, que el mismo juez Ventura Robles le dirigió al Presidente al considerar que "la situación en que se encuentra el Juez García Sayán, debido a que es candidato a la Secretaría General de la OEA, es un asunto de clara incompatibilidad con el cargo de Juez de la Corte Interamericana".[1730]

Concluyó el juez Ventura Robles sus comentarios, refiriéndose a lo que consideró como una de "las últimas consecuencias de la deslegitimación de la Corte" el hecho de que: "La presencia en la Presidencia de la Corte actualmente [2016] del juez Roberto Caldas, miembro del grupo de jueces que con su voto se sumo a los casos Mémoli y Brewer Carías y que apoyó el permiso para ser candidato a Secretario General de la OEA al juez García Sayán, acaba de producir un hecho que afectó la legitimidad de la Corte, durante el proceso que llevó a juicio político a Dilma Rousseff, Presidenta del Brasil. Lo anterior en virtud de declaraciones públicas

1728 *Idem.*

1729 *Idem.*

1730 *Idem.*

hechas siendo Presidente de la Corte, en contra del mencionado proceso, las que la prensa atribuyó a la Corte como posición de la misma sobre este tema. Cabe aclarar que el juez Roberto Caldas fue propuesto como candidato a juez de la Corte Interamericana, por el gobierno de la Presidenta del Brasil, Dilma Rousseff. Hechos como este, en mi entendimiento, afectan la imparcialidad del juez y la imagen de la Corte, por la cual no pudo participar en la absolución de la opinión consultiva solicitada por el Secretario General de la OEA sobre la materia".[1731]

Por toda esa situación, evidenciada por uno de los jueces miembros de la Corte Interamericana durante el curso del proceso en el cual se decidió el caso Brewer carías s. Venezuela, que atentaba contra la credibilidad de la Corte, y además por la presión que Venezuela había estado ejerciendo ante la propia Corte, era evidente que era difícil en dicho caso poder esperar justicia, lo que quedó evidenciado con la propia sentencia, dictada en el caso unos meses antes de esos eventos, y durante el tiempo en el cual la aspiración a la candidatura de parte del Juez García Sayán a la Secretaria General de la OEA era ya bien conocida.

VI. LA SENTENCIA DEL CASO ALLAN R. BREWER CARÍAS VS. VENEZUELA DE MAYO DE 2014 Y LA IGNORANCIA DE LA CORTE INTERAMERICANA, AL DECIDIR SOBRE EL AGOTAMIENTO DE LAS VÍAS INTERNAS, SOBRE EL RÉGIMEN DEL AMPARO EN VENEZUELA, EN ESPECIAL DEL LLAMADO "AMPARO PENAL

Con dicha sentencia, como se dijo, la Corte Interamericana no sólo demostró una incomprensión extrema del sistema constitucional venezolano de protección de los derechos humanos mediante el amparo o tutela constitucional, ignorando deliberadamente la solicitud de amparo penal que los abogados de Brewer carías habían ejercido a los pocos días de formularse acusación en su contra en octubre de 2005, sino que la mayoría sentenciadora llegó a afirmar que si el escrito de una petición de amparo o tutela constitucional, como fue la nulidad absoluta que se había intentado a través de los abogados, tenía 532 páginas, entonces según el peregrino criterio de la Corte Interamericana, la acción de amparo dejaba de serlo, porque en su miope criterio, por la "extensión" del libelo, la solicitud misma no se podría resolver perentoriamente.

Pero además, la Corte Interamericana incurrió en el gravísimo error de afirmar que en un proceso penal supuestamente existiría la referida "etapa temprana" (párrafos 95, 96, 97, 98) que como lo advirtieron los Jueces **Eduardo Ferrer Mac Gregor** y **Manuel Ventura Robles**, en su *Voto Conjunto Negativo* a la sentencia, es un "*nuevo concepto* acuñado en la Sentencia y en la jurisprudencia" (párrafo 46), que implica la absurda consecuencia de que si en la misma (como sería la etapa de investigación de un proceso penal) se han cometido violaciones a los derechos y garantías constitucionales, las violaciones nunca podrían ser apreciadas ni juzgadas por el juez internacional, porque eventualmente podrían ser corregidas en el curso del proceso

1731 *Idem*.

interno (en el entendido, por supuesto, de que se tratase de un sistema donde funcione el Estado de derecho), así el proceso íntegro estuviese viciado.

Ello equivale a dejar sentada la doctrina de que en esa "etapa temprana" del proceso penal se pueden violar impunemente las garantías judiciales, y las víctimas lo que tienen que hacer es esperar *sine die*, incluso privadas de libertad y en condiciones inhumanas, para que un sistema judicial sometido al Poder político, instrumento para la persecución y deliberadamente lento, termine de demoler todos los derechos y garantías, para entonces, después de varios años de prisión sin juicio, las víctimas quizás puedan pretender tener oportunidad de acudir al ámbito internacional buscando justicia.

Como lo advirtieron los Jueces **Ferrer Mac Gregor** y **Ventura Robles** en su *Voto Conjunto Negativo*, en "la Sentencia se consideró que en este caso en el cual todavía se encuentra pendiente la audiencia preliminar y una decisión al menos de primera instancia, *no era posible entrar a pronunciarse sobre la presunta vulneración de las garantías judiciales*, debido *a que todavía no habría certeza sobre cómo continuaría el proceso* y si muchos de los alegatos presentados *podrían ser subsanados a nivel interno*" (párrafo 25, e igualmente párrafos 35, 46, 50), considerando el *Voto Conjunto Negativo* que con ello, la Corte Interamericana:

> "contradice la línea jurisprudencial del propio Tribunal Interamericano en sus más de veintiséis años de jurisdicción contenciosa, desde su primera resolución en la temática de agotamiento de los recursos internos como es el caso *Velásquez Rodríguez Vs. Honduras,*[1732] ***creando así un preocupante precedente contrario a su misma jurisprudencia y al derecho de acceso a la justicia en el sistema interamericano***" (párrafo 47).

Por ello, los Jueces **Ferrer Mac Gregor** y **Ventura Robles** en su *Voto Conjunto Negativo* insistieron en este grave error de la sentencia de la Corte de establecer esta "nueva teoría" de la "etapa temprana" de un proceso, que:

> "representa un retroceso que afecta al sistema interamericano en su integralidad, en cuanto a los asuntos ante la Comisión Interamericana y casos pendientes por resolver por la Corte, toda vez que tiene ***consecuencias negativas para las presuntas víctimas en el ejercicio del derecho de acceso a la justicia. Aceptar que en las "etapas tempranas" del procedimiento no puede determinarse alguna violación (porque eventualmente puedan ser remediadas en etapas posteriores) crea un precedente que implicaría graduar la gravedad de las violaciones atendiendo a la etapa del procedimiento en la que se encuentre***; ***más aún, cuando es el propio Estado el que ha causado que no se hayan agotado los recursos internos en el presente caso, dado que ni siquiera dio trámite a los recursos de nulidad de actuaciones —de 4 y 8 de noviembre de 2005— por violación a derechos fundamentales***" (párrafo 56).

1732 *Caso Velásquez Rodríguez Vs. Honduras*. Excepciones Preliminares. Sentencia de 26 de junio de 1987. Serie C N° 1.

Todo ello llevó a los Jueces disidentes en su *Voto Conjunto Negativo* a concluir que la utilización por la sentencia, como uno de sus argumentos centrales, de "***la artificiosa teoría,"*** - así la califican -:

> "de la "etapa temprana" del proceso, para no entrar al análisis de las presuntas violaciones a los derechos humanos protegidos por el Pacto de San José, constituye un ***claro retroceso en la jurisprudencia histórica de esta Corte, pudiendo producir el precedente que se está creando consecuencias negativas para las presuntas víctimas en el ejercicio del derecho de acceso a la justicia***; derecho fundamental de gran trascendencia para el sistema interamericano en su integralidad, al constituir en sí mismo una garantía de los demás derechos de la Convención Americana en detrimento del efecto útil de dicho instrumento" (párrafo 119).

Con esta sentencia, en realidad, la mayoría sentenciadora de la Corte Interamericana, integrada por un Juez que paralelamente aspiraba a ser candidato a la Secretaria General de la OEA, para lo cual tenía que contar con los votos de los Estados que estaba juzgando, en particular de Venezuela; dos jueces nacionales de países que en criterio del ex canciller del Perú, **Luis Gonzalo Posada**, protegían el "modelo político autoritario" de Venezuela; y un juez nacional de otro Estado que consideraba al Presidente de dicho régimen autoritario como el "nuevo mejor amigo;" al pensar que el viciado proceso penal seguido en mi contra como instrumento de persecución política podía avanzar y salir de la "etapa temprana" en la que en criterio de la Corte se encontraba, y considerar que el Estado, con el Poder Judicial como está, podía sin embargo corregir los vicios denunciados; lo que resolvió en definitiva fue darle un aval a la situación y el funcionamiento del Poder Judicial en Venezuela, en una sentencia nula, pues para ello no realizó motivación alguna, considerándolo apropiado para impartir justicia, que era precisamente todo lo contrario de lo que fue denunciado, y de la realidad política del país.

Si el Estado venezolano despreció la justicia internacional el negarse a ejecutar las sentencias de la Corte Interamericana, minando su majestad decisora; con sentencias como esta, dictada protegiendo a un Estado despreciador de sus sentencias, ha sido la misma Corte la que está contribuyendo a minar la confianza que pudieran tener en ella los ciudadanos cuando buscan la justicia que no encuentran en sus países. Y si no hay justicia, como lo escribió Quevedo hace siglos: "*Si no hay justicia, Qué difícil es tener razón*!!"

Y no puede haber justicia internacional confiable cuando un juez de la Corte Interamericana, como el Juez **Diego García Sayán**, quien presidió la Corte cuando se realizó la audiencia del caso en septiembre de 2013, ya aspiraba a ser candidato a la Secretaría General de la Organización de Estados Americanos, candidatura que se concretó en agosto de 2014, oportunidad en la cual obtuvo un insólito permiso mencionado del Presidente de la Corte de entonces, Juez **Serra Porto** para sin dejar de ser Juez, dedicarse de lleno a buscar y completar los votos de los Estados que necesitaba en apoyo de dicha candidatura; Estados que estaban siendo juzgados por él mismo como miembro de la propia Corte.

Dos aspectos importantes de orden sustantivo, en todo caso, deben destacarse de esta sentencia N° 277 de 26 de mayo de 2014 de la Corte Interamericana de Derechos Humanos, resueltos sin motivación alguna, y es primero, el desconocimiento más absoluto por parte de los jueces sentenciadores sobre la institución del amparo en Venezuela, materia sobre la cual sin embargo juzgaron sin motivación en su sentencia, desconociendo que efectivamente en mi caso si se habían agotado los recursos internos antes de acudir ante la Comisión, que era la solicitud de nulidad absoluta o amparo penal formulada y que era el único disponible al inicio de la etapa intermedia del proceso penal; y segundo, el desconocimiento más absoluto de la situación del Poder Judicial en Venezuela, al abandonar la jurisprudencia tradicional de la Corte, en el sentido de que cuando se alegan denuncias sobre el debido proceso y la falta de independencia y autonomía de los jueces, la Corte no puede entrar a decidir sobre el alegato de la falta de agotamiento de los recursos internos, sin resolver previamente el fondo sobre la situación del Poder Judicial.

VII. LA SENTENCIA DEL CASO ALLAN R. BREWER CARÍAS VS. VENEZUELA DE MAYO DE 2014 Y LA IGNORANCIA DEL RÉGIMEN DEL AMPARO EN VENEZUELA

La sentencia de la Corte Interamericana dictada en el caso *Allan R. Brewer-Carías vs. Venezuela*, en efecto, al ordenar archivar el expediente acogiendo "la excepción preliminar interpuesta por el Estado relativa a la falta de agotamiento de recursos internos," lo hizo ignorando supinamente el ordenamiento constitucional venezolano, pues sin motivación ni argumentación alguna, decidió que la solicitud de nulidad absoluta de todo lo actuado en el proceso penal, o amparo penal por violaciones constitucionales que los abogados defensores de Brewer Carías habían intentado en el proceso penal, como se alegó, sin embargo no era el único recurso disponible, idóneo y efectivo que existían para la defensa de sus derechos en ese momento de iniciarse la etapa intermedia del proceso, cuando aún no había habido de decisión judicial alguna. En contraste con lo resuelto por la mayoría sentenciadora de la Corte, en cambio, los Jueces **Ferrer Mac Gregor** y **Ventura Robles**, en su Voto Conjunto Negativo fueron claros y tajantes al considerar que "En el presente caso, los representantes del señor Brewer utilizaron los medios de impugnación previstos en la legislación venezolana –recursos de nulidad absoluta– para poder garantizar sus derechos fundamentales en el procedimiento penal" (párr. 50).

La única "motivación" para haber llegado a la conclusión contraria, de que con la solicitud de nulidad no se había agotado el único recurso interno disponible, fue la peregrina idea de que por su extensión (523 páginas), el recurso de nulidad de todo lo actuado, no podía resolverse "en el plazo de tres días señalado en el artículo 177 del COPP," a pesar de los "alegatos involucrados, entre otros, la inimputabilidad del abogado por el ejercicio de su profesión y detalladas controversias que no sólo son procesales sino que involucran aspectos sustantivos de fondo y de imputabilidad" (párrafo 132). Es decir, por la extensión del escrito y la argumentación efectuada según la Corte Interamericana el amparo dejaba de ser una petición de amparo, porque no podría resolverse perentoriamente. Por ello, con razón, en el Voto Conjunto Negativo de los Jueces Eduardo **Ferrer Mac Gregor** y **Manuel Ventura Robles** se advierte la incongruencia de la sentencia indicándose que:

> "a pesar de la complejidad de los alegatos de ambas partes sobre el momento procesal en que debe resolverse, en la Sentencia se entra posteriormente a definir un aspecto polémico, entre otros argumentos, dejando ver que un recurso de 523 páginas no podía resolverse en 3 días, ***como si la extensión del recurso sea lo que determina el momento procesal en que se debe resolver***" (párrafo 94).

En efecto, en el proceso penal, los representantes de Brewer formularon ante el juez de la causa, antes y después de que se intentase la acusación fiscal (el 4 de octubre de 2005 y el 8 de noviembre de 2015), sendas solicitud de nulidad absoluta de todo lo actuado por violación a sus derechos y garantías judiciales, conforme al artículo 190 del Código Orgánico Procesal Penal, consagrado con el carácter de *amparo penal*; la última de las cuales se formuló conjuntamente con la contestación y oposición a la acusación, como lo prevé expresamente la Ley Orgánica de Amparo sobre Derechos y Garantías Constitucionales. Pero frente a ello, la respuesta de la Corte fue que en el caso "no se interpusieron los recursos *que el Estado señaló como adecuados*, a saber el recurso de apelación establecido en los artículos 451 a 158 del COPP, el recurso de casación señalado en los artículos 459 a 469 del COPP, y el recurso de revisión indicado en los artículos 470 a 477 del COPP" (párrafo 97); que por supuesto eran de imposible interposición por la etapa en la cual se encontraba el proceso; concluyendo entonces la Corte Interamericana con su apreciación de que hay que esperar a que "durante el juicio puede llegar a declararse la existencia de dichas irregularidades y proceder a la anulación de todo lo actuado o la recomposición del proceso en lo pertinente" (Parágrafo 98), para lo cual habría que entregarse a los perseguidores y perder la libertad. Tan simple como eso, concluyendo sin motivación desechando los "argumentos de los representantes en el sentido que dichos escritos fueran adecuados y suficientes para dar por satisfecho el requisito establecido en el artículo 46.1.a) de la Convención Americana" del agotamiento de los recursos internos párrafo 99).

Con ello, la mayoría sentenciadora lo que demostró fue una ignorancia supina del ordenamiento constitucional y legal venezolano regulador del "amparo constitucional," que confirma que la solicitud de nulidad absoluta por violación de derechos y garantías judiciales en materia penal, es una pretensión de amparo constitucional que efectivamente es un recurso "idóneo" para considerar inaplicable la excepción a la regla del agotamiento de los recursos internos (párrafo 115).

En efecto, al igual que la Constitución de 1961, la Constitución de 1999 (art. 27) reguló en Venezuela el "derecho de amparo," en el sentido de que no solo estableció "una" única y específica acción o recurso de amparo como un particular medio de protección judicial, y como es el caso en general en América Latina,[1733] sino un "derecho de amparo" o "derecho a ser amparado," como derecho fundamental que se

---

1733 Véase Allan R. Brewer-Carías, *El amparo a los derechos y libertades constitucionales. Una aproximación comparativa*, Universidad Católica del Táchira, San Cristóbal 1993; Instituto Interamericano de Derechos Humanos (Curso Interdisciplinario), San José, Costa Rica, 1993. y *Constitutional Protection of Human Rights in Latin America. A Comparative Study of the Amparo Proceedings*, Cambridge University Press, New York, 2008.

puede materializar y de hecho se materializa, a través de diversas acciones y recursos judiciales, incluso a través de una "acción autónoma de amparo" que regula la Ley Orgánica de Amparo sobre Derechos y Garantías Constitucionales de 1988.[1734] Este carácter del amparo, como un "derecho constitucional", en nuestro criterio es el elemento clave para identificar la institución venezolana.[1735]

Lo anterior implica que la pretensión de amparo además de poder ser formulada mediante la acción autónoma de amparo, puede formularse conjuntamente con la acción de inconstitucionalidad de las leyes o con la acción contencioso administrativa de anulación de actos administrativos, y además, conforme al artículo 6.5 de la Ley Orgánica de Amparo sobre derechos y garantías constitucionales, también puede formularse conjuntamente con otros medios procesales o acciones ordinarias. De ello deriva que el agraviado puede recurrir a las vías judiciales ordinarias o hacer uso de medios judiciales preexistentes, para alegar la violación o amenaza de violación de un derecho o garantía constitucional, y en tal caso "el Juez deberá acogerse al procedimiento y a los lapsos establecidos en los artículos 23, 24 y 26 de la presente ley, a fin de ordenar la suspensión provisional de los efectos del acto cuestionado."

Ello además, fue expresamente resuelto por la doctrina judicial de la Corte Suprema de Justicia que fue establecida en el conocido caso *Tarjetas Banvenez* resuelto en sentencia de 10 de julio de 1991, precisándose la interpretación de la Ley Orgánica en el sentido de que en estos casos de amparos formulado como pretensión junto con una acción, petición o solicitud ordinaria o en el curso del proceso derivado de la misma, no tiene carácter de acción principal sino subordinada, accesoria a la acción o solicitud junto con la que se formula, sometida por tanto al pronunciamiento jurisdiccional final que se emita en la misma; pudiendo tener en algunos casos efectos anulatorios, y en otros, efectos temporales y provisorios si se trata de solos efectos cautelares (no restablecedores) suspensivos de la ejecución de un acto, mientras dure el juicio para evitar que una sentencia a favor del accionante se haga inútil en su ejecución.[1736]

En caso específico del "amparo penal" que puede ejercerse mediante las solicitudes de nulidad absoluta de actuaciones procesales por violación de derechos y garantías constitucionales, el mismo tiene que formularse con la vía procesal prevista en el artículo 191 del Código Orgánico Procesal Penal (COPP) que es la solicitud de nulidad para enervar las lesiones constitucionales aducidas, lo que incluso en ese caso hace inadmisible que pueda ejercerse una acción "autónoma" de amparo. En efecto, en el proceso penal, en el marco constitucional de protección de derechos y garantías constitucionales, el COPP le atribuye a los jueces de control la obligación de "hacer respetar las garantías procesales" (art. 64); a los jueces de la fase prelimi-

---

1734 Véase Allan R. Brewer–Carías, Carlos Ayala Corao y Rafael J. Chavero Gazdik, *Ley Orgánica de Amparo sobre Derechos y Garantías Constitucionales,* Editorial Jurídica Venezolana, Caracas 2007.

1735 Véase Allan R. Brewer–Carías, "El derecho de amparo y la acción de amparo", *Revista de Derecho Público,* N° 22, Editorial Jurídica Venezolana, Caracas, 1985, pp. 51 y ss.

1736 Véase sentencia de la antigua Corte Suprema de Justicia, Sala Político Administrativa de 3–8–89, *Revista de Derecho Público*, N° 39, Editorial Jurídica Venezolana, Caracas, 1989, p. 136.

nar, la obligación de "controlar el cumplimiento de los principios y garantías establecidos en este Código, en la Constitución de la República, tratados, convenios o acuerdos internacionales suscritos por la República" (Art. 282); y también en general, a los jueces de control, durante las fases preparatoria e intermedia, "la obligación de "respetar las garantías procesales" (art. 531). Y precisamente para lograr el ejercicio del control judicial efectivo respecto de la observancia de los derechos y garantías constitucionales, fue que el COPP estableció lo que la jurisprudencia del Tribunal Supremo de Justicia ha denominado como "amparo penal" que es la solicitud o recurso de nulidad absoluta de actuaciones procesales,[1737] que se encuentra regulada en el Capítulo II ("De las nulidades") del Título VI ("De los Actos Procesales y las Nulidades"), y que se puede formular por cualquiera de las partes respecto de los actos y actuaciones fiscales y judiciales que puedan haber violado los derechos y garantías constitucionales; en cualquier estado y grado del proceso siempre que sea antes de dictarse sentencia definitiva; y que el juez está obligado a decidirla de inmediato, es decir, perentoriamente, en el lapso de tres días siguientes como lo dispone el artículo 177 del Código Orgánico, sin que se establezca oportunidad preclusiva única para ser decidido.[1738]

Para caracterizar este "amparo penal," el artículo 190 del COPP establece el principio general de que "los actos cumplidos en contravención o con inobservancia de las formas y condiciones previstas en este Código, la Constitución de la República, las leyes, tratados, convenios y acuerdos internacionales suscritos por la República" cuando estén viciados de nulidad absoluta, en ningún caso pueden ser apreciados "para fundar una decisión judicial, ni utilizados como presupuestos de ella;" considerándose como "nulidades absolutas" en el artículo 191, precisamente aquellas "que impliquen *inobservancia o violación de derechos y garantías fundamentales previstos en este Código, la Constitución de la República, las leyes y los tratados, convenios o acuerdos internacionales* suscritos por la República" incluyendo hasta 2013, por supuesto, a la Convención Americana. Por todo ello, los actos o actuaciones viciadas de nulidad absoluta no pueden siquiera ser saneados (art. 193), ni ser convalidados (art. 194), siendo no sólo una potestad sino una obligación del juez penal, pues conforme al artículo 195 "el juez deberá" "declarar su nulidad por auto razonado o señalar expresamente la nulidad en la resolución respectiva, de oficio o a petición de parte."

Dejando aparte la actuación de oficio, el COPP consagra en esas normas, una *solicitud o recurso formal* en cabeza de las partes en el proceso penal para requerir del juez penal ("a petición de parte"), que cumpla con su obligación de declarar la nulidad absoluta de las actuaciones fiscales o judiciales que sean violatorias de los "de-

1737 Véase por ejemplo, Sentencia N° 1453 de la Sala Constitucional de 10-08-2001, Caso *Pedro Emanuel Da Rocha Almeida, y* otros. Véase en http://www.tsj.gov.ve/deci-siones/scon/Agosto/1453-100801-01-0458.htm.

1738 Véase sentencia N° 205 de la Sala de Casación Penal del Tribunal Supremo de 14-05-2009. *Manuel Antonio Sánchez Guerrero y otros).* http://www.tsj.gov.ve/de-cisiones/scp/Mayo/205-14509-2009-C09-121.html. y sentencia de la Sala Constitucional del Tribunal Supremo en sentencia N° 2061 (Caso: *Edgar Brito Guedes*), de 05-11-2007. Véase en http://www.tsj.gov.ve/deci-siones/scon/Noviembre/2061-051107-07-1322.htm.

rechos y garantías fundamentales", que el propio Código declara como viciadas de nulidad absoluta, y por tanto, no subsanables ni convalidables. Por ello, precisa el Código que "tal declaratoria" no procede "por defectos insustanciales en la forma," por lo que sólo pueden "anularse las actuaciones fiscales o diligencias judiciales del procedimiento que ocasionaren a los intervinientes un perjuicio reparable únicamente con la declaratoria de nulidad" (art. 195).

Sobre esta solicitud o "recurso de nulidad," además, la Sala Constitucional del Tribunal Supremo también ha precisado que en el actual proceso penal, "ha sido considerada como una verdadera sanción procesal –la cual puede ser declarada de oficio o a instancia de parte– dirigida a privar de efectos jurídicos a todo acto procesal que se celebra en violación del ordenamiento jurídico-constitucional," señalando que "la referida sanción conlleva suprimir los efectos legales del acto írrito."[1739] Por su parte, también sobre este "recurso de nulidad," la Sala de Casación Penal del Tribunal Supremo, en sentencia de N° 3 de fecha 11 de enero de 2002,[1740] fijó sus características destacando la estrecha vinculación entre el artículo 190 del Código Orgánico Procesal Penal y el artículo 48.8 de la Constitución "donde se advierte la posibilidad de solicitar del Estado el restablecimiento o reparación de la situación viciada por error judicial, retardo u omisión justificada. Lo cual significa que aquellos actos de fuerza, usurpación, así como los ejercidos en franca contrariedad a la ley, acarrean ineficacia, nulidad de lo actuado y responsabilidad individual del funcionario." La Sala explicó así, en otra sentencia N° 3 de fecha 11 de enero de 2002, que este "principio de nulidad" forma parte "de las reglas mínimas que sustentan el debido proceso," y está fundamentado en la existencia de las nulidades absolutas, no convalidables, "las cuales son denunciables en cualquier estado y grado del proceso, pues afectan la relación jurídica procesal," y como tales, "tanto las partes y el Juez deben producir la denuncia de la falta cometida a objeto de imponer el correctivo." En estos casos, dijo la Sala, el COPP regula las nulidades absolutas por violaciones constitucionales "de manera abierta, sólo *atendiendo a la infracción de garantías constitucionales y aquellas que se encontraren planteadas por la normativa internacional de los derechos humanos*, en cuyo caso se debe proceder a la nulidad de los actos procesales;" razón por la cual "la nulidad bajo éste régimen abierto que contempla el Código Orgánico Procesal Penal puede ser planteada a instancia de partes o aplicadas de oficio en cualquier etapa o grado del proceso por quien conozca de la causa."[1741]

Por otra parte, el COPP establece además en su artículo 195 que "el auto que acuerde la nulidad" en estos casos de nulidad absoluta o amparo penal, debe ser un

---

1739 Véase Sentencia N° 880 del Tribunal Supremo de Justicia en Sala Constitucional del 29-02-2001, Caso *William Alfonso Ascanio*. Véase en http://www.tsj.gov.ve/de-cisiones/scon/Mayo/880-290501-01-0756%20.htm. En igual sentido la sentencia de la Sala de Casación Penal del Tribunal Supremo de Justicia en sentencia N° 32 de 10-02-2011 (Caso: *Juan Efraín Chacón*). Véase en http://www.tsj.gov.ve/de-cisiones/scp/Fe-brero/032-10211-2011-N10-189.html.

1740 Véase Caso: *Edwin Exequiel Acosta Rubio y otros*, en http://www.tsj.gov.ve/deci-siones/scp/Enero/003-110102-010578.htm.

1741 *Idem.*

auto razonado en el cual se señale "expresamente la nulidad en la resolución respectiva," y en el mismo, se debe "individualizar plenamente el acto viciado u omitido," y se debe determinar "concreta y específicamente, cuáles son los actos anteriores o contemporáneos a los que la nulidad se extiende por su conexión con el acto anulado," así como "cuáles derechos y garantías del interesado afecta, cómo los afecta." El Código, igualmente regula los efectos del auto judicial mediante el cual se decida el "recurso de nulidad," indicando que "la nulidad de un acto, cuando fuere declarada, conlleva la de los actos consecutivos que del mismo emanaren o dependieren." Además, precisa el Código que "la declaración de nulidad no podrá retrotraer el proceso a etapas anteriores, con grave perjuicio para el imputado, salvo cuando la nulidad se funde en la violación de una garantía establecida en su favor" (art. 196).

En consecuencia, la decisión del juez a los efectos de declarar la nulidad absoluta de actos fiscales o judiciales violatorios de derechos y garantías constitucionales, de acuerdo con lo dispuesto en los artículos 190 a 196 del COPP, puede ser adoptada en todo estado y grado del proceso, y cuando la denuncia de nulidad se formule, debe ser resuelta en el lapso general de tres (3) días siguientes a la formulación de la petición conforme al artículo 177 del Código Orgánico Procesal Penal, y la misma no está restringida legalmente a que sólo pueda ser dictada exclusivamente en alguna oportunidad procesal precisa y determinada, como sería por ejemplo, en la audiencia preliminar. Y no podría ser así, pues como se ha dicho, la petición de nulidad se puede intentar en cualquier etapa y grado del proceso. Ello lo ha confirmado la Sala de Casación Penal del Tribunal Supremo de Justicia en sentencia N° 32 de 10 de febrero de 2011,[1742] al señalar que la única exigencia en cuando a la solicitud de nulidad absoluta es que su pedimento se debe formular "con anterioridad al pronunciamiento de la decisión definitiva;" y la Sala Constitucional del Tribunal Supremo en sentencia N° 201 del 19 de febrero de 2004 al señalar también que ***el recurso de nulidad se admite únicamente para que sea decidido por "el sentenciador antes de dictar el fallo definitivo; y, por lo tanto, con la decisión judicial precluye la oportunidad para solicitar una declaratoria de tal índole, pedimento que sería intempestivo...*** "(Negrillas de la Sala Penal)."[1743]

De todo lo anteriormente expuesto, resulta, por tanto, que conforme al COPP, formulada una solicitud de nulidad o amparo penal por violación de derechos y garantías constitucionales o de las consagradas en los tratados internacionales sobre derechos humanos, no se exige en forma alguna que el auto declarativo de nulidad absoluta de actuaciones fiscales o judiciales, se dicte en alguna audiencia judicial y menos en la audiencia preliminar del proceso penal. Al contrario, la decisión puede dictarse de oficio o a solicitud de parte en cualquier momento del proceso, pues la naturaleza constitucional de la violación denunciada y la nulidad absoluta que con-

---

1742 Véase sentencia de la Sala de Casación Penal del Tribunal Supremo de Justicia en sentencia N° 32 de 10 de febrero de 2011, Caso *Juan Efraín Chacón.* Véase en http://www.tsj.gov.ve/decisiones/scp/Febrero/032-10211-2011-N10-189.html.

1743 Citada por la misma sentencia de Sala de Casación Penal del Tribunal Supremo de Justicia en sentencia N° 32 de 10-02-2011. Véase en http://www.tsj.gov.ve/deci-siones/scp/Febrero/032-10211-2011-N10-189.html.

lleva, obligan al juez a decidir cuando la misma se formule mediante un recurso de nulidad interpuesto por parte interesada, o cuando el propio juez la aprecie de oficio. Por tanto, conforme a los artículos 177 y 190 y siguientes del COPP, el juez no tiene que esperar una oportunidad procesal específica para adoptar su decisión, y está obligado a decidir de inmediato, perentoriamente, en el lapso de los tres (3) días siguientes que prescribe el artículo 177 del Código Orgánico y además, por la obligación que tiene de darle primacía a los derechos humanos.

Todo ello se confirmó en las sentencias de la Sala Constitucional del Tribunal Supremo de fecha 20 de julio de 2007[1744] que cita la anterior sentencia N° 256/2002, (caso: *"Juan Calvo y Bernardo Priwin*), en la cual se afirmó que

> "Para el proceso penal, el juez de control durante la fase preparatoria e intermedia hará respetar las garantías procesales, pero el Código Orgánico Procesal Penal no señala una oportunidad procesal para que se pida y se resuelvan las infracciones a tales garantías, lo que incluye las transgresiones constitucionales, sin que exista para el proceso penal una disposición semejante al artículo 10 del Código de Procedimiento Civil, ni remisión alguna a dicho Código por parte del Código Orgánico Procesal Penal."

Por ello, la Sala consideró que la decisión la debe adoptar el juez dependiendo de **la etapa procesal en que se formule, de manera que si "se interpone en la fase intermedia, el juez puede resolverla bien antes de la audiencia preliminar o bien como resultado de dicha audiencia, variando de acuerdo a la lesión constitucional alegada,"** lo que significa que si hay lesiones que infringen "en forma irreparable e inmediata la situación jurídica de una de las partes," el juez debe decidir a de inmediato, antes de la audiencia preliminar. Sólo si la "**nulidad coincide con el objeto de las cuestiones previas, la resolución de las mismas debe ser en la misma oportunidad de las cuestiones previas; es decir, en la audiencia preliminar"** (Negritas de este fallo)."[1745]

Lo cierto, en esta materia, como en todo lo que concierne al derecho de amparo, en caso de solicitudes de nulidad absoluta por violaciones de derechos y garantías constitucionales, el juez penal está en la obligación de darle preeminencia a los derechos humanos, y privilegiar la decisión sobre las denuncias de nulidades absolutas por violación de los derechos y garantías constitucionales, decidiendo de inmediato las solicitudes de nulidad fundados en dichas violaciones, sin dilaciones y con prevalencia sobre cualquier otro asunto, por más extensa que sea la petición formulada.[1746] Y precisamente por esta primacía y preeminencia de los derechos humanos,

---

1744 Véase sentencia N° 1520 de la Sala Constitucional de 20-07-2007 (Caso Luis Alberto Martínez González). Véase en http://www.tsj.gov.ve/deci-siones/scon/Julio/1520-200707-07-0827.htm.

1745 Véase sentencia de la Sala Constitucional N° 256 (caso *Juan Calvo y Bernardo Priwin*) de 14-02-2002. Véase en http://www.tsj.gov.ve/decisiones/scon/Fe-brero/256-140202-01-2181%20.htm.

1746 Ello, por lo demás, deriva de las previsiones de la propia Constitución, conforme a la doctrina sentada por las diversas Salas del Tribunal Supremo de Justicia, según la cual, en Estado Constitucional o Estado de Derecho y de Justicia, la dignidad humana y los derechos de la persona tienen una posición preferente, lo que implica la obligación del Estado y de todos sus órganos a respetarlos y garantizarlos como el juez penal, al conocer de una solicitud o recurso de nulidad, actúa como juez constitucional para controlar la constitucionalidad de las actuaciones fiscales y judiciales. Como lo ha dicho la Sala Constitucional del Tribunal Supremo, "el recurso de nulidad en materia adjetiva penal, se interpone cuando en un proceso penal, las partes observan que existen actos que contraríen las formas y condiciones previstas en dicho Código adjetivo, la Constitución de la República Bolivariana de Venezuela, las leyes y los tratados, convenios o acuerdos internacionales, suscritos por la República, ***en donde el Juez Penal, una vez analizada la solicitud, o bien de oficio, procederá a decretar la nulidad absoluta o subsanará el acto objeto del recurso;***"[1747] concluyendo, en sentencia N° 256 de 14 de febrero de 2002 (Caso: *Juan Calvo y Bernardo Priwin*) que "la inconstitucionalidad de un acto procesal -por ejemplo- no requiere necesariamente de una [acción de] amparo, ni de un juicio especial para que se declare, ya que dentro del proceso donde ocurre, el juez, quien es a su vez un tutor de la Constitución, y por lo tanto en ese sentido es Juez Constitucional, puede declarar la nulidad pedida."[1748] Esto lo repitió la Sala Constitucional en sentencia N° 1520 de 20 de julio de 2007 al señalar:

> "Por otra parte, en sentencia de esta Sala N° 256/2002, caso: *"Juan Calvo y Bernardo Priwin"*, se indicó que las nulidades por motivos de inconstitucionalidad (como lo sería el desconocimiento de derechos de rango constitucional) que hayan de ser planteadas en los diferentes procesos judiciales, *no necesariamente deben ser presentadas a través de la vía del [la acción de] amparo*

---

objetivo y finalidad primordial de su acción pública. Ello ha sido decidido así, por ejemplo, en sentencia N° 224 del 24 de febrero de 2000 de la Sala Política Administrativa del Tribunal Supremo de Justicia, al afirmarse sobre "la preeminencia de la dignidad y los derechos humanos" constituyendo estos últimos, "el sistema de principios y valores que legitiman la Constitución," que garantizar "a existencia misma del Estado," y que "tienen un carácter y fuerza normativa, establecida expresamente en el artículo 7 de la Constitución," lo que "conlleva la sujeción y vinculatoriedad de todos los órganos que ejercen el Poder Público impregnando la vida del Estado (en sus aspectos jurídico, político, económico y social)." De acuerdo con la Sala, ese "núcleo material axiológico, recogido y desarrollado ampliamente por el Constituyente de 1999, dada su posición preferente, representa la base ideológico que sustenta el orden dogmático de la vigente Constitución, imponiéndose al ejercicio del Poder Público y estableciendo un sistema de garantías efectivo y confiable," de lo que concluyó la Sala afirmando que "todo Estado Constitucional o Estado de Derecho y de Justicia, lleva consigo la posición preferente de la dignidad humana y de los derechos de la persona, la obligación del Estado y de todos sus órganos a respetarlos y garantizarlos como objetivo y finalidad primordial de su acción pública;" agregando que "la Constitución venezolana de 1999 consagra la preeminencia de los derechos de la persona como uno de los valores superiores de su ordenamiento jurídico y también refiere que su defensa y desarrollo son uno de los fines esenciales del Estado." De otra sentencia de la misma Sala Constitucional N° 3215 de 15 de junio de 2004, esta Sala concluyó señalando que en Venezuela, "la interpretación constitucional debe siempre hacerse conforme al principio de preeminencia de los derechos humanos, el cual, junto con los pactos internacionales suscritos y ratificados por Venezuela relativos a la materia, forma parte del bloque de la constitucionalidad." Véase Sentencia N° 3215 de la Sala Constitucional de 15 de junio de 2004 Interpretación del artículo 72 de la Constitución, en http://www.tsj.gov.ve/de-cisiones/scon/Junio/1173-150604-02-3215.htm.

1747 Véase sentencia N° 1453 del Tribunal Supremo de Justicia en Sala Constitucional del 10-08-2001, Expediente N° 01-0458, en *Jurisprudencia del Tribunal Supremo de Justicia, Oscar R. Pierre Tapia*, N° 8, Año II, Agosto 2001.

1748 Véase sentencia N° 256 del Tribunal Supremo de Justicia en Sala Constitucional del 14/02/02, exp. N° 01-2181, en http://www.tsj.gov.ve/decisiones/scon/Febrero/256-140202-01-2181%20.htm.

constitucional, pues en las respectivas leyes procesales existen las vías específicas e idóneas para la formulación de las mismas, y que en el caso del proceso penal dicha vía procesal está prevista en los artículos 190 y 191 *eiusdem*."[1749]

Todo lo anterior fue además objeto de una "interpretación vinculante" establecida por la Sala Constitucional conforme al artículo 335 de la Constitución en sentencia Nº 221 de 4 de marzo de 2011,[1750] "sobre el contenido y alcance de la naturaleza jurídica del instituto procesal de la nulidad," dictada en virtud del "empleo confuso que a menudo se observa por parte de los sujetos procesales en cuanto a la nulidad de los actos procesales cumplidos en contravención o con inobservancia de las formas y condiciones previstas en la ley." En dicha sentencia, la Sala Constitucional del Tribunal Supremo resolvió, citando su anterior sentencia Nº 1228 de fecha 16 de junio de 2005 (Caso: *Radamés Arturo Graterol Arriechi*), que la solicitud de nulidad absoluta no está concebida por el legislador dentro del COPP

> "como un medio recursivo ordinario, toda vez que va dirigida fundamentalmente a sanear los actos procesales cumplidos en contravención con la ley, durante las distintas fases del proceso –artículos 190 al 196 del Código Orgánico Procesal Penal– y, por ello, es que el propio juez que se encuentre conociendo de la causa, debe declararla de oficio".

Agregó la Sala para reforzar que el conocimiento de la solicitud de nulidad corresponde al juez de la causa, que

> "no desconoce el derecho de las partes de someter a la revisión de la alzada algún acto que se encuentre viciado de nulidad, pero, esto solo es posible una vez que se dicte la decisión que resuelva la declaratoria con o sin lugar de la nulidad que se solicitó, pues contra dicho pronunciamiento es que procede el recurso de apelación conforme lo establecido en el artículo 196 del Código Orgánico Procesal Penal."[1751]

En definitiva, la petición de nulidad absoluta por violación de derechos y garantías judiciales, en el régimen del COOP es en sí misma una pretensión de amparo, especialísima en el campo penal, que enmarcaba en los casos previstos en el artículo 6 ordinal 5° de la Ley Orgánica de Amparo de 1988 tal como fueron desarrollados por la jurisprudencia, que el juez está obligado a decidir en el lapso brevísimo de tres días como lo exige el artículo 177 del COPP, sin necesidad de que las partes o el acusado estén presentes, estándole además vedado al juez diferir la decisión del amparo constitucional o nulidad absoluta solicitada por violaciones constitucionales, para la oportunidad de celebración de la audiencia preliminar. Y si el juez lo hace, la

---

1749 Véase sentencia Nº 1520 de 20-07-2007 en http://www.tsj.gov.ve/deci-siones/scon/Ju-lio/1520-200707-07-0827.htm

1750 Caso: *Francisco Javier González Urbina y otros* en http://www.tsj.gov.ve/deci-siones/scon/Marzo/221-4311-2011-11-0098.html.

1751 Caso: Francisco Javier González Urbina y otros) en http://www.tsj.gov.ve/deci-siones/scon/Marzo/221-4311-2011-11-0098.html.

Sala Constitucional ha considerado que ello constituye una violación indebida al debido proceso.

Esta doctrina, en resumen, fue ratificado en las siguientes sentencias: *Primero*, la sentencia N° 2161 de 5 de septiembre de 2002 (Caso *Gustavo Enrique Gómez Loaiza*), en la cual la Sala Constitucional expresó que:

> "De la regulación de la nulidad contenida en los artículos 190 al 196 del Código Orgánico Procesal Penal, se colige que los actos procesales pueden adolecer de defectos en su conformación, por lo que las partes pueden atacarlos lo más inmediatamente posible –mientras se realiza el acto o, dentro de los tres días después de realizado o veinticuatro horas después de conocerla, si era imposible advertirlos antes- de conformidad con lo dispuesto en los artículos 192 y 193 *eiusdem*, precisamente, mediante una solicitud escrita y un procedimiento, breve, expedito, donde incluso se pueden promover pruebas, sino fuere evidente la constatación de los defectos esenciales, a fin de dejar sin efecto alguna actuación por inobservancia e irregularidad formal en la conformación de misma, que afecte el orden constitucional, siendo ésta la hipótesis contemplada en el artículo 4 de la Ley Orgánica de Amparo sobre Derechos y Garantías Constitucionales [equivalente al artículo 13 de la Ley Orgánica de 2013], cuando prevé que podrá intentarse la acción de amparo si algún órgano jurisdiccional dicte u ordene una resolución, sentencia o acto que lesione un derecho fundamental; esto es, que con tal disposición se busca la nulidad de un acto procesal, pero ya como consecuencia jurídica de la infracción, configurándose entonces una nulidad declarada mediante el amparo como sanción procesal a la cual refiere la doctrina *supra* citada."[...] Observamos así, que la nulidad solicitada de manera auténtica puede tener la misma finalidad del amparo accionado con fundamento en el artículo 4 de la Ley Orgánica de Amparo sobre Derechos y Garantías Constitucionales, es decir para proteger la garantías, no sólo constitucionales, sino las previstas en los acuerdos y convenios internacionales...[1752]

Segundo, la sentencia N° 349 de 26 de febrero de 2002 (Caso *Miguel Ángel Pérez Hernández y otros*) en la cual la Sala Constitucional resolvió que:

> "La solicitud de nulidad es "un medio que, además de preexistente, es indiscutiblemente idóneo para la actuación procesal, en favor de los intereses jurídicos cuya protección se pretende en esta causa; más eficaz, incluso, en términos temporales y de menor complejidad procesal que el mismo [acción de] amparo, habida cuenta de que la nulidad es decidida conforme a las sencillas reglas de los artículos 212 y 194 del Código Orgánico Procesal Penal."[1753]

Y *tercero*, la sentencia N° 100 de 6 de febrero de 2003 (Caso *Leonardo Rodríguez Carabali)*, en la cual la Sala Constitucional sostuvo que en el caso:

1752 Véase en http://www.tsj.gov.ve/decisiones/scon/septiembre/2161-050902-01-0623.HTM.

1753 Véase http://www.tsj.gov.ve/decisiones/scon/febrero/349-260202-01-0696.HTM.

> "el accionante contaba con un medio procesal preexistente, tanto o más idóneo, expedito, abreviado y desembarazado que la misma acción de amparo, como era, conforme al artículo 212 del antedicho Código, la solicitud de nulidad de la misma decisión contra la cual ha ejercido la presente acción tutelar; pretensión esta que debía ser decidida, incluso, como una cuestión de mero derecho, mediante auto que debía ser dictado dentro del lapso de tres días que establecía el artículo 194 (ahora, 177) de la ley adjetiva; vale decir, en términos temporales, esta incidencia de nulidad absoluta tendría que haber en un lapso ostensiblemente menor que el que prevé la ley, en relación con el procedimiento de amparo."[1754]

De todo lo anterior resulta, precisamente, que en materia penal, la solicitud de nulidad absoluta prevista en los artículos 190 y siguientes del COPP, es la vía para formular en el propio proceso penal la pretensión de amparo por violación de los derechos y garantías constitucionales, siendo la vía procesal idónea para enervar las lesiones constitucionales aducidas en los términos del artículo 6, ordinal 5° de la Ley Orgánica de 1988. Dicha pretensión de amparo formulada como solicitud de nulidad absoluta contra actos procesales viciados de vicios no subsanables, acorde con la inmediatez que requiere la protección constitucional, debía ser obligatoriamente decidida en el lapso breve de tres días previsto en el artículo 177 del COPP, como se ha dicho, sin que le sea permitido al juez diferir la decisión a la audiencia preliminar. Lo importante de la obligación del juez de decidir perentoriamente y depurar el proceso de inconstitucionalidades, es que si no lo hace, no sólo no puede convocar la audiencia preliminar, sino que el juicio queda paralizado, sin que exista remedio efectivo contra la inacción para lograr la decisión de nulidad. En estos casos, la posible acción de amparo que pudiera pensarse en intentar contra la inacción o abstención del juez de la causa, lo que podría conducir es a una orden del juez superior para que el juez omiso inferior decida sobre la solicitud de nulidad absoluta, y nada más; lo que sería totalmente ineficaz para la protección constitucional solicitada que sólo se podría satisfacer con la decisión sobre dicha nulidad o amparo solicitada. Esta inacción u omisión del juez de decidir, por otra parte podría conducir a la aplicación de sanciones disciplinarias contra el juez omiso, incluyendo su destitución, pero de nuevo, ello sería ineficaz para la resolución del tema de fondo que es la petición de nulidad o amparo constitucional y saneamiento del proceso.

En esta forma, el "amparo penal" regulado como la solicitud de nulidad absoluta de actuaciones en el proceso penal que se formula ante el propio juez de la causa por violación de derechos y garantías constitucionales, es conforme al COPP, la vía idónea de amparo constitucional a que hacía referencia el artículo 6, ordinal 5° de la Ley Orgánica de Amparo de 1988, no siendo admisible en esos casos, el ejercicio de una acción "autónoma" de amparo.

Sin embargo, la mayoría sentenciadora de la Corte Interamericana en su sentencia, definitivamente no entendieron o no quisieron entender el régimen constitucional venezolano del amparo, y consideraron sin fundamento ni argumentación algu-

---

1754 Véase http://www.tsj.gov.ve/decisiones/scon/febrero/100-060203-01-1908.HTM.

nas, que precisamente el amparo penal antes comentado que se intentó y agotó en mi caso, no era un recurso idóneo, lo que es un error inexcusable.

En cambio, los Jueces **Ferrer Mac Gregor** y **Ventura Robles**, en su Voto Conjunto Negativo, sí entendieron cabalmente la institución del amparo penal, al exponer, contrariamente a lo decidido en la sentencia, lo siguiente:

> "42. Conforme lo han señalado los representantes –criterio que compartimos–, el recurso de nulidad constituye, por su naturaleza, "el amparo en materia procesal penal" razón por la cual "si el recurso de amparo debe esperar, para su resolución a la celebración de una audiencia preliminar que puede diferirse indefinidamente [...] el recurso no sería en modo alguno sencillo y rápido". En este sentido, tal y como consta en el expediente, una sentencia de la Sala Constitucional venezolana de 6 de febrero de 2003, señala que:
>
>> [... E]l accionante contaba con un medio procesal preexistente, tanto o más idóneo, expedito, abreviado y desembarazado que la misma acción de amparo, como era, conforme al artículo 212 del antedicho Código, la solicitud de nulidad de la misma decisión contra la cual ha ejercido la presente acción tutelar; pretensión esta que debía ser decidida, incluso, como una cuestión de mero derecho, mediante auto que debía ser dictado dentro del lapso de tres días que establecía el artículo 194 (ahora, 177) de la ley adjetiva; vale decir, en términos temporales, esta incidencia de nulidad absoluta tendría que haber sido sustanciada y decidida en un lapso ostensiblemente menor que el que prevé la ley, en relación con el procedimiento de amparo.*(Subrayado añadido)*.
>
> 43. En otras palabras, el recurso de nulidad absoluta de todo lo actuado, cuando se trata de vulneración del debido proceso que involucra derechos fundamentales, como amparo en materia penal, debería ser, conforme el artículo 25 de la Convención Americana, un recurso efectivo, sencillo y rápido ante los jueces o tribunales competentes, que ampare contra actos que violen sus derechos fundamentales reconocidos por la Constitución, la ley o la Convención.
>
> 44. Con base en las anteriores consideraciones, queda claro, a nuestro parecer, que los recursos de nulidad interpuestos por los representantes del señor Brewer en el proceso penal interno, se constituyen en recursos idóneos y efectivos, incluso más efectivos que un recurso de amparo en el caso concreto -conforme a la propia jurisprudencia de la Sala Constitucional transcrita-."

En esta forma, tenemos una Corte interamericana que al ejercer el control de convencionalidad y juzgar si en el orden interno se habían agotado o no los recursos internos como condición de admisibilidad de la denuncia, en desconocimiento absoluto del derecho constitucional venezolano, deliberadamente o por error, ignoró las características del amparo constitucional venezolano, y protegiendo al Estado simplemente le denegó al denunciante su derecho de acceso a la justicia internacional, y todo argumentando que para poder acceder él debía entregarse a sus perseguidores, ser privado de libertad y desde la prisión, tratar de lograr que en el proceso penal "avanzase" y pasara de la supuesta "etapa temprana" en la cual se encontraba, hacia otra "etapa tardía," consideración que significaba que la Corte Interamericana estaba decidiendo que el Poder Judicial en Venezuela era confiable por ser autónomo e independiente; lo que por supuesto, nadie le puede creer.

VIII. LA SENTENCIA DE LA CORTE INTERAMERICANA EN EL *CASO ALLAN R. BREWER CARÍAS VS. VENEZUELA* DE MAYO DE 2014, EL DESPRECIO A LA JURISPRUDENCIA DE LA PROPIA CORTE Y LA SITUACIÓN DEL PODER JUDICIAL EN VENEZUELA

En efecto, hasta la sentencia del caso *Allan R. Brewer-Carías vs. Venezuela* de mayo de 2014, quizás la más tradicional doctrina jurisprudencial de la Corte Interamericana había sido sentada desde su primer caso contencioso, el Caso *Velásquez Rodríguez Vs. Honduras* de 1987,[1755] sobre el tema de las excepciones basadas en la falta de agotamiento de los recursos internos para acceder a la justicia internacional, estableciendo que en un proceso, cuando se alegan violaciones a los derechos y garantías judiciales, y particularmente, violaciones a los derechos al debido proceso, a un juez independiente, a la defensa, a la presunción de inocencia y a la protección judicial, lo que significa juzgar sobre el funcionamiento mismo del Poder Judicial, sobre todo si se denuncia la inexistencia de autonomía e independencia del mismo, la Corte, como es obvio y elemental, tiene necesariamente que considerar y juzgar las violaciones aducidas, y no puede juzgar aisladamente sobre la excepción de agotamiento de los recursos internos (se hayan o no se hayan agotado efectivamente), sin antes entrar a considerar el fondo de las denuncias formuladas; particularmente porque en situaciones de ausencia de autonomía e independencia del Poder Judicial, como lo decidió la Corte desde 1987, "acudir a esos recursos se convierte en una formalidad que carece de sentido. Las excepciones del artículo 46.2 serían plenamente aplicables en estas situaciones y eximirían de la necesidad de agotar recursos internos que, en la práctica, no pueden alcanzar su objeto."[1756]

Como la propia Corte Interamericana lo interpretó en otra ocasión:

> "... para que tal recurso exista, no basta con que esté previsto por la Constitución o la ley o con que sea formalmente admisible, sino que se requiere que

---

1755 Véase Caso *Velásquez Rodríguez Vs. Honduras*. Excepciones Preliminares. Sentencia de 26 de junio de 1987. Serie C, Nº 1. En dicho caso *Velásquez Rodríguez*, la Corte en efecto consideró lo siguiente: "91. La regla del previo agotamiento de los recursos internos en la esfera del derecho internacional de los derechos humanos, tiene ciertas implicaciones que están presentes en la Convención. En efecto, según ella, los Estados Partes se obligan a suministrar recursos judiciales efectivos a las víctimas de violación de los derechos humanos (art. 25), recursos que deben ser sustanciados de conformidad con las reglas del debido proceso legal (art. 8.1), todo ello dentro de la obligación general a cargo de los mismos Estados, de garantizar el libre y pleno ejercicio de los derechos reconocidos por la Convención a toda persona que se encuentre bajo su jurisdicción (art. 1). Por eso, cuando se invocan ciertas excepciones a la regla de no agotamiento de los recursos internos, como son la inefectividad de tales recursos o la inexistencia del debido proceso legal, no sólo se está alegando que el agraviado no está obligado a interponer tales recursos, sino que indirectamente se está imputando al Estado involucrado una nueva violación a las obligaciones contraídas por la Convención. En tales circunstancias la cuestión de los recursos internos se aproxima sensiblemente a la materia de fondo.

1756 *Caso Velásquez Rodríguez Vs. Honduras. Excepciones Preliminares*. Sentencia de 26 de junio de 1987. Serie C Nº 1, párr. 68.

sea realmente idóneo para establecer si se ha incurrido en una violación a los derechos humanos y proveer lo necesario para remediarla. **No pueden considerarse efectivos aquellos recursos que, por las condiciones generales del país o incluso por las circunstancias particulares de un caso dado, resulten ilusorios.** Ello puede ocurrir, por ejemplo, cuando su inutilidad haya quedado demostrada por la práctica, **porque el Poder Judicial carezca de la independencia necesaria para decidir con imparcialidad** o porque falten los medios para ejecutar sus decisiones; **por cualquier otra situación que configure un cuadro de denegación de justicia**, como sucede cuando se incurre en retardo injustificado en la decisión; o, por cualquier causa, no se permita al presunto lesionado el acceso al recurso judicial."[1757]

En esas circunstancias, exigir el agotamiento de recursos internos, no era otra cosa que decidir, sin motivación alguna, avalando al Poder Judicial del Estado cuya independencia y autonomía es precisamente la que se cuestionaba cuando se denuncian violaciones masivas al debido proceso. Y en esas circunstancias, en el caso concreto *Allan R. Brewer-Carías vs. Venezuela*, agotado como había sido, como lo apreciaron los Jueces **Ferrer Mac Gregor** y **Ventura Robles**, en su Voto Conjunto Negativo, "los medios de impugnación previstos en la legislación venezolana -recursos de nulidad absoluta- para poder garantizar sus derechos fundamentales en el procedimiento penal" (párrafo 50) la apreciación de la sentencia de que el procedimiento en el proceso penal venezolano llevado en contra de Brewer se encontraba en una "etapa temprana," por lo que supuestamente "quedaban pendientes otros recursos internos en etapas posteriores que podrían haber garantizado" sus derechos, no fue más que una burla, ante la inexistencia de autonomía e independencia del Poder Judicial.

En realidad, hubiera bastado que los señores jueces para percatarse de esa situación, y decidir en justicia, que se hubieran leído –si no querían leer los alegatos y argumentos formulados en el caso, así como los dictámenes y *amicus curiae* que se presentaron en juicio–, al menos sus sentencias anteriores en las cuales la Corte ya había analizado y considerado la situación del Poder Judicial en Venezuela; y sobre todo, uno de los más recientes informes sobre la problemática estructural del Poder Judicial en Venezuela publicado solo dos meses antes (Ginebra en marzo de 2014) de dictarse la sentencia, por la *Comisión Internacional de Juristas*, titulado *Fortale-*

1757 Corte IDH: *Garantías judiciales en estados de emergencia* (arts. 27.2, 25 y 8 Convención Americana sobre Derechos Humanos). Opinión Consultiva OC-9/87 del 6 de octubre de 1987. Serie A Nº 9; ¶ 24. Igualmente, Corte IDH, *Caso Bámaca Velásquez vs. Guatemala*. Fondo. Sentencia de 25 de noviembre de 2000. Serie C Nº 70; ¶ 191; Corte IDH, *Caso Tribunal Constitucional vs. Perú. Fondo, Reparaciones y Costas.* Sentencia de 31 de enero de 2001. Serie C Nº 71, ¶ 90; Corte IDH, *Caso Bayarri vs. Argentina.* Excepción Preliminar, Fondo, Reparaciones y Costas. Sentencia de 30 de octubre de 2008. Serie C Nº 187, ¶ 102; Corte IDH, *Caso Reverón Trujillo vs. Venezuela.* Excepción Preliminar, Fondo, Reparaciones y Costas. Sentencia de 30 de junio de 2009. Serie C Nº 198, ¶ 61; Corte IDH, *Caso Usón Ramírez vs. Venezuela.* Excepción Preliminar, Fondo, Reparaciones y Costas. Sentencia de 20 de noviembre de 2009. Serie C Nº 207, ¶ 129; Corte IDH. *Caso Abrill Alosilla y otros vs. Perú.* Fondo Reparaciones y Costas. Sentencia de 4 de Marzo de 2011. Serie C Nº 223, ¶ 75.

cimiento del Estado de Derecho en Venezuela. En la Presentación al mismo, el Secretario General de la Comisión, Wilder Tayler, explicó que:

> "Este informe da cuenta de la falta de independencia de la justicia en Venezuela, comenzando con el Ministerio Público cuya función constitucional además de proteger los derechos es dirigir la investigación penal y ejercer la acción penal. El incumplimiento con la propia normativa interna ha configurado un Ministerio Público sin garantías de independencia e imparcialidad de los demás poderes públicos y de los actores políticos, con el agravante de que los fiscales en casi su totalidad son de libre nombramiento y remoción, y por tanto vulnerables a presiones externas y sujetos órdenes superiores.
>
> En el mismo sentido, el Poder Judicial ha sido integrado desde el Tribunal Supremo de Justicia (TSJ) con criterios predominantemente políticos en su designación. La mayoría de los jueces son "provisionales" y vulnerables a presiones políticas externas, ya que son de libre nombramiento y de remoción discrecional por una Comisión Judicial del propio TSJ, la cual, a su vez, tiene una marcada tendencia partidista. [...]".

Luego de referirse a que "el informe da cuenta además de las restricciones del Estado a la profesión legal," el Sr. Tayler concluyó su Presentación del Informe afirmando tajantemente que:

> "Un sistema de justicia que carece de independencia, como lo es el venezolano, es comprobadamente ineficiente para cumplir con sus funciones propias. En este sentido en Venezuela, un país con una de las más altas tasas de homicidio en Latinoamérica y en el familiares sin justicia, esta cifra es cercana al 98% en los casos de violaciones a los derechos humanos. Al mismo tiempo, el poder judicial, precisamente por estar sujeto a presiones externas, no cumple su función de proteger a las personas frente a los abusos del poder sino que por el contrario, en no pocos casos es utilizado como mecanismo de persecución contra opositores y disidentes o simples críticos del proceso político, incluidos dirigentes de partidos, defensores de derechos humanos, dirigentes campesinos y sindicales, y estudiantes."[1758]

Ese Poder Judicial, cuya situación de falta de independencia y autonomía quedó probada y evidenciada en el expediente de la Corte Interamericana, y que por estar particularmente constituido en su gran mayoría por jueces provisorios, la propia Corte ya conocía y había decidido en los casos contra Venezuela: *Apitz Barbera y otros,*[1759] *María Cristina Reverón Trujillo* (2009,[1760] y *Mercedes Chocrón Chocrón,*(2011) [1761] estas dos últimas jueces penales; fue el Poder Judicial que, sin

1758 Véase en http://icj.wpengine.netdna-cdn.com/wp-content/uploads/2014/06/VENE-ZUELA-Informe-A4-elec.pdf.

1759 Véase en http://www.corteidh.or.cr/docs/casos/articulos/seriec_182_esp.pdf.

1760 Véase en http://www.corteidh.or.cr/docs/casos/articulos/seriec_197_esp.pdf.

1761 Véase en http://corteidh.or.cr/docs/casos/articulos/seriec_227_esp.pdf.

embargo, en el caso de Brewer Carías, la misma Corte no se atrevió a juzgar, y al contrario, lo avaló, pero sin motivación, al decidir que en el mismo se podían realmente corregir las violaciones masivas cometidas en un proceso penal viciado de raíz, cuyo objeto además era la persecución política..

New York, mayo 2015/ septiembre 2016

APÉNDICE I. NOTAS CRÍTICAS A LA SENTENCIA Nº 277 DE 26 DE MAYO DE 2014 DE LA CORTE INTERAMERICANA DE DERECHOS HUMANOS PRONUNCIADA EN EL CASO ALLAN BREWER CARIAS VS. VENEZUELA, Y SOBRE LA PRESIÓN INDEBIDA EJERCIDA POR VENEZUELA SOBRE LA CORTE INTERAMERICANA

El texto de este Apéndice I está tomado de parte de la "Nota Explicativa" de libro: Allan R. Brewer-Carías, *El Caso CIDH Allan R. Brewer-Carías vs. Venezuela ante la Corte Interamericana de Derechos Humanos. Estudio del caso y análisis crítico de la errada sentencia de la Corte Interamericana de Derechos Humanos Nº 277 de 26 de mayo de 2014*, Colección Opiniones y Alegatos Jurídicos Nº 14, Editorial Jurídica Venezolana, Caracas 2014, pp. 22

En el libro *El Caso CIDH Allan R. Brewer-Carías vs. Venezuela ante la Corte Interamericana de Derechos Humanos. Estudio del caso y análisis crítico de la errada sentencia de la Corte Interamericana de Derechos Humanos Nº 277 de 26 de mayo de 2014,* Colección Opiniones y Alegatos Jurídicos Nº 14, Editorial Jurídica Venezolana, Caracas 2014, 500 pp., formulé mi reflexión personal, general y de conjunto sobre dicho caso, como demandante y como víctima, y sobre la mencionada sentencia Nº 277 dictada por la Corte Interamericana, firmada por los Jueces: **Humberto Antonio Sierra Porto,** Presidente y Ponente; **Roberto F. Caldas, Diego García-Sayán** y **Alberto Pérez Pérez,** y que tiene además un muy importante *Voto Conjunto Negativo* de los Jueces **Manuel E. Ventura Robles** y **Eduardo Ferrer Mac-Gregor Poisot.**[1762]

Dichas reflexiones, por supuesto las elaboré después de celebrada la audiencia pública del juicio ante la Corte Interamericana los días 3 y 4 de septiembre de 2013, y después de haberse publicado la sentencia, en la cual la Corte admitió la excepción preliminar de falta de agotamiento de recursos internos alegada por el Estado, prote-

1762 Véase en http://www.corteidh.or.cr/docs/casos/articulos/seriec_278_esp.pdf. El Juez **Eduardo Vio Grossi,** el 11 de julio de 2012, apenas el caso se presentó ante la Corte, muy honorablemente se excusó de participar en el mismo conforme a los artículos 19.2 del Estatuto y 21 del Reglamento, ambos de la Corte, recordando que en la década de los ochenta se había desempeñado como investigador en el Instituto de Derecho Público de la Universidad Central de Venezuela, cuando yo era Director del mismo, precisando que aunque ello había acontecido hacía ya bastante tiempo, "no desearía que ese hecho pudiese provocar, si participase en este caso en cuestión, alguna duda, por mínima que fuese, acerca de la imparcialidad" tanto suya "como muy especialmente de la Corte." La excusa le fue aceptada por el Presidente de la Corte el 7 de septiembre de 2012, después de consultar con los demás Jueces, estimando razonable acceder a lo solicitado.

giendo al Estado, denegando mi derecho de acceso a la justicia y archivando el expediente. Las mismas, además, las terminé de redactar después que el Presidente de la Corte, Juez **Sierra Porto**, el 21 de agosto de 2014, autorizó unilateralmente al Juez **García Sayán**, desconociendo las competencias del Pleno de la Corte para decidir los casos de incompatibilidad, para que sin dejar de ser Juez, realizase todas las actividades políticas necesarias, totalmente incompatibles con ese cargo, como eran las que resultaban de la promoción de su candidatura a la Secretaría General de la Organización de Estados Americanos que fue anunciada el 16 de agosto de 2014; candidatura a la cual aspiraba desde 2013, lo que desde entonces lo obligaba a renunciar a su cargo. Buscar los votos de los Estados para que lo apoyasen y eligieran, cuando eran precisamente los sujetos a los que la Corte juzga por violaciones a los derechos humanos, es elemental que era incompatible con el cargo de Juez de la Corte. Por ello, el Juez **García Sayán** no podía pedir "excusa" para ello, ni el Presidente **Sierra Porto** podía otorgársela, y menos de espaldas a la Corte, razón por la cual los Jueces **Eduardo Vio Grossi** y **Manuel Ventura**, al respecto, consignaron una "Constancia de Disentimiento" cuestionando la decisión del Presidente **Sierra Porto.**[1763]

La sentencia, en todo caso, se dictó luego del proceso iniciado ante la Comisión Interamericana de Derechos Humanos en 2007 y desarrollado ante la propia Corte Interamericana desde 2012, en el cual mis representantes, los profesores **Pedro Nikken, Claudio Grossman, Juan E. Méndez, Douglas Cassel, Helio Bicudo y Héctor Faúndez Ledezma,** denunciaron al Estado venezolano por las violaciones masivas cometidas por el Estado venezolano contra mis derechos y garantías judiciales (a la defensa, a ser oído, a la presunción de inocencia, a ser juzgado por un juez imparcial e independiente, al debido proceso judicial, a seguir un juicio en libertad, a la protección judicial) y otros (a la honra, a la libertad de expresión, incluso al ejercer mi profesión de abogado, a la seguridad personal y a la circulación y a la igualdad y no discriminación), consagrados en los artículos 44. 49, 50, 57 y 60 de la Constitución de Venezuela y de los artículos 1.1, 2, 7, 8.1, 8.2, 8.2.c, 8.2.f, 11, 13, 22, 24 y 25 de la Convención Americana sobre Derechos Humanos. Dichas violaciones fueron cometidas en mi contra durante el curso del proceso penal desarrollado en Venezuela desde 2005, con motivo de la falsa acusación formulada en mi contra de haber "conspirado para cambiar violentamente la Constitución," con motivo de los hechos políticos ocurridos tres años antes, en 2002, con ocasión de la anunciada renuncia del Presidente Hugo Chávez; proceso que fue desarrollado como instrumento de persecución política por mi posición crítica al gobierno en ejercicio de mi libertad de expresión, y por haber dado una opinión jurídica como abogado en ejercicio en esos momentos de crisis institucional, todo con la única arma que he tenido siempre que no ha sido otra que el verbo y la escritura.

1763 Véase el texto de la "Constancia de Disentimiento", en Allan R. Brewer-Carías, *El Caso CIDH Allan R. Brewer-Carías vs. Venezuela ante la Corte Interamericana de Derechos Humanos. Estudio del caso y análisis crítico de la errada sentencia de la Corte Interamericana de Derechos Humanos N° 277 de 26 de mayo de 2014,* Colección Opiniones y Alegatos Jurídicos N° 14, Editorial Jurídica Venezolana, Caracas 2014, pp. 481 a 488

La Corte Interamericana, en su sentencia, al admitir la excepción de falta de agotamiento de los recursos internos opuesta por el Estado, y negarse a conocer y decidir mis denuncias, violó mi derecho de acceso a la Justicia internacional, y protegiendo en cambio al Estado, renunció a las obligaciones convencionales que tenía de juzgar sobre la masiva violación de mis derechos y garantías, y abandonó la más tradicional de su jurisprudencia sentada desde el caso *Velásquez Rodríguez Vs. Honduras,*[1764] que le imponía la obligación de entrar a conocer del fondo de la causa cuando las denuncias formuladas contra un Estado son de violaciones a las garantías judiciales, como la violación a los derechos al debido proceso, a un juez independiente e imparcial, a la defensa, a la presunción de inocencia, y a la protección judicial. En esos casos, no se puede decidir la excepción de falta de agotamiento de recursos internos sin entrar a decidir si el Poder Judicial efectivamente es confiable, idóneo y efectivo para la protección judicial.

Para decidir, la Corte se excusó, sin razón jurídica alguna, y de la manera más inconcebible, en el argumento de que en este caso, antes de que yo pudiese pretender acudir ante la jurisdicción internacional para buscar la protección que nunca pude obtener en mi país, yo debía haber supuestamente "agotado" recursos internos en Venezuela, ignorando que mis abogados defensores **León Henrique Cottin** y **Rafael Odreman** había agotado en noviembre de 2005, *el único recurso disponible y oportuno que tuve al comenzar la etapa intermedia del proceso penal*, que fue la solicitud de nulidad absoluta de lo actuado por violación masiva de mis derechos y garantías constitucionales, o amparo penal; recurso que nunca fue decidido por el juez de la causa, violando a la vez mi derecho a la protección judicial.

La Corte Interamericana decidió, en efecto, que para que yo pudiera acceder a la justicia internacional buscando protección a mis derechos, debía previamente lograr que el paródico proceso penal iniciado en mi contra, que estaba viciado *ab initio* y de raíz, y en el cual ya había sido condenado de antemano, sin juicio, por el Ministerio Público en violación de mi derecho a la defensa y a la presunción de inocencia; pasara de una supuesta "etapa temprana" (párrafos 95, 96, 97, 98 de la sentencia) en la cual según la Corte se encontraba, a alguna imprecisa y subsiguiente "etapa tardía" que nadie sabe cuál podría ser, pero eso sí, privado de libertad y sin garantía alguna del debido proceso, en un país donde simplemente no existe independencia y autonomía del Poder Judicial; y entonces en esa "etapa tardía" en unos lustros, si todavía subsistiesen las violaciones, entonces si podía acudir a buscar justicia ante la Corte Interamericana.

Con ello, lo que la Corte resolvió fue, ni más ni menos, que yo debía regresar a Venezuela a entregarme a mis perseguidores, para que me privasen de mi libertad, y sin garantías judiciales algunas, tratara de seguir, desde la cárcel, un proceso judicial que está viciado desde el inicio; y si después de varios años, quizás pudiera tener la suerte de que el proceso "avanzara" y las violaciones a mis derechos se agravasen, entonces, si aún contaba con vida, o desde la ultratumba, podía regresar ante la Cor-

---

1764 Caso *Velásquez Rodríguez Vs. Honduras*. Excepciones Preliminares. Sentencia de 26 de junio de 1987. Serie C N° 1.

te Interamericana a denunciar los mismos vicios, que con su sentencia la Corte se negó a conocer; pero ignorando la propia Corte el hecho de que ello ni iba a ser posible por la denuncia que Venezuela había hecho de la Convención. Y todo ello, además, en relación con un fácticamente inexistente proceso en Venezuela que se extinguió legalmente desde diciembre de 2007, cuando en Venezuela se dictó una Ley de Amnistía que despenalizó los hechos por los que se me había acusado, habiéndose extinguido en consecuencia el proceso penal para todos los imputados. Sin embargo, como yo reclamé justicia ante la justicia internacional, no sólo la Corte Interamericana me la negó ejerciendo Venezuela sobre ella toda la presión inmaginable, sino que en Venezuela, por ese reclamo que pretendí me "castigó" de manera tal que la extinción del proceso penal operó para todos, excepto para mí, por haberme atrevido a reclamar justicia.

La Corte Interamericana, con su sentencia, ***primero***, demostró una incomprensión extrema del sistema venezolano de protección constitucional mediante el amparo o tutela constitucional, que en el país es un derecho constitucional (el derecho a ser amparado) y no sólo una acción o recurso, desconociendo la solicitud de amparo penal que se había ejercido, llegando incluso a afirmar que si se formula un amparo o tutela con petición de nulidad absoluta, mediante un escrito extenso, que en ese caso tenía 532 páginas, entonces según el criterio de los Jueces internacionales que hicieron la mayoría, el amparo deja de ser una petición de amparo, porque en su miope criterio, por su "extensión," no podría resolverse perentoriamente. Por ello, con razón, en el Voto Conjunto Negativo de los Jueces Eduardo **Ferrer Mac Gregor** y **Manuel Ventura Robles** se advierte la incongruencia de la sentencia indicándose que:

> "a pesar de la complejidad de los alegatos de ambas partes sobre el momento procesal en que debe resolverse, en la Sentencia se entra posteriormente a definir un aspecto polémico, entre otros argumentos, dejando ver que un recurso de 523 páginas no podía resolverse en 3 días, ***como si la extensión del recurso sea lo que determina el momento procesal en que se debe resolver***" (párrafo 94).

Pero además, ***segundo,*** la Corte Interamericana incurrió en el gravísimo error de afirmar que en un proceso penal, supuestamente habría la antes referida "etapa temprana" (párrafos 95, 96, 97, 98) que como lo advirtieron los Jueces **Ferrer Mac Gregor** y **Ventura Robles**, en su *Voto Conjunto Negativo* a la sentencia, es un "*nuevo concepto* acuñado en la Sentencia y en la jurisprudencia" (párrafo 46), que implica la absurda consecuencia de que si en la misma (como sería la etapa de investigación de un proceso penal) se han cometido violaciones a los derechos y garantías constitucionales, las mismas nunca podrían apreciarse ni juzgarse por el juez internacional, porque eventualmente podían ser corregidas en el curso del proceso interno (se entiende, por supuesto, en un sistema donde funcione el Estado de derecho), así este esté viciado.

Ello, sin embargo, equivale a dejar sentada la doctrina de que en esa "etapa temprana" del proceso penal se podrían violar impunemente las garantías judiciales, y las víctimas lo que tienen que hacer es esperar *sine die*, incluso privadas de libertad y en condiciones inhumanas, para que un sistema judicial sometido al Poder, deliberadamente lento, termine de demoler todos los derechos y garantías, para entonces, después de varios años de prisión sin juicio, las víctimas puedan pretender tener oportunidad de acudir al ámbito internacional buscando justicia.

Como lo advirtieron los Jueces **Ferrer Mac Gregor** y **Ventura Robles** en su *Voto Conjunto Negativo*, en "la Sentencia se consideró que en este caso en el cual todavía se encuentra pendiente la audiencia preliminar y una decisión al menos de primera instancia, *no era posible entrar a pronunciarse sobre la presunta vulneración de las garantías judiciales*, debido *a que todavía no habría certeza sobre cómo continuaría el proceso* y si muchos de los alegatos presentados *podrían ser subsanados a nivel interno*" (párrafo 25, e igualmente párrafos 35, 46, 50), considerando el *Voto Conjunto Negativo* que con ello, la Corte Interamericana:

> "contradice la línea jurisprudencial del propio Tribunal Interamericano en sus más de veintiséis años de jurisdicción contenciosa, desde su primera resolución en la temática de agotamiento de los recursos internos como es el caso *Velásquez Rodríguez Vs. Honduras,*[1765] ***creando así un preocupante precedente contrario a su misma jurisprudencia y al derecho de acceso a la justicia en el sistema interamericano***" (párrafo 47).

Por ello, los Jueces **Ferrer Mac Gregor** y **Ventura Robles** en su *Voto Conjunto Negativo* insistieron en este grave error de la sentencia de la Corte de establecer esta "nueva teoría" de la "etapa temprana" de un proceso, que:

> "representa un retroceso que afecta al sistema interamericano en su integralidad, en cuanto a los asuntos ante la Comisión Interamericana y casos pendientes por resolver por la Corte, toda vez que tiene ***consecuencias negativas para las presuntas víctimas en el ejercicio del derecho de acceso a la justicia. Aceptar que en las "etapas tempranas" del procedimiento no puede determinarse alguna violación (porque eventualmente puedan ser remediadas en etapas posteriores) crea un precedente que implicaría graduar la gravedad de las violaciones atendiendo a la etapa del procedimiento en la que se encuentre; más aún, cuando es el propio Estado el que ha causado que no se hayan agotado los recursos internos en el presente caso, dado que ni siquiera dio trámite a los recursos de nulidad de actuaciones —de 4 y 8 de noviembre de 2005— por violación a derechos fundamentales***" (párrafo 56).

Todo ello llevó a los Jueces disidentes en su *Voto Conjunto Negativo* a concluir que la utilización por la sentencia, como uno de sus argumentos centrales, de "***la artificiosa teoría,"*** - así la califican -:

> "***de la "etapa temprana***" del proceso, para no entrar al análisis de las presuntas violaciones a los derechos humanos protegidos por el Pacto de San José, constituye un ***claro retroceso en la jurisprudencia histórica de esta Corte, pudiendo producir el precedente que se está creando consecuencias negativas para las presuntas víctimas en el ejercicio del derecho de acceso a la justicia***;

1765 Caso *Velásquez Rodríguez Vs. Honduras*. Excepciones Preliminares. Sentencia de 26 de junio de 1987. Serie C Nº 1.

derecho fundamental de gran trascendencia para el sistema interamericano en su integralidad, al constituir en sí mismo una garantía de los demás derechos de la Convención Americana en detrimento del efecto útil de dicho instrumento" (párrafo 119).

Con esta sentencia, ***tercero,*** en realidad, la mayoría sentenciadora de la Corte Interamericana, al pensar que el viciado proceso penal seguido en mi contra como instrumento de persecución política podía avanzar y salir de la "etapa temprana" en la que en criterio de la Corte se encontraba, y creer que el Estado, con el Poder Judicial como está, podía sin embargo corregir los vicios denunciados, lo que ha resuelto en definitiva, es darle un aval a la situación y el funcionamiento del Poder Judicial en Venezuela, considerándolo apropiado para impartir justicia, para que "avance" a "etapas tardías," precisamente todo lo contrario de lo denunciado. Ello, además, constituye un vicio de inmotivación que hace nula la sentencia.

Lástima, en todo caso, que los señores Jueces que hicieron la mayoría sentenciadora – aparte de las toneladas de informes y documentos que muestran la situación del poder judicial en Venezuela - no leyeron o no se quisieron enterar del más reciente informe sobre la problemática estructural del Poder Judicial en Venezuela elaborado por la *Comisión Internacional de Juristas*, titulado *Fortalecimiento del Estado de Derecho en Venezuela*, publicado en Ginebra en marzo de 2014, es decir, sólo dos meses antes de dictar sentencia, en cuya Presentación, su Secretario General, Wilder Tayler, explica que:

> *"Este informe da cuenta de la falta de independencia de la justicia en Venezuela, comenzando con el Ministerio Público cuya función constitucional además de proteger los derechos es dirigir la investigación penal y ejercer la acción penal. El incumplimiento con la propia normativa interna ha configurado un Ministerio Público sin garantías de independencia e imparcialidad de los demás poderes públicos y de los actores políticos, con el agravante de que los fiscales en casi su totalidad son de libre nombramiento y remoción, y por tanto vulnerables a presiones externas y sujetos órdenes superiores.*
>
> *En el mismo sentido, el Poder Judicial ha sido integrado desde el Tribunal Supremo de Justicia (TSJ) con criterios predominantemente políticos en su designación. La mayoría de los jueces son "provisionales" y vulnerables a presiones políticas externas, ya que son de libre nombramiento y de remoción discrecional por una Comisión Judicial del propio TSJ, la cual, a su vez, tiene una marcada tendencia partidista. [...]".*

Luego de referirse a que "el informe da cuenta además de las restricciones del Estado a la profesión legal," el Sr. Tayler concluyó su Presentación del Informe afirmando tajantemente que:

> *"Un sistema de justicia que carece de independencia, como lo es el venezolano, es comprobadamente ineficiente para cumplir con sus funciones propias. En este sentido en Venezuela, un país con una de las más altas tasas de homicidio en Latinoamérica y en familiares sin justicia, esta cifra es cercana al 98% en los casos de violaciones a los derechos humanos. Al mismo tiempo, el poder judicial, precisamente por estar sujeto a presiones externas, no cumple su función de proteger a las personas frente a los abusos del poder sino que por el*

contrario, en no pocos casos es utilizado como mecanismo de persecución contra opositores y disidentes o simples críticos del proceso político, incluidos dirigentes de partidos, defensores de derechos humanos, dirigentes campesinos y sindicales, y estudiantes."[1766]

Ese Poder Judicial, es el que la Corte Interamericana no se atrevió a juzgar, avalándolo sin embargo, pero sin motivación, al pensar que podría corregir violaciones masivas cometidas en un proceso penal cuyo objeto es una persecución política. Por si no lo sabe la Corte Interamericana, vale la pena que sus Jueces lean al menos lo que recientemente, cuando trabajaba en esta Nota, ha escrito el profesor y académico Alberto Arteaga, el más destacado de los penalistas venezolanos, expresando que:

> "nuestro Poder Judicial se ha convertido en un simple apéndice del Poder Ejecutivo, llegando al extremo de que el Presidente, abiertamente, ha declarado que un procesado, como Leopoldo López, debe ser castigado como responsable por los delitos cometidos, sin que se haya dado pronunciamiento alguno de un Tribunal y sin que el Juez del caso haya protestado por tan descarada intromisión en el proceso a su cargo, en el cual debe decidir conforme a su conciencia y al derecho. Ahora, ni siquiera se cubre la formalidad de declarar que un asunto corresponde al Poder Judicial y que sus decisiones serán respetadas. Simplemente se dictamina y se comienza a ejecutar una pena, como si no existiera la presunción de inocencia, el derecho a ser juzgado en libertad, el trato digno a un encarcelado y el respeto al dolor de su esposa, hijos, padres, amigos y de cualquier ciudadano que crea en la institucionalidad democrática. Sin duda, hay un país sumido en la más profunda crisis cuando la justicia no se hace sentir y se la pretende colocar al servicio de intereses políticos."[1767]

Debe tenerse en cuenta, por otra parte, que la sentencia de la Corte Interamericana en mi caso, que bien conoce el profesor Arteaga pues dictaminó en él, desarrollado en similares circunstancias a las que ha descrito, se dictó después de que el Estado de Venezuela culminó el proceso de desligarse de la Convención Americana de Derechos Humanos, que se inició desde 2003,[1768] ejerciendo presiones indebidas contra la Corte Interamericana de Derechos Humanos, primero con sendas sentencias de la Sala Constitucional de 2008 y 2011 en las cuales declararon "inejecutables" en Venezuela las propias sentencias de la Corte Interamericana;[1769] y segundo,

---

1766 Véase en http://icj.wpengine.netdna-cdn.com/wp-content/uploads/2014/06/VENEZUELA-Informe-A4-elec.pdf

1767 Véase Alberto Arteaga, Justica, ¿Materia pendiente?," en *El Universal*, Caracas, 30 de julio de 2014, en http://www.eluniversal.com/opinion/140730/justicia-materia-pendiente

1768 Véase sentencia N° 1.942 de 15 de julio de 2003 (Caso: *Impugnación de artículos del Código Penal, Leyes de desacato*), en *Revista de Derecho Público*, N° 93-96, Editorial Jurídica Venezolana, Caracas 2003, pp. 136 ss.

1769 Véase la sentencia de la Sala Constitucional del Tribunal Supremo N° 1.939 de 18 de diciembre de 2008 en el Caso *Abogados Gustavo Álvarez Arias y otros* (*Estado Venezolano) vs. Corte Interamericana de Derechos Humanos* en http://www.tsj.gov.ve/decisi-ones/scon/Diciembre/1939-181208-2008-08-1572.html; y sentencia N° 1547 de fecha 17 de octubre de 2011 (*Caso Estado Venezolano vs. Corte In-*

mediante la propia denuncia de la Convención Americana efectuada mediante comunicación de 6 de septiembre de 2012, firmada por el Ministro de Relaciones Exteriores de Venezuela de entonces, Nicolás Maduro,[1770] quien actualmente (2014) ejerce la Presidencia de la República.

Dicho funcionario, en efecto, para denunciar la Convención, hizo referencia a una supuesta campaña de desprestigio contra al país desarrollada por parte de la Comisión Interamericana de Derechos Humanos y por la propia la Corte Interamericana de Derechos Humanos, manifestando formalmente al Secretario General de la OEA la "***decisión soberana de la República Bolivariana de Venezuela de denunciar la Convención Americana sobre Derechos Humanos***," cesando en esta forma respecto de Venezuela los efectos internacionales de la misma, y la competencia respecto del país tanto de la Comisión Interamericana de Derechos Humanos como de la Corte Interamericana de Derechos Humanos.

Para fundamentar la Denuncia de la Convención presionando a la Corte Interamericana, lo cual ha tenido efectos y consecuencias catastróficas respecto del derecho de los venezolanos garantizado en el artículo 31 de la Constitución, según el cual el Estado está obligado a adoptar "las medidas que sean necesarias para dar cumplimiento a las decisiones" de los órganos internacionales de protección de los derechos humanos, el Ministro de Relaciones Exteriores no solo hizo precisamente referencia a varios casos que habían sido decididos por la Corte Interamericana condenando a Venezuela, entre ellos precisamente los que en desprecio del Sistema Interamericano de Protección el Juez Constitucional venezolano habían declarado en el país como "inejecutables;" sino más grave aún, en la comunicación oficial de denuncia de la Convención, hizo mención a casos aún no decididos, que estaban pendientes de decisión por la Corte Interamericana, como era precisamente el caso *Allan Brewer Carías vs. Venezuela*. Dicha presión indebida ejercida por el gobierno de Venezuela sobre la Corte, formulada como fundamento para la Denuncia de la Convención, fue incluso advertida por mis representantes ante la Corte, pero la misma prefirió ignorar el alegato.

Lamentablemente la presión quizás surtió efectos, y por ello, en el libro crítico ante mencionado expresé que quizás estamos comenzado a presenciar el inicio del fin del acceso a la justicia internacional, o del desarrollo de una patología endémica en una Corte internacional. Al menos es lo que cualquier estudioso de la materia podría apreciar, si se tiene en cuenta, *mutatis mutandi*, lo que le ocurrió or ejemplo a los jueces contencioso administrativos en Venezuela en uno de los casos decididos por la propia Corte Interamericana,[1771] cuando después de haberlos protegido, sus

---

teramericana de Derechos Humanos), en http://www.tsj.gov.ve/deci-siones/scon/Octubre/1547-171011-2011-11-1130.html.

1770 Véase la carta del Ministro de Relaciones Exteriores de Venezuela dirigida al Secretario General de la OEA el 6 de septiembre de 2012.

1771 El caso de la destitución de los jueces contencioso administrativo por haber dictado una medida cautelar contra el Estado, que fueron protegidos por la Corte Interamericana de Derechos Humanos por sentencia de 5 de agosto de 2008 (Caso *Apitz Barbera y otros ("Corte Primera de lo Contencioso Administrativo") vs. Venezuela*), que fue la declarada "inejecutable" en Venezuela por sentencia N° 1.939 de la Sala

sustitutos "aprendieron" que en el país, decidir casos contra el Estado les acarreaba destitución de sus cargos, siendo la consecuencia de ello, que los venezolanos ya no tenemos justicia contencioso administrativa.[1772]

En todo caso, lo cierto es que con la sentencia N° 277 que dictó la Corte Interamericana en el caso *Allan Brewer Carías vs. Venezuela*, luego de la denuncia de la Convención y de la indebida presión ejercida sobre la Corte por el Estado, la misma, como se dijo, cambió de raíz su jurisprudencia de un cuarto de siglo de tradición en materia de la excepción del agotamiento de recursos internos, en el sentido lógico de que cuando se demanda al Estado por violaciones del debido proceso y de las demás garantías judiciales (derechos a un juez independiente, a la defensa, a la presunción de inocencia, a la protección judicial), la Corte no puede resolver aisladamente la excepción preliminar de supuesta falta de agotamiento de recursos internos, sin examinar y decidir necesariamente el fondo de las violaciones mencionadas, como por ejemplo, la ausencia de independencia y autonomía del Poder Judicial. Lo contrario sería, avalar sin motivación a un Poder Judicial que no es independiente ni autónomo, y obligar a la víctima a someterse a mayores violaciones de sus garantías judiciales, e incluso de su libertad y seguridad personales, para luego quizás poder acudir a la justicia internacional, que es lo que se ha pretendido en mi caso.

Y lo más lamentable es que la decisión de la Corte, en el caso, cambiando dicha justa jurisprudencia histórica, se dictó sólo para proteger a un Estado que desprecia sus sentencias, y para cercenarle el acceso a la justicia a un ciudadano que acudió a la Corte Interamericana clamando por ella, ya que no la podía obtener en su país.

Con esta sentencia de la Corte Interamericana, en todo caso, por ello, lamentablemente, quizás se ha iniciado una nueva etapa en el ámbito del sistema interamericano de protección a los derechos humanos. ¿Habrá sido esa la consecuencia de la presión ejercida por el Estado venezolano contra la Corte al denunciar la Convención Americana, con base a la existencia de este caso? ¿Habrán privado sobre la justicia intereses personales políticos de algunos Jueces? La historia lo dirá, o lo ha estado comenzando a decir, al menos si nos atenemos a los graves hechos ocurridos en el seno de la propia Corte, con motivo de la campaña política que realizó el Juez **García Sayán,** sin dejar de ser Juez, para lograr se concretara su candidatura a la

---

Constitucional del Tribunal Supremo de Venezuela de 18 de diciembre de 2008 (Caso *Abogados Gustavo Álvarez Arias y otros (Estado Venezolano) vs. Corte Interamericana de Derechos Humanos*). Véase en http://www.tsj.gov.ve/decisiones/scon/Diciembre/1939-181208-2008-08-1572.html. Véanse los comentarios a esa sentencia en Allan R. Brewer-Carías, "La interrelación entre los Tribunales Constitucionales de América Latina y la Corte Interamericana de Derechos Humanos, y la cuestión de la inejecutabilidad de sus decisiones en Venezuela," en Armin von Bogdandy, Flavia Piovesan y Mariela Morales Antonorzi (Coodinadores), *Direitos Humanos, Democracia e Integraçao Jurídica na América do Sul*, Lumen Juris Editora, Rio de Janeiro 2010, pp. 661-70; y en *Anuario Iberoamericano de Justicia Constitucional,* Centro de Estudios Políticos y Constitucionales, N° 13, Madrid 2009, pp. 99-136.

1772 Véase Antonio Canova González, *La realidad del contencioso administrativo venezolano (Un llamado de atención frente a las desoladoras estadísticas de la Sala Político Administrativa en 2007 y primer semestre de 2008)*, Funeda, Caracas 2009.

Secretaría General de la OEA que presentó el Estado peruano,[1773] lo que hizo con la autorización del Presidente **Sierra Porto**,[1774] de espaldas al Pleno de la Corte, y desconociendo que el tema era de incompatibilidad y no de escusa. Con ello, el Juez **García Sayán**, sin dejar de ser Juez, siguió realizando actividades políticas en busca de compromisos y apoyos de los Estados que la propia Corte debía juzgar, para que votasen por su candidatura a la Secretaría General de la OEA. Todo ello ocurrió hasta que el Estado Peruano retiró la candidatura de dicho Juez, y éste, unas semanas después de haber intensamente gestionado los apoyos políticos de los Estados que juzga, sin más, se reincorporó a sus labores en la Corte.[1775]

APÉNDICE II. SOBRE EL GRAVE TEMA DE LAS ACTUACIONES DE LOS JUECES DE LA CORTE INTERAMERICANA QUE PUEDEN AFECTAR SERIAMENTE LA CREDIBILIDAD DE LA MISMA, EN LO QUE CONCIERNE A SU *"IMPARCIALIDAD" "DIGNIDAD"* O *"PRESTIGIO": ¿SIGNOS DE PATOLOGÍA DE LA JUSTICIA CONVENCIONAL?*

Texto del Apéndice al libro: Allan R. Brewer-Carías, *El Caso CIDH Allan R. Brewer-Carías vs. Venezuela ante la Corte Interamericana de Derechos Humanos. Estudio del caso y análisis crítico de la errada sentencia de la Corte Interamericana de Derechos Humanos Nº 277 de 26 de mayo de 2014*, Colección Opiniones y Alegatos Jurídicos Nº 14, Editorial Jurídica Venezolana, Caracas 2014, pp. 355-369.

Lo ocurrido en el seno de la Corte Interamericana de Derechos Humanos en 2014, en efecto, podría considerase, lamentablemente, como un indicio no deseado de signos patológicos en el desarrollo de la justicia convencional internacional que, también muy lamentable, es posible que hayan podido afectar su funcionamiento, particularmente en el caso *Allan R. Brewer-Carías vs. Venezuela,* cuya audiencia, ante la Corte Interamericana de Derechos Humanos realizada el 4 de septiembre de

---

1773 El periodista Daniel Coronell, en su Columna en la *Revista Semana* titulada "Un juez con aspiraciones," en relación precisamente con el Juez **García Sayán** y la Corte Interamericana de Derechos Humanos, ya en diciembre de 2013, escribía con razón que: "**Un juez no puede esperar el favor político de quienes son juzgados por él. Un voto futuro, una decisión favorable a una aspiración, compromete su imparcialidad y hace sospechosa cualquier decisión que toque intereses de su eventual elector**," agregando que en relación a las aspiraciones políticas futuras de los jueces que "si su futuro depende de la decisión de quienes hoy juzga, su decisión nos incumbe a todos. Sencillamente porque no habría garantías para quienes demandan justicia ante la Corte Interamericana.". Véase "Un juez con aspiraciones." Véase Daniel Coronell, "Un juez con aspiraciones," *Revista Semana,* 07-12-2013, en http://m.semana.com/opinion/articulo/columna-daniel-coronell-sobre-juez-garcia-sayan/367384-3.

1774 Véase el Comunicado de Prensa de la Corte en http://www.corteidh.or.cr/docs/comunicados/cp_14_14.pdf. Véase el texto además, en el ***Anexo III*** (páginas 481) de este libro.

1775 Véase el texto de la "Constancia de Disentimiento", en Allan R. Brewer-Carías, *El Caso CIDH Allan R. Brewer-Carías vs. Venezuela ante la Corte Interamericana de Derechos Humanos. Estudio del caso y análisis crítico de la errada sentencia de la Corte Interamericana de Derechos Humanos Nº 277 de 26 de mayo de 2014,* Colección Opiniones y Alegatos Jurídicos Nº 14, Editorial Jurídica Venezolana, Caracas 2014, pp. 481 a 488.

2013, estuvo presidida precisamente por el Juez **Diego García Sayán**, quien fue su Presidente hasta diciembre de 2013, cuando también precisamente el Juez **Humberto Sierra Porto**, en lugar del Juez **Manuel Ventura Robles** a quien en principio le correspondía, asumió la Presidencia de la misma.

Ambos, **García Sayán** y **Serra Porto** suscribieron la sentencia Nº 277 de 26 de mayo de 2014, relativa a dicho caso, ordenando el archivo del expediente y denegándome el derecho de acceso a la justicia internacional, protegiendo al Estado venezolano, para lo cual como se ha dicho, tuvieron que cambiar la tradicional jurisprudencia de la Corte de que cuando se alegan violaciones a los derechos y garantías judiciales, y particularmente, a los derechos al debido proceso, a un juez independiente, a la defensa, a la presunción de inocencia y a la protección judicial, no puede la Corte considerar aisladamente la excepción de falta de agotamiento de los recursos internos, sin antes entrar a considerar el fondo de las denuncias formuladas.[1776] En definitiva, la Corte lo que hizo fue decidir sin motivación alguna, avalando al Poder Judicial del Estado cuya independencia y autonomía era precisamente la que se cuestionó con la demanda, como era precisamente mi caso.

La verdad es que al acudir ante la Corte Interamericana de Derechos Humanos creí en la misma como el órgano idóneo en el Sistema Interamericano para conocer y decidir las demandas por violaciones de los derechos humanos cometidas por los Estados Miembros, confiado en que sus Jueces actuaban todos ajustados a las normas elementales de la Justicia, que establecen la absoluta incompatibilidad entre la función de Juez de la Corte y la realización de actividades que, como lo indica el artículo 71 de la Convención Americana sobre Derechos Humanos, puedan *"afectar su independencia o imparcialidad,"* o como lo dispone el artículo 18.1.c del Estatuto de la Corte *Interamericana, puedan* afectar *"su independencia, imparcialidad, la dignidad o prestigio de su cargo."*

Conforme a ello, por tanto, por ejemplo, un Juez de la Corte Interamericana no puede, en forma simultáneamente a su labor de Juez, que implica juzgar en procesos judiciales complejos a los Estados miembros de la Convención, realizar actividades como aspirante a candidato, o candidato a un cargo como el de Secretario General de la Organización de Estados Americanos, que implica y exige buscar, gestionar o procurar el apoyo de los mismos Estados que son juzgados por él, y que son en defi-

---

1776 Véase Caso *Velásquez Rodríguez Vs. Honduras*. Excepciones Preliminares. Sentencia de 26 de junio de 1987. Serie C Nº 1. Por ello, por ejemplo, Fernando Zamora C, refiriéndose al caso *Allan R. Brewer-Carías vs. Venezuela*, destacó que la Corte de Derechos Humanos "rechazó la demanda porque el Dr. Brewer no había agotado los procedimientos judiciales en Venezuela. Pero argüir esa razón para rechazarla es un grave contrasentido, pues de lo que Brewer se defendía ante la CIDH era, precisamente, del cúmulo de arbitrariedades y abusos judiciales que sufría en su país. // El amparo que se le pedía a la CIDH era, concretamente, a raíz de la violación del debido proceso y las garantías judiciales, por la inexistencia de independencia judicial, por el impedimento del ejercicio de la abogacía y por la provisionalidad de los jueces. ¿Cómo, entonces, devolverlo a esa misma jurisdicción sin antes entrar a analizar el fondo de los hechos alegados? // Por eso, la sentencia ha sido vista "con preocupación" por el juez de dicha Corte, Dr. Eduardo Ferrer Mac-Gregor, y por otros juristas distinguidos. " Véase Fernando Zamora C., "La CIDH y el desamparo al Dr. Brewer," en *La Nación*, San José 23 de agosto de 2014, en http://www.nacion.com/opi-nion/foros/CIDH-desamparo-Dr-Brewer_0_1434656532.html

nitiva los que lo pueden elegir. Es perfectamente legítimo que un Juez de la Corte Interamericana aspire ser candidato a dicho cargo de Secretario General de la OEA, pero para ello, por el conflicto de intereses y la incompatibilidad que origina, tiene el deber de necesariamente renunciar de inmediato a su condición de Juez.

1. *El Juez Diego García Sayán, su aspiración a la Secretaría General de la organización de Estados Americanos, y la percepción sobre su "imparcialidad"*

Ello sin embargo no ocurrió en el caso del Juez **Diego García Sayán**, quien desde 2013 había sido aspirante a candidato a la Secretaría General de la Organización de Estados Americanos, pero sin embargo, no sólo hasta diciembre de 2013 fue Presidente de la Corte, sino que con posterioridad nunca dejó su cargo de Juez, y paralelamente a sus aspiraciones y gestiones para contar con el apoyo y votos necesarios de los Estados para poder ser siquiera aspirante y poder ser electo, siguió participando en los procesos y en las audiencias ante la Corte, y siguió participando en las sentencias en las cuales se ha juzgado a los mismos Estados.

Esa actividad simultánea del Juez **García Sayán** de ser un Juez que pretendía juzgar a los Estados y que simultáneamente era un aspirante a ser candidato a la Secretaría General de la Organización de los Estados Americanos para lo cual buscaba el favor de los Estados que juzgó, firmando sentencias incluso de casos importantes y polémicos en los cuales, por ejemplo, se exoneró a los Estados de responsabilidad; había sido ciertamente un secreto a voces en el mundo latinoamericano, pero bien conocido por cierto, al menos desde 2013.

Una de esas sentencias fue la dictada bajo su presidencia, en el caso *Mémoli vs. Argentina*, el 22 de agosto de 2103,[1777] en la cual la Corte por primera vez consideró que una condena penal por delito de injurias y calumnias no afectaba la libertad de expresión protegida en el artículo 13 de la Convención, liberando al Estado argentino de responsabilidad. Sobre esa sentencia por ejemplo, José Miguel Vivanco, Director de *Human Rights Watch*, expresó en noviembre de 2013, a los pocos días de que la misma fue notificada, que detrás de la misma habría "políticamente, ojo, no jurídicamente":

> "una sutil estrategia política del Presidente de este organismo, **Diego García-Sayán**, con el apoyo de por lo menos cuatro de sus colegiados que apoyaron esa sentencia, contra tres que no lo apoyaron, de **congraciarse con el gobierno argentino, más precisamente con la mandataria, Cristina Fernández de Kirchner.**
>
> **Sucede que en los corrillos políticos latinoamericanos no hay secreto alguno de los órganos interamericanos que no se sepa, y es *vox populi*, que el presidente peruano de la Corte IDH ambicionaba tener el apoyo del gobierno argentino en su pretensión de coronarse como secretario general de**

1777 Véase en http://www.corteidh.or.cr/docs/casos/articulos/seriec_265_esp.pdf.

la OEA, en atención a que el secretario general, el chileno Jaime Insulza, no iba a ir a la reelección en el cargo...”[1778]

De ese secreto a voces, por tanto, podía concluirse que un Juez de la Corte Interamericana que pretendiera, aspirase a ser o fuera, a la vez, candidato a la Secretaría General de la OEA, no podía ser percibido como un juez imparcial, pues su interés político obviamente prevalecería sobre la labor de juzgar. Ello, además, lo observó en diciembre de 2013 el periodista Daniel Coronell, en un artículo publicado en la Revista Semana de Colombia, titulado “Un juez con aspiraciones,” en el cual precisamente se refirió al Juez **García Sayán**, con el siguiente subtítulo: “*Si el futuro de García-Sayán depende de los países que hoy juzga, su decisión nos incumbe a todos, porque no habría garantías ante la Corte Interamericana,*” y con el siguiente contenido:

> **“Un juez no puede esperar el favor político de quienes son juzgados por él. Un voto futuro, una decisión favorable a una aspiración, compromete su imparcialidad y hace sospechosa cualquier decisión que toque intereses de su eventual elector**. El caso del que hoy les quiero hablar no es sencillo.
>
> El presidente de la Corte Interamericana de Derechos Humanos es un jurista prominente y reconocido mundialmente. **Diego García-Sayán** ha sido ministro de Justicia y canciller del Perú. Es un hombre brillante y tiene sobrados méritos para aspirar a cualquier cargo.
>
> Lo particular del asunto es que hace unos días la Unidad de Investigación del diario *La Razón* del Perú, el país natal de **García-Sayán**, informó que el juez ha tenido la aspiración de convertirse en secretario general de la Organización de Estados Americanos (OEA) o, si no se puede, cuando menos secretario general de la Unión de Naciones Suramericanas (Unasur).
>
> Asegura el periódico que el plan para llegar a la Secretaría de la OEA se frustró porque el actual secretario José Miguel Insulza decidió a última hora presentarse a la reelección y resultaba imbatible. Ante esto, siempre según la versión del diario, los esfuerzos del juez se concentraron en Unasur.
>
> **La aspiración no tendría nada de malo si no fuera porque para cualquiera de esos cargos, el juez García-Sayán requiere del voto de los Estados y justamente la Corte Interamericana de Derechos Humanos, de la cual es miembro y presidente hasta el 31 de este mes, juzga si esos Estados han violado los derechos y libertades establecidos en una convención continental. [...]**
>
> Ante la duda, le envié un correo electrónico al juez **Diego García-Sayán**, preguntándole si era cierto o no que había aspirado a la OEA, si aspiraba a Unasur, si sabía de las gestiones del presidente Humala, si creía que podía sur-

---

1778 Véase el reportaje de la Unidad de Investigación del diario *La Razón*, “Jugadas políticas de García-Sayán a expensas de fallo contra la libertad de expresión,” en *La Razón*, 16 de noviembre de 2014, en http://larazon.pe/26193-jugadas-politicas-de-garcia-sayan-a-expensas-de-fallo-contra-la-libertad-de-expresion.html.

gir un conflicto de intereses ya que necesitaba los votos de los Estados que como juez procesaba en la Corte IDH y si podía asegurar que no aspiraría en el futuro a ningún cargo cuya elección dependiera de esos estados.

La respuesta llegó cinco días después. **El juez afirma que no ha aspirado, ni aspira a esos cargos y que desconoce las supuestas gestiones del gobierno de su país. En lo que tiene que ver con aspiraciones futuras la respuesta fue esta: "En cuanto al futuro mediato de mi vida profesional, eso es algo que me corresponderá analizar y decidir a mí y a mi familia en su momento y no es de incumbencia de terceras personas"**.

Lamento discrepar del ilustre juez pero si su futuro depende de la decisión de quienes hoy juzga, su decisión nos incumbe a todos. Sencillamente porque no habría garantías para quienes demandan justicia ante la Corte Interamericana.

Hace unos días el juez Diego García-Sayán decidió una demanda a favor del gobierno de Cristina Kirchner (que vota en la OEA y en Unasur). Su papel fue fundamental para que una escasa mayoría cambiara la doctrina de la Corte sobre la libertad de expresión dándole la razón al gobierno argentino en contra de un periodista que denunció un caso probado de corrupción tolerado por las autoridades de ese país.

Resulta preocupante también que el juez García-Sayán vaya a tomar decisiones en el caso de las familias de los desaparecidos en el Palacio de Justicia contra el Estado colombiano. El gobierno de Colombia tiene voto en los organismo continentales y las víctimas no."[1779]

Y efectivamente, desde 2013, el Juez **García Sayán**, sin separarse de su condición de Juez, mientras esperaba que se concretara la formalización de su candidatura a la Secretaría General de la OEA, siguió participando activamente en los debates y audiencias ante la Corte, firmando sentencias en relación con denuncias presentadas contra Estados con cuyos votos, precisamente, tendría que contar para pretender ser Secretario General de la OEA.

Uno de esos otros casos fue precisamente el caso *Allan R. Brewer-Carías vs. Venezuela*, cuya audiencia celebrada el 4 de septiembre de 2013, estuvo presidida precisamente por el Juez **Diego García Sayán**, quien condujo la Corte hasta diciembre de 2013, cuando el Juez **Humberto Sierra Porto,** asumió la Presidencia de la misma. Ambos suscribieron la sentencia N° 277 de 26 de mayo de 2014, relativa a mi caso,[1780] ordenando el archivo del expediente, denegándome el derecho de acceso a la justicia internacional, protegiendo al Estado venezolano, para lo cual en el caso, los jueces tuvieron que cambiar la tradicional jurisprudencia de la Corte sentada desde el Caso *Velásquez Rodríguez Vs. Honduras* de 1987,[1781] conforme a la cual

1779 Véase Daniel Coronell, "Un juez con aspiraciones," en la Revista *Semana*, 7 de diciembre de 2013, en http://m.semana.com/opinion/articulo/columna-daniel-coronell-sobre-juez-garcia-sayan/367384-3

1780 Véase en http://www.corteidh.or.cr/docs/casos/articulos/seriec_278_esp.pdf.

1781 Véase Caso *Velásquez Rodríguez Vs. Honduras*. Excepciones Preliminares. Sentencia de 26 de junio de 1987. Serie C N° 1.

cuando se alegan violaciones a los derechos y garantías judiciales, y particularmente, de los derechos al debido proceso, a un juez independiente, a la defensa, a la presunción de inocencia y a la protección judicial, la Corte, como es obvio y elemental, tiene necesariamente que considerar y juzgar dichas violaciones, y no puede juzgar aisladamente sobre la excepción de falta de agotamiento de los recursos internos sin antes entrar a considerar el fondo de las denuncias formuladas. Lo contrario no es otra cosa que decidir sin motivación alguna, avalando al Poder Judicial del Estado cuya independencia y autonomía es precisamente la que se cuestionó con la demanda en el caso *Allan Brewer Carías vs. Venezuela*. Como lo observó Fernando Zamora C, refiriéndose a ese caso, la Corte al rechazar la demanda incurrió en un grave contrasentido:

> "pues de lo que Brewer se defendía ante la CIDH era, precisamente, del cúmulo de arbitrariedades y abusos judiciales que sufría en su país.
>
> El amparo que se le pedía a la CIDH era, concretamente, a raíz de la violación del debido proceso y las garantías judiciales, por la inexistencia de independencia judicial, por el impedimento del ejercicio de la abogacía y por la provisionalidad de los jueces. ¿Cómo, entonces, devolverlo a esa misma jurisdicción sin antes entrar a analizar el fondo de los hechos alegados?
>
> Por eso, la sentencia ha sido vista "con preocupación" por el juez de dicha Corte, Dr. Eduardo Ferrer Mac-Gregor, y por otros juristas distinguidos."[1782]

Durante el curso de los casos antes mencionados, en los cuales la Corte cambió de raíz su anterior jurisprudencia garantista, como se ha reseñado, el Juez **García Sayán** actuó activamente en los mismos, ejerciendo de Juez en forma simultánea a su aspiración a ser candidato a la Secretaría General de la OEA. Ello implicaba, de acuerdo con su aspiración, sin la menor duda, además de juzgar a los Estados, el realizar una intensa actividad para consolidar el apoyo de los mismos a su aspiración, en forma totalmente incompatible con el ejercicio del cargo de Juez de la Corte, que como se dijo, precisamente juzga a los Estados cuyos votos son con a los que tiene que aspirar poder contar. Esa incompatibilidad debió llevarlo a renunciar al cargo de Juez, pero no lo hizo.

El aspirar a ser Secretario General de la OEA, implicaba la necesidad ineludible de tener que gestionar y contar con el voto favorable de una mayoría de Estados miembros de la Organización. Esa actividad, netamente política, de buscar el apoyo de los gobiernos de los Estados, es precisamente la que era completamente incompatible con la función de juzgar como Juez de la Corte Interamericana de Derechos Humanos, pues como se ha dicho, la Corte juzga precisamente a los Estados Miembros por responsabilidad internacional, los mismos respecto de los cuales el Juez, como aspirante o candidato a la Secretaría General de la OEA, tendría que esperar apoyo y votación a su favor. Por ejemplo, entre esos Estados de los cuales un Juez

1782 Véase Fernando Zamora C., "La CIDH y el desamparo al Dr. Brewer," en *La Nación*, San José 23 de agosto de 2014, en http://www.nacion.com/opinion/foros/CIDH-desamparo-Dr-Brewer_0_1434656532.html

de la Corte, candidato a la Secretaría General de la OEA, tendría necesariamente que esperar apoyo definitivo en el mundo iberoamericano actual, está sin duda Venezuela, sabiendo que en la madeja de las relaciones internacionales, como también es un secreto a voces bien conocido, muchos Estados miembros de la OEA tienen el compromiso de votar en la misma línea de Venezuela, con base en acuerdos internacionales como es el de Petrocaribe, mediante el cual Venezuela suministra y financia petróleo a varios Estados en condiciones más favorables que los del mercado general.

Por todo lo anterior, Andrés Openheimer recordó lo que expresó José Miguel Vivanco, Director de *Human Rights Watch*, en diciembre de 2013 en el diario español *El País*, en el sentido de que

> **"el voto de García Sayán como presidente de la CorteIDH en un caso clave relacionado con la sentencia contra un periodista argentino representó "un gravísimo retroceso" contra los derechos y la libertad de expresión.**
>
> **La Corte presidida por García Sayán apoyó el dictamen de un juez argentino que afirmaba que Pablo Mémoli, editor de un pequeño diario en la provincia de Buenos Aires, había supuestamente difamado a varias personas. El tribunal presidido por García Sayán también votó en contra del prominente exiliado político venezolano Allan Brewer Carías, quien afirmaba que no gozaba de garantías para un juicio justo en Venezuela."** [1783]

Con razón, por tanto, el mismo José Miguel Vivanco, Director de Human Rights Watch, expresó refiriéndose al caso del Juez **García Sayán**, que:

> **"el hecho de que García Sayán haya permanecido en su cargo de juez de la CorteIDH mientras hacía campaña para conseguir la nominación para la jefatura de la OEA "es algo escandaloso, porque tenía un obvio conflicto de intereses al hacer campaña para el cargo de la OEA y tratar de conseguir los votos de los mismos países que supuestamente debía estar evaluando."**[1784]

Todo lo anterior llevó al periodista Juan Francisco Alonso, después de analizar el fallo de la Corte Interamericana en el caso *Allan R. Brewer-Carías vs. Venezuela,* en el reportaje que publicó en el diario en *El Universal* de Caracas, el 26 de agosto de 2014, con el título: "La Corte IDH evadió estudiar denuncias en el caso Brewer," al preguntarse ¿Por qué el fallo?, a responder que:

1783 Véase Andrés Openheimer, "Candidaturas preocupantes en la OEA," en *El Nuevo Herald*, 23 de agosto de 2014, en http://www.elnuevohe-rald.com/2014/08/23/1827006/oppen-heimer-candidaturas-preocupantes.html.

1784 Véase en Andrés Openheimer, "Candidaturas preocupantes en la OEA," en *El Nuevo Herald*, 23 de agosto de 2014, en http://www.elnuevohe-rald.com/2014/08/23/1827006/oppenheimer-candidaturas-preocupantes.html

"Esta victoria, la segunda consecutiva que logra Venezuela, se produce a semanas de que se conmemore el primer aniversario del retiro oficial del país de la jurisdicción de la Corte IDH.

Especialistas en la materia consultados y que prefirieron el anonimato, no descartaron que en este dictamen haya sido influenciado **por "las ansías" del magistrado peruano Diego García Sayán de sustituir al chileno José Miguel Insulza al frente de la Organización de Estados Americanos** (OEA).

"Está buscando votos y no quiere molestar a Venezuela ni a sus aliados", dijo el experto consultado."[1785]

2. *La formalización de la candidatura del Juez García Sayán a la Secretaría General de la OEA, y la solicitud de una improcedente "excusa," que le fue otorgada por el presidente Sierra Porto, para seguir siendo Juez simultáneamente con la actividad de gestionar apoyos de los Estados para lograr votos a su favor*

Pero lo grave de la situación en la Corte Interamericana de Derechos Humanos fue que cuando como al fin, el Juez **García Sayán** había logrado que el Perú lo postulase formalmente para el cargo que aspiraba, lo que ocurrió el 16 de agosto de 2014, por tal razón, después de sentenciar varios casos, incluso los casos *Mémoli vs. Argentina* y *Allan R. Brewer-Carías vs. Venezuela*, protegiendo celosamente en ambos casos a los Estados, negándome a las víctimas el acceso a la justicia, para lo cual como se dijo la Corte tuvo que cambiar su jurisprudencia de siempre, el Juez **García Sayán**, con el acuerdo del Presidente de la Corte, **Humberto Sierra Porto**, en lugar de renunciar a su cargo, que era lo que procedía aun cuando fuera tardíamente pues debió hacerlo desde cuándo comenzó a aspirar a ser nominado como candidato a la Secretaria General de la OEA, ***logró el insólito status de seguir ejerciendo el cargo de Juez de la Corte Interamericana mientras hacía campaña política abierta para lograr los votos necesarios de los Estados*** muchos de los cuales estaban *subjudice* ante la Corte.

Para ello, el 19 de agosto de 2014, el Juez **García Sayán** solicitó a la Corte Interamericana que se le "excusara" temporalmente -mientras fuera tal candidato- de participar sólo en algunos asuntos ante la misma, y así poder hacer campaña política abiertamente sin perder su condición de Juez. El Juez **García Sayán**, en efecto, formuló su solicitud de excusa -según se informó en la antes mencionada "Constancia de Disentimiento" de fecha 21 de agosto de 20014 firmada por los Jueces **Eduardo Vio Grossi** y **Manuel Ventura Robles,**, argumentando que lo hacía para que no se generase "*percepción alguna de que las decisiones adoptadas por la Corte o mis votos pudieran estar influidos por factores ajenos a los estrictamente jurídico*".

1785 Véase Juan Francisco Alonso, "La Corte IDH evadió estudiar denuncias en el caso Brewer," en *El Universal*, Caracas 26 de agosto de 2014, pp.. Véase además en http://www.eluniversal.com/nacional-y-politica/140826/la-corte-idh-evadio-estudiar-denuncias-en-el-caso-brewer.

La afirmación fue en realidad una confesión, de manera que la pregunta obligada era ¿Por qué fue que esa "preocupación" del Juez **García Sayán**, de que su candidatura a la Secretaría General de la OEA podía generar la indudable *percepción de que las decisiones adoptadas por la Corte o sus votos pudieran estar influidos por factores ajenos a los estrictamente jurídico*? Ello evidentemente fue así desde 2013, pero sin embargo sólo le surgió cuando su candidatura se concretó, pero por lo visto no le preocupó durante los largos meses en los cuales la misma se gestó, y durante los cuales, con su voto, en varios casos, la Corte protegió a los Estados y desamparó a las víctimas.

Durante los largos meses de la gestación de su candidatura a la Secretaría General de la OEA, la percepción negativa señalada por el Juez **García Sayán**, por si no lo supo, ya se había manifestado –yo mismo soy testigo de ello durante la audiencia de la Corte de septiembre de 2014- , Y ello se confirmó en forma notable, con la sola solicitud de excusa que formuló ante la Corte, que es el reconocimiento más patente de que su participación en el ejercicio de la competencia contenciosa de la Corte mientras aspiraba y pretendía ser candidato a la Secretaria General de la OEA, era tan comprometedora como la que resultó después de la formalización de su candidatura. Ambas situaciones, por una parte, la de ser Juez de la Corte, y por la otra, simultáneamente, la de ser aspirante a candidato o candidato a dicho cargo internacional, generaron la percepción de la incompatibilidad entre el mencionado cargo y la actividad que resultó de la aludida aspiración o postulación.

Pero en todo caso, lo planteado por el Juez **García Sayán** con su petición de "excusa," era ciertamente de suprema importancia para el funcionamiento de la Corte Interamericana, sobre todo respecto de la percepción sobre su independencia, imparcialidad, dignidad y prestigio, lo cual ameritaba, sin duda, la necesidad de que el asunto fuera decidido por el Pleno de la misma. Pero no; el Presidente de la Corte, Juez **Sierra Porto**, ignoró a la propia Corte y a sus otros Jueces, y personalmente autorizó la "excusa" solicitada por el Juez **García Sayán**.

Todo ello fue incluso anunciado por la propia Corte Interamericana de Derechos Humanos en "Comunicado de Prensa" publicado el 21 de agosto de 2014, titulado: "S*e acepta la excusa del Juez Diego García-Sayán de participar de todas las actividades de la Corte mientras sea candidato a la Secretaria General de la OEA*," con el cual la Corte puso en conocimiento de la comunidad, no sólo la postulación formal por el Perú de la candidatura del Juez **Diego García-Sayán** a Secretario General de la Organización de Estados Americanos (OEA), sino la presentación ante la Corte de la solicitud de "su excusa de participar, mientras sea candidato, de todas las actividades de la Corte;" y además, la decisión unilateral adoptada por el Presidente, **Humberto Sierra Porto**, aceptando la excusa. A tal efecto, incluso se informó que el Juez **Sierra Porto** valoraba "la iniciativa del Juez **García-Sayán** de apartarse de todas las actividades de la Corte mientras sea candidato a la Secretaría General de la OEA," considerando esa actitud como "generosa," estimando que así se "propician las condiciones para el adecuado funcionamiento del Tribunal."

Para entender el significado de esta excusa tardía, del episodio ocurrido con la decisión unilateral del Presidente de la Corte de "aceptarla" por sí solo, a pesar de que otros Jueces miembros de la misma habían solicitado que el asunto se debatiera en el Pleno de la Corte, como correspondía, y de cómo todo ello empañó la percepción sobre la independencia, imparcialidad, dignidad y prestigio del tribunal, basta leer el texto de la antes mencionada "Constancia de Disentimiento," consignada ante la Corte por el Juez **Eduardo Vio Grossi** el día 21 de agosto de 2014, a la cual se adhirió en Juez **Manuel Ventura Robles.**

En dicha "Constancia de Disentimiento" en efecto, los Jueces **Eduardo Vio Grossi** y **Manuel Ventura Robles**, solicitaron, por "la trascendencia del asunto para el desarrollo de la propia Corte," que quedase registrada en los archivos de la misma "su disconformidad" tanto con la solicitud presentada por el Juez **García Sayán**, en orden a que, *mientras fuese candidato* a la Secretaría General de la OEA, se le excusase *"de participar en la deliberación e las sentencias u otras decisiones relativas a casos contenciosos, supervisión de cumplimiento de sentencias o medidas provisionales sobre las que la Corte tenga que pronunciarse;"* como con lo resuelto unilateralmente por el Presidente de la Corte, aceptando la mencionada excusa luego de afirmar que el asunto no correspondía haber sido sometido al Pleno de la Corte, pues esto supuestamente sólo procedía si el Juez **Sierra Porto** no hubiese aceptado la "excusa" presentada.

Lo que más llama la atención de todo este episodio, sin embargo, es que el Presidente **Sierra Porto** informó de la solicitud de "excusa" del Juez **García Sayán** al Pleno de la Corte, integrado en ese momento, además, por los jueces **Roberto Figueiredo Caldas**, **Manuel Ventura Robles**, **Eduardo Ferrer Mac-Gregor Poisot** y **Eduardo Vio Grossi**," solicitándoles su opinión; ocasión en la cual, como lo indicaron los Jueces **Vio Grossi** y **Ventura Robles** en su "Constancia de Disentimiento," incluso hubo debate, quedando expresada la posición de ambos sobre la "incompatibilidad entre el cargo de juez de la Corte que detenta el juez **García Sayán** y la presentación de su candidatura a la Secretaría General de la OEA," considerando que "lo que procedía era someter el asunto a consideración del Pleno de la Corte." Ello incluso lo solicitó por escrito el Juez **Ventura Robles** ante el Presidente **Sierra Porto**, *para que fuera la Corte en Pleno la que resolviera lo pertinente sobre incompatibilidad en el caso, y los Jueces pudieran pronunciarse sobre el tema.* Ello, sin embargo, fue negado por el Presidente **Sierra Porto**, pasando él mismo a decidir el asunto unilateralmente, aceptando la "excusa" presentada, ignorando a la Corte.

3. *La evidente improcedencia de la solicitud de "excusa" presentada por el Juez García Sayán y el ineludible deber que tenía de renunciar a su cargo, así fuera tardiamente*

Era evidente, como bien lo observaron los Jueces **Vio Grossi** y **Ventura Robles**, en su "Constancia de Disentimiento," que la solicitud de "excusa" presentada por el Juez **García Sayán** era totalmente improcedente, pues conforme al artículo 19.2 del Estatuto de la Corte, las solicitudes de excusa se deben presentar sólo en los casos en los cuales un juez "estuviere impedido de conocer, o por algún motivo calificado considerare que no debe participar **en determinado asunto**." En el caso de la solicitud del Juez **García Sayán**, era demasiado evidente que la "excusa" no se refería a *"determinado asunto,"* y, además, se presentaba por un período de tiempo indeterminado que no estaba referido a algún caso que hubiese sido sometido a conocimiento de la Corte, sino sólo a una circunstancia completamente ajena a los asuntos sometidos al tribunal, como era su candidatura a la Secretaría General de la OEA. Ello, por supuesto, no era materia de "excusa" sino evidentemente de renuncia.

La situación era sin duda grave. Y ello, además, por dos motivos: primero, como lo apuntaron los Jueces **Vio Grossi** y **Ventura Robles** en su "Constancia de Disentimiento," la "excusa" presentada por el Juez **García Sayán** en sus propios términos, era única y exclusivamente en relación con *"participar en la deliberación de las sentencias u otras decisiones relativas a casos contenciosos, supervisión de cumplimiento de sentencias o medidas provisionales sobre las que la Corte tenga que pronunciarse,"* excluyendo de su solicitud de "excusa" la intervención en la emisión de Opiniones Consultivas y en las demás actividades que la Corte pudiera llevar a cabo, "tales como participación en actos protocolares, actividades académicas y actos de representación ante otras entidades, y en el empleo de oficinas, recursos e infraestructura de la Corte."

Y segundo, porque la solicitud de "excusa" presentada por el Juez **García Sayán**, la formuló con el claro sentido y propósito de que una vez aprobada, como fue en efecto aprobada por el Presidente unilateralmente, el Juez **García Sayán**, continuaría *"desempeñando la función de juez de la Corte Interamericana."* Es decir, que no obstante ser simultáneamente Juez de la Corte y candidato a la Secretaría General de las OEA, el Juez **García Sayán** por decisión del Presidente de la Corte **Sierra Porto** había conservado "todas las prerrogativas, inmunidades y privilegios inherentes al cargo o función de juez de la Corte," siendo relevado sólo de sus obligaciones en relación con el ejercicio de la función contenciosa. Todo ello se lo concedió el Presidente de la Corte, Juez **Sierra Porto**, unilateralmente, aun cuando extendiendo la "excusa" en general respecto de todas las actividades de la Corte, confiriendo indebidamente a tal "excusa," como lo observaron los Jueces **Vio Grossi** y **Ventura Robles** en su "Constancia de Disentimiento," "algunas de las consecuencias propias de la institución de las incompatibilidades y ajenas a la de las excusas.

De todo lo anterior, era evidente que el Juez **García Sayán** no podía pretender seguir ejerciendo su cargo como Juez de la Corte Interamericana y además, simultáneamente, con una "excusa," realizar la gestión política de compromisos internacionales buscando apoyos y votos de los Estados, que son los sujetos a ser juzgados por la propia Corte, para lo cual fue autorizado unilateralmente por el Presidente de la Corte, Juez **Sierra Porto**. Al contrario, lo que debió hacer era renunciar a su cargo para dedicarse de lleno a la actividad política que demanda su postulación como candidato a la Secretaría General de la OEA, como bien lo indicaron los Jueces **Vio Grossi** y **Ventura Robles**, en su "Constancia de Disentimiento," conforme a lo que está previsto en el artículo 21.1 del Estatuto del Corte, lo cual sin embargo no hizo.

4. **La** *incompatibilidad del cargo de Juez de la Corte Interamericana de Derechos Humanos del Juez Diego García Sayán, con su actividad de ser candidato a la Secretaría General de la OEA, y la "excusa" que le aprobó el Presidente de la Corte Juez Sierra Porto, sin competencia para ello.*

El resultado de la improcedente "excusa" que le aprobó unilateralmente el Presidente de la Corte **Sierra Porto** al Juez **García Sayán**, es que con el acuerdo entre ambos, se buscó "regularizar" una absoluta incompatibilidad entre el cargo de Juez de la Corte y la asunción de la mencionada candidatura a la Secretaría General de la OEA, que la Corte en Pleno tenía el derecho a discutir y debatir, lo cual le fue cercenado a los otros Jueces de la misma, pues como lo indicaron los Jueces **Vio Grossi** y **Ventura Robles**, el Presidente **Sierra Porto** "no permitió que ocurriera." Dicha incompatibilidad, que el Pleno de la Corte tenía el derecho de discutir, derivó del hecho de que conforme al artículo 71 de la Convención Americana y al artículo 18.1 del Estatuto de la Corte, la actividad que exigía ser desplegada como candidato a un cargo como Secretario General de la OEA, obviamente podía *afectar* "su independencia, imparcialidad, la dignidad o prestigio de su cargo."

Sobre ello, los Jueces **Vio Grossi** y **Ventura Robles** en su "Constancia de Disentimiento" fueron enfáticos en considerar que:

> "es a todas luces evidente que la "*actividad*" consistente en la candidatura a la Secretaría General de la OEA, no solo puede en la práctica impedir el ejercicio del cargo de juez de la Corte, sino que también puede afectar la *"independencia, "imparcialidad", "dignidad" o "prestigio"* con que necesariamente debe ser percibido dicho ejercicio por quienes comparecen ante la Corte demandando Justicia en materia de derechos humanos."

Para llegar a esta conclusión, los Jueces **Vio Grossi** y **Ventura Robles** advirtieron cómo el propio Juez **García Sayán** había afirmado, como fundamento de su solicitud de "excusa," que la misma la formulaba *"de manera que no se genere percepción alguna de que las decisiones adoptadas por la Corte o mis votos pudieran estar influidos por factores ajenos a los estrictamente jurídico,"* de lo cual derivaron la conclusión obvia de que con ello, el Juez **García Sayán**:

> "estaría reconociendo que, si continuaba participando en el ejercicio de la competencia contenciosa de la Corte no obstante ser simultáneamente candidato a la Secretaría General de la OEA, podrían generarse percepciones respecto de la incompatibilidad entre el mencionado cargo y la aludida postulación."

Por ello la conclusión de los Jueces **Vio Grossi** y **Ventura Robles** en su "Constancia de Disentimiento," de que lo que debió proceder en el caso de la solicitud de "excusa" del Juez **García Sayán**, "no era un pronunciamiento acerca de una excusa, que, como ya se expresó, era improcedente, sino en cuanto a la aludida incompatibilidad, lo que no aconteció ni se permitió que ocurriera," precisamente por decisión unilateral del Presidente **Sierra Porto**, quien no tenía competencia para ello. Como lo afirmaron los Jueces **Vio Grossi** y **Sierra Porto**, porque "el Presidente carece de facultades para pronunciarse, como lo hizo, respecto de la solicitud del juez **García Sayán**."

El asunto planteado era claramente un tema de incompatibilidad y no de "excusa," al punto de que como lo observaron los Jueces **Vio Grossi** y **Ventura Robles** en su "Constancia de Disentimiento," el propio Juez **García Sayán,** en su solicitud sólo se refirió a que en su criterio conforme al artículo 19.2 del Estatuto de la Corte, supuestamente no existía "incompatibilidad convencional, estatutaria o reglamentaria" que le impidiera "seguir desempeñando la función de juez de la Corte Interamericana y, simultáneamente, ser candidato a [...] Secretario General de la Organización de Estados Americanos (OEA)," mencionando causales propias de la incompatibilidad del cargo de Juez con otras actividades. Por ello, siendo un tema de incompatibilidad, conforme al artículo 18.2 del Estatuto de la Corte, correspondía a la misma Corte, y no al Presidente **Sierra Porto,** decidir sobre la materia. Por ello, al resolver dicho Presidente sobre la solicitud del Juez **García Sayán** sustentada "en causales propias de las incompatibilidades y no en las procedentes para las excusas," lo que hizo fue impedir como lo observaron los Jueces **Vio Grossi** y **Ventura Robles**, en su "Constancia de Disentimiento," "que la Corte se pronunciara sobre dicha petición y más especialmente, sobre la eventual incompatibilidad entre dicho cargo y la mencionada candidatura;" es decir, impedir "que la Corte ejerciera una facultad expresamente reconocida en su Estatuto."

Y lo más insólito del procedimiento seguido, como resulta de lo observado y expuesto por los Jueces **Vio Grossi** y **Ventura Robles** en su "Constancia de Disentimiento," es que:

> "a juicio del juez **García Sayán** y del Presidente, bastó con que la solicitud en comento del primero haya aludido a la excusa para que se haya debido proceder conforme al procedimiento previsto para la misma, descartando de plano y sin otro fundamento, la posibilidad de analizarla y resolverla a través del procedimiento expresamente previsto tanto para el caso de renuncia al cargo de juez de la Corte como para el de la adopción de una decisión sobre la incompatibilidad del mismo con la actividad de ser candidato a la Secretaría General de la OEA."

En esta forma, el Presidente de la Corte usurpó lo que correspondía ser decidido por el Pleno de la Corte; como concluyeron los Jueces **Vio Grossi** y **Ventura Robles**:

> "no procedía que el Presidente se pronunciara con relación a la aludida petición del juez **García Sayán** como efectivamente lo hizo, por carecer de competencia para ello y en cambio, lo que correspondía era permitir su análisis y resolución por el Pleno de la Corte."

5. *Algunas consecuencias de la decisión del Presidente Juez Sierra Porto, viciada de incompetencia, aprobando la excusa solicitada por el Juez García Sayán en relación con el funcionamiento de la Corte Interamericana: la percepción sobre su **"imparcialidad" "dignidad"** o **"prestigio"**.*

De todo ello, entre las "graves consecuencias" que los Jueces **Vio Grossi** y **Ventura Robles** observaron sobre lo decidido, sin competencia alguna para ello, por el Presidente **Sierra Porto** en combinación con el Juez **García Sayán**, es el "serio riesgo" que se corría de que tanto "la solicitud del juez **García Sayán** como lo resuelto por el Presidente a su respecto, fueran percibidos como ***actos realizados únicamente para legitimar la peculiar situación de que se trata***," como efectivamente fue lo que se percibió; autorizándose indebidamente "a un juez de la Corte para que suspenda temporalmente su obligación de ejercer debidamente dicho cargo, para privilegiar otras actividades no judiciales." Además observaron con razón los Jueces **Vio Grossi** y **Ventura Robles** que:

> "la solicitud del juez **García Sayán** así como la decisión afirmativa adoptada a su respecto por el Presidente podrían ser comprendidas en cuanto que sería permitido que los jueces de la Corte, por intereses ajenos a los de la Corte, dejen de ejercer temporalmente sus funciones para posteriormente reintegrarse a ella. Ello evidentemente podría generar una percepción de inestabilidad o fragilidad institucional de la Corte y aún de inseguridad jurídica respecto de sus fallos."

Por todo lo que se deriva de la "Constancia de Disentimiento" formulada por los Jueces **Vio Grossi** y **Ventura Porto**, resultaba más que plausible sostener, como ellos mismos lo afirman "que la referida solicitud de excusa del juez **García Sayán** y lo resuelto al efecto por el Presidente, pueden afectar seriamente la credibilidad en lo que concierne a su *"imparcialidad" "dignidad"* o *"prestigio";* razón por la cual dichos Jueces precisamente extendieron dicha *"C*onstancia de Disentimiento," con el objeto de evitar, con razón, que se pudiera presumir que ellos avalaban los indicados actos, y evitar que se pudieran llegar a considerar "en el futuro como precedente en cuanto a limitar, desconocer o evitar las facultades expresamente otorgadas a la Corte."

Concluyeron los Jueces **Vio Grossi** y **Ventura Robles**, indicando que su "Constancia de Disentimiento," "responde a la transparencia" que a su juicio:

> "debe imperar en una instancia judicial de la envergadura de la Corte, que imparte Justicia en materia de derechos humanos con estricto apego a los principios de imparcialidad, independencia, legalidad y certeza y seguridad jurídicas, otorgando, por ende, a quienes comparecen ante ella la máxima garantía de que efectivamente procede así."

Es importante esta afirmación de fe, porque lamentablemente, con conductas como las del Juez **García Sayán** y del Presidente de la Corte **Sierra Porto**, lo que resulta es una percepción contraria, la cual lamentablemente me tocó vivir en carne propia en el caso *Allan R. Brewer-Carías vs. Venezuela*, que fue decidido con la participación de ambos, y es que en la Corte Interamericana hay jueces que imparten Justicia en materia de derechos humanos sin estricto apego a los principios de imparcialidad, independencia, legalidad y certeza y seguridad jurídicas, negándole el acceso a la justicia a quienes comparecen ante ella clamando justicia cuando en sus países no la pueden obtener.

De los hechos mencionados, en todo caso, resultó que una vez que el Juez **García Sayán** perdió apoyo del propio Estado peruano para su candidatura a la Secretaría General de la OEA, declinó de la misma, declarando a la prensa que:

> "No dudo de que el canciller puede haber llamado por teléfono a otros cancilleres. Pero ese no es el tema. El tema es que, sistemáticamente, el mensaje que hemos recibido [de otros países] es que, mientras no se reciba un mensaje público y claro de un apoyo consistente a la candidatura, ellos no van a poder comprometer su voto", comentó García Sayán en el programa sobre su postulación.

Esa posición se la transmití de manera reiterada al canciller Gutiérrez. Hay países que dicen que nos daban su voto, pero para anunciarlo tenían que ver que el Gobierno me apoye públicamente."[1786]

O sea, que el Juez **García Sayán**, confesó en esta forma que sin perder su condición de Juez de la Corte Interamericana, teniendo él el apoyo de los Estados necesarios, los mismos, que eran los que él mismo juzgaba como Juez, sin embargo, le habían mandado "mensaje" de que no habían recibido mensajes públicos y claros del apoyo del propio gobierno del Perú a su candidatura. Tan simple como eso.

Y sobre la "Constancia de Disentimiento" de los Jueces **Vio Grossi** y **Ventura Robles**, al comentar públicamente su intención de reintegrarse a la Corte Interamericana afirmando que "la licencia está concluyendo y me reincorporo plenamente," negando que hubiera "incompatibilidad entre el cargo de juez y el de candidato a la secretaría" general de la OEA, y afirmando que el "presidente de la Corte tenía, la facultad de concederle la licencia;," acusó a dichos jueces, sin razón, de "divulgar públicamente discusiones internas, tildándolos como "dos jueces de una minoría recalcitrante en este y en todos los demás aspectos sustantivos de la Corte." [1787]

Dichas declaraciones y calificativos del Juez **García Sayán** fueron rechazadas por los Jueces **Vio Grossi** y **Ventura Robles**, en "Declaración" pública de 6 de octubre de 2014, en la cual expresaron que con la antes mencionada "*Constancia de Disentimiento*" solo habían ejercido "el derecho de disentir," pues en la misma no se divulgaron deliberaciones internas de la Corte, "sino que expresa, con transparencia y el debido respeto y consideración, únicamente nuestra opinión o discrepancia de orden jurídico respecto de lo actuado por el Sr. García Sayán y de lo resuelto al efecto, ambos hechos dados a conocer públicamente en el sitio web de aquella. "Reiteraron entonces los Jueces **Vio Grossi** y **Ventura Rob**les, que:

> "la citada excusa presentada por el Sr. García Sayán era, a nuestro juicio y al amparo de lo dispuesto en el artículo 19.2 del Estatuto de esta última, improcedente, pues basta leer dicha disposición para percatarse que solo la prevé para un "*caso determinado*" y no para un período indeterminado ni respecto de todos los casos que la CorteIDH conozca en el mismo, como lo solicitó el Sr. García Sayán y se aceptó.
>
> Lo que hemos señalado se sustenta, además, en los constantes precedentes a este respecto, el último de los cuales fue precisamente conocido y resuelto por el propio Sr. García Sayán en su calidad en ese entonces de Presidente de la CorteIDH, cuando, previa consulta con ésta, autorizó a uno de los suscritos para que no participara en el caso concerniente *Brewer Carías Vs. Venezuela* a fin de evitar, en los términos de la solicitud pertinente, que se "*pudiese provocar, si*

1786 Véase el reportaje "Diego García Sayán declinó ser el candidato del Perú a la OEA," en *El Comercio*, Lima 2 de octubre de 2014, en http://elcomercio.pe/politica/gobierno/diego-garcia-sayan-declino-candidato-peru-oea-noticia-1761054

1787 Véase el reportaje "Canciller Gutierres asegura que sí se apoyó a García Sayán,", en *El Comercio*, Lima, 3 de octubre de 2014.

(participaba*) en el caso en cuestión, alguna duda, por mínima que fuese, acerca de la imparcialidad tanto (*del peticionario*) como, muy especialmente, de la Corte.*"

También reafirmaron los Jueces **Vio Grossi** y **Ventura Robles**, que al tenor de lo dispuesto en los artículos 72 de la Convención Americana sobre Derechos Humanos y 18.1.c del Estatuto de la CorteIDH:

> "son absolutamente incompatibles el cargo de juez de la misma, de orden judicial, con la actividad de candidato a la Secretaría General de la OEA, de naturaleza política, por lo que, en el caso del Sr. García Sayán, lo que correspondía era que la CorteIDH, y no su Presidente, decidiera sea, conforme a lo dispuesto en la primera frase del artículo 18.2 de dicho Estatuto, respecto de la incompatibilidad del tal cargo con la de mencionada actividad, sea, de acuerdo a lo dispuesto en el artículo 21.1. del mismo Estatuto, respecto a la renuncia al cargo de juez, teniendo en cuenta, a este último efecto, el *precedente del juez Carlos Roberto Reina, quién para presentarse como candidato a la Presidencia de Honduras, renunció previamente a la Corte.*

La conclusión de todo este episodio, que muy lamentable muestra un caso propio de la patología de la justicia convencional, fue que días después, el 16 de octubre de 2014 el Juez **García Sayán** se reincorporó como Juez a las actividades de la Corte Interamericana, [1788] presto, sin duda, a juzgar con toda imparcialidad a los Estados que le habían ofrecido su apoyo político.

APÉNDICE III. LA IMPORTANCIA DADA POR EL SECRETARIO GENERAL DE LA ORGANIZACIÓN DE ESTADOS AMERICANOS, LUIS ALMAGRO, EN EL *INFORME* PRESENTADO EL 30 DE MAYO DE 2016 ANTE EL CONSEJO PERMANENTE DE LA ORGANIZACIÓN SOBRE LA SITUACIÓN DE LA DEMOCRACIA EN VENEZUELA A LA LUZ DE LA CARTA DEMOCRÁTICA INTERAMERICANA, AL VOTO CONJUNTO NEGATIVO DE LOS JUECES EDUARDO FERRER MAC GREGOR Y MANUEL E. VENTURA ROBLES A LA SENTENCIA Nº 277 DE 26 DE MAYO DE 2014 DE LA CORTE INTERAMERICANA DE DERECHOS HUMANOS (CASO ALLAN BREWER CARIAS VS. VENEZUELA).

En el *Informe sobre Venezuela a la luz de la Carta Democrática Interamericana* que el Secretario General de la Organización de Estados Americanos Luis Almagro, presentó al Consejo Permanente de la Organización con fecha 30 de mayo de 2016, al referirse a la situación de falta de autonomía e independencia del Poder Judicial en Venezuela en la doctrina de la Corte Interamericana de

1788 Véase el reportaje "Diego García Sayán retomó sus actividades dentro de la CIDH," en La república, Lima, 16 de octubre de 2014, en http://www.larepublica.pe/16-10-2014/diego-garcia-sayan-retomo-sus-actividades-dentro-de-la-cidh.

Derechos Humanos, su exposición la fundamentó, paradójicamente, no directamente en alguna sentencia de la Corte Interamericana, sino precisamente en el Voto Conjunto Negativo a la sentencia de la Corte en el *Caso CIDH Allan R. Brewer-Carías vs. Venezuela Nº 277 de 26 de mayo de 2014*, emitido por los jueces Eduardo Ferrer Mac Gregor y Manuel E. Ventura Robles. A continuación la parte pertinente de dicho *Informe*, contenida en las páginas 73 a 79, sobre el tema:

"[…]

VIII. ***DEMOCRACIA Y PODER JUDICIAL***

Como hemos señalado al presente no existe en Venezuela una clara separación e independencia de los poderes públicos, donde se registra uno de los casos más claros de cooptación del Poder Judicial por el Poder Ejecutivo.

Ya desde el año 2009 la Comisión Interamericana de Derechos Humanos ha reiterado en sus informes anuales información sobre irregularidades en la designación de los jueces y fiscales, perjudicando las garantías de independencia judicial en Venezuela. *La Comisión ha observado que las normas de designación, destitución y suspensión de los magistrados contenidas en la Ley Orgánica del Tribunal Supremo de Justicia carecen de previsiones adecuadas para evitar que otros poderes del Estado puedan afectar la independencia del tribunal.*

En específico la CIDH ha advertido que el hecho de que la elección de los magistrados pueda ser ejercida por la mayoría simple de la Asamblea Nacional, ***elimina el requisito del amplio consenso para la elección de magistrados.*** *Por ejemplo, en 2004, una mayoría simple de la Asamblea Nacional, de mayoría chavista, designó 49 nuevos magistrados, 17 titulares y 32 suplentes. Entre otros se sustituyó al Magistrado que había optado por no enjuiciar a los miembros de las Fuerzas Armadas que participaron en los hechos de abril de 2002 y a los miembros de la Sala Electoral que habían decidido a favor del referéndum revocatorio presidencial.*

Recientemente, en diciembre de 2015, la mayoría oficialista de la Asamblea Nacional aprobó el nombramiento de 13 Magistrados principales y 21 suplentes de la Corte Suprema, sin el apoyo de la bancada opositora, la cual argumentó que se habría presionado la salida de 13 de los 32 Magistrados para asegurarle al oficialismo el control del Tribunal Supremo, antes que la oposición se convirtiera en mayoría en el Parlamento.

Actualmente más del 60 por ciento de los jueces de las primeras instancias pueden ser removidos de sus puestos sin un debido proceso por decisión de una comisión de la Corte Suprema.

Opiniones de la Corte Interamericana de Derechos Humanos en lo que se refiere a la independencia del poder judicial en Venezuela.

El 26 de mayo de 2014, la Corte Interamericana de Derechos Humanos dictó sentencia en el caso Brewer Carias vs. Venezuela que dio la oportunidad para que dos jueces de dicho Tribunal emitieran votos disidentes relacionados con el poder judicial en Venezuela.

El caso se relaciona con "la presunta falta de garantías judiciales y protección judicial en el proceso seguido al abogado Allan R. Brewer Carias por el delito de conspiración para cambiar violentamente la Constitución, en el contexto de los hechos ocurridos entre el 11 y el 13 de abril de 2002, en particular, su supuesta vinculación con la redacción del llamado 'Decreto Carmona' mediante el cual se ordenaba la disolución de los poderes públicos y el establecimiento de un 'gobierno de transición democrática"'.

En una etapa anterior, la Comisión Interamericana de Derecho Humanos consideró que "el hecho de que el proceso penal seguido contra Allan Brewer Carias estuviera a cargo de tres jueces temporales durante la etapa preliminar constituía en sí misma una violación a las garantías judiciales en el caso concreto".

Asimismo, la Comisión consideró que "en este caso se afectaron las garantías de independencia e imparcialidad del juzgador y el derecho a la protección judicial, teniendo en cuenta que uno de los jueces temporales fue suspendido y reemplazado dos días después de presentar una queja por la falta de cumplimiento de una orden emitida por él que ordenaba el acceso del imputado a la totalidad de su expediente, sumado a la normativa y práctica respecto del nombramiento, destitución y situación de provisionalidad de los jueces en Venezuela".

La Corte Interamericana de Derechos Humanos por su parte consideró que el Estado venezolano tenía razón al haber interpuesto la excepción preliminar de no agotamiento de los recursos internos, ya que en líneas generales el procedimiento penal en contra del Sr. Brewer todavía se encontraba en la fase intermedia (aún no se había realizado la audiencia preliminar ya que Sr. Brewer se encontraba fuera de Venezuela y alegaba que no pretendía regresar por la falta de imparcialidad en el Poder Judicial venezolano). Por ende, al estar todavía en esta "etapa temprana", dicha Corte no podía "analizar el impacto negativo que una decisión pueda tener si ocurre en etapas tempranas, cuando estas decisiones pueden ser subsanadas o corregidas por medio de los recursos o acciones que se estipulen en el ordenamiento jurídico".

No obstante dicha decisión, los jueces Manuel Ventura Robles y Eduardo Ferrer Mac-Gregor Poisot emitieron votos disidentes cuyos aspectos más relevantes tienen que ver con el tema de la independencia del poder judicial.

El voto disidente señala que el tribunal debió desestimar la excepción preliminar de falta de agotamiento de los recursos internos y entrar a resolver el fondo del caso, teniendo en consideración los alegatos de la CIDH sobre la problemática estructural que afecta la independencia e imparcialidad del Poder Judicial. El voto señala que la sentencia omite considerar como hecho relevante "la situación de provisionalidad" de los fiscales y jueces en Venezuela, a pesar de ser un elemento central y particularmente debatido entre las partes.

Señala que esa problemática ya ha sido abordada por la Corte en otros casos contra Venezuela (Casos Apita Barbera y otros, Reverón Trujillo y Chocrón contra Venezuela), y se encuentra íntimamente ligada al tema de los recursos judiciales en la jurisdicción interna. Incluso la Corte ya había probado una serie de hechos en dichos casos en relación con los principales aspectos del proceso de reestructuración judicial en dicho país. La opinión disidente señala que en ese sentido lo co-

rrecto hubiera sido unir el estudio de la excepción preliminar de falta de agotamiento de los recursos internos al análisis de los argumentos de fondo, tal y como lo ha hecho la Corte en otras oportunidades.

El estudio del tema no puede ser desligado del análisis del fondo del caso y, por lo tanto, la Corte debió analizar la excepción preliminar presentada por el Estado de forma conjunta con los argumentos de fondo presentados por las partes, conforme a la jurisprudencia histórica en la materia del tribunal.

A los efectos de este informe conviene poner de relieve la constatación que en el marco del examen de dicho caso hizo la CIDH con relación a las listas de designaciones y traslados hechos por la Comisión Judicial del Tribunal Supremo de Justicia durante el año 2012 que comprueba que la totalidad de jueces y juezas corresponde a cargos temporales (en mayor número), accidentales y provisorios.

Asimismo, en cuanto a la provisionalidad de fiscales, la Comisión observó que la Fiscal General de la República en octubre de 2008 reconoció que: "la provisionalidad en el ejercicio de los cargos de fiscales, coloca a estos funcionarios en situación de vulnerabilidad ante la influencia que, sobre su actuación, podrían tener factores de poder, en detrimento de la constitucionalidad y de la legalidad de la justicia".

La provisionalidad en el ejercicio de los cargos de la función pública es contraria a lo establecido en el artículo 146 de la Constitución de la República Bolivariana de Venezuela, en la que se señala que los cargos de la administración pública son de carrera, a los que se accederá por concurso público."

En su Informe sobre el caso Allan R. Brewer Carias vs. Venezuela, la Comisión se pronunció sobre el impacto que pueden tener varios cambios de operadores de justicia en una investigación penal derivado de su condición de provisionalidad. Al respecto, indicó que múltiples asignaciones de fiscales provisionales diferentes en un mismo caso tiene efectos negativos en el impulso de las investigaciones si se tiene en cuenta la importancia, por ejemplo, que tiene la constitución y evaluación del acervo probatorio de una manera continua.

La CIDH consideró que una situación como la señalada tiene consecuencias negativas frente a los derechos de las víctimas en el marco de procesos penales relacionados con violaciones a derechos humanos.[*]

---

* El voto disidente menciona algunos datos que ilustran la provisionalidad de los jueces y fiscales, entre ellos los siguientes: al valorar la situación de la provisionalidad de los jueces en Venezuela, en el caso Reverón Trujillo, la Corte señaló que en la época de los hechos del caso (entre 2002 y 2004), "el porcentaje de jueces provisorios en el país alcanzaba aproximadamente el 80%". Además, "en los años 2005 y 2006 se llevó a cabo un programa por medio del cual los mismos jueces provisorios nombrados discrecionalmente lograron su titularización. La cifra de jueces provisorios se redujo a aproximadamente 44% a finales del año 2008". En agosto de 2013, según un testigo presentado por el Estado, la situación del poder judicial era la siguiente: 1095 jueces provisorios, 50 jueces suplentes especiales, 183 jueces temporales, 657 jueces titulares y 12 puestos vacantes para jueces" Para el 2013 solo el 33% de los jueces eran titulares y el 67% era designado o removido por la Comisión Judicial dado que no gozan de estabilidad./ Asimismo, sobre la provisionalidad de los fiscales adscritos al Ministerio Público hasta 2005 se

La CIDH también observó que las autoridades que adoptaron decisiones que podrían ser interpretadas como favorables al acusado habían sido removidas por la Comisión Judicial y que además, la secuela de provisionalidad había afectado significativamente tanto a los jueces como a los fiscales que atendieron el presente caso, ya que la totalidad de autoridades del Ministerio Público y judiciales que tuvieron conocimiento del mismo habían sido provisorias.

Por lo menos cuatro fiscales provisorios investigaron los hechos relacionados con lo acontecido los días 11, 12 y 13 de abril de 2002, entre ellos los relacionados con la redacción del Decreto Carmona.

Los jueces también tuvieron el mismo carácter provisorio y temporal y varios de ellos fueron removidos de sus cargos por resoluciones que emitieron durante el proceso penal del sr. Brewer.

La provisionalidad se vio materializada en al menos dos situaciones, a saber, "i) después de que una Sala declaró la nulidad de la prohibición de salida del país por considerarla inmotivada, dos de sus miembros fueron separados de sus cargos" y "ii) el juez de control de garantías que solicitó a la Fiscalía el expediente, y que ante la negativa de la Fiscalía ofició a su superior jerárquico, fue removido del cargo sin proceso disciplinario ni motivación alguna por la Comisión Judicial." De acuerdo con la Comisión, esto habría enviado un mensaje que "ha logrado el efecto de disuadir cualquier actuación objetiva e independiente de las autoridades judiciales" que continuarían conociendo el proceso en situación de provisionalidad.

El voto disidente de los jueces de la Corte Interamericana de Derechos Humanos señala que lo anterior demuestra claramente que el estudio de la controversia presentada respecto al agotamiento de los recursos internos, específicamente lo relacionado con la excepción contenida en el artículo 46.2.a, se encuentra íntimamente ligada a la ***problemática de la provisionalidad de los jueces y fiscales,*** *lo que también se relaciona con el artículo 8.1 de la Convención Americana — derecho a un juez o tribunal competente, independiente e imparcial— tomando en cuenta que los alegatos son verosímiles y que de demostrarse podrían constituir violaciones al Pacto de San José.*

A su entender, la sentencia de la Corte erróneamente utiliza como uno de los argumentos centrales la artificiosa teoría de la "etapa temprana" del proceso, para no entrar al análisis de las presuntas violaciones a los derechos humanos protegidos por el Pacto de San José, lo que en su opinión "constituye un claro retroceso en

habían designado 307 Fiscales provisorios, interinos y suplentes, de tal forma que aproximadamente el noventa por ciento (90%) de los fiscales se encontraban en provisionalidad, sin estabilidad en el cargo y en condición de libre nombramiento y remoción por parte del Fiscal General de la República. En 2008 se designaron 638 fiscales sin que medie un concurso público, sin titularidad, y por tanto de libre nombramiento y remoción. En 2011, 230 fiscales fueron libremente escogidos y designados en resoluciones "sin motivación". En 2011 y 2013 se realizaron actividades en relación con los Concursos Públicos de Credenciales y de Oposición para el Ingreso a la Carrera Fiscal, lo cual incluyó el nombramiento *de los primeros cuatro fiscales no provisorios.* Una testigo presentada por el Estado precisó que, en cuanto al Programa de Formación para el Ingreso a la Carrera Fiscal, durante 2011-2012 egresaron 88 alumnos y durante 2012-2013 se esperaba el egreso de 102 más *la jurisprudencia histórica de esta Corte, pudiendo producir el precedente que se está creando consecuencias negativas para las presuntas víctimas en el ejercicio del derecho de acceso a la justicia; derecho fundamental de gran trascendencia para el sistema interamericano en su integralidad, al constituir en sí mismo una garantía de los demás derechos de la Convención Americana en detrimento del efecto útil de dicho instrumento."*

Otros casos emblemáticos en donde la Corte constata la situación del Poder Judicial en Venezuela son: Apitz Barbera y o otros vs. Venezuela (2008), María Cristina Reverón Trujillo vs. Venezuela (2009)* y Mercedes Chocrón Chocrón vs. Venezuela (2011)*.*

El sistema de justicia también ha sido utilizado para castigar a medios de comunicación y a los críticos del Gobierno, entre ellos, a líderes opositores como Leopoldo López. Una característica del Estado de Derecho es la posibilidad de tener un juicio justo y apegado a la ley. En el caso que se le siguió a Leopoldo López, fueron evidentes los esfuerzos que se desplegaron por inculparlo por parte de los funcionarios a cargo de su enjuiciamiento. [...]"

30 de mayo de 2016

SECCIÓN SÉPTIMA:

EL JUEZ CONSTITUCIONAL COMO INSTRUMENTO PARA EL DESCONOCIMIENTO DE LAS SENTENCIAS DE LA CORTE INTERAMERICANA Y PARA DESLIGAR AL ESTADO DE SU JURISDICCIÓN: EL CASO DE LA REPÚBLICA DOMINICANA

Texto de base para la conferencias sobre "El carácter vinculante de las decisiones de los Tribunales Internacionales y su desprecio por los Estados, en particular por los Tribunales Constitucionales: los casos de Perú, Venezuela y República Dominicana," dictada en el "5º Coloquio Iberoamericano: Estado Constitucional y Sociedad" organizado por la Universidad Veracruzana y el Poder Judicial del Estado de Veracruz, Xalapa 6 y 7 de noviembre de 2014.

El tercer caso de reacción irregular contra las sentencias o la jurisdicción de la Corte Interamericana de Derechos humanos, además del caso del Perú en 1999 y del caso de Venezuela en 2008, 2011 y 2012; es el caso de la República Dominicana en 2014, que ha culminado con la declaratoria de inconstitucionalidad, por parte del Tribunal Constitucional mediante sentencia TC/0256/14 de fecha 4 de noviembre de 2014, del acto del Presidente de la República de aceptación por parte del Estado dominicano de la jurisdicción de la Corte Interamericana, con efectos imprecisos, pretendiendo en esa forma desligar al Estado de dicha jurisdicción.

---

* Véase sentencia en http://www.corteidh.or.cr/docs/casos/articulos/se-riec_182_esp.pdf

* Véase sentencia en http://www.corteidh.or.cr/docs/casos/articulos/se-riec_197_esp.pdf

* Véase la sentencia en http://corteidh.or.cr/docs/casos/articulos/se-riec_227_esp.pdf

Dicha sentencia, en efecto, declaró con lugar una acción directa de inconstitucionalidad que se había intentado en 2005, por un grupo de ciudadanos por ante la antigua Corte Suprema de Justicia de la República Dominicana, contra el "Instrumento de Aceptación de la Competencia de la Corte Interamericana de Derechos Humanos" suscrito por el Presidente de la República el 19 de febrero de 1999, mediante el cual el Gobierno de la República Dominicana, declaró que reconocía "como obligatoria de pleno derecho y sin convención especial la competencia de la Corte IDH sobre todos los casos relativos a la interpretación o aplicación de la Convención Interamericana sobre Derechos Humanos."

Dicha acción de inconstitucionalidad fue decidida nueve años después, por el Tribunal Constitucional de la República Dominicana mediante la mencionada sentencia TC/0256/14 (Expediente núm. TC-01-2005-0013) de fecha 4 de noviembre de 2014,[1789] declarando con lugar la inconstitucionalidad, anulando el acto impugnado y, como consecuencia, pretendiendo el Tribunal Constitucional desligar a la República Dominicana de la jurisdicción de la Corte Interamericana, lo que sólo podría ocurrir si se denuncia la Convención Americana, como quedó establecido desde 1999 por la propia Corte Interamericana en el caso *Ivcher Bronstein* de 1999.[1790]

La acción de inconstitucionalidad se fundamentó en la violación de los artículos 37.14 y 55.6, 46, 99, 3 y 4 de la Constitución de 2002 que estaba vigente cuando se introdujo el recurso, y que se corresponden con las disposiciones de los artículos 93, literal l, 128, literal d de la Constitución vigente de 2010, en los cuales se regulan las competencias del Congreso Nacional para "Aprobar o desaprobar los tratados y convenciones internacionales que suscriba el Poder Ejecutivo," y del Presidente de la República para "Celebrar y firmar tratados o convenciones internacionales y someterlos a la aprobación del Congreso Nacional, sin la cual no tendrán validez ni obligarán a la República."

Se alegó, además la violación de los artículos 46 y 99 de la Constitución de 2002, equivalentes a los artículos 6 y 73 de la Constitución de 2010, en los cuales se declara que "Son nulos de pleno derecho toda ley, decreto, resolución, reglamento o acto contrarios a esta Constitución," y que "Son nulos de pleno derecho los actos emanados de autoridad usurpada." Adicionalmente los impugnantes invocaron el artículo 3 de la Constitución de 2002, cuyas disposiciones están contenidas en los artículos 3 y 26.2 de la Constitución de 2010, relativos a la inviolabilidad de la soberanía y a las Relaciones internacionales y derecho internacional; y el artículo 4 de la Constitución de 2002, que corresponde al artículo 4 de la Constitución de 2010, el cual establecen los principios del gobierno de la Nación y en particular, el principio de la separación de poderes en los términos determinados en la Constitución.

1789 Véase en http://www.tribunalconstitucional.gob.do/sites/default/files/documentos/Sentencia%20TC-%200256-14%20%20%20%20C.pdf

1790 Véase Sergio García Ramírez (Coord.), Sergio García Ramírez (Coord.), *La Jurisprudencia de la Corte Interamericana de Derechos Humanos*, Universidad Nacional Autónoma de México, Corte Interamericana de Derechos Humanos, México, 2001, pp. 769-771.

La esencia del argumento esgrimido para fundamentar el recurso fue que el procedimiento desarrollado para reconocer "como obligatoria de pleno derecho y sin convención especial la competencia de la Corte Interamericana de Derechos Humanos "se hizo violando, el Presidente de la República, las normas constitucionales dominicanas, y usurpando atribuciones exclusivas e indelegables del Congreso Nacional, estando ese acto viciado de nulidad absoluta," particularmente porque "no fue confirmado ulteriormente por el Congreso de la República Dominicana, mediante ratificación."

A pesar de las valiosas opiniones formuladas ante la antigua Corte Suprema en las cuales se argumentó sobre la diferencia entre la Convención Americana sobre Derechos Humanos como Tratado que se había aprobado y ratificado con la intervención del Congreso Nacional y del Presidente de la República conforme a lo establecido en la Constitución, y la aceptación de la competencia de la Corte Interamericana de Derechos Humanos no es un tratado, sino una disposición contenida en la Convención, que no requería de la aprobación del Congreso; el Tribunal consideró finalmente que el Instrumento de Aceptación impugnado era inconstitucional por no haber sido sometido a la aprobación del Congreso Nacional. Como bien lo precisó la magistrada Ana Isabel Bonilla Hernández en su "Voto Disidente" a la sentencia:

> "la aceptación de la jurisdicción contenciosa de la Corte IDH es una disposición de la Convención Americana de Derechos Humanos que ya había sido firmada y ratificada por el Estado dominicano, con lo cual se daba cumplimiento a lo establecido en la Constitución, por lo que el Gobierno del Presidente Leonel Fernández Reyna, cuando el veinticinco (25) de marzo de mil novecientos noventa y nueve (1999) emitió el instrumento de aceptación de la competencia de la Corte IDH, lo hizo en cumplimiento de los compromisos derivados de la ratificación de la Convención en el marco de sus atribuciones constitucionales como máximo representante del Estado dominicano, por lo que entendemos que el procedimiento realizado por el Presidente de la República en aquel momento, no se puede considerar como una violación a la Constitución" (párr. 2.6)
>
> En conclusión, la Convención Americana de Derechos Humanos es un tratado que ha sido ratificado por el Estado dominicano, y la aceptación de la jurisdicción contenciosa de la Corte IDH no es un tratado o convención especial que ameritara de una ratificación congresual distinta a la dada al tratado internacional que la contiene (Convención IDH), razón por la cual entendemos que el Tribunal Constitucional, contrario a lo decidido por el criterio mayoritario debió rechazar la presente acción directa de inconstitucionalidad, y declarar conforme con la Constitución el instrumento de aceptación de la competencia de la Corte Interamericana de Derechos Humanos, suscrito por el presidente de la República el diecinueve (19) de febrero de mil novecientos noventa y nueve (1999)" (parr. 2.7) [1791]

1791 Véase en http://tribunalconstitucional.gob.do/node/1764

Sin embargo, el Tribunal Constitucional para arribar a la conclusión contraria, aun cuando constató, pero ignoró, que conforme al artículo 62 de la Convención Americana la aceptación de la competencia de la Corte IDH, se debe producir "mediante una declaración en la que se reconoce dicha competencia como obligatoria de pleno derecho y, en principio, sin convención especial," lo que implica que para los Estados miembros, como la República Dominicana, esa norma ya era parte de sus obligaciones internacionales, lo que implica la aceptación por el Estado del mecanismo posterior de aceptación de la competencia de la Corte solo mediante una declaración, sin necesidad de convención especial, sin que ello, por tanto signifique establecer ninguna nueva obligación internacional. Tal como lo precisó el magistrado Hermógenes Acosta De Los Santos en su "Voto Disidente" a la sentencia: "desde el momento que el Congreso Nacional ratificó la Convención en el año de 1977 aceptó la formula prevista en el mencionado artículo 62.1 de la misma, por lo cual no era necesario que el instrumento de aceptación que nos ocupa recibiera la ratificación de dicho poder del Estado" (párr. 20).[1792]

Sin embargo, al contrario, el Tribunal concluyó afirmando que "La aceptación de la competencia de la Corte IDH, para ser vinculante respecto al Estado dominicano, debió haber cumplido, pues, los requerimientos del artículo 37 numeral 14 de la Constitución de 2002, es decir: "aprobar o desaprobar los tratados y convenciones internacionales que celebre el Poder Ejecutivo," concluyendo entonces que:

> "Dicho Instrumento de Aceptación, aunque constituye un acto unilateral no autónomo producido en el marco de CADH, tiene la misma fuerza de las convenciones internacionales, y, por tanto, la capacidad ínsita de producir efectos jurídicos en el plano internacional; efectos que, a su vez, pueden repercutir en el Derecho Interno y afectar directamente a los dominicanos. En consecuencia, resulta lógico convenir que la voluntad del Poder Ejecutivo de establecer un vínculo jurídico internacional debe requerir la participación de otros órganos estatales más allá de los que expresamente consientan el tratado que le sirva de marco (en este caso, la CADH), como una especie de contrapeso o ejercicio de vigilancia de los demás poderes del Estado, y con la finalidad última de salvaguardar el principio rector de supremacía constitucional establecido por el artículo 46 de la Constitución dominicana de 2002, equivalente al artículo 6 de la Constitución de 2010.
>
> Es decir, el Estado dominicano no ha de acumular obligaciones significativas hasta tanto los órganos correspondientes las aprueben a través de los procesos legitimadores requeridos por su Constitución y el resto del ordenamiento interno. Resulta, en efecto, de la mayor importancia que antes de adherirse a un compromiso internacional de cualquier índole, la República Dominicana verifique su conformidad con los procedimientos constitucionales y legales nacionales previamente establecidos. Sin embargo, esta verificación fue omitida en la especie respecto Instrumento de Aceptación, que no fue sometido al Congreso

---

1792 Véase http://www.tribunalconstitucional.gob.do/sites/default/files/documentos/Sentencia%20TC%-200256-14%20%20%20%20C.pdf

Nacional como dispone el precitado artículo 55.6 de la Constitución de 2002, lo cual, a juicio del Tribunal Constitucional, genera su inconstitucionalidad."

El Tribunal Constitucional, en su decisión concluyó declarando "la inconstitucionalidad del Instrumento de Aceptación de la Competencia de la CIDH suscrito por el presidente de la República Dominicana el diecinueve (19) de febrero de mil novecientos noventa y nueve (1999)," lo que se presume implica declarar la nulidad absoluta o de pleno derecho de dicho acto, para lo cual sin embargo, no fijó nada específico sobre los efectos de dicha declaratoria en el tiempo.

En apoyo a su decisión, el Tribunal Constitucional invocó lo decidido por la Corte Constitucional colombiana en sentencia No C-801/09 de 10 de noviembre de 2009, en la cual ratificó que había dejado en claro que: "un tratándose de instrumentos internacionales que son desarrollo de otros, si a través de los mismos se crean nuevas obligaciones, o se modifican, adicionan o complementan las previstas en el respectivo convenio o tratado del que hacen parte, esos también deben someterse a los procedimientos constitucionales de aprobación por el Congreso;" pero lamentablemente ignorando que en este caso, en virtud de lo previsto en el artículo 62 de la Convención Americana, una vez ratificada por los Estados Miembros, estos aceptan la competencia de la Corte sólo sujetando ello a una declaración del Estado, sin convención especial, por lo que con dicha declaración de sujeción a la jurisdicción de la Corte no se crea ninguna nueva obligación ni se modifican, adicionan o complementan las ya asumidas. Por ello, la magistrada Katia Miguelina Jiménez Martínez, en su "Voto Disidente," con razón expresó que del examen de los argumentos de la mayoría del Tribunal Constitucional, "se evidencia que son incomprendidos los términos del artículo 62 de la Convención Americana de Derechos Humanos, por cuanto se confunde lo que es un tratado internacional con un acto unilateral" (párr. 4.2.5), concluyendo, también con razón, que "resulta ostensible que el acto jurídico a través del cual República Dominica aceptó la competencia contenciosa de la Corte no tenía que ser refrendado por el Poder Legislativo, ya que el referido documento no es un tratado o convención internacional," (párr. 4.2.8).[1793]

Finalmente, en forma contradictoria, pero como cuestión de principio, el Tribunal declaró compartir en su sentencia, "los postulados, principios, normas, valores y derechos de la Convención Americana de Derechos Humanos," precisando "que seguirán siendo normalmente aplicados, respetados y tomados en consideración por nuestra jurisdicción," aclarando que "El Estado dominicano siempre tiene la potestad, en el respeto de los debidos procedimientos constitucionales, de adherirse a cualquier instrumento de cooperación, de integración regional, o de protección de los derechos fundamentales." O sea que el Tribunal Constitucional con su sentencia, efectivamente pretendió desligar totalmente al Estado dominicano de la jurisdicción de la Corte Interamericana, informándole a los Poderes públicos que el Estado sin embargo podría adherirse a la misma cumpliendo con los procedimientos constitucionales; ignorando globalmente que para que un Estado pueda sustraerse de la

---

1793 Véase en http://www.tribunalconstitucional.gob.do/sites/default/files/documentos/Sentencia%20TC-%200256-14%20%20%20%20C.pdf.

competencia de la Corte Interamericana, como hemos dicho, debe denunciar la Convención Americana.

Esta lamentable decisión del Tribunal Constitucional de la República Dominicana de desligar al Estado dominicano de la jurisdicción de la Corte Interamericana, no pasaría de ser una decisión aislada de un Juez Constitucional interpretando erradamente la naturaleza de las obligaciones internacionales contraídas válidamente por un Estado al aprobar y ratificar la Convención Americana de Derechos Humanos, si no se la ubica en un proceso político constitucional conducido en buena parte por el Juez Constitucional para desconocer no sólo las obligaciones en materia de protección de los derechos humanos contenidas en la Convención, sino las decisiones de la Corte Interamericana de Derechos Humanos que han condenado al Estado de la República Dominicana. Con esta sentencia, a juicio del Tribunal Constitucional ya el Estado se habría desligado de la jurisdicción de la Corte Interamericana.

En ese contexto, entonces, en realidad, la sentencia no es sino la respuesta final a la sentencia de la Corte Interamericana de Derechos Humanos dictada en el caso *Personas dominicanas y haitianas expulsadas vs. República Dominicana* (Excepciones Preliminares, Fondo, Reparaciones y Costas) de 28 de agosto de 2014,[1794] caso que se había iniciado con motivo de denuncias formuladas ante la Comisión Interamericana de Derechos Humanos por un conjunto de organizaciones, familias y personas sobre la existencia de un contexto de discriminación de la población haitiana y de ascendencia haitiana en República Dominicana, consistentes en prácticas de expulsiones colectivas y, respecto de personas de ascendencia haitiana que hubieran nacido en territorio dominicano y la denegación de la nacionalidad y del acceso a documentación de identificación personal de dichas personas, en las cuales se denunció la violación de sus derechos al reconocimiento de la personalidad jurídica, a la integridad personal, a la libertad personal, a las garantías judiciales, a la protección a la familia, del niño, a la nacionalidad, a la propiedad privada a la circulación y de residencia, a la igualdad ante la ley, y a la protección judicial consagrados en los artículos 3, 5, 7, 8, 17, 19, 20, 21, 21.1, 22.5, 22.9, 24, y 25 de la Convención.

Uno de los puntos en discusión con ocasión de esa política discriminatoria era la previsión constitucional inserta en las Constituciones anteriores (art. 11.1) atribuyendo la nacionalidad originaria *ius soli*, a los nacidos en territorio de la República dominicana con excepción de los hijos de funcionarios diplomáticos o de quienes estuviesen "en tránsito" en el territorio; la previsión de la Ley No. 285-04, General de Migración, de 27 de agosto de 2004 (art. 36.10 que disponía que "los no residentes son considerados personas en tránsito, para los fines de la aplicación del artículo 11 de la Constitución," lo que implicaba que los haitianos que no tuviesen legalmente la condición de residentes (los indocumentados por ejemplo), al ser considerados en tránsito, sus hijos nacidos en República Dominicana no tenían derecho a la nacionalidad dominicana.

1794 Véase en: http://corteidh.or.cr/docs/casos/articulos/seriec_282_esp.pdf.

El tema ya había sido resuelto por la antigua Suprema Corte de Justicia, actuando como Juez Constitucional, en una sentencia de 14 de diciembre de 2005 en la cual había establecido que:

> "cuando la Constitución [1994] en el párrafo 1 de su artículo 11 excluye a los hijos legítimos de los extranjeros residentes en el país en representación diplomática o los que están de tránsito en él para adquirir la nacionalidad dominicana por jus soli, esto supone que estas personas, las de tránsito, han sido de algún modo autorizadas a entrar y permanecer por un determinado tiempo en el país; que si en esta circunstancia, evidentemente legitimada, una extranjera alumbra en el territorio nacional, su hijo (a), por mandato de la misma Constitución, no nace dominicano; que, con mayor razón, no puede serlo el hijo (a) de la madre extranjera que al momento de dar a luz se encuentra en una situación irregular y, por tanto, no puede justificar su entrada y permanencia en la República Dominicana."

La Constitución de 2010, a los efectos de precisar esta excepción al régimen de la nacionalidad *ius soli*, regulo expresamente el tema de los hijos de no residentes y de los que se encontraren en situación irregular en el territorio, estableciendo específicamente con rango constitucional que son dominicanos las personas nacidas en territorio nacional, con excepción de los hijos de extranjeros "que se hallen en tránsito o residan ilegalmente en territorio dominicano," remitiendo a la ley para la definición de los extranjeros "en tránsito." a toda extranjera o extranjero definido como tal en las leyes dominicanas". Después de sancionada la Constitución, se dictó el Reglamento N° 631-11 de 2011 el cual dispuso que para los fines de aplicación de la Ley General de Migración, se consideraban como "personas en tránsito" los extranjeros no residentes y los "que ingresen o hayan ingresado y que residan o hayan residido en territorio dominicano sin un estatus migratorio legal al amparo de las leyes migratorias" (art. 68).

Posteriormente, el propio Tribunal Constitucional en la sentencia TC/0168/13 de 23 de septiembre de 2013,[1795] reiteró lo que había antes expresado la antigua Corte Suprema en la señalada sentencia 14 de diciembre de 2005 en el sentido de considerar como "extranjeros en tránsito," a los que se encuentren en "situación migratoria irregular," es decir, "los extranjeros que permanecen en el país careciendo de permiso de residencia legal o que hayan penetrado ilegalmente en el mismo," que por ello " violan las leyes nacionales." En relación con esos extranjeros, el Tribunal decidió que "no podrían invocar que sus hijos nacidos en el país tienen derecho a obtener la nacionalidad dominicana al amparo del precitado artículo 11.1 de la Constitución de 1966, en vista de que resulta jurídicamente inadmisible fundar el nacimiento de un derecho a partir de una situación ilícita de hecho.

Conforme a estas interpretaciones jurisprudenciales, el criterio del Juez Constitucional en la República Dominicana es que las personas cuyos padres son personas

---

1795 Véase en http://www.tribunalconstitucional.gob.do/sites/default/files/documentos/Sentencia%20TC-%200256-14%20%20%20%20C.pdf extranjeras que residen en forma irregular en territorio dominicano no pueden adquirir la nacionalidad dominicana.

Contra este criterio, sin embargo, la propia Corte Interamericana de Derechos Humanos había estableciendo en la sentencia dictada en el caso *Caso de las Niñas Yean y Bosico vs. República Dominicana* (Demanda de Interpretación de la Sentencia de Excepciones Preliminares, Fondo, Reparaciones y Costas) de 23 de noviembre de 2006,[1796] que "la condición del nacimiento en el territorio del Estado es la única a ser demostrada para la adquisición de la nacionalidad, en lo que se refiere a personas que no tendrían derecho a otra nacionalidad, si no adquieren la del Estado en donde nacieron."

Consecuente con este criterio, en la sentencia de la Corte Interamericana dictada en el caso *Personas dominicanas y haitianas expulsadas vs. República Dominicana* sentencia de 28 de agosto de 2014, la misma concluyó que la negación estatal del derecho de las presuntas víctimas a la nacionalidad dominicana conlleva una vulneración arbitraria de ese derecho, así como también, al derecho al reconocimiento de su personalidad jurídica, al derecho al nombre y al derecho a la identidad, y en relación con los menores, la violación del derecho del niño.

Adicionalmente, la Corte Interamericana, dado que en el curso del proceso se había dictado la antes mencionada sentencia TC/0168/13 del Tribunal Constitucional, al analizar dicha sentencia la Corte Interamericana precisó que si bien no se aplicaba a las víctimas, apreció que la misma ordenó "una política general de revisión [del Registro Civil] desde 1929 a efectos de detectar 'extranjeros irregularmente inscritos' (párr. 310), lo cual sí consideró que podía afectar el goce del derecho a la nacionalidad" de algunas de las víctimas en el caso; a cuyo efecto precisó que todos los órganos del Estado, incluidos los jueces, y el propio Tribunal Constitucional, están sometidos a las disposiciones de la Convención y deben velar porque no se vean mermadas por la aplicación de normas contrarias a su objeto y fin, estando incluso en la "obligación de ejercer *ex officio* un "control de convencionalidad" entre las normas internas y la Convención Americana" (párr. 311).

Sin embargo, el Tribunal Constitucional, lejos de ejercer ese control, como lo constató la Corte Interamericana, dispuso una política general de efectos retroactivos que dicha Corte Interamericana consideró que lesionó los derechos de las víctimas, ya que la situación de los padres en cuanto a la regularidad o irregularidad migratoria no puede afectar los derechos de las personas nacidas en territorio dominicano que son hijas de extranjeros, es decir, que la "diferenciación entre la situación de los padres, en sí misma, no resulta una explicación de la motivación o finalidad de la diferencia de trato entre personas que nacieron en el territorio dominicano" (párr. 317).

De ello concluyó la Corte Interamericana ratificando lo dicho en su Sentencia sobre el *Caso de las Niñas Yean y Bosico vs. República Dominicana*, en el sentido de que "el estatus migratorio de una persona no se transmite a sus hijos" (párr. 318).

1796 Véase en http://www.corteidh.or.cr/docs/casos/articulos/seriec_156_esp.pdf

En definitiva, resolvió la Corte Interamericana que la introducción del criterio de la situación de estancia irregular de los padres como una excepción a la adquisición de la nacionalidad en virtud del *ius solis*, "termina por revelarse discriminatorio como tal en República Dominicana," contra la población dominicana de ascendencia haitiana" (párr. 318) violatorio del derecho a la igualdad ante la ley reconocido en el artículo 24 de la Convención.

La Corte Interamericana en su sentencia también consideró las previsiones de la Ley Nº 169-14 de 23 de mayo de 2014, presentada por el Estado como hecho superviniente, y que tenía por base lo establecido en la sentencia antes mencionada del Tribunal Constitucional TC/0168/13, en el sentido de pretender regularizar las "actas del estado civil," distinguiendo "la situación de ciertas personas inscritas en el Registro Civil de otras que no lo están," y partiendo de "de considerar extranjeras a las personas nacidas en territorio dominicano que sean hijas de extranjeros en situación irregular," lo que a juicio de la Corte Interamericana "aplicado a personas que nacieron antes de la reforma constitucional de 2010, implica en los hechos, una privación retroactiva de la nacionalidad que, en relación con presuntas víctimas del presente caso, ya se determinó contrario a la Convención" (párr. 323), concluyendo en considerar que "la Ley Nº 169-14 implica un obstáculo a la plena vigencia del derecho a la nacionalidad de las víctimas" (párr. 324).

Concluyó entonces la Corte Interamericana en relación con la sentencia del Tribunal Constitucional, afirmando que:

> "dados sus alcances generales, constituye una medida que incumple con el deber de adoptar disposiciones de derecho interno, normado en el artículo 2 de la Convención Americana, en relación con los derechos al reconocimiento de la personalidad jurídica, al nombre y a la nacionalidad reconocidos en los artículos 3, 18 y 20, respectivamente, del mismo Tratado, y en relación con tales derechos, el derecho a la identidad, así como el derecho a la igual protección de la ley reconocido en el artículo 24 de la Convención Americana; todo ello en relación con el incumplimiento de las obligaciones establecidas en el artículo 1.1 del mismo tratado" (párr. 325).

Y ello lo reiteró en las medidas resolutorias de la sentencia al declarar que:

> "El Estado incumplió, respecto de la sentencia TC/0168/13, su deber de adoptar disposiciones de derecho interno, establecido en el artículo 2 de la Convención Americana sobre Derechos Humanos, en relación con los derechos al reconocimiento de la personalidad jurídica, al nombre y la nacionalidad, así como en relación con tales derechos, el derecho a la identidad, y el derecho a la igualdad ante la ley, reconocidos en los artículos 3, 18, 20 y 24 de la Convención, en relación con el incumplimiento de las obligaciones establecidas en el artículo 1.1 de la Convención." (párr. 512.10)

La consecuencia de la sentencia de la Corte Interamericana fue la imposición al Estado de dictar una serie de medidas de reparación en plazos determinados, por ejemplo para asegurar a las víctimas que puedan contar con la documentación necesaria para acreditar su identidad y nacionalidad dominicana, debiendo, si fuera necesario, proceder al reemplazo o restitución de documentación, así como proceder a cualquier otra acción que sea necesaria a efectos de cumplir lo dispuesto, en forma gratuita (párr. 452). Además, la sentencia impuso al Estado la obligación de realizar una "revisión de la legislación interna sobre inscripción y otorgamiento de nacionalidad de personas de ascendencia haitiana nacidas en territorio dominicano, y la derogación de aquellas disposiciones que de manera directa o indirecta tengan un impacto Discriminatorio basado en las características raciales o el origen nacional, teniendo en cuenta el principio de *ius soli* receptado por el Estado, la obligación estatal de prevenir la apátrida y los estándares internacionales del derecho Internacional de los derechos humanos aplicables" (párr. 466).

Igualmente la Corte Interamericana , impuso al Estado, de acuerdo con la obligación establecida por el artículo 2 de la Convención Americana, la adopción en un plazo razonable, de "las medidas necesarias para dejar sin efecto toda norma de cualquier naturaleza, sea ésta constitucional, legal, reglamentaria o administrativa, así como toda práctica, decisión o interpretación, que establezca o tenga por efecto que la estancia irregular de los padres extranjeros motive la negación de la nacionalidad dominicana a las personas nacidas en el territorio de República Dominicana, por resultar tales normas, prácticas, decisiones o interpretaciones contrarias a la Convención Americana (párr. 496).

Por último, para evitar que se repitan hechos como los del caso decidido, la Corte Interamericana dispuso que "el Estado adopte, en un plazo razonable, las medidas legislativas, inclusive, si fuera necesario, constitucionales, administrativas y de cualquier otra índole que sean necesarias para regular un procedimiento de inscripción de nacimiento que debe ser accesible y sencillo, de modo de asegurar que todas las personas nacidas en su territorio puedan ser inscritas inmediatamente después de su nacimiento independientemente de su ascendencia u origen y de la situación migratoria de los padres" (párr. 496).

Como se puede apreciar de la sentencia de la Corte Interamericana de Derechos Humanos de 28 de agosto de 2014, al condenar al Estado de la república Dominicana por violaciones a los derechos constitucionales de las víctimas, todas descendientes de haitianos, al reconocimiento de la personalidad jurídica, a la integridad personal, a la libertad personal, a las garantías judiciales, a la protección a la familia, del niño, a la nacionalidad, a la propiedad privada a la circulación y de residencia, a la igualdad ante la ley, en particular consideró que entre otros había sido el Tribunal Constitucional uno de los responsables de tales violaciones, y objeto, por tanto, de las obligaciones impuestas por la Corte Interamericana a los órganos del Estado.

Lamentablemente, en lugar de acatar lo resuelto por la Corte Interamericana, en los términos de las obligaciones establecidas en la Convención Americana sobre Derechos Humanos, lo que era el primer deber de un Estado miembro y de sus órganos, lo que ha ocurrido es, *primero*, que el propio gobierno de la República Dominicana haya emitido al mes siguiente un Pronunciamiento con fecha 23 de octubre de 2014, rechazando la sentencia de la Corte Interamericana de fecha 28 de octubre, todo ello en un contexto de falta de cumplimiento por el Estado de sus obligaciones convencionales; y *segundo*, que el Juez Constitucional, es decir, el Tribunal Constitucional de la República Dominicana, con su sentencia TC/0256/14 de fecha 4 de noviembre de 2014, haya declarar la inconstitucionalidad de la decisión del Presidente de la República de 1999, adoptada conforme se establece en el artículo 65 de la Convención Americana sobre Derechos Humanos, mediante la cual se había reconocido "como obligatoria de pleno derecho y sin convención especial la competencia de la Corte IDH sobre todos los casos relativos a la interpretación o aplicación de la Convención Interamericana sobre Derechos Humanos.

Frente a ello, por ejemplo, la Comisión Interamericana de Derechos Humanos emitiera un "Comunicado de prensa 130/14" con fecha 6 de noviembre de 2014,[1797] condenando la sentencia del Tribunal Constitucional de República Dominicana dictada dos días antes, considerando que la misma "no encuentra sustento alguno en el derecho internacional, por lo cual no puede tener efectos," particularmente invocando los principios de buena fe y *estoppel*, indicando que conforme a este último "un Estado que ha adoptado una determinada posición, la cual produce efectos jurídicos, no puede luego asumir otra conducta que sea contradictoria con la primera y que cambie el estado de cosas en base al cual se guio la otra parte." Sobre esto mismo, en su "Voto Disidente" a la sentencia del Tribunal Constitucional, el magistrado Hermógenes Acosta de los Santos, hizo un extenso análisis sobre el "comportamiento asumido por los poderes del Estado, incluyendo al propio Poder Legislativo" respecto al hecho de que la "aceptación de la competencia de la Corte Interamericana se hizo de manera regular," lo que en su criterio "no dejan dudas" de tal aceptación (párr. 21), refiriéndose además a los efectos de la doctrina del *estoppel*, indicando que la misma "es perfectamente aplicable en la especie, en razón de que al declarar contrario a la Constitución el instrumento de aceptación de la competencia de la Corte Interamericana se pretende ejercer una facultad que contradice el comportamiento asumido por el Estado dominicano durante 15 años"(párr.. 30). En el mismo sentido, la magistrada Katia Miguelina Jiménez Martínez, en su "Voto Disidente" a la sentencia, expresó además de destacar el principio de la no contradicción del acto propio (*venire contra factum proprium non valet*), y su coincidencia con la doctrina del *estoppel*, (párr.. 4.4.2) expresó que "como lo establece el artículo 45 de la Convención de Viena de Derechos de los Tratados, el Estado dominicano no puede alegar la nulidad de dicho acto jurídico unilateral no autónomo, luego de haber manifestado durante quince años, la validez del acto en cuestión,"(párr. 4.1.14) sobre lo cual detalló exhaustivamente en su Voto Disidente.[1798]

Sobre esto mismo, en su Nota de Prensa del 5 de noviembre de 2014, la Comisión Interamericana de Derechos Humanos constató que

> "durante los más de 15 años en que ha estado en vigencia la aceptación de la competencia de la CorteIDH, República Dominicana ha actuado en las medidas provisionales y casos contenciosos sometidos a la CorteIDH por violaciones a la Convención Americana que ocurrieron o continuaron ocurriendo con posterioridad al 25 de marzo de 1999."

1797 Véase en http://www.oas.org/es/cidh/prensa/comunicados/2014/130.asp

1798 Véase en http://www.tribunalconstitucional.gob.do/sites/default/files/documentos/Sentencia%20TC-%200256-14%20%20%20%20C.pdf.

La Comisión también consideró que "tampoco existe base en el derecho internacional para entender que la sentencia del Tribunal Constitucional puede tener efectos en el futuro" pues "la Convención Americana no establece la posibilidad de que un Estado que continúa siendo parte del Tratado se desvincule de la competencia de la Corte Interamericana," tal como ha sido interpretado por la propia Corte interamericana.

La Comisión Interamericana en el mencionado Comunicado de Prensa también se refirió al mencionado Pronunciamiento del Gobierno dominicano de 23 de octubre de 2014, rechazando la sentencia de la Corte Interamericana de Derechos Humanos de 28 de agosto de 2014, en el caso de *Personas Dominicanas y Haitianas Expulsadas vs. República Dominicana.* , expresando su profunda preocupación por ello, indicando que:

> "El rechazo del Gobierno dominicano a la sentencia del 28 de agosto tuvo lugar en un contexto de falta de cumplimiento por parte de República Dominicana con varias decisiones del sistema interamericano, en especial en lo relativo a las violaciones a los derechos humanos que resultan de la situación de discriminación estructural contra las personas de ascendencia haitiana que viven en el país. El Estado dominicano expresa en el mismo pronunciamiento su compromiso con el Sistema Interamericano. Sin embargo, al desconocer sus obligaciones en materia de derechos humanos, voluntariamente contraídas a través de decisiones y acciones soberanas, el Estado dominicano contradice el compromiso expresado. Este tipo de acciones socava la protección que las personas sujetas a la jurisdicción del Estado dominicano tienen ante instancias internacionales de protección de los derechos humanos.

En todo caso, desde el punto de vista jurídico, la respuesta del Tribunal Constitucional a la decisión de la Corte Interamericana de agosto de 2014, ha sido, como se ha dicho, pretender desligar al Estado dominicano de la jurisdicción de la misma, lo que no es posible sin la denuncia de la Convención Americana, para lo que no tiene competencia constitucional, todo lo cual lo que ha originado es más dudas sobre su implementación y efectos. Como lo ha observado Eduardo Jorge Prats:

> "La única manera para desvincularse de la competencia de la Corte, es la denuncia de la Convención Americana sobre Derechos Humanos (CADH) como un todo. Pero para ello, se requiere una reforma constitucional que efectivamente nos desvincule del sistema de protección interamericano de derechos humanos, pues la Constitución constitucionaliza la CADH en el artículo 74.3. Por lo tanto, la decisión de nuestros jueces constitucionales especializados no producirá ningún efecto sobre la competencia contenciosa de la Corte IDH. La Corte continuará conociendo los casos que se presenten contra República Dominicana. Así las cosas, si el Estado dominicano no cumple con las decisiones emitidas por la Corte IDH, ello acarrearía su responsabilidad internacional."[1799]

1799 Véase Eduardo Jorge Prats, "La vergüenza," en *Hoy digital*, Santo Domingo, 6 de noviembre de 2014, en http://hoy.com.do/la-verguenza-2/autor/eduardo-jorge-prats/

Ahora bien, al dictar la sentencia declarando la inconstitucionalidad del acto ejecutivo de la aceptación de la jurisdicción de la Corte Interamericana, podría considerarse que al declarar su nulidad pleno derecho, ello técnicamente implicaría que siendo la adhesión nula, entonces el Estado supuestamente nunca habría aceptado la adhesión. Eso implicaría entonces que la sentencia tendría entonces efectos *ex tunc,* o retroactivos. Para ello, sin embargo, el Tribunal, conforme al artículo 48 de la Ley Orgánica del Tribunal Constitucional y de los Procesos Constitucionales de 2011, tendría que haber reconocido y graduado "excepcionalmente, de modo retroactivo, los efectos de sus decisiones de acuerdo a las exigencias del caso," lo que no hizo. En consecuencia lo que se aplica respecto de los efectos temporales de la sentencia es que la misma tiene efectos hacia el futuro, es decir, "a partir de la publicación de la sentencia," o como lo precisa el mismo artículo 48 de la Ley Orgánica, produce efectos inmediatos y para el porvenir," lo que implica que la sentencia de la Corte Interamericana dictada en el caso *Personas dominicanas y haitianas expulsadas vs. República Dominicana* de 28 de agosto de 2014, sigue constituyendo una obligación internacional que el Estado de la República Dominicana está obligado a cumplir

En todo caso, sin embargo, la sentencia del Tribunal Constitucional de la República Dominicana de noviembre de 2014, al pretender desligar al Estado de la jurisdicción de la Corte Interamericana, se une a la línea de las sentencias del Tribunal Superior Militar del Perú en 1999 y de la sala Constitucional del Tribunal Supremo de Venezuela de 2008 y 2011, de desconocer las sentencias de la Corte Interamericana de Derechos Humanos y propugnar la denuncia de la Convención, como un capítulo más de la patología de la justicia constitucional en el continente.

SÉPTIMA PARTE

JUSTICIA CONSTITUCIONAL Y DESOBEDIENCIA CIVIL

SECCIÓN PRIMERA:

EL JUEZ CONSTITUCIONAL AL SERVICIO DEL AUTORITARISMO Y EL SIGNIFICADO DEL DERECHO A LA DESOBEDIENCIA CIVIL Y A LA RESISTENCIA CONTRA LA OPRESIÓN

Esta Sección recoge en parte el estudio sobre "El Juez Constitucional vs. El derecho a la desobediencia civil, y de cómo dicho derecho fue ejercido contra el Juez Constitucional desacatando una decisión ilegítima (El caso de los Cuadernos de Votación de las elecciones primarias de la oposición democrática de febrero de 2012)", en *Revista de Derecho Público*, Nº 129 (enero-marzo 2012), Editorial Jurídica Venezolana, Caracas 2012, pp. 241-249. Publicado también con el título: "El derecho a la desobediencia y a la resistencia contra la opresión, a la luz de la *Declaración de Santiago*," en Carlos Villán Durán y Carmelo Faleh Pérez (directores), *El derecho humano a la paz: de la teoría a la práctica,* CIDEAL/AEDIDH, Madrid 2013, pp. 167-189.

I. EL DERECHO A LA DESOBEDIENCIA Y EL DERECHO A LA RESISTENCIA A LA OPRESIÓN EN ALGUNAS CONSTITUCIONES LATINOAMERICANAS Y EN LA *DECLARACIÓN DE SANTIAGO SOBRE EL DERECHO A LA PAZ*

La *Declaración de Santiago sobre el Derecho Humano a la Paz* de 2010, aprobada entre otros propósitos, con la intención de que la Asamblea General de las Naciones Unidas la haga suya, y así lograrse que forme parte integral del sistema universal de protección los derechos humanos, tiene la enorme importancia de ser el soporte internacional actual para el efectivo desarrollo y consolidación universal, del derecho a la paz, en el sentido de una paz justa, sostenible y duradera, como derecho humano en si mismo, de carácter inalienable y que debe realizarse sin distinción alguna y sin discriminación.

Sobre este derecho a la paz, en América Latina hay que hacer referencia a la muy importante disposición del artículo 22 de la Constitución colombiana de 1991, en la cual por primera vez se declaró en una Constitución que "la paz es un derecho y un deber de obligatorio cumplimiento," de manera que entre los deberes de las personas y ciudadanos está el "propender al logro y mantenimiento de la paz" (art. 95); entre los fines de la educación está el formar "al colombiano en el respeto a los derechos humanos, a la paz y a la democracia" (art. 67); siendo además uno de los fines primordiales de la policía nacional como cuerpo armado "de naturaleza civil" el mantenimiento "de las condiciones necesarias para el ejercicio de los derechos y libertades públicas, y para asegurar que los habitantes de Colombia convivan en paz." Con esta idea de vivir y convivir en paz como derecho de los ciudadanos, en la Constitución de Colombia además, se dispusieron Disposiciones Transitorias para el desarrollo del "proceso de paz" con la insurgencia guerrillera.

En Venezuela, por su parte, en materia de disposiciones sobre derecho a la paz, a pesar de que en la Constitución de 1999 no se encuentra un enunciado igual al colombiano sobre el "derecho a la paz," sin embargo, la paz como derecho y el derecho a vivir en paz, resulta de múltiples declaraciones que fueron incorporadas al texto fundamental, en el cual (i) se establece dentro de los propósitos de la organización política de la sociedad misma conforme a la Constitución, el consolidar "los valores de la libertad, la independencia, la paz, la solidaridad, el bien común, la integridad territorial, la convivencia y el imperio de la ley para esta y las futuras generaciones" (Preámbulo); (ii) se declara que el patrimonio moral de la República y "sus valores de libertad, igualdad, justicia y paz internacional" se fundamentan en "la doctrina de Simón Bolívar, el Libertador" (art. 1); (iii) se precisa como unos de los "fines esenciales" del Estado, "la defensa y el desarrollo de la persona y el respeto a su dignidad, el ejercicio democrático de la voluntad popular, la construcción de una sociedad justa y amante de la paz, la promoción de la prosperidad y bienestar del pueblo y la garantía del cumplimiento de los principios, derechos y deberes reconocidos y consagrados en esta Constitución"(art. 3); (iv) se declara al "espacio geográfico venezolano" como "una zona de paz" (art. 13); (v) se prevé que el cumplimiento de los deberes de solidaridad social y de participación de todas las personas, debe realizarse "promoviendo y defendiendo los derechos humanos como fundamento de la convivencia democrática y de la paz social" (art. 132); (vi) se define entre las competencias de los órganos que ejercen el Poder Público Nacional, "la conservación de la paz pública y la recta aplicación de la ley en todo el territorio nacional" (art. 156.2); y (vii) se indica que la política de "la seguridad de la Nación" se fundamenta en "la corresponsabilidad entre el Estado y la sociedad civil, para dar cumplimiento a los principios de independencia, democracia, igualdad, paz, libertad, justicia, solidaridad, promoción y conservación ambiental y afirmación de los derechos humanos"(art. 326).

Pero además del derecho a la paz, la Declaración de Santiago en una forma aún más importante, por la ausencia general de previsiones constitucionales que los regulen expresamente, establece el derecho a la desobediencia civil y a la resistencia a la opresión, en la siguiente forma:

En cuanto al derecho a la desobediencia, en la Declaración se prevé en general el derecho de toda persona, individualmente o en grupo, a la desobediencia civil específicamente frente a actividades que supongan amenazas contra la paz (art. 5.2), al punto de que en ejercicio de ese derecho a la desobediencia, toda persona, individualmente o en grupo, tiene un derecho consecuencial a ser protegida en el ejercicio efectivo de dicho derecho a la desobediencia (art. 5.7)

Además, en particular, se lo regula en relación con las actividades militares, al establecerse el derecho de los miembros de toda institución militar o de seguridad a no participar en guerras de agresión, operaciones militares no autorizadas por las Naciones Unidas u otras operaciones armadas, internacionales o internas, que violen los principios y normas del derecho internacional de los derechos humanos o del derecho internacional humanitario. Igualmente a dichos miembros de dichas instituciones militares o de seguridad, se les asegura el derecho de desobedecer órdenes manifiestamente contrarias a dichos principios y normas.

Por otra parte, los referidos miembros tienen, además del derecho, la obligación de desobedecer órdenes de cometer o participar en genocidios, crímenes contra la humanidad o crímenes de guerra. En relación con ello, se precisa que la Declaración que la obediencia debida no exime del cumplimiento de estas obligaciones, y la desobediencia de esas órdenes no constituirá en ningún caso delito militar (art. 5.4).

Además, también en particular, la declaración establece el derecho de toda persona, individualmente o en grupo, a no participar en la investigación científica para la producción o el desarrollo armamentístico y a denunciar públicamente dicha investigación.

En cuanto al derecho a la resistencia contra la opresión, la declaración, declara como derecho de toda persona y todo pueblo, primero, a resistir y oponerse a todos los regímenes que cometan crímenes internacionales u otras violaciones graves, masivas o sistemáticas de los derechos humanos, incluido el derecho a la libre determinación de los pueblos, de acuerdo con el derecho internacional; segundo, a oponerse a la guerra; a los crímenes de guerra, de genocidio, de agresión, de *apartheid* y otros crímenes de lesa humanidad, y a las violaciones de otros derechos humanos universalmente reconocidos; y tercero, a oponerse a las violaciones del derecho humano a la paz.

Por último, en esta materia, la *Declaración de Santiago* también declara como derecho de toda persona y todo pueblo a oponerse a toda propaganda a favor de la guerra o de incitación a la violencia, exigiendo que sea prohibida por ley, la glorificación de la violencia y su justificación como supuestamente necesaria para construir el futuro y permitir el progreso.

Estos derechos a la desobediencia y a la resistencia a la opresión, como se dijo, no tienen una consagración frecuente en las Constituciones nacionales, siendo una excepción, lo establecido en el último artículo de la Constitución de Venezuela de 1999, que dispone que:

> *Artículo 350.* El pueblo de Venezuela, fiel a su tradición republicana, a su lucha por la independencia, la paz y la libertad, desconocerá cualquier régimen, legislación o autoridad que contraríe los valores, principios y garantías democráticos o menoscabe los derechos humanos.

Se trata, por tanto, de la consagración constitucional del derecho a la desobediencia civil y a la resistencia contra o respecto de regímenes políticos, de la legislación que se sancione y de cualquier autoridad que sea inconstitucional o que actúen en contra de la Constitución o que menoscabe los derechos humanos que la misma declara. Se trata, en definitiva de un derecho a que la Constitución, donde están establecidos los valores, principios y garantías democráticos, no se vulnere, y a que si su supremacía no es capaz de ser garantizada por los órganos de la Jurisdicción Constitucional, entonces toda persona individualmente o en grupo, tiene derecho a procurar que se restablezca el orden constitucional violado. El derecho a la desobediencia civil y a la resistencia a la opresión, por tanto, derivan del derecho ciudadano a la supremacía constitucional, y su ejercicio encuentra justificación cuando los mecanismos institucionales del Estado dispuestos para garantizar dicha supremacía no funcionan. Es en ese contexto, en nuestro criterio, que además de identificarse a la paz como derecho fundamental, y el derecho de todas las personas a vivir y convivir en paz, se identifica la obligación primordial del Estado de garantizar dichos derechos, el deber de los ciudadanos de contribuir a su satisfacción, y además, su derecho a desobedecer y resistir todo régimen que contraríe el valor fundamental de vivir en paz, los valores democráticos y el respeto a los derechos humanos.

II. EL DERECHO A LA SUPREMACÍA CONSTITUCIONAL Y LA AUSENCIA DE EFECTIVIDAD DE LA JURISDICCIÓN CONSTITUCIONAL, COMO FUNDAMENTO DEL DERECHO A LA DESOBEDIENCIA Y A LA RESISTENCIA A LA OPRESIÓN

En efecto, si la Constitución es la manifestación más suprema de la voluntad del pueblo como poder constituyente originario, la misma con sus principios y valores democráticos y sus derechos y garantías debe prevalecer sobre la voluntad de los órganos constituidos del poder, por lo que su modificación sólo puede llevarse a cabo conforme se dispone en su propio texto, como expresión-imposición de la voluntad popular producto de ese poder constituyente originario.

Este postulado de la supremacía de la Constitución en tanto que norma fundamental, que además se encuentra expresado en forma expresa en el texto de muchas Constituciones, lo que implica que ya no es una deducción lógica, es uno de los pilares fundamentales del Estado Constitucional que comenzó a desarrollarse desde los propios albores del constitucionalismo moderno. Así fue cuando en 1788, Alexander Hamilton en *The Federalist,* afirmó que "ningún acto legislativo contrario a la Constitución, puede ser válido", al punto de que "negar esto significaría afirmar que "los representantes del pueblo son superiores al pueblo mismo; que los hombres que actúan en virtud de poderes, puedan hacer no sólo lo que sus poderes no les autorizan sino también lo que les prohíben."[1800]

La contrapartida de la obligación de los órganos constituidos de respetar la Constitución, de manera que el poder constituyente originario prevalezca sobre la voluntad de dichos órganos estatales constituidos, es el derecho constitucional que todos los ciudadanos tienen en un Estado Constitucional, a que se respete la voluntad popular expresada en la Constitución, es decir, *el derecho fundamental a la supremacía constitucional.*[1801] Nada se ganaría con señalar que la Constitución, como mani-

1800 *The Federalist* (ed. B.F. Wright), Cambridge, Mass. 1961, pp. 491-493.

1801 Véase Allan R. Brewer-Carías "El juez constitucional vs. la supremacía constitucional. (O de cómo la jurisdicción constitucional en Venezuela renunció a controlar la constitucionalidad del procedimiento seguido para la "reforma constitucional" sancionada por la Asamblea Nacional el 02 de noviembre de

festación de la voluntad del pueblo, debe prevalecer sobre la de los órganos del Estado, si no existiere el derecho de los integrantes del pueblo de exigir el respeto de esa Constitución, y además, la obligación de los órganos jurisdiccionales de velar por dicha supremacía.

El constitucionalismo moderno, por tanto, no sólo está montado sobre el principio de la supremacía constitucional, sino que como consecuencia del mismo, también está montado sobre el derecho del ciudadano a esa supremacía,[1802] que se concreta, conforme al principio de la separación de poderes, en un derecho fundamental a la tutela judicial efectiva de la supremacía constitucional, es decir, a la justicia constitucional.

Por ello, el mismo Hamilton, al referirse al papel de los Jueces en relación con dicha supremacía constitucional también afirmó:

> "Una Constitución es, de hecho, y así debe ser considerada por los jueces, como una ley fundamental. Por tanto, les corresponde establecer su significado así como el de cualquier acto proveniente del cuerpo legislativo. Si se produce una situación irreconciliable entre ambos, por supuesto, la preferencia debe darse a la que tiene la mayor obligatoriedad y validez, o, en otras palabras, la Constitución debe prevalecer sobre las Leyes, así como la intención del pueblo debe prevalecer sobre la intención de sus representantes."

Con base en estos postulados se desarrolló no sólo la doctrina de la supremacía de la Constitución, sino también, aún más importante, la doctrina de "los jueces como guardianes de la Constitución," tal como lo expresó el mismo Hamilton al referirse a la Constitución como limitación de los poderes del Estado y, en particular, de la autoridad legislativa, afirmando que:

> "Limitaciones de este tipo sólo pueden ser preservadas, en la práctica, mediante los Tribunales de justicia, cuyo deber tiene que ser el de declarar nulos todos los actos contrarios al tenor manifiesto de la Constitución. De lo contrario, todas las reservas de derechos o privilegios particulares, equivaldrían a nada."[1803]

De estos postulados puede decirse que en el constitucionalismo moderno surgió el sistema de justicia constitucional en sus dos vertientes, como protección de la parte orgánica de la Constitución, y como protección de su parte dogmática, es decir, de los derechos y libertades constitucionales, lo que en definitiva, no es más que la manifestación de la garantía constitucional del derecho fundamental del ciudadano al respecto de la supremacía constitucional. El sistema, por otra parte, y si bien

---

2007, antes de que fuera rechazada por el pueblo en el referendo del 02 de diciembre de 2007)," en *Revista de Derecho Público*, N° 112, Editorial Jurídica Venezolana, Caracas, 2007, pp. 661-694.

1802 Véase Allan R. Brewer-Carías, "El amparo a los derechos y libertades constitucionales (una aproximación comparativa)" en *La protección jurídica del ciudadano Estudios en Homenaje al Profesor Jesús González Pérez,* Madrid 1993, Tomo III, pp. 2.696 y 2.697.

1803 *The Federalist* (ed. B.F. Wright), Cambridge, Mass. 1961, pp. 491-493.

tuvo sus raíces como se ha dicho, en el constitucionalismo norteamericano a comienzos del siglo XIX,[1804] también se consolidó en Europa continental durante el siglo pasado, con las adopción de la noción de Constitución rígida, el principio de su supremacía, la garantía de la nulidad de los actos estatales que la vulneren, la consagración constitucional de los derechos fundamentales, la consideración de la Constitución como norma de derecho positivo directamente aplicable a los ciudadanos[1805], cuya aceptación, incluso, fue calificada hacia finales del Siglo pasado como producto de una "revolución,"[1806] que los países europeos sólo en las últimas décadas de dicho siglo comenzaron a "redescubrir,"[1807] y con la atribución del control de la constitucionalidad a órganos superiores especializados como los Tribunales Constitucionales.

Ahora bien, la justicia constitucional, es decir, la posibilidad de control judicial de la constitucionalidad de las leyes y demás actos estadales, deriva precisamente de esa idea de la Constitución como norma fundamental y suprema, que debe prevalecer sobre toda otra norma o acto estatal; lo que implica el poder de los jueces o de ciertos órganos constitucionales en ejercicio de funciones jurisdiccionales, de controlar la constitucionalidad de los actos estatales, incluidas las leyes, declarándolos incluso nulos cuando sean contrarios a la Constitución. Ese fue el gran y principal aporte de la Revolución Norteamericana al constitucionalismo moderno, y su desarrollo progresivo ha sido el fundamento de los sistemas de justicia constitucional en el mundo contemporáneo.

Como lo expresó en su momento Manuel García Pelayo:

> "La Constitución, en tanto que norma fundamental positiva, vincula a todos los poderes públicos incluidos el Parlamento y por tanto, la ley no puede ser contraria a los preceptos constitucionales, a los principios de que éstos arrancan o que se infieren de ellos, y a los valores a cuya realización aspira. Tal es lo que configura la esencia del Estado constitucional de derecho..."[1808].

Es decir, como en su momento también lo señaló Mauro Cappelletti, la Constitución concebida "no como una simple pauta de carácter político, moral o filosófico,

---

1804 Véase en particular A. Hamilton, *The Federalist* (ed. B. F. Wright), Cambridge Mass. 1961, *letter* N° 78, pp. 491–493. Véanse además, los comentarios de Alexis de Tocqueville, *Democracy in America* (ed. J. P. Mayer and M. Lerner), London, 1968, vol. I, p. 120.

1805 Véase Eduardo García de Enterría, *La Constitución como norma y el Tribunal Constitucional*, Madrid, 1981.

1806 Véase J. Rivero, "Rapport de Synthèse", en L. Favoreu (ed.), *Cours constitutionnelles européennes et droits fundamentaux,* París, 1982, p. 520, donde califica la aceptación de muchos de esos principios por el Consejo Constitucional como una "revolución".

1807 El término lo usó con razón Louis Favoreu, al señalar que ha sido sólo después de la Primera Guerra Mundial, y particularmente, después de la Segunda Guerra Mundial, que los países europeos han "redescubierto" la Constitución como texto de carácter jurídico y como norma fundamental, en "Actualité et légitimité du contrôle juridictionnel des lois en Europe Occidentale", *Revue du Droit Public et de la Science Politique en France et á l'étranger,* 1984, p. 1.176.

1808 Véase Manuel García Pelayo, "El Status del Tribunal Constitucional", en *Revista Española de Derecho Constitucional,* N° 1, Madrid, 1981, p. 18.

sino como una ley verdadera, positiva y obligante, con un carácter supremo y más permanente que la legislación positiva ordinaria."[1809] O como lo puntualizó Eduardo García de Enterría al iniciarse el proceso democrático en España en las últimas décadas del siglo pasado, las Constituciones son normas jurídicas efectivas, que prevalecen en el proceso político, en la vida social y económica del país, y que sustentan la validez a todo el orden jurídico[1810]. Se trata, siempre, de una ley suprema, real y efectiva, que contiene normas directamente aplicables tanto a los órganos del Estado como a los individuos. Dicha supremacía, por lo demás, no sólo se refiere a las previsiones establecidas en el texto mismo de la Constitución, como podría ser el elenco de derechos y garantías enumerados en la misma, sino por ejemplo, conforme al artículo 335 de la Constitución de Venezuela, a los "principios constitucionales" conforme a las interpretaciones efectuadas por la Jurisdicción Constitucional, y a los derechos humanos declarados en los tratados, pactos y convenciones internacionales suscritos y ratificados por Venezuela, los cuales conforme al artículo 23 de la Constitución tienen "jerarquía constitucional y prevalecen en el orden interno, en la medida en que contengan normas sobre su goce y ejercicio más favorables a las establecidas en la Constitución y en las leyes de la República."[1811] Es lo que se ha denominado como el "bloque de la constitucionalidad" en la terminología acuñada hace años, entre otros, por Louis Favoreu.[1812]

Todo ello, lo que confirma es que el derecho fundamental a la supremacía constitucional se concreta, en definitiva, en un sistema de control de la constitucionalidad de los actos y actuaciones del Estado que violen dicho derecho, que comprende tanto un derecho al control jurisdiccional de la constitucionalidad de los actos estatales, sea mediante sistemas de justicia constitucional concentrados o difusos, y en un derecho al amparo judicial de los derechos fundamentales de las personas, sea mediante acciones o recursos de amparo u otros medios judiciales de protección inmediata de los mismos. La consecuencia de este derecho fundamental a la supremacía constitucional, por tanto, implica el poder atribuido a los jueces o a determinados órganos jurisdiccionales de asegurar la supremacía constitucional, sea declarando la nulidad de los actos contrarios a la Constitución, sea restableciendo los derechos

1809 Véase Mauro Cappelletti, *Judicial Review of Legislation and its Legitimacy. Recent Developments.* General Report. International Association of Legal Sciences. Uppsala, 1984 (mimeo), p. 20; también publicado como "Rapport général" en L. Favoreu y J.A. Jolowicz (ed), *Le contrôle juridictionnel des lois Légitimité, effectivité et développements récents,* París 1986, pp. 285-300.

1810 Véase Eduardo García de Enterría, *La Constitución como norma y el Tribunal Constitucional*, Madrid, 1981, pp. 33, 39, 66, 71, 177 y 187.

1811 Sobre el tema de la jerarquía constitucional de los tratados en materia de derechos humanos, véase Allan R. Brewer-Carías, "La aplicación de los tratados internacionales sobre derechos humanos en el orden interno", en *Revista IIDH*, Instituto Interamericano de Derechos Humanos, N° 46, San José 2007, pp. 219-271; y "La interrelación entre los Tribunales Constitucionales de América Latina y la Corte Interamericana de Derechos Humanos, y la cuestión de la inejecutabilidad de sus decisiones en Venezuela," en *Anuario Iberoamericano de Justicia Constitucional,* Centro de Estudios Políticos y Constitucionales, N° 13, Madrid 2009, pp. 99-136.

1812 Véase Louis Favoreu, "Le principe de constitutionalité. Essai de définition d'après la jurisprudence du Conseil constitutionnel," en *Recueil d'études en l'honneur de Charles Eisenmann*, Paris 1977, p. 33.

fundamentales vulnerados por acciones ilegítimas, tanto de los órganos del Estado como de los particulares.

Ahora bien, tratándose de un derecho fundamental de los ciudadanos el que se asegure la supremacía constitucional mediante la tutela judicial de la misma, dado el principio de la reserva legal es evidente que sólo la Constitución podría limitar dicho derecho, es decir, sería incompatible con la idea misma del derecho fundamental de la supremacía constitucional que se postula, cualquier limitación legal al mismo, sea manifestada en actos estatales que se lleguen a excluir del control judicial de constitucionalidad; sea en derechos constitucionales cuya violación no fuera amparable en forma inmediata mediante recursos judiciales de protección.

La supremacía constitucional es una noción absoluta, que no admite excepciones, por lo que el derecho constitucional a su aseguramiento tampoco puede admitir excepciones, salvo por supuesto, las que establezca la propia Constitución.

De lo anterior resulta que, en definitiva, en el derecho constitucional contemporáneo, la justicia constitucional se ha estructurado como una garantía adjetiva al derecho fundamental del ciudadano a la supremacía constitucional, y como el instrumento jurídico para canalizar los conflictos entre la voluntad popular y los actos de los poderes constituidos.

En esta forma, como lo señaló Sylvia Snowiss en su análisis histórico sobre los orígenes de la justicia constitucional, ésta puede decirse que surgió como un "sustituto a la revolución."[1813] En efecto, frente al principio de la soberanía y omnipotencia del Parlamento que provenía del derecho inglés, y que Blackstone defendía en Inglaterra,[1814] conforme al cual no había otro recurso para el cambio político frente a la tiranía, que no fuera el recurso a la revolución; el desarrollo progresivo y alternativo del principio de la soberanía popular y la supremacía constitucional en Norteamérica, llevó progresivamente a la posibilidad de que el régimen político pudiera ser cambiado, fuera apelando al pueblo mediante una Convención Constitucional (o constituyente) o mediante el desarrollo del poder de los jueces de poder defender la Constitución y juzgar y controlar las acciones del Congreso por las violaciones a la Constitución.[1815] En tal sentido, si los ciudadanos tienen derecho a la supremacía constitucional, al ser la Constitución emanación del pueblo soberano, entonces frente al derecho de los ciudadanos a rebelarse, a desobedecer leyes injustas o resistir a la opresión frente a cualquier violación de la Constitución, con el objeto de logar la revocatoria del mandato a los representantes que la violen o a su sustitución por otros, en aplicación del derecho de resistencia o revuelta que defendía John Locke;[1816] se fue desarrollando el sistema de justicia constitucional, mediante el poder

---

1813 Véase Sylvia Snowiss, *Judicial Review and the Law of the Constitution,* Yale University Press, 1990, pp. 2, 3, 6, 113 ss.

1814 Véase William Blackstone, *Commentaries on the Laws of England*, 4 vols, 1765-1769, Ed. Facsimilar University of Chicago Press, 1979.

1815 Véase Sylvia Snowiss, *Judicial Review and the Law of the Constitution,* Yale University Press, 1990, pp. 11 ss., 33, 34, 38 ss. 113.

1816 Véase John Locke, *Two Treatises of Government* (ed. Peter Laslett), Cambridge UK, 1967, pp. 221 y ss.

atribuido a los jueces para conocer de la constitucionalidad de las leyes y poder decidir no aplicarlas cuando violen la Constitución

En caso de opresión de los derechos, de abuso o de usurpación, de violaciones masivas a los derechos fundamentales, antes del desarrollo de los sistemas de justicia constitucional, entonces, la revolución era la solución o la vía de solución de conflictos entre el pueblo y los gobernantes. Sin embargo, como sustituto de la misma fue precisamente que surgió con el constitucionalismo moderno, ese poder atribuido a los jueces para dirimir los conflictos constitucionales entre los poderes constituidos o entre éstos y el pueblo. Esa es, precisamente, la tarea del juez constitucional, quedando configurada la justicia constitucional como la principal garantía al derecho ciudadano a la supremacía constitucional como la calificó Sylvia Snowiss, "como sustituto de la revolución."[1817]

En el caso de Venezuela, por ejemplo, como resultado de un proceso evolutivo que se remonta al siglo XIX, se organiza en la Constitución un completísimo sistema de justicia constitucional que combina, basado en el principio de la universalidad del control, un control concentrado de la constitucionalidad de las leyes y demás actos dictados en ejecución directa e inmediata de la Constitución, atribuido a la Jurisdicción Constitucional que ejerce la Sala Constitucional del Tribunal Supremo de Justicia (art. 336); con el control difuso de la constitucionalidad de los actos normativos que está a cargo de todos los jueces con potestad de desaplicar en los casos concretos las leyes que juzguen inconstitucionales (art. 334); y el derecho de amparo respecto de todos los derechos constitucionales que se ejerce ante todos los tribunales de instancia, por tanto, en forma igualmente difusa (art. 27).[1818] Conforme a ese sistema, en el texto de la Constitución, todos los actos estatales, incluso aquellos que se dicten con motivo de los procedimientos de revisión o reforma constitucional, cualquiera que sea su naturaleza, en tanto que sean manifestaciones de voluntad de los poderes públicos constituidos, están sometidos a la Constitución y al control judicial de constitucionalidad. De lo contrario, no tendría sentido ni la supremacía constitucional ni el derecho ciudadano a dicha supremacía constitucional.

Si un sistema de justicia constitucional, y particularmente, uno de tal amplitud funcionase adecuadamente, entonces, es obvio que el derecho a la desobediencia civil o a la resistencia frente a regímenes, legislación o autoridad que contraríen los valores, principios y garantías democráticos o menoscabasen los derechos humanos no tendía operatividad, pues los jueces mediante el control de constitucionalidad funcionarían como sustitutos a la desobediencia o a la resistencia.

Sin embargo, cuando el sistema de justicia constitucional, a pesar de su amplitud, no funciona, o es inocuo por el control político que se ejerce desde el poder sobre los jueces, o cuando en general el mismo se llega a configurar como un sistema

---

1817 Véase Sylvia Snowiss, *Judicial Review and the Law of the Constitution,* Yale University Press, 1990, pp. 2.

1818 Véase sobre el sistema venezolano de justicia constitucional, Allan R. Brewer-Carías, *La justicia constitucional (Procesos y procedimientos constitucionales)*, Editorial Porrúa/ Instituto Mexicano de Derecho procesal Constitucional, México 2007.

puesto al servicio del autoritarismo,[1819] entonces, ante la ausencia de poder alguno que pueda controlar la constitucionalidad de los actos de los órganos constituidos del Estado, frente a un régimen político, a una legislación o a una autoridad que contraríen los valores, principios y garantías democráticos o menoscabasen los derechos humanos, resurge con toda su fuerza y valor el derecho a la desobediencia civil o el derecho a la resistencia contra la opresión.

III. ALGO SOBRE EL CONFLICTO ENTRE EL DEBER DE OBEDIENCIA Y EL DERECHO A LA DESOBEDIENCIA CIVIL Y A LA RESISTENCIA ANTE LA OPRESIÓN

Los ciudadanos de cualquier Estado, como integrantes de una sociedad regulada por leyes, tienen el deber de obediencia a las mismas, lo que no excluye que el Estado tenga, a la vez, la obligación de garantizar el goce y ejercicio irrenunciable, indivisible e interdependiente de los derechos de las personas, conforme al principio de la progresividad y sin discriminación, por lo que el respeto y garantía de los derechos humanos son obligatorios para los órganos que ejercen el Poder Público.

Además, muchas Constituciones, como la de Venezuela, por ejemplo, declaran expresamente como nulos todos los actos dictados en ejercicio del Poder Público que violen o menoscaben los derechos que la misma garantiza (art. 25), haciendo responsables en lo penal, civil y administrativo a los funcionarios públicos que ordenen o ejecuten esos actos violatorios.

Por tanto, ante la violación de la Constitución por las autoridades constituidas, en cualquier Estado en el cual no hay garantía de que los órganos del Poder Público que ejercen funciones constitucionales de balance, contrapeso y control realmente funcione, y en particular, de que el sistema de justicia constitucional no funcione por habérselo puesto al servicio del autoritarismo; particularmente cuando el régimen autoritario tiene su origen en elecciones, sin duda se plantea el dilema o conflicto democrático y constitucional que tiene que condicionar la conducta de los ciudadano, entre rechazar, desobedecer o resistir frente a leyes y autoridades ilegítimas, inconstitucionales e injustas; u obedecerlas de acuerdo con la obligación constitucional, acatándolas y cumpliéndolas. Este es el meollo del ejercicio del derecho a la

---

1819 Es el caso en Venezuela, durante la última década. Véase sobre ello, lo que hemos expuesto en Allan R. Brewer-Carías, *Dismantling Democracy. The Chávez Authoritarian Experiment*, Cambridge University Press, New York 2010; *Reforma constitucional y fraude a la Constitución (1999-2009)*, Academia de Ciencias Políticas y Sociales, Caracas 2009; *Reforma Constitucional, Asamblea Constituyente, y Control Judicial: Honduras (2009), Ecuador (2007) y Venezuela (1999),* Universidad Externado de Colombia, Bogotá 2009; *Crónica sobre la "In" Justicia Constitucional. La Sala Constitucional y el autoritarismo en Venezuela*, Colección Instituto de Derecho Público, Universidad Central de Venezuela, N° 2, Editorial Jurídica Venezolana, Caracas 2007; "La justicia sometida al poder [La ausencia de independencia y autonomía de los jueces en Venezuela por la interminable emergencia del Poder Judicial (1999-2006)]" en *Cuestiones Internacionales. Anuario Jurídico Villanueva 2007,* Centro Universitario Villanueva, Marcial Pons, Madrid 2007, pp. 25-57; "La progresiva y sistemática demolición institucional de la autonomía e independencia del Poder Judicial en Venezuela 1999-2004", en *XXX Jornadas J.M Domínguez Escovar, Estado de derecho, Administración de justicia y derechos humanos*, Instituto de Estudios Jurídicos del Estado Lara, Barquisimeto, 2005, pp. 33-174.

desobediencia civil y a la resistencia frente a la opresión, que conforme a la *Declaración de Santiago* corresponde con razón a toda persona, individualmente o en grupo.

Frente a este conflicto, una norma constitucional como la del artículo 350 de la Constitución venezolana y el derecho ciudadano que consagra, encuentra entonces toda su operatividad frente para garantizar la resistencia a cumplir y acatar leyes que son ilegítimas, inconstitucionales e injustas.[1820]

Este artículo, en el sentido de la *Declaración de Santiago*, en efecto consagra constitucionalmente el derecho a la desobediencia civil, que es una de las formas como se manifiesta el derecho de resistencia, y cuyo origen histórico está en el derecho a la insurrección, que tuvo su fuente en la teoría política difundida por John Locke.[1821] Además, tiene su antecedente constitucional remoto en la Constitución Francesa de 1793 en el último de los artículos de la Declaración de los Derechos del Hombre y del Ciudadano que la precedía, en el cual se estableció que

> *Art. 35.* Cuando el gobierno viole los derechos del pueblo, la insurrección es, para el pueblo y para cada porción del pueblo, el más sagrado de los derechos y el más indispensable de los deberes.

Esta norma, típica de un gobierno revolucionario (como el del Terror), fue anómala y desapareció posteriormente de los anales del constitucionalismo.

Sin embargo, ello no ha impedido la aparición en las Constituciones de algunas versiones contemporáneas, no del derecho a la insurrección, sino del derecho a la rebelión contra los gobiernos de fuerza, como el consagrado, por ejemplo, en el artículo 333 de la misma Constitución venezolana que establece el deber de "todo ciudadano investido o no de autoridad, de colaborar en el restablecimiento de la efectiva vigencia de la Constitución," si la misma perdiera "su vigencia o dejare de observarse por acto de fuerza o porque fuere derogada por cualquier otro medio distinto al previsto en ella". Es el único caso en el cual una Constitución pacifista como la de Venezuela de 1999, admite que pueda haber un acto de fuerza para reaccionar contra un régimen que por la fuerza haya irrumpido contra la Constitución. Sobre ello,

---

1820 Sobre la desobediencia civil y el artículo 350 de la Constitución, véase: María L. Álvarez Chamosa y Paola A. A. Yrady, "La desobediencia civil como mecanismo de participación ciudadana", en *Revista de Derecho Constitucional,* N° 7 (Enero-Junio). Editorial Sherwood, Caracas, 2003, pp. 7-21; Andrés A. Mezgravis, "¿Qué es la desobediencia civil?", en *Revista de Derecho Constitucional,* N° 7 (enero-junio), Editorial Sherwood,Caracas, 2003, pp. 189-191; Marie Picard de Orsini, "Consideraciones acerca de la desobediencia civil como instrumento de la democracia", en *El Derecho Público a comienzos del siglo XXI. Estudios homenaje al Profesor Allan R. Brewer-Carías,* Tomo I, Instituto de Derecho Público, UCV, Civitas Ediciones, Madrid, 2003, pp. 535-551; y Eloisa Avellaneda y Luis Salamanca, "El artículo 350 de la Constitución: derecho de rebelión, derecho resistencia o derecho a la desobediencia civil", en *El Derecho Público a comienzos del siglo XXI. Estudios homenaje al Profesor Allan R. Brewer-Carías,* Tomo I, Instituto de Derecho Público, UCV, Civitas Ediciones, Madrid, 2003, pp. 553-583. Véase además, lo que hemos expuesto en Allan R. Brewer-Carías, *La Constitución de 1999. Derecho Constitucional Venezolano*. Editorial Jurídica Venezolana, Caracas 2004, Tomo I, pp. 133 ss.

1821 Véase John Locke, *Two Treaties of Government* (ed. P. Laslett), Cambridge 1967, p. 211.

ha señalado la Sala Constitucional en sentencia N° 24 de 22 de enero de 2003 (Caso: *Interpretación del artículo 350 de la Constitución*) que:

> "El derecho de resistencia a la opresión o a la tiranía, como es el caso de los regímenes de fuerza surgidos del pronunciamiento militar, que nacen y actúan con absoluta arbitrariedad, está reconocido en el artículo 333 de la Constitución, cuya redacción es casi idéntica al artículo 250 de la Carta de 1961. Esta disposición está vinculada, asimismo, con el artículo 138 *eiusdem*, que declara que "Toda autoridad usurpada es ineficaz y sus actos son nulos."

El derecho a la restauración democrática (defensa del régimen constitucional) contemplado en el artículo 333, es un mecanismo legítimo de desobediencia civil que comporta la resistencia a un régimen usurpador y no constitucional." [1822]

Pero frente a leyes inconstitucionales, ilegítimas e injustas dictadas por los órganos del Poder Público, en realidad, no se está en presencia de este deber-derecho a la rebelión, sino en ausencia de efectivo control judicial de la constitucionalidad o de la garantía de la justicia constitucional, del derecho a la resistencia y, particularmente, del derecho a la desobediencia civil, que tiene que colocarse en la balanza de la conducta ciudadana junto con el deber constitucional de la obediencia a las leyes.

El tema central en esta materia, por supuesto, es la determinación de cuándo desaparece la obligación de la obediencia a las leyes y cuándo se reemplaza por la también obligación-derecho de desobedecerlas y esto ocurre, en general, cuando la ley es injusta; cuando es ilegítima, porque por ejemplo emana de un órgano que no tiene poder para legislar, o cuando es nula, por violar la Constitución; y no hay un sistema de justicia constitucional que funcione.

La actitud del ciudadano en esta situación de derecho a la desobediencia de la ley, como manifestación del derecho a resistencia, puede expresarse de diversas formas y entre ellas, individualmente mediante la objeción de conciencia que se expresa en la declaración de Santiago, y también individual o colectivamente mediante la desobediencia civil, y la resistencia pasiva o activa, todas como manifestaciones cívicas no violentas.

La objeción de conciencia es una conducta individual; de carácter omisivo, en el sentido que consiste en no hacer lo que se ordena; en forma pública; pacífica; parcial, porque está dirigida al cambio de una norma; y de orden pasivo, porque la resistencia a la norma y el derecho de incumplirla se hace con conciencia de aceptar las consecuencias o sanciones que se imponen por la violación. El derecho a la objeción de conciencia está regulado –mal regulado- en el artículo 61 de la Constitución de Venezuela, que establece que "la objeción de conciencia no puede invocarse para eludir el cumplimiento de la ley o impedir a otros su cumplimiento o el ejercicio de sus derechos," cuando en realidad, lo que debió decir es que no puede invocarse

---

1822 Véase en *Revista de Derecho Público*, N° 93-96, Editorial Jurídica Venezolana, Caracas 2003, pp. 126-127.

para eludir la aplicación de las sanciones derivadas del incumplimiento de la ley. De lo contrario, no sería tal derecho.

Sobre este derecho a la objeción de conciencia, *la Declaración de Santiago* lo consagra como un derecho de toda persona, individualmente o en grupo, frente a actividades que supongan amenazas contra la paz, y en particular, a obtener el estatuto de objeción de conciencia frente a las obligaciones militares; y a la objeción laboral y profesional, así como a la objeción fiscal al gasto militar, ante operaciones de apoyo a conflictos armados que sean contrarias al derecho internacional de los derechos humanos o al derecho internacional humanitario. En estos caso, dispone la *Declaración de Santiago*, que los Estados proporcionarán alternativas aceptables a los contribuyentes que se opongan a la utilización de sus impuestos para fines militares; y además, que consagra el derecho de toda persona, individualmente o en grupo, a ser protegida en el ejercicio efectivo de este derecho a la objeción de conciencia.

Por otra parte, en cuanto a la resistencia pasiva, como la definió el propio Mahatma Gandhi "es un método que consiste en salvaguardar los derechos mediante la aceptación del sufrimiento" lo que es "lo contrario de la resistencia mediante las armas."[1823] Consiste en la negativa a obedecer los dictados de la ley, aceptando la sanción punitiva que resulta de la desobediencia, pero con la certidumbre de no estar obligado a obedecer la ley que desaprueba la conciencia.[1824]

En la misma línea se ubica la resistencia activa, la cual también es una conducta no sólo contra la parte perceptiva de una Ley sino contra su parte punitiva; y no sólo de carácter individual sino muchas veces colectiva, como por ejemplo, la conducta comisiva de *hacer lo que la ley prohíbe* y, además, buscando eludir la pena. En todo caso, es de carácter público y parcial. La resistencia activa se materializó, por ejemplo, en los movimientos por la integración racial que liderizó Martín Luther King en la década de los cincuenta.[1825]

La resistencia pasiva o activa, en todo caso, se diferencia de la desobediencia civil en cuanto a que esta es fundamentalmente una manifestación colectiva, que lo que persigue de inmediato es demostrar públicamente la injusticia, la ilegitimidad o la inconstitucionalidad de la ley o de un régimen o una autoridad, con el fin de inducir, por ejemplo, al legislador a reformarla o al régimen o a la autoridad a transformarse.[1826]

1823 M. K. Gandhi, *La Civilización occidental y nuestra Independencia*, Buenos Aires, 1959, p. 84 y ss.

1824 *Idem*, pp. 85-86

1825 El movimiento por los derechos civiles liderado, entre otros, por M. L. King, se desarrolló a partir de la sentencia de la Corte Suprema de los Estados Unidos, *Brown vs. Topeka Bord of Education,* 1954.

1826 La expresión desobediencia civil comenzó a difundirse en los Estados Unidos luego del clásico ensayo de Henry David Thoreau, *Civil Disobedience,* 1849. Véase las referencias en Norberto Bobbio, "Desobediencia Civil" en Norberto Bobbio y Nicola Matteucci (directores). *Diccionario de Política,* 1982, Vol. I, p. 535.

La desobediencia civil, por ello, es una acción que se justifica o que debe considerarse licita, debida e, incluso, tolerada, a diferencia de cualquier otra trasgresión o violación de la ley, pues lo que persigue es el restablecimiento de la justicia, de la legitimidad o de la constitucionalidad, mediante una reforma legal o una trasformación política. Por ello, la desobediencia civil no se considera destructiva sino innovativa, y quienes la asumen no consideran que realizan un acto de trasgresión del deber ciudadano de cumplir la ley, sino que lo que cumplen es con el deber ciudadano de velar porque los regímenes políticos sean democráticos o porque las leyes sean justas, legítimas y acorde con la Constitución.[1827] La desobediencia civil, por tanto, es una actitud propia de los buenos ciudadanos.

El efecto demostrativo de la desobediencia civil exige, en todo caso, su carácter colectivo y publicitado al máximo;[1828] de lo contrario, sería una desobediencia común, que por lo general es secreta, como la que hace el evasor de impuestos. La desobediencia civil, por tanto, tiene que ser expuesta al público, evidenciando que el deber que tiene todo ciudadano de cumplir la ley, sólo puede existir cuando el legislador respete la obligación de sancionar leyes justas y constitucionales.

La desobediencia civil, así, a pesar de que pueda ser considerada formalmente como una acción que se aparta de la ley, es sin embargo legítima, colectiva, pública y pacífica, es decir, no violenta, que tiene su fundamento, precisamente, como decía Norberto Bobbio[1829] en "principios éticos superiores para obtener un cambio de las leyes" o en los valores que establece el artículo 350 de la Constitución, cuando se considere que el régimen, la legislación o la autoridad contraríe los valores, principios y garantías democráticos o menoscabe los derechos humanos; y el conflicto no pueda ser resuelto por la Jurisdicción Constitucional. Como lo ha resumido Juan Ignacio Ugartemedia Eceizabarrena en la primera frase de su libro sobre el tema, la desobediencia civil "es un fenómeno que se configura como una forma peculiar de protesta contra determinadas actuaciones del poder público llevada a cabo por motivos de justicia."[1830]

1827 A finales de 2001, en Venezuela se dieron dos manifestaciones colectivas que puede considerarse que encuadran en la desobediencia civil: en primer lugar, con la realización del proceso electoral del directorio de la Conferencia de Trabajadores de Venezuela, a pesar de que el Consejo Nacional Electoral había ordenado que no se realizaron dichas elecciones y había dicho que desconocería a la directiva electa; *El Universal,* Caracas, 17-08-01, p. 1-6; en segundo lugar, con la realización de la elección de los jueces de paz en diversos Municipios, entre ellos Chacao, organizada por las autoridades municipales a pesar de la posición en contra del Consejo Nacional Electoral que reclamaba para si la organización de esas elecciones y desconociendo la medida cautelar en contra adoptada por el Tribunal Supremo de Justicia.

1828 Un típico ejemplo en Venezuela del carácter demostrativo de ruptura contra un ordenamiento, fue la ruptura en público de la *Gaceta Oficial* que contenía la Ley de Tierras y Desarrollo Rural, por el Presidente de la Federación de Ganaderos, Dr. José Luis Vetancourt, noviembre 2001; y la ruptura de la boleta electoral en el referendo sindical de diciembre de 2000 por Carlos Melo, *El Universal,* Caracas, 04-12-00, p. 1-8.

1829 Véase Norberto Bobbio, "Desobediencia Civil" en Norberto Bobbio y Nicola Matteucci (directores). *Diccionario de Política,* 1982, Vol. I, pp. 533 ss.

1830 Juan Ignacio Ugartemedia Eceizabarrena, *La desobediencia civil en el Estado constitucional democrático*, Marcial Pons, Madrid 1999, p.15.

Por ello, en Venezuela, la desobediencia civil no sólo es un tema de filosofía política, sino de derecho constitucional, pues es la propia Constitución la que consagra expresamente el derecho ciudadano a la desobediencia civil, incluso más allá de la sola resistencia a la ley.

Las condiciones para el ejercicio del derecho a la desobediencia civil y resistencia a la opresión en aplicación, por ejemplo, del antes mencionado artículo 350 de la Constitución, en nuestro criterio,[1831] serían las siguientes:

En *primer lugar*, se establece como un derecho constitucional del "pueblo de Venezuela", es decir, se trata de un derecho de ejercicio colectivo y, consecuencialmente, público. No se puede justificar en esta norma, cualquier violación individual de una ley.

En *segundo lugar*, es un derecho basado en la tradición republicana del pueblo, su lucha por la independencia, la paz y la libertad. Se trata, por tanto, de un derecho ciudadano democrático, de carácter pacífico y no violento. No se pueden justificar en esta norma, acciones violentas que son incompatibles con los principios constitucionales que rigen al Estado, a la sociedad y al ordenamiento jurídico.

En *tercer lugar*, el derecho colectivo a la desobediencia civil ("desconocerá", dice la norma) surge cuando el régimen, la legislación o la autoridad, primero, "contraríe los valores, principios y garantías democráticas"; y segundo, "menoscabe los derechos humanos".

En *cuarto lugar,* la desobediencia civil que tiene su fundamento en el artículo 350 de la Constitución, como derecho ciudadano colectivo, de ejercicio público y pacífico, se puede plantear no sólo respecto de la legislación, sino de "cualquier régimen… o autoridad" que, como se dijo, contraríe los valores, principios y garantías democráticos o menoscabe los derechos humanos.

Este derecho constitucional del pueblo, se establece, por tanto, no sólo frente a las leyes (legislación), sino frente a cualquier régimen o autoridad que contraríe los valores, principios y garantías democráticas o menoscabe los derechos humanos, lo que lo amplía considerablemente respecto del tradicional ámbito político institucio-

---

1831 Así lo expresamos a comienzos de 2002, en la conferencia sobre "Democracia y desobediencia civil (La democracia venezolana a la luz de la Carta Democrática Interamericana)"dictada en las "Jornadas Día de los Derechos Civiles. El ABC de la No violencia activa y de la desobediencia civil," organizada por la Asociación Civil Queremos Elegir, en la Cámara de Industriales de Venezuela. Caracas, 26 de enero 2002, disponible en http://allanbrewercarias.com/Content/449725d9-f1cb-474b8ab241efb849fea2/Content/I.1.844.pdf; y en el documento "*Aide Memoire, febrero 2002. La democracia venezolana a la luz de la Carta Democrática Interamericana*," disponible en http://allanbrewercarias.com/Content/449725d9-f1cb-474b-8ab241efb849fea3/Content/I,%202,%2021.%20La%20democracia%20venezolana%20a%20-la%20luz%20de%20la%20Carta%20Democratica%20Interamericana%20_02-02-_SIN%20PIE%20DE-%20PAGINA.pdf. Véase igualmente, Allan R. Brewer-Carías, *La Crisis de la democracia venezolana (la carta democrática Interamericana y los sucesos de abril de 2002)*, Ediciones El Nacional, Caracas 2002, pp. 39 ss.; y *La Constitución de 1999. Derecho Constitucional Venezolano*. Editorial Jurídica Venezolana, Caracas 2004, Tomo I, pp. 133 ss.

nal de la misma conocido en la ciencia política, que la reduce a la desobediencia de las leyes para lograr su reforma.

La desobediencia civil en la Constitución, por tanto, no sólo tiene el efecto demostrativo de buscar la reforma de leyes injustas, ilegítimas o inconstitucionales, sino de buscar cambiar el régimen o la autoridad que contraríe los valores, principios y garantías democráticos establecidos en la Constitución o los definidos en la Carta Democrática Interamericana; o que menosprecie los derechos humanos enumerados en la Constitución y en los tratados, pactos y convenciones relativas a derechos humanos suscritos y ratificados por Venezuela, los cuales tienen jerarquía constitucional y prevalecen en el orden interno en la medida en que contengan normas sobre su goce y ejercicio más favorables a las establecidas en la Constitución y en las leyes (art. 23).

En todo caso, tratándose de un derecho constitucional colectivo, del pueblo de Venezuela, la desobediencia civil tiene que ser motorizada por las organizaciones sociales, por los organismos de la sociedad civil, por los sectores de la sociedad, es decir, por toda organización que sea de carácter no estatal. He aquí el gran valor y poder de la sociedad civil organizada, esa que está fuera del alcance del Estado.

El pueblo organizado es la sociedad civil y esta es la organización que se contrapone al Estado. Como lo ha dicho la Sala Constitucional en sentencia N° 1395 de 21 de noviembre de 2000 (Caso: *Gobernación del Estado Mérida y otras vs. Ministerio de Finanzas*),

> "la sociedad civil es diferente al Estado y a los entes que lo componen (Estados, Municipios, Institutos Autónomos, Fundaciones Públicas, Sociedades con capital de los Poderes Públicos, etc). En consecuencia, el Estado no puede formar parte, bajo ninguna forma directa o indirecta, de la sociedad civil. Fundaciones, Asociaciones, Sociedades o grupos, totalmente financiados por el Estado, así sean de carácter privado, no pueden representarla, a menos que demuestren que en su dirección y actividades no tiene ninguna influencia el Estado."[1832]

La sociedad civil así, es la esfera de las relaciones entre individuos, entre grupos y entre sectores de la sociedad, que en todo caso se desarrollan fuera de las relaciones de poder que caracterizan a las instituciones estatales. En este ámbito de la sociedad civil, en consecuencia, entre otras están las organizaciones con fines políticos (partidos políticos); las organizaciones religiosas; las organizaciones sociales; las organizaciones ambientales; las organizaciones comunitarias y vecinales; las organizaciones educativas y culturales; las organizaciones para la información (medios de comunicación) y las organizaciones económicas y cooperativas que el Estado, por otra parte, tiene la obligación constitucional de respetar y proteger e, incluso, de estimular, facilitar y promover (arts. 52, 57, 59, 67, 100, 106, 108, 112, 118, 127, 184 y 308). En definitiva, conforme a la sentencia de la Sala Electoral del Tribunal Supremo de Justicia N° 30 del 28 de marzo de 2001 (Caso: *Víctor Maldonado vs.*

1832 Véase en *Revista de Derecho Público*, N° 84, Editorial Jurídica Venezolana, Caracas 2000, p. 315 ss.

Ministerio de la Familia) la llamada 'sociedad civil', debe ser entendida "como la organización democrática de la sociedad, no estatal, política, religiosa o militar, que busca fines públicos coincidentes con los del Estado."[1833]

Sin embargo, en forma contradictoria, en la mencionada sentencia N° 1395 de 21 de noviembre de 2000 (Caso: *Gobernación del Estado Mérida y otras vs. Ministerio de Finanzas*), la Sala Constitucional le negó a los partidos políticos el ser parte de la sociedad civil, indicando:

> "Que estando el Estado conformado por ciudadanos que pertenecen a fuerzas políticas, la sociedad civil tiene que ser diferente a esas fuerzas, cuyos exponentes son los partidos o grupos políticos. Consecuencia de ello, es que las organizaciones políticas no conforman la sociedad civil, sino la sociedad política cuyos espacios están delimitados por la Constitución y las leyes. Por lo tanto, todo tipo de participación partidista en personas jurídicas, desnaturaliza su condición de organizaciones representativas de la sociedad civil.

La sociedad civil la forman los organismos e instituciones netamente privados, mientras que la sociedad política es el dominio directo que se expresa en el Estado y en el gobierno jurídico, en el cual contribuyen los partidos en un régimen democrático."[1834]

Aparte, de esta restrictiva afirmación, lo cierto es que frente al derecho a la desobediencia civil y a la resistencia a la opresión, son las organizaciones de la sociedad civil,[1835] las que precisamente en nombre del pueblo pueden motorizar la reac-

---

1833 Véase en *Revista de Derecho Público*, N° 85-88, Editorial Jurídica Venezolana, Caracas 2001, pp.338-343. Sin embargo, debe advertirse que en la Sala Constitucional del Tribunal Supremo de Justicia, en 2012, los criterios parecen apuntar hacia otra dirección completamente autoritaria. Eso es lo que se desprende, al menos, de lo que expuso el magistrado Arcadio Delgado Rosales en el acto de apertura del Año Judicial en enero de 2012. Allí expuso, basándose nada menos que en Carl Schmitt, que: "... debemos advertir desde el inicio que la sociedad como condición existencial del Estado es una sola y la insistencia en pretender excluir o distinguir de la globalidad a "ciudadanos" integrantes de la "sociedad civil" es una construcción ideológica liberal, en la cual hay reminiscencias censitarias, de desprecio a las clases populares y de odio al Estado como unidad política que, como veremos más adelante, es concebido como una amenaza latente contra la concepción individualista. Por tanto, rechazamos la escisión de la totalidad social (sociedad civil/sociedad militar; sociedad civil/sociedad política) y, en consecuencia, la pretendida división entre actores e interacciones sociales al interior del sistema político y los actores e interacciones al "exterior" del mismo. Todos los ciudadanos y demás integrantes del cuerpo social están dentro del Estado y, como tales, son actores sociales y, potencialmente, políticos". Esta afirmación no sólo demuestra el desconocimiento de la Constitución en donde se evidencia y describe precisamente la separación entre relaciones entre sectores de la sociedad y relaciones de la sociedad para con el Estado, sino además evidencia el desconocimiento de sentencias antes referidas, proponiendo una fórmula clásica de los movimientos totalitarios, en los cuales el individuo se instrumentaliza al servicio del Estado, eliminando la distinción Estado /sociedad, lo cual es violatorio de los derechos humanos. *Cfr.* Arcadio Delgado Rosales, "Reflexiones sobre el sistema político y el Estado Social" en Sesión solemne. Apertura Actividades Judiciales. Discurso de Orden, Tribunal Supremo de Justicia, Caracas, 2012. http://www.tsj.gov.ve/informacion/misce-laneas/DiscursoMagADR.pdf

1834 Véase en *Revista de Derecho Público*, N° 84, Editorial Jurídica Venezolana, Caracas 2000, p. 315 ss.

1835 Por ejemplo, la sociedad civil organizada, por ejemplo, realizó una muy importante movilización contra el Decreto 1011 de 04-10-00 que contiene el Reglamento del Ejercicio de la Profesión Docente (*G.O.* N° 5496 *Extra.* de 31-10-00), en el cual se reguló a los Supervisores Itinerantes Nacionales, a los efectos de

ción contra las leyes injustas o inconstitucionales y, en última instancia, ejercer el derecho a la desobediencia civil que regula la Constitución, también, contra el régimen o la autoridad que contraríe los valores, principios y garantías democráticas o menoscabe los derechos humanos.

Sin embargo, incluso respecto de las organizaciones de la sociedad civil, la Sala Constitucional en Venezuela le ha dado una interpretación restrictiva al término, expresando en la sentencia N° 1050 de 23 de agosto de 2000 (Caso: *Ruth Capriles y otros vs. Consejo Nacional Electoral*), que "mientras la ley no cree los mecanismos para determinar quiénes pueden representar a la sociedad civil en general o a sectores de ella en particular, y en cuáles condiciones ejercer tal representación, no puede admitirse como legítimos representantes de la sociedad civil, de la ciudadanía, etc., a grupos de personas que por iniciativa propia se adjudiquen tal representación, sin que se conozca cuál es su respaldo en la sociedad ni sus intereses; y sin que pueda controlarse a qué intereses responden: económicos, políticos, supranacionales, nacionales o internacionales."[1836]

La Sala, por tanto, a pesar de que reiteró el principio de que las normas constitucionales sobre participación ciudadana tienen aplicación inmediata, a pesar de que no tengan desarrollo legislativo, "ello no se extiende a cualquier grupo que se autoproclame representante de la sociedad civil, y que sin llenar requisito legal alguno, pretenda, sin proporcionar prueba de su legitimidad, más allá del uso de los medios de comunicación para proyectarse públicamente, obrar por ante la Sala Constitucional, sin ni siquiera poder demostrar su legitimación en ese sentido;" concluyendo con la siguiente afirmación reductiva del derecho a la participación:

> "La función pública se haría caótica, si cualquier asociación o grupo de personas, arrogándose la representación de la ciudadanía o de la sociedad civil, pretendiere fuese consultada antes de la toma de cualquier decisión; o exigiere

---

realizar "supervisiones integrales en todos los planteles establecidos a nivel nacional". Como consecuencia de esas supervisiones de cada plantel, esos supervisores podían recomendar la intervención del plantel y la suspensión de los miembros de sus cueros directivos (art. 32,6). La movilización fue contra la posibilidad de aplicación de esta norma respecto de los planteles privados. Véase, en particular, *El Universal*, Caracas, 07-12-00, p. 1-9; 12-12-00, p. 1-12; 13-12-00, p. 1-9; 14-12-00, pp. 1-6, 1-10; 15-12-00, p.1-2; 17-12-00, p. 1-8; 18-12-00, p. 1-6; 19-12-00, p. 1-10 y 20-12-00, p. 1-2. El Ministro de Educación, a pesar de haber señalado que el Decreto si se aplicaba a la educación privada, *El Universal*, Caracas, 12-12-00, p. 1-12, luego señaló que no se aplicaba, *El Universal*, Caracas, 18-12-00, p. 1-6. Pretendió el Ministro "aclarar" esto en un "reglamento del reglamento", totalmente improcedente, *El Universal*, Caracas, 12-12-00, p. 1-8. El Decreto fue impugnado ante el Tribunal Supremo, *El Universal*, Caracas, 22-12-00, p. 1-2, cuya Sala Constitucional un año después (19-12-01) decidió sin lugar la acción aclarando el contenido del Decreto, *El Nacional*, Caracas, 20-12-01, p. C-2, en virtud de la "reglamentación" realizada por el Ministerio mediante Resolución, en el cual subsanó las fallas del Decreto, *El Nacional*, Caracas, 27-12-01, p. 1-4. Otra movilización de la sociedad civil organizada que debe destacarse fue la realizada en caracas, el 11 de abril de 2002 exigiendo la renuncia del Presidente de la República. Véase sobre la misma y los sucesos políticos derivados en Allan R. Brewer-Carías, *La Crisis de la democracia venezolana (La Carta Democrática Interamericana y los sucesos de abril de 2002)*, Ediciones El Nacional, Caracas 2002.

1836 Véase en *Revista de Derecho Público*, N° 83, Editorial Jurídica Venezolana, Caracas 2000, pp. 182-184.

de los poderes del Poder Público la entrega de documentos, datos o informaciones sin que la ley los faculte para ello; o quisiera ingresar a dependencias del Estado a indagar sobre lo que allá acontece sin que ninguna disposición legal se lo permita. Tal situación caótica se acentuaría si estos entes mediante el uso de los medios de comunicación tratasen de formar matrices de opinión pública favorables a sus pretensiones cuando ellas carecen de fundamento legal. De allí, que se hace impretermitible, para el desarrollo de los derechos de tales organizaciones ciudadanas, que la ley establezca los requisitos y condiciones a cumplir para que puedan ser considerados representantes de la sociedad civil y de la ciudadanía."[1837]

A pesar de estos diversos esfuerzos restrictivos del juez constitucional en Venezuela de reducir y restringir el ejercicio del derecho a la desobediencia civil y a la resistencia frente a la opresión, el mismo ha adquirido cada vez más importancia, porque en ausencia de una justicia constitucional efectiva[1838] que asegure la tutela judicial efectiva de los derechos, dichos derechos no sólo se puede ejercer constitucionalmente ante leyes inconstitucionales como muchas de las que han sido dictadas en Venezuela en la última década mediante decretos leyes,[1839] sino ante el régimen y autoridad que tenemos, que cada vez más contradice los valores, principios y garantías democráticas y menoscaba los derechos humanos. Por ello, incluso, más que un derecho a la desobediencia civil, comenzamos a estar en presencia de un deber ciudadano que debe cumplirse para salvaguardar nuestra democracia y proteger nuestros derechos.

IV. EL ESFUERZO REALIZADO POR EL JUEZ CONSTITUCIONAL EN VENEZUELA PARA ENMARCAR Y REDUCIR EL DERECHO CONSTITUCIONAL CIUDADANO A LA DESOBEDIENCIA CIVIL Y A LA RESISTENCIA A LA OPRESIÓN

No sólo en Venezuela, la Sala Constitucional del Tribunal Supremo de Justicia, como Jurisdicción Constitucional, durante la última década ha dejado de ser el garante último de la supremacía constitucional, dado el sometimiento al poder que ha sufrido convirtiéndose en un mero agente ejecutor de las políticas públicas. Ello se confirma, por ejemplo, con lo expresado en el discurso de "apertura del Año Judicial" pronunciado el 5 de febrero de 2011 pronunciado por un Magistrado de la Sala Electoral del Tribunal Supremo, en el cual destacó que "el Poder Judicial venezolano está en el deber de dar su aporte para la eficaz ejecución, en el ámbito de su

---

1837 Véase en *Revista de Derecho Público*, N° 83, Editorial Jurídica Venezolana, Caracas 2000, p. 182 ss.

1838 Véase Allan R. Brewer-Carías, *Crónica sobre la "In" Justicia Constitucional. La Sala Constitucional y el autoritarismo en Venezuela*. Colección Instituto de Derecho Público, Universidad Central de Venezuela, N° 2, Caracas, 2007, 702 pp.

1839 Véase por ejemplo, sobre los dictados en 2000, en Allan R. Brewer-Carías, "Apreciación general sobre los vicios de inconstitucionalidad que afectan los Decretos Leyes Habilitados," en *Ley Habilitante del 13-11-2000 y sus Decretos Leyes*, Academia de Ciencias Políticas y Sociales, Serie Eventos N° 17. Caracas, 2002, pp. 63-103; y sobre los dictados en 2008, los trabajos publicados en *Revista de Derecho Público*, N° 115 *(Estudios sobre los Decretos Leyes)*, Editorial Jurídica Venezolana. Caracas, 2009.

competencia, de la Política de Estado que adelanta el gobierno nacional" en el sentido de desarrollar "una acción deliberada y planificada para conducir un socialismo bolivariano y democrático," y que "la materialización del aporte que debe dar el Poder Judicial para colaborar con el desarrollo de una política socialista, conforme a la Constitución y la leyes, viene dado por la conducta profesional de jueces, secretarios, alguaciles y personal auxiliar."[1840]

Con ello ha quedado claro cuál ha sido la razón del rol asumido por el Tribunal Supremo en Venezuela, y que como se anunció en dicha apertura del Año Judicial de 2011, no es otro que la destrucción del "llamado estado de derecho" y "de las estructuras liberales-democráticas," con el objeto de la "construcción del Socialismo Bolivariano y Democrático."

En esta forma la Jurisdicción Constitucional controlada por el poder, no sólo ha dejado de ser la garante suprema de la Constitución, sino que se ha convertido en agente activo de mutaciones constitucionales ilegítimas, por ejemplo, para cambiar la forma federal del Estado,[1841] o para desmontar el bloque de la constitucionalidad, al reservarse la decisión sobre la aplicación preferente de los tratados internacionales en materia de derechos humanos[1842] e, incluso, para implementar las reformas constitucionales que fueron rechazadas por el pueblo mediante referendo en 2007 mediante interpretaciones constitucionales vinculantes.[1843] Y precisamente, mediante una de esas interpretaciones constitucionales vinculantes, que además en Venezuela

---

1840 El Magistrado Fernando Vargas, quien fue el Orador de Orden, además agregó que "Así como en el pasado, bajo el imperio de las constituciones liberales que rigieron el llamado estado de derecho, la Corte de Casación, la Corte Federal y de Casación o la Corte Suprema de Justicia y demás tribunales, se consagraban a la defensa de las estructuras liberal-democráticas y combatían con sus sentencias a quienes pretendían subvertir ese orden en cualquiera de las competencias ya fuese penal, laboral o civil, de la misma manera este Tribunal Supremo de Justicia y el resto de los tribunales de la República, deben aplicar severamente las leyes para sancionar conductas o reconducir causas que vayan en desmedro de la construcción del Socialismo Bolivariano y Democrático." Véase la Nota de Prensa oficial difundida por el Tribunal Supremo. Véase en http://www.tsj.gov.ve/informacion/notasdeprensa/notasdeprensa.asp?codigo=8239

1841 Véase Allan R. Brewer-Carías, "La Sala Constitucional como poder constituyente: la modificación de la forma federal del estado y del sistema constitucional de división territorial del poder público, en *Revista de Derecho Público*, N° 114, Editorial Jurídica Venezolana, Caracas 2008, pp. 247-262.

1842 Véase Allan R. Brewer-Carías, "El juez constitucional vs. La justicia internacional en materia de derechos humanos," en *Revista de Derecho Público*, N° 116, (julio-septiembre 2008), Editorial Jurídica Venezolana, Caracas 2008, pp. 249-26.

1843 Véase en general sobre estas mutaciones constitucionales lo que hemos expresado en Allan R. Brewer-Carías, "El juez constitucional al servicio del autoritarismo y la ilegítima mutación de la Constitución: el caso de la Sala Constitucional del Tribunal Supremo de Justicia de Venezuela (1999-2009)", en *Revista de Administración Pública*, N° 180, Madrid 2009, pp. 383-418; "La fraudulenta mutación de la Constitución en Venezuela, o de cómo el juez constitucional usurpa el poder constituyente originario,", en *Anuario de Derecho Público*, Centro de Estudios de Derecho Público de la Universidad Monteávila, Año 2, Caracas 2009, pp. 23-65; "La ilegítima mutación de la Constitución por el juez constitucional y la demolición del Estado de derecho en Venezuela.," *Revista de Derecho Político*, N° 75-76, Homenaje a Manuel García Pelayo, Universidad Nacional de Educación a Distancia, Madrid, 2009, pp. 291-325; "El juez constitucional al servicio del autoritarismo y la ilegítima mutación de la Constitución: el caso de la Sala Constitucional del Tribunal Supremo de Justicia de Venezuela (1999-2009)", en *IUSTEL, Revista General de Derecho Administrativo*, N° 21, junio 2009, Madrid, ISSN-1696-9650.

se pueden solicitar "a al carta" mediante el ejercicio de un recurso autónomo de interpretación abstracta de la Constitución, con objeto completamente desligado de algún caso concreto o controversia constitucional,[1844] la Sala Constitucional del Tribunal Supremo de Justicia, mediante sentencia Nº 24 de 22 de enero de 2003 (Caso: *Interpretación del artículo 350 de la Constitución*) [1845] se ha encargado de enmarcar y restringir el ejercicio del derecho ciudadano a la desobediencia civil y a la resistencia a la opresión, vaciando materialmente de contenido la norma del artículo 350 de la Constitución.

Así, en relación con la expresión "pueblo" en dicha norma como titular del derecho, que es de ejercicio colectivo, la Sala Constitucional ha interpretado que "debe vincularse al principio de la soberanía popular que el Constituyente ha incorporado al artículo 5 del texto fundamental," agregando que "el sentido que debe asignarse al pueblo de Venezuela es el conjunto de las personas del país y no una parcialidad de la población, una clase social o un pequeño poblado, y menos individualidades." De allí, la Sala concluyó señalando que "en la medida en que la soberanía reside de manera fraccionada en todos los individuos que componen la comunidad política general que sirve de condición existencial del Estado Nacional, siendo cada uno de ellos titular de una porción o alícuota de esta soberanía, tienen el derecho y el deber de oponerse al régimen, legislación o autoridad que resulte del ejercicio del poder constituyente originario que contraríe principios y garantías democráticos o menoscabe los derechos humanos; y así se decide."

De ello, resultó, en definitiva, que la Sala Constitucional redujo el ejercicio del derecho a la desobediencia civil y a la resistencia a la opresión en un ejercicio de la soberanía por el pueblo, lo que apunta a que en general sólo podría ejercerse mediante el sufragio de la totalidad de los componentes del pueblo, distorsionando totalmente el sentido de la norma. Así, señaló la Sala en la misma sentencia Nº 24 de 22 de enero de 2003 que el desconocimiento al cual alude la norma del artículo 350, sólo:

> "puede manifestarse constitucionalmente mediante los diversos mecanismos para la participación ciudadana contenidos en la Carta Fundamental, en particular los de naturaleza política, preceptuados en el artículo 70, a saber: "la elección de cargos públicos, el referendo, la consulta popular, la revocación del mandato, las iniciativas legislativa, constitucional y constituyente, el cabildo abierto y la asamblea de ciudadanos y ciudadanas."[1846]

1844 Véase sobre este recurso de interpretación, que además, fue "creado" por la propia Sala Constitucional sin fundamento en la Constitución, lo que hemos expuesto en Allan R. Brewer-Carías, "*Quis Custodiet Ipsos Custodes*: De la interpretación constitucional a la inconstitucionalidad de la interpretación," en *VIII Congreso Nacional de derecho Constitucional, Perú*, Fondo Editorial 2005, Colegio de Abogados de Arequipa, Arequipa, septiembre 2005, pp. 463-489; y en *Revista de Derecho Público*, Nº 105, Editorial Jurídica Venezolana, Caracas 2006, pp. 7-27; y en "Le recours d'interprétation abstrait de la Constitution au Vénézuéla", en *Le renouveau du droit constitutionnel, Mélanges en l'honneur de Louis Favoreu*, Dalloz, Paris, 2007, pp. 61-70.

1845 Véase en *Revista de Derecho Público*, Nº 93-96, Editorial Jurídica Venezolana, Caracas 2003, pp. 126-127.

1846 *Idem*.

Por ello, la Sala Constitucional, en la citada sentencia N° 24 de 22 de enero de 2003, al interpretar la norma del mencionado artículo 350, primero, aclaró, que la misma al ser aislada no debía conducir "a conclusiones peligrosas para la estabilidad política e institucional del país, ni para propiciar la anarquía;" y luego, contra el "argumento del artículo 350 para justificar el 'desconocimiento' a los órganos del poder público democráticamente electos," ello lo consideró "impertinente" "de conformidad con el ordenamiento constitucional vigente," advirtiendo que:

> "se ha pretendido utilizar esta disposición como justificación del 'derecho de resistencia' o 'derecho de rebelión' contra un gobierno violatorio de los derechos humanos o del régimen democrático, cuando su sola ubicación en el texto Constitucional indica que ese no es el sentido que el constituyente asigna a esta disposición."[1847]

Luego de analizar el sentido de la ubicación de la norma en el Título sobre la revisión de la Constitución venezolana, en particular, el referido a la institución de la Asamblea Nacional Constituyente, la Sala señaló que aparte del supuesto de derecho a la rebelión regulado en el artículo 333 de la Constitución respecto de gobiernos de fuerza, sobre los otros supuestos que puedan derivarse del artículo 350 de la Constitución, respecto del derecho a la desobediencia civil o a la resistencia frente a la opresión, y que puedan implicar "la posibilidad de desconocimiento o desobediencia," sólo "debe admitirse en el contexto de una interpretación constitucionalizada de la norma objeto de la presente decisión," objeto precisamente de la citada sentencia N° 24 de 22 de enero de 2003:

> "cuando agotados todos los recursos y medios judiciales, previstos en el ordenamiento jurídico para justiciar un agravio determinado, producido por "cualquier régimen, legislación o autoridad", no sea materialmente posible ejecutar el contenido de una decisión favorable."

En esta forma, la Sala Constitucional, materialmente redujo la posibilidad de ejercicio de la desobediencia civil, sólo frente a autoridades que desconozcan las decisiones judiciales, señalando que:

> "En estos casos quienes se opongan deliberada y conscientemente a una orden emitida en su contra e impidan en el ámbito de lo fáctico la materialización de la misma, por encima incluso de la propia autoridad judicial que produjo el pronunciamiento favorable, se arriesga a que en su contra se activen los mecanismos de desobediencia, la cual deberá ser tenida como legítima sí y solo sí -como se ha indicado precedentemente- se han agotado previamente los mecanismos e instancias que la propia Constitución contiene como garantes del estado de derecho en el orden interno, y a pesar de la declaración de inconstitucionalidad el agravio se mantiene."

De esta aproximación restrictiva para la interpretación del artículo 350 de la Constitución, la Sala Constitucional concluyó indicando que:

1847 Véase en *Revista de Derecho Público*, N° 93-96, Editorial Jurídica Venezolana, Caracas 2003, 128-130.

"No puede y no debe interpretarse de otra forma la desobediencia o desconocimiento al cual alude el artículo 350 de la Constitución, ya que ello implicaría sustituir a conveniencia los medios para la obtención de la justicia reconocidos constitucionalmente, generando situaciones de anarquía que eventualmente pudieran resquebrajar el estado de derecho y el marco jurídico para la solución de conflictos fijados por el pueblo al aprobar la Constitución de 1999.

En otros términos, sería un contrasentido pretender como legítima la activación de cualquier medio de resistencia a la autoridad, legislación o régimen, por encima de los instrumentos que el orden jurídico pone a disposición de los ciudadanos para tales fines, por cuanto ello comportaría una transgresión mucho más grave que aquella que pretendiese evitarse a través de la desobediencia, por cuanto se atentaría abierta y deliberadamente contra todo un sistema de valores y principios instituidos democráticamente, dirigidos a la solución de cualquier conflicto social, como los previstos en la Constitución y leyes de la República, destruyendo por tanto el espíritu y la esencia misma del Texto Fundamental."[1848]

Esta interpretación, por supuesto, sólo podría tener sentido si existiera un régimen político democrático donde la independencia y autonomía judicial estuviese realmente garantizada, y en el cual, como señalamos al inicio, la justicia constitucional fuera realmente el "sustituto de la revolución." Sin embargo, frente a un juez constitucional sometido, la interpretación de la Sala es la negación misma del derecho a la desobediencia civil y a la rebelión consagrado en el artículo 350 de la Constitución venezolana.

V. LA REACCIÓN DE DESOBEDIENCIA CIVIL FRENTE A UNA ILEGÍTIMA ORDEN JUDICIAL DEL JUEZ CONSTITUCIONAL EN 2012, QUE DE HABERSE CUMPLIDO HUBIERA PERMITIDO LA ELABORACIÓN DE UNA "LISTA" CON LOS ELECTORES QUE PARTICIPARON EN LAS ELECCIONES PRIMARIAS DEL CANDIDATO DE LA OPOSICIÓN DEMOCRÁTICA, DESTINADA A EJECUTAR UNA MASIVA DISCRIMINACIÓN POLÍTICA

Por lo demás, y precisamente por el sometimiento del juez constitucional al poder en Venezuela, fue frente y contra una ilegítima decisión de la propia Sala Constitucional que en febrero de 2012 puede decirse que se produjo un acto de desobediencia civil, a los efectos de desconocerla, y así evitar que se pudiera configurar un nuevo esquema de discriminación política como el que se había desarrollado en 2004.

En efecto, el 30 de enero de 2004, luego de que un grupo de más de tres millones y medio de electores solicitaron con su firma, la realización de un referendo revocatorio del mandato del Presidente de la República Hugo Chávez, este se dirigió al Presidente del Consejo Nacional Electoral para autorizar se entregara al Sr. Luis

1848 *Idem.*

Tascón las planillas utilizadas con dichas firmas. El Presidente del Consejo Nacional Electoral que en ese momento era el abogado Francisco Carrasquero, procedió a la entrega de esa documentación, con la cual el Sr. Tacón, en ese momento Diputado en la Asamblea nacional, publicó lo que se denominó "Lista Tascón," con base a la cual se efectuó en el país un masivo y abierto proceso de discriminación política, que excluyó a dichos ciudadanos en sus relaciones con la Administración.[1849]

Quienes firmaron ejerciendo su derecho de participación política, fueron debidamente "castigados" y estigmatizados como enemigos del régimen, de manera que, por ejemplo, se les negó el acceso a cargos públicos o a contratar con el Estado, y las gestiones que podrían tener la necesidad de realizar ante la Administración, como la simple solicitud de sus documentos de identificación personal, fueron sistemáticamente obstaculizadas.

El "fantasma" de la "Lista Tascón"[1850] volvió a aparecer en Venezuela a raíz de las elecciones primarias que se realizaron el 12 de febrero de 2012, para escoger el candidato de la oposición a las elecciones presidenciales de octubre de 2012, proceso en el cual votaron 3.079.284 personas. Dicho proceso de votación se desarrolló con la participación colaborativa del Consejo Nacional Electoral, y en las bases que llevaron a su desarrollo se convino en que los cuadernos de votación serían destruidos dentro de las 48 horas siguientes a la conclusión del proceso, para evitar que las listas de votantes pudieran ser utilizada con fines de discriminación o amenaza políticas contra quienes participaran en dicho proceso de votación.

Sin embargo, horas después de finalizado el proceso de votaciones, a raíz de una acción de "amparo" ejercida el día 13 de febrero de 2012 contra la "Comisión Electoral de la Mesa de la Unidad" que había sido la organización que había organizado las elecciones primarias de la oposición, la Sala Constitucional del Tribunal Supremo de Justicia el día siguiente, 14 de febrero de 2012, dictó una sentencia (N° 66) acordando una medida cautelar innominada a favor del peticionario,[1851] ordenando a dicha Comisión Electoral de la Mesa de la Unidad que en un lapso de 24 horas realizara "la entrega de los referidos cuadernos a las diversas Direcciones Regionales del Consejo Nacional Electoral en las correspondientes circunscripciones electorales," a los efectos de que el Poder Electoral procediera a "resguardar" dicho material electoral, ordenándose "al Plan República, en la persona del General en Jefe Henry Rangel Silva, girar las instrucciones pertinentes a los fines de garantizar la custodia del material antes señalado y hacerlo llegar a las correspondientes sedes del Poder Electoral." El Ponente de la decisión de la Sala Constitucional fue el magistrado "Francisco Antonio Carrasquero López," es decir, el mismo abogado "Francisco Carrasquero" quien seis años antes, como Presidente del Consejo Nacional Electoral

---

1849 Véase por ejemplo, Ana Julia Jatar, *Aparheid del Siglo XXI, La informática al servicio de la discriminación política en Venezuela,* Súmate, Caracas 2006, en http://www.anajuliajatar.com/apartheid/

1850 Véase Pedro García Otero, "Chávez revive las amenazas de recrear nuevas listas discriminatorias," en La Voz de galicia, 19-02-2012, en http://www.lavozdegalicia.es/noticia/interna-cional/2012/02/19/chavez-revive-amenazas-crear-nuevas-listas-discriminatorias/0003_201202G19P27991.htm

1851 http://www.tsj.gov.ve/decisiones/scon/Febrero/66-14212-2012

había sido el vehículo para la confección de la "Lista Tascón." Con ello, sin duda, se buscaba procurar la confección de una nueva lista,[1852] con el objeto de poder discriminar y perseguir políticamente a quienes habían participado en el acto electoral de las primarias de la oposición.

La decisión judicial del Juez Constitucional, que en este caso se dictó con una celeridad judicial inusitada, respondió la solicitud de amparo que había sido interpuesta por un ciudadano Rafael Antonio Velásquez Becerra, a título personal y en su carácter de "candidato a las elecciones primarias celebradas el día 12 de febrero de 2012," contra la referida Comisión Electoral de la Mesa de la Unidad, "por la presunta violación de los derechos a la seguridad jurídica, a la información, al sufragio y a la defensa, a consecuencia del anuncio de destrucción de los cuadernos electorales utilizados en el referido proceso comicial, luego de 48 horas de realizado el proceso comicial," para lo cual solicitó como medida cautelar de urgencia la "suspensión del acto que conlleve la destrucción de los cuadernos electorales que contienen los nombres y números de cédulas de los votantes, con ocasión a la realización de las elecciones primarias por parte de la Unidad Nacional en Venezuela, en fecha 12 de febrero de 2012."

Sin mayor análisis, la Sala Constitucional consideró que la acción interpuesta cumplía "con las exigencias del artículo 18 de la Ley Orgánica de Amparo," y que se encontraban "satisfechas las condiciones de admisibilidad," pasando la Sala, sin embargo, no a proseguir un proceso de amparo, sino a "trasformar" la acción de amparo individual interpuesta (para cuyo conocimiento no tenía competencia pues ella correspondía a la Sala Electoral del Tribunal Supremo), en una acción de protección de derechos e intereses colectivos al considerar que la situación denunciada presentaba "los rasgos característicos de difusividad propios de las demandas por intereses difusos y colectivos, toda vez que podría afectar a un número indeterminado de ciudadanos que participaron en las denominadas primarias celebradas el 12 de febrero de 2012."

Como consecuencia de ello, la Sala "recondujo," o sea, trasformó, por supuesto de oficio, "la demanda interpuesta a una demanda por intereses colectivos y difusos y conforme a lo dispuesto en el artículo 25.21 de la Ley Orgánica del Tribunal Supremo de Justicia," declarándose entonces "competente para conocer" de la misma.

Ello, de por sí ilegítimo, además, lo decidió la Sala en abierta violación del mismo artículo 25.21 de la Ley Orgánica del Tribunal Supremo de Justicia que la Sala invocó para atribuirse la competencia que no tenía, pues en dicha norma precisamente se dice lo contrario. Es decir, en la misma se dispone la competencia a la Sala para "conocer de las demandas y las previsiones de amparo para la protección de

---

1852 La presidenta de la Comisión Electoral de las Primarias, Teresa Albanes, señaló "que de acuerdo al artículo 23 del Reglamento de Selección de Candidatos de la Unidad, se establece que este ente debe hacer cumplir las normas relacionadas con la destrucción de todo el material electoral. "Nuestro compromiso de impedir una nueva lista de la infamia sigue en pie", afirmó en referencia a la sentencia del Tribunal Supremo de Justicia (TSJ) de prohibir la quema de los cuadernos de votación." En Globovisión.com, 14-02-2012, en http://www.globovision.com/news.php?nid=219016.

intereses difusos o colectivos cuando la controversia tenga trascendencia nacional, salvo lo que disponen leyes especiales y las pretensiones que, por su naturaleza, correspondan al contencioso de los servicios públicos **o al contencioso electoral**." Y el caso planteado, precisamente, era uno que "por su naturaleza" correspondía "al contencioso electoral" de manera que en virtud de texto expreso la Sala carecía de competencia para conocer del asunto. Pero como a la Sala Constitucional no hay quien la controle, la pregunta de siempre frente al abuso de poder del órgano de control sigue sin respuesta: *Quis Custodiet Ipsos Custodes?*

En todo caso, después de asumir, ilegalmente, una competencia que no tenía, la Sala pasó a considerar la pretensión cautelar innominada formulada, refiriéndose al artículo 130 de la misma Ley Orgánica del Tribunal Supremo, que la faculta para "acordar, aun de oficio, las medidas cautelares que estime pertinentes," para lo cual cuenta "con los más amplios poderes cautelares como garantía de la tutela judicial efectiva, para cuyo ejercicio tendrá en cuenta las circunstancias del caso y los intereses públicos en conflicto." Con base en ello, frente a la solicitud formulada de "suspensión del acto de destrucción de los cuadernos electorales," pero sin análisis jurídico sobre las condiciones elementales para la procedencia de medidas cautelares, la Sala procedió a otorgarla olvidándose de su propia doctrina sentada en sentencia N° 1946 de 16 de julio de 2003, en la cual recogiendo "reiterada jurisprudencia" de la propia Sala "en cuanto a que los extremos requeridos por el artículo 585 del Código de Procedimiento Civil," consideró que eran "necesariamente concurrentes junto al especial extremo consagrado en el Parágrafo Primero del artículo 588 *eiusdem*," señalando que "debe existir fundado temor de que se causen lesiones graves o de difícil reparación" de manera tal que "faltando la prueba de cualquier de estos elementos, el Juez constitucional no podría bajo ningún aspecto decretar la medida preventiva, pues estando vinculada la controversia planteada en sede constitucional con materias de Derecho Público, donde puedan estar en juego intereses generales, el Juez debe además realizar una ponderación de los intereses en conflicto para que una medida particular no constituya una lesión de intereses generales en un caso concreto."[1853] En la misma decisión, la Sala estableció como premisas fundamentales para el otorgamiento o no de solicitudes cautelares innominadas, que se cumpliera con requisitos como:

> "la verosimilitud del derecho que se dice vulnerado o amenazado, la condición de irreparable o de difícil reparación por la definitiva de la situación jurídica o derecho que se alega como propio, y la necesidad de evitar perjuicios en la satisfacción de intereses comunes a todos los integrantes de la sociedad."[1854]

Sobre ello, lo único que apreció la Sala fue que era "evidente que de no acordarse la medida se vulnerarían de forma irreparable los derechos denunciados por lo

---

1853 Caso: *Impugnación de la Ley de Tierras*. Doctrina reiterada en la sentencia N° 653 de la Sala Constitucional de 04-04-2003 (Caso: *Impugnación de las Leyes de Reforma Parcial de las Leyes que establecen el Impuesto al Débito Bancario y el Impuesto al Valor Agregado*).

1854 *Idem*.

que se ordena la suspensión del proceso de destrucción de los cuadernos electorales del proceso comicial celebrado el 12 de febrero de 2012." Y eso fue todo.

La consecuencia, fue la orden judicial dada a la Comisión Electoral de la Mesa de la Unidad de entregar en un lapso de 24 horas los cuadernos de votación respectivos a las dependencias del Consejo Nacional Electoral, para que el Poder Electoral procediera a resguardarlo, ordenándose "al Plan República, en la persona del General en Jefe Henry Rangel Silva, girar las instrucciones pertinentes a los fines de garantizar la custodia del material antes señalado y hacerlo llegar a las correspondientes sedes del Poder Electoral." A tales efectos, se ordenó notificar del proceso a la Defensoría del Pueblo, el Ministerio Público, al Poder Electoral, y al Plan República"

La reacción frente a esta ilegítima intromisión judicial no se hizo esperar,[1855] habiendo sido sin embargo lo más importante, el hecho de que los cuadernos de votación fueron debidamente destruidos e incinerados, como se había acordado inicialmente con el Consejo Nacional Electoral, en gran parte en abierta desobediencia civil frente a la ilegítima e infundada decisión judicial de la Jurisdicción Constitucional.[1856] Con ello, afortunadamente, la maniobra política no se concretó, y quienes querían elaborar una nueva "Lista" para la discriminación y persecución políticas no pudieron lograr sus objetivos. En este caso, el acto de desobediencia civil mediante la incineración en todo el país de los cuadernos de votación, fue contra el propio Juez Constitucional y su ilegítima decisión.

Y tampoco la reacción de la Sala Constitucional contra el acto de desobediencia civil tampoco se hizo esperar, y en sentencia de 23 de febrero de 2012, afirmando que como desde "el mismo 14 de febrero de 2012, la comunidad nacional sabía de la decisión cautelar dictada por esta Sala;" y como para el momento en el cual la Comisión Electoral de la Mesa de la Unidad conoció de las actuaciones de la Sala, "no habían transcurrido las 48 horas luego de las cuales debía destruirse el material electoral," de ello, a juicio de la Sala, resultó "patente que no sólo se violó la normativa que se había dictado para reglamentar el proceso de las primarias, sino que se desconoció el mandato cautelar que era, incluso, de conocimiento público." Ello, a juicio de la Sala Constitucional evidenciaba que la referida Comisión:

1855 Por ejemplo, la Magistrada del Tribunal Supremo de Justicia, Blanca Rosa Mármol de León expresó públicamente su opinión en el sentido de que "el fallo emitido por el poder judicial de ordenar la no destrucción de los cuadernos electorales, es una burla para los electores que confiaron en que este proceso se realizaría luego de depositar su voto en los comicios del pasado domingo." Véase en El Informador.com.ve, 14-02-2012, en http://www.elinformador.com.ve/noticias/venezuela/poder-judicial/fallo-burla-electores-asegura-magistrada-marmol-leon/53186 . Igualmente en NoticieroDigital.com de 14-02-2012, en http://www.noticierodigital.com/forum/viewtopic.php?t=841847.

1856 En la Nota Editorial de la página web de *Apertura Venezuela*, del 16 de febrero de 2012, titulada "Quemar los cuadernos o someternos a Carrasqueño," se afirmaba que "La destrucción de los cuadernos de votación es el primer acto de desobediencia civil que la Alianza Democrática ejecuta este año 2012, simplemente no estaban dispuestos a someterse a la justicia que impartiría el Magistrado Francisco Carrasquero." Véase en http://aperturaven.blogspot.com/2012/02/quemar-los-cuadernos-o-someternos.html.

> "incumplió con la [medida] cautelar dictada por esta Sala, lo cual, además, es un desacato susceptible de sanción, de conformidad con lo establecido en el artículo 122 de la Ley que rige las funciones de este Supremo Tribunal, que afecta gravemente el carácter ejecutorio de las sentencias, en cuanto a garantías básicas de toda Administración de Justicia y, al mismo tiempo, a la institucionalidad y la garantía de juridicidad a la cual se encuentran sometidos los particulares y el propio Estado.
>
> Efectivamente, uno de los presupuestos básicos del Estado social de derecho y de justicia es la sumisión de todos los particulares, así como de las instituciones del Estado, al sistema judicial del cual este Tribunal es la cúspide, y dicha sumisión se extiende al acatamiento de lo decidido, pues el cumplimiento y ejecución de las sentencias, forma parte tanto del derecho a la tutela judicial efectiva, como de los principios de seguridad jurídica y estabilidad institucional, y su quebrantamiento, vulnera las bases mismas del Estado."

En consecuencia de todo ello, y "atendiendo a la trascendencia de lo ocurrido," la Sala impuso, no a la Comisión Electoral de la Mesa de la Unidad, sino a su Presidenta multa en su límite máximo. "atendiendo a que esta Sala estima de suma gravedad el desacato a la tutela cautelar dictada." [1857]

Con ello se confirma que en casos como el venezolano, los cuales ella Jurisdicción Constitucional está al servicio del autoritarismo, cuando dicta sentencias que atenten los derechos ciudadanos, no hay otro recurso ciudadano que no sea recurrir al derecho a la desobediencia civil.

SECCIÓN SEGUNDA:

EL JUEZ CONSTITUCIONAL COMO GUARDIÁN DE LA CONSTITUCIÓN, Y EL PROBLEMA DEL CONTROL DEL GUARDIÁN

Si las Constituciones son normas jurídicas efectivas que prevalecen en el proceso político, en la vida social y económica del país, y que sustentan la validez de todo el orden jurídico, la solución institucional para preservar su vigencia y la libertad, está precisamente en establecer a los Jueces Constitucionales como comisarios del poder constituyente y guardianes de la Constitución, cuyas decisiones tienen que ser obligatorias y vinculantes para todos. Nada se lograría con establecer una Jurisdicción Constitucional si los órganos del propio Estado pudieran escaparse de acatar las decisiones del juez constitucional, lo que no debe ocurrir, ni siquiera alegando una supuesta voluntad popular expresada en elecciones parlamentarias o presidenciales. Ya en la primera parte nos referimos al conflicto o dilema entre supremacía constitucional y soberanía popular que el juez constitucional tiene que dilucidar. La misma problemática se presenta, por ejemplo, como ha ocurrido en Egipto a comienzos de

---

1857 Sentencia N° 145 de 23 de febrero de 2012, en http://www.tsj.gov.ve/decisiones/scon/Febrero/145-23212-2012-12-0219.html

julio de 2012, al plantearse el dilema entre resultados electorales y apoyo popular al Poder Ejecutivo, como argumento para justificar el desacato a lo decidido por un Juez Constitucional, el cual por supuesto no tiene origen electoral,[1858] lo que no es otra cosa que el viejo tema de la llamada "legitimidad democrática" del juez constitucional.[1859]

Sea cual sea la solución de esos dilemas, lo cierto es que para que un Juez Constitucional tenga sentido, sus decisiones tienen que ser acatadas, siempre que por supuesto se atenga a lo establecido en la Constitución, debiendo el juez constitucio-

---

1858 El proceso constitucional en Egipto, luego de la sustitución del Presidente Mubarak por un Consejo Supremo de las Fuerzas Armadas - las cuales, en realidad, habían estado gobernando el país y conduciendo el Estado desde el derrocamiento del Presidente Nasser, teniendo durante las últimas décadas a Mubarak en la cabeza, de manera que luego de su sustitución han seguido gobernando y manejando el Estado –, como es sabido, los militares lograron su objetivo de establecer unas reglas constitucionales de facto a su medida que han sido las que han conducido el supuesto proceso de transición hacia la democracia, impidiendo en todo caso el desarrollo – como inicialmente se había prometido y pensado - de un proceso constituyente plural para dotar a Egipto de una nueva Constitución, de manera que luego, conforme a sus disposiciones se pasara a elegir a los nuevos gobernantes. La consecuencia de ello fue que en el marco de las reglas constitucionales fijadas por los militares – que atribuían amplias potestades legislativas y ejecutivas al Consejo Supremo - se procedió a elegir un Parlamento en un proceso electoral que concluyó en enero de 2012, integrado con una mayoría de candidatos de la hermandad Musulmana. Se previó luego la realización de la elección presidencial, la cual después del cuestionamiento judicial de diversas candidaturas, a finales de junio de 2012 se realizó la elección, habiendo salido electo Mohamed Morsi como Presidente, candidato de la Hermandad Musulmana. Días antes de la elección presidencial, sin embargo, la Corte Constitucional de Egipto en decisión de 14 de junio de 2012, había declarado nula parte de la ley conforme a la cual se había efectuado la elección de numerosos diputados al Parlamento, por lo cual antes de que se eligiera a Morsi como Presidente, el Consejo Superior de las Fuerzas Armadas ya había decidido disolver el Parlamento. El Consejo Superior, además, estableció nuevas reglas constitucionales restringiendo las competencias del nuevo Presidente a ser electo, particularmente en materia presupuestaria, política exterior, seguridad y defensa. Entre las primeras decisiones del nuevo Presidente adoptada el 8 de julio de 2012, fue la de convocar al disuelto Parlamento a que se reuniera, disponiendo que el mismo estaría en funciones hasta que se elija un nuevo Parlamento de acuerdo con la nueva Constitución que se adopte,, cuando ello ocurra. La Corte Constitucional decidió el 9 de julio que su decisión del 14 de julio era obligatoria e irrevisable, suspendiendo los efectos del decreto del Presidente Morsi; y la Hermandad Musulmana argumentó que la decisión del Presidente Morsi no intentaba desconocer lo decidido por la Corte Constitucional, sino lo decidido por el Consejo Superior de las Fuerzas Armadas al ejecutarla, alegando tener los mismos poderes ejecutivos. Esa decisión del Consejo Superior, por lo demás, fue impugnada ante la Corte Contencioso Administrativo. En todo caso, el Parlamento reconvocado se reunió brevemente el 11 de julio de 2012, para votar que se "apelara" la decisión de la Corte Constitucional, no sólo ante la Corte de Casación sino ante la propia Corte Constitucional, lo cual fue rechazado el mismo día, emitiendo una nueva decisión reforzando la anterior, y amenazando al propio Presidente con desacato si continuaba desconociendo la sentencia. Ese era el estado del conflicto constitucional en 15 de julio de 2012. Había sin duda un grave dilema entre las partes electas y no electas del Estado, entre la Hermandad Musulmana que clama por legitimidad democrática y la estructura del Estado que viene del control por los militares; como lo planteó un portavoz del partido de la Hermandad Musulmana: "El juego es tan simple como esto: Debe el Poder legislativo estar en manos de 508 personas electas por 30 millones de egipcios o en manos de 19 generales nombrados por Mubarack" (Véase Matt Braddley, "Egypt's High Court Blocks Parliament," *The Wall Street Jornal*, July 11, 2012, p. A9); expresando en fin que "El decreto de Morsi expresa la voluntad de 30 millones de egipcios" (Kareem Fahim, "Egypt's Military and President Escalate Their Power Struggle," en *The New York Times*, July 10, 2012, pp. A1 y A7).

1859 Véase por todos, Mauro Cappelletti, "El formidable problema del control judicial y la contribución del análisis comparado," en *Revista de Estudios Políticos*, N° 13, Madrid 1980, p. 61-103.

nal asegurar que todos los órganos del Estado la acaten. Para ello, por supuesto, la premisa esencial es que el Juez Constitucional es el primero que tiene que adaptarse y seguir lo que el texto fundamental establece, debiendo someterse a su normativa, estándole vedado mutarla.

Es decir, como guardián de la Constitución, y como sucede en cualquier Estado de derecho, el sometimiento del tribunal constitucional a la Constitución es una preposición absolutamente sobreentendida y no sujeta a discusión, ya que sería inconcebible que el juez constitucional pueda violar la Constitución que está llamado a aplicar y garantizar.

Sin embargo, para garantizar que ello no ocurra, otra garantía adicional debe establecerse en todos los sistemas jurídicos, -y he aquí otro de los grandes retos de la justicia constitucional- y es que el Juez Constitucional debe gozar de absoluta independencia y autonomía frente a todos los poderes del Estado, pues un tribunal constitucional sujeto a la voluntad del poder, en lugar de ser el guardián de la Constitución se convierte en el instrumento más atroz del autoritarismo.

El mejor sistema de justicia constitucional, por tanto, en manos de un juez sometido al poder, es letra muerta para los individuos y es un instrumento para el fraude a la Constitución. Por ello, para garantizar esa autonomía e independencia, en todas las Constituciones donde se han establecido sistemas de justicia constitucional, se han dispuesto, entre otros aspectos, mecanismos tendientes a lograr una elección de los miembros o magistrados de los tribunales, de manera de neutralizar las influencias políticas no deseadas en una democracia.[1860] Con ello se busca asegurar, por la forma de selección de sus integrantes, que los poderes atribuidos a un órgano estatal de esta naturaleza quien no tiene quien lo controle, no sean distorsionados y abusados. La pregunta, en todo caso, en este campo de los Jueces Constitucionales, *Quis custodies ipso custodiem*? siempre hay que hacerla, aunque no tenga respuesta.[1861] Ello es importante, porque lo cierto es que no hay quien pueda controlarlos, pues la estructura del Estado de Derecho lo impide.

Por ello no tiene sentido jurídico alguno lo que ha ocurrido a mitades de 2012, luego de que la Sala Constitucional de la Corte Suprema de Justicia de El Salvador decidiera mediante sentencias N° 19-2012 y 23-2012 de 5 de junio de 2012, declarar

---

1860 Véase Allan R. Brewer-Carías, "The Question of Legitimacy: How to choose the Supreme Court Judges", en Ingolf Pernice, Julianne Kokott, Cheryl Sauders (eds), *The Future of the European Judicial System in Comparative Perspective. 6th International ECLN Colloquium / IACL Round Table*, Berlin, 2-4 November 2005, European Constitutional Law Network Series, Vol. 6, Nomos, Berlín 2006, pp. 153-182; y Allan R. Brewer-Carías "La cuestión de legitimidad: cómo escoger los jueces de las Cortes Supremas. La doctrina europea y el contraste latinoamericano," en *Estudios sobre el Estado Constitucional (2005-2006)*. Cuadernos de la Cátedra Fundacional Allan R. Brewer Carías de Derecho Público, Universidad Católica del Táchira, N° 9, Editorial Jurídica Venezolana. Caracas, 2007, pp. 125-161.

1861 Véase Jorge Carpizo, *El Tribunal Constitucional y sus límites*, Grijley Ed., Lima 2009, pp. 44, 47, 51; Allan R. Brewer-Carías, "Quis Custodiet Ipsos Custodes: De la interpretación constitucional a la inconstitucionalidad de la interpretación", en *Revista de Derecho Público*, N° 105, Editorial Jurídica Venezolana, Caracas 2006, pp. 7-27; y en *VIII Congreso Nacional de derecho Constitucional*, Perú, Fondo Editorial 2005, Colegio de Abogados de Arequipa, Arequipa, septiembre 2005, pp. 463-489.

la inconstitucionalidad de la elección de Magistrados de la Corte Suprema de Justicia realizadas por las legislaturas 2003-2006 y 2009-2012, por violar los artículos 186 inciso 2°, 83 y 85 de la Constitución.[1862]

La mayoría de los diputados a la Asamblea Legislativa no sólo declararon públicamente que no acatarían las sentencias de la Sala Constitucional, sino que llegaron al extremo inconcebible de intentar el 14 de junio de 2012, un recurso de nulidad contra las decisiones de la Sala Constitucional por ante la Corte Centroamericana de Justicia, buscando que ésta decidiera sobre una materia, para lo cual carece totalmente de competencia. Esa Corte de Justicia regional, en efecto, sólo tiene competencia para conocer de conflictos y diferencias interpretativas relacionadas con el Derecho de Integración centroamericano, y en ningún caso tiene ni puede tener competencia para conocer de la impugnación de las decisiones de los Tribunales Constitucionales de ninguno de los Estados centroamericanos.

La Corte Centroamericana de Justicia, sin embargo, en fecha 21 de junio de 2012 admitió la insólita acción intentada, y es más, decidió suspender la eficacia de las sentencias dictadas por la Sala Constitucional, lo cual notificó a la Sala Constitucional. Los Magistrados de esta consideraron, con razón, que el fallo de la Corte de Justicia Centroamericana "representa una invasión indebida en la justicia constitucional del Estado salvadoreño y, por ello, lesiva al ordenamiento constitucional por haber ejercido competencias que no le han sido cedidas por medio del Convenio de Estatuto que la rige"[1863], y mediante sentencia N° 23-2012 de 25 de junio de 2012 rechazaron la decisión de la Corte Regional "ya que se auto-atribuye una competencia que no respeta el orden constitucional y excede el ámbito material del Derecho de la Integración; y por violación del artículo 183 de la Constitución, en tanto que desconoce el carácter jurídicamente vinculante de la sentencia que esta Sala emitió en el presente proceso."[1864] Este es un caso que lo que nos muestra es la patología no ya de la justicia constitucional, sino de la justicia internacional cuando se pone al servicio de partidos.

En todo caso, lo cierto es que uno de los principios fundamentalísimos de la justicia constitucional, particularmente cuando se imparte por Jurisdicciones Constitucionales en cada país, es que las decisiones de los Tribunales Constitucionales no tienen ninguna otra vía de revisión: son siempre imperativas y constituyen la última palabra en el derecho interno sobre la aplicación e interpretación de la Constitución.

Por ello, la pregunta mencionada: ¿Quién custodia al custodio? No tiene respuesta, y sólo una elección sabia de los miembros de las Cortes Constitucionales, puede evitar que en determinados momentos se clame por la respuesta.

1862 Véase entre otros, Cristina López, "Crónica de una crisis institucional salvadoreña con inspiración nicaragüense," 4 de julio de 2012, en http://www.elcato.org/cronica-de-una-crisis-institucional-salvadorena-con-inspiracion-nicaragueense.

1863 Véase en http://www.estrategiaynegocios.net/2012/06/26/el-salvador-sala-constitucional-frena-a-corte-de-ca/

1864 Véase el texto de la sentencia de las quince horas del 25 de junio de 2012 en http://www.slideshare.net/eldiariodehoy/inaplicacin

Por ello, George Jellinek decía que la única garantía del guardián de la Constitución al final radica en su "conciencia moral;"[1865] y Alexis de Tocqueville fue tan preciso al observar cuando analizó la Constitución federal de los Estados Unidos que:

> "La paz, la prosperidad, y la existencia misma de la Unión están depositados en manos de siete Jueces Federales. Sin ellos, la Constitución sería letra muerta...,
>
> No solo los Jueces federales deben ser buenos ciudadanos, y hombres con la información e integridad indispensables en todo magistrado, sino que deben ser hombres de Estado, suficientemente sabios para percibir los signos de su tiempo, sin miedo para afrontar obstáculos que puedan dominarse, no lentos en poder apartarse de la corriente cuando el oleaje amenaza con barrerlos junto con la supremacía de la Unión y la obediencia debida a sus leyes.
>
> El Presidente, quien ejerce poderes limitados, puede fallar sin causar gran daño en el Estado. El Congreso puede errar sin que la Unión se destruya, porque el cuerpo electoral en el cual se origina puede provocar que se retracte en las decisiones cambiando sus miembros. Pero si la Corte Suprema alguna vez está integrada por hombres imprudentes y malos, la Unión caería en la anarquía y la guerra civil."[1866]

Esto es particularmente importante a tener en cuenta en regímenes democráticos, donde la tentación de los Jueces Constitucionales en convertirse en legisladores e incluso en poder constituyente, resquebraja el principio de la separación de poderes, pues cumplirían funciones estatales sin estar sometidos a control alguno ni del pueblo ni de otros órganos estatales. En otras palabras, la usurpación incontrolada por el juez constitucional de poderes normativos "podría transformar al guardián de la Constitución en soberano."[1867]

Y la verdad, es que lamentablemente, en muchos países, por el régimen político desarrollado o por la condición de los integrantes de los tribunales constitucionales, estos importantes instrumentos diseñados para garantizar la supremacía de la Constitución, para asegurar la protección y el respeto de los derechos fundamentales y asegurar el funcionamiento del sistema democrático, algunas veces se han convertido en un instrumento del autoritarismo, legitimando las acciones de las otras ramas

---

1865 Véase George Jellinek, *Ein Verfassungsgerichtshof fur Österreich*, Alfred Holder, Wien 1885, citado por Francisco Fernández Segado, "Algunas reflexiones generales en torno a los efectos de las sentencias de inconstitucionalidad y a la relatividad de ciertas fórmulas esterotipadas vinculadas a ellas," en *Anuario Iberoamericano de Justicia Constitucional*, Centro de Estudios Políticos y Constitucionales, N° 12, 2008, Madrid 2008, p. 196.

1866 Véase Alexis de Tocqueville, *Democracy in America*, Chapter VIII "The Federal Constitution," (Trad. Henry Reeve, revisada y corregida en 1899), en http://xroads.virginia.edu/~HYPER/DETOC/1ch08.htm Véase igualmente la referencia en Jorge Carpizo, *El Tribunal Constitucional y sus límites*, Grijley Ed., Lima 2009, pp. 46-48.

1867 Véase Francisco Fernández Segado, "Algunas reflexiones generales en torno a los efectos de las sentencias de inconstitucionalidad y a la relatividad de ciertas fórmulas esterotipadas vinculadas a ellas," en *Anuario Iberoamericano de Justicia Constitucional*, Centro de Estudios Políticos y Constitucionales, N° 12, 2008, Madrid 2008, p. 161.

del poder público contrarias a la Constitución, y en algunos casos, por propia iniciativa, en fieles servidores de quienes detentan el poder, configurándose lo que podría denominarse la "patología" de la justicia constitucional.

La afección que la origina ocurre precisamente cuando los tribunales constitucionales asumen las funciones del legislador, o proceden a mutar[1868] la Constitución en forma ilegítima y fraudulenta, configurando un completo cuadro de "in" justicia constitucional.[1869] En una situación como esa, sin duda, todas las ventajas de la justicia constitucional como garantía de la supremacía de la Constitución se desvanecen, y la justicia constitucional pasa a convertirse en el instrumento político más letal para la violación impune de la Constitución, la destrucción del Estado de derecho y el desmantelamiento de la democracia.[1870]

Como lo reconoció la propia Sala Constitucional del Tribunal Supremo de Justicia de Venezuela en su sentencia Nº 1309/2001, en la cual consideró que "el derecho es una teoría normativa puesta al servicio de la política que subyace tras el proyecto axiológico de la Constitución," de manera que la interpretación constitucional debe comprometerse "con la mejor teoría política que subyace tras el sistema que se interpreta o se integra y con la moralidad institucional que le sirve de base axiológica (interpretatio favor Constitutione)."

Por supuesto, dicha "política que subyace tras el proyecto axiológico de la Constitución" o la "teoría política que subyace" tras el sistema que le sirve de "base axiológica," a la que se refiere el Juez Constitucional venezolano, no es la que resulta de la Constitución propia del "Estado democrático social de derecho y de justicia," que está montado sobre un sistema político de separación de poderes, democracia representativa y libertad económica; sino el que ha venido definiendo el gobierno autoritario contra la Constitución y que ha encontrado eco en las decisiones de la propia Sala Constitucional, como propia de un Estado centralizado, que niega la representatividad, montado sobre una supuesta democracia participativa controlada y de carácter socialista,[1871] declarando la Sala que los estándares que se adopten para

---

1868 Véase por ejemplo sobre el caso de Venezuela, Allan R. Brewer-Carías, "El juez constitucional al servicio del autoritarismo y la ilegítima mutación de la Constitución: el caso de la Sala Constitucional del Tribunal Supremo de Justicia de Venezuela (1999-2009)", en *Revista de Administración Pública,* Nº 180, Centro de Estudios Políticos y Constitucionales, Madrid 2009, pp. 383-418.

1869 Véase por ejemplo el caso en Venezuela durante la primera década del siglo XXI, en Allan R. Brewer-Carías, *Crónica de la "In" Justicia Constitucional. La Sala Constitucional y el autoritarismo en Venezuela*, Editorial Jurídica Venezolana, Caracas 2007.

1870 Véase por ejemplo, también sobre el caso de Venezuela, Allan R. Brewer-Carías, "La demolición del Estado de derecho y la destrucción de la democracia en Venezuela (1999-2009)," en José Reynoso Núñez y Herminio Sánchez de la Barquera y Arroyo (Coordinadores), *La democracia en su contexto. Estudios en homenaje a Dieter Nohlen en su septuagésimo aniversario*, Instituto de Investigaciones Jurídicas, Universidad nacional Autónoma de México, México 2009, pp. 477-517.

1871 La Sala Constitucional, incluso, ha construido la tesis de que la Constitución de 1999 ahora "privilegia los intereses colectivos sobre los particulares o individuales," habiendo supuestamente cambiado "el modelo de Estado liberal por un Estado social de derecho y de justicia" (sentencia de 5 de agosto de 2008, Nº 1265/2008, http://www.tsj.gov.ve:80/de-cisiones/scon/Agosto/1265-050808-05-1853.htm) cuando ello no es cierto, pues el Estado social de derecho ya estaba en la Constitución de 1961.

tal interpretación constitucional "deben ser compatibles con el proyecto político de la Constitución" precisando que:

> "no deben afectar la vigencia de dicho proyecto con elecciones interpretativas ideológicas que privilegien los derechos individuales a ultranza o que acojan la primacía del orden jurídico internacional sobre el derecho nacional en detrimento de la soberanía del Estado." (subrayados de la Sala)

Concluyó así, la Sala Constitucional afirmando que "no puede ponerse un sistema de principios supuestamente absoluto y suprahistórico por encima de la Constitución," siendo inaceptables las teorías que pretenden limitar "so pretexto de valideces universales, la soberanía y la autodeterminación nacional." Por ello, en otra sentencia Nº 1265/2008 la misma Sala estableció que en caso de evidenciarse una contradicción entre la Constitución y una convención o tratado internacional, "deben prevalecer las normas constitucionales que privilegien el interés general y el bien común, debiendo aplicarse las disposiciones que privilegien los intereses colectivos [...] sobre los intereses particulares..." [1872]

La verdad es que ante estas expresiones del Juez Constitucional venezolano, pocas palabras pueden agregarse para evidenciar los enormes retos que tiene la justicia constitucional en América latina, precisamente para hacer prevalecer frente a gobiernos autoritarios, los valores democráticos universales que privilegian al individuo frente al Estado.

1872 Véase en http://www.tsj.gov.ve/decisiones/scon/Diciembre/1939-181208-2008-08-1572.html

ÍNDICE GENERAL

SEGUNDA PARTE

EL JUEZ CONSTITUCIONAL COMO LEGISLADOR POSITIVO Y LA USURPACIÓN DE LA FUNCIÓN LEGISLATIVA POR LA JURISDICCIÓN CONSTITUCIONAL

CUARTA PARTE

JUEZ CONSTITUCIONAL CONTRA LOS DERECHOS CIUDADANOS PARTICULARMENTE LOS DERECHOS POLÍTICOS

SECCIÓN NOVENA:

SECCIÓN DÉCIMA:

SECCIÓN DÉCIMA PRIMERA:

SECCIÓN DÉCIMA SEGUNDA:

QUINTA PARTE

EL JUEZ CONSTITUCIONAL CONTRA EL ORDEN Y EL PRINCIPIO DEMOCRÁTICO

SÉPTIMA PARTE

JUSTICIA CONSTITUCIONAL Y DESOBEDIENCIA CIVIL

SECCIÓN PRIMERA:

SECCIÓN SEGUNDA:

www.ingramcontent.com/pod-product-compliance
Lightning Source LLC
LaVergne TN
LVHW080100011026
849160LV00013B/1001
* 9 7 8 9 8 0 3 6 5 2 9 4 4 *